JN411738

# K-IFRS 중급 재무회계

Korean International Financial Reporting Standards

배기수 | 오현택 | 한만용 | 이장희

제7판

S·A·E·H·A·K·S·A

# 개정판을 내면서…

K－IFRS 도입과 더불어 제기되었던 재무회계 관련 여러 가지 문제들이 이제는 어느 정도 해결되면서, 어수선했던 분위기도 안정을 찾아가는 것 같다. 그러나 아직까지도 우리 사회의 가장 큰 이슈는 회계투명성이고, 회계감독기관에서도 회계감리를 강화하겠다고 발표하였다. 이처럼 우리나라가 회계선진국으로 발전해 나가기 위해서는 아직도 많은 문제들이 해결되어야 할 것처럼 보인다. 중급재무회계 교재가 우리나라 회계선진화를 이루는데 일조할 수 있기를 기대해 본다.

한국채택국제회계기준(K－IFRS)은 제정 권한이 우리나라에 있지 않고 국제회계기준위원회에 있다. 이로 인해 국제회계기준위원회에서 국제회계기준을 개정하면 2011년부터 국제회계기준을 채택하고 있는 우리나라는 우리나라의 의지와 관계없이 이를 따를 수밖에 없다. 국제회계기준은 끊임없이 방대하게 바뀌고 있으며, 이는 회계와 관련된 모든 사람들을 끊임없이 지독하게 괴롭히고 있다. 그동안 금융상품, 수익인식 기준 등이 대폭 개정되더니 최근 리스도 대폭 개정되었다. 본 교재에서는 최근 개정된 리스 회계처리 등 국제회계기준 개정 내용의 회계처리를 모두 포함하였다.

앞으로도 K－IFRS의 제정 및 개정내용을 충실히 반영함과 동시에, 각 장의 연습문제 부분도 꾸준히 보완하여, 보다 완성도 높은 중급재무회계 교재가 될 수 있도록 할 것을 약속드린다.

끝으로 본서의 편집 작업에 힘써주신 세학사의 모든 직원 여러분에게 진심으로 감사의 말씀을 전한다.

2026년 2월

저자 씀

# 머리말...

## K-IFRS 내용과 사례를 중심으로

세계경제의 국제화・개방화로 통일된 회계기준의 필요성이 높아짐에 따라 많은 국가들이 국제재무보고기준(IFRS)을 자국기준으로 도입하고 있다. 이에 우리나라도 회계투명성 제고 및 회계기준 선진화의 일환으로 회계기준 통일이라는 세계적 흐름에 동참하기 위하여 2007년 3월 IFRS 도입 로드맵을 발표하였다. IFRS 도입 로드맵에 따라 2011년 IFRS 전면 도입을 앞두고 우리나라 기업들은 IFRS 의무 적용 2년 전(2009)부터 단계적으로 이 제도 도입과 준비상황, 재무제표에 미치는 영향 등을 재무제표 주석에 기재해야 하는 등 만반의 준비를 해야 하는 실정이다.

한국채택국제회계기준(K-IFRS)는 원칙 중심(principles-based), 연결재무제표 중심, 공정가치의 확대 및 공시의 강화라는 특징을 가지고 있다. 특별히 원칙 중심의 기준 특성상, 세부적인 회계처리 지침이 규정되어 있지 않으므로서 회계전문가의 전문가적 판단이 중요하게 되었고, 회계정보이용자들도 매우 다양한 정보를 세밀하게 분석하는 것이 필요하게 되었다. 따라서 규칙 중심의(rules-based) 회계기준에 익숙해져있는 우리나라 기업들과 회계정보이용자들은 회계에 대한 사고의 전환이 필요하다.

한편 2010년부터는 공인회계사와 세무사 시험에서 재무회계분야는 한국채택국제회계기준(K-IFRS)만을 출제하기로 함에 따라 회계학 교육에 있어서도 큰 변화가 예상된다.

본 교재는 이러한 변화들에 대응할 수 있도록 가장 최근까지 개정된 K-IFRS의 내용을 충분히 반영하여 새롭게 기술되었다. 그리고 광범위하게 추상적으로 기술된 K-IFRS의 내용을 보다 명확하게 이해하도록 하기 위하여, K-IFRS의 내용에 대한 충분한 소개와 더불어 최대한 많은 사례를 포함하였다. 또한 특수한 회계처리 분야나 추가적인 설명이 필요한 부분은 각 장의 보론에서 설명하였다.

본 교재에서는 종전의 중급회계에서 다루어지지 않았던, 금융상품과 농림어업, 투자부동산, 탐사평가자산, 종업원급여 등 새로운 내용의 회계처리도 모두 포함하였다. 또한 각종 자격시험에 대비할 수 있도록 각 장의 마지막에 ○× 문제와 객관식 문제 및 주관식 문제를 많이 포함하여 충분한 연습이 되도록 하였다.

그러나 아직 K-IFRS에 대한 충분한 논의와 경험이 부족하여, 앞으로도 지속적인 보완과 개선이 필요하리라 생각된다. 독자들의 끊임없는 관심과 기탄없는 충고를 기대하는 바이다.

끝으로 본서의 편집 작업에 힘써주신 세학사의 편집부 직원 여러분과 김원술 사장님께 진심으로 감사의 말씀을 전한다.

2010년 2월
저자 씀

## CHAPTER 01 재무회계와 회계원칙



## CHAPTER 02 재무회계의 개념적 체계

## CHAPTER 03 재무제표

## CHAPTER 04 재고자산

## CHAPTER 05 유형자산

## CHAPTER 06 무형자산

## CHAPTER 07 금융자산

## CHAPTER 08 금융부채

## CHAPTER 09 충당부채와 우발부채

## CHAPTER 10 자 본

## CHAPTER 11 복합금융상품



## CHAPTER 12 수익과 비용의 인식

## CHAPTER 13 주당이익

## CHAPTER 14 법인세회계

## CHAPTER 15 리스회계



## CHAPTER 16 회계변경 및 오류수정

## CHAPTER 17 현금흐름표

## CHAPTER 18 재무회계 기타사항



## 부 록

Chapter 01

# 재무회계와 회계원칙

**학습목표**

본장에서는 회계정보의 생산과 이용 및 회계원칙에 대한 내용을 담고 있다. 재무회계 중에서 가장 기초에 해당되는 내용으로 각종 회계관련 전문자격증 시험에서 계산문제가 아닌 이론문제로 빈번하게 출제되므로 명확한 이해를 필요로 한다.

**※ 관련 한국채택국제회계기준**
재무보고를 위한 개념체계

현대의 복잡한 기업환경에 대처하기 위해 기업활동을 일정한 틀에 요약·정리하여 정보를 이용하려는 자에게 전달하여야 한다. 특정 기업의 의사결정에 필요한 기업의 재무상태와 경영성과에 대한 자료를 정보이용자에게 적정하게 보고하여야 하는데 기업활동 정보를 일정한 규정이나 기준에 의해 화폐적 가치로 표시하여 일정한 형식(재무제표)으로 작성하여 보고하는 활동이 회계이다.

이 장에서는 기업경영과 회계정보, 회계의 개념과 정보이용자인 이해관계자의 속성, 회계의 목적과 종류·역할, 일반적으로 인정된 회계원칙과 이 회계원칙의 제정에 대한 내용이 다루어진다.

## 01절 기업경영과 회계정보

기업의 목표는 기업이 보유하고 있는 인적·물적 자원인 부(wealth)의 극대화이다. 과거에는 기업의 목적이 이익극대화에 있었고 물적 자원 중심으로 손익 측정이나 보고가 이루어졌으나, 새로운 지식기반사회에서는 지식이나 상표(brand), 영업권 등을 포함하는 인적 자원이나 무형자산이 기업의 가치를 결정하는 중요한 요소가 되었다.

이러한 개념의 변화에 따라 기업의 목표를 달성하기 위한 수단이나 방법은 ① 이익의 극대화 추구, ② 이해관계인에게 창출이익의 적정 배분, ③ 미래를 위한 기업내부 유보이익을 최대한 확보하는 것이며 이 과정이 곧 기업경영이다. 기업경영에 의해 창출된 이익은 소비자에게 서비스나 상품을 제공하고 수취한 양과 이러한 서비스나 상품을 제공하기 위해 사용된 투입량의 차이이다.

그러나 자본, 노동 및 원재료 등의 자원은 한정되어 있어서 한정된 자원의 최적 활용을 위해서는 합리적인 의사결정이 이루어져야 한다.

경영자가 합리적인 의사결정을 하려면 여러 가지 계량적 혹은 비계량적 경영정보를 필요로 한다. 여기서 비계량적 정보는 질적 정보라고도 하는데 상품에 대한 소비자의 평가, 종업원의 사기, 경쟁자의 전략, 정부의 정책 등이 있다. 반면에 계량적 정보에는 환율, 이자율, 실업률, 원재료의 원가, 수요량 등 수치로 나타내어지는 것으로 이 중에서 화폐적 정보인 회계정보는 기업의 경영자가 필요로 하는 경영정보 가운데 가장 중요한

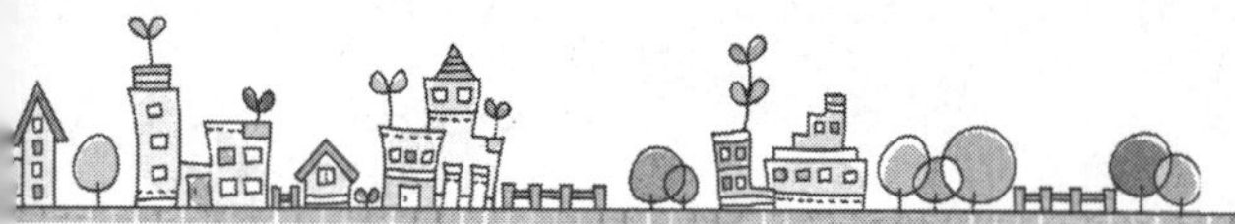

정보로 간주되고 있다.

이러한 **회계정보의 특징**을 살펴보면 다음과 같다.

**첫째, 회계정보는 추상적이거나 막연한 정보가 아닌 구체적인 정보이다.** 회계정보는 제품에 소비자의 선호가 우호적이라든가, 원재료의 공급량이 줄어들었다든지, 정부의 지원이 확대되었다는 등 비계량적으로 막연한 정보가 아니라 수치인 화폐단위를 이용해 표현되는 구체적인 정보인 것이다. 즉, 일정기간 동안 경영활동으로 얼마의 물건을 팔아 이익이 얼마나 발생했으며, 이중에서 주주에게 얼마나 배당으로 지급하였고, 재산은 얼마나 증가하였는가 등과 같이 구체적인 수치로 표현되는 정보이다.

**둘째, 기업의 경영활동 모두를 나타내는 포괄적 정보이다.** 기업의 경영활동은 자금을 조달하는 재무활동과 조달한 자금을 경영활동에 필요한 자원을 구입하는데 활용하는 투자활동, 그리고 취득한 자원을 활용하여 기업의 목적을 달성하기 위한 영업활동의 내용을 모두 포함하고 있다. 회계정보는 기업이 수행한 또는 수행할 기획, 생산, 판매, 마케팅, 재무, 인사 등 모든 경영활동에 대한 기초적 정보 및 그로부터 얻게 될 성과에 대한 정보를 모두 포함하고 있다.

**셋째, 회계정보는 단순하게 나열된 정보가 아닌 요약된 정보이다.** 기업의 투자활동이나 영업활동 등에 대한 정보를 단순히 나열하는 것이 아니라 일정한 규정과 원칙에 의해 요약된 회계보고서의 형태로 정보를 제공한다.

기업의 경영활동에 따른 내용과 결과를 기록하여 이해당사자에게 보고하여야 한다. 즉, 생산활동에 대한 원가정보, 자금조달 등 재무활동에 따른 조달비용이나 흐름에 대한 정보, 제품판매와 관련된 매출실적이나 판매비용 정보, 인적자원관리를 위한 인건비나 복리후생, 조직운영비용 등에 관한 내용을 요약정리하여야 하는데 이러한 제 기능을 종합적이고 총체적인 틀에서 연결시켜주는 기능이 회계이다.

따라서 회계는 모든 경영활동과정과 성과를 화폐가치로 표현해 준다는 점에서 **'기업의 언어(language of business)'**라고 한다. 이와 같이 회계는 경영활동에 관한 재무정보를 화폐가치로 표현해 줄 뿐만 아니라 기업의 미래를 예측할 수 있도록 해주는 중요한 경영수단이기도 하다.

그러므로 합리적인 경영의사결정을 하려면 회계에 대해 충분히 이해하고 회계정보를 잘 다룰 수 있어야 한다.

# 02절 재무보고

## 1. 재무보고의 의의

회계는 정보이용자들이 자원의 배분 및 활용에 관한 의사결정을 합리적으로 할 수 있도록 기업의 경영활동에 관한 재무정보를 제공하는 역할을 한다. 이러한 회계의 목적이 충족되려면 기업실체의 재무상태와 경영성과 등과 같은 정상적 영업활동에 관한 정보가 이해관계자에게 제공되어야 한다. 이와 같이 기업 외부이해관계자의 경제적 의사결정을 위해 경영자가 기업실체의 경제적 자원과 의무, 경영성과, 현금흐름, 자본변동 등에 관한 재무정보를 제공하는 것을 **재무보고**라고 한다.

가장 핵심적인 재무보고수단은 **재무제표**로서 기업실체의 경제적 자원과 의무, 그리고 자본과 이들의 변동에 관한 정보를 제공하며 주석을 포함한다. 중요한 회계방침이나 자원 및 의무에 대한 대체적 측정치 등을 설명해주는 주석은 재무제표가 제공하는 정보를 이해하는 데 필수적인 요소로서, 회계기준에 따라 작성된 재무제표의 한 부분으로 인정된다. 한편 경영자 분석 및 전망, 그리고 경영자의 주주에 대한 서한과 같이 재무제표 이외의 수단에 의해서도 재무정보가 제공될 수 있다. 이러한 정보제공은 감독규정의 요구, 관습 또는 경영자의 자발적 판단 및 기타 이해관계자의 요구에 의해 이루어진다.

재무제표에 대한 내용은 제3장에서 자세히 설명하기로 하겠다.

## 2. 회계정보의 수요와 공급

회계정보를 수요로 하는 집단은 기업과 경제적 이해관계를 맺고 기업이 필요로 하는 자원을 공급하고, 생산한 상품을 소비하는 경제주체들인데, 이들을 **이해관계자**라 한다.

회계정보의 공급자는 경쟁적 자원시장으로부터 효율적으로 자원을 조달하기 위하여, 혹은 규제기관의 강제규정에 따라, 또는 여러 시장요인에 의하여, 회계정보를 이해관계자들에게 제공한다.

### (1) 회계정보의 수요

'한국채택국제회계기준의 재무회계개념체계'에 따르면 재무제표의 이용자는 현재 및 잠재적 투자자, 종업원, 대여자, 공급자와 그 밖의 거래 채권자, 고객, 정부와 유관기관, 일반대중 등을 포함한다. 이들은 서로 다른 다양한 정보수요를 충족하기 위하여 재무제표를 이용한다. 이러한 정보수요는 다음을 포함한다.

① **투자자** : 투자위험을 감수하는 자본제공자와 그들의 투자자문가는 투자에 내재된 위험과 투자수익에 대한 정보에 관심을 갖는다. 그들은 매수, 보유 또는 매도에 관한 의사결정을 위해 정보를 필요로 한다. 소유주는 또한 기업의 배당능력을 평가할 수 있는 정보를 필요로 한다.

② **종업원** : 종업원과 종업원을 대표하는 기구는 고용주인 기업의 안정성과 수익성에 대한 정보에 관심을 갖는다. 그들은 또한 기업의 보수, 퇴직급여 및 고용기회 제공능력을 평가할 수 있는 정보를 필요로 한다.

③ **대여자** : 대여자는 대여금과 대여금에 대한 이자가 지급기일에 적절히 지급되는지를 결정하는 데 도움을 줄 수 있는 정보를 필요로 한다.

④ **공급자와 그 밖의 거래 채권자** : 공급자와 그 밖의 채권자는 기업의 지급기일내 지급능력을 결정하기 위한 정보를 필요로 한다. 거래 채권자는 당해 기업을 주거래처로서 장기적인 관계를 유지할 목적이 아닌 한, 일반적으로 당해 기업에 대해 대여자보다는 단기적인 관심을 가질 가능성이 높다.

⑤ **고객** : 고객은 특히 특정 기업과 장기간 거래관계를 유지하고 있거나 의존도가 높은 경우에 그 기업의 존속가능성에 대한 정보에 관심을 갖는다.

⑥ **정부와 유관기관** : 정부와 유관기관은 자원의 배분과 기업의 활동에 관심을 가진다. 이들은 기업 활동을 규제하고 조세정책을 결정하며 국민 소득이나 이와 유사한 통계자료의 근거로 사용하기 위해 정보를 필요로 한다.

⑦ **일반대중** : 기업은 다양한 방법으로 일반대중에게 영향을 미친다. 예를 들면, 기업은 종업원의 고용과 지역 내 공급자의 양성과 같은 다양한 방법으로 지역경제에 상당한 기여를 할 수 있다. 일반대중은 재무제표에서 기업의 성장과 활동범위에 관한 추세와 현황에 대한 정보를 얻을 수 있다.

다양한 이용자의 정보수요가 재무제표를 통해 모두 충족될 수는 없지만, 모든 이용자에게 공통으로 필요한 정보수요가 존재한다. 투자위험을 감수하고 기업에 자본을 제공하는 투자자의 정보수요를 충족시키기 위해 제공되는 재무제표 정보는 또한 그 밖의 이용자의 정보수요도 상당부분 충족시킬 것이다.

**경영진은 재무제표의 작성과 표시에 대한 1차적 책임을 진다.** 경영진은 계획, 의사결정, 통제의 책임을 수행하는 데 도움이 되는 더 많은 관리와 재무 정보에 접근할 수 있고, 또한 필요에 따라 재무제표 외의 이러한 추가 정보의 형식과 내용을 결정할 수 있는 능력이 있다. 그렇지만 공표된 재무제표는 기업의 재무상태, 경영성과 및 재무상태변동에 대해 경영진이 이용한 정보에 기초하여 작성된다.

한편 이들 이해관계자들의 주요 관심사는 기업실체가 달성한 경영성과의 총합을 분배하는 것이므로 집단 간의 이해가 상충되게 된다. 즉 ① 경영자의 높은 보수는 주주 부의 감소, ② 과도한 배당은 채권자의 부 감소, ③ 고임금은 소비자의 권익감소 및 주주 부의 감소, ④ 높은 이자지급은 기업가치나 경쟁력 감소 등으로 연결된다. 따라서 이해관계자 집단들 간의 부의 재분배에 대한 감시 등과 관련되어 재무제표정보는 중요한 의미를 지니고 있다.

## (2) 회계정보의 공급

**회계정보의 공급은 자발적 공시, 규제에 의한 공시, 시장요인 등에 의하여 영향을 받고 있다.**

### 1) 자발적공시

기업은 경쟁적 자원(자본, 노동, 원재료 등)을 시장으로부터 효율적으로 조달하기 위하여 기업의 우월성을 이해관계자들에게 제공하려고 한다. 이해관계자들이 특정 기업에 대하여 정보를 파악하지 못한다면 그 기업에 대하여 자본, 노동, 원재료 등을 제공하려 하지 않을 것이다. 따라서 기업은 경쟁적 자원시장에서 자원을 조달하기 위하여 다양한 경영정보를 수치화 하여 회계정보를 제공함으로써 자신의 기업에 대한 불확실성을 제거하여 저 비용의 자본과 양질의 노동력 및 원재료를 얻을 수 있을 것이다.

그러나 어떤 기업들은 자발적 공시에 대하여 소홀히 함으로써 기업의 자원조달에 어려움을 겪게 되고, 심한 경우에는 도산하는 경우도 있다.

최근 우리나라의 기업들이 국내 채권자 및 투자자와 외국투자자 등을 대상으로 대대적인 투자활동(IR : Investor Relations)을 전개하는 것이 좋은 예이다.

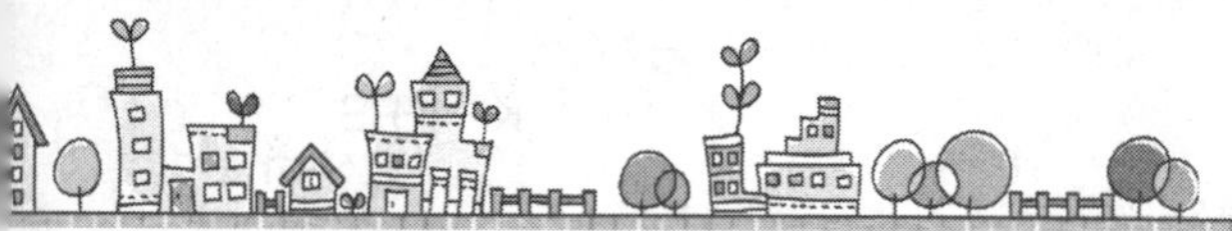

### 2) 규제에 의한 공시

정부나 규제기관에 의하여 회계정보의 공시를 강제하는 경우가 있다. 이는 기업이 회계정보를 공시하지 않음으로써 발생하는 정보의 불균형을 해소하고, 투자자들을 보호하기 위한 목적이다. 우리나라의 경우 상법, 세법, 주식회사의 외부감사에 관한 법률 등에 근거한 규제에 의하여 회계정보이용자들이 필요로 하는 정보에 관한 일반적인 규정과 재무보고의 형태, 보고서의 종류, 제공시기 등에 대하여 세부사항을 규정하고 있다.

### 3) 시장요인에 의한 공시

기업은 증권시장에서 주식과 회사채를 발행함으로써 자금을 조달하게 된다. 이 경우 기업이 회계정보를 적절하게 공시하지 않으면 자본시장에서 기업에 대한 불신이 커지고 기업은 자본을 조달하는 데 많은 비용을 부담하게 된다. 즉, 주식을 발행하는 경우 발행가액을 낮추어야 하고, 회사채를 발행하는 경우 할인율이 높아지는 등 실제 기업의 가치만큼 대우를 받지 못할 수 있다. 따라서 기업은 **자본시장에서 저렴한 비용으로 자본을 효과적으로 조달하기 위하여 투자자 및 채권자들이 합리적인 의사결정을 할 수 있도록 충분한 정보를 제공하여야 한다.**

한편 **적대적 흡수합병(M&A)의 시도에 의하여 경영권 유지에 위협이 발생하는 경우, 경영권을 방어하기 위하여 회계정보를 외부에 공개할 수 있다.** 즉, 기업의 현재의 재무정보는 물론이고 영업성과의 호전여부, 성장가능성, 타기업에 대한 경쟁우위 등에 관한 정보를 제공하여 주가를 끌어올릴 수 있는 정보를 자발적으로 공시함으로써 경영권을 방어하는 방법을 사용할 수 있다.

## 3. 재무제표의 목적

한국채택국제회계기준의 개념체계에서는 재무제표의 목적을 광범위한 정보이용자의 경제적 의사결정에 유용한 기업의 재무상태, 경영성과와 재무상태변동에 관한 정보를 제공하는 것으로 규정하였다. 구체적으로 살펴보면 다음과 같다.

① 기업의 재무상태는 기업이 통제하는 경제적 자원, 기업의 재무구조, 유동성과 지급능력, 영업 환경변화에 대한 적응능력에 의해 영향을 받는다. 기업이 통제하는 경제적 자원과 그 자원을 과거에 조정한 능력은 기업의 미래 현금흐름 창출능력을 예측하는 데 유용하다.

② 경영성과 특히 수익성에 관한 정보는 그 기업이 장래 통제하게 될 가능성이 높은 경제적 자원의 잠재적 변동가능성을 평가하는 데 유용하다.

③ 기업의 재무상태변동에 관한 정보는 일정 회계기간 동안의 기업의 투자, 재무 및 영업 활동을 평가하는 데 유용하다.

④ 재무상태에 관한 정보는 주로 재무상태표를 통해 제공되며, 경영성과에 관한 정보는 주로 포괄손익계산서를 통해 제공된다. 재무상태변동에 관한 정보는 별도의 재무제표를 통해 제공된다. 또한 재무제표는 주석과 부속명세서, 그리고 그 밖의 정보도 포함한다. 예를 들면, 이러한 주석 등은 재무상태표와 포괄손익계산서의 항목에 대하여 이용자의 정보수요에 목적적합한 추가 정보를 포함할 수 있다.

재무제표의 목적은 광범위한 정보이용자의 경제적 의사결정에 유용한 기업의 재무상태, 경영성과와 재무상태변동에 관한 정보를 제공하는 것이다. 이러한 목적에 따라 작성된 재무제표는 대부분 정보이용자의 공통적인 정보수요를 충족시킨다. 그러나 재무제표는 주로 과거 사건의 재무적 영향을 표시하는 것을 목적으로 하며 비재무적인 정보까지는 제공하지 못하므로, 정보이용자의 경제적 의사결정을 위해 필요할 수 있는 모든 정보를 제공하지는 못한다.

재무제표는 또한 위탁받은 자원에 대한 경영진의 수탁책임이나 회계책임의 결과를 보여준다. 경영진의 수탁책임이나 회계책임을 평가하려는 정보이용자의 목적은 경제적 의사결정을 하기 위해서이다. 예를 들면, 이러한 경제적 의사결정에는 기업의 투자지분을 계속 보유하거나 매도할지 또는 경영진을 재선임하거나 교체할지와 같은 결정이 포함될 수 있다.

### (1) 재무상태, 경영성과와 재무상태변동

재무제표의 이용자가 경제적 의사결정을 하기 위해서는 기업의 현금 및 현금성자산의 창출 능력과 그 시기 및 확실성에 대한 평가가 필요하다. 이러한 능력은 예를 들어 기업의 종업원과 공급자에 대한 지급능력, 차입금에 대한 이자 및 원금 지급능력과 소유주에 대한 배당금 지급능력을 궁극적으로 결정한다. 정보이용자에게 기업의 재무상태, 경영성과와 재무상태변동에 초점을 둔 정보가 제공된다면 이들은 기업의 현금 및 현금성자산의 창출능력을 보다 잘 평가할 수 있을 것이다.

**기업의 재무상태**는 기업이 통제하는 경제적 자원, 기업의 재무구조, 유동성과 지급능력, 영업 환경변화에 대한 적응능력에 의해 영향을 받는다. 기업이 통제하는 경제적 자원과 이러한 자원을 조절할 수 있는 기업의 과거 능력에 대한 정보는 기업의 미래 현금 및 현금성자산의 창출능력을 예측하는 데 유용하다. 재무구조에 대한 정보는 기업의 미래 자금차입수요에 대한 예측 및 미래이익과 현금흐름이 기업의 다양한 이해관계자들에게 어떻게 분배될 것인가를 예측하는 데 유용하다. 또한 기업이 더 많은 자금을 어떻게 성공적으로 조달할 수 있을지 예측하는 데 유용하다.

유동성과 지급능력에 대한 정보는 만기가 도래한 금융약정을 이행하는 기업의 능력을 예측하는 데 유용하다. 유동성은 가까운 미래기간의 금융약정을 고려한 후의 그 기간의 현금 가용성을 의미한다. 지급능력은 만기가 도래하는 금융약정을 이행하기 위한 보다 장기적인 현금 가용성을 의미한다.

한편 **경영성과** 특히, 수익성에 관한 정보는 그 기업이 장래 통제하게 될 가능성이 높은 경제적 자원의 잠재적 변동가능성을 평가하는 데 유용하다. 경영성과의 변동성에 관한 정보는 이 같은 관점에서 특히 중요하다. 경영성과 정보는 기업이 현재의 자원으로부터 현금을 창출할 수 있는 능력을 예측하는 데 유용하다. 또한 추가적인 자원을 효과적으로 동원할 수 있는지 판단하는 데도 유용하다.

기업의 **재무상태변동에 관한 정보**는 일정 회계기간 동안의 기업의 투자, 재무 및 영업활동을 평가하는 데 유용하다. 이러한 정보는 재무제표 이용자에게 기업의 현금 및 현금성자산의 창출능력과 기업의 현금흐름 사용 필요성에 대한 평가의 기초를 제공한다. 재무상태변동표를 작성할 때 사용되는 자금은 총재무자원, 운전자본, 유동자산 또는 현금 등 다양한 방법으로 정의할 수 있다.

재무상태에 관한 정보는 주로 재무상태표를 통해 제공되며, 경영성과에 관한 정보는 포괄손익계산서를 통해 제공된다. 재무상태변동에 관한 정보는 별도의 재무제표를 통해 제공된다.

재무제표의 구성요소들은 동일한 거래나 그 밖의 사건을 대상으로 서로 각각 다른 측면을 반영하고 있으므로 상호 연관성이 있다. 비록 각각의 재무제표는 그 밖의 재무제표와 차별적인 정보를 제공하지만, 어떤 하나의 재무제표도 단일 목적만을 충족시키거나 이용자의 특정한 정보수요를 충족시키는 데 필요한 모든 정보를 제공하지 못할 가능성이 높다.

이 의미는 재무제표 하나의 독립된 내용에 관한 정보보다는 재무상태정보나 경영성과 정보가 계속적으로 연계되어 경영활동이 이루어지고 회계보고가 되는 것이기 때문에 회계정보의 연계성과 연속적 정보를 이해하여야 한다는 것이다.

예를 들면, 포괄손익계산서는 재무상태표와 재무상태변동표를 동시에 이용하지 않는다면 경영성과에 대한 완전한 정보를 제공하지 못한다.

### (2) 주석 및 부속명세서

재무제표는 주석과 부속명세서, 그리고 그 밖의 정보도 포함한다. 예를 들면, 이러한 주석 등은 재무상태표와 포괄손익계산서의 항목에 대하여 이용자의 정보수요에 목적적합한 추가 정보를 포함할 수 있다.

이와 같은 정보는 기업에 영향을 미치는 위험과 불확실성 및 재무상태표에 인식되지 않은 자원(예 매장광물)과 의무에 대한 공시를 포함하게 된다. 지역 또는 산업에 따른 부문별 정보와 기업에 영향을 미치는 물가변동 정보도 추가하여 제공될 수 있다.

### (3) 재무제표와 재무보고

재무회계의 목적을 달성하기 위한 대표적 수단인 재무제표(financial statements)는 재무상태(financial position)와 경영성과(performance) 등의 요약정보를 제공한다. 이러한 재무제표의 종류로는 재무상태표, 포괄손익계산서, 현금흐름표와 자본변동표 및 주석이 있다.

재무제표는 주로 화폐로 측정 가능한 계량적 정보를 제공한다. 그러나 재무제표 본문에 보고할 수 없는, 회사의 회계처리방침, 자산부채의 평가기준 및 주요평가손익의 내용, 사용이 제한되어 있는 예금, 자기사채의 취득경위, 사채의 종류와 그 내용, 진행 중인 소송 등에 관하여는 그 내용과 전망 등 유용한 정보를 주석으로 공시한다. 이러한 주석 사항도 재무제표의 구성요소로 보는 것이 일반적이다.

주석이나 기타 설명자료에 의한 정보의 공시는 **완전공시(full disclosure)** 개념과 부합되며 재무제표의 이해가능성을 증진시킬 수 있다.

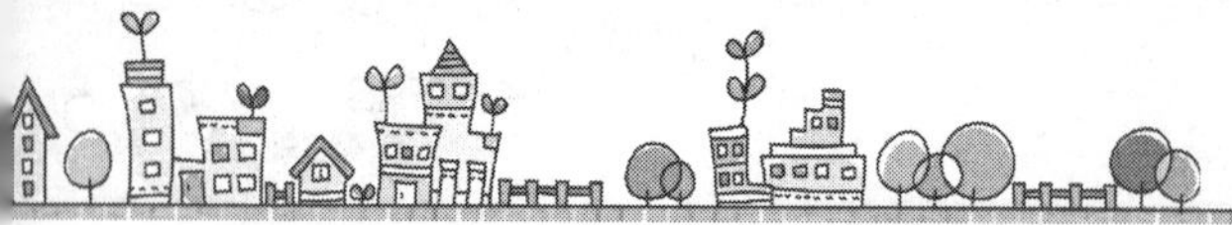

그림 1 기업에 관한 정보의 종류와 전달 수단[1]

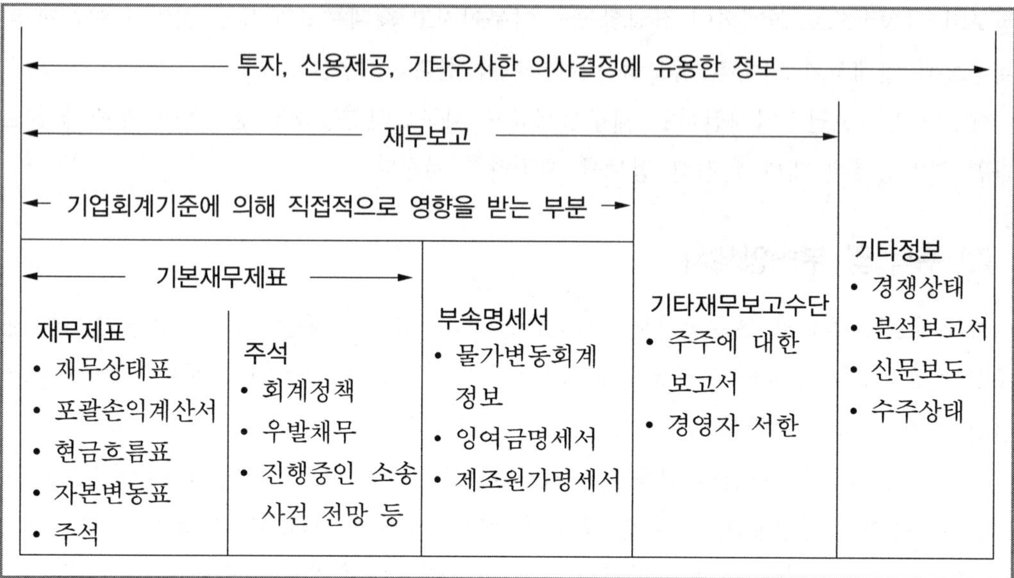


재무보고에는 재무제표뿐만 아니라 영업설명서, 사업계획서, 세무보고서 및 미래수익성에 대한 경영자의 예측 등 계량화되기 어려운 질적인 정보와 미래지향적 정보까지 포함된다.

## 4. 회계의 정의

전통적 회계에서는 "회계는 재무적 성격의 거래나 사상을 화폐액에 의하여 의미 있는 방법으로 기록 · 분류 · 요약하고 그 결과를 해석하는 기술이다."[2]라고 정의하고 있다. 이는 회계정보의 생산측면을 강조하여 회계를 단순히 경제적 사건을 기록하는 기술(art)인 부기의 개념으로 보아, 재무제표 작성과 관련된 기능을 강조한 의미를 내포하고 있다.

그러나 현대회계에서는 **"회계는 회계정보 이용자가 합리적인 판단이나 의사결정을 할 수 있도록 기업실체에 관한 유용한 경제적 정보를 식별 · 측정 · 전달하는 과정이다."**[3]라

1) SFAC No.5(1984), "Recognition and Measurement in Financial Statements of Business Enterprises."

2) AICPA. ATB : Accounting Terminology Bulletin No. 1.

3) AAA. A Statement of Basic Accounting Theory. 1966.

고 정의하여, 회계정보의 이용측면 즉, 이용자의 관점에서 경제적 의사결정에 도움이 되는 회계정보를 식별하고 이를 제공하는 정보의 활용측면을 강조한다. 이러한 정의는 회계가 단순히 경제적 사건을 기록하는 기술이라는 범주를 탈피하여 새로운 회계의 방향을 제시한 것으로 다음과 같은 의미를 내포하고 있다.

① 전통적 회계와는 달리 **회계정보의 의사결정에의 유용성을 중시한다.** 기업의 이해관계자들이 합리적인 의사결정을 할 수 있도록 정보이용자의 이용목적에 따라 목적적합하고 유용한 정보를 제공하는 기능을 수행한다.

② **회계는 하나의 정보시스템(information system)이다.** 회계는 의사결정에 유용한 정보를 측정 · 평가하여 회계정보 이용자의 의사결정에 유용한 정보가 되도록 전달하는 일련의 정보전달 과정이다. 즉, 정보이용자의 정보 욕구를 충족시켜줄 수 있는 정보의 측정요소인 자산, 부채(채권자 지분), 소유주지분, 수익, 비용 등의 자료를 화폐단위를 이용하여 정보이용자가 이해가능 하도록 포괄손익계산서, 재무상태표 등과 같은 재무제표를 이용하여 정보를 제공하는 과정을 말한다.

따라서 단순히 자료를 수집하고 단순 반복적 절차를 통하여 회계정보를 기록하는 부기(簿記, bookkeeping)와는 구분되어야 한다. 즉, 회계는 정보를 기록하고 이를 근거로 미래경영을 위한 예산안을 편성하며, 생산 및 판매활동에 이용하기 위하여 정보를 해석하는 행위도 포함한다.

③ 전통회계에서의 화폐정보, 비화폐적 정보뿐만 아니라 **회계는 경제적 정보를 측정, 전달할 수 있도록 함으로써 과거정보, 미래정보도 전달할 수 있어 시간을 초월한 정보전달기능이 있다.** 일정시점의 재무상태를 나타내는 재무상태표나 일정기간의 경영성과를 나타내는 포괄손익계산서는 과거정보이지만, 기업 내의 예산편성 투자분석 등은 미래정보를 담고 있다.

또한 1970년 미국공인회계사회의 회계원칙심의회(Accounting Principles Board : APB) 보고서 No.4에서는 "회계는 서비스 활동이다. 회계의 기능은 여러 가지 대체적인 방안 중에서 합리적인 선택을 하여야 하는 경제적 의사결정에 유용하도록 경제적 실체에 관한 재무정보를 제공하는 것이다."라고 정의하여 종전의 기술적인 측면보다는 유용성이 중시되는 정보전달기능을 강조하고 있다.

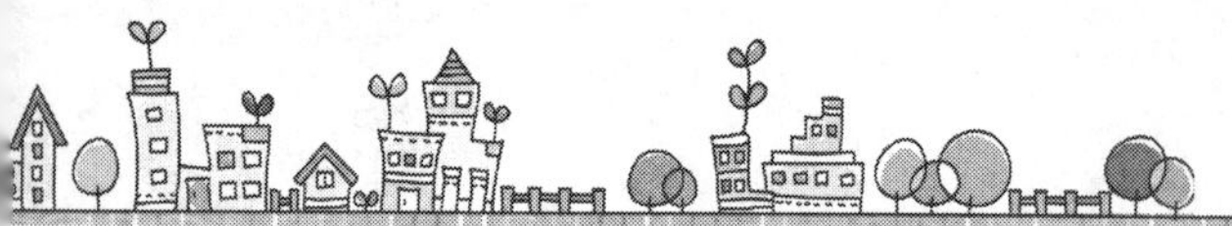

## 5. 회계의 분류

회계는 그 정보이용자에 따라 크게 재무회계와 관리회계로 분류할 수 있다.

### 재무회계와 관리회계

| | 재 무 회 계 | 관 리 회 계 |
|---|---|---|
| 목 적 | 기업의 외부이해관계자인 투자자나 채권자 등에게 유용한 정보 제공 | 기업의 내부이해관계자인 경영자에게 유용한 정보제공 |
| 보고수단 | 재무제표(재무보고) | 일정한 보고양식이 없음 |
| 범 위 | 범위가 넓고 광범위함 | 범위가 좁고 특수함 |
| 정보의 성질 | 과거 지향적(역사적 정보) | 미래지향적(미래적 정보) |
| 회계원칙 | 회계원칙의 지배 | 일반적인 기준이 없다 |
| 강제성 여부 | 일정기간마다 강제적 | 특수목적에 따른 임의적 |

**재무회계(financial accounting)**는 기업의 외부이해관계자인 투자자나 채권자 등에게 경제적 의사결정에 유용한 재무정보를 측정, 보고하는 것을 목적으로 하는 회계로서 여러 유형의 기초적 회계자료를 제공하는 가장 기본적인 회계시스템이다. 재무회계는 회계원칙이나 법규에 의해 강제되는 회계제도이며, 재무제표라는 요약된 보고서의 형태로 정보를 제공한다. 이는 다수의 정보이용자들에게 통일된 회계정보를 제공함으로써 정보이용자들을 보호하고, 회계정보의 유용성을 증대시키기 위한 방법이다. 재무회계의 범주에는 재무제표론, 회계감사, 세무회계, 중급회계 등의 영역이 포함된다.

**관리회계(managerial accounting)**는 내부이해관계자인 경영자의 경영의사결정에 필요한 정보를 제공하는 내부보고 목적의 회계로서, 원가정보가 가장 대표적으로 제공되는 정보이다. 관리회계의 정보이용자는 기업의 내부 관리자이므로 정보의 제공시기, 정보제공 양식 및 종류가 기업마다 다르게 나타나게 되며 정보이용목적에 의해서도 보고서나 자료모음의 형태가 차이를 보이게 된다.

이 외에 특수한 분야로 최근에는 **환경회계(environmental accounting)**를 중시하게 되면서 환경보고서를 작성 공시하고 있으며, 더 나아가 기업의 미래가치를 증가시키고 기업의 지속경영이 가능하도록 지속가능보고서도 작성하고 있다.

또한 영리기업에 대한 회계와는 달리 학교, 병원, 교회 등 비영리조직에 대한 회계로 비영리회계가 하나의 영역으로 자리매김하고 있다.

특히 위기경영(risk management)에 대한 극복과 신축적인 위험관리를 포괄하는 위기회계(risk accounting)가 대두되고 있다.

## 03절 일반적으로 인정된 회계원칙

### 1. 일반적으로 인정된 회계원칙(GAAP)의 의의

기업의 외부이해관계자들은 다양하고 그들이 요구하는 정보의 욕구 또한 다양하다. 이와 같이 다양한 정보이용자들의 욕구를 모두 충족시킬 수 없기 때문에 편의, 부정확, 불명확 등의 오류를 최소화하고, 재무정보의 비교가능성과 이해가능성을 증진시키기 위해 일반적으로 보편타당하고 합리적이라고 인정되는 판단의 기준(criteria of judgement)이 되는 일정한 원칙이 필요하게 되었다. 그 결과, 사회적 통념이나 규정에 의해 '일반적으로 인정된 회계원칙'이라는 기준이 마련되었다.

**일반적으로 인정된 회계원칙(generally accepted accounting principles ; GAAP)이란, 기업실체에 영향을 미치는 경제적 사건을 재무제표 등에 보고하는 방법으로 대다수의 사람들에 의해 광범위하게 받아들여지고, 권위 있는 전문가의 합의에 의해 정립된 기준이다.** 따라서 '일반적으로 인정된 회계원칙(GAAP)'은 회계실무를 이끌어 가는 지도원리(guidelines)이며 감사인의 회계감사에 있어서도 감사지침이 된다. 이는 일반적인 타당성을 지니고 있어 기업을 둘러싼 이해관계자 집단의 이해를 조정하는 성격을 지니고 있으며, 경제환경이 변화함에 따라 그 내용이 변하는 특징을 가지고 있다.

### 2. 회계원칙 제정의 주체

회계원칙 제정의 주체는 크게 자유시장접근법과 규제기관에 의한 접근법 두 가지로 구분할 수 있다.

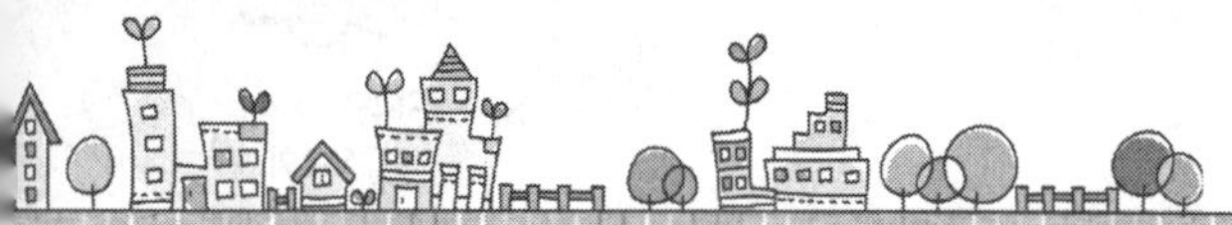

### (1) 자유시장접근법(free-market approach)

자유시장접근법은 회계정보를 **경제재(economic goods)**로 파악하여 수요·공급의 원리에 의해 정보에 대한 균형가격이 정해지도록 하여야 한다는 주장이다. 즉 회계정보도 다른 경제재와 마찬가지로 수요와 공급이라는 시장원리에 의하여 정보의 내용·형태, 가격, 정보이용자 등이 결정된다고 보아 회계원칙도 시장원리에 의하여 제정되어야 한다는 견해이다.

### (2) 규제기관에 의한 접근법(regulatory approach)

규제기관에 의한 접근법은 회계정보를 **공공재**로 인식하므로 수요, 공급의 원리에 의하여 균형이 달성될 수 없으므로 회계원칙을 규제기관에서 제정하여야 한다는 주장이다. 즉, 일반적인 경제재와 다르게 회계정보는 **무임승차(free ride)현상**으로 인하여 정보의 내용, 형태 및 가격이 수요와 공급의 원리에 의하여 결정되지 아니하고, 필요한 정보에 접근하는데 있어 충분한 힘을 가지지 못한 정보이용자들이 존재하므로 회계원칙을 규제기관이 제정하여야 한다는 것이다.

회계원칙을 제정할 수 있는 규제기관으로는 공공규제기관(public sector)과 사적규제기관(private sector)으로 나눌 수 있다. 정부기관과 같은 공공규제기관에 의해 회계원칙이 제정되는 경우에는 법적 구속력이 있고 회계실무담당자나 압력기관들의 영향력을 줄일 수 있어 보다 객관적인 회계원칙을 제정할 수 있다는 장점이 있으나 기업현실을 감안하지 못한다는 단점이 있다.

미국의 경우에는 증권거래위원회(SEC)가 회계원칙에 관한 권한을 가지고 있으나 이를 사적규제기관인 재무회계기준심의위원회(FASB)에 위임하여 제정하고 있다. 이처럼 사적규제기관에 의하여 제정하는 경우에는 전문가들이 회계원칙을 제정하므로 회계가 직면한 문제를 보다 쉽게 해결할 수 있으며 회계처리 방법의 실행가능성이 높다는 장점이 있지만 정부부문에 의한 강력한 지지가 뒷받침되어야만 강제력이 유지된다는 단점이 있다.

## 3. 회계원칙 제정의 접근방법

회계원칙을 제정하는 방법에는 크게 연역적 방법과 귀납적 방법이 있다. **연역적 방법(deductive approach)**은 기본적 가정이나 명제를 기초로 하여 논리적인 추론과정을 거쳐 구체적으로 회계실무에 적용 가능한 회계원칙으로 접근해 가는 방법이다. 따라서 논리의 일관성이 유지된다는 장점이 있지만 기본적인 가정이나 명제가 현상을 설명하지 못하면 그로부터 추론된 회계원칙도 회계실무를 제대로 반영하지 못하므로 비현실적인 것이 될 수 있다는 문제점이 있다.

그림 2 연역적 방법과 귀납적 방법

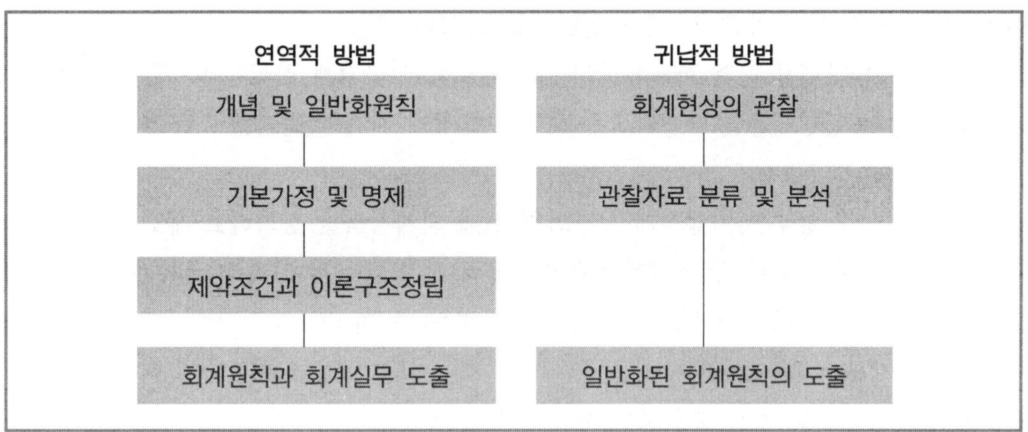


귀납적 방법(inductive approach)은 실무에서 사용되고 있는 회계처리방법을 관찰하여 그 사실을 기반으로 하여 일반적으로 받아들여지고 합리적인 회계원칙을 설정하는 방법이다. 즉, 귀납적 방법은 경제적 사건을 측정한 회계정보를 관찰하거나 경제적 실체의 회계행위를 관찰하고, 그 결과를 분석하여 회계원칙을 도출하는 것이다. 따라서 이 방법은 실무에서 발생하는 경제적 사건을 관찰하여 일반적인 회계원칙으로 제정되었으므로 실무에의 적용가능성이 높고, 새로운 회계사상에 대하여 즉시 대처할 수 있다는 장점이 있지만, 연역적 방법보다는 회계원칙들간의 논리적 일관성이 결여될 가능성이 높다는 단점이 있다.

## 4. 우리나라의 회계원칙

### (1) 우리나라 회계기준의 역사

우리나라는 조세제도의 정비, 금융산업의 발달로 인한 자본시장 육성의 필요성 등에 따른 회계제도의 정비가 필요하여 1958년 「기업회계원칙」과 「재무제표규칙」을 제정하

였다. 그 후 급속한 경제환경의 변화를 반영하여 1974년과 1975년에 「상장법인 등의 회계처리에 관한 규정」과 「상장법인 등의 재무제표규칙」을 제정하였다.

1981년 통일된 회계원칙의 필요성에 의해 「기업재무회계처리기준」(기업회계기준)을 제정하였고 1984년, 1985년, 1990년, 1994년에 이어 대폭적인 조문정리작업을 거쳐 1996년 개정 기업회계기준이 제정·공포되었다. 1998년 금융감독위원회의 출범과 IMF의 요구에 의하여 기업의 투명성을 확보할 수 있는 국제수준의 회계기준을 제정하기 위하여 1998년 12월 기업회계기준을 전면 개정하였다.

그리고 1999년 6월 민간 회계제정기구의 필요성에 근거해 한국회계기준원을 설립하여 회계기준과 관련내용을 제정하도록 하였으며 현재 각계 전문가들로 구성해 활동하고 있다.

외환위기 이후 정부는 기업회계 선진화를 위해 회계감독을 강화하고 제도개선을 지속적으로 실시하여 왔으나 '국제회계기준 미사용국'으로 분류됨에 따라 국제자본시장에서 한국기업 회계에 대해 전폭적으로 신뢰하지 못하는 한 원인이 되어왔다. 따라서 코리아 디스카운트(Korea Discount)의 원인 중 '회계기준 미흡' 요인을 제거하여 회계정보에 대한 대내외 신뢰도를 높일 필요성이 제기되었다.

또한 국내기업이 해외증시에 상장할 경우 해당국가의 회계처리기준을 적용하여 재무제표를 다시 작성하고 외부감사도 받게 되므로 기업부담이 발생하는데, 국제회계기준을 도입함에 따라 국내법규에 의한 재무제표를 국제자본시장에서 그대로 사용할 수 있게 되어 2중으로 회계장부를 작성하는 부담이 없어진다. 미국은 IFRS를 적용한 제3국기업에 대해 차이조정의무를 면제했으며(2007년 11월 이후 제출분부터 적용), EU는 제3국기업에 대해 IFRS적용을 의무화(EC로부터 회계기준에 대한 동등성을 인증 받는 등 일정요건 충족시 2011년까지 적용유예)하고 있다.

국제회계기준은 대다수 국가의 협업을 통해 제정되는 기준으로 기준 제정과정에서 미국, 영국, 캐나다, 호주, 일본 등 세계 각국과 공동작업을 하고 있으며 감독기구와 독립적으로 운영된다. 국제회계기준의 가장 큰 특징은 **연결재무제표 중심(Consolidated Financial Statements), 공정가액 평가(Fair Value Accounting), 원칙중심의 기준체계(Principle-based)** 등이다.

즉, 국제회계기준은 종속회사가 있는 경우 연결재무제표를 기본으로(개별재무제표는 선택사항) 하고 있어 사업보고서 등 모든 공시서류가 연결재무제표 기준으로 작성된다.

그리고 국제회계기준의 내용상 핵심은 자본시장의 투자자에게 기업의 재무상황 및 내재가치에 대한 유의미한 투자정보를 제공하는 것으로서 이를 위해 국제회계기준은 기업이 보유하는 모든 금융자산 · 부채의 가치를 공정가액(시장가치)으로 평가 하도록 강조한다.

또한 국제회계기준은 상세하고 구체적인 회계처리 방법 제시보다는 회계담당자가 경제적 실질에 기초하여 합리적으로 회계처리할 수 있도록 회계처리의 기본원칙과 방법론을 제시(Principle－based)하는 데 주력하고 있다. 반면, US GAAP 등은 법률관계 및 계약의 내용에 따라 개별 사안에 대한 구체적인 회계처리 방법과 절차를 세밀하게 규정(Rule－based)하고 있다. 기업의 활동이 복잡해짐에 따라 예측가능한 모든 활동에 대해 세부적인 규칙을 제시하는 것은 불가능하며, 규칙의 자구해석에 지나치게 집중하는 경우 오히려 규제회피가 더욱 쉬워지는 문제가 발생하므로 회계기준 당국은 회계 처리 적정성을 판단할 수 있는 충분한 원칙 및 근거를 제시하는데 주력하여야 한다는 입장이다.

국제회계기준위원회는 원칙중심의 국제회계기준을 제정하기 위해 다음과 같은 제정원칙을 표방하고 있다(IASB Chairman David Tweedie(2007)).

① 회계기준의 복잡성을 줄이기 위해 기준 내에서 예외 규정을 지양한다(No exceptions).
② 회계기준내에서 목적과 핵심원칙(Core principles)을 명확하게 기술한다.
③ 회계기준서간 일관성을 유지한다(No inconsistencies among Standards).
④ 개념체계에 근거하여 규정한다(Tied to conceptual framework). 개념체계와 다른 규정을 포함하는 경우에는 결론도출근거에서 설명한다.
⑤ 규정에 대한 해석은 전문가의 판단에 의존한다(Relies on Judgement). 판단하고 선택한 방법과 이유에 대해 주석으로 공시할 필요가 있다.
⑥ 지침은 꼭 필요한 경우에 한하여 최소한으로 제공한다(Minimum guidance).

한국채택국제회계기준을 제정하는 절차의 일부로서 한국회계기준원과 국제회계기준위원회재단이 체결한 저작권계약에 따라 국제회계기준위원회가 영문으로 발표한 국제회계기준을 한국어로 번역하는 과정을 거쳐, 2007년 9월 27일에 공개초안을 발표하고 공개초안에 대해 접수된 외부의견을 수렴하여 2007년 11월 23일에 '재무제표의 작성과 표시를 위한 개념체계', 기업회계기준서 제1101호 '한국채택국제회계기준의 최초채택' 등 37개의 기업회계기준서 및 21개의 기업회계기준해석서를 제정하였다.

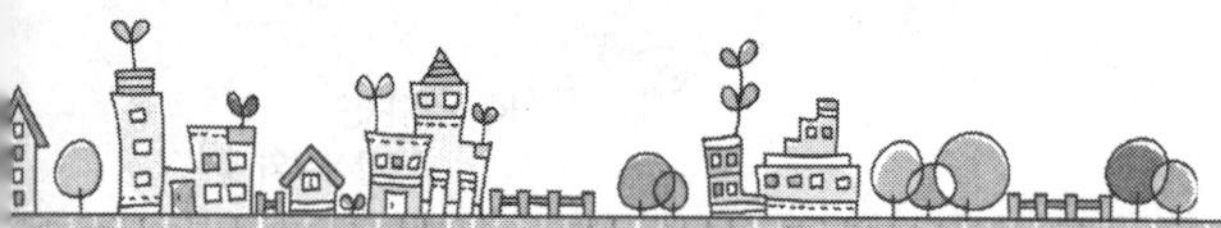

## 기업회계기준서 (한국채택국제회계기준)

제1001호　재무제표 표시
제1002호　재고자산
제1007호　현금흐름표
제1008호　회계정책, 회계추정의 변경 및 오류
제1010호　보고기간후사건
제1012호　법 인 세
제1016호　유형자산
제1019호　종업원급여
제1020호　정부보조금의 회계처리와 정부지원의 공시
제1021호　환율변동효과
제1023호　차입원가
제1024호　특수관계자 공시
제1026호　퇴직급여제도에 의한 회계처리와 보고
제1027호　별도재무제표
제1028호　관계기업과 공동기업에 대한 투자
제1029호　초인플레이션 경제에서의 재무보고
제1032호　금융상품 : 표시
제1033호　주당이익
제1034호　중간재무보고
제1036호　자산손상
제1037호　충당부채, 우발부채 및 우발자산
제1038호　무형자산
제1039호　금융상품 : 인식과 측정
제1040호　투자부동산
제1041호　농림어업
제1101호　한국채택국제회계기준의 최초채택
제1102호　주식기준보상
제1103호　사업결합
제1104호　보험계약
제1105호　매각예정비유동자산과 중단영업
제1106호　광물자원의 탐사와 평가
제1107호　금융상품 : 공시
제1108호　영업부문
제1109호　금융상품
제1110호　연결재무제표
제1111호　공동약정
제1112호　타기업에 대한 지분의 공유
제1113호　공정가치측정
제1114호　규제이연계정
제1115호　고객과의 계약에서 생기는 수익
제1116호　리스

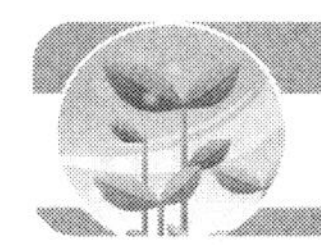

## OX 문제

1 기업 외부이해관계자의 경제적 의사결정을 위해 경영자가 기업실체의 경제적 자원과 의무, 경영성과, 현금흐름, 자본변동 등에 과한 재무정보를 제공하는 것을 재무보고라고 한다.

2 투자위험을 감수하는 자본제공자와 그들의 투자전문가는 투자에 내재된 위험과 투자수익에 대한 정보에 관심을 갖는다. 이들 투자자는 회계정보 중 이자의 지급능력에 관심을 갖는다.

3 기업이 통제하는 경제적 자원과 그 자원을 과거에 조정한 능력은 기업이 미래 현금 및 현금성자산의 창출능력을 예측하는 데 유용하다.

4 재무제표의 목적은 광범위한 정보이용자의 경제적 의사결정에 유용한 기업의 재무상태, 경영성과와 재무상태변동에 관한 정보를 제공하는 것이다.

5 기업의 경영성과는 기업이 통제하는 경제적 자원, 기업의 재무구조, 유동성과 지급능력, 영업 환경변화에 대한 적응능력에 의해 영향을 받는다.

6 재무회계의 목적을 달성하기 위한 대표적 수단인 재무제표는 재무상태와 경영성과 등의 요약정보를 제공한다. 이러한 재무제표의 종류로는 재무상태표, 포괄손익계산서, 현금흐름표와 자본변동표 및 주석이 있다.

7 재무상태에 관한 정보는 주로 포괄손익계산서를 통해 제공되며, 경영성과에 관한 정보는 주로 재무상태표를 통해 제공된다.

8 관리회계는 기업의 외부이해관계자인 투자자나 채권자 등에게 경제적 의사결정에 유용한 재무정보를 측정, 보고하는 것을 목적으로 한다.

9 일반적으로 인정된 회계원칙이란, 기업실체에 영향을 미치는 경제적 사건을 재무제표 등에 보고하는 방법으로 대다수의 사람들에 의해 광범위하게 받아들여지고, 권위있는 전문가의 합의에 의해 정립된 기준이다.

10 회계원칙제정 방법 중 자유시장접근법은 회계정보를 경제재로 파악하여 수요·공급의 원리에 의해 정보에 대한 균형가격이 정해지도록 하여야 한다는 주장이다.

# 객 관 식 문 제

01 한국채택국제회계기준의 개념체계에 의한 재무제표의 목적은 광범위한 범위의 정보이용자에게 경제적 의사결정에 유용한 정보를 제공하는 데 있다. 이에 해당하지 않는 것은? ➤ 공인회계사 수정

① 기업이 통제하는 경제적 자원과 그 자원을 과거에 조정한 능력은 기업의 미래 현금 및 현금성자산의 창출능력을 예측하는 데 유용하다.

② 경영성과 특히 수익성에 관한 정보는 그 기업이 장래 통제하게 될 가능성이 높은 경제적 자원의 잠재적 변동가능성을 평가하는 데 유용하다.

③ 기업의 재무상태변동에 관한 정보는 일정 시점에서의 기업의 투자, 재무 및 영업활동을 평가하는 데 유용하다.

④ 재무상태변동에 관한 정보는 별도의 재무제표를 통해 제공된다.

⑤ 재무제표는 주석과 부속명세서, 그리고 그 밖의 정보도 포함한다.

02 다음 중 회계등식은?

① 자산－부채＝자본　② 자산－자본＝부채　③ 자본＝자산－부채
④ 자산＝부채＋자본　⑤ 부채＝자산－자본

03 다음 중 회계정보의 특징이 아닌 것은?

① 회계정보는 추상적이거나 막연한 정보가 아닌 구체적인 정보이다.

② 회계정보는 기업의 경영활동 모두를 나타내는 포괄적 정보이다.

③ 회계정보는 단순하게 나열된 정보가 아닌 요약된 정보이다.

④ 회계정보는 경영활동에 관한 재무정보를 화폐가치로 표현한다.

⑤ 회계정보는 기업의 미래경영활동을 모두를 나타낸다.

04 다음의 회계정보 이해관계자 중 성격이 다른 이해관계자는?

① 경영자　② 채권자　③ 종업원
④ 과세당국　⑤ 투자자

연습문제 해답 ▶ 재무회계와 회계원칙 Chapter 01

## OX문제

01 ○

02 × : 투자자들은 기업의 배당능력을 평가할 수 있는 정보를 필요로 한다.

03 ○

04 ○

05 × : 경영성과가 아니고 재무상태이다.

06 ○

07 × : 재무상태에 관한 정보는 주로 재무상태표를 통해 제공되며, 경영성과에 관한 정보는 주로 포괄손익계산서를 통해 제공된다.

08 × : 관리회계가 아니고 재무회계이다.

09 ○

10 ○

## 객관식문제

| 01 | ③ | 02 | ④ | 03 | ⑤ | 04 | ① |
|---|---|---|---|---|---|---|---|

01 일정 시점이 아니고 일정 기간동안이다.

02 재무상태표의 구성에서 알 수 있듯이 자산은 부채와 자본으로 구성되어 있다.

03 회계정보는 기업의 과거경영활동을 나타낸다.

04 경영자는 회계정보 공급자이다.

메모

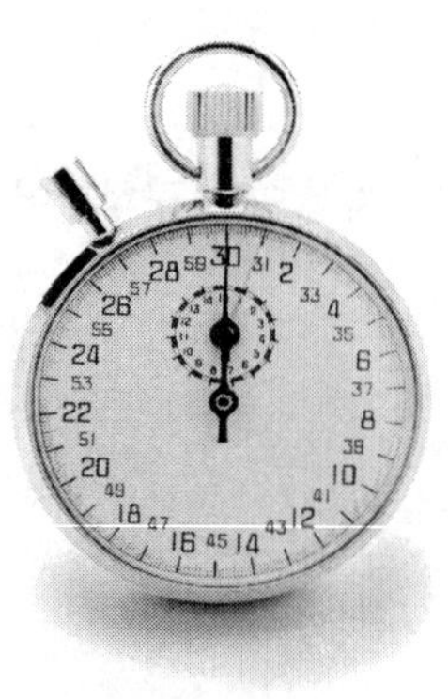

60
IS IT ENOUGH FOR YOU ?

60
IS IT ENOUGH FOR YOU ?

24
IS IT ENOUGH FOR YOU

30
IS IT ENOUGH FOR YOU ?

Chapter 02

# 재무회계의 개념적 체계

**학습목표**

본장에서는 회계기준의 논리적 체계를 제공하고 있는 개념적 체계에 대한 내용으로 회계가정, 질적 특성, 재무제표 구성요소 등을 다루고 있다. 또한 보론에서는 재무제표 요소의 측정과 관련된 공정가치 측정과 현재가치 개념을 다루고 있는데, 이는 향후 자산과 부채의 공정가치 측정과 밀접한 관련이 있다.

※ **관련 한국채택국제회계기준**
재무보고를 위한 개념체계

재무회계의 개념적 체계는 상호 관련된 목적과 기초 개념들을 체계화시켜 일관성 있는 회계기준을 마련하게 하고 재무회계와 재무제표의 본질, 기능 및 한계점 등에 관한 규범을 제공한다.

본 장에는 이론적 구조 및 개념체계, 회계가정의 종류와 내용, 회계정보의 질적 특성, 그리고 재무제표 구성요소 등에 대한 서술내용이 포함되어 있다.

## 01절 재무회계의 개념적 체계의 의의

**재무회계의 개념적 체계**는 상호 관련된 목적과 기초개념들을 체계화시켜서 일관성 있는 회계기준을 마련하게 하고 재무회계와 재무제표의 본질, 기능 및 한계점 등에 관한 규범을 제공하는 역할을 한다. 재무회계의 개념적 체계는 순수한 논리적 추론에 의해서 체계화한 것이 아니고 오랜 기간 동안 기업이 수행해 온 회계실무를 사후적으로 분석한 후 이에 대한 정당성을 논리적으로 체계화한 것이다.

재무회계 개념적 체계는 외부이용자를 위한 재무제표의 작성과 표시에 있어 기초가 되는 개념을 정립한다. '재무보고를 위한 개념체계'에서 규정하고 있는 '**개념체계의 목적**'은 다음과 같다.

(1) 한국회계기준위원회(이하 '회계기준위원회'라 한다)가 향후 새로운 한국채택국제회계기준을 제정하고 기존의 한국채택국제회계기준의 개정을 검토할 때에 도움을 준다.
(2) 한국채택국제회계기준에서 허용하고 있는 대체적인 회계처리방법의 수를 축소하기 위한 근거를 제공하여 회계기준위원회가 재무제표의 표시와 관련되는 법규, 회계기준 및 절차의 조화를 촉진시킬 수 있도록 도움을 준다.
(3) 재무제표의 작성자가 한국채택국제회계기준을 적용하고 한국채택국제회계기준이 미비한 주제에 대한 회계처리를 하는 데 도움을 준다.
(4) 재무제표가 한국채택국제회계기준을 따르고 있는지에 대해 감사인이 의견을 형성하는 데 도움을 준다.
(5) 한국채택국제회계기준에 따라 작성된 재무제표에 포함된 정보를 재무제표의 이용자가 해석하는 데 도움을 준다.

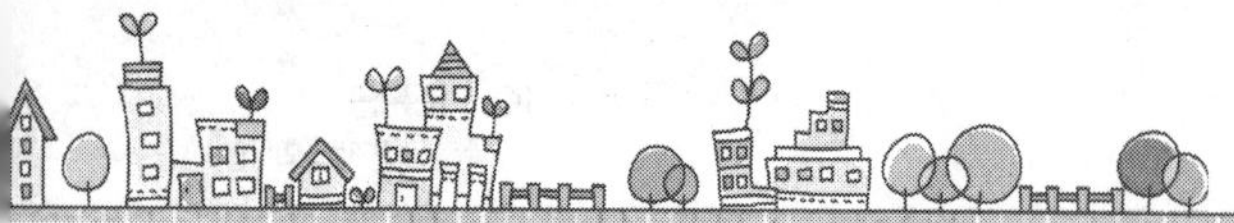

(6) 회계기준위원회의 업무활동에 관심 있는 이해관계자에게 한국채택국제회계기준을 제정하는 데 사용한 접근방법에 대한 정보를 제공한다.

이러한 개념체계는 한국채택국제회계기준이 아니므로 특정한 측정과 공시 문제에 관한 기준을 정하지 아니한다. 따라서 이 **개념체계는 어떤 경우에도 특정 한국채택국제회계기준에 우선하지 아니한다.**

다음 <그림 1>에서 개념적 체계의 위쪽은 재무회계의 목적으로 정보이용자들의 의사결정에 유용한 정보를 제공하는 것으로 개념적 체계의 근간이 된다. 회계목적은 정보이용자들의 경제적 의사결정에 유용한 정보를 제공하는 것이며, 회계목적으로부터 기본가정과 회계정보의 질적 특성을 도출한다.

기본가정은 기본명제로서 회계원칙을 연역적으로 전개하기 위한 기초를 제공하며, 회계정보의 질적 특성(Qualitative Characteristics)은 회계정보가 유용하기 위하여 갖추어야 할 자질이며 회계정보의 유용성 여부를 판단하는 기준을 말한다.

회계의 기본가정과 회계정보의 질적 특성을 바탕으로 회계실무에서 사용되는 회계정보의 구체적인 내용인 재무제표의 요소와 이러한 회계정보를 측정·전달하는 인식과 측정의 단계로 구성된다.

이렇게 만들어진 회계개념으로부터 회계원칙이 유도되고 재무정보를 생산하는 회계절차 및 회계실무가 적용되는 것이다.

그림 1 재무회계의 개념적 체계

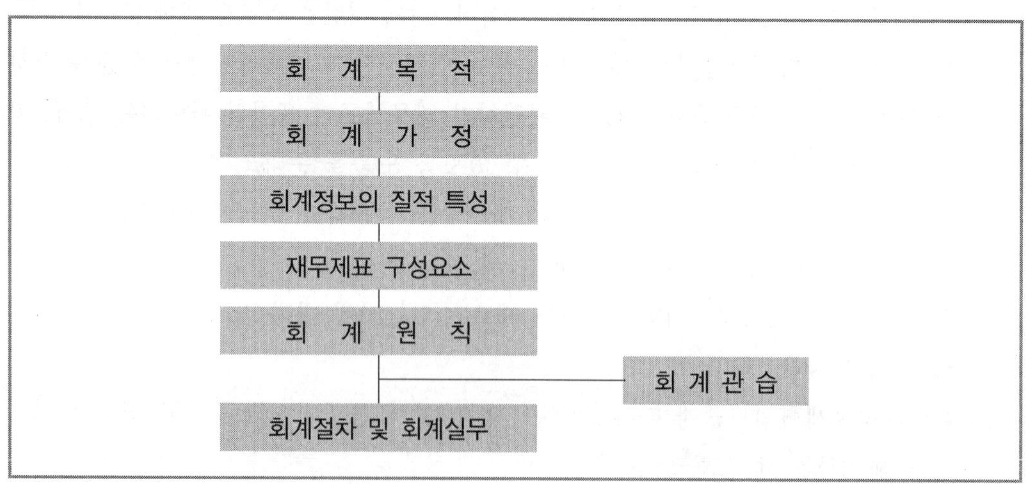

본 장에서는 국제회계기준위원회의 '재무보고를 위한 개념체계'의 내용을 중심으로 살펴본다.1)

## 02절 일반목적재무보고의 목적

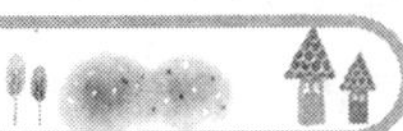

일반목적재무보고의 목적은 '개념체계'의 기초를 형성한다. '개념체계'의 다른 측면들 －보고기업 개념, 유용한 재무정보의 질적 특성과 제약요인, 재무제표의 요소, 인식, 측정, 표시와 공시－은 그 목적으로부터 논리적으로 전개된다.

### 1. 일반목적재무보고의 목적, 유용성 및 한계

일반목적재무보고의 목적은 **'현재 및 잠재적 투자자, 대여자 및 기타 채권자가 기업에 자원을 제공하는 것에 대한 의사결정을 할 때 유용한 보고기업 재무정보를 제공하는 것'**이다. 그 의사결정은 지분상품 및 채무상품을 매수, 매도 또는 보유하는 것과 대여 및 기타 형태의 신용을 제공 또는 결제하는 것을 포함한다.

지분상품 및 채무상품을 매수, 매도 또는 보유하는 것에 대한 현재 및 잠재적 투자자의 의사결정은 그 금융상품 투자에서 그들이 기대하는 수익, 예를 들어, 배당, 원금 및 이자의 지급 또는 시장가격의 상승에 의존한다. 마찬가지로 대여 및 기타 형태의 신용을 제공 또는 결제하는 것에 대한 현재 및 잠재적 대여자 및 기타 채권자의 의사결정은 그들이 기대하는 원금 및 이자의 지급이나 그 밖의 수익에 의존한다. 투자자, 대여자 및 기타 채권자의 수익에 대한 기대는 기업에 유입될 미래 순현금유입의 금액, 시기 및 불

1) 한국회계기준위원회가 2011년 9월 9일자로 발행한 '재무보고를 위한 개념체계'는 다음과 같이 4장으로 구성되어 있다. 1장 일반목적재무보고의 목적, 2장 보고기업(추후추가), 3장 유용한 재무정보의 질적 특성, 4장 재무제표의 작성과 표시를 위한 개념체계(잔존문단) 이다. 국제회계기준위원회(The International Accounting Standards Board: IASB)는 현재 개념체계를 갱신하는 절차를 진행 중인데, 이 개념체계 과제는 단계별로 수행되고 있다. 제2장은 보고기업 개념을 다루게 될 예정인데, 이 장이 완성되면 1989년에 발표된 '재무제표의 작성과 표시를 위한 개념체계'의 관련 문단은 대체되어, IASB는 '재무보고를 위한 개념체계'로 불리는 완전하고 포괄적인 단일 문서를 갖게 된다.

확실성 (전망)에 대한 그들의 평가에 달려 있다. 따라서 **현재 및 잠재적 투자자, 대여자 및 기타 채권자는 기업에 유입될 미래 순현금유입에 대한 전망을 평가하는 데 도움을 주는 정보를 필요로 한다.**

**'현재 및 잠재적 투자자, 대여자 및 기타 채권자는 미래 순현금유입에 대한 기업의 전망을 평가하기 위하여 기업의 자원, 기업에 대한 청구권, 그리고 기업의 경영진 및 이사회가 기업의 자원을 사용하는 그들의 책임을 얼마나 효율적이고 효과적으로 이행해 왔는지에 대한 정보를 필요로 한다.'** 그러한 책임의 예로는 가격 변동이나 기술적 변화와 같은 경제적 요인의 불리한 영향으로부터 기업의 자원을 보호하는 것과 해당 법, 규정 및 계약 조항을 기업이 반드시 준수하도록 하는 것이 있다. 경영진의 책임 이행에 대한 정보는 경영진의 행동에 대해 의결권을 가지거나 다른 방법으로 영향력을 행사하는 현재 투자자, 대여자 및 기타 채권자의 의사결정에도 유용하다.

많은 현재 및 잠재적 투자자, 대여자 및 기타 채권자는 그들에게 직접 정보를 제공하도록 보고기업에 요구할 수 없고, 그들이 필요로 하는 재무정보의 많은 부분을 일반목적재무보고서에 의존해야만 한다. 따라서 그들은 일반목적재무보고서가 대상으로 하는 주요 이용자이다.

그러나 일반목적재무보고서는 현재 및 잠재적 투자자, 대여자 및 기타 채권자가 필요로 하는 모든 정보를 제공하지는 않으며 제공할 수도 없다. 그 정보이용자들은, 예를 들어, 일반 경제적 상황 및 기대, 정치적 사건과 정치 풍토, 산업 및 기업 전망과 같은 다른 원천에서 입수한 관련 정보를 고려할 필요가 있다.

일반목적재무보고서는 보고기업의 가치를 보여주기 위해 고안된 것이 아니다. 그러나 그것은 현재 및 잠재적 투자자, 대여자 및 기타 채권자가 보고기업의 가치를 추정하는 데 도움이 되는 정보를 제공한다.

각 주요 이용자들의 정보 수요 및 욕구는 다르고 상충되기도 한다. 회계기준위원회는 재무보고기준을 제정할 때 주요 이용자 최대 다수의 수요를 충족하는 정보를 제공하기 위해 노력할 것이다. 그러나 공통된 정보 수요에 초점을 맞춘다고 해서 보고기업으로 하여금 주요 이용자의 특정한 일부에게 가장 유용한 추가적인 정보를 포함하지 못하게 하는 것은 아니다.

보고기업의 경영진도 해당 기업에 대한 재무정보에 관심이 있다. 그러나 경영진은 그들이 필요로 하는 재무정보를 내부에서 구할 수 있기 때문에 일반목적재무보고서에 의

존할 필요가 없다. 기타 당사자들, 예를 들어 감독당국 그리고 (투자자, 대여자 및 기타 채권자가 아닌) 일반대중도 일반목적재무보고서가 유용하다고 여길 수 있다. 그렇더라도 일반목적재무보고서는 이러한 기타 집단을 주요 대상으로 한 것이 아니다.

## 2. 보고기업의 경제적 자원, 청구권 그리고 자원 및 청구권의 변동에 관한 정보

일반목적재무보고서는 보고기업의 재무상태에 관한 정보, 즉 기업의 경제적 자원과 보고기업에 대한 청구권에 관한 정보를 제공한다. 재무보고서는 보고기업의 경제적 자원과 청구권을 변동시키는 거래와 그 밖의 사건의 영향에 대한 정보도 제공한다. 이 두 유형의 정보는 기업에 대한 자원 제공 관련 의사결정에 유용한 투입요소를 제공한다.

보고기업의 경제적 자원과 청구권의 성격 및 금액에 대한 정보는 정보이용자가 보고기업의 재무적 강점과 약점을 식별하는 데 도움을 줄 수 있다. 그 정보는 정보이용자가 보고기업의 유동성과 지급능력, 추가적인 자금 조달의 필요성 및 그 자금 조달이 얼마나 성공적일지를 평가하는 데 도움을 줄 수 있다. 현재 청구권의 우선순위와 지급 요구사항에 대한 정보는 정보이용자가 보고기업에 청구권이 있는 자들 간에 미래 현금흐름이 어떻게 분배될 것인지를 예상하는 데 도움이 된다. 다른 유형의 경제적 자원은 미래 현금흐름에 대한 보고기업의 전망에 관한 정보이용자의 평가에 다르게 영향을 미친다. 어떤 미래 현금흐름은 수취채권과 같은 현재의 경제적 자원에서 직접적으로 발생한다. 다른 현금흐름은 재화 또는 용역을 생산하고 고객에게 판매하기 위해 몇 가지 자원을 결합하여 사용하는 데에서 발생한다. 비록 그 현금흐름을 개별적인 경제적 자원 (또는 청구권)과 관련지을 수는 없을지라도 재무보고서의 이용자는 보고기업의 영업에 이용가능한 자원의 성격과 금액을 알 필요가 있다.

보고기업의 경제적 자원과 청구권의 변동은 그 기업의 재무성과, 그리고 채무상품 또는 지분상품의 발행과 같은 그 밖의 사건 또는 거래에서 발생한다. 보고기업의 미래 현금흐름에 대한 전망을 올바르게 평가하기 위하여 정보이용자는 이 두 변동을 구별할 수 있는 능력이 필요하다.

보고기업의 재무성과에 대한 정보는 그 기업의 경제적 자원에서 해당 기업이 창출한 수익을 정보이용자가 이해하는 데 도움을 준다. 기업이 창출한 수익에 대한 정보는 경영진이 보고기업의 자원을 효율적이고 효과적으로 사용해야 하는 책임을 얼마나 잘 이행하였는지를 보여준다. 특히 미래 현금흐름의 불확실성을 평가하는 데 있어서는 그 수익의 변동성 및 구성요소에 대한 정보도 역시 중요하다. 보고기업의 과거 재무성과와 그 경영진이 책임을 어떻게 이행했는지에 대한 정보는 기업의 경제적 자원에서 발생하는 미래 수익을 예측하는 데 일반적으로 도움이 된다.

**발생기준 회계**는 거래와 그 밖의 사건 및 상황이 보고기업의 경제적 자원과 청구권에 미치는 영향을, 비록 그 결과로 발생하는 현금의 수취와 지급이 다른 기간에 이루어지더라도, 그 영향이 발생한 기간에 보여준다. 이것이 중요한 이유는, 보고기업의 경제적 자원과 청구권 그리고 기간 중 그 변동에 관한 정보는 그 기간 동안의 현금 수취와 지급만의 정보보다 기업의 과거 및 미래 성과를 평가하는 데 더 나은 근거를 제공하기 때문이다.

투자자와 채권자에게서 직접  추가적인 자원을 획득한 것이 아닌 경제적 자원과 청구권의 변동이 반영된, 한 기간의 보고기업의 재무성과에 대한 정보는 기업의 과거 및 미래 순현금유입 창출 능력을 평가하는 데 유용하다. 그 정보는 보고기업이 이용가능한 경제적 자원을 증가시켜온 정도, 그리고 그 결과로 투자자와 채권자에게서 직접 추가적인 자원을 획득하지 않고 영업을 통하여 순현금유입을 창출할 수 있는 능력을 증가시켜온 정도를 보여준다.

어느 한 기간의 보고기업의 재무성과에 대한 정보는 시장가격 또는 이자율의 변동과 같은 사건이 기업의 경제적 자원과 청구권을 증가시키거나 감소시켜 기업의 순현금유입 창출 능력에 영향을 미친 정도도 보여줄 수 있다.

어느 한 기간의 보고기업의 **현금흐름에 대한 정보**도 정보이용자가 기업의 미래 순현금유입 창출 능력을 평가하는 데에 도움이 된다. 이는, 채무의 차입과 상환, 현금 배당 등 투자자에 대한  현금 분배 그리고 기업의 유동성이나 지급능력에 영향을 미치는 그 밖의 요인에 대한 정보를 포함하여, 보고기업이 어떻게 현금을 획득하고 사용하는지 보여준다. 현금흐름에 대한 정보는 정보이용자가 보고기업의 영업을 이해하고, 재무활동과 투자활동을 평가하며, 유동성이나 지급능력을 평가하고, 재무성과에 대한 그 밖의 정보를 해석하는 데 도움이 된다.

보고기업의 경제적 자원과 청구권은 추가적인 소유지분 발행과 같이 재무성과 외의 사유로도 변동될 수 있다. 이러한 유형의 변동에 관한 정보는 보고기업의 경제적 자원과 청구권이 변동된 이유와 그 변동이 미래 재무성과에 주는 의미를 정보이용자가 완전히 이해하는 데 필요하다.

## 03절 유용한 재무정보의 질적 특성

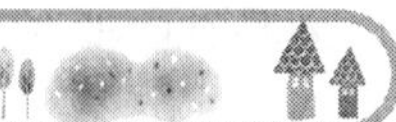

유용한 재무정보의 질적 특성은 재무보고서에 포함된 정보(재무정보)에 근거하여 보고기업에 대한 의사결정을 할 때 현재 및 잠재적 투자자, 대여자 및 기타 채권자에게 가장 유용할 정보의 유형을 식별하는 것이다.

재무보고서는 보고기업의 경제적 자원, 보고기업에 대한 청구권 그리고 그 자원 및 청구권에 변동을 일으키는 거래와 그 밖의 사건 및 상황의 영향에 대한 정보를 제공한다. (이 정보는 '개념체계' 안에서 **'경제적 현상에 대한 정보'**라 한다.) 일부 재무보고서는 보고기업에 대한 경영진의 기대 및 전략과 기타 유형의 미래전망 정보에 대한 설명자료도 포함하고 있다. 유용한 재무정보의 질적 특성은 재무제표에서 제공되는 재무정보에도 적용되며, 그 밖의 방법으로 제공되는 재무정보에도 적용된다. 보고기업의 유용한 재무정보 제공 능력에 대한 포괄적 제약요인인 원가도 이와 마찬가지로 적용된다. 그러나 질적 특성과 원가 제약요인 적용시의 고려 사항은 정보의 유형별로 달라질 수 있다. 예를 들어, 미래전망 정보에 이를 적용하는 것은 현재의 경제적 자원 및 청구권에 관한 정보와 그 자원 및 청구권의 변동에 적용하는 것과 다를 수 있다.

**'재무정보가 유용하기 위해서는 목적적합해야 하고 나타내고자 하는 바를 충실하게 표현해야 한다. 재무정보가 비교가능하고, 검증가능하며, 적시성 있고, 이해가능한 경우 그 재무정보의 유용성은 보강된다.'**

### 1. 근본적 질적 특성

유용한 재무정보의 근본적 질적 특성은 **목적적합성**과 **충실한 표현**이다.

### (1) 목적적합성

목적적합한 재무정보는 **정보이용자의 의사결정에 차이**가 나도록 할 수 있다. 정보는 일부 정보이용자가 이를 이용하지 않기로 선택하거나 다른 원천을 통하여 이미 이를 알고 있다고 할지라도 의사결정에 차이가 나도록 할 수 있다.

재무정보에 **예측가치, 확인가치** 또는 이 둘 모두가 있다면 그 재무정보는 의사결정에 차이가 나도록 할 수 있다. 정보이용자들이 미래 결과를 예측하기 위해 사용하는 절차의 투입요소로 재무정보가 사용될 수 있다면, 그 재무정보는 예측가치를 갖는다. 재무정보가 예측가치를 갖기 위해서 그 자체가 예측치 또는 예상치일 필요는 없다. 예측가치를 갖는 재무정보는 정보이용자 자신이 예측하는 데 사용된다. 재무정보가 과거 평가에 대해 피드백을 제공한다면 (과거 평가를 확인하거나 변경시킨다면) 확인가치를 갖는다.

재무정보의 예측가치와 확인가치는 상호 연관되어 있다. 예측가치를 갖는 정보는 확인가치도 갖는 경우가 많다. 예를 들어, 미래 연도 수익의 예측 근거로 사용할 수 있는 당해 연도 수익 정보를 과거 연도에 행한 당해 연도 수익 예측치와 비교할 수 있다. 그 비교 결과는 정보이용자가 그 과거 예측에 사용한 절차를 수정하고 개선하는 데 도움을 줄 수 있다.

정보가 누락되거나 잘못 기재된 경우 특정 보고기업의 재무정보에 근거한 정보이용자의 의사결정에 영향을 줄 수 있다면 그 정보는 중요한 것이다. 즉, **중요성**은 개별 기업 재무보고서 관점에서 해당 정보와 관련된 항목의 성격이나 규모 또는 이 둘 모두에 근거하여 해당 기업에 특유한 측면의 목적적합성을 의미한다. 따라서 개념체계에서 중요성에 대한 획일적인 계량 임계치를 정하거나 특정한 상황에서 무엇이 중요한 것인지를 미리 결정할 수 없다.

### (2) 충실한 표현

재무보고서는 경제적 현상을 글과 숫자로 나타내는 것이다. 재무정보가 유용하기 위해서는 목적적합한 현상을 표현하는 것뿐만 아니라 나타내고자 하는 현상을 충실하게 표현해야 한다. 완벽하게 충실한 표현을 하기 위해서는 서술에 세 가지의 특성이 있어야 할 것이다. '**서술은 완전하고, 중립적이며, 오류가 없어야 할 것이다**'. 물론 완벽함은 달성하기 어렵기 때문에, 개념체계의 목적은 가능한 정도까지 그 특성을 극대화하는 것이다.

**완전한 서술**은 필요한 기술과 설명을 포함하여 정보이용자가 서술되는 현상을 이해하는 데 필요한 모든 정보를 포함하는 것이다. 예를 들어, 자산 집합의 완전한 서술은 적어도 집합 내 자산의 특성에 대한 기술과 집합 내 모든 자산의 수량적 서술, 그러한 수량적 서술이 표현하고 있는 기술 내용(예 최초 원가, 조정 원가 또는 공정가치)을 포함한다. 일부 항목의 경우 완전한 서술은 항목의 질 및 성격, 그 항목의 질 및 성격에 영향을 줄 수 있는 요인과 상황, 그리고 수량적 서술을 결정하는 데 사용된 절차에 대한 유의적인 사실의 설명을 수반할 수도 있다.

**중립적 서술**은 재무정보의 선택이나 표시에 편의가 없는 것이다. 중립적 서술은, 정보이용자가 재무정보를  유리하게 또는 불리하게 받아들일 가능성을 높이기 위해 편파적이 되거나, 편중되거나, 강조되거나, 경시되거나 그 밖의 방식으로 조작되지 않는다. 중립적 정보는 목적이 없거나 행동에 대한 영향력이 없는 정보를 의미하지 않는다. 오히려 목적적합한 재무정보는 정의상 정보이용자의 의사결정에 차이가 나도록 할 수 있는 정보이다.

충실한 표현은 모든 면에서 정확한 것을 의미하지는 않는다. **오류가 없다**는 것은 현상의 기술에 오류나 누락이 없고, 보고 정보를 생산하는 데 사용되는 절차의 선택과 적용 시 절차 상 오류가 없음을 의미한다. 이 맥락에서 오류가 없다는 것은 모든 면에서 완벽하게 정확하다는 것을 의미하지는 않는다. 예를 들어, 관측가능하지 않은 가격이나 가치의 추정치는 정확한지 또는 부정확한지 결정할 수 없다. 그러나 추정치로서 금액을 명확하고 정확하게 기술하고, 추정 절차의 성격과 한계를 설명하며, 그 추정치를 도출하기 위한 적절한 절차를 선택하고 적용하는 데 오류가 없다면 그 추정치의 표현은 충실하다고 할 수 있다.

충실한 표현 그 자체가 반드시 유용한 정보를 만들어 내는 것은 아니다. 예를 들어, 보고기업은 정부보조금으로 유형자산을 받을 수 있다. 기업이 아무런 대가 없이 자산을 취득했다고 보고한다면 그 원가를 충실히 표현한 것은 분명하지만 그 정보는 아마도 매우 유용하지는 않을 것이다. 좀 더 미묘한 사례는 자산의 장부금액이 자산 가치의 손상을 반영하여 조정되어야 하는 금액의 추정치인 경우이다. 보고기업이 적절한 절차를 올바르게 적용하였고, 추정치를 올바로 기술했으며, 추정치에 유의적으로 영향을 미칠 수 있는 불확실성을 기술하였다면, 그 추정치는 충실한 표현이 될 수 있다. 그러나 그러한 추정치에 불확실성의 수준이 충분히 크다면, 그 추정치가 별로 유용하지는 못할 것이다.

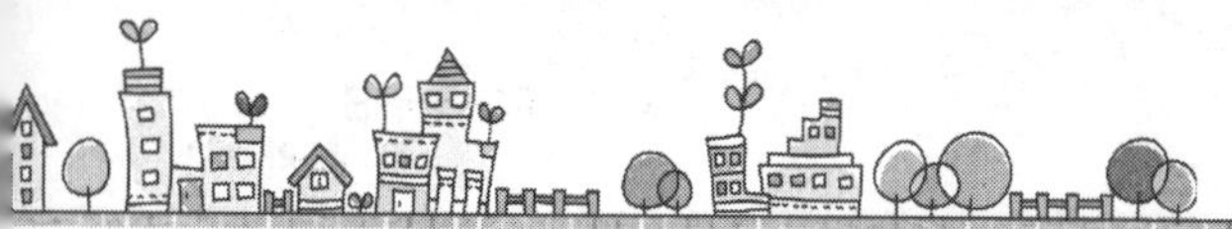

즉, 충실히 표현된 자산이라도 목적적합성이 의문스럽다는 것이다. 더 충실한 다른 표현을 할 수 없다면, 그 추정치가 최선의 이용가능한 정보를 제공하는 것일 수는 있다.

### (3) 근본적 질적 특성의 적용

정보가 유용하기 위해서는 목적적합하고 충실하게 표현되어야 한다. 목적적합하지 않은 현상에 대한 충실한 표현과 목적적합한 현상에 대한 충실하지 못한 표현 모두 정보이용자가 좋은 결정을 내리는 데 도움이 되지 않는다.

근본적 질적 특성을 적용하기 위한 가장 효율적이고 효과적인 절차는 일반적으로 다음과 같다(보강적 특성과 원가 제약요인의 영향을 받지만 이 사례에서는 고려하지 않음).

첫째, 보고기업의 재무정보 이용자에게 유용할 수 있는 경제적 현상을 식별한다.

둘째, 이용가능하고 충실히 표현될 수 있다면 가장 목적적합하게 될, 그 현상에 대한 정보의 유형을 식별한다.

셋째, 그 정보가 이용가능하고 충실하게 표현될 수 있는지 결정한다. 만약 그러하다면, 근본적 질적 특성의 충족 절차는 그 시점에 끝난다. 만약 그러하지 않다면, 차선의 목적적합한 유형의 정보에 대해 그 절차를 반복한다.

## 2. 보강적 질적 특성

**'비교가능성, 검증가능성, 적시성 및 이해가능성은 목적적합하고 충실하게 표현된 정보의 유용성을 보강시키는 질적 특성이다'.** **보강적 질적 특성**은 만일 어떤 두 가지 방법이 현상을 동일하게 목적적합하고 충실하게 표현하는 것이라면 이 두 가지 방법 가운데 어느 방법을 현상의 서술에 사용해야 할지를 결정하는 데에도 도움을 줄 수 있다.

### (1) 비교가능성

정보이용자의 의사결정은, 예를 들어, 투자자산을 매도할지 또는 보유할지, 어느 보고기업에 투자할지를 선택하는 것과 같이 대안들 중에서 선택을 하는 것이다. 따라서 보고기업에 대한 정보는 다른 기업에 대한 유사한 정보 및 해당 기업에 대한 다른 기간이나 다른 일자의 유사한 정보와 비교할 수 있다면 더욱 유용하다. **비교가능성**은 정보이용자가 항목 간의 유사점과 차이점을 식별하고 이해할 수 있게 하는 질적 특성이다. 다른 질적 특성과 달리 비교가능성은 단 하나의 항목에 관련된 것이 아니다. 비교하려면 최소한 두 항목이 필요하다.

**일관성**은 비교가능성과 관련은 되어 있지만 동일하지는 않다. 일관성은 한 보고기업 내에서 기간 간 또는 같은 기간 동안에 기업 간, 동일한 항목에 대해 동일한 방법을 적용하는 것을 말한다. 비교가능성은 목표이고 일관성은 그 목표를 달성하는 데 도움을 준다.

비교가능성은 **통일성**이 아니다. 정보가 비교가능하기 위해서는 비슷한 것은 비슷하게 보여야 하고 다른 것은 다르게 보여야 한다. 재무정보의 비교가능성은 비슷한 것을 달리 보이게 하여 보강되지 않는 것처럼, 비슷하지 않은 것을 비슷하게 보이게 한다고 해서 보강되지 않는다.

근본적 질적 특성을 충족하면 어느 정도의 비교가능성은 달성될 수 있을 것이다. 목적적합한 경제적 현상에 대한 충실한 표현은 다른 보고기업의 유사한 목적적합한 경제적 현상에 대한 충실한 표현과 어느 정도의 비교가능성을 자연히 가져야 한다. 단 하나의 경제적 현상을 충실하게 표현하는 데 여러 방법이 있을 수 있으나 동일한 경제적 현상에 대해 대체적인 회계처리방법을 허용하면 비교가능성이 감소한다.

### (2) 검증가능성

**검증가능성**은 정보가 나타내고자 하는 경제적 현상을 충실히 표현하는지를 정보이용자가 확인하는 데 도움을 준다. 검증가능성은 합리적인 판단력이 있고 독립적인 서로 다른 관찰자가 어떤 서술이 충실한 표현이라는 데, 비록 반드시 완전히 일치하지는 못하더라도, 의견이 일치할 수 있다는 것을 의미한다. 계량화된 정보가 검증가능하기 위해서 단일 점추정치이어야 할 필요는 없다. 가능한 금액의 범위 및 관련된 확률도 검증될 수 있다.

검증은 직접적 또는 간접적으로 이루어질 수 있다. 직접 검증은, 예를 들어, 현금을 세는 것과 같이, 직접적인 관찰을 통하여 금액이나 그 밖의 표현을 검증하는 것을 의미한다. 간접 검증은 모형, 공식 또는 그 밖의 기법에의 투입요소를 확인하고 같은 방법을 사용하여 그 결과를 재계산하는 것을 의미한다. 예를 들어, 투입요소(수량과 원가)를 확인하고 같은 원가흐름가정을 사용(예 선입선출법 사용)하여 기말 재고자산을 재계산하여 재고자산의 장부금액을 검증하는 것이다.

어느 미래 기간 전까지는 어떤 설명과 미래전망 재무정보를 검증하는 것이 전혀 가능

하지 않을 수 있다. 정보이용자가 그 정보의 이용 여부를 결정하는 데 도움을 주기 위해서는 일반적으로 기초가 된 가정, 정보의 작성 방법과 정보를 뒷받침하는 그 밖의 요인 및 상황을 공시하는 것이 필요하다.

### (3) 적시성

**적시성**은 의사결정에 영향을 미칠 수 있도록 의사결정자가 정보를 제때에 이용가능하게 하는 것을 의미한다. 일반적으로 정보는 오래될수록 유용성이 낮아진다. 그러나 일부 정보는 보고기간 말 후에도 오랫동안 적시성이 있을 수 있다. 예를 들어, 일부 정보이용자는 추세를 식별하고 평가할 필요가 있을 수 있기 때문이다.

### (4) 이해가능성

정보를 명확하고 간결하게 분류하고, 특징지으며, 표시하면 **이해가능**하게 된다.

일부 현상은 본질적으로 복잡하여 이해하기 쉽게 할 수 없다. 그 현상에 대한 정보를 재무보고서에서 제외하면 그 재무보고서의 정보를 더 이해하기 쉽게 할 수 있다. 그러나 그 보고서는 불완전하여 잠재적으로 오도할 수 있다.

재무보고서는 사업활동과 경제활동에 대해 합리적인 지식이 있고, 부지런히 정보를 검토하고 분석하는 정보이용자를 위해 작성된다. 때로는 박식하고 부지런한 정보이용자도 복잡한 경제적 현상에 대한 정보를 이해하기 위해 자문가의 도움을 받는 것이 필요할 수 있다.

### (5) 보강적 질적 특성의 적용

보강적 질적 특성은 가능한 한 극대화되어야 한다. 그러나 보강적 질적 특성은, 정보가 목적적합하지 않거나 충실하게 표현되지 않으면, 개별적으로든 집단적으로든 그 정보를 유용하게 할 수 없다.

보강적 질적 특성을 적용하는 것은 어떤 규정된 순서를 따르지 않는 반복적인 과정이다. 때로는 하나의 보강적 질적 특성이 다른 질적 특성의 극대화를 위해 감소되어야 할 수도 있다. 예를 들어, 새로운 재무보고기준의 전진 적용으로 인한 비교가능성의 일시적 감소는 장기적으로 목적적합성이나 충실한 표현을 향상시키기 위해 감수할 수도 있다. 적절한 공시는 비교가능성의 미비를 부분적으로 보완할 수 있다.

## 3. 유용한 재무보고에 대한 원가 제약

'원가는 재무보고로 제공될 수 있는 정보에 대한 포괄적 제약 요인이다'. 재무정보의 보고에는 원가가 소요되고, 해당 정보 보고의 효익이 그 원가를 정당화한다는 것이 중요하다. 고려해야 할 몇 가지 유형의 원가와 효익이 있다.

재무정보의 제공자는 재무정보의 수집, 처리, 검증 및 전파에 대부분의 노력을 기울인다. 그러나 정보이용자는 궁극적으로 수익 감소의 형태로 그 원가를 부담한다. 재무정보의 이용자에게도 제공된 정보를 분석하고 해석하는 데 원가가 발생한다. 필요한 정보가 제공되지 않으면, 그 정보를 다른 곳에서 얻거나 그것을 추정하기 위한 추가적인 원가가 정보이용자에게 발생한다.

목적적합하고 나타내고자 하는 바가 충실하게 표현된 재무정보를 보고하는 것은 정보이용자가 더 확신을 가지고 의사결정하는 데 도움이 된다. 이것은 자본시장이 더 효율적으로 기능하도록 하고, 경제 전반적으로 자본비용을 감소시킨다. 개별 투자자, 대여자 및 기타 채권자도 더 많은 정보에 근거한 의사결정을 함으로써 효익을 얻는다. 그러나 정보이용자 각자가 목적적합하다고 보는 모든 정보를 일반목적재무보고서에서 제공하는 것은 가능하지 않다.

원가 제약요인을 적용함에 있어서, 회계기준위원회는 특정 정보를 보고하는 효익이 그 정보를 제공하고 사용하는 데 발생한 원가를 정당화할 수 있을 것인지 평가한다. 제안된 재무보고기준을 제정하는 과정에 원가 제약요인을 적용할 때, 회계기준위원회는 그 기준의 예상되는 효익과 원가의 성격 및 양에 대하여 재무정보의 제공자, 정보이용자, 외부감사인, 학계 등에서 정보를 구한다. 대부분의 상황에서 평가는 양적 그리고 질적 정보의 조합에 근거한다.

본질적인 주관성 때문에, 재무정보의 특정 항목 보고의 원가 및 효익에 대한 평가는 개인마다 달라진다. 따라서 회계기준위원회는 단지 개별 보고기업과 관련된 것이 아닌, 재무보고 전반적으로 원가와 효익을 고려하려고 노력하고 있다. 그렇다고 원가와 효익의 평가가 동일한 보고 요구사항을 모든 기업에 대해 언제나 정당화한다는 것을 의미하는 것은 아니다. 기업 규모의 차이, 자본 조달 방법(공모 또는 사모)의 차이, 정보이용자 요구의 차이, 그 밖의 다른 요인 때문에 달리하는 것이 적절할 수 있다.

# 04절 재무제표의 작성과 표시를 위한 개념체계

## 1. 기본가정

회계가정(accounting postulates)이란 회계공준이라고도 하는데 회계이론을 논리적으로 전개하기 위한 출발점이며, 회계원칙을 연역적으로 전개하기 위한 기본적 가정으로서 회계환경으로부터 귀납적으로 도출된다.2)

재무제표의 작성과 표시를 위한 개념체계에서는 계속기업을 재무제표 작성을 위한 기본 가정으로 두고 있다.

### (1) 계속기업

재무제표는 일반적으로 기업이 계속기업이며 예상가능한 기간 동안 영업을 계속할 것이라는 가정 하에 작성된다. 따라서 기업은 그 경영활동을 청산하거나 중요하게 축소할 의도나 필요성을 갖고 있지 않다는 가정을 적용하며, 만약 이러한 의도나 필요성이 있다면 재무제표는 계속기업을 가정한 기준과는 다른 기준을 적용하여 작성하는 것이 타당할 수 있으며 이때 적용한 기준은 별도로 공시하여야 한다.

## 2. 재무제표 요소

재무제표는 거래나 그 밖의 사건의 재무적 영향을 경제적 특성에 따라 대분류하여 나타내는데, 이러한 대분류를 **재무제표의 요소**로 정의한다.

재무상태표에서 재무상태의 측정과 직접 관련된 요소는 자산, 부채 및 자본이고, 포괄손익계산서에서 성과의 측정과 직접 관련된 요소는 수익과 비용이다.

그러나 재무상태변동표는 일반적으로 재무상태표 요소의 변동과 포괄손익계산서 요

---

2) 회계가정은 일반적으로 다음과 같은 요건을 갖추어야 한다.
① 정합성(coherence) : 후속명제 또는 원리와 논리적 모순이 없는 상호관계를 가져야 한다.
② 공헌성(contributiveness) : 후속되는 다른 명제를 도출할 수 있는 특성을 가져야 한다.
③ 일관성(consistency) : 가정은 상호모순 또는 대립되지 않아야 한다.
④ 독립성(independence) : 다른 가정으로부터 유도되어서는 안된다.

소를 반영하므로, 재무제표의 작성과 표시를 위한 개념체계에서는 재무상태변동표의 고유한 요소에 대해 별도로 식별하지 아니하였다.

재무제표의 요소가 재무상태표와 포괄손익계산서에 표시될 때 소분류의 과정을 거친다. 예를 들어, 자산과 부채는 기업이 영위하는 사업에서의 해당 항목의 성격이나 기능에 따라 이용자의 경제적 의사결정 목적에 가장 유용하도록 당해 정보를 나타내는 방법으로 분류할 수 있다. 이하에서는 K-IFRS재무보고를 위한 개념체계의 내용이다.

### (1) 재무상태

**재무상태의 측정에 직접 관련되는 요소는 자산, 부채 및 자본이다.** 이러한 요소의 정의는 다음과 같다.

① **자산**은 과거사건의 결과로 기업이 통제하는 현재의 경제적자원이다.

② **부채**는 부채는 과거사건의 결과로 기업이 경제적자원을 이전해야 하는 현재의무이다.

③ **자본**은 기업의 자산에서 모든 부채를 차감한 후의 잔여지분이다.

### (2) 자 산

자산의 정의에서 경제적자원은 경제적효익을 창출할 잠재력을 지닌 권리이다(K-IFRS재무보고를 위한 개념체계 4.4). 이하에서는 자산의 정의에 대한 세 가지 측면을 설명한다.

① **권리** : 경제적효익을 창출할 잠재력을 지닌 권리는 다음을 포함하여 다양한 형태를 갖는다.

(1) 다른 당사자의 의무에 해당하는 권리. 예를 들면 다음과 같다.

(가) 현금을 수취할 권리

(나) 재화나 용역을 제공받을 권리

(다) 유리한 조건으로 다른 당사자와 경제적자원을 교환할 권리. 이러한 권리에는 예를 들어 현재 유리한 조건으로 경제적자원을 구매하는 선도계약 또는 경제적자원을 구매하는 옵션이 포함된다.

(라) 불확실한 특정 미래사건이 발생하면 다른 당사자가 경제적효익을 이전하기로 한 의무로 인해 효익을 얻을 권리

(2) 다른 당사자의 의무에 해당하지 않는 권리. 예를 들면 다음과 같다.

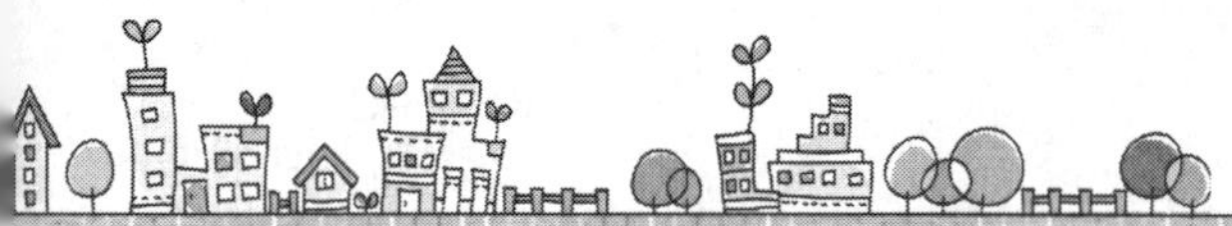

(가) 유형자산 또는 재고자산과 같은 물리적 대상에 대한 권리. 이러한 권리의 예로는 물리적 대상을 사용할 권리 또는 리스제공자산의 잔존가치에서 효익을 얻을 권리가 있다.

(나) 지적재산 사용권

많은 권리들은 계약, 법률 또는 이와 유사한 수단에 의해 성립된다. 예를 들어, 기업은 특정 물리적 대상을 보유하거나 리스함으로써 권리를 획득할 수 있고, 채무상품이나 지분상품을 소유하거나 등록된 특허권을 소유함으로써 권리를 획득할 수 있다. 그러나 기업은 그 밖의 방법으로도 권리를 획득할 수 있다. 예를 들면 다음과 같다.

(1) 공공의 영역(public domain)에 속하지 않는 노하우의 획득이나 창작

(2) 실무 관행, 공개한 경영방침, 특정 성명(서)과 상충되는 방식으로 행동할 수 있는 실제 능력이 없기 때문에 발생하는 다른 당사자의 의무

일부 재화나 용역(예 종업원이 제공한 용역)은 제공받는 즉시 소비된다. 이러한 재화나 용역으로 창출된 경제적효익을 얻을 권리는 기업이 재화나 용역을 소비하기 전까지 일시적으로 존재한다.

기업의 모든 권리가 그 기업의 자산이 되는 것은 아니다. 권리가 기업의 자산이 되기 위해서는, 해당 권리가 그 기업을 위해서 다른 모든 당사자들이 이용가능한 경제적효익을 초과하는 경제적효익을 창출할 잠재력이 있고, 그 기업에 의해 통제되어야 한다. 예를 들어, 유의적인 원가를 들이지 않고 모든 당사자들이 이용가능한 권리를 보유하더라도 일반적으로 그것은 기업의 자산이 아니다. 그러한 권리의 예로는 토지 위의 도로에 대한 공공권리 또는 공공의 영역(public domain)에 속하는 노하우와 같은 공공재에 접근할 수 있는 권리가 있다.

기업은 기업 스스로부터 경제적효익을 획득하는 권리를 가질 수는 없다. 따라서,

(1) 기업이 발행한 후 재매입하여 보유하고 있는 채무상품이나 지분상품(예 자기주식)은 기업의 경제적자원이 아니다.

(2) 만약 보고기업이 둘 이상의 법적 실체를 포함하는 경우, 그 법적 실체들 중 하나가 발행하고 다른 하나가 보유하고 있는 채무상품이나 지분상품은 그 보고기업의 경제적자원이 아니다.

원칙적으로 기업의 권리 각각은 별도의 자산이다. 그러나 회계목적상, 관련되어 있는 여러 권리가 단일 자산인 단일 회계단위로 취급되는 경우가 많다. 예를 들어, 물리적 대상에 대한 법적소유권은 다음을 포함한 여러 가지 권리를 부여해줄 수 있다.
(1) 대상을 사용할 권리
(2) 대상에 대한 권리를 판매할 권리
(3) 대상에 대한 권리를 담보로 제공할 권리
(4) 위 '(1)~(3)'에 열거되지 않은 그 밖의 권리

많은 경우에 물리적 대상에 대한 법적소유권에서 발생하는 권리의 집합은 단일 자산으로 회계처리한다. 개념적으로 경제적자원은 물리적 대상이 아니라 권리의 집합이다. 그럼에도 불구하고, 권리의 집합을 물리적 대상으로 기술하는 것이 때로는 그 권리의 집합을 가장 간결하고 이해하기 쉬운 방식으로 충실하게 표현하는 방법이 된다.

경우에 따라 권리의 존재 여부가 불확실할 수 있다. 예를 들어, 한 기업이 다른 당사자로부터 경제적자원을 수취할 수 있는 권리가 있는지에 대해 서로 분쟁이 있을 수 있다. 그러한 존재불확실성이 해결(예 법원의 판결)될 때까지 기업은 권리를 보유하는지 불확실하고, 결과적으로 자산이 존재하는지도 불확실하다.

② **경제적효익을 창출할 잠재력** : 경제적자원은 경제적효익을 창출할 잠재력을 지닌 권리이다. 잠재력이 있기 위해 권리가 경제적효익을 창출할 것이라고 확신하거나 그 가능성이 높아야 하는 것은 아니다. 권리가 이미 존재하고, 적어도 하나의 상황에서 그 기업을 위해 다른 모든 당사자들에게 이용가능한 경제적효익을 초과하는 경제적효익을 창출할 수 있으면 된다.

경제적효익을 창출할 가능성이 낮더라도 권리가 경제적자원의 정의를 충족할 수 있고, 따라서 자산이 될 수 있다. 그럼에도 불구하고, 그러한 낮은 가능성은 자산의 인식 여부와 측정방법을 포함하여, 자산과 관련하여 제공해야 할 정보와 그 정보를 제공하는 방법에 대한 결정에 영향을 미칠 수 있다.

경제적자원은 기업에게 예를 들어, 다음 중 하나 이상을 할 수 있는 자격이나 권한을 부여하여 경제적효익을 창출할 수 있다.
(1) 계약상 현금흐름 또는 다른 경제적자원의 수취
(2) 다른 당사자와 유리한 조건으로 경제적자원을 교환

(3) 예를 들어, 다음과 같은 방식으로 현금유입의 창출 또는 현금유출의 회피

(가) 경제적자원을 재화의 생산이나 용역의 제공을 위해 개별적으로 또는 다른 경제적자원과 함께 사용

(나) 경제적자원을 다른 경제적자원의 가치를 증가시키기 위해 사용

(다) 경제적자원을 다른 당사자에게 리스 제공

(4) 경제적자원을 판매하여 현금 또는 다른 경제적자원을 수취

(5) 경제적자원을 이전하여 부채를 상환

경제적자원의 가치가 미래경제적효익을 창출할 현재의 잠재력에서 도출되지만, 경제적자원은 그 잠재력을 포함한 현재의 권리이며, 그 권리가 창출할 수 있는 미래경제적효익이 아니다. 예를 들어, 매입한 옵션은 미래의 어떤 시점에 옵션을 행사하여 경제적효익을 창출할 잠재력에서 그 가치가 도출된다. 그러나 경제적자원은 현재의 권리이며, 그 권리는 미래의 어떤 시점에 옵션을 행사할 수 있다는 것이다. 경제적자원은 옵션 행사시 보유자가 받게 될 미래경제적효익이 아니다.

지출의 발생과 자산의 취득은 밀접하게 관련되어 있으나 양자가 반드시 일치하는 것은 아니다. 따라서 기업이 지출한 경우 이는 미래경제적효익을 추구하였다는 증거가 될 수는 있지만, 자산을 취득하였다는 확정적인 증거는 될 수 없다. 마찬가지로 관련된 지출이 없더라도 특정 항목이 자산의 정의를 충족하는 것을 배제하지는 않는다. 예를 들어, 자산은 정부가 기업에게 무상으로 부여한 권리 또는 기업이 다른 당사자로부터 증여받은 권리를 포함할 수 있다.

③ **통제** : 통제는 경제적자원을 기업에 결부시킨다. 통제의 존재 여부를 평가하는 것은 기업이 회계처리할 경제적자원을 식별하는 데 도움이 된다. 예를 들어, 기업은 부동산 전체의 소유권에서 발생하는 권리를 통제하지 않고, 부동산 지분에 비례하여 통제할 수 있다. 그러한 경우, 기업의 자산은 통제하고 있는 부동산의 지분이며, 통제하지 않는 부동산 전체의 소유권에서 발생하는 권리는 아니다.

기업은 경제적자원의 사용을 지시하고 그로부터 유입될 수 있는 경제적효익을 얻을 수 있는 현재의 능력이 있다면, 그 경제적자원을 통제한다. 통제에는 다른 당사자가 경제적자원의 사용을 지시하고 이로부터 유입될 수 있는 경제적효익을 얻지 못하게 하는 현재의 능력이 포함된다. 따라서 일방의 당사자가 경제적자원을 통제하면 다른 당사자는 그 자원을 통제하지 못한다.

기업은 경제적자원을 자신의 활동에 투입할 수 있는 권리가 있거나, 다른 당사자가 경제적자원을 그들의 활동에 투입하도록 허용할 권리가 있다면, 그 경제적자원의 사용을 지시할 수 있는 현재의 능력이 있다.

경제적자원의 통제는 일반적으로 법적 권리를 행사할 수 있는 능력에서 비롯된다. 그러나 통제는 경제적자원의 사용을 지시하고 이로부터 유입될 수 있는 효익을 얻을 수 있는 현재의 능력이 기업에게만 있도록 할 수 있는 경우에도 발생할 수 있다. 예를 들어, 기업은 공공의 영역(public domain)에 속하지 않는 노하우에 접근할 수 있고, 그 노하우를 지킬 수 있는 현재능력이 있다면, 그 노하우가 등록된 특허에 의해 보호받지 못하더라도 노하우를 사용할 권리를 통제할 수 있다.

기업이 경제적자원을 통제하기 위해서는 해당 자원의 미래경제적효익이 다른 당사자가 아닌 그 기업에게 직접 또는 간접으로 유입되어야 한다. 통제의 이러한 측면은 모든 상황에서 해당 자원이 경제적효익을 창출할 것이라고 보장할 수 있음을 의미하지는 않는다. 그 대신, 자원이 경제적효익을 창출한다면, 기업은 직접 또는 간접으로 그 경제적효익을 얻을 수 있음을 의미한다.

경제적자원에 의해 창출되는 경제적효익의 유의적인 변동에 노출된다는 것은 기업이 해당 자원을 통제한다는 것을 나타낼 수도 있다. 그러나 그것은 통제가 존재하는지에 대한 전반적인 평가에서 고려해야 할 하나의 요소일 뿐이다.

어떤 경우에는 한 당사자(본인)가 본인을 대신하고 본인을 위해 행동하도록 다른 당사자(대리인)를 고용한다. 예를 들어, 본인은 자신이 통제하는 재화를 판매하기 위해 대리인을 고용할 수 있다. 본인이 통제하는 경제적자원을 대리인이 관리하고 있는 경우, 그 경제적자원은 대리인의 자산이 아니다. 또한 본인이 통제하는 경제적자원을 제삼자에게 이전할 의무가 대리인에게 있는 경우 이전될 경제적자원은 대리인의 것이 아니라 본인의 경제적자원이기 때문에 그 의무는 대리인의 부채가 아니다.

### (3) 부 채

부채는 과거사건의 결과로 기업이 경제적자원을 이전해야 하는 현재의무이다. 부채가 존재하기 위해서는 기업에게 의무가 있어야 하며 그 의무는 경제적자원을 이전하는 것이고, 의무는 과거사건의 결과로 존재하는 현재의무이어야 하는 세 가지 조건을 모두

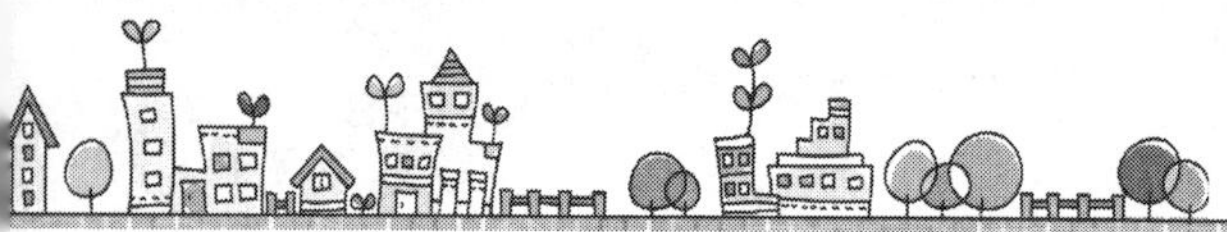

충족하여야 한다. 이하는 K-IFRS 재무보고를 위한 개념체계의 부채에 대한 세 가지 조건에 대한 내용이다.

① **의무** : 부채의 첫 번째 조건은 기업에게 의무가 있다는 것이다. 의무란 기업이 회피할 수 있는 실제 능력이 없는 책무나 책임을 말한다. 의무는 항상 다른 당사자(또는 당사자들)에게 이행해야 한다. 다른 당사자(또는 당사자들)는 사람이나 또 다른 기업, 사람들 또는 기업들의 집단, 사회 전반이 될 수 있다. 의무를 이행할 대상인 당사자(또는 당사자들)의 신원을 알 필요는 없다.

한 당사자가 경제적자원을 이전해야 하는 의무가 있는 경우, 다른 당사자(또는 당사자들)는 그 경제적자원을 수취할 권리가 있다. 그러나 한 당사자가 부채를 인식하고 이를 특정 금액으로 측정해야 한다는 요구사항이 다른 당사자(또는 당사자들)가 자산을 인식하거나 동일한 금액으로 측정해야 한다는 것을 의미하지는 않는다. 예를 들어, 한 당사자의 부채와 이에 상응하는 다른 당사자(또는 당사자들)의 자산에 대해, 서로 다른 인식기준이나 측정 요구사항이 표현하고자 하는 것을 가장 충실히 표현하고 가장 목적적합한 정보를 선택하기 위한 결정이라면, 특정 회계기준은 그러한 서로 다른 기준이나 요구사항을 포함할 수 있다.

많은 의무가 계약, 법률 또는 이와 유사한 수단에 의해 성립되며, 당사자(또는 당사자들)가 채무자에게 법적으로 집행할 수 있도록 한다. 그러나 기업이 실무 관행, 공개한 경영방침, 특정 성명(서)과 상충되는 방식으로 행동할 실제 능력이 없는 경우, 기업의 그러한 실무 관행, 경영방침이나 성명(서)에서 의무가 발생할 수도 있다. 그러한 상황에서 발생하는 의무는 '의제의무'라고 불린다.

일부 상황에서, 경제적자원을 이전하는 기업의 책무나 책임은 기업 스스로 취할 수 있는 미래의 특정 행동을 조건으로 발생한다. 그러한 미래의 특정 행동에는 특정 사업을 운영하는 것, 미래의 특정 시점에 특정 시장에서 영업하는 것 또는 계약의 특정 옵션을 행사하는 것을 포함한다. 이러한 상황에서 기업은 그러한 행동을 회피할 수 있는 실제 능력이 없다면 의무가 있다.

기업이 그 기업을 청산하거나 거래를 중단하는 것으로만 이전을 회피할 수 있고 그 외는 이전을 회피할 수 없다면, 기업의 재무제표가 계속기업 기준으로 작성되는 것이 적절하다는 결론은 그러한 이전을 회피할 수 있는 실제 능력이 없다는 결론도 내포하고 있다.

기업이 경제적자원의 이전을 회피할 수 있는 실제 능력이 있는지를 평가하는 데 사용되는 요소는 기업의 책무나 책임의 성격에 따라 달라질 수 있다. 예를 들어, 이전을 회피할 수 있도록 취하는 행동이 이전하는 것보다 유의적으로 더 불리한 경제적 결과를 가져온다면, 기업은 이전을 회피할 수 있는 실제 능력이 없을 수 있다. 그러나 이전하고자 하는 의도나 높은 이전가능성은 기업이 이전을 회피할 수 있는 실제 능력이 없다고 결론을 내릴 충분한 이유가 되지 않는다.

의무가 존재하는지 불확실한 경우가 있다. 예를 들어, 다른 당사자가 기업의 범법행위 혐의에 대한 보상을 요구하는 경우, 그 행위가 발생했는지, 기업이 그 행위를 했는지 또는 법률이 어떻게 적용되는지가 불확실할 수 있다. 예를 들어, 법원의 판결로 그 존재의 불확실성이 해소될 때까지, 기업이 보상을 요구하는 당사자에게 의무가 있는지, 결과적으로 부채가 존재하는지 여부가 불확실하다.

② **경제적자원의 이전** : 부채의 두 번째 조건은 경제적자원을 이전하는 것이 의무라는 것이다. 이 조건을 충족하기 위해, 의무에는 기업이 경제적자원을 다른 당사자(또는 당사자들)에게 이전하도록 요구받게 될 잠재력이 있어야 한다. 그러한 잠재력이 존재하기 위해서는, 기업이 경제적자원의 이전을 요구받을 것이 확실하거나 그 가능성이 높아야 하는 것은 아니다. 예를 들어 불확실한 특정 미래사건이 발생할 경우에만 이전이 요구될 수도 있다. 의무가 이미 존재하고, 적어도 하나의 상황에서 기업이 경제적자원을 이전하도록 요구되기만 하면 된다.

경제적자원의 이전가능성이 낮더라도 의무가 부채의 정의를 충족할 수 있다. 그럼에도 불구하고, 그러한 낮은 가능성은 부채의 인식 여부와 측정방법의 결정을 포함하여, 부채와 관련하여 제공해야 할 정보와 그 정보를 제공하는 방법에 대한 결정에 영향을 미칠 수 있다. 경제적자원을 이전해야하는 의무는 다음의 예를 포함한다.

⑴ 현금을 지급할 의무

⑵ 재화를 인도하거나 용역을 제공할 의무

⑶ 불리한 조건으로 다른 당사자와 경제적자원을 교환할 의무. 예를 들어, 이러한 의무는 현재 불리한 조건으로 경제적자원을 판매하는 선도계약 또는 다른 당사자가 해당 기업으로부터 경제적자원을 구입할 수 있는 옵션을 포함한다.

⑷ 불확실한 특정 미래사건이 발생할 경우 경제적자원을 이전할 의무

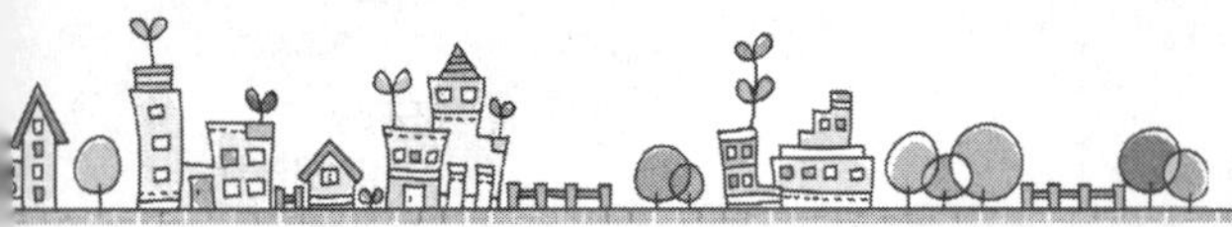

경제적자원을 수취할 권리가 있는 당사자에게 그 경제적자원을 이전해야 할 의무를 이행하는 대신에, 예를 들어 기업은 다음과 같이 결정하는 경우가 있다.

(1) 의무를 면제받는 협상으로 의무를 이행

(2) 의무를 제삼자에게 이전

(3) 새로운 거래를 체결하여 경제적자원을 이전할 의무를 다른 의무로 위에서 기술한 상황에서, 기업은 해당 의무를 이행, 이전 또는 대체할 때까지 경제적자원을 이전할 의무가 있다.

③ **과거사건으로 생긴 현재의무** : 부채의 세 번째 조건은 의무가 과거사건의 결과로 존재하는 현재의무라는 것이다. 현재의무는 다음 모두에 해당하는 경우에만 과거사건의 결과로 존재한다.

(1) 기업이 이미 경제적효익을 얻었거나 조치를 취했고,

(2) 그 결과로 기업이 이전하지 않아도 되었을 경제적자원을 이전해야 하거나 이전하게 될 수 있는 경우

기업이 얻은 경제적효익의 예에는 재화나 용역이 포함될 수 있다. 기업이 취한 조치(the action taken)의 예에는 특정 사업을 운영하거나 특정 시장에서 영업하는 것이 포함될 수 있다. 기업이 시간이 경과하면서 경제적효익을 얻거나 조치를 취하는 경우, 현재의무는 그 기간 동안 누적될 수 있다.

새로운 법률이 제정되는 경우에는, 그 법률의 적용으로 경제적효익을 얻게 되거나 조치를 취한 결과로, 기업이 이전하지 않아도 되었을 경제적자원을 이전해야 하거나 이전하게 될 수도 있는 경우에만 현재의무가 발생한다. 법률제정 그 자체만으로는 기업에 현재의무를 부여하기에 충분하지 않다. 이와 유사하게, 위에서 언급한 기업의 실무 관행, 공개된 경영방침 또는 특정 성명(서)은, 그에 따라 경제적효익을 얻거나 조치를 위한 결과로, 기업이 이전하지 않아도 되었을 경제적자원을 이전해야 하거나 이전하게 될 수도 있는 경우에만 현재의무를 발생시킨다.

미래의 특정 시점까지 경제적자원의 이전이 집행될 수 없더라도 현재의무는 존재할 수 있다. 예를 들어, 계약에서 미래의 특정 시점까지는 지급을 요구하지 않더라도, 현금을 지급해야하는 계약상 부채가 현재 존재할 수 있다. 이와 유사하게, 거래상대방이 미래의 특정 시점까지는 업무를 수행하도록 요구할 수 없더라도, 기업에게는 미래의 특정 시점에 업무를 수행해야 하는 계약상 의무가 현재 존재할 수 있다.

만약 조건을 충족하지 못한다면, 즉 기업이 이전하지 않아도 되었을 경제적자원을 이전하도록 요구받거나 요구받을 수 있게 하는 경제적 효익의 수취나 조치가 아직 없는 경우, 기업은 경제적자원을 이전해야 하는 현재의무가 없다. 예를 들어, 기업이 종업원의 용역을 제공받는 대가로 종업원에게 급여를 지급하는 계약을 체결한 경우, 기업은 종업원의 용역을 제공받을 때까지 급여를 지급할 현재의무가 없다. 그 전까지 계약은 미이행계약이며, 기업은 미래 종업원 용역에 대해서 미래 급여를 교환하는 권리와 의무를 함께 보유하고 있다.

### (4) 자산과 부채

**회계단위**는 인식기준과 측정개념이 적용되는 권리나 권리의 집합, 의무나 의무의 집합 또는 권리와 의무의 집합이다. 인식기준과 측정개념이 자산이나 부채 그리고 관련 수익과 비용에 어떻게 적용될 것인지를 고려하여, 그 자산이나 부채에 대해 회계단위를 선택한다. 어떤 경우에는 인식을 위한 회계단위와 측정을 위한 회계단위를 서로 다르게 선택하는 것이 적절할 수 있다. 예를 들어, 계약은 개별적으로 인식될 수 있지만 계약포트폴리오의 일부로 측정될 수도 있다. 표시와 공시를 위해 자산, 부채, 수익 및 비용은 통합하거나 구성요소로 분리하여야 할 수 있다. 기업이 자산의 일부 또는 부채의 일부를 이전하는 경우, 그 때 회계단위가 변경되어 이전된 구성요소와 잔여구성요소가 별도의 회계단위가 될 수도 있다. 유용한 정보를 제공하기 위해 회계단위를 선택하며, 이는 다음을 의미한다.

(1) 자산이나 부채에 대해 제공된 정보와 이와 관련된 수익과 비용에 대해 제공된 정보는 목적적합해야 한다. 예를 들어 다음과 같은 권리와 의무가 있는 경우, 권리와 의무의 집합을 단일의 회계단위로 취급하는 것이 각각의 권리나 의무를 별도의 회계단위로 취급하는 것보다 더 목적적합한 정보를 제공할 수 있다.

㈎ 별도의 거래 대상이 될 수 없거나 그럴 가능성이 낮다.

㈏ 서로 다른 형식으로 만료(expire)될 수 없거나 그럴 가능성이 낮다.

㈐ 유사한 경제적 특성과 위험을 가지며, 따라서 기업의 미래순현금유입 또는 순현금유출에 대한 전망에 대해 유사한 시사점을 가질 가능성이 높다.

㈑ 기업이 현금흐름을 창출하기 위해 수행하는 사업활동에 함께 사용되며, 그러한 상호의존적인 미래현금흐름의 추정을 참고하여 측정된다.

(2) 자산이나 부채에 대해 제공된 정보와 이와 관련된 수익과 비용에 대해 제공된 정

보는 발생한 거래나 그 밖의 사건의 실질을 충실하게 표현해야 한다. 따라서 서로 다른 원천에서 발생하는 권리나 의무를 단일 회계단위로 취급하거나 단일의 원천에서 발생하는 권리나 의무를 분리해야 할 수도 있다(문단 4.62 참조). 이와 마찬가지로, 서로 관련 없는 권리나 의무를 충실하게 표현하기 위해, 이들을 별도로 인식하고 측정해야 할 수 있다.

원가가 다른 재무보고 결정을 제약하는 것처럼, 회계단위 선택도 제약한다. 따라서 회계단위를 선택할 때에는, 그 회계단위의 선택으로 인해 재무제표이용자들에게 제공되는 정보의 효익이 그 정보를 제공하고 사용하는데 발생한 원가를 정당화할 수 있는지를 고려하는 것이 중요하다. 일반적으로 자산, 부채, 수익과 비용의 인식 및 측정에 관련된 원가는 회계단위의 크기가 작아짐에 따라 증가한다. 따라서 일반적으로 동일한 원천에서 발생하는 권리 또는 의무는 정보가 더 유용하고 그 효익이 원가를 초과하는 경우에만 분리한다. 권리와 의무 모두 동일한 원천에서 발생하는 경우가 있다. 예를 들어, 일부 계약은 각 당사자의 권리와 의무 모두를 성립시킨다. 그러한 권리와 의무가 상호의존적이고 분리될 수 없다면, 이는 단일한 불가분의 자산이나 부채를 구성하며, 단일의 회계단위를 형성한다. 미이행계약이 그 예이다). 반대로, 권리가 의무와 분리될 수 있는 경우, 권리와 의무를 별도로 분리하여 하나 이상의 자산과 부채를 별도로 식별하는 것이 적절할 수 있다. 다른 경우에는 분리가능한 권리와 의무를 단일 회계단위로 묶어 단일의 자산이나 부채로 취급하는 것이 더 적절할 수 있다. 단일 회계단위로 권리와 의무의 집합을 처리하는 것은 자산과 부채를 상계하는 것과 다르다. 가능한 회계단위는 다음을 포함한다.

(1) 개별 권리 또는 개별 의무
(2) 단일의 원천(예 계약)에서 발생하는 모든 권리, 모든 의무 또는 모든 권리와 의무
(3) 이러한 권리 및(또는) 의무의 하위 집합(예 유형자산의 한 항목에 포함된 권리집합 중 어떤 하위 집합의 권리의 소비행태가 그 유형자산 항목의 내용연수와 다른 경우에 그러한 권리의 하위 집합)
(4) 유사한 항목들로 구성된 포트폴리오에서 발생하는 권리 및(또는) 의무의 집합
(5) 유사하지 않은 항목들로 구성된 포트폴리오에서 발생하는 권리 및(또는) 의무의 집합(예 단일 거래로 처분될 자산과 부채의 포트폴리오)
(6) 개별 항목들로 구성된 포트폴리오 내의 특정 위험노출(즉, 여러 항목들로 구성된 포트폴리오에 공통된 위험이 있는 경우, 어떤 측면에서 회계처리할 때에는 포트폴리오 내 그러한 위험에 대한 총노출에 중점을 둘 수 있을 것이다)

**미이행계약**은 계약당사자 모두가 자신의 의무를 전혀 수행하지 않았거나 계약당사자 모두가 동일한 정도로 자신의 의무를 부분적으로 수행한 계약이나 그 계약의 일부를 말한다. 미이행계약은 경제적자원을 교환할 권리와 의무가 결합되어 성립된다. 그러한 권리와 의무는 상호의존적이어서 분리될 수 없다. 따라서 결합된 권리와 의무는 단일 자산 또는 단일 부채를 구성한다. 교환조건이 현재 유리할 경우, 기업은 자산을 보유한다. 교환 조건이 현재 불리한 경우에는 부채를 보유한다. 그러한 자산이나 부채가 재무제표에 포함되는지 여부는 그 자산 또는 부채에 대해 선택된 인식기준과 측정기준 및 손실부담계약인지에 대한 검토(해당되는 경우)에 따라 달라진다. 당사자 일방이 계약상 의무를 이행하면 그 계약은 더 이상 미이행계약이 아니다. 보고기업이 계약에 따라 먼저 수행한다면, 그렇게 수행하는 것은 보고기업의 경제적자원을 교환할 권리와 의무를 경제적자원을 수취할 권리로 변경하는 사건이 된다. 그 권리는 자산이다. 다른 당사자가 먼저 수행하는 경우, 그렇게 수행하는 것은 보고기업의 경제적자원을 교환할 권리와 의무를 경제적자원을 이전할 의무로 변경하는 사건이 된다. 그 의무는 부채이다.

**계약 조건은 계약당사자인 기업의 권리와 의무를 창출**한다. 그러한 권리와 의무를 충실하게 표현하기 위해서는 재무제표에 그 실질을 보고한다. 어떤 경우에는 계약의 법적 형식에서 권리와 의무의 실질이 분명하다. 다른 경우에는 그 권리와 의무의 실질을 식별하기 위해서 계약조건, 계약집합이나 일련의 계약을 분석할 필요가 있다. 계약의 모든 조건(명시적 또는 암묵적)은 실질이 없지 않는 한 고려되어야 한다. 암묵적 조건의 예에는 법령에 의해 부과된 의무(예 고객에게 상품을 판매하기 위해 계약을 체결할 때 부과되는 법정 보증의무)가 포함될 수 있다. 실질이 없는 조건은 무시된다. 조건이 계약의 경제적 측면에서 구별될 수 있는 영향을 미치지 않는다면, 그 조건은 실질이 없다. 실질이 없는 조건의 예에는 다음을 포함할 수 있다.

(1) 당사자 그 누구도 구속하지 않는 조건

(2) 권리 보유자가 어떠한 상황에서도 행사할 실제 능력을 갖지 못하는 권리(옵션 포함)

계약의 집합 또는 일련의 계약은 전반적인 상업적 효과를 달성하거나 달성하도록 설계될 수 있다. 그러한 계약의 실질을 보고하려면, 해당 계약의 집합 또는 일련의 계약에서 발생하는 권리와 의무를 단일 회계단위로 처리해야 할 수 있다. 예를 들어, 한 계약의 권리나 의무가 동일한 거래상대방과 동시에 체결된 다른 계약의 모든 권리나 의무를 무효화하는 경우, 두 계약의 결합효과는 어떠한 권리나 의무도 창출하지 않는다. 반대

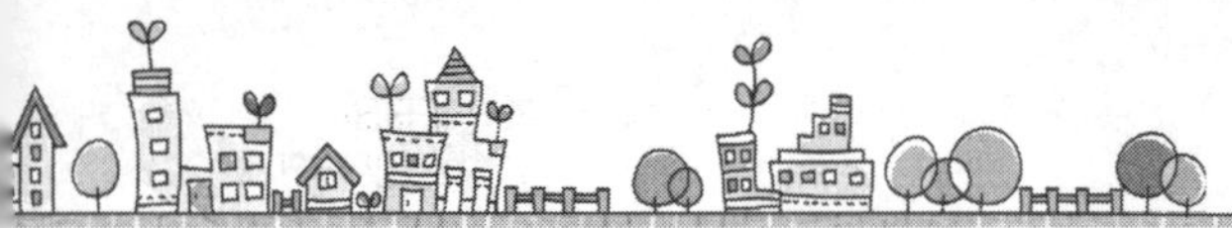

로, 둘 이상의 별도로 체결하는 계약으로 창출될 수 있었을 둘 이상의 권리나 의무의 집합을 단일 계약으로 창출하는 경우, 기업은 권리와 의무를 충실하게 표현하기 위하여 권리나 의무의 집합을 마치 각각 별도의 계약에서 발생한 것처럼 회계처리할 필요가 있을 수 있다.

### ⑸ 자 본

**자본은 기업의 자산에서 모든 부채를 차감한 후의 잔여지분**이다. 자본청구권은 기업의 자산에서 모든 부채를 차감한 후의 잔여지분에 대한 청구권이다. 즉, 부채의 정의에 부합하지 않는 기업에 대한 청구권이다. 그러한 청구권은 계약, 법률 또는 이와 유사한 수단에 의해 성립될 수 있으며, 부채의 정의를 충족하지 않는 한, 다음을 포함한다.

⑴ 기업이 발행한 다양한 유형의 지분

⑵ 기업이 또 다른 자본청구권을 발행할 의무

보통주 및 우선주와 같이 서로 다른 종류의 자본청구권은 보유자에게 서로 다른 권리, 예를 들어 다음 중 일부 또는 전부를 기업으로부터 받을 권리를 부여할 수 있다.

⑴ 배당금(기업이 적격한 보유자에게 배당금을 지불하기로 한 경우)

⑵ 청산 시점에 전액을 청구하거나, 청산이 아닌 시점에 부분적인 금액을 청구하는 자본청구권을 이행하기 위한 대가

⑶ 그 밖의 자본청구권

법률, 규제 또는 그 밖의 요구사항이 자본금 또는 이익잉여금과 같은 자본의 특정 구성요소에 영향을 미치는 경우가 있다. 예를 들어, 그러한 요구사항 중 일부는 분배 가능한 특정 준비금이 충분한 경우에만 자본청구권 보유자에게 분배를 허용한다. 사업활동은 개인기업, 파트너쉽, 신탁 또는 다양한 유형의 정부 사업체와 같은 실체에서 수행되는 경우가 있다. 그러한 실체에 대한 법률 및 규제 체계는 회사(corporate entities)에 적용되는 체계와 다른 경우가 있다. 예를 들어, 그러한 실체에 대한 자본청구권 보유자에게 분배제한이 거의 없을 수(있더라도 드물게) 있다. 그럼에도 불구하고, 개념체계의 문단 4.63의 자본의 정의는 모든 보고기업에 적용된다.

### ⑹ 수익과 비용

**수익은 자산의 증가 또는 부채의 감소로서 자본의 증가**를 가져오며, 자본청구권 보유자

의 출자와 관련된 것을 제외한다. **비용은 자산의 감소 또는 부채의 증가로서 자본의 감소**를 가져오며, 자본청구권 보유자에 대한 분배와 관련된 것을 제외한다. 이러한 수익과 비용의 정의에 따라, 자본청구권 보유자로부터의 출자는 수익이 아니며 자본청구권 보유자에 대한 분배는 비용이 아니다. 수익과 비용은 기업의 재무성과와 관련된 재무제표 요소이다. 재무제표이용자들은 기업의 재무상태와 재무성과에 대한 정보가 필요하다. 따라서 수익과 비용은 자산과 부채의 변동으로 정의되지만, 수익과 비용에 대한 정보는 자산과 부채에 대한 정보만큼 중요하다. 서로 다른 거래나 그 밖의 사건은 서로 다른 특성을 지닌 수익과 비용을 발생시킨다. 수익과 비용의 서로 다른 특성별로 정보를 별도로 제공하면 재무제표이용자들이 기업의 재무성과를 이해하는 데 도움이 될 수 있다.

### (7) 자본유지조정

**자산과 부채에 대한 재평가 또는 재작성은 자본의 증가나 감소를 초래한다.** 이와 같은 자본의 증가 또는 감소는 수익과 비용의 정의에는 부합하지만, 이 항목들은 특정 자본유지개념에 따라 포괄손익계산서에는 포함하지 아니한다. 그 대신 자본유지조정 또는 재평가적립금으로 자본에 포함한다.

## 3. 재무제표 요소의 인식

인식은 자산, 부채, 자본, 수익 또는 비용과 같은 재무제표 요소 중 하나의 정의를 충족하는 항목을 재무상태표나 재무성과표에 포함하기 위하여 포착하는 과정이다. 인식은 그러한 재무제표 중 하나에 어떤 항목(단독으로 또는 다른 항목과 통합하여)을 명칭과 화폐금액으로 나타내고, 그 항목을 해당 재무제표의 하나 이상의 합계에 포함시키는 것과 관련된다. 자산, 부채 또는 자본이 **재무상태표에 인식되는 금액을 '장부금액'**이라고 한다.

재무상태표와 재무성과표는 재무정보를 비교가능하고 이해하기 쉽도록 구성한 구조화된 요약으로, 기업이 인식하는 자산, 부채, 자본, 수익 및 비용을 나타낸다. 이러한 요약의 구조상 중요한 특징은 재무제표에 인식하는 금액은 재무제표에 인식될 항목들이 연계되는 총계들과 (해당될 경우) 소계들에 포함된다는 점이다. 인식에 따라 재무제표 요소, 재무상태표 및 재무성과표가 다음과 같이 연계된다.

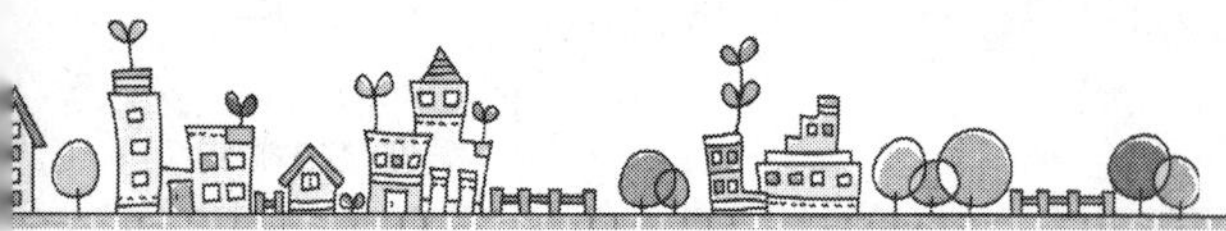

(1) 재무상태표의 보고기간 기초와 기말의 총자산에서 총부채를 차감한 것은 총자본과 같다.

(2) 보고기간에 인식한 자본변동은 다음과 같이 구성되어 있다.

㈎ 재무성과표에 인식된 수익에서 비용을 차감한 금액

㈏ 자본청구권 보유자로부터의 출자에서 자본청구권 보유자에의 분배를 차감한 금액

하나의 항목(또는 장부금액의 변동)의 인식은 하나 이상의 다른 항목(또는 하나 이상의 다른 항목의 장부금액의 변동)의 인식 또는 제거가 필요하기 때문에 재무제표들은 예를 들어 다음과 같이 연계된다.

(1) 수익의 인식은 다음과 동시에 발생한다.

㈎ 자산의 최초 인식 또는 자산의 장부금액의 증가

㈏ 부채의 제거 또는 부채의 장부금액의 감소

(2) 비용의 인식은 다음과 동시에 발생한다.

㈎ 부채의 최초 인식 또는 부채의 장부금액의 증가

㈏ 자산의 제거 또는 자산의 장부금액의 감소

**그림 2 인식에 따라 재무제표 요소들이 연계되는 방법**

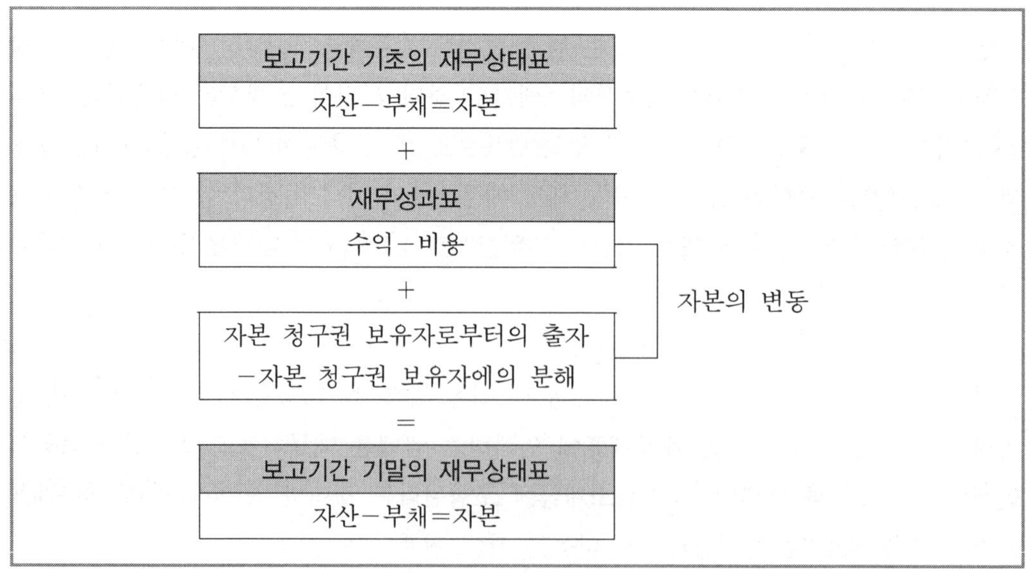

거래나 그 밖의 사건에서 발생된 자산이나 부채의 최초 인식에 따라 수익과 관련 비용을 동시에 인식할 수 있다. 예를 들어, 재화의 현금판매에 따라 수익(현금과 같은 자산의 인식으로 발생)과 비용(재화의 판매와 같이 다른 자산의 제거로 발생)을 동시에 인식하게 된다. 수익과 관련 비용의 동시 인식은 때때로 수익과 관련 원가의 대응을 나타낸다. '재무보고를 위한 개념체계'의 개념을 적용하면 자산과 부채의 변동을 인식할 때, 이러한 대응이 나타난다. 그러나 원가와 수익의 대응은 개념체계의 목적이 아니다. 개념체계는 재무상태표에서 자산, 부채, 자본의 정의를 충족하지 않는 항목의 인식을 허용하지 않는다.

자산, 부채 또는 자본의 정의를 충족하는 항목만이 재무상태표에 인식된다. 마찬가지로 수익이나 비용의 정의를 충족하는 항목만이 재무성과표에 인식된다. 그러나 그러한 요소 중 하나의 정의를 충족하는 항목이라고 할지라도 항상 인식되는 것은 아니다. 요소의 정의를 충족하는 항목을 인식하지 않는 것은 재무상태표 및 재무성과표를 완전하지 않게 하고 재무제표에서 유용한 정보를 제외할 수 있다. 반면에, 어떤 상황에서는 요소의 정의를 충족하는 일부 항목을 인식하는 것이 오히려 유용한 정보를 제공하지 않을 수 있다. 자산이나 부채를 인식하고 이에 따른 결과로 수익, 비용 또는 자본변동을 인식하는 것이 재무제표이용자들에게 다음과 같이 유용한 정보를 모두 제공하는 경우에만 자산이나 부채를 인식한다.

(1) 자산이나 부채에 대한 그리고 이에 따른 결과로 발생하는 수익, 비용 또는 자본변동에 대한 목적적합한 정보(문단 5.12～5.17 참조)
(2) 자산이나 부채 그리고 이에 따른 결과로 발생하는 수익, 비용 또는 자본변동의 충실한 표현(문단 5.18～5.25 참조)

원가는 다른 재무보고 결정을 제약하는 것처럼, 인식에 대한 결정도 제약한다. 자산이나 부채를 인식할 때 원가가 발생한다. 재무제표작성자는 자산이나 부채의 목적적합한 측정을 위해 원가를 부담한다. 재무제표이용자들도 제공된 정보를 분석하고 해석하기 위해 원가를 부담한다. 재무제표이용자들에게 제공되는 정보의 효익이 그 정보를 제공하고 사용하는 원가를 정당화할 수 있을 경우에 자산이나 부채를 인식한다. 어떤 경우에는 인식하기 위한 원가가 인식으로 인한 효익을 초과할 수 있다.

자산이나 부채를 인식할 때 효익을 초과하지 않는 원가로 재무제표이용자들에게 유용한 정보를 제공하게 되는 시점을 정확하게 정하는 것은 불가능하다. 무엇이 이용자들에

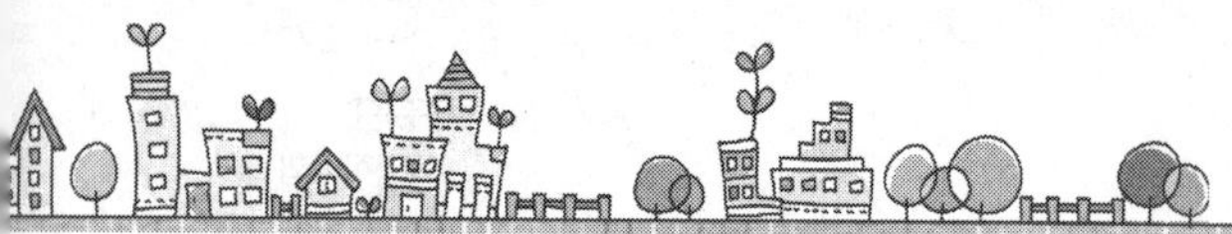

게 유용한지는 항목, 사실, 상황에 따라 다르다. 따라서 항목을 인식할지 여부를 결정할 때 판단이 필요하므로 인식 요구사항이 회계기준 간에 그리고 회계기준 내에서 달라질 필요가 있을 수 있다.

인식에 관한 의사결정을 할 때 자산이나 부채가 인식되지 않을 경우, 제공할 정보를 고려하는 것이 중요하다. 예를 들어, 지출이 발생할 때, 자산이 인식되지 않으면 비용이 인식된다. 어떤 경우에는 시간이 지남에 따라 비용을 인식하는 것이 유용한 정보(예 재무제표이용자들에게 추세를 식별할 수 있도록 하는 정보)를 제공한다.

자산이나 부채의 정의를 충족하는 항목이 인식되지 않더라도, 기업은 해당 항목에 대한 정보를 주석에 제공해야 할 수도 있다. 재무상태표와 재무성과표(해당되는 경우)에서 제공하는 구조화된 요약에 그 항목이 포함되지 않은 것을 보완하기 위해 그러한 정보를 어떻게 충분히 보여줄 수 있는지를 고려하는 것이 중요하다.

- **목적적합성** : 자산, 부채, 자본, 수익과 비용에 대한 정보는 재무제표이용자들에게 목적적합하다. 그러나 특정 자산이나 부채의 인식과 이에 따른 결과로 발생하는 수익, 비용 또는 자본변동을 인식하는 것이 항상 목적적합한 정보를 제공하는 것은 아닐 수 있다. 예를 들어, 다음과 같은 경우에 그러할 수 있다.

  (1) 자산이나 부채가 존재하는지 불확실하다.

  (2) 자산이나 부채가 존재하지만 경제적효익의 유입가능성이나 유출가능성이 낮다.

하나 이상의 요인이 존재한다고 해서, 인식에 따라 제공된 정보가 반드시 목적적합하지 않다는 결론을 내릴 수는 없다. 또한, 기술된 요인 외의 요인들도 결론에 영향을 미칠 수 있다. 인식으로 목적적합한 정보를 제공하는지 여부를 결정하는 것은 단일 요인이 아니다. 여러 요인들의 결합일 수 있다. **자산이나 부채의 존재 여부가 불확실한 경우**에 대해 설명한다. 어떤 경우에는 그러한 불확실성은 경제적효익의 유입가능성이나 유출가능성이 낮고 발생가능한 결과의 범위가 매우 광범위한 상황과 결합될 수가 있는데, 이는 자산이나 부채를 반드시 단일 금액으로만 측정하여 인식하는 것이 목적적합한 정보를 제공하지는 않음을 의미할 수 있다. 자산이나 부채가 인식되는지 여부에 관계없이, 이와 관련된 불확실성에 대한 설명정보가 재무제표에 제공되어야 할 수도 있다. **경제적효익의 유입가능성이나 유출가능성이 낮더라도** 자산이나 부채가 존재할 수 있다. 경제적효익의 유입가능성이나 유출가능성이 낮다면, 그 자산이나 부채에 대해 가장 목적적합한 정보는 발생가능한 유입이나 유출의 크기, 발생가능한 시기 및 발생가능성에 영향을 미치는 요인에 대한 정보일 수 있다. 이러한 정보는 일반적으로 주석에 기재한다. 경제적효익의 유입가능성이나 유출가능성이 낮더라도, 자산이나 부채를 인식하는 것이 기술된 정보 외의 목적적합한 정보를 제공할 수 있다. 이러한 경우에 해당되는지는 다양한 요인에 따라 달라질 수 있으며, 그 예는 다음과 같다.

(1) 시장조건에 따른 교환거래에서 자산을 취득하거나 부채가 발생하는 경우, 그 원가는 일반적으로 경제적효익의 유입가능성이나 유출가능성을 반영한다. 따라서 해당 원가는 목적적합한 정보일 수 있으며 일반적으로 쉽게 이용할 수 있다. 또한 자산이나 부채를 인식하지 않으면 교환 시점에 비용이나 수익을 인식하게 되는데, 이는 거래를 충실하게 표현하지 못할 수 있다.

(2) 자산이나 부채가 교환거래가 아닌 사건에서 발생하는 경우, 자산이나 부채를 인식하면 일반적으로 수익이나 비용의 인식을 초래한다. 자산이나 부채로 인해 경제적효익이 유입되거나 유출될 가능성이 낮으면 재무제표이용자들은 그러한 자산과 수익 또는 부채와 비용의 인식을 목적적합한 정보의 제공으로 보지 않을 수 있다.

- **표현충실성** : 특정 자산이나 부채를 인식하는 것은 목적적합한 정보를 제공할 뿐만 아니라 해당 자산이나 부채 및 이에 따른 결과로 발생하는 수익, 비용 또는 자본변동에 대한 충실한 표현을 제공할 경우에 적절하다. 충실한 표현이 제공될 수 있는지는 자산이나 부채와 관련된 측정불확실성의 수준 또는 다른 요인에 의해 영향을 받을 수 있다.자산이나 부채를 인식하기 위해서는 측정을 해야 한다. 많은 경우 그러한 측정은 추정되어야 하며 따라서 **측정불확실성**의 영향을 받는다. 문단 2.19에서 언급한 바와 같이, 합리적인 추정의 사용은 재무정보 작성의 필수적인 부분이며 추정치를 명확하고 정확하게 기술하고 설명한다면 정보의 유용성을 훼손하지 않는다. 높은 수준의 측정불확실성이 있더라도 그러한 추정치가 유용한 정보를 반드시 제공하지 못하는 것은 아니다. 경우에 따라 자산이나 부채를 측정하는데 추정과 관련된 불확실성 수준이 너무 높아서, 이러한 추정으로 해당 자산이나 부채 및 이에 따른 결과로 발생하는 수익, 비용 또는 자본의 변동을 충분히 충실하게 표현할 수 있는지 의심스러울 수 있다. 예를 들어, 자산이나 부채를 측정하기 위해 현금흐름기준 측정기법을 사용하여 측정하는 것이 유일한 추정방법이고, 다음 상황 중 하나 이상에 해당하는 경우에는 측정불확실성이 너무 높은 수준일 수 있다.

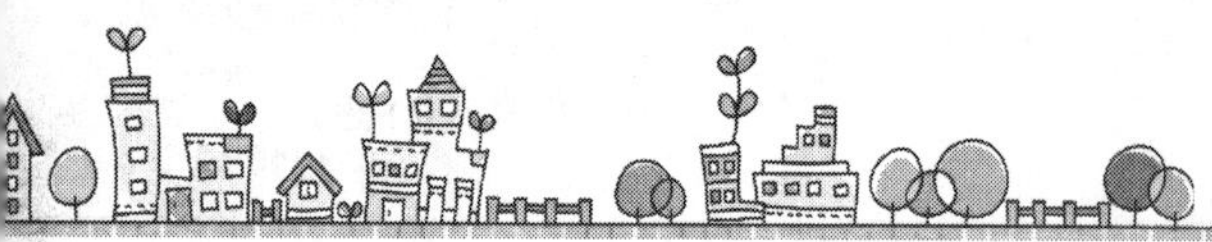

(1) 발생가능한 결과가 매우 광범위하고, 각 결과의 가능성을 추정하기가 매우 어렵다.
(2) 측정치가 다른 결과의 가능성에 대한 추정의 작은 변화에 매우 민감하다(예 미래의 현금유입가능성이나 유출가능성은 매우 낮지만, 일단 발생할 경우 이러한 현금유입이나 현금유출의 크기가 매우 클 경우).
(3) 자산이나 부채를 측정하기 위해 측정대상인 자산이나 부채에만 관련되지 않는 현금흐름에 대한 배분이 요구되고 그것이 매우 어렵거나 매우 주관적이다.

위에 기술된 경우 중 일부는, 추정에 대한 설명과 추정에 영향을 미칠 수 있는 불확실성에 대한 설명을 동반한다면, 불확실성이 높은 추정에 의존하는 측정이 가장 유용한 정보일 수 있다. 이는 특히 그러한 측정이 자산이나 부채에 가장 목적적합한 측정인 경우에 그러할 수 있다. 다른 경우, 그 정보가 자산이나 부채와 이에 따른 결과로 발생하는 수익, 비용 또는 자본변동에 대해 충분히 충실하게 표현하지 못한다면, 비교적 목적적합성은 낮지만 측정불확실성이 낮은 다른 측정치(필요한 기술 및 설명과 함께)가 가장 유용한 정보일 수 있다. 제한된 상황에서 이용가능한(또는 취득할 수 있는) 자산이나 부채의 목적적합한 모든 측정이, 비록 그 측정치를 산출하는 추정에 대한 설명과 그 추정에 영향을 미치는 불확실성에 대한 설명을 동반한다 하더라도, 자산이나 부채(그리고 이에 따른 결과로 발생하는 수익, 비용 또는 자본의 변동)에 대한 유용한 정보를 제공하지 못하는 높은 측정불확실성에 영향을 받을 수 있다. 이러한 제한된 상황에서는 자산이나 부채는 인식되지 않을 것이다. 자산이나 부채의 인식 여부와 관계없이, 자산이나 부채를 충실하게 표현하려면, 자산이나 부채의 존재 여부, 측정치 또는 그 결과(궁극적으로 자산이나 부채에서 발생할 경제적 유입 또는 유출의 양 또는 시기)와 관련된 불확실성에 대한 설명정보가 포함되어야 한다. 인식된 자산, 부채, 자본, 수익 또는 비용의 충실한 표현은 해당 항목의 인식뿐만 아니라 **그 항목의 측정 및 표시와 관련 정보의 공시를 포함**한다. 따라서 자산이나 부채의 인식으로 그 자산이나 부채를 충실하게 표현할 수 있는지를 평가할 때, 재무상태표에 이에 대한 설명과 측정뿐만 아니라 다음을 고려할 필요가 있다.

(1) 결과적으로 발생하는 수익, 비용 및 자본변동에 대한 서술. 예를 들어, 기업이 거래의 대가로 자산을 취득한 경우, 자산을 인식하지 않으면 비용을 인식하게 되고 기업의 이익과 자본을 감소시킬 수 있다. 예를 들어, 어떤 경우에는 기업이 그 자산을 즉시 소비하지 않는다면 그 결과는 기업의 재무상태가 악화되었다고 오해를

유발할 수 있는 표현을 제공할 수 있다.

(2) 관련 자산과 부채가 인식되는지 여부. 관련 자산과 부채가 인식되지 않으면, 인식은 인식불일치(회계불일치)를 초래할 수 있다. 비록 주석에 설명정보가 제공된다 하더라도, 이러한 경우에 자산이나 부채를 발생시키는 거래나 그 밖의 사건의 전반적인 영향에 대해서 이해가능하거나 충실한 표현을 제공하지 못할 수 있다.

(3) 자산이나 부채 그리고 이에 따른 결과로 발생하는 수익, 비용 또는 자본변동에 대한 정보의 표시와 공시. 완전한 서술에는 재무제표이용자들이 서술된 경제현상을 이해하는 데 필요한 모든 정보(필요한 모든 기술과 설명을 포함)가 포함된다. 따라서 관련 정보의 표시와 공시는 인식된 금액이 자산, 부채, 자본, 수익 또는 비용을 충실하게 표현할 수 있도록 한다.

## 4. 제거

제거는 기업의 재무상태표에서 인식된 자산이나 부채의 전부 또는 일부를 삭제하는 것이다. 제거는 일반적으로 해당 항목이 더 이상 자산 또는 부채의 정의를 충족하지 못할 때 발생한다.

(1) 자산은 일반적으로 기업이 인식한 자산의 전부 또는 일부에 대한 통제를 상실하였을 때 제거한다.

(2) 부채는 일반적으로 기업이 인식한 부채의 전부 또는 일부에 대한 현재의무를 더 이상 부담하지 않을 때 제거한다.

제거에 대한 회계 요구사항은 다음 두 가지를 모두 충실히 표현하는 것을 목표로 한다.

(1) 제거를 초래하는 거래나 그 밖의 사건 후의 잔여 자산과 부채(그 거래나 그 밖의 사건의 일부로 취득, 발생 또는 창출한 자산이나 부채 포함)

(2) 그 거래나 그 밖의 사건으로 인한 기업의 자산과 부채의 변동

위에 기술된 목표는 일반적으로 다음에 의해 달성된다.

(1) 만료되었거나 소비, 회수, 이행 또는 이전된 자산이나 부채를 제거하고, 이에 따른 결과로 발생하는 수익과 비용의 인식. 이하 본 장에서 '이전된 구성요소'라는 용어는 그러한 모든 자산과 부채를 지칭한다.

(2) 해당될 경우 잔여 자산이나 부채의 계속 인식. 이를 '잔여구성요소'라고 지칭한다.

잔여구성요소는 이전된 구성요소와 별도의 회계단위가 된다. 따라서 제거로 인해 잔여구성요소에 적용되는 측정 요구사항이 변동되지 않는 한, 이전된 구성요소의 제거로 인하여 잔여구성요소에 대한 수익이나 비용은 인식하지 않는다.

(3) 기술된 목표 중 하나 또는 모두를 달성하기 위하여 필요한 경우, 다음 절차 중 하나 이상을 적용한다.

(가) 재무상태표에서 잔여구성요소를 별도로 표시

(나) 재무성과표에서 이전된 구성요소의 제거로 인하여 인식된 수익 및 비용을 별도로 표시

(다) 설명정보를 제공

어떤 경우에는 기업이 자산이나 부채를 이전하는 것처럼 보일 수 있지만, 그럼에도 불구하고 그 자산이나 부채가 기업의 자산이나 부채로 남아있을 수 있다. 그러한 예는 다음과 같다.

(1) 기업이 자산을 이전했지만 여전히 그 자산에서 발생할 수 있는 경제적효익 중 유의적인 양(+) 또는 음(−)의 변동에 노출되는 경우, 이는 때때로 기업이 그 자산을 계속 통제할 수 있음을 나타낸다.

(2) 기업이 다른 당사자에게 자산을 이전하였으나 그 다른 당사자가 그 기업의 대리인으로서 자산을 보유하고 있는 경우, 양도인은 여전히 자산을 통제한다.

이러한 경우, 해당 자산이나 부채를 제거하는 것은 두 가지 목표 중 하나를 달성하지 못하기 때문에 적절하지 않다. 기업이 이전된 구성요소를 더 이상 보유하지 않을 경우, 이전된 구성요소의 제거는 해당 사실을 충실하게 표현한다. 그러나 그러한 경우 중 일부는 문단 5.28(3)에 기술된 절차 중 하나 이상에 의해 뒷받침되더라도, 제거가 거래나 그 밖의 사건으로 인하여 기업의 자산이나 부채가 얼마나 변동됐는지를 충실하게 표현하지 못할 수 있다. 이 경우, 이전된 구성요소의 제거로 인해 기업의 재무상태가 실제보다 더 유의적으로 변동하였다는 것을 나타낼 수 있다. 예를 들어 다음과 같은 경우에 그러하다.

(1) 기업이 자산을 이전하면서 동시에 다른 거래를 체결하여 그 자산을 재취득하는 현재의 권리 또는 현재의 의무가 생기는 경우. 그러한 현재의 권리 또는 현재의 의무는 예를 들어 선도계약, 풋옵션 발행 또는 콜옵션 매입에서 발생할 수 있다.

(2) 기업이 더 이상 통제하지 않는 이전된 구성요소에서 발생될 수 있는 경제적효익

중 유의적인 양(+) 또는 음(－)의 변동에 노출되어 있는 경우

제거가 두 가지 목표를 달성하기에 충분하지 않은 경우, 하나 이상의 절차에 의해 뒷받침되더라도, 이전된 구성요소를 계속 인식함으로써 두 가지 목표를 달성할 수 있는 경우도 있다. 그 결과는 다음과 같다.

(1) 거래나 그 밖의 사건의 결과로 잔여구성요소 또는 이전된 구성요소에 대해 수익이나 비용이 인식되지 않는다.
(2) 자산(또는 부채)의 이전에 따라 수취(또는 지급)한 대금은 대여 받은(또는 대여해 준) 것으로 처리한다.
(3) 기업이 더 이상 이전된 구성요소로 인한 어떠한 권리나 의무도 보유하고 있지 않다는 사실을 나타내기 위해 재무상태표에 이전된 구성요소를 별도로 표시하거나 설명정보를 제공해야 한다. 마찬가지로 이전 후에 이전된 구성요소에서 발생된 수익이나 비용에 대한 정보를 제공해야 할 수도 있다.

기존 권리나 의무를 줄이거나 없애는 방식으로 계약을 변경할 때가 제거에 대해 의문이 발생하는 경우 중 하나이다. 계약변경에 대한 회계처리방법을 결정할 때, 어떤 회계단위가 변경 후의 잔여 자산과 부채, 그리고 변경으로 인해 기업의 자산과 부채가 어떻게 변동되었는지에 대해서 가장 유용한 정보를 재무제표이용자들에게 제공하는지를 고려할 필요가 있다.

(1) 계약변경으로 기존 권리나 의무만 없어지는 경우, 그러한 권리나 의무를 제거할지를 결정할 때 논의를 고려한다.
(2) 계약변경으로 새로운 권리나 의무만 추가되는 경우, 추가된 권리나 의무를 별도의 자산이나 부채로 처리할 것인지 또는 기존 권리 및 의무와 동일한 회계단위의 일부로 처리할 것인지를 결정할 필요가 있다.
(3) 계약변경으로 기존 권리나 의무가 없어지고 새로운 권리나 의무가 추가되는 경우, 그 변경에 대한 각각의 효과와 결합된 효과를 모두 고려할 필요가 있다. 이 경우 일부 계약은 실질적으로 기존 자산이나 부채를 새로운 자산이나 부채로 대체해야 할 정도로 변경된다. 광범위한 변경이라면, 기업은 최초의 자산이나 부채를 제거하고 새로운 자산이나 부채를 인식할 필요가 있다.

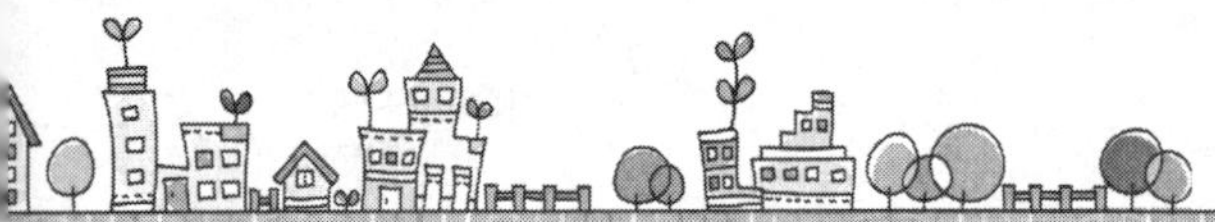

## 5. 재무제표 요소의 측정

재무제표에 인식된 요소들은 화폐단위로 수량화되어 있다. 이를 위해 측정기준을 선택해야 한다. 측정기준은 측정 대상 항목에 대해 식별된 속성(예 역사적 원가, 공정가치 또는 이행가치)이다. 자산이나 부채에 측정기준을 적용하면 해당 자산이나 부채, 관련 수익과 비용의 측정치가 산출된다. 유용한 재무정보의 질적특성과 원가제약을 고려함으로써 서로 다른 자산, 부채, 수익과 비용에 대해 서로 다른 측정기준을 선택하는 결과가 발생할 수 있을 것이다. 개별 기준서에는 그 기준서에서 선택한 측정기준을 적용하는 방법이 기술될 필요가 있을 것이다. 이 기술에는 다음을 포함할 수 있다.

(1) 특정 측정기준을 적용하여 측정치를 추정하기 위해 사용할 수 있거나 사용해야 하는 기법의 명시

(2) 우선하는 측정기준에 의해 제공되는 정보와 유사한 정보를 제공할 수 있는 단순화된 측정 접근법 명시

(3) 측정기준을 수정할 수 있는 방법의 설명(예 기업이 부채를 이행하지 못할 가능성(자신의 신용 위험)의 영향을 부채의 이행가치에서 배제)

### (1) 측정기준

#### 1) 역사적 원가

역사적 원가 측정치는 적어도 부분적으로 자산, 부채 및 관련 수익과 비용을 발생시키는 거래나 그 밖의 사건의 가격에서 도출된 정보를 사용하여 자산, 부채 및 관련 수익과 비용에 관한 화폐적 정보를 제공한다. 현행가치와 달리 역사적 원가는 자산의 손상이나 손실부담에 따른 부채와 관련되는 변동을 제외하고는 가치의 변동을 반영하지 않는다. 자산을 취득하거나 창출할 때의 역사적 원가는 자산의 취득 또는 창출에 발생한 원가의 가치로서, 자산을 취득 또는 창출하기 위하여 지급한 대가와 거래원가를 포함한다. 부채가 발생하거나 인수할 때의 역사적 원가는 발생시키거나 인수하면서 수취한 대가에서 거래원가를 차감한 가치이다. 시장 조건에 따른 거래가 아닌 사건의 결과로 자산을 취득하거나 창출할 때 또는 부채를 발생시키거나 인수할 때, 원가를 식별할 수 없거나 그 원가가 자산이나 부채에 관한 목적적합한 정보를 제공하지 못할 수 있다. 이러한 경우 그 자산이나 부채의 현행가치가 최초 인식시점의 간주원가로 사용되며 그 간주

원가는 역사적 원가로 후속 측정할 때의 시작점으로 사용된다. 자산의 역사적 원가는 다음의 상황을 나타내기 위하여 필요하다면 시간의 경과에 따라 갱신되어야 한다.

(1) 자산을 구성하는 경제적자원의 일부 또는 전부의 소비(감가상각 또는 상각)
(2) 자산의 일부 또는 전부를 소멸시키면서 받는 대금
(3) 자산의 역사적 원가의 일부 또는 전부를 더 이상 회수할 수 없게 하는 사건(손상)의 영향
(4) 자산의 금융요소를 반영하는 이자의 발생

부채의 역사적 원가는 다음을 반영하기 위하여 필요하다면 시간의 경과에 따라 갱신되어야 한다.

(1) 부채의 일부 또는 전부의 이행(예 부채의 일부 또는 전부를 소멸시키는 지급이나 재화를 인도할 의무의 이행)
(2) 부채의 이행에 필요한 경제적자원을 이전해야 하는 의무의 가치를 증가(손실 부담 한도까지)시키는 사건의 영향. 부채의 역사적 원가가 부채를 이행할 의무를 더 이상 충분히 반영하지 못한다면 그러한 부채는 손실 부담 부채이다.
(3) 부채의 금융요소를 반영하는 이자의 발생

역사적 원가 측정기준을 금융자산과 금융부채에 적용하는 한 가지 방법은 상각후원가로 측정하는 것이다. 금융자산과 금융부채의 상각후원가는 최초 인식 시점에 결정된 이자율로 할인한 미래현금흐름 추정치를 반영한다. 변동금리상품의 경우, 할인율은 변동금리의 변동을 반영하기 위해 갱신된다. 금융자산과 금융부채의 상각후원가는 이자의 발생, 금융자산의 손상 및 수취 또는 지급과 같은 후속 변동을 반영하기 위해 시간의 경과에 따라 갱신된다.

### 2) 현행가치

현행가치 측정치는 측정일의 조건을 반영하기 위해 갱신된 정보를 사용하여 자산, 부채 및 관련 수익과 비용의 화폐적 정보를 제공한다. 이러한 갱신에 따라 자산과 부채의 현행가치는 이전 측정일 이후의 변동, 즉 현행가치에 반영되는 현금흐름과 그 밖의 요소의 추정치의 변동을 반영한다. 역사적 원가와는 달리, 자산이나 부채의 현행가치는 자산이나 부채를 발생시킨 거래나 그 밖의 사건의 가격으로부터 부분적으로라도 도출되지 않는다. **현행가치 측정기준은 공정가치, 자산의 사용가치 및 부채의 이행가치, 현행원가를**

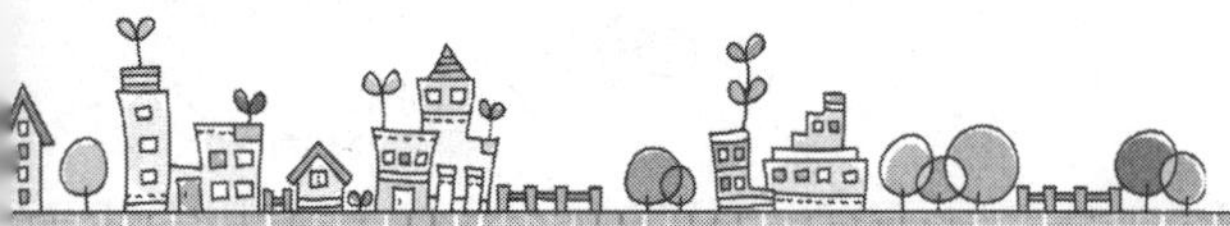

**포함**한다.

**공정가치**는 측정일에 시장참여자 사이의 정상거래에서 자산을 매도할 때 받거나 부채를 이전할 때 지급하게 될 가격이다. 공정가치는 기업이 접근할 수 있는 시장의 참여자 관점을 반영한다. 시장참여자가 경제적으로 최선의 행동을 한다면 자산이나 부채의 가격을 결정할 때 사용할 가정과 동일한 가정을 사용하여 그 자산이나 부채를 측정한다. 일부의 경우, 공정가치는 활성시장에서 관측되는 가격으로 직접 결정될 수 있다. 다른 경우에는 다음의 요인을 모두 반영하는 측정기법(예 현금흐름기준 측정기법)을 사용하여 간접적으로 결정된다.

(1) 미래현금흐름 추정치
(2) 측정 대상 자산이나 부채에 대한 미래현금흐름의 추정 금액이나 시기가 그 현금흐름에 내재된 불확실성으로 인해 변동할 가능성
(3) 화폐의 시간가치
(4) 현금흐름에 내재된 불확실성을 부담하는 것에 대한 가격(위험 할증 또는 위험 할인). 불확실성을 부담하기 위한 가격은 그 불확실성의 정도에 따라 달라진다. 이러한 가격은 투자자들이 일반적으로 현금흐름이 확실한 자산(부채)보다 현금흐름이 불확실한 자산(부채)을 취득하는(인수하는) 데 더 적은(많은) 금액을 지급(요구)할 것이라는 사실도 반영한다.
(5) 그 밖의 요소(예 상황에 따라 시장참여자들이 유동성을 고려한다면 그 유동성)

언급된 요인에는 상대방이 기업에 대한 부채를 이행하지 못하거나(신용위험), 기업이 자신의 부채를 이행하지 못할 가능성(자신의 신용위험)이 포함된다. 공정가치는 자산이나 부채를 발생시킨 거래나 그 밖의 사건의 가격으로부터 부분적이라도 도출되지 않기 때문에, 공정가치는 자산을 취득할 때 발생한 거래원가로 인해 증가하지 않으며 부채를 발생시키거나 인수할 때 발생한 거래원가로 인해 감소하지 않는다. 또한 공정가치는 자산의 궁극적인 처분이나 부채의 이전 또는 결제에서 발생할 거래원가를 반영하지 않는다.

**사용가치**는 기업이 자산의 사용과 궁극적인 처분으로 얻을 것으로 기대하는 현금흐름 또는 그 밖의 경제적효익의 현재가치이다. **이행가치**는 기업이 부채를 이행할 때 이전해야 하는 현금이나 그 밖의 경제적자원의 현재가치이다. 이러한 현금이나 그 밖의 경제적자원의 금액은 거래상대방에게 이전되는 금액뿐만 아니라 기업이 그 부채를 이행할 수 있도록 하기 위해 다른 당사자에게 이전해야 할 것으로 기대하는 금액도 포함한다.

사용가치와 이행가치는 미래현금흐름에 기초하기 때문에 자산을 취득하거나 부채를 인수할 때 발생하는 거래원가는 포함하지 않는다. 그러나 사용가치와 이행가치에는 기업이 자산을 궁극적으로 처분하거나 부채를 이행할 때 발생할 것으로 기대되는 거래원가의 현재가치가 포함된다. 사용가치와 이행가치는 시장참여자의 가정보다는 기업 특유의 가정을 반영한다. 일부 경우에 실무에서 시장참여자가 사용할 가정과 기업이 자체적으로 사용하는 가정 간에는 차이가 거의 없을 것이다. 사용가치와 이행가치는 직접 관측될 수 없으며 현금흐름기준 측정기법으로 결정된다. 사용가치와 이행가치는 공정가치에 대해 기술한 것과 동일한 요소를 반영하지만 시장참여자의 관점보다는 기업 특유의 관점을 반영한다.

**자산의 현행원가**는 측정일 현재 동등한 자산의 원가로서 측정일에 지급할 대가와 그 날에 발생할 거래원가를 포함한다. 부채의 현행원가는 측정일 현재 동등한 부채에 대해 수취할 수 있는 대가에서 그 날에 발생할 거래원가를 차감한다. 현행원가는 역사적 원가와 마찬가지로 유입가치이다. 이는 기업이 자산을 취득하거나 부채를 발생시킬 시장에서의 가격을 반영한다. 이런 이유로, 현행원가는 유출가치인 공정가치, 사용가치 또는 이행가치와 다르다. 그러나 현행원가는 역사적 원가와 달리 측정일의 조건을 반영한다. 일부의 경우, 현행원가는 활성시장에서 가격을 관측하여 직접 결정할 수 없으며 다른 방법을 통해 간접적으로 결정해야 한다. 예를 들어, 새로운 자산에 대한 가격만을 이용할 수 있는 경우, 기업이 보유하여 사용하고 있는 자산의 현행원가는 자산의 현재 연령과 상태를 반영하기 위해 새로운 자산의 현재 가격을 조정하여 추정해야 할 수도 있다.

## 6. 자본과 자본유지의 개념

### (1) 자본의 개념

**대부분의 기업은 자본의 재무적 개념에 기초하여 재무제표를 작성한다.** 자본을 투자된 화폐액 또는 투자된 구매력으로 보는 **재무적 개념** 하에서 자본은 기업의 순자산이나 지분과 동의어로 사용된다. 자본을 조업능력으로 보는 자본의 **실물적 개념** 하에서는 자본은 예를 들어, 1일 생산수량과 같은 기업의 생산능력으로 간주된다.

기업은 재무제표이용자의 정보요구에 기초하여 적절한 자본개념을 선택하여야 한다. 따라서 재무제표의 이용자가 주로 명목상의 투하자본이나 투하자본의 구매력 유지에 관심이 있다면 재무적 개념의 자본을 채택하여야 한다. 그러나 이용자의 주된 관심이 기

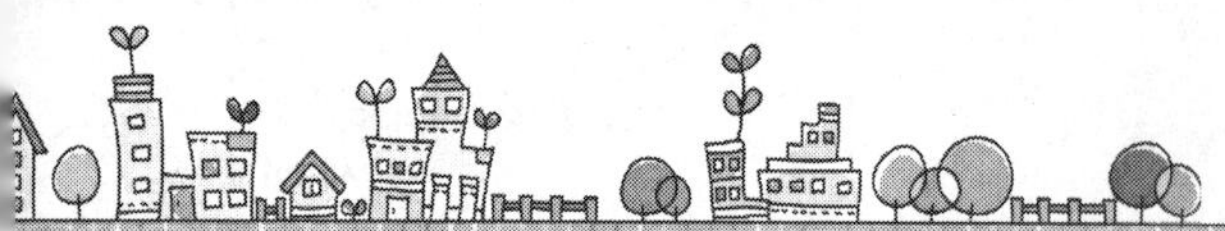

업의 조업능력 유지에 있다면 실물적 개념의 자본을 사용하여야 한다. 비록 자본개념을 실무적으로 적용하는 데는 측정의 어려움이 있을 수 있지만 선택된 자본개념에 따라 이익의 결정 목표가 무엇인지 알 수 있게 된다.

### (2) 자본유지개념과 이익의 결정

자본개념에 따라 다음과 같은 자본유지개념이 도출된다.

① **재무자본유지** : 재무자본유지 개념 하에서 이익은 해당 기간 동안 소유주에게 배분하거나 소유주가 출연한 부분을 제외하고 기말 순자산의 재무적 측정금액(화폐금액)이 기초 순자산의 재무적 측정금액(화폐금액)을 초과하는 경우에만 발생한다. 재무자본유지는 명목화폐단위 또는 불변구매력단위를 이용하여 측정할 수 있다.

② **실물자본유지** : 실물자본유지개념 하에서 이익은 해당 기간 동안 소유주에게 배분하거나 소유주가 출연한 부분을 제외하고 기업의 기말 실물생산능력이나 조업능력(또는 그러한 생산능력을 갖추기 위해 필요한 자원이나 기금)이 기초 실물생산능력을 초과하는 경우에만 발생한다.

자본유지개념은 기업이 유지하려고 하는 자본을 어떻게 정의하는지와 관련된다. **자본유지개념은 이익이 측정되는 준거기준을 제공함으로써 자본개념과 이익개념 사이의 연결고리를 제공한다.** 자본유지개념은 기업의 자본에 대한 투자수익과 투자회수를 구분하기 위한 필수요건이다. 자본유지를 위해 필요한 금액을 초과하는 자산의 유입액만이 이익으로 간주될 수 있고 결과적으로 자본의 투자수익이 된다. 따라서 이익은 수익에서 비용(필요한 경우 자본유지조정액을 포함)을 차감한 후의 잔여액이다. 만일 비용이 수익을 초과한다면 그 초과액은 손실이다.

실물자본유지개념을 사용하기 위해서는 **현행원가기준**에 따라 측정해야 한다. 그러나 재무자본유지개념은 특정한 측정기준의 적용을 요구하지 아니한다. 재무자본유지개념 하에서 측정기준의 선택은 기업이 유지하려는 재무자본의 유형과 관련이 있다.

재무자본유지개념과 실물자본유지개념의 주된 차이는 기업의 자산과 부채에 대한 가격변동 영향의 처리방법에 있다. 일반적으로 기초에 가지고 있던 자본만큼을 기말에도 가지고 있다면 이 기업의 자본은 유지된 것이며, 기초 자본을 유지하기 위해 필요한 부분을 초과하는 금액이 이익이다.

자본을 **명목화폐단위**로 정의한 재무자본유지개념 하에서 이익은 해당 기간 중 명목화폐자본의 증가액을 의미한다. 따라서 기간 중 보유한 자산가격의 증가 부분, 즉 보유이익은 개념적으로 이익에 속한다. 그러나 보유이익은 자산이 교환거래에 따라 처분되기 전에는 이익으로 인식되지 않을 것이다. 만일 재무자본유지개념이 **불변구매력 단위**로 정의된다면 이익은 해당 기간 중 투자된 구매력의 증가를 의미하게 된다. 따라서 일반물가수준에 따른 가격상승을 초과하는 자산가격의 증가 부분만이 이익으로 간주되며, 그 이외의 가격증가 부분은 자본의 일부인 자본유지조정으로 처리된다.

자본을 **실물생산능력**으로 정의한 실물자본유지개념 하에서 이익은 해당 기간 중 실물생산능력의 증가를 의미한다. 기업의 자산과 부채에 영향을 미치는 모든 가격변동은 해당 기업의 실물생산능력에 대한 측정치의 변동으로 간주되어 이익이 아니라 자본의 일부인 자본유지조정으로 처리된다.

**측정기준과 자본유지개념의 선택에 따라 재무제표의 작성에 있어 사용되는 회계모형이 결정된다.** 각각의 회계모형은 상이한 목적적합성과 신뢰성을 나타내며, 경영진은 다른 경우와 마찬가지로 목적적합성과 신뢰성 간에 균형을 추구하여야 한다.

## OX 문제

1 재무회계개념체계는 상호 관련된 목적과 기초 개념들을 체계화시켜 일관성있는 회계기준을 마련하게 하고 재무회계와 재무제표의 본질, 기능 및 한계점 등에 관한 규범을 제공한다.

2 일반목적재무보고서는 현재 및 잠재적 투자자, 대여자 및 기타채권자에게 보고기업의 가치를 보여주기 위해 고안된 것이다.

3 재무제표는 일반적으로 기업이 계속기업이며 예상가능한 기간 동안 영업을 계속할 것이라는 가정 하에 작성된다.

4 회계정보의 공준이란 재무제표를 통해 제공되는 정보가 정보이용자에게 유용하기 위해 갖추어야 할 속성을 말한다.

5 재무정보에 예측가치, 확인가치 또는 이 둘 모두가 있다면 그 재무정보는 의사결정에 차이가 나도록 할 수 있으므로, 목적적합한 정보가 된다.

6 충실한 표현을 하기 위해서는 서술은 완전하고, 중립적이며, 오류가 없어야 한다.

7 중요성은 개별 기업 재무보고서 관점에서 해당 정보와 관련된 항목의 성격이나 규모 또는 이 둘 모두에 근거하여 해당 기업에 특유한 측면의 비교가능성을 의미한다.

8 단 하나의 경제적 현상을 충실하게 표현하는 데 여러 방법이 있을 수 있으나 동일한 경제적 현상에 대해 대체적인 회계처리방법을 허용하면 비교가능성이 감소한다.

9 효익과 원가 간의 균형은 질적 특성이라기보다는 포괄적 제약요인이다.

10 검증가능성은 정보가 나타내고자 하는 경제적 현상을 충실히 표현하는지를 정보이용자가 확인하는 데 도움을 주는데, 계량화된 정보가 검증가능하기 위해서 단일 점추정치이어야 한다.

11 자산이 갖는 미래경제적 효익이란 직접으로 또는 간접으로 미래 현금 및 현금성자산의 기업에의 유입에 기여하게 될 잠재력을 말한다.

12 자산의 존재를 판단하기 위해서는 물리적 형태가 필수적이다.

13 이익은 흔히 성과의 측정치로 사용되거나 투자수익률이나 주당이익과 같은 측정치의 기초로 사용된다.

14 차익은 광의의 수익의 정의를 충족하는 그 밖의 항목으로 기업의 정상영업활동의 일환이나 그 이외의 활동에서 발생할 수 있다.

15 자산과 부채에 대한 재평가 또는 재작성은 자본의 증가나 감소를 초래한다. 이와 같은 자본의 증가 또는 감소는 수익과 비용의 정의에는 부합하기 때문에 이 항목들은 특정 자본유지개념에 따라 포괄손익계산서에 포함한다.

16 경제적 효익이 여러 회계기간에 걸쳐 발생할 것으로 기대되고 수익과의 관련성이 단지 포괄적으로 또는 간접적으로만 결정될 수 있는 경우 비용은 체계적이고 합리적인 배분절차를 기준으로 포괄손익계산서에 인식된다.

## 객 관 식 문 제

01 다음은 재무회계 개념체계에서 설명된 자산·부채의 정의 및 인식과 측정에 관련된 설명이다. 타당한 것은 무엇인가? ➤ 공인회계사 수정

① 부채는 과거의 거래나 사건의 결과로 발생한 것으로 미래에 기업실체가 부담할 의무이고, 현재시점에 경제적 효익이 유출되어야 한다.

② 소유주의 투자는 소유주가 기업실체에 자산을 납입하거나 부채를 전환하는 것과 같은 형태로 이루어지지만 용역의 제공으로는 이루어지지 않는다.

③ 인식이란 거래나 사건의 경제적 효과를 재무제표에 기록하고 계상하는 것을 의미하고 측정이란 거래나 사건에 화폐액을 부여하는 것을 말한다.

④ 수익의 인식에서 가득기준이란 수익의 발생과정에서 수취 또는 보유한 자산이 일정액의 현금 또는 현금청구권으로 전환될 수 있음을 의미한다.

⑤ 비용은 경제적 효익이 유출, 소비됨으로써 자산이 증가하거나 부채가 감소하고 그 금액을 신뢰성 있게 측정할 수 있을 때 인식한다.

02 회계정보의 질적 특성 중 '목적적합성'의 하부속성에 포함되는 것은?

① 예측가치와 확인가치
② 표현의 충실성과 중요성
③ 중요성과 검증가능성
④ 확인가치와 검증가능성
⑤ 예측가치와 검증가능성

03 다음 중 '재무제표 표시'와 관련된 판단기준으로 작용하는 것은?

① 중립성
② 신중성
③ 완전성
④ 신뢰성
⑤ 중요성

04 '충실한 표현'을 하기 위해서는 포함되어야 할 세 가지의 특성 만으로 짝지워진 것은?

a. 완전성 b. 검증가능성 c. 중립성 d. 오류가 없음 e. 신중성 f. 중요성

① a, b, c ② b, c, f ③ d, e, f
④ c, d, e ⑤ a, c, d

05 수취채권의 회수가능성, 내용연수의 추정 등 회계처리시 추정부분과 가장 밀접하게 관련된 것은?

① 완전성 ② 신중성 ③ 중립성
④ 신뢰성 ⑤ 목적적합성

06 회계정보의 질적 특성 중 회계정책의 변경에 의해 가장 심하게 손상되는 질적 특성은?

① 비교가능성 ② 신뢰성 ③ 목적적합성
④ 중요성 ⑤ 이해가능성

07 목적적합하고 충실하게 표현된 정보의 유용성을 보강시키는 질적 특성이 아닌 것은?

① 비교가능성 ② 적시성 ③ 중요성
④ 검증가능성 ⑤ 이해가능성

08 다음 중 현재의무를 이행하는 것이 아닌 것은?

① 다른 자산의 이전
② 용역의 제공
③ 다른 의무로 대체
④ 현금의 지급
⑤ 자본의 부채 전환

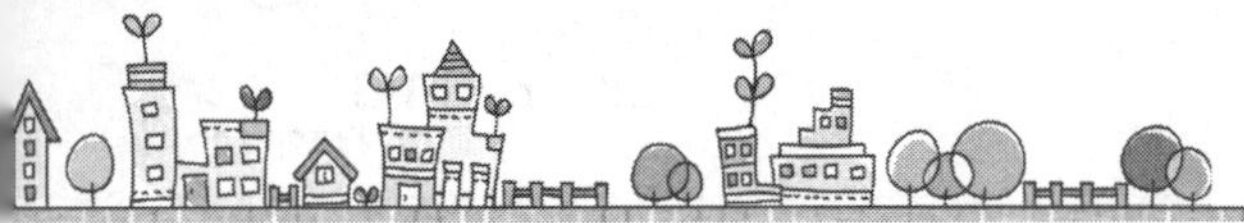

# 주 관 식 문 제

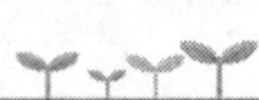

01 우리나라 재무회계개념체계에서 정하고 있는 재무제표작성을 위한 기본가정에 대해 설명하라.

02 유용한 회계정보가 되기 위한 근본적 질적 특성에 대해 설명하라.

03 목적적합하고 충실하게 표현된 정보의 유용성을 보강시키는 질적 특성에 대해 설명하라.

04 회재무정보가 유용하기 위해서는 목적적합한 현상을 표현하는 것뿐만 아니라 나타내고자 하는 현상을 충실하게 표현해야 한다. 완벽하게 충실한 표현을 하기 위해 서술할 때 갖추어야할 세 가지 특성을 설명하라.

05 비교가능성의 질적 특성이 가지는 중요한 의미에 대해 설명하라.

06 유용한 재무보고에 대한 제약요인에 대해 설명하라.

07 재무상태의 측정에 직접 관련되는 요소에 대해 설명하라.

08 자본유지조정의 특징에 대해 설명하라.

09 비용의 인식에 대해 설명하라.

10 자본개념에 따라 재무자본유지개념과 실물자본유지개념이 도출된다. 이에 대해 설명하라.

## 연습문제 해답 ▶ 재무회계의 개념적 체계 Chapter

### OX문제

01 ○

02 × : 현재 및 잠재적 투자자, 대여자 및 기타 채권자가 보고기업의 가치를 추정하는 데 도움이 되는 정보를 제공한다.

03 ○

04 × : 공준이 아니고 질적 특성이다.

05 ○

06 ○

07 × : 비교가능성 → 목적적합성

08 ○

09 ○

10 × : 단일 점추정치이어야 한다. → 가능한 금액의 범위 및 관련된 확률도 검증될 수 있다.

11 ○

12 × : 필수적이지 않다.( 예: 특허권과 저작권 등의 무형자산)

13 ○

14 ○

15 × : 포함하지 아니한다.

16 ○

### 객관식문제

| 01 | ③ | 02 | ① | 03 | ⑤ | 04 | ⑤ | 05 | ② | 06 | ① | 07 | ③ | 08 | ⑤ |
|---|---|---|---|---|---|---|---|---|---|---|---|---|---|---|---|

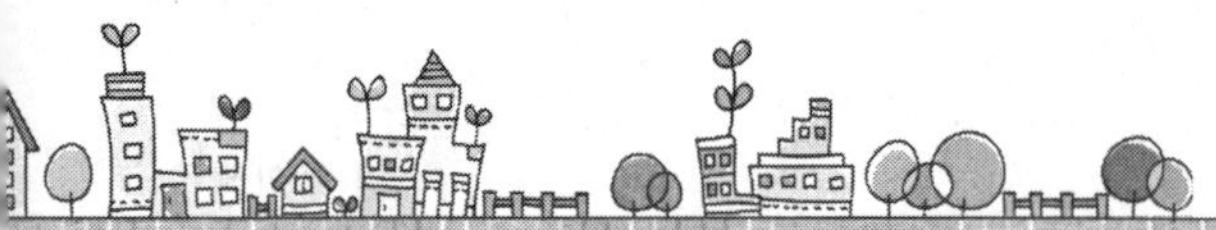

## 주관식문제

01 재무제표는 일반적으로 기업이 계속기업이며 예상 가능한 기간 동안 영업을 계속할 것이라는 가정 하에 작성된다. 따라서 기업은 그 경영활동을 청산하거나 중요하게 축소할 의도나 필요성을 갖고 있지 않다는 가정을 적용하며, 만약 이러한 의도나 필요성이 있다면 재무제표는 계속기업을 가정한 기준과는 다른 기준을 적용하여 작성하는 것이 타당할 수 있으며 이때 적용한 기준은 별도로 공시하여야 한다.

02 재무정보가 유용하기 위한 근본적 질적 특성은 목적적합성과 충실한 표현이다.

03 비교가능성, 검증가능성, 적시성 및 이해가능성은 목적적합하고 충실하게 표현된 정보의 유용성을 보강시키는 질적 특성이다. 보강적 질적 특성은 만일 어떤 두 가지 방법이 현상을 동일하게 목적적합하고 충실하게 표현하는 것이라면 이 두 가지 방법 가운데 어느 방법을 현상의 서술에 사용해야 할지를 결정하는 데에도 도움을 줄 수 있다.

04 완벽하게 충실한 표현을 위해 서술은 완전하고, 중립적이며, 오류가 없어야 한다.

05 비교가능성의 질적 특성이 가지는 중요한 의미는 이용자가 재무제표의 작성에 사용된 회계정책 및 회계정책의 변경과 그 영향에 대해 알 수 있다는 것이다.

06 원가는 재무보고로 제공될 수 있는 정보에 대한 포괄적 제약요인이다. 재무정보의 보고에는 원가가 소요되고, 해당 정보 보고의 효익이 그 원가를 정당화한다는 것이 중요하다.

07 자산, 부채 및 자본이다. 자산은 과거 사건의 결과로 기업이 통제하고 있고 미래경제적 효익이 기업에 유입될 것으로 기대되는 자원이다. 부채는 과거 사건에 의하여 발생하였으며 경제적 효익을 갖는 자원이 기업으로부터 유출됨으로써 이행될 것으로 기대되는 현재의무이다. 자본은 기업의 자산에서 모든 부채를 차감한 후의 잔여지분이다.

08 자본의 증가 또는 감소는 수익과 비용의 정의에는 부합하지만, 이 항목들은 특정자본유지개념에 따라 포괄손익계산서에는 포함하지 아니하며, 자본유지조정 또는 재평가적립금으로 자본에 포함한다.

09 비용은 자산의 감소나 부채의 증가와 관련하여 미래경제적 효익이 감소하고 이를 신뢰성있게 측정할 수 있을 때 포괄손익계산서에 인식한다.

10 ① 재무자본유지 : 재무자본유지 개념 하에서 이익은 해당 기간 동안 소유주에게 배분하거나 소유주가 출연한 부분을 제외하고 기말 순자산의 재무적 측정금액(화폐금액)이 기초 순자산의 재무적 측정금액(화폐금액)을 초과하는 경우에만 발생한다. 재무자본유지는 명목화폐단위 또는 불변구매력단위를 이용하여 측정할 수 있다.

② 실물자본유지 : 실물자본유지개념 하에서 이익은 해당 기간 동안 소유주에게 배분하거나 소유주가 출연한 부분을 제외하고 기업의 기말 실물생산능력이나 조업능력(또는 그러한 생산능력을 갖추기 위해 필요한 자원이나 기금)이 기초 실물생산능력을 초과하는 경우에만 발생한다.

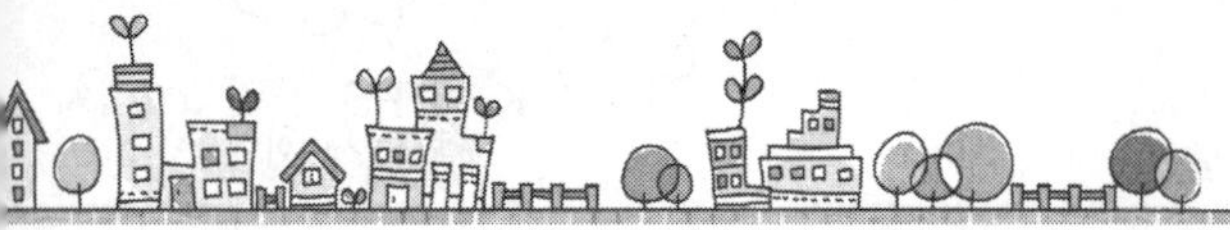

# 보론 | 공정가치측정 (기업회계기준서 제1113호)

## 1. 의 의

한국채택국제회계기준서 일부에서는 자산, 부채 또는 자기지분상품의 공정가치를 측정하거나 공시하도록 요구하거나 허용하고 있다. 이러한 기준서들은 수년에 걸쳐 개발되었기 때문에 공정가치측정 및 공정가치측정에 대한 정보 공시의 요구사항이 흩어져 있으며 많은 경우 측정과 공시의 목적이 명확하게 나타나 있지 않았다. 그 결과로, 공정가치측정 및 공정가치측정에 대한 정보 공시와 관련된 요구사항의 비일관성은 실무상 이를 다양하게 적용하도록 해왔고 재무제표에 보고된 정보의 비교가능성을 감소시켜왔다. 따라서 기업회계기준서 제1113호(즉, IFRS 13)는 이러한 상황을 개선하고자 하는 목적으로 발행되었다.

뿐만 아니라, 2006년에 IASB는 미국의 회계기준제정기구인 FASB와 공동으로 고품질의 국제적인 회계기준을 만들기 위한 노력의 기반이 되는 양해각서(MoU)를 발표하였다. 양해각서 및 IASB와 FASB의 그러한 목표를 달성하겠다는 확약과 일관된 기업회계기준서 제1113호는 IFRS와 US GAAP에 따른 공정가치측정 및 공정가치측정에 대한 정보 공시에 대한 공통된 요구사항을 개발하고자 한 IASB와 FASB의 작업 결과이다.

기업회계기준서 제1113호(공정가치측정)의 목적은 다음과 같다.

① 공정가치를 정의한다.

② 공정가치의 측정을 위한 체계를 단일의 기준서에서 정한다.

③ 공정가치측정에 대한 공시를 요구한다.

## 2. 공정가치의 측정

한국채택국제회계기준서에서는 '**공정가치**'를 '**측정일에 시장참여자 사이의 정상거래에서 자산을 매도하면서 수취하거나 부채를 이전하면서 지급하게 될 가격**'으로 정의한다. 공정가치측정은 특정 자산이나 부채에 대한 것이다. 따라서 공정가치를 측정할 때에는 시장참여자가 측정일에 그 자산이나 부채의 가격을 결정할 때 고려하는 그 자산이나 부채의 특성을 고려한다. 예를 들어, 그러한 특성에는 다음이 포함된다.

① 자산의 상태와 위치

② 자산에 매도나 사용에 제약이 있는 경우 그러한 사항

**공정가치의 정의는 공정가치가 시장에 근거한 측정치이며 기업 특유의 측정치가 아니라는 것을 강조한다.** 공정가치를 측정하는 경우에는 위험에 대한 가정을 포함하여, 현행 시장 상황에서 자산이나 부채의 가격을 결정할 때 시장참여자가 사용하게 될 가정을 사용한다. 따라서, 자산을 보유하고자 하는 기업의 의도나 부채를 결제 혹은 이행하고자 하는 기업의 의도는 공정가치측정에 관련이 없다.

일부 자산과 부채의 경우 관측가능한 시장거래나 시장정보를 이용할 수 있다. 다른 자산과 부채의 경우에는 관측가능한 시장거래와 시장정보가 이용가능하지 못할 수 있다. 그러나 두 경우 모두 공정가치측정의 목적은 현행 시장 상황에서 측정일에 시장참여자 사이에 자산을 매도하거나 부채를 이전하는 정상거래가 일어나는 경우의 가격(즉 자산을 보유하거나 부채를 부담하는 시장참여자의 관점에서 측정일의 유출가격)을 추정하는 것이라는 점에서 동일하다.

자산이나 부채의 공정가치를 측정하기 위하여 사용되는 주된 (또는 가장 유리한) 시장의 가격에서 '**거래원가**'는 조정하지 않고, 다른 기준서에 따라 회계처리한다. 거래원가는 자산이나 부채의 특성이 아니고 거래에 특정된 것이며 자산이나 부채를 어떻게 거래하는지에 따라 달라진다. 그러나 거래원가는 운송원가를 포함하지 않는다. 위치가 자산(예를 들면, 상품의 경우)의 특성이라면 현재의 위치에서 그 시장까지 자산을 운송하는 데 발생하게 될 원가가 있을 경우 주된 (또는 가장 유리한) 시장의 가격에서 그 원가를 조정한다.

**자산이나 부채의 교환 거래에서 자산을 취득하거나 부채를 인수하는 경우, '거래가격'은 자산을 취득하면서 지급하거나 부채를 인수하면서 수취하는 가격(유입가격)이다. 이와 반대로 자산이나 부채의 공정가치는 자산을 매도하면서 수취하거나 부채를 이전하면서 지급하게 될 가격(유출가격)이다.** 자산을 취득하기 위해 지급할 가격으로 반드시 자산을 매도하는 것은 아니다. 이와 유사하게 부채를 인수하면서 수취하는 가격으로 반드시 부채를 이전하는 것은 아니다. 많은 경우에 거래가격은 공정가치와 동일할 것이다(예 거래일에 자산을 구입하는 거래가 그 자산을 매도하게 될 시장에서 이루어지는 경우가 그러할 것이다). 그러나 다른 기준서에서 최초에 자산이나 부채를 공정가치로 측정할 것을 요구하

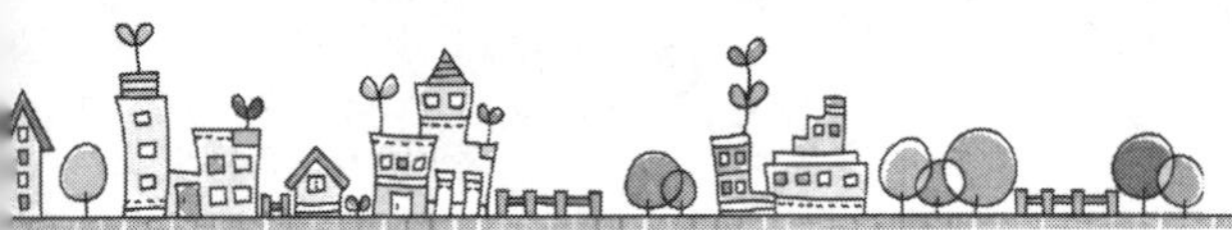

거나 허용하면서 거래가격이 공정가치와 다른 경우에는, 해당 기준서에서 다르게 정하고 있지 않는 한 이로 인한 손익을 당기손익으로 인식한다.

공정가치의 정의는 자산과 부채에 중점을 두는데 이는 자산과 부채가 회계에서 측정의 주요 대상이기 때문이다. 또한 공정가치측정 기준서는 공정가치로 측정되는 자기지분상품에도 적용된다.

금융부채나 비금융부채 또는 자기지분상품(예 사업결합의 대가로 발행된 지분)의 공정가치측정은 자산과 동일하게 측정일에 시장참여자에게 이전되는 것을 가정한다. 이때 동일한 또는 유사한 부채 또는 자기지분상품의 이전을 위한 공시가격을 이용할 수는 없으나 다른 상대방이 동일한 항목을 자산으로 보유하고 있는 경우에는, 부채나 지분상품의 공정가치는 측정일에 동일 항목을 자산으로 보유하고 있는 시장참여자의 관점에서 측정한다. 그러나 동일한 또는 유사한 부채나 자기지분상품의 이전을 위한 공시가격이 이용가능하지 않으며 다른 상대방이 동일한 항목을 자산으로 보유하지 않는 경우, 부채를 부담하거나 지분상품에 대한 청구권을 발행하였던 시장참여자의 관점에서 가치평가기법을 사용하여 부채나 지분상품의 공정가치를 측정한다.

**동일한 자산이나 부채의 가격이 관측가능하지 않을 경우 관련된 관측가능한 투입변수의 사용을 최대화하고 관측가능하지 않은 투입변수의 사용을 최소화하는 다른 '가치평가기법'을 이용하여 공정가치를 측정한다.** 가치평가기법을 사용하는 목적은 측정일에 현행 시장상황에서 시장참여자 사이에 이루어지는 자산을 매도하거나 부채를 이전하는 정상거래에서의 가격을 추정하는 것이다. 광범위하게 사용되는 세 가지 가치평가기법은 시장접근법, 원가접근법 및 이익접근법이다.

**시장접근법**에서는 동일하거나 비교가능한(즉 유사한) 자산, 부채 또는 사업과 같은 자산과 부채의 집합에 대한 시장거래에서 생성된 가격이나 기타 관련 정보를 사용한다. 예를 들면, 시장접근법과 일관된 가치평가기법에서는 종종 비교가능대상들로부터 도출된 시장 배수를 사용한다. 배수는 각 비교대상의 서로 다른 배수를 가지는 그 범위 내에 있을 수 있다. 범위 내에서 적절한 배수를 선택하는 것은 측정치에 특유한 질적 요소와 양적 요소를 고려한 판단을 필요로 한다. 또한 메트릭스 가격결정방법은 시장접근법과 일관된 가치평가기법 중 하나이다.

**원가접근법**은 자산의 사용 능력을 대체하는 데 현재 필요한 금액을 반영한다(통상 현행대체원가라고 불림). 많은 경우에 현행대체원가법은 다른 자산과 함께 사용되거나 다른 자산 및 부채와 함께 사용되는 유형의 자산에 대한 공정가치를 측정하는 데 사용된다.

**이익접근법**은 미래 금액(예 현금흐름 또는 수익과 비용)을 단일의 현행(즉 할인된) 금액으로 전환한다. 이익접근법을 이용하면, 공정가치 측정치는 그러한 미래 금액에 대한 현행의 시장 기대를 반영한다. 예를 들면 다음의 가치평가기법이 해당된다.

① **현재가치기법**(할인율조정기법과 기대현금흐름-기대현재가치-기법)

② **옵션가격결정모형**, 예를 들어 현재가치기법을 이용하고 옵션의 시간가치와 내재가치 모두를 반영하는 블랙-숄즈-머튼 공식이나 이항모형(즉 격자모형) 등

③ 일부 무형자산의 공정가치를 측정하는 데 사용되는 **다기간 초과이익법**

공정가치를 측정하기 위해 사용되는 가치평가기법은 관련된 관측 가능한 투입변수의 사용을 최대화하고 관측가능하지 않은 투입변수의 사용을 최소화한다. 일부 자산과 부채(예 금융상품)에 대한 투입변수가 관측가능한 시장으로 거래소시장, 딜러시장, 중개시장 및 직거래시장을 예로 들 수 있다.

시장참여자가 자산과 부채의 거래에서 고려할 그 자산과 부채의 특성과 일관되는 투입변수를 선택한다. 일부의 경우 그러한 특성은 할증이나 할인(예 지배력 할증 또는 비지배지분 할인)과 같은 조정을 적용하게 한다. 그러나 자산이나 부채의 특성(예 지배지분의 공정가치를 측정하는 경우의 지배력 할증)이 아니라 기업의 보유 특성(예 기업이 보유하고 있는 수량을 소화할 만큼 시장의 정상 일일 거래규모가 크지 않기 때문에 자산이나 부채의 공시가격을 조정하게 하는 대량보유요소)으로서 크기를 반영하는 할증이나 할인은 공정가치측정 시 허용되지 않는다.

공정가치 측정 및 관련 공시에서 일관성과 비교가능성을 증진시키기 위하여, 기업회계기준서 제1113호는 공정가치를 측정하기 위하여 사용하는 가치평가기법에의 투입변수를 3가지 수준으로 분류하는 공정가치 서열체계를 정하고 있다. **'공정가치 서열체계'는 동일한 자산이나 부채에 대한 활성시장의 (조정되지 않은) 공시가격(수준 1 투입변수)에 가장 높은 순위를 부여하며, 관측가능하지 않은 투입변수(수준 3 투입변수)에 가장 낮은 순위를 부여한다.**

**수준 1 투입변수는 측정일에 동일한 자산이나 부채에 대한 접근 가능한 활성시장의 (조정되지 않은) 공시가격이다.** 활성시장의 공시가격은 공정가치의 가장 신뢰성 있는 증거를 제공하며, 다음의 상황을 제외하고는 이용가능할 때마다 공정가치를 측정하는 데 조정 없이 사용한다.

① 공정가치로 측정되는 대량의 유사한 (그러나 동일하지는 않은) 자산이나 부채(예 채무증권)를 보유하고 있으며 개별적으로 각각의 자산이나 부채에 대한 활성시장의 공시가격이 이용 가능하지만 용이하게 접근가능하지 않은 경우(즉 대량의 유사한 자산이나 부채를 보유하고 있다면 측정일에 각각의 개별 자산이나 부채에 대한 가격 정보를 얻기 어려울 것이다). 이 경우, 실무상 편의를 위해 공시가격에 전적으로 의존하지는 않는 대체적인 가격결정방법(예 메트릭스 가격결정방법)을 이용해 공정가치를 측정할 수 있다. 그러나 대체적인 가격결정방법을 사용하게 되면 공정가치 측정치는 공정가치 서열체계 내의 더 낮은 수준으로 분류된다.

② 활성시장의 공시가격이 측정일의 공정가치를 나타내지 않는 경우. 예를 들어, 측정일 이전에 시장이 종료된 후 유의적인 사건(예 직거래시장에서의 거래, 중개시장에서의 거래 또는 공시)이 발생하는 경우가 해당될 수 있다. 공정가치측정에 영향을 미칠 수 있는 그러한 사건을 식별할 수 있도록 정책을 수립하여 일관되게 적용한다. 그러나 공시가격이 새로운 정보로 인해 조정된다면 공정가치 측정치는 공정가치 서열체계 내의 더 낮은 수준으로 분류된다.

③ 활성시장에서 자산으로 거래되는 동일한 항목의 공시가격을 이용하여 부채나 자기지분상품의 공정가치를 측정하고 자산이나 항목의 특정한 요소에 대해 그 가격을 조정할 필요가 있는 경우. 자산의 공시가격에 조정이 필요하지 않다면, 그 공정가치 측정치는 공정가치 서열 체계의 수준 1로 분류된다. 그러나 자산의 공시가격에 조정이 이루어진다면 공정가치 서열 체계 내의 더 낮은 수준으로 분류된다.

**수준 2의 투입변수는 수준 1의 공시가격 이외에 자산이나 부채에 대해 직접적으로 또는 간접적으로 관측가능한 투입변수이다.** 자산이나 부채에 특정한 (계약상) 조건이 있는 경우, 수준 2의 투입변수는 자산이나 부채의 실질적인 전체 조건에 대해 관측 가능해야 한다. 다음은 수준 2의 투입변수에 포함된다.

① 유사한 자산이나 부채에 대한 활성시장의 공시가격
② 동일하거나 유사한 자산이나 부채에 대한 비활성시장의 공시가격
③ 자산이나 부채에 대해 공시가격 이외의 관측가능한 투입변수. 예를 들면 다음과 같다.
   ㉠ 일반적으로 정기적으로 공시되는 관측가능한 이자율과 수익률 곡선
   ㉡ 내재변동성

㉢ 신용스프레드

④ 시장에서 입증된 투입변수

측정치 전체에 유의적인 수준 2 투입변수에 대한 조정에 유의적이지만 관측가능하지 않은 투입변수가 사용되는 경우, 그러한 조정에 따라 공정가치 측정치는 공정가치 서열체계 내에서 수준 3으로 분류될 수 있다.

**수준 3의 투입변수는 자산이나 부채에 대한 관측가능하지 않은 투입변수이다.** 관측가능하지 않은 투입변수는 측정일에 자산이나 부채에 대한 시장의 활동이 거의 없는 상황에서 사용이 허용되는 것으로, 관련된 관측가능한 투입변수가 이용가능하지 않은 경우 공정가치를 측정하기 위해 사용한다. 그러나 공정가치측정의 목적은 자산을 보유하거나 부채를 부담하는 시장참여자의 관점에서 측정일의 유출가격을 측정하는 것으로 여전히 동일하다. 따라서 위험에 대한 가정을 포함하여 자산이나 부채의 가격을 결정할 때 시장참여자가 사용하게 될 가정을 관측가능하지 않은 투입변수에 반영한다.

## 3. 공정가치측정의 공시

재무제표이용자가 다음의 사항 모두를 평가하는 데 도움이 되는 정보를 공시한다.

① 최초 인식 후 반복적으로 또는 비반복적으로 재무상태표에 공정가치로 측정하는 자산과 부채의 경우, 가치평가기법 및 그러한 측정치를 개발하기 위해 사용된 투입변수

② 유의적인 관측가능하지 않은 투입변수(수준 3)를 이용하여 반복적으로 공정가치를 측정하는 경우, 해당 기간 중 그러한 측정치가 당기손익 또는 기타포괄손익에 미친 효과

위의 목적을 충족하기 위해서는 최초 인식 후 재무상태표에 공정가치로 측정하는 자산과 부채의 종류별로 최소한 다음의 정보를 공시한다.

① 반복적인 공정가치측정치와 비반복적인 공정가치측정치의 경우에는 보고기간 말의 공정가치 측정치, 비반복적인 공정가치 측정치의 경우에는 그러한 측정의 이유. 자산이나 부채의 반복적인 공정가치측정은 타 기준서에서 매보고기간말 재무상태표에 요구하거나 허용하는 경우이다. 자산이나 부채의 비반복적인 공정가치측정은 타 기준서에서 특정 상황의 경우 재무상태표에 요구하거나 허용하는 경우(예 기업

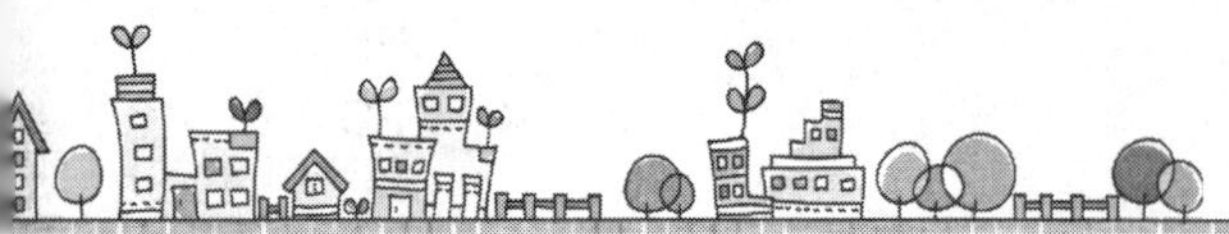

회계기준서 제1105호 '매각예정비유동자산과 중단영업'에 따라 매각예정자산의 순공정가치가 장부금액보다 작아 순공정가치로 그 자산을 측정하는 경우)이다.

② 반복적인 공정가치측정치와 비반복적인 공정가치측정치의 경우, 공정가치 서열체계에서 공정가치측정치 전체가 분류되는 수준(수준 1, 2 또는 3)

③ 보고기간 말에 보유하고 있으며, 반복적으로 공정가치로 측정하는 자산과 부채의 경우, 공정가치 서열체계의 수준 1과 수준 2 사이에서 이동한 금액, 그러한 이동의 이유 및 수준 사이의 이동이 이루어졌다고 간주되는 시점을 결정하는 기업의 정책. 각 수준으로의 이동은 각 수준으로부터의 이동과 별도로 공시하고 논의한다.

④ 공정가치 서열체계에서 수준 2와 수준 3으로 분류되는 반복적인 공정가치측정치와 비반복적인 공정가치측정치의 경우, 가치평가기법과 공정가치측정에 사용된 투입변수에 대한 설명. 가치평가기법에 변경(예 시장접근법에서 이익접근법으로의 변경 또는 추가적인 가치평가기법의 사용)이 있었다면 이러한 변경사실과 그 이유(들)를 공시한다. 공정가치 서열체계의 수준 3으로 분류되는 공정가치측정치의 경우, 공정가치측정에 사용된 유의적이지만 관측가능하지 않은 투입변수에 대한 양적 정보를 공시한다. 만일 관측가능하지 않은 양적 투입변수가 공정가치측정 시 기업에 의해 개발된 것이 아니라면(예 이전의 거래나 제3자의 가격결정 정보로부터 얻은 가격을 조정 없이 사용하는 경우) 이러한 공시요구사항을 따르기 위하여 양적 정보를 반드시 산출해야 하는 것은 아니다. 그러나 공시를 제공하는 경우에는 공정가치측정에 유의적이고 합리적으로 이용가능한 관측가능하지 않은 양적 투입변수를 고려하지 않을 수는 없다.

⑤ 반복적인 공정가치측정치가 공정가치 서열체계에서 수준 3으로 분류되는 경우, 기초잔액과 기말잔액의 변동내역. 다음 항목에 해당하는 당해 기간 동안의 변동을 구분하여 공시한다.

㉠ 당기손익으로 인식된 당해 기간 동안의 총손익과 그 손익이 인식된 당기손익의 개별항목

㉡ 기타포괄손익으로 인식된 당해 기간 동안의 총손익과 그 손익이 인식된 기타포괄손익의 개별항목

㉢ 매입, 매도, 발행 및 결제(각 변동의 형태별로 구분하여 공시)

㉣ 공정가치 서열체계의 수준 3으로 또는 수준 3으로부터의 이동 금액, 그러한 이

동의 이유 및 수준 사이의 이동이 이루어졌다고 간주되는 시점을 결정하는 기업의 정책. 수준 3으로의 이동은 수준 3으로부터의 이동과 별도로 공시하고 논의한다.

⑥ 반복적인 공정가치측정치가 공정가치 서열체계에서 수준 3으로 분류되는 경우, 보고기간 말에 보유하고 있는 자산 및 부채와 관련된 미실현손익의 변동으로 인해 당기손익에 포함된 위 '⑤－㉠'의 당해 기간 동안의 총손익금액과 그러한 미실현손익이 인식된 당기손익의 개별항목(들)

⑦ 공정가치 서열체계에서 수준 3으로 분류되는 반복적인 공정가치측정치와 비반복적인 공정가치측정치의 경우, 기업이 사용한 가치평가과정(예를 들면, 기업이 가치평가정책과 절차를 결정하는 방법과 기간별 공정가치측정치의 변동을 분석하는 방법 등)에 대한 설명

⑧ 공정가치 서열체계의 수준 3으로 분류되는 반복적인 공정가치측정치의 경우에는 다음을 공시한다.

㉠ 그러한 측정치 모두에 대하여, 관측가능하지 않은 투입변수가 다른 금액으로 변동됨으로써 공정가치측정치가 유의적으로 더 높거나 낮아질 수 있다면 관측가능하지 않은 그 투입변수의 변동으로 인한 공정가치측정치의 민감도에 대한 서술적 기술. 그러한 투입변수와 공정가치측정에 사용된 관측가능하지 않은 그 밖의 투입변수간 상호관계가 있는 경우에는 그러한 상호관계에 대해서도 설명하고 관측가능하지 않은 투입변수의 변동이 공정가치측 정치에 미치는 효과를 그러한 상호관계가 어떻게 확대 혹은 축소시키는지에 대해서도 설명한다. 이러한 요구사항에 따라 공시할 때에는, 관측가능하지 않은 투입변수의 변동에 대한 민감도에 대한 서술적 기술에 최소한 '④'에 따라 공시되는 관측가능하지 않은 투입변수를 포함시킨다.

㉡ 금융자산과 금융부채의 경우, 합리적으로 가능한 대체적인 가정을 반영하기 위해 하나 이상의 관측가능하지 않은 투입변수가 변동되는 경우 공정가치가 유의적으로 변동된다면 그러한 사실을 언급하고 그러한 변동의 효과를 공시한다. 합리적으로 가능한 대체적인 가정을 반영한 변동 효과가 어떻게 계산되었는지를 공시한다. 이러한 목적을 위하여, 유의성은 당기손익, 그리고 총자산이나 총부채와 관련하여 판단하거나, 공정가치의 변동이 기타포괄손익으로 인식되는

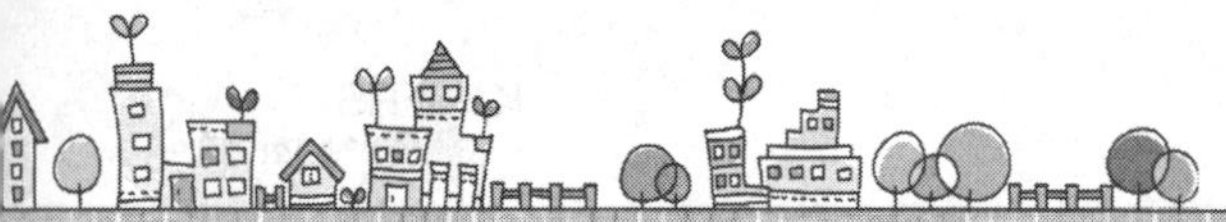

경우에는 총자본과 관련하여 판단한다.

⑨ 반복적인 공정가치측정치와 비반복적인 공정가치측정치의 경우, 비금융자산의 최고 최선의 사용이 현재의 사용과 다르다면, 그러한 사실과 비금융자산이 최고 최선의 사용과 다른 방식으로 사용되는 이유를 공시한다.

## 보론 | 미래현금흐름의 현가

### 1. 의 의

자산은 미래의 경제적 효익 또는 용역잠재력이라고 정의되는데, 이는 그 자산이 미래에 창출할 순현금흐름을 현재시점의 가치로 평가한 것임을 의미한다.

이와 같이 자산으로부터 기대되는 미래현금흐름을 측정하고, 그 추정금액에 화폐의 시간가치를 반영하는 할인율을 적용하여 현재가치로 환산한 금액을 **미래현금흐름의 현가**(present value of future cash flows)라고 말한다.

이를 식으로 나타내면 다음과 같다.

$$P_0 = \sum_{t=1}^{n} \frac{CF_t}{(1+r)^t}$$

$P_0$ : 현재시점에서의 현가

$CF_t$ : t기의 현금흐름액

r : 할인율

n : 내용연수

위의 공식에서 보듯이 **미래현금흐름의 현가를 계산하기 위해서는 ① 미래현금흐름액 ② 미래현금흐름의 발생시점 ③ 할인율을 모두 알아야 한다.** 만일 위의 미래현금흐름의 금액, 시점 및 할인율을 알 수 있다면 미래현금흐름 현가개념에 의한 자산평가방법이 다른 방법에 비하여 이론적 관점에서 가장 정확한 평가방법이다.

그러나 대부분의 경우, 위 세 가지 요소를 정확히 파악한다는 것은 거의 불가능하므로 이 개념에 의한 평가방법은 매우 어렵다.

미래현금흐름의 현가에 의해 자산을 평가하는 경우 다음과 같은 장점이 있다.

① 재무상태표상의 자산은 자산이 가지고 있는 미래 용역잠재력인 현금 흐름의 현재가치를 정확하게 나타내 준다.

② 기초와 기말의 자산의 경제적 가치를 서로 비교하여 기업의 이익을 계산하므로 경제적 이익개념에 가장 잘 부합되는 이익을 계산할 수 있다.

그러나 위의 장점에도 불구하고 다음과 같은 비판을 받고 있다.

① 미래현금흐름의 금액, 시기 및 할인율을 결정하기가 현실적으로 매우 어렵다.

② 기업의 미래현금흐름을 측정 자산에 관련지어 측정자산의 가치를 구하는 것은 결코 용이하지 못하다.

## 2. 현재가치 평가의 적용

**장기연불조건의 매매거래, 장기금전대차거래 또는 이와 유사한 거래에서 발생하는 자산·부채로서 명목가액과 현재가치의 차이가 중요한 경우에는 이를 현재가치로 평가한다.** 명목가액과 현재가치의 차이가 중요한지 여부를 판단함에 있어서는 금액의 크기뿐만 아니라 향후 회계기간의 손익에 미치는 영향, 거래의 질적인 특성 등을 모두 고려하여야 한다.

### 보론 사례 1 장기연불조건의 매매거래

㈜동강은 20×1년 1월 1일 건물을 취득하면서 매년 말 ₩2,000,000씩 3회에 걸쳐 현금지급하기로 하였다. 취득시 시장이자율이 12%일 경우 다음 물음에 답하라. (단, 12% 3년 만기 현가계수는 0.71178, 연금현가계수는 2.40183이다)

1. 건물의 취득원가는 얼마인가?
2. 20×1년 1월 1일과 20×1년 12월 31일의 회계처리를 제시하라.

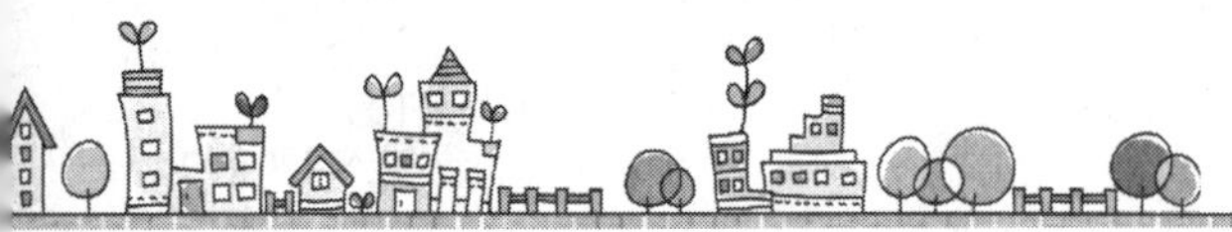

1. 건물의 취득원가

(1) 취득원가 : ₩2,000,000×2.40183=₩4,803,660

(2) 현재가치할인차금 : ₩6,000,000−₩4,803,660=₩1,196,340

2. 회계처리

(1) 20×1. 1. 1.

| | | | |
|---|---|---|---|
| (차) 건 물 | 4,803,660 | (대) 장기미지급금 | 6,000,000 |
| 현재가치할인차금 | 1,196,340 | | |

| 일 자 | 이자비용*1 | 현재가치할인차금상각액 | 장기미지급금상환액 | 기말장부가액 |
|---|---|---|---|---|
| 20×1. 1. 1. | | | | 4,803,660 |
| 20×1. 12. 31. | 576,439 | 576,439 | 2,000,000 | 3,380,099*2 |
| 20×2. 12. 31. | 405,612 | 405,612 | 2,000,000 | 1,785,712 |
| 20×3. 12. 31. | 214,289 | 214,289*3 | 2,000,000 | − |

*1 이자비용 : 기말장부가액×12%

*2 ₩4,803,660−(₩2,000,000−₩576,439)=₩3,380,099

*3 단수조정

(2) 20×1. 12. 31.

| | | | |
|---|---|---|---|
| (차) 이 자 비 용 | 576,439 | (대) 현재가치할인차금 | 576,439 |
| (차) 장기미지급금 | 2,000,000 | (대) 현 금 | 2,000,000 |

현재가치란 당해 자산의 공정한 가액 또는 당해 채권 · 채무로 인하여 미래에 수취하거나 지급할 총금액을 적정한 이자율로 할인한 가액으로 한다. 즉, 이자율은 당해 거래의 **유효이자율(내재이자율)**을 적용하며, 유효이자율을 적용할 수 없는 경우에는 **동종시장이자율**을, 동종시장이자율 산정이 곤란한 경우에는 **가중평균차입이자율(유동성장기차입금을 포함한 장기차입금으로 산정)**을 적용한다.

이렇게 **현재가치로 평가함에 따라 발생한 현재가치할인차금은 유효이자율법을 적용하여 상각 또는 환입하고, 이를 이자비용 또는 이자수익의 과목으로 계상한다.**

## 보론 사례 2 장기금전대차거래

㈜백두는 20×1년 1월 2일에 두리은행으로부터 다음의 조건으로 자금을 차입하였다.

(1) 만기상환 : 일시불로 ₩10,000,000
(2) 차입기간 : 3년
(3) 기간별이자 : 매년 말 만기상환액의 10% 지급
(4) 시장이자율 : 12%
(5) 12% 3년 만기 현가계수는 0.71178, 연금현가계수는 2.40183이다.

1. 장기차입금의 장부가액은 얼마인가?
2. 차입시점과 매년 말 회계처리를 제시하라.

**핵심해설**

1. 장기차입금의 장부가액
   (1) 현재가치 : ₩10,000,000×0.71178+₩1,000,000×2.40183=₩9,519,630
   (2) 현재가치할인차금 : ₩10,000,000−₩9,519,630=₩480,370
   ※ 여기에서 유의할 점은 ㈜백두가 총부담해야 하는 이자비용은 명목가액 ₩13,000,000과 현재가치 ₩9,519,630의 차이인 ₩3,480,370이라는 것이다.
   ∴ 장기차입금의 장부가액 : ₩9,519,630

2. 회계처리

| 일 자 | 이자비용*1 | 현재가치할인차금상각액 | 현금미지급액 | 장부가액 |
|---|---|---|---|---|
| 20×1. 1. 1. | | | | 9,519,630 |
| 20×1. 12. 31. | 1,142,356 | 142,356 | 1,000,000 | 9,661,986*2 |
| 20×2. 12. 31. | 1,159,438 | 159,438 | 1,000,000 | 9,821,424 |
| 20×3. 12. 31. | 1,178,576 | 178,576*3 | 1,000,000 | 10,000,000 |

*1 장부가액×유효이자율(12%)
*2 ₩9,519,630+₩142,356=₩9,661,986
*3 단수조정

〈차입시점〉

| | | | | |
|---|---|---|---|---|
| 20×1. 1. 1. (차) 현 금 | 9,519,630 | (대) 장 기 차 입 금 | 10,000,000 |
| 현재가치할인차금 | 480,370 | | |

〈매년 말 회계처리〉

| | | | | |
|---|---|---|---|---|
| 20×1. 12. 31. | (차) 이 자 비 용 | 1,142,356 | (대) 현 금 | 1,000,000 |
| | | | 현재가치할인차금 | 142,356 |
| 20×2. 12. 31. | (차) 이 자 비 용 | 1,159,438 | (대) 현 금 | 1,000,000 |
| | | | 현재가치할인차금 | 159,438 |
| 20×3. 12. 31. | (차) 이 자 비 용 | 1,178,576 | (대) 현 금 | 1,000,000 |
| | | | 현재가치할인차금 | 178,576 |
| | (차) 장기차입금 | 10,000,000 | (대) 현 금 | 10,000,000 |

# 재무제표

**학습목표**

본장에서는 재무보고의 대표적 수단인 재무제표의 종류와 의의 및 이들의 구조와 내용에 대해서 살펴본다. 이에 따라 재무회계의 궁극적인 목적인 재무제표를 작성하고 이해하는 기초 토대를 마련함을 학습목표로 한다.

**※ 관련 한국채택국제회계기준**
기업회계기준서 제1001호(재무제표 표시)

회계정보는 기업이 수행하는 재무·투자 및 영업활동의 결과를 수치로 측정하여 요약한 것으로써, 이러한 회계정보의 내용을 보다 깊이 있게 이해하기 위하여 기업의 세 가지 활동의 결과가 재무제표에 어떻게 반영되고 있는 지를 살펴 볼 필요가 있다.

따라서 본 장에서는 재무제표의 종류와 구조 및 양식 등을 살펴봄으로써 재무제표 전반에 대한 이해를 높이도록 구성되어 있다.

## 01절 재무제표의 의의

기업은 재무활동과 투자활동 그리고 영업활동을 통해 기업의 재산상태를 변화시키고, 이익을 창출하여 성장하고 발전하게 되는데, 이러한 기업활동의 내용과 결과를 측정하여 이를 화폐가치 등 일정한 형식에 따라 요약한 것이 회계정보이다.

이러한 **회계정보를 기업의 정보이용자에게 전달하는 주요수단이 재무제표이다.**

재무제표는 기업의 재무상태와 재무성과를 체계적으로 표현한 것이다. 재무제표의 목적은 광범위한 정보이용자의 경제적 의사결정에 유용한 기업의 재무상태, 재무성과와 재무상태변동에 관한 정보를 제공하는 것이다. 또한 재무제표는 위탁받은 자원에 대한 경영진의 수탁책임 결과도 보여준다. 이러한 목적을 충족하기 위하여 재무제표는 자산, 부채, 자본, 차익과 차손을 포함한 광의의 수익과 비용, 소유주로서의 자격을 행사하는 소유주에 의한 출자와 소유주에 대한 배분, 현금흐름과 같은 기업 정보를 제공한다. 이러한 정보는 주석에서 제공되는 정보와 함께 재무제표이용자가 기업의 미래현금흐름, 특히 그 시기와 확실성을 예측하는 데 도움을 준다.

**전체 재무제표는 기말 재무상태표, 기간 포괄손익계산서, 기간 자본변동표, 기간 현금흐름표, 주석(유의적인 회계정책의 요약 및 그 밖의 설명으로 구성), 회계정책을 소급하여 적용하거나, 재무제표의 항목을 소급하여 재작성 또는 재분류하는 경우 가장 이른 비교기간의 기초 재무상태표 등을 모두 포함하여야 한다.**[1]

그렇지만 기준서에서 사용하는 재무제표의 명칭이 아닌 다른 명칭을 사용할 수 있다.

---

1) 상법 등 관련 법규에서 이익잉여금처분계산서(또는 결손금처리계산서)의 작성을 요구하는 경우에는 재무상태표의 이익잉여금(또는 결손금)에 대한 보충정보로서 이익잉여금처분계산서(또는 결손금처리계산서)를 주석으로 공시한다.

각각의 재무제표는 전체 재무제표에서 동등한 비중으로 표시한다. 한국채택국제회계기준에서는 당기순손익의 구성요소를 단일 포괄손익계산서의 일부로 표시하거나 별개의 손익계산서에 표시할 수 있도록 하고 있으며, 손익계산서를 표시하는 경우 그 손익계산서는 전체 재무제표의 일부이며 포괄손익계산서의 바로 앞에 표시한다.

많은 기업은 재무제표 이외에도 그 기업의 경영성과와 재무성과의 주요특성 및 기업이 직면한 주요 불확실성을 설명하는 경영진의 재무검토보고서를 제공한다. 이러한 보고서는 다음 항목에 대한 검토를 포함할 수 있다.

① 재무성과의 주요 결정 요인과 영향. 이에는 기업이 처한 영업환경의 변화, 그 변화와 영향에 대한 기업의 대응계획 및 재무성과를 유지하고 향상시키기 위한 기업의 투자정책 및 배당정책을 포함한다.

② 기업의 자금 조달원천과 자본 대 부채의 목표비율

③ 한국채택국제회계기준에 따라 재무상태표에 인식되지 아니한 기업의 자원

또한 많은 기업은 특히 환경 요인이 유의적인 산업에 속해 있거나 종업원이 주요 재무제표이용자인 경우에 재무제표 이외에도 환경보고서나 부가가치보고서와 같은 보고서를 제공한다. 재무제표 이외의 보고서는 한국채택국제회계기준의 적용범위에 해당하지 않는다.

재무제표는 기업의 재무상태, 재무성과 및 현금흐름을 공정하게 표시해야 하며, 공정한 표시를 위해서는 '재무보고를 위한 개념체계'에서 정한 자산, 부채, 수익 및 비용에 대한 정의와 인식요건에 따라 거래, 그 밖의 사건과 상황의 효과를 충실하게 표현해야 한다. **한국채택국제회계기준에 따라 작성된 재무제표(필요에 따라 추가공시한 경우 포함)는 공정하게 표시된 재무제표로 본다.**

경영진은 **재무제표를 작성할 때 계속기업으로서의 존속가능성을 평가해야 한다.** 경영진이 기업을 청산하거나 경영활동을 중단할 의도를 가지고 있지 않거나, 청산 또는 경영활동의 중단 외에 다른 현실적 대안이 없는 경우가 아니면 계속기업을 전제로 재무제표를 작성한다. 계속기업으로서의 존속능력에 유의적인 의문이 제기될 수 있는 사건이나 상황과 관련된 중요한 불확실성을 알게 된 경우, 경영진은 그러한 불확실성을 공시하여야 한다. 재무제표가 계속기업의 기준하에 작성되지 않는 경우에는 그 사실과 함께 재무제표가 작성된 기준 및 그 기업을 계속기업으로 보지 않는 이유를 공시하여야 한다.

또한 기업은 현금흐름 정보를 제외하고는 **발생기준 회계**를 사용하여 재무제표를 작성

해야 하며, 유사한 항목은 중요성 분류에 따라 재무제표에 구분하여 표시한다. 상이한 성격이나 기능을 가진 항목은 구분하여 표시한다. 다만 중요하지 않은 항목은 성격이나 기능이 유사한 항목과 통합하여 표시할 수 있다. **한국채택국제회계기준에서 요구하거나 허용하지 않는 한 자산과 부채, 그리고 수익과 비용은 상계하지 아니한다.**[2)]

**보고빈도는 전체 재무제표(비교정보를 포함)는 적어도 1년마다 작성한다.** 보고기간종료일을 변경하여 재무제표의 보고기간이 1년을 초과하거나 미달하는 경우 재무제표 해당 기간뿐만 아니라 보고기간이 1년을 초과하거나 미달하게 된 이유와 재무제표에 표시된 금액이 완전하게 비교가능하지는 않다는 사실을 추가로 공시한다.

**한국채택국제회계기준에서 달리 허용하거나 요구하는 경우를 제외하고는 당기 재무제표에 보고되는 모든 금액에 대해 전기 비교정보를 공시한다.** 당기 재무제표를 이해하는 데 목적적합하다면 서술형 정보의 경우에도 비교정보를 포함한다. 비교정보를 공시하는 기업은 적어도 두 개의 재무상태표와 두 개씩의 그 밖의 재무제표 및 관련 주석을 표시해야 한다. 어떤 경우에는 전기(또는 이전의 여러 기)의 재무제표에서 제공된 서술형 정보가 당기에 계속 관련될 수 있다. 예를 들어, 기업은 그 결과가 전기 말에 불확실하였고 지금까지도 결정되지 않은 법률 분쟁의 세부사항들을 당기에 공시한다. 전기말에 불확실성이 존재하였다는 정보의 공시와 당기에 그 불확실성을 해결하기 위하여 수행된 절차에 관한 정보의 공시로부터 이용자들은 효익을 얻을 수 있다.

회계정책을 소급하여 적용하거나 재무제표의 항목을 소급하여 재작성 또는 재분류하고, 이러한 소급적용, 소급재작성 또는 소급재분류가 전기 기초 재무상태표의 정보에 중요한 영향을 미치는 경우에는 최소한의 비교 재무제표에 추가하여 전기 기초를 기준으

---

2) 동일거래에서 발생하는 수익과 관련비용의 상계표시가 거래나 그밖의 시건의 실질을 반영한다면 그러한 거래의 결과는 상계하여 표시한다. 예를 들면 다음과 같다.
① 투자자산 및 영업용자산을 포함한 비유동자산의 처분손익은 처분대금에서 그 자산의 장부금액과 관련 처분비용을 차감하여 표시한다.
② 기업회계기준서 제1037호(충당부채 · 우발부채 및 우발자산)에 따라 인식한 충당부채와 관련된 지출을 제3자와의 계약관계(예 공급자의 보증약정)에 따라 보전받는 경우, 당해 지출과 보전받는 금액은 상계하여 표시할 수 있다.
또한 예를 들어, 외환손익 또는 단기매매 금융상품에서 발생하는 손익과 같이 유사한 거래의 집합에서 발생하는 차익과 차손은 순액으로 표시한다. 그러나 그러한 차익과 차손이 중요한 경우에는 구분하여 표시한다.
그러나 재고자산에 대한 재고자산평가충당금과 매출채권에 대한 대손충당금과 같은 평가충당금을 차감하여 관련 자산을 순액으로 측정하는 것은 상계표시에 해당하지 아니한다.

로 세 번째 재무상태표를 표시한다. **즉, 재무상태표는 당기말, 전기말(당기초와 동일), 전기초 시점을 기준으로 표시한다.** 재무제표가 더 이른 기간에 대한 비교정보를 표시하는지에 관계없이 당해 개시 재무상태표일은 전기 기초로 하며, 전기 기초의 개시 재무상태표에 관련된 주석을 표시할 필요는 없다.

재무제표 항목의 표시나 분류를 변경하는 경우 실무적으로 적용할 수 없는 것이 아니라면 비교금액도 재분류해야 한다. 비교금액을 재분류할 때 재분류의 성격, 재분류된 개별 항목이나 항목군의 금액, 재분류의 이유 등을 공시한다. 비교금액을 실무적으로 재분류할 수 없는 경우 해당 금액을 재분류하지 아니한 이유, 해당 금액을 재분류한다면 이루어 질 수정의 성격을 공시해야 한다. 정보의 기간별 비교가능성이 제고되면 특히 예측을 위한 재무정보 추세분석이 가능하여 재무제표이용자의 경제적 의사결정에 도움을 준다. 그러나 당기와의 비교가능성을 제고하기 위해 특정 과거기간 비교정보를 실무적으로 재분류 할 수 없는 경우가 있다. 예를 들어, 재분류가 가능한 방법으로 과거기간의 정보를 수집하지 못했거나, 실무적으로 정보를 재생시킬 수 없는 경우이다.

**재무제표 항목의 표시와 분류는 사업내용의 유의적인 변화나 재무제표를 검토한 결과 다른 표시나 분류방법이 더 적절한 것이 명백한 경우와 한국채택국제회계기준에서 표시방법의 변경을 요구하는 경우를 제외하고는 매기 동일하여야 한다.** 예를 들어, 유의적인 인수나 매각, 또는 재무제표의 표시에 대해 검토한 결과 재무제표를 다른 방법으로 표시할 필요가 있을 수 있다. 기업은 변경된 표시방법이 재무제표이용자에게 신뢰성 있고 더욱 목적적합한 정보를 제공하며, 변경된 구조가 지속적으로 유지될 가능성이 높아 비교가능성을 저해하지 않을 것으로 판단할 때에만 재무제표의 표시방법을 변경한다.

## 02절 재무상태표와 회계정보

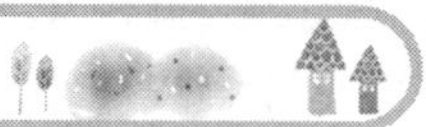

### 1. 재무상태표의 의의

기업의 활동 중에서 투자와 재무활동이 이루어지고 나면 기업이 보유하는 자산의 구성명세가 달라지고, 차입금의 명세와 금액, 자본금의 규모, 자본금과 차입금의 비율도 달라진다. 이러한 자금의 조달이나 운영의 결과에 대한 정보인 자산 부채·자본과 관련된 재무정보를 정보이용자에게 측정, 보고하는 것이 재무상태표이다.

**재무상태표(balance sheet : B/S, statement of financial position)는 일정시점에 있어서 기업의 재무상태를 나타내 주는 표이다.** 즉, 재무상태표는 기업의 경제적 상태를 표시하는 것으로서 기업의 경제적 자원(자산), 경제적 의무(부채), 잔여지분(자본)을 표시하는 회계보고서이다.

재무상태표의 차변에는 기업이 보유하고 있는 경제적 자원, 즉 자산을 보여주고 대변에는 이러한 경제적 자원을 획득하는데 필요한 자금을 누가 제공했는가를 알 수 있는 부채와 자본을 보여주고 있다.

재무상태표는 기업의 유동성과 재무융통성을 평가하는데 도움을 주며, 자금조달의 원천을 보여줌으로써 기업경영상태에 대한 판단과 기업의 위험을 평가할 수 있게 해 준다.

## 2. 재무상태표의 구조와 양식

재무상태표에는 적어도 다음에 해당하는 금액을 나타내는 항목을 표시한다.

① 유형자산
② 투자부동산
③ 무형자산
④ 금융자산(단, ⑤, ⑧ 및 ⑨를 제외)
⑤ 지분법에 따라 회계처리하는 투자자산
⑥ 생물자산
⑦ 재고자산
⑧ 매출채권 및 기타 채권
⑨ 현금 및 현금성자산
⑩ 기업회계기준서 제1105호 '매각예정 비유동자산과 중단영업'에 따라 매각예정으로 분류된 자산과 매각예정으로 분류된 처분자산집단에 포함된 자산의 총계
⑪ 매입채무 및 기타 채무
⑫ 충당부채
⑬ 금융부채(단, ⑪과 ⑫ 제외)
⑭ 기업회계기준서 제1012호 '법인세'에서 정의된 당기 법인세와 관련한 부채와 자산
⑮ 기업회계기준서 제1012호에서 정의된 이연법인세부채 및 이연법인세자산

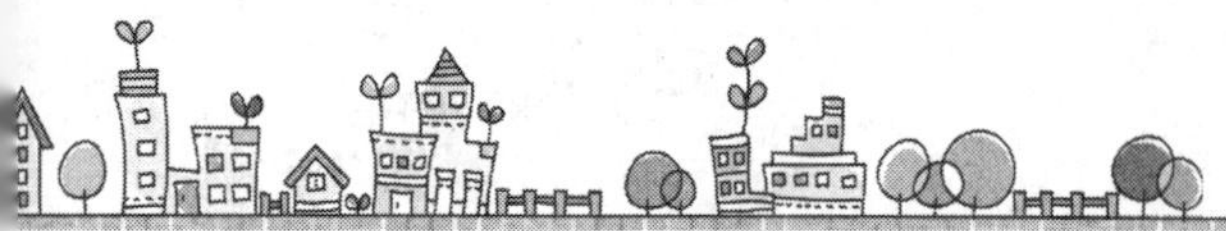

⑯ 기업회계기준서 제1105호에 따라 매각예정으로 분류된 처분자산집단에 포함된 부채

⑰ 자본에 표시된 비지배지분

⑱ 지배기업의 소유주에게 귀속되는 주식발행 자본금과 적립금

**그림 1 재무상태표의 구조**

| | 20×2년 12월 31일 | 20×1년 12월 31일 |
|---|---|---|
| 자 산 | | |
| 비유동자산 | | |
| 유형자산 | ××× | ××× |
| 영 업 권 | ××× | ××× |
| | ××× | ××× |
| 유동자산 | | |
| 재고자산 | ××× | ××× |
| 매출채권 | ××× | ××× |
| | ××× | ××× |
| 자산총계 | ××× | ××× |
| 자본 및 부채 | | |
| 지배기업의 소유주에게 귀속되는 자본 | | |
| 납입자본 | ××× | ××× |
| 이익잉여금 | ××× | ××× |
| | ××× | ××× |
| 비지배지분 | ××× | ××× |
| 자본총계 | ××× | ××× |
| 비유동부채 | | |
| 장기차입금 | ××× | ××× |
| 이연법인세 | ××× | ××× |
| 비유동부채합계 | ××× | ××× |
| 유동부채 | | |
| 매입채무와 기타미지급금 | ××× | ××× |
| 단기차입금 | ××× | ××× |
| 유동부채합계 | ××× | ××× |
| 부채총계 | ××× | ××× |
| 자본 및 부채 총계 | ××× | ××× |

**유동성 순서에 따른 표시방법**이 신뢰성 있고 더욱 목적적합한 정보를 제공하는 경우를 제외하고는 유동자산과 비유동자산, 유동부채와 비유동부채로 재무상태표에 구분하여 표시한다. 유동성 순서에 따른 표시방법을 적용할 경우 모든 자산과 부채는 유동성의 순서에 따라 표시한다.[3)]

재무상태표는 기본적으로 자산, 부채, 자본으로 구성되어 **자산＝부채＋자본의 회계등식이 성립한다.** 이는 자산의 총계가 부채와 자본의 합계와 일치한다는 의미이다. 기업은 부채와 자본을 통하여 자본을 조달하고 이를 사용하여 기업의 경제적 자원인 자산을 획득하였다는 것을 나타내 준다.

**재무상태표 등식**

| 자산＝부채＋자본 |
|---|

재무상태표의 보고방식으로 계정식과 보고식 두 가지가 있다. 계정식은 차변에 자산, 대변에 부채와 자본을 배열하는 것이고 보고식은 재무상태표 상단으로부터 자산, 부채 및 자본의 순서대로 연속표시하는 방법을 말한다.

한국채택국제회계기준에서는 표시되어야 할 항목의 순서나 형식을 규정하지 않고 있다.

## 3. 재무상태표의 내용

### (1) 유동자산

자산은 기업의 정상영업주기 내에 실현될 것으로 예상하거나, 정상영업주기 내에 판매하거나 소비할 의도가 있는 경우, 주로 단기매매 목적으로 보유하고 있는 경우, 보고기간 후 12개월 이내에 실현될 것으로 예상하는 경우, 현금이나 현금성자산으로서 교환이나 부채 상환 목적으로의 사용에 대한 제한 기간이 보고기간 후 12개월 이상이 아닌 경우에는 **유동자산**으로 분류한다. 그 밖의 모든 자산은 비유동자산으로 분류한다.

---

3) 신뢰성있고 더욱 목적적합한 정보를 제공한다면 자산과 부채의 일부는 유동성·비유동성 구분법으로, 나머지는 유동성순서에 따른 표시방법으로 표시하는 것이 허용된다. 이러한 혼합표시방법은 기업이 다양한 사업을 영위하는 경우에 필요할 수 있다.

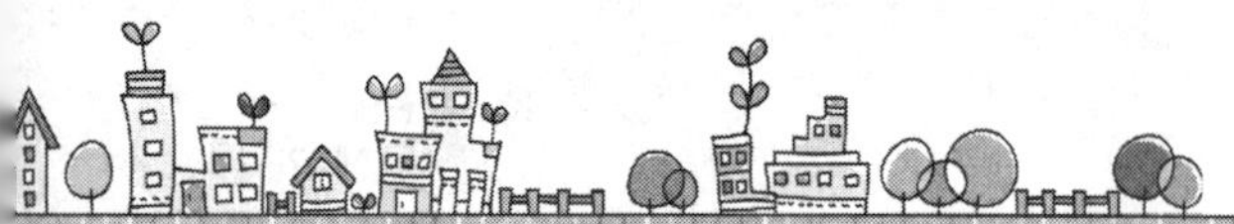

**영업주기는 영업활동을 위한 자산의 취득시점부터 그 자산이 현금이나 현금성자산으로 실현되는 시점까지 소요되는 기간이다.** 정상영업주기를 명확히 식별할 수 없는 경우에는 그 기간이 12개월인 것으로 가정한다.

유동자산은 보고기간 후 12개월 이내에 실현될 것으로 예상되지 않는 경우에도 재고자산 및 매출채권과 같이 정상영업주기의 일부로서 판매, 소비 또는 실현되는 자산을 포함한다. 또한 유동자산은 주로 단기매매목적으로 보유하고 있는 자산과 비유동금융자산의 유동성 대체 부분을 포함한다.

### (2) 유동부채

부채는 정상영업주기 내에 결제될 것으로 예상하고 있는 경우, 주로 단기매매 목적으로 보유하고 있는 경우, 보고기간 후 12개월 이내에 결제하기로 되어 있는 경우, 보고기간 후 12개월 이상 부채의 결제를 연기할 수 있는 무조건의 권리를 가지고 있지 않은 경우에는 **유동부채**로 분류한다. 그 밖의 모든 부채는 비유동부채로 분류한다.

**매입채무 그리고 종업원 및 그 밖의 영업원가에 대한 미지급비용과 같은 유동부채는 기업의 정상영업주기 내에 사용되는 운전자본의 일부이다.** 이러한 항목은 보고기간 후 12개월 후에 결제일이 도래한다 하더라도 유동부채로 분류한다. 동일한 정상영업주기가 기업의 자산과 부채의 분류에 적용된다. 기업의 정상영업주기가 명확하게 식별되지 않는 경우 그 주기는 12개월인 것으로 가정한다.

기타 유동부채는 정상영업주기 이내에 결제되지는 않지만 보고기간 후 12개월 이내에 결제일이 도래하거나 주로 단기매매목적으로 보유한다. 이에 대한 예로는 단기매매항목으로 분류된 일부 금융부채, 당좌차월, 비유동금융부채의 유동성 대체 부분, 미지급배당금, 법인세 및 기타 지급채무 등이 있다. 장기적으로 자금을 조달하며(즉, 기업의 정상영업주기내에 사용되는 운전자본의 일부가 아닌 경우) 보고기간 후 12개월 이내에 만기가 도래하지 아니하는 금융부채는 비유동부채이다.

## 4. 재무상태표의 유용성 및 한계점

재무상태표는 일정시점에 있어서 기업의 재무상태를 나타내 주는 표로서 기업의 재무상태를 경제적 자원(자산), 경제적 의무(부채), 잔여지분(자본)으로 분류하여 제공하는 회계보고서이다. 이러한 **재무상태표는 다음과 같은 유용성**을 지니고 있다.

① 기업의 유동성과 재무건전성에 관한 정보를 제공한다. 여기에서 유동성이란 자산이 현금화되거나 부채가 상환되는데 걸리는 시간을 의미하는데 이는 단기적인 측면에서 기업의 채무이행 능력을 평가하는데 유용한 정보이다. 한편 재무건전성은 장기적인 측면에서의 채무이행 능력을 평가하는 필요한 정보이다.

② 기업의 재무탄력성에 관한 정보를 제공한다. 재무탄력성이란 미래의 예상하지 못했던 자금의 수요가 발생하였을 경우 이에 대처할 수 있는 능력을 말하는데 이 때 현금흐름의 시기와 금액을 변경할 수 있는 능력에 대한 정보를 제공한다.

③ 자본구조에 대한 정보를 제공한다. 기업의 자본조달은 타인자본(부채)과 자기자본(자본)으로 분류할 수 있는데 이들 두 항목을 비교함으로써 자본구조의 건전성 유무를 판단하는 재무상태표 정보를 이용하게 된다.

④ 기업의 투자수익률 평가 및 자산의 효율성을 평가하는데 유용한 정보를 제공한다. 이는 재무상태표 항목과 포괄손익계산서 항목을 연관시킴으로써 가능하다. 예를 들어 자기자본과 당기순이익을 이용하여 자기자본이 익률에 관한 기업의 수익성 정보를 얻을 수 있다. 또한 매출원가와 재고 자산을 이용하여 재고자산회전율을 계산하여 자산의 효율성을 평가할 수 있다.

이러한 유용성에도 불구하고 **재무상태표는 다음과 같은 한계점**을 가지고 있다.

① 많은 재무상태표 항목들은 역사적 원가주의를 반영하므로 현행가치를 나타내지 못한다. 이는 현행 회계실무가 역사적 원가주의를 기본원칙으로 채택하고 있으므로 자산의 대부분은 과거 거래가 발생할 당시의 교환가액인 역사적 원가로 자산을 보고하기 때문이다.

② 재무상태표에는 경영자 및 종업원의 능력 등 비재무적 정보가 누락된다. 측정상의 문제로 인하여 재무상태표에는 미래의 현금창출 능력을 평가하는데 의미있는 비재무적 정보가 누락되는 문제점이 있다.

③ 재무상태표의 항목들은 많은 추정자료를 이용하여 보고한다. 매출채권의 회수가능성, 유형자산의 내용연수 및 잔존가액, 우발채무 등 추정의 문제가 내포되어 있는 항목들이 많다.

④ 선택적 회계처리방법에 의한 재무상태표 작성으로 비교가능성이 저해된다. 재무상태표의 모든 자산을 하나의 기준에 의하지 않고 각각 평가방법을 달리 하기 때문에 자산총계의 의미가 축소되는 경우가 발생하고 기간별·기업간 비교가능성이 떨어진다.

## 03절 포괄손익계산서와 회계정보

### 1. 의 의

기업은 장기적인 생존을 위하여 이익을 창출하여야만 한다. 기업이 추구하는 이익의 달성은 투자활동의 결과인 경제적 자원을 활용하여 이루어지는데 자원을 효율적으로 활용하여 제품이나 서비스를 생산하고, 마케팅활동을 통하여 생산된 제품이나 서비스를 판매하는 활동이 영업활동이다. 이러한 영업활동을 통하여 기업은 이익을 창출하는데, 이를 요약한 표가 포괄손익계산서이다.

포괄손익계산서(profit and loss statement)란 **일정기간 동안에 기업의 경영성과를 나타내는 동태적 재무제표로서, 기업의 이익창출에 관한 정보와 경영자의 수탁책임 및 경영성과에 관한 정보와 기업의 미래현금흐름 및 수익창출능력 등의 예측에 유용한 정보를 제공한다**. 즉, 포괄손익계산서는 일정기간 동안 기업이 달성한 매출과 그 매출을 획득하기 위해서 사용한 경제적 자원을 대비시켜 기업의 영업성과를 측정한 표로서 **이익계산서**(income statement)라고도 한다.

따라서 포괄손익계산서는 주주들에게는 경영자의 기업 경영성적을 평가할 수 있는 자료가 되며, 채권자들은 투자액의 회수가능성을 판단해 볼 수 있으며, 미래의 투자자들에게는 이 기업이 장래성이 있는가를 평가하는 중요한 자료가 된다.

포괄손익계산서는 **손익법** 또는 **거래접근법**에 따라 이익을 산출하는데 이를 공식적으로 표현하면 다음과 같다.

수익－비용＝순손익
수익＝비용＋순손익

이익은 흔히 성과의 측정치로 사용되거나 투자수익률이나 주당이익과 같은 측정치의 기초로 사용된다. 이익의 측정과 직접 관련된 요소는 수익과 비용이다. 수익과 비용의 인식과 측정, 그리고 그에 따른 이익은 부분적으로는 기업의 재무제표 작성에 적용된 자본과 자본유지개념에 의존한다.

## 2. 포괄손익계산서의 구조와 내용

포괄손익계산서에는 당기손익 부분과 기타포괄손익 부분에 추가하여 (1) 당기순손익, (2) 총기타포괄손익, (3) 당기손익과 기타포괄손익을 합한 당기포괄손익을 표시한다. 별개의 손익계산서를 표시하는 경우, 포괄손익을 표시하는 보고서에는 당기손익 부분을 표시하지 않는다.[4)]

또한 당기손익 부분과 기타포괄손익 부분에 추가하여 다음을 당기손익과 당기기타포괄손익의 배분 항목으로서 표시한다.

(1) 다음에 귀속되는 당기순손익
  ① 비지배지분
  ② 지배기업의 소유주
(2) 다음에 귀속되는 당기포괄손익
  ① 비지배지분
  ② 지배기업의 소유주

당기손익 부분이나 손익계산서에는 다른 한국채택국제회계기준서가 요구하는 항목에 추가하여 당해 기간의 다음 금액을 표시하는 항목을 포함한다.

① 수익
② 금융원가
③ 지분법 적용대상인 관계기업과 조인트벤처의 당기순손익에 대한 지분
④ 법인세비용
⑤ 중단영업의 합계를 표시하는 단일금액

기타포괄손익 부분에는 당해 기간의 기타포괄손익의 금액을 표시하는 항목을 성격별로 분류하고, 다른 한국채택국제회계기준서에 따라 ① 후속적으로 당기손익으로 재분류되지 않는 항목과 ② 특정 조건을 충족하는 때에 후속적으로 당기손익으로 재분류되는 항목의 집단으로 묶어 표시한다.

---

4) 즉, 해당 기간에 인식한 모든 수익과 비용 항목은 단일 포괄손익계산서와 두 개의 보고서(당기순손익의 구성요소를 표시하는 보고서(별개의 손익계산서)와 당기순손익에서 시작하여 기타포괄손익의 구성요소를 표시하는 보고서(포괄손익계산서)) 중 한 가지 방법으로 표시한다.

기업의 다양한 활동, 거래 및 그 밖의 사건의 영향은 빈도, 손익의 가능성 및 예측가능성의 측면에서 상이하기 때문에, 재무성과의 구성요소에 대한 공시는 재무제표이용자가 달성된 재무성과를 이해하고 미래 재무성과를 예측하는데 도움을 준다.

재무성과의 구성요소를 설명하는데 필요하다면 추가 항목을 당기손익과 기타포괄손익을 표시하는 보고서에 포함하고 사용된 용어와 항목의 배열을 수정한다. 이 때 중요성, 수익과 비용 항목의 성격 및 기능 등의 요소를 고려한다. 예를 들어, 금융회사는 금융회사의 사업목적에 적합한 정보를 제공하기 위해 용어를 수정할 수 있다.

**수익과 비용의 어느 항목도 당기손익과 기타포괄손익을 표시하는 보고서에 또는 주석에 특별손익 항목으로 표시할 수 없으며**, 한 기간에 인식되는 모든 수익과 비용 항목은 한국채택국제회계기준이 달리 정하지 않는 한 당기손익으로 인식한다.

**기업은 수익에서 매출원가 및 판매비와관리비(물류원가 등을 포함)[5]를 차감한 영업이익(또는 영업손실)을 포괄손익계산서에 구분하여 표시한다.** 다만 영업의 특수성을 고려할 필요가 있는 경우(예 매출원가를 구분하기 어려운 경우)나 비용을 성격별로 분류하는 경우 영업수익에서 영업비용을 차감한 영업이익(또는 영업손실)을 포괄손익계산서에 구분하여 표시할 수 있다.

영업이익(또는 영업손실)에 포함되지 않은 항목 중 기업의 영업성과를 반영하는 그 밖의 수익 또는 비용 항목이 있다면 이러한 항목을 추가하여 **조정영업이익**(또는 조정영업손실) 등의 명칭을 사용하여 주석으로 공시할 수 있으며, 이 경우 ① 추가한 주요항목과 그 금액, ② 이러한 조정영업이익(또는 조정영업손실) 등은 해당 기업이 자체 분류한 영업이익(또는 영업손실)이라는 사실을 공시한다.

**기타포괄손익**의 항목(재분류조정 포함)과 관련한 법인세비용 금액은 포괄손익계산서나 주석에 공시한다. 기타포괄손익 항목은 관련 법인세 효과를 차감한 순액으로 표시하는 방법과 기타포괄손익 항목과 관련된 법인세 효과 반영 전 금액으로 표시하고, 각 항목들에 관련된 법인세 효과는 단일 금액으로 합산하여 표시하는 방법 중 한 가지 방법으로 표시할 수 있다.

---

5) 판매비와관리비는 제품, 상품, 용역 등의 판매활동과 기업의 관리활동에서 발생하는 비용으로서 매출원가에 속하지 아니하는 비용을 말한다. 한편, 빈번하게 발생하는 것은 아니지만 영업활동과 관련하여 비용이 감소함에 따라 발생하는 퇴직급여충당부채환입, 판매보증충당부채환입 및 대손충당금환입 등은 판매비와관리비의 부(−)의 금액으로 한다. (회계기준적용의견서 12−1)

과거기간에 기타포괄손익으로 인식한 금액을 당기손익으로 재분류해야 하는데, 재분류조정은 그 조정액이 당기손익으로 재분류되는 기간의 기타포괄손익의 관련 구성요소에 포함된다. 예를 들어, 매도가능금융자산의 처분으로 실현된 이익은 당기손익에 포함된다. 이러한 금액은 당기나 과거기간에 미실현이익으로 기타포괄손익에 인식되었을 수도 있다. 이러한 미실현이익은 총포괄손익에 이중으로 포함되지 않도록 미실현이익이 실현되어 당기손익으로 재분류되는 기간의 기타포괄손익에서 차감되어야 한다. 이러한 재분류조정은 포괄손익계산서나 주석에 표시할 수 있다. **재분류조정**을 주석에 표시하는 경우에는 관련 재분류조정을 반영한 후에 기타포괄손익의 구성요소를 표시한다.[6)]

수익과 비용 항목이 중요한 경우, 그 성격과 금액을 별도로 공시해야 하는데, 그 예로는 재고자산을 순실현가능가치로 감액하거나 유형자산을 회수가능액으로 감액하는 경우의 그 금액과 그러한 감액의 환입, 기업 활동에 대한 구조조정과 구조조정 충당부채의 환입, 유형자산의 처분, 투자자산의 처분, 중단영업, 소송사건의 해결, 기타 충당부채의 환입 등이 있다.

기업은 비용의 **성격별 또는 기능별 분류방법** 중에서 신뢰성 있고 더욱 목적적합한 정보를 제공할 수 있는 방법을 적용하여 당기손익으로 인식한 비용의 분석내용을 표시해야 한다.

비용은 빈도, 손익의 발생가능성 및 예측가능성의 측면에서 서로 다를 수 있는 재무성과의 구성요소를 강조하기 위해 세분류로 표시한다. 분석내용은 두 가지 형태 중 하나로 제공되는데, 분석의 첫 번째 형태는 **성격별 분류**이다. 당기손익에 포함된 비용은 그 성격(예 감가상각비, 원재료의 구입, 운송비, 종업원급여와 광고비) 별로 통합하며, 기능별로 재배분하지 않는다. 비용을 기능별 분류로 배분할 필요가 없기 때문에 적용이 간단할 수 있다.

비용의 성격별 분류의 예는 다음과 같다.

---

6) 재분류조정은 해외사업장을 매각할 때(해외사업환산손익, 기업회계기준서 제1029호), 매도가능금융자산을 제거할 때(매도가능금융자산평가손익, 기업회계기준서 제1039호), 위험회피예상거래가 당기손익에 영향을 미칠때(현금흐름위험회피손익, 기업회계기준서 제1039호, 문단 100) 발생한다. 재분류조정은 기업회계기준서 제1016호나 제1038호에 따라 인식한 재평가잉여금의 변동이나 기업회계기준서 제1019호에 따라 인식한 확정급여제도의 재측정요소에 의해서는 발생하지 않는다. 이러한 구성요소는 기타포괄손익으로 인식하고 후속 기간에 당기손익으로 재분류하지 않는다. 재평가잉여금의 변동은 자산이 사용되는 후속 기간 또는 자산이 제거될 때 이익잉여금으로 대체될 수 있다(기업회계기준서 제1016호와 제1038호).

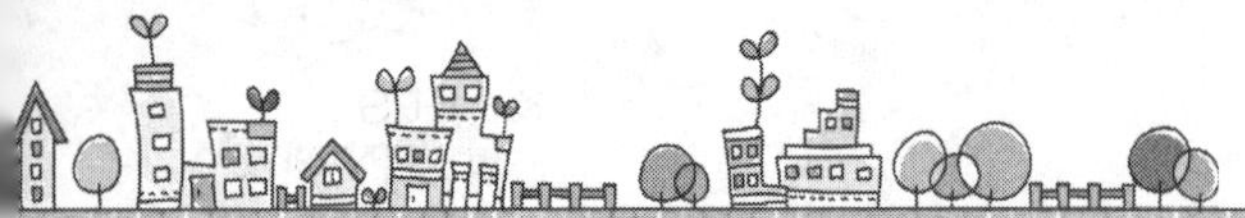

| | | |
|---|---|---|
| 수 익 | | ××× |
| 기타 수익 | | ××× |
| 제품과 재공품의 변동 | ××× | |
| 원재료와 소모품의 사용액 | ××× | |
| 종업원급여비용 | ××× | |
| 감가상각비와 기타 상각비 | ××× | |
| 기타 비용 | ××× | |
| 총 비용 | | (×××) |
| 법인세비용차감전순이익 | | ××× |

분류의 두 번째 형태는 **기능별 분류법** 또는 **'매출원가법'**으로서, 비용을 매출원가, 그리고 물류원가와 관리활동원가 등과 같이 기능별로 분류한다. 이 방법에서는 적어도 매출원가를 다른 비용과 분리하여 공시한다. 이 방법은 성격별 분류보다 재무제표이용자에게 더욱 목적적합한 정보를 제공할 수 있지만 비용을 기능별로 배분하는데 자의적인 배분과 상당한 정도의 판단이 개입될 수 있다.

비용의 기능별 분류의 예는 다음과 같다.

| | |
|---|---|
| 수 익 | ××× |
| 매출원가 | (×××) |
| 매출총이익 | ××× |
| 기타 수익 | ××× |
| 물류원가 | (×××) |
| 관 리 비 | (×××) |
| 기타 비용 | (×××) |
| 법인세비용차감전순이익 | ××× |

비용을 기능별로 분류하는 기업은 감가상각비, 기타 상각비와 종업원급여비용을 포함하여 비용의 성격에 대한 추가 정보를 공시한다. 비용의 기능별 분류 또는 성격별 분류에 대한 선택은 역사적, 산업적 요인과 기업의 성격에 따라 다르다. 각 방법이 상이한 유형의 기업별로 장점이 있기 때문에 신뢰성 있고 보다 목적적합한 표시방법을 경영진

이 선택하도록 하고 있다. 그러나 **비용의 성격에 대한 정보가 미래현금흐름을 예측하는 데 유용하기 때문에, 비용을 기능별로 분류하는 경우에는 추가 공시가 필요하다.**

## 3. 포괄손익계산서의 유용성 및 한계점

일정기간 동안의 회계주체인 기업의 경영성과를 나타내는 동태적 보고서인 **포괄손익계산서는 다음과 같은 유용성**을 가지고 있다.

① 기업의 당기 경영성과를 평가하는 데 유용한 정보를 제공한다. 또한 기업 경영자의 업적평가 수단으로 이용된다.

② 기업의 이익창출능력에 대한 정보를 제공하며, 기업의 미래현금흐름에 예측정보를 제공한다.

③ 기업의 경영계획, 배당정책을 수립하는 데 중요한 정보를 제공하며, 경영분석 자료도 제공한다.

한편 **포괄손익계산서는 다음과 같은 한계점**을 지니고 있다.

① 재무상태표와 마찬가지로 포괄손익계산서에도 많은 추정자료에 근거하고 있다. 매출채권의 대손율이나 유형자산의 내용연수를 어떻게 추정하느냐에 따라 당기순이익이 다르게 나타난다.

② 포괄손익계산서에 보고되는 이익이 그 기업의 진실한 이익을 나타내지 못 할 수 있다는 것이다. 포괄손익계산서에 보고되는 이익은 화폐액으로 측정될 뿐 물가변동 등이 고려되지 않아 원가주의의 단점을 그대로 지니고 있다.

③ 대체적인 회계처리방법에 따라 포괄손익계산서의 이익이 달라질 수 있다. 예를 들어 재고자산의 원가흐름가정 중 선입선출법 또는 평균법의 선택 여부, 감가상각방법을 정액법이나 정률법 중 어떤 방법을 선택하느냐에 따라 포괄손익계산서의 순이익은 다르게 보고될 것이다.

## 04절 자본변동표

### 1. 의 의

자본변동표는 한 회계기간 동안 발생한 소유지분의 변동을 표시하는 재무보고로서 자본을 구성하고 있는 항목의 변동에 대한 포괄적인 정보를 제공한다.

**자본변동표는 일정기간 동안 발생한 자본의 변동에 대한 정보를 제공하며, 그러한 변동의 원천에는 소유주의 투자와 소유주에 대한 분배, 그리고 포괄이익이 포함된다.**

소유주의 투자는 기업실체에 대한 소유주로서의 권리를 취득 또는 증가시키기 위해 기업실체에 경제적 가치가 있는 유·무형의 자원을 이전하는 것을 의미하며, 그 결과로 인해 자본이 증가하게 된다. 소유주 투자는 일반적으로 기업실체에 자산의 납입으로 이행되나 용역의 제공 또는 부채의 전환과 같은 형태로도 이루어질 수 있다. 소유주가 현물출자시 현물자산의 과대평가로 **혼수주식(watered stock)**이 발생할 수 있기 때문에 현물자산에 대한 적정한 평가가 중요하다.

기업실체는 소유주의 투자를 통해 영업활동에 필요한 자원을 제공받고, 동시에 소유주는 기업실체의 자산에 대한 청구권을 취득하게 된다. 따라서 기업실체의 순자산 증가를 가져오지 않는 소유주 상호간의 지분거래는 소유주의 투자에 포함되지 않는다.

소유주에 대한 분배는 기업실체가 소유주에게 자산을 이전하거나 용역을 제공하거나 또는 부채를 부담하는 형태로 이루어지며, 현금배당, 자기주식의 취득, 감자 등이 이에 속한다. 소유주에 대한 분배가 이루어지면 기업실체의 순자산은 감소한다.

한편 주식배당은 소유주에게 이전되는 재화나 제공되는 용역이 없기 때문에 소유주에 대한 분배가 아니다. 그러나 자본구성 내역의 변동을 가져오므로 자본변동표에 연차배당 내용으로 포함시킨다.

자본변동표에 다음 항목을 표시한다.

① 지배기업의 소유주와 비지배지분에게 각각 귀속되는 금액으로 구분하여 표시한 해당 기간의 총포괄손익

② 자본의 각 구성요소별로, 소급적용이나 소급재작성의 영향

③ 자본의 각 구성요소별로 장부금액의 각 변동액을 구분하여 표시한, 기초시점과 기말시점의 장부금액 조정내역

## 2. 내용 및 구성항목

자본의 구성요소는 각 분류별 납입자본, 각 분류별 기타포괄손익의 누계액과 이익잉여금의 누계액 등을 포함하며, 보고기간시작일과 종료일 사이의 자본의 변동은 당해 기간의 순자산 증가 또는 감소를 반영한다. 소유주로서의 자격을 행사하는 소유주와의 거래(예 출자, 기업자신의 지분상품의 재취득 및 배당) 및 그러한 거래와 직접 관련이 있는 거래원가에서 발생하는 변동을 제외하고는, 한 기간 동안의 자본의 총 변동은 그 기간 동안 기업 활동에 의해 발생된 차익과 차손을 포함한 수익과 비용의 총 금액을 나타낸다.

한국채택국제회계기준서에서는 경과규정에서 달리 규정하는 경우를 제외하고 실무적으로 적용할 수 있는 범위까지 회계정책의 변경효과에 대해 소급법의 적용을 요구하고 있으며, 오류수정에 대해서도 실무적으로 적용할 수 있는 범위까지 소급법을 적용하여 재작성할 것을 요구하고 있다.

그림 2 자본변동표의 구조

**자 본 변 동 표**

××회사 20×1. 1. 1.～20×1. 12. 31. (단위 : 원)

| 구 분 | 자본금 | 자 본 잉여금 | 자본조정 | 기타포괄 손익누계액 | 이 익 잉여금 | 총 계 |
|---|---|---|---|---|---|---|
| 20×1. 1. 1. | ××× | ××× | ××× | ××× | ××× | ××× |
| 전기오류수정손익 | | | | | ××× | ××× |
| 수정후 이월이익잉여금 | | | | | ××× | ××× |
| 전기분 배당 | | | | | (×××) | (×××) |
| 처분후 이월이익잉여금 | | | | | ××× | ××× |
| 중간배당 | | | | | (×××) | (×××) |
| 유상증자(감자) | ××× | ××× | | | | ××× |
| 당기순이익(손실) | | | | | ××× | ××× |
| 자기주식 취득 | | | (×××) | | | (×××) |
| 해외사업환산손익 | | | | (×××) | | (×××) |
| 20×1. 12. 31. | ××× | ××× | ××× | ××× | ××× | ××× |

한국채택국제회계기준이 자본의 다른 구성요소의 소급 수정을 요구하는 경우를 제외하고는 소급법을 적용한 수정과 재작성은 자본의 변동은 아니지만 이익잉여금 기초잔액의 수정을 초래한다. 한국채택국제회계기준서에서는 회계정책변경에 따른 각 자본항목의 수정사항 총액과 오류수정으로 인한 수정사항 총액을 각각 구분하여 자본변동표에 공시하도록 요구하고 있는데, 수정사항은 과거의 각 기간과 당해 기간의 기초에 대하여 공시한다.

### 3. 자본변동표의 유용성

자본변동표는 일정기간 동안 기업실체의 자본의 크기와 그 변동에 관한 정보를 나타내는 재무보고서로서 각 항목별로 기초잔액, 변동사항, 기말잔액을 표시한다.

자본변동표에는 소유주의 투자와 소유주에 대한 분배, 그리고 소유주와의 거래 이외의 모든 원천에서 인식된 자본의 변동(포괄이익)에 대한 정보가 포함된다. 소유주의 투자는 현금, 재화 또는 용역의 유입 또는 부채의 전환에 의해 이루어지며 그에 따라 기업에 대한 자본이 증가하게 된다. 소유주에 대한 분배는 현금배당 또는 자기주식 취득의 형태로 이루어지며 그에 따라 기업에 대한 순자산이 감소하게 된다. 이러한 거래들에 대한 정보는 다른 재무제표 정보와 더불어 당해 기업의 재무탄력성, 수익성 및 위험 등을 평가하는데 유용하다.

예를 들어 주주에 대한 배당은 포괄손익계산서의 이익과 비교될 필요가 있으며, 유상증자 및 자기주식 취득과 배당은 신규차입 및 기존 채무의 상환 등과 비교될 때 그 정보의 유용성이 증대될 수 있다.

## 05절 현금흐름표

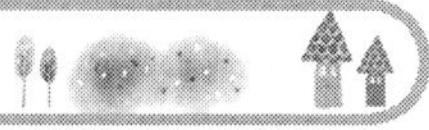

현금흐름정보는 기업의 현금 및 현금성자산 창출능력과 기업의 현금흐름 사용 필요성에 대한 평가의 기초를 재무제표이용자에게 제공한다. 이에 따라 현금흐름표는 당해 기간 동안 발생한 현금흐름을 영업활동, 투자활동, 재무활동으로 분류하여 표시한다.

현금흐름표에 대한 상세한 설명은 제17장에서 하기로 한다.

## 06절 주기 및 주석

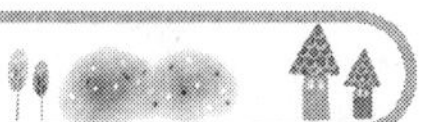

재무제표에는 이를 이용하는 정보이용자들에게 충분한 회계정보를 제공하도록 중요한 회계방침 등 필요한 사항에 대하여는 주기 및 주석으로 공시하여야 한다.

**주기(parenthetical explanation)**는 재무제표상의 해당 과목 다음에 그 회계사실의 내용을 간단한 자구 또는 숫자로 괄호 안에 표시하는 방법이다. 예를 들면 재무상태표상의 대손충당금과 감가상각누계액의 표기와, 포괄손익계산서상의 중단사업손익에 대한 법인세효과를 표기하는 것을 들 수 있다.

**주석(footnote)**은 재무제표상의 해당 과목 또는 금액에 기호를 붙이고 난외 또는 별지에 동일한 기호를 표시하여 그 내용을 간결명료하게 기재하는 방법이다.

주석은 재무제표이용자가 재무제표를 이해하고 다른 기업의 재무제표와 비교하는 데 도움을 줄 수 있도록 일반적으로 다음 순서로 표시한다.

① 한국채택국제회계기준을 준수하였다는 사실
② 적용한 유의적인 회계정책의 요약
③ 재무상태표, 포괄손익계산서, 별개의 손익계산서(표시되는 경우), 자본변동표 및 현금흐름표에 표시된 항목에 대한 보충정보, 재무제표의 배열 및 각 재무제표에 표시된 개별 항목의 순서에 따라 표시한다.
④ 다음을 포함한 기타 공시
　㉠ 우발부채와 재무제표에서 인식하지 아니한 계약상 약정사항
　㉡ 비재무적 공시항목. 예를 들어 기업의 재무관리위험목적과 정책

동일한 내용의 주석이 2 이상의 과목에 관련되는 경우에는 주된 과목에 대한 주석만 기재하고, 다른 과목의 주석은 기호만 표시함으로써 이를 갈음할 수 있다.

이처럼 주기와 주석을 기본적 재무제표로 규정하는 이유는 기업경영과 회계의 투명성을 높이고 중요한 회계정보를 공시하기 위한 하나의 방법으로 포함시키는 것이다.

주석은 다음의 정보를 제공한다.

① 재무제표 작성 근거와 사용한 구체적인 회계정책에 대한 정보
② 한국채택국제회계기준에서 요구하는 정보이지만 재무제표 어느 곳에도 표시되지 않는 정보
③ 재무제표 어느 곳에도 표시되지 않지만 재무제표를 이해하는 데 목적적합한 정보

# OX 문제

1 재무제표란 기업의 거래를 측정, 기록, 분류, 요약하여 작성되는 회계보고서이다.

2 기업회계기준서 제1001호에 규정된 재무제표의 종류에는 발생주의에 의해 작성되는 재무상태표, 포괄손익계산서, 자본변동표 및 주석이며, 현금흐름표는 포함하지 않는다.

3 포괄손익계산서는 일정시점에 있어서 기업의 재무상태를 나타내주는 표이다.

4 재무상태표의 차변에는 기업이 보유하고 있는 경제적 자원, 즉 자산을 보여주고 대변에는 이러한 경제적 자원을 획득하는데 필요한 자금을 누가 제공했는가를 알 수 있는 부채와 자본을 보여주고 있다.

5 유동자산은 사용의 제한이 없는 현금 및 현금성자산, 기업의 정상적인 영업주기 내에 판매할 목적 또는 소비할 목적으로 보유하고 있는 자산, 또는 경제적 효익이 실현될 것으로 예상되는 자산, 단기매매 또는 단기보유 목적이며, 재무상태표일로부터 1년 이내에 현금화 될 것으로 기대되는 자산을 말한다.

6 현금은 자산의 유입이나 증가 또는 부채의 감소에 따라 자본의 증가를 초래하는 특정 회계기간 동안에 발생한 경제적 효익의 증가로서, 지분참여자에 의한 출연과 관련된 것은 제외한다.

7 차익은 일시적이거나 우연한 거래로부터 발생하는 순자산의 증가로 정의된다. 즉, 비경상적이고 비반복적인 거래로부터 발생하는 자본의 증가를 말하며, 수익과 소유주의 투자에 의한 증가액은 제외한다.

8 공정가치 등에 의한 자산과 부채에 대한 재평가 또는 재작성은 자본의 증가나 감소를 초래한다. 이와 같은 자본의 증가 또는 감소는 수익과 비용의 정의에는 부합하지만, 이 항목들은 특정 자본유지개념에 따라 포괄손익계산서에는 포함하지 아니한다. 그 대신 자본유지조정 또는 재평가적립금으로 자본에 포함한다.

9 현금흐름표는 발생기준에 의해 작성되는 재무상태표나 포괄손익계산서와는 달리 대체적인 회계처리 방법이 존재하지 않고, 추정의 문제가 없으므로 회계담당자의 주관적인 판단이 개입되지 않는다.

10 금융리스는 자산과 부채의 정의를 충족하는 항목을 발생시키지 않으며 리스이용자의 재무상태표에 관련 자산과 부채로 인식되지 않는다.

## 객 관 식 문 제

**01** 다음은 자산의 평가와 이익의 측정에 관련된 설명이다. 타당한 것은 무엇인가?

➤ 공인회계사 수정

① 자산을 취득시에 취득원가로 기록하고 시간이 경과함에 따라서 상각한 후, 상각 후 원가를 재무제표에 표시하는 이유는 자산을 현행원가에 근접하게 평가하기 위해서이다.

② 자산의 기업특유가치는 기업실체가 자산을 이용함에 따라서 당해 기업실체의 입장에서 인식되는 자산의 현재가치를 의미하며, 사용가치라고도 한다.

③ 자본유지개념에 따라서 측정하는 이익의 개념은 투자이익(return on investment)이 아닌 투자액의 회수(return of investment)에 근거한 것이다.

④ 현행유출가치로 자산을 평가하면 회계기간 동안의 구매력손익을 계산할 수 있다.

⑤ 현행원가로 자산을 평가하면 자산취득시에 보유손익을 인식하게 된다.

**02** 당좌자산의 분류 기준 및 적정성 확인에 대한 다음 설명 중 타당한 것은?

➤ 공인회계사 수정

① 재무상태표일 현재 만기일(또는 상환일)이 4개월 남아 있는 금융상품은 현금및현금성자산으로 분류한다.

② 만기가 결산일로부터 1년 이내 도래하는 정기예금이 단기차입금의 담보로 제공되어 사용이 제한되어 있는 경우, 이 정기예금을 단기금융상품으로 분류할 수 있다.

③ 당좌예금에 대한 은행계정조정표를 작성하는 목적은 일정기간의 은행측과 회사측의 입출금 내역을 일치시키기 위한 것이다.

④ 결산일 현재 회사측 당좌예금 장부잔액이 은행측 당좌예금 잔액증명서상 잔액과 일치하는 경우에는 은행계정조정표를 작성할 필요가 없다.

⑤ 상품 매출과 관련하여 받은 타인발행 당좌수표는 매출채권으로 분류한다.

03 재무상태의 측정에 직접 관련되는 요소는 자산, 부채 및 자본이다. 이러한 요소의 정의로 옳은 것은?

① 자산은 과거 사건의 결과로 기업이 통제하고 있고 미래경제적 효익이 기업에 유입될 것으로 기대되는 자원이다.
② 부채는 과거 사건에 의하여 발생하였으며 경제적 효익이 내재된 자원이 기업으로부터 유출됨으로써 이행될 것으로 기대되는 미래의무이다.
③ 자산은 과거 사건의 결과로 기업이 통제하고 있고 미래경제적 효익이 기업에 유입될 것으로 기대되는 자본이다.
④ 자본은 기업의 자산에 부채를 차감하고 이익을 더한 잔여지분이다.
⑤ 부채는 현재 사건에 의하여 발생하였으며 경제적 효익이 내재된 자원이 기업으로부터 유출됨으로써 이행될 것으로 기대되는 현재의무이다.

04 다음 중 재무제표의 유용성에 해당하지 않는 것은?

① 기업의 유동성과 재무건전성에 관한 정보를 제공한다. 여기에서 유동성이란 자산이 현금화되거나 부채가 상환되는데 걸리는 시간을 의미하는데 이는 단기적인 측면에서 기업의 채무이행 능력을 평가하는데 유용한 정보이다. 한편 재무건전성은 장기적인 측면에서의 채무이행 능력을 평가하는 필요한 정보이다.
② 기업의 재무탄력성에 관한 정보를 제공한다. 재무탄력성이란 미래의 예상하지 못했던 자금의 수요가 발생하였을 경우 이에 대처할 수 있는 능력을 말하는데 이때 현금흐름의 시기와 금액을 변경할 수 있는 능력에 대한 정보를 제공한다.
③ 자본구조에 대한 정보를 제공한다. 기업의 자본조달은 타인자본(부채)과 자기자본(자본)으로 분류할 수 있는데 이들 두 항목을 비교함으로써 자본구조의 건전성 유무를 판단하는 재무상태표 정보를 이용하게 된다.
④ 기업의 투자수익률 평가 및 자산의 효율성을 평가하는데 유용한 정보를 제공한다. 이는 재무상태표 항목과 포괄손익계산서 항목을 연관시킴으로써 가능하다. 예를 들어 자기자본과 당기순이익을 이용하여 자기자본이익률에 관한 기업의 수익성정보를 얻을 수 있다. 또한 매출원가와 재고 자산을 이용하여 재고자산회전율을 계산하여 자산의 효율성을 평가할 수 있다.
⑤ 기업의 재무상태와 경영성과 및 현금흐름에 관한 정보를 제공하며, 분식회계와 이익조정에 대한 정보를 직접적으로 제공한다.

05 재무상태표의 한계점으로 옳지 않은 것은?

① 대부분의 재무상태표 항목들은 역사적 원가주의를 반영하므로 현행가치를 나타내지 못한다. 따라서 목적적합성은 어느 정도 확보되지만, 신뢰성이 부족한 정보를 제공하게 된다.

② 재무상태표에는 경영자 및 종업원의 능력 등 비재무적 정보가 누락된다. 측정상의 문제로 인하여 재무상태표에는 미래의 현금창출 능력을 평가하는데 의미있는 비재무적 정보가 누락되는 문제점이 있다.

③ 한국채택국제회계기준에서는 원칙중심을 따름으로써 기존 규칙중심보다 대체적인 회계처리방법을 더 많이 허용하고 있어 비교가능성이 더 떨어진다.

④ 선택적 회계처리방법에 의한 재무상태표 작성으로 비교가능성이 저해된다. 재무상태표의 모든 자산을 하나의 기준에 의하지 않고 각각 평가 방법을 달리 하기 때문에 자산총계의 의미가 축소되는 경우가 발생하고 기간별·기업간 비교가능성이 떨어진다.

⑤ 재무상태표의 항목들은 많은 추정자료를 이용하여 보고한다. 매출채권의 회수가능성, 유형자산의 내용연수 및 잔존가액, 우발채무 등 추정의 문제가 내포되어 있는 항목들이 많다.

06 기업회계기준서 제1001호 '재무제표 표시'에서 영업이익에 대한 설명으로 올바르지 않은 것은?

① 기업은 영업의 특수성을 고려할 필요가 있는 경우(예 매출원가를 구분하기 어려운 경우) 영업수익에서 영업비용을 차감한 영업이익(또는 영업손실)을 포괄손익계산서에 구분하여 표시할 수 있다.

② 영업이익(또는 영업손실) 산출에서 포함된 주요항목과 그 금액을 포괄손익계산서 본문에 표시하거나 주석으로 공시한다.

③ 영업이익(또는 영업손실)에 포함되지 않은 항목 중 기업의 경영성과를 반영하는 그 밖의 수익 또는 비용 항목이 있다면 이러한 항목을 추가하여 조정영업이익(또는 조정영업손실) 등의 명칭을 사용하여 주석으로 공시할 수 있다.

④ 포괄손익계산서에는 수익, 금융원가, 당기순손익 및 총포괄손익 등을 나타내며 영업이익은 선택적으로 표시할 수 있다.

⑤ 기업은 비용을 성격별로 분류하는 경우 영업수익에서 영업비용을 차감한 영업이익(또는 영업손실)을 포괄손익계산서에 구분하여 표시할 수 있다.

# 주관식문제

01 정동진회사의 기말장부를 조사한 바 자산총계 ₩836,980, 부채총계 ₩498,130, 기중에 총수익이 ₩2,938,760, 총비용이 ₩3,026,520이다. 기초 자산총계가 ₩629,620이면 기초부채는 얼마인가?

02 다음은㈜ 창조의 20×0년 12월 31일 현재의 자료이다.

〈자료 1〉

시 산 표

㈜창조 20×0년 12월 31일 (단위 : 원)

| 차변 | 금액 | 대변 | 금액 |
|---|---|---|---|
| 현금 | 8,600 | 대손충당금 | 100 |
| 단기매매금융자산 | 4,500 | 기계감가상각누계액 | 3,200 |
| 매출채권 | 47,000 | 건물감가상각누계액 | 750 |
| 이월상품(기초) | 35,600 | 매입채무 | 41,000 |
| 소모품 | 2,350 | 미지급금 | 800 |
| 선급보험료 | 2,100 | 자본금 | 55,000 |
| 기계 | 40,500 | 주식발행초과금 | 2,000 |
| 건물 | 41,000 | 이익준비금 | 7,000 |
| 매입 | 37,900 | 사업확장적립금 | 20,000 |
| 급료 | 4,050 | 이월이익잉여금 | 14,650 |
| 전기가스수도료 | 2,100 | 매출 | 80,000 |
| 광고비 | 550 | 유형자산처분이익 | 1,750 |
| | 226,250 | | 226,250 |

〈자료 2〉

창조㈜의 20×0년 12월 31일 현재의 수정사항은 다음과 같다.

① 실사에 의한 기말 현재의 이월상품재고액은 ₩37,000이다.

② 단기매매금융자산의 취득원가는 ₩4,500이며, 20×0년 12월 31일 현재의 시가는 ₩4,200이다.

③ 대손충당금은 매출채권 잔액의 1%가 적정하다.

④ 실사에 의한 소모품재고액은 ₩350이다.
⑤ 선급보험료 중 당기에 비용처리할 금액은 ₩1,500이다.
⑥ 기계는 취득원가 ₩40,500 잔존가치 ₩500 내용연수 10년, 정액법으로 상각한다.
⑦ 건물은 상각률 10%의 정률법 상각을 한다.
⑧ 12월 31일 현재 이미 발생은 했으나 미지급된 급료는 ₩500이다.
⑨ 법인세비용은 ₩10,342로 아직 지급하지 못하고 있다.

1. 기말수정사항을 분개하라.
2. ㈜창조의 재무상태표와 포괄손익계산서를 작성하라.

03 다음은 20×0년 12월 31일 ㈜백두의 이익잉여금 및 포괄손익계산서 항목의 자료이다. 이익준비금은 현금배당액의 10%를 적립하며 전기손익수정은 중대한 것으로 간주한다.

| | | | |
|---|---|---|---|
| 현금배당 | ₩300,000 | 전기오류수정이익 | ₩120,000 |
| 중간배당액 | 250,000 | 전기오류수정손실 | 150,000 |
| 당기순이익 | 2,100,000 | 법인세추납액 | 200,000 |
| 배당건설이자상각액 | 300,000 | 주식배당 | 150,000 |
| 회계변경누적효과(＋) | 350,000 | 배당평균적립금 | 350,000 |
| 감채적립금이입액 | 750,000 | 전기이월이익잉여금 | 3,800,000 |
| 자기주식취득 | 50,000 | 재무구조개선적립금적립액 | 500,000 |
| 기업합리화적립금적립액 | 210,000 | 매도가능금융자산처분손실 | 300,000 |
| 장기투자증권평가이익 | 310,000 | 지분법평가이익 | 150,000 |

위 자료를 이용하여 20×0년 12월 31일 현재 자본변동표를 작성하라.

20×0년 기초 자본 구성내역은 다음과 같다.

| | | | |
|---|---|---|---|
| 자본금 | ₩20,000,000 | 기타포괄손익누계액 | ₩3,000,000 |
| 자본잉여금 | 8,000,000 | 이익잉여금 | 3,800,000 |
| 자본조정 | 5,000,000 | | |

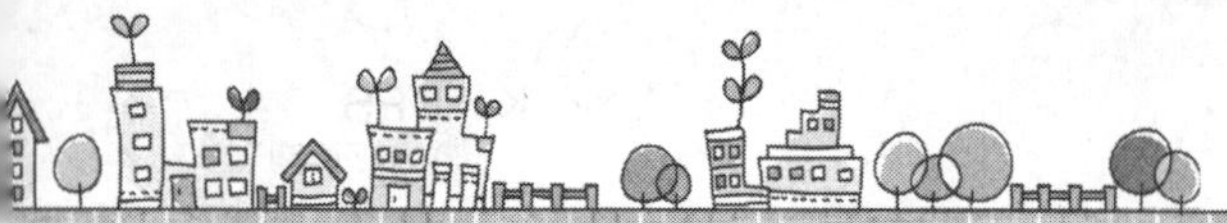

04 다음은 백구㈜의 20×0년도 총계정원장의 기말잔액과 기말정리사항이다.

〈총계정원장의 기말잔액〉

| | | | |
|---|---|---|---|
| 현 금 | ₩580,000 | 외 상 매 입 금 | ₩898,000 |
| 외 상 매 출 금 | 900,000 | 지 급 어 음 | 620,000 |
| 받 을 어 음 | 400,000 | 단 기 차 입 금 | 150,000 |
| 단기매매금융자산 | 350,000 | 장 기 차 입 금 | 72,000 |
| 이 월 상 품 | 1,270,000 | 감가상각누계액 | 600,000 |
| 건 물 | 3,000,000 | 자 본 금 | ( ? ) |
| 매 입 | 7,800,000 | 이 익 잉 여 금 | 700,000 |
| 급 료 | 920,000 | 매 출 | 9,600,000 |
| 선 급 보 험 료 | 360,000 | 임 대 료 수 익 | 450,000 |
| 이 자 비 용 | 40,000 | 수 수 료 수 익 | 40,000 |

〈기말결산정리 사항〉

① 기말상품재고액 : ₩1,330,000
② 발생하였지만 미지급한 이자 : ₩40,000
③ 결산일 현재 단기매매금융자산 평가액 : ₩270,000
④ 건물 감가상각 : 내용연수 10년, 잔존가치 없음, 정액법
⑤ 보험료 미경과액 : ₩120,000
⑥ 임대료수익 중 미경과액 : ₩150,000

1. 자본금은 얼마인가?
2. 수정사항을 분개하라.
3. 정산표를 작성하라.
4. 재무상태표와 포괄손익계산서를 작성하라.

연습문제 해답 ▶ 재무제표 Chapter

## ☑ OX문제

01 ○

02 × : 현금흐름표도 포함된다.

03 × : 포괄손익계산서 → 재무상태표

04 ○

05 ○

06 × : 현금이 아니고 수익이다.

07 ○

08 ○

09 ○

10 × : 금융리스 거래의 실질과 경제적 현실은 리스이용자가 리스자산의 공정가치 상당액과 관련 금융비용을 지급하는 의무를 부담하는 대가로서 내용연수의 대부분 기간 동안 리스자산의 사용에 따른 경제적 효익을 향유하는 것이다. 따라서 금융리스는 자산과 부채의 정의를 충족하는 항목을 발생시키며 리스이용자의 재무상태표에 관련 자산과 부채로 인식된다.

## ☑ 객관식문제

| 01 | ② | 02 | ② | 03 | ① | 04 | ⑤ | 05 | ① | 06 | ④ |
|---|---|---|---|---|---|---|---|---|---|---|---|

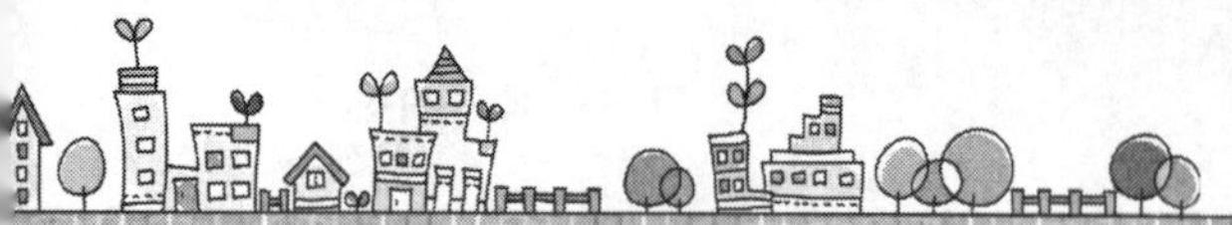

## ☑ 주관식문제

01 ○ 자산 = 부채 + 자본

- ₩836,980－₩498,130＝₩338,850(기말자본)
- 총수익－총비용＝당기순(손)익 : ₩2,938,760－₩3,026,520＝₩87,760
- ₩338,850＋₩87,760 ＝₩426,610(기초자본)
- ₩629,620－₩426,610＝₩203,010 (기초부채)

02 1. 기말수정분개

| 〈차 변〉 | | 〈대 변〉 | |
|---|---|---|---|
| ① 매출원가 | 35,600 | 상 품(기초) | 35,600 |
| 매출원가 | 37,900 | 매 입 | 37,900 |
| 상 품(기말) | 37,000 | 매출원가 | 37,000 |
| ② 단기매매금융자산평가손실 | 300 | 단기매매금융자산 | 300 |
| ③ 대손상각비 | 370 | 대손충당금 | 370 |
| ④ 소모품비 | 2,000 | 소 모 품 | 2,000 |
| ⑤ 보 험 료 | 1,500 | 선급보험료 | 1,500 |
| ⑥ 감가상각비(기계) | 4,000 | 감가상각누계액(기계) | 4,000 |
| ⑦ 감가상각비(건물) | 4,025 | 감가상각누계액(건물) | 4,025 |
| ⑧ 급 여 | 500 | 미지급급여 | 500 |
| ⑨ 법인세비용 | 10,342 | 미지급법인세 | 10,342 |

2. 재무상태표와 포괄손익계산서

재무상태표(B/S)

| | | | | |
|---|---|---|---|---|
| 현 금 | | 8,600 | 매 입 채 무 | 41,000 |
| 단기매매금융자산 | | 4,200 | 미 지 급 급 여 | 500 |
| 매 출 채 권 | 47,000 | | 미 지 급 금 | 800 |
| 대 손 충 당 금 | (470) | 46,530 | 미 지 급 법 인 세 | 10,342 |
| 상 품 | | 37,000 | 자 본 금 | 55,000 |
| 소 모 품 | | 350 | 주식발행초과금 | 2,000 |
| 선 급 보 험 료 | | 600 | 이 익 준 비 금 | 7,000 |
| 기 계 | 40,500 | | 사업확장적립금 | 20,000 |
| 감가상각누계액(기계) | (7,200) | 33,300 | 이월이익잉여금 | 14,650 |
| 건 물 | 41,000 | | 당 기 순 이 익 | 15,513 |
| 감가상각누계액(건물) | (4,775) | 36,225 | | |
| | | 166,805 | | 166,805 |

## 포괄손익계산서(I/S)

| | | |
|---|---|---|
| Ⅰ. 매　　출 | | 80,000 |
| Ⅱ. 매 출 원 가 | | 36,500 |
| Ⅲ. 매출총이익 | | 43,500 |
| Ⅳ. 판매비와 관리비 | | |
| 1. 급　　여 | 4,550 | |
| 2. 전기가스수도료 | 2,100 | |
| 3. 광 고 비 | 550 | |
| 4. 대손상각비 | 370 | |
| 5. 소 모 품 비 | 2,000 | |
| 6. 감가상각비(기계, 건물) | 8,025 | |
| 7. 보 험 료 | 1,500 | (19,095) |
| Ⅴ. 영 업 이 익 | | 24,405 |
| Ⅵ. 영업외수익 | | － |
| 1. 단기매매금융자산평가손실 | (300) | |
| 2. 유형자산처분이익 | 1,750 | 1,450 |
| Ⅶ. 법인세비용차감전순이익 | | 25,855 |
| Ⅷ. 법인세비용 | | 10,342 |
| Ⅸ. 당기순이익 | | 15,513 |

03

## 자 본 변 동 표

㈜백　두　　　20×0년 1월 1일부터 20×0년 12월 31일까지　　　(단위 : 원)

| 구 분 | 자본금 | 자본잉여금 | 자본조정 | 기타포괄손익누계액 | 이익잉여금 | 총 계 |
|---|---|---|---|---|---|---|
| 20×0년 1월 1일 | 20,000,000 | 8,000,000 | 5,000,000 | 3,000,000 | 3,800,000 | 39,800,000 |
| 회계변경 누적효과 | | | | | 350,000 | 350,000 |
| 전기오류수정이익 | | | | | 120,000 | 120,000 |
| 전기오류수정손실 | | | | | (150,000) | (150,000) |
| 법인세 추납액 | | | | | (200,000) | (200,000) |
| 수정후 이익잉여금 | | | | | 3,920,000 | 39,920,000 |
| 현 금 배 당 | | | | | (300,000) | (300,000) |
| 배당건설이자상각액 | | | 300,000 | | (300,000) | |
| 중간배당액 | | | | | (250,000) | (250,000) |
| 주 식 배 당 | 150,000 | | | | (150,000) | |
| 당기순이익 | | | | | 2,100,000 | 2,100,000 |
| 자기주식취득 | | | (50,000) | | | (50,000) |
| 장기투자증권평가이익 | | | | 310,000 | | 310,000 |
| 20×0년 12월 31일 | 20,150,000 | 8,000,000 | 5,250,000 | 3,310,000 | 5,020,000 | 41,730,000 |

04 1. 자본금 : ₩2,490,000

2. 수정분개

| | | | | |
|---|---|---|---|---|
| ① (차) 매출원가 | 1,270,000 | (대) 상품(기초) | 1,270,000 |
| 매출원가 | 7,800,000 | 매입 | 7,800,000 |
| 상품(기말) | 1,330,000 | 매출원가 | 1,330,000 |
| ② (차) 이자비용 | 40,000 | (대) 미지급이자 | 40,000 |
| ③ (차) 단기매매금융자산평가손실 | 80,000 | (대) 단기매매금융자산 | 80,000 |
| ④ (차) 감가상각비 | 300,000 | (대) 감가상각누계액 | 300,000 |
| ⑤ (차) 보험료 | 240,000 | (대) 선급보험료 | 240,000 |
| ⑥ (차) 임대료수익 | 150,000 | (대) 선수임대료 | 150,000 |

3. 정산표

정 산 표

(단위 : 천원)

| 계정과목 | 잔액시산표 | | 결산정리분개 | | 수정후시산표 | | 손익계산서 | | 재무상태표 | |
|---|---|---|---|---|---|---|---|---|---|---|
| | 차변 | 대변 | 차변 | 대변 | 차변 | 대변 | 차변 | 대변 | 차변 | 대변 |
| 현금 | 580 | | | | 580 | | | | 580 | |
| 외상매출금 | 900 | | | | 900 | | | | 900 | |
| 받을어음 | 400 | | | | 400 | | | | 400 | |
| 단기매매금융자산 | 350 | | | 80 | 270 | | | | 270 | |
| 건물 | 3,000 | | | | 3,000 | | | | 3,000 | |
| 매입 | 7,800 | | | 7,800 | | | | | | |
| 급료 | 920 | | | | 920 | | 920 | | | |
| 이자비용 | 40 | | 40 | | 80 | | 80 | | | |
| 선급보험료 | 360 | | | 240 | 120 | | | | 120 | |
| 이월상품 | 1,270 | | | 1,270 | | | | | | |
| 외상매입금 | | 898 | | | | 898 | | | | 898 |
| 지급어음 | | 620 | | | | 620 | | | | 620 |
| 단기차입금 | | 150 | | | | 150 | | | | 150 |
| 장기차입금 | | 72 | | | | 72 | | | | 72 |
| 감가상각누계액 | | 600 | | 300 | | 900 | | | (900) | |
| 자본금 | | 2,490 | | | | 2,490 | | | | 2,490 |
| 이익잉여금 | | 700 | | | | 700 | | | | 700 |
| 매출 | | 9,600 | | | | 9,600 | | 9,600 | | |
| 임대료수익 | | 450 | 150 | | | 300 | | 300 | | |
| 수수료수익 | | 40 | | | | 40 | | 40 | | |
| 매출원가 | | | 9,070 | 1,330 | 7,740 | | 7,740 | | | |
| 상품 | | | 1,330 | | 1,330 | | | | 1,330 | |
| 미지급이자 | | | | 40 | | 40 | | | | 40 |
| 단기매매금융자산평가손실 | | | 80 | | 80 | | 80 | | | |
| 감가상각비 | | | 300 | | 300 | | 300 | | | |
| 보험료 | | | 240 | | 240 | | 240 | | | |
| 선수임대료 | | | | 150 | | 150 | | | | 150 |
| 당기순(손)익 | | | | | | | 580 | | | 580 |
| 합계 | 15,620 | 15,620 | 11,210 | 11,210 | 15,960 | 15,960 | 9,940 | 9,940 | 5,700 | 5,700 |

4. 재무상태표와 포괄손익계산서

재무상태표

| 현금 | 580,000 | 외상매입 | 898,000 |
|---|---|---|---|
| 외상매출금 | 900,000 | 지급어음 | 620,000 |
| 받을어음 | 400,000 | 단기차입금 | 150,000 |
| 단기매매금융자산 | 270,000 | 장기차입금 | 72,000 |
| 상품 | 1,330,000 | 미지급이자 | 40,000 |
| 건물 | 3,000,000 | 선수임대료 | 150,000 |
| 감가상각누계액 | (900,000) | 자본금 | 2,490,000 |
| 선급보험료 | 120,000 | 이익잉여금 | 700,000 |
| | | 당기순이익 | 580,000 |
| | 5,700,000 | | 5,700,000 |

포괄손익계산서

| | | |
|---|---|---|
| Ⅰ. 매출액 | | 9,600,000 |
| Ⅱ. 매출원가 | | |
| 1. 기초상품재고액 | 1,270,000 | |
| 2. 당기상품매입액 | 7,800,000 | |
| 3. 기말상품재고액 | (1,330,000) | 7,740,000 |
| Ⅲ. 매출총이익 | | 1,860,000 |
| Ⅳ. 판매비와관리비 | | |
| 1. 급료 | 920,000 | |
| 2. 감가상각비 | 300,000 | |
| 3. 보험료 | 240,000 | (1,460,000) |
| Ⅴ. 영업이익 | | 400,000 |
| Ⅵ. 영업외수익 | | |
| 1. 임대료수익 | 300,000 | |
| 2. 수수료수익 | 40,000 | 340,000 |
| Ⅶ. 영업외비용 | | |
| 1. 이자비용 | 80,000 | |
| 2. 단기매매금융자산평가손실 | 80,000 | (160,000) |
| Ⅷ. 당기순이익 | | 580,000 |

# 메모

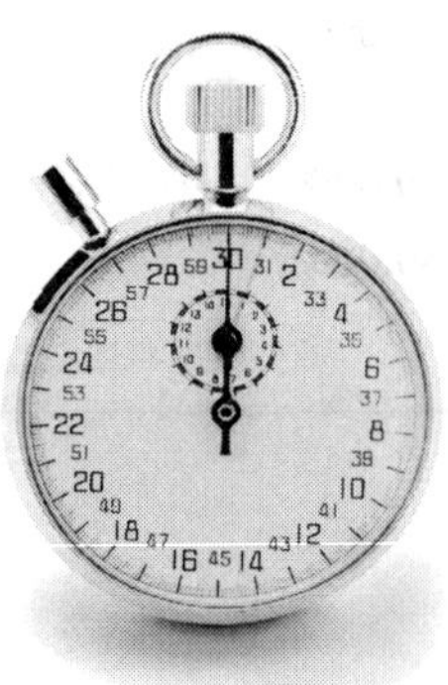

Chapter 04

# 재고자산

**학습목표**

본장에서는 한국채택국제회계기준에서 규정하고 있는 재고자산의 인식과 측정, 원가배분, 그리고 감모손실과 저가법평가 등과 관련된 회계처리를 살펴본다. 그리고 보론에서는 농림어업기업의 관련 회계처리를 함께 살펴본다.

**＊ 관련 한국채택국제회계기준**

기업회계기준서 제1002호 '재고자산'

기업회계기준서 제1041호 '농림어업'

재고자산은 기업의 정상적인 영업활동 과정에서 판매를 목적으로 보유하고 있는 자산을 말한다. 상품매매회사의 재고자산은 대부분 상품(merchandise)으로 구성되어 있으며, 제조회사의 재고자산은 제품(finished goods), 재공품(work in procss) 및 제품을 생산하기 위한 원재료(raw materials) 등으로 구성되어 있다.

상품이 판매되면 수익항목인 매출계정이 발생하고, 동시에 상품은 매출원가라는 비용으로 변환되므로 재고자산회계는 포괄손익계산서 계정과 상호관련 되어 나타나고 있다.

본 장에서는 기업회계기준서 제1002호(재고자산)를 중심으로 재고자산의 인식과 측정, 원가배분 그리고 감모손실과 저가법평가 등과 관련된 회계처리를 설명한다.[1)]

## 01절 재고자산의 의의

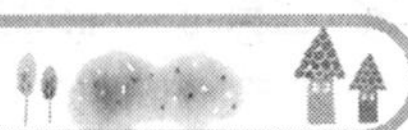

**재고자산(inventories)**이란 다음의 자산을 말한다.

① 정상적인 영업과정에서 판매를 위하여 보유중인 자산

② 정상적인 영업과정에서 판매를 위하여 생산중인 자산

③ 생산이나 용역제공에 사용될 원재료나 소모품

재고자산은 외부로부터 매입하여 재판매를 위해 보유하는 상품, 토지 및 기타 자산을 포함한다. 또한 재고자산은 완제품과 생산중인 재공품을 포함하며, 생산에 투입될 원재료와 소모품을 포함한다. 용역제공기업의 재고자산에는 관련된 수익이 아직 인식되지 않은 용역원가가 포함된다.

**재고자산의 종류는 기업의 특성에 따라 다르다.** 주식과 채권의 경우 일반제조회사가 보유하는 경우 금융자산으로 분류하지만, 증권회사가 자기매매 목적으로 보유하는 경우에는 재고자산으로 분류된다. 또한 일반기업에서 사용하고 있는 토지는 유형자산으로 분류되지만, 부동산매매업을 하는 기업의 입장에서는 토지를 판매목적으로 보유한다면 재고자산으로 분류된다.

---

1) 건설공사에서 나타나는 미성공사, 금융상품, 그리고 농림어업활동 관련 생물자산과 수확물은 동 기준서를 적용하지 않는다. 미성공사 항목은 수익인식(제12장), 금융상품은 금융자산(제7장), 그리고 생물자산과 수확물은 본 장의 보론에서 설명한다.

재고자산은 기업의 경영성과를 측정하는 데 있어 매우 중요한 역할을 하며, 기업의 자산 중에서 영업활동과 직접 연관되고 가장 큰 비중을 차지하는 경우가 대부분이므로 재고자산의 관리에 세심한 주의를 기울일 필요가 있다.

제조업에서는 제품을 제조하여 판매하므로 이에 필요한 원재료, 재공품, 제품 등이 재고자산에 해당한다. 제품은 완성되어 판매가격으로 매출이 이루어지고 이에 제품의 제조원가가 매출원가로 대응되어, 제품 판매에 따른 매출총이익인 기업의 영업성과 측정값이 계산된다.

원재료가 제조과정을 거쳐 제품이 되고, 매출과 원가로 대응되며 매출총이익을 산출하는 흐름은 다음 그림과 같다.

**그림 1 제조업의 재고자산**

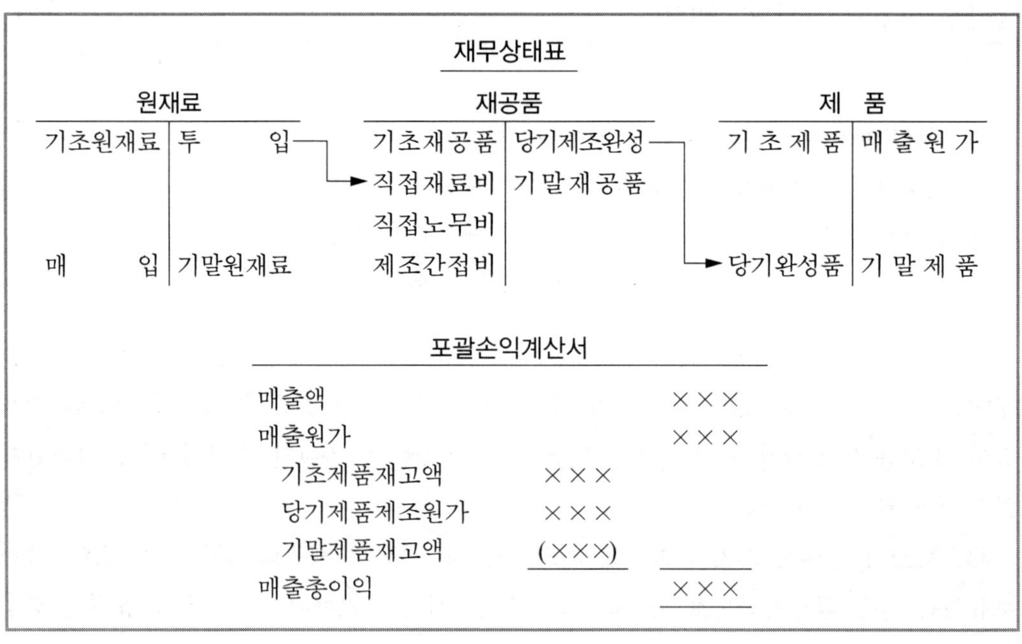


재고자산 금액의 평가는 보유수량에 매입단가를 곱하여 결정된다. 따라서 **재고자산과 관련된 회계처리의 핵심은 매입수량, 매입단가, 기말(판매)수량, 기말(판매)단가를 결정하는 문제로 요약될 수 있다.**

## 02절 재고자산에 포함될 항목

재고자산과 관련하여 보고기간말 현재 재무상태표의 자산, 부채 및 포괄손익계산서에 표시된 매출과 매출원가를 적정하게 인식하기 위해서는 재고자산이 어느 회계기간의 재고자산에 포함되어야 하는가를 결정하여야 한다. 이는 **수익인식기준과 매우 밀접하게 연관되어 있다.**[2] 왜냐하면 판매자가 매출을 인식하고 재고자산에서 감소시키게 되면, 구매자는 매입으로 인식하여 재고자산에 포함시켜야 하기 때문이다. 여기에서는 상품매매와 관련한 몇 가지 특수한 경우의 항목들에 대하여 살펴보기로 한다.

### 1. 미착상품

**미착상품(goods in transit)은 주문을 하였으나, 현재 운송 중에 있는 매입상품을 말한다.** 이 경우에 상품은 매입자의 재고자산에 포함시킬 것인가 혹은 판매자의 재고자산으로 포함시킬 것인가 하는 문제가 발생하는데, 이는 어느 시점에서 상품의 인도에 따른 위험과 책임이 종료되느냐에 따라 결정된다.

**선적지 인도기준(F.O.B. shipping point)**의 경우에는 선적시점에서 상품의 인도에 따른 위험과 책임이 매입자에게 이전되므로 미착상품은 매입자의 재고자산에 포함되어야 하며, **도착지인도기준(F.O.B. destination point)**의 경우에는 도착시점에서 상품에 대한 책임과 위험이 이전되므로 운송중인 미착상품은 판매자의 재고자산에 당연히 포함되어야 한다.

### 2. 적송품

**적송품은 위탁자가 판매상품을 위탁 판매하기 위하여 수탁자에게 발송한 상품을** 말한다. 이러한 적송품은 위탁자의 의뢰에 의하여 수탁자가 판매를 대행할 뿐 상품의 소유권에는 아무런 변동이 없으므로 결산일까지 수탁자가 판매하지 않은 적송품은 위탁자의 재고자산에 포함시켜야 한다.

2) 수익인식기준에 대하여는 제12장에서 자세히 설명된다.

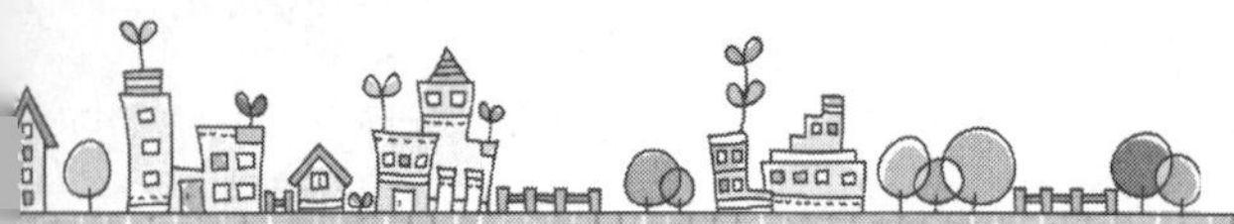

따라서 위탁매출의 경우 수익은 수탁자가 적송품을 판매한 날에 인식하게 되고 그 이전까지는 위탁자의 재고자산에 포함시켜야 한다.

## 3. 시송품

**시용판매(sales on approval)**란 소비자에게 상품 등을 인도하여, 소비자로 하여금 이를 시험적으로 사용하게 한 뒤 매입하겠다는 의사표시를 받음으로써 판매가 성립되는 판매방식이다. 이러한 시용판매를 목적으로 고객에게 미리 보낸 상품을 시송품이라 한다. 이 경우에 수익은 매입자가 매입의사를 표시한 날에 인식하므로 기말현재 매입자로부터 매입의사표시가 없는 시송품은 판매자의 재고자산으로 포함시켜야 한다.

## 4. 재취득조건부 상품

**재취득조건부 판매**는 기업이 필요한 자금을 조달하기 위하여 재고자산을 재취득하기로 약속하고 판매하는 형태로서 이런 경우 법적 소유권은 매입자에게 이전되지만 경제적 실질은 판매자에게 있으므로 판매자의 재고자산과 차입금으로 보고하는 것이 타당하다. 이는 재고자산을 이용하여 자금을 차입하는 방법으로 차입금과 재고자산이 모두 장부상에 나타나지 않게 함으로써 **부외금융효과**를 노리는 방법이라 할 수 있다.

따라서 판매자의 재고자산을 장부에서 제거시키지 않고, 대신 현금을 차변에 기록하고 차입금을 대변에 기록하여야 한다.

## 5. 반품조건 판매상품

출판업, 음반업, 장난감 및 스포츠용품업의 경우에는 일정한 기일 내에 또는 언제라도 반품이 가능한 조건으로 판매가 이루어진다. 예를 들면 한 출판사가 소설책을 서점에 판매하면서 판매되지 않고 남은 책은 100% 반품하는 조건으로 판매하는 경우이다.

이러한 경우 수익인식과 재고자산 보고방법에는 몇 가지 대체적인 회계처리방법이 존재한다.

① 판매에 대한 일반적인 회계처리와 동일하게 판매가 이루어진 시점에서 수익을 인식하고 실제로 환입이 발생할 때 매출환입으로 회계처리하는 방법이다.

② 반품할 수 있는 권리가 소멸할 때까지 수익을 인식하지 않는 방법으로 이는 매출환입과 관련하여 불확실성이 매우 높은 경우에 적용할 수 있는 방법이다.
③ 매출환입액을 합리적으로 추정 가능할 경우에는 인도시 수익으로 계상하고 예상되는 반품추정액을 매출환입충당부채로 하여 매출채권과 매출액에서 차감하는 방법이다.

이러한 **반품조건부 판매**의 경우 문제는 언제 판매를 인식하여 재고자산을 장부에서 제거할 것이냐의 문제이다. 반품액을 합리적으로 추정할 수 있는 경우에는 수익을 인식하여 재고자산을 장부에서 제거하고, 반품액의 합리적 추정이 불가능한 경우에는 수익을 인식하지 않고 재고자산으로 보고하는 것이 타당할 것이다.

## 6. 할부판매상품

**할부판매**는 상품을 판매한 후 대금을 일정기간 분할하여 회수하는 조건으로 판매하는 것을 말한다. 할부판매의 경우 할부대금이 완전히 회수되기 전까지는 판매자가 상품의 법적 소유권을 가지고 있지만 경제적 실질은 매입자에게 있으므로 재고자산에 포함시키지 않는 것이 타당하다. 할부판매에 대하여 인도시점에서 수익을 인식하고 장기할부판매의 경우에는 현재가치로 평가한 금액을 수익으로 인식하여야 한다.

## 7. 저당상품

금융기관 등으로부터 자금을 차입하고 그 담보로 제공된 **저당상품**은 저당권이 실행되기 전까지는 담보제공자가 소유권을 가지고 있다. 따라서 저당권이 실행되어 소유권이 이전되기 전까지는 단순히 저당만 설정된 상태이므로 담보제공자의 재고자산에 포함시킨다.

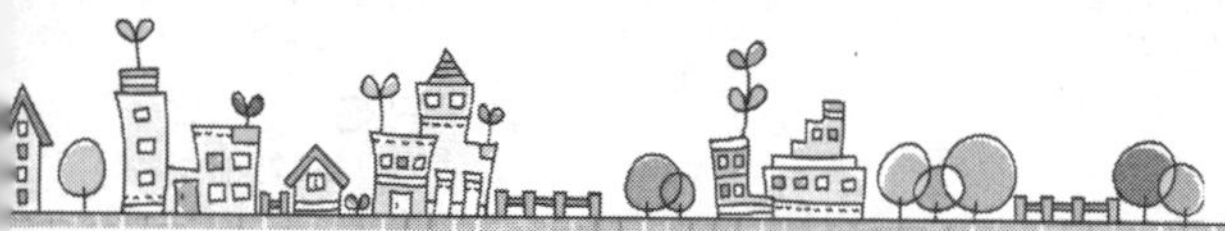

### 수익인식과 판매자의 재고자산 포함 여부

| 구 분 | | 수익인식 | 재고자산포함여부 |
|---|---|---|---|
| 미착상품 | 선적지조건 | 선적시점 | 선적후 매입자에 포함 |
| | 도착지조건 | 도착시점 | 도착후 매입자에 포함 |
| 적송품 | | 수탁자가 판매한 시점 | 수탁자가 판매전 포함 |
| 시송품 | | 매입의사표시가 있는 시점 | 매입의사표시전 포함 |
| 할부판매상품 | | 인도시점 | 불포함 |
| 저당상품 | | – | 소유권이전되기 전 포함 |
| 재취득조건부판매상품 | | – | 포함(차입금 별도 계산) |
| 반품조건부판매 | | 반품액의 합리적추정가능시 수익인식 | 수익인식조건 충족되면 불포함 |

### 사례 1 재고자산에 포함될 항목

다음은 ㈜청송의 결산시점의 거래 내용이다. 각 거래별로 20×1년 12월 31일 재무상태표상 재고자산에 포함시켜야 하는지 여부를 설명하라.

(1) 청주상사로부터 판매를 위탁받은 상품 ₩125,000이 20×1년 12월 31일 기말 재고자산에 포함되어 있다.

(2) 창고에 보관중인 "선적예정"의 상품 ₩65,000이 기말 재고자산에 포함되어 있다. 이 상품은 20×1년 12월 29일에 F.O.B 선적지 조건으로 주문받은 것으로, 20×2년 1월 2일에 선적하고 대금을 청구하였다.

(3) 20×1년 12월 31일 ACT사로부터 운송중인 상품 ₩145,000이 있다. 이상품은 20×2년 1월 6일 도착지조건으로 선적되었다.

(4) ㈜청송은 20×1년 12월중 계약금 ₩12,000을 지불하고 매입계약을 체결하였다. 계약조항에는 20×2년 1월 10일에 잔금을 지불하고, 상품을 인도받기로 되어 있다.

(5) 20×2년 12월 3일 상품 ₩155,000을 장기할부판매조건으로 우리㈜에 판매하였다. 수익인식기준을 충족하나 법적인 소유권은 할부금이 모두 결제될 때까지 이전하지 않기로 하였다.

(1) 기말 재고자산에서 제외시켜야 한다. ㈜청송은 수탁자이므로 이 상품은 위 탁자인 청주상사의 재고자산으로 보고하여야 한다.

(2) 기말 재고자산에 포함한다. 선적지인도조건이므로 선적일인 20×2년 1월 2일에 소유권이 이전되기 때문이다.

(3) 기말 재고자산에 포함시키지 않는다. 운송중인 미착상품이 도착지조건이므로 20×2년 1월 6일 도착 전까지는 재고자산에 포함시키지 않는다.

(4) 매입계약만 체결된 상태이므로 기말 재고자산에 포함시키지 않는다.

(5) 법적인 소유권은 이전되지 않았다고 하더라도, 경제적 실질에 비추어 수익인식기준을 충족하므로 기말 재고자산에 포함시키지 않는다.

## 03절 재고자산의 취득원가 결정

재고자산의 취득원가는 매입원가, 전환원가 및 재고자산을 현재의 장소에 현재의 상태로 이르게 하는 데 발생한 기타 원가 모두를 포함한다.

### 1. 매입원가

**매입원가는 매입가격에 수입관세와 제세금(과세당국으로부터 추후 환급받을 수 있는 금액은 제외), 매입운임, 하역료 그리고 완제품, 원재료 및 용역의 취득과정에 직접 관련된 기타 원가를 가산한 금액이다.** 매입할인, 리베이트 및 이와 유사한 항목은 매입원가를 결정할 때 차감한다.[3)]

#### (1) 매입운임

매입운임은 매입부대비용으로 취득원가에 포함시켜야 하는데 누가 부담하여야 할 것인지는 F.O.B. 선적지 조건과 F.O.B. 도착지 조건에 따라 다르다.

3) 매입에누리와 매입환출도 재고자산의 매입원가에서 차감한다. 매입에누리는 매입대금의 일정부분을 깎아주는 것이고, 매입환출은 매입한 재고자산을 반품하는 것이다.

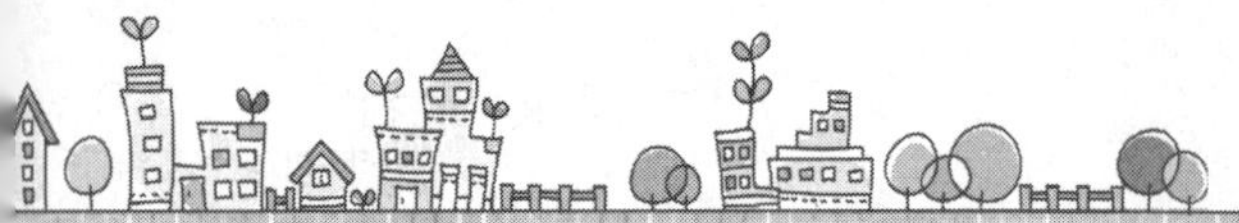

F.O.B. 선적지조건의 경우 선적시점에서 소유권이 매입자에게 이전되므로 매입자가 운임을 부담하게 되므로 매입자가 재고자산의 취득원가에 포함시켜야 한다.

한편, F.O.B. 도착지조건의 경우에는 도착시점에서 소유권이 매입자에게 이전되므로 매입운임은 판매자가 부담하게 되고 매입자가 재고자산의 취득원가에는 포함시키지 않고 판매자가 판매비용으로 보고한다.

### (2) 이자비용

기업회계기준서 제1023호(차입원가)에서는 재고자산을 의도된 용도로 사용하거나 판매가능한 상태에 이르게 하는데 상당한 기간을 필요로 하는 경우 **적격자산**이라고 보고, 이러한 **적격자산의 취득, 건설 또는 제조와 직접 관련된 차입원가는 재고자산의 취득원가에 산입하도록 하고 있다.**

그러나 재고자산을 후불조건(혹은 장기연불조건)으로 취득하여 계약이 실질적으로 금융요소를 포함하고 있다면, 해당 금융요소(예 정상신용조건의 매입가격과 실제 지급액 간의 차이)는 금융이 이루어지는 기간 동안 이자비용으로 인식한다.

즉, 재고자산의 취득과정에서 발생한 금융비용은 재고자산 원가에 산입하고, 취득일 이후에 발생하는 금융비용은 이자비용으로 인식한다.

## 2. 전환원가

제품, 반제품 및 재공품 등의 재고자산 취득원가는 원재료의 매입원가와 전환원가의 합계액이다. **전환원가(cost of conversion)**는 직접노무원가 등 생산량과 직접 관련된 원가와 원재료를 완제품으로 전환하는데 발생하는 고정 및 변동 제조간접원가의 체계적인 배부액이 포함된다.

### (1) 제조간접원가

고정제조간접원가(fixed production overheads)는 공장 건물이나 기계장치의 감가상각비와 수선유지비 및 공장 관리비처럼 생산량과는 상관없이 비교적 일정한 수준을 유지하는 간접제조원가를 말한다. 고정제조간접원가는 생산설비의 정상조업도에 기초하여 전환원가에 배부하는데, 실제조업도가 정상조업도와 유사한 경우에는 실제조업도를 사용할 수 있다. 정상조업도는 정상적인 상황에서 상당한 기간동안 평균적으로 달성할 수 있을 것으로 예상되는 생산량을 말하는데, 계획된 유지활동에 따른 조업도 손실을 고려한 것을 말한다. 생산단위당 고정 제조간접원가 배부액은 낮은 조업도나 유휴설비로 인해 증가되지 않으며, 배부되지 않은 고정제조간접원가는 발생한 기간의 비용으로 인식한다.4) 그러나 비정상적으로 많은 생산이 이루어진 기간에는, 재고자산이 원가 이상으로 측정되지 않도록 생산단위당 고정제조간접원가 배부액을 감소시켜야 한다.

변동제조간접원가(variable production overheads)는 간접재료원가나 간접노무원가처럼 생산량에 따라 직접적으로 또는 거의 직접적으로 변동하는 간접제조원가를 말한다. 변동제조간접원가는 생산설비의 실제 사용에 기초하여 각 생산단위에 배부한다.

### (2) 연산품과 부산물

연산품이 생산되거나 주산물과 부산물이 생산되는 경우처럼 하나의 생산과정을 통하여 동시에 둘 이상의 제품이 생산될 수도 있다. 이 경우 제품별 전환원가를 분리하여 식별할 수 없다면, 전환원가를 합리적이고 일관성 있는 방법으로 각 제품에 배부한다.

예를 들어, 각 제품을 분리하여 식별가능한 시점 또는 완성시점의 제품별 상대적 판매가치를 기준으로 배부할 수 있다. 중요하지 않은 부산물은 흔히 순실현가능가치로 측정하여 주산물의 원가에서 차감한다. 이 경우 주산물의 장부금액은 원가와 중요한 차이가 없게 된다.

## 3. 기타원가

기타원가는 재고자산을 현재의 장소에 현재의 상태로 이르게 하는 데 발생한 범위내에서만 취득원가에 포함된다. 예를 들어 특정한 고객을 위한 비제조 간접원가 또는 제품 디자인원가를 재고자산의 원가에 포함하는 것이 적절할 수도 있다.

그러나 다음의 원가는 재고자산의 취득원가에 포함할 수 없으며 **발생기간의 비용으로 인식하여야** 한다.

---

4) 당기에 비용으로 인식하는 재고자산금액은 일반적으로 매출원가로 불리우며, 판매된 재고자산의 원가와 배분되지 않은 제조간접원가 및 제조원가 중 비정상적인 부분의 금액으로 구성된다. 또한 기업의 특수한 상황에 따라 물류원가와 같은 다른 금액들도 포함될 수 있다(기업회계기준서 제1002호 문단 38).

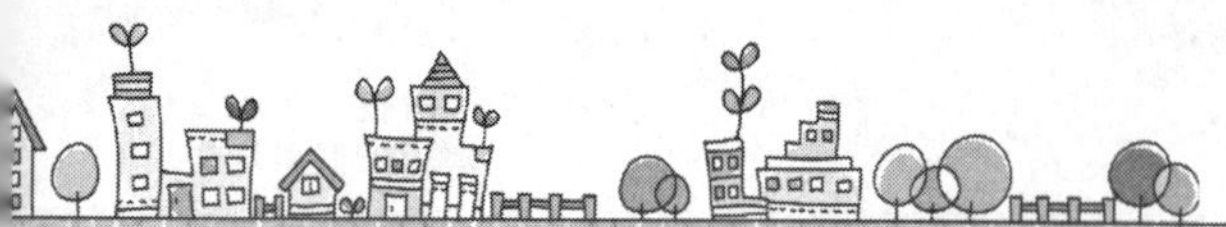

① 재료원가, 노무원가 및 기타 제조원가 중 비정상적으로 낭비된 부분
② 후속 생산단계에 투입하기 전에 보관이 필요한 경우 이외의 보관원가
③ 재고자산을 현재의 장소에, 현재의 상태로 이르게 하는 데 기여하지 않은 관리 간접원가
④ 판매원가

## 4. 용역제공기업

용역제공기업은 진행기준에 의하여 수익을 인식하기 때문에, 일반적으로 재무상태표에 인식될 재고자산은 없다. 다만 용역제공과 관련된 수익이 아직 인식되지 않은 경우에는 제공한 용역원가를 재고자산으로 인식하고 재공품 성격인 미성용역으로 계상한다.

용역제공기업이 재고자산을 가지고 있다면, 이를 제조원가로 측정한다. 이러한 원가는 주로 감독자를 포함한 용역제공에 직접 관여된 인력에 대한 노무원가 및 기타원가와 관련된 간접원가로 구성된다. 판매와 일반관리 인력과 관련된 노무원가 및 기타원가는 재고자산의 취득원가에 포함하지 않고 발생한 기간의 비용으로 인식한다. 일반적으로 용역제공기업이 가격을 산정할 때 고려되는 이윤이나 용역과 직접 관련이 없는 간접원가는 재고자산의 취득원가에 포함하지 아니한다.

## 5. 생물자산에서 수확한 농림어업 수확물의 취득원가

생물자산에서 수확한 농림어업 수확물로 구성된 재고자산은 순공정가치(공정가치에서 예상되는 판매비용을 차감한 금액)로 측정하여 수확시점에서 최초로 인식하며, 이 금액이 인식된 최초인식시점에 당해 재고자산의 취득원가가 된다.

## 6. 기타 원가측정방법

지금까지 설명한 취득원가는 실제 발생한 원가에 기초한다. 그러나 **표준원가법**이나 **소매재고법** 등의 원가측정방법은 그러한 방법으로 평가한 재고자산의 원가가 실제원가와 유사한 경우에만 편의상 사용할 수 있다.

특히 소매재고법은 이익률이 유사하고 품종변화가 심한 다품종 상품을 취급하는 유통업에서 실무적으로 다른 원가측정방법을 사용할 수 없는 경우에 흔히 사용된다.

## 04절 재고자산의 원가배분

**재고자산의 원가배분이란 판매가능재고를 매출원가와 기말재고자산으로 안분하는 것을 말한다.** 기말 재고자산의 평가는 매출원가로 인식할 금액을 결정하는 것과 같다. 기말 재고자산은 기말 현재 회사가 보유하고 있는 재고자산의 수량에 일정한 방법으로 결정된 매입단가를 곱한 금액으로 평가한다.

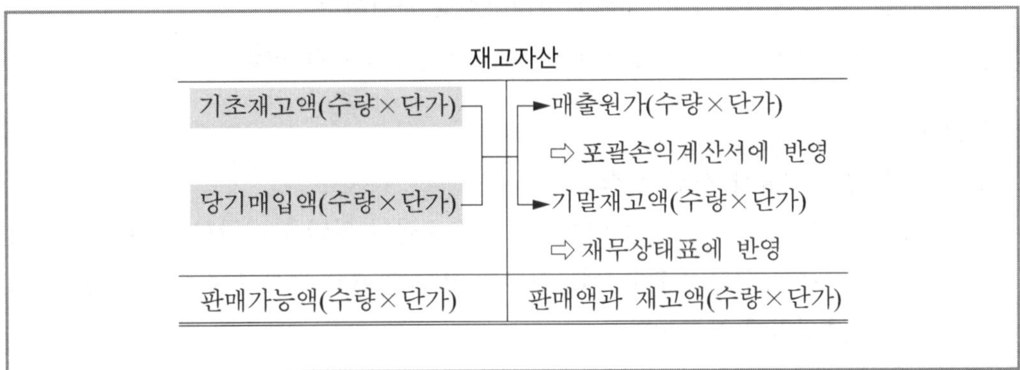


### 1. 재고자산의 수량결정

재고자산의 수량을 파악하고 이에 대한 회계기록을 유지하는 방법에는 실지재고조사법과 계속기록법이 있다. 기업에 따라서는 두 방법 중 어느 한 방법만 사용하기도 하지만, 각 방법의 단점 때문에 두 방법을 혼합하여 사용하는 경우가 많다.

#### (1) 실지재고조사법(periodic inventory method)

**실사법**이라고도 하는데, 이 방법은 보고기간 말에 재고조사를 실시하여 보유하고 있는 재고량을 실제로 파악하는 방법으로 당기 판매가능재고(기초재고수량+당기매입수

량)에서 기말실지재고수량을 차감하여 판매된 수량을 계산한다.

| 기초재고수량+당기매입수량−기말실지재고수량=판매된수량 |
|---|

즉, 기초재고수량과 당기매입수량은 기록을 통해 이미 알고 있고 기말재고수량은 실지재고조사를 통하여 알 수 있으므로 판매된 수량은 기말에 실지 재고조사를 한 후 자동적으로 파악되는 방법이다. 따라서 매출원가는 기말재고 실사를 해야만 계상이 가능하므로 매출원가를 인식하기 위한 수정분개를 하여야 한다. 실지재고조사법의 장・단점을 살펴보면 다음과 같다.

**○ 장점**

① 실지재고수량을 정확하게 파악할 수 있다.

② 기장업무가 계속기록법에 비하여 상대적으로 간단하다.

③ 재고자산의 가격이 저가이고 다량인 재고자산에 적합한 방법이다.

**○ 단점**

① 실사에 많은 비용과 시간이 소요된다.

② 도난, 파손, 유실 오기 등으로 인한 재고감모손실의 원인을 파악할 수 없다. 즉, 기말 재고자산에 포함되지 않는 재고자산은 모두 판매된 것으로 간주되어 재고감모손실이 매출원가에 포함된다.

### (2) 계속기록법

상품의 입・출고가 이루어질 때 수량을 계속적으로 기록하여 장부상의 재고량을 기말재고수량으로 결정하는 방법이다. 즉, 기말재고수량을 실지재고 조사하는 것이 아니라 당기판매가능수량(기초재고수량+당기매입수량)에서 판매된 수량을 차감하여 계산하는 방법이다.

| 기초재고수량+당기매입수량−판매된 수량=기말재고수량 |
|---|

실사법에 의하면 판매된 수량은 기말의 실지재고조사로 기말재고수량이 먼저 확정된 이후에 계산되지만 계속기록법의 경우에는 기중에도 매입, 매출을 계속 기록하므로 판

매된 수량이 먼저 계산되고, 기말에 남은 잔량이 기말재고수량으로 기록된다. 계속기록법의 장·단점은 다음과 같다.

**◎ 장점**

① 고가품의 상품을 취급하는 기업에 적절한 방법이다.
② 장부의 계속적인 기록으로 정확한 재고기록이 유지된다.
③ 실사에 따른 비용을 줄일 수 있으며 중간보고가 용이하다.

**◎ 단점**

① 장부상 계속기록을 하더라도 기말에 재고실사를 하지 않는다면 재고감모손실을 파악하기 곤란하다.
② 실무상 기장업무가 상대적으로 복잡하다.

실지재고조사법과 계속기록법 두 방법에 따른 회계처리를 살펴보면 다음과 같다.

| | 실지재고조사법 | | 계속기록법 | |
|---|---|---|---|---|
| | (차변) | (대변) | (차변) | (대변) |
| 상품매입시 | 매 입 ××× | 매입채무 ××× | 재고자산 ××× | 매입채무 ××× |
| 상품매출시 | 매출채권 ××× | 매 출 ××× | 매출채권 ×××<br>매출원가 ××× | 매 출 ×××<br>재고자산 ××× |
| 결산시 | 재고자산(기말) ×××<br>매출원가 ××× | 재고자산(기초) ×××<br>매 입 ××× | 회계처리 없음 | |

많은 기업들은 계속기록법이나 실지재고조사법 중 어느 한 방법만을 사용하지 않고 혼합하여 사용하는 경우가 많은데, 그 이유는 앞서 살펴본 바와 같이 각 방법의 단점 때문이다. 계속기록법의 경우 실지재고조사를 하지 않으면 감모량을 파악할 수 없고 따라서 **재고감모손실**만큼 기말재고수량이 과대평가된다.

반대로 실지재고조사법에 의할 경우에는 재고조사에 포함되지 않은 재고자산은 모두 판매된 것으로 가정하므로 재고감모손실분이 판매된 수량에 포함되어 매출원가가 과대계상된다.

### 사례 2 실지재고조사법과 계속기록법

다음 자료를 이용하여 계속기록법과 실지재고조사법에 따른 수량을 파악하고 분개를 하라.

| | 수 량 | 단 가 | 금 액 |
|---|---|---|---|
| 기초재고 | 100개 | @₩6 | ₩600 |
| 실지기말재고 | 250 | 6 | 1,500 |
| 당기매입 | 1,000 | 6 | 6,000 |
| 당기매출 | 800 | 8 | 6,400 |

**핵심해설**

| | 실지재고조사법 | 계속기록법 |
|---|---|---|
| 수량 파악 | 기초재고+당기매입−기말재고<br>=판매된 수량<br>100+1,000−250=850 | 기초재고+당기매입−판매된수량<br>=기말수량<br>100+1,000−800=300 |
| 매입시 | (차) 매 입 6,000<br>(대) 매입채무 6,000 | (차) 상 품 6,000<br>(대) 매입채무 6,000 |
| 매출시 | (차) 매출채권 6,400<br>(대) 매 출 6,400 | (차) 매출채권 6,400<br>(대) 매 출 6,400<br>(차) 매출원가 4,800<br>(대) 상 품 4,800 |
| 결산시 | (차) 매출원가 600<br>(대) 상품(기초) 600<br>(차) 상품(기말) 1,500<br>(대) 매출원가 1,500<br>(차) 매출원가 6,000<br>(대) 매 입 6,000 | 분개없음 |

<참고> 혼합법의 경우 수량파악

수량파악 : 기초재고수량+당기매입수량−판매된 수량

=재고감모수량+기말재고수량 : 100+1,000−800=50+250

* 결산시 매입계정을 이용할 경우, 실시재고조사법의 결산시 분개

| | | | | |
|---|---|---|---|---|
| (차) 매 입 | 600 | (대) 상 | 품 | 600 |
| (차) 상 품 | 1,500 | (대) 매 | 입 | 1,500 |
| (차) 매 출 원 가 | 5,100 | (대) 매 | 입 | 5,100 |

위 사례에서 실지재고조사법만을 사용하여 재고자산을 파악하는 경우 기말재고수량이 250개이므로 판매수량이 850개로 조사된다. 이 경우 실제로 감모된 50개가 판매수량에 포함되어 매출원가가 ₩300만큼 과대계상된다.

한편 계속기록법만을 사용할 경우 감모된 50개가 기말재고로 파악되어 기말재고자산이 ₩300만큼 과대평가된다.

## 2. 재고자산의 단위원가 결정(원가흐름의 가정)

통상적으로 상호 교환될 수 없는 재고자산 항목의 원가와 특정 프로젝트별로 생산되고 분리되는 재화 또는 용역의 원가는 **개별법**을 사용하여 결정한다. 그러나 개별법을 적용할 수 없는 재고자산의 단위원가는 **선입선출법**이나 **가중평균법**을 사용하여 결정한다.[5)]

성격과 용도 면에서 유사한 재고자산에는 동일한 단위원가 결정방법을 적용하여야 하며, 성격이나 용도 면에서 차이가 있는 재고자산에는 서로 다른 단위원가 결정방법을 적용할 수 있다. 예를 들어, 동일한 재고자산이 동일한 기업 내에서 영업무문에 따라 서로 다른 용도(원재료 혹은 제품)로 사용되는 경우에는 서로 다른 단위원가 결정방법을 적용할 수 있다. 그러나 재고자산의 지역별 위치나 과세방식이 다르다는 이유만으로 동일한 재고자산에 다른 단위원가 결정방법을 적용하는 것이 정당화될 수는 없다.

재고자산 단위원가 결정방법을 설명하는데 상품재고장이 많이 이용된다. 상품재고장(stock ledger)이란 상품의 입고, 출고, 잔액을 기입하는 장부로써 보조원장에 속한다. 상품재고장은 모두 원가로 기입되는데 입고란에는 전기이월액과 당기매입액이 기입되고, 출고란에는 판매상품의 원가와 차기이월액이 기입된다.

5) 기업회계기준서 제1002호(재고자산)에서는 후입선출법의 적용을 금지하였다. 후입선출법은 재무상태표 상의 재고자산 가액이 기말 시가를 반영하지 못하고, 후입선출청산현상으로 수익비용대응구조가 크게 왜곡될 가능성이 있으며, 실물흐름과도 일치하지 않기 때문에 표현의 충실성이 크게 저하된다.

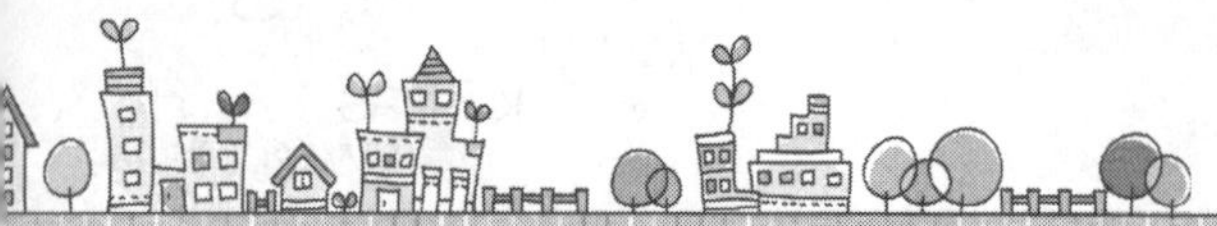

### (1) 개별법(specific identification method)

재고자산을 개별적으로 식별하여 매입가격별로 판매된 것과 재고로 남은 것을 구별하여 재고자산 가격을 결정하는 방법이다. 즉, 개별상품 각각에 대하여 단위당 원가뿐만 아니라, 취득, 보유, 매출상황을 알 수 있을 때 적용할 수 있는 방법이다.

개별법은 실지재고조사법과 계속기록법에서 모두 사용될 수 있으며 통상적으로 상호교환될 수 없는 재고항목이나 특정 프로젝트별로 생산되는 재화 또는 용역의 원가는 개별법을 사용하여 결정한다.

이 방법은 원가흐름과 실제물량흐름이 일치하여 손익에 반영된다는 점에서는 우수한 방법이지만, 거래가 빈번하고 상품종류가 많은 경우에는 실무적으로 번거로운 방법이고, 경영자가 의도적으로 기말재고로 남아있는 항목을 선택하는 방법으로 이익을 조작하기 위해 악용할 소지가 있다. 예를 들어 특수기계를 주문생산하는 경우와 같이 제품별로 원가를 식별할 수 있는 때에는 개별법을 사용하여 원가를 결정하지만 상호교환 가능한 대량의 동질적인 제품에 대해서 적용하는 것은 적절하지 않다.

### (2) 선입선출법(FIFO : first-in first-out method)

선입선출법은 물량의 실제흐름과 관계없이 먼저 매입된 상품이 먼저 매출된 것으로 가정하는 방법이다. 따라서 기말재고액은 최근의 매입원가로 표시되고, 매출원가는 과거의 매입원가로 포괄손익계산서에 반영된다.

이 방법은 실제 물량흐름과 방향이 일치하고, 기말재고액이 최근의 가격, 즉 시가인 현행원가를 나타낸다.

그러나 현행수익과 과거원가가 대응되므로 **수익 · 비용 대응**이 적절하게 이루어지지 않고, 물가가 상승하는 경우 매출원가가 과거의 낮은 가격으로 표시되므로 이익이 과대계상 된다는 문제점이 있다.

## 사례 3 선입선출법

다음 자료를 이용하여 실지재고조사법과 계속기록법으로 구분하여 선입선출법에 의한 기말재고액과 매출원가를 계산하라.

| 일 자 | 수 량 | 단 가 | 금 액 | 잔 고 |
|---|---|---|---|---|
| 5/10 | 매입 2,000개 | @₩100 | ₩200,000 | 2,000개 |
| 5/15 | 매입 6,000개 | 110 | 660,000 | 8,000개 |
| 5/19 | 매출 4,000개 | 140 | | 4,000개 |
| 5/30 | 매입 2,000개 | 130 | 260,000 | 6,000개 |

기초재고액은 없다.

**핵심해설**

1. 실지재고 조사법

실지재고조사법이므로 단위원가 ₩130인 2,000개와 ₩110인 4,000개로 기말재고 수량 6,000개가 구성된다.

| | | |
|---|---|---|
| 5/30 | 2,000개×@₩130 = | ₩260,000 |
| 5/15 | 4,000개×@₩110 = | 440,000 |
| 기말재고액 | | ₩700,000 |

매출원가＝₩200,000＋₩660,000＋₩260,000－₩700,000＝₩420,000

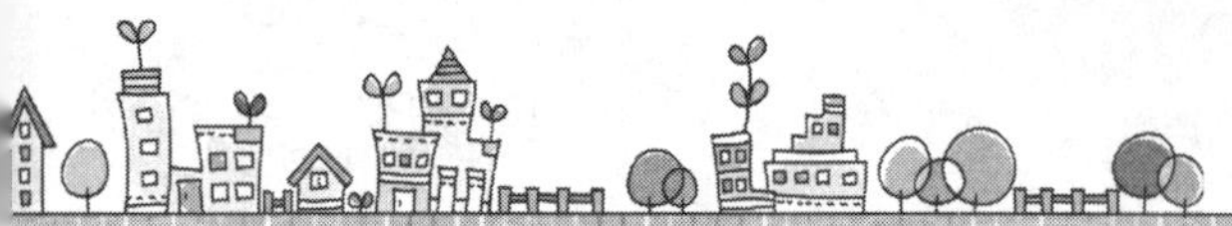

2. 계속기록법

상 품 재 고 장

갑상품 (선입선출법)

| 일자 | | 적요 | 입 고 | | | 출 고 | | | 잔 액 | | |
|---|---|---|---|---|---|---|---|---|---|---|---|
| | | | 수량 | 단가 | 금액 | 수량 | 단가 | 금액 | 수량 | 단가 | 금액 |
| 5 | 10 | 매입 | 2,000 | 100 | 200,000 | | | | 2,000 | 100 | 200,000 |
| 5 | 15 | 매입 | 6,000 | 110 | 660,000 | | | | 2,000 | 100 | 200,000 |
| | | | | | | | | | 6,000 | 110 | 660,000 |
| 5 | 19 | 매출 | | | | 2,000 | 100 | 200,000 | | | |
| | | | | | | 2,000 | 110 | 220,000 | 4,000 | 110 | 440,000 |
| 5 | 30 | 매입 | 2,000 | 130 | 260,000 | | | | 4,000 | 110 | 440,000 |
| | | | | | | | | | 2,000 | 130 | 260,000 |
| 5 | 31 | 차월 | | | | 4,000 | 110 | 440,000 | | | |
| | | 이월 | | | | 2,000 | 130 | 260,000 | | | |
| | | | 10,000 | | 1,120,000 | 10,000 | | 1,120,000 | | | |
| 6 | 1 | 전월 | 4,000 | 110 | 440,000 | | | | 4,000 | 110 | 440,000 |
| | | 이월 | 2,000 | 130 | 260,000 | | | | 2,000 | 130 | 260,000 |

당기매입액 : ₩1,120,000

매 출 원 가 : ₩420,000

기말재고액 : ₩700,000

* 장부상에 계속 기록해 나아가면 위 표와 같이 기말재고액은 ₩700,000이며 선입선출법의 경우 실지재고조사법과 계속기록법의 기말재고액과 매출원가의 금액은 일치한다.

### (3) 이동평균법(moving average method)

매입시마다 계속적으로 이동해 가면서 평균단가를 구하고 그것을 다음의 매출단가로 이용하는 방법이다. 따라서, 평균단가는 매입이 있을 때마다 달라지게 된다.

이 방법은 장부를 계속적으로 기록해 나아가는 방법이며 평균단위원가가 변하게 되므로 계속기록법에서만 사용할 수 있고 실지재고조사법에는 사용할 수 없다.

### 사례 4 이동평균법-계속기록법

[사례 3]의 기본 자료를 이용한다면 이동평균법에 의한 기말재고액과 매출원가는 얼마인가? (상품재고장을 작성할 것)

**핵심해설**

매 출 원 가 : ₩430,000
기말재고액 : ₩690,000

상품재고장

갑상품 (이동평균법)

| 일자 | | 적요 | 입고 | | | 출고 | | | 잔액 | | |
|---|---|---|---|---|---|---|---|---|---|---|---|
| | | | 수량 | 단가 | 금액 | 수량 | 단가 | 금액 | 수량 | 단가 | 금액 |
| 5 | 10 | 매입 | 2,000 | 100 | 200,000 | | | | 2,000 | 100 | 200,000 |
| 5 | 15 | 매입 | 6,000 | 110 | 660,000 | | | | 8,000 | 107.5* | 860,000 |
| 5 | 19 | 매출 | | | | 4,000 | 107.5 | 430,000 | 4,000 | 107.5 | 430,000 |
| 5 | 30 | 매입 | 2,000 | 130 | 260,000 | | | | 6,000 | 115** | 690,000 |
| 5 | 31 | 차월이월 | | | | 6,000 | | 690,000 | | | |
| | | | 10,000 | | 1,120,000 | 10,000 | | 1,120,000 | | | |
| 6 | 1 | 전월이월 | 6,000 | 115 | 690,000 | | | | 6,000 | 115 | 690,000 |

* (₩200,000+₩660,000)/(6,000+2,000)=@₩107.5
** (₩430,000+₩260,000)/(4,000+2,000)=@₩115

## ⑷ 총평균법(weighted average method)

가중평균법이라고도 하는 것으로 일정기간 동안 판매가능재고 총액(기초재고액+당기순매입액)을 판매가능재고수량으로 나누어 평균단가를 구하고 이것을 이용하여 매출원가와 기말재고액을 계산하는 방법이다.

총평균단가=(기초재고액+당기순매입액)÷(기초재고수량+당기순매입수량)

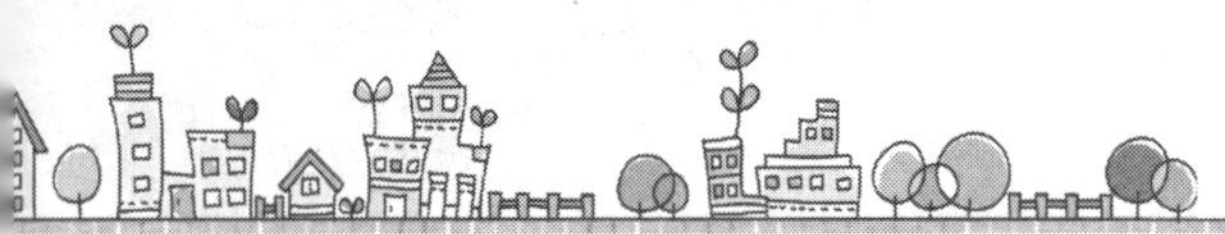

이 방법은 평균단가가 기말에 계산되므로 장부를 계속적으로 기록할 수 없게 되어 실지재고조사법에만 사용되고 계속기록법에서는 사용될 수 없다.

### 사례 5 총평균법 - 실지재고조사법

[사례 3]의 기본자료를 이용한다면 총평균법에 의한 기말재고액과 매출원가는 얼마인가? (상품재고장을 작성할 것)

**핵심해설**

총평균단가(₩200,000＋₩660,000＋₩260,000)/10,000＝@₩112
기말재고액 : 6,000개×@₩112＝₩672,000
매 출 원 가 : 4,000개×@₩112＝₩448,000

상품재고장

갑상품 (총평균법)

| 일자 | | 적요 | 입 고 | | | 출 고 | | | 잔 액 | | |
|---|---|---|---|---|---|---|---|---|---|---|---|
| | | | 수량 | 단가 | 금액 | 수량 | 단가 | 금액 | 수량 | 단가 | 금액 |
| 5 | 10 | 매입 | 2,000 | 100 | 200,000 | | | | 2,000 | | |
| 5 | 15 | 매입 | 6,000 | 110 | 660,000 | | | | 8,000 | | |
| 5 | 19 | 매출 | | | | 4,000 | 112* | 448,000 | 4,000 | | |
| 5 | 30 | 매입 | 2,000 | 130 | 260,000 | | | | 6,000 | | |
| 5 | 31 | 차월이월 | | | | 6,000 | 112* | 672,000 | | | |
| | | | 10,000 | | 1,120,000 | 10,000 | | 1,120,000 | | | |
| 6 | 1 | 전월이월 | 6,000 | 112 | 672,000 | | | | 6,000 | | |

* (₩200,000＋₩660,000＋₩260,000)/(2,000＋6,000＋2,000)＝@₩112
이 방법은 총매입액을 총수량으로 나누어 총평균단가 ₩112를 구한 후 기말재고 수량과 매출에 해당되는 수량을 곱하게 되면 기말재고액과 매출원가가 산출되는 것이다.

### (5) 각 방법들의 상호비교

지금까지 원가흐름의 가정을 통해 [사례 3]의 기본자료를 기준으로 살펴본 매출원가와 기말재고액을 비교하면 다음과 같다. (후입선출법 적용을 가정)

| | 선입선출법 | 후입선출법 | 이동평균법 | 총평균법 |
|---|---|---|---|---|
| 계속기록법 : | | | | |
| 매출원가 | ₩420,000 | ₩440,000 | ₩430,000 | – |
| 기말재고액 | 700,000 | 680,000 | 690,000 | – |
| 실지재고조사법 : | | | | |
| 매출원가 | 420,000 | 480,000 | – | 448,000 |
| 기말재고액 | 700,000 | 640,000 | – | 672,000 |

일반적으로 위의 네 가지 방법 중 **물가상승시에는 선입선출법, 평균법(이동평균법, 총평균법), 후입선출법 순으로 기말재고액이 크고, 매출원가는 적게 나타난다.**

따라서 선입선출법이 가장 많은 순이익을 보고하는 방법이고, 후입선출법이 가장 적은 순이익을 보고하는 방법이다.

한편 법인세가 있는 경우, 법인세는 당기순이익에 비례하므로 당기순이익의 크기 순서와 동일하다. 그러나 다른 조건이 동일하다면 법인세가 커질수록 기업의 현금흐름이 나빠지므로 현금흐름의 크기는 당기순이익의 크기순서와 반대가 된다. 만일 법인세가 없다고 가정하면 기업의 현금흐름의 크기는 단위원가 결정방법에 관계없이 동일한 금액이 된다.

이처럼 어떤 단위원가 결정방법을 선택하느냐에 따라 이익 크기가 달라진다. 따라서 각 기업은 기업의 재무상태나 경영상태를 가장 잘 나타내 주는 방법을 선택하여야 하며, 일단 채택된 방법은 정당한 사유가 없는 한 계속적으로 적용해야 한다.

## 05절 재고자산의 감모손실과 저가법 평가

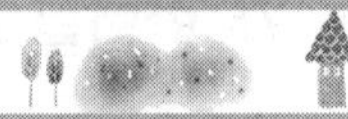

재고자산은 일반적으로 판매에 의해 제거되지만, 감모손실이나 가치하락 인식에 의해서도 제거된다. 본 절에서는 재고자산의 감모손실과 가치하락 부분만을 인식하는 저가법 평가에 대한 회계처리를 살펴본다.

### 1. 재고자산감모손실

재고자산 감모손실(inventory short loss)은 재고자산의 분실, 파손, 도난 등의 원인으로 재고자산의 수량부족에서 발생한 손실로서 실제 재고액이 장부재고액보다 부족할 경우 발생한 손실이다.

| 재고자산 감모손실=(재고자산 장부수량−재고자산 실제수량)×단위당 취득원가 |
|---|

재고자산감모손실은 발생한 기간에 비용으로 처리하여야 한다.

### 2. 저가법 평가

자산의 장부금액은 판매나 사용으로부터 실현될 것으로 기대되는 금액을 초과하여서는 안된다. 따라서 **재고자산의 순실현가능가치가 취득원가 이하로 하락한 경우에는 재고자산의 장부금액을 순실현가능가치로 감액하여야 하는데 이를 저가법(lower of cost or market value)**이라고 한다.[6] 다음과 같은 상황이 발생하는 경우에는 재고자산의 원가를 회수하기 어려울 수 있다.

① 물리적으로 손상된 경우

② 완전히 또는 부분적으로 진부화된 경우

---

6) 저가법은 보수주의에 근거를 둔 재고자산평가방법이다. 그러나 순실현가능가치가 상승하는 경우에는 이익을 인식하지 않고 하락하는 경우에만 손실은 인식하는 논리적 일관성이 결여되어 있고, 현재주주들의 부가 미래주주들의 부로 이전되는 문제점이 있으며, 순실현가능가치를 객관적으로 측정하기도 어렵다.

③ 판매가격이 하락한 경우
④ 완성하거나 판매하는데 필요한 원가가 상승한 경우

## (1) 순실현가능가치

**순실현가능가치(net realizable value)는 정상적인 영업과정의 예상 판매가격에서 예상되는 추가 완성원가와 판매비용을 차감한 금액을 말한다.** 즉, 순실현가능가치는 정상적인 영업과정에서 재고자산의 판매를 통해 실현될 것으로 기대하는 순매각금액을 말한다. 한편 공정가치는 시장에서 동일한 재고자산이 합리적인 판단력과 거래의사가 있는 독립된 당사자 사이에 교환될 수 있는 금액을 반영한다. 순실현가능가치는 기업특유가치이지만, 공정가치는 그렇지 않으므로 순실현가능가치는 순공정가치와 일치하지 않을 수도 있다.

순실현가능가치를 추정할 때에는 재고자산으로부터 실현가능한 금액에 대하여 추정일 현재 사용가능한 가장 신뢰성있는 증거에 기초하여야 한다. 또한 **보고기간 후** 사건이 보고기간말 존재하는 상황에 대하여 확인하여주는 경우에는, 그 사건과 직접 관련된 가격이나 원가의 변동을 고려하여 추정하여야 한다.

순실현가능가치를 추정할 때 재고자산의 보유 목적도 고려하여야 한다. 예를 들어 확정판매계약 또는 용역계약을 이행하기 위하여 보유하는 재고자산의 순실현가능가치는 계약가격에 기초한다. 만일 보유하고 있는 재고자산의 수량이 **확정판매계약**의 이행에 필요한 수량을 초과하는 경우에는 그 초과 수량의 순실현가능가치는 일반 판매가격에 기초한다.

여기서 주의할 점은 완성될 제품이 원가 이상으로 판매될 것으로 예상하는 경우에는 그 생산에 투입하기 위해 보유하고 있는 원재료 및 기타 소모품을 감액하지 아니한다는 것이다. 그러나 원재료 가격이 하락하였으며, 제품의 원가가 순실현가능가치를 초과할 것으로 예상된다면 해당 원재료를 순실현가능가치로 감액하여야 한다. 이 경우 **원재료의 현행대체원가는 순실현가능가치에 대한 최선의 이용가능한 측정치가 될 수 있다.**

## (2) 재고자산의 평가손실과 환입의 인식

**저가법은 항목별로 적용한다.** 그러나 경우에 따라서는 서로 유사하거나 관련있는 항목들을 통합하여 적용하는 것(조별기준)이 적절할 수 있다. 이러한 경우로는 재고자산 항목이 유사한 목적 또는 용도를 갖는 동일한 제품군에 속하는 다른 항목과 구분하여 평

가할 수 없는 경우를 들 수 있다. 그러나 예를 들어 완제품 또는 특정 영업부문에 속하는 모든 재고자산과 같은 분류에 기초하여 저가법을 적용하는 것(총계기준)은 적절하지 아니하다. 용역제공기업은 일반적으로 용역대가가 청구되는 용역별로 원가를 집계하므로, 각 용역은 별도의 항목으로 취급되어야 한다.

한국채택국제회계기준에서는 **재고자산을 순실현가능가치로 감액한 평가손실과 모든 감모손실은 감액이나 감모가 발생한 기간에 비용으로 인식하도록 하고 있다.**[7)]

기업은 매 후속기간에 순실현가능가치를 재평가한다. 이때 재고자산의 감액을 초래했던 상황이 해소되거나 경제상황의 변동으로 순실현가능가치가 상승한 명백한 증거가 있는 경우에는 최초의 장부금액을 초과하지 않는 범위 내에서 평가손실을 환입한다. 따라서 환입 결과 재고자산의 새로운 장부금액은 당초 취득원가와 수정된 순실현가능가치 중 작은 금액이 된다. 순실현가능가치의 상승으로 인한 재고자산 평가손실의 환입은 환입이 발생한 기간의 비용으로 인식된 재고자산금액의 차감액으로 인식한다.

### 사례 6 기말재고자산평가

㈜초록의 20×1년 재고자산 관련 자료는 다음과 같다.

(1) 기초재고 ₩500,000
(2) 매 입 액 ₩6,000,000
(3) 매 출 액 ₩8,000,000
(4) 기말재고 : 장부상 ₩600,000(3,000개, @₩200)
실사상 ₩435,000(2,900개, @₩150)
(5) 기말실사내용 중 단위당 가격은 기말 순실현가능가치를 의미한다.

---

7) 저가법은 보수주의에 근거하여 매출원가를 조기에 인식하고자 하는 목적이 있으므로 관련 비용을 매출원가로 인식하는 것이 타당할 것으로 생각된다. 또한 평가손실을 재고자산에서 차감하는 형식으로 표시하는 것이 재고자산에서 직접 차감하는 방법보다 유용한 정보를 제공할 수 있을 것이다. 따라서, 기업의 판단에 따라 분류표시 및 공시하여야 할 것이다.

1. 20×1년 기말재고자산과 관련된 감모손실과 평가손실을 계산하라.
2. 20×1년 재고자산과 관련된 기말수정분개를 하라.
3. 20×2년과 20×3년도의 매입액과 기말재고자산에 관련된 자료가 다음과 같을 때 각 년도 말 재고자산 평가와 관련하여 필요한 분개를 제시하고, 손익계산서상에 계상될 매출원가(감모손실과 평가손실 매출원가에 포함)를 계산하라.

| | 매입액 | 기말재고(원가) | 기말재고(순실현가능가치) |
|---|---|---|---|
| 20×2년 | ₩7,000,000 | ₩650,000 | ₩500,000 |
| 20×3년 | ₩5,000,000 | ₩500,000 | ₩510,000 |

핵심해설

**1. 재고자산 감모손실**

① 정상적인 감모손실 : (3,000개－2,900개)×@₩200＝₩20,000
② 재고자산 평가손실 : 2,900개×(@₩200－@₩150)＝₩145,000

**2. 재고자산 기말수정분개(20×1년 말)**

| | | | | |
|---|---|---|---|---|
| (차) 매 출 원 가 | 500,000 | (대) 재 고 자 산(기초) | 500,000 |
| 매 출 원 가 | 6,000,000 | 매 입 | 6,000,000 |
| 재 고 자 산(기말) | 600,000 | 매 출 원 가 | 600,000 |
| (차) 재고자산감모손실 | 20,000 | (대) 재 고 자 산 | 20,000 |
| (차) 재고자산평가손실 | 145,000 | (대) 재고자산평가충당금 | 145,000 |

**3. 재고자산 평가 및 매출원가**

① 20×2년

| | | | |
|---|---|---|---|
| (차) 매 출 원 가 | 580,000 | (대) 재 고 자 산(기초) | 580,000 |
| 매 출 원 가 | 7,000,000 | 매 입 | 7,000,000 |
| 재 고 자 산(기말) | 650,000 | 매 출 원 가 | 650,000 |
| (차) 재고자산평가손실 | 5,000 | (대) 재고자산평가충당금 | 5,000 |

＊ 20×2년도 매출원가 : 580,000＋7,000,000－650,000＝6,930,000

② 20×3년

| | | | |
|---|---|---|---|
| (차) 매 출 원 가 | 650,000 | (대) 재 고 자 산(기초) | 650,000 |
| 매 출 원 가 | 5,000,000 | 매 입 | 5,000,000 |
| 재 고 자 산(기말) | 500,000 | 매 출 원 가 | 500,000 |
| (차) 재고자산평가충당금 | 150,000 | (대) 매 출 원 가 | 150,000 |

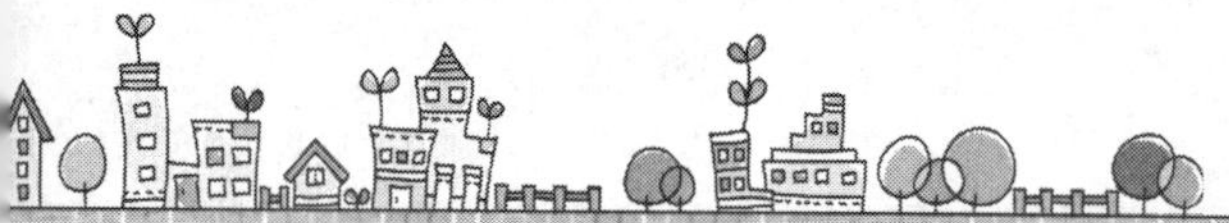

* 20×3년도 매출원가 : 650,000+5,000,000−500,000−150,000=5,000,000
* 최초의 장부가액을 초과하지 않는 범위 내에서 평가손실을 환입하여야 하므로 평가손실 환입액은 현재 재고자산평가충당금 기말잔액 안에서 환입되어야 한다.

## 06절 재고자산의 추정

### 1. 매출총이익법(gross profit method)

매출총이익법은 화재, 수해 등 재해로 인하여 재고자산이 멸실되어 기말재고자산을 정상적인 방법으로 평가할 수 없을 때 사용하는 방법이다. 과거의 매출액과 매출총이익과의 관계를 분석하여 매출총이익률(매출총이익/매출액)을 구하고 이를 이용하여 매출원가 및 기말재고자산을 구하게 된다.

> 매출총이익률=매출총이익÷매출액
> 매출원가=매출액×(1−매출총이익률)
> 기말재고액=판매가능액(기초재고액+당기매입액)−매출원가

매출총이익률은 과거 자료에 의한 매출총이익률을 사용하여 매출원가와 재고자산을 계산하므로 정확성이 없고 검증가능성이 떨어지기 때문에 기업회계기준에서는 이 방법을 인정하고 있지 않다.

### 사례 7 매출총이익법

다음 자료를 이용하여 매출총이익법에 의한 매출원가와 기말재고자산을 추정하라.

| | |
|---|---|
| (1) 기초재고액 | ₩3,000,000 |
| (2) 당기매입자료 | |
| 총 매 입 액 | 7,000,000 |
| 매입환출및에누리 | 500,000 |
| (3) 당기매출자료 | |
| 총 매 출 액 | 9,000,000 |
| 매출환입및에누리 | 200,000 |

이 회사의 과거 3년간 평균매출총이익률은 30%이다.

**핵심해설**

매 출 원 가 : (₩9,000,000－₩200,000)×(1－0.3)＝₩6,160,000
기말재고액 : (₩3,000,000＋₩7,000,000－₩500,000)－₩6,160,000＝₩3,340,000

## 2. 소매재고법(retail inventory method)

이는 **매출가격환원법**이라고도 하는데, 실제원가가 아닌 추정에 의한 원가결정방법이므로 원칙적으로 평가한 결과가 실제 원가와 유사한 경우에 편의상 사용할 수 있다. 따라서 소매재고법은 이익률이 유사하고 품종변화가 심한 다품종 상품을 취급하는 유통업에서 실무적으로 다른 원가측정법을 사용할 수 없는 경우에 흔히 사용한다.

소매재고법에서 재고자산의 원가는 재고자산의 판매가격을 적절한 총이익률을 반영하여 환원하는 방법으로 결정한다. 기업회계기준서 제1002호(재고자산)에서는 이 때 적용되는 이익률을 최초 판매가격 이하로 가격이 인하된 재고자산을 고려하여 계산하고, 판매부문별 평균이익률을 사용하도록 규정하고 있다.

따라서 이 매출가격환원법에서는 평균이익률(원가율) 결정이 중요한 부분이고 평균이익률(원가율)을 정확히 계산해야만 추정된 기말재고자산의 원가에 대하여 신뢰성을 부

여할 수 있을 것이다.

> 기말재고(원가)=기말재고(매가)×원가율
> ① 기말재고(매가)=판매가능상품(매가)-당기매출액 등
> ② 원가율=판매가능액(원가)÷판매가능액(매가)

원가율은 어떠한 원가흐름을 가정하느냐에 따라 달라지며 또한 저가로 평가하느냐 여부에 따라 달리 계산된다. 원가율 결정방법에는 원가흐름의 가정에 따라 평균법, 선입선출법, 후입선출법 및 저가법 등이 있다.

소매재고법을 적용함에 있어 인상·인하라는 용어가 나오는데 이는 모두 최초판매가격을 기준으로 정의하는 개념이다.

즉, **인상**이란 최초판매가격 이상으로 판매가격을 상승시키는 것이며, **인하**는 최초판매가격 이하로 판매가격을 낮추는 것을 말한다. 또한 인상된 가격의 취소를 인상취소, 인하된 가격의 취소를 인하취소라 하며, 인상액에서 인상취소를 차감하여 순인상액, 인하액에서 인하취소를 차감하여 순인하액을 계산한다.

## (1) 가중평균법

평균법은 기초재고와 당기매입액이 평균적으로 판매된다고 가정하고 판매가격의 변동이 판매가능재고액에 미치는 영향도 평균적으로 동일하다고 가정하는 방법이다. 따라서 기초재고와 당기매입액이 평균적으로 매출되고 기말재고에 영향을 미치므로 원가율 계산시 모두 고려된다.

$$원가율 = \frac{기초재고원가+당기매입원가}{기초재고매가+당기매입매가+순인상액-순인하액}$$

* 순인상액=인상액-인상액 취소
순인하액=인하액-인하액 취소

**저가법은 원가율 계산시는 분모의 순인하액을 고려하지 않음으로써 원가율이 낮아져 기말재고액은 작아지고 매출원가는 증가하여 당기순이익이 낮아지는 방법이다.** 이는 순인하액이 특정 재고자산의 효용감소로 인하여 상품의 가치가 감소하여 발생되기 때문에 이는 당기의 손실로 인식하여야 한다는 의미이다. 따라서 순인하액을 원가율 계산시 포함하지 않아 원가율이 낮아지면 매출원가가 증가하므로 증가한 매출원가가 상품의 가치감소분을 반영하게 된다는 의미이다.

**저가법 적용시 원가율**

$$원가율 = \frac{기초재고원가+당기매입원가}{기초재고매가+당기매입매가+순인상액}$$

## (2) 선입선출법

선입선출법은 먼저 매입한 것이 먼저 매출된다고 가정하므로 기말재고는 당기매입액 중에서 남게 된다. 따라서 원가율 계산시 기초재고는 제외된다.

$$원가율 = \frac{당기매입원가}{당기매입매가+순인상액-순인하액}$$

저가법을 적용하는 경우 원가율을 계산하는데 평균법과 마찬가지로 순인하액은 고려하지 않는다.

**저가법 적용시 원가율**

$$원가율 = \frac{당기매입원가}{당기매입매가+순인상액}$$

## (3) 후입선출법

후입선출법은 나중에 매입한 것이 먼저 매출된다고 가정하므로 기말재고는 기초재고와 당기매입액으로 구성된다.

따라서 기초재고의 원가는 주어지고 당기매입액의 원가율은 선입선출법과 동일하게 계산하면 된다.

① 기초재고=기말재고 : 원가율의 계산이 필요없고 기초재고가 기말재고
② 기초재고<기말재고 : 기초재고원가+(기말재고매가－기초재고매가)×당기매입원가율
③ 기초재고>기말재고 : 기말재고매가×기초재고원가율

* 기초재고원가율=기초재고원가/기초재고매가
** 당기매입원가율=당기매입원가/(당기매입매가+순인상액－순인하액)

원가율 계산시 여러 가지 매입운임, 매입할인, 종업원할인 등 특별항목들이 나타날 수 있는데 이들을 원가율 계산시 포함할 것인지 여부를 살펴보면 다음과 같다.

① **매입운임** : 매입부대비용이므로 매입원가에만 가산한다.

② **매입환출** : 매출가능상품의 감소를 초래하기 때문에 원가율 계산시 원가와 매가에서 각각 차감한다.

③ **종업원 할인** : 종업원할인액 만큼 매출액의 감소를 가져오므로 원가율 계산과는 무관하게 기말재고 매가에서 차감한다.

④ **정상적 파손(감모)** : 원가율 계산후에 기말재고 매가 계산시에 차감된다.

⑤ **이상적 파손(감모)** : 원가율 계산시에 원가와 매가에서 각각 차감한다.

⑥ **매입할인, 매입에누리** : 원가율 계산시 매입원가에서만 차감한다.

⑦ **매출환입, 매출에누리** : 기말재고의 증가를 가져오므로 기말재고의 매가 계산시 가산한다.

⑧ **매출할인** : 매출채권 회수시에 발생되는 것이므로, 아무런 조정을 하지 않는다.

**◎ 재고자산 원가(A = B)**

차변(A) : 기초재고액+{당기매입액+매입운임－매입에누리/매입환출－매입할인}－비정상파손

대변(B) : 당기매출원가+정상파손+기말재고액

**◎ 재고자산 매가(C = D)**

차변(C) : 기초재고액+{당기매입액+순인상액－순인하액－매입환출}－비정상파손

대변(D) : {당기매출액－매출환입/에누리}+정상파손+종업원할인+기말재고액

**◎ 원가율(평균원가소매재고법) = A/C = B/D**

**◎ 기말재고매가**=C(=D)－{당기매출액－매출환입/에누리}－정상파손－종업원할인

## 사례 8 소매재고법

청주백화점은 재고자산을 계산하는데 매출가격환원법(소매재고법)을 사용하고 있다. 20×1년 청주백화점의 재고자산과 관련된 자료는 다음과 같다.

| | 원 가 | 매 가 |
|---|---|---|
| 기초재고액 | ₩ 635,000 | ₩1,000,000 |
| 당기순매입액 | 1,500,000 | 2,000,000 |
| 순인상액 | | 100,000 |
| 순인하액 | | 50,000 |
| 순매출액 | | 1,600,000 |

자료를 이용하여 다음 각 원가흐름가정에 따라 기말재고원가를 계산하라.

1. 평균법
2. 선입선출법
3. 후입선출법
4. 저가법

**핵심해설**

재 고 자 산

| | 원 가 | 매 가 | | 원 가 | 매 가 |
|---|---|---|---|---|---|
| 기초재고 | 635,000 | 1,000,000 | 순매출액 | | 1,600,000 |
| 당기매입 | 1,500,000 | 2,000,000 | 기말재고액 | | 1,450,000 |
| 순인상액 | | 100,000 | | | |
| 순인하액 | | (50,000) | | | |
| | 2,135,000 | 3,050,000 | | 2,135,000 | 3,050,000 |

1. 평균법

$$\text{원가율} = \frac{₩635,000 + ₩1,500,000}{₩1,000,000 + ₩2,000,000 + ₩100,000 - ₩50,000} = 70\%$$

∴ 기말재고(원가) : ₩1,450,000×0.7＝₩1,015,000

매출원가 : ₩1,600,000×0.7＝₩1,120,000

**2. 선입선출법**

$$원가율 = \frac{₩1,500,000}{₩2,000,000 + ₩100,000 - ₩50,000} = 73.17\%$$

∴ 기말재고(원가) : ₩1,450,000×0.7317=₩1,060,965

**3. 후입선출법**

기초재고(₩1,000,000)<기말재고 매가(₩1,450,000)이므로 재고층 구분에 따른 원가율을 적용한다.

(₩1,450,000) ⇨ ₩1,000,000×63.5%= ₩635,000
₩450,000×73.17%= ₩329,265
∴ 기말재고 ₩964,265

* 기초재고 원가율 : ₩635,000/₩1,000,000=63.5%

**4. 저가법**

① 평균법

$$원가율 = \frac{₩635,000 + ₩1,500,000}{₩1,000,000 + ₩2,000,000 + ₩100,000} = 68.87\%$$

∴ 기말재고원가 : ₩1,450,000×68.87%=₩998,615

② 선입선출법

$$원가율 = \frac{₩1,500,000}{₩2,000,000 + ₩100,000} = 71.43\%$$

∴ 기말재고원가 : ₩1,450,000×71.43% = ₩1,035,735

## OX 문제

1 반품조건부 판매의 회계처리는 판매에 대한 일반적인 회계처리와 동일하게 판매시점에서 수익을 인식하고 실제로 환입이 발생할 때 매출환입으로 회계처리한다.

2 고정제조간접원가는 생산설비의 정상조업도에 기초하여 전환원가에 배부하는데, 실제조업도가 정상조업도와 유사한 경우에는 실제조업도를 사용할 수 있다.

3 재고자산을 후불조건으로 취득하여 계약이 실질적으로 금융요소를 포함하고 있다면, 해당 금융요소는 금융이 이루어지는 기간 동안 재고자산 취득원가에 포함한다.

4 생물자산에서 수확한 농림어업 수확물로 구성된 재고자산은 수확시점까지 발생한 원가를 수확시점에 최초로 재고자산 취득원가로 인식한다.

5 계속기록법은 재고실사법에 비해 재고자산 통제가 잘 이루어지고 외부보고목적에 충실하다는 장점이 있다.

6 표준원가법이나 소매재고법 등의 원가측정방법은 그러한 방법으로 평가한 재고자산의 원가가 실제원가와 유사한 경우에 편의상 사용할 수 있다.

7 개별법을 적용할 수 없는 재고자산의 단위원가는 선입선출법, 가중평균법 및 후입선출법을 사용하여 결정한다.

8 물가가 지속적으로 상승하는 경우, 기말재고수량이 기초재고수량보다 많다면 당기순이익의 크기는 선입선출법<평균법<후입선출법 순서가 된다.

9 제품 생산에 투입하기 위해 보유하고 있는 원재료의 현행대체원가가 원가이하로 하락하면 감액한다.

10 재고자산의 저가법 적용은 종목별, 조별 및 총계기준 중 선택하여 적용할 수 있다.

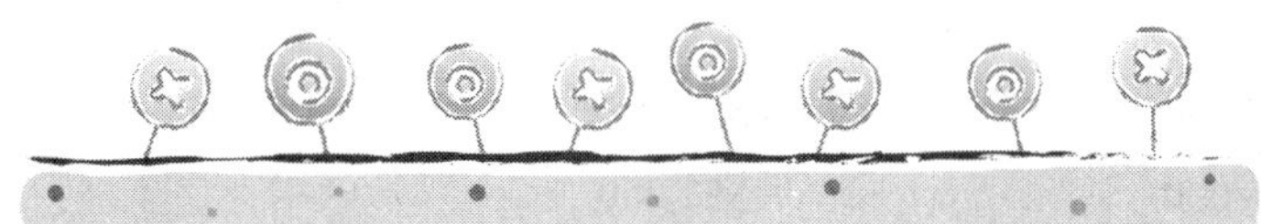

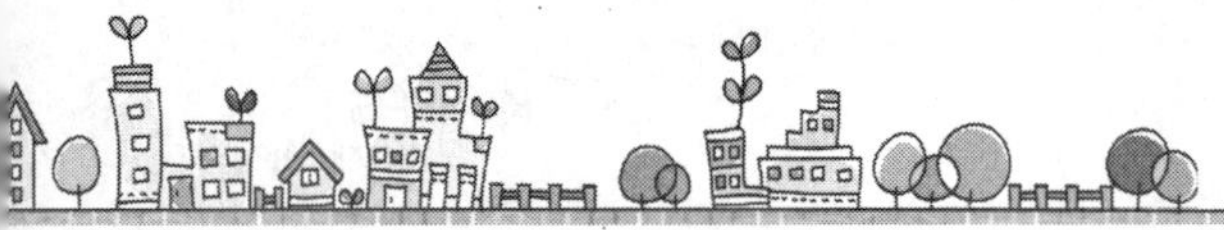

## 객관식문제

01 우리나라 회계기준에서 재고자산관련 회계처리에 대한 다음 내용 중 가장 타당하지 않은 것은 무엇인가? ➤ 공인회계사 수정

① 재고자산의 매입원가는 매입가액에 매입운임, 하역료 및 보험료 등 취득과정에서 정상적으로 발생한 부대비용을 가산한 금액이다.

② 재고자산의 매입과 관련된 할인, 에누리 및 기타 유사한 항목은 매입원가에서 차감한다.

③ 금융기관 등으로부터 자금을 차입하고 그 담보로 제공된 저당상품의 경우 저당이 설정되는 시점에서 담보제공자의 재고자산에서 제외한다.

④ 제품, 반제품 및 재공품 등 재고자산의 제조원가는 재무상태표일까지 제조과정에서 발생한 직접재료비, 직접노무비, 제조와 관련된 변동 및 고정 제조간접비의 체계적인 배부액을 포함한다.

⑤ 재고자산에 대하여 저가법의 적용에 따른 평가손실을 환입할 경우, 재고자산평가손실의 환입은 재고자산평가손실충당금의 잔액한도 내에서 매출원가에서 차감한다.

02 다음은 ㈜서울의 20×1년 단일상품거래와 관련한 자료이다.

| | | | |
|---|---|---|---|
| 기 초 재 고 | ₩120,000 | 당 기 매 입 | ₩500,000 |
| 매 입 운 임 | 15,000 | 보 험 료 | 2,000 |
| 하 역 료 | 3,000 | 매 입 할 인 | 2,000 |
| 재고자산평가손실 | 1,000 | 매입에누리 | 13,000 |
| 관세납부금 | 7,000 | 관세환급금 | 5,000 |
| 정상감모손실 | 3,000 | 비정상감모손실 | 2,000 |
| 저가기준평가 및 감모손실 조정 후 기말재고 | | | 75,000 |

상기 자료에 의한 ㈜서울의 20×1년 매출원가는 얼마인가? ➤ 공인회계사 수정

① ₩547,000 ② ₩550,000 ③ ₩552,000
④ ₩555,000 ⑤ ₩557,000

03 다음은 ㈜대한백화점의 20×1년 재고자산과 관련된 자료이다.

| | 원 가 | 판매가 |
|---|---|---|
| 기 초 재 고 | ₩ 3,000 | ₩ 6,000 |
| 당기총매입액* | 130,000 | 260,000 |
| 매 입 운 임* | 7,000 | |
| 매 입 환 출 | 10,000 | 20,000 |
| 순 인 상 액 | | 13,000 |
| 순 매 출 액 | | 180,000 |
| 정상감모손실 | 1,500 | 3,000 |
| 비정상감모손실 | 1,000 | 2,000 |

* 매입운임은 당기총매입액에 포함되어 있지 않다.

㈜대한백화점이 평균법을 사용하는 저가기준매출가격환원법으로 재고자산을 평가하고 있다면, 20×1년 기말재고자산은 얼마인가? 단, 원가율은 소수점 셋째 자리에서 반올림하라.

➤ 공인회계사 수정

① ₩37,000 ② ₩38,500 ③ ₩33,000
④ ₩62,100 ⑤ ₩60,480

04 ㈜비룡은 두 가지 품목의 재고자산을 판매하고 있다. 다음은 20×1년과 20×2년의 재고자산 수량 및 단가와 관련된 자료이다. ㈜비룡은 선입선출법을 사용하여 재고자산원가를 결정하고 있다. 품목 A와 품목 B는 유사한 목적 또는 용도를 갖고 있지 않다.

| 내 역 | | 품목 A | | 품목 B | |
|---|---|---|---|---|---|
| | | 수량(개) | 단가(₩) | 수량(개) | 단가(₩) |
| 20×1년 | 기초재고 | 200 | 100 | 600 | 300 |
| | 매 입 | 1,000 | 130 | 1,200 | 400 |
| | 판매수량 | 700 | | 900 | |
| | 기말실제재고수량 | 400 | | 850 | |
| | 기말시가(순실현가능가액) | | 140 | | 350 |
| 20×2년 | 매 입 | 800 | 140 | 1,050 | 400 |
| | 판매수량 | 1,000 | | 1,400 | |
| | 기말실제재고수량 | 150 | | 400 | |
| | 기말시가(순실현가능가액) | | 160 | | 420 |

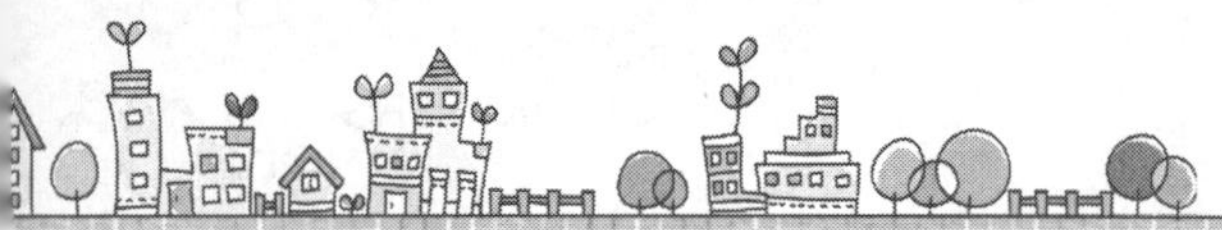

20×1년도와 20×2년도 ㈜비룡의 손익계산서에 계상되는 매출원가는 각각 얼마인가? (단, 감모손실의 60%는 비정상적으로 발생한 것이다) ➤ 공인회계사 수정

| | 20×1년도 매출원가 | 20×2년도 매출원가 |
|---|---|---|
| ① | ₩460,500 | ₩700,500 |
| ② | ₩440,700 | ₩672,300 |
| ③ | ₩436,700 | ₩714,800 |
| ④ | ₩415,200 | ₩697,800 |
| ⑤ | ₩385,000 | ₩653,500 |

05 다음은 20×1년 1월 1일부터 12월 31일까지 ㈜서울의 재고자산과 관련된 자료를 요약한 것이다. (단위 : ₩)

| 항 목 | 금 액<br>(취득원가기준) | 비 고 |
|---|---|---|
| 기초재고자산 | 100,000 | |
| 당기 매입액 | 500,000 | |
| 기말재고자산실사액 | 50,000 | 창고 보유분 |
| 미착상품 | 30,000 | 도착지인도조건으로 현재 운송 중 |
| 적송품 | 100,000 | 60% 판매 완료 |
| 시송품 | 30,000 | 고객이 매입의사표시를 한 금액 : ₩10,000 |
| 재구매조건부판매 | 40,000 | 재구매일 : 20×2년 1월 10일<br>재구매가격 : ₩45,000 |
| 저당상품 | 20,000 | 차입금에 대하여 담보로 제공되어 있고, 기말재고자산실사액에는 포함되어 있지 않음 |
| 반품가능판매 | 35,000 | 반품액의 합리적인 추정 불가 |

위의 자료를 이용하여 ㈜서울의 매출원가를 계산하면 얼마인가? ➤ 공인회계사 수정

① ₩365,000 ② ₩395,000 ③ ₩435,000
④ ₩455,000 ⑤ ₩490,000

06 ㈜부산은 회계기말에 실지재고조사법에 따라서 재고자산의 수량을 결정하고 있다. 다음은 20×1년 동안의 재고자산 입·출고에 관한 내용이다. ➤ 공인회계사 수정

| 일 자 | 내 용 | 단 가 | 수 량 | 합 계 |
|---|---|---|---|---|
| 1월 1일 | 기초재고 | @₩100 | 100 | ₩10,000 |
| 3월 5일 | 매 입 | @₩150 | 150 | ₩22,500 |
| 7월 12일 | 매 출 | | 130 | |
| 11월 5일 | 매 입 | @₩200 | 100 | ₩20,000 |
| 12월 24일 | 매 출 | | 170 | |

㈜부산의 기말 재고자산 시가가 ₩7,000일 경우 다음 중 옳지 않은 것은?

① ㈜부산이 재고자산의 원가결정방법으로 평균법을 사용할 경우 재고자산 기말재고액은 ₩7,000이다.

② ㈜부산이 재고자산의 원가결정방법으로 선입선출법을 사용할 경우 재고자산평가충당금 ₩3,000이 계상된다.

③ ㈜부산이 재고자산의 원가결정방법으로 후입선출법을 사용할 경우 재고자산평가손실이 계상되지 않는다.

④ 재고자산의 기말 시가가 ₩7,000일 경우 재고자산평가충당금의 크기는 후입선출법, 평균법, 선입선출법의 순서로 작아진다.

⑤ ㈜부산이 재고자산의 원가결정방법으로 후입선출법을 사용할 경우 재고자산 기말재고액은 ₩5,000이다.

07 유통업을 하고 있는 ㈜기흥은 재고자산평가에 있어 매출가격환원법을 사용하고 있다. 20×1년 재고자산 관련 자료는 다음과 같다. ➤ 공인회계사 수정

| | 원 가 | 판매가 |
|---|---|---|
| 기초재고 | ₩140,000 | ₩190,000 |
| 매 입 액 | 900,000 | 1,200,000 |

당기 중 매출액은 ₩1,000,000, 매출환입은 ₩50,000이며 순인상액은 ₩60,000(판매가) 순인하액은 ₩30,000(판매가)이다. 종업원에 대한 매출과 관련하여 종업원할인이 ₩30,000 발생하였다.

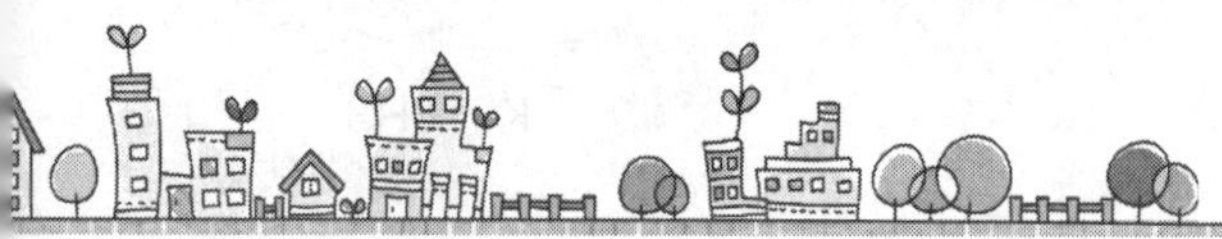

또한 당기 중 재고자산의 파손이 나타났는데, 판매과정에서 나타나는 정상파손의 원가와 판매가는 각각 ₩5,000과 ₩7,000이고, 종업원의 부주의로 인한 비정상파손의 원가와 판매가는 각각 ₩10,000과 ₩15,000이다. 이상의 자료에 근거할 때 선입선출매출가격환원법, 후입선출매출가격환원법에 의한 기말재고자산가액으로 가장 적절한 것은? (단, 원가율 계산시 소숫점 다섯째자리에서 반올림할 것)

| | 선입선출매출가격환원법 | 후입선출매출가격환원법 |
|---|---|---|
| ① | ₩370,825 | ₩355,975 |
| ② | ₩306,185 | ₩307,010 |
| ③ | ₩340,670 | ₩325,820 |
| ④ | ₩316,826 | ₩317,803 |
| ⑤ | ₩328,160 | ₩328,985 |

08 ㈜중앙화학의 20×1년도 총매출액은 ₩900,000, 매출환입 및 에누리는 ₩100,000, 기초재고원가는 ₩300,000, 총매입액은 ₩500,000, 매입환출 및 에누리는 ₩50,000 이다. 원가 대비 매출총이익률은 25%이다. ㈜중앙화학의 기말재고원가는 얼마인가?

➤ 공인회계사 수정

① ₩110,000 ② ₩150,000 ③ ₩190,000
④ ₩230,000 ⑤ ₩270,000

09 상품매매기업인 ㈜기산물산의 영업주기는 상품의 매입시점부터 판매 후 대금의 회수시점까지의 기간으로 정의된다. ㈜기산물산의 연 매출이 ₩120,000, 이에 대한 매출원가가 ₩75,000, 연평균 외상매출금 잔액이 ₩20,000, 그리고 연평균 재고자산 가액이 ₩25,000이라면 ㈜기산물산의 평균 영업주기는? (매출은 전액 외상매출이라고 가정한다. 계산의 편의상 1년은 360일로 간주한다)

➤ 공인회계사 수정

① 120일 ② 135일 ③ 156일
④ 171일 ⑤ 180일

10 다음 자료를 이용하여 매출총이익법(매출총이익/매출액)에 의한 20×4년 말 재고자산을 추정하면 얼마인가?

| 20×3년 | 20×4년 |
|---|---|
| 기초재고자산 : ₩150,000 | 당기매입 : ₩ 500,000 |
| 당기매입 : ₩ 900,000 | 당기매출 : ₩2,000,000 |
| 당기매출 : ₩1,000,000 | 매입운임 : ₩ 100,000 |
| 평가전 기말재고자산 : ₩600,000<br>평가후 기말재고자산 : ₩550,000 | 판매운임 : ₩ 300,000 |

① ₩100,000 ② ₩150,000 ③ ₩200,000
④ ₩300,000 ⑤ ₩350,000

11 ㈜산천은 재고자산에 대해 계속기록법과 후입선출법을 적용하고 있다. 다음은 20×1년 1월 1일부터 12월 31일 동안의 상품의 입출고내역, 구입단가 등을 요약한 자료의 일부이다.

| | | 입 고 | | | 출 고 | | | 잔 고 | | |
|---|---|---|---|---|---|---|---|---|---|---|
| | | 수량 | 단가 | 금액 | 수량 | 단가 | 금액 | 수량 | 단가 | 금액 |
| 1월 1일 | 기초상품 | 50 | @100 | 5,000 | | | | 50 | @100 | 5,000 |
| 4월 15일 | 매입 | 100 | @120 | 12,000 | | | | 150 | | |
| 7월 1일 | 매출 | | | | 130 | ? | ? | 20 | ? | ? |

기말실사 결과 상품기말재고는 17개였다. 당사는 장부상 기말재고수량의 5%까지는 정상적인 감모손실로 인정하고 있다. 다음의 서술 중 옳지 않은 것은? ➤ 공인회계사 수정

① 후입선출법 사용시 20×1년 매출원가는 ₩15,300이다.
② 후입선출법 사용시 20×년 기말 상품재고는 ₩1,700이다.
③ 평균법 사용시 20×1년 7월 1일 매출에 대한 분개와 함께 매출원가 ₩14,729에 대해서도 분개한다.(평균단가 계산시 소수점 둘째 자리에서 반올림)
④ 선입선출법 사용시 20×1년 후입선출법보다 영업이익을 ₩380 더 작게 보고한다.
⑤ 선입선출법 사용시 20×1년 기말 상품재고는 ₩2,040이다.

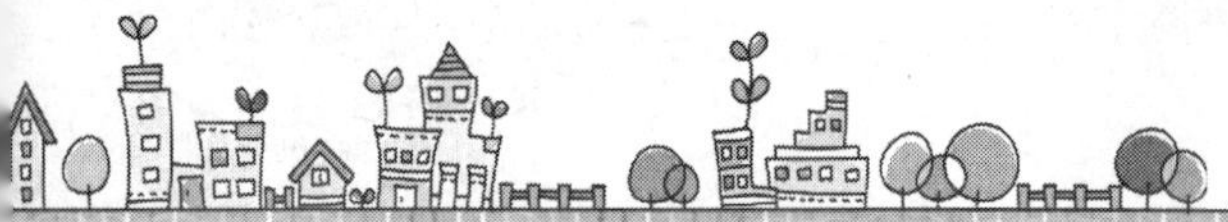

12 다음은 실사재고법을 사용하는 ㈜충북의 재고자산과 관련된 20×1년도 회계자료이다. 이를 이용하여 20×1년도에 인식할 매출총이익을 구하면 얼마인가?

(1) 1월 1일 기초재고 ₩50,000(@₩500, 100개)
(2) 2월 15일 재고자산 2,000개를 운임 ₩10,000을 포함하여 ₩1,110,000에 외상매입하였다. 외상매입조건은 2/5, n/30이다.
(3) 2월 17일 2월 15일 발생한 재고자산 운임관련 ₩10,000을 현금으로 지급하였다.
(4) 2월 20일 매입한 재고자산 중 불량품이 발견되어 ₩75,000을 반품하였다.
(5) 2월 22일 매입채무 전액을 현금으로 지급하였다.
(6) 3월 9일 재고자산을 개당 ₩600에 1,500개를 2/10, n/30의 조건으로 외상판매하다.
(7) 3월 17일 매출채권의 70%에 해당하는 금액을 현금으로 회수하였다.
(8) 3월 31일 나머지 매출채권 잔액을 현금으로 회수하였다.
(9) 12월 31일 재고자산실사를 한 결과 ₩324,000으로 밝혀졌다.

① ₩139,000 ② ₩138,800 ③ ₩128,800
④ ₩126,600 ⑤ ₩126,400

## 주 관 식 문 제

### 01 재고자산에 포함되는 항목과 원가의 결정

다음은 하나회사의 재고자산과 관련된 거래이다. 하나회사의 결산일은 매년 12월 31일이다. 재고실사결과 기말재고자산원가는 ₩3,500,000으로 파악되었는데, 이 금액에는 다음 거래들이 반영되지 않았다.

(1) 20×1년 12월 29일에 하나회사는 상품을 FOB 선적지조건으로 매입하였는데, 12월 31일 현재 도착하지 않았다. 이 상품의 송장가액은 ₩150,000이었으며, 발생운임 ₩1,400은 판매자가 선급하였다.

(2) 20×2년 12월 23일에 FOB목적지 조건으로 매입한 상품이 12월 30일에 하나회사의 창고에 도착하였으나 매입처로부터 송장을 받지 못하여 아직 장부에 기록하지 않았으며, 기말재고실사시에도 포함시키지 않았다. 이 상품의 송장가액은 ₩175,000이었으며, 발생운임 ₩1,800은 판매자가 선급하였다.

(3) 아직 완공되지 않은 하나회사의 새 건물에 사용하려고 주문했던 의자가 12월 10일에 도착하였으나 아직 인수하지 않았다. 이 의자의 원가₩50,000과 운임 ₩1,000은 이미 지급하였다.

(4) 특별주문품을 완성하여 창고에 별도로 보관하고 있다. 그 주문품 제작에 원가가 ₩225,000발생하였고, 하나회사는 판매가격 ₩325,000을 주문회사에 이미 청구하였다. 추정운임 ₩2,500은 하나회사가 선급하였는데 나중에 주문회사에 청구하기로 하였다.

(5) F.O.B 선적지조건으로 판매하기로 한 주문품을 12월 31일에 선적하였다. 이 주문품의 제작에 ₩250,000의 원가가 발생하였으며, 운임 ₩3,000을 포함한 ₩308,000을 2007년 1월 5일에 청구하였다.

(6) 하나회사로부터 상품판매를 위탁받은 업자들이 12월 31일 현재 보유중인하나회사 상품의 원가는 ₩750,000이다. 하나회사는 이 상품을 적송하는데 ₩8,000의 운임을 지급하였고, 이 상품의 판매가치는 총 ₩1,200,000이다. 수탁업자는 수탁품을 판매하는 즉시 매출액의 10%에 해당하는 수수료를 차감한 잔액을 하나회사에 송금한다.

일자별 거래들이 각각 12월 31일의 기말재고자산에 포함되는지 여부를 설명하고, 하나회사의 정확한 기말재고자산액을 계산하시오.

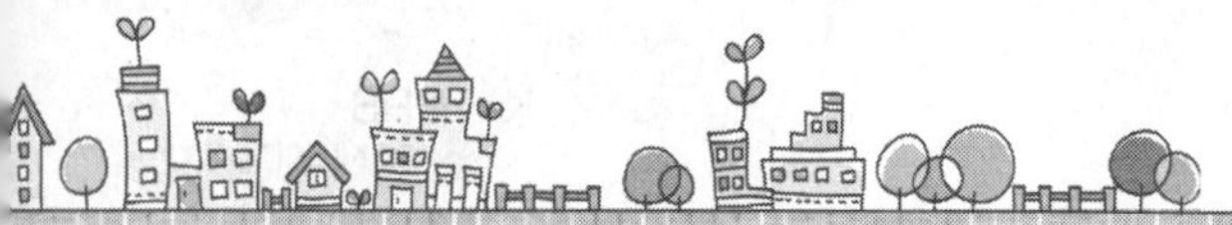

## 02 재고자산원가의 구성

다음은 20×1년 12월 31일 현재의 하나회사의 회계기록 중의 일부이다. 회사의 결산일은 12월 31일이다.

| | |
|---|---|
| (1) 20×1년 12월 31일 상품기말재고(재고실사법에 의한 것임) | ₩700,000 |
| (2) 20×1년 12월 31일 매입채무 잔액 | ₩5,000,000 |
| (3) 20×1년중의 매출액 | ₩20,000,000 |

〈자료〉

① 20×1년 12월 3일에 이화상사로부터 현금매입한 상품 ₩100,000을 같은 해 12월 24일에 판매하고 이에 대한 매출수익을 계상하였다. 판매 후 하나회사는 고객이 인수해가도록 하역장 창고에 이 상품을 보관하고 있었으나 회사의 결산일인 20×1년 말까지 고객이 인수해 가지 않았으므로 이 상품을 기말재고에 포함시켰다.

② 하나회사는 나리주식회사로부터 ₩350,000의 상품에 대한 위탁판매를 의뢰받고 인수하였다. 이 상품은 20×1년 12월 31일의 기말재고에 포함되었으며, 외상매입한 것으로 처리하였다.

③ 20×1년 12월 23일 FOB 선적지조건으로 선적하여 운송중인 상품은 ₩80,000이었다. 고객은 20×2년 1월 5일에 해당 상품을 받았으며, 하나회사는 인수통지를 받은 20×2년 1월 6일자로 ₩150,000의 매출수익을 인식하였다.

④ 하나회사가 다라회사에 판매를 위탁한 상품 중에서 ₩550,000(소매가 : ₩600,000)은 20×1년 12월 31일까지 판매되지 않았다. 하나회사는 적송시에 아무런 회계처리를 하지 않았다.

⑤ 20×1년 12월 31일 라니회사에서 하나회사로 운송중인 상품이 있다. 이 상품의 원가는 ₩100,000이며, 매매조건은 FOB 선적지조건이다.

⑥ 20×1년 12월중에 매입한 상품의 인수운임 ₩15,000에 대한 청구서를 20×2년 1월 5일에 받았다. 이 운임은 기말재고와 외상매입금에 포함되어 있지 않았다.

위 자료를 이용하여 오류의 수정을 위한 수정분개를 하고, 각 계정의 올바른 잔액을 구하시오. 단, 20×1년도의 장부가 마감되기 전이라고 보고 회계처리하시오.

## 03 재고자산의 범위 및 기간귀속

다음은 자동차부품 도매업을 영위하고 있는 ㈜만도의 회계기록 중 일부이다.

⑴ 20×1년 12월 31일 기말재고 자산(재고실사법 적용) : ₩2,500,000

⑵ 20×1년 12월 31일 매입채무 : ₩2,000,000

| 매 입 처 | 신용공여조건 | 금 액 |
|---|---|---|
| A사 | 2/10, n/30 | ₩530,000 |
| B사 | n/30 | 420,000 |
| C사 | n/30 | 600,000 |
| D사 | n/30 | 450,000 |
| E사 | n/30 | － |
| F사 | n/30 | － |

⑶ 20×1년중 매출액 ₩18,000,000

〈자료〉

① ㈜만도는 B사로부터 ₩310,000의 부품을 위탁판매하여 줄 것을 의뢰받고 제품을 인수하였다. 동 제품은 12월 31일 기말재고자산에 포함되어 있으며, 외상매입한 것으로 회계처리하였다.

② 기말재고자산 실제수량에는 12월 31일에 고객에게 FOB 선적지조건으로 판매되고 대금청구한 부품이 포함되어 있는데 동 부품의 원가는 ₩28,000 매출가격 ₩35,000으로 고객에게 청구되었다. 해당 부품은 운송업자에 의하여 운송되기 위하여 ㈜만도의 부두창고에서 대기하고 있었다.

③ 20×1년 12월 22일 FOB선적지 인도조건으로 출하하여 운송중인 부품은 ₩68,000이었다. 고객은 2007년 1월 4일 동 부품을 받았으며, ㈜만도는 인수통지를 받은 20×2년 1월 5일자로 매출 ₩80,000을 계상하였다.

④ 20×1년 12월 31일 F사에서 ㈜만도로 운송중인 상품이 있다. 이 상품의 원가는 ₩50,000이며, FOB선적지 조건이다.

⑤ 20×1년 12월중 매입하여 모두 기말재고로 남아 있는 상품의 인수운임 ₩4,000에 대한 운임청구서를 20×2년 1월 4일에 받았다. 이 운임은 기말재고와 매입채무에 포함되지 않았다.

⑥ 고객으로부터 환입되어 20×1년 12월 31일 현재 결점을 발견하기 위하여 대기하고 있는 부품은 기말재고실사시 포함되지 않았다. 동 부품들은 20×2년 1월 7일에 검사가 완료되어 ₩26,000으로 평가되어 재고자산이 기록되었으며, 동일자에 대변에는 ₩40,000의 금액이 고객에 대한 외상매출금에 부가되었다.

⑦ ㈜만도가 소매상에게 판매위탁한 적송품 중 ₩420,000(소매가 ₩500,000)이 20×1년 12월 31일까지 판매되지 않은 채 소매상의 창고에 남아 있었다.

1. 아래에 주어진 양식을 이용하여 수정후의 각 계정금액을 산출하시오.

| | 재고자산 | 매입채무 | 매출액 |
|---|---|---|---|
| 수정전금액 | ₩2,500,000 | ₩2,000,000 | ₩18,000,000 |
| 수정사항 : 증(감) | | | |
| 1 | | | |
| 2 | | | |
| ⋮ | | | |
| 7 | | | |
| 수정액합계 | | | |
| 수정후금액 | ₩ | ₩ | ₩ |

2. 장부가 아직 마감되지 않았다고 가정하고, 필요한 수정분개를 제시하시오.

## 04 재고실사법과 계속기록법

다음은 한양회사의 재고자산과 관련된 20×1년도 회계자료이다.

(1) 1월 1일 : 기초재고 ₩15,000(@₩150 100개)
(2) 2월 5일 : 재고자산 1,000개를 운임 ₩5,000을 포함하여 ₩150,000에 외상매입하였다. 외상매입 조건은 2/10, n/30이었다.
(3) 1월 6일 : 운임을 전액 현금으로 지급하였다.
(4) 1월 10일 : 매입한 재고자산을 검색한 결과 불량품이 발견되어 ₩22,500을 반품하였다.
(5) 1월 14일 : 매입채무 전액을 현금으로 지급하였다.
(6) 1월 20일 : 재고자산을 개당 ₩200에 700개를 2/10, n/30의 조건으로 외상판매 하였다.
(7) 1월 25일 : 매출채권 전액을 현금으로 회수하였다.
(8) 1월 31일 : 1월중에 재고자산과 관련된 다른 거래는 발생하지 않았다. 한양회사의 1월 31일 현재의 재고자산가액은 ₩36,875이고, 매달 말일에 결산하고 있다.

위 자료를 이용하여 재고실사법과 계속기록법으로 각각 분개하시오. 단, 매출채권에 대한 회계처리는 총액법으로 하시오

1. 재고실사법
2. 실지재고조사법

## 05 평균법, 선입선출법, 후입선출법의 비교

울산회사는 영업을 개시하고, 단일 제품을 판매하고 있다. 20×1년도의 상품매입과 매출에 관한 자료는 다음과 같다.

매 입

| 일 자 | 수 량 | 단 가 | 총원가 |
|---|---|---|---|
| 4월 10일 | 3,000 | ₩110 | ₩330,000 |
| 5월 10일 | 3,000 | 125 | 375,000 |
| 6월 8일 | 3,000 | 140 | 420,000 |
| 7월 12일 | 3,000 | 142 | 426,000 |
| 9월 10일 | 1,000 | 151 | 151,000 |
| 10월 12일 | 1,000 | 155 | 155,000 |
| 11월 9일 | 600 | 160 | 96,000 |
| 12월 11일 | 600 | 165 | 99,000 |
| | 15,200 | | ₩2,052,000 |

매 출

| 일 자 | 수 량 | 일 자 | 수 량 |
|---|---|---|---|
| 4월 | 1,000 | 9월 | 1,500 |
| 5월 | 1,400 | 10월 | 1,350 |
| 6월 | 1,450 | 11월 | 1,400 |
| 7월 | 1,300 | 12월 | 1,350 |
| 8월 | 1,250 | | |

20×1년의 매출액은 ₩2,400,000이었다. 20×2년 1월 2일에 사장인 장보고씨는 20×1 년 12월 31일 현재 보유중인 재고상품 3,200 단위의 원가를 계산해 달라고 요청하였다. 이 회사는 시장에서 판매되는 제품의 수를 늘리려 하고 있고, 이에 따라 재고실사법에 의하여 재고상품의 수량을 파악하고 있다.

1. 평균법, 선입선출법, 후입선출법에 의해 기말재고상품의 원가를 결정하시오.
2. 위 1번의 계산결과를 이용하여 각 원가계산방법에서의 매출총이익을 계산하시오.
3. 위의 세 가지 방법 중 20×1년의 영업성과를 가장 잘 반영하는 것은 무엇인가? 그리고 회계처리상의 원인은?
4. 위의 세 가지 방법 중 20×1년 12월 현재의 재무상태표상의 재고상품의 현행(대체)원가를 가장 잘 반영하는 방법은 어떤 것인가?
5. 위의 세 가지 방법 중 과세대상소득을 가장 적게 보고하는 것은 무엇인가?

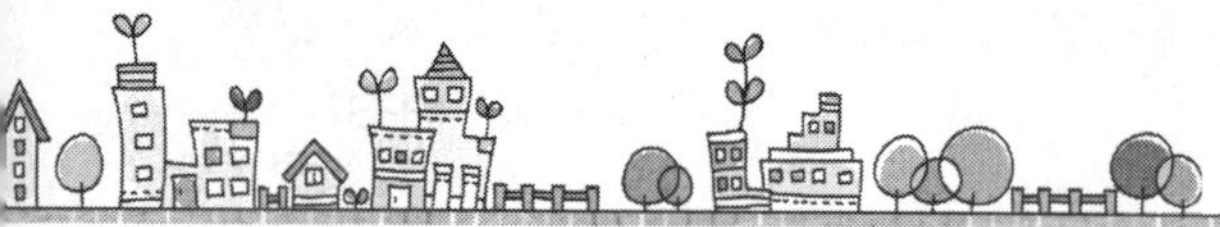

## 06 재고자산의 원가배분

㈜ 용암의 금년도 재고자산 흐름의 내용은 다음과 같다.

| | 단위(개) | 단위원가 | 총원가 |
|---|---|---|---|
| 기초재고(1월 1일) | 500 | @₩10 | ₩5,000 |
| 매입(3월 7일) | 200 | 12 | 2,400 |
| 매입(4월 12일) | 100 | 13.25 | 1,325 |
| 매입(10월 24일) | 300 | 14 | 4,200 |
| 판매가능상품계 | 1,100 | | ₩12,925 |
| 매출(2월 5일) | 250 | | |
| 매출(5월 10일) | 100 | | |
| 매출(11월 7일) | 150 | | |
| 매출수량 | 500 | | |
| 기말재고 | 600 | | |

1. ㈜용암의 금년도 12월 31일 회계기말에서 계속기록법에 의할 경우, ① 선입선출법, ② 후입선출법, ③ 평균법에 의한 매출원가와 기말재고를 각각 구하시오.
2. 재고조사법에 의할 경우, ① 선입선출법, ② 후입선출법, ③ 평균법에 의한 매출원가와 기말재고를 각각 구하시오.

## 07 재고자산 평가방법의 비교

세광㈜는 20×0년 1월 1일 영업을 개시하였다. 기말재고자산의 평가방법으로 사용할 방법별 평가금액은 아래와 같다.

| 결 산 일 | 후입선출법 | 선입선출법 | 저가법 |
|---|---|---|---|
| 20×0년 12월 31일 | ₩5,000 | ₩4,800 | ₩4,000 |
| 20×1년 12월 31일 | 4,450 | 4,000 | 4,100 |
| 20×2년 12월 31일 | 5,050 | 5,100 | 4,950 |

1. 20×0년도에 순이익을 가장 크게 계상하게 되는 재고자산평가방법은?
2. 20×1년도에 매출원가를 가장 크게 계상하게 되는 재고자산평가방법은?
3. 20×1년도에 저가법보다 선입선출법과 후입선출법이 순이익을 어느 정도 높거나 낮게 계상하게 될 것인가?
4. 3년간 순이익을 가장 높게 계상하게 되는 방법은?

## 08 재고자산의 오류가 순이익에 미치는 영향

사라주식회사의 회계기간은 1월 1일부터 12월 31일까지이다. 20×1년도중의 회계처리에 대한 다음과 같은 오류가 발견되었다.

(1) 20×0년 12월 31일 상품재고 ₩300,000이 과소계상되었다.
(2) 20×1년 에 외상매입한 상품 ₩75,000의 송장이 20×2년 1월에 도착하는 시점에서야 비로소 장부상에 기록되었다. 그러나 이 상품은 20×1년 12월 29일에 도착하여 재고실사법에 따라 20×1년 12월 31일의 상품기말재고에는 포함되었다.
(3) 20×1년 12월 31일 받을어음에 대한 발생이자(미수이자) ₩7,500이 20×2년 3월에 이자를 현금으로 수취할 때까지 기록되지 않았다.

1. 위의 각각의 오류가 20×1년의 순이익에 미치는 영향을 계산하시오.
2. 위의 각각의 오류로 인하여 20×1년 12월 31일의 재무상태표 항목들 중에서 영향을 받은 것이 있다면 그 영향을 계산하시오.

## 09 재고자산의 추정

종로상사㈜는 20×2년 7월 20일 본사와 창고에 화재가 발생하여 대부분의 회계기록과 보유중이던 재고자산들이 소실되었으나 다음 일부자료를 확인할 수 있었다. 당사의 회계기간은 1월 1일부터 12월 31일이다.

(1) 7월 1일 현재의 계정명세

| | | | |
|---|---:|---|---:|
| 매출채권 | 125,000 | 순매출액 | ₩1,240,000 |
| 재고자산(20×1년 말) | 320,000 | 매 입 액 | 890,000 |
| 매출환입 | 20,000 | 매출할인 | 55,000 |

(2) 거래은행에서 발급한 당좌예금 거래명세서를 분석한 바 7월 20일 현재 예금총액은 ₩53,000이었으며, 이는 7월중 매입환출 ₩17,000을 제외하고는 모두 외상매출금회수액이다. 20×2년 7월 20일 현재 확인된 채권은 ₩302,000이다.
(3) 20×2년 7월 1일부터 7월 20일까지의 수표발행원본을 조사한 결과 수표발행총액은 ₩193,000이었으며 구성내역은 상품매입액 ₩144,000 외상매입금지급액(7월 이전 발생) ₩18,000 매입운임 ₩16,000 기타비용 ₩15,000으로 구성되어 있다.
(4) 당사는 재고자산 화재손실액 계산을 위한 20×2년도 매출총이익률로서 과거2년간의 매출총이익률을 적용하기로 하였다. 과거 2년간 당사의 매출 관련자료는 다음과 같다.

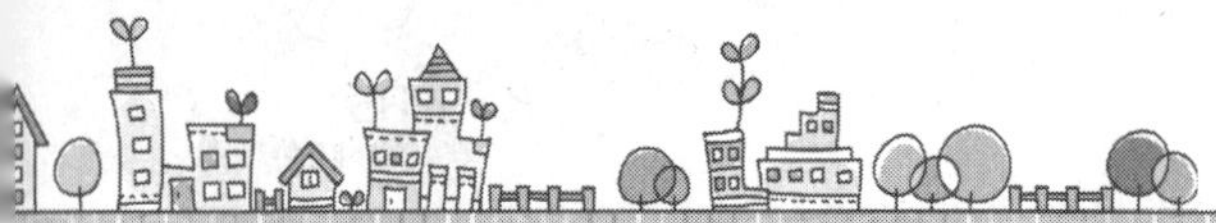

| | 20×0년 | 20×1년 |
|---|---|---|
| 순매출액 | ₩1,020,000 | ₩1,160,000 |
| 순매입액 | 880,000 | 940,000 |
| 기초재고자산 | 244,000 | 340,000 |
| 기말재고자산 | 340,000 | 320,000 |

(5) 화재직전 재고자산계정에는 당사와 위탁판매계약을 체결하고 있는 명동상사에 적송한 적송품원가 ₩55,000이 포함되어 있음을 확인하였다.

(6) 화재 후 원가 ₩30,000인 재고자산을 수거해 ₩5,000에 처분하였으며 나머지 재고자산은 전소된 것으로 밝혀졌다.

1. 종로상사㈜의 재고자산 화재손실을 계산하시오.

   <1단계 – 화재직전까지의 매입액> <2단계 – 화재직전까지의 매출액>

   <3단계 – 매출총이익률> <4단계 – 화재직전 기말재고액>

   <5단계 – 화재손실액(재고처분액 고려)>

2. 위 재고자산에 대하여 고려보험회사로부터 화재로 인하여 보상받은 금액은 ₩200,000이다. 이에 대해 분개하시오.

## 10 소매재고법 I

㈜금강산백화점은 재고자산을 선입선출법에 의한 소매재고법을 적용한다. 최근 들어 물가가 상승하고 있어 이에 대처할 방안을 강구하도록 회계부장에게 지시하였다. 신중한 회계부장은 취급하는 상품의 종류가 많고 수불이 빈번히 발생하여 평균법 및 후입선출법, 저가법 등에 의한 소매재고법 중에서 가장 합리적인 방법을 채택할 것을 주장하였다. ㈜금강산백화점의 당 회계연도의 재고자산에 관한 정보는 다음과 같다.

| | 원 가 | 매 가 |
|---|---|---|
| 기초재고자산 | ₩891,000 | ₩1,350,000 |
| 매 입 액 | 6,750,000 | 8,280,000 |
| 환출 및 에누리* | 270,000 | 450,000 |
| 순인상액 | | 648,000 |
| 순인하액 | | 378,000 |
| 매 출 | | 8,100,000 |
| 환입 및 에누리* | | 450,000 |

* 환출(입) 및 에누리는 당기매입과 매출에서 발생한 것임.

다음의 각 방법에 의해 기말재고원가와 매출원가를 계산하라.

① 평균법　　② 선입선출법

③ 후입선출법　　④ 저가법

## 11 소매재고법 Ⅱ

다음은 매월 결산하는 흥덕잡화점의 재고자산과 관련된 항목이다.

| | 원 가 | 소매가격 |
|---|---|---|
| 기초재고액 | ₩17,000 | ₩22,000 |
| 당기매입액 | 90,000 | 130,000 |
| 매 입 환 출 | 2,000 | 2,800 |
| 매 출 액 | | 82,000 |
| 순 인 상 액 | | 4,800 |
| 순 인 하 액 | | 2,300 |
| 매 출 환 입 | | 3,700 |
| 정상적인 감모 | | 2,000 |
| 우수고객 할인 | | 1,000 |
| 매 입 할 인 | 1,500 | |
| 매 출 할 인 | | 3,000 |
| 매 입 운 임 | 800 | |

재해로 인하여 원가 ₩8,000(소매가격 ₩10,000)의 상품이 완전히 파손되었다. 파손된 상품의 순실현가치는 없다.

① 평균법, ② 선입선출법, ③ 후입선출법, ④ 전통적 소매재고법에 의해 기말재고원가를 계산하라.

## OX문제

01 × : 반품액을 합리적으로 추정할 수 있는 경우에는 수익을 인식하여 재고자산을 장부에서 제거하고, 반품액의 합리적 추정이 불가능한 경우에는 수익을 인식하지 않고 재고자산으로 보고하는 것이 타당하다.

02 ○

03 × : 재고자산의 취득과정에서 발생한 금융비용은 재고자산 원가에 산입하지만, 취득일 이후에 발생하는 금융비용은 이자비용으로 인식한다.

04 × : 생물자산에서 수확한 농림어업 수확물로 구성된 재고자산은 순공정가치로 측정하여 수확시점에서 최초로 취득원가로 인식한다.

05 × : 재고실사법이 보고기간말 재고실사를 실행하므로 외부보고목적에 부합되는 장점이 있다.

06 ○

07 × : 후입선출법은 사용할 수 없다.

08 × : 선입선출법 > 평균법 > 후입선출법 순서이다.

09 × : 완성될 제품이 원가 이상으로 판매될 것으로 예상하는 경우에는 그 생산에 투입하기 위해 보유하고 있는 원재료를 감액하지 아니한다.

10 × : 총계기준은 적용할 수 없다.

## 객관식문제

| 01 | ③ | 02 | ③ | 03 | ① | 04 | ① | 05 | ② | 06 | ④ | 07 | ② | 08 | ① | 09 | ⑤ | 10 | ② |
|---|---|---|---|---|---|---|---|---|---|---|---|---|---|---|---|---|---|---|---|
| 11 | ④ | 12 | ⑤ | | | | | | | | | | | | | | | | |

# ☑ 주관식문제

**01 재고자산에 포함되는 항목과 원가의 결정**

(1) ○ : ＋₩150,000 (선적지조건 매입으로 도착되지 않았어도 재고자산에 포함시킴)

(2) ○ : ＋₩175,000 (목적지조건 매입으로 도착되었으므로 재고자산에 포함시킴)

(3) × : (재고자산이 아닌 비품－유형자산－으로 처리함)

(4) × : ₩225,000 (특별주문품은 진행기준으로 수익인식, 발생원가＝매출원가, 선급운임은 판매비 처리)

(5) × : (12월 31일에 이미 선적하였으므로 실제재고에 포함되어 있지 않아 수정사항이 없음)

(6) ○ : ＋₩750,000＋₩8,000 (수탁자가 보유하고 있는 재고자산은 위탁자의 재고자산에 포함시킴)

∴ 정확한 기말재고자산
＝₩3,500,000＋₩150,000＋₩175,000－₩225,000＋₩750,000＋₩8,000
＝₩4,358,000

**02 재고자산 원가의 구성**

〈수정분개〉

| | 차변 | 금액 | 대변 | 금액 |
|---|---|---|---|---|
| ① | (차) 매 출 원 가 | 100,000 | (대) 상 품 | 100,000 |
| ② | (차) 매 입 채 무 | 350,000 | (대) 상 품 | 350,000 |
| ③ | (차) 매 출 채 권 | 150,000 | (대) 매 출 | 150,000 |
| ④ | (차) 적 송 품(재고자산) | 550,000 | (대) 매 출 원 가 | 550,000 |
| ⑤ | (차) 상 품 | 100,000 | (대) 매 입 채 무 | 100,000 |
| ⑥ | (차) 상 품 | 15,000 | (대) 매 입 채 무 | 15,000 |

〈계정잔액〉

(1) 기말재고(상품)
＝₩700,000－₩100,000①－₩350,000②＋₩550,000④＋₩100,000⑤＋₩15,000⑥
＝₩915,000

(2) 매입채무
＝₩5,000,000－₩350,000②＋₩100,000⑤＋₩15,000⑥
＝₩4,765,000

(3) 매출액
₩20,000,000＋₩150,000③＝₩20,150,000

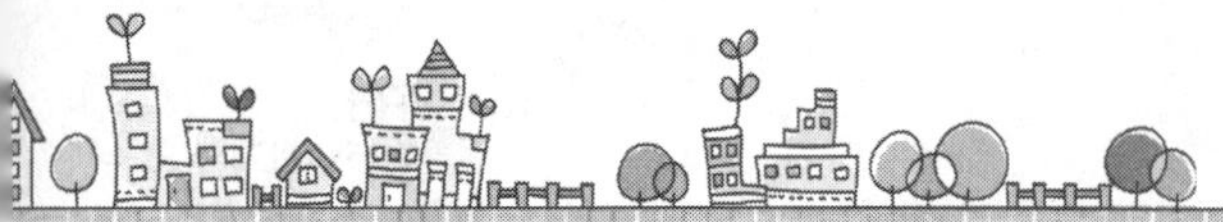

## 03 재고자산의 범위 및 기간귀속

### 1. 계정과목 수정표

| | 재고자산 | 매입채무 | 매출액 |
|---|---|---|---|
| 수정전금액 | ₩2,500,000 | ₩2,000,000 | ₩18,000,000 |
| 수정사항증(감) | | | |
| 1 | (310,000) | (310,000) | |
| 2 | (28,000) | | |
| 3 | | | 80,000 |
| 4 | 50,000 | 50,000 | |
| 5 | 4,000 | 4,000 | |
| 6 | 26,000 | | (40,000) |
| 7 | 420,000 | | |
| 수정액 합계 | 162,000 | (256,000) | 40,000 |
| 수정후 금액 | 2,662,000 | 1,744,000 | 18,040,000 |

### 2. 회계처리

| | 차변 | 금액 | 대변 | 금액 |
|---|---|---|---|---|
| ① | (차) 매입채무 | 310,000 | (대) 매출원가 | 310,000 |
| | 매출원가 | 310,000 | 상품(기말) | 310,000 |
| ② | (차) 매출원가 | 28,000 | (대) 상품(기말) | 28,000 |
| ③ | (차) 매출채권 | 80,000 | (대) 매출 | 80,000 |
| ④ | (차) 매출원가 | 50,000 | (대) 매입채무 | 50,000 |
| | 상품(기말) | 50,000 | 매출원가 | 50,000 |
| ⑤ | (차) 매출원가 | 4,000 | (대) 매입채무 | 4,000 |
| | 상품(기말) | 4,000 | 매출원가 | 4,000 |
| ⑥ | (차) 매출 | 40,000 | (대) 매출채권 | 40,000 |
| | 상품(기말) | 26,000 | 매출원가 | 26,000 |
| ⑦ | (차) 상품(기말) | 420,000 | (대) 매출원가 | 420,000 |

## 04 재고실사법과 계속기록법

### 1. 재고실사법

| 일자 | 차변 | 금액 | 대변 | 금액 |
|---|---|---|---|---|
| 1월 5일 | (차) 매입 | 150,000 | (대) 매입채무 | 150,000 |
| 1월 6일 | (차) 매입채무 | 5,000 | (대) 현금 | 4,900 |
| | | | 매입(매입할인) | 100 |
| 1월 10일 | (차) 매입채무 | 22,500 | (대) 매입 | 22,500* |
| 1월 14일 | (차) 매입채무 | 122,500 | (대) 현금 | 120,050 |
| | | | 매입(매입할인) | 2,450 |
| 1월 20일 | (차) 매출채권 | 140,000 | (대) 매출 | 140,000 |

| | | | | | |
|---|---|---|---|---|---|
| 1월 25일 | (차) 현 금 | 137,200 | (대) 매출채권 | 140,000 |
| | 매 출(매출할인) | 2,800 | | |
| 1월 31일 | (차) 매출원가 | 15,000 | (대) 상 품(기초) | 15,000 |
| | 매출원가 | 124,950 | 매 입 | 124,950** |
| | 상 품(기말) | 36,875 | 매출원가 | 36,875 |

2. 계속기록법

| | | | | |
|---|---|---|---|---|
| 1월 5일 | (차) 상 품 | 150,000 | (대) 매입채무 | 150,000 |
| 1월 6일 | (차) 매입채무 | 5,000 | (대) 현 금 | 4,900 |
| | | | 매입할인 | 100 |
| 1월 10일 | (차) 매입채무 | 22,500 | (대) 상 품 | 22,500* |
| 1월 14일 | (차) 매입채무 | 122,500 | (대) 현 금 | 120,050 |
| | | | 매입할인 | 2,450 |
| 1월 20일 | (차) 매출채권 | 140,000 | (대) 매 출 | 140,000 |
| | 매출원가 | 103,121 | 상 품 | 103,121*** |
| 1월 25일 | (차) 현 금 | 137,200 | (대) 매출채권 | 140,000 |
| | 매 출(매출할인) | 2,800 | | |

* ₩22,500＝@₩150×150개
** ₩124,950＝₩150,000－₩22,500－₩100－₩2,450
*** ₩103,121＝(₩15,000＋₩150,000－₩22,500－₩100－₩2,450)/(100＋1,000－150)개×700개

## 05 평균법, 선입선출법, 후입선출법의 비교

1. 〈평 균 법〉 ₩2,052,000÷15,200단위＝@₩135 ∴ ₩3,200×@135＝₩432,000
〈선입선출법〉 (600×@₩165)＋(600×@₩160)＋(1,000×@₩155)＋(1,000×@₩151)＝₩501,000
〈후입선출법〉 (3,000×@₩110)＋(200×@₩125)＝₩355,000
2. 〈평 균 법〉 ₩2,400,000－(₩2,052,000－₩432,000)＝₩780,000
〈선입선출법〉 ₩2,400,000－(₩2,052,000－₩501,000)＝₩849,000
〈후입선출법〉 ₩2,400,000－(₩2,052,000－₩355,000)＝₩703,000
3. 선입선출법이 실제 물량흐름과 유사하므로 영업성과를 가장 잘 반영하는 방법이라 할 수 있다. 그러나 기업의 특성상 물량흐름이 평균적이거나 후입선출의 방법일 때에는 그와 같은 재고자산 평가방법이 가장 영업성과를 잘 반영하는 방법이라고 할 수 있다.
4. 상품가격이 지속적으로 상승하고 있으므로, 선입선출법에 의한 재고자산평가방법이 재고자산의 기말현행원가를 가장 잘 나타낸다.
5. 다른 조건이 동일하다면, 매출총이익이 가장 적은 재고자산평가방법이 가장 적은 과세대상소득을 보고하게 된다. 따라서 후입선출법이 과세대상소득을 가장 적게 보고한다.

## 06 재고자산의 원가배분

1. (1) 선입선출법

〈매출원가〉 @₩10×250개(2/5)+@₩10×100개(5/10)+@₩10×150개(11/7)
=₩5,000

〈기말재고〉 @₩12×200개+@₩13.25×100+@₩14×300=₩7,925

(2) 후입선출법

〈매출원가〉 @₩10×250개(2/5)+@₩13.25×100개(5/10)+@₩14×150개(11/7)
=₩5,925

〈기말재고〉 @₩10×250개+@₩12×200개+@₩14×150개=₩7,000

(3) 평균법

〈매출원가〉 @₩10×250개(2/5)+@₩11.32×100개(5/10)+@₩12.39×150개(11/7)
=₩5,491

〈기말재고〉 @₩12.39×600개=₩7,434

2. (1) 선입선출

〈매출원가〉 @₩10×500개=₩5,000

〈기말재고〉 @₩12×200개+@₩13.25×100개+@₩14×300개=₩7,925

(2) 후입선출

〈매출원가〉 @₩14×300개+@₩13.25×100개+@₩12×100개=₩6,725

〈기말재고〉 @₩10×500개+@₩12×100개=₩6,200

(3) 평균법

〈매출원가〉 @₩11.75×500=₩5,875

〈기말재고〉 @₩11.75×600=₩7,050

## 07 재고자산 평가방법의 비교

1. 후입선출법

기말재고가 크면 매출원가는 낮아지므로, 다른 조건이 동일하다면 순이익은 가장 커진다.

2. 선입선출법

기말재고는 매출원가에 마이너스효과, 기초재고는 플러스효과를 지닌다.

| | LIFO | FIFO | 저가법 |
|---|---|---|---|
| 기 초 | 5,000 | 4,800 | 4,000 |
| 기 말 | (4,450) | (4,000) | (4,100) |
| 매 출 원 가 | 550 | 800 | (100) |

3.

| | LIFO | 저가법 | |
|---|---|---|---|
| 매 출 원 가 | 550 | (100) | LIFO가 저가법에 비해 |
| 순 이 익 | (550) | 100 | 650 낮다 |

| | FIFO | 저가법 | |
|---|---|---|---|
| 매 출 원 가 | 800 | (100) | FIFO가 저가법에 비해 |
| 순 이 익 | (800) | 100 | 900 낮다 |

4. 순이익에 대비하면 기초재고는 ⊖, 기말재고는 ⊕의 역할을 한다.

| | LIFO | FIFO | 저가법 |
|---|---|---|---|
| 20×2기말재고 | 5,050 | 5,100 | 4,950 |
| 20×0 기초재고 | (0) | (0) | (0) |
| 재고증가 | 5,0501 | 5,100 | 4,950 |

∴ FIFO가 3년간 누적순이익이 가장 크고, 저가법이 가장 작다.

## 08 재고자산의 오류가 순이익에 미치는 영향

1. 순이익에 미치는 영향

① 기초재고의 과소계상 → 매출원가 과소계상 → 당기순이익 과대계상

∴ 순이익에 ₩(30,000)

② 기말재고상품에는 포함되어 있으나, 매입분개 누락됨.

(재고실사법을 적용하고 있으므로 기말분개시) → 매출원가 과소계상 → 당기순이익 과대계상

∴ 순이익에 ₩(75,000)

③ 이자수익 ₩7,500 발생했으므로 순이익에 ₩7,500

∴ 전체영향은 ₩(30,000)－₩75,000＋₩7,500＝₩(97,500)

2. ① 기말 재무상태표에 영향없음.

② 매입채무 ₩75,000 과소계상

③ 미수이자 ₩7,500 과소계상

## 09 재고자산의 추정

1. <제1단계－화재직전까지의 매입액>

| | | |
|---|---|---|
| 7월 이전 | 매 입 액 | 890,000 |
| 7월중 | 매 입 액 | 144,000 |
| | 매입운임 | 16,000 |
| | 매입환출 | (17,000) |
| 화재직전까지의 매입액 | | ₩1,033,000 |

<제2단계 - 화재직전까지의 매출액>

| | | |
|---|---|---|
| 7월 이전 매출액 | | 1,240,000 |
| 7월중 매출액 | | |
| 7월 20일 매출채권 | 302,000 | |
| 매출채권회수 | 36,000 | |
| 7월 1일 매출채권 | (125,000) | |
| 매출채권증가액(매출액) | 213,000 | |
| 화재직전까지 매출액 | | ₩1,453,000 |

<제3단계 - 매출총이익률>

| | | |
|---|---|---|
| 순매출액(20×0년) | 1,020,000 | |
| 순매출액(20×1년) | 1,160,000 | 2,180,000 |
| 매출원가 | | |
| 기초(20×0년) | 244,000 | |
| 매입(20×0년) | 880,000 | |
| 매입(20×1년) | 940,000 | |
| 기말(20×1년) | (320,000) | (1,744,000) |
| 매출총이익 | | ₩436,00 |

* 매출총이익률 $= \dfrac{₩436,000}{₩2,180,000} = 0.2$

<제4단계 화재직전 기말재고액>

| | |
|---|---|
| 기초재고 | 320,000 |
| 매 입 액 | 1,033,000 |
| 매출원가 | (1,162,400)* |
| 추정기말재고 | ₩190,600 |

* ₩1,453,000×(1－0.2)＝₩1,162,400

<제5단계 화재 손실액>

| | |
|---|---|
| 추정기말재고 | 190,600 |
| 적송품원가 | (55,000) |
| 처분액 | (5,000) |
| 화재손실액 | ₩130,600 |

2. (차) 현　　금　　200,000　　(대) 상　　품　　130,600
　　　　　　　　　　　　　　　　　　보 험 차 익　　69,400

## 10 소매재고법(Ⅰ)

(1) 평균법

| | 원 가 | 매 가 |
|---|---|---|
| 기초재고액 | 891,000 | 1,350,000 |
| 매　　입 | 6,750,000 | 8,280,000 |
| 매입환출 및 에누리 | (270,000) | (450,000) |
| 순인상액 | － | 648,000 |
| 순인하액 | － | (378,000) |
| 매출가능상품 | 7,371,000 | 9,450,000 |
| (원가율 : ₩7,371,000÷9,450,000=0.78) | | |
| 매　　출 | | (8,100,000) |
| 매출환입 및 에누리 | | 450,000 |
| 기말재고 매가 | | ₩ 1,800,000 |
| 기말재고 원가 : ₩1,800,000×0.78=₩1,404,000<br>매출원가 : ₩7,371,000－₩1,404,000=₩5,967,000 | | |

(2) 선입선출법

① 원가율 : $\dfrac{₩7,371,000-₩891,000=₩6,480,000}{₩9,450,000-₩1,350,000=₩8,100,000}=0.8$

② 기말재고(원가) : ₩1,800,000×0.8=₩1,440,000

③ 매출원가 : ₩7,371,000－₩1,440,000=₩5,931,000

(3) 후입선출법

기말재고자산 매가가 기초재고자산의 매가보다 크므로 기말재고액은 기초재고액과 당기 증가된 매입분으로 구성된다. 따라서 당기의 재고 증가분에 대한 원가율은 선입선출법 원가율이 적용된다.

① 기말재고(원가) : ₩891,000+(₩1,800,000－₩1,350,000)×0.8=₩1,251,000

② 매출원가 : ₩7,371,000－₩1,251,000=₩6,120,000

(4)－1 선입선출법+저가법 소매재고법

① 원가율 : $\dfrac{₩6,480,000}{₩8,100,000+₩378,000=₩8,478,000}\fallingdotseq 0.7643$

② 기말재고(원가) : ₩1,800,000×0.7643=₩1,375,740

③ 매출원가 : ₩7,371,000－₩1,375,740=₩5,995,260

(4)-2 평균법+저가법 소매재고법

① 원가율 : $\frac{₩7,371,000}{₩9,450,000+₩378,000=₩9,828,000}$=0.75

② 기말재고(원가) : ₩1,800,000×0.75=₩1,350,000

③ 매출원가 : ₩7,371,000－₩1,350,000=₩6,021,000

## 11 소매재고법(Ⅱ)

(1) 평균법

| | 원 가 | 매 가 |
|---|---|---|
| 기초재고액 | 17,000 | 22,000 |
| 매 입 | 90,000 | 130,000 |
| 매입운임 | 800 | － |
| 매입환출 | (2,000) | (2,800) |
| 매입할인 | (1,500) | － |
| 비정상적인 파손 | (8,000) | (10,000) |
| 순인상액 | － | 4,800 |
| 순인하액 | － | (2,300) |
| 매출가능상품 | 96,300 | 141,700 |
| (원가율 : 96,300÷141,700≒0.6796) | | |
| 매 출 | | (82,000) |
| 매출환입 | | 3,700 |
| 우수고객할인 | | (1,000) |
| 정상적인 감모 | | (2,000) |
| 기말재고 매가 | | ₩60,400 |
| 기말재고 원가 : 60,400×0.6796≒₩41,048 | | |

(2) 선입선출법

① 원가율 : $\frac{₩96,300－₩17,000=₩79,300}{₩141,700－₩22,000=₩119,700}$≒0.6625

② 기말재고(원가) : ₩60,400×0.6625=₩40,015

(3) 후입선출법

기말재고자산 매가가 기초재고자산의 매가보다 크므로 기말재고액은 기초재고액과 당기 증가된 매입분으로 구성된다. 따라서 당기의 재고 증가분에 대한 원가율은 선입선출법 원가율이 적용된다.

① 기말재고(원가) : ₩17,000+(₩60,400－₩22,000)×0.6625=₩42,440

⑷ 전통적 소매재고법(평균법＋저가법 소매재고법)

① 원가율 : $\dfrac{₩96,300}{₩141,700+₩2,300=₩144,000} ≒ 0.6688$

② 기말재고(원가) : ₩60,400×0.6688≒₩40,396

## 보론 농림어업기업의 수확물 평가

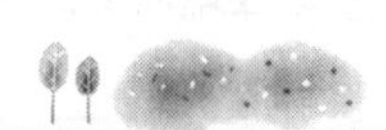

**농림어업활동(agricultural activity)은 판매목적으로 생물자산으로부터 수확물 또는 추가적인 생물자산을 얻기 위하여 생물자산에 생물적 변환을 가하는 관리활동을 말한다.**

예를 들어, 목축, 조림, 일년생이나 다년생 곡물 등의 재배, 과수재배와 농원경작, 화훼원예, 양식과 같은 다양한 활동을 포함한다. 여기서 **생물적 변환(biological transformation)**이란 생물자산에 질적 또는 양적 변화를 일으키는 성장, 퇴화, 생산 그리고 생식 과정으로 구성된다. 따라서 관리하지 않은 자원을 수확하는 것(예 원양어업, 천연림 벌채)은 농림어업활동에 해당하지 않는다.

기업회계기준서 제1041호(농림어업)는 생물자산, 수확시점의 수확물 및 관련된 정부보조금에 관한 회계처리에만 적용하며, 수확시점 이후 수확물의 가공과정(예 포도를 재배한 양조업자가 포도를 포도주로 가공하는 과정)에 대해서는 기업회계기준서 제1002호(재고자산) 등 다른 기준서를 적용한다.

### 1. 인식과 측정

생물자산 또는 수확물은 다음의 조건을 모두 충족하는 경우에 인식한다.

① 과거사건의 결과로 자산을 통제한다.

② 자산과 관련된 미래경제적 효익의 유입가능성이 높다.

③ 자산의 공정가치나 원가를 신뢰성 있게 측정할 수 있다.

**생물자산은 최초 인식시점과 매 보고기간말에 순공정가치로 측정하고, 생물자산에서 수확된 수확물은 수확시점에 순공정가치로 측정하여야 한다. 순공정가치는 공정가치에서 추정 처분부대원가를 차감한 금액을 말한다.**

생물자산이나 수확물의 활성시장이 존재하는 경우에는 그 시장에서 공시되는 가격이 공정가치를 산정하는 적절한 기준이 된다. 그러나 활성시장이 존재하지 않는 경우에는 최근의 시장 거래가격, 유사한 자산의 시장가격 등 다른 가능한 정보를 사용하여 공정가치를 산정한다. 상황에 따라서는 현재 상태에 있는 생물자산에 대한 시장에서 결정된 가격이나 가치가 이용가능하지 않을 수 있다. 이러한 상황에서는 당해 자산에 대한 기

대 순현금흐름을 세전현행시장결정이자율로 할인한 현재가치를 사용하여 공정가치를 구한다.8)

처분부대원가는 중개인이나 판매상에게 지급하는 수수료, 규제 기관과 상품거래소에서 부과하는 금액, 양도시 세금을 포함한다. 그러나 자산을 시장으로 운반하는데 필요한 운반 및 기타 원가는 처분부대원가에서 제외된다.

만약 생물자산의 공정가치를 신뢰성있게 측정할 수 없는 경우에는 취득원가에서 감가상각누계액과 손상차손누계액을 차감한 금액으로 측정한다.9)

## 2. 평가손익

### (1) 생물자산

**생물자산을 최초 인식시점에 순공정가치로 인식하여 발생하는 평가손익과 생물자산의 순공정가치 변동으로 발생하는 평가손익은 발생한 기간의 당기손익에 반영한다.**

그러나 생물자산을 최초로 인식하는 시점에 공정가치의 대체적인 추정치가 명백히 신뢰성있게 산정할 수 없는 경우에는 생물자산은 취득원가에서 감가상각누계액과 손상차손누계액을 차감한 금액으로 측정한다. 이후 그러한 생물자산의 공정가치를 신뢰성있게 측정할 수 있게 되면 순공정가치로 측정한다.

### (2) 수확물

수확물을 최초 인식시점에 순공정가치로 인식하여 발생하는 평가손익은 발생한 기간의 당기손익에 반영한다.

수확물은 최초 인식시점 이후에는 재고자산 등 다른 자산으로 분류될 것이므로 **최초 인식시점 이후의 순공정가치 변동은 평가 고려대상이 되지 않는다.**

---

8) 생물자산이나 수확물을 미래 일정시점에 판매하는 계약을 체결할 수 있다. 그러나 이러한 판매계약이 존재한다고 하여 생물자산이나 수확물의 공정가치를 조정해야 하는 것은 아니다.

9) 기업회계기준서 제1041호는 생물자산과 달리, 수확시점의 수확물의 공정가치는 항상 신뢰성있게 측정할 수 있다는 입장이다.

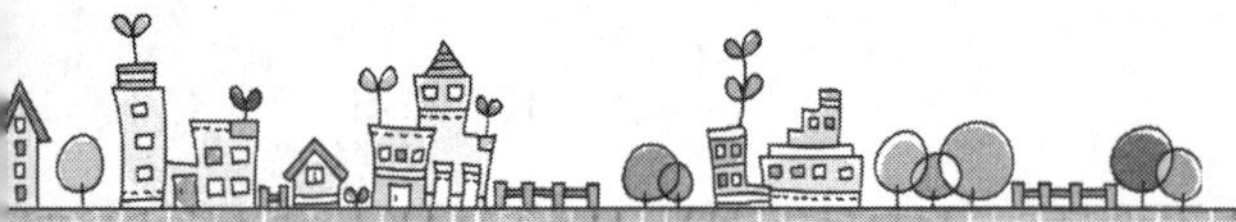

## 보론 사례 1 생물자산과 수확물

갑회사는 우유 생산을 위하여 20×1년 6월 1일에 젖소 10마리를 마리당 ₩1,000,000에 취득하였다.

> (1) 20×1년 10월 말에 처음으로 우유를 생산하였으며, 동 일자의 생산된 우유의 순공정가치는 ₩1,500,000으로 측정되었다.
> (2) 20×1년 11월 말에 젖소 새끼가 3마리 탄생하였다. 이 시점의 젖소 새끼의 순공정가치는 마리당 ₩200,000으로 추정된다.
> (3) 20×1년 12월 초에 생산된 우유를 유제품 생산업체에 ₩2,000,000에 납품하였다.
> (4) 20×1년 12월 말 2차로 우유를 생산하였으며, 동 일자의 생산된 우유의 순공정가치는 ₩2,500,000으로 측정되었다. 또한 20×1년 말 현재 젖소의 마리당 순공정가치는 ₩1,100,000, 새끼 젖소는 마리당 ₩190,000으로 추정된다.

갑회사가 20×1년도의 각 일자에 해야 할 회계처리를 하라.

**핵심해설**

(1) 20×1년 6월 1일

| | | | |
|---|---|---|---|
| (차) 생물자산(젖소) | 10,000,000 | (대) 현금 | 10,000,000 |

(2) 20×1년 10월 말

| | | | |
|---|---|---|---|
| (차) 우유 - 수확물 | 1,500,000 | (대) 수확물평가이익 | 1,500,000 |

(3) 20×1년 11월 말

| | | | |
|---|---|---|---|
| (차) 생물자산(송아지) | 600,000 | (대) 생물자산평가이익 | 600,000 |

(4) 20×1년 12월 초

| | | | |
|---|---|---|---|
| (차) 현금 | 2,000,000 | (대) 매출 | 2,000,000 |
| 매출원가 | 1,500,000 | 우유 - 수확물 | 1,500,000 |

(5) 20×1년 12월 말

| | | | |
|---|---|---|---|
| (차) 우유 - 수확물 | 2,500,000 | (대) 수확물평가이익 | 2,500,000 |
| (차) 생물자산(젖소) | 1,000,000 | (대) 생물자산평가이익 | 1,000,000 |
| (차) 생물자산평가손실 | 30,000 | (대) 생물자산(송아지) | 30,000 |

## 3. 정부보조금

### (1) 순공정가치로 측정하는 생물자산과 관련된 정부보조금

**순공정가치로 측정하는 생물자산과 관련된 정부보조금에 다른 조건이 없는 경우에는 이를 수취할 수 있게 되는 시점에 수익으로 인식한다.** 다만 기업이 특정 농림어업활동에 종사하지 못하게 요구하는 경우를 포함하여 순공정가치로 측정하는 생물자산과 관련된 정부보조금에 조건이 있는 경우에는 그 조건을 충족하는 시점에 수익으로 인식한다. 예를 들어, 특정지역에서 5년 동안 경작할 것을 요구하고, 경작기간이 5년 미만인 경우에는 모두 반환해야 하는 정부보조금이 있을 수 있다. 이러한 경우에는 5년이 경과하기 전까지는 정부보조금을 수익으로 인식하지 않는다. 그러나 시간의 경과에 따라 정부보조금의 일부가 기업에 귀속될 수 있는 경우에는 시간의 경과에 비례하여 그 정부보조금을 수익으로 인식한다.

### (2) 상각후원가로 측정하는 생물자산과 관련된 정부보조금

취득원가에서 감가상각누계액과 손상차손누계액을 차감한 금액으로 측정하는 생물자산과 관련된 정부보조금에 대해서는 일반 유형자산과 동일하게 기업회계기준서 제1020호(정부보조금의 회계처리와 정부지원의 공시)를 적용한다. 이와 관련된 회계처리는 제5장 유형자산에서 살펴본다.

# 메모

Chapter 05

# 유형자산

**학습목표**

본장에서는 유형자산의 정의와 인식기준, 최초원가와 후속원가의 회계처리문제, 감가상각, 재평가모형에 의한 회계처리 그리고 유형자산의 손상과 제거시 회계처리에 대하여 살펴본다. 또한 보론에서는 투자부동산과 매각예정비유동자산에 대한 회계처리를 함께 살펴본다.

*** 관련 한국채택국제회계기준**

기업회계기준서 제1016호 '유형자산'
기업회계기준서 제1020호 '정부보조금의 회계처리와 정부지원의 공시'
기업회계기준서 제1023호 '차입원가'
기업회계기준서 제1036호 '자산손상'
기업회계기준서 제1040호 '투자부동산'
기업회계기준서 제1105호 '매각예정비유동자산과 중단영업'

## 01절 유형자산의 인식과 분류

### 1. 유형자산의 인식

**유형자산**(tangible fixed assets)은 재화나 용역의 생산이나 제공, 타인에 대한 임대 또는 관리활동에 사용될 목적으로 보유하는 물리적 형태가 있는 자산으로서 한 회계기간을 초과하여 사용할 것이 예상되는 자산을 말한다. 유형자산은 기업이 고유의 영업목적을 달성하기 위하여 장기 사용목적으로 보유하고 있는 실물자원으로, 재판매나 장래 현금 회수의 목적이 아니라 기업 내부에서 영업활동에 사용할 목적으로 보유하는 자산이다. 따라서 정상적인 영업과정에서 판매를 목적으로 보유하는 재고자산이나, 임대수익이나 시세차익을 얻기 위하여 보유하는 투자부동산과 구별된다.

예를 들어, 토지의 경우 부동산 매매를 영업목적으로 하는 부동산회사가 취득한 토지는 재고자산, 공장건물을 짓기 위해 취득한 토지라면 유형자산, 단순히 매매차익을 얻기 위한 목적으로 취득한 토지라면 투자부동산으로서 투자자산으로 각각 분류되어야 한다.

이러한 유형자산은 장기간 사용되는 자산이기 때문에 여러 회계기간 동안 기업의 수익창출활동에 기여한다. 따라서 유형자산의 취득원가는 유형자산이 수익창출활동에 기여하는 경제적 내용연수에 걸쳐 감가상각을 통하여 비용으로 배분된다는 특징을 가지고 있다.

한편 유형자산은 법률적 권리와 경제적 권리로 물리적 실체가 없는 무형자산과 다르게 실물자산으로서 구체적인 형태를 가지고 있다는 특징이 있다.

다만, 유형자산의 정의에 포함되는 자산인 경우에도 다른 한국채택국제회계기준서에서 상이한 회계처리를 요구하거나 허용하는 경우에는 기업회계기준서 제1016호(유형자산)를 적용하지 않는다.[1)]

이와 같은 유형자산의 정의를 충족하고 다음의 두 인식조건을 만족하면 유형자산으로 인식된다.

---

1) 기업회계기준서 제1040호(투자부동산), 제1041호(농림어업에 따른 농립어업활동과 관련되는 생물자산), 제1105호(매각예정비유동자산과 중단영업에 따라 매각예정으로 분류되는 유형자산), 제1106호(광물자원의 탐사와 평가에 따른 탐사평가자산의 인식과 측정). 이들에 대한 회계처리는 본 장의 부록과 제6장 무형자산에서 설명한다.

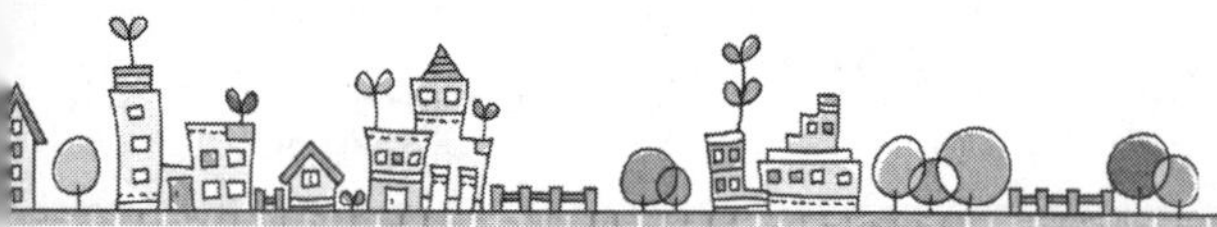

① 자산으로부터 발생하는 미래 경제적 효익이 기업에 유입될 가능성이 높다.

② 자산의 원가를 신뢰성 있게 측정할 수 있다.

대부분의 **예비부품과 수선용구**는 재고자산으로 계상하고 사용되는 시점에서 비용이나 제조원가로 처리하여야 하지만, 중요한 예비부품과 대기성 장비로서 기업이 한 회계기간 이상 사용할 것으로 예상되는 경우에는 이를 유형자산으로 분류한다. 이와 유사하게 예비부품과 수선용구가 특정 유형자산에만 연계되어 사용될 수 있다면 유형자산으로 분류한다.

안전 또는 환경상의 이유로 취득하는 유형자산은 그 자체로는 직접적인 미래경제적 효익을 얻을 수 없지만, 다른 자산에서 미래 경제적 효익을 얻기 위하여 필요할 수 있다. 이러한 유형자산은 당해 유형자산을 취득하지 않았을 경우보다 관련 자산으로부터 미래경제적 효익을 더 많이 얻을 수 있게 해주기 때문에 자산으로 인식할 수 있다. 예를 들면, 화학제품 제조업체가 위험한 화학물질의 생산과 저장에 관한 환경규제요건을 충족하기 위하여 새로운 화학처리공정설비를 설치하는 경우가 있다. 이 때 이러한 설비 없이는 화학제품을 제조 및 판매할 수 없기 때문에 관련증설원가를 자산으로 인식한다. 다만 이러한 자산을 포함한 관련 자산의 장부금액은 회수가능액을 초과할 수 없다.

## 2. 유형자산의 분류

유형자산은 기업이 장기간 보유하면서 영업활동에 사용함으로서 수익의 획득 및 비용의 감소에 공헌한다. 특정 유형자산을 구성하고 있는 항목들을 분리하여 개별 유형자산으로 식별해야 할지 아니면 구성항목 전체를 단일의 유형자산으로 인식해야 할지는 기업의 상황과 업종의 특성을 고려하여 판단하여야 한다.

기업회계기준서 제1016호(유형자산)에서는 인식의 단위, 즉 유형자산 항목을 구성하는 범위에 대해서는 정하지 않았다. 따라서 인식기준을 적용할 때 기업의 특수한 상황을 고려하여야 한다. 금형, 공구 및 틀 등과 같이 개별적으로 경미한 항목은 통합하여 그 전체가치에 대하여 인식기준을 적용하는 것이 적절하다.

## (1) 기업회계기준상의 분류

유형자산의 과목분류의 예는 다음과 같다.

① **토지**

② **건물** : 건물과 냉난방 · 전기 · 통신 및 기타의 건물부속설비로 한다.

③ **구축물** : 교량 · 궤도 · 갱도 · 정원설비 및 기타의 토목설비 또는 공작물 등으로 한다.

④ **기계장치** : 각종 기계 · 운송설비(콘베어 · 호이스트 · 기중기 등)와 기타의 부속설비로 한다.

⑤ **건설중인 자산** : 유형자산의 건설을 위한 재료비 · 노무비 및 경비로 하되, 건설을 위하여 지출한 도급금액 등을 포함한다.

⑥ **기타의 유형자산** : '①' 내지 '⑤' 이외에 차량운반구, 선박, 비품, 공기구 등 기타자산으로 한다.

## (2) 상각유형에 따른 분류

### 1) 감가상각자산(depreciation assets)

감가상각이라는 방법에 의하여 원가가 배부되어지는 자산을 말하며, 건물, 기계장치, 차량운반구, 선박 등이 이에 속한다.

### 2) 감모상각자산(depletion asets)

한 번 사용하면 원상복구가 불가능한 소모성 자산으로 광산, 유전, 삼림 등이 이에 속한다.

### 3) 비상각자산(non-depreciation assets)

자산의 사용에도 불구하고 가치감소가 없는 유형자산이나 미사용유형자산을 말하는데 토지, 건설중인자산 등이 이에 속한다.

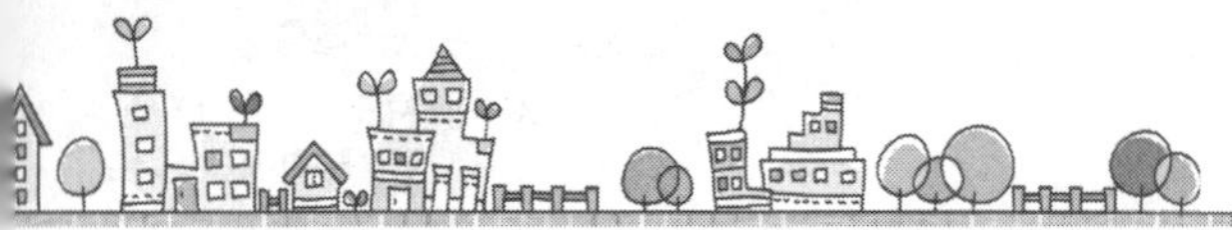

## 02절 유형자산의 최초인식

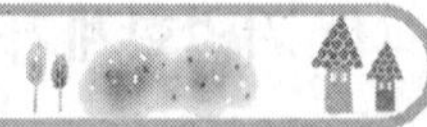

**인식하는 유형자산은 원가(cost)로 측정한다.** 기업회계기준서 제1016호에서 **원가란 자산을 취득하기 위하여 자산의 취득시점이나 건설시점에서 지급한 현금 또는 현금성자산이나 제공한 기타 대가의 공정가치로 정의된다.**

유형자산의 원가는 다음의 3가지 요소를 포함한다.

① 관세 및 환급불가능한 취득 관련 세금을 가산하고 매입할인과 리베이트 등을 차감한 구입가격

② 경영진이 의도하는 방식으로 자산을 가동하는데 필요한 장소와 상태에 이르게 하는데 직접 관련되는 원가

③ 자산을 해체, 제거하거나 부지를 복구하는 데 소요될 것으로 최초에 추정되는 원가

경영진이 의도하는 방식으로 자산을 가동하는데 필요한 장소와 상태에 이르게 하는데 직접 관련되는 원가의 예는 다음과 같다.

① 유형자산의 매입 또는 건설과 직접적으로 관련되어 발생한 종업원급여

② 설치장소 준비 원가

③ 최초의 운송 및 취급 관련 원가

④ 설치원가 및 조립원가

⑤ 유형자산이 정상적으로 작동되는지 여부를 시험하는 과정에서 발생하는 원가
단, 시험과정에서 생산된 재화(시제품 등)의 순매각금액은 당해 원가에서 차감

⑥ 전문가에게 지급하는 수수료(부동산 매매수수료 등)

그러나 다음과 같은 유형의 지출은 유형자산의 원가에 포함시키지 않는다.

① 새로운 시설을 개설하는 데 소요되는 원가

② 새로운 상품과 서비스를 소개하는 데 소요되는 원가(예 광고 및 판촉활동과 관련된 원가)

③ 새로운 지역에서 또는 새로운 고객층을 대상으로 영업을 하는 데 소요되는 원가(예 직원 교육훈련비)

④ 관리 및 기타 일반간접원가

또한 유형자산이 경영진이 의도하는 방식으로 가동될 수 있는 장소와 상태에 이른 후에는 원가를 더 이상 인식하지 않는다. 따라서 다음과 같이 유형자산을 취득 후에 사용하거나 이전하는 과정에서 발생하는 원가는 당해 유형자산의 장부금액에 포함하여 인식하지 아니한다.

① 유형자산이 경영진이 의도하는 방식으로 가동될 수 있으나 아직 실제로 사용되지는 않고 있는 경우 또는 가동수준이 완전조업도 수준에 미치지 못하는 경우에 발생하는 원가

② 유형자산과 관련된 산출물에 대한 수요가 형성되는 과정에서 발생하는 가동손실과 같은 초기 가동손실

③ 기업의 영업 전부 또는 일부를 재배치하거나 재편성하는 과정에서 발생하는 원가

한편 유형자산을 경영진이 의도하는 방식으로 가동하는 데 필요한 장소와 상태에 이르게 하기 위해 필요한 활동은 아니지만, 유형자산의 건설 또는 개발과 관련하여 영업활동이 이루어질 수 있다. 예를 들어 건설이 시작되기 전에 건설용지를 주차장 용도로 사용함에 따라 수익이 획득될 수 있다. 이러한 부수적인 영업활동은 유형자산을 경영진이 의도하는 방식으로 가동하는 데 필요한 장소와 상태에 이르게 하기 위해 필요한 활동이 아니므로 그러한 수익과 관련 비용은 당기손익으로 인식하고 유형자산의 원가에 포함하지 않는다.

또한 당해 유형자산의 경제적 사용이 종료된 후에 원상회복을 위하여 그 자산을 제거, 해체하거나 또는 부지를 복원하는데 소요될 것으로 추정되는 비용이 충당부채의 인식요건을 충족하는 경우에는 그 지출의 현재가치도 유형자산의 원가에 포함한다. 이에 대하여는 추가적으로 자세히 설명하도록 한다.

유형자산을 취득하는 형태는 매우 다양하다. 이하에서는 유형자산의 취득과 관련하여 발생할 수 있는 여러 가지 회계처리 문제들을 살펴본다.

## 1. 장기연불계약

장기연불조건에 의한 취득은 유형자산을 취득하면서 구입대금을 장기간에 걸쳐 분할하여 지급하거나 장기약속어음을 발행하여 지급하거나 사채 등과 교환하여 취득하는 방법이다. 이 경우 유형자산의 원가는 인식시점의 **현금가격상당액(cash price equivalent)**이

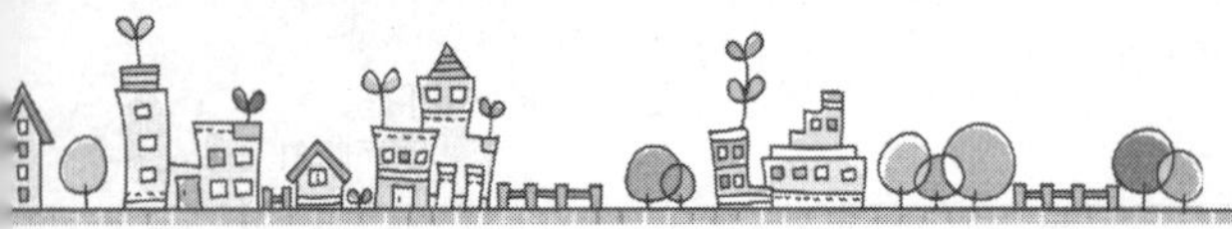

다. 따라서 대금지급이 일반적인 신용기간을 초과하여 이연하는 경우, 현금가격상당액과 실제 총지급액과의 차액은 기업회계기준서 제1023호(차입원가)에 따라 자본화하지 않는 한 신용기간에 걸쳐 이자비용을 인식한다.

### 사례 1 장기연불조건에 의한 취득

(1) ㈜한겨레는 20×1년 1월 1일 토지를 취득하면서 매년 말 ₩1,000,000씩 3회에 걸쳐 현금지급하기로 하였다.
(2) 시장이자율은 12%이고, 유효이자율법을 적용한다.

이 경우 취득시와 매년 말 회계처리를 제시하라.

**1. 취득시**

| | | | |
|---|---|---|---|
| (차) 토　　지 | 2,401,830* | (대) 장기미지급금 | 3,000,000 |
| 현재가치할인차금 | 598,170 | | |

* 취득원가 : ₩1,000,000×2.40183(12%, 3년, 연금현가계수)=₩2,401,830

**2. 매년 말 분개**

유효이자율법에 의한 현재가치할인차금 상각표

| 연도 | 유효이자 | 원리금상환액 | 원금상환액 | 기말장부가액 |
|---|---|---|---|---|
| 20×1년 초 | | | | ₩2,401,830 |
| 20×1년 말 | ₩288,220 | ₩1,000,000 | ₩711,780 | 1,690,050 |
| 20×2년 말 | 202,806 | 1,000,000 | 797,194 | 892,856 |
| 20×3년 말 | 107,144 | 1,000,000 | 892,856 | |
| | ₩598,170 | ₩3,000,000 | ₩2,401,830 | |

20×1년 말

| | | | |
|---|---|---|---|
| (차) 장기미지급금 | 1,000,000 | (대) 현　　금 | 1,000,000 |
| 이 자 비 용 | 288,220 | 현재가치할인차금 | 288,220 |

20×2년 말

| | | | |
|---|---|---|---|
| (차) 장기미지급금 | 1,000,000 | (대) 현　　금 | 1,000,000 |
| 이 자 비 용 | 202,806 | 현재가치할인차금 | 202,806 |

20×3년 말

| (차) 장기미지급금 | 1,000,000 | (대) 현　　　금 | 1,000,000 |
|---|---|---|---|
| 이 자 비 용 | 107,144 | 현재가치할인차금 | 107,144 |

위 사례에서 ㈜한겨례는 ₩2,401,830을 은행에서 차입하여 토지를 구입하고 매년 ₩1,000,000씩 원금과 이자를 상환하는 것과 같은 원리이므로 현재가치할인차금 ₩598,170은 ㈜한겨례가 3년간 인식해야 할 이자비용으로 처리하여야 한다.

## 2. 일괄취득

유형자산을 매입하는 경우 때로는 여러 종류의 자산을 **일괄구입(lump sum purchase)**하게 되어 개별자산의 취득원가를 알 수 없는 경우가 있다. 이러한 경우 일괄구입가격을 **개별자산의 상대적 시장가치에 의해 개별자산에 배분하여야 하며,** 시장가치를 알 수 없는 경우에는 감정가액이나 과세표준액 등을 이용하여 배분할 수 있다. 만약 일괄구입한 자산 중 일부자산만 시장가치를 알 수 있는 경우에는, 시가를 알 수 있는 자산에 시가만큼 우선 배분하고, 나머지 배분되지 않은 잔액을 시가가 형성되지 않은 자산에 배분한다.

그러나 구건물이 있는 토지를 신건물을 건설할 목적으로 취득하였다면 신건물을 지을 수 있는 상태까지 발생된 원가 즉, **구건물의 철거비용**과 **토지 정지비** 등은 토지의 취득원가에 산입하여야 한다. 이때 구건물 철거에 따른 **부산물 철거수입**은 토지의 취득원가에서 차감한다.[2)]

한편, 사용하고 있던 건물을 철거하는 경우에는 그 건물의 장부가액과 철거비용은 당기비용으로 처리한다.

---

2) 토지를 취득한 이후에 이루어지는 진입도로개설, 도로포장, 조경공사 등으로 인한 지출액은 내용연수와 유지·보수책임에 따라 다르게 회계처리한다. 즉, 내용연수가 영구적이거나 유지·보수책임이 없다면 토지원가에 가산하고, 내용연수가 한정되어 있거나 유지·보수책임이 있는 경우에는 구축물로 계상한 후 내용연수에 따라 감가상각한다.

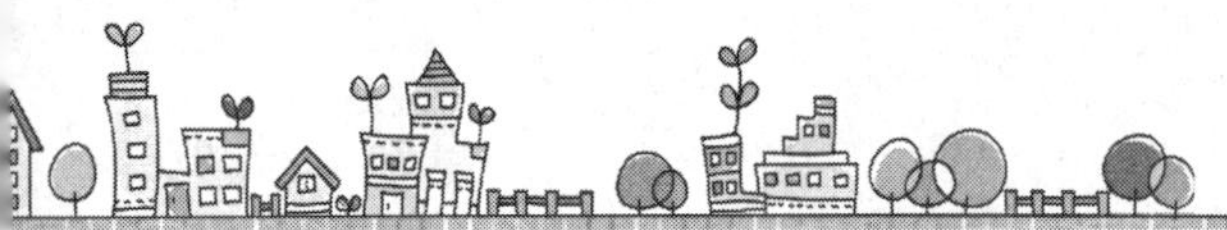

사례 2 일괄구입 취득

㈜한국은 A사로부터 다음과 같은 자산을 일괄구입하고 대금으로 ₩400,000을 지급하였다.

| | 시장가치 | A사 장부가치 |
|---|---|---|
| 토 지 | ₩300,000 | ₩200,000 |
| 건 물 | 200,000 | 250,000 |
| 계 | ₩500,000 | ₩550,000 |

1. 토지와 건물을 모두 사용할 목적으로 취득한 경우 회계처리를 하시오.
2. 토지만 사용할 목적으로 건물은 구입즉시 철거하였다. 철거비용으로 ₩100,000, 토지정지비용으로 ₩200,000이 지출되었고, 철거과정에서 부산물 처분에 따른 ₩50,000의 수입이 있었다. 이와 관련된 회계처리를 하시오.

핵심해설

1. 토지, 건물 모두 사용할 목적으로 취득하는 경우

| | | | | |
|---|---|---|---|---|
| (차) 토 지 | 240,000 | (대) 현 금 | 400,000 |
| 건 물 | 160,000 | | |

* 토지 : ₩400,000×₩300,000 / (₩300,000+₩200,000)=₩240,000

** 건물 : ₩400,000×₩200,000 / (₩300,000+₩200,000)=₩160,000

2. 토지만 사용할 목적으로 취득하는 경우

| | | | |
|---|---|---|---|
| (차) 토 지 | 650,000 | (대) 현 금 | 650,000 |

* 토지 : ₩400,000+₩100,000+₩200,000−₩50,000=₩650,000

## 3. 자가건설

자가건설한 유형자산의 원가는 외부에서 구입한 유형자산에 적용하는 것과 같은 기준을 적용하여 결정한다. 어떤 기업이 유사한 자산을 정상적인 영업활동과정에서 판매를 위해 만든다면(즉, 재고자산의 제조), 일반적으로 자가건설한 유형자산의 원가는 판매목적으로 건설하는 자산(즉, 재고자산)의 원가와 동일하다. 따라서 자가건설에 따른 내부이익과 자가건설 과정에서 원재료, 인력 및 기타 자원의 낭비로 인한 비정상적인 원가는 자산의 원가에 포함하지 않는다.

한편 자가건설한 유형자산의 장부금액에 포함되는 이자에 대해서는 기업회계기준서 제1023호(차입원가)의 인식기준을 적용한다. 차입원가와 관련된 회계처리는 이 후에 자세히 설명한다.

### 사례 3 자가건설

(1) 20×1년 1월 3일 ㈜고구려는 A회사와 공장 신축계약을 체결하고 도급대금 ₩10,000,000 중 ₩3,000,000은 수표를 발행하여 지급하였다.
(2) 10월 31일에 위의 공장이 완공되어 ㈜고구려는 공사비 잔액 ₩7,000,000을 수표를 발행하여 지급하다.

㈜고구려가 공장건물 신축과 관련하여 행할 회계처리를 하라.

**핵심해설**

| | | | | |
|---|---|---|---|---|
| 1월 3일 | (차) 건설중인자산 | 3,000,000 | (대) 당 좌 예 금 | 3,000,000 |
| 10월 31일 | (차) 건설중인자산 | 7,000,000 | (대) 당 좌 예 금 | 7,000,000 |
| | (차) 공 장 건 물 | 10,000,000 | (대) 건설중인자산 | 10,000,000 |

## 4. 현물출자

유형자산을 취득하면서 그 대가로 주식을 발행하여 교부해 주는 것을 현물출자라고 한다. 현물출자에서는 발행한 주식과 취득한 유형자산의 공정가치 중 보다 명백한 금액을 기준으로 회계처리한다.

기업회계기준서 제1016호(유형자산) 문단 26에서는 '취득한 자산이나 제공한 자산의 공정가치를 신뢰성 있게 결정할 수 있다면, 취득한 자산의 공정가치가 더 명백한 경우를 제외하고는 취득한 자산의 원가를 제공한 자산의 공정가치로 측정한다'고 규정하고 있다.

일반적으로 독립된 당사자간의 거래에서는 교부한 주식이나 취득한 유형자산의 공정

가치는 일치하게 될 것이므로 어느 부분의 공정가치를 적용할 것인가는 큰 문제가 되지 않을 것이다.

**사례 4 주식발행에 의한 취득**

㈜봉명은 20×1년 초 갑으로부터 건물을 현물출자로 받고 신주 2,000주를 발행하여 교부하였다. ㈜봉명의 주식 액면가액은 @₩5,000, 주식 교부시점의 시장가격은 @₩15,000이며, 건물의 공정가치는 ₩28,000,000이다. 그러나 건물의 공정가치는 3개월 전의 시장거래가격으로 현물출자시점의 시장가격은 분명하지 않다.

㈜봉명의 현물출자 시점의 회계처리를 행하라.

**핵심해설**

| | | | | |
|---|---|---|---|---|
| (차) 건　　물 | 30,000,000 | (대) 자 본 금 | 10,000,000 |
| | | 주식발행초과금 | 20,000,000 |

* 건물 : 2,000주×@₩15,000=₩30,000,000

## 5. 고가구입이나 저가구입 및 무상취득

일반적으로 독립된 당사자간에는 공정가치로 거래가 이루어진다. 그러나 거래 상대방과 특수 관계가 있거나 특수한 상황에서는 공정가치 보다 높은 가격이나 현저히 낮은 가격, 심지어 무상으로 자산을 취득하는 경우가 발생할 수 있다.

기업회계기준서 제1016호에서는 이와 관련된 명백한 규정이 없지만, **유형자산의 원가는 당해 자산의 인식시점의 현금가격상당액(문단 23)이어야 하므로 당해 유형자산의 공정가치를 원가로 계상하여야 한다.** 그리고 공정가치와 지급액과의 차액은 **기부금**이나 **자산수증이익**으로 처리하면 된다.[3]

3) 기준해석서 2118호 (고객으로부터의 자산이전) (문단 11)에서는 고객으로부터 유형자산 항목을 이전받았을 때 자산의 정의를 충족한다면 유형자산 항목으로 인식하고 최초인식시 그 원가를 공정가치로 측정한다고 규정하고 있다. 또한 기준서 제1020호 (정부보조금) (문단23)에서는

## 6. 국·공채를 수반하는 유형자산의 취득

유형자산을 취득하기 위해서는 불가피하게 국·공채 등을 공정가치보다 높은 가격으로 강제 매입해야 하는 경우가 있다. 기업회계기준서 제1039호(금융상품 : 인식과 측정)에서는 유가증권을 최초 인식시에 공정가치로 측정하도록 규정하고 있으므로, 국·공채 매입가격과 공정가치와의 차액은 유형자산의 부대비용 성격으로 취득원가에 산입한다.

### 사례 5 국·공채를 수반하는 유형자산의 취득

시장이자율이 8%라고 가정할 경우 토지 구입시 관련된 회계처리를 하라.

(1) 정도㈜는 20×1년 1월 3일에 새로운 품목생산을 위한 공장을 신축하고자 공장용 토지 500평을 ₩10,000,000에 현금으로 구입하였다.
(2) 이 토지를 구입하기 위하여 액면가액 ₩1,000,000, 무이자, 5년 만기 상환조건의 지방채를 액면가액으로 불가피하게 추가 구입하였다.

**핵심해설**

지방채의 현재가치 : ₩1,000,000×0.6806(이자율 8%, 기간 5의 현가계수)=680,600
현재가치 할인차금 : ₩1,000,000−₩680,600=319,400

1. 취득시

| | | | |
|---|---|---|---|
| (차) 토 지 | 10,319,400 | (대) 현 금 | 11,000,000 |
| 투 자 채 권 | 680,600 | | |

2. 회계기말

| | | | |
|---|---|---|---|
| (차) 투 자 채 권 | 54,448 | (대) 이 자 수 익 | 54,448 |

* ₩680,600×8%=₩54,448
** 투자채권 ₩680,600과 향후 5년 동안 이자수익으로 인식되는 금액인 ₩54,448+₩58,804+₩63,509+₩68,589+₩74,050=₩319,400과의 합이 지방채 취득가액이 된다. 그리고 이자수익은 투자채권 장부금액에 가산된다.

---

정부보조금이 토지나 그밖의 자원과 같은 비화폐성 자산을 기업이 사용하도록 이전하는 형식을 취할 수 있는데, 이러한 상황에서는 일반적으로 비화폐성 자산의 공정가치를 평가하여 보조금과 자산 모두를 그 공정가치로 회계처리하도록 규정하고 있다.

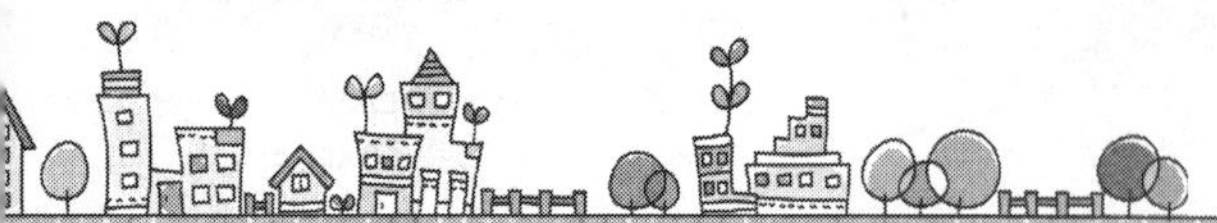

## 7. 비화폐성자산과 교환

하나 이상의 비화폐성자산 또는 화폐성자산과 비화폐성자산이 결합된 대가와 교환하여 하나 이상의 유형자산을 취득하는 경우가 있다. 이러한 경우 유형자산의 원가는 원칙적으로 공정가치로 측정한다.

취득한 자산이나 제공한 자산의 공정가치를 신뢰성 있게 결정할 수 있다면, 취득한 자산의 공정가치가 더 명백한 경우를 제외하고는 취득한 자산의 원가를 제공한 자산의 공정가치로 측정한다. 즉, **제공한 자산의 공정가치로 측정함을 원칙으로 한다.**[4)]

비교가능한 시장거래가 존재하지 않는 유형자산의 공정가치는 다음 중 하나에 해당하는 경우에는 신뢰성 있게 측정할 수 있다고 본다.

① 합리적인 공정가치 추정치의 범위의 편차가 자산가치에 비하여 중요하지 않다.

② 그 범위 내의 다양한 추정치의 발생확률을 신뢰성 있게 평가할 수 있고 공정가치를 추정하는 데 사용할 수 있다.

**그러나 다음 중 하나에 해당되는 경우에는 제공한 자산의 장부금액으로 유형자산의 원가를 측정한다.**

① 교환거래에 상업적 실질이 결여된 경우

② 취득한 자산과 제공한 자산 모두의 공정가치를 신뢰성 있게 측정할 수 없는 경우

**상업적 실질**이 있는 교환거래인지의 여부는 교환거래의 결과 미래현금흐름이 얼마나 변동될 것인지를 고려하여 결정한다. 다음 '①' 또는 '②'에 해당하면서 '③'을 충족하는 경우에 교환거래는 상업적 실질이 있다고 본다.[5)]

---

4) 이러한 회계처리는 비화폐성자산과의 교환을 이원거래개념으로 접근하는 방법이라고 할 수 있다. 즉, 구자산을 공정가액으로 처분하여 수익의 획득과정이 완료된 것으로 보아 처분손익을 인식하고, 처분대금으로 매각즉시 신자산을 취득하는 것으로 보아 회계처리하는 것이라고 할 수 있다.

5) 상업적 실질의 충족여부를 판단할 때 일반기업회계기준 10.20에서 언급하고 있는 이종자산과 동종자산간의 교환거래의 개념은 매우 실용적일 수 있다. 기업회계기준서 제1018호(수익)에서는 '성격이나 가치가 상이한 재화나 용역의 교환은 수익이 발생한 것으로 본다'라고 규정하고 있는데, 이는 이종자산간의 교환거래를 의미하는 것으로 해석할 수 있다. 따라서 이종자산간의 교환거래는 상업적 실질이 충족되는 거래로 볼 수 있을 것이다. 한편 동일한 업종 내에서 유사한 용도로 사용되고 공정가치가 비슷한 동종자산간의 교환거래는 상업적 실질이 결여된 거래로 볼 수 있다. 그러나 동종자산간의 교환거래라 하더라도 교환거래에 포함된 현금 및 현

① 취득한 자산과 관련된 현금흐름의 구성(위험, 유출입시기, 금액)이 제공한 자산과 관련된 현금흐름의 구성과 다르다.

② 교환거래의 영향을 받는 영업 부분의 기업특유가치가 교환거래의 결과로 변동한다.

③ 위 '①'이나 '②'의 차이가 교환된 자산의 공정가치에 비하여 중요하다.

교환거래에 상업적 실질이 있는지 여부를 결정할 때 교환거래의 영향을 받는 영업 부분의 기업특유가치[6]는 세후현금흐름을 반영하여야 한다.

교환거래에서 제공한 자산을 즉시 제거할 수 없더라도 취득한 자산은 위와 동일한 방법으로 측정한다.

### 사례 6 교환에 의한 유형자산 취득

㈜강남은 소유하고 있던 유형자산을 ㈜강북이 소유하고 있는 유형자산과 교환하였다. 두 회사가 소유하고 있는 유형자산의 장부금액과 공정가치는 다음과 같다.

| | ㈜강남 유형자산 | ㈜강북 유형자산 |
|---|---|---|
| 취득원가 | ₩100,000 | ₩200,000 |
| 감가상각누계액 | ₩30,000 | ₩160,000 |
| 공정가치 | ₩80,000 | ₩50,000 |

다음의 각 상황별로 ㈜강남과 ㈜강북의 입장에서 각각 회계처리를 하라.

1. 유형자산 교환거래가 상업적 실질이 결여되었으며, 현금수수가 없을 경우
2. 교환거래가 상업적 실질이 결여되었으며, 공정가치 차이 ₩30,000을 ㈜강남이 수취한 경우
   (이하 3번 문항에서부터는 교환거래가 상업적 실질이 충족되었다고 가정하라)
3. ㈜강남 소유 유형자산의 공정가치가 보다 명백하며, 현금수수가 없을 경우
4. ㈜강남 소유 유형자산의 공정가치가 보다 명백하며, 공정가치 차이 ₩30,000을 ㈜강남이 수취한 경우
5. ㈜강북 소유 유형자산의 공정가치가 보다 명백하며, 현금수수가 없을 경우

---

금성자산이 유의적이라면 이는 가치가 상이한 자산간의 거래로 보아 상업적 실질이 있는 거래로 회계처리 할 수 있다.

6) 기업특유가치는 자산의 계속적 사용으로부터 그리고 내용연수 종료시점에 처분으로부터 또는 부채의 결제로부터 발생할 것으로 기대되는 현금흐름의 현재가치를 말한다.

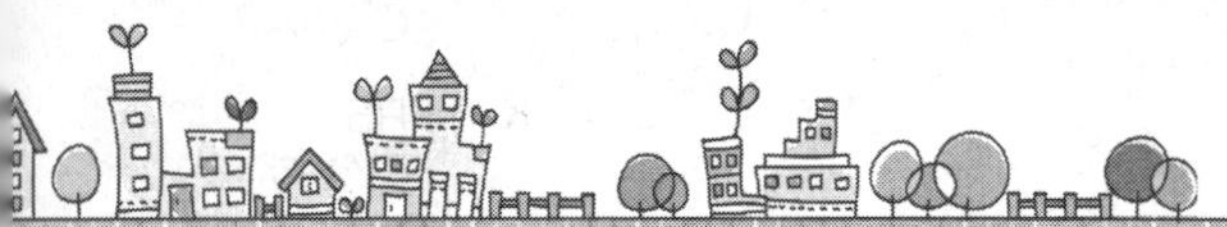

6. ㈜강북 소유 유형자산의 공정가치가 보다 명백하며, 공정가치 차이 ₩30,000을 ㈜강남이 수취한 경우
7. 두 회사 소유 유형자산의 공정가치를 신뢰성있게 측정할 수 없으며, 현금수수도 없는 경우

**핵심해설**

1. (1) ㈜강남의 회계처리

| | | | | |
|---|---|---|---|---|
| (차) | (신)유 형 자 산 | 70,000 | (대) (구)유 형 자 산 | 100,000 |
| | 감가상각누계액 | 30,000 | | |

(2) ㈜강북의 회계처리

| | | | | |
|---|---|---|---|---|
| (차) | (신)유 형 자 산 | 40,000 | (대) (구)유 형 자 산 | 200,000 |
| | 감가상각누계액 | 160,000 | | |

2. (1) ㈜강남의 회계처리

| | | | | |
|---|---|---|---|---|
| (차) | (신)유 형 자 산 | 40,000 | (대) (구)유 형 자 산 | 100,000 |
| | 감가상각누계액 | 30,000 | | |
| | 현 금 | 30,000 | | |

(2) ㈜강북의 회계처리

| | | | | |
|---|---|---|---|---|
| (차) | (신)유 형 자 산 | 70,000 | (대) (구)유 형 자 산 | 200,000 |
| | 감가상각누계액 | 160,000 | 현 금 | 30,000 |

3. (1) ㈜강남의 회계처리

| | | | | |
|---|---|---|---|---|
| (차) | (신)유 형 자 산 | 80,000 | (대) (구)유 형 자 산 | 100,000 |
| | 감가상각누계액 | 30,000 | 유형자산처분이익 | 10,000 |

(2) ㈜강북의 회계처리

| | | | | |
|---|---|---|---|---|
| (차) | (신)유 형 자 산 | 80,000 | (대) (구)유 형 자 산 | 200,000 |
| | 감가상각누계액 | 160,000 | 유형자산처분이익 | 40,000 |

4. (1) ㈜강남의 회계처리

| | | | | |
|---|---|---|---|---|
| (차) | (신)유 형 자 산 | 50,000 | (대) (구)유 형 자 산 | 100,000 |
| | 감가상각누계액 | 30,000 | 유형자산처분이익 | 10,000 |
| | 현 금 | 30,000 | | |

(2) ㈜강북의 회계처리

| | | | | |
|---|---|---|---|---|
| (차) | (신)유 형 자 산 | 80,000 | (대) (구)유 형 자 산 | 200,000 |
| | 감가상각누계액 | 160,000 | 유형자산처분이익 | 10,000 |
| | | | 현 금 | 30,000 |

5. (1) ㈜강남의 회계처리

| 차변 | 금액 | 대변 | 금액 |
|---|---|---|---|
| (차) (신)유 형 자 산 | 50,000 | (대) (구)유 형 자 산 | 100,000 |
| 감가상각누계액 | 30,000 | | |
| 유형자산처분손실 | 20,000 | | |

(2) ㈜강북의 회계처리

| 차변 | 금액 | 대변 | 금액 |
|---|---|---|---|
| (차) (신)유 형 자 산 | 50,000 | (대) (구)유 형 자 산 | 200,000 |
| 감가상각누계액 | 160,000 | 유형자산처분이익 | 10,000 |

6. (1) ㈜강남의 회계처리

| 차변 | 금액 | 대변 | 금액 |
|---|---|---|---|
| (차) (신)유 형 자 산 | 50,000 | (대) (구)유 형 자 산 | 100,000 |
| 감가상각누계액 | 30,000 | 유형자산처분이익 | 10,000 |
| 현 금 | 30,000 | | |

(2) ㈜강북의 회계처리

| 차변 | 금액 | 대변 | 금액 |
|---|---|---|---|
| (차) (신)유 형 자 산 | 80,000 | (대) (구)유 형 자 산 | 200,000 |
| 감가상각누계액 | 160,000 | 유형자산처분이익 | 10,000 |
| | | 현 금 | 30,000 |

7. (1) ㈜강남의 회계처리

| 차변 | 금액 | 대변 | 금액 |
|---|---|---|---|
| (차) (신)유 형 자 산 | 70,000 | (대) (구)유 형 자 산 | 100,000 |
| 감가상각누계액 | 30,000 | | |

(2) ㈜강북의 회계처리

| 차변 | 금액 | 대변 | 금액 |
|---|---|---|---|
| (차) (신)유 형 자 산 | 40,000 | (대) (구)유 형 자 산 | 200,000 |
| 감가상각누계액 | 160,000 | | |

## 8. 정부보조금에 의한 취득

**정부보조금(government grants)**이란 기업의 영업활동과 관련하여 과거나 미래에 일정한 조건을 충족하였거나 충족할 경우 기업에게 자원을 이전하는 형식의 정부지원(government assistance)을 말한다. 정부보조금은 보상금, 조성금 또는 장려금 등의 명칭으로도 불리운다.

정부지원은 제공되는 지원의 성격과 일반적으로 부수되는 조건에 따라 매우 다양한 형식을 취한다. 지원의 목적은 지원이 제공되지 않을 경우 정상적으로 수행되지 않는 활동에 기업의 진출을 장려하는 것일 수도 있다.

합리적으로 가치를 산정할 수 없는 정부지원(예 기술이나 마케팅에 관한 무료 자문과 보증제공 등)과 기업의 정상적인 거래와 구분할 수 없는 정부와의 거래(예 기업 매출의 일정부분을 책임지는 정부 구매정책 등)는 기업회계기준서 제1020호(정부보조금의 회계처리와 정부지원의 공시)에서 말하는 정부보조금이 아니다.

또한 대중교통과 통신망의 개선 그리고 지역사회 전체의 효익을 위해 부정기적으로 계속 진행하는 관개수로나 수도관 등 개선된 시설의 공급으로 사회기반시설을 제공하거나 경쟁자에게 거래상 제약을 부과하는 등 일반적인 거래조건에 영향을 주는 행위를 간접적으로만 제공하는 효익은 기업회계기준서 제1020호가 적용되는 정부지원이 아니다.

정부보조금은 지원목적에 따라 자산관련보조금과 수익관련보조금으로 구분할 수 있다. 자산관련보조금은 정부지원의 요건을 충족하는 기업이 장기성 자산을 매입, 건설하거나 다른 방법으로 취득하여야 하는 일차적 전제조건이 있는 정부보조금을 말한다. 부수조건으로 해당 자산의 유형이나 위치 또는 자산의 취득기간이나 보유기간을 제한할 수 있다. 자산관련 보조금 이외의 정부보조금은 수익관련보조금이라고 한다.

### (1) 정부보조금의 인식과 측정

정부보조금은 다음의 두 가지 요건에 대한 합리적인 확신이 있을 때 인식한다.

① 정부보조금에 부수되는 조건의 준수

② 보조금의 수취

보조금의 수취 자체가 보조금에 부수되는 조건이 이행되었거나 이행될 것이라는 결정적인 증거를 제공하지는 않는다. 보조금을 현금으로 수취하는지 또는 정부에 대한 부채를 감소시키는지에 관계없이 동일한 방법으로 회계처리한다.

정부의 상환면제가능대출[7]은 당해 기업이 대출의 상환면제조건을 충족할 것이라는 합리적인 확신이 있을 때 정부보조금으로 처리한다. 시장이자율보다 낮은 이자율의 정부대여금의 효익 역시 정부보조금으로 처리한다. 이때 대여금은 기업회계기준서 제1039호(금융상품 : 인식과 측정)에 따라 공정가치로 측정하며, 시장이자율보다 낮은 이자율의 효익은 기업회계기준서 제1039호에 따라 결정되는 정부대여금의 최초 장부금액과 수취한 대가의 차이로 측정한다.

---

7) 상환면제가능대출(forgivable loans)이란 대여자가 규정된 일정한 조건에 따라 상환받는 것을 포기하는 경우의 대출을 말한다.

정부보조금은 토지나 그 밖의 자원과 같은 비화폐성자산을 기업이 사용하도록 이전하는 형식을 취할 수도 있다. 이러한 상황에서는 일반적으로 비화폐성자산의 공정가치를 평가하여 보조금과 자산 모두를 그 공정가치로 회계처리한다. 그러나 경우에 따라서는 대체적인 방법으로 자산과 보조금을 명목금액으로 기록하기도 한다.

### (2) 정부보조금의 회계처리

정부보조금을 회계처리하는 방법에는 정부보조금을 주주지분에 직접 인식하는 자본접근법과 하나 이상의 회계기간에 걸쳐 수익으로 인식하는 수익접근법이 있다.[8)]

기업회계기준서 제1020호는 **정부보조금을 수익접근법에 따라 회계처리하도록 하고 있다.** 즉, 정부보조금으로 보전하려 하는 관련원가를 비용으로 인식하는 기간에 걸쳐 체계적인 기준에 따라 정부보조금을 당기손익으로 인식한다. 예를 들어 감가상각자산 취득과 관련된 정부보조금은 일반적으로 이러한 자산의 감가상각비가 인식되는 비율에 따라 인식기간에 걸쳐 당기손익으로 인식한다.

비상각자산과 관련된 정부보조금이 일정한 의무의 이행도 요구한다면 그 의무를 충족시키기 위한 원가를 부담하는 기간에 그 정부보조금을 수익으로 인식한다. 예를 들어 건물을 건설하는 조건으로 토지를 보조금으로 받은 경우 건물의 내용연수동안 수익으로 인식하는 것이 적절할 수 있다.

그러나 이미 발생한 비용이나 손실에 대한 보전 또는 향후의 관련원가 없이 기업에

---

8) 자본접근법의 주장 논거는 다음과 같다.
① 정부보조금은 하나의 금융수단이므로 관련된 비용항목과 상계하기 위해 당기손익으로 처리하지 않고 재무상태표에 자금조달로 처리하여야 한다. 뿐만 아니라 상환이 예상되지 않기 때문에 정부보조금은 주주지분에 직접 인식하여야 한다.
② 정부보조금은 수익을 창출한 것이 아니라 관련원가 없이 정부에게서 받은 장려금이기 때문에 정부보조금을 당기손익으로 인식하는 것은 적절하지 않다.

한편 수익접근법의 주장 논거는 다음과 같다.
① 정부보조금은 주주 이외의 원천으로부터 수취하기 때문에 주주지분으로 직접 인식할 수 없으며 적절한 기간에 수익으로 인식한다.
② 정부보조금은 무상으로 지급되는 경우가 거의 없다. 정부보조금은 조건을 준수하고 부여된 의무를 충족함으로 얻는다. 따라서 정부보조금을 수익으로 인식하여 보전하려고 하는 관련 원가와 대응시켜야 한다.
③ 법인세와 그 밖의 세금은 수익에 따라 부과되기 때문에 재정정책의 일환인 정부보조금도 당기손익에 표시하는 것이 논리적이다.

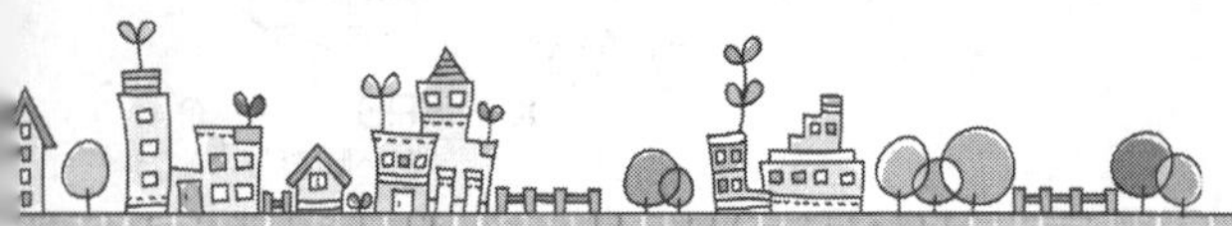

제공되는 즉각적인 금융지원으로 수취하는 정부보조금은 정부보조금을 수취할 권리가 발생하는 기간에 수익으로 인식한다.9)

### (3) 정부보조금의 재무제표 표시방법

**자산관련보조금은 재무상태표에 ① 이연수익(부채)으로 표시하거나 ② 자산의 장부금액을 결정할 때 차감하여 표시한다.** 이연수익으로 표시된 정부보조금은 자산의 내용연수에 걸쳐 체계적이고 합리적인 기준으로 수익으로 대체하는 반면, 자산에서 차감하는 방법으로 회계처리하는 경우에는 감가상각자산의 내용연수에 걸쳐 감가상각비를 감소시키는 방법으로 당기손익으로 인식한다. 어떤 방법으로 적용하든 당기손익과 순자산에 미치는 영향은 동일하나, 이연수익을 적용하는 방법이 상대적으로 부채총액이 더 많이 계상되고 총수익금액이 더 많이 계상된다.

**수익관련보조금은 포괄손익계산서에 ① 수익으로 별도 표시하거나 ② 관련비용에서 차감할 수도 있다.**10)

### (4) 정부보조금의 상환

상환의무가 발생하게 된 정부보조금은 **회계추정의 변경으로 회계처리한다.**

자산관련보조금을 상환하는 경우에는 상환금액만큼 자산의 장부금액을 증가시키거나 이연수익에서 차감하여 기록한다. 그리고 보조금이 없었더라면 현재까지 비용으로 인식했어야 하는 누적적인 추가 감가상각액은 즉시 비용으로 인식한다.

한편 수익관련보조금을 상환하는 경우 보조금과 관련하여 설정된 미상각 이연계정에 먼저 적용한다. 이러한 이연계정을 초과하거나 이연계정이 없는 경우에는 초과금액 또는 상환금액을 즉시 비용으로 인식한다.

---

9) 기업회계기준서 제1020호에 명시적인 언급은 없지만, 일반적으로 자산관련보조금은 관련원가와 대응되는 보조금 성격으로 생각할 수 있고, 수익관련보조금은 관련원가와 대응되지 않는 보조금으로 생각할 수 있다.

10) 첫 번째 방법의 지지자들은 수익항목과 비용항목을 상계하는 것은 적절하지 않으며, 보조금을 관련 비용과 분리하는 것이 보조금의 영향을 받지 않는 기타 비용과의 비교를 용이하게 한다고 주장한다. 두 번째 방법의 지지자들은 보조금을 이용할 수 없었다면 기업이 비용을 발생시키지 않았을 것이므로 비용을 보조금과 상계하지 않고 표시하는 것은 이용자의 오해를 유발할 수 있다고 주장한다.

자산관련보조금의 상환의무가 발생하게 되는 경우 자산의 새로운 장부금액에 손상가능성이 있는지를 고려할 필요가 있다.

## 사례 7 정부보조금에 의한 취득

㈜서울은 20×1년 초에 ₩100,000의 정부보조금을 받아 연구용 기계장치를 ₩120,000에 취득하였다. 기계장치의 내용연수는 10년, 잔존가치는 없으며, 정액법에 의하여 상각한다.

1. 20×1년도에 기계장치에 관련된 필요한 분개를 제시하고, 부분재무상태표를 작성하라.
2. 만일 위 기계장치를 5년 후에 ₩40,000을 받고 매각하였을 경우 회계처리를 하라.
3. 만약 20×2년 초에 정부가 요구한 기준을 충족하지 못하여 수취한 정부보조금을 전액 상환하였을 경우 회계처리를 하라.

**핵심해설**

1. 20×1년도 회계처리

(1) 이연수익법

① 국고보조금 수령시

| | | | |
|---|---|---|---|
| (차) 현　　　금 | 100,000 | (대) 이연정부보조금수익 | 100,000 |

② 자산 취득시

| | | | |
|---|---|---|---|
| (차) 기 계 장 치 | 120,000 | (대) 현　　　금 | 120,000 |

③ 감가상각비 계상

| | | | |
|---|---|---|---|
| (차) 감 가 상 각 비 | 12,000 | (대) 감가상각누계액 | 12,000 |
| 이연정부보조금수익 | 10,000 | 정부보조금수익 | 10,000 |

④ 부분재무상태표

재무상태표

| | | | |
|---|---|---|---|
| 기계장치 | 120,000 | 이연정부 | |
| 감가상각누계액 | (12,000) | 보조금수익 | 90,000 |
| | 108,000 | | |

(2) 자산차감법

① 국고보조금 수령시

| | | | |
|---|---|---|---|
| (차) 현 금 | 100,000 | (대) 정부보조금(현금차감) | 100,000 |

② 자산 취득시

| | | | |
|---|---|---|---|
| (차) 기 계 장 치 | 120,000 | (대) 현 금 | 120,000 |
| 정부보조금(현금차감) | 100,000 | 정부보조금(기계차감) | 100,000 |

③ 감가상각비 계상

| | | | |
|---|---|---|---|
| (차) 감가상각비 | 12,000 | (대) 감가상각누계액 | 12,000 |
| 정부보조금(기계차감) | 10,000 | 감가상각비 | 10,000 |

④ 부분재무상태표

재무상태표

| | | |
|---|---|---|
| 기 계 장 치 | 120,000 | |
| 감가상각누계액 | (12,000) | |
| 정부보조금 | (90,000) | |
| | 18,000 | |

2. 5년 후 기계장치 처분시

(1) 이연수익법

| | | | |
|---|---|---|---|
| (차) 현 금 | 40,000 | (대) 기 계 장 치 | 120,000 |
| 감가상각누계액 | 60,000 | 유형자산처분이익 | 30,000 |
| 이연정부보조금수익 | 50,000 | | |

(2) 자산차감법

| | | | |
|---|---|---|---|
| (차) 현 금 | 40,000 | (대) 기 계 장 치 | 120,000 |
| 감가상각누계액 | 60,000 | 유형자산처분이익 | 30,000 |
| 정부보조금(기계차감) | 50,000 | | |

3. 20×2년 초 정부보조금 상환시

(1) 이연수익법

| | | | |
|---|---|---|---|
| (차) 이연정부보조금수익 | 90,000 | (대) 현 금 | 100,000 |
| 정부보조금상환손실 | 10,000 | | |

(2) 자산차감법

| | | | |
|---|---|---|---|
| (차) 정부보조금(기계차감) | 90,000 | (대) 현 금 | 100,000 |
| 감가상각비 | 10,000 | | |

## 9. 차입원가

유형자산을 자가 건설하면서 타인으로부터 자금을 차입하여 건설자금으로 사용・충당하는 경우가 있다. 이러한 차입금에 대하여 발생한 금융비용을 어떻게 처리하는가에 대하여 여러 주장이 제기되고 있다. 즉, 차입원가를 제조원가에 포함시키지 말아야 한다는 주장과 제조원가에 포함시켜야 한다는 주장, 제조기간 중 실제로 발생된 차입원가이외의 내재원가도 제조원가에 포함시켜야 한다는 주장 등이다.

기업회계기준서 제1023호(차입원가)에서는 **적격자산의 취득, 건설 또는 생산과 관련된 차입원가는 당해 자산 원가의 일부로 자본화하여야 하며, 기타 차입원가는 발생기간의 비용으로 인식하여야 한다고 규정하고 있다.**[11]

적격자산이란 의도된 용도로 사용하거나 판매가능한 상태에 이르게 하는데 상당한 시간을 필요로 하는 자산으로서 재고자산, 제조설비자산, 전력생산설비, 무형자산, 투자부동산이 적격자산이 될 수 있다. 그러나 금융자산과 단기간 내에 제조되거나 다른 방법으로 생산되는 재고자산은 적격자산이 될 수 없으며,  또한 취득시점에 의도된 용도로 사용할 수 있거나 판매가능한 상태에 있는 자산인 경우에도 적격자산에 해당하지 않는다.

한편 생물자산과 같이 공정가치로 측정되는 적격자산이나 반복해서 대량으로, 제조되거나 다른 방법으로 생산되는 재고자산에 대해서는 기업회계기준서 제1023호를 반드시 적용해야 하는 것은 아니다.

### (1) 자본화 기간

#### 1) 자본화개시시점

차입원가의 자본화는 다음 조건을 모두 충족시키는 날에 개시된다.

① 적격자산에 대하여 지출하고 있다.

② 차입원가를 발생시키고 있다.

③ 적격자산을 의도된 용도로 사용하거나 판매가능한 상태에 이르게 하는 데 필요한 활동을 수행하고 있다.

---

11) 일반기업회계기준 18.4 문단에서는 차입원가는 기간비용으로 처리함을 원칙으로 규정하고 있다. 다만 적격자산의 취득을 위한 자금에 차입금이 포함된다면 이러한 차입금에 대한 차입원가는 적격자산의 취득에 소요되는 원가로 회계처리할 수 있다. 따라서 일반기업회계기준에서는 자산 취득과 관련된 금융비용을 자본화할 수도 있고 당기 비용으로 처리할 수도 있는 선택사항으로 규정하고 있다.

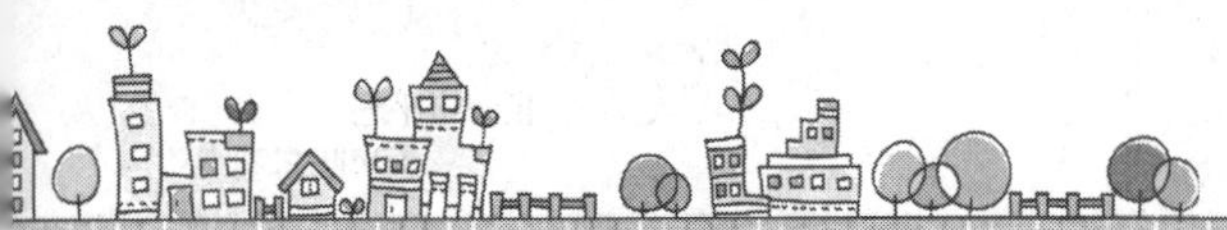

적격자산을 의도된 용도로 사용하거나 판매가능한 상태에 이르게 하는 데 필요한 활동은 당해 자산의 물리적인 제작뿐만 아니라 그 이전단계에서 이루어진 기술 및 관리상의 활동(예 물리적인 제작 전에 각종 인허가를 얻기 위한 활동)도 포함한다. 그러나 자산의 상태에 변화를 가져오는 생산 또는 개발이 이루어지지 아니하는 상황에서 단지 당해 자산의 보유는 필요한 활동으로 보지 아니한다.

### 2) 자본화 중단기간

적격자산에 대한 적극적인 개발활동을 중단한 기간에는 차입원가의 자본화를 중단한다. 그러나 이러한 중단기간 중에도 상당한 기술 및 관리활동을 진행하고 있는 기간에는 차입원가의 자본화를 중단하지 아니한다. 또한 자산을 의도된 용도로 사용하거나 판매가능한 상태에 이르기 위한 과정에 있어 일시적인 지연이 필수적인 경우에도 차입원가의 자본화를 중단하지 아니한다. 예를 들어, 건설기간동안 해당 지역의 하천수위가 높아지는 현상이 일반적이어서 교량건설이 지연되는 경우에는 차입원가의 자본화를 중단하지 아니한다.

### 3) 자본화종료시점

적격자산을 의도된 용도로 사용하거나 판매가능한 상태에 이르게 하는 데 필요한 거의 모든 활동이 완료된 시점에 차입원가의 자본화를 종료한다.

적격자산이 물리적으로 완성된 경우라면 일상적인 건설 관련 후속 관리업무 등이 진행되고 있더라도 당해 자산을 의도된 용도로 사용할 수 있거나 판매가능한 상태에 있는 것으로 본다. 예를 들어 구입자 또는 사용자의 요청에 따른 내장공사 등의 중요하지 않은 작업만이 남아 있는 경우라면 거의 모든 건설활동이 종료된 것으로 본다.

한편 적격자산의 건설활동을 여러 부분으로 나누어 완성하고, 남아있는 부분의 건설활동을 계속 진행하고 있더라도 이미 완성된 부분이 사용가능하다면, 당해 부분을 의도된 용도로 사용하거나 판매가능한 상태에 이르게 하는 데 필요한 거의 모든 활동을 완료한 시점에 차입원가의 자본화를 종료한다.

## (2) 차입원가의 자본화

자본화 가능한 차입원가는 적격자산의 취득, 건설 또는 생산과 직접 관련된 차입원가로서, 당해 적격자산과 관련된 지출이 발생하지 아니하였다면 부담하지 않았을 차입원가를 말한다. 즉, 적격자산의 취득 등과 관련하여 해당 지출이 발생하지 아니하였다면 부담하지 하지 않았을(혹은 회피가능했을) 가능성이 있는 차입원가는 그 자산의 취득 등에 회피불가능차입원가로서 자본화되어야 한다.

따라서 **특정 목적을 위해서 차입한 자금(특정차입금)이든 일반 목적으로 차입한 자금(일반차입금)이든 적격자산 취득 등에 사용하였음을 식별할 수 있다면 자본화하여야 한다.**

적격자산을 취득하기 위한 목적으로 특정하여 차입한 자금에 한하여, 회계기간동안 그 차입금으로부터 실제 발생한 차입원가에서 당해 차입금의 일시적 운용에서 생긴 투자수익을 차감한 금액을 **자본화가능차입원가**로 결정한다.

> 특정목적 차입금의 자본화되는 차입원가
> ＝특정목적 차입금×이자율×자본화기간－일시운용 투자수익

일반적인 목적으로 자금을 차입하고 이를 적격자산의 취득을 위해 사용하는 경우에 한하여 당해 자산 관련 지출액에 자본화이자율을 적용하는 방식으로 자본화가능차입원가를 결정한다. 자본화이자율은 회계기간동안 차입한 자금(적격자산을 취득하기 위해 특정 목적으로 차입한 자금 제외)으로부터 발생된 차입원가를 가중평균하여 산정한다. 회계기간동안 자본화한 차입원가는 당해 기간동안 실제 발생한 차입원가를 초과할 수 없다. 차입원가의 가중평균을 산정함에 있어 지배기업과 종속기업의 모든 차입금을 포함하는 것이 적절할 수도 있고, 개별 종속기업의 차입금에 적용되는 차입원가의 가중평균을 사용하는 것이 적절할 수도 있다.

적격자산에 대한 지출액은 현금의 지급, 다른 자산의 제공, 차입원가를 부담하는 부채의 발생 등에 따른 지출액을 의미한다. 그리고 적격자산과 관련하여 수취하는 정부보조금과 건설 등의 진행에 따라 수취하는 금액은 적격자산에 대한 지출액에서 차감한다.

기업회계기준서 제1023호에서는 특정목적 차입금과 일반목적 차입금이 모두 있는 경우 자본화 차입원가의 계산절차를 규정하고 있지는 않다. 그러나 일반목적 차입금이 자본화이자율 계산시 특정목적 차입금을 제외하도록 규정하고 있는 점을 고려한다면, 다음과 같이 일반목적 차입금의 자본화 차입원가를 계산하는 것이 타당하다.

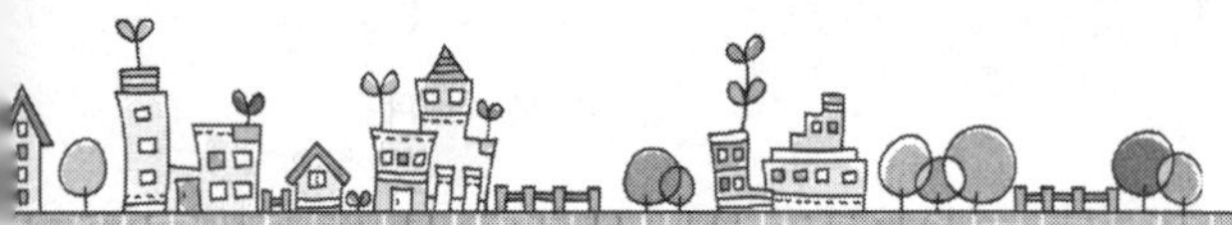

① **일반목적 차입금**의 자본화되는 차입원가
=(적격자산 지출액의 평균−특정목적 차입금의 평균지출액)×자본화이자율
* 자본화이자율=일반차입금의 총차입원가÷가중평균일반차입금

② 한도 : 회계기간중 실제 발생 차입원가

### 사례 8 차입원가의 자본화

㈜한국(결산일은 12월 31일)은 20×1년 4월 1일부터 공장건물 건설공사를 시작하여 20×2년 10월 31일에 완공하였다. 관련 자료는 다음과 같다.

(1) 공사대금 지출액

20×1년도 : 4월 1일 ₩500,000 11월 1일 ₩300,000

20×2년도 : 2월 1일 ₩400,000 7월 1일 ₩300,000

(2) 차입금 상황

| 차입금 종류 | 차입금액 | 차입기간 | 연이자율 |
|---|---|---|---|
| 차입금 A | ₩620,000 | 20×1. 4. 1.~20×2. 12. 31. | 10% |
| 차입금 B | ₩600,000 | 20×1. 5. 1.~20×2. 6. 30. | 12% |
| 차입금 C | ₩500,000 | 20×1. 10. 1.~20×2. 9. 30. | 10% |

(3) 기타자료

차입금 A는 특정차입금이며, 그 중 ₩120,000을 20×1년에 7개월간 6% 투자수익률로 일시투자하였다. 차입금 B와 C는 일반차입금이며, 차입금 B는 20×1년에 2개월간 이자율 7%로 일시투자하였다.

(4) 평균지출액과 이자비용 등은 필요할 경우 월할계산하라.

20×1년도와 20×2년도에 공장건물 신축과 관련하여 자본화시킬 차입원가를 계산하라. 그리고 차입원가 자본화와 관련하여 필요한 회계처리를 하라. (단, 자본화이자율은 소수점 둘째자리에서 반올림하고, 금액은 소수점 이하에서 반올림하라)

**핵심해설**

1. 20×1년도 자본화할 차입원가

(1) 공사대금 평균지출액 : ₩500,000×9/12＋₩300,000×2/12＝₩425,000

(2) 특정차입금 관련 자본화할 차입원가

① 당기중 발생한 차입원가 : ₩620,000×9/12×10%＝ 46,500

② 일시투자수익 : ₩120,000×7/12×6% ＝ (4,200)

₩42,300

③ 특정차입금 평균지출액 : ₩620,000×9/12－₩120,000×7/12＝₩395,000

(3) 일반차입금 관련 자본화할 차입원가

| 차입금 | 차입액 | 기간 | 연평균차입액 | 이자율 | 차입원가 |
|---|---|---|---|---|---|
| B | ₩600,000 | 8/12 | ₩400,000 | 12% | ₩48,000 |
| C | 500,000 | 3/12 | 125,000 | 10% | 12,500 |
| | ₩900,000 | | ₩525,000 | | ₩60,500 |

① 자본화이자율 : ₩60,500÷₩525,000＝11.52%

② 자본화할 차입원가 : Min{(₩425,000－₩395,000)×11.52%＝₩3,456 vs ₩60,500}
＝₩3,456

(4) 20×1년도에 자본화할 차입원가 총액 : ₩42,300＋₩3,456＝₩45,756

2. 20×2년도 자본화할 차입원가

(1) 공사대금 평균지출액 : ₩800,000*×10/12＋₩400,000×9/12＋₩300,000×4/12＝₩1,066,667

* 전기 지출액은 당기 평균지출액에 포함시킨다.

(2) 특정차입금 관련 자본화할 차입원가

① 당기중 발생한 차입원가 : ₩620,000×10/12×10%＝₩51,667

② 특정차입금 평균지출액 : ₩620,000×10/12＝₩516,667

(3) 일반차입금 관련 자본화할 차입원가

| 차입금 | 차입액 | 기간 | 연평균차입액 | 이자율 | 차입원가 |
|---|---|---|---|---|---|
| B | ₩600,000 | 6/12 | ₩300,000 | 12% | ₩36,000 |
| C | 500,000 | 9/12 | 375,000 | 10% | 37,500 |
| | ₩1,100,000 | | ₩675,000 | | ₩73,500 |

① 자본화이자율 : ₩73,500÷₩675,000＝10.89%

② 자본화할 차입원가 : Min{₩1,066,667－₩516,667)×10.89%＝₩59,895 vs ₩73,500}
＝₩59,895

(4) 20×2년도에 자본화할 차입원가 총액 : ₩51,667＋₩59,895＝₩111,562

## 10. 복구원가

토양, 수질, 대기, 방사능 오염 등을 유발할 가능성이 있는 시설물(예 원자력발전소, 해상구조물, 쓰레기매립장, 저유설비) 등의 유형자산에 대해서는 경제적 사용이 종료된 후에 환경보전을 위하여 반드시 원상을 회복시켜 주어야 한다. 이와 같이 원상회복을 위하여 유형자산으로 계상된 시설물을 해체, 제거하거나 또는 부지를 복원하는데 소요될 것으로 추정되는 원가를 **복구원가(restoration cost)**라고 한다.

회사가 자산을 해체, 제거하거나 부지를 복구할 의무는 해당 유형자산을 취득한 시점에 또는 해당 유형자산을 특정기간 동안 재고자산 생산[12] 이외의 목적으로 사용한 결과로서 발생한다. 자산을 사용하기 위해 부담해야 할 취득원가에는 최초 취득시점에서 부담해야 할 지출뿐만 아니라 경제적 사용이 종료된 후의 복구비용도 해당 자산을 사용하기 위한 회피불가능한 비용이라는 관점에서 동질적이기 때문에 유형자산 원가에 포함하는 것이 타당하다.

기업회계기준서 제1016호(유형자산)에서는 복구원가는 기업회계기준서 제1037호(충당부채, 우발부채 및 우발자산)에 따라 인식하고 측정하도록 하고 있다. 그러나 기업회계기준서 제1037호에서도 복구충당부채에 대한 구체적인 회계처리 규정이 없으므로 일반기업회계기준 실무지침 10.3~10.7의 규정을 준용하면 될 것이다.

복구공사에 소요될 금액은 ① 현재 복구공사를 할 경우 소요될 원가를 추정하고, ② 물가상승률, 시장위험프리미엄을 반영하여 복구공사원가의 미래 지출액을 추정한 후, ③ 현행시장이자율을 적용하여 복구공사원가의 현재가치를 계산하여 추정한다.

복구추정원가를 유형자산의 취득원가에 가산하고, 복구충당부채로 인식한 후에 매 회계기간마다 유효이자율법을 적용하여 이자비용을 인식한다. 그리고 실제 복구비용이 지출되는 시점에서 이미 계상되어 있던 복구충당부채 금액과 실제 발생된 복구공사비와의 차액은 실제 복구가 진행되는 회계기간의 손익으로 계상한다.

---

12) 특정기간 동안 재고자산을 생산하기 위해 유형자산을 사용한 결과로 발생한 복구원가는 제조원가로 처리한다. 또한 기업회계기준서 제5호(유형자산)에서는 법규의 신설, 계약조항의 변경 등으로 인하여 자산을 사용하는 도중에 책임을 부담하게 되는 경우에는 당해 복구원가에 대한 충당부채를 인식하는 시점에서 해당 유형자산의 장부가액에 반영하도록 하고 있다.

[유형자산 취득시점]

| | | | |
|---|---|---|---|
| (차) 유 형 자 산 | ××× | (대) 복구충당부채 | ××× |

[결산시점]

| | | | |
|---|---|---|---|
| (차) 이 자 비 용 | ××× | (대) 복구충당부채 | ××× |

[실제 복구비용 지출시점]

| | | | |
|---|---|---|---|
| (차) 복구충당부채 | ××× | (대) 현 금 | ××× |
| (복구공사손실 | ×××) | (복구공사이익 | ×××) |

## 03절 후속원가

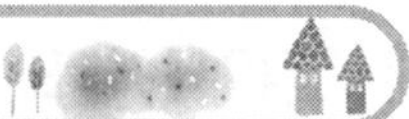

**유형자산과 관련된 모든 원가는 그 발생시점에 인식원칙을 적용하여 평가한다.** 이러한 원가에는 유형자산을 매입하거나 건설할 때 최초로 발생하는 원가(**최초원가**) 뿐만 아니라 후속적으로 증설, 대체 또는 수선·유지와 관련하여 발생하는 원가(**후속원가**)를 포함한다.

유형자산의 인식기준을 충족시키지 못하는 일상적인 수선·유지와 관련하여 발생하는 원가는 해당 유형자산의 장부금액에 포함하여 인식하지 않고 발생시점에 당기손익으로 인식한다. 일상적인 수선·유지과정에서 발생하는 원가는 주로 노무비와 소모품비로 구성되며 사소한 부품원가가 포함될 수도 있다.

일부 유형자산의 경우 주요 부품이나 구성요소의 정기적 교체가 필요할 수 있다. 예를 들면, 용광로의 경우 일정시간 사용 후에 내화벽돌의 교체가 필요할 수 있으며, 항공기의 경우에도 좌석과 취사실 등의 내부설비를 항공기 동체의 내용연수 동안 여러 번 교체할 필요가 있을 수 있다. 또한 유형자산이 취득된 후 반복적이지만 비교적 적은 빈도로 대체(예 건물 인테리어 벽 대체)되거나 비반복적으로 대체되는 경우도 있다. 유형자산의 일부를 **대체(replacement)**할 때 발생하는 원가가 인식기준을 충족하는 경우에는 이를 해당 유형자산의 장부금액에 포함하여 인식한다. 또한 대체되는 부분의 장부금액은 유형자산 제거 규정에 따라 제거하여야 한다.

항공기와 같은 유형자산을 계속적으로 가동하기 위해서는 당해 유형자산의 일부가 대

체되는지 여부와 관계없이 결함에 대한 **정기적인 종합검사(inspections)**가 필요할 수 있다. 정기적인 종합검사과정에서 발생하는 원가가 인식기준을 충족하는 경우에는 유형자산의 일부가 대체되는 것으로 보아 해당 유형자산의 장부금액에 포함하여 인식하여야 한다. 이 경우 직전에 이루어진 종합검사에서의 원가와 관련되어 남아 있는 장부금액(물리적 부분의 장부금액과는 구별됨)을 제거한다.

## 04절 감가상각

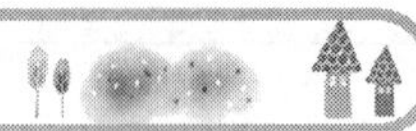

### 1. 감가상각의 의의

토지를 제외한 모든 유형자산은 시간이 경과하거나 사용함에 따라 일정기간 후에는 그 가치가 감소되어 기업에 더 이상 경제적 효익을 제공하지 못하게 된다. 따라서, 기업은 그 자산의 사용기간 동안에 자산의 취득원가를 합리적 · 체계적으로 배분시킴으로써 자산의 재무상태표 가액을 감소시킴과 동시에 그 금액을 당기의 비용으로 처리하는데, 이를 **감가상각(depreciation)**이라고 한다.

오늘날 감가상각은 재무상태표에 근거를 둔 자산평가의 관점보다는 경영활동에 따른 원가에 초점을 두게 되는 포괄손익계산서에 근거한 **원가배부(cost allocation)**의 관점을 보다 중시하고 있다.

원가배부접근법에 의하면 감가상각은 취득시 발생한 자산의 원가를 자산의 이용에 따른 효익이 발생하는 기간에 **체계적이고 합리적인 방법으로 배부**하는 것으로 감가상각 이후의 재무상태표상의 장부가액은 원가배부 후의 남은 잔액을 의미하고 차기의 원가배부를 위해 남아 있는 금액이라는 견해이다.

결국 **감가상각은 자산의 시장가치에 따른 평가과정이 아니라 취득원가의 배부과정이며,**[13] **감가상각비는 유형자산의 장부가액이 공정가액에 미달하더라도 계속하여 인식한다.**

13) 회계용어공보(Accounting Terminology Bulletin) No.1에서는 감가상각을 다음과 같이 정의하고 있다. "감가상각회계는 유형자산의 원가 또는 기타 기초가치에서 잔존가치를 차감한 금액을 그 자산의 추정내용연수에 걸쳐서 체계적이고 합리적인 방법(systematic and rational method)으로 배부하는 것을 목적으로 하는 회계시스템이다. 이는 배부과정이지 평가과정이 아니다"

또한 감가상각은 기업의 수익창출활동에 공헌한 유형자산의 원가를 비용화시키는 과정이지 자산의 현행가치를 보고하는 것도 아니고, 새로운 자산의 취득을 위한 자금의 축적과정도 아니다. 그러므로 감가상각은 수익・비용 대응의 원칙에 의한 비용의 인식과정 이외에 다른 의미는 없는 것으로 이해하여야 한다.

유형자산의 원가는 그 유형자산을 구성하고 있는 중요한 부분에 배분하여 각 부분별로 감가상각한다. 예를 들면, 항공기를 소유하고 있는지 금융리스하고 있는지에 관계없이, 항공기 동체와 엔진을 별도로 구분하여 감가상각하는 것이 적절할 수 있다. 한편 유형자산을 구성하고 있는 중요한 부분에 해당 유형자산의 다른 중요한 부분과 동일한 내용연수 및 감가상각방법을 적용하는 수가 있다. 이러한 경우에는 감가상각액을 결정할 때 하나의 집단으로 통합하여 감가상각할 수 있다. 또한 유형자산의 전체원가에 비교하여 해당 원가가 중요하지 않은 부분도 별도로 분리하여 감가상각할 수 있다.

## 2. 감가상각의 요소

당기의 감가상각액을 결정하는 세가지 요소는 (1) 감가상각대상금액, (2) 내용연수, (3) 감가상각방법이다.

### (1) 감가상각대상금액(depreciation base)

감가상각대상금액은 유형자산의 원가에서 잔존가치를 차감한 금액이다. 잔존가치(residual value)는 해당 자산의 내용연수 종료시점에 자산의 처분으로부터 획득할 금액에서 추정처분 부대원가를 차감한 금액의 추정치이다. 실무적으로 잔존가치는 중요하지 않은 경우가 많으므로 감가상각대상금액을 계산할 때 중요하게 다루어지지 않는다.

유형자산의 공정가치가 장부금액을 초과하더라도 잔존가치가 장부금액을 초과하지 않는 한 감가상각액을 계속 인식하여야 한다. 그리고 유형자산을 수선하고 유지하는 활동을 하더라도 감가상각의 필요성이 부인되는 것은 아니다.

유형자산의 잔존가치는 적어도 매 회계연도말에 재검토하여야 하며, 재검토결과 추정치가 종전 추정치와 다르다면 그 차이는 기업회계기준서 제1008호(회계정책, 회계추정의 변경 및 오류)에 따라 회계추정의 변경으로 회계처리한다.[14] 유형자산의 잔존가치는

14) 회계추정의 변경은 변경연도를 포함하여 이후 미래 기간에 걸쳐 변경의 효과를 인식하는 전진법을 적용한다. 회계변경은 추후에 다시 설명한다.

해당 자산의 장부금액과 같거나 큰 금액으로 증가할 수도 있다. 이 경우에는 자산의 잔존가치가 장부금액보다 작은 금액으로 감소될 때까지 감가상각비를 인식하지 않는다.

### (2) 내용연수(useful life)

**내용연수**는 기업에서 자산이 사용가능할 것으로 기대되는 기간 또는 자산에서 얻을 것으로 기대되는 생산량이나 이와 유사한 단위 수량을 말한다.

유형자산의 미래경제적 효익은 주로 사용함으로써 소비하는 것이 일반적이다. 그러나 자산을 사용하지 않더라도 기술적 또는 상업적 진부화 및 마모나 손상 등의 요인으로 인하여 자산으로부터 기대하였던 경제적 효익이 감소될 수 있다. 따라서 자산의 내용연수를 결정할 때에는 다음의 요소를 모두 고려하여야 한다.

① 자산의 예상 생산능력이나 물리적 생산량을 토대로 한 자산의 예상사용수준
② 자산을 교대로 사용하는 빈도, 수선・유지계획과 운휴 중 유지보수 등과 같은 가동요소를 고려한 자산의 예상 물리적 마모나 손상
③ 생산방법의 변화, 개선 또는 해당 자산에서 생산되는 제품 및 용역에 대한 시장수요의 변화로 인한 기술적 또는 상업적 진부화
④ 리스계약의 만료일 등 자산의 사용에 대한 법적 또는 이와 유사한 제한

토지와 건물을 동시에 취득하는 경우에도 이들은 분리가능한 자산이므로 별개의 자산으로 회계처리한다. 채석장이나 매립지 등을 제외하고는 토지는 내용연수가 무한하므로 감가상각하지 않지만, 건물은 내용연수가 유한하므로 감가상각대상자산이다. 이때 건물이 위치한 토지의 가치가 증가하더라도 건물의 감가상각대상금액에는 영향을 미치지 않는다.

한편 토지의 원가에 해체, 제거 및 복구원가가 포함된 경우에는 토지 자체는 감가상각하지 않지만, 토지원가에 포함시킨 복구원가는 관련 경제적 효익이 유입되는 기간에 감가상각하여야 한다.

유형자산의 내용연수는 적어도 매 회계연도말에 재검토하여야 하며, 재검토결과 추정치가 종전 추정치와 다르다면 그 차이는 기업회계기준서 제1008호에 따라 회계추정의 변경으로 회계처리한다.

### ⑶ 감가상각방법

유형자산의 감가상각방법은 해당 자산에 내재되어 있는 미래경제적 효익의 예상 소비형태를 가장 잘 반영하는 방법에 따라 선택하고, 예상 소비형태가 변하지 않는 한 매 회계기간에 일관성 있게 적용한다. 회사는 유형자산의 감가상각대상금액을 내용연수 동안 체계적으로 배부하기 위해 다양한 방법을 사용할 수 있는데, 이러한 감가상각방법에는 정액법, 체감잔액법(정률법, 이중체감법, 연수합계법) 및 생산량비례법이 있다.

감가상각방법은 자산의 미래경제적 효익이 소비되는 형태를 반영하는 것으로, 적어도 매 회계연도말에 재검토한다. 재검토결과 자산에 내재된 미래경제적 효익의 예상되는 소비형태에 중요한 변동이 있다면, 변동된 소비형태를 반영하기 위하여 감가상각방법을 변경한다. 그러한 변경은 기업회계기준서 제1008호에 따라 **회계추정의 변경**으로 회계처리한다.

## 3. 감가상각비 계산

**유형자산의 감가상각은 자산이 사용가능한 때부터 시작한다.** 즉, 경영진이 의도하는 방식으로 자산을 가동하는 데 필요한 장소와 상태에 이른 때부터 시작하여야 하므로, 취득 또는 제조를 완료 후 사용을 개시하지 않더라도 감가상각을 하여야 한다.

감가상각은 기업회계기준서 제1105호(매각예정 비유동자산과 중단영업)에 따라 자산이 매각예정자산으로 분류되는(또는 매각예정으로 분류되는 처분자산집단에 포함되는) 날과 자산이 제거되는 날 중 이른 날에 중지한다.

**따라서 유형자산이 가동되지 않거나 유휴상태가 되더라도, 감가상각이 완전히 이루어지기 전까지는 감가상각을 중단하지 않는다.** 그러나 유형자산의 사용정도에 따라 감가상각을 하는 경우(생산량비례법 등을 적용하는 경우)에는 생산활동이 이루어지지 않을 때 감가상각액을 인식하지 않을 수 있다.

### ⑴ 정액법

정액법(straight－line method)은 유형자산의 내용년수에 걸쳐, 매기 일정한 금액을 상각하는 방법으로 균등액상각법 또는 직선법이라고도 한다.

감가상각비=(취득원가−잔존가치)÷내용연수

정액법은 감가상가대상금액(취득원가−잔존가치)을 내용연수 동안 균등하게 배분하는 방법으로서 자산의 가치가 시간의 경과에 따라 일정하게 감소하고 기능적 진부화의 정도가 거의 없는 경우에 좋은 방법이다. 또한 계산과정이 간편하다는 장점이 있다.

### (2) 체감잔액법

체감잔액법(declining−balance method)은 내용연수 초기에 많은 금액을 상각하고 기간이 경과함에 따라 점차 감가상각비를 적게 인식하는 방법으로 가속상각법(accelerated depreciation method)이라고도 한다.

이 방법은 유형자산이 초기에는 효율성이 높기 때문에 감가상각비를 많이 인식하고 시간이 경과함에 따라 생산능률이나 서비스의 질이 떨어진다는 가정하에 감가상각비를 적게 인식함으로써 수익·비용대응의 관점에서 합리적이라 할 수 있다.

또한 수선유지비가 내용연수가 경과함에 따라 점차 증가하는 경향이 있으므로 유형자산에 대해 발생하는 총비용을 매년 일정수준으로 유지할 수 있다는 장점이 있다.

한편 법인세가 있는 경우 체감잔액법은 정액법에 비하여 기업의 총법인세비용은 일정하지만 초기의 법인세 절감효과에 따른 유리한 현금흐름을 얻을 수 있다. 즉, 유형자산의 감가상각방법은 기업의 현금흐름에 영향이 없지만, 법인세를 고려하면 감가상각비에 법인세율을 곱한 법인세절감 효과만큼 현금흐름에 차이를 발생시킨다.

#### 1) 정률법

정률법(fixed percentage method)은 유형자산의 장부가액에 일정한 상각률을 곱하여 각 연도의 감가상각비를 계산하는 방법이다. 즉, 취득원가에서 감가상각누계액을 차감한 잔액에 대해 상각률을 곱하여 감가상각비를 계산하는 방법이다.

감가상각비=기초장부금액(취득원가−감가상각누계액)×상각률

$$* \text{ 상각률}=1-\sqrt[n]{\frac{\text{잔존가치}}{\text{취득원가}}} \qquad n:\text{내용연수}$$

### 2) 연수합계법

연수합계법(sum－of－the－years－digits method)은 내용연수 합계에 대한 잔존내용연수의 비율을 감가상각대상금액에 곱하여 감가상각비를 산출하는 방법이다.

정률법은 상각률은 일정하지만 기초장부금액이 매년 감소하여 감가상각비가 매년 감소하는데 반해, 연수합계법은 상각대상금액은 일정하지만 상각률이 매년 감소하여 감가상각비가 매년 감소한다는 점에서 상이하다.

$$\text{감가상각비} = (\text{취득원가} - \text{잔존가치}) \times \frac{\text{잔여 내용연수}}{\text{내용연수합계}}$$

### 3) 이중체감법

이중체감법(double declining balance method)은 감가상각비 계산방법은 정률법과 동일하고 단지 상각률을 정액법에 의한 상각률(1/n)의 2배로 적용하는 방법으로 정액법의 배법이라고도 한다. 이중체감법에서는 내용연수 마지막 해에는 장부금액이 잔존가치가 되도록 감가상각비를 조정해야 한다.

| 감가상각비＝기초 장부금액(취득원가－감가상각누계액)×상각률 |
|---|

* 상각률＝정액법에 의한 상각률×2

## (3) 생산량비례법

생산량비례법(units of production method)은 내용연수를 기준으로 하지 않고 생산량 혹은 사용량에 비례하여 감가상각비를 계산하는 방법으로 삼림, 광산, 유전 등 채굴량, 벌채량에 비례하여 가치가 감소하는 감모성 자산의 경우에 적절한 방법이라 할 수 있다.

이 방법은 추정 총생산량에 대한 당기의 실제 생산량의 비율을 기준으로 감가상각비를 계산함으로써 수익과 비용을 합리적으로 대응시킬 수 있게 한다.

유사한 방법으로 작업시간비례법이 있는데, 이 방법은 사용가능한 작업시간에 비례하여 자산의 가치가 소멸되는 유형자산의 감가상각에 적용되는 방법이다.

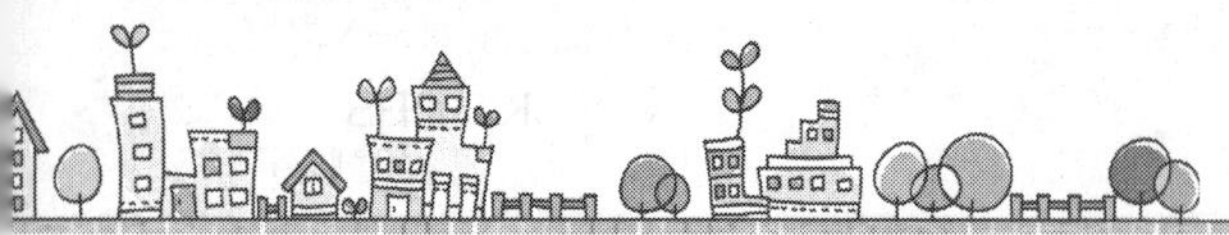

$$감가상각비 = 감가상각대상금액(취득원가 - 잔존가치) \times \frac{실제생산량}{총추정생산량}$$

## 사례 9 감가상각비 계산

(1) 결산일이 12월 31일인 ㈜한국은 20×1년 4월 1일에 기계장치 1대 구입
(2) 기계의 취득원가 : ₩5,000,000 내용연수 3년
(3) 잔존가치 : ₩500,000(취득원가의 10%)
(4) 추정 기계장치 총생산량 : 250,000 개
(5) 실제 생산량 : 20×1년(90,000개) 20×2년(80,000개) 20×3년(60,000개)
20×4년(20,000개)

위의 자료를 이용하여 정액법, 정률법, 연수합계법, 이중체감법, 생산량비례법에 따라 매기말 감가상각비와 장부금액을 계산하라.

**핵심해설**

1. 정액법

| 연도 | 계산과정 | 감가상각비 | 감가상각누계액 | 장부가액 |
|---|---|---|---|---|
| 취득시 | | | | ₩5,000,000 |
| 1 | (₩5,000,000 − ₩500,000) ÷ 3 × 9/12 | ₩1,125,000 | ₩1,125,000 | ₩3,875,000 |
| 2 | (₩5,000,000 − ₩500,000) ÷ 3 | ₩1,500,000 | ₩2,625,000 | ₩2,375,000 |
| 3 | (₩5,000,000 − ₩500,000) ÷ 3 | ₩1,500,000 | ₩4,125,000 | ₩875,000 |
| 4 | (₩5,000,000 − ₩500,000) ÷ 3 × 3/12 | ₩375,000 | ₩4,500,000 | ₩500,000 |

2. 정률법

상각률 $= 1 - \sqrt[3]{₩500,000/₩5,000,000} ≒ 0.536$

| 연도 | 계산과정 | 감가상각비 | 감가상각누계액 | 장부가액 |
|---|---|---|---|---|
| 취득시 | | | | ₩5,000,000 |
| 1 | ₩5,000,000 × 0.536 × 9/12 | ₩2,010,000 | ₩2,010,000 | ₩2,990,000 |
| 2 | ₩2,990,000 × 0.536 | ₩1,602,640 | ₩3,612,640 | ₩1,387,360 |
| 3 | ₩1,387,360 × 0.536 | ₩743,625 | ₩4,356,265 | ₩643,735 |
| 4 | (₩643,735 − ₩500,000)* | ₩143,735 | ₩4,500,000 | ₩500,000 |

* 내용연수 마지막 연도에는 미상각잔액이 잔존가치가 되도록 차이 조정

### 3. 연수합계법

| 연도 | 계산과정 | 감가상각비 | 감가상각누계액 | 장부가액 |
|---|---|---|---|---|
| 취득시 | | | | ₩5,000,000 |
| 1 | (₩5,000,000－₩500,000)×3/6×9/12 | ₩1,687,500 | ₩1,687,500 | ₩3,312,500 |
| 2 | (₩5,000,000－₩500,000)×(3/6×3/12＋2/6×9/12) | ₩1,687,500 | ₩3,375,000 | ₩1,625,000 |
| 3 | (₩5,000,000－₩500,000)×(2/6×3/12＋1/6×9/12) | ₩937,500 | ₩4,312,500 | ₩687,500 |
| 4 | (₩5,000,000－₩500,000)×1/6×3/12 | ₩187,500 | ₩4,500,000 | ₩500,000 |

### 4. 이중체감법

상각률＝1/3×2＝2/3

| 연도 | 계산과정 | 감가상각비 | 감가상각누계액 | 장부가액 |
|---|---|---|---|---|
| 취득시 | | | | ₩5,000,000 |
| 1 | ₩5,000,000×2/3×9/12 | ₩2,500,000 | ₩2,500,000 | ₩2,500,000 |
| 2 | ₩2,500,000×2/3 | ₩1,666,667 | ₩4,166,667 | ₩833,333 |
| 3 | (₩833,333－₩500,000)* ×9/12 | ₩250,000 | ₩4,416,667 | ₩583,333 |
| 4 | (₩833,333－₩500,000)* ×3/12 | ₩83,333 | ₩4,500,000 | ₩500,000 |

* 내용연수 마지막 연도에는 미상각잔액이 잔존가치가 되도록 차이 조정

### 5. 생산량비례법

| 연도 | 계산과정 | 감가상각비 | 감가상각누계액 | 장부가액 |
|---|---|---|---|---|
| 취득시 | | | | ₩5,000,000 |
| 1 | (₩5,000,000－₩500,000)×(90/250) | ₩1,620,000 | ₩1,620,000 | ₩3,380,000 |
| 2 | (₩5,000,000－₩500,000)×(80/250) | ₩1,440,000 | ₩3,060,000 | ₩1,940,000 |
| 3 | (₩5,000,000－₩500,000)×(60/250) | ₩1,080,000 | ₩4,140,000 | ₩860,000 |
| 4 | (₩5,000,000－₩500,000)×(20/250) | ₩360,000 | ₩4,500,000 | ₩500,000 |

## 05절 재평가모형

기업은 유형자산의 최초 인식 후에 원가모형이나 재평가모형 중 하나를 회계정책으로 선택하여 유형자산 분류별로 동일하게 적용하여야 한다. **원가모형이란 유형자산을 최초 인식 후에 원가에서 감가상각누계액과 손상차손누계액을 차감한 금액을 장부금액으로 측정하는 모형이다.** 한편 **재평가모형이란 유형자산을 최초 인식한 후에 공정가치를 신뢰성 있게 측정할 수 있는 경우 재평가일의 공정가치에서 이후의 감가상각누계액과 손상차손누계액을 차감한 재평가금액을 장부금액으로 측정하는 것을 말한다.**[15)]

### 1. 공정가치의 결정

일반적으로 토지와 건물의 공정가치는 공인된 감정평가인의 감정에 의하고 시장에 근거한 증거로 결정된다. 그리고 설비장치와 기계장치의 공정가치는 감정에 의한 시장가치로 한다. 그러나 해당 유형자산의 특수성 때문에 공정가치에 대해 시장에 근거한 증거가 없고, 해당 자산이 계속 사업의 일부로서 거래되는 경우를 제외하고는 거의 거래되지 않는다면, 이익접근법이나 상각후 대체원가법을 사용해서 공정가치를 측정할 필요가 있을 것이다.

### 2. 재평가 빈도

재평가는 보고기간말에 자산의 장부금액이 공정가치와 중요하게 차이가 나지 않도록 주기적으로 수행한다. 즉, 재평가의 빈도는 재평가되는 유형자산의 공정가치 변동에 따라 달라진다. 유의적이고 급격한 공정가치의 변동 때문에 매년 재평가가 필요한 유형자산이 있는 반면, 공정가치의 변동이 경미하여 빈번한 재평가가 필요하지 않아 매 3년이나 5년마다 재평가하는 것으로 충분한 유형자산도 있다.

---

15) 원가모형과 재평가모형 간의 선택 및 변경은 **회계정책의 변경**에 해당된다. 그러나 국제회계기준 도입한 후에 재평가모형을 최초 적용하는 경우에는 회계정책의 변경으로 보지 않고, 재평가모형의 최초 적용연도의 유형자산 장부금액을 공정가치로 수정한다. 즉, 비교표시되는 과거기간의 재무제표를 소급하여 재작성하지 않아도 된다.

## 3. 재평가시 유형자산의 분류

특정 유형자산을 재평가할 때, 해당 자산이 포함되는 유형자산 분류 전체를 재평가한다. 유형자산은 영업상 유사한 성격과 용도로 분류하는데, 기업회계기준서 제1016호(유형자산)에서 예시한 개별 분류로는 ① 토지, ② 토지와 건물, ③ 기계장치, ④ 선박, ⑤ 항공기, ⑥ 차량운반구, ⑦ 집기, ⑧ 사무용비품이 있다.

유형자산별로 선택적 재평가를 하거나 서로 다른 기준일의 평가금액이 혼재된 재무보고를 하는 것을 방지하기 위하여 동일한 분류 내의 유형자산은 동시에 재평가한다. 그러나 재평가가 단기간에 수행되며 계속적으로 갱신된다면, 동일한 분류에 속하는 자산을 순차적으로 재평가할 수 있다.

## 4. 재평가시 회계처리

자산의 장부금액이 재평가로 인하여 증가된 경우에 그 증가액은 기타포괄손익으로 인식하고 재평가잉여금의 과목으로 자본에 가산한다. 그러나 동일한 자산에 대하여 이전에 당기손익으로 인식한 재평가감소액이 있다면 그 금액을 한도로 재평가증가액만큼 당기손익으로 인식한다.

자산의 장부금액이 재평가로 인하여 감소된 경우에 그 감소액은 당기손익으로 인식한다. 그러나 그 자산에 대한 재평가잉여금의 잔액이 있다면 그 금액을 한도로 재평가감소액을 기타포괄손익으로 인식한다. 재평가감소액을 기타포괄손익으로 인식하는 경우 재평가잉여금의 과목으로 자본에 누계한 금액을 감소시킨다.

| 최초 재평가 결과 | 최초 재평가시 회계처리 | 이후 재평가시 회계처리 |
|---|---|---|
| 장부금액의 증가(평가증) | ‘재평가잉여금’ 인식<br>(기타포괄손익) | ① 평가증 : 재평가잉여금 추가 인식<br>② 평가감 : 전기 이전 인식한 재평가잉여금을 우선 감소시키고, 부족분은 재평가손실을 인식 |
| 장부금액의 감소(평가감) | ‘재평가손실’ 인식<br>(당기비용) | ① 평가감 : 재평가손실 추가 인식<br>② 평가증 : 전기 이전 인식한 재평가손실만큼 재평가이익을 인식하고, 부족분은 재평가잉여금을 인식 |

어떤 유형자산 항목과 관련하여 자본에 계상된 재평가잉여금은 **그 자산이 제거될 때** 이익잉여금으로 대체할 수 있다. 자산이 폐기되거나 처분될 때에 재평가잉여금 전부를 이익잉여금으로 대체하는 것이 그러한 경우에 해당될 수 있다. 그러나 기업이 그 자산을 **사용함에 따라** 재평가잉여금의 일부를 대체할 수도 있다. 이러한 경우 재평가된 금액에 근거한 감가상각액과 최초원가에 근거한 감가상각액의 차이가 이익잉여금으로 대체되는 금액이 될 것이다. **재평가잉여금을 이익잉여금으로 대체하는 경우 그 금액은 당기손익으로 인식하지 않는다.**

유형자산을 재평가할 때, 재평가 시점의 감가상각누계액은 다음 중 하나의 방법으로 회계처리한다.

① 재평가 후 자산의 장부금액이 재평가금액과 일치하도록 감가상각누계액과 총장부금액(원가)을 비례적으로 수정하는 방법. 이 방법은 지수를 적용하여 상각 후 대체원가를 결정하는 방식으로 자산을 재평가할 때 흔히 사용된다.

② 총장부금액에서 기존의 감가상각누계액을 모두 제거하여 자산의 순장부금액이 재평가금액이 되도록 수정하는 방법. 이 방법은 건물을 재평가할 때 흔히 사용된다.

감가상각누계액을 수정하거나 제거함에 따라 조정하는 금액은 위의 재평가에 따라 회계처리되는 장부금액의 증감에 포함된다.

### 사례 10 유형자산의 재평가

(1) 결산일이 12월 31일인 ㈜대한은 20×1년 1월 1일에 기계장치 1대 구입
(2) 기계의 취득원가 : ₩100,000 내용연수 5년 잔존가치 없음.
(3) 감가상각방법 : 정액법
(4) 매 회계연도 말에 공정가치로 재평가하는 회계정책을 선택
(5) 회계연도말 기계장치 공정가치
20×1년(₩90,000) 20×2년(₩54,000) 20×3년(₩43,200)

1. 총장부금액과 감가상각누계액을 비례하여 수정하는 방법을 적용하여 20×1년부터 20×3년까지 매 회계기간말 재평가시 회계처리를 하라. 그리고 각 회계연도말 부분재무상태표와 포괄손익계산서(단, 매년 당기순이익은 ₩200,000으로 가정)를 표시하라.
2. (물음1)을 감가상각누계액을 모두 제거하는 방법을 적용하여 답하라.

핵심해설

1. 비례수정법

(1) 20×1년도

① 감가상각비 : ₩100,000÷5년＝₩20,000

② 재평가금액 조정

| | 재평가 전 | 조정 지수 | 재평가 후 금액 |
|---|---|---|---|
| 총장부금액(원가)<br>감가상각누계액 | ₩100,000<br>(₩20,000) | (₩90,000÷₩80,000)<br>＝1.125 | ₩100,000×1.125＝₩112,500<br>(₩20,000)×1.125＝(₩22,500) |
| (순)장부금액 | ₩80,000 | ₩10,000 증가 | ₩90,000 |

③ 회계처리

| | | | |
|---|---|---|---|
| (차) 기 계 장 치 | 12,500 | (대) 감가상각누계액 | 2,500 |
| | | 재평가잉여금 | 10,000 |

④ 부분 재무제표

포괄손익계산서

| | | |
|---|---|---|
| 감가상각비 | 20,000 | |
| 당기순이익 | | 200,000 |
| 기타포괄이익 | | |
| 재평가잉여금 | | 10,000 |
| 총포괄이익 | | 210,000 |

재무상태표

| | | | |
|---|---|---|---|
| 유형자산 | | 자 본 | |
| 기 계 장 치 | 112,500 | 재평가잉여금 | 10,000 |
| 감가상각누계액 | (22,500) | | |
| | 90,000 | | |

⑵ 20×2년도

① 감가상각비 : ₩90,000÷4년=₩22,500

② 재평가금액 조정

| | 재평가 전 | 조정 지수 | 재평가 후 금액 |
|---|---|---|---|
| 총장부금액(원가)<br>감가상각누계액 | ₩112,500<br>(₩45,000) | (₩54,000÷₩67,500)<br>=0.8 | ₩112,500×0.8=₩90,000<br>(₩45,000)×0.8=(₩36,000) |
| (순)장부금액 | ₩67,500 | ₩13,500 감소 | ₩54,000 |

③ 회계처리

| | | | |
|---|---|---|---|
| (차) 감가상각누계액 | 9,000 | (대) 기 계 장 치 | 22,500 |
| 재평가잉여금 | 10,000 | | |
| 재 평 가 손 실 | 3,500 | | |

④ 부분 재무제표

포괄손익계산서

| | | |
|---|---|---|
| 감가상각비 | 22,500 | |
| 재평가손실 | 3,500 | |
| 당기순이익 | | 200,000 |
| 기타포괄손실 | | |
| 재평가잉여금 | | (10,000) |
| 총포괄이익 | | 190,000 |

재무상태표

| | | |
|---|---|---|
| 유형자산 | | 자 본 |
| 기 계 장 치 | 90,000 | |
| 감가상각누계액 | (36,000) | |
| | 54,000 | |

(3) 20×3년도

① 감가상각비 : ₩54,000÷3년＝₩18,000

② 재평가금액 조정

| | 재평가 전 | 조정 지수 | 재평가 후 금액 |
|---|---|---|---|
| 총장부금액(원가)<br>감가상각누계액 | ₩90,000<br>(₩54,000) | (₩43,200÷₩36,000)<br>＝1.2 | ₩90,000×1.2＝₩108,000<br>(₩54,000)×1.2＝(₩64,800) |
| (순)장부금액 | ₩36,000 | ₩7,200 증가 | ₩43,200 |

③ 회계처리

| | | | |
|---|---|---|---|
| (차) 기 계 장 치 | 18,000 | (대) 감가상각누계액 | 10,800 |
| | | 재 평 가 이 익 | 3,500 |
| | | 재 평 가 잉 여 금 | 3,700 |

④ 부분 재무제표

포괄손익계산서

| | | |
|---|---|---|
| 감가상각비 | 18,000 | |
| 재평가이익 | 3,500 | |
| 당기순이익 | | 200,000 |
| 기타포괄이익 | | |
| 재평가잉여금 | | 3,700 |
| 총포괄이익 | | 203,700 |

재무상태표

| | | | |
|---|---|---|---|
| 유형자산 | | 자 본 | |
| 기 계 장 치 | 108,000 | 재평가잉여금 | 3,700 |
| 감가상각누계액 | (64,800) | | |
| | 43,200 | | |

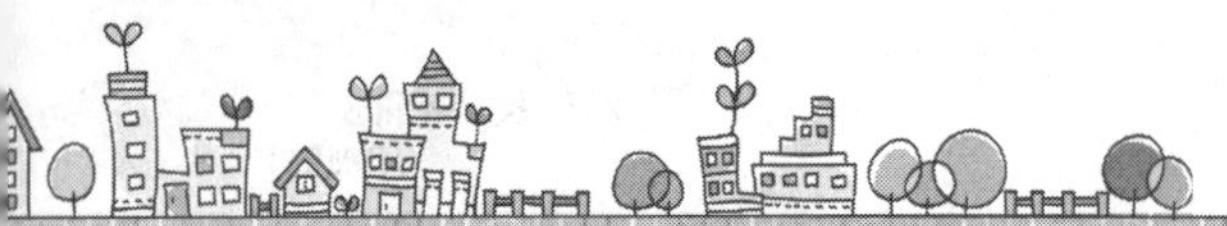

## 2. 감가상각누계액 전액제거법

(1) 20×1년도

① 감가상각비 : ₩100,000÷5년=₩20,000

② 재평가금액 조정

| | 재평가 전 | 조정 금액 | 재평가 후 금액 |
|---|---|---|---|
| 총장부금액(원가) | ₩100,000 | (₩10,000) | ₩90,000 |
| 감가상각누계액 | (₩20,000) | ₩20,000 | – |
| (순)장부금액 | ₩80,000 | ₩10,000 증가 | ₩90,000 |

③ 회계처리

| | | | |
|---|---|---|---|
| (차) 감가상각누계액 | 20,000 | (대) 기 계 장 치 | 10,000 |
| | | 재평가잉여금 | 10,000 |

④ 부분 재무제표

**포괄손익계산서**

| | | |
|---|---|---|
| 감가상각비 | 20,000 | |
| 당기순이익 | | 200,000 |
| 기타포괄손실 | | |
| 재평가잉여금 | | 10,000 |
| 총포괄이익 | | 210,000 |

**재무상태표**

| | | | |
|---|---|---|---|
| 유형자산 | | 자 본 | |
| 기 계 장 치 | 90,000 | 재평가잉여금 | 10,000 |
| 감가상각누계액 | – | | |
| | 90,000 | | |

(2) 20×2년도

① 감가상각비 : ₩90,000÷4년=₩22,500

② 재평가금액 조정

| | 재평가 전 | 조정 지수 | 재평가 후 금액 |
|---|---|---|---|
| 총장부금액(원가) | ₩90,000 | (₩36,000) | ₩54,000 |
| 감가상각누계액 | (₩22,500) | ₩22,500 | – |
| (순)장부금액 | ₩67,500 | ₩13,500 감소 | ₩54,000 |

③ 회계처리

| | | | |
|---|---|---|---|
| (차) 감가상각누계액 | 22,500 | (대) 기 계 장 치 | 36,000 |
| 재평가잉여금 | 10,000 | | |
| 재 평 가 손 실 | 3,500 | | |

④ 부분 재무제표

**포괄손익계산서**

| | | |
|---|---|---|
| 감가상각비 | 22,500 | |
| 재평가손실 | 3,500 | |
| 당기순이익 | | 200,000 |
| 기타포괄손실 | | |
| 재평가잉여금 | | (10,000) |
| 총포괄이익 | | 190,000 |

**재무상태표**

| | | |
|---|---|---|
| 유형자산 | | 자　본 |
| 기계장치 | 54,000 | |
| 감가상각누계액 | － | |
| | 54,000 | |

(3) 20×3년도

① 감가상각비 : ₩54,000÷3년＝₩18,000

② 재평가금액 조정

| | 재평가 전 | 조정 지수 | 재평가 후 금액 |
|---|---|---|---|
| 총장부금액(원가) | ₩54,000 | (₩10,800) | ₩43,200 |
| 감가상각누계액 | (₩18,000) | ₩18,000 | － |
| (순)장부금액 | ₩36,000 | ₩7,200 증가 | ₩43,200 |

③ 회계처리

| | | | |
|---|---|---|---|
| (차) 감가상각누계액 | 18,000 | (대) 기 계 장 치 | 10,800 |
| | | 재 평 가 이 익 | 3,500 |
| | | 재평가잉여금 | 3,700 |

④ 부분 재무제표

**포괄손익계산서**

| | | |
|---|---|---|
| 감가상각비 | 18,000 | |
| 재평가이익 | 3,500 | |
| 당기순이익 | | 200,000 |
| 기타포괄이익 | | |
| 재평가잉여금 | | 3,700 |
| 총포괄이익 | | 203,700 |

**재무상태표**

| | | | |
|---|---|---|---|
| 유형자산 | | 자 본 | |
| 기계장치 | 43,200 | 재평가잉여금 | 3,700 |
| 감가상각누계액 | − | | |
| | 43,200 | | |

## 06절 유형자산의 손상과 제거

### 1. 유형자산의 손상차손

유형자산을 취득하여 사용하던 중 유형자산의 진부화, 물리적 손상, 시장가치하락 등의 원인으로 인해 **자산의 회수가능액이 장부금액에 미달한 경우에는 당해 자산의 장부금액을 회수가능액으로 감소시키고 동 차액은 유형자산손상차손으로 하여 당기손실처리하여야 한다.**[16)]

16) 기업회계기준서 제1036호(자산손상)에서는 자산손상을 시사하는 징후가 있는지를 검토할 때는 최소한 다음 사항들을 고려하여야 한다고 규정하고 있다. (외부정보)
 ① 회계기간 중에 자산의 시장가치가 시간의 경과나 정상적인 사용에 따라 하락할 것으로 기대되는 수준보다 중요하게 더 하락하였다.
 ② 기업 경영상의 기술·시장·경제·법률 환경이나 해당 자산을 사용하여 재화나 용역을

## (1) 회수가능액의 측정

**회수가능액(recoverable amount)은 순공정가치와 사용가치 중 큰 금액으로 결정한다.**

여기서 **순공정가치(fair value less costs to sell)**란 합리적인 판단력과 거래의사가 있는 독립된 당사자 사이의 거래에서 자산의 매각으로부터 수취할 수 있는 금액에서 처분부대원가를 차감한 금액을 말한다. 구속력 있는 매매계약이 없더라도 자산이 활성거래시장에서 거래된다면 순공정가치는 시장가격(매입호가 혹은 최근 거래가격)에서 처분부대원가를 차감한 금액이 된다. 또한 자산에 대하여 구속력 있는 매매계약이나 활성거래시장이 없는 경우에도 이용가능한 최선의 정보에 근거하여 순공정가치를 결정한다. 이 때 동종산업 내에서 근래에 있었던 유사한 자산의 거래결과를 고려한다. 순공정가치는 경영진이 불가피하게 자산을 즉시 매각하여야 하는 경우를 제외하고는 강제매각을 반영하지 아니한다.

한편 자산의 **사용가치(value in use)**는 자산의 계속적인 사용과 최종 처분에서 기대되는 미래 현금유입과 현금유출을 추정하여 적절한 할인율로 할인한 현재가치를 말한다. 이 때 미래현금흐름을 추정할 때, 재무활동으로부터의 현금 유입이나 유출 및 법인세환급액 또는 법인세납부액은 포함하지 않는다.

회수가능액을 측정할 때에 항상 순공정가치와 사용가치 모두를 추정할 필요는 없다. 왜냐하면 순공정가치나 사용가치 중 하나의 금액이 장부금액을 초과한다면 자산이 손상되지 않았으므로 다른 금액을 추정할 필요가 없기 때문이다.

---

공급하는 시장에서 기업에 불리한 영향을 미치는 중요한 변화가 회계기간 중에 발생하였거나 가까운 미래에 발생할 것으로 예상된다.

③ 시장이자율(시장에서 형성되는 그 밖의 투자수익률을 포함한다. 이하 같다)이 회계기간 중에 상승하여 자산의 사용가치를 계산하는 데 사용되는 할인율에 영향을 미쳐 자산의 회수가능액을 중요하게 감소시킬 가능성이 있다.

④ 기업의 순자산 장부금액이 당해 시가총액보다 크다. (내부정보)

⑤ 자산이 진부화되거나 물리적으로 손상된 증거가 있다.

⑥ 회계기간 중에 기업에 불리한 영향을 미치는 중요한 변화가 자산의 사용범위 및 사용방법에서 발생하였거나 가까운 미래에 발생할 것으로 예상된다. 이러한 변화에는 자산의 유휴화, 당해 자산을 사용하는 영업부문을 중단하거나 구조조정하는 계획, 예상 시점보다 앞서 자산을 처분하는 계획 그리고 비한정 내용연수를 유한 내용연수로 재평가하는 것 등을 포함한다.

⑦ 자산의 경제적 성과가 기대수준에 미치지 못하거나 못할 것으로 예상되는 증거를 내부보고를 통해 얻을 수 있다.

순공정가치는 자산이 활성거래시장에서 거래되지 않아도 결정할 수 있다. 그러나 합리적인 판단력과 거래의사가 있는 독립된 당사자 사이의 거래에서 자산의 매각으로부터 수취할 수 있는 금액을 신뢰성 있게 추정할 근거가 없어서 순공정가치를 결정하지 못한다면 당해 자산의 회수가능액은 사용가치로 측정할 수 있다.

### (2) 손상차손 및 손상차손환입의 인식

#### 1) 원가모형 적용시

손상징후가 있고 회수가능액이 당해 유형자산의 장부금액에 미달한다면 장부금액을 회수가능액으로 감소시키고 손상차손을 계상하여 당기손익으로 인식한다.

손상차손은 감가상각비 계상과 동일하게 손상차손누계액으로 계상하여 당해 유형자산에서 차감하는 형식으로 표시한다. 따라서 원가모형에서 어느 시점의 장부금액은 원가에서 감가상각누계액과 손상차손누계액을 차감한 금액이 된다.

손상차손을 인식한 후에 회계기말에 측정된 회수가능액이 장부금액보다 크다면 손상차손환입을 계상하여 당기손익으로 인식한다. 그러나 **손상차손환입은 과거에 손상차손을 인식하기 전 장부금액의 감가상각 또는 상각 후 잔액을 초과할 수 없다.** 즉, 손상차손을 인식하지 않았다면 계상되었을 장부금액을 초과하여 손상차손환입을 인식할 수 없다.

#### 2) 재평가모형 적용시

유형자산에 재평가모형을 적용하는 경우에도 손상차손 발생여부를 검토하여야 한다. **재평가모형으로 유형자산을 평가한 후에 발생된 손상차손은 이미 계상된 재평가잉여금이 있다면 이를 우선 감소시키고, 그 초과액은 손상차손으로 인식하여 당기손익에 반영한다.** 한편 **손상차손을 인식한 후에 손상차손환입을 인식하는 경우에는 과거년도에 당기손익으로 인식한 손상차손 부분까지는 당기손익(손상차손환입)으로 인식하고, 그 초과액은 한도액 없이 재평가잉여금을 증가시킨다.**[17]

유형자산에 대하여 손상차손 또는 손상차손환입을 인식한 후에는 수정된 장부금액에서 잔존가치를 차감한 금액을 잔여 내용연수에 걸쳐 전진적으로 감가상각을 한다.

---

17) 재평가시의 적용되는 공정가치와 손상차손 인식할 때의 회수가능액이 정확하게 일치하지 않지만 거의 유사할 것이다. 따라서 재평가와 손상차손 인식을 동시에 적용하는 것은 실익이 없을 것으로 생각된다.

### (3) 손상차손에 대한 보상

손상, 소실 또는 포기된 유형자산에 대해 제3자로부터 보상금을 받는 경우가 있다. 이 경우 **보상금은 수취할 권리가 발생하는 시점에 당기손익으로 반영**한다.

유형자산과 관련된 손상차손이나 기타 손실, 제3자에 대한 보상청구나 그 보상금의 수령 그리고 대체 유형자산의 매입이나 건설은 각각 구분되는 경제적 사건이므로 다음과 같이 분리하여 회계처리한다.

① 유형자산의 손상은 기업회계기준서 제1036호(자산손상)에 따라 인식한다.

② 폐기되거나 처분되는 유형자산은 후술하는 유형자산 제거에 따라 회계처리한다.

③ 손상, 소실 또는 포기된 유형자산에 대해 제3자에게서 받는 보상금은 수취할 권리가 발생하는 시점에 당기손익으로 반영한다.

④ 대체 목적으로 복구, 매입 또는 건설된 유형자산의 원가는 기업회계기준서 제1016호(유형자산)에 따라 결정한다.

**사례 11 유형자산의 손상차손**

20×0년 말에 제일㈜가 소유하고 있는 기계장치의 취득원가는 ₩25,000,000이고 감가상각누계액은 ₩5,000,000이다. 당사는 동 기계장치에 대하여 내용연수 5년, 잔존가액 ₩0, 정액법으로 상각한다. 20×1년도 중에 새로운 기계장치의 개발로 동 기계장치가 진부화되어 20×1년말 회수가능액은 ₩10,500,000으로 평가되었으며, 3년 후에는 처분할 계획이다. 그러나 20×3년도 초에 ₩6,000,000의 자본적 지출로 인하여 회수가능액이 ₩17,500,000으로 평가되었다.

1. 원가모형 적용시, 20×1년부터 20×3년까지의 기계장치와 관련된 회계처리를 하라.
2. 감가상각누계액을 전액 제거하는 방법으로 재평가모형을 적용할 경우, 20×1년부터 20×3년까지의 기계장치와 관련된 회계처리를 하라. (단, 20×0년도 말 기계장치의 공정가치가 ₩21,000,000이고, 각 년도말 회수가능액과 공정가치는 동일하다고 가정한다)

핵심해설

1. 원가모형을 적용하는 경우

〈20×1년도〉

| | | | |
|---|---|---|---|
| (차) 감가상각비* | 5,000,000 | (대) 감가상각누계액 | 5,000,000 |
| (차) 기계장치손상차손** | 4,500,000 | (대) 손상차손누계액 | 4,500,000 |

* ₩25,000,000÷5년=₩5,000,000

** (₩25,000,000−₩5,000,000−₩5,000,000)−₩10,500,000=₩4,500,000

〈20×2년도〉

| | | | |
|---|---|---|---|
| (차) 감가상각비 | 3,500,000 | (대) 감가상각누계액 | 3,500,000 |

* ₩10,500,000÷3년=₩3,500,000

〈20×3년도〉

| | | | |
|---|---|---|---|
| (차) 기 계 장 치 | 6,000,000 | (대) 현 금 | 6,000,000 |
| (차) 손상차손누계액 | 3,000,000 | (대) 기계장치손상차손환입 | 3,000,000* |
| (차) 감가상각비 | 8,000,000** | (대) 감가상각누계액 | 8,000,000 |

− 손상차손을 하지 않았을 경우 장부가액

₩25,000,000−₩15,000,000+₩6,000,000=₩16,000,000

− 손상차손후 장부가액(20×3년도 기초 장부가액)

₩25,000,000−₩13,500,000(감가상각비)−₩4,500,000(손상차손)
+₩6,000,000(자본적지출)=₩13,000,000

* 손상차손환입액=₩16,000,000−₩13,000,000=₩3,000,000

** (₩13,000,000+₩3,000,000)×1/2=₩8,000,000

2. 재평가모형을 적용하는 경우

〈20×1년도〉

| | | | |
|---|---|---|---|
| (차) 감가상각비* | 5,250,000 | (대) 감가상각누계액 | 5,250,000 |
| (차) 재평가잉여금 | 1,000,000 | (대) 손상차손누계액 | 5,250,000 |
| 기계장치손상차손** | 4,250,000 | | |

* ₩21,000,000÷4년=₩5,250,000

** (₩21,000,000−₩5,250,000)−₩10,500,000=₩5,250,000 (손상차손)

재평가잉여금 잔액 ₩1,000,000을 우선 차감하고 그 부족분은 당기손익(손상차손)으로 인식

〈20×2년도〉

| | | | |
|---|---|---|---|
| (차) 감가상각비 | 3,500,000 | (대) 감가상각누계액 | 3,500,000 |

* ₩10,500,000÷3년=₩3,500,000

〈20×3년도〉

| | | | |
|---|---|---|---|
| (차) 기 계 장 치 | 6,000,000 | (대) 현 금 | 6,000,000 |

| | | | |
|---|---|---|---|
| (차) 손상차손누계액 | 4,500,000 | (대) 기계장치손상차손환입 | 4,250,000* |
| | | 재평가잉여금 | 250,000 |
| (차) 감가상각비 | 8,750,000** | (대) 감가상각누계액 | 8,750,000 |

* 손상차손후 장부가액(20×3년도 기초 장부가액)

₩21,000,000－₩8,750,000(감가상각비)－₩5,250,000(손상차손)＋₩6,000,000(자본적지출) ＝₩13,000,000

－손상차손환입액＝₩17,500,000－₩13,000,000＝₩4,500,000

－과거에 손상차손으로 인식한 ₩4,250,000 은 손상차손환입으로 인식하고, 초과액은 재평가잉여금으로 처리한다.

** (₩13,000,000＋₩4,500,000)÷2년＝₩8,750,000

### ⑷ 현금창출단위의 손상차손 및 손상차손환입

현금창출단위(또는 영업권이나 공동자산이 배분된 최소 현금창출단위집단)의 회수가능액이 장부금액에 미달하는 경우에도 손상차손을 인식하여야 한다. 이때 손상차손은 다음과 같은 순서로 배분하여 현금창출단위(또는 현금창출단위집단)에 속하는 자산의 장부금액을 감소시킨다.

① 우선, 현금창출단위(또는 현금창출단위집단)에 배분된 영업권의 장부금액을 감소시킨다.

② 그 다음 현금창출단위(또는 현금창출단위집단)에 속하는 다른 자산에 각각 장부금액에 비례하여 배분한다. 이러한 장부금액의 감소는 개별 자산의 손상차손으로 회계처리하고, 즉시 당기손익으로 인식한다. 다만 자산이 재평가모형에 따라 재평가금액을 장부금액으로 하는 경우에는 재평가되는 자산의 손상차손은 재평가감소액으로 처리한다.

그러나 현금창출단위(또는 현금창출단위집단)의 손상차손을 배분할 때 개별 자산의 장부금액은 다음 중 가장 큰 금액 이하로 감소시킬 수 없다.

① 순공정가치(결정가능한 경우)

② 사용가치(결정가능한 경우)

③ 영(0)

이러한 제약으로 인해 특정 자산에 배분되지 않은 손상차손은 현금창출단위(또는 현금창출단위집단) 내의 다른 자산에 각각 장부금액에 비례하여 배분한다.

그리고 현금창출단위에서 발생한 손상차손을 위와 같이 배분하여 인식한 후 잔여 손상차손이 있다면 다른 한국채택국제회계기준서에서 특별히 정하고 있는 경우에 한하여 부채로 인식한다.

한편 현금창출단위의 손상차손환입은 현금창출단위를 구성하는 자산들(영업권은 손상차손을 환입할 수 없으므로 제외)의 장부금액에 비례하여 배분한다. 이러한 장부금액의 증가는 개별 자산의 손상차손환입으로 회계처리하고, 즉시 당기손익으로 인식한다.

현금창출단위의 손상차손환입을 배분할 때 개별 자산의 장부금액은 다음 중 작은 금액을 초과하여 증가시킬 수 없다.

① 회수가능액(결정가능한 경우)

② 과거기간에 손상차손을 인식하지 않았다면 현재 기록되어 있을 장부금액 (감가상각 또는 상각 후)

이러한 제약으로 인해 특정 자산에 배분되지 않은 손상차손환입액은 현금창출단위 내의 영업권을 제외한 다른 자산에 각각 장부금액에 비례하여 배분한다.

### 사례 12 현금창출단위의 손상차손

20×1년 말 갑회사의 A사업부가 보유하고 있는 비화폐성자산은 다음과 같다. 갑회사는 모든 비화폐성자산에 대하여 원가모형을 적용하고 있다.

| 비화폐성항목 | 장부금액 | 회수가능액 |
|---|---|---|
| 건　　물 | ₩ 8,000,000 | ₩5,000,000 |
| 차량운반구 | ₩ 2,000,000 | ? |
| 영 업 권 | ₩ 2,000,000 | ? |
| 계 | ₩12,000,000 | ₩7,000,000 |

1. 20×1년 말 경기하락으로 인하여 A사업부의 사업이 극히 부진하였으며, 20×1년 말 A사업부의 회수가능액은 ₩7,000,000으로 추정되었다. 손상차손을 인식한 후 A사업부의 각 비화폐성자산의 장부가액은 각각 얼마인가?
2. 위의 사례에서 만약 건물의 회수가능액이 ₩6,000,000이라고 추정된다면, 손상차손을 인식한 후 A사업부의 각 비화폐성자산의 장부가액은 각각 얼마인가?

핵심해설

1. 손상차손의 배부순서

영업권의 장부금액을 먼저 감소시키고, 그 다음 다른 자산에 각각 장부금액에 비례하여 배분한다. 그러나 개별자산의 회수가능액 이하로 감소시킬 수 없으며, 특정자산에 배부되지 않은 손상차손은 다른 자산에 각각 장부금액에 비례하여 배부한다.

① 손상차손 : ₩12,000,000－₩7,000,000＝₩5,000,000

② 영업권에 배부되는 손상차손 : ₩2,000,000

③ 건물에 배부되는 손상차손 : $(₩5,000,000-₩2,000,000)\times\dfrac{₩8,000,000}{₩8,000,000+₩2,000,000}$

＝₩2,400,000(손상차손 배분후 회수가능액 한도 조건 만족됨)

④ 차량운반구에 배부되는 손상차손 : ₩5,000,000－₩2,000,000－₩2,400,000＝₩600,000

| 비화폐성항목 | 장부금액 | 손상차손 배분 | 손상차손 배분후 장부금액 |
|---|---|---|---|
| 건 물 | ₩ 8,000,000 | ₩2,400,000 | **₩5,600,000** |
| 차량운반구 | ₩ 2,000,000 | 600,000 | **1,400,000** |
| 영 업 권 | ₩ 2,000,000 | 2,000,000 | – |
| 계 | ₩12,000,000 | ₩5,000,000 | **₩7,000,000** |

2. 건물의 회수가능액이 ₩6,000,000 이라고 추정되는 경우

손상차손을 배부한 후의 건물의 금액이 회수가능액보다 작아지므로, 회수가능액 이하로 배부된 손상차손은 차량운반구에게 배부하여야 한다.

① 영업권에 배부되는 손상차손 : ₩2,000,000

② 건물에 배부되는 손상차손 : ₩2,000,000(손상차손은 회수가능액 한도 까지만 배부됨)

③ 차량운반구에 배부되는 손상차손 : ₩5,000,000－₩2,000,000－₩2,000,000＝₩1,000,000

| 비화폐성항목 | 장부금액 | 손상차손 배분 | 손상차손 배분후 장부금액 |
|---|---|---|---|
| 건 물 | ₩ 8,000,000 | ₩2,000,000 | **₩6,000,000** |
| 차량운반구 | ₩ 2,000,000 | 1,000,000 | **1,000,000** |
| 영 업 권 | ₩ 2,000,000 | 2,000,000 | – |
| 계 | ₩12,000,000 | ₩5,000,000 | **₩7,000,000** |

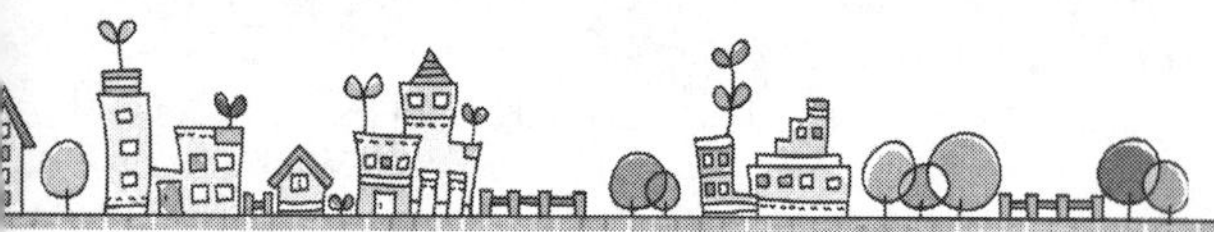

## 2. 유형자산의 제거

유형자산의 장부금액은 당해 자산을 처분하거나 사용이나 처분을 통하여 더 이상 미래경제적 효익이 기대되지 않을 때 제거한다. 유형자산의 제거로 인하여 발생하는 손익은 당기손익으로 인식하지만, 제거이익은 수익으로 분류하지 아니한다.

전술한 인식원칙에 따라 유형자산 항목의 일부에 대한 대체원가를 자산의 장부금액으로 인식하는 경우, 대체되는 부분이 별도로 분리되어 상각되었는지 여부와 관계없이 대체된 부분의 장부금액은 제거한다. 대체된 부분의 장부금액을 결정하는 것이 실무적으로 불가능한 경우에는, 대체된 부분을 취득하거나 건설한 시점의 원가를 추정하기 위한 지표로 그 대체원가를 사용할 수도 있다.

**유형자산의 제거로 인하여 발생하는 손익은 순매각금액(처분대가 - 관련처분비용)과 장부금액(유형자산의 원가 - 감가상각누계액 - 손상차손누계액 - 정부보조금)의 차이로 결정한다.** 유형자산의 처분대가는 최초에 공정가치로 인식한다. 유형자산에 대한 지급이 지연되면, 처분대가는 최초에 현금가격상당액으로 인식한다. 처분대가의 명목금액과 현금가격상당액의 차이는 처분으로 인하여 받을 금액에 유효이자율을 반영하여 이자수익으로 인식한다. 또한 당해 연도의 감가상각이 미기록되었을 경우에는 처분시점까지의 감가상각액을 먼저 계상한 후에 장부가액을 산출하여야 한다.

한편 전술한 바와 같이 재평가모형을 적용한 유형자산을 제거할 때에는 자본에 계상된 재평가잉여금은 이익잉여금으로 대체할 수 있다.

## 사례 13 유형자산의 제거

다음 자료와 같을 때 처분시 필요한 회계처리를 제시하라.

(1) ㈜남북은 20×0년 초에 취득하여 사용해 오던 건물(취득원가 ₩1,000,000, 감가상각누계액 ₩720,000, 정액법 감가상각)을 20×6년 9월 1일에 현금으로 ₩250,000을 받고 처분하였다.
(2) ㈜남북의 결산일은 매년 12월 31일이라고 가정한다.

**핵심해설**

**1. 처분일까지의 감가상각**

| | | | | |
|---|---|---|---|---|
| (차) 감가상각비 | 80,000 | | (대) 감가상각누계액 | 80,000 |

* 당해 연도의 감가상각이 미기록되었을 경우에는 처분시점까지의 감가상각액을 먼저 계상한 후에 장부가액을 산출하여야 한다. ㈜남북은 6년동안 정액법으로 ₩720,000 상각하였으므로 연 감가상각비는 ₩120,000이다.
∴ ₩120,000×8/12＝₩80,000

**2. 처분시 분개**

| | | | | |
|---|---|---|---|---|
| (차) 현 금 | 250,000 | | (대) 건 물 | 1,000,000 |
| 감가상각누계액 | 800,000 | | 유형자산처분이익 | 50,000 |

** 처분시 분개는 감가상각누계액이 ₩800,000(₩720,000＋₩80,000)이 되고 현금을 ₩250,000 수령하였으므로 건물처분에 따른 이익은 ₩50,000이 된다.

## OX 문제

1 안전 또는 환경상의 이유로 취득하는 유형자산은 다른 자산에서 미래 경제적 효익을 얻기 위하여 필요하더라도 그 자체로는 직접적인 미래경제적 효익을 얻을 수 없으므로 자산으로 인식할 수 없다.

2 건설이 시작되기 전에 건설용지를 일시적으로 주차장 용도로 사용함에 따라 수익이 획득되는 경우 그 수익금액은 유형자산의 원가에서 차감한다.

3 새로운 건물을 신축하기 위하여, 사용하고 있던 건물을 철거하는 경우에는 그 건물의 장부가액과 철거비용은 당기비용으로 처리한다.

4 상업적실질이 결여되지 않은 비화폐성자산 간의 교환거래시, 취득한 자산이나 제공한 자산의 공정가치를 신뢰성 있게 결정할 수 있다면 취득한 자산의 원가를 제공한 자산의 공정가치로 측정한다.

5 자산취득과 관련된 정부보조금은 재무상태표에 당해 자산의 장부금액에서 차감하여 표시하고, 감가상각자산의 내용연수에 걸쳐 감가상각비를 감소시키는 방법으로 당기손익으로 인식한다.

6 상환의무가 발생하게 된 정부보조금은 보조금이 없었더라면 표시되어야 할 내용으로 과년도 재무제표를 소급하여 재작성하고, 자산의 손상 가능성이 있는지를 고려해야 한다.

7 적격자산의 취득, 건설 또는 생산과 관련된 차입원가는 당해 자산 원가의 일부로 자본화하여야 하지만, 선택적으로 당기비용으로 처리할 수도 있다.

8 적격자산의 건설활동을 여러 부분으로 나누어 완성하고, 남아있는 부분의 건설활동을 계속 진행하고 있더라도 이미 완성된 부분이 사용가능하다면 그 완성된 부분에 대한 차입원가의 자본화를 종료한다.

9 유형자산의 일부를 대체할 때 발생하는 원가가 인식기준을 충족하는 경우에는 이를 해당 유형자산의 장부금액에 포함하여 인식하고, 대체되는 부분의 장부금액은 내용연수 잔여기간에 걸쳐서 계속 감가상각한다.

10 기업은 원가모형이나 재평가모형 중 하나를 회계정책으로 선택하여 적용할 수 있지만, 유형자산별로 서로 다른 평가모형을 선택해서는 안된다. 예를 들면, 건물에 대하여는 원가모형을 적용하고 토지만 재평가모형을 적용해서는 안된다.

11 유형자산의 장부금액이 재평가로 인하여 증가 또는 감소되는 경우에는 재평가잉여금의 증가 또는 감소로 처리한다.

12 자산손상시 적용되는 회수가능액은 자산의 순공정가치와 사용가치 중 큰 금액으로 정의한다.

13 자산손상을 시사하는 징후가 있다면 개별 자산별로 회수가능성을 추정한다. 그러나 개별 자산의 회수가능성을 추정할 수 없다면 그 자산이 속하는 현금창출단위(자산의 현금창출단위)의 회수가능액을 결정한다.

14 손상차손을 인식한 후에 회계기말에 측정된 회수가능액이 장부금액보다 크다면 손상차손환입을 계상하여 당기손익으로 인식한다.

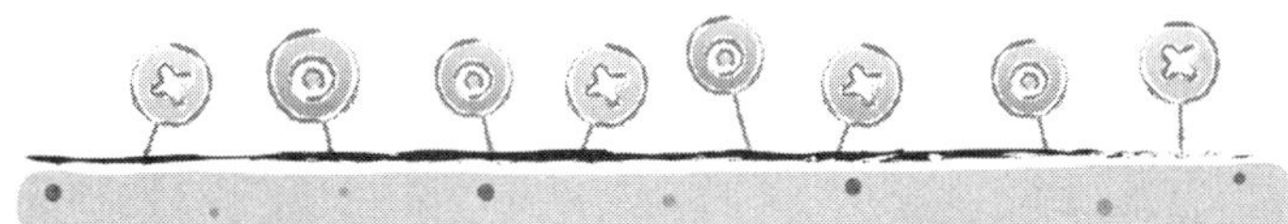

# 객 관 식 문 제

**01** ㈜번영산업은 20×1년 10월 1일에 기계설비(취득원가 ₩7,000,000, 내용연수 5년, 잔존가치 ₩1,000,000)를 구입하면서 산업시설 및 기계 등의 설치 및 구입으로 사용목적이 제한된 상환의무가 없는 정부보조금 ₩2,400,000을 보조받았다. 20×3년 12월 31일 현재 당해 기계설비의 장부가액은 얼마인가? 단, ㈜번영산업은 당해 기계설비에 대하여 정액법을 사용하여 월할기준으로 감가상각하며, 자산관련 정부보조금은 자산의 장부금액을 결정할 때 차감하여 표시한다. ➤ 공인회계사 수정

① ₩1,960,000　② ₩2,980,000　③ ₩3,400,000
④ ₩3,640,000　⑤ ₩4,300,000

**02** 다음의 교환거래가 상업적 실질이 있는 경우와 상업적 실질이 결여된 경우 ㈜대건이 인식할 신형 건설장비의 취득원가는 각각 얼마인가? ➤ 공인회계사 수정

> (1) ㈜대건은 사용하던 건설장비를 제공하고 동일기능의 신형 건설장비와 교체하였다.
> (2) 사용하던 건설장비는 ₩38,000,000에 취득하였으며, 교체시점에서 감가상각누계액은 ₩26,000,000이고, 공정가치는 ₩16,000,000이다.
> (3) 신형 건설장비의 판매가격은 ₩17,000,000이며 사용하던 건설장비의 공정가치를 인정받아 ₩1,000,000의 현금을 지급하고 신형 건설장비를 취득하였다.

| | 상업적 실질이 있는 경우 | 상업적 실질이 결여된 경우 |
|---|---|---|
| ① | ₩13,000,000 | ₩12,000,000 |
| ② | ₩16,000,000 | ₩12,000,000 |
| ③ | ₩16,000,000 | ₩13,000,000 |
| ④ | ₩17,000,000 | ₩12,000,000 |
| ⑤ | ₩17,000,000 | ₩13,000,000 |

03 다음은 ㈜기원의 자료이다.

(1) ㈜기원은 20×1년 7월 1일 본사 사무실로 사용하기 위한 건물을 부수토지와 함께 ₩100,000,000에 취득하였다.
(2) 취득당시 건물과 토지의 공정가액은 각각 ₩30,000,000과 ₩90,000,000이었다.
(3) 건물의 추정내용연수는 10년이며 추정 잔존가액은 없다.
(4) 건물의 감가상각방법은 정액법을 사용한다.
(5) 20×3년중 주변 공사현장에서의 발파작업 등의 영향으로 ㈜기원의 건물에 상당한 변형을 초래하여, 20×3년 12월 말 결산시점에 동 건물의 시장가치는 ₩9,000,000으로 현저히 하락하였다.
(6) 건물의 사용으로 기대되는 미래현금흐름의 합계액은 ₩20,000,000이고, 이 미래현금흐름의 현재가치는 ₩16,000,000이다.

건물과 관련한 감가상각 및 손상차손 회계처리가 ㈜기원의 20×3년도 당기순이익에 미치는 영향은 얼마인가? 단, 법인세 효과는 무시한다. ➤ 공인회계사 수정

① 영향 없음 ② ₩ 2,500,000 감소 ③ ₩ 3,000,000 감소
④ ₩ 5,250,000 감소 ⑤ ₩12,150,000 감소

04 12월 말 결산법인인 ㈜진솔은 20×1년 초 사옥 건설을 위한 공사가 시작되어 20×1년 말 현재 공사가 계속 진행 중이다. 회사가 20×1년중 사옥건설을 위해 지출한 공사비 내역과 20×1년 말 현재 부담하고 있는 차입금 내역은 다음과 같다.

(1) 20×1년중 공사비 지출 내역

| 지출일자 | 지출금액 |
|---|---|
| 3월 1일 | ₩4,800,000 |
| 10월 1일 | ₩8,000,000 |

(2) 20×1년 말 차입금 내역

| 차입금종류* | 차입금액 | 차입일자 | 연이자율 |
|---|---|---|---|
| A | ₩3,000,000 | 20×1년 11월 1일 | 12% |
| B | ₩1,200,000 | 20×1년 3월 1일 | 10% |
| C | ₩4,000,000 | 20×0년 4월 1일 | 13% |

* 차입금 A는 사옥건설을 위해 개별적으로 차입되었으며, 차입금 B와 차입금 C는 일반목적 차입금이다.

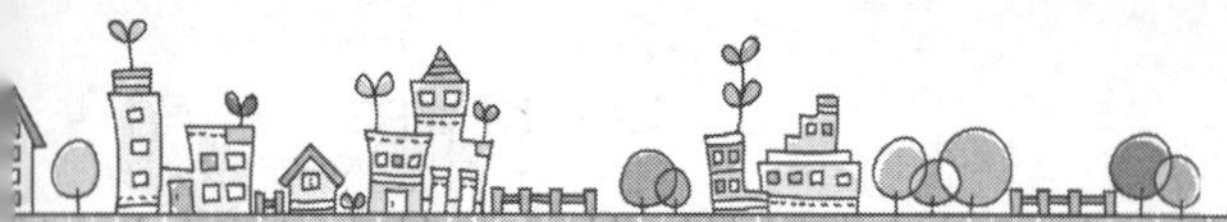

위의 자료를 이용하여 ㈜진솔이 20×1년에 자본화할 수 있는 금융비용은 얼마인가? 단, 연평균 지출액 및 연평균 차입금 계산은 월단위 기준으로 계산한다. ➤ 공인회계사 수정

① ₩620,000 ② ₩637,875 ③ ₩680,000
④ ₩810,000 ⑤ ₩990,000

05 다음과 같은 회계변경으로 인하여 ㈜한라의 20×3년의 전기이월미처분이익잉여금에 미치는 영향과 20×3년 감가상각비 계상액은 각각 얼마인가? 단, 회계변경은 정당하다고 가정하며, 법인세효과는 무시한다. ➤ 공인회계사 수정

(1) 12월 말 결산법인인 ㈜한라는 20×1년 7월 1일 기계장치를 ₩50,000,000에 취득하였다.
(2) 기계장치의 내용연수는 5년, 잔존가액은 ₩5,000,000으로 추정하였으며, 감가상각방법으로는 연수합계법을 사용하였다.
(3) 20×3년 12월 31일 결산시 ㈜한라는 상기 기계장치를 20×7년 12월 31일까지 사용할 수 있고, 잔존가액은 없는 것으로 다시 추정하였다. 또한 이와 동시에 감가상각방법도 정액법으로 변경하였다.

| | 전기이월미처분이익잉여금 | 당기순이익 |
|---|---|---|
| ① | 영향 없음 | ₩9,100,000 |
| ② | ₩3,000,000 증가 | ₩9,100,000 |
| ③ | 영향 없음 | ₩5,800,000 |
| ④ | ₩3,000,000 감소 | ₩5,800,000 |
| ⑤ | 영향 없음 | ₩15,166,667 |

06 다음 자료에 대한 아래의 설명 중 옳지 않은 것은? ➤ 공인회계사 수정

(1) ㈜광주는 20×1년 1월 1일 현금 ₩1,100,000을 지급하고 건물을 취득하였다.
(2) ㈜광주는 동 건물에 대하여 내용연수는 10년, 잔존가치는 ₩100,000으로 추정하였으며 감가상각방법은 정액법을 사용하기로 하였다.
(3) 20×3년 말 동 건물의 시장가치가 현저히 하락하여 ㈜광주는 자산손상을 인식하기로 하였다.
(4) 20×3년 말 현재 건물의 회수가능가액은 ₩590,000이다.
(5) 이후 20×6년 말 건물의 회수가능가액은 ₩520,000인 것으로 나타났다.

① 20×3년 말 자산손상을 인식하기 전의 건물 장부가액은 ₩800,000이다.
② 20×4년 감가상각비는 ₩70,000이다.
③ 20×5년 말 감가상각누계액은 ₩440,000이다.
④ 20×6년 말 유형자산손상차손환입액은 ₩140,000이다.
⑤ 20×7년 감가상각비 금액은 20×3년의 감가상각비 금액과 동일하다.

07 다음은 ㈜동방의 자료이다.

(1) ㈜동방은 20×1년 1월 1일 저유설비를 신축하기 위하여 기존건물이 있는 토지를 ₩1,000,000에 취득하였다.
(2) 기존건물의 철거 비용으로 ₩200,000이 발생하였다.
(3) 20×1년 7월 1일 저유설비 신축을 완료하고, 그 신축대가로 ₩800,000을 지급하였다.
(4) 이 저유설비의 잔존가액은 ₩20,000, 내용연수는 10년으로 추정되었으며 정액법으로 감가상각을 한다.

신축완료시점에 동 저유설비와 관련하여 복구충당부채 ₩288,600을 설정하였다면 20×1년도 당기손익에 영향을 미치는 금액은 얼마인가? (단, 무위험이자율에 ㈜동방의 신용위험을 고려하여 산출된 할인율은 연 8%이다. 또한 감가상각은 월단위로 한다)

➤ 공인회계사 수정

① ₩53,430　② ₩64,974　③ ₩74,974
④ ₩76,518　⑤ ₩264,974

08 다음 중 올바르지 못한 설명은 어느 것인가?

(1) ㈜한국(결산일 12월 31일)은 20×1년 1월 1일 건물(취득원가 ₩1,000,000, 잔존가치 없음, 내용연수 5년)을 취득하였다.
(2) ㈜한국은 정액법을 적용하여 감가상각하고, 재평가모형을 사용하고 있다.
(3) 재평가손익을 인식할 때는 감가상각누계액과 총장부금액을 비례적으로 수정하는 방법을 사용한다.
(4) 각 회계연도 말 현재 건물의 공정가치가 다음과 같다.

| 20×1. 12. 31. | 20×2. 12. 31. | 20×3. 12. 31. |
|---|---|---|
| ₩880,000 | ₩528,000 | ₩369,600 |

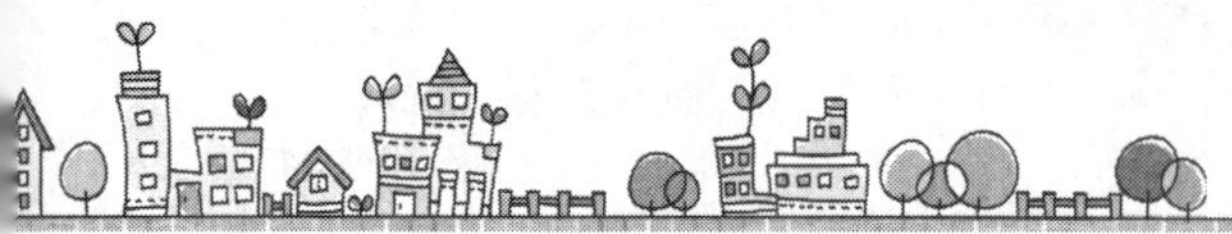

① 20×1년 12월 31일 현재 자본항목으로 인식할 재평가이익은 ₩80,000이다.
② 20×2년에 인식할 감가상각비는 ₩220,000이다.
③ 20×2년 12월 31일 현재 당기순이익에 포함될 재평가손실은 ₩132,000이다.
④ 20×3년 12월 31일 재무상태표에 계상되는 감가상각누계액은 ₩554,400이다.
⑤ 20×3년 12월 31일 현재 당기순이익에 포함될 재평가이익은 ₩17,600이다.

09 다음 중 차입원가 자본화에 대한 기업회계기준서 내용으로 올바른 것은?

➤ 공인회계사 수정

① 일반차입금에 대한 차입원가 중 자본화할 수 있는 차입원가에 전기 이전에 자본화한 차입원가를 포함시킨다.
② 일반차입금에 대하여 자본화할 차입원가는 일반차입금의 일시적 운용에서 생긴 수익을 차감하지 아니한다.
③ 자본화할 차입원가는 일반차입금에 대한 차입원가를 먼저 자본화한 후에 특정차입금에 대한 차입원가를 자본화한다.
④ 특정외화차입금의 경우 환율변동손익은 한도 없이 전액을 자본화한다.
⑤ 기업이 의도적으로 취득활동을 지연하거나 중단한 경우에 발생한 차입원가도 자산취득과정에서 발생된 것이므로 자본화한다.

10 ㈜개신은 20×1년 1월 1일에 현금 ₩2,000,000을 지급하고 기계장치(내용연수 10년, 잔존가치 없음, 정액법)를 취득하였다. ㈜개신은 20×2년 말 동 기계설비의 시장가치(회수가능액은 ₩1,500,000)가 현저히 하락하여 손상을 인식하였다. 20×3년 말 동 기계설비의 회수가능액이 ₩1,450,000일 경우 당기손익에 미치는 영향은 얼마인가?

① ₩50,000 ② ₩87,500 ③ ₩100,000
④ ₩137,500 ⑤ ₩187,500

# 주관식문제

## 01 토지의 취득원가

20×1년 9월 1일 동해관광사는 동해안에 호텔을 신축하기 위하여 토지를 매입하려고 하였으나 적당한 곳이 없어서 휴업상태에 있는 호텔건물이 있는 토지를 매입하였다. 호텔을 신축할 계획이었으나 관광철이었으므로 20×2년 2월 말일까지 그대로 운영한 후에 새로운 호텔 건물을 짓기 위하여 기존의 건물을 철거하였다.

|  |  |
|---|---|
| 호텔의 취득원가(토지원가 ₩750,000이 포함된 가격임) | ₩2,000,000 |
| 등기이전비 | 20,000 |
| 영업이익(20×1. 9. 1.~20×2. 2. 28.) | 400,000 |
| (구)호텔철거비 | 300,000 |
| 공사를 위한 대지 확장비 | 200,000 |

회계기말이 12월 31일 이라고 가정하고, 위 자료를 이용하여 토지의 취득원가를 구하시오.

## 02 토지와 건물의 취득원가

20×2년 2월 1일에 타래주식회사에서는 공장부지로 사용하기 위하여 구건물을 포함한 토지를 ₩250,000에 구입하였다. 구 건물은 철거하고 20×2년 3월에 새로운 공장건물을 건설하기 시작하였다. 이와 관련된 추가자료는 다음과 같다.

|  |  |
|---|---|
| 구건물 철거비용 | ₩30,000 |
| 구건물의 철거자재 판매수입 | 3,000 |
| 토지구입에 소요된 보험료와 세금 | 15,000 |
| 토지의 정지비 | 50,000 |
| 신건물의 설계비 | 60,000 |
| 신건물의 건축비(건물 신축을 위한 토지굴착비용 ₩100,000 포함) | 1,500,000 |
| 건물 신축을 위한 특정차입금의 차입원가(자본화 요건 충족) | 150,000 |

토지와 신건물의 취득원가는 각각 얼마인가?

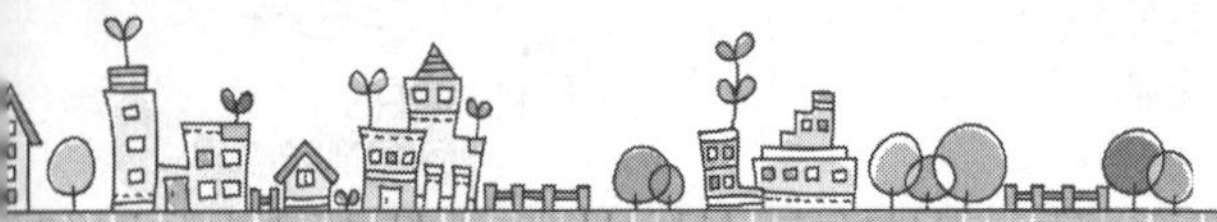

## 03 장기연불조건 취득

(1) 한남상사는 제품에 대한 고객의 수요를 충족시킬 수 있도록 생산능력을 확장하기 위하여 20×2년 1월 1일에 전주기계로부터 설비(취득원가 ₩5,000,000, 감가상각누계액 ₩2,500,000)를 매입하기로 결정하였다.
(2) 한남상사는 새로운 설비에 대한 대금 지급방법으로 전주기계에 액면가가 ₩3,000,000인 5년 만기 무이자부어음을 발행하였다.
(3) 어음발행 당시 이러한 채무에 대한 일반적인 시장이자율은 8%이었다.
(4) 한남상사는 이 어음을 5년간에 걸쳐 매년도 말에 ₩600,000씩 분할상환할 계획이다.
(5) 새로운 설비에 대하여는 5년의 내용연수 동안 정액법으로 감가상각하기로 결정하였다. (잔존가액은 없는 것으로 한다)

한남상사와 전주기계의 입장에서 20×2년과 20×3년 유형자산거래와 관련된 회계처리를 각각 하시오. (단, 현재가치할인차금의 차감적 평가계정을 사용하는 것으로 가정한다) n=5, r=8%일 때 현가계수는 0.6806, 연금현가계수는 3.9927이다.

## 04 자산의 교환

다음의 자산교환은 각 사례별로 독립적으로 이루어졌다고 가정한다.

(1) 상진건설㈜은 기계A와 교환으로 ₩2,500을 추가지급하고 새롭게 개발된 기계B를 취득하였다. 기계A의 취득원가는 ₩3,500이었으며 교환일 현재 감가상각누계액은 ₩2,000이었다. 교환시점에서의 기계A의 공정시장가치는 ₩2,000이나 기계B의 판매가격은 아직 확실하게 정하여지지 않았다.
(2) 경인건설㈜는 취득원가가 ₩108,000이고 1/3이 이미 감가상각된 포크레인을 공정가치가 ₩120,000인 덤프트럭과 교환하면서 ₩70,000의 현금을 추가지급하였다.

위의 교환거래가 ① 상업적 실질이 결여된 경우와, ② 상업적 실질이 존재하는 경우로 각각 나누어 적절한 회계처리를 하시오.

## 05 복구비용의 회계처리

(1) ㈜청도해양은 20×1년 1월 2일에 다음과 같은 해양구조물을 취득하였다.
- 취득원가 : ₩400,000,000
- 잔존가치 : ₩10,000,000
- 내용연수 : 10년
- 감가상각방법 : 정액법

(2) ㈜청도해양의 향후 복구에 필요한 노무비 ₩131,250,000, 장비비용 및 간접비는 노무비의 80%, 정상이윤율은 20% 정도로 예상하고 있다.

(3) 한편 10년 후 복구가 진행될 시점까지 물가상승율은 연 4%로 예상되며, 시장위험프리미엄은 5%, 무위험이자율에 ㈜청도해양의 신용위험을 고려한 할인율은 8.5%로 예상하고 있다.

1. ㈜청도해양의 20×1년 1월 2일 복구충당부채를 계산하고 취득시점의 회계처리는?
2. 20×1년 12월 31일 감가상각비와 복구충당부채 전입액을 계산하고 이에 대한 회계처리를 제시하라.
3. 당해 해양구조물의 경제적 내용연수가 종료된 후 복구공사에 실제로 소요된 비용이 ₩500,000,000이라고 가정할 경우 복구공사시점의 회계처리를 제시하라.
4. 당해 해양구조물의 경제적 내용연수가 종료된 후 복구공사에 실제로 소요된 비용이 ₩400,000,000이라고 가정할 경우 복구공사시점의 회계처리를 제시하라.

## 06 차입원가의 자본화

(1) 12월 결산법인인 우암㈜는 수년전부터 보유하고 있던 토지에 본사사옥을 건설하기 위하여 20×1년 1월 1일 우주건설과 도급계약을 체결하였다.

(2) 상기 사옥 건설은 20×2년 12월 31일 준공예정이고 우주건설은 사옥건설을 위해 다음과 같은 지출하였다.
- 20×1년 1월 1일 : ₩40,000
- 20×1년 7월 1일 : ₩80,000
- 20×1년 10월 1일 : 60,000

(3) 우암㈜의 20×1 회계연도중 차입금은 다음과 같다.

| 차입금 | 차입일 | 차입금액 | 상환일 | 이자율 | 이자지급조건 |
|---|---|---|---|---|---|
| A | 20×1. 1. 1. | ₩50,000 | 20×3. 12. 31. | 12 % | 분기별복리/만기지급 |
| B | 20×0. 1. 1. | 60,000 | 20×2. 12. 31. | 10 % | 단리/매년 말 지급 |
| C | 20×0. 1. 1. | 70,000 | 20×3. 12. 31. | 12 % | 단리/매년 말 지급 |
| D | 20×1. 1. 1. | 100,000 | 20×5. 12. 31. | 7 % | 단리/매년 말 지급 |

> (4) 이들 차입금 중 차입금 A는 사옥건설을 위하여 개별적으로 차입되었으며, 이중 ₩10,000은 20×2년 1월 1일부터 6월 30일 동안 연 9%(단리) 이자지급조건의 정기예금에 예치하였다.
> (5) 차입금 B, C는 일반적으로 차입되었으며, 차입금 D는 해외공장건설과 직접 관련하여 개별적으로 차입하였다.

건설중인자산인 우암㈜ 사옥에 대하여 당기에 자본화할 차입원가를 계산하라.

## 07 감가상각방법의 비교

> (1) ㈜팡이는 20×1년 1월 1일 제빵기계 1대를 ₩1,000,000에 구입하였는데 내용연수 5년, 잔존가치 ₩100,000으로 추정된다.
> (2) 동 기계를 사용하는 1차년도에는 10,000개의 빵을 생산할 수 있으나, 그 이후에는 매년 1,000개씩 생산량이 감소한다.
> (3) 회계담당이사는 아래에 제시된 감가상각방법들을 두고 선택여부를 검토하고 있다.
> ① 정액법
> ② 정률법(정률은 0.369)
> ③ 이중체감법(정액법의 배법)
> ④ 연수합계법
> ⑤ 생산량비례법

1. 각 방법에 의한 연도별 감가상각비를 계산하라.
2. 3년간 감가상각비가 가장 적은, 즉 순이익이 가장 큰 방법은 어느 것인가?

## 08 세금절감효과의 현금흐름

(1) ㈜설악은 20×1년 1월 1일에 ₩8,000,000에 기계를 구입하였는데 내용연수는 4년이고, 잔존가치는 ₩500,000으로 추정된다.
(2) 이 회사는 재무보고와 법인세 신고목적으로 같은 감가상각방법을 적용하고 있으며 법인세율은 30%로 가정한다.

1. 위 기계를 4년간 정액법, 정률법, 연수합계법에 의해 감가상각을 한다고 할 때, 각 방법에 의한 감가상각비가 법인세에 미치는 효과(경감효과)를 계산하시오. (정률법 상각률은 0.5로 한다)
2. 유휴자금이 있게 되면 외부에 연 12%의 수익률로 투자할 수 있다. 이 조건으로 회사가 감가상각으로 인해 경감되는 법인세액만큼을 4년간 외부에 투자한다면 어떤 방법에 의한 상각이 상각년도 말에 미래가치를 최대로 가져오게 될 것인가? (현금미래가치 12%, 1년＝1.1200, 2년＝1.2544, 3년＝1.4049)

## 09 후속원가와 감가상각

[사례 1] ㈜현대는 기계를 ₩600,000에 구입하였다. 이 기계의 내용연수는 20년 잔존가치는 없고 정액법으로 감가상각하였다. 기계를 10년간 사용한 후, 20×1년 초에 기계를 대폭적으로 수선하고, 수선비 ₩180,000을 지급하였다.

[사례 2] 20×1년 1월 1일 ㈜정밀은 기계를 ₩50,000에 구입하였는데 운임 ₩500과 설치비 ₩1,200을 현금지급 하였다. 이 기계의 내용연수는 10년, 잔존가치는 ₩3,000으로 추정된다. 20×2년 1월 이 기계에 공해방지장치를 부착하는데 ₩3,600의 지출이 발생하였다. 이 장치의 부착으로 인해 기계의 내용연수가 연장되거나, 가치를 실질적으로 증가시키는 것은 아니다.

[사례 1] 내용연수가 5년 증가되었다면 20×3년도의 기계에 대한 감가상각비는?

[사례 2] ㈜정밀이 이 기계를 정액법에 의해 상각한다고 가정한다면, 20×2년의 감가상각비는 얼마인가?

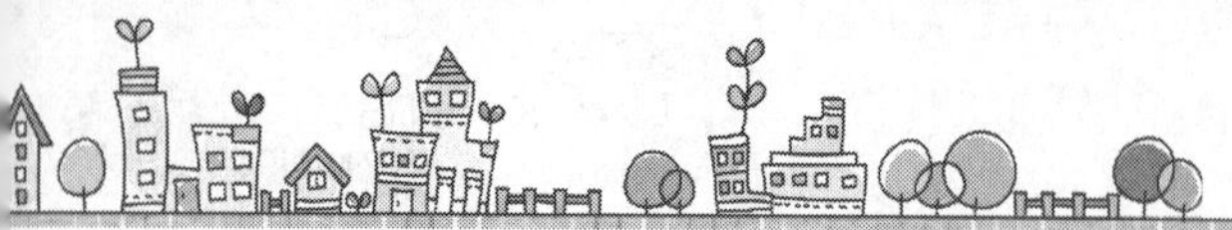

## 10 손상차손

> (1) ㈜청솔은 20×1년 1월 2일에 ₩100,000,000인 반도체장비를 취득하였다.
> (2) 내용연수는 10년 잔존가치는 없으며, 정액법으로 상각한다.
> (3) 20×2년 말에 새로운 장비의 출시로 당해 자산의 공정가액이 ₩64,000,000으로 하락하여 회복할 가능성이 희박하다.

1. 취득시 분개와 20×1년 말 감가상각비에 대한 분개를 제시하라.
2. 20×2년 유형자산의 가치하락에 대한 손상차손 회계처리를 제시하라.
3. 20×3년도 감가상각비에 대한 회계처리를 제시하라.
4. 20×4년 말 당해 유형자산의 공정가액이 ₩70,000,000으로 회복되었다고 가정할 경우 회계처리를 제시하라.

## 11 재평가모형

> (1) 갑회사(결산일 12월 31일)는 20×1년 1월 1일 내용연수 5년, 잔존가치 ₩0인 기계장치를 ₩100,000에 취득하였으며, 정액법으로 감가상각한다.
> (2) 갑회사는 기계장치에 대하여 재평가모형을 적용하기로 하였으며, 재평가의 회계처리는 감가상각누계액을 전액 제거하여 자산의 순장부금액이 재평가금액이 되도록 수정하는 방법을 사용한다.

1. 20×1년 말 재평가시 기계장치의 공정가치가 ₩84,000라고 할 때, 20×1년도 감가상각비와 재평가에 필요한 회계처리를 하시오.
2. 20×2년 말 재평가시 기계장치의 공정가치가 ₩51,000라고 할 때, 20×2년도 감가상각비와 재평가에 필요한 회계처리를 하시오.
3. 20×3년 말 기계장치에 손상이 발생하여 회수가능액이 ₩25,000이라고 할 때, 20×3년도 감가상각비와 손상차손의 인식에 필요한 회계처리를 하시오.
4. 20×4년 말 기계장치의 회수가능액이 ₩23,000이 되었다고 가정하고, 20×4년도 감가상각비와 손상차손환입의 인식에 필요한 회계처리를 하시오.
5. 만약에 20×1년 말 재평가한 후에 20×2년 말에 ₩51,000에 기계장치를 처분하였다면, 20×1년 말에 해야 할 회계처리를 하시오.

연습문제 해답 유형자산 Chapter 5

## OX문제

01 × : 이러한 유형자산은 당해 유형자산을 취득하지 않았을 경우보다 관련 자산으로부터 미래경제적 효익을 더 많이 얻을 수 있게 해주기 때문에 자산으로 인식할 수 있다.

02 × : 이러한 부수적인 영업활동은 유형자산을 경영진이 의도하는 방식으로 가동하는 데 필요한 장소와 상태에 이르게 하기 위해 필요한 활동이 아니므로 그러한 수익과 관련 비용은 당기손익으로 인식하고 유형자산의 원가에 포함하지 않는다.

03 ○

04 × : 취득한 자산의 공정가치가 더 명백한 경우에는 취득한 자산의 원가를 취득한 자산의 공정가치로 측정한다.

05 × : 이연수익(부채)으로 표시하는 방법도 인정된다.

06 × : 상환의무가 발생하게 된 정부보조금은 회계추정의 변경으로 회계처리한다.

07 × : 적격자산의 취득, 건설 또는 생산과 직접 관련된 차입원가는 당해 자산의 원가의 일부로 자본화하여야 한다.

08 ○

09 × : 대체되는 부분의 장부금액은 유형자산 제거 규정에 따라 제거하여야 한다.

10 × : 원가모형이나 재평가모형 중 하나를 유형자산별로 동일하게 적용할 수 있다.

11 × :

| 최초 재평가 결과 | 최초 재평가시 회계처리 | 이후 재평가시 회계처리 |
|---|---|---|
| 장부금액의 증가(평가증) | ‘재평가잉여금’ 인식 (기타포괄손익) | ① 평가증 : 재평가잉여금 추가 인식<br>② 평가감 : 전기 이전 인식한 재평가잉여금을 우선 감소시키고, 부족분은 재평가손실을 인식 |
| 장부금액의 감소(평가감) | ‘재평가손실’ 인식 (당기비용) | ① 평가감 : 재평가손실 추가 인식<br>② 평가증 : 전기 이전 인식한 재평가손실만큼 재평가이익을 인식하고, 부족분은 재평가잉여금을 인식 |

12 ○

13 ○

14 × : 재평가모형으로 평가되는 자산의 손상차손환입은 과거년도에 당기손익으로 인식한 손상차손 부분까지는 당기손익(손상차손환입)으로 인식하고, 그 초과액은 한도액 없이 재평가잉여금을 증가시킨다.

## 객관식문제

| 01 | ② | 02 | ⑤ | 03 | ④ | 04 | ③ | 05 | ③ | 06 | ④ | 07 | ② | 08 | ③ | 09 | ② | 10 | ③ |
|---|---|---|---|---|---|---|---|---|---|---|---|---|---|---|---|---|---|---|---|

## 주관식문제

01 토지의 취득원가

| | |
|---|---|
| 호텔토지 취득원가 | ₩750,000 |
| 등기이전비 : ₩20,000×75/200= | ₩7,500 |
| 공사대지확장비 | ₩200,000 |
| | ₩957,500 |

02 토지와 건물의 취득원가

| 1. 토지취득원가 | | 2. 건물취득원가 | |
|---|---|---|---|
| ① 토지(구건물 포함) 구입액 | ₩250,000 | | |
| ② 구건물 철거비용 | 30,000 | ① 신건물 설계비 | ₩ 60,000 |
| ③ 구건물 철거자재 판매수입 | (3,000) | ② 신건물 건축비 | 1,500,000 |
| ④ 토지구입 관련 보험료와 세금 | 15,000 | ③ 자본화되는 차입원가 | 150,000 |
| ⑤ 토지정지비 | 50,000 | | |
| | ₩ 342,000 | | ₩ 1,710,000 |

## 03 장기연불조건 취득

### 1. 한남상사의 회계처리

| 일자 | 차변 | 금액 | 대변 | 금액 |
|---|---|---|---|---|
| 20×2. 1. 2. | (차) 유 형 자 산(설비) | 2,395,620* | (대) 장기미지급금 | 3,000,000 |
| | 현재가치할인차금 | 604,380** | | |

* ₩600,000×3.9927＝₩2,395,620

** ₩2,604,374를 단수 조정함.

| 일자 | 차변 | 금액 | 대변 | 금액 |
|---|---|---|---|---|
| 20×2. 12. 31. | (차) 이 자 비 용 | 191,650* | (대) 현재가치할인차금 | 191,650 |
| | 장기미지급금 | 600,000 | 현　　금 | 600,000 |
| | (차) 감가상각비 | 239,562** | (대) 감가상각누계액 | 239,562 |

* ₩395,620×8%＝₩191,650

** ₩2,395,620×(1/10)＝₩239,562

| 일자 | 차변 | 금액 | 대변 | 금액 |
|---|---|---|---|---|
| 20×3. 12. 31. | (차) 이 자 비 용 | 158,982 | (대) 현재가치할인차금 | 158,982 |
| | 장기미지급금 | 600,000 | 현　　금 | 600,000 |
| | (차) 감가상각비 | 239,562 | (대) 감가상각누계액 | 239,562 |

* (₩2,395,620－₩600,000＋₩191,650)×8%＝₩158,982

### 2. 전주기계의 회계처리

| 일자 | 차변 | 금액 | 대변 | 금액 |
|---|---|---|---|---|
| 20×2. 1. 2. | (차) 감가상각누계액 | 2,500,000 | (대) 유형자산(설비) | 5,000,000 |
| | 장기미수금 | 5,000,000 | 현재가치할인차금 | 2,604,380 |
| | 유형자산처분손실 | 104,374 | | |
| 20×2. 12. 31. | (차) 현재가치할인차금 | 191,650* | (대) 이 자 수 익 | 191,650 |
| | 현　　금 | 600,000 | 장기미수금 | 600,000 |
| 20×3. 12. 31. | (차) 현재가치할인차금 | 158,982 | (대) 이 자 수 익 | 158,982 |
| | 현　　금 | 600,000 | 장기미수금 | 600,000 |

## 04 자산의 교환

### 1. 상업적 실질이 결여된 경우 (장부가액 기준 회계처리)

| 사례 | 차변 | 금액 | 대변 | 금액 |
|---|---|---|---|---|
| 〈사례 1〉 | (차) 기　　계 B | 4,000 | (대) 기　　계 A | 3,500 |
| | 감가상각누계액 | 2,000 | 현　　금 | 2,500 |
| 〈사례 2〉 | (차) 덤 프 트 럭 | 142,000 | (대) 포 크 레 인 | 108,000 |
| | 감가상각누계액 | 36,000 | 현　　금 | 70,000 |

### 2. 상업적 실질이 존재하는 경우 (공정가치 기준 회계처리)

| 사례 | 차변 | 금액 | 대변 | 금액 |
|---|---|---|---|---|
| 〈사례 1〉 | (차) 기　　계 B | 4,500 | (대) 기　　계 A | 3,500 |
| | 감가상각누계액 | 2,000 | 현　　금 | 2,500 |
| | | | 교 환 이 익 | 500 |

| 〈사례 2〉 | (차) 덤프트럭 | 120,000 | (대) 포크레인 | 108,000 |
|---|---|---|---|---|
| | 감가상각누계액 | 36,000 | 현금 | 70,000 |
| | 교환손실 | 22,000 | | |

## 05 복구비용의 회계처리

|  | | |
|---|---|---|
| 노무비 | ₩131,250,000 | |
| 장비비용 및 간접비(노무비의80%) | 105,000,000 | ₩236,250,000 |
| 정상이윤(20%) | | 47,250,000 |
| 인플레이션 고려 이전 예상현금흐름 | | 283,500,000 |
| 물가상승률(40%) | $\times(1+0.04)^{10}$ | |
| 인플레이션 고려 후 예상현금흐름 | | 419,649,255 |
| 시장위험프리미엄(5%) | | 20,982,463 |
| 예상현금흐름(추정지출액) | | ₩440,631,718 |
| 현가계수 적용(n=10, r=8.5%) | ×0.4428 | |
| 복구비용의 현재가치 | | ₩195,111,725 |

<취득시점의 회계처리>

| | | | | |
|---|---|---|---|---|
| 1. (차) 해양구조물 | 595,111,725 | (대) 현금 | 400,000,000 |
| | | 복구충당부채 | 195,111,725 |
| 2. (차) 감가상각비 | 58,511,172* | (대) 감가상각누계액 | 58,511,172 |
| (차) 복구충당부채전입액 | 16,584,497** | (대) 복구충당부채 | 16,584,497 |

* (₩595,111,725−₩10,111,725)÷10년=₩58,511,172

** ₩195,111,725×8.5%=₩16,584,497

| | | | |
|---|---|---|---|
| 3. (차) 복구충당부채 | 440,631,718 | (대) 현금 | 500,000,000 |
| 복구공사손실 | 59,368,282 | | |
| 4. (차) 복구충당부채 | 440,631,718 | (대) 현금 | 400,000,000 |
| | | 복구공사이익 | 40,631,718 |

## 06 차입원가의 자본화

1. 기중평균지출액

20×2년 1월 1일 : ₩40,000×(12/12)=₩40,000
7월 1일 : ₩80,000×(6/12) =₩40,000
10월 1일 : ₩60,000×(3/12) =₩15,000
₩95,000

2.

| | 연평균 금액 | 이자율 | 금융비용 |
|---|---|---|---|
| 특정차입금 A | ₩50,000×(12/12)=₩50,000 | $(1+0.03)^4-1$ | ₩6,275 |
| 일시투자수익 | ₩10,000×(6/12)=(₩5,000) | 9% | (450) |
| | ₩45,000 | | ₩5,825 |

3.

| 일반차입금 | 연평균 금액 | 이자율 | 금융비용 |
|---|---|---|---|
| B | ₩60,000×(12/12)=₩60,000 | 10% | ₩6,000 |
| C | ₩70,000×(12/12)=₩70,000 | 12% | 8,400 |
| | ₩130,000 | | ₩14,400(한도) |

₩14,400/₩130,000=11.08%(자본화이자율)

4. (₩95,000－₩45,000)×11.08%=₩5,540
5. ∴ 자본화되는 차입원가 : ₩5,825+₩5,540=₩11,365

## 07 감가상각방법의 비교

1. 1차연도 감가상각비
   ① 정액법 (₩1,000,000－₩100,000)÷5=₩180,000
   ② 정률법 ₩1,000,000×0.369=₩369,000
   ③ 이중체감법 ₩1,000,000×(2/5)=₩400,000
   ④ 연수합계법 (₩1,000,000－₩100,000)×5/15=₩300,000
   ⑤ 생산량비례법 (₩1,000,000－₩100,000)×(10,000/40,000)=₩225,000

2. 3년간 감가상각비
   ① 정액법 ₩180,000+₩180,000+₩180,000=₩540,000
   ② 정률법 ₩369,000+₩232,839+₩146,921=₩748,760
   ③ 이중체감법 ₩400,000+₩240,000+₩144,000=₩784,000
   ④ 연수합계법 ₩300,000+₩240,000+₩180,000=₩720,000
   ⑤ 생산량비례법 ₩225,000+₩202,500+₩180,000=₩607,500
   
   ∴ 3년간 감가상각비가 가장 적은, 즉 순이익이 가장 큰 방법은 정액법이다.

## 08 토세금절감효과의 현금흐름

### 1. 세금절감효과(30%)의 현금흐름

| 구 분 | | 20×1 | 20×2 | 20×3 | 20×4 | 총 액 |
|---|---|---|---|---|---|---|
| 정액법 | 감가상각비 | ₩1,875,000 | ₩1,875,000 | ₩1,875,000 | ₩1,875,000 | ₩7,500,000 |
| | 법인세경감효과 | 562,500 | 562,500 | 562,500 | 562,500 | 2,250,000 |
| 정률법 | 감가상각비 | 4,000,000 | 2,000,000 | 1,000,000 | 500,000 | 7,500,000 |
| | 법인세경감효과 | 1,200,000 | 600,000 | 300,000 | 150,000 | 2,250,000 |
| 연 수 합계법 | 감가상각비 | 3,000,000 | 2,250,000 | 1,500,000 | 750,000 | 7,500,000 |
| | 법인세경감효과 | 900,000 | 675,000 | 450,000 | 225,000 | 2,250,000 |

### 2. 현금흐름의 미래가치

| 구 분 | | 20×1 | 20×2 | 20×3 | 20×4 | 총 액 |
|---|---|---|---|---|---|---|
| 정액법 | 현금흐름 | ₩ 562,500 | ₩ 562,500 | ₩ 562,500 | ₩ 562,500 | ₩2,250,000 |
| | 미래가치계수 | 1.4049 | 1.2544 | 1.1200 | 1.0000 | |
| | 현금미래가치 | 790,256 | 705,600 | 630,000 | 562,500 | 2,688,356 |
| 정률법 | 현금흐름 | 1,200,000 | 600,000 | 300,000 | 150,000 | 2,250,000 |
| | 미래가치계수 | 1.4049 | 1.2544 | 1.1200 | 1.0000 | |
| | 현금미래가치 | 1,685,880 | 752,640 | 336,000 | 150,000 | 2,924,520 |
| 연 수 합계법 | 현금흐름 | 900,000 | 675,000 | 450,000 | 225,000 | 2,250,000 |
| | 미래가치계수 | 1.4049 | 1.2544 | 1.1200 | 1.0000 | |
| | 현금미래가치 | 1,264,410 | 846,720 | 504,000 | 225,000 | 2,840,130 |

∴ 정률법

## 09 후속원가와 감가상각

(1) 사례 1 : (₩300,000＋₩180,000)×1/15＝₩32,000

(2) 사례 2 : {(₩50,000＋₩500＋₩1,200)－₩3,000)×1/10＝₩4,870

* 20×2년 1월 1일 공해방지장치 부착에 따른 ₩3,600의 지출이 발생했지만 이것은 내용연수가 증가하거나 가치를 실질적으로 증가하는 것은 아니다. 따라서 비용(수선비)로 처리한다.

## 10 손상차손

### 1. <취득시> 20×1년 1월 2일

(차) 유형자산(반도체장비) 100,000,000 (대) 현 금 100,000,000

<회계년도 말> 20×1년 12월 31일

(차) 감가상각비 10,000,000 (대) 감가상각누계액 10,000,000

**2. 20×2년 12월 31일**

| | | | |
|---|---|---|---|
| (차) 감가상각비 | 10,000,000 | (대) 감가상각누계액 | 10,000,000 |
| (차) 유형자산손상차손 | 16,000,000* | (대) 손상차손누계액 | 16,000,000 |

* (₩100,000,000－₩10,000,000－₩10,000,000)－₩64,000,000＝₩16,000,000

**3. 20×3년 12월 31일**

| | | | |
|---|---|---|---|
| (차) 감가상각비 | 8,000,000 | (대) 감가상각누계액 | 8,000,000 |

* (₩64,000,000)÷8년＝₩8,000,000

**4. 20×4년 12월 31일**

| | | | |
|---|---|---|---|
| (차) 감가상각비 | 8,000,000 | (대) 감가상각누계액 | 8,000,000 |
| 손상차손누계액 | 12,000,000* | 유형자산손상차손환입 | 12,000,000 |

* 손상차손환입액은 감액하지 않았을 경우의 장부가액을 한도로 하여 환입한다.
손상차손환입액＝Min(₩70,000,000, ₩60,000,000)－(₩64,000,000－₩8,000,000
－₩8,000,000＝₩12,000,000

11 **재평가모형**

1. ① 20×1년도 감가상각비 : ₩100,000÷5년＝₩20,000

② 재평가금액 조정

| | 재평가 전 | 조정 금액 | 재평가 후 금액 |
|---|---|---|---|
| 총장부금액(원가) | ₩100,000 | ₩(16,000) | ₩84,000 |
| 감가상각누계액 | (20,000) | 20,000 | － |
| (순)장부금액 | ₩80,000 | ₩4,000 증가 | ₩84,000 |

③ 회계처리

| | | | |
|---|---|---|---|
| (차) 감가상각비 | 20,000 | (대) 감가상각누계액 | 20,000 |
| (차) 감가상각누계액 | 20,000 | (대) 기 계 장 치 | 16,000 |
| | | 재평가잉여금 | 4,000 |

2. ① 20×2년도 감가상각비 : ₩84,000÷4년＝₩21,000

② 재평가금액 조정

| | 재평가 전 | 조정 지수 | 재평가 후 금액 |
|---|---|---|---|
| 총장부금액(원가) | ₩84,000 | ₩(33,000) | ₩51,000 |
| 감가상각누계액 | (21,000) | 21,000 | － |
| (순)장부금액 | ₩63,000 | ₩12,000 감소 | ₩51,000 |

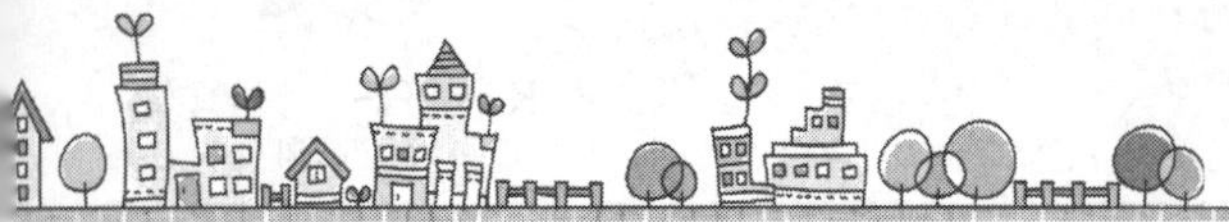

③ 회계처리

| | | | | |
|---|---|---|---|---|
| (차) 감가상각비 | 21,000 | (대) 감가상각누계액 | 21,000 |
| (차) 감가상각누계액 | 21,000 | (대) 기 계 장 치 | 33,000 |
| 재평가잉여금 | 4,000 | | |
| 재평가손실 | 8,000 | | |

**3.** ① 20×3년도 감가상각비 : ₩51,000÷3년=₩17,000

② 손상차손 인식 전 기계장치 장부금액 : ₩51,000－₩17,000=₩34,000

③ 손상차손 : ₩34,000－₩25,000=₩9,000

* 재평가잉여금 잔액이 없으므로, 손상차손 전액을 당기손익으로 처리한다.

④ 회계처리

| | | | |
|---|---|---|---|
| (차) 감가상각비 | 17,000 | (대) 감가상각누계액 | 17,000 |
| (차) 손 상 차 손 | 9,000 | (대) 손상차손누계액 | 9,000 |

**4.** ① 20×4년도 감가상각비 : (₩51,000－₩17,000－₩9,000) ÷ 2년=₩12,500

② 손상차손환입 인식 전 기계장치 장부금액 : ₩12,500

③ 손상차손환입 : ₩23,000－₩12,500=₩10,500

* 손상차손을 인식한 후에 손상차손환입을 인식하는 경우에는 과거년도에 당기손익으로 인식한 손상차손 부분까지는 당기손익(손상차손환입)으로 인식하고, 그 초과액은 한도액 없이 재평가잉여금을 증가시킨다.

④ 회계처리

| | | | |
|---|---|---|---|
| (차) 감가상각비 | 12,500 | (대) 감가상각누계액 | 12,500 |
| (차) 손상차손누계액 | 10,500 | (대) 손상차손환입 | 9,000 |
| | | 재평가잉여금 | 1,500 |

**5.** ① 20×2년도 감가상각비 : ₩84,000÷4년=₩21,000

② 20×2년 말 기계장치 장부금액 : ₩84,000－₩21,000=₩63,000

③ 유형자산처분손실 : ₩63,000－₩51,000=₩12000

④ 회계처리

| | | | |
|---|---|---|---|
| (차) 감가상각비 | 21,000 | (대) 감가상각누계액 | 21,000 |
| (차) 감가상각누계액 | 21,000 | (대) 기 계 장 치 | 84,000 |
| 현 금 | 51,000 | | |
| 유형자산처분손실 | 12,000 | | |
| (차) 재평가잉여금 | 4,000 | (대) 이월이익잉여금 | 4,000 |

## 보 론 투자부동산

### 1. 투자부동산의 의의

**투자부동산(investment property)은 임대수익이나 시세차익 또는 두 가지 모두를 얻기 위하여 소유자나 금융리스의 이용자가 보유하고 있는 부동산을 말한다.** 투자부동산은 기업이 보유하고 있는 다른 자산과 거의 독립적으로 현금흐름을 창출한다는 점에서 자가사용부동산과 구별된다. 다음은 투자부동산의 예이다.[18]

① 장기 시세차익을 얻기 위하여 보유하고 있는 토지
② 장래 사용목적을 결정하지 못한 채로 보유하고 있는 토지
③ 직접 소유(또는 금융리스를 통해 보유[19])하고 운용리스로 제공하고 있는 건물
④ 운용리스로 제공하기 위하여 보유하고 있는 미사용 건물
⑤ 미래에 투자부동산으로 사용하기 위하여 건설 또는 개발중인 부동산

그러나 다음은 투자부동산이 아닌 항목의 예이다.

① 정상적인 영업과정에서 판매하기 위한 부동산이나 이를 위하여 건설 또는 개발 중인 부동산(기업회계기준서 제1002호 '재고자산' 적용)
② 제3자를 위하여 건설 또는 개발 중인 부동산(기업회계기준서 제1011호 '건설계약' 적용)
③ 자가사용부동산[20](기업회계기준서 제1016호 '유형자산' 적용)
④ 금융리스로 제공한 부동산

한편 부동산 중 일부분은 임대수익이나 시세차익을 얻기 위하여 보유하고, 일부분은 재화의 생산이나 용역의 제공 또는 관리목적에 사용하기 위하여 보유할 수 있다. 부분

18) 기업회계기준서 제1040호(투자부동산)

19) 그러나 운용리스이용자가 보유하는 부동산에 대한 권리는 해당 부동산이 임대수익이나 시세차익을 얻기 위해 보유하고, 리스이용자가 후술하는 공정가치모형으로 평가하는 경우에만 투자부동산으로 분류한다.

20) 미래에 자가사용하기 위한 부동산, 미래에 개발 후 자가사용할 부동산, 종업원이 사용하고 있는 부동산(종업원이 시장가격으로 임차료를 지급하고 있는지 여부는 관계없음), 처분예정인 자가사용부동산을 포함한다.

별로 분리하여 매각(또는 금융리스로 제공)할 수 있으면 각 부분을 분리하여 회계처리한다. 그러나 부분별로 분리하여 매각할 수 없다면 재화나 용역의 생산이나 제공 또는 관리목적에 사용하기 위하여 보유하는 부분이 경미한 경우에만 당해 부동산을 투자부동산으로 분류한다. 또한 부동산 소유자가 부동산 사용자에게 부수적인 용역을 제공하는 경우에는 전체 계약에서 그러한 용역의 비중이 경미하다면[21] 부동산 소유자는 당해 부동산을 투자부동산으로 분류한다. 그러나 **부동산 사용자에게 제공하는 용역이 유의적인 경우[22]에는 자가사용부동산으로 분류한다.**

## 2. 투자부동산의 인식과 측정

투자부동산은 다음의 조건을 모두 충족할 때 자산으로 인식한다.

① 투자부동산에서 발생하는 미래경제적 효익의 유입가능성이 높다.

② 투자부동산의 원가를 신뢰성 있게 측정할 수 있다.

투자부동산의 원가에는 취득하기 위하여 최초로 발생한 원가와 후속적으로 발생한 추가원가, 대체원가 또는 유지원가를 포함한다. 그러나 부동산과 관련하여 일상적으로 발생하는 유지원가는 발생하였을 때 당기손익으로 인식한다.[23] 또한 투자부동산의 일부분은 대체를 통하여 취득될 수 있다. 예를 들면 원래의 벽을 인테리어 벽으로 바꾸는 경우에는 대체하는 데 소요되는 원가가 인식기준을 충족한다면 원가발생 시점에 투자부동산의 장부금액에 인식하고, 대체되는 부분의 장부금액은 제거 규정에 따라 제거한다.

구입한 투자부동산의 원가는 구입금액과 구입에 직접 관련이 있는 지출(예 법률용역의 대가로 전문가에게 지급하는 수수료, 부동산 구입과 관련된 세금 및 그 밖의 거래원가 등)로 구성된다. 그러나 다음의 항목은 투자부동산의 원가에 포함하지 아니한다.

① 경영진이 의도하는 방식으로 부동산을 운영하는 데 필요한 상태에 이르게 하는 데 직접 관련이 없는 초기원가

---

21) 예를 들면 사무실 건물의 소유자가 그 건물을 사용하는 리스이용자에게 보안과 관리용역을 제공하는 경우이다.

22) 예를 들면 호텔을 소유하고 직접 경영하는 경우, 투숙객에게 제공하는 용역은 전체 계약에서 유의적인 비중을 차지한다.

23) 일상적인 유지원가는 주로 노무원가와 소모품원가이며 중요하지 않은 부품의 원가를 포함할 수도 있다. 이러한 지출의 목적은 주로 자산을 '수선유지'하는 데 있다.

② 계획된 사용수준에 도달하기 전에 발생하는 부동산의 운영손실
③ 건설이나 개발 과정에서 발생한 비정상인 원재료, 인력 및 기타 자원의 낭비 금액

한편 투자부동산을 후불조건으로 취득하는 경우의 원가는 취득시점의 현금가격상당액으로 한다. 현금가격상당액과 실제 총지급액의 차액은 신용기간 동안의 이자비용으로 인식한다. 또한 리스계약으로 보유한 부동산에 대한 권리를 투자부동산으로 분류하는 경우, 당해 투자부동산의 최초 원가는 기업회계기준서 제1017호(리스) 규정에 의한 금융리스와 같이 동 자산의 공정가치와 최소 리스료의 현재가치 중 작은 금액으로 인식하며, 동시에 동일한 금액을 부채로 인식한다. 그리고 하나 이상의 비화폐성자산, 또는 화폐성자산과 비화폐성자산이 결합된 대가와 교환하여 하나 이상의 투자부동산을 취득하는 경우가 있는데, 이때에는 앞서 유형자산의 교환거래에서 설명한 회계처리와 동일하게 회계처리한다.

## 3. 투자부동산 인식후의 측정

투자부동산은 최초 인식시점에 원가로 측정한 후 **공정가치모형**과 **원가모형** 중 하나를 선택하여 모든 투자부동산에 적용한다.[24] **그러나 운용리스에서 리스이용자가 보유하는 부동산에 대한 권리를 투자부동산으로 분류하는 경우에는 공정가치모형만을 적용한다.**

공정가치모형을 선택한 경우, 투자부동산의 공정가치[25] 변동으로 발생하는 손익은 발생한 기간의 당기손익에 반영한다. 만약 기업이 투자부동산(건설중인 투자부동산 제외)의 공정가치를 계속하여 신뢰성 있게 결정할 수 없다고 결정하면, 투자부동산에 대한 평가는 기업회계기준서 제1016호(유형자산)의 **원가모형을 적용한다. 이때 투자부동산의 잔존가치는 영(0)으로 가정하며, 당해 투자부동산은 처분할 때까지 감가상각을 수행하여야**

---

24) 기업회계기준서 제1008호 '회계정책, 회계추정의 변경 및 오류'에서는 회계정책의 변경으로 재무제표가 특정 거래, 기타 사건 또는 상황이 재무상태, 재무성과 또는 현금흐름에 미치는 영향에 대하여 신뢰성 있고 더 목적적합한 정보를 제공하는 경우에만 자발적인 회계정책의 변경을 허용하고 있다. 공정가치모형에서 원가모형으로 변경하는 것은 더욱 목적적합하게 표시될 가능성이 매우 낮다(기준서 제1040호 문단31).

25) 투자부동산의 공정가치는 합리적인 판단력과 거래의사가 있는 독립된 당사자 사이의 거래에서 자산이 교환될 수 있는 금액을 말하며, 보고기간말 현재의 시장상황을 반영한다. 또한 공정가치는 매각이나 다른 형태의 처분으로 발생할 수 있는 거래원가를 차감하지 않으므로 순공정가치와 다르다.

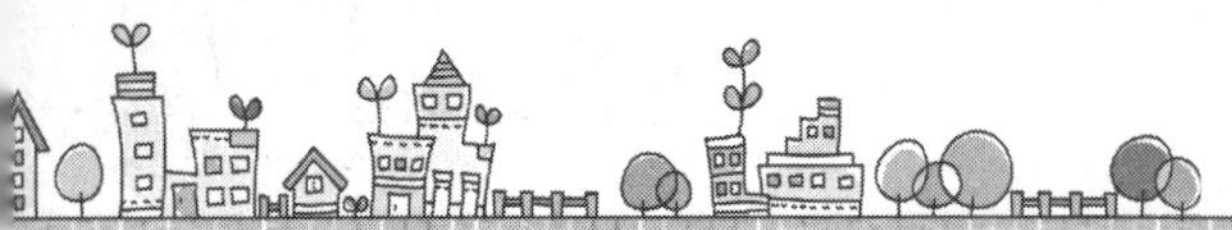

한다. 그러나 투자부동산이 기업회계기준서 제1105호(매각예정비유동자산과 중단영업)에 따라 매각예정으로 분류되는 기준을 충족하는(또는 매각예정으로 분류되는 처분자산집단에 포함되는) 경우에는 기업회계기준서 제1105호에 따라 측정한다.

## 4. 투자부동산의 계정대체

부동산의 사용목적 변경이 다음과 같은 사실로 입증되는 경우에만 투자부동산의 대체가 발생한다.

① **자가사용의 개시** : 투자부동산을 자가사용부동산(유형자산)으로 대체한다.

② **정상적인 영업과정에서 판매하기 위한 개발의 시작** : 투자부동산을 재고자산으로 대체한다.

③ **자가사용의 종료** : 자가사용부동산을 투자부동산으로 대체한다.

④ **제3자에게 운용리스 제공** : 재고자산(유형자산)을 투자부동산으로 대체한다.

판매를 목적으로 개발을 시작하는 것과 같이 사용목적의 변경이 입증 되는 경우에만 투자부동산에서 재고자산으로 대체하도록 하고 있다. 그러므로 투자부동산을 개발하지 않고 처분하려는 경우에는 제거(재무상태표에서 삭제)될 때까지 재무상태표에 투자부동산으로 분류하며 재고자산으로 대체하지 않는다. 이와 유사하게 투자부동산을 재개발하여 미래에도 투자부동산으로 사용하고자 하는 경우에도 재개발기간 동안 계속 투자부동산으로 분류하며 자가사용부동산으로 대체하지 않는다.

투자부동산을 원가모형으로 평가하는 경우에는 투자부동산, 자가사용부동산, 재고자산 사이에 대체가 발생할 때에 대체 전 자산의 장부금액을 승계하며 측정이나 주석공시 목적으로 자산의 원가를 변경하지 않는다.

한편 공정가치로 평가한 투자부동산을 자가사용부동산이나 재고자산으로 대체하는 경우, 사용목적 변경시점의 공정가치로 대체한다. 또한 자가사용부동산이나 재고자산을 공정가치모형을 적용하는 투자부동산으로 대체하는 경우에도 사용목적 변경시점의 공정가치로 대체한다. 이때 구체적인 회계처리 방법은 다음과 같다.

먼저 자가사용부동산을 공정가치로 평가하는 투자부동산으로 대체하는 경우, 사용목적 변경시점까지 감가상각을 하고, 발생한 손상차손을 인식한다. 그리고 자가사용부동산의 장부금액과 공정가치의 차액은 재평가회계처리와 동일한 방법으로 회계처리한다.

① 부동산 장부금액의 감소분(장부금액＞공정가치 : 평가손실 발생)은 당기손익으로 인식한다. 다만, 부동산의 장부금액에 재평가잉여금이 포함되어 있다면 그 금액을 한도로 하여 기타포괄손익으로 인식하고 재평가잉여금을 감소시킨다.

② 부동산 장부금액의 증가분(장부금액＜공정가치 : 평가이익 발생)은 다음과 같이 회계처리한다.

㉠ 이전에 인식한 손상차손을 한도로 하여 당기손익으로 인식한다. 손익으로 인식하는 금액은 손상차손을 인식하지 않았다면 현재 부동산 장부금액(감가상각 차감 후)이 되었을 금액으로 회복시키는 데 필요한 금액을 초과할 수 없다.

㉡ 증가분 중 잔여 금액은 재평가잉여금으로 하여 기타포괄손익으로 인식하고 재평가잉여금을 증가시킨다. 후속적으로 투자부동산을 처분할 때에 자본에 포함된 재평가잉여금은 이익잉여금으로 대체될 수 있다. 이때 재평가잉여금은 당기손익의 인식과정을 거치지 않고 직접 이익잉여금으로 대체한다.

한편 재고자산을 공정가치로 평가하는 투자부동산으로 대체하는 경우, 재고자산의 장부금액과 대체시점의 공정가치의 차액은 재고자산을 매각하는 경우의 회계처리와 일관성있게 당기손익으로 인식한다. 또한 공정가치로 평가하게 될 자가건설 투자부동산의 건설이나 개발이 완료되면 해당 일의 공정가치와 기존 장부금액의 차액은 당기손익으로 인식한다.

## 5. 투자부동산의 처분

투자부동산을 처분하거나, 투자부동산의 사용을 영구히 중지하고 처분으로도 더 이상의 경제적 효익을 기대할 수 없는 경우에는 제거(재무상태표에서 삭제)한다.

투자부동산의 폐기나 처분으로 발생하는 손익은 순처분금액과 장부금액의 차액이며 폐기나 처분이 발생한 기간에 당기손익으로 인식한다. 이때 투자부동산의 처분 대가는 최초에 공정가치로 인식한다. 특히 지급이 이연되는 경우에는 수취하는 대가의 현금등가액으로 인식한다. 수령하는 명목금액과 현금등가액의 차액은 유효이자율법을 사용하여 이자수익으로 인식한다.

한편 투자부동산의 손상, 멸실 또는 포기로 제3자에게서 받는 보상은 받을 수 있게 되는 시점에 당기손익으로 인식한다.

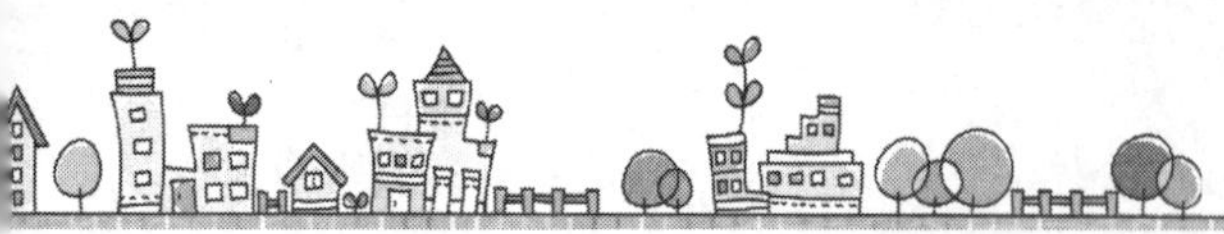

# 본론 | 매각예정 비유동자산

## 1. 매각예정 의의와 분류

**비유동자산(또는 처분자산집단[26])의 장부금액이 계속사용이 아닌 매각거래를 통하여 주로 회수될 것이라면 이를 매각예정으로 분류한다.** 비유동자산(또는 처분자산집단)이 매각예정으로 분류되기 위해서는 당해 자산(또는 처분자산집단)은 현재의 상태에서 통상적이고 관습적인 거래조건만으로 즉시 매각가능하여야 하며 매각될 가능성이 매우 높아야 한다.[27]

매각될 가능성이 매우 높다고 판단하려면 다음의 조건을 모두 충족하여야 한다.

① 적절한 지위의 경영진이 자산(또는 처분자산집단)의 매각계획을 확약하고, 매수자를 물색하고 매각계획을 이행하기 위한 적극적인 업무진행을 이미 시작하였어야 한다.

② 당해 자산(또는 처분자산집단)의 현행 공정가치에 비추어 볼 때 합리적인 가격수준으로 적극적으로 매각을 추진하여야 한다.

③ 분류시점에서 1년 이내에 매각완료요건이 충족될 것으로 예상되며, 계획을 이행하기 위하여 필요한 조치로 보아 그 계획이 유의적으로 변경되거나 철회될 가능성이 낮아야 한다. 그러나 만약 기업이 통제할 수 없는 사건 또는 상황 때문에 매각기간이 연장되었지만 기업이 여전히 해당 자산(또는 처분자산집단)의 매각계획을 확약한다는 충분한 증거가 있다면 매각이 완료되기까지의 기간이 연장된다고 하더라도 해당 자산(또는 처분자산집단)을 매각예정으로 분류할 수 없는 것은 아니다.

처분만을 목적으로 취득한 비유동자산(또는 처분자산집단)이 취득일에 조건 '③'의 1년 요건을 충족하고(예외규정 제외), 조건 '①'와 '②'의 요건을 충족하지 못하였으나 취득 후 빠른 기간(통상 3개월 이내) 내에 충족할 가능성이 매우 높은 경우에는 그 비유동자산(또는 처분자산집단)을 취득일에 매각예정으로 분류한다.

---

26) 처분자산집단(disposal group)이란 단일거래를 통해 매각이나 다른 방법으로 함께 처분될 예정인 자산의 집합과 당해 자산에 직접 관련되어 이전될 부채를 말한다.

27) 매각될 가능성이 매우 높다는 것은 발생하지 않을 가능성보다 발생할 가능성이 유의적으로 더 높은 경우를 말한다.

또한 매각예정으로 분류되기 위한 요건이 보고기간 후에 충족된 경우 당해 비유동자산(또는 처분자산집단)은 보고기간 후 발행되는 당해 재무제표에서 매각예정으로 분류할 수 없다. 그러나 이들 요건이 보고기간 후 공표될 재무제표의 승인 이전에 충족된다면 그 내용을 주석으로 공시한다.

매각예정으로 분류된 비유동자산은 다른 자산과 별도로 재무상태표에 표시한다. 매각예정으로 분류된 처분자산집단에 포함되는 자산이나 부채는 다른 자산이나 부채와 별도로 재무상태표에 표시한다. 해당 자산과 부채는 상계하여 단일금액으로 표시할 수 없다.

또한 매각예정으로 분류하였으나 중단영업의 정의를 충족하지 않는 비유동자산(또는 처분자산집단)을 재측정하여 인식하는 평가손익은 계속영업손익에 포함한다.

## 2. 폐기될 비유동자산

폐기될 비유동자산(또는 처분자산집단)은 매각예정으로 분류할 수 없다. 왜냐하면 해당 장부금액은 원칙적으로 계속사용함으로써 회수되기 때문이다. 그러나 폐기될 처분자산집단이 중단영업에 해당된다면 처분자산집단의 성과와 현금흐름을 사용이 중단된 날에 중단영업으로 표시한다.

그리고 폐기될 비유동자산(또는 처분자산집단)에는 경제적 내용연수가 끝날 때까지 사용될 비유동자산(또는 처분자산집단)과 매각되지 아니하고 폐쇄될 비유동자산(또는 처분자산집단)을 포함한다. 또한 일시적으로 사용을 중단한 비유동자산은 폐기될 자산으로 회계처리할 수 없다.

## 3. 매각예정으로 분류된 비유동자산의 측정

매각예정으로 분류된 비유동자산(또는 처분자산집단)은 순공정가치와 장부금액 중 작은 금액으로 측정한다. 그러나 신규로 취득한 자산(또는 처분자산집단)이 매각예정분류기준을 충족한다면, 최초 인식 시점에 순공정가치와 매각예정으로 분류되지 않았을 경우의 장부금액(예 원가) 중 작은 금액으로 측정한다. 1년 이후에 매각될 것으로 예상된다면 처분부대원가는 현재가치로 측정한다. 기간 경과에 따라 발생하는 처분부대원가 현재가치의 증가분은 금융원가로서 당기손익으로 회계처리한다.

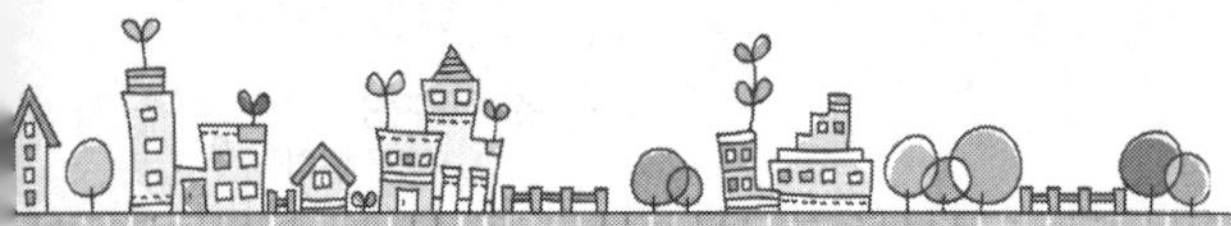

자산(또는 처분자산집단)을 매각예정으로 최초 분류하기 직전에 해당 자산(또는 처분자산집단 내의 모든 자산과 부채)의 장부금액은 적용가능한 한국채택국제회계기준서에 따라 측정한다. 그 이후 처분자산집단을 재측정하는 경우 매각예정으로 분류된 처분자산집단에 포함되지만 기업회계기준서 제1105호(매각예정비유동자산과 중단영업)의 측정 규정이 적용되지 않는 자산과 부채에 대해서는 적용가능한 한국채택국제회계기준서에 따라 장부금액을 재측정하여 반영한다. 그 후 처분자산집단의 순공정가치를 재측정한다.

## 4. 손상차손과 손상차손환입액의 인식

자산(또는 처분자산집단)의 최초 또는 향후 순공정가치의 하락을 손상차손으로 인식한다.

이때 자산의 순공정가치가 증가하면 이익을 인식하되, 그 금액은 과거에 인식하였던 손상차손누계액을 초과할 수 없다. 그리고 처분자산집단의 순공정가치가 증가하면 이익으로 인식하되, 이 경우 이익으로 인식하는 금액은 다음의 '①'의 금액으로 하되, '②'의 금액을 초과할 수 없다.

① 다른 관련 기준서에 의해 인식한 금액을 제외한 순공정가치의 증가 금액

② 기업회계기준서 제1105호 또는 기업회계기준서 제1036호(자산손상)에 따라 과거에 인식한 손상차손누계액

비유동자산(또는 처분자산집단)의 매각일 전에 인식되지 않은 평가손익은 재무상태표에서 제거되는 시점에 인식한다. 한편 **비유동자산이 매각예정으로 분류되거나 매각예정으로 분류된 처분자산집단의 일부이면 그 자산은 감가상각(또는 상각)하지 아니한다. 그러나 매각예정으로 분류된 처분자산집단의 부채와 관련된 이자와 기타 비용은 계속해서 인식한다.**

## 5. 매각계획의 변경

매각예정으로 분류되던 자산(또는 처분자산집단)이 매각예정 분류기준을 더 이상 충족할 수 없는 경우 그 자산(또는 처분자산집단)은 매각예정으로 분류할 수 없다.

더 이상 매각예정으로 분류할 수 없거나 매각예정으로 분류된 처분자산집단에 포함될 수 없는 비유동자산에 대하여는 다음 중 작은 금액으로 측정한다.

① 당해 자산(또는 처분자산집단)을 매각예정으로 분류하기 전 장부금액에 감가상각, 상각, 또는 재평가 등 매각예정으로 분류하지 않았더라면 인식하였을 조정사항을 반영한 금액

② 매각하지 않기로 결정한 날의 회수가능액[28)]

더 이상 매각예정으로 분류할 수 없는 비유동자산의 장부금액에 반영하는 조정금액은 매각예정 분류요건이 더 이상 충족되지 않는 기간의 계속영업손익[29)]에 포함한다.

매각예정으로 분류된 처분자산집단에서 개별 자산이나 부채를 제거하는 경우에 매각예정인 처분자산집단의 나머지 자산과 부채는 당해 집단이 매각예정 분류기준을 충족한다면 계속해서 집단단위로 측정한다. 그렇지 않다면, 개별적으로 매각예정분류기준을 충족하는 나머지 비유동자산은 각각 그 시점에서 순공정가치와 장부금액 중 작은 금액으로 측정한다. 매각예정분류기준을 충족하지 못하는 비유동자산은 더 이상 매각예정으로 분류할 수 없다.

### 보론 사례 1 매각예정 비유동자산

갑회사는 12월 말에 A사업부를 매각방식으로 처분하기로 하였고 이는 매각예정의 분류기준을 충족한다. A사업부에 속한 자산은 다음과 같이 측정되었다.

| 구 분 | 매각예정으로 분류하기 전 12월 말의 장부금액 | 매각예정으로 분류하기 직전에 재측정한 장부금액 |
|---|---|---|
| 영 업 권 | ₩3,000,000 | ₩3,000,000 |
| 유형자산* | 15,000,000 | 12,000,000 |
| 재고자산 | 5,000,000 | 4,000,000 |
| 합 계 | ₩23,000,000 | ₩19,000,000 |

* 유형자산은 재평가모형을 적용하고 있음.

28) 비유동자산이 현금창출단위의 일부라면 이 자산의 회수가능액은 기업회계기준서 제1036호(자산손상)에 따라 현금창출단위에서 발생하는 손상차손을 배분한 후에 인식하는 장부금액이다.

29) 매각예정으로 분류하기 전에 기업회계기준서 제1016호(유형자산)나 기업회계기준서 제1038호(무형자산)에 따라 재평가한 유형자산 또는 무형자산의 재평가잉여금에 해당하는 조정금액은 제외한다.

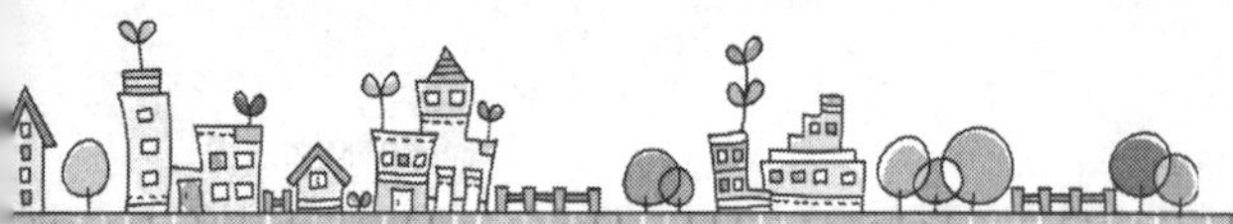

한편, 갑회사는 매각예정으로 분류하는 시점에서 A사업부의 순공정가치를 ₩14,000,000으로 추정하였으며, 따라서 A사업부에 대한 손상차손을 인식하고자 한다. 손상차손 배분 후 A사업부에 속한 자산의 장부금액은 각각 얼마인가?

**핵심해설**

A사업부에 대하여 인식할 손상차손은 현금창출단위 내 손상인식순서(영업권⇒개별자산)에 따라 현금흐름창출집단에 속한 자산 중 매각예정비유동자산의 측정규정이 적용되는 비유동자산의 장부금액을 감소시켜야 한다.

따라서 먼저 A사업부를 매각예정으로 분류하기 직전에 ₩4,000,000(=₩23,000,000−₩19,000,000)의 손실을 인식한다. 그리고 매각예정으로 분류된 A사업부는 순공정가치와 장부금액 중 작은 금액으로 측정하기 때문에 현금흐름창출단위를 매각예정으로 최초로 분류할 때 ₩5,000,000(=₩19,000,000−₩14,000,000)의 손상차손을 인식한다.

이때 손상차손은 매각예정비유동자산의 측정규정을 적용하는 비유동자산에 배분하여야 한다. 따라서 재고자산에는 손상차손이 배분되지 않으며 자산손상이 손상차손의 손상인식순서(영업권⇒개별자산)에 따라서 영업권에 우선적으로 ₩3,000,000이 배분되고, 유형자산에 ₩3,000,000이 배분된다.

| 구 분 | 매각예정으로 분류하기 전 12월 말의 장부금액 | 매각예정으로 분류하기 직전에 재측정한 장부금액 | 손상차손 배분 | 손상차손 배분후 장부금액 |
|---|---|---|---|---|
| 영업권 | ₩3,000,000 | ₩3,000,000 | ₩3,000,000 | − |
| 유형자산 | 15,000,000 | 12,000,000 | 2,000,000 | **₩10,000,000** |
| 재고자산 | 5,000,000 | 4,000,000 | − | **4,000,000** |
| 합 계 | ₩23,000,000 | ₩19,000,000 | − | **₩14,000,000** |

Chapter 06

# 무형자산

**학습목표**

본장에서는 무형자산의 정의를 충족하는 조건과, 무형자산의 인식과 측정 및 내부적으로 창출된 무형자산과 웹 사이트 원가에 대한 회계처리를 설명하고 있다. 또한 보론에서는 광물자원의 탐사와 평가에 대한 회계처리를 함께 살펴본다.

**＊ 관련 한국채택국제회계기준**

기업회계기준서 제1038호 '무형자산'
기업회계기준서 제1106호 '광물자원의 탐사와 평가'
기업회계기준해석서 제2032호 '무형자산 : 웹 사이트 원가'

## 01절 무형자산의 정의

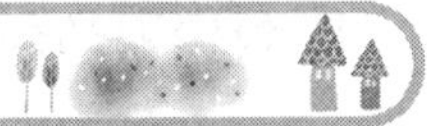

**무형자산(intangible assets)은 물리적 형체가 없지만 식별가능하고, 기업이 통제하고 있으며, 미래 경제적 효익이 있는 비화폐성자산을 말한다.**1) 기업은 경제적 자원을 사용하거나 부채를 부담하여 과학적 또는 기술적 지식, 새로운 공정이나 시스템의 설계와 실행, 라이선스, 지적재산권, 시장에 대한 지식과 상표(브랜드명 및 출판표제 포함) 등의 무형자산을 취득, 개발, 유지 또는 개선한다. 이러한 예로는 컴퓨터소프트웨어, 특허권, 저작권, 영화필름, 고객목록, 모기지관리용역권, 어업권, 수입할당량, 프랜차이즈, 고객 또는 공급자와의 관계, 고객충성도, 시장점유율과 판매권 등이 있다.

일부 무형자산은 컴팩트디스크(예 CD, DVD), 법적 서류(예 라이선스나 특허권의 경우)나 필름과 같은 물리적 형체에 담겨 있을 수 있다. 유형의 요소와 무형의 요소를 모두 갖추고 있는 자산을 기업회계기준서 제1016호 '유형자산'에 따라 회계처리하는지 아니면 기업회계기준서 제1038호 '무형자산'에 따라 회계처리하는지를 결정해야 할 때에는, 어떤 요소가 더 유의적인지를 판단하여야 한다. 예를 들면, 컴퓨터로 제어되는 기계장치가 특정 컴퓨터소프트웨어(예 Window XP 등)가 없으면 가동이 불가능한 경우에는 그 소프트웨어를 관련된 하드웨어의 일부로 보아 유형자산으로 회계처리한다. 그러나 관련된 하드웨어의 일부가 아닌 소프트웨어(예 훈글, Excel 등)는 무형자산으로 회계처리한다. 또한 지식의 개발을 목적으로 수행되는 연구와 개발활동으로 인하여 물리적 형체(예 시제품)가 있는 자산이 만들어지더라도, 그 자산의 물리적 요소는 무형자산 요소 즉, 그 자산이 갖는 지식에 부수적인 것으로 본다.

한편 앞서 예시된 모든 항목들이 무형자산의 정의 즉, **식별가능성**, **자원에 대한 통제**와 **미래경제적 효익의 존재**를 모두 충족하는 것은 아니다. 따라서 이러한 자원들이 무형자산의 정의를 충족하지 않는다면 그것을 취득하거나 내부적으로 창출하기 위하여 발생한 지출은 발생시점에 비용으로 인식한다.2)

---

1) 비화폐성자산이란 화폐성자산이 아닌 자산을 말하는데, 화폐성자산이란 보유하고 있는 현금과 확정되었거나 결정가능한 화폐금액으로 받을 자산을 의미한다.

2) 이러한 항목을 사업결합으로 취득하는 경우에는 취득일에 인식하는 영업권 일부를 구성한다.

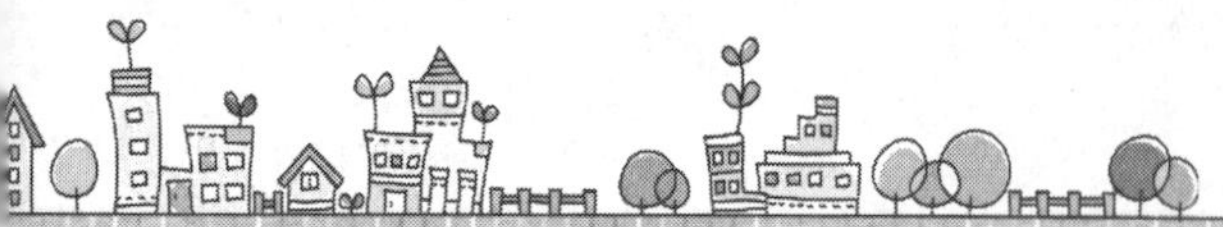

### ⑴ 식별가능성

자산은 다음 중 하나에 해당하는 경우에 식별가능하다.

① 자산이 분리가능하다. 즉, 기업의 의도와는 무관하게 기업에서 분리하거나 분할할 수 있고, 개별적으로 또는 관련된 계약, 식별가능한 자산이나 부채와 함께 매각, 이전, 라이선스, 임대, 교환할 수 있다.

② 자산이 계약상 권리 또는 기타 법적 권리로부터 발생한다. 이 경우 그러한 권리가 이전가능한지 여부 또는 기업이나 기타 권리와 의무에서 분리가능한지 여부는 고려하지 아니한다.3)

**사업결합으로 인식하는 영업권**은 사업결합에서 획득하였지만 개별적으로 식별하여 별도로 인식하는 것이 불가능한 그 밖의 자산에서 발생하는 미래경제적 효익을 나타내는 자산이다. 그 미래경제적 효익은 취득한 식별가능한 자산 사이의 시너지효과나 개별적으로 재무제표 상 인식기준을 충족하지는 않는 자산으로부터 발생할 수 있다. 따라서 영업권은 분리가능성의 관점에서 무형자산의 정의를 충족하지 못한다.

### ⑵ 통 제

기초가 되는 자원에서 유입되는 미래경제적 효익을 확보할 수 있고 그 효익에 대한 제3자의 접근을 제한할 수 있다면 기업이 자산을 통제하고 있는 것이다. 무형자산의 미래경제적 효익에 대한 통제능력은 일반적으로 법원에서 강제할 수 있는 법적 권리에서 나오지만, 다른 방법으로도 미래경제적 효익을 통제할 수 있기 때문에 권리의 법적 집행가능성이 통제의 필요조건은 아니다.

#### 1) 시장에 대한 지식과 기술적 지식

시장에 대한 지식과 기술적 지식에서도 미래경제적 효익이 발생할 수 있다. 이러한 지식이 저작권, 계약상의 제약이나 법에 의한 종업원의 기밀유지의무 등과 같은 법적 권리에 의하여 보호된다면, 기업은 그러한 지식에서 얻을 수 있는 미래경제적 효익을

---

3) 어떤 자산이 다른 자산과 결합해야만 미래 경제적 효익을 창출하는 경우에 그 자산으로부터 유입되는 미래 경제적 효익을 확인할 수 있다면 그 자산은 식별가능한 것이다. 예를 들어, 제조설비를 제조공정에 대한 특허권과 함께 일괄 취득한 경우에는 그 특허권은 분리가능하지는 않지만 식별가능하다.

통제하고 있는 것이다.

#### 2) 숙련된 종업원과 교육훈련 및 특정 경영능력이나 기술적 재능

기업은 숙련된 종업원으로 구성된 팀을 보유할 수 있고, 교육훈련을 통하여 습득된 미래경제적 효익을 가져다 줄 수 있는 종업원의 기술 향상을 식별할 수 있다. 또한 기업은 그러한 숙련된 기술을 계속하여 이용할 수 있을 것으로 기대할 수 있다. 그러나 기업은 숙련된 종업원이나 교육훈련으로부터 발생하는 미래경제적 효익에 대해서는 일반적으로 무형자산의 정의를 충족하기에는 충분한 통제를 가지고 있지 않다. 이와 유사한 이유로 특정 경영능력이나 기술적 재능도 그것을 사용하여 미래경제적 효익을 확보하는 것이 법적 권리에 의하여 보호되지 않거나 무형자산 정의의 기타 요건을 충족하지 않는다면 일반적으로 무형자산의 정의를 충족할 수 없다.

#### 3) 고객관계와 고객충성도

기업은 고객구성이나 시장점유율에 근거하여 고객관계와 고객충성도를 잘 유지함으로써 고객이 계속하여 거래할 것이라고 기대할 수 있다. 그러나 그러한 고객관계나 고객충성도를 지속할 수 있는 법적 권리나 그것을 통제할 기타 방법이 없다면 일반적으로 고객관계나 고객충성도에서 창출될 미래경제적 효익에 대해서는 그러한 항목(예 고객구성, 시장점유율, 고객관계와 고객충성도)이 무형자산의 정의를 충족하기에 기업이 충분한 통제를 가지고 있지 않다. 그러나 **고객관계를 보호할 법적 권리가 없는 경우에도, 동일하거나 유사한, 비계약적 고객관계를 교환하는 거래(사업결합 과정에서 발생한 것이 아닌)는 고객관계로부터 기대되는 미래경제적 효익을 통제할 수 있다는 증거를 제공한다.** 그러한 교환거래는 고객관계가 분리가능하다는 증거를 제공하므로 그러한 고객관계는 무형자산의 정의를 충족한다.

### (3) 미래경제적 효익

무형자산의 미래경제적 효익은 제품의 매출, 용역수익, 원가절감 또는 자산의 사용에 따른 기타 효익의 형태로 발생할 수 있다. 예를 들면, 제조과정에서 지적재산을 사용한다면 미래 수익을 증가시키기보다는 미래 제조원가를 감소시킬 수 있다.

## 02절 무형자산의 인식과 측정

어떤 항목을 무형자산으로 인식하기 위해서는 그 항목이 다음의 조건을 모두 충족하여야 한다.

① 무형자산의 정의

② 무형자산의 인식기준

㉠ 자산에서 발생하는 미래경제적 효익이 기업에 유입될 가능성이 높다.

㉡ 자산의 원가를 신뢰성 있게 측정할 수 있다.

위의 조건은 무형자산을 취득하거나 내부적으로 창출하기 위하여 최초로 발생한 원가와, 취득이나 완성 후에 증가·대체·수선을 위하여 발생한 원가에도 적용한다. 그러나 무형자산은 특성상 자산이 증가하지 않거나 자산의 부분 대체가 이루어지지 않는 경우가 많다. 따라서 대부분의 취득이나 완성 후의 지출은 무형자산의 정의와 인식기준을 충족하기 보다는 기존 무형자산이 갖는 기대 미래경제적 효익을 유지하는 것이 대부분이며, 또한 사업 전체가 아닌 특정 무형자산에 직접 귀속시키기 어려운 경우가 많다. 그러므로 후속지출이 자산의 장부금액으로 인식되는 경우는 매우 드물다.

**무형자산을 최초로 인식할 때에는 원가로 측정한다.** 여기서 **원가란 자산을 취득하기 위하여 자산의 취득시점이나 건설시점에서 지급한 현금 또는 현금성자산이나 제공한 기타 대가의 공정가치를 말한다.** 취득상황별 원가의 결정은 다음과 같다.

### 1. 개별 취득

개별 취득하는 무형자산의 원가는 다음 항목으로 구성된다.

① 구입가격(매입할인과 리베이트를 차감하고 수입관세와 환급받을 수 없는 제세금을 포함한다)

② 자산을 의도한 목적에 사용할 수 있도록 준비하는 데 직접 관련되는 다음의 원가

㉠ 그 자산을 사용 가능한 상태로 만드는 데 직접적으로 발생하는 종업원급여

㉡ 그 자산을 사용 가능한 상태로 만드는 데 직접적으로 발생하는 전문가 수수료

㉢ 그 자산이 적절하게 기능을 발휘하는지 검사하는 데 발생하는 원가

그러나 다음의 지출 예는 무형자산 원가에 포함하지 않는다.

① 새로운 제품이나 용역의 홍보원가(광고와 판매촉진활동 원가를 포함한다)

② 새로운 지역에서 또는 새로운 계층의 고객을 대상으로 사업을 수행하는 데서 발생하는 원가(교육훈련비를 포함한다)

③ 관리원가와 기타 일반경비원가

무형자산 원가의 인식은 그 자산을 경영자가 의도하는 방식으로 운용될 수 있는 상태에 이르면 중지한다. 따라서 무형자산을 사용하거나 재배치하는 데 발생하는 원가는 자산의 장부금액에 포함하지 않는다. 예를 들면, 다음의 원가는 무형자산의 장부금액에 포함하지 아니한다.

① 경영자가 의도하는 방식으로 운용될 수 있으나 아직 사용하지 않고 있는 기간에 발생한 원가

② 자산의 산출물에 대한 수요가 확립되기 전까지 발생하는 손실과 같은 초기 영업손실

또한 무형자산의 개발과 관련한 영업활동 중에는 해당 자산을 경영자가 의도하는 방식으로 운영될 수 있는 상태에 이르도록 하는 데 반드시 필요하지는 않은 활동도 있다. 이러한 부수적인 영업활동은 개발활동 전이나 개발활동 중에 발생할 수 있다. 이러한 부수적인 영업활동은 자산을 경영자가 의도하는 방식으로 운영될 수 있는 상태에 이르도록 하는데 반드시 필요한 것은 아니기 때문에 부수적인 영업활동과 관련된 수익과 비용은 즉시 당기손익으로 인식한다.

한편 무형자산에 대한 대금지급기간이 일반적인 신용기간보다 긴 경우 무형자산의 원가는 현금가격상당액이 된다. 이때 현금가격상당액과 실제 총지급액과의 차액은 기업회계기준서 제1023호(차입원가)에 따라 자본화하지 않는 한 신용기간에 걸쳐 이자비용으로 인식한다.

## 2. 사업결합으로 인한 취득

사업결합으로 취득하는 무형자산의 취득원가는 기업회계기준서 제1103호(사업결합)에 따라 **취득일 공정가치**로 한다. 여기서 무형자산의 공정가치는 그 자산이 갖는 미래경제적 효익이 기업에 유입될 확률에 대한 기대를 반영하므로, 사업결합으로 취득하는 무형자산은 자산에서 발생하는 미래경제적 효익이 기업에 유입될 가능성이 높다는 인식기

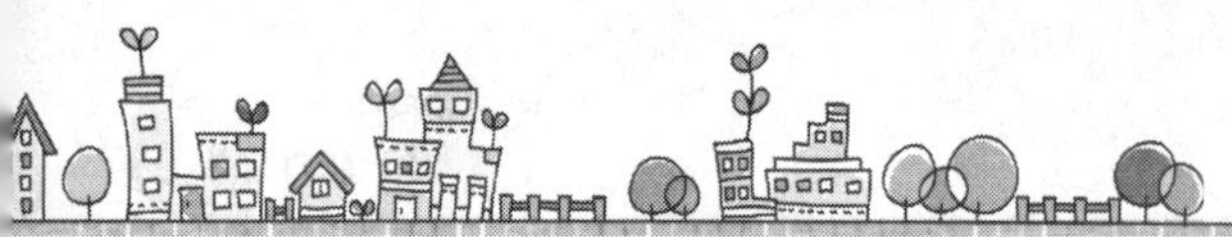

준을 항상 충족하는 것으로 본다. 또한 사업결합으로 취득하는 자산이 분리가능하거나 계약상 또는 기타 법적 권리에서 발생한다면, 그 자산의 공정가치를 신뢰성 있게 측정하기에 충분한 정보가 존재한다. 따라서 **자산의 공정가치를 신뢰성있게 측정할 수 있다면, 사업결합 전에 그 자산을 피취득자가 인식하였는지 여부에 관계없이, 취득자는 취득일에 피취득자의 무형자산을 영업권과 분리하여 인식하여야** 한다. 예를 들어, 피취득자가 진행하고 있는 연구·개발 프로젝트가 무형자산의 정의를 충족한다면 취득자가 영업권과 분리하여 별도의 자산으로 인식하여야 한다.4)

한편 사업결합으로 취득하는 무형자산이 관련된 유형자산이나 무형자산과 결합되어서만 분리가능한 경우가 있다. 예를 들면, 잡지의 출판표제가 관련된 구독자 데이터베이스와 분리하여 매각할 수 없거나, 광천수의 상표가 특정 광천과 관련되어 있어 그 광천에서 분리하여 매각할 수 없는 경우이다. 이러한 경우 취득자는 그 자산집단에 포함되어 있는 개별 자산의 공정가치를 신뢰성 있게 측정할 수 없다면, 그 자산집단을 영업권과 분리하여 하나의 자산으로 인식한다.

## 3. 정부보조에 의한 취득

정부보조로 무형자산을 무상이나 낮은 대가로 취득할 수 있다. 예를 들면, 정부가 공항 착륙권, 라디오나 텔레비전 방송국 운영권, 수입면허 또는 수입할당이나 기타 제한된 자원을 이용할 수 있는 권리를 기업에게 이전하거나 할당하는 경우이다. 이 경우 기업회계기준서 제1020호(정부보조금의 회계처리와 정부지원의 공시)에 따라 **무형자산과 정부보조금 모두를 최초에 공정가치로 인식할** 수 있다. 그러나 최초에 자산을 공정가치로 인식하지 않기로 선택하는 경우에는, 자산을 **명목상 금액**(기업회계기준서 제1020호에서 허용하는 대체적인 회계처리)과 자산을 의도한 용도로 사용할 수 있도록 준비하는 데 직접 관련되는 지출을 합한 금액으로 인식한다.

---

4) 기업회계기준서 제1103호(사업결합)에 의하면, 사업결합으로 취득한 피취득자의 식별가능한 자산 및 부채의 공정가치와 취득자가 부담한 사업결합원가와의 차액을 영업권의 원가로 측정한다. 영업권(혹은 염가매수차익)은 인식 후에 무형자산과의 회계처리가 상이하므로 사업결합으로 취득한 식별가능한 무형자산을 정확하게 분리 인식하지 않는다면 그 금액만큼 영업권의 측정금액도 왜곡되어 기업의 경제적 실질을 충실하게 표현하지 못하게 된다. 영업권과 관련된 자세한 회계처리는 고급회계를 참조하라.

## 4. 자산의 교환

하나 이상의 무형자산을 하나 이상의 비화폐성자산 또는 화폐성자산과 비화폐성자산이 결합된 대가와 교환하여 취득하는 경우, 무형자산의 원가는 다음 중 하나에 해당하는 경우를 제외하고는 취득한 자산의 공정가치가 더 명백하지 않는 한 **제공한 자산의 공정가치로 측정한다.**

① 교환거래에 상업적 실질이 결여된 경우
② 취득한 자산과 제공한 자산의 공정가치를 둘 다 신뢰성 있게 측정할 수 없는 경우

취득한 자산을 공정가치로 측정하지 않는 경우에는 원가는 **제공한 자산의 장부금액으**로 측정한다.

## 5. 내부적으로 창출한 영업권

미래경제적 효익을 창출하기 위하여 발생한 지출 중에는 인식기준을 충족하는 무형자산을 창출하지 않는 경우가 있는데, 그러한 지출은 대부분 내부적으로 창출한 영업권에 기여한다. 내부적으로 창출한 영업권은 원가를 신뢰성 있게 측정할 수 없고 기업이 통제하고 있는 식별가능한 자원이 아니기 때문에(즉, 분리가능하지 않고 계약상 또는 기타 법적 권리로부터 발생하지 않기 때문에) **자산으로 인식하지 아니한다.**

## 6. 내부적으로 창출한 무형자산

내부적으로 창출한 무형자산이 인식기준을 충족하는지를 평가하는 것은 용이하지 않다. 왜냐하면, 기대 미래경제적 효익을 창출할 식별가능한 무형자산의 존재 여부와 인식시점을 파악하기 어렵고, 자산의 원가도 신뢰성 있게 결정하는 것이 어렵기 때문이다. 또한 어떤 경우에는 무형자산을 내부적으로 창출하기 위한 원가를, 내부적으로 창출한 영업권을 유지 또는 향상시키는 원가나 일상적인 경영관리활동에서 발생하는 원가와 구별하기도 어렵다.

따라서 내부적으로 창출한 무형자산에 대해서는 무형자산의 인식과 최초 측정에 대한 일반적 규정과 함께 추가적인 지침을 적용한다. 우선 내부적으로 창출한 무형자산이 인식기준을 충족하는지를 평가하기 위하여 무형자산의 창출과정을 **연구단계**와 **개발단계**로

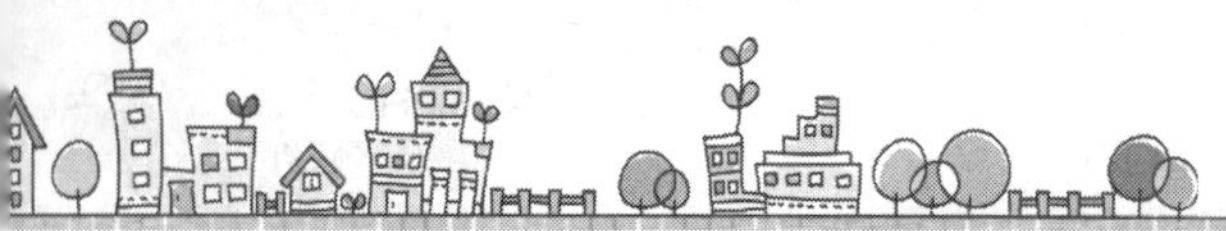

구분한다. 만약 무형자산을 창출하기 위한 내부 프로젝트를 연구단계와 개발단계로 구분할 수 없는 경우에는 그 프로젝트에서 발생한 지출은 모두 연구단계에서 발생한 것으로 본다.

### (1) 연구단계

**연구**란 새로운 과학적, 기술적 지식이나 이해를 얻기 위해 수행하는 독창적이고 계획적인 탐구활동을 말하는데, 연구활동의 예는 다음과 같다.

① 새로운 지식을 얻고자 하는 활동

② 연구결과나 기타 지식을 탐색, 평가, 최종 선택, 응용하는 활동

③ 재료, 장치, 제품, 공정, 시스템이나 용역에 대한 여러 가지 대체안을 탐색하는 활동

④ 새롭거나 개선된 재료, 장치, 제품, 공정, 시스템이나 용역에 대한 여러 가지 대체안을 제안, 설계, 평가, 최종 선택하는 활동

이처럼 연구단계는 새로운 지식을 탐색하고, 여러 가지 대체안을 탐색, 평가하여 최종적인 대체안을 선택하는 단계이다. 이러한 내부 프로젝트의 연구단계에서는 미래경제적 효익을 창출할 무형자산이 존재한다는 것을 제시할 수 없기 때문에, 내부 프로젝트의 연구단계에서 발생한 지출은 **발생시점에 비용으로 인식한다.**

### (2) 개발단계

**개발**이란 상업적인 생산이나 사용 전에 연구결과나 관련 지식을 새롭거나 현저히 개량된 재료, 장치, 제품, 공정, 시스템이나 용역의 생산을 위한 계획이나 설계에 적용하는 활동을 말한다. 개발단계는 연구단계보다 훨씬 더 진전되어 있는 상태이기 때문에 어떤 경우에는 내부프로젝트의 개발단계에서는 무형자산을 식별할 수 있으며, 그 무형자산이 미래경제적 효익을 창출할 것임을 제시할 수 있다. 개발활동의 예는 다음과 같다.

① 생산이나 사용 전의 시제품과 모형을 설계, 제작, 시험하는 활동

② 새로운 기술과 관련된 공구, 주형, 금형 등을 설계하는 활동

③ 상업적 생산 목적으로 실현가능한 경제적 규모가 아닌 시험공장을 설계, 건설, 가동하는 활동

④ 신규 또는 개선된 재료, 장치, 제품, 공정, 시스템이나 용역에 대하여 최종적으로 선정된 안을 설계, 제작, 시험하는 활동

개발단계에서 발생한 지출은 다음 사항을 모두 제시할 수 있는 경우에만 무형자산으로 인식하며 이외의 경우에는 기간비용인 경상개발비로 회계처리한다.

① 무형자산을 사용하거나 판매하기 위해 그 자산을 완성할 수 있는 기술적 실현가능성
② 무형자산을 완성하여 사용하거나 판매하려는 기업의 의도
③ 무형자산을 사용하거나 판매할 수 있는 기업의 능력
④ 무형자산이 미래경제적 효익을 창출하는 방법[5)]
⑤ 무형자산의 개발을 완료하고 그것을 판매하거나 사용하는 데 필요한 기술적, 재정적 자원 등의 입수가능성
⑥ 개발과정에서 발생한 무형자산 관련 지출을 신뢰성 있게 측정할 수 있는 기업의 능력

### (3) 내부적으로 창출한 무형자산의 원가

내부적으로 창출한 무형자산의 원가는 그 자산의 창출, 제조 및 경영자가 의도하는 방식으로 운영될 수 있게 준비하는 데 필요한 직접 관련된 모든 원가를 포함하는데, 직접 관련된 원가의 예는 다음과 같다.

① 무형자산의 창출에 사용되었거나 소비된 재료원가, 용역원가 등
② 무형자산의 창출을 위하여 발생한 종업원급여
③ 법적 권리를 등록하기 위한 수수료
④ 무형자산의 창출에 사용된 특허권과 라이선스의 상각비
⑤ 내부적으로 창출한 무형자산의 원가를 구성하는 차입원가

그러나 다음 항목은 내부적으로 창출한 무형자산의 원가에 포함하지 않고 발생시점에 비용으로 인식한다.

① 판매비, 관리비 및 기타 일반경비 지출. 다만, 무형자산을 의도한 용도로 사용할 수 있도록 준비하는 데 직접 관련된 경우는 제외한다.
② 무형자산이 계획된 성과를 달성하기 전에 발생한 명백한 비효율로 인한 손실과 초기 영업손실
③ 무형자산을 운용하는 직원의 교육훈련과 관련된 지출

5) 그 중에서도 특히 무형자산의 산출물이나 무형자산 자체를 거래하는 시장이 존재함을 제시할 수 있거나 또는 무형자산을 내부적으로 사용할 것이라면 그 유용성을 제시할 수 있다.

④ 사업개시활동에 대한 지출(즉, 사업개시원가[6]). 다만, 기업회계기준서 제1016호 (유형자산)에 따라 유형자산의 원가에 포함되는 지출은 제외한다.

⑤ 교육 훈련을 위한 지출

⑥ 기업의 전부나 일부의 이전 또는 조직 개편에 관련된 지출

내부적으로 창출한 무형자산의 원가는 그 인식기준을 최초로 충족시킨 이후에 발생한 지출금액만을 포함하므로, 이미 비용으로 인식한 지출은 무형자산의 원가로 인식할 수 없다. 즉, 최초에 비용으로 인식한 무형항목에 대한 지출은 그 이후에 인식조건을 충족하더라도 소급하여 무형자산의 원가로 인식할 수 없다.

한편 **내부적으로 창출한 브랜드, 제호, 출판표제, 고객 목록**과 이와 실질이 유사한 항목은 사업을 전체적으로 개발하는 데 발생한 원가와 구별할 수 없으므로 무형자산으로 인식하지 아니한다. 또한 이와 관련된 취득이나 완성 후의 지출도 발생시점에 항상 당기손익으로 인식한다.

### 사례 1 내부적으로 창출된 무형자산

㈜SW사는 2개의 프로젝트를 수행하고 있다. 각 프로젝트와 관련된 20×2년도 지출내역은 다음과 같으며, 이중 프로젝트(남한강)과 관련된 지출은 20×2년 9월 1일에 자산인식요건을 충족하였다.

| | 프로젝트(남한강) | | 프로젝트(북한강) | | 기 타 | |
|---|---|---|---|---|---|---|
| | 1.1~8.31 | 9.1~12.31 | 1.1~8.31 | 9.1~12.31 | 1.1~8.31 | 9.1~12.31 |
| 연구원 급여 | ₩10,000 | ₩ 4,000 | ₩ 5,000 | ₩ 2,000 | ₩1,000 | ₩500 |
| 원재료 사용액 | 4,000 | 1,000 | 3,000 | 1,000 | | |
| 시험기기 감가상각비 | 2,400 | 850 | 3,600 | 1,200 | | |
| 이 자 비 용 | 100 | 30 | 200 | 50 | | |
| 교육훈련비 | | 500 | | | | |
| 계 | ₩16,500 | ₩6,380 | ₩11,800 | ₩4,250 | ₩1,000 | ₩500 |

6) 사업개시원가는 법적 실체를 설립하는 데 발생한 법적비용과 사무비용과 같은 설립원가, 새로운 시설이나 사업을 개시하기 위하여 발생한 지출(개업원가), 또는 새로운 영업을 시작하거나 새로운 제품이나 공정을 시작하기 위하여 발생하는 지출(신규영업준비원가)로 구성된다.

(1) 기타 비용은 프로젝트(남한강)에서 발생하였는지, 프로젝트(북한강)에서 발생하였는지 구분이 어려운 항목이다.
(2) 프로젝트(남한강)은 20×2년 12월 31일자로 완료되어 특허권을 취득하였으며, 특허권의 취득과 관련하여 수수료 등으로 ₩1,000을 지출하였다.
(3) 교육훈련비는 프로젝트(남한강)이 완료된 후, 직원들에 대한 교육훈련비로 지급한 금액이다.

㈜SW사가 20×2년 12월 31일로 종료되는 회계연도에 무형자산(개발비, 산업재산권)과 당기비용으로 인식할 금액을 계산하라.

핵심해설

1. 개발비(무형자산)
₩4,000(연구원급여)＋₩1,000(원재료사용액)＋₩850(감가상각비)＋₩30(이자비용)＝₩5,880

2. 산업재산권(무형자산)
₩1,000(특허권 취득 수수료)

3. 당기비용
① 연구개발비 : ₩16,500＋₩11,800＋₩4,250＋₩1,000＋₩500＝₩34,050
② 교육훈련비 : ₩500

## 7. 웹사이트 원가

기업은 내부 또는 외부 접근을 위한 기업 자체의 웹 사이트의 개발[7]과 운영에 내부 지출이 발생할 수 있다. 외부 접근을 위해 설계한 웹 사이트는 기업 자체의 재화와 용역

7) 웹 사이트의 개발단계는 다음과 같다.
① 계획단계 : 실현가능성 연구, 목적과 세부사항 정의, 대안의 평가 및 선택을 포함한다.
② 응용프로그램과 하부구조 개발단계 : 도메인 등록, 하드웨어와 운영 소프트웨어의 구매와 개발, 개발한 응용프로그램의 설치와 안정성 테스트를 포함한다.
③ 그래픽 디자인 개발단계 : 웹 페이지의 외양설계를 포함한다.
④ 콘텐츠 개발단계 : 웹 사이트 개발이 완료되기 전에 텍스트나 그래픽 속성의 정보를 창출・구매・작성하여 웹 사이트에 올리는 것을 포함한다. 이러한 정보는 웹 사이트에 통합되어 있거나 웹 사이트에서 접근할 수 있는 데이터베이스에 저장되거나 웹 페이지에 직접 코드화될 수 있다.

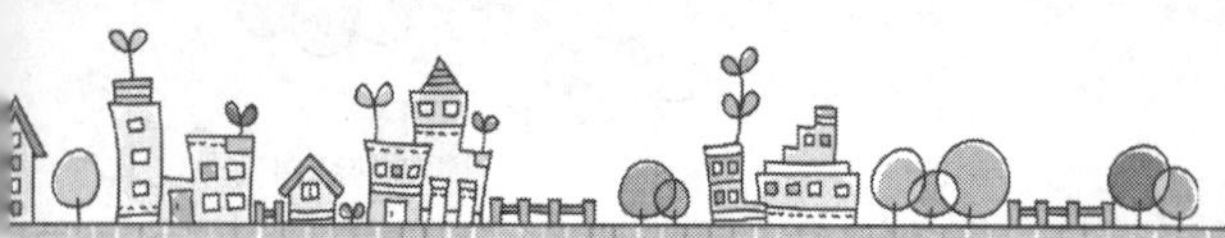

의 판매촉진 및 광고, 전자적인 용역 제공, 재화와 용역의 판매 등을 위하여 사용될 수 있고, 내부 접근을 위해 설계한 웹 사이트는 회사의 정책과 고객의 세부정보를 저장하고 관련 정보의 검색을 위하여 사용될 수 있다.

이처럼 기업이 내부 또는 외부 접근을 위해 개발한 자체의 웹 사이트는 기업회계기준서 제1038호(무형자산)가 적용되는 내부적으로 창출한 무형자산이다. 따라서 자체적으로 개발한 웹 사이트는 인식과 최초 측정을 규정한 무형자산의 일반적인 인식조건뿐만 아니라, 개발단계에서 발생한 지출이 무형자산으로 인식되기 위한 6가지 추가조건을 모두 충족하는 경우에만 무형자산으로 인식한다.

특히, 웹 사이트가 수익을 창출할 수 있을 때(예 웹 사이트에서 이루어진 주문접수를 통해 수익을 직접 발생시키는 경우) 웹 사이트가 어떻게 미래경제적 효익을 창출할지를 제시하도록 하는 인식요건을 충족시킬 수 있을 것이다. 그러나 기업이 주로 자체의 재화와 용역의 판매촉진과 광고를 위해 웹 사이트를 개발한 경우에는 그 웹 사이트가 어떻게 미래경제적 효익을 창출할지를 제시할 수 없으므로, 이러한 웹 사이트 개발에 대한 모든 지출은 발생시점에 비용으로 인식한다.

기업 자체의 웹 사이트 개발과 운영에 대한 내부 지출의 적절한 회계처리를 위하여 지출이 발생한 활동별 성격과 웹 사이트의 개발단계 및 개발 후 단계를 평가한다. 예를 들면 다음과 같다.

① 계획단계는 연구단계와 성격이 유사하다. 따라서 이 단계에서의 지출은 발생시점에 비용으로 인식한다.

② 응용프로그램과 하부구조 개발단계, 그래픽 디자인 단계, 콘텐츠 개발단계는 콘텐츠가 기업 자체의 재화와 용역의 광고와 판매촉진 목적으로 개발된 것이 아니라면 개발단계와 성격이 유사하다. 따라서 이러한 단계에서 발생한 지출이 웹 사이트의 창출, 제조 및 경영자가 의도하는 방식으로 운영될 수 있게 준비하는 데 직접 관련되며 필수적인 경우에는 무형자산으로 인식하는 웹 사이트의 취득원가에 포함한다. 예를 들면, 특정 웹 사이트를 위하여 콘텐츠(기업 자체의 재화와 용역의 광고 및 판매촉진을 위한 콘텐츠는 제외)를 구매하거나 창출하기 위한 지출 또는 그 웹 사이트에서 콘텐츠의 사용을 가능하게 하는 지출(예 복제 라이선스를 취득하기 위한 수수료)은 이 조건을 충족하는 경우에 개발원가에 포함한다.

③ 콘텐츠가 기업 자체의 재화와 용역을 광고하고 판매를 촉진하기 위하여 개발되었

다면(예 재화의 디지털 사진) 발생시점에 비용으로 인식한다. 예를 들면, 기업 자체 재화의 디지털 사진을 찍거나 사진의 배열을 개선하기 위한 전문용역에 대한 지출은 디지털 사진이 웹 사이트에 배열된 때가 아니라 그러한 전문용역을 제공받은 시점에 비용으로 인식한다.

④ 운영단계는 웹 사이트의 개발이 완성되면 개시한다. 이 단계에서 발생한 지출은 무형자산의 인식조건을 충족하지 못하면 발생시점에 비용으로 인식한다.

## 03절 무형자산의 인식 후의 측정

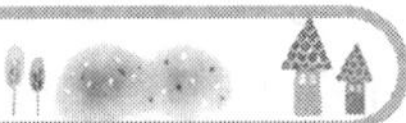

무형자산 회계정책으로 **원가모형**이나 **재평가모형**을 선택할 수 있다. 재평가모형을 적용하여 무형자산을 회계처리하는 경우에는, 같은 분류의 기타 모든 자산도 그에 대한 활성시장이 없는 경우를 제외하고는 동일한 방법을 적용하여 회계처리한다.

원가모형을 적용할 경우 무형자산은 원가에서 상각누계액과 손상차손누계액을 차감한 금액을 장부금액으로 하고, 재평가모형을 적용할 경우에는 무형자산은 재평가일의 공정가치에서 이후의 상각누계액과 손상차손누계액을 차감한 재평가금액을 장부금액으로 한다.

### 1. 무형자산의 상각

#### (1) 내용연수

무형자산의 회계처리는 내용연수에 따라 다르다. 내용연수가 유한한 무형자산은 상각하고, 내용연수가 비한정인 무형자산은 상각하지 않는다. 여기서 '**비한정**'이라는 용어는 '무한'을 의미하지 않는다.

무형자산의 내용연수는 경제적 요인과 법적 요인의 영향을 받는다. 경제적 요인은 자산의 미래경제적 효익이 획득되는 기간을 결정하고, 법적 요인은 기업이 그 효익에 대한 접근을 통제할 수 있는 기간을 제한한다. 내용연수는 이러한 요인에 의해 결정된 기간 중 짧은 기간으로 한다. 즉, 계약상 권리 또는 기타 법적 권리로부터 발생하는 무형

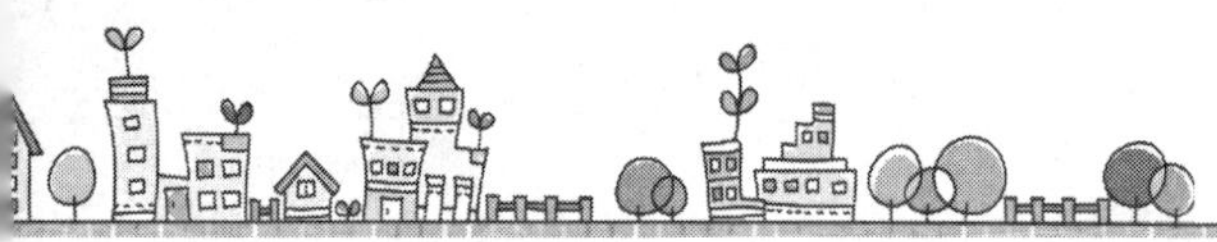

자산의 내용연수는 그러한 계약상 권리 또는 기타 법적 권리의 기간을 초과할 수는 없지만, 자산의 예상사용기간에 따라 더 짧을 수는 있다. 만약 계약상 또는 기타 법적 권리가 갱신가능한 한정된 기간 동안 부여된다면, 유의적인 원가 없이 기업에 의해 갱신될 것이 명백한 경우에만 그 갱신기간을 무형자산의 내용연수에 포함한다.

### (2) 내용연수가 유한한 무형자산

내용연수가 유한한 무형자산의 상각대상금액은 내용연수동안 체계적인 방법[8])으로 배분하여야 한다. 상각은 자산이 사용가능한 때부터 시작한다. 즉 자산이 경영자가 의도하는 방식으로 운영할 수 있는 위치와 상태에 이르렀을 때부터 시작한다. 그리고 자산이 매각예정으로 분류되는 날과 자산이 재무상태표에서 제거되는 날 중 이른 날에 중지한다. 그러나 내용연수가 유한한 무형자산은 그 자산을 더 이상 사용하지 않을 때에도 상각을 중지하지 아니한다. 다만, 완전히 상각하거나 매각예정으로 분류되는 경우에는 상각을 중지한다.

무형자산의 상각방법은 자산의 경제적 효익이 소비되는 형태를 반영한 방법이어야 한다. 다만, 소비되는 형태를 신뢰성 있게 결정할 수 없는 경우에는 정액법을 사용한다. 각 회계기간의 상각액은 다른 자산의 장부금액에 포함하도록 허용하거나 요구하는 경우[9])를 제외하고는 당기손익으로 인식한다.

내용연수가 유한한 자산의 상각대상금액은 잔존가치를 차감하여 결정하는데, 내용연수가 **유한한 무형자산의 잔존가치는 특별한 경우[10])를 제외하고는 영(0)으로 본다.** 영(0)이 아닌 잔존가치는 경제적 내용연수 종료 시점 이전에 그 자산을 처분할 것이라는 기대를 나타낸다. 무형자산의 잔존가치는 해당 자산의 장부금액과 같거나 큰 금액으로 증가할 수도 있다. 이 경우에는 자산의 잔존가치가 이후에 장부금액보다 작은 금액으로 감소될

---

8) 체계적인 상각방법은 자산이 갖는 기대 미래경제적 효익의 예상되는 소비형태를 반영하여 선택하고, 미래경제적 효익의 예상되는 소비형태가 변동하지 않는다면 매 회계기간에 일관성 있게 적용한다. 이러한 상각방법에는 정액법, 체감잔액법과 생산량비례법이 있다.

9) 제조과정에서 사용된 무형자산의 상각은 재고자산의 장부금액에 포함한다.

10) 특별한 경우는 다음의 '①'과 '②' 중 하나에 해당하는 경우를 말한다.
   ① 내용연수 종료 시점에 제3자가 자산을 구입하기로 한 약정이 있다.
   ② 무형자산의 활성시장이 있고 다음을 모두 충족한다.
      ㉠ 잔존가치를 그 활성시장에 기초하여 결정할 수 있다.
      ㉡ 그러한 활성시장이 내용연수 종료 시점에 존재할 가능성이 높다.

때까지는 무형자산의 상각액은 영(0)이 된다.

내용연수가 유한한 무형자산의 잔존가치와 상각기간 및 상각방법은 적어도 매 회계연도 말에 적정성을 검토하여야 한다. 검토결과 자산의 예상 잔존가치와 내용연수가 과거의 추정치와 다르거나, 자산이 갖는 미래경제적 효익의 예상소비형태가 변동된다면 그러한 변경은 회계추정의 변경으로 회계처리한다.

### (3) 내용연수가 비한정인 무형자산

**내용연수가 비한정인 무형자산은 상각하지 아니한다.** 그 대신에 매년, 그리고 무형자산의 손상을 시사하는 징후가 있을 때에 회수가능액과 장부금액을 비교하여 손상검사를 수행하여야 한다.

또한 상각하지 않는 무형자산에 대하여 사건과 상황이 그 자산의 내용연수가 비한정이라는 평가를 계속하여 정당화하는지를 매 회계기간에 검토한다. 만약 사건과 상황이 그러한 평가를 정당화하지 않는 경우에는 비한정 내용연수를 유한 내용연수로 변경하여야 하며, 이 경우에는 회계추정의 변경으로 회계처리한다.

## 2. 재평가모형

최초 인식 후에 재평가모형을 적용할 경우, 무형자산은 재평가일의 공정가치에서 이후의 상각누계액과 손상차손누계액을 차감한 재평가금액을 장부금액으로 한다. 보고기간말에 자산의 장부금액이 공정가치와 중요하게 차이가 나지 않도록 주기적으로 재평가를 실시하여야 한다.

**재평가모형은 자산을 원가로 최초에 인식한 후에 적용하므로 다음 사항을 허용하지 않는다.**

① 이전에 자산으로 인식하지 않은 무형자산의 재평가
② 원가가 아닌 금액으로 무형자산을 최초로 인식

그러나 일부 과정이 종료될 때까지 인식기준을 충족하지 않아서 무형자산의 원가의 일부만 자산으로 인식한 경우(내부적으로 창출된 무형자산의 경우)에는 그 자산 전체에 대하여 재평가모형을 적용할 수 있다. 또한 정부보조를 통하여 취득하고 명목상 금액으로 인식한 무형자산에도 재평가모형을 적용할 수 있다.

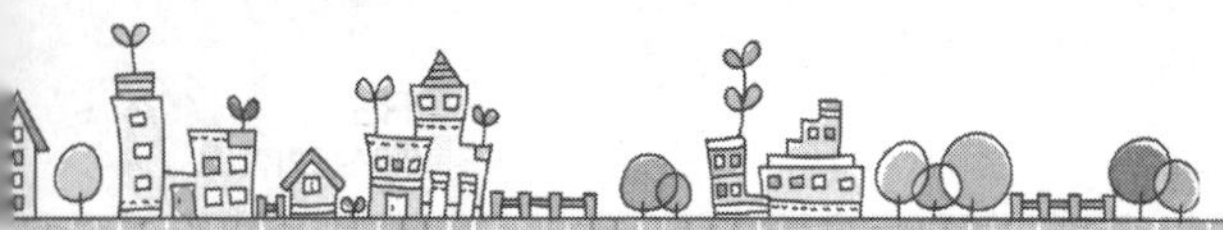

재평가한 무형자산과 같은 분류 내의 무형자산을 그 **자산에 대한 활성시장이 없어서 재평가할 수 없는 경우**에는 원가에서 상각누계액과 손상차손누계액을 차감한 금액으로 표시한다. 또한 재평가한 무형자산의 공정가치를 더 이상 활성시장을 기초로 하여 결정할 수 없는 경우에는 자산의 장부금액은 활성시장을 기초로 한 최종 재평가일의 재평가금액에서 이후의 상각누계액과 손상차손누계액을 차감한 금액으로 한다. 그리고 자산의 공정가치를 이후의 측정일에 활성시장을 기초로 하여 결정할 수 있는 경우에는 그 날부터 재평가모형을 다시 적용한다.

무형자산을 재평가하는 경우 회계처리는 유형자산의 경우와 동일한데, 이를 요약하면 다음과 같다.

| 최초 재평가 결과 | 최초 재평가시 회계처리 | 이후 재평가시 회계처리 |
|---|---|---|
| 장부금액의 증가(평가증) | '재평가잉여금' 인식 (기타포괄손익) | ① 평가증 : 재평가잉여금 추가 인식<br>② 평가감 : 전기 이전 인식한 재평가잉여금을 우선 감소시키고, 부족분은 재평가손실을 인식 |
| 장부금액의 감소(평가감) | '재평가손실' 인식 (당기비용) | ① 평가감 : 재평가손실 추가 인식<br>② 평가증 : 전기 이전 인식한 재평가손실만큼 재평가이익을 인식하고, 부족분은 재평가잉여금을 인식 |

**자본에 포함된 재평가잉여금 누계액은 그 잉여금이 실현되는 시점에 이익잉여금으로 직접 대체할 수 있다.** 자산의 폐기나 처분 시점에 전체 잉여금이 실현되거나, 일부 잉여금은 자산을 사용하면서 실현될 수 있다. 이러한 경우에 실현된 잉여금은 재평가된 장부금액을 기초로 한 상각액과 자산의 역사적 원가를 기초로 하여 인식하였을 상각액의 차이가 된다. 재평가잉여금을 이익잉여금으로 대체하는 경우 그 금액은 당기손익으로 인식하지 않는다.

무형자산을 재평가하는 경우, **재평가일의 상각누계액**은 다음 중 하나로 처리한다.

① 재평가 후의 자산의 장부금액이 재평가금액과 일치하도록 자산의 총장부금액의 변동에 비례하여 상각누계액을 수정한다. **(비례수정방법)**

② 상각누계액을 자산의 총장부금액에서 제거한 순액을 자산의 재평가금액으로 수정한다. **(전액제거방법)**

## 04절 무형자산의 손상차손

유형자산과 동일하게 무형자산에 대해서도 손상차손 및 손상차손환입을 인식하여야 하는데, 이 경우 기업회계기준서 제1036호(자산손상)을 적용한다.

자산손상과 관련된 회계처리는 제5장 유형자산에서 자세히 설명하였으므로 본 장에서는 몇 가지 사례만 살펴본다.

### 사례 2 원가모형 적용시 무형자산의 손상차손

(1) 남산㈜(회계기간 1. 1.~12. 31.)은 20×1년부터 시작한 프로젝트(Y)가 20×2년 7월 1일에 완료되어 즉시 신기술을 사용하기 시작하였다.

(2) 프로젝트(Y)와 관련한 연구단계와 개발단계에서 지출한 내역(20×2년 지출액은 20×2년 6월 말까지 지출액임)은 다음과 같다. 개발단계의 지출은 모두 무형자산의 인식요건을 충족한다.

| | 연구단계 | 개발단계 |
|---|---|---|
| 20×1년 지출 | ₩25,000,000 | ₩10,000,000 |
| 20×2년 지출 | | ₩30,000,000 |

(3) 남산㈜는 개발된 무형자산의 내용연수를 8년으로 추정하였으며, 정액법으로 감가상각하기로 하였다.

(4) 20×2년 10월 1일에 동 신기술에 대하여 특허권을 취득하였으며 특허권 획득과정에서 ₩1,000,000을 지출하였다. 특허권의 내용연수는 5년이다.

1. 원가모형 적용시 20×1년부터 20×2년까지 재무제표에 표시될 무형자산의 장부금액 기말잔액과 감가상각비를 각각 계산하라.
2. 20×3년 말 현재 신기술의 손상사유가 발생하여, 회수가능성이 ₩25,000,000으로 평가되었다. 또한 내용연수는 3년이 축소된 것으로 평가되었다. 20×3년에 무형자산에 대한 감가상각비와 손상차손으로 인식할 금액을 계산하라.
3. 20×4년 말 현재 신기술의 회수가능성이 ₩30,000,000으로 평가되었다. 20×4년에 무형자산에 대한 감가상각비와 손상차손환입으로 인식할 금액을 계산하라.

**핵심해설**

1. 원가모형을 적용하는 경우

〈20×1년도〉

① 개발비(무형자산) : ₩10,000,000(사용전이므로 감가상각을 하지 않음)

② 연구개발비(당기비용) : ₩25,000,000

〈20×2년도〉

① 감가상각비

- 개발비상각 : (₩10,000,000+₩30,000,000)÷8×6/12=₩2,500,000
- 특허권상각 : ₩1,000,000÷5×3/12=₩50,000

② 무형자산 기말 장부금액

- 개발비 : (₩10,000,000+₩30,000,000)−₩2,500,000=₩37,500,000
- 특허권 : ₩1,000,000−₩50,000=₩950,000

2. 20×3년 손상차손 인식

① 20×3년도 감가상각비

- 개발비상각 : ₩40,000,000÷8=₩5,000,000
- 특허권상각 : ₩1,000,000÷5=₩200,000

② 손상차손 인식전 개발비 장부금액 : ₩37,500,000−₩5,000,000=₩32,500,000

③ 손상차손 : ₩32,500,000−₩25,000,000=₩7,500,000

3. 20×4년 손상차손환입 인식

① 20×4년도 감가상각비

- 개발비상각 : ₩25,000,000×12/42=₩7,142,857
- 특허권상각 : ₩1,000,000÷5=₩200,000

② 손상차손환입 인식전 개발비 장부금액 : ₩25,000,000−₩7,142,857=₩17,857,143

③ 손상차손 인식하지 않았을 경우 개발비 장부금액(손상차손환입 한도 범위)

$$₩40,000,000-₩2,500,000-₩5,000,000-(₩32,500,000\times\frac{12}{42}=₩9,285,714)=₩23,214,286$$

∴ 회수가능액 ₩30,000,000은 손상차손을 인식하지 않았을 경우 개발비 장부금액보다 크기 때문에 손상차손환입은 개발비 장부금액이 ₩23,214,286될 때까지 환입한다.

④ 손상차손환입 : ₩23,214,286−₩17,857,143=₩5,357,143

## 사례 3 재평가모형 적용시 무형자산의 손상차손

(1) 속리산㈜(회계기간 1. 1.~12. 31.)은 20×1년 초에 사업결합으로 취득한 무형자산과 관련된 자료는 다음과 같다.

| | 최초원가 | 내용연수 | 20×1년 말 공정가액 | 20×2년 말 회수가능액 | 20×3년 말 회수가능액 |
|---|---|---|---|---|---|
| 상표권 | ₩5,000,000 | 비한정적 | ₩5,100,000 | ₩3,500,000 | ₩4,800,000 |
| 라이선스 | ₩3,000,000 | 5년 | ₩2,800,000 | ₩1,800,000 | ₩2,500,000 |

(2) 남산㈜는 라이선스를 정액법으로 상각하기로 결정하였으며, 잔존가치는 0이다.
(3) 20×2년 말에는 취득한 모든 무형자산에 대한 손상징후가 발생하였으며, 20×3년 말에는 손상회복징후가 발생하였다고 가정한다.
(4) 상표권의 내용연수는 계속적으로 비한정적이라고 가정한다.

속리산㈜가 무형자산에 대하여 감가상각누계액을 모두 제거하는 방법을 적용하여 재평가모형을 적용하는 경우 20×1년부터 20×3년까지 회계처리를 하라. 그리고 각 연도말 부분재무상태표를 작성하라.

**핵심해설**

1. 20×1년 회계처리

상표권은 비한정 내용연수를 갖고 있으므로 매년 감가상각하지 않는다.

| | | | |
|---|---|---|---|
| (차) 감가상각비* | 600,000 | (대) 감가상각누계액 | 600,000 |
| (차) 감가상각누계액 | 600,000 | (대) 라 이 선 스 | 200,000 |
| | | 재평가잉여금(라)** | 400,000 |
| (차) 상 표 권 | 100,000 | (대) 재평가잉여금(상) | 100,000 |

* 라이선스 감가상각비 : ₩3,000,000÷5년=₩600,000
** ₩2,800,000−(₩3,000,000−₩600,000)=₩400,000

재무상태표

| 무형자산 | | | 자 본 | | |
|---|---|---|---|---|---|
| 상 표 권 | | 5,100,000 | 재평가잉여금(상) | | 100,000 |
| 라이선스 | | 2,800,000 | 재평가잉여금(라) | | 400,000 |

**2. 20×2년 회계처리**

| | | | |
|---|---|---|---|
| (차) 감가상각비* | 700,000 | (대) 감가상각누계액 | 700,000 |
| (차) 재평가잉여금(라)** | 300,000 | (대) 손상차손누계액(라) | 300,000 |
| (차) 재평가잉여금(상)*** | 100,000 | (대) 손상차손누계액(상) | 1,600,000 |
| 상표권손상차손 | 1,500,000 | | |

* 라이선스 감가상각비 : ₩2,800,000÷4년=₩700,000

** (₩2,800,000－₩700,000)－₩1,800,000=₩300,000 (라이선스 손상차손)

*** ₩5,100,000－₩3,500,000=₩1,600,000 (상표권 손상차손)

손상차손 인식시 재평가잉여금 잔액을 우선 차감하고 그 부족분은 당기손익(손상차손)으로 인식

재무상태표

| 무형자산 | | | 자 본 | | |
|---|---|---|---|---|---|
| 상 표 권 | 5,100,000 | | 재평가잉여금(라) | | 100,000 |
| 손상차손누계액(상) | (1,600,000) | 3,500,000 | | | |
| 라이선스 | 2,800,000 | | | | |
| 감가상각누계액 | (700,000) | | | | |
| 손상차손누계액(라) | (300,000) | 1,800,000 | | | |

**3. 20×3년 회계처리**

| | | | |
|---|---|---|---|
| (차) 감가상각비* | 600,000 | (대) 감가상각누계액 | 600,000 |
| (차) 감가상각누계액** | 1,300,000 | (대) 라 이 선 스 | 300,000 |
| 손상차손누계액(라) | 300,000 | 재평가잉여금(라) | 1,300,000 |
| (차) 손상차손누계액(상)*** | 1,300,000 | (대) 손상차손환입 | 1,300,000 |

* 라이선스 감가상각비 : ₩1,800,000÷3년=₩600,000

** 라이선스 손상차손환입 : ₩2,500,000－(₩1,800,000－₩600,000)=₩1,300,000

과거에 당기손익으로 인식한 손상차손이 없으므로 손상차손환입 금액 전액을 재평가잉여금으로 처리한다.

*** 상표권 손상차손환입 : ₩4,800,000－(₩5,100,000－₩1,600,000)=₩1,300,000

과거에 손상차손으로 인식한 ₩1,500,000까지는 손상차손환입으로 인식하고, 초과액은 재평가잉여금으로 처리한다.

재무상태표

| 무형자산 | | | 자 본 | | |
|---|---|---|---|---|---|
| 상 표 권 | 5,100,000 | | 재평가잉여금(라) | | 1,400,000 |
| 손상차손누계액(상) | (300,000) | 4,800,000 | | | |
| 라이선스 | | 2,500,000 | | | |

## 05절 무형자산의 폐기와 처분

무형자산은 처분하는 때와 사용이나 처분으로부터 미래경제적 효익이 기대되지 않을 때에 재무상태표에서 제거한다. **무형자산의 제거로 인하여 발생하는 손익은 순매각가액과 장부금액의 차이로 계산하여 당기손익으로 인식한다.**

무형자산의 **일부를 대체**하는 경우에도, 대체된 부분의 장부금액은 제거한다. 대체된 부분의 장부금액을 실무적으로 결정할 수 없는 경우에는, 대체된 부분을 취득하거나 내부적으로 창출한 시점에 대체된 부분의 원가가 얼마였는지 나타내주는 자료로 대체원가를 사용할 수도 있다.

무형자산의 처분대가는 공정가치로 인식한다. 만약 무형자산에 대한 지급이 지연되면 받은 대가는 현금가격상당액으로 인식하고, 받은 대가의 명목금액과 현금가격상당액의 차이는 유효이자율을 반영하여 이자수익으로 인식한다.

## OX 문 제

1 무형자산의 정의를 충족하지 않는다면 그것을 취득하거나 내부적으로 창출하기 위하여 발생한 지출은 발생시점에 비용으로 인식하지만, 이러한 항목을 사업결합으로 취득하는 경우에는 취득일에 인식하는 영업권 일부를 구성한다.

2 자산이 계약상 권리 또는 기타 법적 권리로부터 발생하면 식별가능성이 있다. 그러나 이 경우에도 그러한 권리가 이전가능한지 여부 또는 기업이나 기타 권리와 의무에서 분리가능한지 여부를 고려하여야 한다.

3 무형자산의 미래경제적 효익에 대한 통제능력은 일반적으로 법원에서 강제할 수 있는 법적 권리에서 나오기 때문에 권리의 법적 집행가능성이 통제의 필요조건은 아니다.

4 경영자가 의도하는 방식으로 운용될 수 있으나 아직 사용하지 않고 있는 기간에 발생한 원가도 무형자산의 장부금액에 포함한다.

5 사업결합으로 취득하는 무형자산은 사업결합 전에 그 자산을 피취득자가 인식한 경우에 한하여 영업권과 분리하여 인식한다.

6 정부보조로 무형자산을 무상이나 낮은 대가로 취득하는 경우 무형자산과 정부보조금 모두를 반드시 최초에 공정가치로 인식하여야 한다.

7 내부적으로 창출한 영업권은 원가를 신뢰성 있게 측정할 수 없고 기업이 통제하고 있는 식별가능한 자원이 아니기 때문에 자산으로 인식하지 아니한다.

8 내부 프로젝트의 연구단계에서 발생한 지출은 발생시점에 비용으로 인식하고, 개발단계에서 발생한 지출은 무형자산으로 인식한다.

9 내부적으로 창출한 브랜드, 제호, 출판표제, 고객 목록과 이와 실질이 유사한 항목은 사업을 전체적으로 개발하는 데 발생한 원가와 구별할 수 없으므로 무형자산으로 인식하지 아니한다. 또한 이와 관련된 취득이나 완성 후의 지출도 발생시점에 항상 당기손익으로 인식한다.

10 최초에 비용으로 인식한 무형항목에 대한 지출은 그 이후에 인식조건을 충족하는 경우에는 무형자산의 원가로 인식할 수 있다.

11 내용연수가 비한정인 무형자산은 상각하지 아니한다. 그 대신에 매년, 그리고 무형자산의 손상을 시사하는 징후가 있을 때에 회수가능액과 장부금액을 비교하여 손상검사를 수행하여야 한다.

12 내용연수가 유한한 무형자산은 그 자산을 더 이상 사용하지 않을 때에도 상각을 중지하지 않는다. 다만, 완전히 상각하거나 매각예정으로 분류되는 경우에는 상각을 중지한다.

13 내용연수가 유한한 무형자산은 잔존가치를 0으로 보고, 정액법 또는 생산량비례법 중 합리적인 방법에 따라 상각한다. 다만, 무형자산의 경제적 효익이 소비되는 형태를 신뢰성 있게 결정할 수 없는 경우에는 정액법을 사용한다.

14 내용연수가 유한한 무형자산의 잔존가치와 상각기간 및 상각방법은 적어도 매 회계연도 말에 적정성을 검토한다. 검토결과 잔존가치와 상각기간이 변경될 경우에는 회계추정의 변경으로 회계처리하고, 감가상각방법을 변경하는 경우에는 회계정책의 변경으로 회계처리한다.

15 재평가모형은 자산을 원가로 최초에 인식한 후에 적용한다. 그러나 일부 과정이 종료될 때까지 인식기준을 충족하지 않아서 무형자산의 원가의 일부만 자산으로 인식한 경우에는 그 자산 전체에 대하여 재평가모형을 적용할 수 있다.

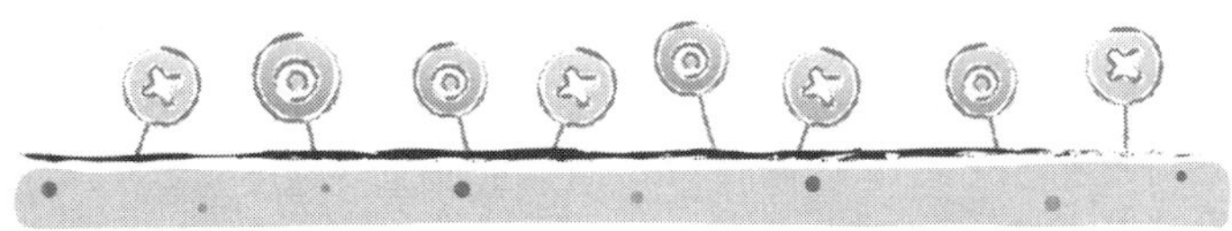

## 객관식문제

01 ㈜세화의 다음 자료를 보고 무형자산으로 인식할 수 있는 개발비의 최대한도는 얼마인가? ➤ 공인회계사

| | |
|---|---:|
| (1) 신지식 탐구를 위한 연구실 지출 | ₩320,000 |
| (2) 연구결과 평가를 위한 지출 | 130,000 |
| (3) 실험실에 구축된 전용시설물 구축비 | 190,000 |
| (4) 새롭게 개선된 시스템에 대한 대체안 설계를 위한 지출 | 70,000 |
| (5) 신기술과 관련된 공구, 금형, 주형의 설계를 위한 지출 | 140,000 |
| (6) 상업생산 전 시작품의 설계, 제작, 시험을 위한 지출 | 210,000 |
| (7) 상업생산 중의 품질관리비 | 150,000 |

① ₩210,000 ② ₩350,000 ③ ₩420,000
④ ₩500,000 ⑤ ₩580,000

02 무형자산에 대한 우리나라 기업회계기준서의 내용으로 타당하지 않은 것은? ➤ 공인회계사

① 매수기업결합에서 매수회사는 피매수회사의 재무제표에 인식되지 않았던 무형자산을 인식할 수 없다.
② 연구단계에서 발생한 지출은 모두 발생한 기간의 비용으로 인식하고, 개발단계에서 발생한 지출은 일정요건을 충족하면 무형자산으로 인식한다.
③ 무형자산에 대한 지출로서 과거 회계연도의 재무제표에서 비용으로 인식한 지출은 그 후의 기간에 무형자산의 취득원가로 인식할 수 없다.
④ 내부적으로 창출된 영업권은 무형자산으로 인식하지 않는다.
⑤ 무형자산의 상각방법으로 정액법 이외의 방법을 사용할 수 있다.

03 12월 결산법인인 ㈜대전제약은 신약개발을 위한 활동을 수행하고 있으며 20×1년중에 연구 및 개발활동에 대하여 지출한 내역은 다음과 같다. ➤ 공인회계사 수정

(1) 연구활동 관련 지출액 : ₩100,000
(2) 개발활동 관련 지출액 : ₩120,000
(3) 개발활동에 소요된 ₩120,000 중 ₩30,000은 20×1년 4월 1일부터 동년 9월 30일까지 지출되었으며 나머지 금액은 10월 1일 이후에 지출되었다. ㈜대전제약의 개발활동이 무형자산 인식기준을 충족한 것은 10월 1일 이후이다.

㈜대전제약은 20×1년 12월 31일 개발을 완료하였으며, 개발활동 결과로 산업재산권을 취득하였다. 산업재산권 취득과 관련하여 직접적으로 지출된 금액은 ₩6,000이다. 개발비와 산업재산권은 취득 후 5년간 정액법으로 상각한다. 20×1년 12월 31일 ㈜대전제약의 재무상태표에 보고되어야 할 개발비와 산업재산권은 각각 얼마인가?

| | 개발비 | 산업재산권 |
|---|---|---|
| ① | ₩90,000 | ₩6,000 |
| ② | ₩85,500 | ₩91,500 |
| ③ | ₩114,000 | ₩6,000 |
| ④ | ₩0 | ₩120,000 |
| ⑤ | ₩100,000 | ₩91,500 |

04 내부적으로 창출된 무형자산의 취득원가에 포함될 항목으로 가장 적절하지 않은 예는 무엇인가? ➤ 공인회계사 수정

① 법적 권리를 등록하기 위한 수수료 등 무형자산을 창출하는데 직접적으로 관련이 있는 지출
② 자본화대상 차입원가
③ 무형자산의 창출에 직접 종사한 인원에 대한 급여와 무형자산을 운용하는 직원의 훈련과 관련된 지출
④ 무형자산의 창출에 필요하며 합리적이고 일관된 방법으로 배분할 수 있는 간접비
⑤ 무형자산의 창출에 직접 사용된 유형자산의 감가상각비

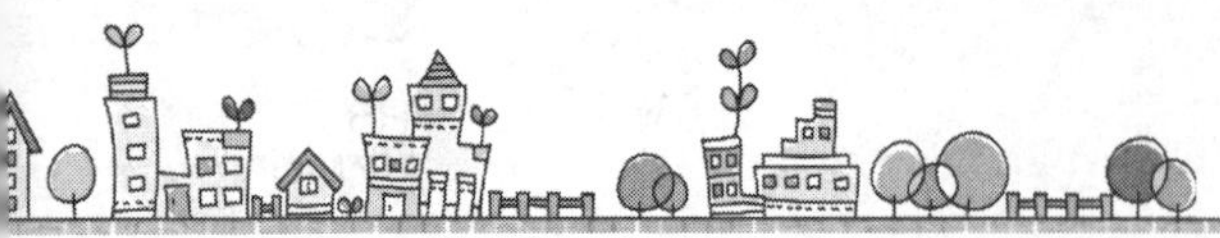

05 다음 자료와 같을 때 20×4년 말에 ㈜우진이 인식할 개발비손상차손환입액은 얼마인가? ➤ 세무사 수정

> ㈜우진(결산일 12월 31일)은 신기술 개발을 위하여 20×1년과 20×2년에 각각 ₩5,000,000과 ₩7,000,000을 지출하였으며 이 지출액은 모두 개발비로 자산처리할 수 있는 요건을 충족하였다. 이 지출의 결과 얻어진 신기술은 20×2년 10월 1일에 개발이 완료되어 사용되기 시작하였다. 그런데 이 신기술의 시장성이 그다지 없다는 A연구소의 발표 때문에 이 신기술의 회수가능액이 20×3년 말 현재 ₩8,400,000으로 평가(손상사유발생)되었다. 그러나 A연구소는 당초의 평가를 수정하였고, 그 결과 20×4년 말 현재 이 신기술의 회수가능액은 ₩9,500,000으로 회복되었다. 한편, ㈜우진은 개발비의 상각기간을 10년으로 추정하였고, 개발비의 상각방법으로서 정액법을 사용하고 월할계산한다.

① ₩2,060,000 ② ₩1,100,000 ③ ₩1,860,000
④ ₩2,100,000 ⑤ ₩1,050,000

06 다음 중 무형자산의 회계처리에 관한 설명으로 옳은 것은? ➤ 세무사 수정

① 무형자산에는 컴퓨터소프트웨어, 특허권, 저작권, 임차권리금, 임차보증금, 영화필름, 고객목록, 어업권, 프랜차이즈, 고객충성도, 시장점유율과 판매권 등이 포함된다.
② 고가의 항공기 조정시뮬레이터(기계장치)와 같이 그 시스템을 제어하는 소프트웨어가 없으면 가동이 불가능한 경우, 그 소프트웨어를 항공기 조정시뮬레이터의 일부로 보아 항공기 조정시뮬레이터와 소프트웨어 모두를 유형자산으로 분류하고 감가상각한다.
③ 모든 무형자산은 당해 자산을 취득한 시점부터 합리적 기간 동안 상각한다.
④ 무형자산이 계약상 권리 또는 기타 법적 권리로부터 발생한다면 식별가능하다고 본다. 그러나 이 경우에도 그러한 권리가 이전가능한지 여부 또는 기업이나 기타 권리와 의무에서 분리가능한지 여부를 고려하여야 한다.
⑤ 법적 실체를 설립하는데 발생하는 법률비용과 새로운 영업을 시작하거나 새로운 제품 또는 공정을 시작하기 위하여 발생하는 지출 중 중요한 금액은 무형자산으로 계상할 수 있다.

07 다음 중 무형자산의 회계처리에 관한 설명으로 옳지 않은 것은? ➤ 세무사 수정

① 무형자산은 해당 자산으로부터 발생하는 미래의 경제적 효익이 기업에 유입될 가능성이 높고 자산의 원가를 신뢰성있게 측정할 수 있을 때 인식한다.
② 프로젝트의 연구단계에서 발생한 지출은 항상 발생한 기간의 비용으로 처리한다.
③ 내부적으로 창출된 브랜드, 고객목록 및 이와 유사한 항목에 대한 지출은 무형자산으로 인식하지 않는다.
④ 생산 전 또는 사용 전의 시작품과 모형을 설계, 제작 및 시험하는 활동은 연구단계로 분류한다.
⑤ 무형자산에 대한 지출로서 과거 회계연도의 재무제표나 중간재무제표에서 비용으로 인식한 지출은 그 후의 기간에 무형자산의 취득원가로 인식할 수 없다.

08 ㈜개신은 20×1년 1월 1일에 현금 ₩2,000,000을 지급하고 특허권(내용연수 10년, 정액법)을 취득하였다. ㈜개신은 20×2년 말 동 특허권의 시장가치(회수가능액은 ₩1,500,000)가 현저히 하락하여 손상을 인식하였다. 20×3년 말 동 특허권의 회수가능액이 ₩1,450,000일 경우 당기손익에 미치는 영향은 얼마인가?

① ₩50,000 ② ₩87,500 ③ ₩100,000
④ ₩137,500 ⑤ ₩187,500

09 ㈜개신은 20×2년 1월 1일에 ₩400,000을 지급하고 상표권(내용연수 10년, 정액법)을 취득하였으며, 20×4년 1월 1일에 동 상표권의 보호를 위해 ₩60,000의 수수료를 지불하였다. 20×4년 말 동 상표권의 장부금액은 얼마인가?

① ₩47,500 ② ₩87,500 ③ ₩100,000
④ ₩332,500 ⑤ ₩352,500

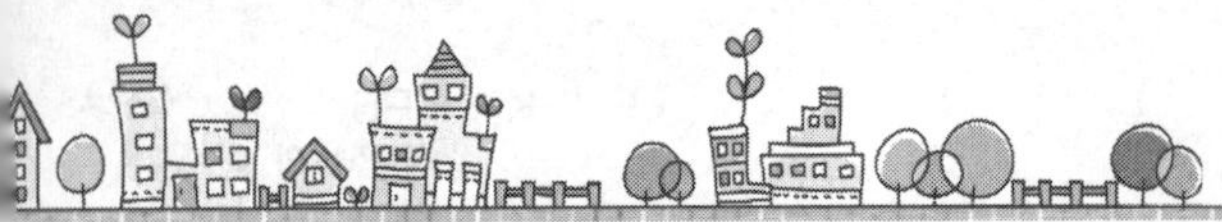

10 다음 자료를 이용하여 당기이익에 영향을 미치는 금액을 구하면 얼마인가? (단, 소프트웨어의 구입비용은 자산인식요건을 충족하며, 구입일자는 1월 1일, 내용연수는 5년, 정액법)

| | |
|---|---|
| 회사 설립시 발생한 법적 비용 | ₩20,000 |
| 광고홍보비 | ₩30,000 |
| 소프트웨어 구입 | ₩200,000 |
| 건물 임차보증금(3년 계약) 지출 | ₩300,000 |
| 건물 임대료 (1년치, 7월 1일부터) | ₩120,000 |

① ₩(30,000) ② ₩(50,000) ③ ₩(100,000)
④ ₩(130,000) ⑤ ₩(150,000)

# 주 관 식 문 제

## 01 무형자산의 최초인식

다음의 독립적인 각각의 무형자산 취득원가를 계산하시오.

(1) 공장자동화를 위한 소프트웨어를 구입하였다. 이와 관련된 지출은 다음과 같다.

| | |
|---|---|
| ① 구입가격 | ₩100,000 |
| ② 설치에 필요한 전문가 자문료 | 10,000 |
| ③ 시운전원가 | 2,000 |
| ④ 사용을 위한 종업원 훈련원가 | 20,000 |
| ⑤ 시운전중 생산된 제품의 판매수익 | 500 |
| ⑥ 리베이트(구입가격의 1%) | 1,000 |

(2) 정부로부터 교육방송국 운영권을 ₩1,000,000에 획득하였다. 시장에서 이러한 방송국 운영권의 공정가치는 ₩5,000,000에 달할 것으로 추정된다.

(3) 1년 전에 컴퓨터로 제어되는 기계장치를 구입하였는데, 새로운 버전의 제어프로그램이 출시되어 이를 ₩200,000에 구입하였다. 제어프로그램을 설치하는 과정에서 전문가 자문료 ₩5,000이 추가적으로 지출되었다.

(4) 회사는 웹사이트를 개발하여, 이 웹사이트를 통해 고객의 주문접수를 받고 판매활동을 수행할 예정이다. 이와 관련된 지출은 다음과 같다.

| | |
|---|---|
| ① 웹사이트 개발 계획을 하는데 소요된 종업원 급여 | ₩ 50,000 |
| ② 웹사이트 개발단계에서 발생한 지출액 | 800,000 |
| ③ 웹사이트 개발과정에 배분된 감가상각비 | 40,000 |

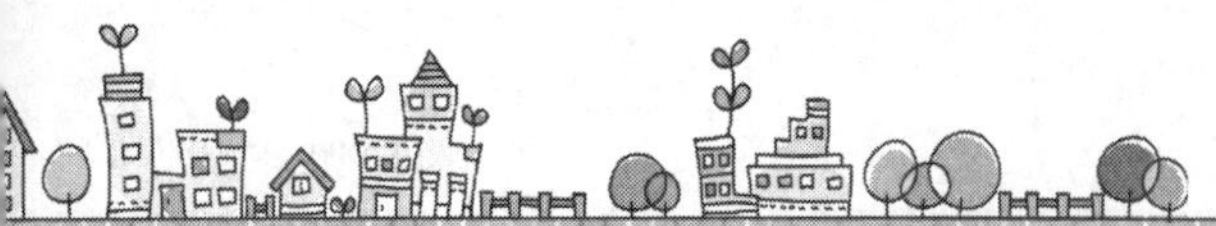

## 02 특허권의 상각

(1) 태릉회사는 20×0년 1월에 신제품에 대한 특허권을 ₩180,000에 취득하였다.
(2) 이 특허권은 15년간 유효할 것으로 판단되는데, 신제품에 대한 경쟁이 치열하기 때문에 특허권 추정사용연수를 10년으로 결정하였다.
(3) 20×1년중에 이 제품이 건강에 유해하다는 정부의 규제조치에 따라 제품계열에서 완전히 폐쇄하였다.

태릉회사가 특허권과 관련하여 수행해야 할 회계처리를 하시오.

## 03 내부 창출 무형자산(1)

(1) 20×0년에 아라회사는 대지를 ₩360,000에 취득하여 연구개발을 위한 연구실건물을 짓기 시작하였다.
(2) 건물은 20×1년 12월 31일에 완성되었으며, 완성하기까지 투입된 자금은 ₩1,200,000이었다.
(3) 이 건물은 20×2년 1월 2일부터 사용할 수 있게 되었다.
(4) 이 건물의 추정내용연수는 20년, 잔존가치는 0이었으며 감가상각방법으로 정액법을 채택하였다.
(5) 회사에서는 연구개발부가 진행하는 프로젝트 중에서 약 50%가 회사에 대하여 장기적 이익(적어도 10년)을 가져다 줄 것이며, 나머지는 당해 회계기간 중에 이득을 가져오거나 완성 전에 폐기될 것으로 예상하였다.
(6) 20×2년중에 연구개발부의 활동과 관련하여 발생한 직접비용과 프로젝트의 내용은 다음과 같았다.

| 프로젝트 | 급료와 상여금 | 기타비용<br>(건물감가상각비 제외) |
|---|---|---|
| 장기이익이 있는 완성된 프로젝트* | ₩450,000 | ₩210,000 |
| 포기되거나 단기이익이 있는 프로젝트 | 120,000 | 60,000 |
| 연구중인 프로젝트 | 150,000 | 60,000 |
| 합 계 | ₩720,000 | ₩330,000 |

* 20×2. 1. 1.~10. 1.까지 지출된 금액으로서, 20×2. 10. 1.에 장기이익이 있는 프로젝트가 완성되어 실질적으로 신기술을 사용할 수 있게 되었다.

(7) 20×1년 4월 1일에 아라회사는 연구개발부의 추천에 따라 ₩3,600,000을 투입하여 제조특허권을 획득하였다. 그 특허권의 경제적 내용연수는 5년이었다.

K－IFRS에 따라 회계처리하는 경우 아라회사의 연구개발부의 활동과 관련된 항목에 관하여 다음의 요구사항에 답하시오.

1. 20×2년도 포괄손익계산서에 표시될 계정과목과 계정금액
2. 20×2년 12월 31일의 재무상태표에 표시될 계정과목과 계정금액

## 04 내부 창출 무형자산(2)

(1) 한국㈜는 20×1년 말에 서울㈜가 진행해온 프로젝트(A)를 ₩3,000,000에 인수하였다.
(2) 인수 당시 동 프로젝트(A)는 연구단계에 머물러 있었기 때문에 서울㈜는 관련지출을 자산으로 계상하지 않았다.
(3) 한국㈜는 프로젝트(A)를 인수 후에 계속 진행하여 20×2년 9월 말에 시제품 개발을 완료하였다.
(4) 20×2년 말까지 발생한 지출액은 다음과 같다.

| 프로젝트 진행단계 | 지출된 직접원가 |
|---|---|
| 자산인식 조건 충족 전 | ₩4,000,000 |
| 자산인식 조건 충족 후 | ₩2,000,000 |
| 완료 후 시제품 보관 및 홍보 | ₩500,000 |

(5) 한국㈜는 위의 프로젝트(A)에 따라 창출된 무형자산을 내용연수 5년, 잔존가치 ₩0으로 정액법으로 상각한다.

위와 관련된 원가가 20×2년 재무제표에 어떻게 인식되는지 설명하시오.

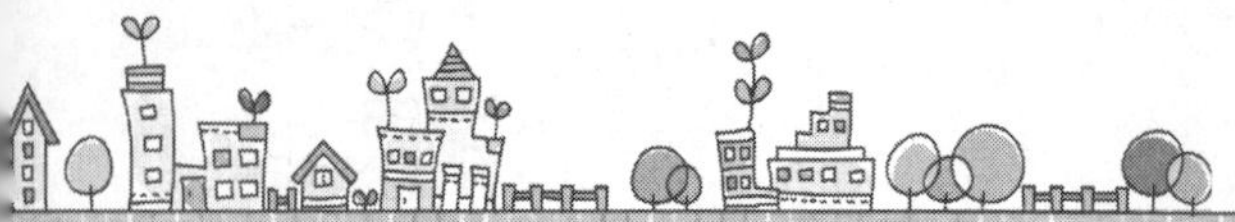

## 05 무형자산의 손상차손

(1) ㈜태백산(결산일 12월 31일)은 20×1년 1월 1일에 소프트웨어를 ₩100,000에 구입하였다.

(2) 소프트웨어의 내용연수는 5년이고, 잔존가치는 ₩0, 정액법으로 상각한다.

(3) 소프트웨어와 관련된 공정가치는 다음과 같다.

| | 20×1년 말 | 20×2년 말 | 20×3년 말 | 20×4년 말 |
|---|---|---|---|---|
| 공정가치 | ₩82,000 | ₩54,000 | ₩43,000 | ₩10,000* |

(손상징후발생)

(4) ㈜태백산은 내용연수가 종료된 후, 소프트웨어를 폐기하였다.

1. ㈜태백산이 무형자산에 대하여 원가모형을 적용할 경우 회계처리를 하시오.
2. ㈜태백산이 무형자산에 대하여 재평가모형을 적용하고, 감가상각누계액을 전액제거하는 방법으로 회계처리한다고 할 때, 관련된 회계처리를 하시오. (재평가잉여금은 자산이 제거되는 시점에 이익잉여금으로 실현시킨다고 가정하라)

연습문제 해답 ▶ 무형자산 Chapter 06

## ☑ OX문제

01 ○

02 ×：자산이 계약상 권리 또는 기타 법적 권리로부터 발생하면 식별가능성이 있는데, 이때에는 그러한 권리가 이전 가능한지 여부 또는 기업이나 기타 권리와 의무에서 분리가능한지 여부는 고려하지 않는다.

03 ×：다른 방법으로도 무형자산의 미래경제적 효익을 통제할 수 있기 때문에 권리의 법적 집행가능성이 통제의 필요조건은 아니다.

04 ×：무형자산 원가의 인식은 그 자산을 경영자가 의도하는 방식으로 운용될 수 있는 상태에 이르면 중지한다. 따라서 무형자산을 사용하거나 재배치하는 데 발생하는 원가는 자산의 장부금액에 포함하지 않는다..

05 ×：자산의 공정가치를 신뢰성있게 측정할 수 있다면, 사업결합 전에 그 자산을 피취득자가 인식하였는지 여부에 관계없이, 취득자는 취득일에 피취득자의 무형자산을 영업권과 분리하여 인식하여야 한다.

06 ×：그러나 최초에 자산을 공정가치로 인식하지 않기로 선택하는 경우에는, 무형자산을 명목상 금액과 자산을 의도한 용도로 사용할 수 있도록 준비하는 데 직접 관련되는 지출을 합한 금액으로 인식한다.

07 ○

08 ×：개발단계에서 발생한 지출은 추가적인 6가지 자산인식기준을 모두 제시할 수 있어야 무형자산으로 인식한다.

09 ○

10 ×：내부적으로 창출한 무형자산의 원가는 그 인식기준을 최초로 충족시킨 이후에 발생한 지출금액만을 포함하므로, 이미 비용으로 인식한 지출은 소급하여 무형자산의 원가로 인식할 수 없다.

11 ○

12 ○

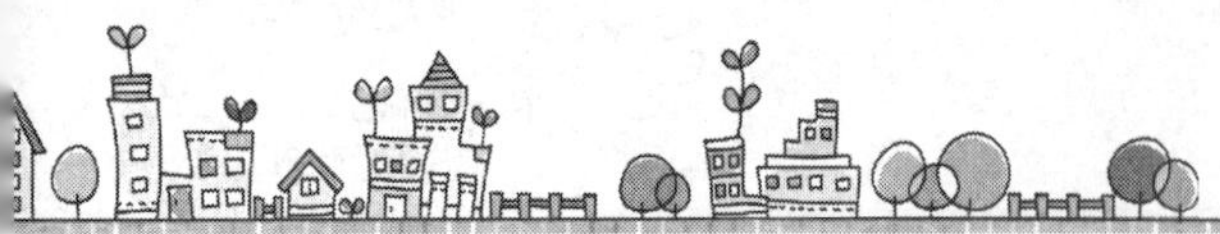

13 × : 체계적인 배분방법으로는 정액법, 체감잔액법, 생산량비례법을 사용할 수 있다. 또한 다음의 '①'과 '②' 중 하나에 해당하는 경우에는 잔존가치를 인정한다.

① 내용연수 종료 시점에 제3자가 자산을 구입하기로 한 약정이 있다.

② 무형자산의 활성시장이 있고 다음을 모두 충족한다.

㉠ 잔존가치를 그 활성시장에 기초하여 결정할 수 있다.

㉡ 그러한 활성시장이 내용연수 종료 시점에 존재할 가능성이 높다.

14 × : 무형자산의 잔존가치, 상각기간, 상각방법의 변경은 모두 회계추정의 변경으로 회계처리한다.

15 ○

## 객관식문제

| 01 | ② | 02 | ① | 03 | ① | 04 | ③ | 05 | ③ | 06 | ② | 07 | ④ | 08 | ③ | 09 | ④ | 10 | ① |
|---|---|---|---|---|---|---|---|---|---|---|---|---|---|---|---|---|---|---|---|

## 주관식문제

### 01 무형자산의 최초인식

1. 소프트웨어 원가

₩100,000(구입가격)+₩10,000(전문가 자문료)+₩2,000(시운전비)
−₩500(시운전 상품 판매수익)−₩1,000(리베이트)=₩110,500

2. 방송국 운영권 원가 : ₩5,000,000

정부보조로 무형자산을 낮은 대가로 취득하는 경우, 무형자산을 최초에 공정가치로 인식하고, 공정가치와 지급대가와의 차액은 정부보조금으로 인식한다. 그러나 대체적인 회계처리 방법으로 자산을 명목상 금액(자산을 의도한 용도로 사용할 수 있도록 준비하는 데 직접 관련되는 지출을 포함)으로 인식할 수 있다.

3. 기계장치 제어프로그램 원가 : ₩0(기계장치의 후속적 원가로 인식)

컴퓨터로 제어되는 기계장치가 특정 컴퓨터소프트웨어가 없으면 가동이 불가능한 경우에는 그 소프트웨어를 관련된 하드웨어의 일부로 보아 유형자산으로 회계처리한다. 따라서 새로운 버전의 제어프로그램 구입원가도 유형자산 개선을 위한 지출로 처리하여야 하므로 무형자산으로 인식할 수 없다.

4. 웹사이트 원가

₩800,000＋₩40,000＝₩840,000

웹사이트 계획단계는 연구단계와 성격이 유사하므로 이 단계에서의 지출은 발생시점에서 비용으로 인식한다. 그리고 웹사이트 개발단계에서 발생한 지출은 일반적인 무형자산 인식조건을 충족할 뿐만 아니라 개발단계 지출이 자산으로 인식되기 위한 6가지 사항을 모두 제시할 수 있는 경우에만 무형자산으로 인식한다. 이 조건 중에서 특히 웹사이트가 어떻게 미래 경제적 효익을 창출할 것임을 제시할 수 있어야 한다. 회사는 웹사이트를 통해 판매활동을 수행할 예정이므로 무형자산으로 인식할 수 있다.

## 02 특허권의 상각

1. 특허권의 구입시

| (차) 특 허 권 | 180,000 | (대) 현 금 등 | 180,000 |
|---|---|---|---|

2. 20×0년 12월 31일 무형자산 상각

| (차) 무형자산상각비 | 18,000* | (대) 특 허 권 | 18,000 |
|---|---|---|---|

* ₩180,000÷10년(추정내용연수)＝₩18,000

3. 제품계열 폐쇄시(20×1년)

| (차) 특허권손상차손 | 162,000** | (대) 특 허 권 | 162,000 |
|---|---|---|---|

* ₩180,000－₩18,000(20×0년 상각분)＝₩162,000
20×1년 특허권 상각액으로 제시되어야 할 금액 : ₩162,000

## 03 내부 창출 무형자산(1)

장기이익(적어도 10년)이 있는 완성된 프로젝트(10건 ; 50%)와 관련된 지출액은 개발비(무형자산)으로 회계처리하고, 포기되거나 단기이익이 있는 프로젝트(10건)와 연구중인 프로젝트(5건)에 관련된 지출액은 경상연구개발비(판매비와관리비)로 회계처리한다.

1. 20×2년도 포괄손익계산서에 포함될 항목

(1) 경상연구개발비

| | |
|---|---|
| ① 인건비(₩120,000＋₩150,000) | ₩270,000 |
| ② 기타비용(₩60,000＋₩60,000) | 120,000 |
| ③ 건물감가상각비(₩1,200,000÷20년×50%) | 30,000 |
| | ₩420,000 |

(2) 개발비상각액 : ₩690,000*÷10년＝₩69,000

(3) 특허권상각액 : ₩3,600,000÷5년×9/12＝₩540,000

* 계산된 금액은 20×2년 재무상태표에 표시될 항목 참조

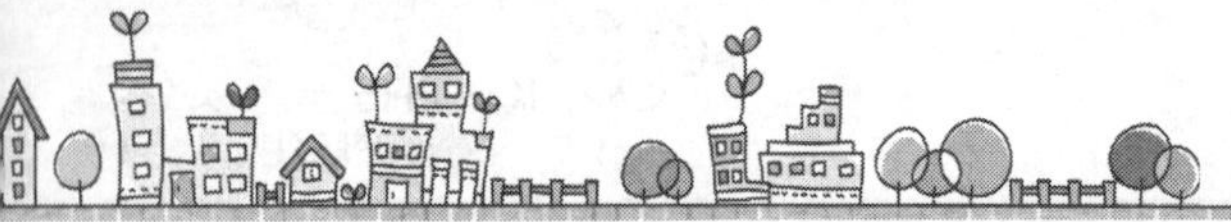

2. 20×2년 12월 31일 재무상태표에 표시될 항목

(1) 개발비

| | |
|---|---|
| 최초원가(인건비₩450,000+기타비용₩210,000+건물감가상각비₩30,000) | ₩690,000 |
| 상 각 액(₩690,000÷10년) | ₩(69,000) |
| 재무상태표 계상액 | ₩621,000 |

(2) 특허권 : 취득원가(₩3,600,000)−상각액(₩540,000)=₩3,060,000

## 04 내부 창출 무형자산(2)

1. 20×2년도 포괄손익계산서에 포함될 항목

(1) 경상개발비 : ₩4,000,000 (자산인식조건 충족 전 지출액)

(2) 판매비 : ₩500,000 (개발완료 후 시제품 보관 및 홍보 지출액)

(3) 개발비상각액 : (₩3,000,000+₩2,000,000)÷10년×3/12=₩250,000

2. 20×2년 12월 31일 재무상태표에 표시될 항목

개발비 : ₩3,000,000(인수금액)+₩2,000,000(자산인식조건 충족 후 지출액)
−₩250,000(감가상각비)=**₩4,750,000**

* 사업결합 전에 피취득자가 자산으로 인식하였는지 여부에 관계없이, 취득자는 취득일에 피취득자가 진행하고 있는 프로젝트가 무형자산의 정의를 충족한다면 취득자가 영업권과 분리하여 별도의 무형자산으로 인식하여야 한다.

## 05 무형자산의 손상차손

1. 원가모형 적용시 회계처리

(1) 20×1년, 20×2년, 20×3년 말 회계처리 동일

| | | | | |
|---|---|---|---|---|
| (차) | 감가상각비 | 20,000* | (대) 감가상각누계액 | 20,000 |

* ₩100,000÷5년=₩20,000

(2) 20×4년 말

| | | | | |
|---|---|---|---|---|
| (차) | 감가상각비 | 20,000 | (대) 감가상각누계액 | 20,000 |
| (차) | 손상차손 | 10,000* | (대) 손상차손누계액 | 10,000 |

* (₩100,000−₩80,000)−₩10,000=₩10,000

(3) 20×5년 말

| | | | | |
|---|---|---|---|---|
| (차) | 감가상각비 | 10,000 | (대) 감가상각누계액 | 10,000 |
| (차) | 감가상각누계액 | 90,000 | (대) 소프트웨어 | 100,000 |
| | 손상차손누계액 | 10,000 | | |

## 2. 재평가모형 적용시 회계처리

(1) 20×1년 말

| | | | |
|---|---|---|---|
| (차) 감가상각비 | 20,000* | (대) 감가상각누계액 | 20,000 |

* ₩100,000÷5년＝₩20,000

| | | | |
|---|---|---|---|
| (차) 감가상각누계액 | 20,000 | (대) 소프트웨어 | 18,000 |
| | | 재평가잉여금 | 2,000 |

(2) 20×2년 말

| | | | |
|---|---|---|---|
| (차) 감가상각비 | 20,500* | (대) 감가상각누계액 | 20,500 |

* ₩82,000÷4년＝₩20,500

| | | | |
|---|---|---|---|
| (차) 감가상각누계액 | 20,500 | (대) 소프트웨어 | 28,000 |
| 재평가잉여금 | 2,000 | | |
| 재평가손실 | 5,500* | | |

* 재평가손실을 인식할 경우, 재평가잉여금이 있으면 우선 차감한 후 잔액을 재평가손실(당기손익)으로 처리한다.

(3) 20×3년 말

| | | | |
|---|---|---|---|
| (차) 감가상각비 | 18,000* | (대) 감가상각누계액 | 18,000 |

* ₩54,000÷3년＝₩18,000

| | | | |
|---|---|---|---|
| (차) 감가상각누계액 | 18,000 | (대) 소프트웨어 | 11,000* |
| | | 재평가이익 | 5,500 |
| | | 재평가잉여금 | 1,500 |

* 재평가이익을 인식할 경우, 이전 회계기간에 재평가손실을 인식한 금액이 있으면 그 금액만큼은 우선 재평가이익(당기손익)을 인식한 후 잔액을 재평가잉여금으로 인식한다.

(4) 20×4년 말

| | | | |
|---|---|---|---|
| (차) 감가상각비 | 21,500* | (대) 감가상각누계액 | 21,500 |

* ₩43,000÷2년＝₩21,500

| | | | |
|---|---|---|---|
| (차) 재평가잉여금 | 1,500 | (대) 손상차손누계액 | 11,500 |
| 손상차손 | 10,000* | | |

* 손상차손을 인식할 경우, 재평가잉여금이 있으면 우선 차감한 후 잔액을 손상차손(당기손익)으로 처리한다.

(5) 20×5년 말

| | | | |
|---|---|---|---|
| (차) 감가상각비 | 10,000 | (대) 감가상각누계액 | 10,000 |
| (차) 감가상각누계액 | 31,500 | (대) 소프트웨어 | 43,000 |
| 손상차손누계액 | 11,500 | | |

# 보론 광물자원의 탐사와 평가

## 1. 탐사평가자산의 의의

광물자원(광물, 석유, 천연가스, 이와 유사한 비재생자원 포함)을 개발하기 위해서는 먼저 특정지역의 법적 권리를 획득한 후에 광물자원에 대한 조사와 광물자원 추출의 기술적 실현가능성과 상업화가능성에 대한 결정을 하여야 한다.

이처럼 광물자원 추출의 기술적 실현가능성과 상업화 가능성을 제시하기 전에 광물자원의 탐사와 평가와 관련하여 지출이 발생하게 된다. 이때 기업의 회계정책[11]에 따라 **자산으로 인식한 탐사와 평가 관련 지출을 탐사평가자산(exploration and evaluation assets)이라고 한다.**[12]

이하에서는 기업회계기준서 제1106호(광물자원의 탐사와 평가)를 중심으로 탐사평가자산의 인식과 측정에 관련한 회계처리를 설명한다. 이 기준서는 탐사와 평가 관련 지출에 적용하기 때문에, 광물자원의 탐사와 평가 활동 전에 발생한 지출(예 특정지역의 탐사에 대한 법적 권리를 취득하기 전에 발생한 지출)과 광물자원 추출의 기술적 실현가능성과 상업화가능성을 제시할 수 있게 된 후에 발생한 지출에 대해서는 적용하지 않는다.[13]

---

11) 기업은 탐사와 평가 관련 지출을 자산으로 인식하기 위한 규정을 회계정책으로 결정하고 계속 적용하여야 하는데, 이러한 정책 결정을 할 때 해당 지출이 특정 광물자원의 발견과 어느 정도 관련되는지를 고려하여야 한다.

12) 탐사평가자산에 대한 회계처리는 탐사에 실패한 지출을 탐사평가자산의 원가에 포함할 것인지 여부에 따라 성공원가법과 전부원가법으로 구분된다. 기업회계기준서 제1106호(광물자원의 탐사와 평가)에서는 탐사평가자산을 전부원가법에 의하여 회계처리하도록 하고 있다.

13) 광물자원 추출의 기술적 실현가능성과 상업화 가능성이 결정된 후에 광물자원의 개발과 관련된 지출은 내부적으로 창출된 무형자산에 해당하므로 무형자산 기준서(기업회계기준서 제1038호)를 적용해야 할 것이다.

## 2. 탐사평가자산의 최초측정과 분류

**탐사평가자산은 원가로 측정한다.** 탐사평가자산을 최초로 측정할 때 포함할 수 있는 지출의 예는 다음과 같다.

① 탐사 권리의 취득

② 지형학적, 지질학적, 지구화학적 및 지구물리학적 연구

③ 탐사를 위한 시추

④ 굴착

⑤ 표본추출

⑥ 광물자원 추출의 기술적 실현가능성과 상업화가능성에 대한 평가와 관련된 활동

광물자원의 탐사와 평가를 수행한 결과로 특정기간에 제거와 복구 의무가 발생한 때에는 기업회계기준서 제1037호(충당부채, 우발부채 및 우발자산)에 따라 해당 의무를 인식한다.

**탐사평가자산은 그 성격에 따라 유형자산이나 무형자산으로 분류**하고 이 분류를 일관되게 적용한다. 예를 들어 탐사평가자산 중 시추권은 무형자산이나 탐사활동을 위한 차량운반구나 시추장비는 유형자산으로 처리된다. 무형자산을 개발하기 위하여 소모된 유형자산 금액은 무형자산의 원가를 구성하나, 무형자산을 개발하기 위하여 유형자산을 사용하더라도 유형자산에서 무형자산으로 변경되는 것은 아니다. 즉, 차량운반구의 감가상각액은 무형자산의 원가로 인식되지만, 차량운반구 자체는 무형자산으로 변경되는 것은 아니다.

한편 탐사와 평가 관련 지출에 대한 회계정책의 변경이 이용자의 경제적 의사결정 필요와 관련하여 목적적합성을 증가시키면서 신뢰성은 감소시키지 아니하거나, 신뢰성을 증가시키면서 목적적합성은 감소시키지 아니한다면 회계정책을 변경할 수 있다.

## 3. 탐사평가자산의 인식 후 측정과 손상

탐사평가자산을 인식한 후에는 **원가모형**이나 **재평가모형**을 적용한다. 재평가모형을 적용하는 경우에는 자산의 분류와 일관되게 유형자산 또는 무형자산의 재평가모형을 적용한다.14)

탐사평가자산의 장부금액이 회수가능액을 초과할 수 있는 사실이나 상황이 나타나면 손상에 대해 검토하여야 한다. 장부금액이 회수가능액을 초과하는 사실이나 상황이 나타나면 기업회계기준서 제1036호(자산손상)에 따라 손상차손을 측정, 표시하고 공시한다. 그러나 손상가능성이 있는 탐사평가자산을 식별하는 경우에는 일반적인 자산손상의 징후를 검토하지 아니하고 다음과 같은 별도의 사실이나 상황을 검토한다.

① 특정지역 탐사에 대한 권리의 보유기간이 당기 중 만료되었거나 가까운 미래에 만료될 예정이고 갱신될 가능성이 없는 경우
② 특정지역 광물자원의 추가 탐사와 평가를 위한 중요한 지출에 대한 예산이 편성되지 아니하거나 계획되지 아니한 경우
③ 특정지역 광물자원의 탐사와 평가를 통하여 상업적으로 실행가능한 수량의 광물자원을 발견하지 못하였고 그 지역에 대한 탐사와 평가 활동을 중단하기로 결정한 경우
④ 특정지역을 개발할 가능성이 있더라도 탐사평가자산의 장부금액이 개발의 성공이나 판매로 전액 회수되지 아니할 수 있다는 충분한 자료가 있는 경우

광물자원 추출에 대한 기술적 실현가능성과 상업화가능성을 제시할 수 있는 시점에는 더 이상 탐사평가자산으로 분류하지 아니한다. 그리고 탐사평가자산을 재분류하기 전에 우선 자산손상 여부를 검토하여 손상차손을 인식한다.

14) 무형자산의 경우에는 유형자산과 달리, 무형자산의 활성시장이 존재할 경우에만 재평가모형을 적용할 수 있다.

## 보론 사례 1 탐사평가자산

(1) 갑회사는 20×1년 초에 석유탐사권을 ₩30,000,000에 취득하여 탐사활동을 시작하였다.
(2) 20×1년 말까지 시추, 굴착활동과 관련하여 총 ₩4,000,000의 지출이 발생하였다.
(3) 20×1년 말에 해저에서 원유를 발견하였으며, 기술적 실현가능성과 상업화가능성을 평가하여 20×2년 5월 1일에 개발활동을 개시하기로 결정하였다.
(4) 20×2년 초부터 4월 30일까지 발생한 탐사 및 평가활동 관련 비용은 ₩1,000,000이었으며, 5월 1일부터 본격적으로 원유 개발활동이 진행되었으며, 이와 관련하여 ₩5,000,000이 지출되었다.
(5) 11월 1일부터 유정에서 원유가 추출되기 시작하였다.
(6) 유정의 매장량은 10,000배럴로 추정되며, 20×2년도에 500배럴을 채굴하였다.

1. 20×1년 말과 20×2년 말 현재 탐사평가자산의 장부금액을 계산하라.
   (무형자산에 대하여는 생산량비례법으로 상각한다고 가정한다)
2. 20×2년 말 감가상각비를 계산하시오.
3. 20×2년 말 탐사평가자산의 회수가능액이 ₩28,000,000일 때, 갑회사가 해야 할 회계처리를 하시오.

### 핵심해설

1. 탐사평가자산의 장부금액
   (1) 20×1년 말 : ₩30,000,000(탐사권 취득원가)+₩4,000,000(시추, 굴착활동 지출액)
   =₩34,000,000
   (2) 20×2년 말 : ₩34,000,000+₩1,000,000(6월 말까지 시추, 굴착활동 추가 지출액)
   −(₩35,000,000×500/10,000 ; 감가상각비)=₩33,250,000
   * 20×2년 7월 1일 이후 발생한 개발활동 관련 비용은 탐사평가자산으로 인식하지 않고 개발비 등 다른 과목으로 회계처리한다.
2. 20×2년 말 감가상각비
   (1) 탐사평가자산 : ₩35,000,000×500/10,000=₩1,750,000
   (2) 개발비 : ₩5,000,000×500/10,000=₩250,000
3. 손상차손의 인식
   ₩33,250,000(20×2년 말 장부금액)−₩28,000,000(회수가능액)=₩5,250,000

| (차) 손 상 차 손 | 5,250,000 | (대) 손상차손누계액 | 5,250,000 |
|---|---|---|---|

메모

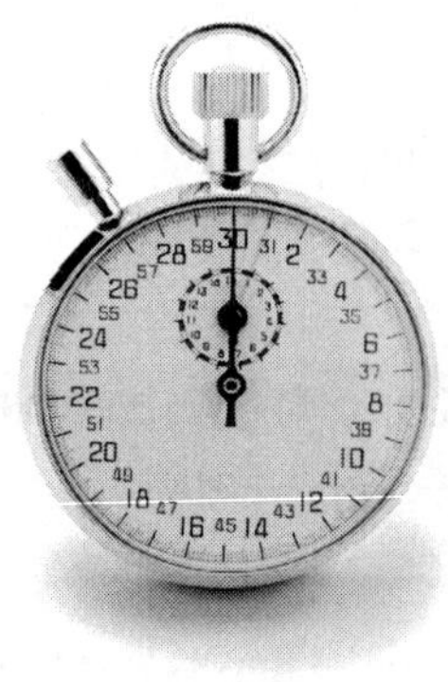

Chapter 07

# 금융자산

**학습목표**

한국채택국제회계기준에서 가장 많은 부분을 차지하고 가장 중요한 부분이 금융상품이다. 이 중 본 장에서는 금융상품에 대한 기본적인 내용과 금융자산 부분을 다루게 되며, 각 개념의 명확한 이해와 회계처리에 대해 학습함을 목표로 한다.

**＊ 관련 한국채택국제회계기준**

기업회계기준서 제1109호(금융상품 : 분류와 측정)
기업회계기준서 제1032호(금융상품 : 표시)
기업회계기준서 제1107호(금융상품 : 공시)

한국채택국제회계기준에서 중요하게 다루고 있는 자산 중 하나가 금융자산이다. 기존 우리 기업회계기준은 제조업 중심의 회계기준으로 인해 재고자산과 유형자산의 측정과 보고에 초점이 맞추어진 반면, 한국채택국제회계기준에서는 나날이 발전하고 있는 금융상품에 대한 회계처리에 초점이 맞추어져 있다고 해도 과언이 아닐 정도로 다양한 금융상품에 대한 회계처리기준을 제시하고 있다. 금융상품에 관한 기업회계기준서는 제1109호(금융상품 : 분류와 측정), 제1032호(금융상품 : 표시), 제1107호(금융상품 : 공시)로 구성되어 있다. 금융자산과 금융부채 및 지분상품은 각각 다음과 같다.

| 용 어 | 정 의 |
|---|---|
| 금융자산 | (1) 현금<br>(2) 다른 기업의 지분상품<br>(3) 다음 중 하나에 해당하는 계약상 권리<br>(가) 거래상대방에게서 현금 등 금융자산을 수취할 계약상 권리<br>(나) 잠재적으로 유리한 조건으로 거래상대방과 금융자산이나 금융부채를 교환하기로 한 계약상 권리<br>(4) 기업 자신의 지분상품(이하 '자기지분상품'이라 한다)으로 결제하거나 결제할 수 있는 다음 중 하나의 계약<br>(가) 수취할 자기지분상품의 수량이 확정되지 않은 비파생상품<br>(나) 확정수량의 자기지분상품에 대하여 확정금액의 현금 등 금융자산을 교환하여 결제하는 방법이 아닌 방법으로 결제되거나 결제될 수 있는 파생상품 |
| 금융부채 | (1) 다음 중 하나에 해당하는 계약상 의무<br>(가) 거래상대방에게 현금 등 금융자산을 인도하기로 한 계약상 의무<br>(나) 잠재적으로 불리한 조건으로 거래상대방과 금융자산이나 금융부채를 교환하기로 한 계약상 의무<br>(2) 자기지분상품으로 결제하거나 결제할 수 있는 다음 중 하나의 계약<br>(가) 인도할 자기지분상품의 수량이 확정되지 않은 비파생상품<br>(나) 확정수량의 자기지분상품에 대하여 확정금액의 현금 등 금융자산을 교환하여 결제하는 방법이 아닌 방법으로 결제되거나 결제될 수 있는 파생상품 |
| 지분상품 | 기업의 자산에서 모든 부채를 차감한 후의 잔여지분을 나타내는 모든 계약 |

한국채택국제회계기준서에서 정의한 **금융상품이란 거래당사자 일방에게 금융자산을 발생시키고 동시에 다른 거래상대방에게 금융부채나 지분상품을 발생시키는 모든 계약을 의미한다.** 이를 그림으로 나타내면 다음과 같다.

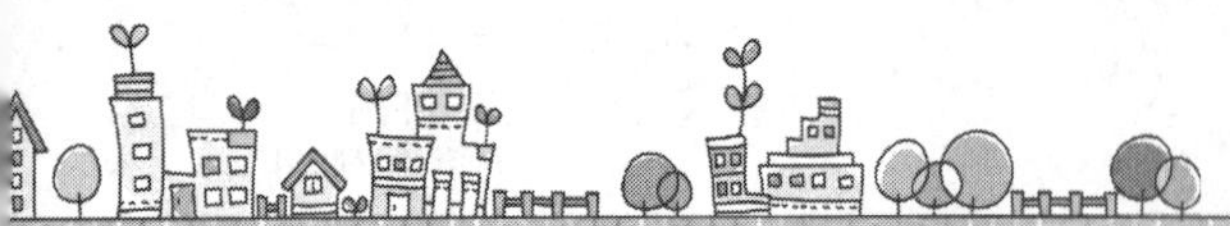

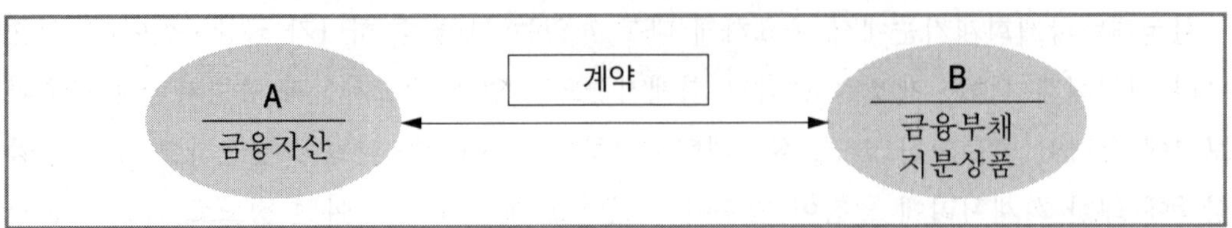


여기서 계약은 명확한 경제적 결과를 가지고 있고, 법적 구속력이 있기 때문에 당사자가 그러한 경제적 결과를 자의적으로 회피할 여지가 적은 둘 이상의 당사자 간 합의를 의미한다. 따라서 금융상품을 포함하여 계약은 다양한 형태로 존재할 수 있으며, 반드시 서류로 작성되어야만 하는 것은 아니다.

금융자산에 포함되는 항목들의 예로는 현금 및 현금성자산, 매출채권, 대여금, 미수금, 지분상품 및 채무상품 등이다. 반면, 선급금, 선급비용, 재고자산, 유형자산, 무형자산, 투자부동산 등은 비금융자산이라고 할 수 있다.

본 장에서는 금융자산과 관련된 일반적인 규정내용을 살펴보고, 현금 및 현금성자산과 수취채권의 대손상각 회계처리는 보론에서 다루도록 한다.

## 01절 금융자산의 분류

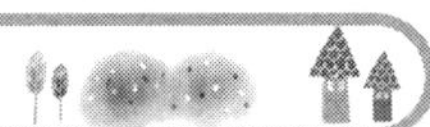

기업회계기준에서는 금융자산을 사업모형과 계약상 현금흐름의 특성에 근거하여 당기손익 공정가치측정금융자산, 상각후원가측정금융자산, 기타포괄손익 공정가치측정금융자산으로 분류한다. 먼저 사업모형에 대해 살펴보면 금융자산을 보유하는 것이 목적인지 혹은 매도목적인지 등에 따라 다음과 같은 사업모형으로 분류한다.

① 계약상 현금흐름을 수취하기 위해 금융자산을 보유하는 것이 목적인 사업모형
② 계약상 현금흐름의 수취와 금융자산의 매도 둘 다를 통해 목적을 이루는 사업모형
③ 기타의 사업모형

금융자산의 현금흐름은 대여금이나 채무상품과 같이 특정일에 원금과 이자가 있는 금융자산이 있는 반면, 지분상품과 같이 특정일에 원금과 이자가 없는 금융자산도 있는 등 그 특성이 다르다. 이에 기업회계기준에서는 금융자산의 현금흐름특성을 반영하여 금융자산을 분류하도록 하고 있는데, 우선 계약상 현금흐름이 원금과 원금 잔액에 대한

이자의 지급만으로 구성되어 있는 것인지 여부를 파악하도록 하고 있다. 대여금이나 채무상품의 경우는 일반적으로 이를 충족한다고 할 수 있을 것이나 지분상품의 경우는 이를 충족하지 못한다.

기업회계기준의 사업모형과 계약상 현금흐름의 특성에 근거하여 금융자산을 분류하면 다음과 같다.

### 금융자산의 분류

| 구 분 | 내 용 |
|---|---|
| 당기손익 공정가치측정 (Fair Value through Profit or Loss)금융자산 | 상각후원가측정금융자산이나 기타포괄손익 공정가치측정금융자산으로 분류되지 않는 금융자산 |
| 상각후원가측정 (Amortised Cost) 금융자산 | 계약상 현금흐름을 수취할 목적으로 사업모형을 보유하고, 금융자산의 계약조건에 따라 특정일에 원금과 원금잔액에 대한 이자지급만으로 구성된 현금흐름이 발생되는 금융자산 |
| 기타포괄손익 공정가치측정 (Fair Value through Other Comprehensive Income) 금융자산 | 계약상 현금흐름의 수취 및 금융자산을 매도할 목적으로 사업모형을 보유하고, 금융자산의 계약조건에 따라 특정일에 원금과 원금잔액에 대한 이자지급만으로 구성된 현금흐름이 발생되는 금융자산 |

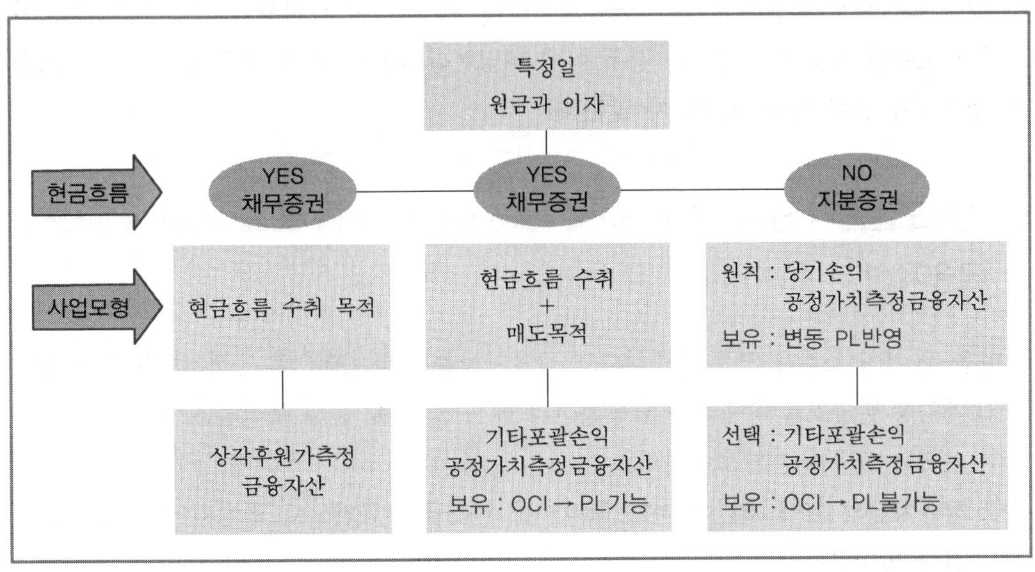

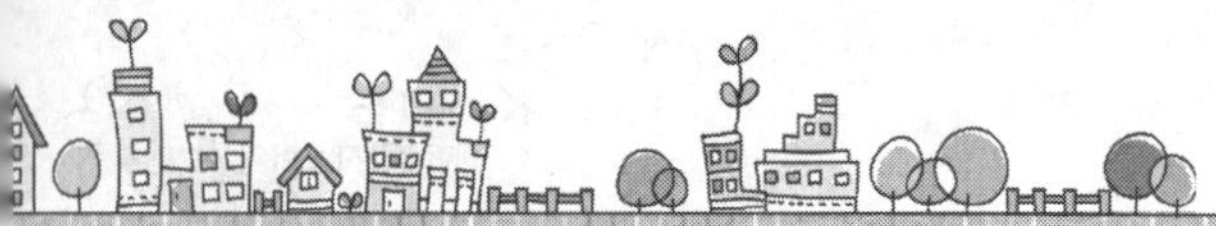

## 1. 당기손익인식 공정가치측정(Fair Value through Profit or Loss) 금융자산

금융자산은 상각후원가로 측정하거나 기타포괄손익 공정가치측정금융자산으로 측정하는 경우가 아니라면 당기손익 공정가치측정금융자산으로 측정한다. 그러나 당기손익 공정가치측정금융자산으로 측정되는 '지분상품에 대한 특정 투자'에 대하여는 후속적인 공정가치 변동을 기타포괄손익으로 표시하도록 최초 인식시점에서 선택할 수 있는데, 한번 선택하면 이를 취소할 수 없다(제1109호 4.1.4).

## 2. 상각후원가측정(Amortised Cost) 금융자산

다음 두 가지 조건을 모두 충족한다면 금융자산을 상각후원가로 측정한다.

(1) 계약상 현금흐름을 수취하기 위해 보유하는 것이 목적인 사업모형 하에서 금융자산을 보유한다.

(2) 금융자산의 계약 조건에 따라 특정일에 원금과 원금잔액에 대한 이자 지급(이하 '원리금 지급')만으로 구성되어 있는 현금흐름이 발생한다.

**즉, 상각후원가측정금융자산**은 금융자산의 계약조건에 따라 특정일에 원금과 원금잔액에 대한 이자지급만으로 구성된 금융자산을 계약상 현금흐름을 수취하기 위해 보유하는 것을 목적으로 보유하고 있는 금융자산이다. 예를 들어 타회사가 발행한 사채를 만기까지 보유할 목적으로 취득한 경우 이에 해당한다. 지분증권의 경우는 현금흐름 조건을 충족하지 않아 이에 해당되지 않는다.

## 3. 기타포괄손익 공정가치측정(Fair Value through Other Comprehensive Income) 금융자산

다음 두 가지 조건을 모두 충족한다면 금융자산을 기타포괄손익 공정가치로 측정한다.

(1) 계약상 현금흐름의 수취와 금융자산의 매도 둘 다를 통해 목적을 이루는 사업모형 하에서 금융자산을 보유한다.

(2) 금융자산의 계약 조건에 따라 특정일에 원리금 지급만으로 구성되어 있는 현금흐름이 발생한다.

**즉, 기타포괄손익 공정가치측정금융자산**은 금융자산의 계약조건에 따라 특정일에 원금과 원금잔액에 대한 이자지급만으로 구성된 금융자산을 계약상 현금흐름 수취 및 금융자산을 매도할 목적으로 보유하고 있는 금융자산이다. 예를 들어 타회사가 발행한 사채를 만기까지 보유하지 않고 중간에 매도할 목적으로 취득한 경우 이에 해당한다. 공정가치로 평가함에 따라 발생하는 보유에 따른 평가손익은 기타포괄손익으로 인식하고, 향후 확정시 당기손익으로 재분류된다. 반면, 지분증권의 경우는 채무증권과 달리 원칙적으로는 당기손익 공정가치측정금융자산으로 분류하여 보유손익을 당기손익으로 인식하도록 하고 있으나, 최초 취득시 기타포괄손익 공정가치측정금융자산으로 분류하는 것을 허용하고 있다. 다만, 취득 후 보유에 따른 평가손익을 기타포괄손익으로 인식한 후 후속적으로 발생하는 손상차손 및 환입, 처분손익 등에 대해 당기손익으로 재분류하지 못하도록 하여 기존 기업회계기준에서 채무증권 회계처리와 일관성이 없다는 문제점을 개선하였다.

## 02절 금융자산의 측정

### 1. 최초측정

금융자산은 금융상품이 계약당사자가 되는 때에만 재무상태표에 인식한다. 단 **금융자산의 정형화된 매입이나 매도는 매매일 또는 결제일에 인식한다.** 매매일은 자산을 매입하거나 매도하기로 약정한 날을 말한다. 매매일 회계처리방법은 매매일에 수취할 자산과 그 자산에 대하여 지급할 부채를 인식하는 것으로, 일반적으로 소유권이 이전되는 결제일까지는 자산과 그에 대응되는 부채에 이자가 발생하지 아니한다.

한편 결제일은 자산을 인수하거나 인도하는 날을 말한다. 결제일 회계처리방법은 자산을 인수하는 날에 자산을 인식하는 것으로, 매매일과 결제일 사이에 이미 취득한 자산에 대한 회계처리와 동일한 방법으로 수취할 자산의 공정가치에 대한 모든 변동을 회계처리한다. 이에 대한 회계처리는 후술하는 후속측정에서 설명한다.

**금융자산은 최초 인식시 공정가치로 측정한다.** 다만, 당기손익 공정가치측정금융자산이 아닌 경우 당해 금융자산의 취득과 직접 관련되는 거래원가는 최초 인식하는 공정가치에 가산하여 측정한다. 따라서 **당기손익 공정가치측정금융자산과 관련된 거래원가는**

당기비용으로 처리한다. 한편 경과이자를 포함하여 채무상품을 취득할 때에는 경과이자를 미수이자로 회계처리하고, 향후 이자수령 시점에서 감소시킨다.

### 사례 1 당기손익 공정가치측정금융자산의 취득

(1) ㈜개신은 시세차익을 얻을 목적으로 시장성 있는 A주식(액면가 ₩5,000) 10주를 20×1년 7월 1일에 주당 ₩12,000에 매입하고 매입수수료 ₩1,000을 현금으로, 주식대금은 수표를 발행하여 지급하였다.
(2) ㈜개신은 현금흐름수취목적으로 9월 1일에 B회사의 액면 ₩100,000(액면 이자율 12%)인 사채를 발생이자를 포함하여 ₩95,000에 매입하였다. 이자지급일은 6월 30일과 12월 31일이다.
(3) ㈜개신은 12월 30일에 A주식에 대하여 주당 ₩5,000의 배당금을 지급 받았으며 B회사의 사채에 대하여 12월 31일에 이자를 현금으로 수령하였다.

위의 자료에 기초하여 거래 일자별로 회계처리를 하시오.

**핵심해설**

**1. 7월 1일**

(차) 당기손익 공정가치측정금융자산 120,000
　　(대) 당 좌 예 금 120,000
(차) 지 급 수 수 료 1,000
　　(대) 현 금 1,000

**2. 9월 1일**

| | | | |
|---|---|---|---|
| (차) 상각후원가측정금융자산 | 93,000 | (대) 현 금 | 95,000 |
| 미 수 이 자 | 2,000* | | |

* ₩100,000×12%×2/12=₩2,000

**3. 12월 30일**

| | | | |
|---|---|---|---|
| (차) 현 금 | 5,000 | (대) 배당금수익 | 5,000 |

**4. 12월 31일**

| | | | |
|---|---|---|---|
| (차) 현 금 | 6,000 | (대) 미 수 이 자 | 2,000 |
| | | 이 자 수 익 | 4,000 |

## 사례 2 채무상품의 취득

다음 자료를 보고 물음에 답하여라.

(1) AVIS㈜는 1월 3일에 법인차량을 ₩20,000,000에 구입하였다.
(2) 이 차량을 구입하기 위하여 액면가액 ₩1,000,000, 무이자 5년만기 상환조건의 지방채를 액면가액으로 구입하였다.
(3) 시장이자율은 8%(5년만기 현가는 0.6806)라고 가정할 경우

1. 지방채와 차량운반구의 취득원가는 각각 얼마인가?
2. 취득시점과 이자수취시 분개를 제시하라.

**핵심해설**

1. 취득원가 계산
   ① 지방채의 공정가치＝₩1,000,000×0.6806＝₩680,600
   ② 차량운반구의 취득원가＝₩20,000,000＋₩319,400＝₩20,319,400
   ＊ 지분상품과 채권상품의 취득원가는 취득시점의 당해 지분상품과 채권상품의 공정가치와 거래원가의 합계 금액을 초과할 수 없다. 즉, 지분상품과 채권상품의 공정가액(거래원가 포함)을 초과하는 금액은 제공받았거나 제공받을 다른 효익의 대가와 관련이 있다면 관련 수익 등에 대응하는 비용으로 처리하는 등 그 성격에 따라 처리하여야 한다. 따라서 차량운반구의 구입가액에 지방채의 현재가치할인차금(₩1,000,000－₩680,600＝₩319,400)을 합한 금액이 차량운반구의 취득원가가 된다.

2. 일자별 회계처리
   ① 취득시

| | | | | |
|---|---|---|---|---|
| (차) | 차량운반구 | 20,319,400 | (대) 현　　금 | 21,000,000 |
| | 상각후원가측정금융자산 | 680,600 | | |

   ② 회계기말

| | | | | |
|---|---|---|---|---|
| (차) | 상각후원가측정금융자산 | 54,448 | (대) 이 자 수 익 | 54,448* |

   ＊ 이자수익 ₩680,600×8%＝₩54,448이 발생하며, 발생된 이자수익만큼 자산인 상각후원가측정금융자산에 가산하여 만기가 되었을 때 액면금액 ₩1,000,000과 일치하게 된다.

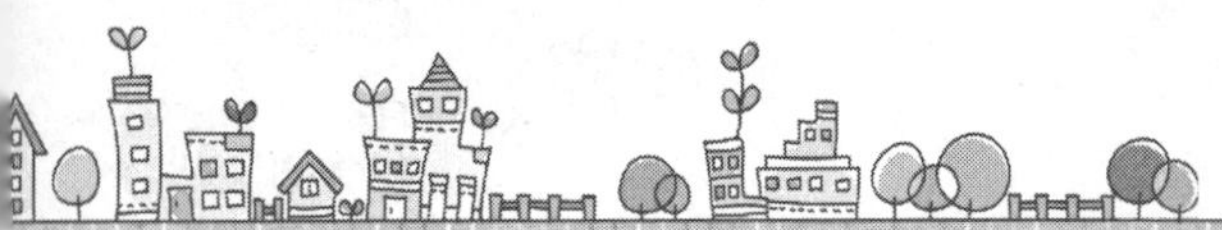

공정가치는 측정일에 시장참여자 사이의 정상거래에서 자산을 매도하면서 수취하거나 부채를 이전하면서 지급될 가격을 말한다. 공정가치는 시장에 근거한 측정치이며 기업특유의 측정치는 아니다. 공정가치의 정의는 청산하거나, 사업규모를 중요하게 축소하거나 또는 불리한 조건으로 거래할 의도나 필요가 없는 상태인 계속기업가정을 전제로 한다. 공정가치의 최선의 추정치는 활성시장에서 공시되는 가격이다. 그러나 금융상품에 대한 활성시장이 없다면, 공정가치는 평가기법을 사용하여 결정하는데, 평가기법에는 합리적인 판단력과 거래의사가 있는 독립된 당사자 사이의 최근 거래를 사용하는 방법, 실질적으로 동일한 다른 금융상품의 현행 공정가치를 이용할 수 있다면 이를 참조하는 방법, 현금흐름할인방법과 옵션가격결정모형 등이 포함한다.

활성거래시장이 없는 지분상품의 경우에도 평가기법을 적용하여 공정가치를 산정할 수 있지만, 합리적인 공정가치 추정치의 범위가 유의적이고 다양한 추정치의 발생확률을 신뢰성 있게 평가할 수 없다면, 그 지분상품은 공정가치로 측정할 수 없다.

## 2. 후속측정

최초 인식 후 금융자산의 측정 및 관련 손익의 회계처리는 다음 표와 같다.

| 금융자산의 유형 | 후속 측정방법 | 손익 인식방법 |
|---|---|---|
| 당기손익 공정가치측정 (Fair Value through Profit or Loss)금융자산 | 공정가치 | 공정가치 변동을 당기손익 인식 |
| 상각후원가측정 (Amortised Cost)금융자산 | 상각후원가 | 유효이자율법으로 이자수익 인식 |
| 기타포괄손익 공정가치측정 (Fair Value through Other Comprehensive Income)금융자산 | 공정가치. 단, 활성시장에서 공시되는 시장가격이 없고 공정가치를 신뢰성 있게 측정할 수 없는 지분상품은 원가로 측정 | 공정가치변동을 기타포괄손익으로 인식. 이때 채무상품은 공정가치로 평가하기 전에 유효이자율법을 적용하여 이자수익을 먼저 인식하여야 하고, 지분상품으로부터 수령한 배당금은 권리확정시점에서 당기손익으로 인식. 지분상품의 경우 공정가치 변동은 기타포괄손익으로 인식하나, 후속적으로 이를 당기손익으로 재분류하는 것은 불가능 |

**최초 인식한 후에 당기손익 공정가치측정금융자산과 기타포괄손익 공정가치측정금융자산은 공정가치로 측정한다.** 이때 당기손익 공정가치측정금융자산의 공정가치 변동은 **당기손익**에 반영하지만, 기타포괄손익 공정가치측정금융자산의 공정가치 변동은 **기타포괄손익**[1]으로 포괄손익계산서에 보고하고 그 누계액은 재무상태표에 자본항목으로 표시한다. 원칙적으로 수익과 비용은 상계하지 않으므로 금융자산평가손익도 상계하지 않고 구분표시한다. 그러나 당기손익 공정가치측정금융자산에서 발생하는 손익과 같이 유사한 거래의 집합에서 발생하는 차익과 차손은 순액으로 표시한다. 그렇지만 그러한 차익과 차손이 중요한 경우에는 구분하여 표시한다.

활성시장에서 공시되는 시장가격이 없고 공정가치를 신뢰성있게 측정할 수 없는 지분상품의 경우 취득원가로 평가한 기타포괄손익 공정가치측정금융자산의 측정이 가능하게 된다면 공정가치로 평가하고 장부금액과의 차이를 기타포괄손익으로 처리한다.

**상각후원가측정금융자산은 유효이자율법을 적용하여 상각후원가로 측정한다.** 그러나 할인효과가 중요하지 않은 단기채권과 관련된 현금흐름은 할인하지 않으므로, 단기채권의 경우에는 상각후원가로 측정하지 않고 원가로 측정한다.

지분상품과 채무상품에서 발생하는 배당금수익과 이자수익은 당기손익에 포함한다. 모든 채무증권의 이자수익은 할인 또는 할증차금의 상각액을 가감하여 인식한다. 따라서 기타포괄손익 공정가치측정금융자산으로 분류된 채무증권의 경우에는 할인 또는 할증차금을 상각하여 이자수익을 먼저 인식한 후에, 상각후원가와 공정가치의 차액을 기타포괄손익으로 인식한다.

한편 금융자산의 정형화된 매매거래는 매매일 또는 결제일 중 하나를 선택하여 회계처리하도록 되어있다. 만약 매매일 회계처리방법을 선택한 경우에는 문제가 없으나, 결제일 회계처리방법을 적용하여 인식하는 경우에는 매매일과 결제일 사이의 공정가치 변동에 대해 다음과 같이 회계처리한다.

① 원가나 상각후원가로 측정하는 금융자산은 최초인식시 매매일의 공정가치로 인식하고, 금융자산의 공정가치 변동은 인식하지 아니한다. 단, 후술하는 손상차손은 인식한다.

② 공정가치를 장부금액으로 하는 금융자산의 공정가치 변동은 당기손익이나 자본(기

1) 기타포괄손익 공정가치측정금융자산은 공정가치가 변동되더라고 단기간 내에 실현될 가능성이 낮기 때문에 당기손익에 포함시키지 않고, 포괄손익의 구성요소로 포괄손익계산서에 포함시키는 것이다.

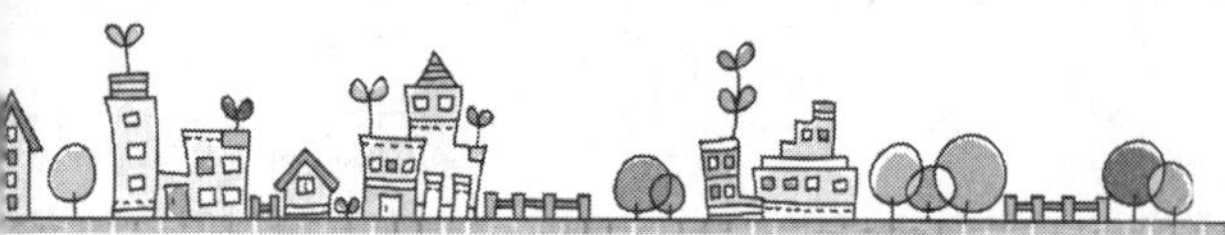

타포괄손익)으로 인식한다.

### 사례 3 당기손익 공정가치측정금융자산의 후속측정

다음 자료에 기초하여 기업회계기준서에 따라 당기손익 공정가치측정금융자산에 대한 20×1년 12월 31일에 행할 회계처리를 제시하시오. (단, 평가손익이 중요하지 않다고 가정한다)

20×1년 4월 1일에 ㈜개신은 현금흐름 수취목적으로 갑 · 을 회사의 주식과 병회사의 사채를 구입하였다. 보유중인 각 주식과 사채의 취득원가와 20×1년 12월 31일의 시가는 다음과 같다.

| 종 목 | 취득원가 | 공정가치 |
|---|---|---|
| 갑 주식 | ₩200,000 | ₩220,000 |
| 을 주식 | 800,000 | 750,000 |
| 병 사채 | 500,000 | 490,000 |
| 합 계 | ₩1,500,000 | ₩1,460,000 |

**핵심해설**

(차) 당기손익 공정가치측정금융자산평가손실 40,000
　　(대) 당기손익 공정가치측정금융자산 40,000

* 갑사주식 : ₩200,000－₩220,000＝ ₩20,000 평가이익
  을사주식 : ₩800,000－₩750,000＝ ₩50,000 평가손실
  병사사채 : ₩500,000－₩490,000＝ ₩10,000 평가손실
  ₩40,000 평가손실

* 원칙적으로 수익과 비용은 상계하지 않지만, 당기손익 공정가치측정금융자산에서 발생하는 손익과 같이 유사한 거래에서 발생하는 차손과 차익은 순액으로 표기한다. 그러나 중요한 경우에는 구분하여 표시한다.

## 사례 4 지분상품의 후속측정 Ⅰ

다음은 기타포괄손익 공정가치측정금융자산으로 분류하고 있는 ㈜연세(결산일 1. 1.～12. 31.)의 지분상품에 대한 투자자산명세를 나타내고 있다. 모든 주식은 20×1년중에 취득하였으며, 20×2년중에 추가적인 취득이나 처분거래는 없었다. ㈜연세가 20×1년 말과 20×2년 말에 포괄손익계산서와 재무상태표에 인식할 기타포괄손익 공정가치측정금융자산평가손익을 계산하고, 각 연도말 회계처리를 하시오.

| | 취득원가 | 공정가치 | | 비 고 |
|---|---|---|---|---|
| | | 20×1 | 20×2 | |
| ㈜갑주식<br>㈜을주식<br>㈜병주식 | ₩9,000<br>10,500<br>7,500 | ₩9,700<br>10,200<br>8,400 | ₩9,300<br>9,000<br>8,500 | ㈜병주식은 활성시장에서 공시되는 시장가격이 없고 공정가치를 신뢰성있게 측정할 수 없으며, 원가가 공정가치의 적절한 추정치가 된다. |

### 핵심해설

기타포괄손익 공정가치측정금융자산의 경우 공정가치로 후속측정 하여야 하나 공정가치의 신뢰성 있는 측정이 불가능한 ㈜병주식은 취득원가로 측정하여야 한다. 따라서 ㈜병주식의 후속측정과 관련된 회계처리는 이루어지지 않는다.

1. 20×1년

| 종목 | 취득원가 | 20×1년 말 공정가치 | 포괄손익계산서 | 재무상태표 |
|---|---|---|---|---|
| | | | 평가손익 | 평가손익 |
| 갑주식 | ₩9,000 | ₩9,700 | ₩700 | ₩700 |
| 을주식 | 10,500 | 10,200 | (300) | (300) |
| 병주식 | 7,500 | – | – | – |

(차) 기타포괄손익 공정가치측정금융자산(갑주식) 700
    (대) 기타포괄손익 공정가치측정금융자산평가이익 700
(차) 기타포괄손익 공정가치측정금융자산평가손실 300
    (대) 기타포괄손익 공정가치측정금융자산(을주식) 300

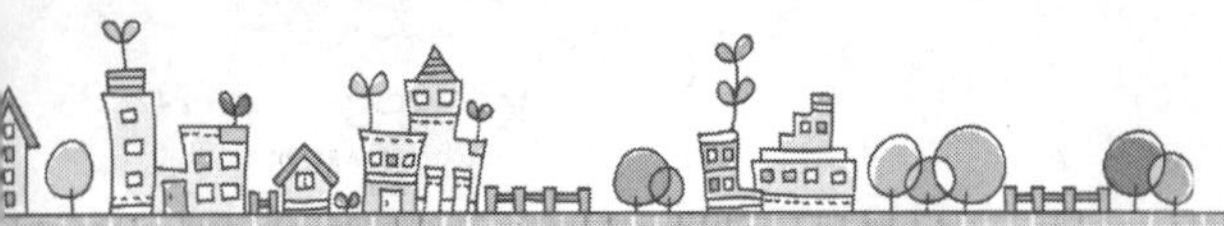

2. 20×2년

| 종목 | 장부금액 | 20×2년 말 공정가치 | 포괄손익계산서 | 재무상태표 |
|---|---|---|---|---|
| | | | 평가손익 | 평가손익 |
| 갑주식 | ₩9,700 | ₩9,300 | ₩(400) | ₩300* |
| 을주식 | 10,200 | 9,000 | (1,200) | (1,500) |
| 병주식 | 7,500 | – | – | – |

* 기타포괄손익 공정가치측정금융자산평가손익 누적액으로 당해연도 평가손익 발생액과 직전년도 평가손익발생액을 누적시켜 계산되나, 취득원가와 평가시점의 공정가치 차액으로도 계산할 수 있다.
∴ ₩700－₩400＝₩9,300－₩9,000＝₩300

(차) 기타포괄손익 공정가치측정금융자산평가이익 400
(대) 기타포괄손익 공정가치측정금융자산(갑주식) 400

* 이는 재무상태표 항목 중심으로 회계처리한 것인데, 포괄손익계산서 항목을 중심으로 회계처리할 경우 차변항목은 '기타포괄손익 공정가치측정금융자산평가손실' 계정과목을 사용하면 된다.

(차) 기타포괄손익 공정가치측정금융자산평가손실 1,200
(대) 기타포괄손익 공정가치측정금융자산(을주식) 1,200

## 사례 5 채무상품의 후속측정 Ⅱ

㈜백호는 A회사가 20×1년 1월 1일에 발행한 사채를 동일자에 취득하였다. 취득한 사채와 관련된 자료는 다음과 같다. ㈜백호가 A회사 사채를 상각후원가측정금융자산으로 분류하는 경우와, 기타포괄손익 공정가치측정금융자산으로 분류하는 경우로 각각 나누어 만기상환시점까지 회계처리를 하시오.

(1) 액면가액 ₩1,000,000, 표시이자율 8%, 만기 3년.
(2) 이자는 매년 12월 31일에 후급하며, 이 사채발행시 유효이자율은 10%이다.
(3) 매년 말 공정가치 : 20×1년 말(₩955,000), 20×2년 말(₩985,000)

**핵심해설**

1. 상각후원가측정금융자산으로 분류하는 경우

(1) 채무상품의 취득원가 : 공정가치(미래현금흐름의 현재가치)
＝₩1,000,000×0.7513(PVIF 0.10, 3)＋₩80,000×2.4868(PVIFA 0.10, 3)＝₩950,244

(2) 현재가치할인차금(A회사 입장에서는 사채할인발행차금)
=₩1,000,000−₩950,244=₩49,756

(3) 채무상품 상각후원가 조정표

| 일 자 | 유효이자(10%) | 표시이자(8%) | 할인액 상각액 | 기말 장부금액 |
|---|---|---|---|---|
| 20×1. 1. 1. | | | | ₩950,244 |
| 20×1. 12. 31. | ₩95,024 | ₩80,000 | ₩15,024 | 965,268 |
| 20×2. 12. 31. | 96,527 | 80,000 | 16,527 | 981,795 |
| 20×3. 12. 31. | 98,205* | 80,000 | 18,205 | 1,000,000 |
| | ₩500,000 | ₩240,000 | ₩72,120 | |

* 단수조정

(4) 회계처리

① 20×1. 1. 1. (차) 상각후원가측정금융자산 950,244 (대) 현 금 950,244

② 20×1. 12. 31. (차) 현 금 80,000 (대) 이 자 수 익 95,024
상각후원가측정금융자산 15,024

③ 20×2. 12. 31. (차) 현 금 80,000 (대) 이 자 수 익 96,527
상각후원가측정금융자산 16,527

④ 20×3. 12. 31. (차) 현 금 80,000 (대) 이 자 수 익 98,205
상각후원가측정금융자산 18,205
(차) 현 금 1,000,000 (대) 상각후원가측정금융자산 1,000,000

## 2. 기타포괄손익 공정가치측정금융자산으로 분류하는 경우

(1) 채무상품 상각후원가 조정과 공정가치 평가

| 일 자 | 공정가치 평가전 장부금액 | 공정가치 | 포괄손익계산서 | 재무상태표 |
|---|---|---|---|---|
| | | | 평가손익 | 평가손익 |
| 20×1. 12. 31. | ₩965,268 | ₩955,000 | ₩(10,268) | ₩(10,268) |
| 20×2. 12. 31. | 971,527*1 | 985,000 | 13,473 | 3,205 |
| 20×3. 12. 31. | 1,003,205*2 | 1,000,000 | (3,205) | − |

*1 ₩955,000+₩16,527=₩971,527

*2 ₩985,000+₩18,205=₩1,003,205

(2) 회계처리

① 20×1. 1. 1.

(차) 기타포괄손익 공정가치측정금융자산 950,244
(대) 현 금 950,244

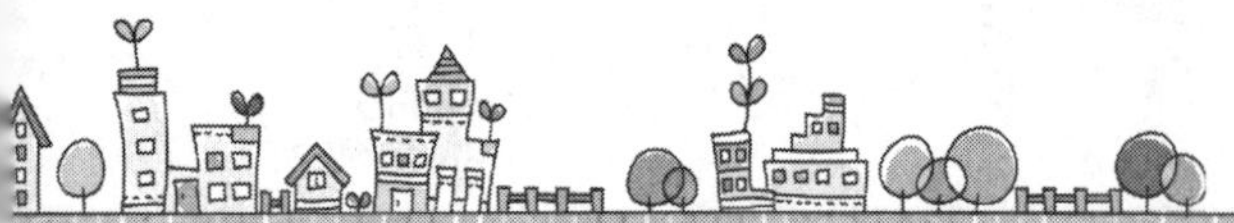

② 20×1. 12. 31.

| | | 차변 | 대변 |
|---|---|---|---|
| (차) 현　금 | | 80,000 | |
| 기타포괄손익 공정가치측정금융자산 | | 15,024 | |
| | (대) 이 자 수 익 | | 95,024 |
| (차) 기타포괄손익 공정가치측정금융자산평가손실 | | 10,268 | |
| | (대) 기타포괄손익 공정가치측정금융자산 | | 10,268 |

③ 20×2. 12. 31.

| | | 차변 | 대변 |
|---|---|---|---|
| (차) 현　금 | | 80,000 | |
| 기타포괄손익 공정가치측정금융자산 | | 16,527 | |
| | (대) 이 자 수 익 | | 96,527 |
| (차) 기타포괄손익 공정가치측정금융자산 | | 13,473 | |
| | (대) 기타포괄손익 공정가치측정금융자산평가손실 | | 10,268 |
| | 기타포괄손익 공정가치측정금융자산평가이익 | | 3,205 |

④ 20×3. 12. 31.

| | | 차변 | 대변 |
|---|---|---|---|
| (차) 현　금 | | 80,000 | |
| 기타포괄손익 공정가치측정금융자산 | | 18,205 | |
| | (대) 이 자 수 익 | | 98,205 |
| (차) 현　금 | | 1,000,000 | |
| 기타포괄손익 공정가치측정금융자산평가이익 | | 3,205 | |
| | (대) 기타포괄손익 공정가치측정금융자산 | | 1,003,205 |

## 03절 금융자산의 손상

### 1. 손상차손의 객관적 증거

당기손익 공정가치측정금융자산과 기타포괄손익 공정가치측정금융자산(지분증권)을 제외한 금융자산에 대해서는 손상 발생에 대한 객관적인 증거가 있는지를 보고기간 말에 평가하고, 그러한 증거가 있는 경우 손상차손을 인식한다. 이때 손상을 초래한 단일의 특정 사건을 식별하는 것이 가능하지 않을 수 있으며, 여러 사건의 복합적인 결과가 손상의 원인이 될 수도 있다. 그러나 미래 사건의 결과로 예상되는 손상차손은 아무리 발생가능성이 높다 하더라도 인식하지 아니한다. 금융자산이 손상되었다는 객관적인 증거에는 다음과 같은 손상사건이 포함된다.

① 금융자산의 발행자나 지급의무자의 유의적인 재무적 어려움

② 이자지급이나 원금상환의 불이행이나 지연과 같은 계약 위반

③ 차입자의 재무적 어려움에 관련된 경제적 또는 법률적 이유로 인한 당초 차입조건의 불가피한 완화

④ 차입자의 파산이나 기타 재무구조조정의 가능성이 높은 상태가 됨.

⑤ 재무적 어려움으로 당해 금융자산에 대한 활성시장의 소멸

⑥ 금융자산의 집합에 포함된 개별 금융자산의 추정미래현금흐름의 감소를 식별할 수는 없지만, 최초인식 후 당해 금융자산 집합의 추정미래현금흐름에 측정가능한 감소가 있다는 것을 시사하는 관측가능한 자료. 이러한 자료의 예는 다음과 같다

㉠ 금융자산의 집합에 포함된 차입자의 지급능력의 악화(예 연체횟수가 증가하거나, 신용한도에 도달하고 매월 최소금액을 상환하는 신용카드 차입자의 수가 증가한 경우)

㉡ 금융자산의 집합에 포함된 자산에 대한 채무불이행과 상관관계가 있는 국가나 지역의 경제상황(예 차입자 거주 지역의 실업률 증가, 관련 지역의 담보자산가격 하락, 석유생산자에게 제공한 대여금의 경우 석유가격의 하락, 차입자에게 영향을 미치는 산업상황의 악화 등)

금융상품이 더 이상 공개적으로 거래되지 않아 활성시장이 소멸하더라도 그것이 반드시 손상의 증거가 되는 것은 아니다. 신용등급이 하락한 사실 자체는 손상의 증거가 되지 않지만 이용가능한 그 밖의 정보를 함께 고려하는 경우에는 손상의 증거가 될 수도 있다. 또한 금융자산의 공정가치가 원가나 상각후원가 이하로 하락한 사실이 반드시 손상의 증거가 되는 것은 아니다(예 무위험이자율의 상승으로 채무상품의 공정가치가 하락한 경우). 다만, 지분상품의 공정가치가 원가 이하로 유의적으로 또는 지속적으로 하락하는 경우는 손상이 발생하였다는 객관적인 증거가 된다.

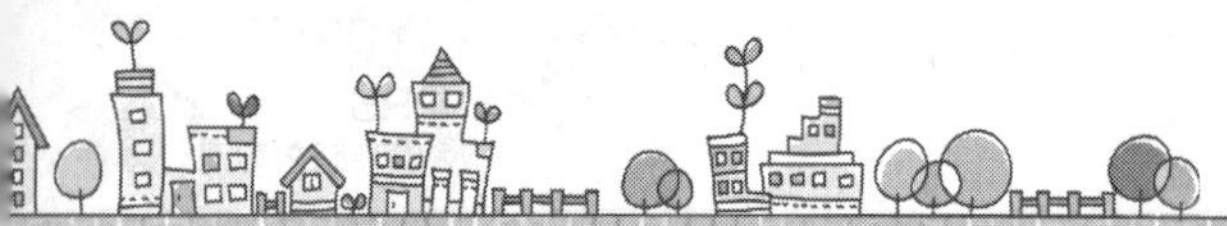

## 2. 손상차손의 인식

당기손익 공정가치측정금융자산을 제외한 금융자산의 손상차손 및 손상차손환입의 회계처리는 다음 표와 같다. 손상차손은 당해 자산의 장부금액에서 직접 차감하거나 충당금계정을 사용하여 차감하고 당기손익으로 인식한다.

| 금융자산의 유형 | | 손상차손 인식금액 | 손상차손 환입 |
|---|---|---|---|
| 상각후원가측정금융자산 | | 자산의 장부금액(상각후원가)<br>－추정미래현금흐름의 현재가치 | 당초 손상을 인식하지 않았다면 회복일 현재 인식하였을 상각후원가를 한도로 환입 |
| 기타포괄손익 공정가치측정 금융자산 | 지분상품 | 손상차손 인식하지 않음<br>기타포괄손익으로만 인식함 | 손상차손 인식하지 않음으로 인해 환입액 발생하지 않음 |
| | 채무상품 | (상각후원가－공정가치)<br>－이전에 인식한 손상차손 | 당기손익으로 인식 |

### (1) 상각후원가측정금융자산의 손상차손

상각후원가측정금융자산에서 손상이 발생하였다는 객관적 증거가 있는 경우, **손상차손은 당해 자산의 장부금액과 '최초'의 유효이자율(최초인식시점에 계산된 유효이자율)로 할인한 추정미래현금흐름의 현재가치의 차이로 측정한다. 이 경우 아직 발생하지 아니한 미래의 대손은 미래예상현금흐름에 포함하지 아니한다.** 여기서 당해 금융상품의 '최초' 유효이자율을 적용하여 측정하는 이유는 현행 시장이자율로 할인하면 상각후원가로 측정해야 하는 금융자산을 실질적으로 공정가치로 측정하게 되기 때문이다. 상각후원가측정금융자산의 조건이 재협상되거나 차입자나 발행자의 재무적 어려움 때문에 수정된다면, 손상차손은 조건변경 전의 최초 유효이자율을 사용하여 측정한다.

한편 할인효과가 중요하지 않으면, 단기채권과 관련된 현금흐름은 할인하지 아니한다. 상각후원가측정금융자산이 변동이자율 조건이라면, 손상차손을 측정하는데 적용할 할인율은 계약에 의해 결정된 현행 유효이자율이다. 실무편의상 채권자는 상각후원가를 장부금액으로 하는 금융자산의 손상차손을 관측가능한 시장가격을 사용한 금융상품의 공정가치에 근거하여 측정할 수 있다.

또한 담보부금융자산의 추정미래현금흐름의 현재가치는 담보물의 유입 가능성이 높은지 여부에 관계없이 담보물의 유입으로 인해 발생할 수 있는 현금흐름에서 담보물의 획득 및 매각 부대원가를 차감하여 계산한다.

한편 금융자산이나 유사한 금융자산의 집합이 손상차손으로 감액되면, 그 후의 이자수익은 손상차손을 측정할 목적으로 미래현금흐름을 할인하는 데 사용한 이자율을 손상차손 인식 후의 장부금액에 적용하여 이자수익을 인식한다.

### 사례 6 당기손익 공정가치측정금융자산 손상차손

㈜용호는 20×1년 1월 1일에 A회사에 현금흐름을 수취할 목적으로 4년 만기(이자지급일 매년 12월 31일), 표시이자율 10%(유효이자율과 동일)에 ₩1,000,000을 대여하였다. 20×1년 12월 말 A회사의 재무상태가 악화되어 두 회사는 다음과 같이 대여금 조건을 변경하는데 합의하였다.

(1) 원금 ₩200,000과 발생이자 감면
(2) 만기를 2년 연장하고, 연이자율을 6%로 조정하여 20×2년부터 매년 말에 수령

㈜용호 입장에서 대여금과 관련한 20×1년 1월 1일부터 20×2년 12월 31일까지의 회계처리를 하시오.

**핵심해설**

1. 20×1. 1. 1.

| | | | | |
|---|---|---|---|---|
| (차) | 상각후원가측정금융자산 | 1,000,000 | (대) 현 금 | 1,000,000 |

2. 20×1. 12. 31.

| | | | | |
|---|---|---|---|---|
| (차) | 미 수 이 자 | 100,000 | (대) 이 자 수 익 | 100,000 |
| (차) | 손 상 차 손 | 421,322* | (대) 상각후원가측정금융자산 | 321,322 |
| | | | 미 수 이 자 | 100,000 |

* 채권·채무 조정 후 미래현금흐름의 현재가치(최초 유효이자율 10% 적용)
=₩800,000×0.6209(PVIF 10%, 5)+₩800,000×6%×3.7908(PVIFA 10%, 5)
=₩678,678
손상차손=(₩1,000,000+₩100,000)−₩678,678
=₩421,322

3. 20×2. 12. 31.

| | | | |
|---|---|---|---|
| (차) 현 금 | 48,000[*2] | (대) 이 자 수 익 | 67,868[*1] |
| 상각후원가측정금융자산 | 19,868 | | |

*1 ₩678,678×10%(최초 유효이자율)=₩67,868
*2 ₩800,000×6%(변경된 표시이자율)=₩48,000

## 사례 7 단기 매출채권의 대손상각(손상차손)

다음은 ㈜맹호의 단기 매출채권과 관련된 기말잔액과 객관적인 손상증거에 의해 평가한 손상율을 제외한 미래 현금흐름 추정액이다.

| | | |
|---|---|---|
| (1) 20×1년 말 : | 매출채권 잔액 | ₩200,000 |
| | 미래 현금흐름 추정액 | ₩185,000 |
| (2) 20×2년 말 : | 매출채권 잔액 | ₩280,000 |
| | 미래 현금흐름 추정액 | ₩250,000 |

1. ㈜맹호가 20×1년 말에 매출채권에 대해 손상차손을 인식하는 회계처리를 하시오. 단, 전기에서 이월된 손실충당금은 없다.
2. 20×2년 9월 20일에 매출채권 중 ₩10,000의 손상이 발생한 경우 회계처리를 하시오.
3. ㈜맹호가 20×2년 말에 매출채권에 대해 손실충당금을 인식하는 회계처리를 하시오.

### 핵심해설

1. 20×1. 12. 31.

| | | | |
|---|---|---|---|
| (차) 손 상 차 손 | 15,000* | (대) 손실충당금 | 15,000 |

* ₩200,000−₩185,000=₩15,000

2. 20×2. 9. 20.

| | | | |
|---|---|---|---|
| (차) 손실충당금 | 10,000 | (대) 매 출 채 권 | 10,000 |

3. 20×2. 12. 31.

| | | | |
|---|---|---|---|
| (차) 손 상 차 손 | 25,000* | (대) 손실충당금 | 25,000 |

* (₩280,000−₩250,000)−(₩15,000−₩10,000)
=₩25,000

## 사례 8 장기 매출채권의 손상차손

㈜맹호는 20×1년 1월 1일에 A회사에 ₩100,000을 판매하고, 20×4년 말에 회수하기로 하였다. 장기매출채권에 적용할 유효이자율은 연 10%이다. 손상 및 손상회복의 객관적인 증거를 고려한 매 회계연도 말 장기매출채권의 미래 현금흐름 추정액은 다음과 같다고 가정한다.

| 20×1년 말 | 20×2년 말 | 20×3년 말 |
|---|---|---|
| ₩90,000 | ₩20,000 | ₩40,000 |

20×1년 1월 1일부터 20×3년 말까지 ㈜맹호가 행해야할 회계처리를 하시오. (단, 손상차손은 간접법으로 회계처리한다)

**핵심해설**

1. 매출채권 잔액과 대손충당금 잔액의 계산

| | 20×1. 1. 1. | 20×1. 12. 31. | 20×2. 12. 31. | 20×3. 12. 31. | 20×4. 12. 31. |
|---|---|---|---|---|---|
| ① 매출채권 명목금액 | ₩100,000 | ₩100,000 | ₩100,000 | ₩100,000 | ₩100,000 |
| ② 현재가치할인차금 | (31,700) | (24,870) | (17,360) | (9,090) | − |
| ③ 매출채권 현재가치 | 68,300*1 | 75,130*2 | 82,640*3 | 90,910*4 | 100,000 |
| ④ 이자수익(기초 ③×10%) | | 6,830 | 7,510 | 8,264 | 9,090 |
| ⑤ 추정 미래현금흐름 현재가치 | | (67,617)*5 | (16,528)*6 | (36,364)*7 | (40,000) |
| ⑥ 손실충당금 기말잔액(③−⑤) | | 7,513 | 66,112 | 54,546 | 60,000 |
| ⑦ 손상차손(⑥−기초 ⑥) | | 7,513 | 58,599 | (11,566) | − |

*1 ₩100,000×0.6830(PVIF 10%, 4)=₩68,300
*2 ₩100,000×0.7513(PVIF 10%, 3)=₩75,130
*3 ₩100,000×0.8264(PVIF 10%, 2)=₩82,640
*4 ₩100,000×0.9091(PVIF 10%, 1)=₩90,910
*5 ₩90,000×0.7513(PVIF 10%, 3)=₩67,617
*6 ₩20,000×0.8264(PVIF 10%, 2)=₩16,528
*7 ₩40,000×0.9091(PVIF 10%, 1)=₩36,364

2. 회계처리

(1) 20×1. 1. 1.

| | | | |
|---|---|---|---|
| (차) 매 출 채 권 | 68,300 | (대) 매　　출 | 68,300 |

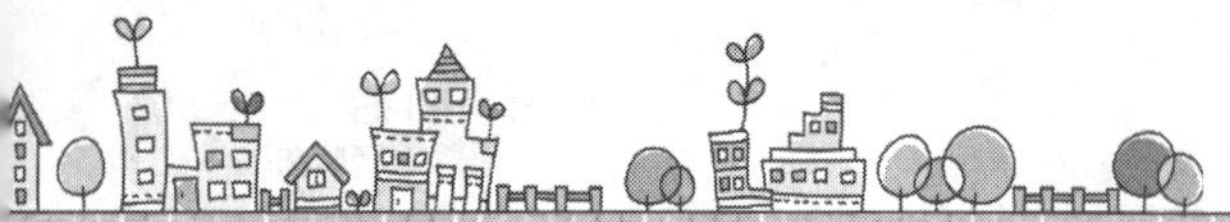

(2) 20×1. 12. 31.

| | | | |
|---|---|---|---|
| (차) 매 출 채 권 | 6,830 | (대) 이 자 수 익 | 6,830 |
| (차) 손 상 차 손 | 7,513 | (대) 손실충당금 | 7,513 |

(3) 20×2. 12. 31.

| | | | |
|---|---|---|---|
| (차) 매 출 채 권 | 7,510 | (대) 이 자 수 익 | 7,510 |
| (차) 손 상 차 손 | 58,599 | (대) 손실충당금 | 58,599 |

(4) 20×3. 12. 31.

| | | | |
|---|---|---|---|
| (차) 매 출 채 권 | 8,264 | (대) 이 자 수 익 | 8,264 |
| (차) 손실충당금 | 11,566 | (대) 손실충당금환입 | 11,566 |

(5) 20×4. 12. 31.

| | | | |
|---|---|---|---|
| (차) 매 출 채 권 | 9,090 | (대) 이 자 수 익 | 9,090 |
| (차) 손 상 차 손 | 5,454 | (대) 손실충당금 | 5,454 |
| (차) 현 금 | 40,000 | (대) 매 출 채 권 | 100,000 |
| 손실충당금 | 60,000 | | |

### (2) 기타포괄손익 공정가치측정금융자산

기타포괄손익 공정가치측정금융자산의 경우에는 기말 평가에서 계상하였던 기타포괄손익누계액을 손상시점에서 가감조정하게 되므로, 결국 손상차손은 당해 금융자산의 취득원가(상각후원가)와 공정가치의 차이가 된다. 단, 기타포괄손익 공정가치측정금융자산으로 분류한 지분증권의 경우는 예외이다.

이때 공정가치를 신뢰성 있게 측정할 수 없어서 원가를 장부금액으로 하는 금융자산의 경우에는 활성시장에서 공시되는 시장가격이 없으므로, 유사한 금융자산의 '현행' 시장수익률로 할인한 추정 미래현금흐름의 현재가치를 공정가치로 대용한다. 이러한 손상차손은 환입하지 아니한다.

또한 손실충당금을 조정하기 위한 기대신용손실(또는 환입액)은 손상차손(환입)으로 당기손익에 인식한다. 손상차손(환입)을 제외하고는, 기타포괄손익 공정가치측정금융자산의 손익은 해당 금융자산을 제거하거나 재분류할 때까지 기타포괄손익으로 인식한다. 금융자산을 제거할 때에는 인식한 기타포괄손익누계액을 재분류조정으로 자본에서 당기손익으로 재분류한다(제1119호 5.7.10).

## 사례 9 지분상품의 손상차손

㈜백마는 20×1년중에 A회사의 주식을 ₩100,000에 취득하였으며, 기타포괄손익 공정가치측정 금융자산으로 분류하였다. A회사 주식의 공정가치(＝추정 미래현금흐름의 현재가치)의 변동은 다음과 같다.

| 20×1년 말 | 20×2년 말 | 20×3년 말 | 20×4년 말 |
|---|---|---|---|
| ₩90,000 | ₩50,000 | ₩20,000 | ₩40,000 |

* 20×2년과 20×3년 말에 A회사 주식에 대한 손상차손을 인식해야할 객관적 증거가 있다.

㈜백마가 20×1년부터 20×4년까지 매년 말에 해야 할 지분상품 평가와 관련된 회계처리를 하시오.

**핵심해설**

(1) 20×1. 12. 31.

| | | |
|---|---|---|
| (차) 기타포괄손익 공정가치측정금융자산평가손실 | 10,000 | |
| (대) 기타포괄손익 공정가치측정금융자산 | | 10,000 |

(2) 20×2. 12. 31.

| | | |
|---|---|---|
| (차) 기타포괄손익 공정가치측정금융자산평가손실 | 40,000 | |
| (대) 기타포괄손익 공정가치측정금융자산 | | 40,000 |

* 손상이 발생하더라도 기타포괄손익 공정가치측정금융자산(지분상품)은 당기손익으로 재분류하지 않는다.

(3) 20×3. 12. 31.

| | | |
|---|---|---|
| (차) 기타포괄손익 공정가치측정금융자산평가손실 | 30,000 | |
| (대) 기타포괄손익 공정가치측정금융자산 | | 30,000 |

(4) 20×4. 12. 31.

| | | |
|---|---|---|
| (차) 기타포괄손익 공정가치측정금융자산 | 20,000 | |
| (대) 기타포괄손익 공정가치측정금융자산평가손실 | | 20,000 |

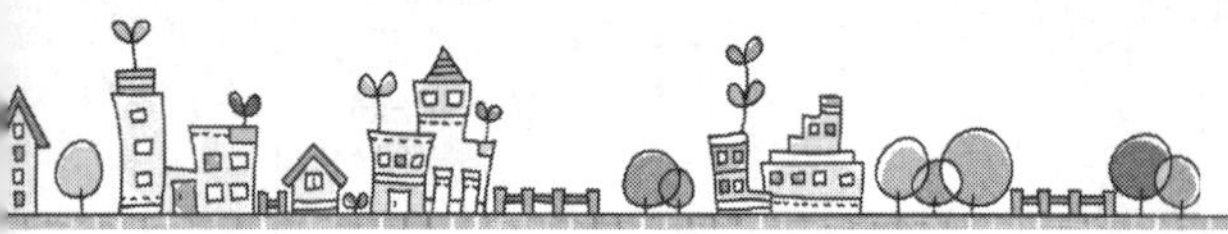

## 사례 10 상각후원가측정금융자산의 손상차손

㈜백마는 20×1년 1월 1일 현금흐름을 수취할 목적으로 A회사의 사채를 취득하였는데, 사채의 조건은 다음과 같다.

(1) 액면금액 : ₩1,000,000
(2) 표시이자율 : 8% (유효이자율은 10%)
(3) 사채 상환일 : 20×5년 12월 31일 일시상환 (이자는 매년 12월 31일에 후급)

A회사 사채와 관련하여 20×1년부터 20×4년 말까지 다음과 같은 사건이 발생하였다.

(1) 20×1년 말 A회사 사채의 공정가치는 ₩906,892(유효이자율 11%)이다.
(2) 20×2년 말에 이자를 회수하였으나, A회사의 재무상황 악화로 20×3년부터는 이자는 매년 ₩40,000, 만기에 ₩500,000을 받을 수 있을 것으로 추정하였다. 이러한 추정은 손상차손발생의 객관적 증거에 기초한 것이다. 이 시점의 유사한 채권의 유효이자율은 14%이다.
(3) 20×3년 말에 20×2년에 기대한 이자는 회수하였지만, A회사의 재무상황은 더욱 악화되어 20×4년부터는 이자는 매년 ₩30,000, 만기에 ₩400,000을 받을 수 있을 것으로 추정하였다. 이러한 추정은 손상차손 발생의 객관적 증거에 기초한 것이다. 이 시점의 유사한 채권의 유효이자율은 15%이다.
(4) 20×4년 말에 20×3년에 기대한 이자는 회수되었다. 이 시점에서 A회사는 재무상태가 완전 회복되어 20×5년에 이자로 ₩100,000, 만기에 ₩1,000,000을 받기로 합의하였다. 이 시점의 유사한 채권의 유효이자율은 9%이다. A회사 사채의 가치상승은 손상차손의 회복이라는 충분한 증거가 있다.

㈜백마가 A회사 사채를 상각후원가측정금융자산으로 분류한 경우와 기타포괄손익-공정가치측정금융자산으로 분류한 경우로 구분하여 20×1년 말부터 20×4년 말까지 채무상품과 관련된 회계처리를 하시오.

**핵심해설**

1. 채무상품(A회사 사채)의 취득원가와 장부금액 조정표
   (1) 채무상품의 취득원가
   ₩1,000,000×0.6209(PVIF 10%, 5)+₩80,000×3.7908(PVIFA 10%, 5)=₩924,164

(2) 채무상품의 장부금액 조정표

| 일 자 | 유효이자(10%) | 표시이자(8%) | 차금상각 | 장부금액 |
|---|---|---|---|---|
| 20×1. 1. 1 | | | | ₩924,164 |
| 20×1.12.31 | ₩92,416 | ₩80,000 | ₩12,416 | 936,580 |
| 20×2.12.31 | 93,658 | 80,000 | 13,658 | 950,238 |
| 20×3.12.31 | 95,024 | 80,000 | 15,024 | 965,262 |
| 20×4.12.31 | 96,526 | 80,000 | 16,526 | 981,788 |
| 20×5.12.31 | 98,212* | 80,000 | 18,212 | 1,000,000 |
| | ₩475,836 | ₩400,000 | ₩75,836 | |

* 단수조정

2. 상각후원가측정금융자산으로 분류하는 경우의 회계처리

(1) 20×1. 12. 31.

(차) 현 금 80,000
상각후원가측정금융자산 12,416
(대) 이 자 수 익 92,416

(2) 20×2. 12. 31.

(차) 현 금 80,000
상각후원가측정금융자산 13,658
(대) 이 자 수 익 93,658

(차) 상각후원가측정금융자산손상차손 475,116*
(대) 상각후원가측정금융자산 475,116

* 채무상품의 20×2년 말 공정가치(최초의 유효이자율 10% 적용)
=₩500,000×0.7513(PVIF 10%, 3)+₩40,000×2.4868(PVIFA 10%, 3)
=₩475,122
손상차손 : 상각후원가(₩950,238)－공정가치(₩475,122)=₩475,116

(3) 20×3. 12. 31.

(차) 현 금 40,000
상각후원가측정금융자산 7,512
(대) 이 자 수 익 47,512*

* 기초 상각후원가측정금융자산 장부금액 : (₩475,122)×10%=₩47,512

(차) 상각후원가측정금융자산손상차손 100,009*
(대) 상각후원가측정금융자산 100,009

* 채무상품의 20×3년 말 공정가치(최초의 유효이자율 10% 적용)
=₩400,000×0.8264(PVIF 10%, 2)+₩30,000×1.7355(PVIFA 10%, 2)
=₩382,625
손상차손 : 장부금액(₩475,122+₩7,512)－공정가치(₩382,625)=₩100,009

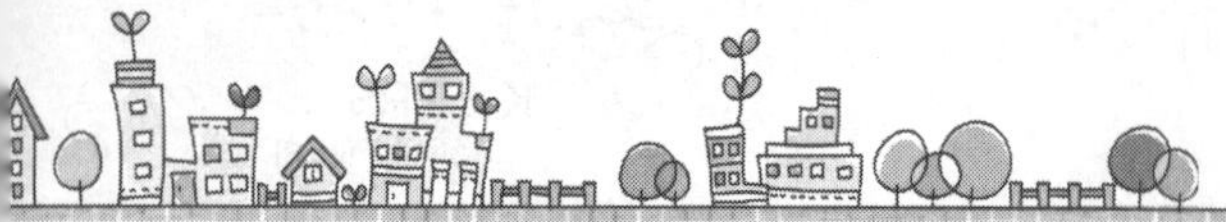

⑷ 20×4. 12. 31.

| | | 차변 | 대변 |
|---|---|---|---|
| (차) 현　　　금 | | 30,000 | |
| 상각후원가측정금융자산 | | 8,263 | |
| | (대) 이 자 수 익 | | 38,263* |

* 기초 장부금액 : (₩382,625=₩475,122+₩7,512−₩100,009)×10%=₩38,263

| | | 차변 | 대변 |
|---|---|---|---|
| (차) 상각후원가측정금융자산 | | 590,900* | |
| | (대) 상각후원가측정금융자산손상차손환입 | | 590,900 |

* 채무상품의 20×4년 말 공정가치(최초의 유효이자율 10% 적용)
=(₩1,000,000+₩100,000)×0.9091(PVIF 10%, 1)
=₩1,000,010
손상차손환입 한도 : Min(공정가치 vs 손상차손을 인식하지 않았을 때 상각후원가)
=Min(₩1,000,010 vs ₩981,788)
=₩981,788
손상차손환입 : ₩981,788−(₩382,625+₩8,263)
=₩590,900

### 3. 기타포괄손익 공정가치측정금융자산으로 분류하는 경우의 회계처리

⑴ 20×1. 12. 31.

| | | 차변 | 대변 |
|---|---|---|---|
| (차) 현　　　금 | | 80,000 | |
| 기타포괄손익 공정가치측정금융자산 | | 12,416 | |
| | (대) 이 자 수 익 | | 92,416 |
| (차) 기타포괄손익 공정가치측정금융자산평가손실 | | 29,688* | |
| | (대) 기타포괄손익 공정가치측정금융자산 | | 29,688 |

* 기타포괄손익 공정가치측정금융자산평가손실 :
장부금액(₩936,580) 공정가치(₩906,892)=₩29,688

⑵ 20×2. 12. 31.

| | | 차변 | 대변 |
|---|---|---|---|
| (차) 현　　　금 | | 80,000 | |
| 기타포괄손익 공정가치측정금융자산 | | 13,658 | |
| | (대) 이 자 수 익 | | 93,658 |
| (차) 기타포괄손익 공정가치측정금융자산평가손실 | | 490,186 | |
| | (대) 기타포괄손익 공정가치측정금융자산 | | 490,186 |
| (차) 기타포괄손익 공정가치측정금융자산손상차손 | | 519,874* | |
| | (대) 기타포괄손익 공정가치측정금융자산평가손실 | | 519,874 |

* 손상 발생의 객관적인 증가가 있는 경우에도 기타포괄손익으로 인식한 누적손실은 당해 자산이 제거되지 않더라도 재분류조정으로 자본에서 당기손익으로 재분류하도록 하고 있다.

채무상품의 20×2년 말 공정가치(현행 유효이자율 14% 적용)
=₩500,000×0.6750(PVIF 14%, 3)+₩40,000×2.3216(PVIFA 14%, 3)=₩430,364
기타포괄손익 공정가치측정금융자산평가손실 :
장부금액(₩906,892+₩13,658)－공정가치(₩430,364)
=₩490,186
손상차손=상각후원가(₩950,238)－공정가치(₩430,364)
=기타포괄손익 공정가치측정금융자산평가손익누적액(₩29,688+₩490,186)
=₩519,874

(3) 20×3. 12. 31.

| | 차변 | 대변 |
|---|---|---|
| (차) 현 금 | 40,000 | |
| 기타포괄손익 공정가치측정금융자산 | 20,251 | |
| (대) 이 자 수 익 | | 60,251 |

* 기초 기타포괄손익 공정가치측정금융자산 장부금액 : (₩430,364)×14%=₩60,251

| | 차변 | 대변 |
|---|---|---|
| (차) 기타포괄손익 공정가치측정금융자산손상차손 | 99,404* | |
| (대) 기타포괄손익 공정가치측정금융자산 | | 99,404 |

* 채무상품의 20×3년 말 공정가치(현행 유효이자율 15% 적용)
=₩400,000×0.7561(PVIF 15%, 2)+₩30,000×1.6257(PVIFA 15%, 2)
=₩351,211
손상차손=장부금액(₩430,364+₩20,251)－공정가치(₩351,211)=₩99,404

(4) 20×4. 12. 31.

| | 차변 | 대변 |
|---|---|---|
| (차) 현 금 | 30,000 | |
| 기타포괄손익 공정가치측정금융자산 | 22,682 | |
| (대) 이 자 수 익 | | 52,682* |

* 기초 장부금액 : (₩351,211=₩430,364+₩20,251－₩99,404)×15%=₩52,682

| | 차변 | 대변 |
|---|---|---|
| (차) 기타포괄손익 공정가치측정금융자산 | 635,247 | |
| (대) 기타포괄손익 공정가치측정금융자산손상차손환입 | | 619,278 |
| 기타포괄손익 공정가치측정금융자산평가이익 | | 15,969* |

* 채무상품의 20×4년 말 공정가치(현행 유효이자율 9% 적용)
=(₩1,000,000+₩100,000)×0.9174(PVIF 9%, 1)=₩1,009,140
기타포괄손익 공정가치측정금융자산의 장부금액 : ₩351,211+₩22,682=₩373,893
기타포괄손익 공정가치측정금융자산의 평가이익 : ₩1,009,140－₩373,898=₩635,247
손상차손환입(과거 당기손익으로 인식했던 손상차손금액) :
₩519,874+₩99,404=₩619,278
∴ 기타포괄손익 공정가치측정금융자산 평가이익 : ₩635,247－₩619,278=₩15,969

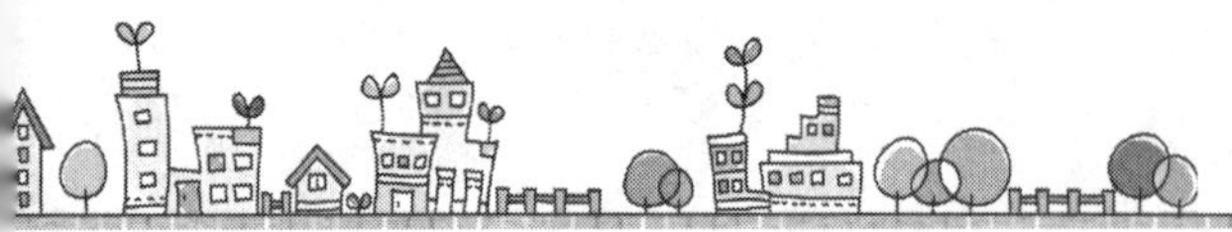

## 04절 금융자산 재분류

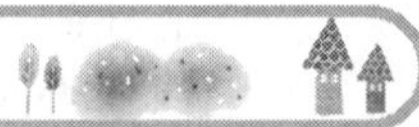

금융자산의 분류 간에 재분류(분류변경)는 재무정보의 비교가능성을 저해하기 때문에 원칙적으로 금지된다. 그러나 보다 목적적합하고 신뢰성있는 정보를 제공할 수 있다면 금융자산 사이의 재분류가 가능하다고 할 수 있다. 이에 기업회계기준서 제1109호에서는 사업모형이 변경된 경우에만 금융자산을 재분류하도록 하고 있다. 다만, 채무상품과 지분상품 중 지분상품은 사업모형과 무관하므로 채무상품에만 해당된다. 채무상품에 해당되는 금융자산은 상각후원가측정금융자산(현금흐름수취목적), 기타포괄손익 공정가치측정금융자산(현금흐름수취와 매도목적), 당기손익 공정가치측정금융자산(기타)이다.

금융자산의 재분류시 회계처리는 다음과 같으며, 재분류 적용은 전진적으로 적용한다.

**금융자산 재분류 회계처리**

<table>
<tr><th>Before</th><th>After</th><th>회계처리 내용</th></tr>
<tr><td rowspan="2">상각후원가측정 금융자산</td><td>당기손익 공정가치측정 금융자산</td><td>재분류일의 공정가치로 측정하고 재분류 전 상각후원가와 재분류일 공정가치를 당기손익으로 인식</td></tr>
<tr><td>기타포괄손익 공정가치측정 금융자산</td><td>재분류일의 공정가치로 측정하고 재분류전 상각후원가와 재분류일 공정가치를 기타포괄손익으로 인식<br>유효이자율과 기대신용손실 측정치를 조정하지 않음</td></tr>
<tr><td rowspan="2">기타포괄손익 공정가치측정 금융자산</td><td>상각후원가측정 금융자산</td><td>최초인식시점부터 상각후 원가로 측정했었던 것처럼 재분류일에 측정하고, 재분류 전에 인식한 기타포괄손익누계액은 자본에서 제거하고 재분류일의 금융자산 공정가치에서 조정함<br>유효이자율과 기대신용손실 측정치를 조정하지 않음</td></tr>
<tr><td>당기손익 공정가치측정 금융자산</td><td>재분류일의 공정가치로 측정하고, 재분류 전에 인식한 기타포괄손익누계 재분류일에 당기손익으로 재분류</td></tr>
<tr><td rowspan="2">당기손익 공정가치측정 금융자산</td><td>상각후원가측정 금융자산</td><td>재분류일의 공정가치가 새로운 장부금액</td></tr>
<tr><td>기타포괄손익 공정가치측정 금융자산</td><td>재분류일의 공정가치가 새로운 장부금액</td></tr>
</table>

## 사례 11 채무상품의 재분류

청풍회사(결산일 12월 31일)는 A회사가 20×1년 1월 1일에 발행한 사채를 동일자에 취득하였다. A회사 사채와 관련된 자료는 다음과 같다.

(1) 액면가액 ₩1,000,000 (이자지급은 매년 12월 31일에 후급)
(2) 표시이자율 연 7% (유효이자율은 10%)
(3) 만기 상환일 20×3년 12월 31일
(4) 사채의 공정가치 : 20×1년 말(₩930,000)
20×2년 말(₩960,000)

1. A회사 사채의 취득원가와 장부가액 조정표를 작성하시오.
2. 청풍회사가 A회사 사채를 취득시에 당기손익 공정가치측정금융자산으로 분류하였다가, 매우 드문 상황의 발생으로 20×1년 12월 31일에 기타포괄손익 공정가치측정금융자산으로 재분류한 경우 20×1년부터 20×3년 말까지 회계처리를 하시오.
3. 청풍회사가 A회사 사채를 취득시에 상각후원가측정금융자산으로 분류하였다가, 보유의도나 능력의 변화가 발생하여 20×1년 12월 31일에 기타포괄손익 공정가치측정금융자산으로 재분류한 경우 20×1년부터 20×3년 말까지 회계처리를 하시오.
4. 청풍회사가 A회사 사채를 취득시에 기타포괄손익 공정가치측정금융자산으로 분류하였다가, 보유의도나 능력의 변화가 발생하여 20×1년 12월 31일에 상각후원가측정금융자산으로 재분류한 경우 20×1년부터 20×3년 말까지 회계처리를 하시오.

### 핵심해설

1. A회사 사채의 취득원가

₩1,000,000×0.7513(PVIF 10%, 3)+₩70,000×2.4868(PVIFA 10%,3)=₩925,376

〈채무상품의 장부금액 조정표〉

| 일 자 | 유효이자(10%) | 표시이자(7%) | 차금상각 | 장부금액 |
|---|---|---|---|---|
| 20×1. 1. 1 | | | | ₩925,376 |
| 20×1.12.31 | ₩92,538 | ₩70,000 | ₩22,538 | 947,914 |
| 20×2.12.31 | 94,791 | 70,000 | 24,791 | 972,705 |
| 20×3.12.31 | 97,295* | 70,000 | 27,295 | 1,000,000 |
| | ₩284,624 | ₩210,000 | ₩74,624 | |

* 단수조정

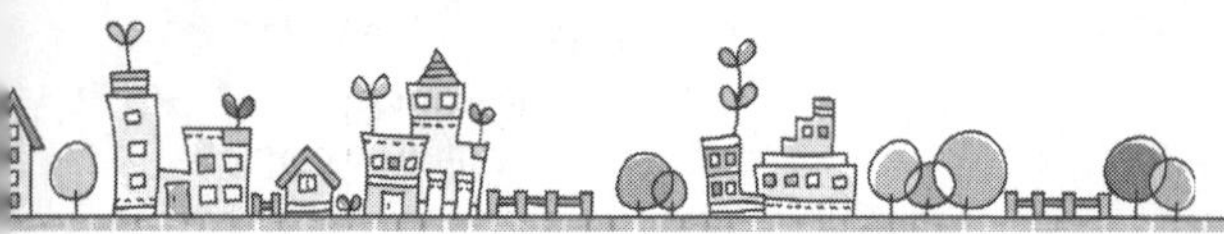

2. 당기손익 공정가치측정금융자산에서 기타포괄손익 공정가치측정금융자산으로 재분류하는 경우(재분류일의 공정가치)

(1) 20×1. 1. 1.

| | | |
|---|---|---|
| (차) 당기손익 공정가치측정금융자산 | 925,376 | |
| (대) 현금및현금성자산 | | 925,376 |

(2) 20×1. 12. 31.

| | | |
|---|---|---|
| (차) 현금및현금성자산 | 70,000 | |
| (대) 이 자 수 익 | | 70,000 |
| (차) 기타포괄손익 공정가치측정금융자산 | 930,000 | |
| (대) 당기손익 공정가치측정금융자산 | | 925,376 |
| 당기손익 공정가치측정금융자산평가이익 | | 4,624 |

(3) 20×2. 12. 31.

| | | |
|---|---|---|
| (차) 현금및현금성자산 | 70,000 | |
| 기타포괄손익 공정가치측정금융자산 | 31,463 | |
| (대) 이 자 수 익 | | 101,463* |

* 기초 상각후원가 : (₩930,000)×10.91%=₩101,463

만기금액(₩1,000,000)과 재분류후 새로운 장부금액(₩930,000)와의 차이는 만기까지의 잔여기간에 걸쳐 유효이자율법으로 상각하고 각 기간의 이자수익에 가산한다.

∴ ₩930,000=₩70,000÷(1+R)+(₩70,000+₩1,000,000)÷$(1+R)^2$ R=10.91%

| 일 자 | 유효이자 | 표시이자 | 상각액 | 장부가액 |
|---|---|---|---|---|
| 20×1. 12. 31. | | | | ₩930,000 |
| 20×2. 12. 31. | ₩101,463 | ₩70,000 | ₩31,463 | 961,463 |
| 20×3. 12. 31. | 108,537* | 70,000 | 38,537 | 1,000,000 |

* 단수조정

| | | |
|---|---|---|
| (차) 기타포괄손익 공정가치측정금융자산평가손실 | 1,463* | |
| (대) 기타포괄손익 공정가치측정금융자산 | | 1,463* |

* 장부금액 : (₩930,000+₩31,463)−공정가치(₩960,000)=₩(1,463)(평가손실)

(4) 20×3. 12. 31.

| | | |
|---|---|---|
| (차) 현금및현금성자산 | 70,000 | |
| 기타포괄손익 공정가치측정금융자산 | 38,537 | |
| (대) 이 자 수 익 | | 108,537 |

(차) 기타포괄손익 공정가치측정금융자산 1,463
(대) 기타포괄손익 공정가치측정금융자산평가손실 1,463*

＊ 장부금액 : (₩960,000＋₩38,537)－공정가치(₩1,000,000)＝₩1,463(평가이익)

(차) 현금및현금성자산 1,000,000
(대) 기타포괄손익 공정가치측정금융자산 1,000,000

**3. 상각후원가측정금융자산에서 기타포괄손익 공정가치측정금융자산으로 재분류하는 경우 (재분류일의 공정가치)**

(1) 20×1. 1. 1.

(차) 상각후원가측정금융자산 925,376
(대) 현금및현금성자산 925,376

(2) 20×1. 12. 31.

(차) 현금및현금성자산 70,000
상각후원가측정금융자산 22,538
(대) 이 자 수 익 92,538

(차) 기타포괄손익 공정가치측정금융자산 947,914
기타포괄손익 공정가치측정금융자산평가손실 17,914*
(대) 상각후원가측정금융자산 947,914
기타포괄손익 공정가치측정금융자산 17,914

＊ 상각후원가(₩947,914)－공정가치(₩930,000)＝₩17,914(평가손실)

(3) 20×2. 12. 31.

(차) 현금및현금성자산 70,000
기타포괄손익 공정가치측정금융자산 24,791
(대) 이 자 수 익 94,791*

＊ 기초 상각후원가 : (₩947,914)×10%＝₩94,791

(차) 기타포괄손익 공정가치측정금융자산 5,209
(대) 기타포괄손익 공정가치측정금융자산평가손실 5,209*

＊ 장부금액 : (₩930,000＋₩24,791)－공정가치(₩960,000)＝₩(5,209)(평가이익)

(4) 20×3. 12. 31.

(차) 현금및현금성자산 70,000
기타포괄손익 공정가치측정금융자산 27,295
(대) 이 자 수 익 97,295

(차) 기타포괄손익 공정가치측정금융자산 12,705
(대) 기타포괄손익 공정가치측정금융자산평가손실 12,705*

＊ 장부금액 : (₩960,000＋₩27,295)－공정가치(₩1,000,000)＝₩(12,705)(평가이익)

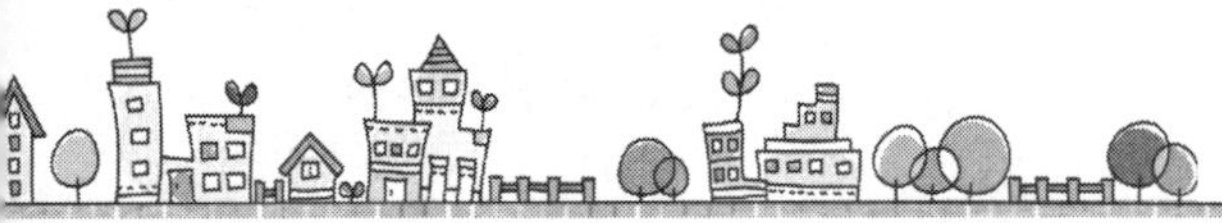

(차) 현금및현금성자산 1,000,000
(대) 기타포괄손익 공정가치측정금융자산 1,000,000

**4. 기타포괄손익 공정가치측정금융자산에서 상각후원가측정금융자산으로 재분류하는 경우(최초부터 상각후원가측정금융자산으로 측정했었던 것 처럼)**

⑴ 20×1. 1. 1.

(차) 기타포괄손익 공정가치측정금융자산 925,376
(대) 현금및현금성자산 925,376

⑵ 20×1. 12. 31.

(차) 현금및현금성자산 70,000
기타포괄손익 공정가치측정금융자산 22,538
(대) 이 자 수 익 92,538

(차) 기타포괄손익 공정가치측정금융자산평가손실 17,914
(대) 기타포괄손익 공정가치측정금융자산 17,914*

* 상각후원가 : (₩947,914) − 공정가치(₩930,000) = ₩17,914(평가손실)

(차) 상각후원가측정금융자산 947,914
(대) 기타포괄손익 공정가치측정금융자산 930,000
기타포괄손익 공정가치측정금융자산평가손실 17,914

* 최초 인식시점부터 상각후원가측정금융자산으로 측정했었던 것처럼 재분류일에 측정하면 장부금액은 947,914원이다.

⑶ 20×2. 12. 31.

(차) 현금및현금성자산 70,000
상각후원가측정금융자산 24,791
(대) 이 자 수 익 94,791

⑷ 20×3. 12. 31.

(차) 현금및현금성자산 70,000
상각후원가측정금융자산 27,295
(대) 이 자 수 익 97,295

(차) 현금및현금성자산 1,000,000
(대) 상각후원가측정금융자산 1,000,000

## 05절 금융자산의 제거

### 1. 금융자산 제거범위의 결정

**금융자산의 제거는 이미 인식된 금융자산을 재무상태표에서 삭제하는 것으로, 금융자산의 현금흐름에 대한 계약상 권리가 소멸되거나 양도되는 경우에 발생한다.** 금융자산을 제거하기 위하여는 특수목적기업을 포함하여 모든 종속기업을 연결한 후 당해 연결실체에 대하여 제거여부를 판단하여야 한다. 또한 금융자산에 대한 제거여부와 제거정도의 적정성을 평가하기 전에 금융자산의 일부에 적용하여야 하는지 아니면 전체에 적용하는지를 결정하여야 한다.

**제거 대상이 다음 세 가지 조건 중 하나를 충족하는 경우에만 금융자산의 일부에 대하여 제거와 관련된 규정을 적용한다.**

① 제거 대상이 금융자산의 현금흐름에서 식별된 특정부분으로만 구성된다. 예를 들면, 채권 계약에서 거래상대방이 채무상품의 현금흐름 중 원금에 대한 권리는 없고 이자부분에 대한 권리만 있는 경우에는 제거 관련 규정을 이자부분에만 적용한다.

② 제거 대상이 금융자산의 현금흐름에 완전히 비례하는 부분으로만 구성된다. 예를 들면, 거래상대방이 채무상품의 현금흐름 중 90%에 대한 권리를 가지는 계약을 체결하는 경우에는 제거 관련 규정을 현금흐름의 90%에 적용한다.

③ 제거 대상이 금융자산의 현금흐름에서 식별된 특정부분 중 완전히 비례하는 부분으로만 구성된다. 예를 들면, 거래상대방이 채무상품의 현금흐름 중 이자부분의 90%에 대한 권리를 가지는 계약을 체결하는 경우에는 제거 관련 규정을 당해 이자부분의 90%에 적용한다.

위의 3가지 조건 이외의 모든 경우에는 제거 관련 규정을 금융자산의 전체에 대하여 적용한다. 예를 들면, ① 금융자산에서 회수되는 현금 중 처음이나 마지막 90%에 대한 권리를 양도하거나 ② 수취채권 집합의 현금흐름 중 90%에 대한 권리를 양도하면서 매입자에게 수취채권 원금의 8%까지 신용손실을 보상하기로 하는 지급보증을 제공하는 경우에는 제거 관련 규정을 당해 금융자산의 전체에 적용한다.

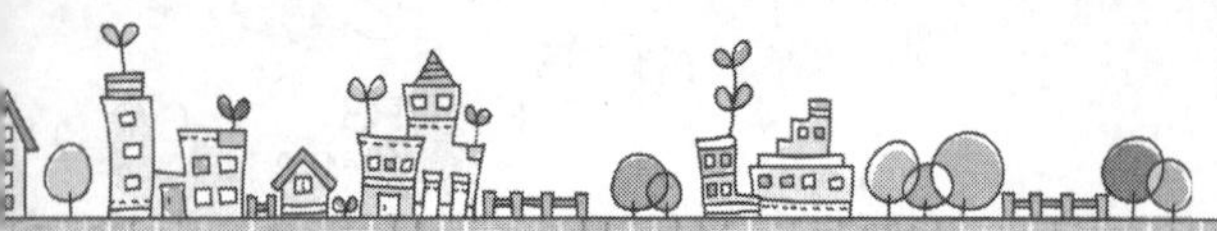

## 2. 금융자산 제거의 판단과 회계처리

기업회계기준서에서는 금융자산의 제거 여부와 제거정도를 평가하는 방법에 대한 순서도를 다음 <그림 1>과 같이 제시하고 있다.

우선 금융자산의 현금흐름에 대한 계약상 권리가 소멸한 경우에는 추가적인 조건 없이 금융자산을 제거한다. 그러나 금융자산을 양도한 경우에는 다음의 '①' 또는 '②' 중 하나의 조건을 충족하여야 하고, 금융자산의 소유에 따른 위험과 보상의 대부분을 이전한 경우[2)]에 한하여 당해 금융자산을 제거하고, 양도함으로써 발생하거나 보유하게 된 권리와 의무를 각각 자산과 부채로 인식한다.

① 금융자산의 현금흐름을 수취할 계약상 권리를 양도한 경우

② 금융자산의 현금흐름을 수취할 계약상 권리를 보유하고 있으나, 당해 현금흐름을 아래의 3가지 조건을 모두 충족하는 계약에 따라 하나 이상의 수취인에게 지급할 계약상 의무를 부담하는 경우

---

2) 위험과 보상의 이전 여부(문단 20 참조)는 양도자산의 순현금흐름의 금액과 시기의 변동에 대한 양도 전·후 양도자의 노출정도를 비교하여 평가한다. 금융자산의 미래 순현금흐름의 현재가치 변동에 대한 양도자의 노출정도가 양도의 결과 유의적으로 변하지 않는다면(예 양도자가 확정가격이나 매도가격에 대여자의 이자수익을 더한 금액으로 재매입하기로 하고 금융자산을 매도한 경우), 양도자는 금융자산의 소유에 따른 위험과 보상의 대부분을 보유하고 있는 것이다. 양도자가 소유에 따른 위험과 보상의 대부분을 이전하는 경우의 예는 다음과 같다.

① 금융자산을 아무런 조건 없이 매도한 경우

② 양도자가 매도한 금융자산을 재매입시점의 공정가치로 재매입할 수 있는 권리를 보유하고 있는 경우

③ 양도자가 매도한 금융자산에 대한 콜옵션을 보유하고 있거나 양수자가 당해 금융자산에 대한 풋옵션을 보유하고 있지만, 당해 콜옵션이나 풋옵션이 깊은 외가격 상태이기 때문에 만기 이전에 당해 옵션이 내가격 상태가 될 가능성이 매우 낮은 경우

한편 양도자가 소유에 따른 위험과 보상의 대부분을 보유하는 경우의 예는 다음과 같다.

① 양도자가 매도 후에 미리 정한 가격 또는 매도가격에 양도자에게 금전을 대여하였더라면 그 대가로 받았을 이자수익을 더한 금액으로 양도자산을 재매입하는 거래의 경우

② 유가증권대여계약을 체결한 경우

③ 시장위험을 다시 양도자에게 이전하는 총수익스왑과 함께 금융자산을 매도한 경우

④ 양도자가 매도한 금융자산에 대한 콜옵션을 보유하고 있거나 양수자가 당해 금융자산에 대한 풋옵션을 보유하고 있으며, 당해 콜옵션이나 풋옵션이 깊은 내가격 상태이기 때문에 만기 이전에 당해 옵션이 외가격 상태가 될 가능성이 매우 낮은 경우

⑤ 양도자가 양수자에게 발생가능성이 높은 대손의 보상을 보증하면서 단기 수취채권을 매도한 경우(상환청구가능 팩토링 거래도 이에 해당된다)

**그림 1 금융자산의 제거 여부와 제거정도를 평가하는 방법의 순서도**

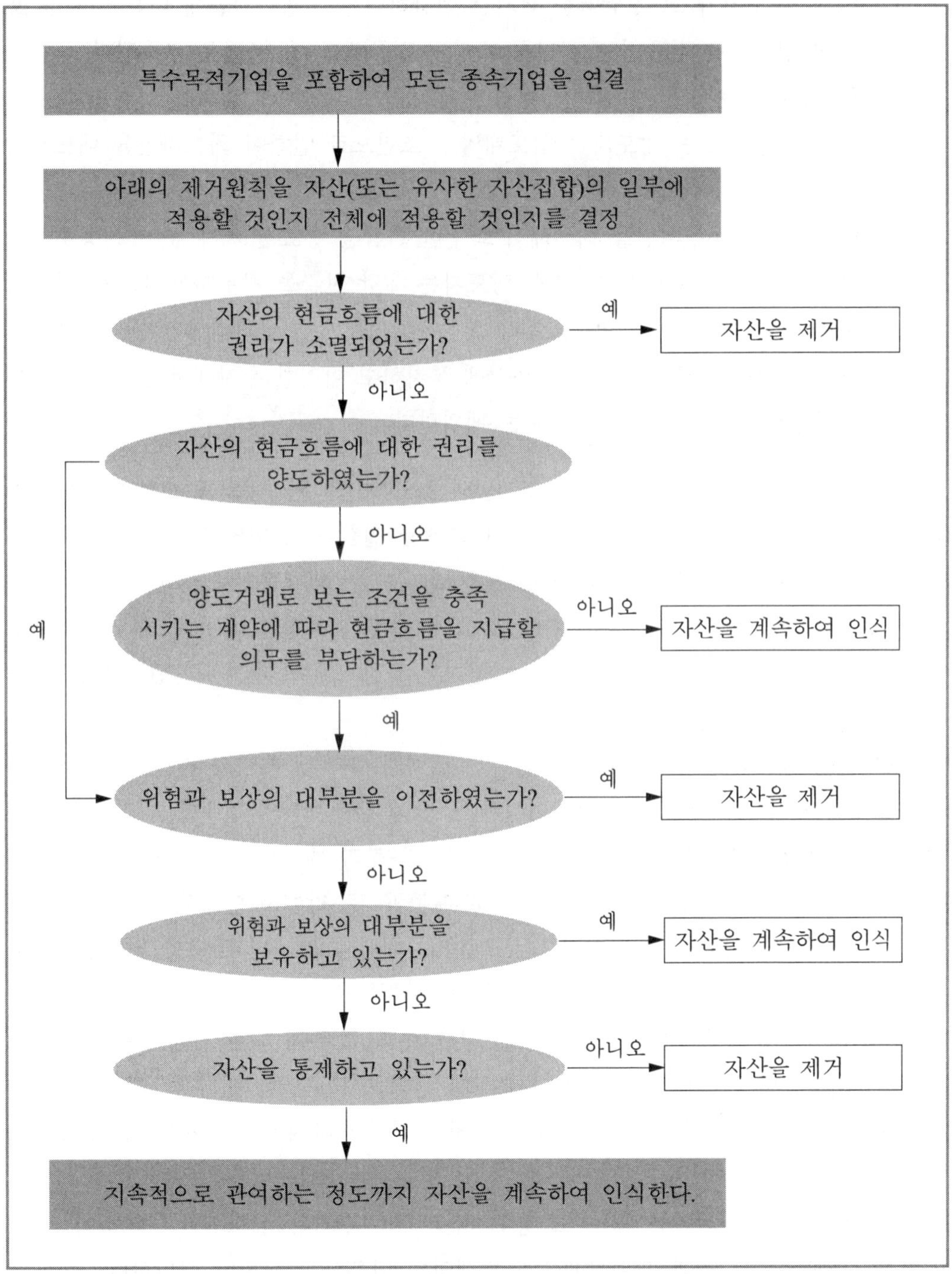

특수목적기업을 포함하여 모든 종속기업을 연결

↓

아래의 제거원칙을 자산(또는 유사한 자산집합)의 일부에 적용할 것인지 전체에 적용할 것인지를 결정

↓

자산의 현금흐름에 대한 권리가 소멸되었는가? — 예 → 자산을 제거

↓ 아니오

자산의 현금흐름에 대한 권리를 양도하였는가? — 예 → (위험과 보상의 대부분을 이전하였는가?로)

↓ 아니오

양도거래로 보는 조건을 충족시키는 계약에 따라 현금흐름을 지급할 의무를 부담하는가? — 아니오 → 자산을 계속하여 인식

↓ 예

위험과 보상의 대부분을 이전하였는가? — 예 → 자산을 제거

↓ 아니오

위험과 보상의 대부분을 보유하고 있는가? — 예 → 자산을 계속하여 인식

↓ 아니오

자산을 통제하고 있는가? — 아니오 → 자산을 제거

↓ 예

지속적으로 관여하는 정도까지 자산을 계속하여 인식한다.

㉠ 최초자산에서 회수하지 못한 금액의 상당액을 최종수취인에게 지급할 의무가 없다. 양도자가 그 상당액을 단기간 선급하면서 시장이자율에 따른 이자를 포함한 원리금을 상환받는 권리를 가지는 경우에도 이 조건은 충족된다.

㉡ 현금흐름을 지급할 의무의 이행을 위해 최종수취인에게 담보물로 제공하는 경우를 제외하고는, 양도자는 양도계약의 조건으로 인하여 최초자산을 매도하거나 담보물로 제공하지 못한다.

㉢ 양도자는 최종수취인을 대신해서 회수한 현금을 중요한 지체 없이 최종수취인에게 지급할 의무가 있다. 또한 양도자는 해당 현금을 재투자할 권리를 가지지 아니한다. 다만, 현금 회수일부터 최종수취인에게 지급하기까지의 단기결제유예기간 동안 현금 또는 현금성자산에 투자하고 이러한 투자에서 발생한 이자를 최종수취인에게 지급하는 경우는 제외한다.

금융자산을 양도하고, 수수료를 대가로 **당해 양도자산의 관리용역을 제공**하기로 한다면, 관리용역제공계약과 관련하여 자산이나 부채를 인식한다. 만약 관리용역 수수료가 용역제공의 적절한 대가에 미달할 것으로 예상한다면, 용역제공의무에 따른 부채를 공정가치로 인식한다. 반면 관리용역 수수료가 용역제공의 적절한 대가를 초과할 것으로 예상한다면, 전체 금융자산의 장부금액 중 상대적 공정가치에 따라 배분된 금액으로 용역제공권리에 따른 자산을 인식한다.

금융자산을 제거하는 경우 금융자산의 장부금액과 수취한 대가와 기타포괄손익누계액의 합계액의 차이를 당기손익으로 인식한다. 만약 금융자산의 일부를 제거하는 경우에는 금융자산 전체의 장부금액은 계속 인식되는 부분과 제거되는 부분에 대해 양도일 현재 각 부분의 상대적 공정가치를 기준으로 배분한 후, 앞에서 언급된 것처럼 양도된 부분의 장부금액과 수취한 대가와 기타포괄손익누계액의 합계의 차이를 당기손익으로 인식한다. 이 경우 관리용역자산은 계속 인식되는 부분으로 처리한다.

한편 금융자산을 양도했더라도 **양도자가 양도자산의 소유에 따른 위험과 보상의 대부분을 보유하고 있다면**, 그 양도자산을 계속하여 인식하며 수취한 대가를 금융부채로 인식한다. 이러한 거래는 담보를 제공하고 차입하는 거래의 내용과 유사하다. 양도자는 양도자산에 발생하는 모든 수익과 금융부채에서 발생하는 모든 비용을 인식한다.

양도자산을 계속 인식하는 경우 그 양도자산과 관련부채는 상계하지 아니하며, 양도자산에서 발생하는 수익과 관련부채에서 발생하는 비용도 상계하지 아니한다.

그런데 양도자가 금융자산의 소유에 따른 위험과 보상의 대부분을 보유하지도 않고 이전하지도 아니하면, 양도자가 당해 금융자산을 통제하고 있는지를 결정하여 제거여부를 결정한다. 이때 금융자산의 통제여부는 양수자가 그 자산을 매도할 수 있는 능력을 가지고 있는지 여부에 따라 결정한다. 만약 양수자가 금융자산을 독립된 제3자에게 매도할 수 있는 실질적 능력을 가지고 있으며, 양도에 대한 추가적인 제약 없이 그 능력을 일방적으로 행사할 수 있다면, 양도자는 양도자산에 대한 통제를 상실한 것이므로 금융자산을 제거한다. 금융자산을 양도함으로써 발생하거나 보유하게 된 권리와 의무를 각각 자산과 부채로 인식한다.

그러나 양수자가 금융자산을 매도할 수 있는 실질적 능력이 없다면 양도자가 금융자산을 통제하고 있는 것으로 보고, 당해 금융자산에 대하여 지속적으로 관여하는 정도까지 금융자산을 계속하여 인식한다. 이때 **지속적관여**의 정도는 양도자산의 가치 변동에 대하여 양도자가 부담하는 노출정도를 말한다. 예를 들면 양도자가 양도자산에 대한 보증을 제공하는 형태로 지속적관여가 이루어지는 경우, 지속적관여의 정도는 ① 양도자산의 장부금액과 ② 수취한 대가 중 상환을 요구받을 수 있는 최대금액(보증금액) 중 작은 금액이 된다. 양도자가 지속적관여의 정도까지 자산을 계속 인식하는 경우 관련부채도 함께 인식[3]하여야 하는데, 양도자산에 대한 보증을 제공하는 경우 관련부채는 ① 최초인식시 보증금액에 ② 보증의 공정가치(일반적으로 보증의 대가로 수취한 금액)를 더한 금액으로 측정한다.

양도자는 양도자산에서 발생하는 수익을 지속적관여의 정도까지 계속 인식하며, 관련부채에서 발생하는 모든 비용을 인식한다. 또한 후속 측정시 양도자산과 관련부채의 공정가치 변동액은 양도자산이 단기손익인식금융자산인지 아니면 기타포괄손익 공정가치측정금융자산인지에 따라 관련부채도 각각 당기손익 또는 기타포괄손익으로 인식하고, 상계하지 아니한다. 한편 양도자가 금융자산의 일부에 대하여만 지속적으로 관여하는 경우, 금융자산의 장부금액은 지속적 관여에 따라 계속 인식되는 부분과 제거되는 부분에 대해 양도일 현재 각 부분의 상대적 공정가치를 기준으로 배분한다.

---

3) 양도자산과 관련부채는 양도자가 보유하는 권리와 부담하는 의무를 반영하여 측정하는데, 만약 양도자산을 상각후원가로 측정한다면, 양도자산과 관련부채의 순장부금액이 양도자가 보유하는 권리와 부담하는 의무의 상각후원가가 되도록 관련부채를 측정한다. 또한 양도자산을 공정가치로 측정한다면, 양도자산과 관련부채의 순장부금액이 양도자가 보유하는 권리와 부담하는 의무의 독립적으로 측정된 공정가치가 되도록 관련부채를 측정하여야 한다.

이와 같이 금융자산의 현금흐름에 대한 계약상의 권리를 양도한 경우에 제거조건을 충족하는지 판단하기 위하여, 금융자산의 ① 위험과 보상의 이전여부, ② 통제 여부 및 ③ 지속적 관여 여부를 순차적으로 적용하여 결정한다.

### 사례 12 관리용역제공계약이 있는 금융자산의 양도

청풍회사(결산일 12월 31일)는 20×1년 1월 1일 현재 보유하고 있는 대여금(장부금액 ₩100,000, 공정가치 ₩120,000)을 양도하였다. 양도 후에도 청풍회사는 원금과 이자를 회수하는 용역을 제공하게 되는데, 이러한 용역제공의무의 공정가치는 ₩10,000이다. 다음의 각 물음이 독립적이라고 할 때, 각 물음에 대한 회계처리를 하시오.

1. 청풍회사가 대여금을 공정가치로 양도하고, 관리용역을 무료로 제공하기로 하다.
2. 청풍회사가 대여금의 원금과 이자를 회수하는 용역을 제공하는 조건으로 대여금을 양도하였다. 이러한 용역제공의 대가로 대여금의 일부 이자를 수령할 권리를 갖게 되었는데, 이 부분의 공정가치는 ₩8,000이다. 따라서 이 부분을 제외한 ₩112,000을 대여금 양도대금으로 수령하였다.
3. 청풍회사가 대여금의 원금과 이자를 회수하는 용역을 제공하는 조건으로 대여금을 양도하였다. 이러한 용역제공의 대가로 대여금의 일부 이자를 수령할 권리를 갖게 되었는데, 이 부분의 공정가치는 ₩14,000이다. 따라서 이 부분을 제외한 ₩106,000을 대여금 양도대금으로 수령하였다.

**핵심해설**

1. 관리용역이 무료이므로 관리용역제공 관련부채
   (용역제공의 적절한 대가 ₩10,000)>관련자산(용역제공 권리)

| | | | | |
|---|---|---|---|---|
| (차) 현금및현금성자산 | 120,000 | (대) | 대 여 금 | 100,000 |
| | | | 관리용역부채 | 10,000 |
| | | | 대여금처분이익 | 10,000 |

2. 관리용역제공 관련부채
   (용역제공의 적절한 대가)>관련자산(용역제공 권리 ₩8,000)

| | | | | |
|---|---|---|---|---|
| (차) 현금및현금성자산 | 112,000 | (대) | 대 여 금 | 100,000 |
| | | | 관리용역부채 | 2,000* |
| | | | 대여금처분이익 | 10,000 |

* 용역제공의무의 공정가치(₩10,000) − 용역제공수수료(₩8,000) = ₩2,000

3. 관리용역제공 관련부채
   (용역제공의 적절한 대가)<관련자산(용역제공 권리 ₩14,000)

| (차) 현금및현금성자산 | 106,000 | (대) 대 여 금 | 100,000 |
|---|---|---|---|
| 관리용역자산 | 1,667* | 대여금처분이익 | 7,667 |

* 금융자산의 장부금액을 금융자산과 용역제공권리의 상대적 공정가치에 비례적으로 배분하여 용역관련자산을 인식한다.

∴ ₩100,000×{₩14,000/(₩106,000+₩14,000)}＝₩11,667
용역관련자산 ₩11,667－₩10,000＝₩1,667

## 사례 13 양도자산의 지속적 관여

㈜오로라는 액면이자율과 유효이자율이 10%이며, 원금과 상각후원가가 ₩10,000인 중도상환이 가능한 대여금(만기 2년)을 보유하고 있다. 다음의 대여금 양도와 관련한 자료를 이용하여 물음에 답하라.

(1) ㈜오로라는 20×1년 1월 1일에 ₩9,115을 받고 양수자에게 원금 회수액 중 ₩9,000과 ₩9,000에 대한 이자 9.5%에 대한 권리를 부여하는 계약을 체결하였다. 이 대여금에 대한 활성거래시장은 존재하지 않는다.
(2) ㈜오로라는 원금 회수액 중 ₩1,000과 ₩1,000에 대한 10%의 이자, 원금의 나머지 부분인 ₩9,000에 대한 0.5%의 초과 스프레드에 대한 권리를 보유한다.
(3) 중도상환에 따른 회수액은 1 : 9의 비율로 ㈜오로라와 양수자에게 배분되지만, 채무불이행이 발생하면 ㈜오로라의 지분인 ₩1,000이 완전히 소멸될 때까지 ₩1,000에서 차감하여 반영한다.
(4) 거래일에 당해 대여금의 공정가치는 ₩10,100이고, 0.5%인 초과 스프레드의 추정 공정가치는 ₩40이다.
(5) 20×1년 12월 31일에 대여금 중 신용손상차손(대손) ₩300이 발생하였다.

1. ㈜오로라가 20×1년 1월 1일 대여금 양도와 관련하여 해야 할 회계처리를 하시오.
2. 20×1년 12월 31일 손상차손 발생시 해야 할 회계처리를 하시오.

**핵심해설**

1. 20×1년 1월 1일 : 금융자산 양도시

㈜오로라가 양도한 부분은 전체 대여금의 완전비례적인 90%에 해당되므로 90%만 부분 제거 조건을 적용한다. 또한 ㈜오로라는 대여금과 관련한 유의적인 위험과 보상의 일부(예 유의적인 중도상환위험)는 이전하였지만, 일부는 보유(채무불이행에 대한 보증을 통해 후순위

지분을 보유하고 있기 때문)하고 있으므로, 당해 금융자산에 대한 통제를 상실하지 아니하였다고 판단된다. 따라서 지속적관여접근법을 적용하여야 한다.

㈜오로라는 현금흐름의 90% 양도에 대하여 손익을 계산하여야 하는데, 양도시점에서 양도한 90%와 보유하는 10% 각각에 대한 공정가치가 존재하지 않으므로 장부금액과 공정가치를 각각 9 : 1의 비율로 양도한 자산과 보유한 자산에 배분한다. 즉, ㈜오로라가 대여금 양도로 수취한 대가 ₩9,115은 거래 당일 대여금 전체의 공정가치 ₩10,100의 완전비례적인 90%에 해당하는 ₩9,090과 대손에 대한 신용보강(보증)을 제공하기 위하여 보유지분을 후순위로 제공한 것에 대한 대가 ₩25으로 구성된다. 또한 0.5%의 초과 스프레드(추정 공정가치 ₩40) 역시 신용보강제공에 대하여 수취한 대가를 나타내므로, 신용보강에 대하여 수취한 대가의 총액은 ₩65(₩25+₩40)이 된다.

따라서 기업은 현금흐름의 90% 매도에 따른 손익을 수취한 대가에서 양도한 부분에 대하여 배분한 장부금액을 차감한 금액인 ₩90(₩9,090−₩9,000=₩90)으로 계산한다. 기업이 보유하는 부분에 대한 장부금액은 ₩1,000이다.

거래 직후 자산의 장부금액은 계속 보유하는 부분에 배분된 금액(대여금)인 ₩1,000과 신용손실에 대한 후순위 제공에 따라 추가적인 지속적관여자산 ₩1,000 및 초과 스프레드 형태로 받은 대가 ₩40을 합한 총 ₩2,040이 된다.

| | | | | | |
|---|---|---|---|---|---|
| (차) | 현금및현금성자산 | 9,115 | (대) | 대여금(금융자산) | 9,000 |
| | 지속적관여자산*1 | 1,000 | | 관 련 부 채*2 | 1,065 |
| | 초과스프레드자산 | 40 | | 양 도 차 익 | 90 |

*1 양도자산의 장부금액(₩9,000)과 수취한 대가에서 상환을 요구받을 수 있는 최대금액(보증금액 ₩1,000) 중 작은 금액이 되므로 ₩1,000이 된다.

*2 수취하지 못할 수 있는 후순위 현금흐름의 최대금액인 ₩1,000(보증금액)에 후순위 제공(보증)의 공정가치인 ₩65을 더한 금액

**2. 20×1년 12월 31일 : 대손(손상차손) 발생시**

㈜오로라는 후속적으로 신용보강에 대하여 수취한 대가인 ₩65을 시간의 경과에 따라 인식하고, 인식한 자산에 대한 이자를 유효이자율법으로 인식하며, 인식한 자산에 대하여 신용손상차손(대손)을 인식한다.

| | | | | | |
|---|---|---|---|---|---|
| (차) | 관 련 부 채 | 32.5 | (대) | 이 자 수 익 | 32.5*1 |
| | 관 련 부 채 | 300 | | 지속적관여자산 | 300 |
| | 대손상각비(손상차손)*2 | 300 | | 대 여 금 | 300 |

*1 보증제공대가인 ₩65을 기간경과에 비례(1년/2년)하여 이자수익으로 인식

*2 인식한 자산을 ₩600(잔여 대여금 ₩300과 추가적인 지속적관여 정도와 관련된 ₩300)만큼 감소하고, 인식한 부채를 ₩300만큼 감소한다. 결과적으로 대손상각비(신용손상차손) ₩300이 당기손익으로 인식된다.

## OX 문제

1 금융상품이란 거래당사자 일방에게 금융자산을 발생시키고 동시에 다른 거래상대방에게 금융부채나 지분상품을 발생시키는 모든 계약을 의미한다.

2 모든 금융자산에 대하여 당기손익 공정가치측정금융자산으로 지정할 수 있다.

3 금융자산은 최초인식시에 공정가치로 측정하며, 취득과 직접 관련하여 발생하는 거래원가는 최초인식하는 공정가치에 가산한다.

4 금융자산의 정형화된 매입이나 매도는 매매일에 인식하거나 제거한다.

5 기타포괄손익 공정가치측정금융자산(채무상품)은 공정가치로 측정하고, 공정가치의 변동은 기타포괄손익으로 인식한다.

6 자본항목으로 표시된 기타포괄손익 공정가치측정금융자산(채무상품)평가손익은 당해 금융자산이 제거하거나 손상되는 경우 재분류조정의 방법으로 통하여 당기손익으로 인식한다.

7 상각후원가측정금융자산에서 손상이 발생하였다는 객관적 증거가 있는 경우, 손상차손은 당해 자산의 장부금액과 손상시점의 유효이자율로 할인한 추정미래현금흐름의 현재가치의 차이로 측정한다.

8 상각후원가로 측정하는 금융자산에 대해서는 손상차손환입을 인식할 수 있으나, 기타포괄손익 공정가치로 측정하는 지분상품은 손상차손환입을 인식할 수 없다.

9 금융자산을 공정가치로 측정하는 것보다 원가나 상각후원가로 측정하는 것이 타당하여 재분류한 경우, 당해 금융자산이 고정된 만기가 있는 금융자산이라면 이미 인식된 기타포괄손익은 당해 금융자산의 잔여기간에 걸쳐 유효이자율법으로 상각하여 당기손익으로 인식한다.

10 양도자가 양도자산의 소유에 따른 위험과 보상의 대부분을 보유하지도 아니하고 이전하지도 아니하며, 양도자가 양도자산을 통제하고 있다면, 그 양도자산 전체를 계속하여 인식하며 수취한 대가를 금융부채로 인식한다.

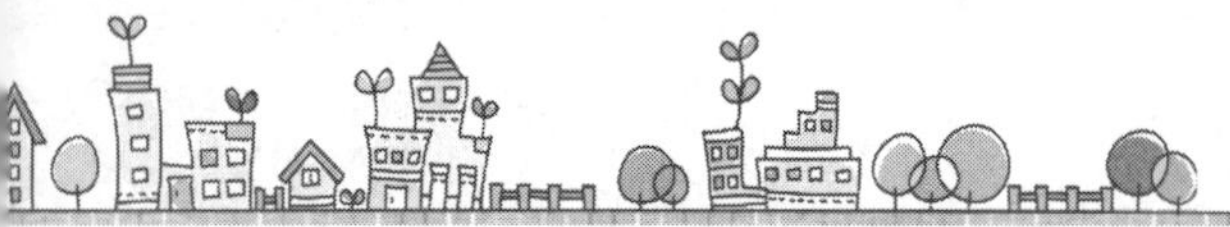

# 객 관 식 문 제

※ 다음 자료를 이용하여 1번과 2번에 답하시오. ➤ 공인회계사 수정

> ㈜하늘은 ㈜바다가 20×1년 1월 1일에 발행한 다음과 같은 조건의 사채를 발행일에 취득하였다.
>
> - 액면가액 : ₩1,000,000
> - 표시이자율 : 연 8%(매년 12월 31일 후급)
> - 만기상환일 : 20×3년 12월 31일
>
> 사채발행일 현재 유효이자율은 연 10%(해당 사채의 취득원가인 현재가치는 ₩950,244가 됨)이며 해당 사채의 20×1년 말과 20×2년 말의 공정가액은 각각 ₩960,000, ₩990,000이다.

01 상기 사채가 상각후원가측정금융자산 또는 기타포괄손익 공정가치측정금융자산으로 분류될 경우, 20×1년 말에 당해 유가증권과 관련하여 인식할 각각의 평가손실 금액은 얼마인가? 단, 법인세효과는 없는 것으로 가정한다. 또한 모든 계산금액은 소수점 첫째 자리에서 반올림하며, 이 경우 약간의 반올림 오차가 나타날 수 있다.

| | 상각후원가측정금융자산 | 기타포괄손익 공정가치측정금융자산 |
|---|---|---|
| ① | ₩0 | ₩0 |
| ② | ₩0 | ₩5,268 |
| ③ | ₩0 | ₩8,268 |
| ④ | ₩5,268 | ₩5,268 |
| ⑤ | ₩5,268 | ₩8,268 |

02 상기 사채가 취득시점부터 기타포괄손익 공정가치측정금융자산으로 분류될 경우, 20×2년 말 현재 재무상태표에 당해 유가증권과 관련하여 계상되어야할 평가이익 금액은 얼마인가? 단, 상기 유가증권과 관련하여 분류변경은 없으며, 법인세효과는 없는 것으로 가정한다. 또한 모든 계산금액은 소수점 첫째 자리에서 반올림하며, 이 경우 약간의 반올림 오차가 나타날 수 있다.

① ₩0　② ₩6,586　③ ₩8,205
④ ₩13,415　⑤ ₩13,473

03 ㈜대륙은 20×1년 7월 1일에 발행된 사채(액면가액 ₩100,000, 표시이자율 연 12%, 이자지급일 매년 6월 말과 12월 말)를 ₩100,000에 현금흐름수취목적으로 발행일에 구입하였다. 20×1년 11월 1일 ㈜해양은 해당 사채를 ₩104,000(발행일로부터 구입일까지의 미수이자를 포함한 금액임)에 현금흐름수취목적으로 ㈜대륙으로부터 구입하였다. 해당 사채와 관련 20×1년 11월 1일 ㈜대륙의 처분이익과 20×1년 12월 31일 ㈜해양의 이자수익은 얼마인가? 단, 상기 거래들과 관련하여 거래수수료는 없으며, 유효이자율과 표시이자율은 동일하다고 가정한다. 또한 모든 이자계산은 월수로 한다. ➤ 공인회계사 수정

| | ㈜대륙 처분이익 | ㈜해양 이자수익 |
|---|---|---|
| ① | ₩0 | ₩2,000 |
| ② | ₩0 | ₩6,000 |
| ③ | ₩4,000 | ₩2,000 |
| ④ | ₩4,000 | ₩6,000 |
| ⑤ | ₩6,000 | ₩0 |

04 당좌자산의 분류 기준 및 적정성 확인에 대한 다음 설명 중 타당한 것은? ➤ 공인회계사 수정

① 재무상태표일 현재 만기일(또는 상환일)이 4개월 남아 있는 금융상품은 현금및현금성자산으로 분류한다.
② 만기가 결산일로부터 1년 이내 도래하는 정기예금이 단기차입금의 담보로 제공되어 사용이 제한되어 있는 경우, 이 정기예금을 단기금융상품으로 분류할 수 있다.
③ 당좌예금에 대한 은행계정조정표를 작성하는 목적은 일정기간의 은행측과 회사측의 입출금 내역을 일치시키기 위한 것이다.
④ 결산일 현재 회사측 당좌예금 장부잔액이 은행측 당좌예금 잔액증명서상 잔액과 일치하는 경우에는 은행계정조정표를 작성할 필요가 없다.
⑤ 상품 매출과 관련하여 받은 타인발행 당좌수표는 매출채권으로 분류한다.

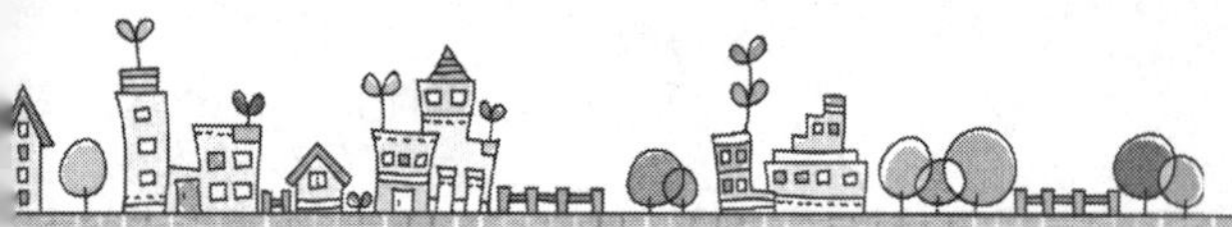

05 ㈜한국은 ㈜일진이 발행한 다음과 같은 사채를 20×1년 4월 1일에 구입하여 상각후원가측정금융자산으로 분류하였다.

> 액 면 가 액 : ₩500,000
> 표시이자율 : 연 10%
> 이자지급일 : 6월 30일, 12월 31일 (연 2회)
> 사채발행일 : 20×1년 1월 1일
> 사채만기일 : 20×3년 12월 31일

사채구입당시의 시장이자율이 연 12%인 경우 20×1년 6월 30일에 ㈜한국이 인식하는 이자수익과 상각후원가측정금융자산의 장부가액은 얼마인가? (화폐의 시간적 가치는 다음의 값을 사용하며, 이외의 계산과정에서는 소수점 첫째자리에서 반올림한다)

➤ 공인회계사 수정

| 기간/이자율 | 단일금액(₩1)의 현재가치 | | 정상연금(₩1)의 현재가치 | |
|---|---|---|---|---|
| | 6% | 12% | 6% | 12% |
| n=3 | .8396 | .7118 | 2.6730 | 2.4018 |
| n=6 | .7050 | .5066 | 4.9173 | 4.1114 |

| | 이자수익 | 장부가액 |
|---|---|---|
| ① | ₩14,333 | ₩478,959 |
| ② | ₩14,263 | ₩478,959 |
| ③ | ₩14,708 | ₩492,478 |
| ④ | ₩14,708 | ₩479,978 |
| ⑤ | ₩14,263 | ₩489,696 |

06 ㈜삼주통상은 ㈜대성화학이 발행한 액면가액 ₩100,000, 표시이자율 연 8%인 채권을 만기보유목적으로 20×1년 1월 1일에 ₩92,418(유효이자율 10%)에 현금 매입하였다. 동 채권의 만기일은 20×5년 12월 31일이며, 이자는 매년 12월 31일에 지급한다. 20×2년도 말 현재 당해 채권발행회사의 발행어음이 거래은행에서 부도처리되어 당좌거래가 정지되었다. 따라서 ㈜삼주통상은 동 사채의 만기시점에 액면가액 중 ₩50,000만 수령할 수 있고 이자는 받을 수 없을 것으로 예상하였다. 다만 20×2년분 액면이자 ₩8,000은 정상적으로 수취하였으나, 20×3년도 말에는 예상대로 액면이자를 수취하지 못했다. 이자율이 연 10%인 경우 현가계수는 다음과 같다.

| 항 목 | n=2 | n=3 |
|---|---|---|
| 단일금액(기말 지급) | 0.826446 | 0.751315 |
| 정상연금 | 1.735537 | 2.486852 |

20×2년과 20×3년에 상각후원가측정금융자산손상차손은 각각 얼마인가?

➤ 공인회계사 수정

① ₩0과 ₩55,207
② ₩19,894과 ₩0
③ ₩47,513과 ₩55,207
④ ₩57,460과 ₩0
⑤ ₩57,460과 ₩55,207

07 2×01년 4월 1일에 ㈜개신은 현금흐름수취 목적으로 갑·을·병회사의 사채를 구입하였다. 보유중인 각  사채의 취득원가와 2×01년 12월 31일의 시가는 다음과 같다. 이와 관련된 기말 평가로 인해 당기손익에 미치는 영향은 얼마인가?

| 종 목 | 취득원가 | 공정가액 |
|---|---|---|
| A 사채 | ₩250,000 | ₩220,000 |
| B 사채 | 800,000 | 750,000 |
| C 사채 | 500,000 | 490,000 |

① ₩40,000
② ₩50,000
③ ₩70,000
④ ₩80,000
⑤ ₩90,000

08 ㈜대한의 20×2년 말과 20×3년 말 현재 매출채권 잔액이 각각 ₩50,000과 ₩70,000이고 20×3년 매출액은 ₩240,000이다. ㈜대한이 매출채권을 회수하는데 평균적으로 걸리는 기간은? (단, 매출채권 회수기간은 월할계산함)

① 6개월 ② 5개월 ③ 4개월
④ 3개월 ⑤ 2개월

09 금융자산에 해당하지 않는 것은? ➤ 주택관리사 1차 2020

① 현금 ② 대여금 ③ 투자사채
④ 선급비용 ⑤ 매출채권

10 ㈜한국은 ㈜대한의 주식 A를 취득하고, 이를 기타포괄손익 공정가치측정 금융자산으로 '선택'(이하 "FVOCI") 지정 분류하였다. 동 주식 A의 거래와 관련된 자료가 다음과 같고, 다른 거래가 없을 경우 설명으로 옳은 것은? (단, 동 FVOCI 취득과 처분은 공정가치로 한다) ➤ 세무사 1차 2020

| 구 분 | 20×1년 기중 | 20×1년 기말 | 20×2년 기말 | 20×3년 기중 |
|---|---|---|---|---|
| 회계처리 | 취득 | 후속평가 | 후속평가 | 처분 |
| 공정가치 | ₩100,000 | ₩110,000 | ₩98,000 | ₩99,000 |
| 거래원가 | 500 | – | – | 200 |

① 20×1년 기중 FVOCI 취득원가는 ₩100,000이다.
② 20×1년 기말 FVOCI 평가이익은 ₩10,000이다.
③ 20×2년 기말 FVOCI 평가손실이 ₩3,000 발생된다.
④ 20×3년 처분 직전 FVOCI 평가손실 잔액은 ₩2,000이다.
⑤ 20×3년 처분시 당기손실 ₩200이 발생된다.

# 주 관 식 문 제

**01** 청상회사의 현금 등에 관한 자료가 다음과 같이 주어져 있다.

| | |
|---|---:|
| (1) 통　　화 | ₩560,000 |
| (2) 수입인지 | 23,000 |
| (3) 타인발행수표 | 2,480,000 |
| (4) 급료 가불증 | 50,000 |
| (5) 부도어음 | 320,000 |
| (6) 배당금지급통지표 | 120,000 |
| (7) 취득당시 2개월 남은 양도성예금증서 | 2,500,000 |
| (8) 만기가 도래한 국채이자표 | 250,000 |
| (9) 타인발행 선일자수표 | 320,000 |
| (10) 소액현금 | 1,500,000 |

청상회사의 당기말 재무상태표에 현금및현금성자산으로 계상될 금액을 계산하라.

**02** **은행계정조정표 Ⅰ**

다음 자료에 근거한 20×1년 4월 30일 현재의 장부상의 현금잔액은 얼마인가?

(1) 파란들 회사는 20×1년 3월 31일 다음과 같은 은행계정조정표를 작성하였다.

| | |
|---|---:|
| 은행계정잔액(20×1년 3월 31일) | ₩23,250 |
| 가산 : 미기입예금 | 5,150 |
| | 28,400 |
| 차감 : 기발행미지급수표 | (6,300) |
| 장부잔액(20×1년 3월 31일) | ₩22,100 |

(2) 20×1년 4월중의 은행계산서상의 자료는 다음과 같다.
예　　입　₩29,200　　인　　출　₩24,850

(3) 20×1년 3월 31일의 모든 조정항목들은 4월에 은행에서 정산되었다.

(4) 4월 30일에 기발행미인출수표는 모두 ₩3,500이었다.

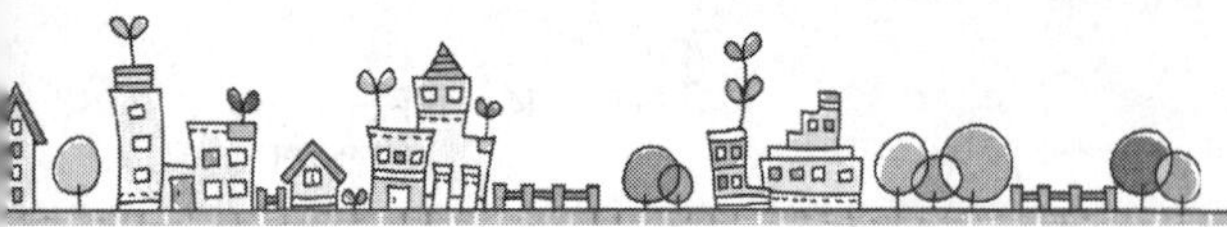

## 03 은행계정조정표 Ⅱ

㈜전주는 갑, 을 두 은행에 당좌예금계좌를 설정하고 있다. 20×1년 10월 31일 당좌예금 잔액을 대조한 결과 조정사항은 다음과 같았다.

(1) 갑은행(은행출납장 잔액 : 차월 ₩58,600)
① 기발행미결제수표 : ₩123,500
② 매출처로부터 10월 31일에 당 회사의 예금계좌에 당좌이체하였으나, 통지가 늦어져서 11월 3일에 기장한 것 : ₩52,300
③ 당좌차월의 이자가 출납장에 기장되어 있지 않은 것 : ₩250,000
(2) 을은행(은행원장잔액 : ₩83,900)
① ₩45,500의 수표를 발행한 것을 착오로 ₩44,500으로 기장함으로써 발생한 차액 : ₩1,000 외상매입금 지급
② 추심의뢰한 어음이 10월 31일 추심입금되었으나 출납장에는 기입되지 않은 것 : ₩50,000
③ 기발행 미결제수표 : ₩250,000
(3) 위 사항 이외에도 다음과 같은 착오가 있었다.
① 갑은행 수표로 지급한 것을 착오로 을은행계좌에 기입한 것 : ₩68,600
② 을은행에 예금한 것을 착오로 갑은행계좌에 기입한 것 : ₩21,400

1. 갑은행의 당좌거래원장 잔액은 얼마인가?
2. 을은행의 예금출납장 잔액은 얼마인가?
3. 10월 31일 현재의 재무상태표에 정확한 은행예금이 계상되도록 수정분개를 제시하라.

## 04 현금검증표

다음은 충북㈜의 11월과 12월 중 당좌거래에 관한 자료이다.

| | | |
|---|---|---|
| (1) 은행측 잔액 : 11월 30일 | | ₩290,800 |
| | 12월 31일 | 246,932 |
| (2) 회사측 잔액 : 11월 30일 | | 217,768 |
| | 12월 31일 | 223,512 |
| (3) 12월 중 입금액 : 은행측 | | 1,428,560 |
| | 회사측 | 1,482,650 |
| (4) 기발행미지급수표 : 11월 30일 | | 74,516 |
| | 12월 31일 | 90,594 |

(5) 미기입예금(은행측) : 12월 31일 58,120

(6) 12월중 거래은행으로부터 부도수표로 반환되어 장부에 기록한 금액은 ₩6,250이며, 이 중 ₩5,000은 현금으로 다시 입금하였다. 은행계산서에는 11월 30일과 12월 31일의 부도수표가 ₩1,484과 ₩2,300으로 각각 기록되어 있으나 회사측에서는 그 다음달에 가서야 장부에 기록하였다.

(7) 12월 31일 타회사의 발행수표 ₩2,324을 은행의 착오로 당사계정의 차변에 기록하였다.

(8) 12월 26일 은행에서 추심한 당사 받을어음(이자부어음)에 대한 회수액이 장부에는 기록되지 않았다. 그 내용은 다음과 같았다.

| | |
|---|---|
| 원금(어음액면) | ₩4,000 |
| 이자수익 | 40 |
| | 4,040 |
| 차감 : 추심수수료 | (10) |
| | ₩4,030 |

(9) 은행차입금에 대한 12월분 이자를 은행에서는 차변에 기록하였으나, 장부상 기록되지 않은 금액은 ₩8,460이다.

1. 12월의 현금검증표를 작성하라.
2. 12월 31일 현재 회사의 필요한 수정분개를 제시하라.

## 05 당기손익 공정가치측정금융자산 I

뿡뿡이회사는 유휴현금으로 다음과 같이 보통주를 취득하고 당기손익 공정가치측정금융자산으로 분류하였다.

(1) 6월 1일 : 충청회사의 보통주 500주를 주당 ₩42,000에 취득하고 ₩200,000을 수수료로 지급하였다.
(2) 6월 30일 : 보통주 주당 ₩800의 배당금을 받았다.
(3) 9월 2일 : 보유중이던 보통주 중 200주를 ₩9,500,000에 처분하였다.
(4) 12월 31일 : 보유주식의 시가는 주당 ₩41,000이었다.

뿡뿡이 회사가 보유하고 있는 당기손익 공정가치측정금융자산과 관련된 거래를 분개하시오.

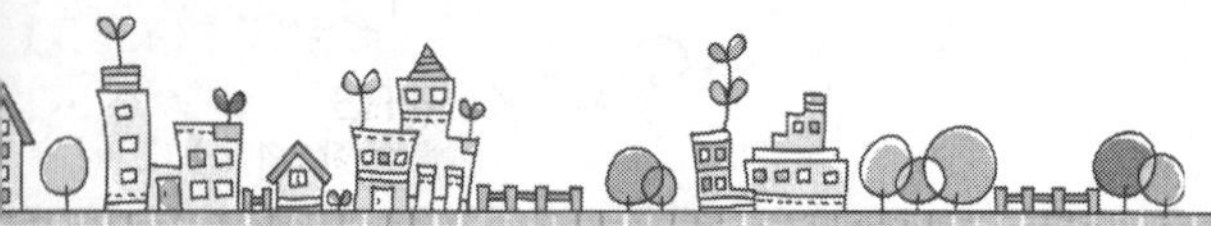

## 06 당기손익 공정가치측정금융자산 Ⅱ(채권)

TOP㈜은 DOWN㈜이 발행한 회사채를 현금흐름 수취목적으로 취득하였다.

(1) 20×1년 4월 1일 : 액면 ₩1,000,000권 사채 20장을 액면가액으로 취득하였다. 이 사채의 액면이자율은 연간 12%이며, 이자는 매년 3월 31일과 9월 30일에 두 번 지급된다.
(2) 20×1년 9월 30일 : 이자를 지급받다.
(3) 20×1년 10월 1일 : 보유중이던 사채 중 15장을 ₩14,600,000에 처분하였다.
(4) 20×1년 12월 31일 : 결산일임.
(5) 20×2년 3월 31일 : 사채발행회사로부터 이자를 지급받았다.
(6) 20×2년 4월 1일 : 나머지 보유사채를 ₩5,250,000에 처분하였다.

20×1년과 20×2년도중의 위의 투자거래에 대해 분개하시오. 결산일에 공정가액의 변동은 없는 것으로 가정한다.

## 07 채권의 평가

20×1년 1월 1일에 동서회사는 연간 유효이익률이 10%인 남북회사의 사채 500좌를 ₩461,400에 매입하였다. 이 사채의 표시이자율은 8%, 액면가는 1좌당 ₩1,000, 만기일은 20×6년 1월 1일, 이자지급일은 매년 12월 31일이다.

(1) 20×1년 12월 31일 : 사채발행회사의 신용등급하락으로 동 투자사채의유통수익률이 20%로 급등하였다.
(2) 20×2년 12월 31일 : 투자사채의 유통수익률이 14%로 하락하였다.
(3) 20×3년 12월 31일 : 투자사채를 처분하였다. 이때 동 사채의 유통수익률은 8%였다.
(4) 남북회사 사채의 공정가치 변동은 손상사건의 발생과 관련이 없다.

1. 상각후원가측정금융자산이라고 가정할 경우 다음의 각 일자의 회계처리를 제시하라.
   ① 매입시
   ② 20×1년 12월 31일 :
   ③ 20×2년 12월 31일 :
   ④ 20×3년 12월 31일 :

2. 기타포괄손익 공정가치측정금융자산이라고 가정할 경우 위의 각 일자별로 회계처리를 제시하라.

## 08 투자주식의 평가

㈜비아텍은 20×1년중에 다음의 회사에 대하여 장기자금운용목적으로 사채에 투자를 하고 기타포괄손익 공정가치측정금융자산으로 분류하였다. 취득원가와 각 연도 말 공정가치(혹은 순자산가액)은 아래와 같다.

| 투자회사 | 취득원가 | 20×1년 | 20×2년 | 20×3년 | 20×4년 | 비 고 |
|---|---|---|---|---|---|---|
| 갑회사 | ₩1,500 | ₩1,675 | ₩1,650 | ₩1,700 | ₩1,750 | 상 장 |
| 을회사 | 1,750 | 1,700 | 1,500 | 1,450 | 1,550 | 등 록 |
| 병회사 | 1,250 | 1,400 | 1,450 | 1,375 | 1,150 | 비상장 |
| 정회사 | 1,000 | 950 | 800 | 725 | 825 | 비상장 |

(1) 사채 을과 정의 20×2년 및 20×3년 12월 31일의 공정가치 하락은 손상사건 발생의 객관적인 증거가 있다.
(2) 다른 연도 말의 모든 공정가치 하락은 일시적인 것으로 보인다.
(3) ㈜비아텍의 결산일은 12월 31일이다.

1. 각 연도별 12월 31일에 하여야 할 회계처리를 제시하라.
   ① 20×1년도
   ② 20×2년도
   ③ 20×3년도
   ④ 20×4년도
2. 20×4년 12월 31일 병회사의 순자산가액의 하락이 손상발생의 객관적인 사유에 해당되는 경우 실시할 회계처리를 제시하라.

## 09 유가증권의 재분류

A회사는 20×1년 초에 취득한 기타포괄손익 공정가치측정금융자산은 다음과 같다.

| 종 류 | 취득원가 | 20×1년 말 시가 | 20×2년 말 시가 |
|---|---|---|---|
| 개신상사주식 | ₩33,500 | ₩33,000 | ₩31,500 |
| 영동회사사채* | 85,580 | 89,000 | 93,000 |

* 액면가액 ₩100,000, 표면이자율 8%, 매년 말 이자지급, 만기 5년, 유효이자율 12%

1. 기타포괄손익 공정가치측정금융자산에 대한 20×1년 말에 행할 회계처리를 제시하시오.

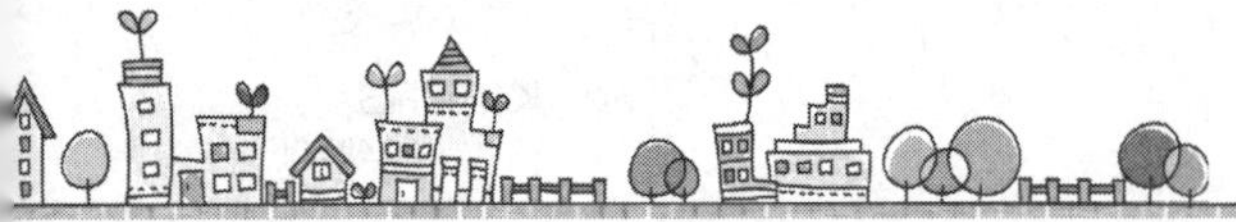

2. 유가증권 중 영동회사의 사채를 20×2년 말에 상각후원가측정금융자산으로 재분류할 경우 행할 회계처리를 제시하시오.

10 ㈜ 한국의 20×1년 초 매출채권에 대한 손실충당금은 ₩5,000이다. 매출채권과 관련된 자료가 다음과 같을 때, 20×1년도에 인식할 손상차손은 얼마인가?

➤ 주택관리사 1차 2020

(1) 20×1년 3월 2일 당기 외상매출한 ₩7,500의 매출채권이 회수불가능한 것으로 판명되었다.
(2) 20×1년 6월 3일 전기에 손실충당금으로 손상처리한 매출채권 ₩1,000이 회수되었다.
(3) 20×1년 12월 31일 기말수정분개 전 매출채권 잔액은 ₩201,250이며, 매출채권 잔액의 미래현금흐름을 개별적으로 분석한 결과 ₩36,000의 손상이 발생할 것으로 예상되었다.

11 ㈜ 한국의 20×1년 말 재무상태표에 표시된 현금및현금성자산은 ₩4,000이다. 다음 자료를 이용할 경우 당좌예금은 얼마인가?

➤ 주택관리사 1차 2020

| | | | |
|---|---|---|---|
| • 통화 | ₩200 | • 보통예금 | ₩300 |
| • 당좌예금 | ? | • 수입인지 | 400 |
| • 우편환증서 | 500 | | |

12 ㈜한국의 20×1년도 포괄손익계산서의 이자비용은 ₩800(사채할인발행차금 상각액 ₩80 포함)이다. 20×1년도 이자와 관련된 자료가 다음과 같을 때, 이자지급으로 인한 현금유출액은 얼마인가?

➤ 주택관리사 1차 2020

| 구 분 | 기초잔액 | 기말잔액 |
|---|---|---|
| 미지급이자 | ₩92 | ₩132 |
| 선급이자 | 40 | 52 |

13 ㈜한국은 재고자산의 매입과 매출을 모두 외상으로 처리한 후, 나중에 현금으로 결제하고 있다. 다음은 이와 관련된 거래내역 일부를 20×0년과 20×1년도 재무상태표와 포괄손익계산서로부터 추출한 것이다. 20×1년 12월 31일 (A)에 표시될 현금은 얼마인가? (단, 현금의 변동은 제시된 영업활동에서만 영향을 받는다고 가정한다)

➤ 세무사 1차 2020

| 재무상태표 계정과목 | 20×1.12.31 | 20×0.12.31 |
|---|---|---|
| 현금 | (A) | ₩300,000 |
| 매출채권 | 110,000 | 100,000 |
| 매출채권 손실충당금 | 10,000 | 9,000 |
| 재고자산 | 100,000 | 80,000 |
| 매입채무 | 80,000 | 60,000 |
| **포괄손익계산서 계정과목** | **20×1년도** | **20×0년도** |
| 매출 | ₩1,800,000 | ₩1,500,000 |
| 매출원가 | 1,500,000 | 1,200,000 |
| 매출채권 손상차손 | 7,000 | 6,000 |

14 ㈜한국은 20×1년 1월 1일 ㈜대한에게 사채A(액면금액 ₩1,000,000, 만기 5년, 표시이자율 연 5%, 매년 말 이자지급)를 발행하고 상각후원가측정금융자산으로 분류하였다. 사채발행 시점의 유효이자율은 연 10%이고, 사채할인발행차금을 유효이자율법으로 상각하고 있다. 20×4년 1월 1일 유효이자율이 연 8%로 하락함에 따라 ㈜민국에게 새로운 사채B(액면금액 ₩1,000,000, 만기 2년, 표시이자율 연 3%, 매년 말 이자지급)를 발행하여 수취한 현금으로 사채A를 조기상환 하였다. ㈜한국이 20×4년 1월 1일 인식할 사채A의 상환손익과 사채B의 발행금액은 얼마인가? (단, 계산금액은 소수점 이하 첫째 자리에서 반올림한다)

➤ 세무사 1차 2020

| 기간 | 단일금액 ₩1의 현재가치 | | | | 정상연금 ₩1의 현재가치 | | | |
|---|---|---|---|---|---|---|---|---|
| | 3% | 5% | 8% | 10% | 3% | 5% | 8% | 10% |
| 2년 | 0.9246 | 0.9070 | 0.8573 | 0.8264 | 1.9135 | 1.8954 | 1.7833 | 1.7355 |
| 5년 | 0.8626 | 0.7835 | 0.6806 | 0.6209 | 4.5797 | 4.3295 | 3.9927 | 3.7908 |

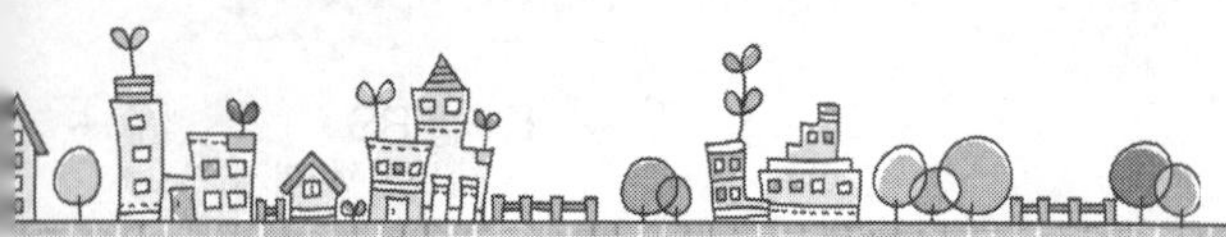

15 ㈜세종은 20×1년 중에 지분증권 ₩6,000을 현금으로 취득하였으며, 취득시점의 공정가치와 동일하다. 지분증권 취득 시 매매수수료 ₩100을 추가로 지급하였다. 동 지분증권의 20×1년 말 공정가치는 ₩7,000이며, ㈜세종은 20×2년 초에 지분증권 전부를 ₩7,200에 처분하였다. ㈜세종이 지분증권을 취득시 기타포괄손익공정가치 측정 금융자산으로 분류한 경우 20×1년과 20×2년 당기순이익에 미치는 영향은 얼마인가?

16 ㈜세종이 20×1년 12월 31일 현재 보유하고 있는 당기손익공정가치측정금융자산의 명세와 관련 자료는 아래와 같다.

| 구 분 | 취득원가 | 공정가액 |
|---|---|---|
| A사 (상장기업) 주식 | ₩200,000 | ₩266,000 |
| B사 (상장기업) 주식 | ₩300,000 | ₩284,000 |
| 계 | ₩500,000 | ₩550,000 |

20×2년 1월 3일에 ㈜세종은 A사 주식 전부를 ₩300,000에 처분하고, 매각수수료 ₩4,000을 차감한 잔액 ₩296,000을 수취하였다. 20×1년과 20×2년 당기순이익에 미치는 영향은 얼마인가?

연습문제 해답 ▶ 금융자산 Chapter 07

## OX문제

01 ○

02 × : 보다 더 목적적합한 정보를 제공하는 경우에만 당기손익인식항목으로 지정할 수 있다. 또한 보유한 지분상품이 활성시장에서 공시되는 시장가격이 없고 공정가치를 신뢰성 있게 측정할 수 없는 경우에는 당기손익인식항목으로 지정할 수 없다.

03 × : 당기손익 공정가치측정금융자산의 취득과 직접 관련된 거래원가는 당기비용 처리한다.

04 × : 매매일 또는 결제일에 인식하거나 제거한다.

05 × : 활성시장에서 공시되는 시장가격이 없고 공정가치를 신뢰성있게 측정할 수 없는 지분상품은 원가로 측정한다.

06 ○

07 × : '최초'의 유효이자율(최초인식시점에 계산된 유효이자율)로 할인한 추정미래현금흐름의 현재가치의 차이로 측정한다.

08 ○

09 ○

10 × : 양도자산에 대하여 지속적으로 관여하는 정도까지 그 양도자산을 계속하여 인식하고 관련부채도 함께 인식한다.

## 객관식문제

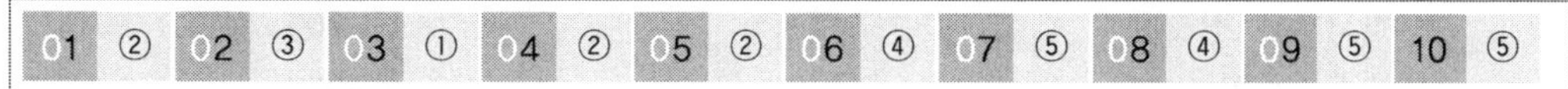

| 01 | ② | 02 | ③ | 03 | ① | 04 | ② | 05 | ② | 06 | ④ | 07 | ⑤ | 08 | ④ | 09 | ⑤ | 10 | ⑤ |
|---|---|---|---|---|---|---|---|---|---|---|---|---|---|---|---|---|---|---|---|

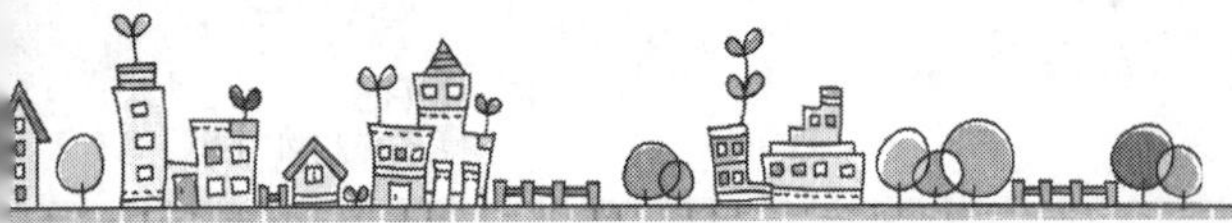

## ☑ 주관식문제

01 **현금및현금성자산**

통화＋타인발행수표＋배당금지급통지표＋취급당시 2개월 남은 양도성예금증서
＋만기도래국채이자표＋소액현금
＝₩560,000＋₩2,480,000＋₩120,000＋₩2,500,000＋₩250,000＋₩1,500,000
＝₩7,410,000

02 **은행계정조정표 Ⅰ**

| | | 20×1. 3. 31. | 예 금 | 인 출 | 20×1. 4. 30. |
|---|---|---|---|---|---|
| (은행측) | | ₩23,250 | ₩29,200 | ₩24,850 | ₩27,600 |
| 미기입예금 | 3. 31. | 5,150 → | (5,150) | | |
| 기발행미지급수표 | 3. 31. | (6,300) | | → (6,300) | |
| | 4. 30. | | | 3,500 | ← (3,500) |
| 올바른 잔액 | | ₩22,100 | ₩24,050 | ₩22,050 | ₩24,100 |

(회사측) 20×1. 4. 30. 현재 장부상의 현금잔액 : ₩24,100

03 **은행계정조정표 Ⅱ**

**1. 갑은행**

| | 은행측 | 회사측 |
|---|---|---|
| 조정전 잔액 | ₩(222,800) | ₩(58,600) |
| ① 기발행미결제수표 | (123,500) | |
| ② 당좌이체미통지 | | 52,300 |
| ③ 당좌차월이자 | | (250,000) |
| ④ 회사측기장오류 | | (68,600) |
| | | (21,400) |
| | ₩(346,300) | ₩(346,300) |

∴ 갑은행의 당좌거래원장 잔액 ₩(222,800)

**2. 을은행**

| | 은행측 | 회사측 |
|---|---|---|
| | ₩83,900 | ₩(305,100) |
| ① 회사측 기장오류 | | (1,000) |
| ② 추심완료어음 | | 50,000 |
| ③ 기발행미결제수표 | (250,000) | |
| ④ 회사측기장오류 | | 68,600 |
| | | 21,400 |
| | ₩(166,100) | ₩(166,100) |

∴ 을은행의 예금출납장 잔액 ₩(305,100)

3. 회사측수정분개

| | | | |
|---|---|---|---|
| (차) 이 자 비 용 | 250,000 | (대) 당 좌 예 금 | 250,000 |
| (차) 당 좌 예 금 | 52,300 | (대) 매 출 채 권 | 52,300 |
| (차) 매 입 채 무 | 1,000 | (대) 당 좌 예 금 | 1,000 |
| (차) 당 좌 예 금 | 50,000 | (대) 매 출 채 권 | 50,000 |

∴ 은행간의 예금출금기장오류는 회사의 총당좌예금잔액에 영향을 미치지 않으므로 수정분개할 필요가 없다.

04 1. 현금검증표

현금검증표 (20×1년 12월 31일)

| | 11. 30. | 12월중 | | 12. 31. |
|---|---|---|---|---|
| | 전월말 | 입금액 | 지급액 | 당월말 |
| 은행측 잔액 | ₩290,800 | ₩1,428,560 | ₩1,472,428 | ₩246,932 |
| 미착(미기입)예금 | | 58,120 | | 58,120 |
| 기발행미지급수표 | | | | |
| 11. 30. | (74,516) | | (74,516) | |
| 12. 31. | | | 90,594 | (90,594) |
| 은행의 착오 출금 | | | (2,324) | 2,324 |
| 올바른 잔액 | ₩216,284 | ₩1,486,680 | ₩1,486,182 | ₩216,782 |

| | 11. 30. | 12월중 | | 12. 31. |
|---|---|---|---|---|
| | 전월말 | 입금액 | 지급액 | 당월말 |
| 회사장부상 잔액 | ₩217,768 | ₩1,482,650 | ₩1,476,906 | ₩223,512 |
| 추심완료어음 | | 4,030 | | 4,030 |
| 은행차입금이자 | | | 8,460 | (8,460) |
| 부도수표 | | | | |
| 11. 30. | (1,484) | | (1,484) | |
| 12. 31. | | | 2,300 | (2,300) |
| 올바른 잔액 | ₩216,284 | ₩1,486,680 | ₩1,486,182 | ₩216,782 |

2. 수정분개(20×1. 12. 31.)

| | | | |
|---|---|---|---|
| (1) (차) 현금과예금 | 4,030 | (대) 매 출 채 권 | 4,000 |
| 이 자 비 용 | 10 | 이 자 수 익 | 40 |
| (2) (차) 이 자 비 용 | 8,460 | (대) 현금과예금 | 8,460 |
| (3) (차) 부 도 수 표(채권) | 2,300 | (대) 현금과예금 | 2,300 |

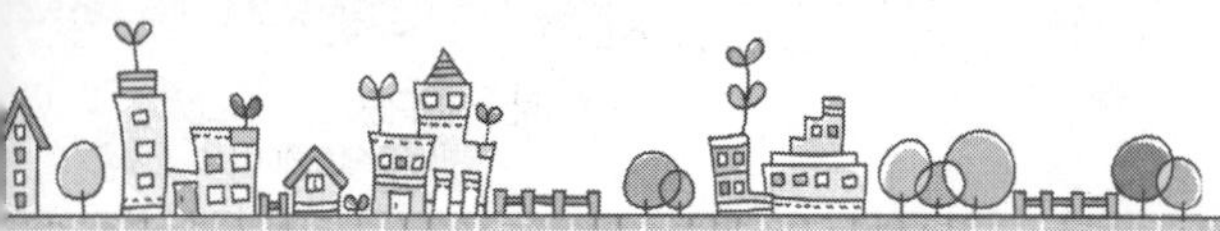

## 05 당기손익 공정가치측정금융자산 I

⑴ 6월 1일

| | | 차변 | 대변 |
|---|---|---|---|
| (차) 당기손익 공정가치측정금융자산 | | 21,000,000 | |
| 지급수수료 | | 200,000 | |
| | (대) 현 금 | | 21,200,000 |

⑵ 6월 30일

| | | 차변 | 대변 |
|---|---|---|---|
| (차) 현 금 | | 400,000 | |
| | (대) 배당금수익 | | 400,000 |

⑶ 9월 2일

| | | 차변 | 대변 |
|---|---|---|---|
| (차) 현 금 | | 9,500,000 | |
| | (대) 당기손익 공정가치측정금융자산 | | 8,400,000 |
| | 당기손익 공정가치측정금융자산처분이익 | | 1,100,000 |

⑷ 12월 31일

| | | 차변 | 대변 |
|---|---|---|---|
| (차) 당기손익 공정가치측정금융자산평가손실 | | 300,000 | |
| | (대) 당기손익 공정가치측정금융자산 | | 300,000 |

| 시 가 | 장부가액 |
|---|---|
| ₩12,300,000 | ₩12,600,000 |
| ₩41,000×₩300=₩12,300,000 | ₩21,000,000−₩8,400,000=₩12,600,000 |

## 06 당기손익 공정가치측정금융자산 II

⑴ 20×1년 4월 1일

| | | 차변 | 대변 |
|---|---|---|---|
| (차) 당기손익 공정가치측정금융자산 | | 20,000,000 | |
| | (대) 현 금 | | 20,000,000 |

⑵ 20×1년 9월 30일

| | | 차변 | 대변 |
|---|---|---|---|
| (차) 현 금 | | 1,200,000 | |
| | (대) 이 자 수 익 | | 1,200,000 |

⑶ 20×1년 10월 1일

| | | 차변 | 대변 |
|---|---|---|---|
| (차) 현 금 | | 14,600,000 | |
| 당기손익 공정가치측정금융자산처분손실 | | 400,000 | |
| | (대) 당기손익 공정가치측정금융자산 | | 15,000,000 |

⑷ 20×1년 12월 31일

| (차) 미 수 이 자 | 150,000 | (대) 이 자 수 익 | 150,000* |
|---|---|---|---|

* ₩1,000,000×5장×12%×3개월/12개월=₩150,000

(5) 20×2년 3월 31일

| | | | | |
|---|---|---|---|---|
| (차) 현 금 | 300,000 | (대) 미수이자 | 150,000 |
| | | 이자수익 | 150,000 |

(6) 20×2년 4월 1일

(차) 현 금 5,250,000

(대) 당기손익 공정가치측정금융자산 5,000,000

당기손익 공정가치측정금융자산처분이익 250,000

07 채권의 평가

1. 상각후원가측정금융자산

| | | | | |
|---|---|---|---|---|
| | 46,140 | 46,754 | 47,429 | ………………… 유효이자흐름 (10%) |
| 461,400 <취득원가> | 40,000 | 40,000 | 40,000 | ………………… 표시이자흐름 (8%) |

(1) 매입시

| | | | |
|---|---|---|---|
| (차) 상각후원가측정금융자산 | 461,400 | (대) 현 금 | 461,400 |

(2) 20×1년 12월 31일

| | | | |
|---|---|---|---|
| (차) 현 금 | 40,000 | (대) 이자수익 | 46,140 |
| 상각후원가측정금융자산 | 6,140 | | |

(3) 20×2년 12월 31일

| | | | |
|---|---|---|---|
| (차) 현 금 | 40,000 | (대) 이자수익 | 46,754* |
| 상각후원가측정금융자산 | 6,754 | | |

* (₩461,400＋6,140)×10%＝₩46,754

(4) 20×3년 12월 31일

| | | | |
|---|---|---|---|
| (차) 현 금 | 40,000 | (대) 이자수익 | 47,429* |
| 상각후원가측정금융자산 | 7,429 | | |

* (₩467,540＋6,754)×10%＝₩47,429

| | | | |
|---|---|---|---|
| (차) 현 금 | 500,000 | (대) 상각후원가측정금융자산 | 481,723 |
| | | 투자자산처분이익 | 18,277 |

2. 기타포괄손익 공정가치측정금융자산

| | | | | |
|---|---|---|---|---|
| | 46,140 | 46,754 | 47,429 | ………………… 유효이자흐름 (10%) |
| 461,400 <취득원가> | 40,000 | 40,000 | 40,000 | ………………… 표시이자흐름 (8%) |

• 20×1년 12월 31일 공정가액(n=4, r=20%)

| | |
|---|---|
| ₩500,000×0.48225= | ₩241,140 |
| ₩40,000×2.58873= | ₩103,549 |
| | ₩344,689 |

• 20×2년 12월 31일 공정가액(n=3, r=14%)

| | |
|---|---|
| ₩500,000×0.67497= | ₩337,485 |
| ₩40,000×2.32163= | ₩92,865 |
| | ₩430,350 |

• 20×3년 12월 31일 공정가액(n=2, r=8%)

| | |
|---|---|
| ₩500,000×0.85734= | ₩428,670 |
| ₩40,000×1.78326= | ₩71,330 |
| | ₩500,000 |

(1) 매입시

| | | |
|---|---|---|
| (차) 기타포괄손익 공정가치측정금융자산 | 461,400 | |
| (대) 현 금 | | 461,400 |

(2) 20×1년 12월 31일

| | | |
|---|---|---|
| (차) 현 금 | 40,000 | |
| 기타포괄손익 공정가치측정금융자산 | 6,140 | |
| (대) 이 자 수 익 | | 46,140 |
| (차) 기타포괄손익 공정가치측정금융자산평가손실 | 122,851 | |
| (대) 기타포괄손익 공정가치측정금융자산 | | 122,851* |

* (₩461,400+₩6,140)−₩344,689=₩122,851

(3) 20×2년 12월 31일

| | | |
|---|---|---|
| (차) 현 금 | 40,000 | |
| 기타포괄손익 공정가치측정금융자산 | 6,754 | |
| (대) 이 자 수 익 | | 46,754 |
| (차) 기타포괄손익 공정가치측정금융자산 | 78,907 | |
| (대) 기타포괄손익 공정가치측정금융자산평가손실 | | 78,907 |

(4) 20×3년 12월 31일

| | | |
|---|---|---|
| (차) 현 금 | 40,000 | |
| 기타포괄손익 공정가치측정금융자산 | 7,429 | |
| (대) 이 자 수 익 | | 47,429 |

(차) 기타포괄손익 공정가치측정금융자산 62,221
(대) 기타포괄손익 공정가치측정금융자산평가손실 43,944
기타포괄손익 공정가치측정금융자산평가이익 18,277
(차) 현 금 500,000
기타포괄손익 공정가치측정금융자산평가이익 18,277
(대) 기타포괄손익 공정가치측정금융자산 500,000
기타포괄손익 공정가치측정금융자산평가이익 18,277

## 08 투자주식의 평가

시장성이 없더라도 공정가액을 측정할 수 있다면 공정가액으로 평가

### 1. 각 연도별 12월 31일의 회계처리

(1) 20×1년 12월 31일

(차) 기타포괄손익 공정가치측정금융자산 225
기타포괄손익 공정가치측정금융자산평가손실 100
(대) 기타포괄손익 공정가치측정금융자산평가이익 325

| * 취득원가 | 공정가액 |
|---|---|
| ₩5,500 | ₩5,725 |

(2) 20×2년 12월 31일

(차) 기타포괄손익 공정가치측정금융자산 25
(대) 기타포괄손익 공정가치측정금융자산평가이익 25
(차) 기타포괄손익 공정가치측정금융자산손상차손 250
(대) 기타포괄손익 공정가치측정금융자산(을) 200
기타포괄손익 공정가치측정금융자산평가손실 50
(차) 기타포괄손익 공정가치측정금융자산손상차손 200
(대) 매도금융자산증권(정) 150
기타포괄손익 공정가치측정금융자산평가손실 50

(3) 20×3년 12월 31일

(차) 기타포괄손익 공정가치측정금융자산평가이익 25
(대) 기타포괄손익 공정가치측정금융자산(갑,병) 25
(차) 기타포괄손익 공정가치측정금융자산손상차손 50
(대) 기타포괄손익 공정가치측정금융자산(을) 50
(차) 기타포괄손익 공정가치측정금융자산손상차손 75
(대) 기타포괄손익 공정가치측정금융자산(정) 75

(4) 20×4년도 12월 31일

(차) 기타포괄손익 공정가치측정금융자산평가이익 75
　　기타포괄손익 공정가치측정금융자산평가손실 100
　　　(대) 기타포괄손익 공정가치측정금융자산(갑,병) 175

(차) 기타포괄손익 공정가치측정금융자산(을) 100
　　　(대) 기타포괄손익 공정가치측정금융자산평가이익 100

(차) 기타포괄손익 공정가치측정금융자산(정) 100
　　　(대) 기타포괄손익 공정가치측정금융자산평가이익 100

**2. 20×4년도 12월 31일 병회사의 회계처리**

(차) 기타포괄손익 공정가치측정금융자산평가이익 125
　　기타포괄손익 공정가치측정금융자산손상차손 100
　　　(대) 기타포괄손익 공정가치측정금융자산(병) 225

## 09 유가증권의 재분류

**1. 기타포괄손익 공정가치측정금융자산에 대한 20×1년 말에 행할 회계처리**

(1) 개신상사주식

(차) 기타포괄손익 공정가치측정금융자산평가손실 500
　　　(대) 기타포괄손익 공정가치측정금융자산 500

(2) 영동회사사채

| (차) 현　　금 | 8,000 | (대) 이 자 수 익 | 10,270 |
|---|---|---|---|
| 매도가금융자산권 | 2,270 | | |

(차) 기타포괄손익 공정가치측정금융자산 1,150
　　　(대) 기타포괄손익 공정가치측정금융자산평가이익 1,150

- 장부가액 : ₩85,580+₩2,270=₩87,850
- 시　　가 : ₩89,000

**2. 유가증권 중 영동회사의 사채를 20×2년도 말에 상각후원가측정금융자산으로 재분류**

(1) 20×2년 12월 31일

(차) 상각후원가측정금융자산 93,000
　　기타포괄손익 공정가치측정금융자산평가이익 2,608
　　　(대) 기타포괄손익 공정가치측정금융자산 93,000
　　　　　상각후원가측정금융자산평가이익 2,608

(2) 분류변경전 수정분개

(차) 현　　금 8,000
　　기타포괄손익 공정가치측정금융자산 2,542
　　　(대) 이 자 수 익 10,542

(차) 기타포괄손익 공정가치측정금융자산 1,458
(대) 기타포괄손익 공정가치측정금융자산평가이익 1,458

10 손상차손

(1) 20×1년 3월 2일

| | | | |
|---|---|---|---|
| (차) 손실충당금 | 5,000 | (대) 매출채권 | 7,500 |
| 손상차손 | 2,500 | | |

(2) 20×1년 6월 3일

| | | | |
|---|---|---|---|
| (차) 현　　금 | 1,000 | (대) 손실충당금 | 1,000 |

(3) 20×1년 12월 31일

| | | | |
|---|---|---|---|
| (차) 손상차손 | 35,000 | (대) 손실충당금 | 35,000 |

∴ 2,500＋35,000＝37,500

11 4,000－(통화 200＋보통예금 300＋우편환증서 500)＝3,000

12 720(이자비용 800－사발차상각액 80)－40(미지급이자기말 132－기초 92)
＋12(선급이자기말 52－기초 40)＝692

13 고객으로부터 유입된 현금 : 매출 1,800,000＋손상차손(7,000)＝1,793,000
공급자에게 유출된 현금 : 매출원가 1,500,000
따라서 현금의 증가 1,784,000－1500,000＝284,000이므로,
20×1년말 현금은 300,000＋284,000＝584,000

14 사채B 발행금액＝1,000,000×0.6209＋50,000×3.7908＝810,440
사채B 사채할인발행차금＝1,000,000－810,440＝189,560
사채B 20×3년 말 장부금액
810,440＋31,044＋34,148＋37,563＝913,195
사채B 미상각 사채할인발행차금＝189,560－(31,044＋34,148＋37,563)
＝86,805

사채B 조기상환에 대한 회계처리

| | | | |
|---|---|---|---|
| (차) 사채B | 1,000,000 | (대) 현　　금 | 910,799 |
| | | 사채할인발행차금 | 86,805 |
| | | 이　　익 | 2,396 |

사채A 발행에 대한 회계처리

| | | | |
|---|---|---|---|
| (차) 현　　금 | 910,799* | (대) (신)사　채 | 1,000,000 |
| 사채할인발행차금 | 89,201 | | |

＊사채A 발행금액＝1,000,000×0.8573＋30,000×1.7833＝910,799

15 취득일

| | | | |
|---|---|---|---|
| (차) FVOCI선택금융자산 | 6,100 | (대) 현　　금 | 6,100 |

20×1년 말

| | | | |
|---|---|---|---|
| (차) FVOCI선택금융자산 | 900 | (대) 평가이익(OCI) | 900 |

처분일

| | | | |
|---|---|---|---|
| (차) FVOCI선택금융자산 | 200 | (대) 평가이익(OCI) | 200 |
| (차) 현　　금 | 7,200 | (대) FVOCI선택금융자산 | 7,200 |

∴ 20×1년과 20×2년에 인식될 당기손익은 ₩0으로 영향이 없다.

16 20×1년 12월 31일

(차) 당기손익 공정가치측정금융자산　　50,000
　　(대) 당기손익 공정가치측정금융자산평가이익　　50,000

* 당기손익 공정가치측정금융자산의 기말평가는 공정가액으로 표시하여야 하므로 공정가액 ₩550,000과 취득원가 ₩500,000의 차이 ₩50,000이 결산분개 대상이다.

20×2년 1월 3일

(차) 현　　금　　296,000
　　(대) 당기손익 공정가치측정금융자산(A주식)　　266,000
　　　　당기손익 공정가치측정금융자산처분이익　　30,000

20×1년 결산일에 A주식을 공정가액인 ₩266,000으로 수정하였으므로 20×2년 처분시점 장부로부터 차감되는 당기손익 공정가치측정금융자산의 금액은 처분시점 장부상 기재금액인 ₩266,000이 된다.

# 보론 현금및현금성자산과 손상차손

## 01절 현금및현금성자산

### 1. 현금및현금성자산의 의의

#### (1) 현 금

현금(cash)은 그것이 지니는 구매력과 지급수단이라는 기능 때문에 어느 자산보다도 중요하다.

**현금으로 보고할 수 있는 항목**은 ① 교환의 매개물로 사용할 수 있어야 하며, ② 단기채무의 결제에 즉시 받아들여질 수 있어야 하며, ③ 사용에 아무런 제약이 없어야 한다. 예를 들어 금융기관으로부터 대출을 받기 위해 예치해 놓은 예금은 사용이 제한되어 있으므로 금융상품으로 분류해야 하고, 당좌계약에 의해 당좌예금잔액보다 많은 금액의 수표를 발행하여 발생하는 당좌차월은 단기차입금으로 보고해야 한다. 이처럼 현금은 유동성이 가장 높고, 교환의 매개수단으로 즉시 사용할 수 있는 자산으로써 통화뿐만 아니라 통화와 언제든지 교환할 수 있는 다음과 같은 **통화대용증권**을 포함한다.

- **통 화** : 지폐 · 동전
- **통화대용증권** : 언제든지 통화와 교환할 수 있는 것으로서 타인발행수표, 자기앞수표, 송금수표, 우편환 증서, 만기가 된 공 · 사채이자표, 배당증권 등

한편 현금화가 불가능한 **우표, 수입인지, 선일자수표, 차용증서(가불증)** 등은 현금에 포함되지 않는다. 그리고 타인발행수표 중에서 부도 등으로 지급이 거절된 것은 이미 유동성을 상실하였으므로 현금계정에 포함시키지 않고 **부도수표**계정으로 하여 투자자산으로 분류하여 보고한다.

또한 예금(bank deposits) 중에 현금으로의 전환이 용이한 요구불예금인 당좌예금, 보통예금 등도 현금에 포함된다. 그러나 금융기관이 취급하는 정형화된 상품으로서 단기적 자금운용목적으로 소유하거나 기한이 1년 이내에 도래하는 정기예금, 정기적금, 양도성예금증서, 환매채, 적금 및 채권 등은 **단기금융상품**으로 분류된다.

### (2) 현금성자산

현금성자산(cash equivalents)은 단기적 운용을 목적으로 한 유동성이 높은 유가증권으로서 큰 비용부담 없이 현금전환이 용이하고 이자율변동에 따른 가치변동의 위험이 중요하지 않은 조건을 충족하는 채무증권 및 단기금융상품으로서 취득당시 만기(또는 상환일)가 3개월 이내에 도래하는 것으로 한다.

## 2. 소액현금제도

현금은 유동성이 강하여 오류나 도난, 분실의 위험이 매우 높은 자산이므로 현금관리 및 통제가 필요하며 일상적으로 빈번히 발생하는 소액경비까지 수표를 발행한다면 매우 불편할 것이다. 따라서 일정기간 동안 소액의 현금지출을 위한 일정액의 현금을 준비해 두고 소액현금을 회계처리 없이 사용한 다음, 일정기간이 경과 후 소액현금의 지출액을 재충당하는 시점에서 그 기간동안에 지출된 현금에 대하여 회계처리를 하는데 이를 소액현금제도라 한다.

**소액현금제도는 정액자금전도제도와 부정액자금전도제도로 구분할 수 있다.** 이러한 소액현금계정은 소액의 현금지출을 위하여 기업 내부적으로 사용하는 현금처리계정이므로 재무상태표에는 현금및현금성자산계정으로 처리하여야 한다.

한편 소액현금제도 등을 사용하는 경우 특정시점에서 장부상의 현금잔액과 실제의 현금잔액이 일치하지 않는 경우가 발생하는데 이를 **현금과부족**이라 한다. 이러한 현금과부족이 발생하면 기업에서는 서로의 잔액이 일치하지 않은 상태로 둘 수 없으므로, 실제의 현금잔액과 장부상의 현금잔액의 차이 원인이 밝혀질 때까지 장부상의 잔액을 실제의 현금잔액으로 일치시키기 위해 현금과부족계정을 사용한다. 만일 결산일까지 원인이 밝혀지지 않으면 재무제표에 잡손실 · 잡이익으로 처리한다.

# 02절 당좌예금과 은행계정조정표

## 1. 당좌예금

당좌예금(checking account)은 기업이 은행과 당좌계약을 맺고 은행에 현금을 예입하고 필요에 따라 수표를 발행하여 현금을 인출할 수 있는 요구불예금이다.

당좌예금의 인출은 당좌예금잔액 범위 내에서 행해지는 것이 원칙이므로 잔액이 없음에도 수표를 발행하게 되면 은행은 수표대금의 지급을 거절하게 되고 이 수표는 부도수표가 된다. 그러나 은행과 미리 당좌차월계약를 체결하면 일정한 한도 내에서 당좌예금을 초과하여 수표를 발행할 수 있어 일시적인 자금부족 문제를 원만하게 해결할 수 있다.

기업이 여러 은행과 당좌거래를 하는 경우에 한 은행의 당좌예금에서는 당좌차월이 발생하고, 다른 은행의 당좌예금 잔액에는 충분한 잔액이 있더라도 다른 은행의 당좌예금에서 당좌차월을 차감하여 순액으로 보고하여서는 안 된다. 즉, 당좌차월 잔액은 단기차입금계정으로 재무상태표에 구분하여 표시한다.

## 2. 은행계정조정표

은행계정조정표(bank reconciliation statement)는 회사장부상의 예금잔액과 은행 장부상의 예금잔액(당좌예금잔액증명서 상 잔액) 사이에 차이가 있을 경우에 이를 조정하기 위하여 내부적으로 작성하는 표이다. 이는 기업이 현금과 예금을 관리하기 위한 내부통제의 필요성 때문만이 아니라 기말시점에 정확한 당좌예금계정잔액을 재무상태표에 표시하기 위하여 많이 작성한다. 일반적으로 **당좌예금에 대한 계정잔액의 차이가 발생하는 원인**은 다음과 같다.

① **은행미기입예금** : 회사에서 입금기입을 하였으나, 은행에서 미기입한 경우. 예를 들어 회사에서 타인발행수표를 당좌예금에 예입하였으나, 은행에서는 마감후 예입하여 다음날의 예입으로 처리한 경우로서 은행측 잔액에 가산하여야 될 사항이다.

② **기발행 미인출 수표** : 회사에서 출금기입을 하였으나, 은행에서 미기입한 경우. 예를 들어 회사에서 수표를 발행하고 장부에 출금기록을 하였으나, 수표소지인이 아직 은행에 청구를 하지 않음으로써 은행에서 출금되지 않은 경우로서 은행측 잔액

에서 차감하여야 될 사항이다.

③ **회사 미기입 예금** : 은행에서 입금기록을 하였으나, 회사에서 미기입한 경우. 예를 들어 예금에 대한 이자, 은행에서 직접 수금한 외상매출금 등 은행측잔액에는 입금되었으나 회사에는 아직 통보가 되지 않아 장부에 입금기록을 하지 않은 경우로서 회사측 장부잔액에 가산하여야 될 사항이다.

④ **회사 미기입 출금** : 은행에서 출금기입을 하였으나, 회사에서 미기입한 경우. 예를 들어 은행에서 당좌차월 이자나 추심수수료 등을 은행의 당좌계정에서 차감하였으나, 회사에서 아직 장부상 차감하지 않은 경우로서, 회사측 장부잔액에서 차감하여야 될 사항이다.

⑤ **부도수표** : 예를 들면 회사가 타인발행수표를 은행에 예입하여 장부에 입금기록을 하고, 은행측에서도 입금처리 하였는데, 이 수표가 부도처리된 경우에 은행측에서는 당좌계정에서 차감처리하였을 것이지만, 회사측에서 이 사실을 통보받지 못하여 출금기록을 하지 않았을 것이므로 회사측 장부잔액에서 차감되어야 할 사항이다.

⑥ **은행 또는 회사의 기장오류** : 은행이나 회사에서 이미 회계처리한 거래가 오류로 확인되었을 경우 이를 정상적인 것으로 환원시키는 조정이 반드시 필요하다. 회계주체가 바뀌었다거나 금액의 입력이나 계정과목선정 등 대차분개상의 오류가 있는 경우에 이를 바로 보정해주어야 한다.

한편 은행계정조정표를 작성하는 방법에는 ㉠ 은행측 잔액을 회사측 잔액에 일치시키는 방법, ㉡ 회사측 잔액을 은행측 잔액에 일치시키는 방법, ㉢ 양측을 모두 조정하여 정확한 잔액을 구하는 방법이 있는데, 이 중 '㉢'의 방법이 논리적이고 실무에서도 가장 많이 이용하는 방법이다. 은행계정조정표를 작성함과 동시에 회사측의 장부잔액이 조정되어야 할 것으로 파악된 모든 항목에 대하여 수정분개를 실시하여야 한다. 즉, 회사측 장부수정과 관련된 조정사항에 대하여는 이를 정상으로 환원시키기 위한 분개가 수반되어야 한다.

## 3. 현금검증표

현금검증표(proof of cash)는 은행계정조정표처럼 단순히 일정시점의 은행측 잔액과 회사측 잔액을 조정하는 것이 아니라 예금의 기초잔액, 기중의 예금의 입금과 출금, 기말잔액까지를 포괄적으로 조정하는 표이다. 따라서 현금검증표는 4위식 은행계정조정표라고도

하는데 기중 예금거래의 적정성 여부를 검증할 목적으로 회계감사에서 유용하게 사용된다. 현금검증표의 양식에 따른 작성방법은 다음 표와 같다.

**현 금 검 증 표**

| | 기초잔액 | 기중거래 입금액 | 기중거래 출금액 | 기말잔액 |
|---|---|---|---|---|
| 은행장부 | ××× | ××× | ××× | ××× |
| 은행미기입예금 | | ××× ← | | ××× |
| 미인출수표 | (×××) → | | (×××) | |
| ⋮ | | | | |
| 수정후금액 | ××× | ××× | ××× | ××× |
| 회사장부 | ××× | ××× | ××× | ××× |
| 은행수수료 | | | ××× ← | (×××) |
| 어음추심액 | | ××× ← | | ××× |
| 부도수표 | (×××) → | | (×××) | |
| 기장오류 | ××× → | (×××) | | |
| ⋮ | | | | |
| 수정후금액 | ××× | ××× | ××× | ××× |

## 03절 손상차손

전통적으로 매출채권의 손상차손 회계처리방법은 직접상각법과 충당금설정법, 그리고 일반 기업회계기준에 따른 회계처리방법으로 구분하여 설명되고 있다. 그리고 손실충당금의 추정방법으로 재무상태표 접근방법(매출채권잔액 비율법, 연령분석법 등)과 손익계산서 접근방법(신용매출액 비율법 등)이 대표적인 추정방법으로 설명되고 있다.

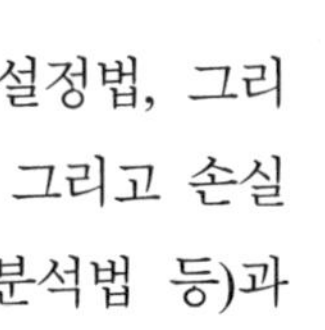

**일반 기업회계기준에 의한 손상차손 회계처리방법**을 요약하면 다음과 같다.

① 회수가 불확실한 채권은 합리적이고 객관적인 기준에 따라 산출한 손상추산액을 손실충당금으로 설정한다.

② 기말의 손상추산액에서 손실충당금잔액을 차감한 금액을 손상차손으로 계상한다.

③ 회수가 불가능한 채권은 손실충당금과 상계하고 손실충당금이 부족한 경우에는 그 부족액을 손상차손으로 처리한다.

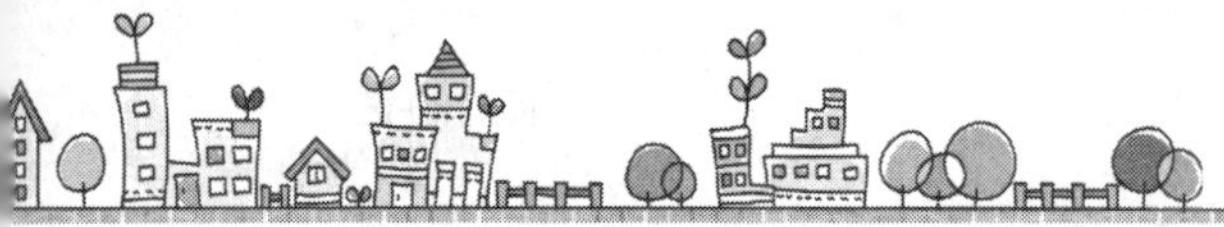

④ 손상처리한 채권을 추후에 회수한 경우에는 회수액만큼 손실충당금을 증가시킨다.

이러한 발생주의(혹은 수익비용대응원칙) 회계에 근거한 전통적인 손상차손 회계처리 방법은 기업회계기준서 제1039호(금융상품 : 인식과 측정)에 규정되어진 대여금 및 수취채권에 대한 손상차손의 회계처리방법과 차이가 있다. 전통적으로 손상을 추정하기 위하여 과거경험에 근거한 손상율을 적용하였지만, 한국채택국제회계기준에서는 손상사건이 발생한 결과 손상되었다는 객관적인 증거가 있어야 손상차손을 인식할 수 있다. 따라서 과거처럼 사전에 손상발생을 추정하여 손상차손을 하고, 그 이후의 대손 확정이라는 회계처리 과정이 무의미해졌다. 즉, 대여금 및 수취채권에 대해 아직 발생하지 않은 미래의 손상을 고려하여 손상차손 회계처리를 할 수 없다.4)

또한 기존의 기업회계기준은 손실충당금을 매출채권에서 차감하는 형식으로 보고하도록 하였으나, 기업회계기준서 제1039호에서는 손상차손을 당해 자산의 장부금액에서 직접 차감하거나, 충당금계정을 사용하여 차감하는 형식으로 보고하는 것을 모두 허용하고 있다. 기업회계기준서 제1039호에 따라 직접차감법에 의할 때 손상차손 및 손상차손환입의 회계처리는 다음과 같이 하면 될 것이다.

| | | | | |
|---|---|---|---|---|
| <손상차손 인식> | (차) 손 상 차 손 | ××× | (대) 수 취 채 권 | ××× |
| <손상차손 환입> | | | | |
| • 현금회수가 없는 경우 : | (차) 수 취 채 권 | ××× | (대) 손상차손환입 | ××× |
| • 현금회수가 있는 경우 : | (차) 현 금 | ××× | (대) 손상차손환입 | ××× |

4) 국제회계기준위원회(IASB)는 대손충당회계를 발생손실모델(incurred loss model)에서 기대손실모델(expected loss model)로 전면 개편하는 내용의 공개초안 발표하였다. (2009.11.5) 이러한 개정 추진은 발생손실모델의 대손충당회계가 경기순응성을 조장하여 금융위기를 악화시켰다는 G−20정상회의 및 금융안정위원회(FSB)의 비판에 대응하기 위한 것으로, 2010년 6월 30일까지 의견수렴을 거쳐 2010년에 확정할 예정이며, 조기적용을 허용하되, 2013년 또는 그 이후 의무적용 예정이다. 그 주요내용은 금융자산 취득시 대손예상액(expected credit loss)을 추산하고, 명목 이자수익에서 대손예상액을 차감한 금액을 실질이자수익으로 인식하는 것이다. 또한 기간의 경과에 따라 실질이자수익과 명목이자수익의 차액 누적액을 현재가치로 평가하여 대손충당금 설정하고, 대손예상액이 변동하는 경우에는 즉시 관련 효과 인식하도록 하고 있다. 이러한 회계처리는 새로운 모델 도입으로 대손인식 지연에 따른 금융자산 이자수익 과대계상문제(front−loading)가 완화될 수 있고, 이자결정과 대손회계의 일관성 확보 등 장점이 있으나, 대손충당금회계의 복잡성 증가, 대손추산율 결정시 객관적 증거 확보 곤란 등을 감안할 때 실무적용상 애로점이 발생될 것으로 예상된다.

## 보론 사례 1 손실충당회계－기대손실 vs 발생손실

[사례 1] A회사는 20×1년 1월 1일에 표시이자율 10%(유효이자율 동일)로 B회사에 100,000원을 대여하였다. 대여금의 만기일은 20×2년 2월 1일이다. 동 대여금에 대한 기대유효수익률이 7%라고 할 때, 동 대여금에 대한 기대손실 반영시 20×1년도 이자수익 인식 변화는 어떻게 되는지 설명하시오.

[사례 2] A은행은 B기업과 20×1년 1월 1일에 다음과 같은 대출계약을 맺었다.

> (1) 대출금액 : ₩1,000,000(표시이자율 : 연 10%)
> (2) 대출실행일 (20×1년 1월 1일)
> 대출만기일 (20×5년 12월 31일)
> (3) 이자지급일 : 매년 12월 31일

A은행은 동 거래의 기대손실율 즉 기대채무불이행율은 5%로 예상하였으며, 채무불이행은 20×3년 말에 발생할 것으로 예상하였다. 기대채무불이행율과 실제 채무불이행율은 동일하였으며, 20×3년 말에 실제로 채무불이행이 발생하여 손상차손을 인식하였다. 각 손실충당회계처리 접근법에서의 유효이자율은 다음과 같다.

－기대손실접근법 : 8.8885%
－발생손실접근법 : 10%

기대손실접근법과 발생손실접근법에 따라 각 연도에 인식할 이자수익과 손상차손에 따른 손익을 계산하라.

### 핵심해설

1. <사례 1>

(1) 기대손실모형은 이자인식 시에는 전체 대여기간에서 기대되는 손실을 배분하여 이자수익 인식하므로,

∴ 이자수익 : 액면이자(₩10,000)－기대 대손상각비(₩3,000)
=₩7,000

(2) 발생손실모형은 실제 대손이 발생하는 시점에서 손상차손을 인식하므로, 이자수익은 액면유효이자 ₩10,000을 이자수익으로 인식함.

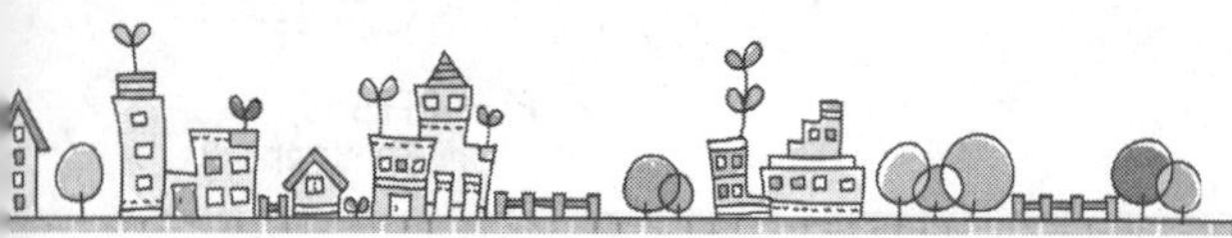

2. <사례 2> (단위 : 원)

(1) 기대손실접근법 (단위 : 원)

| 기간 | 계약상 현금흐름 | 채무불이행률 (예상 및 실제) | 기대 현금흐름 | 이자 수익 | 손상예상액 | | 장부가액 |
|---|---|---|---|---|---|---|---|
| | | | | | 변동액 | 누적액 | |
| 20×1년 초 | (1,000,000) | | (1,000,000) | | | | 1,000,000 |
| 20×1년 말 | 100,000 | 0% | 100,000 | 88,885 | 11,115 | 11,115 | 988,885 |
| 20×2년 말 | 100,000 | 0% | 100,000 | 87,897 | 12,103 | 23,218 | 976,782 |
| 20×3년 말 | 100,000 | 5% | 95,000 | 86,821 | 8,179 | 31,397 | 968,603 |
| 20×4년 말 | 100,000 | 5% | 95,000 | 86,094 | 8,906 | 40,303 | 959,697 |
| 20×5년 말 | 1,100,000 | 5% | 1,045,000 | 85,303 | (40,303) | – | – |

(2) 발생손실접근법 (단위 : 원)

| 기간 | 계약상 현금흐름 | 채무불이행률 (예상 및 실제) | 기대 현금흐름 | 이자 수익 | 손상예상액 | | 장부가액 |
|---|---|---|---|---|---|---|---|
| | | | | | 이자부분 | 원금부분 | |
| 20×1년 초 | (1,000,000) | | (1,000,000) | | | | 1,000,000 |
| 20×1년 말 | 100,000 | 0% | 100,000 | 100,000 | – | – | 1,000,000 |
| 20×2년 말 | 100,000 | 0% | 100,000 | 100,000 | – | – | 1,000,000 |
| 20×3년 말 | 100,000 | 5% | 95,000 | 95,000 | 5,000 | 50,000 | 950,000 |
| 20×4년 말 | 100,000 | 5% | 95,000 | 95,000 | 5,000 | – | 950,000 |
| 20×5년 말 | 1,100,000 | 5% | 1,045,000 | 95,000 | 5,000 | – | – |

(3) 접근방법별 각 연도별 손익비교 (단위 : 원)

| 기간 | 기대손실 접근법 | 발생손실접근법 | | | 차이액 |
|---|---|---|---|---|---|
| | | 이자수익 | 손상차손 | 계 | |
| 20×1년 | 88,885 | 100,000 | – | 100,000 | 11,115 |
| 20×2년 | 87,897 | 100,000 | – | 100,000 | 12,103 |
| 20×3년 | 86,821 | 95,000 | (50,000) | 45,000 | (41,821) |
| 20×4년 | 86,094 | 95,000 | – | 95,000 | 8,906 |
| 20×5년 | 85,303 | 95,000 | – | 95,000 | 9,697 |
| 계 | 435,000 | 485,000 | (50,000) | 435,000 | – |

Chapter 08

# 금융부채

학습목표

본장에서는 한국채택국제회계기준에서 규정하는 금융부채의 인식과 측정에 관한 내용을 살펴본다. 또한 금융부채의 재분류, 제거 및 상계에 대하여도 설명한다. 그리고 회사채의 발행과 후속측정 및 상환에 대한 회계처리를 살펴본다.

**＊ 관련 한국채택국제회계기준**

기업회계기준서 제1001호 '재무제표 표시'
기업회계기준서 제1032호 '금융상품 : 표시'
기업회계기준서 제1039호 '금융상품 : 인식과 측정'
기업회계기준서 제1107호 '금융상품 : 공시'

부채(liabilities)란 "과거의 거래나 사건의 결과로서 현재 기업실체가 부담하고 있고, 미래에 자원의 유출 또는 사용이 예상되는 의무"를 말한다(재무보고를 위한 개념체계). 즉, 부채는 ① 과거거래(past transaction)로 인하여 발생한 ② 현재의 경제적 의무로, ③ 미래에 자산을 이전하거나 용역을 제공함으로서 경제적 의무[1]가 소멸될 것으로 기대되는 것이다.

한국채택국제회계기준에서는 금융자산과 금융부채 및 지분상품을 금융상품[2]이라는 기준서로 통합하여 규정하고 있다. 즉, 한국채택국제회계기준에서는 자산과 부채를 각각 금융상품과 비금융상품으로 구분하고 있다.[3] 금융자산에 대한 회계처리는 이미 7장에서 살펴보았으므로, 본 장에서는 금융부채의 회계처리에 대하여 살펴본다. 지분상품에 대한 회계처리는 별도로 10장(자본)에서 설명하기로 한다.

---

1) "현재의무"는 보고기간종료일 현재 의무의 이행을 회피할 수 없는 법적의무 또는 의제의무를 말한다. "법적의무"는 명시적·묵시적 계약 또는 법률의 규정에 의하여 발생하는 의무를 말하고,"의제의무"는 발표된 경영방침 또는 구체적이고 유효한 약속이나 과거의 실무관행 등을 통하여 기업이 특정 책임을 부담한다는 것을 표명함으로써 그 책임을 이행할 것이라는 정당한 기대를 상대방이 가지게 되는 경우에 발생하는 의무를 말한다.

2) 기업회계기준서 제1032호(금융상품 : 표시) 및 제1039호(금융상품 : 인식과 측정)에서는 금융상품을 "거래당사자 일방에게 금융자산을 발생시키고, 동시에 다른 거래상대방에게 금융부채나 지분상품을 발생시키는 모든 계약"으로 정의하고 있다.

3) 한편 기업회계기준서 제1001호(재무제표 표시)에서는 재무상태표에 표시할 때, 부채를 유동부채와 비유동부채로 구분하고 있다. 부채는 다음의 조건 중 하나를 충족하면 유동부채로 분류하고, 하나도 충족하지 않으면 비유동부채로 분류한다.
   ① 기업의 정상영업주기 이내에 결제될 것으로 예상되는 경우
   ② 단기매매목적으로 보유하는 경우
   ③ 보고기간 후 12개월 이내에 만기 결제되는 경우
   ④ 보고기간 후 최소한 12개월 동안 부채의 결제(즉, 상환)를 연기할 수 있는 무조건적 권리를 가지고 있지 않은 경우

   그리고 유동부채로 분류된 차입금의 경우 다음과 같은 사건이 보고기간 말과 재무제표 발행승인일 사이에 발생하면 그러한 사건은 기업회계기준서 제1010호(보고기간후사건)에 따라 수정을 요하지 않는 사건으로 주석에 공시한다.
   ① 장기로 차환
   ② 장기차입계약 위반사항의 해소
   ③ 보고기간 후 적어도 12개월 이상 장기차입계약 위반사항을 해소할 수 있는 유예기간을 채권자로부터 부여받음.

# 01절 금융부채의 정의 및 분류

## 1. 금융부채의 정의

금융부채는 다음의 부채를 말한다.

(1) 다음 중 하나에 해당하는 계약상 의무
  ① 거래상대방에게 현금 등 금융자산을 인도하기로 한 계약상 의무
  ② 잠재적으로 불리한 조건으로 거래상대방과 금융자산이나 금융부채를 교환하기로 한 계약상 의무
(2) 기업 자신의 지분상품(이하 '자기지분상품'이라 한다)으로 결제되거나 결제될 수 있는 다음 중 하나의 계약상 의무
  ① 인도할 자기지분상품의 수량이 확정되지 않은 비파생상품[4)]
  ② 확정수량의 자기지분상품에 대하여 확정금액의 현금 등 금융자산을 교환하여 결제하는 방법이 아닌 방법으로 결제되거나 결제될 수 있는 파생상품.[5)] 이 경우에 자기지분상품을 미래에 수취하거나 인도하기 위한 계약 자체는 자기지분상품에 해당하지 않는다.

따라서 **확정 금액의 현금 등 금융자산을 대가로 확정 수량의 자기지분상품을 수취하거나 인도하여 결제되는 계약은 지분상품**이다. 그러나 수취하거나 인도할 자기지분상품의 수량이 확정되어 있지 않거나, 대가로 지급하는 현금 등 금융자산이 확정되어 있지 않다면 이는 금융자산 또는 금융부채로 분류한다.

금융부채에 포함되는 항목으로는 매입채무, 금융리스부채, 미지급금, 차입금, 사채, 금융보증 등이 있다. 그러나 선수금과 선수수익 또는 품질보증의무 성격의 부채는 현금 등 금융자산이 아닌 재화나 용역을 인도해야 할 의무이므로 금융부채가 아니다. 또한 정부가 부과하는 법인세는 계약에 의한 의무가 아니므로 금융부채가 아니며, 충당부채를 설정할 수 있는 의제의무도 계약상 의무가 아니므로 금융부채가 아니다.

---

4) 1년 후 금 100온스의 가치와 동일한 공정가치에 해당하는 자기지분상품을 인도하기로 한 계약은 자기지분상품의 수량이 변동되므로 금융부채에 해당됨.

5) 1년 후 자기지분상품 1,000주를 공정가치의 90%에 인도하기로 한 계약은 수취하는 금액이 변동하므로 금융부채에 해당됨.

한편 금융부채와 지분상품을 구분하는 것이 판단하기 어려운 경우가 있다. 이때에 금융부채와 지분상품을 구분하는 중요한 기준은 ① 금융상품의 발행자가 금융상품의 보유자에게 현금 등 금융자산을 인도하여야 할 계약상 의무를 회피할 수 있는지 여부(회피할 수 없다면 금융부채로 분류),[6] 또는 ② 금융상품 발행자가 불리한 조건으로 금융상품 보유자에게 금융자산이나 금융부채를 교환하여야 하는 계약상 의무가 있는지[7] 여부이다.

복합금융상품(자본요소와 부채요소를 모두 가지고 있는 금융상품 : 전환사채 등)은 실질에 따라 각 요소를 구분하여 금융부채와 지분상품으로 분류한다.

## 2. 금융부채의 분류

금융부채는 **당기손익인식금융부채**와 **기타 금융부채**로 분류한다. 당기손익인식금융부채는 다시 **단기매매금융부채**와 **당기손익인식지정금융부채**로 분류한다. 단기매매금융부채는 다음 중 하나의 요건을 충족하는 금융부채이다.

① 주로 단기간 내에 재매입할 목적으로 부담한다.

② 최근의 실제 운용형태가 단기적 이익획득 목적이라는 증거가 있으며, 그리고 공동으로 관리되는 특정 금융상품 포트폴리오의 일부이다.

③ 파생상품이다(다만, 금융보증계약인 파생상품이나 위험회피수단으로 지정되고 위험회피에 효과적인 파생상품은 제외).

---

6) 예를 들면 다음과 같다.

① 외화의 획득이 곤란하거나, 감독기구에서 지급승인을 받을 필요가 있는 등의 이유로 금융상품의 발행자가 의무를 이행할 능력에 제약이 있더라도, 이러한 계약은 기업의 계약상 의무에 영향을 미치지 않고 금융부채로 분류한다.

② 거래상대방이 상환을 요구할 수 있는 권리를 행사하는 경우에 발생하는 계약상 의무의 경우 동 의무를 회피할 수 있는 무조건적 권리를 기업이 가지고 있다고 볼 수 없으므로 금융부채로 분류한다.

7) 금융상품 보유자나 발행자가 통제할 수 없는 불확실한 미래의 사건발생 여부나 불확실한 상황의 결과에 따라 금융자산을 인도하여 결제하도록 한 조건부 결제조항이 있는 금융상품은 발행자가 계약상 의무의 결제를 회피할 수 있는 무조건적 권리를 가지고 있지 않기 때문에 발행자의 금융부채로 분류한다. 그러나 다음의 경우는 제외한다.

① 실질적으로 유효하지 않은 상황이 발생해야 결제의무가 발생되는 금융부채

② 발행자가 청산되는 경우에만 지급의무가 발생되는 금융부채

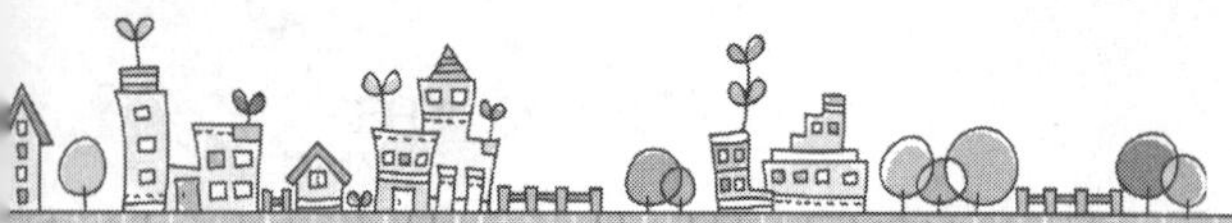

기업은 특정 금융상품을 최초 인식하는 시점에서 다음의 두 가지 조건 중 하나 이상을 충족함으로써 더 목적적합한 정보를 제공하는 경우에는 당기손익인식금융부채(fair value option)로 지정할 수 있다.

① 당기손익항목으로 지정하면, 서로 다른 기준에 따라 자산이나 부채를 측정하거나 그에 따른 손익을 인식함으로서 발생할 수 있는 인식이나 측정상의 불일치가 제거되거나 상당히 감소된다.

② 문서화된 위험관리나 투자전략에 따라 금융상품 집합을 관리하고 그 성과를 공정가치기준으로 평가하며 그 정보를 주요 경영진에게 내부적으로 제공한다.

## 02절 금융부채의 측정

### 1. 금융부채의 최초 측정

금융부채는 금융상품의 계약당사자가 되는 때에만 재무상태표에 인식하며, 최초 인식시 공정가치로 측정한다. 금융부채 발행과 직접 관련되는 거래원가는 당기손익인식금융부채의 경우에는 발생 즉시 당기손익으로 인식하나, 당기손익인식금융부채가 아닌 경우에는 최초 인식하는 공정가치에서 차감하여 측정한다.

기업회계기준서 제1039호(금융상품 : 인식과 측정)에서는 공정가치를 측정할 때 활성시장에서의 공시된 가격을 가장 최우선시하고 있으며, 해당 시장가격이 존재하지 않는 경우에는 시장정보를 최대한 이용하여 가치평가모형(예 현금흐름할인모형)을 사용하도록 규정하고 있다.

## 2. 금융부채의 후속 측정

당기손익인식금융부채의 경우 공정가치로 측정하고, 공정가치 변동에 따른 손익은 당기손익으로 인식한다. 기타 모든 금융부채는 아래의 예외사항을 제외하고는 유효이자율법을 적용하여 상각후원가로 측정한다.

① 원가로 측정되는 지분상품과 연계되어 있으면서 그 지분상품의 인도로 결제되어야 하는 파생상품은 원가로 측정한다.

② 금융보증계약이나 시장이자율보다 낮은 대출약정은 ㉠ 충당부채, 우발부채 및 우발자산기준서(제1037호)에 따라 결정한 금액과 ㉡ 최초 인식금액에서 수익인식기준서(제1018호)에 따라 인식한 상각누계액을 차감한 금액 중 큰 금액으로 측정한다.

③ 양도자가 지속적 관여의 정도까지 자산을 계속 인식하는 경우 관련부채도 함께 인식한다. 이 때 양도자산과 관련부채는 양도자가 보유하는 권리와 부담하는 의무를 반영하여 측정한다. 관련부채는 다음과 같이 측정한다.

> 관련부채＝양도한 지속적 관여자산의 공정가치(상각후원가)
> ＋양도자가 보유하는 의무의 독립적으로 측정된 공정가치(상각후원가)
> (혹은 양도자가 보유하는 권리의 독립적으로 측정된 공정가치(상각후원가))

### 사례 1 금융보증계약 관련 금융부채

> 갑회사(결산일 12월 31일)는 20×1년 초에 을회사와 3년간의 금융보증계약을 체결하고 보증수수료로 ₩100,000을 수령하였다.

1. 20×1년 초에 보증수수료 수령시 갑회사가 해야 할 회계처리를 하라.
2. 20×1년 기말에 을회사의 재무상태는 건전하며, 갑회사가 지급보증 의무를 이행할 가능성은 낮다고 할 때 갑회사가 해야 할 회계처리를 하라. 단, 유효이자율법을 적용한 보증수수료의 당기 상각액은 ₩40,000이다.
3. 위의 경우와 달리, 20×1년 기말에 을회사의 재무상태가 악화되어 갑회사가 지급보증 의무를 이행할 가능성이 높으며, 지급보증에 대한 최선의 추정치를 ₩120,000이라고 할 때 갑회사가 해야 할 회계처리를 하라.

1. (차) 현　　금　　100,000　　(대) 금융보증부채　　100,000
2. (차) 금융보증부채　　40,000　　(대) 수수료수익　　40,000*

   * 금융보증부채 기말평가액 : Max(0, ₩60,000=₩100,000−₩40,000)=₩60,000

   ∴ 금융보증부채 상각액 : ₩100,000−₩60,000=₩40,000
3. (차) 금융보증비용　　20,000　　(대) 금융보증부채　　20,000*

   * 금융보증부채 기말평가액 : Max(₩120,000, ₩60,000)=₩120,000

   ∴ 금융보증부채 추가 계상액 : ₩120,000−₩100,000=₩20,000

## 사례 2 지속적 관여자산과 관련부채

(1) 갑회사는 20×1년 1월 1일 현재 대여금(장부가액 ₩1,000,000, 공정가치 ₩1,020,000)을 보유하고 있다.

(2) 갑회사는 20×1년 초에 제3자에게 대여금 전부를 ₩1,025,000에 매도하였다.

(3) 매도금액에는 채무자의 채무불이행시 갑회사가 ₩100,000의 지급보증을 제공하는 대가가 포함되어 있다.

1. 대여금 매도시 갑회사가 해야 할 회계처리를 하라.
2. 채무자의 채무불이행으로 인하여 갑회사가 ₩100,000의 지급보증 의무를 이행했을 때 회계처리를 하라.
3. 대여금이 정상적으로 모두 회수된 경우 회계처리를 하라.

| | 차변 | 금액 | | 대변 | 금액 |
|---|---|---|---|---|---|
| 1. (차) | 현　　금 | 1,025,000 | (대) | 대 여 금 | 1,000,000 |
| | 지속적관여자산 | 100,000*1 | | 지급보증부채 | 105,000*2 |
| | | | | 금융자산처분이익 | 20,000 |

*1 Min(양도자산 장부금액, 지급보증금액) : ₩100,000(제7장 금융자산 참조)

*2 ₩100,000(지속적관여자산)+₩5,000(지급보증 공정가치=₩1,025,000−₩1,020,000)

| | 차변 | 금액 | | 대변 | 금액 |
|---|---|---|---|---|---|
| 2. (차) | 지급보증손실 | 100,000 | (대) | 현　　금 | 100,000 |
| | 지급보증부채 | 100,000 | (대) | 지속적관여자산 | 100,000 |

* 지급보증의 최초 공정가치(₩5,000)는 수익인식기준에 따라 시간의 경과기준으로 당기손익으로 인식한다.

3. (차) 지급보증부채 100,000 (대) 지속적관여자산 100,000

# 03절 금융부채의 재분류, 제거 및 상계

## 1. 금융부채의 재분류

금융부채는 원칙적으로 보유기간 또는 발행 이후 기간 중 당기손익인식항목으로 재분류하거나, 당기손익인식항목에서 다른 범주로 분류변경할 수 없다. 그러나 다음의 경우에는 재분류가 가능하다.

① 신뢰성 있는 공정가치로 측정할 수 없었던 금융부채의 공정가치를 신뢰성 있게 측정할 수 있게 된 경우

② 공정가치로 측정하는 것 보다 상각후원가로 측정하는 것이 더 타당한 경우

## 2. 금융부채의 제거

금융부채의 전체 또는 일부가 계약상 의무가 이행되거나 취소, 혹은 만료되어 소멸한 경우에는 재무상태표에서 제거한다. 소멸하거나 제3자에게 양도한 금융부채의 장부금액과 지급한 대가의 차액은 당기손익으로 인식한다. 다만 금융부채의 일부를 재매입(상환)하는 경우에는[8] 재매입일 현재 상대적 공정가치를 기준으로 배분하여 제거되는 일부분에 대해서만 당기손익을 인식한다.

기존 차입자와 대여자가 실질적으로 다른 조건으로 채무상품을 교환한 경우, 최초의 금융부채를 제거하고 새로운 금융부채를 인식한다.

8) 금융부채의 전부 또는 일부를 소멸시키기 위하여 채권자에게 발생한 지분상품도 지급한 대가에 해당된다. 이때 채권자에게 발행한 처분상품을 최초에 인식할 때, 해당 처분상품의 공정가치를 선뢰성 있게 측정할 수 없는 경우가 아니라면, 공정가치로 측정한다. 발행된 지분상품의 공정가치를 신뢰성있게 측정할 수 없다면 소멸된 금융부채의 공정가치를 반영하여 지분상품을 측정한다.

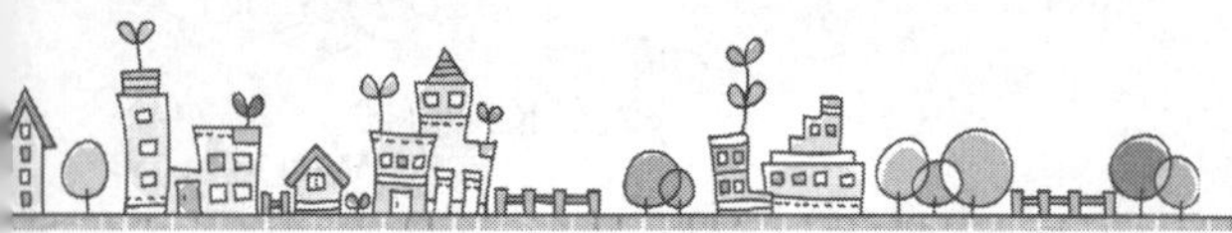

이와 마찬가지로 **기존 금융부채의 조건이 실질적으로 변경된 경우**(채무자의 재무적 어려움으로 인한 경우와 그렇지 아니한 경우를 모두 포함)에도 최초의 금융부채를 제거하고 새로운 금융부채를 인식한다.9)

## 3. 금융자산과 금융부채의 상계

금융자산과 금융부채는 원칙적으로 상계할 수 없다. 다만 다음의 조건을 모두 충족하는 경우에만 금융자산과 금융부채를 상계하고 재무상태표에 순액으로 표시한다.

① 인식한 자산과 부채에 대해 법적으로 집행가능한 상계권리를 현재 보유하고 있다.

② 순액으로 결제하거나, 자산을 실현하는 동시에 부채를 결제할 의도를 가지고 있다.

그리고 지속적 관여로 인하여 제거의 조건을 충족하지 않는 금융자산의 양도에 관한 회계처리의 경우 양도된 자산과 이와 관련된 부채는 상계하지 않는다.

# 04절 사 채

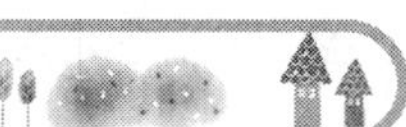

사채(bonds)란 기업이 거액의 장기자금을 조달하기 위하여 정기적으로 일정한 이자를 지급하며 일정한 시기에 원금을 상환할 것을 약속한 채무증권을 발행하고, 일반 대중으로부터 차입한 채무를 말한다. 사채는 발행회사 입장에서 보면 비유동부채로서, 당기손익인식금융부채로 분류되는 경우가 아니면 상각후원가로 측정하는 기타 금융부채에 해

---

9) 새로운 조건에 따른 현금흐름의 현재가치와 최초 금융부채의 잔여 현금흐름의 현재가치의 차이가 적어도 10% 이상이라면 계약조건이 실질적으로 변경된 것이다. 이때 현금흐름을 할인시 적용하는 할인율은 최초의 유효이자율이다. 그러나 실질적으로 조건 변경이 있다고 판단되는 경우에는, 기존 금융부채를 제거하여 관련 손익을 인식하고, 새로운 부채를 조건변경시점의 유효이자율에 의하여 인식한다. 즉 실질적 조건 변경 여부의 판단은 최초의 유효이자율을 적용하고, 손익 계산시에는 현행시점의 유효이자율을 적용한다.
한편 채무상품의 교환이나 계약조건의 변경을 금융부채의 소멸로 회계처리 한다면, 발생한 원가나 수수료는 금융부채의 소멸에 따른 손익의 일부로 인식한다. 그러나 채무상품의 교환이나 계약조건의 변경을 금융부채의 소멸로 회계처리하지 아니하면, 발생한 원가나 수수료는 부채의 장부금액에서 조정하며, 변경된 부채의 잔여기간에 상각한다.

당된다. 한편 투자회사 입장에서는 보유목적에 따라 당기손익인식금융자산, 매도가능금융자산 및 만기보유금융자산으로 분류된다. 투자자 입장에서의 회계처리는 제7장에서 설명하였으므로 본 장에서는 사채의 발행회사 입장에서 설명하기로 한다.

## 1. 사채의 발행

사채의 발행가액은 사채발행일 현재의 공정가치이며, 이론적으로 사채의 발행가액은 사채의 발행으로 인하여 기업이 미래에 현금으로 지급해야 할 사채원금과 사채이자를 시장이자율로 할인한 현재가치로 결정된다.

사채의 발행가액＝사채원금의 현재가치＋사채이자의 현재가치

$$=\frac{\text{원금}}{(1+r)^n}+\sum_{t=1}^{n}\frac{\text{액면이자}}{(1+r)^t}$$

사채를 발행한 회사는 만기일에 사채의 액면금액을 사채권자에게 지급하여야 한다. 따라서 사채원금의 현재가치는 사채의 액면가액에 ₩1의 현재가치요소를 곱하여 계산한다. 또한 사채 발행회사는 매년 이자지급일에 사채권면에 표시된 이자를 지급하여야 하므로 사채이자의 현재가치는 사채이자에 ₩1의 연금현가요소를 곱하여 계산한다.

사채는 사채발행시점에서 시장이자율과 사채액면이자율(표시이자율)에 따라 사채발행가액이 결정되는데 이를 표로 나타내면 다음과 같다.

(1) 액면이자율＞시장이자율 : 할증발행
(2) 액면이자율＝시장이자율 : 액면발행
(3) 액면이자율＜시장이자율 : 할인발행

여기서 **시장이자율이란 유효이자율**[10])**로서 사채의 발행시점에서 만기가액을 확보할 수 있는 수익률**이다.

10) 유효이자율은 사채의 발행금액과 사채 미래현금흐름의 현재가치를 일치시키는 이자율로서, 시장이자율과 기업이 실제로 부담하는 유효이자율은 차이가 날 수 있다. 이는 사채발행비에 기인한다고 할 수 있는데, 사채발행비가 발생하는 경우에는 유효이자율이 시장이자율보다 높게 된다.

### 사례 3 사채의 발행

동서회사는 20×1년 1월 1일에 사채(액면가액 ₩1,000,000, 이자율 10%, 이자지급일 12월 31일, 만기 5년)를 발행하였다. 시장이자율이 8%, 10%, 12%일 경우 각각의 발행가액을 계산하고 발행시 분개를 제시하라.

**핵심해설**

1. 시장이자율이 8%일 경우

| | |
|---|---|
| 사채액면의 현가 : ₩1,000,000×0.6806(PVIF 0.08, 5)= | ₩680,600 |
| 사채이자의 현가 : ₩100,000×3.9927(PVIFA 0.08, 5)= | 399,270 |
| 발행가액 | ₩1,079,870 |

| | | | | |
|---|---|---|---|---|
| (차) 현 금 | 1,079,870 | (대) | 사 채 | 1,000,000 |
| | | | 사채할증발행차금 | 79,870 |

2. 시장이자율이 10%일 경우

| | |
|---|---|
| 사채액면의 현가 : ₩1,000,000×0.62092(PVIF 0.1, 5)= | ₩620,920 |
| 사채이자의 현가 : ₩100,000×3.7908(PVIFA 0.1, 5)= | 379,080 |
| 발행가액 | ₩1,000,000 |

| | | | | |
|---|---|---|---|---|
| (차) 현 금 | 1,000,000 | (대) | 사 채 | 1,000,000 |

3. 시장이자율이 12%일 경우

| | |
|---|---|
| 사채액면의 현가 : ₩1,000,000×0.5674(PVIF 0.12, 5)= | ₩567,400 |
| 사채이자의 현가 : ₩100,000×3.6048(PVIFA 0.12, 5)= | 360,480 |
| 발행가액 | ₩927,880 |

| | | | | |
|---|---|---|---|---|
| (차) 현 금 | 927,880 | (대) | 사 채 | 1,000,000 |
| 사채할인발행차금 | 72,120 | | | |

위 사례에서 보는 바와 같이 사채발행시 액면발행의 경우 발행가액과 액면가액이 일치하지만 할인발행과 할증발행하는 경우에는 발행가액과 액면가액 사이에 차이가 발생하는데 이를 사채할인발행차금 또는 사채할증발행차금으로 하여 차, 대변에 기입한다. 이 두 계정은 사채의 평가계정으로서 재무상태표상의 사채계정에 차감 혹은 가산하는 형식으로 표시한다.

한편, 사채발행시 발생하는 **사채발행비**는 사채발행에 소요된 비용으로 인쇄비, 모집대행기관 수수료, 광고비 등이 포함되는데, 이들 비용은 사채발행가액에서 차감하여야 한다.

사채를 이자지급일 사이에 발행하는 경우 사채의 시장가치에는 직전 이자지급일부터 발행일까지의 **경과이자**가 포함되어 있다. 따라서 이자지급일 사이에 사채를 발행하는 경우 사채의 발행가액은 사채의 시장가치(사채발행으로 인한 현금수령액)에서 직전 이자지급일부터 발행일까지의 경과이자(미지급이자로 구분)를 차감한 금액이 된다.

액면상 발행일과 실제발행일의 유효이자율이 다르더라도 **역사적원가주의에 따라 실제발행일의 유효이자율을 이용하여 사채발행액을 계산한다.**

이자지급일 사이의 사채발행에 대한 구체적인 회계처리는 <사례 4>을 참고하라.

### 사례 4 이자지급일 사이의 사채발행

(1) 액면상 발행일이 20×1년 1월 1일인 액면 ₩1,000,000의 사채가 20×1년 7월 1일에 발행되었다.
(2) 20×1년 1월 1일 현재 시장이자율은 10%이고, 20×1년 7월 1일 현재 시장이자율은 12%, 액면이자율은 10%, 이자지급일은 매년 12월 31일이고, 사채의 만기일은 20×5년 12월 31일이다.

1. 사채발행일에 행할 분개를 하라.
2. 회계기말인 20×1년 12월 31일에 사채이자와 관련하여 행할 분개를 하라.

**핵심해설**

**1. 사채발행가액의 계산**

| | |
|---|---:|
| 액면상 발행일의 사채 현재가치 | ₩927,880* |
| ＋사채가치증가액(₩927,880×12%×6/12) | 55,673 |
| 현금수취액(발행 사채의 시장가격) | 983,553 |
| －액면사채발생이자(₩1,000,000×10%×6/12) | (50,000) |
| 사채의 (순)발행가액 | ₩933,553 |

* ₩1,000,000×0.5674(PVIF 12%, 5)＋₩100,000×3.6048(PVIFA 12%, 5)＝₩927,880

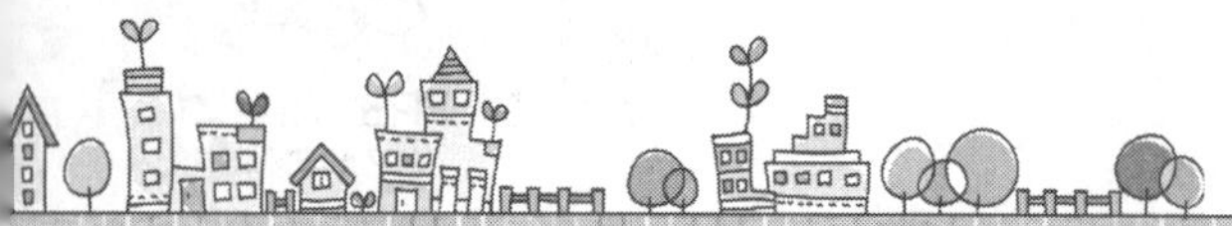

| | | | | |
|---|---|---|---|---|
| (차) 현　　금 | 983,553 | (대) 사　　채 | 1,000,000 |
| 사채할인발행차금 | 66,447* | 미지급이자 | 50,000 |

* ₩1,000,000 − ₩933,553 = ₩66,447
이러한 계산결과는 액면발행일 최초 사채할인차금 ₩72,120(= ₩1,000,000 − ₩927,880)에서 6개월분의 차금상각액 ₩5,673을 차감한 금액과 같다.

**2. 20×1년 12월 31일 회계처리**

| | | | |
|---|---|---|---|
| (차) 미지급이자 | 50,000 | (대) 현　　금 | 100,000 |
| 사채이자비용 | 55,673 | 사채할인발행차금 | 5,673* |

* ₩927,880 × 12% × 6/12 = ₩55,673,　₩55,673 − ₩50,000 = ₩5,673

## 2. 후속 측정

상각후원가로 측정하지 않는 경우를 제외하고는 **최초 인식 후 모든 금융부채는 유효이자율법을 사용하여 상각후원가로 측정하여야 한다.** 따라서 사채는 유효이자율법을 적용하여 상각후원가로 측정한다. 유효이자율법은 사채의 (이자계산기간의 기초)장부가액에 유효이자율을 곱하여 당기의 이자비용으로 인식하고, 유효이자액과 액면이자액과의 차액을 할인액 또는 할증액의 상각으로 처리하는 방법이다.

이 방법은 장부가액의 증감에 따라 이자비용도 증감하기 때문에 매 기간별 이자율이 일정하다는 장점이 있다.

한편 **정액법**은 사채발행차금을 매기 균등액으로 상각하는 방법으로 간편하다는 장점이 있으나 부채의 장부가액이 변동함에도 불구하고 이자비용은 동일하기 때문에 장부가액에 대한 지급이자 비율이 매기 변동한다는 단점이 있다.

사채의 발행조건에 따라 유효이자율법과 정액법으로 사채발행차금을 각각 상각하였을 때 나타나는 회계처리 효과는 다음 표와 같다.

| 발행조건 | ① 사채의 장부가액 | ② 액면이자 | 유효이자율법 | | | 정액법 | | |
|---|---|---|---|---|---|---|---|---|
| | | | ③ 유효이자율 (④÷①) | ④ 이자비용 (①×③) | ⑤ 차금상각 (④ vs ②) | ⑥ 유효이자율 (⑧÷①) | ⑦ 차금상각 (② vs ⑧) | ⑧ 이자비용 (②+⑦) |
| 할인발행 | 증가 | 일정 | 일정 | 증가 | 증가 | 감소 | 일정 | 일정 |
| 할증발행 | 감소 | 일정 | 일정 | 감소 | 증가 | 증가 | 일정 | 일정 |

## 사례 5 사채할인발행차금의 상각

[사례 3]을 이용하여 시장이자율이 12%일 경우 정액법과 유효이자율법에 의한 상각표를 작성하고 20×1년 12월 31일의 분개를 제시하라.

핵심해설

1. 정액법

〈정액법에 의한 사채할인발행차금 상각표〉

| 일 자 | 액면이자 | 사채이자 | 사채차금상각 | 장부가액 |
|---|---|---|---|---|
| 20×1. 1. 1. | | | | ₩927,880 |
| 20×1. 12. 31. | ₩100,000 | ₩114,424 | ₩14,424 | 942,304 |
| 20×2. 12. 31. | 100,000 | 114,424 | 14,424 | 956,728 |
| 20×3. 12. 31. | 100,000 | 114,424 | 14,424 | 971,152 |
| 20×4. 12. 31. | 100,000 | 114,424 | 14,424 | 985,576 |
| 20×5. 12. 31. | 100,000 | 114,424 | 14,424 | 1,000,000 |
| | ₩500,000 | ₩527,120 | ₩72,120 | |

〈20×1.12.31 분개〉

| | | | |
|---|---|---|---|
| (차) 이 자 비 용 | 114,424 | (대) 현 금 | 100,000 |
| | | 사채할인발행차금 | 14,424* |

* ₩72,120÷5=₩14,424

2. 유효이자율법

〈유효이자율법에 의한 사채할인발행차금 상각표〉

| 일 자 | 액면이자 | 사채이자 | 사채차금상각 | 장부가액 |
|---|---|---|---|---|
| 20×1. 1. 1. | | | | ₩927,880 |
| 20×1. 12. 31. | ₩100,000 | ₩111,346 | ₩11,346 | 939,226 |
| 20×2. 12. 31. | 100,000 | 112,707 | 12,707 | 951,933 |
| 20×3. 12. 31. | 100,000 | 114,231 | 14,231 | 966,164 |
| 20×4. 12. 31. | 100,000 | 115,940 | 15,940 | 982,104 |
| 20×5. 12. 31. | 100,000 | 117,896 | 17,896*1 | 1,000,000 |
| | ₩500,000 | ₩527,120 | ₩72,120 | |

*1 단수조정

<20×1. 12. 31. 분개>

| | | | |
|---|---|---|---|
| (차) 이 자 비 용 | 111,346*2 | (대) 현 금 | 100,000 |
| | | 사채할인발행차금 | 11,346 |

*2 ₩927,880×12%=₩111,346

## 3. 사채의 상환

사채의 만기일에는 사채의 장부금액이 액면금액과 동일한 금액이 되므로 상환손익이 발생하지 않는다. 그러나 사채를 만기일 이전에 조기상환하거나 차환하는 경우에는 사채발행시점의 시장이자율과 상환일 현재 시장이자율의 차이에 따라 사채상환손익이 발생한다. 즉, **사채의 장부금액은 사채 관련 잔여 미래현금흐름을 발행시점의 시장이자율로 할인한 금액이고, 사채의 상환가액은 사채 관련 잔여 미래현금흐름을 상환시점의 시장이자율로 할인한 금액**이므로 시장이자율이 상승(하락)하면 사채상환이익(손실)이 발생한다. 물론 이자지급일 사이에 상환하는 경우에는 상환일까지의 발생이자를 우선 계산하여 정확한 장부금액을 계산한 후에 상환손익을 계상하여야 한다.

### 사례 6 사채상환

[사례 5]을 이용하여 사채의 만기 상환시 회계처리를 제시하라. 만약 동서회사가 유효이자율법으로 차금상각 한다면 20×2년 초 사채를 ₩950,000에 조기 상환하였을 경우 회계처리를 제시하라.

**핵심해설**

1. 만기 상환시

| | | | |
|---|---|---|---|
| (차) 사 채 | 1,000,000 | (대) 현 금 | 1,000,000 |

2. 조기 상환시

| | | | |
|---|---|---|---|
| (차) 사 채 | 1,000,000 | (대) 현 금 | 950,000 |
| 사채상환손실 | 10,774 | 사채할인발행차금 | 60,774* |

* ₩72,120−₩11,346=₩60,774

## 4. 자기사채

자기사채(treasury bonds)는 사채발행회사가 만기 이전에 자기회사의 사채를 취득하여 소각하지 않고 보유하고 있는 사채를 말한다. 자기사채를 취득한 경우에는 취득목적에 관계없이 사채의 상환으로 회계처리하고, 자기사채의 취득경위 및 향후 처리계획 등을 주석으로 기재해야 한다.

자기사채 취득 후에 자기사채를 소각할 경우에는 자기사채 취득 시 이미 사채의 상환으로 회계처리 하였기 때문에 아무런 회계처리를 할 필요가 없으나, 자기사채를 소각하지 않고 재발행하게 되면 새로운 사채를 발행하는 것처럼 회계처리한다.

### 사례 7 자기사채

(1) ㈜안건은 20×1년 7월 1일 액면가액 ₩8,000,000의 사채를 ₩7,600,000에 발행하였다. 동 사채의 만기일은 20×5년 6월 30일이다.
(2) 이자지급일은 매년 6월 30일 연 1회 지급하며 표시이자율은 10%이다.
(3) 회계기간은 1월 1일부터 12월 31일까지이며, 사채할인발행차금은 정액법으로 상각한다.

1. 20×2. 12. 31. 자금사정의 호전으로 위 사채를 ₩7,850,000에 취득하였을 경우의 회계처리를 하시오.
2. 20×3. 7. 1. 위 사채를 매각하지 아니하고 소각할 경우 회계처리를 하시오.
3. 20×3. 7. 1. 위 사채를 ₩7,800,000에 매각하였을 경우 회계처리를 하시오.

**핵심해설**

1. 20×2. 12. 31.

| (차) 사 채 | 8,000,000 | (대) 현 금 | 7,850,000 |
|---|---|---|---|
| 미 지 급 이 자 | 400,000 | 사채할인발행차금 | 250,000 |
| | | 사채상환이익 | 300,000 |

2. 2007. 7. 1. 소각시
분개 없음.

3. 2007. 7. 1. 매각시

| (차) 현 금 | 7,800,000 | (대) 사 채 | 8,000,000 |
|---|---|---|---|
| 사채할인발행차금 | 200,000 | | |

* 사채신규발행과 같은 형태이며, 사채액면과 매각금액과의 차이는 신규발행과 같이 사채할인발행차금으로 회계처리한다.

## 5. 연속상환사채

연속상환사채(serial bonds)는 만기일이 하나로 고정되어 일시에 전액이 상환되는 것이 아니라, 여러 번에 걸쳐 연속적으로 분할 상환되는 사채를 말한다. 연속상환사채에서 할인, 할증액의 상각은 이자비용으로 조정되므로, 매년 사채원금부분이 달라짐에 따라 그에 비례하여 상각하여야 하기 때문에 **할증액 또는 할인액상각시 정액법 대신 이의 변형인 미상환잔액비례법을 대용으로 사용하거나 유효이자율법을 사용하여야 한다.**

### 사례 8 연속상환사채

(1) 20×1년 1월 1일에 산동회사는 액면 ₩900,000, 연 5% 매년 1월 1일에 ₩300,000씩 3년간 분할 상환하는 연속상환사채를 발행하였다.
(2) 이자는 매년 12월 31일에 지급하며, 이 사채의 발행시 시장이자율은 6%이다.

1. 사채의 발행가액(현금수입액)은 얼마인가?
2. 유효이자율법을 적용하여 사채발행차금상각표를 작성하라.
3. 유효이자율법에 의한 20×1년도와 20×2년 초 원금상환 분개를 하라.
4. 미상환잔액비례법에 의한 20×1년도와 20×2년 초 원금상환 분개를 하라.

**핵심해설**

1. 사채의 발행가액

| | |
|---|---|
| 사채(원금)만기가치의 현가 : ₩300,000×2.67302= | ₩801,906 |
| 사채이자의 현재가치 | 81,747 |
| 사채발행가액 | ₩883,653 |

〈사채이자의 현재가치〉

| 연도 | 미상환사채의 액면가액 | 액면이자(5%) | 현가 계수(6%) | 사채이자의 현재가치 |
|---|---|---|---|---|
| 20×1 | ₩900,000 | ₩45,000 | 0.94340 | ₩42,453 |
| 20×2 | 600,000 | 30,000 | 0.89000 | 26,700 |
| 20×3 | 300,000 | 15,000 | 0.83962 | 12,594 |
| | | ₩90,000 | 2.67302 | ₩81,747 |

2. 할인발행차금상각 : 유효이자율법 사채발행차금상각표

| 연 도 | 원금상환 | 유효이자 | 액면이자 | 차금상각 | 장부가액 |
|---|---|---|---|---|---|
| 20×1. 1. 1. | | | | | ₩883,653 |
| 20×1. 12. 31. | ₩300,000 | ₩53,019 | ₩45,000 | ₩8,019 | 591,672 |
| 20×2. 12. 31. | 300,000 | 35,500 | 30,000 | 5,500 | 297,172 |
| 20×3. 12. 31. | 300,000 | 17,830 | 15,000 | 2,828* | – |
| | ₩900,000 | ₩106,349 | ₩90,000 | ₩16,347 | |

* 단수차이를 조정함.

3. 분 개

〈20×1. 1. 1.〉 (차) 현 금 883,653 (대) 사 채 900,000
사채할인발행차금 16,347

〈20×1. 12. 31.〉 (차) 이 자 비 용 53,019 (대) 현 금 45,000
사채할인발행차금 8,019

〈20×2. 1. 1.〉 (차) 사 채 300,000 (대) 현 금 300,000

4. 미상환잔액비례법 사채발행차금상각표

| 연 도 | 액면이자 | 기초상환잔액 | 비율 | 차금상각 | 사채이자비용 |
|---|---|---|---|---|---|
| 20×1. 12. 31. | ₩45,000 | ₩900,000 | 9/18 | ₩8,173*2 | ₩53,173 |
| 20×2. 12. 31. | 30,000 | 600,000 | 6/18 | 5,449 | 35,449 |
| 20×3. 12. 31. | 15,000 | 300,000 | 3/18 | 2,725*1 | 17,725 |
| | ₩90,000 | ₩1,800,000 | | ₩16,347 | ₩106,347 |

*1 단수차이를 조정함. *2 $₩16,347 \times \frac{9}{18} = ₩8,173$

〈20×1. 1. 1.〉 (차) 현 금 883,653 (대) 사 채 900,000
사채할인발행차금 16,347

〈20×1. 12. 31.〉 (차) 이 자 비 용 53,173 (대) 현 금 45,000
사채할인발행차금 8,173

〈20×2. 1. 1.〉 (차) 사 채 300,000 (대) 현 금 300,000

## OX 문제

1 금융상품의 발행자가 금융상품의 보유자에게 현금 등 금융자산을 인도하여야 할 계약상 의무를 회피할 수 있다면 금융부채로 분류한다.

2 선수금과 선수수익 또는 미지급법인세, 금융보증 등은 금융부채가 아니다.

3 금융부채의 장부금액 변동은 당기손익으로 인식한다.

4 금융보증계약이나 시장이자율보다 낮은 대출약정은 충당부채, 우발부채 및 우발자산기준서(제1037호)에 따라 결정한 금액으로 측정한다.

5 금융부채 발행과 직접 관련되는 거래원가는 최초 인식하는 공정가치에서 차감하여 측정한다.

6 금융부채는 보유기간 중 당기손익인식항목으로 재분류하거나, 당기손익인식항목에서 다른 범주로 분류변경해서는 절대 안된다.

7 지속적 관여로 인하여 제거의 조건을 충족하지 않는 금융자산의 양도에 관한 회계처리의 경우 양도된 자산과 이와 관련된 부채는 상계하지 않는다.

8 기존 금융부채의 조건이 실질적으로 변경된 경우에도 최초의 금융부채를 제거하고 새로운 금융부채를 인식하여야 하는데, 이때 최초의 유효이자율을 적용한다.

9 사채발행비가 발생하는 경우 사채의 시장이자율이 유효이자율 보다 크다.

10 유효이자율법 적용시, 사채할인발행차금 상각액은 사채의 상환일로 갈수록 체증하지만, 사채할증발행차금 상각액은 갈수록 체감한다.

11 사채를 조기상환할 때, 상환일의 시장이자율이 발행일의 시장이자율보다 상승하게 되면 사채상환이익이 발생한다.

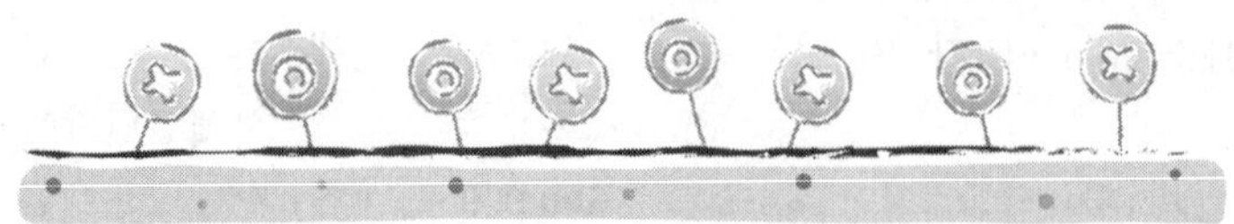

## 객 관 식 문 제

**01** 다음은 ㈜세계의 사채와 관련된 자료이다.

(1) 12월 말 결산법인인 ㈜세계는 20×1년 1월 1일 액면 ₩10,000,000의 사채를 발행하였다.
(2) 이 사채의 표시이자율은 10%(이자 지급 시기는 매 연도말)이고, 만기는 20×2년 12월 31일이다.
(3) 20×1년 12월 31일 ㈜세계는 동 사채의 10%를 ₩1,100,000에 취득하였으며, 20×1년 결산 종료 후 사채할인발행차금 잔액은 ₩161,100이다.
(4) 한편, 20×2년 1월 말에 ㈜세계는 잔존 사채의 채권자와 사채의 만기를 1년 연장하기로 합의하였다.

㈜세계의 20×1년도 재무제표가 이사회에서 최종 승인되는 날은 20×2년 2월 5일이다. ㈜세계의 이 사채에 대한 다음의 설명 중 타당하지 않은 것은? 단, 이자율은 소수점 셋째 자리에서 반올림한다. ➤ 공인회계사 수정

① 20×1년 사채발행시 시장이자율은 12%이다.
② 20×2년의 자기사채 취득과 관련하여 ₩117,900의 손실이 발생한다.
③ 20×2년 말 재무상태표에 자기사채는 표시되지 않는다.
④ 사채의 만기연장 합의내용은 20×1년도 재무제표에 주석으로 기재한다.
⑤ 20×1년 말 재무상태표에 위 사채를 비유동부채로 분류한다.

**02** ㈜동화는 20×1년 1월 1일에 액면금액 ₩3,000,000, 표시이자율 6%, 3년에 걸쳐 매년 말 이자지급과 원금 ₩1,000,000씩을 상환하는 연속상환사채를 발행하였다. 사채의 발행가격은 얼마인가? 단, 사채발행시의 유효이자율은 8%이고 사채발행비는 없다. 또한 모든 계산금액은 소수점 첫째 자리에서 반올림하며, 이 경우 약간의 오차가 나타날 수 있다. ➤ 공인회계사 수정

| 할인율 | 단일금액 ₩1의 현재가치 | | | 정상연금 ₩1의 현재가치 | | |
|---|---|---|---|---|---|---|
| | 1년 | 2년 | 3년 | 1년 | 2년 | 3년 |
| 6% | 0.9434 | 0.8900 | 0.8396 | 0.9434 | 1.8334 | 2.6730 |
| 8% | 0.9259 | 0.8573 | 0.7938 | 0.9259 | 1.7833 | 2.5771 |

① ₩2,641,259　② ₩2,703,342　③ ₩2,765,391
④ ₩2,823,256　⑤ ₩2,894,178

03 다음은 ㈜JC가 20×1년 기초에 발행한 사채와 관련된 자료이다.

액 면 가 액 : ₩3,000,000
발 행 일 : 20×1년 1월 1일
만 기 일 : 발행 후 3년
표시이자율 : 연 8% 매년 말 지급
발행시 유효이자율 : 연 10%

| 할인율 | 단일금액 ₩1의 현재가치 | | | 정상연금 ₩1의 현재가치 | | |
|---|---|---|---|---|---|---|
| | 1년 | 2년 | 3년 | 1년 | 2년 | 3년 |
| 8% | 0.9259 | 0.8573 | 0.7938 | 0.9259 | 1.7833 | 2.5771 |
| 10% | 0.9091 | 0.8264 | 0.7513 | 0.9091 | 1.7355 | 2.4868 |

사채발행차금을 유효이자율법으로 회계처리하는 ㈜JC가 20×2년 3월 31일에 상기 사채를 ₩3,150,000(미지급이자 포함)에 매입하였다면, 사채상환손실은 얼마인가? 단, 모든 계산금액은 소수점 첫째 자리에서 반올림하며, 이 경우 약간의 오차가 나타날 수 있다.

➤ 공인회계사 수정

① ₩54,614　② ₩91,800　③ ₩181,800
④ ₩241,800　⑤ ₩254,195

04

> (1) ㈜대전은 액면가 ₩100,000, 액면이자율 연 5%, 만기 3년, 매년 12월 31일 이자 지급의 조건으로 사채를 발행하였다.
> (2) 이 사채의 액면에 기재된 발행일은 20×1년 1월 1일이지만 ㈜대전이 동 사채를 실제로 발행한 것은 20×1년 4월 1일이었다.
> (3) ㈜대전의 사채와 동일한 위험수준을 갖는 다른 회사의 사채가 시장에서 연 8%의 할인율로 거래되고 있으며 만약 ㈜대전이 20×1년 1월 1일에 사채를 발행하였다면 ₩92,269의 현금을 수취하였을 것이다.

㈜대전의 사채에 대한 다음의 설명 중 옳지 않은 것은? 단, 소수점 첫째자리에서 반올림한다. ➤ 공인회계사 수정

① 20×1년 4월 1일 발행시 ㈜대전이 수령하는 현금은 ₩94,114이며 이 중에는 미지급사채이자 ₩1,250이 포함되어 있다.
② ㈜대전이 사채발행일에 계상하는 사채할인발행차금은 ₩7,136이다.
③ ㈜대전이 사채발행일부터 만기까지 인식해야 하는 총이자비용은 20×1년 1월 1일부터 만기까지의 총이자비용 ₩22,731에서 1월 1일부터 3월 31일까지의 미지급사채이자 ₩1,250을 차감한 ₩21,481이 된다.
④ ㈜대전이 20×1년 1월 1일에 사채를 발행하였다면 사채할인발행차금은 ₩7,731으로 이 경우 만기까지 인식하는 총이자비용은 ₩22,731이 된다.
⑤ ㈜대전이 20×2년도에 인식해야 하는 이자비용은 ₩7,572이며 ㈜대전이 발행한 사채의 20×2년도 말 장부가액은 ₩97,222이다.

05

> (1) ㈜한국은 액면가액 ₩1,000,000(표시이자율 : 연 5%, 이자지급일 : 매년 12월 31일, 만기 3년)인 사채를 20×1년 1월 1일에 발행하였다.
> (2) 발행 당시 유효이자율은 연 4%이었으며, 20×1년 12월 31일 연 5%, 20×2년 12월 31일 연 6%로 변동하였다.
> (3) 이 회사는 유효이자율의 변동으로 20×2년 12월 31일 현금 ₩1,000,000을 지급하고 사채를 상환하였다.

이 사채에 대한 다음 서술 중 옳지 않은 것은? (현가계수는 주어진 자료를 사용하고, 계산금액은 소수점 첫째자리에서 반올림할 것) ➤ 공인회계사 수정

〈현가계수표〉

| 기간 \ 할인율 | 단일금액(기말 지급) | | | 정상연금 | | |
|---|---|---|---|---|---|---|
| | 4% | 5% | 6% | 4% | 5% | 6% |
| 1 | 0.96154 | 0.95238 | 0.94340 | 0.96154 | 0.95238 | 0.94340 |
| 2 | 0.92456 | 0.90703 | 0.89000 | 1.88610 | 1.85941 | 1.83340 |
| 3 | 0.88900 | 0.86384 | 0.83962 | 2.77510 | 2.72325 | 2.67302 |

① 20×1년 1월 1일 사채발행가액은 ₩1,027,755이다.

② 20×2년 12월 31일 사채이자는 ₩38,868이다.

③ 20×1년 12월 31일 사채의 시장가치는 액면가액과 같다.

④ 20×2년 12월 31일 사채상환이익은 ₩9,620이다.

⑤ 20×1년 말과 20×2년 말 유효이자율이 달라지더라도 발행자가 부담할 이자율은 동일하다.

# 주 관 식 문 제

**01 사채의 발행, 상각, 상환 : 유효이자율법**

다음 각 사채들은 상호 독립적이며, 회계기간은 1월 1일부터 12월 31일까지이다.

> [자료 1] 가라회사는 20×1년 2월 1일에 이자율 6%, 액면금액 ₩2,000,000의 사채를 발행하였다. 사채의 이자지급일은 2월 1일과 8월 1일이고, 만기일은 20×4년 8월 1일이다. 한편 발행시점에서의 시장이자율은 7%였다.
>
> [자료 2] 아라회사는 20×1년 6월 1일에 이자율 8%, 액면가액 ₩2,000,000의 사채를 발행하였다. 사채의 이자지급일은 6월 1일과 12월 1일이다. 만기일은 20×5년 6월 1일이며 발행당시의 시장이자율은 5%였다. 20×2년 9월 1일 아라회사는 액면가액 ₩400,000인 당사 발행사채를 ₩410,000에 재매입하였다(미지급이자 포함).

1. [자료 1]에 대한 20×2년까지 필요한 분개를 하시오.
2. [자료 2]에 대한 20×2년까지 필요한 분개를 하시오.

**02 이자지급일 사이의 사채발행**

결산일이 12월 31일인 한남회사는 아래와 같은 조건의 사채를 발행하였다. 이 사채는 20×1년 1월 1일로부터 이자가 기산되나, 실제로는 20×1년 4월 1일에 발행되었다. 유효이자율법을 적용하여 후속측정을 한다.

> (1) 액면가액 : ₩1,000,000(만기 3년)
> (2) 이 자 율 : 표시이자율(연 10%), 유효이자율(연 12%)
> (3) 이자지급일 : 매년 12월 31일(연 1회)
> (4) 20×2년 6월 30일에 ₩415,000을 지급하고, 사채 ₩400,000을 재매입하였다.

1. 20×1년 5월 1일에 사채발행으로 인한 현금유입액은 얼마인가?
2. 20×1년 12월 31일에 필요한 회계처리를 하라.
3. 20×2년 6월 30일에 필요한 회계처리를 하라.
4. 20×2년에 이자비용으로 인식한 금액은 얼마인가?

## 03 사채의 차환

(1) ㈜백두는 11년 전 1월 1일에 액면 ₩500,000 약정이자율 연 6%(이자지급일 매년 12월 31일) 만기 20년인 사채를 98%로 발행하였다.
(2) 사채발행차금은 정액법으로 상각하여 왔다. 그런데 20×5년도 1월 1일에 구사채 대신 액면 ₩500,000 약정이자율 9%(이자지급일 매년 말일) 만기 20년의 신사채를 발행하고, 이자율 6%의 구사채는 당시 시장이자율 9%에 의한 현재가치로 공개시장에서 매입 소각하였다.
(3) 회계기간은 1월 1일로부터 12월 31일이다.

1. 6% 사채발행시의 분개를 하시오.
2. 20×5년 1월 1일 사채발행에 따른 분개를 하시오.
3. 차환에 의한 구사채의 상환을 분개하시오.

## 04 연속상환사채

20×1년 1월 1일에 신의주㈜는 액면 ₩900,000, 연 5%, 매년 1월 1일에 ₩300,000씩 3년간 분할 상환하는 연속상환사채를 발행하였다. 이자는 매년 12월 31일에 지급하며, 이 사채의 발행시 시장이자율은 6%이다.

1. 사채의 발행가액(현금수입액)은 얼마인가?
2. 유효이자율법을 적용하여 사채발행차금상각표를 작성하시오.
3. 유효이자율법에 의한 20×2년 1월 1일까지의 회계처리를 하시오.

## 05 사채거래의 추정

(1) 20×1년 1월 1일 하나회사는 액면가액 ₩1,500,000인 사채를 발행하였다.
(2) 이 사채의 발행일은 20×1년 1월 1일이며, 만기일은 20×6년 1월 1일이다.
(3) 이자지급일은 매년 12월 31일이며, 20×3년 12월 31일 이후에 액면금액의 102%로 임의상환이 가능하다.
(4) 처음 2년 동안의 사채기간에 대해서 회계담당자는 다음과 같은 상각표를 작성하다.

| 날 짜 | 현 금 | 이 자 | 상각액 | 순장부가액 |
|---|---|---|---|---|
| 20×1. 1. 1. | | | | ₩1,380,210 |
| 20×1. 12. 31. | ₩90,000 | ₩110,410 | ₩20,410 | 1,400,620 |
| 20×2. 12. 31. | 90,000 | 112,050 | 22,050 | 1,422,670 |

위의 자료를 이용하여 다음 각 물음에 답하시오(금액과 %의 숫자는 소수점 이하에서 반올림할 것).

1. 이 사채의 액면이자율은 얼마인가?
2. 이 사채의 유효이자율은 얼마인가?
3. 20×3년 12월 31일에 해야 할 분개를 하시오.
4. 20×3년 12월 31일 재무상태표상에 위의 사채에 대한 공시를 하시오. 이 때 적절한 재무상태표 과목을 제시하시오.

## 06 금융부채의 조건변경

(1) ㈜청솔은 20×1년 1월 1일에 현금 ₩ 1,000,000을 1년간 차입하였다. (연 이자율 10%로 만기상환시 지급)
(2) ㈜청솔은 20×1년 12월 31일에 동 차입금의 만기를 20×5년 12월 31일로 연장하고, 연 이자율을 4%(이자는 매년 12월 31일 지급)로 하향조정하는 데 합의하였다.
(3) 20×1년 12월 31일 현재 시장이자율은 20×1년 1월 1일 시장이자율과 동일하게 10%이다. 20×1년 말 현재 미지급이자는 없다.

1. 20×1년 12월 31일에 금융부채 조건변경과 관련한 회계처리를 하라.
2. 20×2년 12월 31일, 이자비용 지급과 관련한 회계처리를 하라.

## OX문제

01 × : 계약상 의무를 회피할 수 있다면 지분상품으로 분류한다.

02 × : 품질보증의무 성격의 부채는 금융부채가 아니나, 금융보증은 금융부채이다.

03 ○

04 × : Max(① 또는 ②)
① 충당부채, 우발부채 및 우발자산기준서(제1037호)에 따라 결정한 금액
② 최초 인식금액에서 수익인식기준서(제1018호)에 따라 인식한 상각누계액을 차감한 금액

05 × : 당기손익인식금융부채의 경우에는 발생 즉시 당기손익으로 인식한다.

06 × : 다음의 경우에는 재분류가 가능하다.
① 신뢰성 있는 공정가치로 측정할 수 없었던 금융부채의 공정가치를 신뢰성있게 측정할 수 있게 된 경우
② 공정가치로 측정하는 것보다 상각후원가로 측정하는 것이 더 타당한 경우

07 ○

08 × : 실질적 조건 변경 여부의 판단은 최초의 유효이자율을 적용하고, 손익 계산시에는 현행시점의 유효이자율을 적용한다.

09 × : 사채의 유효이자율이 시장이자율 보다 크다.

10 × : 사채할증발행차금 상각액도 체증한다.

11 ○

## 객관식문제

| 01 | ⑤ | 02 | ⑤ | 03 | ③ | 04 | ③ | 05 | ② |
|---|---|---|---|---|---|---|---|---|---|

## 주관식문제

01 1. 가라회사

20×1. 2. 1. (차) 현 금 1,938,850* (대) 사 채 2,000,000
사채할인발행차금 61,150

* 이자율 3.5%, 7기, 원금 ₩2,000,000의 현재가치(₩2,000,000×0.78599 =₩1,571,980)+지급이자의 현재가치(₩60,000×6.11454=₩366,870) =₩1,938,850

20×1. 8. 1. (차) 사채이자 67,860 (대) 현 금 60,000
사채할인발행차금 7,860

20×1. 12. 31. (차) 사채이자 56,780 (대) 사채할인발행차금 6,780*
미지급사채이자 50,000

* 5/6×₩8,130=₩6,780

20×2. 2. 1. (차) 사채이자 11,360 (대) 현 금 60,000
미지급사채이자 50,000 사채할인발행차금 1,360*

* 1/6×₩8,130=₩1,360

20×8. 1. (차) 사채이자 68,420 (대) 사채할인발행차금 8,420
현 금 60,000

20×2. 12. 31. (차) 사채이자 57,260 (대) 사채할인발행차금 7,260
미지급사채이자 50,000

사채할증발행차금 상각표－유효이자율법(액면이자율 3%, 시장이자율 3.5%)－

| 날 짜 | 액면이자 | 사채이자 | 사채할인발행차금 | 사채장부가액 |
|---|---|---|---|---|
| 20×1. 2. 1. | － | － | － | ₩1,938,850 |
| 20×1. 8. 1. | ₩60,000 | ₩67,860* | ₩7,860 | 1,946,710 |
| 20×2. 2. 1. | 60,000 | 68,130 | 8,130 | 1,954,840 |
| 20×2. 8. 1. | 60,000 | 68,420 | 8,420 | 1,963,260 |
| 20×3. 2. 1. | 60,000 | 68,710 | 8,710 | 1,971,970 |
| 20×3. 8. 1. | 60,000 | 69,020 | 9,020 | 1,980,990 |
| 20×4. 2. 1. | 60,000 | 69,330 | 9,330 | 1,990,320 |
| 20×4. 8. 1. | 60,000 | 69,680 | 9,680 | 2,000,000 |

* ₩1,938,850×3.5%=₩67,860

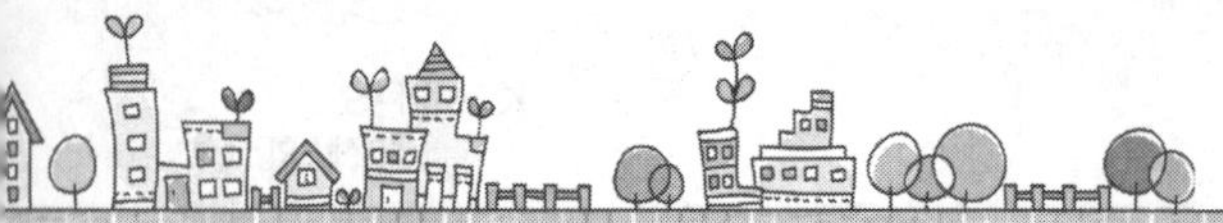

2. 아라회사

20×1. 6. 1. (차) 현 금 2,215,110* (대) 사채할증발행차금 215,110
사 채 2,000,000

* 이자율 2.5%, 8기, 원금 ₩2,000,000의 현재가치(₩2,000,000×0.82075 =₩1,641,150)+지급이자의 현재가치(₩80,000×7.17014=₩573,610) =₩2,215,110

20×1. 12. 1. (차) 사채이자 55,380 (대) 현 금 80,000
사채할증발행차금 24,620

20×1. 12. 31. (차) 사채이자 9,130*1 (대) 미지급사채이자 13,340*2
사채할증발행차금 4,210*3

*1 1/6×₩54,760=₩9,130
*2 1/6×₩80,000=₩13,340
*3 1/6×₩25,240=₩4,210

20×2. 6. 1. (차) 사채이자 45,630*1 (대) 현 금 80,000
미지급사채이자 13,340
사채할증발행차금 21,030*2

*1 5/6×₩54,760=₩45,630
*2 5/6×₩25,240=₩21,030

20×2. 9. 1. (차) 사채이자 5,410*1 (대) 현 금 8,000*2
사채할증발행차금 2,590

*1 ₩2,165,250×(₩400,000/₩2,000,000)×2.5%×(3/6)=₩5,410
*2 ₩400,000×4%×3/6=₩8,000

(차) 사 채 400,000 (대) 현 금 410,000
사채할증발행차금 30,460* 사채상환이익 20,460

* ₩215,110−₩24,620−₩25,240)×(1/5) − ₩2,590=₩30,460

20×2. 12. 1. (차) 사채이자 43,300*1 (대) 현 금 64,000
사채할증발행차금 20,700*2

*1 ₩2,165,250×2.5%×(4/5)=₩43,300
*2 ₩25,860×0.8=₩20,700

20×2. 12. 31. (차) 사채이자 7,130*1 (대) 미지급사채이자 10,670
사채할증발행차금 3,540*2

*1 ₩53,480×(4/5)×(1/6)=₩7,130
*2 ₩26,520×(4/5)×(1/6)=₩3,540

사채할증발행차금 상각표－유효이자율법(액면 4%, 시장이자율 2.5%)－

| 날짜 | 액면이자 | 사채이자 | 사채할증발행차금상각 | 사채장부가액 |
|---|---|---|---|---|
| 20×1. 6. 1. | － | － | － | ₩2,215,110 |
| 20×1. 12. 1. | ₩80,000 | ₩55,380* | ₩24,620 | 2,190,490 |
| 20×2. 6. 1. | 80,000 | 54,760 | 25,240 | 2,165,250 |
| 20×3. 12. 1. | 80,000 | 54,130 | 25,870 | 2,139,380 |
| 20×3. 6. 1. | 80,000 | 53,480 | 26,520 | 2,112,860 |
| 20×4. 12. 1. | 80,000 | 52,820 | 27,180 | 2,085,680 |
| 20×4. 6. 1. | 80,000 | 52,140 | 27,860 | 2,057,820 |
| 20×5. 12. 1. | 80,000 | 51,440 | 28,560 | 2,029,260 |
| 20×5. 6. 1. | 80,000 | 50,740 | 29,260 | 2,000,000 |

* ₩2,215,110×2.5%=₩55,380

02 1. 사채발행시점의 현금유입액

- 20×1년 1월 1일 사채의 현재가치
  ₩100,000×2.4018(기간 3, 12% 연금현가계수)+₩1,000,000×0.7118(기간 3, 12% 현가계수)=₩951,980
- 20×1년 4월 1일 사채의 시장가치(현금유입액)
  최초 발행시점 사채가액+발생된 실질(시장)이자
  =₩951,980+₩951,980×12%×(3/12)=₩980,539

<참고 : 20×1년 4월 1일 분개>

| (차) 현　　금 | 980,539 | (대) 사　　채 | 1,000,000 |
|---|---|---|---|
| 사채할인발행차금 | 44,461 | 미지급이자 | 25,000* |

* ₩1,000,000×10%×3/12=₩25,000

|  | 사채이자 | 액면이자 | 차금상각액 | 장부가액 |
|---|---|---|---|---|
| 20×1. 1. 1. | － | － | ₩(44,461) | ₩951,980 |
| 20×1. 12. 31. | ₩114,238 | ₩100,000 | 14,238 | 966,218 |
| 20×2. 12. 31. | 115,946 | 100,000 | 15,946 | 982,164 |
| 20×3. 12. 31. | 117,836 | 100,000 | 17,836 | 1,000,000 |

2. 20×1. 12. 31.의 분개

| (차) 미지급이자 | 25,000 | (대) 현　　금 | 100,000 |
|---|---|---|---|
| 이 자 비 용 | 85,678* | 사채할인발행차금 | 10,678 |

* ₩951,980×12%×(9/12)=₩85,678

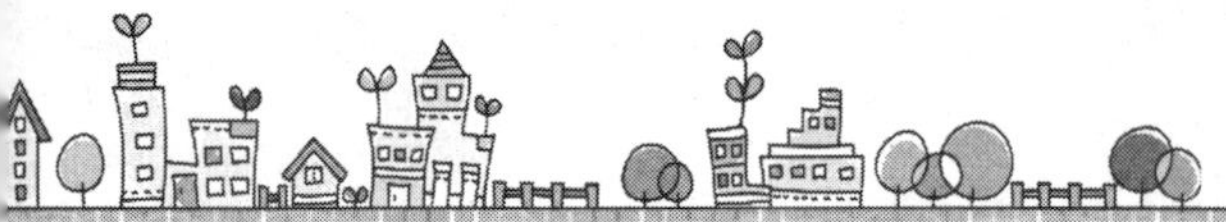

3. 20×2. 6. 30.의 분개

| | | | |
|---|---|---|---|
| (차) 이 자 비 용 | 23,189*1 | (대) 미지급이자 | 20,000*2 |
| | | 사채할인발행차금 | 3,189 |
| (차) 사　　채 | 400,000 | (대) 사채할인발행차금 | 8,900*3 |
| 미지급이자 | 20,000 | 현　　금 | 415,000 |
| 사채상환손실 | 3,900 | | |

*1 ₩966,218×12%×6/12×40%=₩23,189
*2 ₩1,000,000×10%×6/12×40%=₩20,000
*3 (₩44,461−₩14,238)×40%−₩3,189=₩8,900

4. 20×2년도에 인식한 이자비용

① 상환한 부분 : ₩115,946×40%×6/12=　₩23,189
② 미상환된 부분 : ₩115,946×60%×12/12= ₩69,568
₩92,757

03 1. 6% 사채발행시의 회계처리

| | | | |
|---|---|---|---|
| (차) 현 금 예 금 | 490,000* | (대) 사　　채 | 500,000 |
| 사채할인발행차금 | 10,000 | | |

* ₩500,000×98%=₩490,000

2. 9% 차환사채의 발행(20×5년 1월 1일)

| | | | |
|---|---|---|---|
| (차) 현 금 예 금 | 500,000 | (대) 사　　채 | 500,000 |

* 액면이자율과 시장이자율이 같으므로 액면발행 된다.

3. 구사채의 상환(20×5년 1월 1일)

| | | | |
|---|---|---|---|
| (차) 사　　채 | 500,000 | (대) 사채할인발행차금 | 4,500*1 |
| | | 현　　금 | 410,056*2 |
| | | 사채상환이익 | 85,444 |

*1 ₩10,000×9/20=₩4,500
*2 사채액면가액의 현재가치 : ₩500,000×0.4604*　=₩230,200
사채이자의 현재가치 : ₩500,000×6%×5.9952** =₩179,856
상환가액의 현재가치　₩410,056

* r=9%의 9년 현가계수(9년은 구사채의 잔존년수)
** r=9%의 9년의 연금현가계수(구사채 이자(6%)의 현재가치 계산)

04 **1. 사채의 발행가액**

(1) 발행가액(현금수입액) : 시장이자율 6%로 할인

| | |
|---|---|
| 사채 원금의 현재가치 : ₩300,000×2.6730 = | ₩801,900 |
| 사채이자의 현재가치* | 81,747 |
| 사채발행가액(시장가치) | ₩883,647 |

* 사채이자의 현재가치

| | 미상환사채의 액면가액 | 액면이자(5%) | 현가계수(6%) | 사채이자의 현재가치 |
|---|---|---|---|---|
| 20×1.12.31 | ₩900,000 | ₩45,000 | 0.9434 | ₩42,453 |
| 20×2.12.31 | 600,000 | 30,000 | 0.8900 | 26,700 |
| 20×3.12.31 | 300,000 | 15,000 | 0.8396 | 12,594 |
| | | ₩90,000 | | ₩81,747 |

(2) 사채할인발행차금

₩900,000(액면)－₩883,647(발행가액)＝₩16,353

**2. 할인발행차금상각표 : 유효이자율법**

| | 유효이자 (A=E×6%) | 액면이자 (B)5% | 차금상각 (C=A−B) | 원금상환 (D) | 장부가액 (E=전기말 BV+C−D) |
|---|---|---|---|---|---|
| 20×1. 1. 1 | − | − | − | − | ① ₩883,647 |
| 20×1.12.31 | ② ₩53,019 | ③ ₩45,000 | ④ ₩8,019 | ⑤ ₩300,000 | ⑥ ₩591,666 |
| 20×1.12.31 | 35,500 | 30,000 | 5,500 | 300,000 | 297,166 |
| 20×1.12.31 | 17,830 | 15,000 | 2,834* | 300,000 | 0 |

* 단수차이 ₩4를 가산 조정함.

**3. 분개**

20×1. 1. 1.(발행시)

| | | | | |
|---|---|---|---|---|
| (차) 현　　금 | 883,647 | (대) 사　　채 | | 900,000 |
| 사채할인발행차금 | 16,353 | | | |

20×1. 12. 31.(이자지급시)

| | | | |
|---|---|---|---|
| (차) 이 자 비 용 | 53,019 | (대) 현　　금 | 45,000 |
| | | 사채할인발행차금 | 8,091 |

20×2. 1. 1.(원금상환시)

| | | | |
|---|---|---|---|
| (차) 사　　채 | 300,000 | (대) 현 금 예 금 | 300,000 |

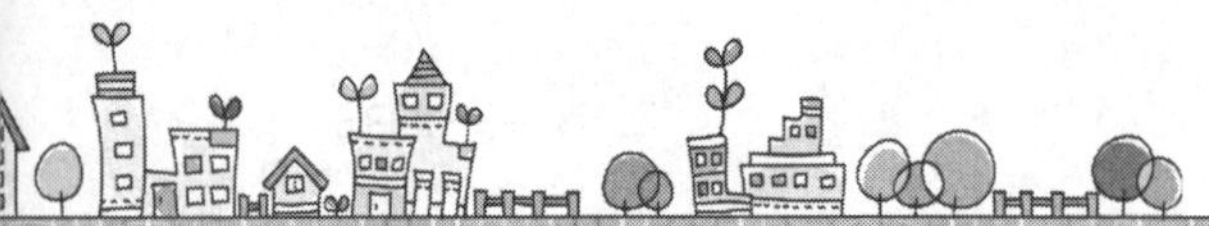

05 1. ₩90,000/₩1,500,000=6%

2. ₩110,410/₩1,380,210≒8%

3. 
| | | | |
|---|---|---|---|
| (차) 사 채 이 자* | 113,814 | (대) 현 금 | 90,000 |
| | | 사채할인발행차금 | 23,814 |

* ₩1,422,670×6%=₩113,814

4. 

재무상태표

| | | | |
|---|---|---|---|
| | 고정부채 : | | |
| | 사 채 | ₩1,500,000 | |
| | 사채할인발행차금* | 53,516 | ₩1,446,484 |

* (₩1,500,000−₩1,380,210)−₩20,410−₩22,050−₩23,814=₩53,516

06 1. **20×1년 12월 31일 조건 변경된 차입금의 현재가치**

₩40,000×3.1699(기간 4, 10% 연금현가계수)+₩1,000,000×0.6830(기간 4, 10% 현가계수)=₩ 809,796

∴ 실질적인 조건변경임.

| | | | | |
|---|---|---|---|---|
| 20×1. 12. 31. | (차) 단기차입금 | 1,000,000 | (대) 장기차입금 | 809,796 |
| | | | 금융부채조정이익 | 190,204 |

2. **20×2년 이자지급시 회계처리**

| | | | | |
|---|---|---|---|---|
| 20×2. 12. 31 | (차) 이 자 비 용 | 80,980 | (대) 현 금 | 40,000 |
| | | | 장기차입금 | 40,980 |

Chapter 09

# 충당부채와 우발부채

**학습목표**

본 장에서는 충당부채와 우발부채를 구분하고, 충당부채의 측정, 변제 및 사용의 회계처리를 살펴본다. 그리고 충당부채의 인식과 측정기준을 몇 가지 사례에 적용하여 설명한다. 또한 보론에서는 한국채택국제회계기준 제1019호(종업원급여) 규정을 살펴본다.

**＊ 관련 한국채택국제회계기준**

기업회계기준서 제1037호 '충당부채 · 우발부채 및 우발자산'
기업회계기준서 제2101호 '사후처리 및 복구관련 충당부채의 변경'
기업회계기준서 제1019호 '종업원 급여'

## 01절 충당부채와 우발부채의 의의

매입채무나 차입금 등 대부분의 부채는 미래의 채무변제시기와 지급금액이 정해져 있는데, 이를 '확정부채'라 한다. 그러나 **지급해야할 의무의 존재 여부와 그 내용이 불확실한 경우도 있는데, 이를 확정부채에 대응하여 '충당부채(provision)'라고 한다. 즉 충당부채는 지출의 시기나 금액이 불확실한 부채를 말한다.**

한국채택국제회계기준에서는 부채를 금융부채와 그 이외의 부채로 구분하여 규정하고 있다. 금융부채는 제8장에서 살펴보았으므로, 본 장에서는 기업회계기준서 제1037호 충당부채, 우발부채 및 우발자산을 중심으로 금융부채 이외의 부채와 관련된 회계처리를 살펴본다.

### 1. 충당부채의 인식

충당부채는 다음의 세 가지 요건을 모두 충족하는 경우에 인식한다.

① 과거사건의 결과로 현재의무(법적의무 또는 의제의무)가 존재한다.

② 당해 의무를 이행하기 위하여 경제적 효익이 내재된 자원이 유출될 가능성이 높다.

③ 당해 의무의 이행에 소요되는 금액을 신뢰성 있게 추정할 수 있다.

현재의무를 발생시키는 과거사건을 **의무발생사건**이라고 한다. 의무발생사건이 되기 위해서는 당해 사건으로부터 발생된 의무를 이행하는 것 외에는 실질적인 대안이 없어야 한다. 드문 경우이지만 현재의무의 존재 여부가 불분명한 경우가 있다. 이러한 경우 이용할 수 있는 모든 증거를 고려하여 보고기간말에 현재의무가 존재할 가능성이 존재하지 아니할 가능성보다 높은 경우에는 과거사건이 현재의무를 발생시킨 것으로 간주한다.

재무제표는 미래 시점의 예상 재무상태가 아니라 보고기간말의 재무상태를 표시하는 것이므로, 미래영업을 위하여 발생하게 될 비용에 대하여는 충당부채를 인식하지 아니한다. 재무상태표에 인식되는 부채는 보고기간말에 존재하는 부채에 국한한다.

충당부채로 인식되기 위해서는 과거사건으로 인한 의무가 기업의 미래행위와 독립적이어야 한다. 예를 들어, 불법적인 환경오염으로 인한 범칙금이나 환경정화비용의 경우에는 기업의 미래행위에 관계없이 당해 의무의 이행에 경제적 효익이 내재된 자원의 유

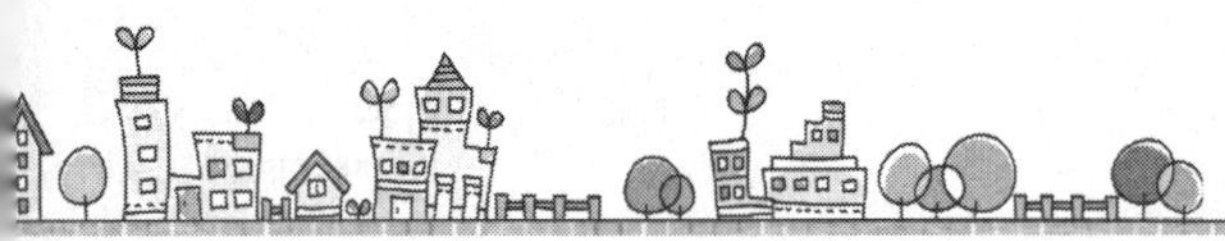

출이 수반되므로 충당부채를 인식한다. 마찬가지로 유류설비나 원자력 발전소에 의하여 이미 발생한 피해에 대하여 기업의 복구의무가 있는 범위 내에서 유류설비 또는 원자력 발전소의 사후처리원가를 충당부채로 인식한다. 반면, 법에서 정하는 환경기준을 충족시키기 위해서 또는 상업적 압력 때문에 공장에 특정 정화장치를 설치하기 위한 비용지출을 계획하고 있거나 그런 비용지출이 필요한 경우에는 공장운영방식을 바꾸는 등의 미래행위를 통하여 미래의 지출을 회피할 수 있으므로 당해 지출은 현재의무가 아니며 충당부채도 인식하지 아니한다.

어떤 사건은 발생 당시에는 현재의무를 발생시키지 아니하나 추후에 의무를 발생시킬 수 있다. 예를 들어, 발생한 환경오염에 대하여 지금 당장 복구할 의무가 없는 경우에도 추후 새로운 법규가 그러한 환경오염을 복구하도록 강제하거나 기업이 그러한 복구의무를 의제의무로서 공식적으로 수용한다면, 당해 법규의 제·개정시점 또는 기업의 공식적인 수용시점에 그 환경오염은 의무발생사건이 된다. 한편 입법 예고된 법규의 세부사항이 아직 확정되지 않은 경우에는 당해 법규안대로 제정될 것이 거의 확실한 때에만 의무가 발생한 것으로 본다.

충당부채로 인식하기 위해서는 현재의무가 존재하여야 할 뿐만 아니라 당해 의무의 이행을 위하여 경제적 효익을 갖는 자원의 유출가능성이 높아야 한다. 이때 **유출가능성이 높다는 의미는 특정 사건이 발생할 가능성이 발생하지 아니할 가능성보다 높은 경우(즉, 50% 초과 발생가능성)[1]**를 의미한다.

제품보증 등과 같이 다수의 유사한 의무가 있는 경우 의무이행에 필요한 자원의 유출가능성은 당해 유사한 의무 전체를 고려하여 결정한다. 비록 개별항목의 의무이행에 필요한 자원의 유출가능성이 높지 않더라도 전체적인 의무이행을 위하여 필요한 자원의 유출가능성이 높을 경우에는 충당부채를 인식한다.

---

1) 일반기업회계기준(14.4)에서는 충당부채를 인식하기 위한 조건으로 자원의 유출가능성이 매우 높아야 한다고 규정하고 있다.

## 2. 우발부채와 우발자산

우발부채(contingent liabilities)는 다음의 '①' 또는 '②'에 해당하는 잠재적인 부채로 재무상태표에 부채로 인식할 수 없고 의무를 이행하기 위한 자원의 유출가능성이 아주 낮지 않는 한 주석으로 공시한다.

① 경제적 효익을 갖는 자원의 유출을 초래할 현재의무가 있는지의 여부가 아직 확인되지 아니한 잠재적 의무이다.

② 현재의무이지만 당해 의무를 이행하기 위하여 경제적 효익을 갖는 자원이 유출될 가능성이 높지 아니하거나 당해 금액을 신뢰성 있게 추정할 수 없어서 인식기준을 충족하지 못한다.

우발부채는 당초에 예상하지 못한 상황에 따라 변화할 수 있으므로 경제적 효익을 갖는 자원의 유출가능성이 높아졌는지 여부를 결정하기 위하여 지속적으로 검토한다. 과거에 우발부채로 처리하였더라도 충당부채의 인식조건을 충족한 기간에는 재무제표에 충당부채로 인식한다.

**제3자와 연대하여 의무를 지는 경우**에는 이행할 전체의무 중 제3자가 이행할 것으로 기대되는 부분(예 전체의무 중 1/2 부분)을 우발부채로 처리한다. 왜냐하면 제3자가 이행하지 못하는 경우에는 회사가 이행할 책임이 있기 때문이다. 한편 당해 의무 중에서 경제적 효익을 갖는 자원의 유출가능성이 높은 부분에 대하여 충당부채를 인식한다.

충당부채와 우발부채의 구분방법은 다음 <그림 1>과 같다.

한편 **우발자산(contingent assets)**은 과거사건에 의하여 발생하였으나 기업이 전적으로 통제할 수 없는 하나 이상의 불확실한 미래사건의 발생 여부에 의하여서만 그 존재가 확인되는 잠재적 자산을 말한다.

우발자산은 미래에 전혀 실현되지 아니할 수도 있는 수익을 인식하는 결과를 초래할 수 있기 때문에 재무제표에 인식하지 아니한다. 그러나 수익의 실현이 거의 확실시 된다면 관련 자산은 더 이상 우발자산이 아니므로 당해 자산을 인식하는 것이 타당하다.

우발자산은 경제적 효익의 유입가능성이 높은 경우에만 공시한다. 우발자산은 관련 상황변화가 적절하게 재무제표에 반영될 수 있도록 지속적으로 검토한다.

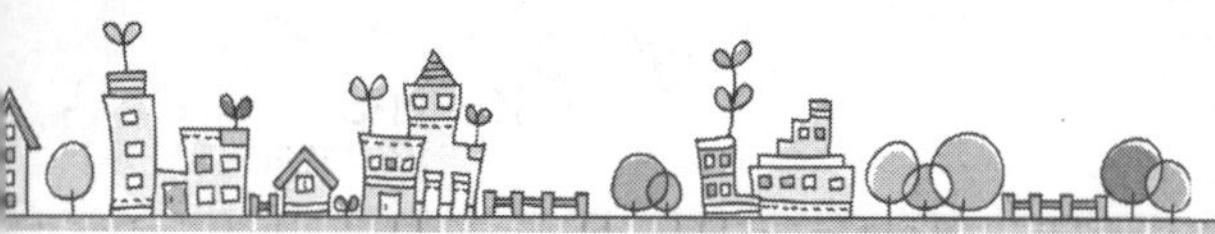

**그림 1 충당부채와 우발부채의 구분 및 공시**

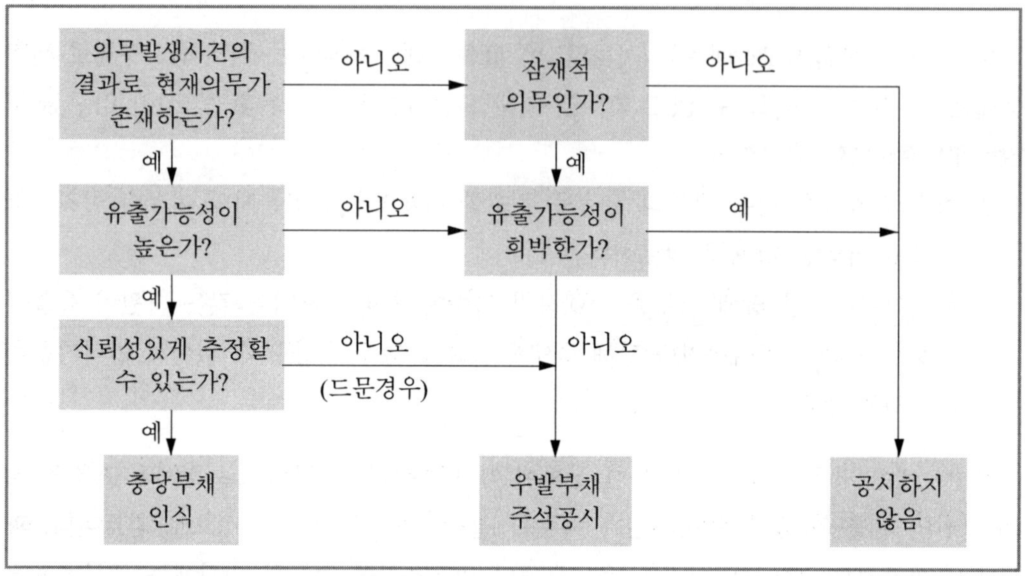


상황변화로 인하여 경제적 효익이 유입될 것이 거의 확실시 되는 경우에는 그러한 상황변화가 발생한 기간의 재무제표에 그 자산과 관련 이익을 인식한다.

## 사례 1 충당부채의 인식

한솔회사는 20×1년 12월 31일 현재 여러 우발상황을 가지고 있다. 감사인이 발견한 우발상황은 다음과 같다.

(1) 20×1년 8월에 한솔회사는 소송에 계류되어 20×1년 12월 초에 지방법원으로부터 ₩7,000,000의 패소판결을 받았다. 한솔회사는 이를 고등법원에 항소하였고, 한솔회사의 고문변호사는 항소심에서 금액을 50% 정도 낮출 수 있다는 것이 거의 확실하다(probable)고 말한다. 항소심은 적어도 1년이 걸리는데 한솔회사는 이에 대한 회계처리를 하지 않고 있다.

(2) 20×1년 7월 한솔회사는 공업용폐수로 인하여 무심천을 오염시켰다는 이유로 청주시에 의해 소송을 제기 당했다. 청주시가 승소할 가능성은 높지 않고, 그 금액은 ₩2,000,000보다는 크고 ₩2,500,000보다는 작을 것으로 추정된다. 한솔회사는 이에 대한 회계처리를 하지 않고 있다.

(3) 한솔회사는 20×1년도 주원료 공급업체인 한남회사가 대한은행으로부터 대출받은 차입금 ₩5,000,000에 대하여 보증을 하기로 결정하였다. 한남회사는 재정적인 문제 때문에 ₩5,000,000에 대해 지불보증을 서면 이중 60% 밖에 회수하지 못할 것이 거의 확실시(probable)된다. 이에 대한 회계처리를 하지 않고 있다.

(4) 한솔회사는 화재와 상해위험에 대해 자가보험정책을 실시해 왔다. 20×1년 초의 보험준비금잔액은 ₩2,500,000이었다. 20×1년 동안 ₩750,000이 보험료계정 차변과 보험준비금계정 대변에 기입되었다. 20×1년 동안 실제로 발생한 손실에 대해 지불을 한 후의 보험준비금계정잔액은 20×1년 12월 31일 현재 ₩2,800,000이었다. 기초잔액은 20×1년과 유사한 전년도 활동의 결과로 인한 것이다.

(5) 한솔회사는 판매한 제품에 대하여 2년간 품질을 보증하는 조건으로 제품을 판매하고 있다. 과거 경험에 의하면 이러한 보증판매에 따라 매출액의 약 1% 정도의 보증비용이 발생하리라 추정된다. 20×1년도의 매출액은 ₩15,000,000 이었다. 이와 관련된 아무런 회계처리가 이루어지지 않았다.

(6) 한솔회사는 특허권을 침해했다는 이유로 20×1년도에 상주회사로부터 소송을 제기당했다. 한솔회사의 변호사는 상주회사가 승소할 가능성이 거의 확실하며, 그 금액은 ₩4,000,000에서 ₩4,500,000 사이로 추정되는데 가능성이 가장 높은 금액은 ₩4,200,000이다. 이에 대한 회계처리를 하지 않고 있다.

(7) 한솔회사가 사용하는 기계는 3년마다 주요 부품을 교체하도록 법적으로 강제화 되어, 이에 따라 3년마다 대규모 수선 및 부품교체를 해야 하는데, 3년 후 ₩5,000,000의 지출이 발생하리라 추정된다.

1. 위의 각 상황에 대하여 한솔회사가 재무제표에 어떻게 보고하여야 하는지를 설명하라.
2. 20×1년 12월 31일 한솔회사가 재무상태표에 충당부채로 보고해야 할 금액은?
3. 한솔회사가 장부를 수정하기 위한 분개를 제시하라.
4. 상황(6)에 대하여 상주회사는 어떤 회계처리를 하여야 하는가?

**핵심해설**

1. 거래별 해설

(1) 재무상태표 본문에 충당부채로 ₩3,500,000을 보고하고, 주석사항으로 항소에 의해 손실금액을 ₩7,000,000에서 ₩3,500,000으로 낮출 수 있다는 내용을 공시한다.

(2) 청주시로부터 소송을 제기당해 ₩2,000,000에서 ₩2,500,000 사이의 손실이 발생할 가능성이 있다는 내용을 주석으로만 공시한다.

(3) 타인의 보증으로 인하여 손실의 발생이 거의 확실하므로 ₩2,000,000을 충당부채로 재무상태표 본문에 보고하고 그 내용을 주석으로도 공시한다.

(4) 자가보험은 우발채무로 인식하여서는 아니된다. 다만, 이익잉여금에 대해 준비금을 설정

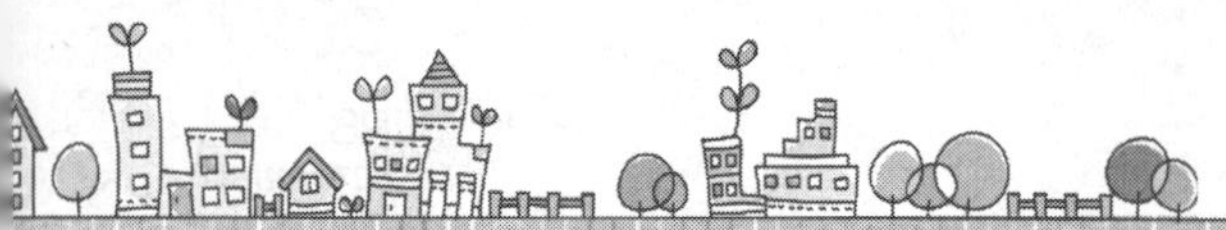

한 경우에는 이에 대한 내용을 주석으로 공시할 수 있다.

(5) 제품 보증판매는 법적의무를 발생시키므로 ₩150,000을 충당부채로 보고하여야 한다.

(6) 타회사의 특허권 침해로 인하여 손실의 발생이 확실한 경우 본문에 보고하여야 하는데 이 경우 ₩4,000,000과 ₩4,500,000이 될 수 있다는 내용을 주석으로 공시하고, 재무상태표에는 가장 가능성 높은 금액인 ₩4,200,000을 충당부채로 보고하여야 한다.

(7) 대규모 수선 및 부품교체에 따른 지출여부는 회사의 미래행위와 독립적이지 않다. 왜냐하면 3년 내에 기계를 처분하거나 폐기할 수 있기 때문이다. 따라서 충당부채를 인식하지 않는다.

**2. 재무상태표의 충당부채 금액**

(1) ₩3,500,000+(3) ₩2,000,000+(5) ₩150,000+(6) ₩4,200,000=₩9,850,000

**3. 수정분개**

| | | | | |
|---|---|---|---|---|
| (1) | (차) 소송비용 | 3,500,000 | (대) 소송충당부채 | 3,500,000 |
| (2) | 분개 없음 | | | |
| (3) | (차) 보증비용 | 2,000,000 | (대) 보증충당부채 | 2,000,000 |
| (4) | (차) 보험준비금 | 2,800,000 | (대) 보험료 | 750,000 |
| | 재해손실 | 450,000 | 이익잉여금 | 2,500,000 |
| (5) | (차) 품질보증비용 | 150,000 | (대) 품질보증충당부채 | 150,000 |
| (6) | (차) 소송비용 | 4,200,000 | (대) 소송충당부채 | 4,200,000 |
| (7) | 분개 없음 | | | |

**4. 상주회사의 회계처리**

상주회사는 소송에 의해 수익의 실현이 거의 확실시 된다. 따라서 관련 자산은 더 이상 우발자산이 아니므로 당해 자산과 관련 이익을 재무제표에 인식한다.

## 02절 충당부채의 측정

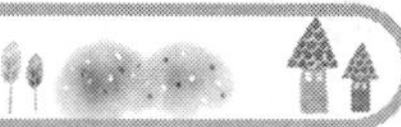

### 1. 최선의 추정치

충당부채로 인식하는 금액은 현재의무를 보고기간말에 이행하기 위하여 소요되는 지출에 대한 최선의 추정치이어야 한다. **최선의 추정치란 보고기간말에 의무를 이행하거나 제3자에게 이전시키는 경우에 합리적으로 지급하여야 하는 금액이다.**

충당부채로 인식하여야 하는 금액과 관련된 불확실성은 상황에 따라 판단한다. 측정하고자 하는 충당부채가 다수의 항목과 관련되는 경우에 당해 의무는 모든 가능한 결과와 그와 관련된 확률을 가중평균하여 추정한다. 이러한 통계적 추정방법을 기대가치라고 한다.

따라서 특정금액의 손실이 발생할 확률에 따라 충당부채로 인식하는 금액은 다르게 된다. 가능한 결과가 연속적인 범위 내에 분포하고 각각의 발생확률이 동일한 경우에는 당해 범위의 중간값을 사용한다.

하나의 의무를 측정하는 경우에는 가장 가능성이 높은 단일의 결과(최빈치)가 당해 부채에 대한 최선의 추정치가 될 수 있으나, 그러한 경우에도 기타 가능한 결과들도 고려한다. 만약 기타 가능한 결과들이 가장 가능성이 높은 결과보다 대부분 높거나 낮다면 최선의 추정치도 높거나 낮은 금액일 것이다. 예를 들어, 고객을 위하여 건설한 주요설비의 중대한 결함을 해결하여야 하는 경우 가장 가능성이 높은 결과는 한 차례의 시도로 ₩1,000의 원가를 들여 수선하는 것이다. 그러나 추가 수선이 필요할 가능성이 높다면 보다 많은 금액을 충당부채로 인식하여야 한다.

충당부채에 대한 최선의 추정치를 구할 때에는 관련된 사건과 상황에 대한 불가피한 위험과 불확실성을 고려한다. 그러나 불확실성을 이유로 과도한 충당부채를 계상하거나 부채를 고의적으로 과대표시하는 것은 정당화되지 않는다.

### 사례 2 충당부채 추정 (1)

㈜우암은 제품 구입 후 12개월 이내에 발생하는 제조상의 결함이나 다른 명백한 결함에 따른 하자에 대하여 제품보증을 실시하고 있다. 제품보증가능성에 대하여 다음과 같은 상황들이 발생한다고 가정할 경우 제품보증충당부채로 인식할 최선의 추정치는 얼마인가?

| 발생가능 상황 | 제품보증비용 | 발생확률 |
|---|---|---|
| 결함이 없는 경우 | ₩ 0억 | 75% |
| 중요하지 않은 결함 발견시 | 12억 | 20% |
| 치명적인 결함 발견시 | 48억 | 5% |

**핵심해설**

현금유출이 발생 가능한 경우가 여러 가지일 때 충당부채는 각 경우의 현금유출 추정액에 각각의 발생확률을 곱한 금액의 합계금액으로 인식할 수 있다. 따라서 위의 사례에서 최선의 추정치는 4.8억원(75%×0+20%×12억원+5%×48억원)으로 계산될 수 있다.

### 사례 3 충당부채 추정 (2)

㈜제비는 수주한 공사를 완성한 이후에 하자보수를 하는 경우, 하자보수 가능성에 대하여 다음과 같은 상황들이 발생한다고 가정하자. 상호 독립적인 사례 ㈎와 사례 ㈏ 각각의 경우에 설정해야할 충당부채는 얼마인가?

| 하자보수 가능성 | 하자보수금액 | 사례 ㈎ | 사례 ㈏ |
|---|---|---|---|
| 1회 하자보수 | ₩1,000,000 | 10 % | 30 % |
| 2회 하자보수 | ₩1,500,000 | 20 % | 27 % |
| 3회 하자보수 | ₩1,700,000 | 50 % | 23 % |
| 4회 하자보수 | ₩2,000,000 | 20 % | 20 % |

**핵심해설**

㈜제비의 현재의무를 이행하기 위한 현금유출이 여러 가지 금액으로 추정될 수 있는 경우에는 그 중 발생확률이 가장 높은 추정금액으로 충당부채를 인식할 수 있다. 다만, 그 밖의 발생 가능한 추정금액 대부분의 발생확률이 가장 높은 확률의 추정금액 보다 더 큰(더 작은) 경우에는 발생확률이 가장 높은 추정금액 보다 더 큰(더 작은) 추정금액이 최선의 추정치가 될 수 있다.

(1) 사례 ㈎ : 발생확률이 가장 높은 단일추정금액인 ₩1,700,000으로 충당부채를 설정할 수 있다.

(2) 사례 ㈏ : ₩1,000,000을 지출하여 단 한 번에 하자보수를 완전하게 완료할 확률이 가장 높다고 하더라도 충당부채는 ₩1,000,000보다 더 큰 금액으로 설정하여야 한다. 이때 ₩1,000,000보다 가장 발생확률이 높은 ₩1,500,000을 충당부채의 최선의 추정치가 될 수 있다.

## 2. 기타 고려사항

충당부채의 명목가액과 현재가치의 차이가 중요한 경우에는 **예상 지출액의 '현재가치'로 충당부채를 평가한다.** 현재가치 평가에 사용하는 할인율은 그 부채의 특유 위험과 화폐의 시간가치에 대한 현행 시장의 평가를 반영한 세전 이율이다. 이 할인율에 반영되는 위험에는 미래 현금흐름을 추정할 때 고려된 현금흐름 자체의 변동위험은 포함되지 아니한다.

현재의무를 이행하기 위하여 소요되는 지출금액에 영향을 미치는 '미래사건'이 발생할 것이라는 충분하고 객관적인 증거가 있는 경우에는 그러한 미래사건을 감안하여 충당부채 금액을 추정한다. 예를 들어, 내용연수 종료 후에 부담하여야 하는 오염지역의 정화에 필요한 원가는 미래의 기술변화에 따라 감소할 수 있다. 이 경우 부채 인식금액은 정화시점에 이용할 수 있는 기술에 대한 모든 이용가능한 증거를 기초로 하여 자격을 갖춘 독립적인 전문가의 합리적인 예측을 반영한다.

충분하고 객관적인 증거로 볼 때 새로운 법규가 제정될 것이 거의 확실시 된다면 당해 법규의 효과를 고려하여 충당부채를 측정한다. 그러나 일반적으로 새로운 법규가 제정되기 전까지는 충분하고 객관적인 증거가 존재하지 아니한다.

예상되는 자산처분이 충당부채를 발생시킨 사건과 밀접하게 관련되었더라도 당해 자산의 **예상처분이익**은 충당부채를 측정하는데 고려하지 않는다. 예를 들어, 토지반환 소송이 제기되어 소송에서 패소한다면 토지를 처분하여 현금으로 배상하게 되어있는 경우를 고려해 보자. 이때 소송에 패소할 가능성이 높아 충당부채를 계상하더라도, 토지 처분으로 인한 토지처분이익이 예상되더라도 이를 계상하지 않는다.

매 보고기간말마다 충당부채의 잔액을 검토하고, 보고기간말 현재 최선의 추정치를 반영하여 조정한다.[2] 의무이행을 위하여 경제적 효익을 갖는 자원이 유출될 가능성이

---

2) 기업회계기준서 제17호(충당부채와 우발부채, 우발자산)에서는 충당부채를 보고기간 말마다 그 잔액을 검토하고 보고기간 말 현재 최선의 추정치를 반영하여 증감 조정하도록 하였는데, 이 경우 당해 충당부채의 현재가치 평가에 사용할 할인율은 변동되지 않는 것으로 보고 당초에 사용한 할인율을 계속 적용하도록 하였다. 그러나 기업회계기준서 제1037호 문단 84에서는 현재가치로 평가한 충당부채의 기간경과에 따른 당기 증가금액 및 할인율 변동에 따른 효과를 공시하도록 하고 있다. 한편, 일반기업회계기준 제14장(충당부채, 우발부채 및 우발자산) 14 문단에서는 충당부채의 현재가치평가에 당초 할인률 또는 매보고기간 말의 할인율 중 한가지를 선택하여 계속 적용하도록 하며, 이러한 사항을 주석으로 기재하도록 하고 있다.

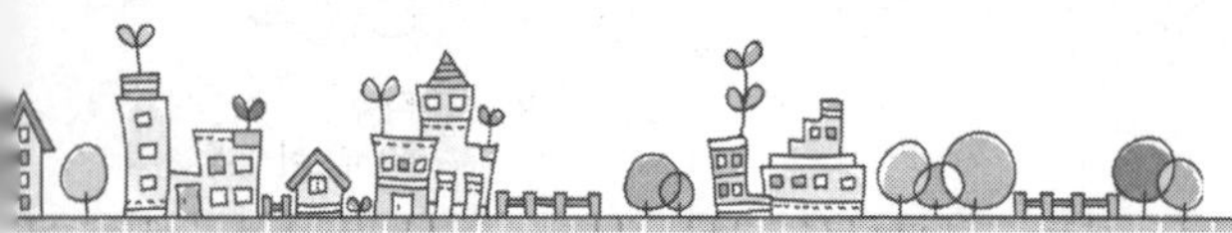

더 이상 높지 아니한 경우에는 관련 충당부채를 환입한다. 한편 충당부채를 현재가치로 평가하여 표시하는 경우에는 장부금액을 기간 경과에 따라 증가시키고 해당 증가 금액은 차입원가(이자비용)로 인식한다. 즉, 유효이자율법을 적용하여 차입원가를 인식하면서 당해 금액을 충당부채의 장부금액에 가산한다.

## 03절 충당부채의 변제 및 사용

충당부채를 결제하기 위하여 필요한 지출액의 일부 또는 전부를 제3자가 변제할 것이 예상되는 경우[3] 기업이 의무를 이행한다면 변제를 받을 것이 거의 확실하게 되는 때에 한하여 변제금액을 인식하고 별도의 자산으로 회계처리한다. 다만 자산으로 인식하는 금액은 관련 충당부채 금액을 초과할 수 없다.

**변제받을 것이 거의 확실하여 별도의 자산으로 인식한 금액과 충당부채를 상계표시해서는 안된다.** 그러나 충당부채와 관련하여 포괄손익계산서에 **인식된 비용은 제3자의 변제와 관련하여 인식한 수익과 상계하여 표시할 수 있다.** 한편 어떤 의무에 대하여 제3자와 연대하여 의무를 지는 경우에 이행하여야 하는 전체의무 중에서 제3자가 이행할 것으로 기대되는 부분에 한하여 우발부채로 공시하여야 한다. 충당부채는 최초 인식과 관련 있는 지출에만 사용한다. 다른 목적으로 인식된 충당부채를 어떤 지출에 대하여 사용하면 다른 두 사건의 영향이 적절하게 재무제표에 표시되지 않는다.

3) 기업이 의무이행을 위하여 지급한 금액을 보험약정이나 보증계약 등에 따라 제3자가 보전하여 주거나, 기업이 지급할 금액을 제3자가 직접 지급하는 경우가 이에 해당된다.

### 사례 4 충당부채의 변제

한국회사는 시골회사의 차입금 ₩50,000,000에 대하여 서울회사와 연대보증을 하였다. 한편 한국회사는 시골회사의 파산을 대비하기 위하여 보험회사에 ₩15,000,000의 대리변제 보험약정을 체결하였다. 시골회사가 경영상의 어려움으로 파산하였을 경우에 필요한 회계처리를 하라.

**핵심해설**

| | | | |
|---|---|---|---|
| (차) 손실부담계약손실 | 25,000,000 | (대) 손실부담계약충당부채 | 25,000,000 |
| (차) 미 수 금 | 15,000,000 | (대) 보증보험이익 | 15,000,000 |

* 전체 배상금액 중 한국회사가 부담할 금액(50%)을 충당부채로 인식하고, 서울회사가 부담할 것으로 기대되는 50%는 우발부채로 공시한다. 또한 대리변제 보험약정에 따라 보험회사로부터 받게 될 예상변제금액을 별도의 자산과 수익으로 각각 계상한다. 그러나 손실부담계약손실과 보증보험이익은 서로 상계하여 포괄손익계산서에 표시할 수 있다.

## 04절 인식과 측정기준의 적용

### 1. 미래의 예상 영업손실

미래의 예상 영업손실은 부채의 정의에 부합하지 아니할 뿐만 아니라 충당부채의 인식기준을 충족하지 못하므로 **충당부채로 인식하지 않는다.** 다만, 미래에 영업손실이 예상되는 경우에는 영업과 관련된 자산에 손상이 발생하였을 가능성이 있으므로 손상검사를 수행하여 손상차손의 인식을 고려하여야 한다.

### 2. 손실부담계약

**손실부담계약(onerous contracts)이란 계약상의 의무이행에서 발생하는 회피 불가능한 원가가 그 계약에 의하여 받을 것으로 기대되는 경제적 효익을 초과하는 계약을 말한다.**[4)]

---

4) 손실부담계약은 다음과 같은 경우에 발생한다.
① 수량과 가격이 확정되어 있고 회피할 수 없는 확정매입계약을 체결하였는데, 매입계약가

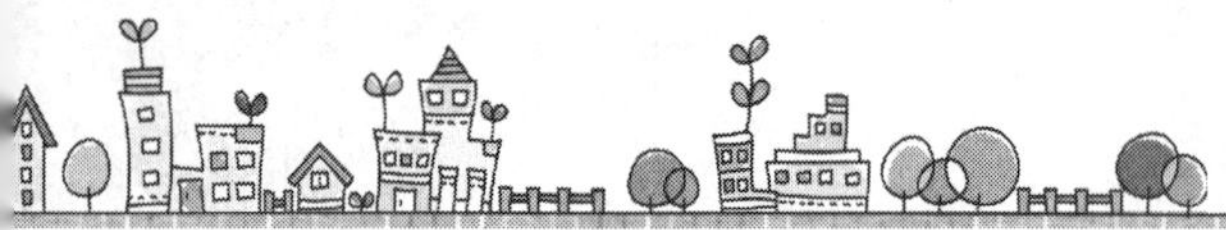

이때 회피 불가능한 원가는 계약을 해지하기 위한 최소순원가로서 다음의 '①'과 '②' 중에서 작은 금액을 말한다.

① 계약을 이행하기 위하여 소요되는 원가
② 계약을 이행하지 못하였을 때 지급하여야 할 보상금 또는 위약금

통상적인 구매주문과 같이 상대방에게 보상 없이 해약할 수 있는 계약은 아무런 의무가 발생하지 않는다. 그러나 당사자 간에 권리와 의무를 발생시키는 계약도 있으며 그런 계약이 특정 사건으로 인하여 손실부담계약이 될 경우 **충당부채를 인식한다**. 다만 손실부담계약에 대한 충당부채를 인식하기 전에 당해 손실부담계약을 이행하기 위하여 사용하는 자산에서 발생하는 손상차손이 있다면 이를 먼저 인식한다.

## 3. 구조조정

구조조정(reconstructuring)은 경영진의 계획과 통제에 따라 사업의 범위 또는 사업수행방식을 중요하게 변화시키는 일련의 절차를 말한다.[5)]

구조조정과 관련된 충당부채는 3가지 인식기준을 모두 충족하는 경우에만 인식한다. 한편 구조조정에 대한 의제의무는 다음의 요건을 모두 충족하는 경우에만 발생된다.

① 공식적이며 구체적인 계획에 의해 그 내용[6)]을 확인할 수 있어야 한다.

---

격이 순실현가능가치를 초과하는 경우
② 수량과 가격이 확정되어 있고 회피할 수 없는 확정판매계약을 체결하였는데, 판매계약수량이 보유재고수량을 초과하고 관련 상품의 시가가 상승하여 판매계약가격을 초과하는 경우
③ 해지불능 운용리스계약을 체결하였는데, 경제적 상황이 변동하여 리스자산을 사용할 수 없거나 리스자산의 사용으로 인한 효익이 당초의 기대를 충족시키지 못하게 될 경우

5) 구조조정의 정의에 해당할 수 있는 사건의 예는 다음과 같다.
① 일부 사업의 매각 또는 폐쇄
② 특정 국가 또는 특정 지역에 소재하는 사업체를 폐쇄하거나 다른 나라 또는 다른 지역으로 이전하는 경우
③ 특정 경영진 계층을 조직에서 없애는 등과 같은 조직구조의 변경
④ 영업의 성격과 목적에 중대한 변화를 초래하는 근본적인 사업구조조정

6) 다음에 열거하는 내용을 모두 확인할 수 있어야 한다.
① 구조조정 대상이 되는 사업 또는 사업의 일부
② 구조조정의 영향을 받는 주사업장 소재지
③ 해고에 따른 보상을 받게 될 것으로 예상되는 종업원의 근무지, 역할 및 대략적인 인원
④ 구조조정에 소요되는 지출

② 구조조정 계획의 이행에 착수하였거나 구조조정의 주요 내용을 공표함으로서 구조조정의 영향을 받을 당사자가 기업의 구조조정을 이행할 것이라는 정당한 기대를 가져야 한다.

영향을 받을 당사자에게 알려졌을 때 의제의무가 발생할 수 있는 충분한 구조조정계획이 되기 위해서는 당해 구조조정이 가능한 신속하게 착수될 수 있도록 계획되어야 하며 구조조정계획의 내용이 중요하게 변경될 여지가 없을 정도로 빠른 시기에 구조조정이 완결되어야 한다.

사업매각을 결정을 하고 그 결정을 대외에 공표하더라도 원매자와 구속력 있는 매각계약을 체결할 때까지는 매각의 이행이 약정된 것이 아니다. 왜냐하면 구속력 있는 매각계약을 체결할 때까지는 이미 내린 의사결정을 번복할 수도 있고 기업이 제시하는 조건에 맞는 원매자가 나타나지 않을 경우에 다른 방안을 강구할 수도 있기 때문이다. 구조조정의 일환으로 특정사업의 매각을 계획하는 경우 자산손상 여부를 우선 검토한다. 사업매각이 구조조정의 한 부분인 경우에는 사업매각과 관련된 구속력 있는 계약을 체결하기 전이라도 구조조정의 다른 부분에서 의제의무가 발생할 수 있다.

구조조정충당부채로 인식할 수 있는 지출은 구조조정과 관련하여 직접 발생하여야 하고 다음의 요건을 모두 충족하여야 한다.

① 구조조정과 관련하여 필수적으로 발생하는 지출

② 기업의 계속적인 활동과 관련 없는 지출

그러나 다음과 같은 지출은 미래의 영업활동과 관련된 것이므로 보고기간말에 구조조정충당부채로 인식하지 않는다.

① 계속 근무하는 종업원에 대한 교육 훈련과 재배치

② 마케팅

③ 새로운 제도와 물류체계의 구축에 대한 투자

구조조정을 완료하는 날까지 발생할 것으로 예상되는 영업손실은 충당부채로 인식하지 않는다. 다만, 손실부담계약과 관련된 예상영업손실은 충당부채로 인식한다. 또한 구조조정의 일환으로 자산의 매각을 계획하는 경우라도 구조조정과 관련된 자산의 예상처분이익은 구조조정충당부채를 측정하는 데 반영하지 않는다.

---

⑤ 구조조정계획의 이행시기

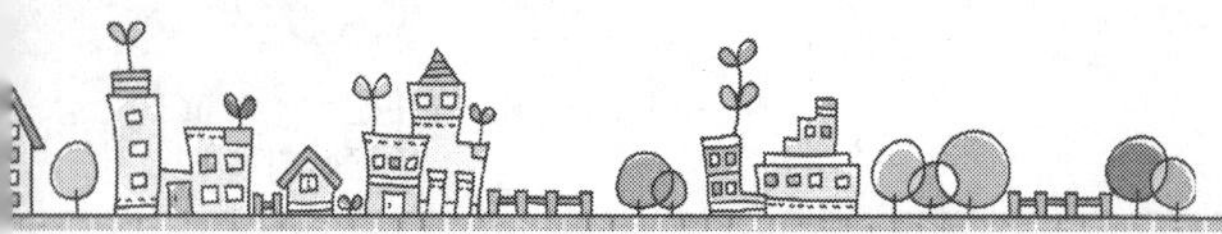

## OX 문제

1 충당부채를 인식해야 하는 의무는 법적의무 뿐만 아니라 의제의무도 포함되며, 당해 의무를 이행하기 위하여 경제적 효익을 갖는 자원의 유출될 가능성이 매우 높아야 한다.

2 충당부채로 인식되기 위해서는 과거사건으로 인한 의무가 기업의 미래행위와 관련되어야 한다.

3 우발자산은 자산의 유입가능성이 높고, 그 금액을 신뢰성 있게 측정할 수 있는 경우에만 주석으로 공시한다.

4 충당부채에 대한 화폐의 시간가치가 중요한 경우에는 현재가치로 평가하고, 장부금액을 기간 경과에 따라 증가시키고 해당 증가 금액은 차입원가로 인식한다.

5 충당부채를 결제하기 위하여 필요한 지출액의 일부 또는 전부를 제3자가 변제할 것이 예상되는 경우 기업이 의무를 이행한다면 변제를 받을 것이 거의 확실하게 되는 때에는 변제받을 금액을 차감하여 충당부채를 인식한다.

6 제3자와 연대하여 의무를 지는 경우에는 이행할 전체 의무 중 제3자가 이행할 것으로 기대되는 부분을 우발부채로 처리한다.

7 예상되는 자산처분이 충당부채를 발생시킨 사건과 밀접하게 관련되어 있을 경우 당해 자산의 예상처분손익을 충당부채를 측정하는데 고려하여야 한다.

8 미래의 예상 영업손실도 발생가능성이 높고, 그 금액을 신뢰성있게 추정할 수 있다면 충당부채로 인식한다.

9 미이행계약이라도 손실부담계약에 해당된다면 충당부채를 인식한다.

10 구조조정충당부채로 인식할 수 있는 지출로는 종업원에 대한 교육훈련과 재배치 및 새로운 물류체제의 구축에 대한 투자와 관련하여 발생하는 지출과 구조조정을 완료하는 날까지 발생할 것으로 예상되는 영업손실을 포함한다.

# 객 관 식 문 제

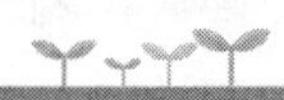

01 다음은 ㈜마켓넷의 자료이다.

(1) 마켓넷은 인터넷 종합쇼핑몰을 운영하고 있다. 판매 촉진을 위하여 ㈜마켓넷은 판매금액의 2%에 해당하는 포인트를 부여하고 있으며, 부여된 포인트는 1점당 ₩1의 비율로 상품구매금액과 교환되고 과거 경험상 90%가 사용된다.
(2) ㈜마켓넷의 20×1년 기초 포인트충당부채가 ₩50,000이었고, 20×1년중 총매출액이 ₩20,000,000이고, 사용된 포인트는 210,000점이다.

20×1년 ㈜마켓넷의 순매출액과 기말 포인트충당부채의 잔액은 얼마인가? 단, ㈜마켓넷은 구매고객에게 부여하는 포인트를 매출에누리로 처리하며, 상기자료 이외에 매출에 영향을 미치는 사건은 없다고 가정한다. ➤ 공인회계사 수정

| | 순매출액 | 포인트충당부채 잔액 |
|---|---|---|
| ① | ₩19,600,000 | ₩200,000 |
| ② | ₩19,600,000 | ₩240,000 |
| ③ | ₩19,640,000 | ₩200,000 |
| ④ | ₩19,640,000 | ₩240,000 |
| ⑤ | ₩19,820,000 | ₩230,000 |

02 충당부채에 대한 한국채택국제회계기준의 내용으로 타당한 것은? ➤ 공인회계사 수정

① 보유중인 자산이 수년에 한 번씩 대대적인 수리를 요하여 큰 금액의 지출을 필요로 하는 경우, 이는 충당부채의 인식요건을 충족한다.
② 현금유출 추정액이 단일 금액이 아닌 일정 범위로 추정되는 경우에는 그 범위 내의 금액 중 최소금액을 충당부채로 계상한다.
③ 사전 보험약정에 의해 보증회사가 대신하여 지급하는 부분이 있는 경우, 동 금액을 기업의 전체 의무금액에서 제외한 순액을 충당부채로 계상한다.
④ 충당부채는 화폐의 시간가치 효과가 중요한 경우에는 현재가치로 평가하는데, 이때 현재가치 평가에 사용하는 할인율은 부채의 특유위험과 미래 현금흐름을 추정위험 및 화폐의 시간가치에 대한 현행 시장의 평가를 반영한 세전 이자율이다.

⑤ 충당부채를 발생시킨 사건과 밀접하게 관련된 자산의 처분이익이 예상되는 경우에 당해 처분이익은 충당부채금액을 측정하는 데 고려하지 아니한다.

03 다음은 ㈜충경의 자료이다.

(1) ㈜충경은 20×1년 1월 1일 판매 촉진을 위하여 상품 1상자마다 경품교환에 사용할 수 있는 쿠폰 2개씩을 동봉하였다.
(2) 경품의 매입원가는 ₩1,500이며, 경품을 청구하기 위해서는 4개의 쿠폰과 ₩1,000의 현금을 제시하여야 한다.
(3) 20×1년 동안에 상품 10,000상자를 상자당 ₩2,000에 판매하였다.
(4) 회사의 과거 경험에 근거할 때 발행된 쿠폰의 40%가 회수될 것으로 추정되었으며, 이에 상당하는 양의 경품이 구매되었다.
(5) 20×1년 기간 중 총 500개의 경품이 쿠폰과 교환되었다.

㈜충경의 결산일이 12월 31일이라고 할 때 20×1년 말의 경품충당부채는 얼마인가?

➤ 공인회계사 수정

① ₩3,000,000 ② ₩2,250,000 ③ ₩937,500
④ ₩750,000 ⑤ ₩500,000

04 다음 중 충당부채 한국채택국제회계기준의 적용에 대한 설명으로 옳지 않은 것은?

➤ 공인회계사 수정

① 충당부채의 인식요건 중 자원유출의 발생가능성이 높다는 것은 발생확률이 50% 이상인 상황을 의미한다.
② 보증판매에 따라 보증청구가 있을 가능성이 높고, 그 금액에 대한 신뢰성 있는 추정이 가능한 경우 보증판매에 따른 하자보상비를 충당부채로 인식한다.
③ 제품에 대해 만족하지 못하는 고객에게 법적 의무가 없음에도 불구하고 환불해주는 정책을 펴고 있으며, 고객에게 이 사실이 널리 알려져 있는 경우 환불비용을 충당부채로 계상한다.
④ 대수선의 경우 법적으로 강제되어 있다 하더라도 충당부채로 인식하지 아니한다.
⑤ 화재, 폭발 등의 재해에 의한 재산상의 손실에 대비한 보험에 가입하고 있지 않을 때 보험 미가입으로 인하여 인식하여야 할 부채는 없다.

05 다음 중 한국채택국제회계기준에 따른 충당부채와 우발부채의 회계처리로 적당하지 않는 것은?

① 미래의 예상 영업손실은 충당부채로 인식하지 않는다.
② 구체적인 사업매각 계획을 대내외에 공표하였다면, 원매자와 구속력 있는 매각계약을 체결하지 않았다 하더라도 충당부채를 인식한다.
③ 제3자에 의한 변제에 따른 수익에 해당하는 금액은 충당부채 인식에 따라 계상될 관련 비용과 상계할 수 있다.
④ 운용리스조건을 임차한 기계를 사용할 수 없게 되었으나, 운용리스계약이 향후 3년간 해지할 수 없고 제3자에게 재리스 할 수도 없는 경우 충당부채를 인식한다.
⑤ 제3자와 연대하여 의무를 지는 경우 이행할 의무 중 본인이 이행할 부분은 충당부채로 인식하고 제3자가 이행할 부분은 우발부채로 주석에 기재한다.

06 다음 중 충당부채와 우발부채에 대한 한국채택국제회계기준의 설명으로 옳지 않은 것은?

➤ 세무사 수정

① 충당부채를 인식하기 위해서는 과거에 사건이나 거래가 발생하여 현재 의무가 존재하여야 한다.
② 충당부채를 설정하는 의무에는 명시적인 법규 또는 계약 의무는 아니지만 특별한 상황 또는 오랜 관행에 의해 기업이 이행해 온 의무도 포함된다.
③ 충당부채는 재무제표에 계상하는 부채인 반면, 우발부채는 재무제표에 계상할 수 없으며 주석으로만 기재할 수 있다는 점에서 차이가 있다.
④ 회사가 소유하고 있는 기계장치에 대해서 수년에 한 번씩 대규모 지출을 수반하는 수선이 필요한데, 이러한 대수선에 대한 법적의무의 존재 여부와 관계없이 회사는 대수선에 소요될 미래의 비용에 대해서 충당부채를 인식할 수 없다.
⑤ 환경관련 법에서 정하는 환경기준을 충족하기 위해서 공장건물에 정화장치를 설치해야 할 경우 당해 설치에 소요될 비용을 충당부채로 인식하여야 한다.

# 주 관 식 문 제

## 01 충당부채와 우발부채

다음의 독립적인 우발상황에 대하여 각각의 적절한 회계처리방법을 설명하라.
보고기간 말은 20×0년 12월 31일이고, 자원의 유출금액에 대하여 신뢰성 있는 추정이 가능하며, 자원의 유출가능성이 높다고 가정한다.

(1) ㈜한국은 판매시점부터 3년간 품질을 보증하는 조건으로 제품을 판매하였다. 판매일로부터 3년 이내에 제품의 결함이 발생하는 경우 수리 또는 교체해 주고 있다. 과거경험에 의하면, 이러한 보증판매에 따라 약간의 보증청구가 있을 가능성이 매우 높다.

(2) ㈜남북은 가방 도소매점이다. ㈜남북은 법적의무가 없음에도 불구하고 제품에 대해 만족하지 못하는 고객에게 환불해 주는 정책을 펴고 있으며, 이러한 사실은 고객에게 널리 알려져 있다.

(3) ㈜동서는 화재, 폭발 또는 기타 재해에 의한 재산상의 손실이나 손상에 대비한 보험에 가입하고 있지 않다.

(4) 20×0년 12월 2일에 이사회는 한 부서를 폐쇄하기로 결정했다. 보고기간 말 이전에 이러한 결정의 영향을 받는 어떤 누구에게도 결정내용이 전달되지 않았고 그 결정을 이행하기 위한 절차를 아직 착수하지 않았다.

(5) ㈜남해는 운용리스 조건으로 임차한 공장에서 수익성 있는 사업을 운영해오다가 20×0년 12월중에 다른 장소의 새로운 공장으로 이전하였다. 구 공장시설의 리스계약은 앞으로 4년간 해지할 수 없으며 다른 사용자에게 재리스할 수도 없다.

(6) 20×0년 10월, ㈜서해는 ㈜동해의 금전 차입에 대해 보증을 제공하였지만 그 당시 ㈜동해의 재무상태는 건전하였다. 그러나 다음 연도인 20×1년중에 ㈜동해의 재무상태가 악화되어 20×1년 6월 30일 법원에 화의를 신청하였다.

(7) 용광로를 사용하는 ㈜한강은 법률적인 요구사항은 아니지만 기술적인 이유 때문에 매 5년마다 용광로의 내벽을 교체해야 한다. 보고기간 말 현재 그 내벽은 향후 3년 동안 사용 가능한 것으로 판단된다.

(8) ㈜칠성은 석유화학제품제조업을 영위하면서 토지를 오염시키게 되었다. 토지 오염에 대한 법적 규제는 없으나 회사는 그러한 오염 토지를 복구한다는 환경정책을 대외적으로 표방하고 있다. 회사는 대외에 공표한 그 정책을 실제로 준수한 사실이 있다.

(9) ㈜대한은 일정기간 해상에서 석유를 채굴할 수 있는 권리를 취득하는 계약을 체결하였다. 이 계약에 따라 생산 종료시에는 유정굴착장치를 제거하고 해저를 원상복구하여야 한다. 이러한 원상복구비의 90%는 유정굴착장치를 제거하고, 이의 건설로 인해 발생한 해저 손상 부분을 복구하는 데 지출된다. 나머지 10%의 복구비는 석유의 채굴로 인해 발생하는 비용(오염제거비용)이다. 보고기간 말 현재 유정굴착장치가 완공되었으나 석유는 채굴하지 않은 상태이다.

(10) 새로이 제정된 법률에 따라 ㈜서울은 다음해 20×1년 6월 30일까지 공장에 공해여과장치를 설치하도록 규정하고 있다.

## 02 충당부채와 우발부채

다음은 결산일이 12월 31일인 ㈜고구려의 일부 독립적인 거래내용이다. 다음의 내용들이 20×1년도 재무제표에 적절히 반영되어 있지 않았다고 할 때, 20×1년도 정확한 재무제표를 작성하기 위한 올바른 회계처리를 하라.

(1) 20×0년 11월에 ㈜고구려는 ㈜한국의 은행차입금에 대하여 ㈜백제와 함께 연대보증을 제공하였는데, 20×1년도중에 ㈜한국의 재무상태가 악화되어 20×1년 12월에 은행차입금 ₩10,000,000을 상환하지 못한 채 파산하였다. ㈜고구려는 ㈜한국의 은행차입금에 대한 연대보증을 하면서, 채무불이행에 대한 위험에 대비하기 위하여 보증보험에 이미 가입하였으며, 보증보험회사로부터 ₩4,000,000이 지급될 것이 확실시 된다. ㈜고구려에서는 이와 관련하여 재무제표에 아무런 회계처리가 이루어지지 않고 있다.

(2) ㈜고구려는 비누제품 사업부를 폐쇄하기로 결정하고, 20×1년 12월 20일 이사회에서 구조조정계획을 승인한 후, 주요 내용들을 구체적으로 공표하였다. 구조조정과 관련하여 예상되는 지출이나 손실은 다음과 같다.

- 해고직원들의 퇴직위로금 : ₩3,000,000
- 계속 근무 직원들의 재배치비용 : ₩1,000,000
- 구조조정 완료시까지 예상되는 영업손실 : ₩2,000,000
- 구조조정 관련 자산 예상처분이익 : ₩700,000

(3) ㈜고구려는 12월 20일에 재고자산 100개를 ₩10,000에 구입하는 회피할 수 없는 확정매입계약을 체결하였다. 결산일 현재 재고자산의 판매가격이 하락하여 단위당 순실현가능가치가 ₩9,000으로 하락하였다.

(4) 정부는 20×2년부터 법인세 제도에 대한 많은 변경을 도입하기로 하였다. 이러한 변경으로 인하여 ㈜고구려는 다수의 관리 종업원과 판매 종업원을 교육훈련

할 필요가 있을 것으로 예상된다. 보고기간 말 현재 종업원에 대한 어떠한 교육훈련도 하지 않고 있으나, 교육훈련과 관련하여 ₩600,000의 지출이 추정된다.

## 03 우발손실과 우발이익

다음은 20×1년 현재에 아라회사가 당면한 상황들이다. 각각의 상황이 아라회사의 재무제표에 미치는 영향을 상황별로 설명하시오.

(1) 아라회사는 특허권침해죄로 법원에 제소되어 있다. 이 소송은 베델상사가 제기한 것인데 베델상사는 이 특허권을 15년 전에 취득하였다. 베델상사가 요구하는 손해배상액은 그렇게 큰 금액은 아니다. 이 소송에 대한 판결은 다음해 3월 13일에 내려질 것이며, 특허권 소멸시효는 17년인 것으로 가정한다.

(2) 아라회사가 속해있는 업종 전반에 걸쳐서 노사분규와 파업이 증가하고 있는데 아라회사에서도 이윤분배제도의 실시를 계속 지연시키면 파업하겠다는 통고를 노조로부터 받았다. 이에 대한 협상은 20×2년 8월 1일부터 이루어질 예정이다.

(3) 당기말에 아라회사는 정부로부터 발주받은 공사를 완성하였는데 현재 분쟁이 생겨 정부와 협상을 하고 있다. 만약 협상에서 아라회사가 패배하면 약 ₩80,000을 정부에 반환해 주어야 하는데, 이 금액은 회사의 입장에서 매우 중요한 금액이다. 아라회사는 협상에서 패할 확률이 높을 것으로 예상하고는 있으나 이에 대한 공시를 하지 않고 있다.

(4) 아라회사는 전년도 영업활동과 관련하여 납부한 법인세 가운데 상당금액에 대한 환급을 청구하였다. 아직 확정된 것은 아니지만 환급받을 것이 거의 확실한 것으로 회사에서는 확신하고 있다.

## 04 충당부채

(1) 하나회사는 판촉을 위하여 제품보증정책과 경품권정책을 시행하고 있다.

(2) 회사에서는 제품 ㈎에 대해서는 1년간 품질보증을 하고 있는데, 과거의 경험에 의하면 제품보증비가 매출액의 1%만큼 발생할 것으로 추정된다.

(3) 한편 제품 ㈏에 대해서는 경품권을 제공하고 있는데, 제품 ㈏ ₩200을 구입하는 고객에게는 경품권 한 장을 제공한다.

(4) 고객은 경품권 한 장과 ₩20을 지급하면 경품 1개를 받을 수 있다.

(5) 하나회사는 경품권과 교환해 줄 경품은 개당 ₩32에 매입하였으며 고객에게 제공한 경품권 중에서 약 60%가 경품과 교환될 것으로 추정되었다.

(6) 20×1년도중의 하나회사의 각 제품별 매출액은 다음과 같다.

| | |
|---|---|
| 제품㈎ | ₩5,400,000 |
| 제품㈏ | 1,800,000 |
| 총매출액 | ₩7,200,000 |

(7) 20×1년도에 제품 ㈎에 대하여 실제 지출된 제품보증비는 ₩80,000이었고, 구입한 경품은 6,200개였으며, 실제로 경품과 교환된 경품권은 6,000개였다.

(8) 하나회사는 제품보증비와 경품비용을 발생주의로 회계처리하는 데 이들과 관련된 계정들의 20×1년도의 기초 잔액은 다음과 같다.

| | |
|---|---|
| 제품보증충당부채 | ₩66,000 |
| 경　　품 | 35,200 |
| 미래에 교환될 기발행 경품권에 대한 충당부채 | 40,800 |

20×1년도 말의 재무제표에 표시될 다음 각 계정의 금액을 계산하시오.

1. 제품보증비
2. 제품보증충당부채
3. 경품비
4. 경품의 기말재고
5. 미래에 교환될 기발행경품권에 대한 추정부채

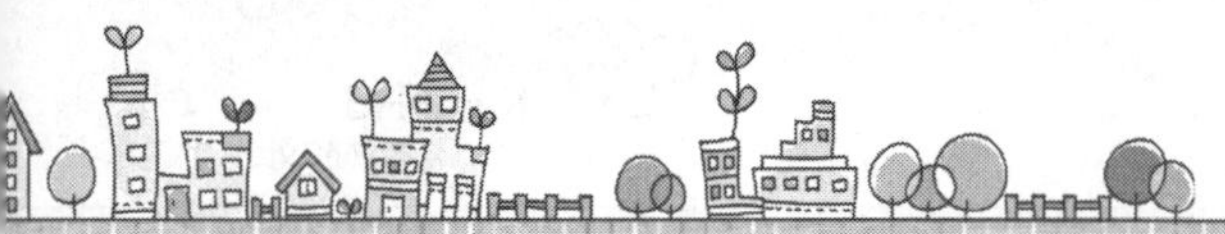

## 05 충당부채

청주상사는 제조한 대추술을 특수 제작한 술병에 담아 판매하고 있다. 매출 당시 청주상사는 술병대금을 대리점에서 받아둔 후, 매출일 기준으로 2년 이내에 회수되면 술병대금을 반환해주고 회수되지 않으면 판매된 것으로 회계처리하고 있다. 청주상사의 매출관련 자료는 다음과 같다.

(1) 20×1년 12월 31일 현재 회수되지 않은 술병
- 20×0년 매출 ₩109,500
- 20×1년 매출 ₩382,500

(2) 20×2년중 거래된 술병
- 20×2년에 판매된 것 ₩800,000
- 20×2년에 회수된 것 ₩722,500
  - 20×0년 매출분 ₩ 97,500
  - 20×1년 매출분 ₩215,000
  - 20×2년 매출분 ₩410,000

20×2년 말 재무상태표에 계상되어야 할 부채(술병대금)와 포괄손익계산서에 반영되어야 할 술병 매출액을 계산하시오.

## 06 충당부채

(1) ㈜컴맹은 제품 X에 대한 경품제도를 20×1년부터 실시하였고, 또한 회사제품 Y의 원활한 판매를 위하여 품질보증제도를 도입하였다.

(2) 제품 X는 1개 경품 딱지에 ₩60의 현금인환권을 함께 보낸 고객에게 게임 디스켓 1개를 주기로 하였는데 디스켓 원가는 ₩80이고, 고객발송비용은 ₩15이다.

(3) 제품 X(@₩150) 1개당 1개의 경품 딱지가 주어지는데, 판매 후 2년 동안 약 80%의 딱지가 회수될 것으로 추정된다.

(4) 제품 Y에 대한 제품보증비는 매출액의 1%가 발생할 것으로 추정하며, 판매보증추정부채(20×1년 말)는 ₩66,000이었다.

(5) 회사의 판매촉진과 관련된 지출내역은 다음과 같다.

| | 20×1년 | 20×2년 |
|---|---|---|
| 매입한 디스켓 | 2,600개 | 2,000개 |
| 판매된 제품 X | ₩450,000 | ₩420,000 |
| 판매된 제품 Y | ₩5,000,000 | ₩5,500,000 |
| 회수된 경품 딱지 | 1,541개 | 2,250개 |
| 20×1년 미회수된 딱지(20×2년 교환) | 600개 | |
| 20×2년 미회수된 딱지(20×3년 교환) | | 400개 |
| 지출된 제품 보증비(제품 Y) | – | ₩ 80,000 |

1. 제품 X에 대한 20×1, 20×2년도 회계처리를 하고 각 연도별로 재무상태표와 포괄손익계산서에 표시될 계정과 금액을 표시하시오.
2. 제품 Y의 품질보증에 관한 보증비용과 충당부채를 계산하고 회계처리를 하시오.

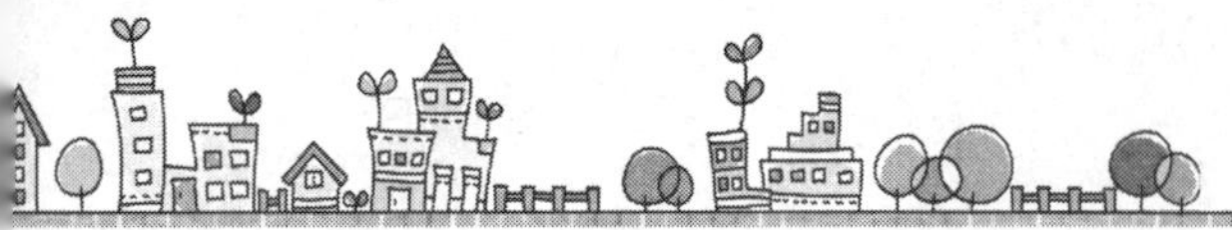



## OX문제

01 × : 자원이 유출될 가능성이 "높을"것이면 된다. 여기서 자원의 유출가능성이 높다는 것은 발생확률이 "50% 초과"인 경우를 의미한다.

02 × : 과거사건으로 인한 현재의무가 기업의 미래행위와 독립적이어야 한다.

03 × : 우발자산은 경제적 효익의 유입가능성이 높은 경우에만 공시하며, 수익의 실현이 거의 확실시 된다면 자산으로 인식한다. 그러나 신뢰성있는 측정은 우발자산을 공시하기 위한 필요조건이 아니다.

04 ○

05 × : 전체 의무를 충당부채로 인식하고, 변제 받을 금액을 별도 자산으로 인식한다.

06 ○

07 × : 관련 자산 처분에 대한 이익은 미래에 실제 발생하는 시점에서 인식한다.

08 × : 미래의 예상 영업손실은 부채의 정의를 충족하지 못한다.

09 ○

10 × : 미래 영업활동과 관련된 지출 및 미래 영업손실은 충당부채로 인식되지 않는다.

## 객관식문제

| 01 | ③ | 02 | ⑤ | 03 | ④ | 04 | ① | 05 | ② | 06 | ⑤ |
|---|---|---|---|---|---|---|---|---|---|---|---|

## ☑ 주관식문제

01 자원의 유출가능성이 높으며, 자원의 유출금액에 대하여 신뢰성 있는 추정이 가능하므로 과거사건에 따른 현재의무의 존재여부가 충당부채를 인식하는데 중요한 판정기준이 된다.

(1) 보증수리비용을 충당부채로 인식한다.

(2) 의제의무로서 충당부채 인식한다.

(3) 불확실성 높은 천재지변이므로 어떠한 회계처리도 이루어지지 않는다.

(4) 회계기말 현재 이미 부서 폐쇄결정이 이루어졌다고 하더라도, 구조조정 계획의 이행에 착수하지 아니하였고 또한 구조조정의 주요 내용을 공표함으로서 구조조정의 영향을 받을 당사자가 기업의 구조조정을 이행할 것이라는 정당한 기대를 가질 수 없기 때문에 충당부채를 인식할 수 없다.

(5) 손실부담계약에 해당하므로 충당부채를 인식한다.

(6) 보증을 제공하는 것은 금융상품의 금융보증계약의 정의를 충족한다. 따라서 20×0년 12월 31일 재무상태표에는 공정가치로 금융상품(금융보증충당부채 a/c)을 계상한다. 그러나 20×1년 12월 31일, 당해 법적의무를 이행하기 위하여 경제적 효익의 유출가능성이 높으므로 보증계약은 다음의 '①'과 '②' 중 큰 금액으로 측정한다.

① 의무에 대한 최선의 추정치(충당부채 추정액)

② 최초의 인식금액(공정가치)에서 적절한 상각누계액을 차감한 금액

(7) 수년에 한 번씩 대대적인 수리나 주요 부품의 교체는 충당부채로 인식하지 않고 지출이 이루어지는 시점에 그 지출액을 자본화하고 내용연수 동안 상각한다.

(8) 토지정화 원가에 대한 최선의 추정치를 자산의 취득원가와 충당부채로 계상한다.

(9) 유정굴착장치 제거 및 그 장기건설로 인한 해저손상부분의 원상 복에 관련된 원가(최종원가의 90%)에 대한 최선의 추정치로 충당부채를 인식한다. 이러한 원가는 유정굴착장치의 원가에 포함된다. 석유 채굴로 인하여 발생하는 나머지 10%의 원가는 석유를 채굴하는 때에 부채로 인식한다.

(10) 새로운 법규에 따르는 매연여과장치의 설치원가나 벌금에 대한 의무발생사건이 없으므로 충당부채를 인식하지 않는다. 그러나 20×1년 보고기간 말에는 매인여과장치 설치에 소요되는 원가에 대한 충당부채는 인식하지 않는다고 하더라도, 벌과금이 부과될 가능성이 그렇지 않을 가능성보다 높은 경우에는 이에 대한 최선의 추정치를 충당부채로 인식한다.

02 (1) (차) 미　수　금　　4,000,000*2　　(대) 채무보증충당부채　　5,000,000*1
채무보증손실　　1,000,000*3

*1 연대보증으로 제3자의 채무를 대신 지급하게 된 경우 회사가 부담할 금액은 충당부채로 인식하고 다른 회사가 부담할 금액은 우발부채로 그 내용을 주석으로 기재한다.

*2 보증보험에 가입하여 제3자인 보험사에 의한 변제가 가능할 경우, 전체 의무를 충당부채로 계상하고 변제받을 금액을 별도의 자산으로 인식한다.

*3 변제 받을 것이 거의 확실하여 별도의 자산으로 인식한 금액과 충당부채를 상계표시해서는 안된다. 그러나 충당부채와 관련하여 포괄손익계산서에 인식된 비용은 제3자의 변제와 관련하여 인식한 수익과 상계하여 표시할 수 있다.

(2) (차) 구조조정비용　　3,000,000　　(대) 구조조정충당부채　　3,000,000

* 계속 근무하는 직원에 대한 교육 훈련과 재배치비용, 마케팅비용, 새로운 제도와 물류체제의 구축에 대한 투자, 구조조정과 관련된 자산의 처분이익, 구조조정을 완료하는 날까지 발생할 것으로 예상되는 영업손실은 구조조정과 관계없이 독립적으로 발생한 것으로 보아 충당부채를 인식하지 아니한다.

(3) (차) 손실부담계약손실　　100,000　　(대) 손실부담계약충당부채　　100,000

* 손실부담계약을 체결하였으므로 손실예상액을 충당부채로 인식한다.
(₩10,000 − ₩9,000) × 100 = ₩100,000

(4) 교육훈련이라는 의무발생사건이 발생하지 않았으므로 충당부채를 인식하지 않는다.

03 (1) 계류중인 소송에 관해서는 경제적 효익의 유출 가능성과 측정의 신뢰성 정도에 따라 충당부채로 인식하거나 우발부채로 공시한다. 다만 경제적 효익의 유출될 가능성이 희박하다면 아무런 회계처리가 이루어지지 않는다. 금액이 작다 하더라도 예상되는 손해배상액을 충당부채로 계상한다.

(2) 천재지변, 중대한 사고, 파업, 화재 등 기업의 일반적인 위험과 관련된 우발손실은 재무제표 본문에 부채로 인식하기 위한 조건을 충족시키지 못한다. 따라서 이러한 위험으로부터 발생할 수 있는 손실을 재무제표상에 인식해서는 안되며, 주석으로 공시해서도 안된다. 이와 같이 처리해야 하는 이유는 우발손실은 모든 기업에 적용되는 것이며, 재무정보이용자들은 일반적인 기업환경을 잘 알고 있다고 가정하기 때문이다. 따라서 이러한 정보는 회계처리할 필요가 없다.

(3) 경제적 효익의 유출 가능성이 높고, 그 금액을 합리적으로 추정할 수 있으므로 충당부채를 인식하여야 한다.

(4) 우발자산은 경제적 효익의 유입가능성이 높은 경우에만 공시한다. 그러나 본 사례와 같이 법인세를 환급받는 것이 거의 확실한 경우에는 관련 자산은 더 이상 우발자산이 아니므로 일반적인 자산과 동일하게 인식하여야 한다.

04 1. 20×1년도의 제품보증비

| | |
|---|---|
| 제품㈎의 매출액 | ₩5,400,000 |
| 제품보증비의 추정발생비율 | ×1% |
| 제품보증비 | ₩54,000 |

2. 제품보증충당부채 기말잔액

| | |
|---|---|
| 기초잔액 | ₩66,000 |
| 실제 발생한 보증비용 | (80,000) |
| 당기 제품보증비용 추정액 | 54,000 |
| 기말잔액 | ₩40,000 |

3. 경품비

| | |
|---|---|
| 제품㈏의 매출액 | ₩1,800,000 |
| 발행된 경품권의 수(÷ ₩200) | 9,000개 |
| 교환될 것으로 추정된 비율 | ×60% |
| 교환될 경품의 수량 | 5,400개 |
| 경품의 순원가(₩32－₩20) | ×₩12 |
| 경품비 | ₩64,800 |

4. 경품의 기말재고

| | |
|---|---|
| 기초재고 | ₩35,200 |
| 당기매입액(₩32×6,200) | 198,400 |
| 당기에 교환된 경품(₩32×6,000) | (192,000) |
| 기말재고액 | ₩41,600 |

5. 미래에 교환될 기발행경품권에 대한 추정부채

| | |
|---|---|
| 기초잔액 | ₩40,800 |
| 실제 교환된 경품권의 순원가 | (72,000)* |
| 20×1년도의 경품비 발생액 | 64,800 |
| 추정부채 | ₩33,600 |

* (₩32－₩20)×6,000개＝₩72,000

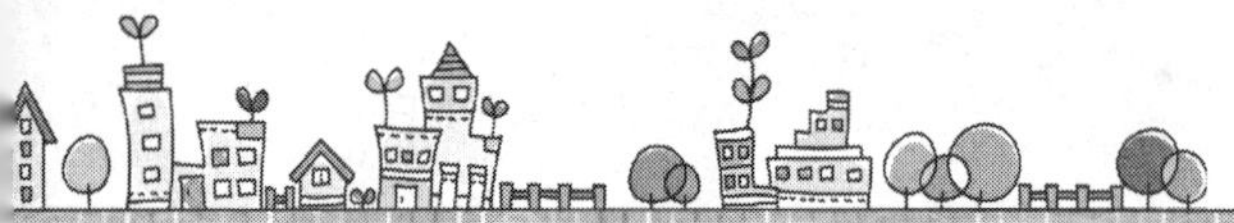

05 **1. 20×2년 말 재무상태표에 계상될 부채 : ₩557,000**

| | 술병대금 | 반환대금 | 반환되지 않은 것 |
|---|---|---|---|
| 20×1년 | ₩ 382,500 | ₩ 215,000 | ₩ 167,500 |
| 20×2년 | ₩ 800,000 | ₩ 410,000 | ₩ 390,000 |
| | ₩1,182,500 | ₩ 625,000 | ₩ 557,500 |

**2. 20×2년 포괄손익계산서에 계상될 술병 매출액 : ₩12,000**

₩109,500(술병대금 기초 잔액 중 20×0년분)−₩97,500(당기회수액)
=₩12,000(반환되지 않은 술병대금)

06 **1. 제품 X**

(1) 20×1년도 회계처리

| | | | |
|---|---|---|---|
| (차) 경품(디스켓) | 247,000*1 | (대) 현 금 | 247,000 |

*1 2,600개×₩95=₩247,000

| | | | |
|---|---|---|---|
| (차) 현 금 | 450,000 | (대) 매 출 | 450,000 |
| (차) 현 금(인환권) | 92,460*3 | (대) 경 품(디스켓) | 146,395*2 |
| 판 매 촉 진 비 | 53,935 | | |

*2 1,541개×₩95=₩146,395
*3 1,541개×₩60=₩92,460

| | | | |
|---|---|---|---|
| (차) 판매촉진비 | 21,000*4 | (대) 경품충당부채 | 21,000 |

*4 600개×(₩95−₩60)=₩21,000

(2) 20×2년도 회계처리

| | | | |
|---|---|---|---|
| (차) 경품(디스켓) | 190,000 | (대) 현 금 | 190,000 |
| (차) 현 금 | 420,000 | (대) 매 출 | 420,000 |
| (차) 현금(인환권) | 135,000 | (대) 경 품(디스켓) | 213,750* |
| 경품충당부채 | 21,000 | | |
| 판 매 촉 진 비 | 57,750 | | |

* 2,250개×₩95=₩213,750

| | | | |
|---|---|---|---|
| (차) 판 매 촉 진 비 | 14,000 | (대) 경품충당부채 | 14,000* |

* 400개×(₩95−₩60)=₩14,000

(3) 재무제표 표시

① 20×1년도

| | |
|---|---|
| 경품디스켓(유동자산) | ₩100,605 |
| 경품충당부채 | ₩21,000 |
| 판매촉진비(판매비 일반관리비) | ₩74,935 |

② 20×2년도

| | |
|---|---|
| 경품디스켓(유동자산) | ₩76,855 |
| 경품충당부채 | ₩14,000 |
| 판매촉진비 | ₩71,750 |

2. 제품 Y

(1) 제품보증비 : ₩5,500,000×1%=₩55,000

(2) 제품보증충당부채

| | |
|---|---|
| 기초(20×1년 말) | ₩66,000 |
| 당기 보증 지출액 | (80,000) |
| 당기 보증 비용 | 55,000 |
| 기말(20×2년 말) | ₩41,000 |
| 제품보증충당부채 | ₩41,000 |

(3) 회계처리

① 실제 보증비용 지출 때

| | | | |
|---|---|---|---|
| (차) 제품보증충당부채 | 80,000 | (대) 현　　　금 | 80,000 |

② 추정비용 발생때

| | | | |
|---|---|---|---|
| (차) 제품보증비용 | 55,000 | (대) 제품보증충당부채 | 55,000 |

# 보론 종업원 급여

종업원급여(employ benefits)란 종업원이 제공한 근무용역과 교환하거나 해고하면서 기업이 제공하는 모든 종류의 대가를 말한다. 한국채택국제회계기준(기업회계기준서 제1019호 '종업원급여')에서는 종업원급여를 **단기종업원급여, 퇴직급여, 기타장기종업원급여** 및 **해고급여**로 구분하고 있다.

## 1. 단기종업원급여

단기종업원급여는 종업원이 관련 근무용역을 제공하는 연차보고기간말 이후 12개월 이전에 전부 결제될 것으로 예상되는 종업원급여를 말한다. 단기종업원급여는 다음과 같은 급여를 포함하며, 할인되지 않은 금액으로 측정한다.

① 임금, 사회보장분담금(예 국민연금 회사부담분)

② 유급연차휴가 또는 유급병가 등과 같은 단기 유급휴가

③ 이익분배금과 상여금

④ 현직종업원을 위한 비화폐성급여(의료, 주택, 자동차, 무상 또는 일부 보조로 제공되는 재화나 용역)

### (1) 단기유급휴가

기업은 연차휴가, 병가, 단기장애휴가, 출산·육아휴가, 배심원참여 및 병역 등과 같은 여러 가지 이유로 생기는 종업원의 휴가에 대하여 보상할 수 있다. 이러한 유급휴가는 당기에 사용하지 않는 경우 차기 이후로 이월하여 사용할 수 있는 누적유급휴가와 이월하여 사용할 수 없는 비누적유급휴가로 구분된다.

누적유급휴가는 가득되지 않은 경우에도 관련 채무는 존재하므로 채무를 인식하여야 한다. 즉, **누적유급휴가의 예상원가는 보고기간말 현재 미사용유급휴가가 누적된 결과 기업이 지급할 것으로 예상되는 추가금액으로 측정한다.** 다만, 채무를 측정할 때에는 가득되지 않은 누적유급휴가를 사용하기 전에 종업원이 퇴사할 가능성을 고려하여야 한다.

비누적유급휴가는 이월되지 않으므로 당기에 사용되지 않은 유급휴가는 소멸되며 관

련 종업원이 퇴사하더라도 미사용유급휴가에 상응하는 현금을 수령할 자격이 없다. 이 경우 종업원이 근무용역을 제공하더라도 관련 급여를 증가시키지 않기 때문에 종업원이 실제로 유급휴가를 사용하기 전에는 부채나 비용을 인식하지 않는다.

### 보론 사례 1 유급병가

유급병가의 예상원가가 1일당 ₩100,000이라고 할 때, 갑회사가 유급병가와 관련하여 20×1년 12월 31일에 해야 할 회계처리를 하라.

(1) 갑회사는 100명의 종업원에게 1년에 5일의 근무일수에 해당하는 유급병가를 제공하고 있으며, 미사용 유급병가는 다음 1년 동안 이월하여 사용할 수 있다.
(2) 유급병가는 당해연도에 부여된 권리가 먼저 사용된 다음 직전연도에서 이월된 권리가 사용되는 것으로 본다.
(3) 20×1년 12월 31일 현재 미사용 유급병가는 종업원당 평균 2일이고, 과거의 경험에 비추어 볼 때 20×2년중에 종업원 92명이 사용할 유급병가일수는 5일 이하, 나머지 8명이 사용할 유급병가일수는 평균적으로 7일이 될 것으로 예상된다.

**핵심해설**

- 갑회사의 유급병가가 누적유급병가에 해당하므로, 종업원이 미래 유급휴가 권리를 증가시키는 근무용역을 제공하는 때에 예상원가를 종업원급여로 인식하여야 한다.
- 92명의 누적유급휴가는 20×2년중에 소멸될 것으로 예상되므로(왜냐하면 20×2년도에 부여된 유급휴가를 먼저 사용하는 것으로 보기 때문에, 20×1년도에 이월된 미사용유급휴가와 20×2년에 새로 부여된 유급휴가를 합하여 5일 이하 사용하여 이월된 미사용유급휴가 2일은 소멸된다) 20×1년 12월 31일에 인식할 부채는 없다. 따라서 8명에 대한 누적유급휴가에 대해서만 예상원가를 부채로 인식한다.

| | | | |
|---|---|---|---|
| (차) 단기종업원급여 | 1,600,000 | (대) 미지급비용 | 1,600,000* |

* 8명×(7일－5일)×₩100,000＝₩1,600,000

### (2) 이익분배제도 및 상여금제도

이익분배금 및 상여금은 과거사건의 결과로 현재의 지급의무(법적의무 또는 의제의무)가 발생하고, 당해 채무금액을 신뢰성 있게 추정할 수 있는 경우 예상원가를 인식한다. 의제의무를 측정할 때에는 일부 종업원이 이익분배금이나 상여금을 받지 못하고 퇴사할 가능성을 고려한다.

이익분배제도 및 상여금제도에 따라 기업이 부담하는 의무는 종업원이 제공하는 근무용역에서 발생하는 것이며 주주와의 거래에서 발생하는 것이 아니므로 예상원가는 이익분배가 아니라 당기 비용으로 인식한다. 그리고 이익분배금 또는 상여금이 종업원이 관련 근무용역을 제공하는 연차보고기간 이후 12개월 이전에 전부 결제될 것으로 예상되지 않는다면 기타장기종업원급여로 회계처리한다.

## 2. 퇴직급여

퇴직급여란 퇴직 이후에 지급하는 종업원급여(단기종업원급여와 해고급여 제외)를 말하며, 퇴직금(퇴직일시금과 퇴직연금)이외에 퇴직후생명보험이나 퇴직후의료급여 등과 같은 그 밖의 퇴직급여를 포함한다.

기업이 퇴직급여를 지급하기로 하는 협약을 퇴직급여제도라 하는데, 퇴직급여제도는 제도의 주요 규약에서 도출되는 경제적 실질에 따라 **확정기여제도(defined contribution plan)**와 **확정급여제도(defined benefit plans)**로 구분된다.

확정기여제도는 다음의 특성을 갖는다.

① 기업의 법적의무나 의제의무는 기업이 기금에 출연하기로 약정한 금액으로 한정되며, 종업원이 받을 퇴직급여액은 기업과 종업원이 퇴직급여제도나 보험회사에 출연하는 기여금과 그 기여금에서 발생하는 투자수익에 따라 결정된다.

② 보험수리적 위험과 투자위험은 종업원이 부담한다.[7)]

한편 확정급여제도는 다음의 특성을 갖는다.

① 기업의 의무는 약정한 급여를 전·현직 종업원에게 지급하는 것이다.

② 기업이 보험수리적 위험과 투자위험을 실질적으로 부담한다.

---

7) 보험수리적 위험은 실제급여액이 기대급여액에 미치지 못할 위험을 말하며, 투자위험은 기여금을 재원으로 투자한 자산이 기대급여액을 지급하는 데 충분하지 못하게 될 위험을 말한다.

### (1) 확정기여제도

확정기여제도는 보험수리적 가정이 필요 없으므로 회계처리가 단순하다. 기업은 기여금을 납부함으로써 퇴직급여와 관련된 모든 의무가 종료된다. 기여금을 미납하여 납부한 경우에는 미지급비용의 과목으로, 또한 납부하여야 하는 기여금을 초과하여 납부한 경우에는 선급비용의 과목으로 처리한다.

한편, 확정기여제도에 대한 기여금이 종업원의 근무용역을 제공하는 연차보고기간말 이후 12개월 이전에 전부 결제될 것으로 예상되지 않는 경우에는 확정급여제도에서 퇴직급여채무를 할인하기 위해 사용하는 할인율을 사용하여 할인한다.

### (2) 확정급여제도

확정급여제도는 보험수리적 가정이 요구되고 추정의 변경으로 인한 보험수리적손익이 발생할 가능성이 있기 때문에 회계처리가 매우 어렵다. 또한 퇴직급여채무가 종업원이 관련 근무용역을 제공한 후 오랜 기간이 지나서야 결제되므로 현재가치 계산이 적용되어 상당히 복잡하다.

확정급여제도에서는 확정급여채무의 현재가치에서 사외적립자산의 공정가치를 차감한 금액을 **순확정급여부채(자산)**로 재무상태표에 인식한다. 이때 순확정급여자산을 보고하게 되는 경우에는 **자산인식상한**(제도로부터의 환급이나 제도에 대한 미래기여금 절감의 형태로 이용가능한 경제적효익의 현재가치)을 초과할 수 없다. 또한 포괄손익계산서에는 당기손익 항목으로 인식되는 퇴직급여와 기타포괄손익 항목으로 인식되는 퇴직급여(재측정 요소)를 보고한다. 확정급여제도의 기본적인 회계처리 및 금액은 다음과 같이 계산된다.

| | | | | | |
|---|---|---|---|---|---|
| 회계처리 (총액 접근법) | 기여금 납부 | (차) 사외적립자산 | ××× | (대) 현　금 | ××× |
| | 보고기간 말 | (차) 퇴직급여 | ××× | (대) 확정급여채무 | ××× |
| | | (차) 사외적립자산 | ××× | (차) 퇴직급여 | ××× |
| | 퇴직급여 지급 | (차) 확정급여채무 | ××× | (대) 사외적립자산 | ××× |

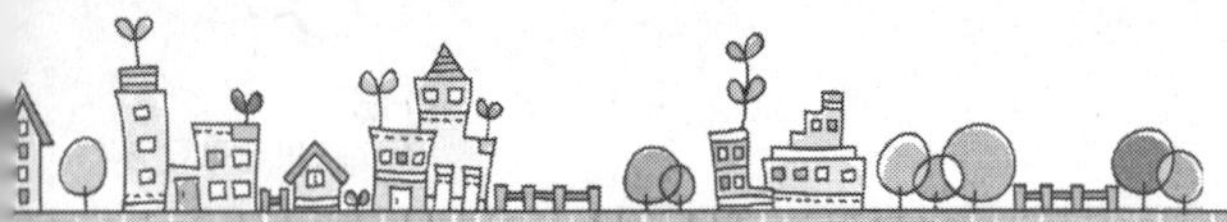

| 포괄손익계산서 |
|---|
| 당기근무원가 |
| ± 순확정급여부채(자산)의 순이자 |
| + 과거근무원가와 정산 손익 |
| = 당기손익으로 인식할 **퇴직급여** |
| |
| 확정급여채무 및 사외적립자산의 재측정요소 |
| ± 자산인식상한효과의 재측정요소 |
| = 기타포괄손익으로 인식할 **재측정손익** |

| 재무상태표 |
|---|
| 확정급여채무의 현재가치 |
| − 사외적립자산의 공정가치 |
| + 자산인식상한효과 조정금액 |
| = **확정급여부채(자산)** |

한편, 한국채택 국제회계기준서 제1019호(종업원급여)에서는 퇴직급여와 관련된 자산 및 부채를 유동부분과 비유동부분으로 구분하여야 하는지에 대해 특별히 규정하지 아니한다.

### 1) 확정급여채무의 현재가치

확정급여채무의 현재가치는 종업원이 당기와 과거기간에 근무용역을 제공하여 발생한 급여채무를 결제하는 데 필요한 예상 미래지급액의 현재가치를 말한다. 한국채택국제회계기준에서는 확정급여채무의 현재가치를 **예측단위적립방식(projected unit credit method)**[8)]에 의해 산정하도록 하고 있는데, 그 절차는 다음과 같다.

① 종업원이 퇴직하는 시점의 퇴직급여를 보험수리적 가정을 적용하여 추정한다. 보험수리적 가정은 사망률이나 퇴직률 등의 인구통계적 가정과 할인율 등의 재무적 가정으로 구성된다. 연금지급형의 경우에는 퇴직일이후 지급할 연금의 현재가치로 확정급여채무액을 추정한다.

② 퇴직급여액을 종업원의 기대근무기간에 걸쳐 배분한다.

③ 각 근무기간에 배분된 금액을 우량회사채의 시장수익률을 참조하여 결정한 할인율로 현재가치로 평가한다. 이때 회사채에 대해 거래층이 두터운 시장이 없는 경우에는 보고기간 말 현재 국공채의 시장수익률을 사용한다.

---

8) 이 방식은 '근무기간에 비례하는 발생급여방식' 또는 '급여/근무연수방식'이라고도 하는데, 매 근무기간에 추가적인 급여수급권단위가 발생한다고 보며, 궁극적인 확정급여채무를 결정하기 위하여 각 급여수급권단위를 별도로 측정한다.

매 보고기간말 확정급여채무의 증가분은 당기비용으로 인식해야 하는데, 당기근무원가와 이자원가로 구성된다. **당기근무원가**는 종업원이 근무용역을 제공함에 따라 발생한 확정급여채무의 현재가치 증가를 말하여, 이자원가는 기초 확정급여채무에 대한 이자효과를 말한다.9)

## 보론 사례 2 확정급여채무의 현재가치

다음 자료에 의하여 물음에 답하시오.

(1) 갑회사는 종업원이 퇴직한 시점에 일시불급여를 지급하며, 일시불급여는 종업원의 퇴직 전 최종임금의 1%에 근무연수를 곱하여 산정된다.
(2) 종업원의 연간 임금은 1차년도에 ₩10,000이며 향후 매년 7%(복리)씩 상승하는 것으로 가정하며, 연간 할인율은 10%라고 가정한다. 종업원은 5년간 근무하고 퇴사할 예정이다.
(3) 편의상 보험수리적 가정에 변화가 없으며, 종업원이 당초 예상보다 일찍 또는 늦게 퇴직할 가능성을 반영하기 위해 필요한 추가적인 조정은 없다고 가정한다.

1. 매 보고기간말 현재 확정급여채무의 현재가치와 인식할 퇴직급여를 계산하라.
2. 2차년도 말까지 필요한 회계처리를 하라.

**핵심해설**

1. 매 보고기간말 확정급여채무와 퇴직급여 계산명세표

| | 1 | 2 | 3 | 4 | 5 |
|---|---|---|---|---|---|
| 귀속급여 | | | | | |
| 과거연도 | – | ₩131 | ₩262 | ₩393 | ₩524 |
| 당해연도(퇴직전 최종임금 1%) | ①₩131 | 131 | 131 | 131 | 131 |
| 당해연도와 과거연도 합계 | 131 | 262 | 393 | 524 | 655 |
| 기초 확정급여채무 | – | 89 | 196 | 324 | 476 |
| 이자원가(할인율 10% 적용) | – | 9 | 20 | 33 | 48 |
| 당기근무원가 | ② 89 | ③ 98 | 108 | 119 | 131 |

9) 기초 확정급여채무에 당기근무원가와 이자원가를 가산하고, 퇴직급여지급액을 차감한 금액이 보고기간 말 확정급여채무의 추정치와 다른 경우, 이 차액을 확정급여채무의 재측정요소로 간주하며 기타포괄손익으로 인식한다. 또한 이자원가는 사외적립자산에서 발생하는 이자수익과 상계한 후의 순이자를 당기손익으로 인식한다. 이에 대하여는 뒤에서 다시 설명한다.

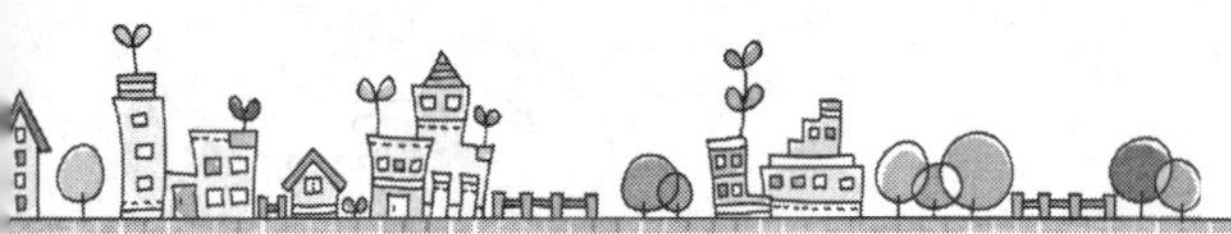

| | 1 | 2 | 3 | 4 | 5 |
|---|---|---|---|---|---|
| 기말 확정급여채무 | ₩89 | ₩196 | ₩324 | ₩476 | ₩655 |
| 퇴직급여(당기근무원가+이자원가) | ₩89 | ④₩107 | ₩128 | ₩152 | ₩179 |

① 5년 후 지급할 총 일시불급여 : ₩10,000×$(1.07)^4$×1%×5년=₩655
연간 부담할 퇴직급여 : ₩655÷5년=₩131

② ₩131÷$(1.1)^4$=₩89(4년 후 지급할 ₩131의 현재가치)

③ ₩131÷$(1.1)^3$=₩98(3년 후 지급할 ₩131의 현재가치)

④ 2차년도 말 퇴직급여는 당기근무원가+이자원가이므로 ₩9+₩98=₩107이 된다.

* 퇴직급여 : 당기말 확정급여채무의 현재가치－전기말 확정급여채무의 현재가치
=당기근무원가+이자원가
=퇴직예상시점의 확정급여채무 중 당기분에 해당하는 금액의 현재가치
+기초 확정급여채무×유효이자율

2. 분개

| | | | | |
|---|---|---|---|---|
| ① 1차년도 말 : (차) 퇴 직 급 여 | 89 | (대) 확정급여채무 | 89 |
| ② 2차년도 말 : (차) 퇴 직 급 여 | 107 | (대) 확정급여채무 | 107 |

### 2) 사외적립자산

기업은 미래에 종업원에게 지급할 퇴직급여의 자금을 마련하기 위해 기여금을 금융기관이 별도로 운용하는 장기종업원급여기금이나 적격보험계약에 출연하게 되는데, 이를 **사외적립자산**이라 한다. 보고기업이 기금에 납부하여야 하는 미지급기여금과 기업이 발행한 것으로서 기금이 보유하고 있는 양도불가능한 금융상품은 사외적립자산에 포함하지 않는다.10)

**사외적립자산은 공정가치로 측정하며, 확정급여채무의 현재가치에서 차감하여 재무상태표에 공시한다.** 사외적립자산의 운용으로 발생하는 투자수익(이자수익, 배당금수익, 평가이익)은 당기손익으로 인식되는 퇴직급여에서 차감한다.11) 여기서 주의할 점은 사

---

10) 확정급여채무를 결제하기 위해 필요한 지출의 전부나 일부를 다른 제3자가 보상할 것이 거의 확실한 경우, 당해 보상권을 별개의 자산으로 처리하고 공정가치로 측정한다. 이때 보상권의 공정가치 변동은 사외적립자산의 공정가치변동에 대한 처리와 동일한 방식으로 인식한다.

11) 사외적립자산의 수익을 결정할 때 사외적립자산 운영원가와 제도자체에 관련된 세금을 차감한다. 다만, 확정급여채무를 측정할 때 사용하는 보험수리적 가정에 포함된 세금은 차감하지 아니한다. 그 밖의 관리원가는 사외적립자산의 수익에서 차감하지 아니한다.

외적립자산에서 발생하는 실제수익은 변동성이 클 수 있으므로, 기대수익을 기준으로 투자수익을 산정하고, 실제수익과 기대수익의 차이는 재측정요소로 간주하여 기타포괄손익으로 인식한다. 사외적립자산의 기대수익은 관련 확정급여채무의 이자원가 산정시 사용한 할인율을 사용하여 계산한다.

### 3) 확정급여채무와 사외적립자산의 재측정요소

확정급여채무와 사외적립자산의 예상하지 못한 변동을 **재측정요소**라고 한다. 순확정급여부채(자산)의 재측정요소는 다음과 같은 요소로 구성된다.

① 확정급여채무의 재측정손익(보험적수리적손익)[12)]

② 순확정급여부채(자산)의 순이자에 포함된 금액을 제외한 사외적립자산의 수익

③ 순확정급여부채(자산)의 순이자에 포함된 금액을 제외한 자산인식상환효과의 변동

순확정급여부채(자산)의 재측정요소는 **기타포괄손익**으로 인식한다. 기타포괄손익으로 인식한 재측정요소는 후속기간에 당기손익으로 재분류하지 않는다. 그러나 기타포괄손익에 인식된 금액을 자본 내의 다른 항목(이익잉여금 등)으로 대체할 수 있다.

### 보론 사례 3 순확정급여채무(자산)의 재측정요소

갑회사의 확정급여형퇴직급여제도와 관련된 다음 자료를 이용하여 물음에 답하라.

(1) 갑회사의 20×1년 1월 1일 현재 확정급여채무의 현재가치는 ₩50,000이며, 사외적립자산의 공정가치는 ₩45,000 이다. 갑회사는 20×1년 1월1일 현재 순확정급여채무의 현재가치를 측정할 때 10%의 할인율을 적용하였다 ,

(2) 갑회사가 20×1년 12월 31일에 사외적립자산에 추가로 기여한 금액은 ₩10,000 이며, 종업원에게 퇴직급여로 지급한 금액은 ₩6,000 이다.

(3) 20×1년에 확정급여채무와 관련하여 발생한 당기근무원가는 ₩7,000이며, 사외적립자산에서 발생한 실제수익률은 8% 이다.

---

12) 보험수리적손익(actuarial gains and losses)이란 보험수리적 가정의 변동과 경험조정으로 인한 확정급여채무 현재가치의 변동을 말한다. 이 때 경험조정은 보험수리적 가정과 실제로 발생한 결과의 차이를 말한다. 보험수리적손익은 확정급여제도의 도입, 개정, 축소 또는 정산으로 인한 확정급여채무의 현재가치의 변동 또는 확정급여제도하에서 지급될 급여의 변동을 포함하지 아니한다. 그러한 변동으로 인해 과거근무원가나 정산으로 인한 손익이 발생한다.

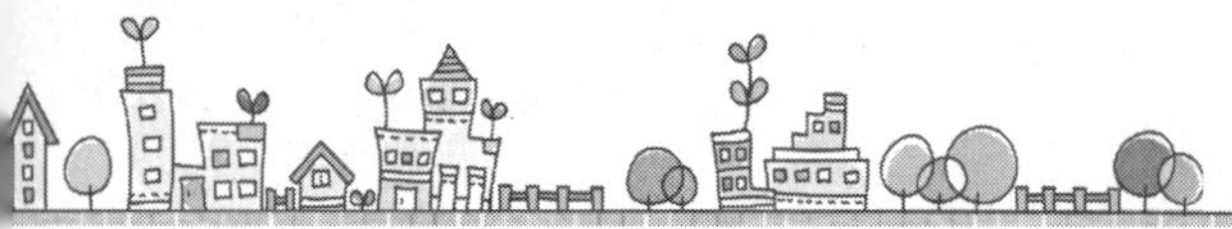

(4) 20×1년 12월 31일 예측단위적립방식에 의하여 재측정된 확정급여채무의 현재가치는 ₩55,000 이다.

1. 20×1년 재무상태표에 인식할 확정급여부채(자산)와 포괄손익계산서에 인식할 퇴직급여 및 재측정손익을 계산하라.
2. 20×1년 12월 31일로 종료되는 회계연도에 행할 회계처리를 하라.

**핵심해설**

**1. 퇴직급여, 재측정손익 및 확정급여부채(자산)의 계산**

(1) 당기손익에 미치는 영향 : ₩7,500(퇴직급여)

① 당기근무원가(₩7,000)+순이자{(₩50,000−₩45,000)×10%=500}=₩7,500

(2) 기타포괄손익에 미치는 영향 : ₩100(재측정이익)

① 확정급여채무의 재측정이익 : ₩1,000

| 확정급여채무 | | | |
|---|---|---|---|
| 퇴직금지급 | 6,000 | 기초 | 50,000 |
| 재측정이익 | 1,000 | 당기근무원가 | 7,000 |
| 기 말 | 55,000 | 이자원가 | 5,000 |
| | 62,000 | | 62,000 |

| 사외적립자산 | | | |
|---|---|---|---|
| 기 초 | 45,000 | 퇴직금지급 | 6,000 |
| 기여금납부 | 10,000 | 재측정손실 | 900 |
| 이자수익 | 4,500 | 기 말 | 52,600 |
| | 59,500 | | 59,500 |

② 사외적립자산의 재측정손실 : ₩900

실제수익(₩45,000×8%=₩3,600)−순이자(₩45,000×10%=₩4,500)=(₩900)

(3) 순확정급여부채 : ₩2,400

① 확정급여채무 기말잔액(₩55,000)−사외적립자산 기말잔액(₩52,600)=₩2,400

(4) 별해

| 구분 | 기초 | 당기 근무원가 | 퇴직금 지급 | 기여금 납부 | 이자 비용 | 이자 수익 | 소계 | 재측정 요소 | 보험수리적 손익 | 기말 |
|---|---|---|---|---|---|---|---|---|---|---|
| 사외적립자산 | ₩45,000 | | −₩6,000 | ₩10,000 | | ₩4,500 | **₩53,500** | −₩900 | | **₩52,600*** |
| 확정급여채무 | 50,000 | ₩7,000 | −6,000 | | ₩5,000 | | **56,000** | | 1,000 | **₩55,000** |
| 퇴직급여 | | 7,000 | | | 5,000 | −4,500 | **₩7,500** | | | |
| 기타포괄손익 | | | | | | | | −₩900 | ₩1,000 | **₩100** |

* 기말 사외적립자산=₩53,500−{실제수익률 감소분(₩900=₩45,000×2%(예상 10%−실제 8%))}
=₩52,600

2. 회계처리(총액접근법)

| | | | | |
|---|---|---|---|---|
| ① 기여금 납부 : | (차) 사외적립자산 | 10,000 | (대) 현 금 | 10,000 |
| ② 퇴직금 지급 : | (차) 확정급여채무 | 6,000 | (대) 사외적립자산 | 6,000 |
| ③ 회 계 기 말 : | (차) 퇴직급여(근무원가) | 7,000 | (대) 확정급여채무 | 7,000 |
| | (차) 퇴직급여(이자원가) | 5,000 | (대) 확정급여채무 | 5,000 |
| | (차) 사외적립자산 | 4,500 | (대) 퇴직급여(이자수익) | 4,500 |
| | (차) 재측정손실 | 900 | (대) 사외적립자산 | 900 |
| | (차) 확정급여채무 | 1,000 | (대) 재측정이익 | 1,000 |

### 4) 순확정급여자산과 자산인식상한효과

순확정급여자산은 사외적립자산의 공정가치가 확정급여채무의 현재가치를 초과하는 경우에 발생한다. 그러나 사외적립자산이 초과적립된 경우에도 **제도로부터의 환급이나 제도에 대한 미래 기여금 절감의 형태로 이용가능한 경제적 효익의 현재가치**인 **자산인식상한**을 초과할 수 없다.

자산인식상한을 초과하는 금액을 **자산인식상한효과**라고 하는데, 이는 순확정급여부채(자산)의 재측정요소로 보아 그 변동분을 기타포괄손익으로 인식한다. 이때 자산인식상한효과의 기초 금액이 있는 경우에는 순확정급여부채(자산)의 순이자에 포함되는 금액은 당기손익으로 인식하고, 그 잔액을 기타포괄손익으로 인식한다.

> 기타포괄손익으로 처리하는 자산인식상한효과의 변동
> =(자산인식상한효과 기말금액−자산인식상한효과 기초금액)
> −자산인식상한효과 기초금액×할인율

### 보론 사례 4 자산인식상한효과

갑회사의 확정급여형퇴직급여제도와 관련된 다음 자료를 이용하여 물음에 답하라.

(1) 갑회사의 20×1년 1월 1일 현재 확정급여채무의 현재가치는 ₩45,000, 사외적립자산의 공정가치는 ₩50,000, 그리고 자산인식상한효과는 ₩3,000 이다. 갑회사는 20×1년 1월 1일 현재 순확정급여채무의 현재가치를 측정할 때 10%의 할인율을 적용하였다.
(2) 갑회사가 20×1년 12월 31일에 사외적립자산에 추가로 기여한 금액은 ₩12,000 이며, 종업원에게 퇴직급여로 지급한 금액은 ₩6,000 이다.
(3) 20×1년에 확정급여채무와 관련하여 발생한 당기근무원가는 ₩7,000이며, 사외적립자산에서 발생한 실제수익률은 8% 이다.
(4) 20×1년 12월 31일 예측단위적립방식에 의하여 재측정된 확정급여채무의 현재가치는 ₩50,000 이고, 확정급여자산의 자산인식상한은 ₩4,000 이다.

1. 20×1년 재무상태표에 인식할 확정급여부채(자산)와 포괄손익계산서에 인식할 퇴직급여 및 재측정손익을 계산하라.
2. 20×1년 12월 31일로 종료되는 회계연도에 행할 회계처리를 하라.

**핵심해설**

1. 퇴직급여, 재측정손익 및 확정급여부채(자산)의 계산

(1) 당기손익에 미치는 영향 : ₩6,800(퇴직급여)

① 당기근무원가 : ₩7,000

② 순이자 : (45,000×10%=4,500)−(50,000×10%=5,000)+(3,000×10%=300)=(₩200)

(2) 기타포괄손익에 미치는 영향 : ₩3,200(재측정손실)

① 확정급여채무의 재측정이익 : ₩500

| 확정급여채무 | | | |
|---|---|---|---|
| 퇴직금지급 | 6,000 | 기 초 | 45,000 |
| 재측정이익 | 500 | 당기근무원가 | 7,000 |
| 기 말 | 50,000 | 이자원가 | 4,500 |
| 56,500 | | 56,500 | |

| 사외적립자산 | | | |
|---|---|---|---|
| 기 초 | 50,000 | 퇴직금지급 | 6,000 |
| 기여금납부 | 12,000 | 재측정손실 | 1,000 |
| 이자수익 | 5,000 | 기 말 | 60,000 |
| 67,000 | | 67,000 | |

② 사외적립자산의 재측정손실 : ₩1,000

실제수익(₩50,000×8%=₩4,000)−순이자(₩50,000×10%=₩5,000)=(₩1,000)

③ 자산인식상한효과의 변동 중 재측정손실 : ₩2,700
  * 기말 자산인식상한효과＝기말 순확정급여자산(₩10,000)－기말 자산인식상한(₩4,000)
  * 기중 자산인식상한효과의 증가＝₩6,000(기말)－₩3,000(기초)＝₩3,000
  * 자산인식상한효과의 순이자＝₩3,000×10%＝₩300

(3) 순확정급여자산 : ₩4,000
  * 사외적립자산(₩60,000)－확정급여채무(₩50,000)－자산인식상한효과(₩6,000)＝₩4,000

(4) 별해

| 구분 | 기초 | 당기 근무 원가 | 퇴직금 지급 | 기여금 납부 | 이자 비용 | 이자 수익 | 상한 효과 이자 | 소계 | 재측정 요소 | 보험 수리적 손익 | 기말 |
|---|---|---|---|---|---|---|---|---|---|---|---|
| 사외적립자산 | ₩50,000 | | －₩6,000 | ₩12,000 | | ₩5,000 | | **₩61,000** | －₩1,000 | | **₩60,000*** |
| 확정급여채무 | 45,000 | ₩7,000 | －6,000 | | ₩4,500 | | | **50,500** | | ₩500 | **₩50,000** |
| 퇴직급여 | | 7,000 | | | 4,500 | －5,000 | ₩300 | **6,800** | | | |
| 상한효과 | －₩3,000 | | | | | | －₩300 | **－₩3,300** | 2,700** | | **₩6,000** |
| 기타포괄손익 | | | | | | | | | －₩3,700 | ₩500 | **－₩3,200** |

* 기말 사외적립자산＝₩61,000－{실제수익률 감소분(₩1,000＝₩50,000×2%(예상 10%－실제 8%))}
＝₩60,000

** 기말상한효과 ₩6,000－소계 ₩3,300＝₩2,700

## 2. 회계처리(총액접근법)

| | 차변 | 금액 | 대변 | 금액 |
|---|---|---|---|---|
| ① 기여금 납부 : | (차) 사외적립자산 | 12,000 | (대) 현　　금 | 12,000 |
| ② 퇴직금 지급 : | (차) 확정급여채무 | 6,000 | (대) 사외적립자산 | 6,000 |
| ③ 회 계 기 말 : | (차) 퇴직급여(근무원가) | 7,000 | (대) 확정급여채무 | 7,000 |
| | (차) 퇴직급여(이자원가) | 4,500 | (대) 확정급여채무 | 4,500 |
| | (차) 사외적립자산 | 5,000 | (대) 퇴직급여(이자수익) | 5,000 |
| | (차) 퇴직급여(이자원가) | 300 | (대) 자산인식상한효과 | 300 |
| | (차) 확정급여채무 | 500 | (대) 재측정이익 | 500 |
| | (차) 재측정손실 | 1,000 | (대) 사외적립자산 | 1,000 |
| | (차) 재측정손실 | 2,700 | (대) 자산인식상한효과 | 2,700 |

### 5) 과거근무원가

**과거근무원가**는 제도 개정(확정급여제도의 도입, 철회, 변경)이나 축소(제도의 대상이 되는 종업원 수를 유의적으로 감소)로 인해 **과거기간 근무용역에 대한 확정급여채무의 현재가치가 변동하는 경우 그 변동액**을 말한다.13)

과거근무원가는 다음 중 이른 날에 비용(퇴직급여)으로 인식한다.

① 제도의 개정이나 축소가 발생할 때

② 관련되는 구조조정원가나 해고급여를 인식할 때

### 6) 정산으로 인한 손익

**정산**은 **확정급여제도에 따라 발생한 급여의 전부나 일부에 대한 법적의무나 의제의무를 기업이 더 이상 부담하지 않기로 하는 거래**를 말한다. 예를 들어, 보험계약의 체결을 통해 확정급여제도하에서 기업의 유의적인 확정급여채무를 보험회사에 일시에 이전하는 경우에 정산이 발생한다.14)

정산으로 인한 손익은 다음 ①과 ②의 차이로 확정급여제도의 정산이 일어나는 때에 당기손익(퇴직급여)으로 인식한다.

① 정산일에 결정되는 확정급여채무의 현재가치

---

13) 다음과 같은 경우에는 과거근무원가에 포함하지 않고, 보험수리적손익이나 당기근무원가에 반영한다.

① 과거근무기간 용역에 대한 확정급여채무와 관련하여, 임금상승의 과거가정치와 실제치의 차이에서 오는 효과

② 기업이 재량적으로 연금을 증액하여야 하는 의제의무를 부담할 때 연금 증가액에 대한 과소 또는 과대 추정의 효과

③ 공식적 제도규약(또는 공식적 제도규약을 넘어서는 의제의무)이나 법규에 따라 기업이 제도에서 발생한 초과적립액을 제도가입자의 급여를 위하여 사용하여야 하는 상황에서 보험수리적이익이나 사외적립자산의 수익을 재무제표에 인식하였다면, 해당 보험수리적이익이나 사외적립자산의 수익의 결과로서 초래될 퇴직급여의 인상(그러한 급여인상이 공식화되어 있는지를 불문한다)에 대한 추정치

④ 새로 부여되거나 추가로 부여되는 퇴직급여가 없는 상황에서 종업원이 가득조건을 충족시킨 경우 가득급여의 증가(즉 종업원의 미래근무를 조건으로 하지 아니하는 급여)

14) 제도의 규약에서 정하고 있고 보험수리적 가정에 포함된 종업원에 대한 혹은 종업원의 대리인에 대한 지급과, 특정 퇴직급여를 지급받을 권리와 교환하여 제도의 규약에 따라 제도가입자에게 일시불 현금을 지급하는 것은 제도의 정산이 아니다.

② 정산가격(이전되는 사외적립자산과 정산과 관련하여 기업이 직접 지급하는 금액을 포함)

## 3. 기타장기종업원급여

**기타장기종업원급여**에는 다음과 같은 급여가 포함되며, 종업원이 관련 근무용역을 제공하는 연차보고기간말 이후 12개월 이전에 전부 결제될 것으로 예상되지 않는 경우에 한정된다.

① 장기근속휴가나 안식년휴가와 같은 장기유급휴가
② 그 밖의 장기근속급여
③ 장기장애급여
④ 이익분배금과 상여금
⑤ 이연된 보상

기타장기종업원급여는 **퇴직급여의 인식과 측정방법에 따른다**. 그러나 일반적으로 기타장기종업원급여를 측정할 때 나타나는 불확실성은 퇴직급여를 측정할 때 나타나는 불확실성에 비하여 크지 않으므로, 퇴직급여에 대한 회계처리와는 달리 **재측정요소를 기타포괄손익으로 인식하지 않는다**.

기타장기종업원급여와 관련하여 다른 한국채택국제회계기준서에 따라 자산의 원가에 포함하는 경우를 제외하고는 다음의 순합계금액을 당기손익으로 인식한다.

① 근무원가
② 순확정급여부채(자산)의 순이자
③ 순확정급여부채(자산)에 대한 재측정요소

## 4. 해고급여

**해고급여**는 다음 중 하나의 결과로서 종업원을 해고하는 대가로 제공되는 종업원급여를 말한다.

① 통상적인 퇴직시점 이전에 종업원을 해고하고자 하는 기업의 결정
② 해고의 대가로 기업이 제안하는 급여를 수락하는 종업원의 결정

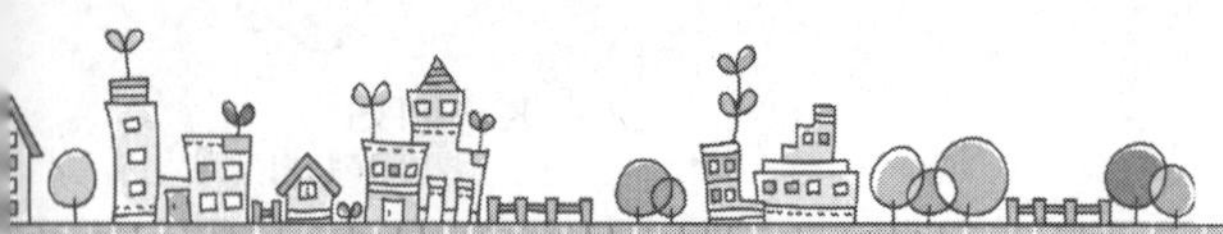

기업의 제안이 아닌 종업원의 요청으로 인한 해고나 의무적인 퇴직규정으로 인하여 발생하는 종업원급여는 퇴직급여이기 때문에 해고급여에 포함하지 아니한다. 한편, 기업의 요청에 의한 해고의 경우, 종업원의 요청에 의한 해고시 지급하는 급여(실질적으로 퇴직급여)보다 더 많은 급여를 제공할 수 있다. 종업원의 요청에 의한 해고로 인해 지급하는 급여와 기업의 요청에 의한 해고로 인해 지급된 더 많은 급여와의 차이가 해고급여이다.

해고급여는 다음 중 이른 날에 해고급여에 대한 부채와 비용을 인식한다.

(1) 기업이 해고급여의 제안을 더 이상 철회할 수 없을 때

(2) 기업이 기업회계기준서 제1037호(충당부채, 우발부채 및 우발자산)의 적용범위에 포함되고 해고급여의 지급을 수반하는 구조조정에 대한 원가를 인식할 때

해고급여는 그 종업원급여의 성격에 따라 최초인식시점에 측정하고, 후속적 변동을 측정 및 인식한다. 해고급여가 퇴직급여를 증액시키는 것이라면, 퇴직급여에 대한 규정을 적용한다. 그 밖의 경우에는 다음과 같이 처리한다.

(1) 해고급여가 인식되는 연차보고기간말 이후 12개월 이전에 해고급여가 모두 결제될 것으로 예상되는 경우 단기종업원급여에 대한 규정을 적용한다.

(2) 해고급여가 인식되는 연차보고기간말 이후 12개월 이전에 해고급여가 모두 결제될 것으로 예상되지 않는 경우 기타장기종업원급여에 대한 규정을 적용한다.

Chapter 10

# 자 본

**학습목표**

본 장에서는 자본을 자본금과 자본잉여금, 자본조정, 기타포괄손익누계액, 이익잉여금으로 구분하여 설명한다. 우선 기업회계기준서에서 규정하고 있는 각 항목들의 유형들과 주식의 종류를 살펴보고, 주식의 발행과 자본감소, 자기주식 및 배당에 대한 회계처리를 설명한다. 그리고 이익잉여금처분계산서와 자본변동표의 내용을 살펴본다.

**＊ 관련 한국채택국제회계기준**

기업회계기준서 제1001호 '재무제표 표시'
기업회계기준서 제1032호 '금융상품 : 표시'
기업회계기준서 제1039호 '금융상품 : 인식과 측정'
기업회계기준서 제1107호 '금융상품 : 공시'

# 01절 자본의 의의 및 분류

## 1. 의 의

기업은 경영활동자금 조달 원천으로 자기자본과 타인자본에 의존하게 된다. 일반적으로 **타인자본을 부채 또는 채권자지분**이라고 하고, **자기자본을 자본(capital) 또는 소유주지분(owner's equity)**이라고 한다. 자본은 자산에서 부채를 차감한 **잔여지분(residual interests)**, 즉 기업의 **순자산**을 말하는 것으로서, 자본은 경영활동결과에 따라 이익 또는 손실이 발생하거나 주주에 의한 유상증자, 배당이 있을 경우 변동을 하게 된다.

자본은 별도로 측정될 수 없으며, 자산과 부채를 측정한 결과 그 차액으로만 계산된다. 따라서 자본의 공정가치 변동은 재무제표에 인식되지 않는다.

## 2. 자본의 분류

자본은 **법률적 관점에서 법정자본금과 잉여금으로 구분**할 수 있으며, **경제적 관점에서는 납입자본과 유보이익으로 구분**할 수 있다.

일반기업회계기준 2.18 문단에서는 자본을 자본금, 자본잉여금, 자본조정, 기타포괄손익누계액, 이익잉여금(또는 결손금)으로 구분표시하고 있다. 이는 자본을 발생원천에 따라 분류한 것이다. 즉, 자본금은 납입자본에 의한 것이고, 자본잉여금은 자본거래 인하여 자본이 증가된 것이며, 이익잉여금은 실현된 손익거래가 반영된 것이고, 기타포괄손익누계액은 손익거래 결과이지만 정책적인 목표나 기타의 사유로 인해 이익잉여금으로 분류하기 어려운 것 들이다. 또한 자본조정항목은 자본전체에 대해 차감하거나 가산할 성질의 항목들이다. 이들에 포함되는 항목들을 살펴보면 아래와 같다.

1. **자본금**(법정자본금) : 보통주자본금, 우선주자본금
2. **자본잉여금** : 주식발행초과금, 자기주식처분이익, 감자차익 등
3. **자본조정** : 자기주식, 주식할인발행차금, 배당건설이자 등
4. **기타포괄손익누계액** : 매도가능금융자산평가손익, 해외사업장재무제표환산손익 등
5. **이익잉여금** : 법정적립금, 임의적립금, 미처분이익잉여금

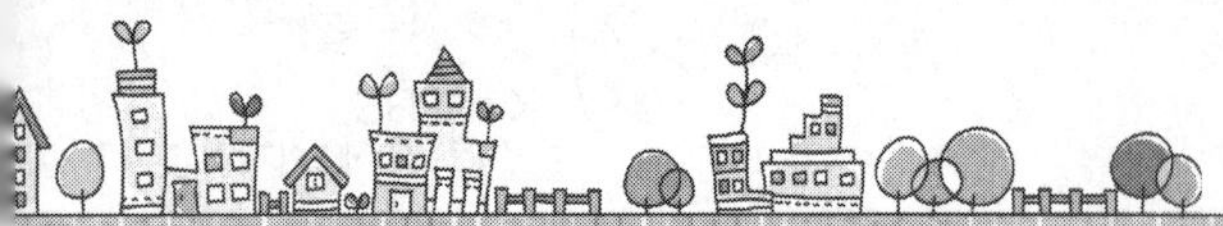

한편 기업회계기준서 제1001호(재무제표 표시)에서는 자본을 납입자본, 이익잉여금 및 기타자본요소의 세 가지로만 분류할 뿐, 개별항목에 대해서는 구체적으로 예시하지 않고 있다. 따라서 한국채택국제회계기준을 적용할 때 재무상태표의 자본 표시는 기업이 자율적으로 선택할 수 있으므로 기업마다 자본의 공시는 상이할 수 있다.

본 장에서는 설명의 편의를 위해 자본금, 자본잉여금, 자본조정, 기타포괄손익누계액, 이익잉여금으로 구분하여 설명한다.

## 02절 자본금

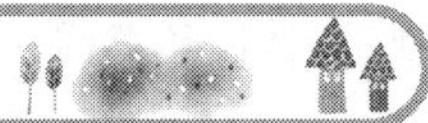

자본금은 회사가 발행한 주식의 액면총액(발행주식수×액면가액)을 말하는데 이는 기업 경영활동의 기본이 되며, 채권자 보호를 위하여 기업이 유지하여야 할 최소한의 재산을 말한다. 상법에서는 회계상의 자본금을 자본으로 표현한다. 우리나라 상법에서는 액면주식만을 인정하고, 1주당 금액은 ₩100 이상으로 균일하도록 규정하고 있다. 또한 기명주식의 발행을 원칙으로 하고 정관에서 정한 경우에 한하여 무기명주식을 발행할 수 있다.

### 1. 주식의 종류

자본조달을 쉽게 하기 위하여 주식회사는 여러 가지 종류의 주식을 발행하는데, 이들을 크게 보통주와 우선주로 분류할 수 있다.

#### (1) 보통주

보통주란 여러 종류의 주식 중 상대적 의미에서의 기본이 되는 주식이다. 보통주주는 주주총회에서 의결권이 있고 이익배당을 받을 권리가 있다. 주식회사가 한 종류의 주식만 발행한 경우에는 그 주식 모두가 보통주가 된다. 보통주는 기업의 위험에 대하여 최종적으로 부담하므로 기업 청산시 잔여재산 분배에 비례적으로 참여할 권리가 있다.

## (2) 우선주

우선주는 보통주보다 약정된 특정 권리가 우선하여 적용되는 주식이다. 우선주는 우선권의 내용에 따라 이익배당우선주, 전환우선주, 상환우선주로 나눌 수 있다.

### 1) 이익배당 우선주

이익배당우선주는 보통주가 이익을 배당받기 전에 일정률의 배당을 우선적으로 받을 수 있는 권리가 부여된 주식으로서, 이는 다시 다음과 같이 분류된다.

① **참가적 · 비참가적 우선주**(participating and non－participating preferred stock) : 이익배당을 받은 후, 잔여이익에 대해 보통주와 함께 추가적인 이익배당을 받을 수 있는 권리가 있는지 여부에 따른 분류이다.[1)]

② **누적적 · 비누적적 우선주**(cumulative and noncumulative stock) : 특정연도의 이익배당이 약정 배당율에 미달된 경우에 그 부족액을 차후년도의 이익에서 우선적으로 받을 수 있는 권리가 있는가의 여부에 따른 분류이다.

**사례 1 이익배당 우선주**

(1) ㈜개신은 20×1년 초에 액면가액 ₩5,000인 보통주 1,000주와 우선배당률 5%, 액면가액 ₩5,000인 우선주 500주를 발행하였다.
(2) 20×2년 주주총회에서 총 ₩1,500,000의 배당금을 지급하기로 결의하였다.

1. 우선주가 완전참가적일 경우나 비참가적일 경우로 구분하여 보통주와 우선주에 배분될 배당금액을 구하라.
2. 우선주에 대하여 1년분의 연체 배당금이 누적되어 있다고 가정할 경우 우선주가 비참가적 · 누적적 우선주일 경우 위 물음에 대하여 답하라.

---

1) 완전참가적 우선주인 경우 우선주배당금은 우선 누적적여부에 따른 우선주 배당금을 배분하고, 보통주에게도 배당률에 따른 당기분 배당금을 배분한 후 잔여 배당금을 보통주 자본금과 우선주 자본금에 비례하여 배분한다.
그러나 만일 우선주가 부분참가적 우선주라면 다음과 같이 배분한다.
① 완전참가적 우선주로 가정할 경우 우선주배당률<부분참가율 : 완전참가적 우선주와 동일하게 배분
② 완전참가적 우선주로 가정할 경우 우선주배당률>부분참가율 : 잔여 배당금 중 '우선주자본금×(부분참가율－우선주배당률)' 만큼 우선주에게 배분.

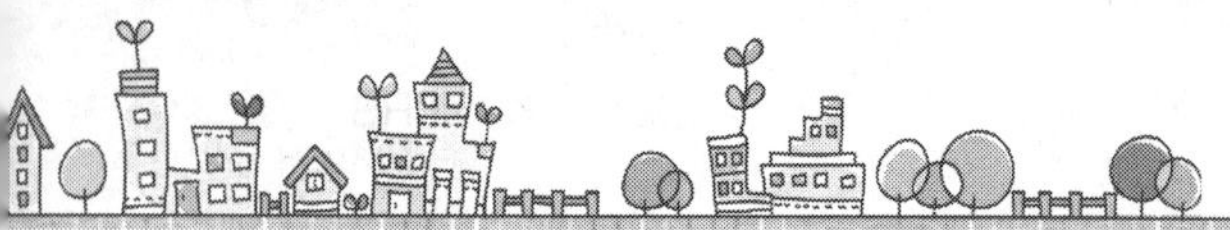

1. (1) 완전참가적 우선주

| | 우선주 | | 보통주 | |
|---|---|---|---|---|
| 당기배당금 | ₩2,500,000×5%= | ₩125,000 | ₩5,000,000×5%= | ₩250,000 |
| 잔여분배금 | ₩1,125,000×500/1,500= | ₩375,000 | ₩1,125,000×1,000/1,500= | ₩750,000 |
| 계 | | ₩500,000 | | ₩1,000,000 |

(2) 비참가적우선주

| | 우선주 | | 보통주 | |
|---|---|---|---|---|
| 당기배당금 | ₩2,500,000×5%= | ₩125,000 | ₩5,000,000×5%= | ₩250,000 |
| 잔여분배금 | | | ₩1,500,000−375,000= | ₩1,125,000 |
| 계 | | ₩125,000 | | ₩1,375,000 |

2. (1) 비참가적, 누적적 우선주

| | 우선주 | | 보통주 | |
|---|---|---|---|---|
| 연체배당금 | ₩2,500,000×5%= | ₩125,000 | ₩1,500,000−₩250,000= | ₩1,250,000 |
| 당기배당금 | ₩2,500,000×5%= | ₩125,000 | | |
| 계 | | ₩250,000 | | ₩1,250,000 |

(2) 비참가적, 비누적적우선주

| | 우선주 | | 보통주 | |
|---|---|---|---|---|
| 당기배당금 | ₩2,500,000×5%= | ₩125,000 | ₩1,500,000−₩125,000= | ₩1,375,000 |
| 계 | | ₩125,000 | | ₩1,375,000 |

### 2) 전환우선주(convertible preferred stock)

전환우선주란 우선주주의 청구에 따라 보통주로 전환될 수 있는 성질을 가진 우선주를 말한다. 따라서 전환우선주는 복합금융상품에 해당되지 않는다. 전환우선주의 발행시 회계처리는 보통주와 유사하고, 전환시 보통주의 발행가액을 정하는 방법에는 시가법과 장부가액법이 있다. 이에 대한 구체적인 회계처리는 제11장에서 살펴본다.

### 3) 상환우선주(callable preferred stock)

상환우선주는 회사가 일정한 요건 하에서 이익으로 소각할 수 있는 주식을 말한다. 회사가 상환우선주를 발행하는 이유는 일시적으로 자금조달이 어려운 경우에 우선주를 발행하여 자금을 보다 용이하게 조달하고, 일정기간 후에는 이를 상환함으로써 우선주에 대한 배당압력을 피하고 기업의 자금운용을 원활히 하려는 데 있다.

한편 상환우선주의 발행회사가 상환의무를 갖거나, 보유자가 상환청구권을 갖는 경우에는 금융부채로 재무상태표에 표시한다.

## 2. 주식의 발행

### (1) 현금발행

주식의 발행에 따라 기록되는 자본금계정은 반드시 액면가액으로 기록해야 한다. 따라서, 자본금은 액면가액에 발행주식수를 곱한 금액이 된다. 서로 다른 두 종류 이상의 주식이 발행될 경우에는 이를 별도로 구분·표시해야 하는데, 기업회계기준에 의한 자본금 계정의 표시방법을 나타내면 다음과 같다.

| 자 본 | | |
|---|---|---|
| Ⅰ. 자본금 | | |
| 1. 보통주 자본금 | ××× | |
| 2. 우선주 자본금 | ××× | ××× |

주식이 액면 발행된 경우에 발행대금 전액을 자본금계정으로 대변에 기록하지만, 할증 발행된 경우에는 주식발행가액(주식발행비용을 차감한 금액) 중 액면가액을 자본금계정에 기록하고 초과액은 주식발행초과금계정으로 처리한다. 주식발행초과금은 자본잉여금으로 분류된다.

한편, 주식이 할인발행된 경우에는 액면가액을 자본금계정의 대변에 기록하고 액면가액과 발행가액의 차액은 주식발행초과금 범위내에서 상계처리하고, 미상계된 잔액이 있는 경우에는 자본조정의 주식할인발행차금으로 회계처리한다. 이익잉여금(결손금) 처분(처리)으로 상각되지 않은 주식할인발행차금은 향후 발생하는 주식발행초과금과 우선적으로 상계한다.

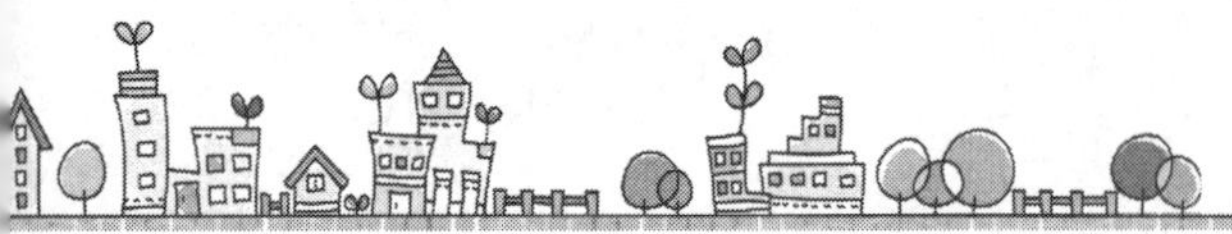

기업회계기준서 제1032호(금융상품 : 표시)에서는 지분상품의 거래원가 중 당해 자본거래가 없었다면 회피가능하고 당해 자본거래에 직접 관련되어 발생한 증분원가(주식발행비용 등)를 자본에서 차감하도록 규정하고 있다. 그러나 중도에 포기한 자본거래의 원가는 비용으로 인식한다. 한편 복합금융상품의 발행과 관련된 거래원가는 배분된 발행금액에 비례하여 부채요소와 자본요소로 배분된다.[2)]

### 사례 2 주식의 현금발행

㈜개신은 주당 액면금액 ₩5,000의 보통주 10,000주를 발행하기로 하였다. 발행가액이 @₩6,000, @₩4,100일 경우 주식발행시 회계처리를 제시하라.

**핵심해설**

1. 발행가액이 주당 ₩6,000일 경우

| | | | |
|---|---|---|---|
| (차) 현 금 | 60,000,000 | (대) 자 본 금 | 50,000,000 |
| | | 주식발행초과금 | 10,000,000 |

2. 발행가액이 주당 ₩4,100일 경우

| | | | |
|---|---|---|---|
| (차) 현 금 | 41,000,000 | (대) 자 본 금 | 50,000,000 |
| 주식할인발행차금 | 9,000,000 | | |

주식발행초과금과 주식할인발행차금은 서로 우선 상계하고, 주식발행초과금은 자본잉여금으로 그리고 주식할인발행차금은 자본조정으로 계상한 후, 주식할인발행차금은 이익잉여금 처분으로 3년 이내의 기간에 매기 균등액을 상각하므로 다음과 같이 회계처리한다.

| | | | |
|---|---|---|---|
| (차) 주식할인발행차금상각 (이익잉여금) | 3,000,000 | (대) 주식할인발행차금 | 3,000,000 |

2) 복합금융상품과 관련된 회계처리는 제11장에서 자세히 살펴본다.

## (2) 청약에 의한 주식발행

주식청약과 관련하여 발생하는 회계처리 문제는 ① 주식의 청약을 미이행계약으로 보고 주식청약미수금과 이에 대응하는 자본의 증가를 인식하지 않는 방법, ② 주식청약을 하나의 완결된 거래로 인식하여 회사가 받지 못한 주식대금을 신주청약미수금계정으로 처리하고, 청약금액에 대응하는 자본항목도 전부 기록하는 방법이 있다. 각 방법에 따른 회계처리 방법을 정리하면 아래와 같다.

| 시 점 | 미이행계약으로 보는 경우 | 완결된 거래로 보는 경우 |
|---|---|---|
| 주식 청약시 | (차) 현　　금 ××× <br>(대) 신주청약증거금 ××× | (차) 현　　금 ××× <br>신주청약미수금 ××× <br>(대) 신주청약자본금 ××× <br>주식발행초과금 ××× |
| 주식대금 잔액을 받는 경우 | (차) 현　　금 ××× <br>신주청약증거금 ××× <br>(대) 자　본　금 ××× <br>주식발행초과금 ××× | (차) 현　　금 ××× <br>신주청약자본금 ××× <br>(대) 신주청약미수금 ××× <br>자　본　금 ××× |

기업회계기준서 제21호(재무제표의 작성과 표시 I)에서는 "**청약기일이 경과된 신주청약증거금 중 신주납입금으로 충당될 금액은 자본조정으로 기재한다**"라고 규정하고 있어 미이행계약으로 보고 회계처리하도록 하고 있다.3)

### 사례 3 신주 청약

(1) 20×1년 1월 3일 오징어㈜는 액면가액 ₩500인 보통주 1,000주를 주당 ₩2,500에 청약받고, 청약대금으로 ₩750,000을 수취하였다.

(2) 20×1년 1월 5일에 ₩1,250,000의 청약대금을 수취하였고, 나머지는 20×1년 1월 14일에 회수하고 주식을 발행하여 교부하였다.

미이행계약으로 보는 경우와 완결된 거래로 보는 경우로 나누어 회계처리를 제시하라.

3) 실권된 신주청약증거금의 상환의무가 존재하는 경우에는 부채로 분류한다.

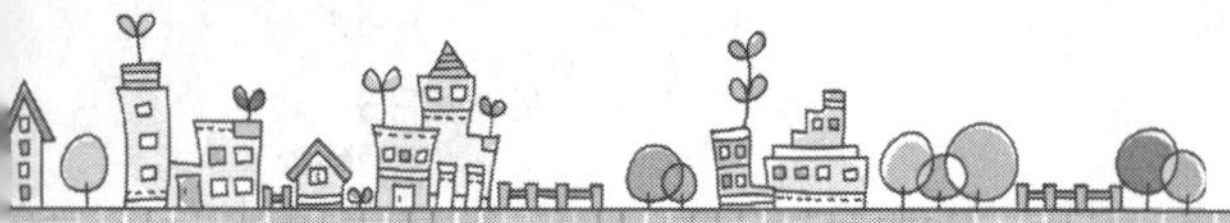

핵심해설

1. 미이행계약으로 보는 경우

〈주식청약시〉

| | | | | | |
|---|---|---|---|---|---|
| 20×1. 1. 3. | (차) 현 금 | 750,000 | (대) 신주청약증거금 | 750,000 |
| 20×1. 1. 5. | (차) 현 금 | 1,250,000 | (대) 신주청약증거금 | 1,250,000 |

〈주식발행 교부시〉

| | | | | |
|---|---|---|---|---|
| 20×1. 1. 14. | (차) 현 금 | 500,000 | (대) 보통주자본금 | 500,000 |
| | 신주청약증거금 | 2,000,000 | 주식발행초과금 | 2,000,000 |

2. 완결된 거래로 보는 경우

〈주식청약시〉

| | | | | |
|---|---|---|---|---|
| 20×1. 1. 3. | (차) 현 금 | 750,000 | (대) 신주청약자본금 | 500,000 |
| | 신주청약미수금 | 1,750,000 | 주식발행초과금 | 2,000,000 |
| 20×1. 1. 5. | (차) 현 금 | 1,250,000 | (대) 신주청약미수금 | 1,250,000 |

〈주식발행 교부시〉

| | | | | |
|---|---|---|---|---|
| 20×1. 1. 14. | (차) 현 금 | 500,000 | (대) 신주청약미수금 | 500,000 |
| | 신주청약자본금 | 500,000 | 보통주자본금 | 500,000 |

### (3) 현물출자

현물출자란 주식의 대금을 현금이 아닌 자산(유형자산 등)으로 납입하는 것을 말하는데, 이 경우에 출자자산이 현금이 아니므로 그 출자자산 및 발행한 주식의 평가문제가 발생한다. 원칙적으로 현물출자 과정에서 취득한 유형자산의 취득원가는 발행・교부하는 주식의 공정가치로 인식한다. 그러나 발행주식의 공정가치가 명확하지 않은 경우에는 취득한 자산의 공정가치를 취득한 유형자산의 원가로 계상한다.4)

한편, 현물출자의 평가와 관련하여 혼수자본과 비밀적립금이라는 두 가지 문제점이

4) 기업회계기준서 제1016호(유형자산) 문단 6과 26에서는 유형자산의 원가를 '자산을 취득하기 위하여 자산의 취득시점이나 건설시점에 지급한 현금 또는 현금성자산이나 제공한 기타 대가의 공정가치'로 정의하고 있다. 또한 '취득한 자산이나 제공한 자산의 공정가치를 신뢰성있게 측정할 수 있다면, 취득한 자산의 공정가치가 더 명백한 경우를 제외하고는 취득한 자산의 원가를 제공한 자산의 공정가치로 측정한다'라고 규정하였다.

발생할 수 있다.

혼수자본(watered stock)이란 자산을 과대평가함으로써 자본이 과대표시되는 현상으로, 이로 인하여 현물출자자가 부당이득을 얻는 결과를 초래한다.

한편, 비밀적립금은 자산을 과소평가함으로써 자본을 과소표시하는 현상(보수적 회계처리)으로, 이로 인하여 기업의 재무적 기초가 더 견고해진다. 비밀적립금은 현물출자 이외에도 감가상각비의 과다비용 처리로도 나타날 수 있다.

## (4) 무상증자와 주식배당

### 1) 무상증자

무상증자란 자본잉여금이나 법정적립금을 자본에 전입하고 기존주주들에게 신주를 무상으로 교부하는 것을 말한다. 무상증자를 실시하면 자본금은 증가하지만 동 금액만큼 다른 자본항목이 감소되므로 총자본에는 아무런 영향을 미치지 아니하며, 주주의 입장에서도 소유주식수는 증가하지만 지분율에는 변동이 없게 된다.

### 2) 주식배당

주식배당(stock dividend)이란 회사가 주주에게 현금 대신 주식을 배당하는 것으로, 주주는 현재 보유하고 있는 주식에 비례하여 추가로 주식을 분배받는다. 주식배당은 이익잉여금의 자본전입으로 발행주식수와 자본금의 증가를 가져오지만 총자본에는 변동이 없고, 주주의 지분율, 자산 및 부채에도 변동을 초래하지 않는다.

무상증자와 주식배당의 실시는 주식이 발행되고 자본금이 증가하게 되지만 자산이 증가하는 것은 아니기 때문에 이를 형식적 증자라 한다.

기업회계기준에는 **배당선언일에 주식배당액을 미교부주식배당금으로 자본조정항목에 기재하고 주식발행 시 자본금으로 대체하도록 규정하고 있다.**

주식배당을 할 경우 투자자는 이를 시장에서 처분하여 현금화할 수 있으므로 주식의 발행가액을 배당선언일의 시가로 해야 한다는 주장(**이익배당설 : 시가법**)과, 주식배당은 이익잉여금을 자본금으로 대체시키는 것에 불과하여 그 실질이 무상증자와 같으므로 무상증자와 같이 액면금액을 주식의 발행가액으로 해야 한다는 주장(**주식분할설 : 액면가액법**)이 있다.[5)]

5) 투자자 입장에서는 주식배당 수령시 아무런 회계처리를 하지 않는다.

기업회계기준에는 이에 대한 명시적인 규정이 없으나 상법에서는 이익배당(금전배당) 총액의 1/2 범위 내에서 주식배당을 할 수 있으며,[6] 액면가액법으로 회계처리하도록 규정하고 있다.

### (5) 주식분할과 주식병합

주식분할(stock split)은 기발행주식의 액면가액을 일정비율로 감소시키고 주식수를 증가시키는 것이다. 주식분할은 1주당 액면가액과 발행주식수 만을 변경하는 것이므로 별도의 회계처리가 필요하지 않다. 기업이 이러한 주식분할을 하는 이유는 주식수를 증가시키고 1주당 시장가치를 낮춤으로써 주식의 시장성을 높이기 위한 방법으로 이용된다.

주식병합(reverse stock split)은 주식분할과 반대로 기업이 1주당 액면가액을 증가시키고 주식수를 감소시키는 것으로 주식분할과 마찬가지로 별도의 회계처리가 필요하지 않다.

## 3. 자본의 감소

회사가 결손을 보전하거나 사업규모를 줄이기 위해서 자본금을 감소시키는 것을 감자라 한다. 상법에서는 자본감소에 대해 방법과 절차를 엄격히 규정하고 있다. 자본감소는 크게 실질적 감자와 형식적 감자 두 가지로 나눈다.

### (1) 실질적 감자

실질적 감자는 주식소각의 대가로 현금 등을 지급함으로써 회사의 자산이 감소하는 유상감자를 말한다. 이는 주식을 매입소각하거나 주주에게 주식을 반환받아 소각하는 경우가 이에 해당한다. 주식을 매입소각하는 경우 **액면가액보다 낮은 가격으로 주식을 매입하면 감자차익이 발생하고 높은 가격으로 매입하면 감자차손이 발생한다.**[7]

**감자차익**은 감자차손을 차감한 후 잔액을 재무상태표상의 자본잉여금으로 처리하게 되는데, 이는 주주에 의해 납입된 자본의 일부로서 자본거래에 의해 나타난 것이기 때

6) 상장법인은 전체의 배당을 금전배당 없이 주식배당만으로도 할 수 있다. (증권거래법 제191조의3 ①)

7) 이론적으로는 감자차손익을 발행가액과 재취득가액의 차이로 산출함이 타당하다.

문이다. **감자차손**은 우선 감자차익과 상계하고 그 잔액을 자본조정 항목의 차감항목으로 계상한다. 이익잉여금(결손금) 처분(처리)으로 상각되지 않은 감자차손은 향후 발생하는 감자차익과 우선적으로 상계한다.

### 사례 4 실질적 감자

㈜개신은 20×1년 초 1주당 액면 ₩5,000인 보통주 20,000주를 @₩6,000에 발행하였는데 20×2년 초에 사업규모를 축소하기 위해 보통주 200주를 매입소각하였다.

1. 주당 매입가격이 ₩4,000일 경우 회계처리를 제시하라.
2. 주당 매입가격이 ₩7,000일 경우 회계처리를 제시하라.

**핵심해설**

| | 차변 | 금액 | 대변 | 금액 |
|---|---|---|---|---|
| 1. | (차) 자 본 금 | 1,000,000 | (대) 현 금 | 800,000 |
| | | | 감 자 차 익 | 200,000 |
| 2. | (차) 자 본 금 | 1,000,000 | (대) 현 금 | 1,400,000 |
| | 감 자 차 손 | 400,000 | | |

## (2) 형식적 감자

형식적 감자는 거액의 결손금이 있어 오랫동안 이익배당을 할 수 없거나 주가가 하락될 우려가 있어 신주발행을 할 수 없을 경우에 자본금을 감소시키는 것인데, 자본금의 감소로 회사의 자산에는 아무런 변화가 없고 자본금만 명목적으로 감소하는 것이다. 형식적 감자의 방법에는 수 개의 주식을 합하여 그보다 적은 수의 주식으로 주식을 병합하는 방법과 주식 수는 그대로 두고 주당 액면가액을 일괄적으로 감액시키는 방법이 있다.

## 사례 5 형식적 감자

㈜한국은 그 동안 누적된 이월결손금 ₩7,000,000을 전보하기 위하여 현재의 발행주식수를 2 : 1의 비율로 병합시키기로 결의하였다. 감자 전 이 회사의 발행주식 총수는 3,000주이며 주당액면가액은 ₩5,000이다.

이때의 회계처리는?

핵심해설

| | | | |
|---|---|---|---|
| (차) 자 본 금 | 7,500,000* | (대) 이월결손금 | 7,000,000 |
| | | 감 자 차 익 | 500,000 |

* (3,000주×1/2)×₩5,000=₩7,500,000

### 무상증자, 주식배당, 주식분할 및 주식병합의 효과

| 구 분 | 무상증자 | 주식배당 | | 주식분할 | 주식병합 | |
|---|---|---|---|---|---|---|
| | | 시가법 | 액면가액법 | | 감자 | 감자아님 |
| 발행주식수 | 증 가 | 증 가 | 증 가 | 증 가 | 감 소 | 감 소 |
| 주당액면금액 | 불 변 | 불 변 | 불 변 | 감 소 | 불 변 | 증 가 |
| 자 본 금 | 증 가 | 증 가 | 증 가 | 불 변 | 감 소 | 불 변 |
| 자본잉여금 | 감소가능[*1] | 증가/감소[*2] | 불 변 | 불 변 | 증가가능[*3] | 불 변 |
| 이익잉여금 | 감소가능 | 감 소 | 감 소 | 불 변 | 불 변 | 불 변 |
| 총 자 본 | 불 변 | 불 변 | 불 변 | 불 변 | 불 변 | 불 변 |

*1 증자 재원 사용분에 따라 자본잉여금 혹은 법정적립금이 감소된다.

*2 주식의 시장가격에 따라 주식발행초과금 혹은 주식할인발행차금이 발생하나, 상호간에 우선 상계하므로 자본잉여금이 증가 혹은 감소될 가능성이 있다.

*3 감자차익이 발생될 가능성이 있다.

### ⑶ 상환우선주의 상환

#### 1) 지분상품으로 분류된 상환우선주의 상환

상환우선주는 **이를 취득한 때에 자기주식으로 처리하고, 상환절차를 완료한 때 이익잉여금의 감소로 회계처리한다.** 즉, 다음과 같이 회계처리한다.[8)]

| | | | | |
|---|---|---|---|---|
| ① 상환우선주 취득시 : | (차) 자 기 주 식 | ××× | (대) 현 금 | ××× |
| ② 상 환 절 차 완료시 : | (차) 이익잉여금 | ××× | (대) 자기주식 | ××× |
| － 별도적립금으로 상환할 경우에는 | | | | |
| | (차) 상환주식상환적립금 | ××× | (대) 자기주식 | ××× |

이때 발행주식수는 상환주식의 수만큼 감소하게 된다. 따라서 상환우선주자본금이 발행주식의 액면총액과 일치하지 않게 되는데, 그 사유를 주석으로 공시하여야 한다.

#### 2) 금융부채로 분류된 상환우선주의 상환

상환우선주의 발행자가 보유자에게 확정되거나 확정 가능한 미래의 시점에 확정되거나 확정 가능한 금액을 의무적으로 상환해야 하거나, 우선주의 보유자가 발행자에게 특정일이나 그 이후에 확정되거나 확정 가능한 금액의 상환을 청구할 수 있는 권리를 보유하고 있는 경우 이러한 상환우선주는 금융부채로 분류한다.

따라서 **금융상품에 관한 기업회계기준에 따라 상환금액의 공정가치(현재가치)에 해당하는 금융부채로 인식해야 한다.** 여기서 주의할 점은 당해 상환우선주와 관련된 배당금의 인식방법이다. 배당금은 당해 배당금의 지급의무의 존재여부에 따라 분류를 달리한다.

① **누적적 상환우선주** : 지급되지 않은 배당이 상환금액에 가산되어 추가적인 지급의무를 부담하는 경우에는 관련 배당을 포함한 금융상품 전체가 부채에 해당하고 배당은 이자비용으로 인식한다.

② **비누적적 상환우선주** : 만기에 의무적으로 현금 상환되지만, 배당은 상환 전까지 발행자의 재량에 따라 지급되어 지급의무가 없는 비누적적 상환우선주는 상환금액의 현재가치에 상당하는 부채요소를 가지고 있는 복합금융상품에 해당한다. 이 경우 지급의무가 있는 상환원금은 현재가치를 부채로 인식하며, 지급의무가 없는 배당은 자본요소에 관련되므로 이익잉여금의 처분으로 인식한다.

---

8) 기업회계기준 등에 관한 해석(32－77) “상환주식의 상환에 따른 회계처리”

## 사례 6 금융부채로 분류되는 상환우선주

(1) 갑회사는 20×1년 초에 상환우선주 1,000주(주당 액면금액 ₩100, 연배당률 5%)를 발행하였다.
(2) 갑회사는 20×4년 초에 상환우선주를 주당 ₩130에 의무적으로 상환하여야 한다.
(3) 갑회사가 발행한 상환우선주의 유효이자율은 10%로, (n=3, r=10%)의 현가계수는 0.7513 이고, (n=3, r=10%)의 연금현가계수는 2.4868 이다.
(4) 상환우선주의 발행가격은 미래현금흐름의 현재가치로 결정된다고 가정한다.

1. 상환우선주가 누적적 우선주라고 할 때, 상환우선주 발행시점 및 20×1년도 배당지급시점(매년 말 지급 가정)의 회계처리를 하라.
2. 상환우선주가 비누적적 우선주라고 할 때, 위의 물음 1에 다시 답하라.

### 핵심해설

1. 누적적 상환우선주인 경우

(1) 상환우선주 발행가액 : ₩130,000×0.7513+₩5,000×2.4868=₩110,103

(2) 상환우선주 장부금액 조정표

| 일 자 | 유효이자(10%) | 표시이자(5%) | 상각액 | 장부금액 |
|---|---|---|---|---|
| 20×1. 1. 1. | – | – | – | ₩110,103 |
| 20×1. 12. 31. | ₩11,010 | ₩5,000 | ₩6,010 | 116,113 |
| 20×2. 12. 31. | 11,611 | 5,000 | 6,611 | 122,724 |
| 20×3. 12. 31. | 12,276* | 5,000 | 7,276 | 130,000 |
| 합 계 | ₩34,897 | ₩15,000 | ₩19,897 | |

* 단수차이 조정

(3) 회계처리

<상환우선주 발행시>

| | | | |
|---|---|---|---|
| (차) 현 금 | 110,103 | (대) 상환우선주(금융부채) | 130,000 |
| 현재가치할인차금 | 19,897 | | |

<20×1년도 배당금 지급시>

| | | | |
|---|---|---|---|
| (차) 이 자 비 용 | 11,010 | (대) 현 금 | 5,000 |
| | | 현재가치할인차금 | 6,010 |

2. 비누적적 상환우선주인 경우

(1) 상환우선주 발행가액 : ₩130,000×0.7513=₩97,669

(2) 상환우선주 장부금액 조정표

| 일자 | 유효이자(10%) | 표시이자(5%) | 상각액 | 장부금액 |
|---|---|---|---|---|
| 20×1. 1. 1 | − | − | − | ₩97,669 |
| 20×1.12.31 | ₩9,767 | − | ₩9,767 | 107,436 |
| 20×2.12.31 | 10,744 | − | 10,744 | 118,180 |
| 20×3.12.31 | 11,820* | − | 11,820 | 130,000 |
| 합 계 | ₩32,331 | | ₩32,331 | |

* 단수차이 조정

(3) 회계처리

〈상환우선주 발행시〉

| | | | |
|---|---|---|---|
| (차) 현 금 | 97,669 | (대) 상환우선주(금융부채) | 130,000 |
| 현재가치할인차금 | 32,331 | | |

〈20×1년도 배당금 지급시〉

| | | | |
|---|---|---|---|
| (차) 이 자 비 용 | 9,767 | (대) 현재가치할인차금 | 9,767 |
| (차) 이익잉여금 | 5,000 | (대) 현 금 | 5,000 |

## 4. 자기주식

자기주식(treasury stock)이란 기업이 이미 발행한 주식을 재취득한 것을 말한다. 그러나 회사가 자유롭게 자기주식 거래를 한다면 주가조작의 가능성, 부당이득의 실현 등 부작용을 초래할 수 있으며, 자본유지원칙에도 반하게 되므로 상법에서는 자기주식의 취득을 원칙적으로 금지하고 있다.[9)]

9) 상법에서는 다음과 같은 경우에 한해 예외적으로 자기주식의 취득을 인정하고 있다.

① 주식의 소각을 위한 때

② 회사의 합병이나 다른 회사의 영업전부를 양수하기로 한 때

③ 회사의 합병이나 다른 회사의 영업전부를 양수하기로 한 때

④ 회사의 권리를 실행함에 있어 그 목적을 달성하기 위해 필요한 때

⑤ 주주가 주식매수청구권을 행사한 때

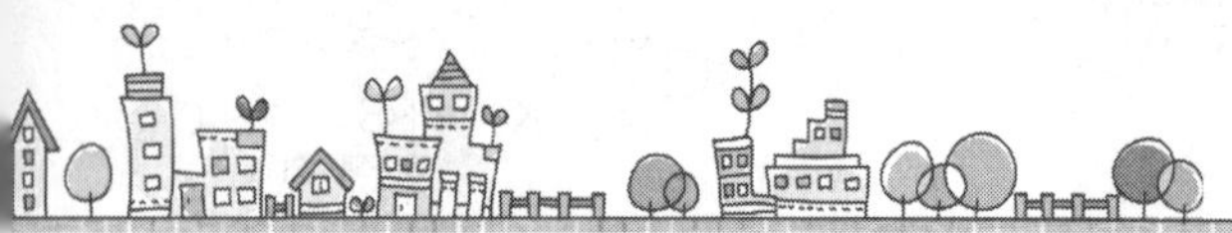

자기주식의 본질에 대해서는 **자산으로 보는 견해**와 **미발행주식**으로 보는 두 가지 상반된 견해가 있다. 자기주식은 의결권과 배당에 대한 권리가 없고, 자신이 자기의 소유주가 된다는 것은 논리적 모순이므로 미발행주식으로 보는 견해가 보다 일반적이다.

기업회계기준서 제1032호(금융상품 : 표시)에서는 자기지분상품을 재취득하는 경우 이러한 지분상품인 자기주식은 취득목적에 관계없이 자본에서 차감한다고 규정하고 있으므로, 한국채택국제회계기준도 자기주식을 미발행주식으로 보는 견해를 따르고 있다. 따라서 기업이 보유하고 있는 자기주식은 재무상태표에 자본의 차감항목(자본조정)으로 보고하여야 한다.

자기주식의 회계처리 방법으로는 **원가법(cost method)**과 **액면가액법(par value method)**이 있다.

원가법은 자기주식을 취득하거나 처분할 경우 취득원가를 중심으로 회계처리하는 방법으로 자기주식의 취득목적을 재발행을 위한 것으로 본다. 재무상태표에는 자기주식을 자본차감항목으로 표시한다. 취득한 자기주식을 처분하지 않고 소각하는 경우에는 일반적인 주식 소각의 경우처럼 회계처리한다.

액면가액법은 자기주식을 취득하거나 처분할 경우 액면가액을 중심으로 회계처리하는 방법으로 자기주식의 취득목적을 소각하여 자본을 감소시키기 위한 것으로 본다. 즉, 자기주식의 취득시 액면가액으로 자기주식을 계상하고 같은 종류 주식의 자본금계정에서 차감하는 형식으로 보고한다. 자기주식을 재발행하면 원칙적으로 신주발행과 같이 회계처리한다.

**한국채택국제회계기준에서는 자기주식거래를 원가법에 따라 회계처리하도록 하고 있다.** 따라서 자기주식 거래와 관련하여 다음과 같은 회계처리가 이루어진다.[10)]

---

10) 자산을 무상으로 증여받은 경우에는 자기주식의 무상 수증시점에서는 별도의 회계처리를 하지 않고, 그 자기주식을 처분하는 경우에 처분에 따른 현금 등의 유입액에서 처분 직접비용을 차감한 잔액을 자기주식처분이익으로 인식한다. 이는 자산을 무상으로 취득한 경우 취득원가를 공정가액으로 인식하나, 자기주식은 자산이 아닌 자본의 차감항목이므로 자산과 부채의 평가 등의 결과로 그 가액이 결정되는 것으로 자본항목 자체는 평가의 대상이 아니기 때문이다.

| | | | | | | | |
|---|---|---|---|---|---|---|---|
| 취득 | 유상취득시 | (차) | 자 기 주 식 | ××× | (대) | 현 금 | ××× |
| | 무상취득시 | 회계처리 없음(비망기록) | | | | | |
| 처분 | 처분금액 >취득금액 | (차) | 현 금 | ××× | (대) | 자 기 주 식<br>자기주식처분이익 | ×××<br>×××* |
| | 처분금액 <취득금액 | (차) | 현 금<br>자기주식처분손실 | ×××<br>×××* | (대) | 자 기 주 식 | ××× |
| 소각 | 취득금액 <액면금액 | (차) | 자 본 금 | ××× | (대) | 자 기 주 식<br>감 자 차 익 | ×××<br>×××# |
| | 취득금액 >액면금액 | (차) | 자 본 금<br>감 자 차 손 | ×××<br>×××# | (대) | 자 기 주 식 | ××× |

* 자기주식처분이익과 자기주식처분손실은 서로 우선 상계함.
# 감자차익과 감자차손은 서로 우선 상계함.

### 사례 7 자기주식

(1) 20×1년 12월 12일 ㈜강서는 주당 액면가액 ₩5,000인 보통주를 주당 ₩5,600에 10주를 발행하여 설립하였으며, 20×2년 1월 1일 현재 이익잉여금 계정의 잔액은 ₩4,350이다.
(2) 20×2년 5월 8일에 자기주식 3주를 주당 ₩5,900에 취득하다.
(3) 20×2년 6월 9일에 자기주식 5주를 주당 ₩5,400에 취득하다.
(4) ₩5,900에 취득한 자기주식 1주를 7월 20일에 ₩6,300에 재발행하다.
(5) ₩5,400에 취득한 자기주식 1주를 8월 19일에 ₩4,200에 재발행하다.
(6) ₩5,900에 취득한 자기주식 1주를 9월 28일에 소각하다.
(7) ₩5,400에 취득한 자기주식 1주를 11월 6일에 소각하다.

위의 자기주식 거래를 회계처리하라.

| | | | | | | |
|---|---|---|---|---|---|---|
| <20×1. 12. 12.> | (차) | 현 금 | 56,000 | (대) | 자 본 금<br>주식발행초과금 | 50,000<br>6,000 |
| <20×2. 5. 8.> | (차) | 자 기 주 식 | 17,700 | (대) | 현 금 | 17,700 |
| <20×2. 6. 9.> | (차) | 자 기 주 식 | 27,000 | (대) | 현 금 | 27,000 |
| <20×2. 7. 20.> | (차) | 현 금 | 6,300 | (대) | 자 기 주 식<br>자기주식처분이익 | 5,900<br>400 |

| | | | | | |
|---|---|---|---|---|---|
| 〈20×2. 8. 19.〉 | (차) 현 금 | 4,200 | (대) 자 기 주 식 | 5,400 |
| | 자기주식처분이익 | 400 | | |
| | 자기주식처분손실 | 800 | | |

* 자기주식처분손실은 자기주식처분이익과 우선적으로 상계하고, 그 잔액은 자본조정으로 계상한 후 결손금의 처리순서에 준하여 처리한다.

| | | | | |
|---|---|---|---|---|
| 〈20×2. 9. 28.〉 | (차) 자 본 금 | 5,000 | (대) 자 기 주 식 | 5,900 |
| | 감 자 차 손 | 900 | | |
| 〈20×2. 11. 6.〉 | (차) 자 본 금 | 5,000 | (대) 자 기 주 식 | 5,400 |
| | 감 자 차 손 | 400* | | |

* 감자차익과 감자차손은 우선 상계한 후, 감자차익 잔액은 자본잉여금에 보고하고, 감자차손 잔액은 자본조정에 계상하여 결손금의 처리순서에 준하여 처리한다.

## 03절 자본잉여금

자본잉여금(capital surplus)이란 주주가 불입한 자본 중 자본금을 제외한 부분 또는 자본거래에 의하여 나타난 잉여금이다. 자본잉여금은 자본거래로 나타나는 것으로 그 사용과 처분에 엄격한 제한을 받는다. 자본잉여금은 무상증자를 통한 자본전입과 결손금 보전 이외에 자기주식처분이익과 감자차익의 자기주식처분손실과 감자차손과의 상계 차감, 그리고 청산배당 등에 사용된다. 기업회계기준서 제21호(재무제표의 작성과 표시 I)에서는 자본잉여금을 **주식발행초과금**과 기타자본잉여금으로 분류하고 있다. 기타자본잉여금으로는 **감자차익**, **자기주식처분이익**, **전환권대가**와 **신주인수권대가**, 그리고 주식선택권 권리가 행사되지 않고 행사가능기간이 종료되는 경우 자본조정으로 분류되었던 **주식선택권** 등이 있다.[11)]

---

11) 감자차익과 자기주식처분이익은 주식발행초과금이 주식할인발행차금과 발생순서에 관계없이 서로 상계하여 처리하는 것처럼, 감자차손 및 자기주식처분손실과 발생순서에 관계없이 서로 상계하여 회계처리하는 것이 타당하다.
<해석 8−33> 감자차손에 대한 회계처리
<해석 34−31> 자기주식처분손실의 회계처리 참조

대부분의 자본잉여금은 이미 설명되었으나, 전환권대가와 신주인수권대가의 회계처리는 제11장(복합금융상품)에서, 그리고 주식선택권의 회계처리는 제13장 보론(주식기준보상)에서 설명한다.

## 04절 자본조정과 기타포괄손익누계액

### 1. 자본조정

자본조정은 자본금, 자본잉여금, 이익잉여금 어느 항목에도 속하지 않는 자본항목으로서 자본에 차감 또는 가산되어야 할 항목들이다. **자본조정에 포함되는 항목 중 가산항목으로는 주식선택권, 미교부주식배당금, 청약기일이 경과된 신주청약증거금** 등이 있고, **차감항목으로는 자기주식, 주식할인발행차금, 자기주식처분손실, 감자차손, 배당건설이자** 등이 있다.12)

주식할인발행차금과 자기주식, 감자차손, 자기주식처분손실 및 신주청약증거금에 대하여는 이미 본 장에서 설명하였고, 미교부주식배당금은 본 장의 배당금 부분에서 설명되고, 또 주식선택권은 제13장 보론(주식기준보상)에서 설명되므로 여기에서는 배당건설이자에 대하여만 설명한다.

### 2. 배당건설이자

배당건설이자란 회사를 설립하였으나 영업을 정상적으로 개시하여 이익을 창출하는데 상당한 시간이 소요될 경우, 영업을 시작하기 전에 이익이 없는 상태에서 주주에게 배당한 금액을 말한다. 상법에서는 회사 설립 후 2년 이상 그 영업 전부를 개시하기 불가능하다고 인정될 때, 정관으로 일정한 주식에 대하여 그 개업 전 일정한 기간 내에 연

---

12) 채무조정의 일환으로 출자전환이 이루어지는 경우가 발생하는데, 출자전환을 합의하였으나 출자전환이 즉시 이행되지 않는 경우에는 조정대상채무를 출자전환채무의 과목으로 하여 자본조정으로 대체한다. 출자전환채무는 전환으로 인하여 발행될 주식의 공정가액으로 계상하므로 자본 가산항목이 된다.

5% 이내의 범위 내에서 일정한 이자를 주주들에게 배당할 수 있음을 정할 수 있도록 규정하고 있다.

배당건설이자를 지급하는 경우에는 자본조정으로 분류하고 자본에서 차감하는 형식으로 표시한다. 그리고 회사가 개업 후 연 6% 이상의 이익을 배당하는 경우에 그 6%를 초과한 금액과 동액 이상을 이익잉여금의 처분으로 상각한다.

## 3. 기타포괄손익누계액

**포괄손익(comprehensive income)은 주주의 투자 및 주주에 대한 분배가 아닌 거래나 회계사건으로 인하여 일정 회계기간 동안 발생한 순자산의 변동액을 말한다.** 이러한 순자산의 변동액 중 대부분은 당기순손익을 계산하기 위해 포괄손익계산서에 표시된다.

그러나 손익거래에서 발생한 순자산 변동액 중 미실현손익으로 분류되어 당기손익에 반영되지 않은 손익항목을 구분하여 포괄손익계산서에서 기타포괄손익으로 인식되고, 재무상태표에서는 자본의 기타포괄손익누계액으로 공시된다.

기타포괄손익에는 다음과 같은 항목들이 포함된다.[13)]

① 유형자산과 무형자산의 재평가잉여금[14)]

② 확정급여제도의 보험수리적손익[15)]

③ 매도가능금융자산평가손익[16)]

④ 해외사업장의 재무제표 환산으로 인한 손익

⑤ 현금흐름위험회피 파생상품평가손익(위험회피에 효과적인 부분)

⑥ 관계회사 투자주식에 대한 지분법자본변동

---

13) 해외사업장의 재무제표 환산으로 인한 손익과 현금흐름위험회피 파생상품평가손익 및 관계회사 투자주식에 대한 지분법자본변동의 회계처리는 고급회계에서 설명된다.

14) 유형자산과 무형자산에 대하여 재평가모형을 적용하는 경우 당해 자산의 재평가이익은 재평가잉여금으로 기타포괄손익에 반영한다. 재평가잉여금은 당해 자산의 처분시점에 이익잉여금으로 직접 대체한다. 제5장에서 설명되었다.

15) 보험수리적손익을 발생한 기간에 즉시 인식하는 회계정책을 선택한 경우에는 확정급여채무에 가감하지 않고 즉시 기타포괄손익으로 인식한다. 또한 인식된 기타포괄손익은 재무상태표에 기타포괄손익누계액으로 반영하지 않고 즉시 이익잉여금으로 대체한다. 제9장 보론에서 설명되었다.

16) 매도가능금융자산을 만기보유금융자산으로 분류 변경하는 경우 발생하는 만기보유금융자산평가손익도 기타포괄손익으로 분류된다. 제5장에서 설명되었다.

## 4. 포괄손익계산서

기업회계기준서 제1001호(재무제표 표시)에서는 포괄손익계산서를 다음의 두 가지 방법으로 표시할 수 있도록 하고 있다.

① 단일의 포괄손익계산서

② 두 개의 보고서 : 당기순손익의 구성요소를 표시하는 보고서(별개의 손익계산서)와 당기순손익에서 시작하여 기타포괄손익의 구성요소를 표시하는 보고서(포괄손익계산서)

# 05절 이익잉여금

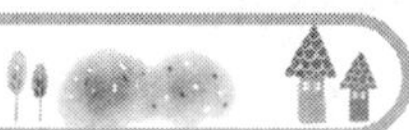

## 1. 의 의

이익잉여금(retained earning)이란 영업활동 등으로 얻은 이익을 유보하여 축적한 것으로서 사외에 유출되거나 납입자본에 대체되지 않고 사내에 유보된 부분을 말하는데, 이익잉여금은 다음과 같이 분류된다.

이익잉여금
- 법정적립금
- 임의적립금
- 미처분이익잉여금 또는 미처리결손금

## 2. 법정적립금

법정적립금은 상법에 따라 설정되는 **이익준비금**과 **기타법정적립금**으로 구분된다. 이들 법정적립금은 적립방법과 사용방법에 있어서 법 규정에 의해 제약을 받는다.

이익준비금은 상법에 의하여 매 결산기에 이익의 일부를 일정한 수준에 도달하기까지 적립하는 것으로서, 법정적립금의 대표적인 예이다. 상법에 따르면 “회사는 자본의 1/2

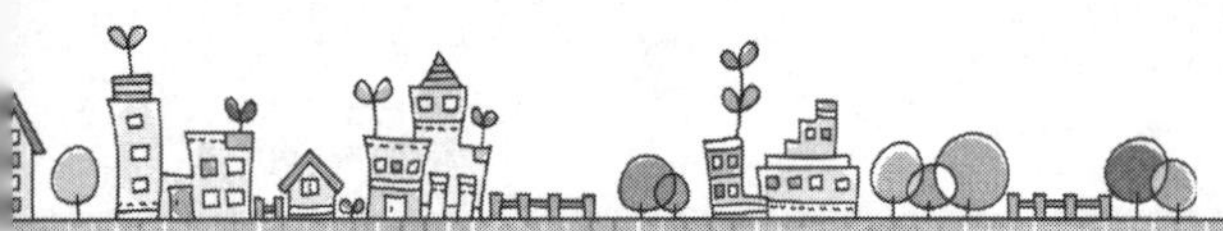

에 달할 때까지 매 결산기의 금전에 의한 이익배당(금전배당)액의 1/10 이상의 금액을 이익준비금으로 적립하여야 한다."고 규정하고 있다. 기업이 이처럼 이익준비금을 적립하는 이유는 배당가능한 처분전 이익잉여금에서 배당이 불가능한 이익준비금으로 대체함으로써 기업의 자본을 충실하게 하려는 것이다. 따라서 이익준비금은 결손금을 보전하거나 자본금전입으로만 사용할 수 있다.

## 3. 임의적립금

법적 강제력에 의하여 적립하는 것이 아니라 정관의 규정 또는 주주총회의 결의로 적립하는 것으로 기업자체의 필요에 따라 임의로 적립하는 것이다. 임의적립금(voluntary reserve)은 적극적 적립금과 소극적 적립금으로 나누어 볼 수 있다.

적극적 적립금은 기업의 순자산을 증대시킬 목적으로 적립하는 것으로 원래의 적립사유가 발생하더라도 순자산이 감소되지 않는다. 이러한 예는 사업확장적립금, 감채적립금 등이 있다.

한편 소극적 적립금은 장래에 발생할 손실이나 순자산의 감소에 대비할 목적으로 적립하는 것으로서, 적립금 적립사유가 발생하면 순자산이 감소하게 된다. 소극적 적립금의 예로는 배당평균적립금, 결손보전적립금, 재해손실적립금 등이 있다.

## 4. 이익잉여금의 처분

이익잉여금은 법정적립금과 임의적립금의 적립, 배당금 등으로 처분하게 되는데, 이익잉여금의 처분권한이 주주총회에 있기 때문에 주주총회의 의결과 승인을 얻은 후에야 이익잉여금의 처분을 확정하게 된다. 따라서 보고기간 말 이후에 결의된 이익잉여금 처분은 보고기간 말 현재의 거래가 아니므로 재무상태표에 반영하지 않는다. 그 외의 이익잉여금 처분항목으로는 주식할인발행차금과 배당건설이자의 상각, 자기주식처분손실과 감자차손의 잔액 등과의 상계와 상환주식의 상환액 등이 포함된다.

## 5. 배 당

배당(dividend)은 기업이 영업활동을 통해 얻은 이익을 주주들에게 분배하는 것을 말한다. 우리나라 상법에서는 현금배당과 주식배당만을 인정하고 있으며, 기업회계기준에서는 주식의 종류별 배당률과 배당액의 산정내역을 주석으로 기재하도록 규정하고 있다.

현금배당을 하는 경우에는 **배당기준일(배당을 받을 권리가 있는 주주를 확정짓는 날)에는 아무런 회계처리를 할 필요가 없고, 배당선언일(주주총회에서 배당이 결의된 날)과 배당지급일(회사가 실제로 배당금을 지급하는 날)에 회계처리**를 하면 된다.

상법에서는 연 1회의 결산기를 정한 회사는 영업연도 중 1회에 한하여 이사회의 결의로 일정한 날을 정하여 그 날의 주주에 대하여 현금으로 중간배당을 할 수 있도록 하였다. 중간배당도 금전배당이므로 상법상의 이익준비금을 적립하여야 한다.

한편, 주식배당(stock dividends)은 주식발행회사가 이익잉여금을 현금으로 배당하지 않고 주식을 교부한 것을 말하는데, 기업의 이익잉여금을 자본화시킬 목적으로 미발행주식을 주주에게 무상으로 분배하는 형태의 배당이다. 주식배당의 회계처리방법에는 시가법과 액면가액법이 있는데, 우리나라 **상법에서는 이익배당(금전배당)총액의 1/2 범위 내에서 주식배당을 할 수 있으며, 액면가액법으로 회계처리하도록 규정하고 있다.**

〈현금배당시 회계처리〉

| | | | | |
|---|---|---|---|---|
| 배당선언일 : (차) | 미처분이익잉여금 | ××× | (대) 미 지 급 배 당 금 | ××× |
| 배당지급일 : (차) | 미 지 급 배 당 금 | ××× | (대) 현 금 | ××× |

〈주식배당시 회계처리－액면가액법〉

| | | | | |
|---|---|---|---|---|
| 배당선언일 : (차) | 미처분이익잉여금 | ××× | (대) 미교부주식배당금 | ××× |
| 배당지급일 : (차) | 미교부주식배당금 | ××× | (대) 자 본 금 | ××× |

주식배당의 경우 배당선언일에 발생하는 미교부주식배당금은 자본조정항목으로 분류되고, 배당지급일에 자본금으로 대체된다.

소유주에게 배당으로 비현금자산을 분배해야 하는 부채는 분배될 자산의 공정가치로 측정한다. 그리고 각 보고기간말과 결재일에, 기업은 미지급배당의 장부금액을 검토하고 조정한다. 이 경우 미지급배당의 장부금액 변동은 분배금액에 대한 조정으로 자본으로 인식한다. 기업이 미지급배당을 결제할 때, 분배된 자산의 장부금액과 미지급배당의 장부금액이 차이가 있다면 이를 당기손익으로 인식한다.

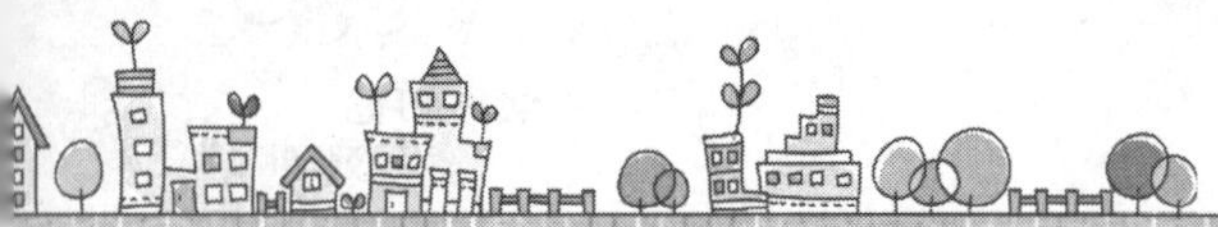

## 6. 이익잉여금처분계산서(결손금처리계산서)

기업의 이익은 배당금으로 분배되거나, 미래에 대비하기 위하여 유보되기도 하고, 상법이나 제반 법률에 의하여 강제적으로 일정금액이 적립되기도 하는데, 이러한 이익잉여금의 총 변동사항을 명확히 보고하기 위하여 이익잉여금처분계산서를 작성한다.

**처분 전 이익잉여금**은 전기 이월된 미처분이익잉여금에 회계정책변경누적효과와 중대한 전기오류수정손익을 가감하고 중간배당액을 차감한 후, 당기순손익을 가감하여 계산한다. 이때 처분목적에 충분한 이익잉여금이 확보되지 않는다면 임의적립금을 이입시킨다. 그리고 처분 후 남은 미처분이익잉여금은 차기이월된다.

한편, 결손이 누적된 회사는 이익잉여금처분계산서 대신에 **결손금처리계산서**를 작성하여야 한다.17) 미처리결손금은 이익준비금이나 임의적립금 등의 미처분이익잉여금과 자본잉여금으로 보전해야 한다.

한국채택국제회계기준에서는 이익잉여금처분계산서를 기본적인 재무제표의 범위에서 제외시키고, 대신에 자본변동표를 통해 재무상태표에 표시되는 자본의 모든 변동내용에 대한 정보를 제공하도록 하였다.18)

## 06절 자본변동표

자본변동표는 한 회계기간 동안 발생한 자본의 변동을 표시하는 재무보고서로서 자본을 구성하고 있는 자본금, 자본잉여금, 자본조정, 기타포괄손익누계액, 이익잉여금의 변

---

17) 이익잉여금처분계산서 또는 결손금처리계산서의 명칭은 이익잉여금의 실질적인 처분여부를 기준으로 구분한다. 즉 당기말 미처리결손금이 계상되었으나 이를 보전하고도 배당금, 잉여금의 처분이 있는 경우에는 이익잉여금처분계산서를 사용하고, 당기말 미처리결손금의 일부만 보전하는 경우에는 결손금처리계산서라는 명칭을 사용한다.

18) 상법 등에서 이익잉여금처분계산서(또는 결손금처리계산서)의 작성을 요구하는 경우에는 재무상태표의 이익잉여금(또는 결손금)에 대한 보충정보로서 이익잉여금처분계산서(또는 결손금처리계산서)를 주석으로 공시한다. 기업회계기준서 제1001호(재무제표 표시) 문단 138.1

동에 대한 포괄적인 정보를 제공한다. 즉, 자본변동표에는 자본금, 자본잉여금, 자본조정, 기타포괄손익누계액, 이익잉여금의 각 항목별로 기초잔액, 변동사항, 기말잔액을 표시한다.

자본변동표는 재무제표간의 연계성을 제고시키며 재무제표의 이해가능성을 높인다. 재무상태표에 표시되어 있는 자본의 기초잔액과 기말잔액을 모두 제시함으로써 재무상태표와 연결할 수 있고, 자본의 변동내용은 포괄손익계산서와 현금흐름표에 나타난 정보와 연결할 수 있어 정보이용자들이 보다 명확히 재무제표간의 관계를 파악할 수 있게 된다.

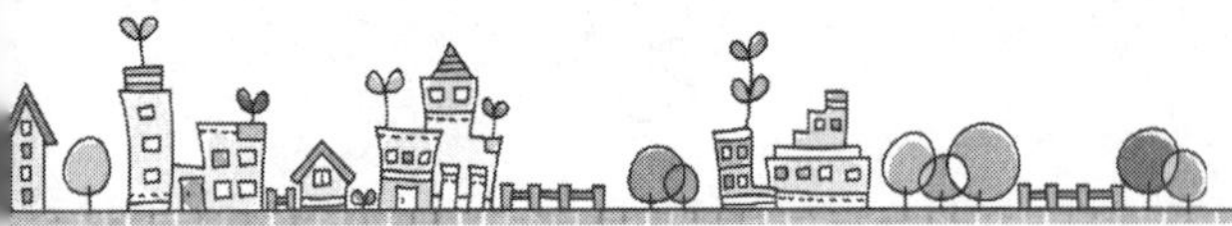

# OX 문제

1 모든 금융상품의 공정가치 변동은 당기손익으로 처리한다.

2 금융부채로 분류되는 누적적 상환우선주에 대한 배당지급액은 이익의 배분으로 처리한다.

3 한국채택국제회계기준은 자본을 납입자본, 이익잉여금, 기타자본요소로 구분하고 있는데, 주식발행초과금, 감자차익, 주식선택권 등은 납입자본에 속한다.

4 무상증자, 주식배당, 주식분할, 주식병합은 공통적으로 자본의 변동을 발생시키지 않는다.

5 자기주식처분손익은 자기주식 취득금액과 처분금액과의 차액으로 계산되며, 유상감자시 감자차손익은 취득금액과 발행금액의 차액으로 계산된다.

6 자본조정 항목은 자본에 가산되거나 차감되는 항목들이 포함되는데, 자기주식, 배당건설이자, 주식할인발행차금, 미교부주식배당금은 차감계정에 해당된다.

7 이익준비금은 매결산기에 주식배당을 포함한 이익배당액의 10분의 1 이상을 자본금의 2분의 1에 달할 때까지 적립한다.

8 청산배당은 이익잉여금의 잔액을 초과하여 배당하는 것을 말하며, 납입한 투자금액의 반환에 해당한다.

9 미처리결손금을 보전하기 위해 법정적립금, 임의적립금, 자본잉여금 순으로 상계한다 .

10 중간배당은 영업연도 중 1회에 한하여 주주총회의 결의 없이 이사회의 결의만으로 지급되며, 금전에 의한 배당만이 가능하고 이익준비금도 적립하여야 한다.

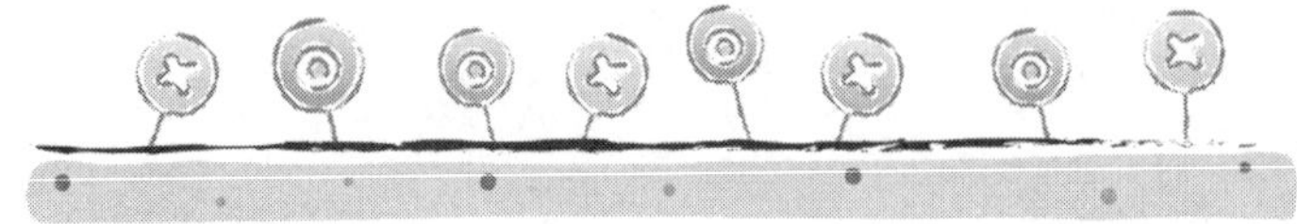

# 객관식문제

01 한국채택국제회계기준에서 자본항목에 대한 다음 설명 중 타당하지 않은 것은?

➤ 공인회계사 수정

① 회사가 주주로부터 무상으로 수증받은 자기주식에 대하여는 자산수증이익으로 회계처리한다.

② 전환우선주의 발행시 전환우선주에 부가되어 있는 전환권의 가치는 별도로 인식하지 않는다.

③ 자기주식처분이익과 감자차익은 자본잉여금으로 분류하며, 자기주식처분손실과 감자차손은 자본조정으로 분류한다.

④ 유형자산을 현물출자로 받은 경우 유형자산의 취득원가는 유형자산의 공정가치가 더 명백한 경우를 제외하고는 교부주식의 공정가액으로 평가한다.

⑤ 유상증자로 보통주식을 발행하는 경우 직접 발생한 주식발행비용은 별도의 계정으로 인식하지 않고 주식의 발행가액에서 차감한다.

02 다음은 20×1년중에 발생한 ㈜한국의 자본거래 내역이다. ➤ 공인회계사 수정

1월 5일 : 회사가 발행한 보통주식(주당 액면가액 ₩5,000, 주당 발행가액 ₩5,000) 중 100주를 주당 ₩10,000에 취득하였다.
6월 5일 : 위 주식 중 50주를 ₩12,000에 매각하였다.
8월 5일 : 위 주식 중 20주를 ₩9,000에 매각하였다.
12월 5일 : 위 주식 중 나머지를 모두 소각하였다.

우리나라 회계기준에 따라 회계처리할 경우 상기 거래가 자본잉여금(이익잉여금 처분전)에 미치는 영향은 얼마인가? 단, 상기 거래 이전에 자기주식처분손실, 감자차손, 자기주식처분이익, 감자차익의 잔액은 없으며, 상기 거래 이외의 자본거래는 없다고 가정한다.

① ₩ 70,000 증가 ② ₩ 80,000 증가 ③ ₩100,000 증가
④ ₩150,000 증가 ⑤ 영향 없음

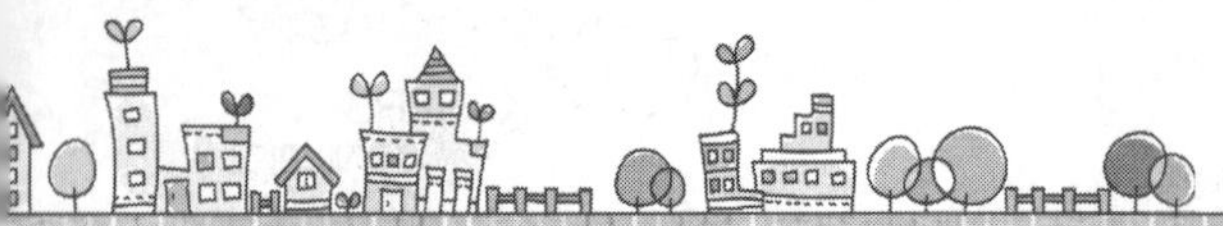

03 우리나라 기업회계기준에 따라 자기주식과 관련된 거래를 처리할 경우 다음의 설명 중 타당한 것은? ➤ 공인회계사 수정

① 자기주식의 재발행가액이 취득원가보다 큰 경우 기타자본잉여금이 감소한다.

② 자기주식을 소각할 경우 자기주식의 취득원가와 최초발행금액을 비교하여 회계 처리한다.

③ 감자차손은 주식의 소각에 의하여 나타나므로 결손금처리순서에 따라 보전하지만, 자기주식처분손실은 자기주식을 재발행하면서 나타나므로 결손금처리순서에 따라 보전하지 않는다.

④ 자기주식의 취득원가가 재발행가액보다 큰 경우 미처분이익잉여금을 차기한다.

⑤ 자기주식을 소각할 경우 자기주식 취득원가의 크기에 따라 자본잉여금의 잔액이 달라질 수 있다.

04 ㈜사랑의 20×1년까지의 미처리결손금은 ₩50,000이다. ㈜사랑은 20×2년 2월 20일 주주총회에서 미처리결손금을 처리하기로 하였으며, 동일 현재 배당평균적립금 잔액은 ₩10,000, 재무구조개선적립금 잔액은 ₩20,000, 이익준비금 잔액은 ₩15,000, 자본잉여금 잔액은 ₩20,000이다. 미처리결손금의 처리에 대한 다음의 분개 중 타당한 것은? ➤ 공인회계사 수정

| | | | | | |
|---|---|---|---|---|---|
| ① | (차) 재무구조개선적립금 | 15,000 | (대) 미처리결손금 | 50,000 |
| | 이익준비금 | 15,000 | | |
| | 자본잉여금 | 20,000 | | |
| ② | (차) 배당평균적립금 | 10,000 | (대) 미처리결손금 | 50,000 |
| | 재무구조개선적립금 | 20,000 | | |
| | 자본잉여금 | 20,000 | | |
| ③ | (차) 배당평균적립금 | 10,000 | (대) 미처리결손금 | 50,000 |
| | 재무구조개선적립금 | 20,000 | | |
| | 이익준비금 | 15,000 | | |
| | 자본잉여금 | 5,000 | | |
| ④ | (차) 배당평균적립금 | 10,000 | (대) 미처리결손금 | 50,000 |
| | 재무구조개선적립금 | 5,000 | | |
| | 이익준비금 | 15,000 | | |
| | 자본잉여금 | 20,000 | | |

⑤ (차) 배당평균적립금 10,000 (대) 미처리결손금 50,000
재무구조개선적립금 20,000
이익준비금 10,000
자본잉여금 10,000

05 자본변동표는 자본의 크기와 그 변동에 대한 정보를 제공하는 재무보고서이다. 자본변동표에 대한 다음의 설명 중 옳지 않은 것은? ➤ 공인회계사 수정

① 자본금의 변동은 유상증자(감자), 무상증자(감자)와 주식배당 등에 의하여 발생하며, 자본금은 보통주자본금과 우선주자본금으로 구분하여 표시한다.
② 자본잉여금의 변동은 유상증자(감자), 무상증자(감자)와 결손금처리 등에 의하여 발생하며, 주식발행초과금과 기타자본잉여금으로 구분하여 표시한다.
③ 자본조정의 변동은 주식할인발행차금, 주식선택권, 출자전환채무, 자기주식처분이익 등과 같은 항목으로 구분하여 표시한다.
④ 자본변동표는 포괄손익계산서를 거치지 않고 재무상태표의 자본에 직접 가감되는 항목에 대한 정보를 제공한다. 이러한 항목에는 매도가능금융자산평가손익이나 해외사업환산손익 등과 같은 미실현손익이 포함된다.
⑤ 자본변동표에서 전기에 이미 보고된 이익잉여금(또는 결손금)의 금액이 당기에 발생한 회계정책의 변경이나 중대한 전기오류수정으로 인하여 변동된 경우에는 전기에 이미 보고된 금액을 별도로 표시하고 회계정책 변경이나 오류수정이 매회계연도에 미치는 영향을 가감한 수정후 기초 이익잉여금을 표시한다.

06

(1) 12월 말 결산법인인 ㈜홍도는 20×1년 초에 보통주 10,000주와 우선주 3,000주를 발행하여 설립되었다.
(2) 회사가 보고한 3년간의 연도별 당기순손익은 다음과 같다.

| 20×1년 | 당기순손실 | ₩290,000 |
|---|---|---|
| 20×2년 | 당기순손실 | ₩220,000 |
| 20×3년 | 당기순이익 | ₩840,000 |

(3) 보통주와 우선주의 주당 액면가액은 각각 ₩100이다.
(4) 우선주는 누적적·비참가적이고 약정배당률은 10%이다.
(5) ㈜홍도의 자본금은 설립일 이후 변동이 없었다.

20×3년 12월 31일 보통주 주주에게 배당가능한 이익은 얼마인가? ➤ 세무사 수정
(단, 모든 배당은 현금배당이다. 이익준비금은 법정 최소한을 적립하고, 20×3년에 이익준비금을 적립하더라도 자본금의 1/2에 미달한다)

① ₩207,000 ② ₩240,000 ③ ₩230,000
④ ₩270,000 ⑤ ₩210,000

07 20×3년 12월 31일 현재 A사, B사, C사의 자본금과 관련된 내용은 다음과 같다.

| | A사 | B사 | C사 |
|---|---|---|---|
| 보 통 주<br>(발행주식수)<br>(액 면 금 액) | ₩10,000,000<br>(2,000주)<br>(₩5,000) | ₩10,000,000<br>(2,000주)<br>(₩5,000) | ₩10,000,000<br>(2,000주)<br>(₩5,000) |
| 우 선 주<br>(발행주식수)<br>(액 면 금 액) | ₩5,000,000<br>(1,000주)<br>(₩5,000) | ₩5,000,000<br>(1,000주)<br>(₩5,000) | ₩5,000,000<br>(1,000주)<br>(₩5,000) |
| 우선주배당률 | 5% | 5% | 5% |
| 우선주의 종류 | 완전참가적 | 누적적(20×1년도분과 20×2년도분의 배당금 연체) 비참가적 | 누적적(20×2년도분의 배당금 연체) 8% 부분참가적 |

주주총회에서 A사, B사, C사는 각각 ₩1,350,000씩의 배당금 지급을 결의하였다. 우선주에 대한 배당금을 지급할 경우 그 금액이 큰 회사부터 작은 회사의 순서로 나열한 것은?

① A사－B사－C사 ② B사－C사－A사 ③ C사－A사－B사
④ A사－C사－B사 ⑤ B사－A사－C사

# 주 관 식 문 제

## 01 청약에 의한 주식의 발행

(1) 장수상사는 액면 ₩10인 보통주 500,000주를 발행할 수 있도록 수권을 받았다.
(2) 20×1년 11월 30일, 60,000주를 주당 ₩12에 청약받았다.
(3) 청약주식에 대해서 청약금의 30%가 청약 시에 불입되었다.
(4) 20×2년 1월 31일, 청약금 납입불이행자 소유의 8,000주를 제외한 청약주식의 납입금 전액이 불입되었다.
(5) 청약금 납입불이행자의 당초 납입금을 반환해 주기로 하였다.
(5) 이 8,000주는 20×2년 2월 10일에 주당 ₩13에 매각되었고 납입불이행자의 당초 납입금은 반환되었다.

위의 거래를 회계처리하라.

## 02 자본거래의 회계처리

20×1년 1월 5일 오양상사는 액면가 ₩100, 6% 배당의 누적적·비참가적 우선주 5,000주와 액면 ₩5의 보통주 50,000주에 대한 발행을 승인하는 정관을 받았다. 그 후 다음과 같은 거래가 완료되었다. 이를 회계처리하라.

1월 11일 : 주당 ₩10으로 보통주 20,000주의 청약을 받았다. 청약시 청약금의 20%를 불입 받았다.
2월 1일 : 김씨로부터 다음 자산을 취득하고 2,800주의 우선주를 발행하였다.
당일 현재, 우선주의 공정가치는 주당 ₩110이다.
기계(공정시가 ₩30,000) 공장건물(공정시가 ?)
토지(공정가치 ₩200,000)
3월 16일 : 공정가치 ₩80,000인 기계를 기증받다.
4월 20일 : 보통주 청약금의 잔액을 납입받고 주식을 발행하다.
6월 30일 : 주당 ₩8에 보통주 1,200주를 재취득하다.
7월 30일 : 주당 ₩6으로 자기주식 1,200주를 매각하다.
8월 20일 : 당일 현재 사외유통되고 있는 보통주에 대하여 10%의 주식배당을 선언하다. 선언일에 보통주는 주당 ₩6에 거래되고 있었다.

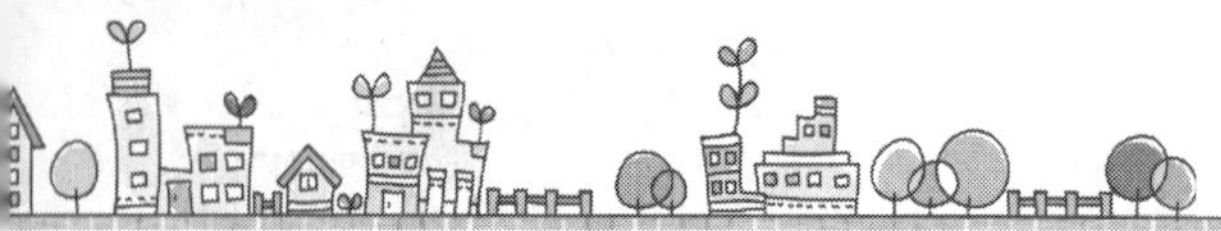

9월 20일 : 주식배당과 관련한 주식을 발행하다.
12월 31일 : 보통주에 대해서 주당 ₩0.10의 현금배당을 선언하고 우선주에 대해서도 배당을 선언하다. 기중에 발행된 주식의 배당기산일은 기초라고 가정한다.
12월 31일 : 집합손익계정을 마감하다. 당기순이익은 ₩54,000이었다.

## 03 자기주식 Ⅰ

(1) 천안회사의 20×1년 12월 31일 현재의 소유주지분은 다음과 같다.

| | |
|---|---|
| 보통주자본금(액면가액 ₩20, 수권주식수 50,000주, 발행주식수 30,000주) | ₩600,000 |
| 자본잉여금(주식발행초과금) | 150,000 |
| 이익잉여금 | 230,000 |
| 소유주지분 합계 | ₩980,000 |

(2) 20×2년중 소유주지분에 대한 거래는 다음과 같다.
① 1,000주를 주당 ₩28에 재취득하였다.
② 900주를 주당 ₩30에 재취득하였다.
③ 자기주식 중 1,500주를 주당 ₩32에 매각하였다.

**20×2년 12월 31일 현재 천안회사의 당기순이익은 ₩110,000이었고, 배당은 없었다. 20×2년 12월 31일 현재 재무상태표에 표시될 천안회사의 총소유주지분은 얼마인가?**

## 04 자기주식 Ⅱ

(1) 20×1년 12월 12일에 ㈜예산은 주당 액면가액 ₩5,000인 보통주를 주당 ₩5,600에 10주를 발행하여 설립되었으며, 20×2년 1월 1일 현재 이익잉여금계정의 잔액은 ₩4,350이다.
(2) 20×2년 5월 8일에 자기주식 3주를 주당 ₩5,900에 취득하였다.
(3) 20×2년 6월 9일에 자기주식 5주를 주당 ₩5,400에 취득하였다.
(4) ₩5,900에 재취득한 보통주 1주를 7월 20일에 ₩6,300에 재발행하였다.
(5) ₩5,900에 재취득한 보통주 1주를 8월 13일에 ₩5,300에 재발행하였다.
(6) ₩5,400에 재취득한 보통주 1주를 8월 19일에 ₩4,200에 재발행하였다.
(7) ₩5,900에 재취득한 보통주 1주를 9월 28일에 소각하였다.
(8) ₩5,400에 재취득한 보통주 1주를 11월 6일에 소각하였다.
(9) 20×2년도 당기순이익은 ₩10,000이다.

위의 거래를 분개하고 20×2년 말 재무상태표상의 주주지분을 표시하시오.

## 05 재무상태표와 자본변동표

갑회사의 20×5년 1월 1일 현재 자본계정은 다음과 같다.

| | |
|---|---:|
| 자 본 금(액면가액 ₩100) | ₩1,000,000 |
| 주식발행초과금 | 400,000 |
| 자 기 주 식(100주) | (30,000) |
| 이 익 준 비 금 | 100,000 |
| 미처분이익잉여금 | 700,000 |
| 자 본 총 계 | ₩2,170,000 |

갑회사의 20×5년도중에 발생한 자본과 관련된 거래는 다음과 같다.
(배당은 보유기간과 관계없이 1년분을 지급하기로 한다)

- 2월 12일 : 정기 주주총회에서 10%의 현금배당과 이익준비금 ₩100,000을 적립하기로 결정하고 배당금을 지급하였다.
- 6월 15일 : 자기주식 100주를 주당 ₩200에 취득하였다.
- 7월 30일 : 이익잉여금중 ₩200,000을 자본전입하기로 하고, 주주들에게 무상으로 해당 주식을 교부하였다. 단, 자기주식에 대하여는 교부하지 않았다.
- 8월 20일 : 갑회사의 사장이 퇴직하였다. 갑회사는 사장 소유의 보통주 1,000주를 공정가치인 주당 ₩250에 매입 소각하였다.
- 9월 15일 : 자기주식 60주를 주당 ₩290에 처분하였다. 자기주식 취득원가에 대한 원가흐름의 가정은 이동평균법을 적용한다.
- 11월 1일 : 갑회사는 이사회의 결의에 따라 동 일자의 주주들에게 2%의 금전배당을 실시하면서 이익준비금 ₩10,000을 적립하였다.
- 12월 31일 : 20×5년 당기순이익은 ₩450,000이다. 토지의 장부가액이 재평가를 통하여 ₩50,000 증가하였다.

1. 갑회사가 20×5년중에 해야 할 회계처리를 하라.
2. 갑회사가 20×5년도에 보고할 자본변동표를 작성하라.
3. 20×5년 말 갑회사의 자본계정만을 표시하는 부분 재무상태표를 작성하라.

## ☑ OX문제

01 × : 금융상품 중 지분상품의 공정가치 변동은 인식하지 않으며, 금융자산중 매도가능금융자산의 공정가치 변동은 자본항목으로 인식된다.

02 × : 부채요소와 관련되므로 이자비용으로 처리한다.

03 × : 주식선택권은 자본조정항목으로 기타자본요소에 해당된다.

04 ○

05 × : 감자차손익은 취득금액과 액면금액의 차액으로 계산된다.

06 × : 미교부주식배당금은 자본조정 항목 중 가산계정에 해당된다.

07 × : 금전(현금)배당을 기준으로 하므로 주식배당은 포함하지 않는다.

08 ○

09 × : 임의적립금 ➡ 기타법정적립금 ➡ 이익준비금 ➡ 자본잉여금 순으로 상계한다.

10 ○

## ☑ 객관식문제

| 01 | ① | 02 | ② | 03 | ⑤ | 04 | ③ | 05 | ③ | 06 | ⑤ | 07 | ② |
|---|---|---|---|---|---|---|---|---|---|---|---|---|---|

## 주관식문제

**01**

| 일자 | 차변 | 금액 | 대변 | 금액 |
|---|---|---|---|---|
| 20×1. 11. 30. | (차) 현금 | 216,000[*] | (대) 신주청약증거금 | 216,000 |

＊ 60,000주×₩12×30%＝₩216,000

20×2. 1. 30. (청약주식 8,000주 납입)

| 차변 | 금액 | 대변 | 금액 |
|---|---|---|---|
| (차) 신주청약증거금 | 187,200[*1] | (대) 자본금 | 520,000[*3] |
| 현금 | 436,800[*2] | 주식발행초과금 | 104,000 |

＊1 (60,000－8,000)×₩12×30%＝₩187,200
＊2 (60,000－8,000)×₩12×70%＝₩436,800
＊3 (60,000－8,000)×₩10＝₩520,000

20×2. 2. 10. (주당 ₩13에 주식매각, 납입금의 반환)

| 차변 | 금액 | 대변 | 금액 |
|---|---|---|---|
| (차) 현금 | 104,000[*] | (대) 자본금 | 80,000 |
| | | 주식발행초과금 | 24,000 |

＊ 8,000주×₩13＝₩104,000

| 차변 | 금액 | 대변 | 금액 |
|---|---|---|---|
| (차) 신주청약증거금 | 28,800[*] | (대) 현금 | 28,800 |

＊ 8,000주×₩12×30%＝₩28,800

**02**

| 일자 | 차변 | 금액 | 대변 | 금액 |
|---|---|---|---|---|
| 1월 11일 | (차) 현금 | 40,000 | (대) 신주청약증거금(보통주) | 40,000 |
| 2월 1일 | (차) 기계 | 30,000 | (대) 우선주자본금 | 280,000 |
| | 건물 | 78,000 | 주식발행초과금(우선주) | 28,000 |
| | 토지 | 200,000 | | |
| 3월 16일 | (차) 기계 | 80,000 | (대) 자산수증이익 | 80,000 |
| 4월 20일 | (차) 현금 | 160,000 | (대) 보통주자본금 | 100,000 |
| | 신주청약증거금(보통주) | 40,000 | 주식발행초과금(보통주) | 100,000 |
| 6월 30일 | (차) 자기주식 | 9,600 | (대) 현금 | 9,600 |
| 7월 30일 | (차) 현금 | 7,200 | (대) 자기주식 | 9,600 |
| | 자기주식처분손실 | 2,400 | | |
| 8월 20일 | (차) 미처분이익잉여금 | 10,000 | (대) 미교부주식배당금 | 10,000 |

＊ 주식배당은 상법 규정에 따라 액면가액법으로 회계처리한다.

| 일자 | 차변 | 금액 | 대변 | 금액 |
|---|---|---|---|---|
| 9월 20일 | (차) 미교부주식배당금 | 10,000 | (대) 보통주자본금 | 10,000 |
| 12월 31일 | (차) 미처분이익잉여금 | 19,000 | (대) 미지급배당금(보통주) | 2,200[*1] |
| | | | 미지급배당금(우선주) | 16,800[*2] |
| | (차) 집합이익 | 54,000 | (대) 미처분이익잉여금 | 54,000 |

＊1 보통주에 대한 배당금 : (기발행주식수＋주식배당으로 인한 추가발행주식수)×₩0.1＝(20,000＋20,000×10%)×₩0.1＝₩2,200
＊2 우선주에 대한 배당금＝₩280,000×6%＝₩16,800

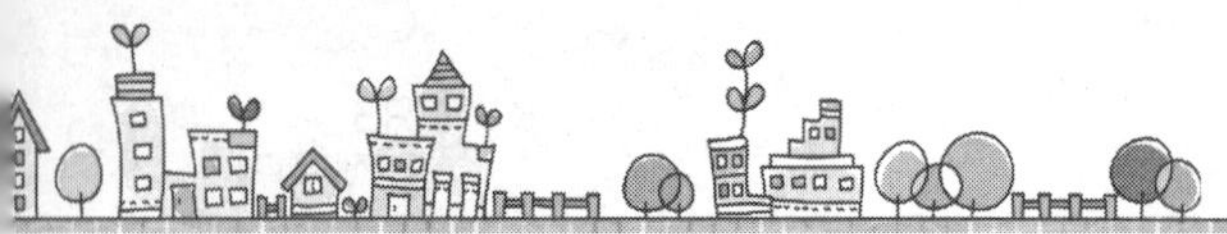

03 각 거래가 소유주지분에 미치는 영향을 분석하면 다음과 같다.

| 20×1. 12. 31. 현재 소유주지분 | ₩980,000 |
|---|---|
| 당기순이익 | 110,000 |
| 자기주식 매입(=1,000×₩28) | (28,000) |
| 자기주식 매입(=900×₩30) | (27,000) |
| 자기주식 매각(=1,500×₩32) | 48,000 |
| 20×2. 12. 31. 현재 소유주지분 | ₩1,083,000 |

04 **1. 회계처리**

| 일자 | 차변 | 금액 | 대변 | 금액 |
|---|---|---|---|---|
| 5/ 8 | (차) 자 기 주 식 | 17,700 | (대) 현 금 | 17,700 |
| | * ₩5,900×3주=₩17,700 | | | |
| 6/ 9 | (차) 자 기 주 식 | 27,000 | (대) 현 금 | 27,000 |
| 7/20 | (차) 현 금 | 6,300 | (대) 자 기 주 식 | 5,900 |
| | | | 자기주식처분이익 | 400 |
| 8/13 | (차) 현 금 | 5,300 | (대) 자 기 주 식 | 5,900 |
| | 자기주식처분이익 | 400 | | |
| | 자기주식처분손실 | 200 | | |
| 8/19 | (차) 현 금 | 4,200 | (대) 자 기 주 식 | 5,400 |
| | 자기주식처분손실 | 1,200 | | |
| 9/28 | (차) 자 본 금 | 5,000 | (대) 자 기 주 식 | 5,900 |
| | 감 자 차 손 | 900 | | |
| 11/ 6 | (차) 자 본 금 | 5,000 | (대) 자 기 주 식 | 5,400 |
| | 감 자 차 손 | 400 | | |
| 12/31 | (차) 집 합 이 익 | 10,000 | (대) 이 이 잉 여 금 | 10,000 |

2. 20×2년 말 재무상태표 상의 주주지분

| | | |
|---|---|---|
| 납입자본 | | |
| 보통주자본금 | 40,000 | |
| 주식발행초과금 | 6,000 | 46,000 |
| 이익잉여금 | | 14,350 |
| 기타자본요소 | | |
| 자기주식 | (16,200) | |
| 자기주식처분손실 | (1,400) | |
| 감자차손 | (1,300) | (18,900) |
| 자본총계 | | ₩41,450 |

05 1. 회계처리

| | | | | | |
|---|---|---|---|---|---|
| 2/12 | (차) 미처분이익잉여금 | 199,000 | (대) 현 금 | 99,000* | |
| | | | 이 익 준 비 금 | 100,000 | |

* (₩1,000,000－100주×₩100)×10%=₩99,000

| | | | | |
|---|---|---|---|---|
| 6/15 | (차) 자 기 주 식 | 20,000 | (대) 현 금 | 20,000 |
| 7/30 | (차) 미처분이익잉여금 | 200,000 | (대) 자 본 금 | 200,000 |

* 무상증자의 경우에는 자기주식에 대하여 교부하는지 여부와 관계없이 자본전입액 모두를 자본금에 대체한다. 왜냐하면 자기주식 이외의 주주들에게 모든 무상주식을 교부하기 때문이다.

| | | | | |
|---|---|---|---|---|
| 8/20 | (차) 자 본 금 | 100,000 | (대) 현 금 | 250,000 |
| | 감 자 차 손 | 150,000 | | |
| 9/15 | (차) 현 금 | 17,400*1 | (대) 자 기 주 식 | 15,000*2 |
| | | | 자기주식처분이익 | 2,400 |

*1 60주×₩290=₩17,400
*2 (₩30,000+₩20,000)×60/200주=₩15,000

| | | | | |
|---|---|---|---|---|
| 11/ 1 | (차) 미처분이익잉여금 | 31,720 | (대) 현 금 | 21,720* |
| | | | 이 익 준 비 금 | 10,000 |

* (₩1,000,000+₩200,000－₩100,000－140주×₩100)×2%=₩21,720

| | | | | |
|---|---|---|---|---|
| 12/31 | (차) 집 합 이 익 | 450,000 | (대) 미처분이익잉여금 | 450,000 |
| | 토 지 | 50,000 | 재평가잉여금 | 50,000 |

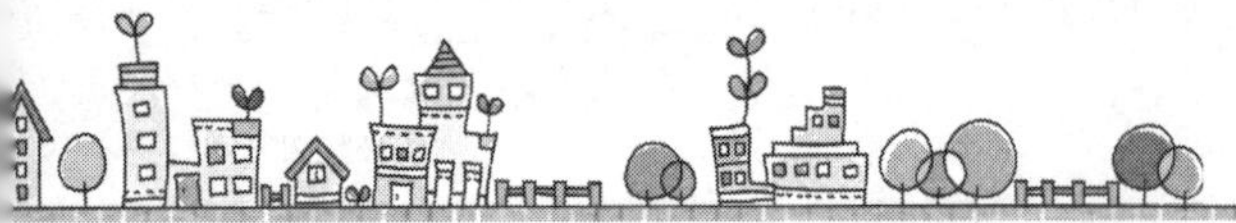

2. 자본변동표

자본변동표

갑회사 20×5년 1월 1일부터 12월 31일까지 (단위 : 원)

| | 납 입자 본 | | 기타자본요소 | | 이 익 잉여금 | 총 계 |
|---|---|---|---|---|---|---|
| | 자본금 | 자 본 잉여금 | 자본조정 | 기타포괄 손익누계액 | | |
| 20×5. 1. 1. | 1,000,000 | 400,000 | (30,000) | – | 800,000 | 2,170,000 |
| 연 차 배 당 | | | | | (99,000) | (99,000) |
| 자기주식 취득 | | | (20,000) | | | (20,000) |
| 무 상 증 자 | 200,000 | | | | (200,000) | – |
| 자기주식 소각 | (100,000) | | (150,000) | | | (250,000) |
| 자기주식 처분 | | 2,400 | 15,000 | | | 17,400 |
| 중 간 배 당 | | | | | (21,720) | (21,720) |
| 당 기 순 이 익 | | | | | 450,000 | 450,000 |
| 재평가잉여금 | | | | 50,000 | | 50,000 |
| 20×5. 12. 31. | 1,100,000 | 402,400 | (185,000) | 50,000 | 929,280 | 2,296,680 |

3. 20×2년 말 재무상태표 상의 주주지분

| | | |
|---|---|---|
| 납입자본 | | |
| 자본금 | ₩1,100,000 | |
| 주식발행초과금 | 400,000 | |
| 자기주식처분이익 | 2,400 | ₩1,502,400 |
| 이익잉여금 | | 929,280 |
| 기타자본요소 | | |
| 자기주식 | ₩(35,000) | |
| 감자차손 | (150,000) | |
| 재평가잉여금 | 50,000 | (135,000) |
| 자본총계 | | ₩2,296,680 |

Chapter 11

# 복합금융상품

**학습목표**

본 장에서는 대표적 복합금융상품인 전환사채와 신주인수권부사채의 회계처리를 살펴본다. 즉, 전환사채와 신주인수권부사채의 발행시 회계처리, 이자비용의 계산과 회계처리, 전환(행사)시점과 상환시점의 회계처리를 구체적으로 살펴본다. 그리고 전환우선주에 대한 회계처리도 살펴본다.

※ **관련 한국채택국제회계기준**

기업회계기준서 제1001호 '재무제표 표시'
기업회계기준서 제1032호 '금융상품 : 표시'
기업회계기준서 제1039호 '금융상품 : 인식과 측정'
기업회계기준서 제1107호 '금융상품 : 공시'

# 01절 복합금융상품의 의의 및 종류

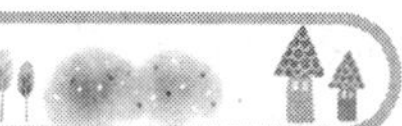

**복합금융상품(compound financial instruments)은 부채의 요소와 자본의 요소를 모두 가지고 있는 금융상품을 말한다.** 즉, 복합금융상품은 금융부채를 발생시키는 요소와 발행자의 지분상품으로 전환할 수 있는 옵션이 결합된 형태로 발행된다.

이러한 금융상품을 발행하는 거래는 조기상환규정이 있는 채무상품과 주식을 매입할 수 있는 주식매입권을 동시에 발행하는 거래 또는 분리형 주식매입권이 있는 채무상품을 동시에 발행하는 거래와 실질적으로 동일한 경제적 효과가 있다. 따라서 이러한 거래들의 경우 발행자는 **재무상태표에 부채요소와 자본요소를 분리하여 표시하여야 한다.**

대표적인 복합금융상품으로는 **전환사채**와 **신주인수권사채**가 있다.1)

한국채택국제회계기준에서는 복합금융상품의 구체적인 회계처리에 대한 설명이 없다. 따라서 본 장에서는 기업회계기준서 제9호(전환증권)의 규정을 중심으로 복합금융상품 중 전환사채와 신주인수권부사채의 회계처리를 중심으로 설명한다.

## 1. 전환사채

**전환사채(convertible bonds)란 유가증권의 소유자가 일정한 조건 하에 전환권을 행사할 수 있는 사채로서, 전환권을 행사하면 보통주로 전환되는 사채**를 말한다.

전환사채는 다음과 같은 장점들로 인하여 발행된다. 즉, 발행회사의 입장에서는 전환사채의 발행으로 인하여 ① 동일한 액면이자율의 일반사채보다 발행가격을 더 높일 수 있으며, 그 결과 더 낮은 이자율로 자금을 조달할 수 있고, ② 이들이 최종적으로 주식으로 전환되면 재무구조가 건전해질 수 있다는 장점이 있다. 한편 투자자의 입장에서는

---

1) 이들은 전환증권(convertible security)이라고도 한다. 전환증권은 당해 증권의 소유자가 전환권을 행사하면 보통주가 추가로 발행되는 금융상품이나 기타 계약들을 말하는 것으로서, 이들로 인하여 주당이익이 감소된다는 측면에서 이들을 희석증권(dilutive securities)이라고도 한다. 전환증권에는 다음과 같은 것들이 포함된다.
① 전환사채, 신주인수권부사채, 전환우선주
② 신주인수권
③ 자기주식으로 교환되는 교환사채
④ 기타 일정한 조건에 따라 보통주가 발행되는 계약(예 주식선택권)

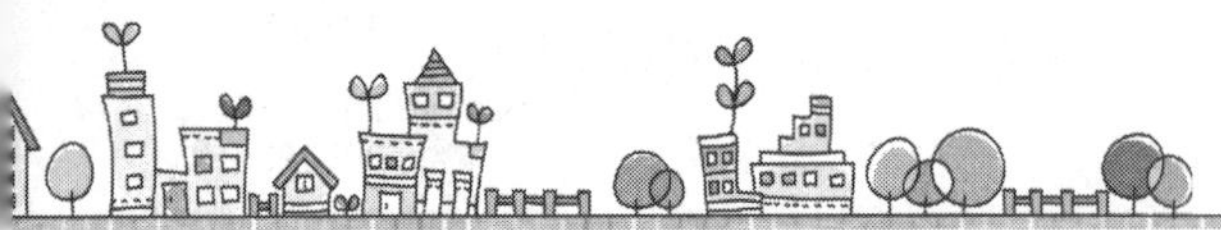

전환사채를 취득함으로서 ① 주가상승시 주식으로 전환하여 지분이득을 얻을 수 있을 뿐만 아니라, ② 주가가 하락하더라도 사채로부터 고정적인 이자수익을 얻을 수 있어 주식에 직접 투자하는 것보다 안정적인 수익을 얻을 수 있다는 장점이 있다.

## 2. 신주인수권부 사채

신주인수권부사채(bonds with stock warrant)란 신주인수권이 부여된 사채를 말한다. 여기서 **신주인수권이란 유가증권의 소유자가 발행된 보통주를 인수할 수 있는 권리를 말한다.** 신주인수권부사채는 신주인수권의 분리가능성 유무에 따라 분리형과 비분리형으로 분류된다. 분리형이란 신주인수권 만을 사채로부터 분리하여 양도 가능한 것을 말하고, 비분리형은 신주인수권이 사채와 분리되어 양도될 수 없는 것으로 신주인수권을 양도하려면 사채의 소유권도 양도해야 하는 사채를 말한다.

## 3. 비누적적 상환우선주[2]

만기에 의무적으로 현금 상환되지만, 배당은 상환 전까지 발행자의 재량에 따라 지급되어 지급의무가 없는 비누적적 상환우선주는 상환금액의 현재가치에 상당하는 부채요소를 가지고 있는 복합금융상품에 해당한다. 이 경우 지급의무가 있는 상환원금은 현재가치를 부채로 인식하며, 지급의무가 없는 배당은 자본요소에 관련되므로 이익잉여금의 처분으로 인식한다.

## 4. 전환우선주

전환우선주는 유가증권의 소유자가 전환권을 행사할 수 있는 우선주로서, 전환권을 행사하면 보통주로 전환되는 주식이다. 따라서 전환우선주는 우선주와 보통주의 두 가지 요소로 구성된 복합증권이라 할 수 있다. 우선주와 보통주는 의결권행사, 이익배당 및 잔여재산분배청구권에서 차이가 있을 뿐 지분증권이라는 점에서 차이가 없다. 그러나 전환우선주는 복합금융상품에 해당되지는 않는다. 왜냐하면 전환우선주는 우선주식이 보통주식을 전환될 수 있는 권리만 있을 뿐 부채요소를 가지고 있지 않기 때문이다.

---

2) 상환우선주의 회계처리는 제10장(자본)에서 설명되었으므로 본 장에서는 생략한다.

## 02절 전환사채

### 1. 발행시의 회계처리[3)]

#### (1) 상환할증금과 보장수익률

전환사채는 만기상환시점에 상환할증금을 추가 지급하는가 여부에 따라 상환할증금 지급조건과 상환할증금 미지급조건(액면상환조건) 전환사채로 구분된다.

전환사채는 보통주로 전환할 수 있는 권리가 부여되어 있기 때문에 일반사채보다 낮은 표시이자율 조건으로 높은 발행가액에 발행된다. 그러나 만기까지 발행회사의 주가가 현저히 낮아 전환권을 행사할 수 없게 되면, 투자자는 전환권을 행사할 수 있는 권리를 상실하게 된다. 따라서 **전환사채 투자자가 일반사채 투자자보다 더 낮은 수익을 얻게 될지도 모를 위험을 보상해 주기 위하여 전환권을 행사하지 않고 만기상환할 경우 투자자들에게 추가적인 보상을 해주게 되는데 이를 상환할증금(repayment premium)**이라고 한다. 따라서 전환사채 투자자들은 만기상환시 액면금액에 상환할증금을 추가로 수령함으로써 표시이자율 보다 높은 수익률을 보장받게 되는데 이를 **보장수익률(guaranteed interest rate)**이라고 한다.

즉 보장수익률은 전환사채를 만기까지 보유하는 동안 투자자에게 지급되는 모든 현금흐름(이자, 액면금액, 상환할증금)의 현재가치를 사채의 발행금액과 일치시켜 주는 할인율이다.[4)]

**상환할증금 지급조건이 있을 경우 보장수익률은 전환사채의 표시이자율보다는 높게 되며, 전환권의 가치 때문에 보장수익률은 발행시점의 시장이자율(즉 일반사채의 유효이자율)보다는 낮게 된다.**

---

3) 일반적으로 우리나라의 전환사채는 액면금액으로 발행된다. 따라서 전환사채가 액면발행된 경우를 중심으로 설명하고, 후에 할인(할증)발행되는 경우를 참고적으로 설명한다.

4) 상환할증금은 표시이자와 보장수익률에 따른 실질이자의 차이금액을 만기에 일시에 지급하는 금액이라고 정의할 수도 있다. 이를 수식으로 표시하면 다음과 같다.

> 상환할증금＝전환사채 액면가액×(보장수익률－표시이자율)
> ×보장수익률을 적용한 연금미래가치계수

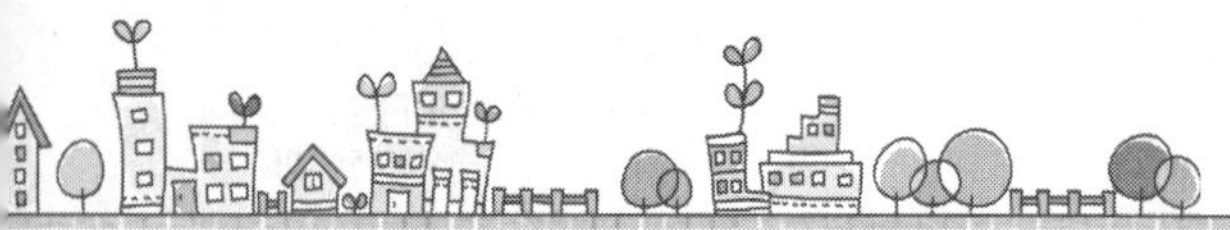

### (2) 전환권의 가치(전환권대가)

전환사채는 일반사채와 전환권의 두 가지 요소로 구성되는 복합증권이다. 따라서 전환사채를 발행한 경우에는 발행가액을 부채와 자본부분으로 분리하여 자본부분(전환권)의 가치를 전환권대가로 인식해야 한다.5)

**전환권대가는 당해 전환사채의 발행가액에서 동종 일반사채의 현재가치를 차감하여 계산한다.** 이 경우 일반사채의 현재가치는 만기일까지 기대되는 미래 현금흐름(상환할증금이 있는 경우에는 이를 포함)을 사채발행일 현재 발행회사의 전환권이 없는 일반사채의 유효이자율로 할인한 금액이다.6)

### (3) 사채발행일의 회계처리

상환할증금 지급조건 전환사채를 액면발행하는 경우의 회계처리는 다음과 같다.

| | | | | | |
|---|---|---|---|---|---|
| (차) | 현 금 | ××× | (대) | 전 환 사 채 | ××× |
| | 전 환 권 조 정 | ××× | | 사채상환할증금 | ××× |
| | | | | 전 환 권 대 가 | ××× |

전환사채 계정금액은 액면금액으로 표시한다. 전환사채가 액면발행되는 경우라면 현금수령액 역시 전환사채 계정금액과 동일한 금액으로 표시된다.

상환할증금 지급조건이 있을 경우 이를 **사채상환할증금** 과목으로 전환사채의 부가계정으로 표시한다. 사채상환할증금은 전환권이 행사되어 주식을 발행하게 되면 행사된 부분만큼 장부에서 제거하며, 전환권이 행사되지 않은 부분은 만기상환시 전액 제거된다. 전환권대가는 전환사채의 발행가액에서 일반사채를 가정한 현재가치를 차감하여 계

5) 이를 전환권가치 인식법이라고 한다. 이러한 처리방법 이외에도 전환권이나 신주인수권의 가치를 인식하지 않고 발행가액을 전액 부채로 회계처리하는 방법도 있는데, 이를 전환권가치 무인식법 혹은 부채법 등으로 부른다. 그러나 경제적 실질에 기초하여 보았을 때, 전환권의 가치를 별도로 인식하는 방법인 전환권가치 인식법이 이론적으로 더 우월할 뿐만 아니라, 실무상의 적용도 크게 어려움이 없으므로 기업회계기준서에서는 전환권가치인식법을 채택하고 있다.

6) 유효이자율을 구할 수 없는 경우에는 관련시장에서 형성되는 동종 또는 유사한 채권 및 채무의 이자율을 적용하며(이를 동종시장이자율이라 한다), 동종시장이자율의 산정이 곤란한 경우에는 전환사채 발행일 전 1년 내에 차입한 차입금으로서 발행하는 전환사채와 유사한 만기를 가진 차입금의 가중평균차입이자율을 적용할 수 있다(기업회계기준서 제9호 문단8).

산한다. 전환권대가는 신주청약증거금과 성격이 유사하다고 볼 수 있으므로 자본항목으로 처리하고, 전환사채가 보통주로 전환되면 주식발행초과금으로 재분류해야 한다.

사채상환할증금과 전환권대가를 합하여 **전환권조정**으로 인식하며, 당해 전환사채의 차감계정으로 표시한다. 전환권조정은 사채할인발행차금과 성격적으로 동일하므로 전환사채 기간 동안 유효이자율법으로 상각하여 이자비용에 가산한다.7)

전환사채 발행시점의 부분 재무상태표를 표시하면 다음과 같다.

부분 재무상태표

20×1년 12월 31일 현재

갑회사

| | | | |
|---|---|---|---|
| | 기타자본요소 | | |
| | 전환권대가 | ××× | |
| | 비유동부채 | | |
| | 전 환 사 채 | ××× | |
| | 사채상환할증금 | ××× | |
| | 전환권조정 | (×××) | ××× |

7) 전환사채의 발행가액은 전환권 없는 일반사채의 발행금액과 전환권대가의 금액을 합한 것이다. 이를 별도의 거래로 회계처리한다면 다음과 같다.

| | | | |
|---|---|---|---|
| (차) 현　　　금 | ××× | (대) 전 환 사 채 | ××× |
| 전 환 권 조 정 | ××× | 사채상환할증금 | ××× |
| (차) 현　　　금 | ××× | (대) 전 환 권 대 가 | ××× |

따라서 전환권조정은 일반사채의 만기상환액(전환사채의 액면금액＋사채상환할증금)과 일반사채의 발행금액과의 차이를 의미하므로 사채할인발행차금과 성격과 동일하다고 할 수 있다. 그러나 일반사채의 할인발행차금과의 차이는 전환권조정은 발행시점에서 보면 확정되지 않은 우발적 성격이 있다는 것이다. 즉 전환권조정은 전환사채가 전환되지 않고 만기상환이 이루어져야 이자지급이 확정되는 우발성을 갖는다.

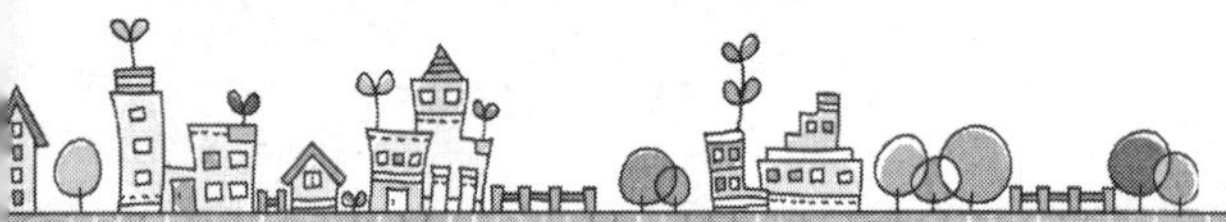

## 2. 이자비용의 계산 및 회계처리

전환사채의 이자비용은 전환사채의 장부가액(전환사채 액면금액+사채상환할증금－전환권조정 잔액)에 일반사채의 유효이자율을 적용하여 계산한다. 그리고 이자비용으로 인식한 금액과 표시이자와의 차액은 전환권조정의 상각액으로 처리한다. 이자비용 지급시점의 회계처리는 다음과 같다.

| | | | |
|---|---|---|---|
| (차) 이 자 비 용 | ××× | (대) 현　　　금 | ××× |
| | | 전 환 권 조 정 | ××× |

## 3. 전환시점의 회계처리

전환권 행사시의 회계처리방법은 발행주식의 발행가액을 결정하는 방법에 따라 장부가액법과 시가법으로 나누어진다. **장부가액법**이란 전환사채의 장부가액을 발행주식의 발행가액으로 보고 회계처리하는 방법을 말하며, **시가법**이란 전환사채의 시가 또는 발행주식의 시가를 발행주식의 발행가액으로 보고 회계처리하는 방법을 말한다. 장부가액법은 실체이론에 근거한 것으로 전환손익이 발생하지 않는 반면, 시가법은 자본주이론에 근거한 회계처리 방법으로 전환손익이 발생할 수 있다.

기업회계기준서 제1032호(금융상품 : 표시)에서는 **전환손익을 인식하지 않는다고 규정하여 장부가액법에 따른 회계처리 입장이라고 할 수 있다.** 기업회계기준서에 따른 전환시점의 회계처리는 다음과 같다.

| | | | |
|---|---|---|---|
| (차) 전 환 사 채 | ××× | (대) 전 환 권 조 정 | ××× |
| 사채상환할증금 | ××× | 자　본　금 | ××× |
| | | 주식발행초과금 | ××× |
| (차) 전 환 권 대 가 | ××× | (대) 주식발행초과금 | ××× |

장부가액법을 적용할 때 전환사채의 장부금액이란 실제 전환일 현재 전환사채의 액면가액에 전환권조정 및 사채상환할증금을 가감한 금액을 말한다. 이때 감소하는 전환사채의 장부금액과 교부된 주식의 액면금액의 차이는 주식발행초과금으로 회계처리한다.

전환권이 회계기간 중에 행사된 경우에는 실제 권리가 행사된 날을 기준으로 사채의 장부가액을 결정하여 주식의 발행가액을 계산하여야 한다.

또한 전환사채 발행시 자본항목으로 회계처리하였던 전환권대가 중 전환된 부분에 해당되는 금액은 주식발행초과금으로 대체한다.

## 4. 상환시점의 회계처리

### (1) 만기 이전의 재매입(조기상환)

**전환사채의 조기상환이나 재매입을 위하여 지급한 대가와 거래원가는 당해 거래 발생시점의 부채요소와 자본요소로 배분한다.**

각 요소별로 배분하는 방법은 전환사채의 발행시점에 발행금액을 부채요소와 자본요소로 배분한 방법과 일관되어야 한다. 즉 재매입대가(거래원가 포함) 중 먼저 부채요소에 대한 대가를 계산하여 구분하고 나머지 금액은 자본요소에 대한 재매입대가라고 본다. 여기서 부채요소에 대한 대가는 재매입일 시점의 전환사채 미래현금흐름을 재매입일 현재의 일반사채 시장이자율로 할인한 현재가치금액이다.

재매입대가를 배분한 결과로 발생되는 손익 중 **부채요소와 관련된 손익은 당기손익으로 인식하고 자본요소와 관련된 손익은 자본으로 인식한다.**

전환사채의 조기상환시 회계처리는 다음과 같다. (손실발생을 가정함)

| | | | |
|---|---|---|---|
| (차) 전 환 사 채 | ××× | (대) 전 환 권 조 정 | ××× |
| 사채상환할증금 | ××× | 현 금 | ××× |
| 사 채 상 환 손 실 | ××× | | |
| (차) 전 환 권 대 가 | ××× | (대) 현 금 | ××× |
| 기 타 자 본 항 목 | ××× | | |

### (2) 만기상환

전환사채의 만기일이 되면 전환권조정이 전액 상각되었으므로 전환사채의 장부금액은 액면금액에 상환할증금을 가산한 금액이 된다. 따라서 전환사채의 만기상환금액은 장부금액과 일치하므로 상환손익이 발생하지 않는다.

## 사례 1 전환사채 - 상환할증금이 있는 경우

(1) 12월 말 결산법인인 대청회사는 20×1년 1월 1일 다음과 같은 조건으로 전환사채를 발행하였다.
- 액면가액 : ₩10,000,000　　　　- 표시이자율 : 연 7%
- 일반사채 시장수익률 : 연 15%　　　　- 발행가액 : ₩10,000,000
- 이자지급방법 : 매연도말 후급
- 전환조건 : 전환으로 인하여 발행되는 주식 1주(액면금액 : ₩5,000)에 대하여 요구되는 사채발행가액은 ₩20,000으로 한다.
- 전환청구기간 : 사채발행일 이후 1개월 경과일부터 상환기일 30일 전까지
- 상환기일(만기) : 20×3. 12. 31.
- 원금상환방법 : 상환기일에 액면가액의 116.86%를 일시상환

(2) 20×3년 1월 1일 사채액면 ₩5,000,000(50%)에 해당하는 전환권이 청구되었다.

20×1년 1월 1일부터 20×3년 12월 31일까지 위의 전환사채와 관련된 회계처리를 하시오.

**핵심해설**

**1. 전환권대가의 계산**

(1) 발행가액 : ₩10,000,000

(2) 일반사채의 가치

| | |
|---|---|
| 표시이자 현재가치 : ₩700,000×2.2832(r=15%, n=3,연금현가계수)= | ₩1,598,000 |
| 만기금액 현재가치 : ₩11,686,000×0.6575(r=15%, n=3, 현가계수) = | ₩7,684,000 |
| 계 | ₩9,282,000 |

(3) 전환권의 대가 : (1)－(2)=₩718,000

**2. 만기 상환을 가정한 전환권조정 상각표**

| 구 분 | | 20×1년 | 20×2년 | 20×3년 |
|---|---|---|---|---|
| 기초장부가액(A) | | ₩9,282 | ₩9,974*1 | ₩10,770 |
| 사채이자비용(B=A×15%) | | 1,392 | 1,496 | 1,616 |
| 표시이자(C) | | 700 | 700 | 700 |
| 전환권조정 | 상각액(D=B－C) | 692 | 796 | 916 |
| | 잔액(E) | 1,712 | 916*2 | 0 |
| 기말장부가액(A+D) | | ₩9,974 | ₩10,770 | ₩11,686 |

*1 신규장부가액＝(전년도 기초잔액＋상각액)이므로 ₩9,282＋₩692＝₩9,974가 된다.
*2 상각잔액＝(전년 상각 잔액－당기상각액)이므로 ₩1,712－₩796＝₩916이다.

〈회계처리〉 (단위 : 천원)

20×1. 1. 1. (발행시)

| | | | | |
|---|---|---|---|---|
| (차) | 현 금 | 10,000 | (대) 전 환 사 채 | 10,000 |
| | 전 환 권 조 정 | 2,404 | 사채상환할증금 | 1,686 |
| | | | 전 환 권 대 가 | 718 |

20×2. 12. 31. (이자지급시)

| | | | | |
|---|---|---|---|---|
| (차) | 이 자 비 용 | 1,392 | (대) 현 금 | 700 |
| | | | 전 환 권 조 정 | 692 |

〈20×1. 12. 31. 재무상태표 표시〉

| | |
|---|---|
| 전환사채 | ₩10,000,000 |
| 사채상환할증금 | 1,686,000 |
| 전환권조정 | (1,712,000) |
| 잔액 | ₩9,974,000 |
| 전환권대가 (기타자본항목) | ₩718,000 |

20×2. 12. 31. (이자지급)

| | | | | |
|---|---|---|---|---|
| (차) | 이 자 비 용 | 1,496 | (대) 현 금 | 700 |
| | | | 전 환 권 조 정 | 796 |

20×3. 1. 1. (전환청구로 새로운 주식 교부)

| | | | | |
|---|---|---|---|---|
| (차) | 전 환 권 대 가 | 359 | (대) 주식발행초과금 | 359*1 |
| (차) | 전 환 사 채 | 5,000 | (대) 자 본 금 | 1,250*3 |
| | 사채상환할증금 | 843*2 | 주식발행초과금 | 4,135 |
| | | | 전 환 권 조 정 | 458*4 |

*1 전환권대가를 주식발행초과금으로 대체 : ₩718,000×5,000/10,000＝₩359,000
*2 사채상환할증금을 주식발행초과금으로 대체 : ₩1,686,000×5,000/10,000＝₩843,000
*3 발행주식수 : ₩5,000,000÷₩20,000＝250주
자 본 금 : 250주×₩5,000＝₩1,250,000
*4 전환권조정 상각 : ₩916,000×5,000/10,000＝₩458,000

〈20×3. 1. 1. 전환 후 재무상태표 표시〉

| | |
|---|---|
| 전환사채 | ₩5,000,000 |
| 사채상환할증금 | 843,000 |
| 전환권조정 | (458,000) |
| 잔액 | ₩5,385,000 |
| 전환권대가<br>(기타자본항목) | ₩359,000 |

20×3. 12. 31. (이자지급시 : 전환권조정 상각표의 50% 만을 이자비용과 상각액으로 인식)

| | | | |
|---|---|---|---|
| (차) 이 자 비 용 | 808 | (대) 현 금 | 350 |
| | | 전 환 권 조 정 | 458 |

20×3. 12. 31. (액면 ₩5,000,000 만기 상환시)

| | | | |
|---|---|---|---|
| (차) 전 환 사 채 | 5,000 | (대) 현 금 | 5,843 |
| 사채상환할증금 | 843 | | |

### 사례 2 전환사채 – 전환일 이전의 재매입

<사례 1>에서 20×3년 1월 1일 나머지 50%의 전환사채를 시장에서 ₩6,000,000에 재매입하였다고 가정하고, 20×3년 1월 1일 전환사채 재매입과 관련한 회계처리를 하라. 단, 재매입일 현재 1년 만기 일반사채의 시장이자율은 10%라고 가정한다.

**핵심해설**

1. 재매입일 현재 전환사채의 공정가치 구분

(1) 부채요소의 가치

| | |
|---|---|
| 표시이자 현재가치 : ₩700,000×0.9091(r=10%, n=1,현가계수)= | ₩ 636,370 |
| 만기금액 현재가치 : ₩11,686,000×0.9091(r=10%, n=1, 현가계수)= | ₩ 10,623742 |
| 계 | ₩11,260,112 |

∴ 50% 부채요소의 공정가치 : ₩11,260,112×50%=₩5,630,056

(2) 자본요소의 가치

₩6,000,000−₩5,630,056=₩369,944

2. 회계처리

<부채요소의 재매입>

| | | | |
|---|---|---|---|
| (차) 전 환 사 채 | 5,000,000 | (대) 현 금 | 5,630,056 |
| 사채상환할증금 | 843,000 | 전 환 권 조 정 | 458,000 |
| 사 채 상 환 손 실 | 245,056 | | |

<자본요소의 재매입>

| | | | |
|---|---|---|---|
| (차) 전 환 권 대 가 | 359,000 | (대) 현 금 | 369,944 |
| 전환권재매입손실<br>(기타자본항목) | 10,944 | | |

## 5. 전환사채의 기타사항

### (1) 전환사채의 조건변경

전환사채는 만기상환시점에 상환할증금을 추가 지급하는가 여부에 따라 상환할증금 지급조건과 상환할증금 미지급조건 전환사채로 구분된다.

한편 전환사채 발행자가 이자비용의 절약 또는 부채비율 개선 등을 목적으로 만기 이전에 **전환을 유도**하기 위해서 전환가격의 인하, 또는 현금 등을 추가적으로 지급할 것을 제안하여 전환사채의 조건을 변경하는 경우가 있다. 이러한 조건변경으로 인한 지출은 조건변경을 자본조달로 본다면 납입자본에서 차감(주식발행비 성격)하여야 하고, 부채의 상환으로 본다면 비용으로 처리하는 것이 논리적이다.

기업회계기준서 제1032호에서는 조건이 변경된 시점에 변경된 조건하에서 전환으로 인하여 보유자가 수취하게 되는 대가의 공정가치와 원래의 조건하에서 전환으로 인하여 보유자가 수취하였을 대가의 공정가치의 차이를 손실로 하여 당기손익으로 인식하도록 규정하고 있다. 따라서 **조건변경으로 인한 지출도 당기손익으로 인식한다.**

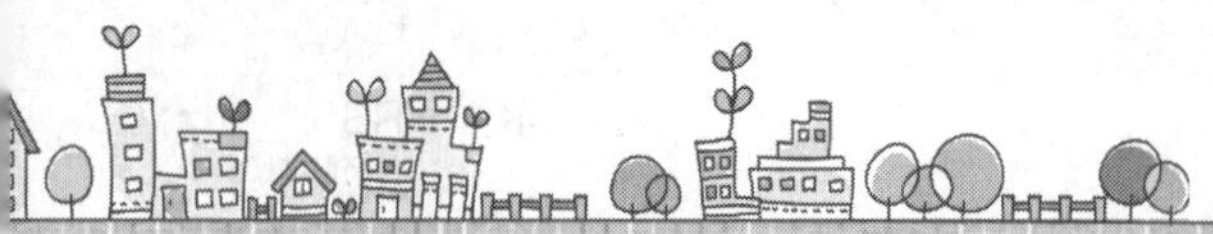

## 사례 3 전환사채 - 전환조건의 변경

<사례 1>에서 제시된 자료를 이용한다. 대청회사는 기업의 상황변화에 따라 전환사채의 조기전환을 유도하기 위하여 다음과 같은 전환조건의 변경을 결정하였다. 20×3년 1월 1일 ₩4,000,000의 전환사채가 전환 청구되었다고 가정한다. 다음의 각각의 조건에 따라 20×3년 1월 1일 전환사채 전환과 관련한 회계처리를 하라.

> 조건 1. 전환시 교부되는 주식 한 주당 ₩2,000을 추가로 지급하기로 결정하였다.
> 조건 2. 전환으로 인하여 발행되는 주식 1주(액면금액 : ₩5,000)에 대하여 요구되는 사채발행가액을 ₩16,000으로 변경하였다. 조건변경일 현재 대청회사의 주당 공정가치는 ₩10,000이다.

### 핵심해설

**1. 추가로 현금지급하기로 한 조건변경**

(1) 추가로 지급할 현금

발행주식수 : ₩4,000,000÷₩20,000=200주

현금지급액 : 200주×₩2,000=₩400,000

(2) 회계처리

| | | | | |
|---|---|---|---|---|
| (차) 전 환 권 대 가 | 287,200 | (대) 주식발행초과금*1 | 287,200 |
| (차) 전 환 사 채 | 4,000,000 | (대) 자 본 금*3 | 1,000,000 |
| 사채상환할증금*2 | 674,400 | 주식발행초과금 | 3,308,000 |
| | | 전 환 권 조 정*4 | 366,400 |
| (차) 전환조건변경손실 | 400,000 | (대) 현 금 | 400,000 |

*1 전환권대가를 주식발행초과금으로 대체 : ₩718,000×4,000/10,000=₩287,200

*2 사채상환할증금을 주식발행초과금으로 대체 : ₩1,686,000×4,000/10,000=₩674,400

*3 발행주식수 : ₩4,000,000÷₩20,000=200주

자 본 금 : 200주×₩5,000=₩1,000,000

*4 전환권조정 상각 : ₩916,000×4,000/10,000=₩366,400

**2. 전환시 발행조건의 변경**

(1) 추가로 발행될 주식수

조건 변경후 발행주식수 : ₩4,000,000÷₩16,000=250주

조건 변경전 발행주식수 : ₩4,000,000÷₩20,000=200주

∴ 조건변경으로 인한 손실 : 50주×₩10,000=₩500,000

⑵ 회계처리

| | | | |
|---|---|---|---|
| (차) 전 환 권 대 가 | 287,200 | (대) 주식발행초과금*1 | 287,200 |
| (차) 전 환 사 채 | 4,000,000 | (대) 자 본 금*3 | 1,250,000 |
| 사채상환할증금*2 | 674,400 | 주식발행초과금 | 3,058,000 |
| | | 전 환 권 조 정*4 | 366,400 |
| (차) 전환조건변경손실(당기손실) | 500,000 | (대) 주식발행초과금 | 500,000 |

*1, *2, *4의 내용은 위의 회계처리와 동일
*3 발행주식수 : ₩4,000,000÷₩16,000＝250주
자 본 금 : 250주×₩5,000＝₩1,250,000

## ⑵ 전환사채의 할인발행8)

전환사채가 할인발행되었다는 것은 전환사채의 발행가액이 액면가액보다 낮다는 것으로, 그 차액은 사채할인발행차금으로 인식된다. 사채할인발행차금은 전환사채의 차감계정으로 전환사채의 상환기간에 걸쳐 유효이자율법으로 상각하여 이자비용에 가산한다. 전환사채가 할인발행되는 경우의 회계처리는 사채할인발행차금이 발생되는 부분만 다르고 액면발행시의 회계처리와 대체로 유사하다.

우선 전환사채 발행시의 회계처리는 다음과 같다.

| | | | |
|---|---|---|---|
| (차) 현 금 | ××× | (대) 전 환 사 채 | ××× |
| 사채할인발행차금 | ××× | 사채상환할증금 | ××× |
| 전 환 권 조 정 | ××× | 전 환 권 대 가 | ××× |

전환사채 만기상환액과 액면가액과의 차이는 사채상환할증금으로 인식되고, 다시 전환사채의 액면가액과 발행가액과의 차이는 사채할인발행차금으로 인식되며, 전환사채의 발행가액과 일반사채를 가정한 현재가치와의 차액은 전환권대가로 인식된다. 전환권조정은 액면발행 때와 동일하게 사채상환할증금과 전환권대가의 합계액으로 인식된다. 이들의 관계를 도식화하면 다음과 같다.

8) 전환사채의 할증발행시 회계처리는 할인발행의 회계처리와 유사하므로 생략한다.

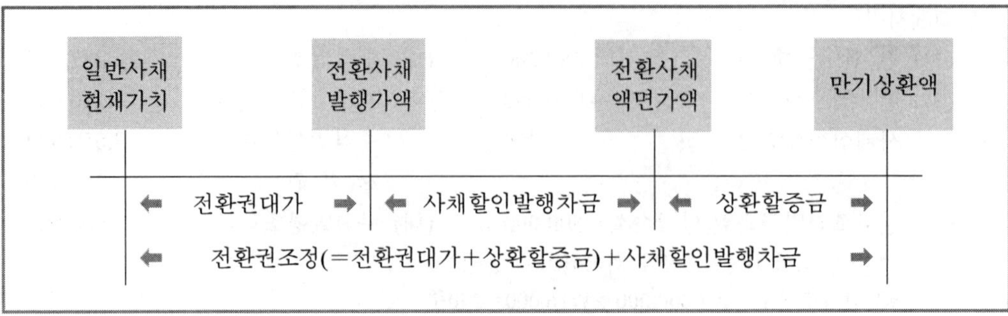


전환사채의 이자비용은 사채의 장부금액에 일반사채의 유효이자율을 적용하여 계산한다. 그리고 전환사채의 표시이자를 차감한 후 전환권조정과 사채할인발행차금의 총상각액을 계산한다.

총상각액은 다시 사채할인발행차금과 전환권조정의 금액비율로 안분하여 상각한다.[9)]

전환일과 상환일의 회계처리는 액면발행의 경우와 동일하게 회계처리하면 된다.

### 사례 4 전환사채 - 할인발행

(1) 서울상사는 20×1년 1월 1일에 20×8년 12월 31일이 만기인 전환사채를 발행하였다.
(2) 전환사채의 액면가액은 ₩1,000,000, 액면이자율은 8%, 이자지급일은 매년 12월 31일이며, 발행당시의 시장이자율은 12%이었다.
(3) 회사에서 이러한 조건의 전환사채를 발행함으로써 조달할 수 있는 자금을 일반사채를 발행하여 조달하려면 액면이자율이 10%인 사채를 발행해야 한다.

전환사채의 발행과 관련하여 ① 발행할 때의 전환권의 가치를 계산하고, ② 20×1년 1월 1일과 12월 31일에 필요한 분개를 하시오.

---

9) 사채할인발행차금 상각액=총상각액 $\times \left(\frac{\text{사채할인발행차금}}{\text{사채할인발행차금}+\text{전환권조정}}\right)$

그러나 할증발행의 경우, 사채할증발행차금은 이자비용을 감소시키고, 전환권조정은 이자비용을 증가시키므로, 두 금액의 차이를 기준으로 각각의 금액비율로 안분하여 상각한다.

핵심해설

1. 발행할 때의 전환권의 가치

① 전환사채의 발행가액(표시이자율 10% 일반사채의 현재가치)

| | |
|---|---|
| 액면가액의 현재가치 : ₩1,000,000×0.40388(시장이자율 12%, 8기)＝ | ₩403,880 |
| 이자지급액의 현재가치 : ₩100,000×4.96764(시장이자율 12%, 8기)＝ | ₩496,764 |
| (현금 수령액) | ₩900,644 |

② 전환사채의 일반사채 가정시 현재가치(전환사채 미래현금흐름의 현재가치)

| | |
|---|---|
| 액면가액의 현재가치 : ₩1,000,000×0.40388＝ | ₩403,880 |
| 이자지급액의 현재가치 : ₩80,000×4.96764＝ | ₩397,411 |
| 전환사채의 현재가치 | ₩801,291 |

③ 전환권의 가치(전환권대가)
전환사채의 발행가액－전환사채의 일반사채 가정 현재가치
＝₩900,644－₩801,291
＝₩99,353

④ 전환사채할인발행차금 : 전환사채 액면가액－전환사채 발행가액
＝₩1,000,000－₩900,644
＝₩99,356

2. 회계처리

〈20×1. 1. 1.〉

| (차) | | (대) | |
|---|---|---|---|
| 현금 | 900,644 | 전환사채 | 1,000,000 |
| 전환사채할인발행차금 | 99,356 | 전환권대가 | 99,353 |
| 전환권조정 | 99,353 | | |

〈20×1. 12. 31.〉

| (차) | | (대) | |
|---|---|---|---|
| 사채이자 | 96,155 *1 | 현금 | 80,000 |
| | | 전환사채할인발행차금 | 8,078 *2 |
| | | 전환권조정 | 8,077 *3 |

*1 전환사채의 장부가액×시장이자율＝(₩1,000,000－₩99,356－₩99,353)×12%
*2 (₩96,155－₩80,000)×₩99,356/(₩99,356＋₩99,353)
*3 (₩96,155－₩80,000)×₩99,353/(₩99,356＋₩99,353)

## 03절 신주인수권부사채

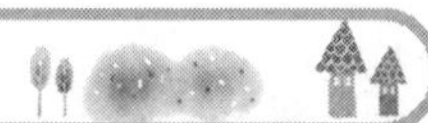

### 1. 전환사채와의 차이점

신주인수권부사채는 일반사채와 신주인수권이 결합되어 발행된 복합금융상품이다. 신주인수권부사채도 전환사채와 마찬가지로 상환할증금 지급조건과 미지급조건으로 각각 발행된다. **신주인수권부사채의 회계처리는 전환사채의 회계처리와 대체로 유사하나 다음과 같은 점에서 차이점이 발생한다.**

① 전환사채는 전환권을 행사하면 사채가 소멸되나, 신주인수권부사채는 신주인수권을 행사하더라도 사채가 소멸되지 않는다.

② 전환사채는 전환권을 행사하는 경우 전환사채가 주식으로 직접 전환되므로 현금납입이 발생하지 않으나, 신주인수권부사채는 신주인수권을 행사할 때 행사가격에 해당하는 금액의 현금을 납입하여야 한다.

③ 상환할증금 지급조건이 있는 경우 전환사채는 전환권을 행사하지 않은 부분만 액면금액에 상환할증금을 가산하여 상환하지만, 신주인수권부사채는 신주인수권을 행사하지 않은 부분은 액면금액에 상환할증금을 가산한 금액을 신주인수권을 행사한 부분은 액면가액만을 상환한다.

④ 전환사채는 전환권이 분리되어 독립적으로 거래되지 못하지만, 신주인수권부 사채는 신주인수권이 독립적으로 거래될 수 있는 분리형 신주인수권부사채의 발행도 가능하다.

결국, 신주인수권부사채의 회계처리는 신주인수권행사시점과 상환시점에서 전환사채의 회계처리와 약간의 차이가 나타난다고 할 수 있다.

### 2. 발행시의 회계처리

신주인수권부사채를 발행한 경우에는 발행가액을 부채와 자본부분으로 분리하여 자본부분의 가치를 신주인수권대가로 인식해야 한다. 이 경우 신주인수권대가는 기타자본항목으로 처리하고, 신주인수권이 행사되면 주식발행초과금으로 재분류해야 한다.

자본부분(신주인수권대가)을 구분하는 계산과정은 전환사채와 동일하며, 신주인수권부사채가 분리형인지 아니면 비분리형인지는 계산과정에 영향을 미치지 않는다.

신주인수권조정과 사채상환할증금에 대한 회계처리도 전환사채의 회계처리와 동일하다. 상환할증금 지급조건의 신주인수권부사채를 액면발행하는 경우의 회계처리는 다음과 같다.

| (차) | | | (대) | |
|---|---|---|---|---|
| (차) 현　　　금 | ××× | | (대) 신주인수권부사채 | ××× |
| 신주인수권조정 | ××× | | 사채상환할증금 | ××× |
| | | | 신주인수권대가 | ××× |

## 3. 이자비용의 계산 및 회계처리

신주인수권부사채의 이자비용은 신주인수권부사채의 장부가액(신주인수권부사채 액면금액＋사채상환할증금±사채할증(할인)발행차금－신주인수권조정 잔액)에 일반사채의 유효이자율을 적용하여 계산한다.

그리고 이자비용으로 인식한 금액과 표시이자와의 차액은 신주인수권조정의 상각액으로 처리한다. 이자비용 지급시점의 회계처리는 다음과 같다.

| (차) | | | (대) | |
|---|---|---|---|---|
| (차) 이 자 비 용 | ××× | | (대) 현　　　금 | ××× |
| | | | 신주인수권조정 | ××× |

## 4. 신주인수권 행사시점의 회계처리

신수인수권을 행사하면 사채발행회사는 납입금액을 수령하고 신주를 발행하게 된다. 이때 주식의 발행가액은 납입금액에다 신주인수권대가 중 행사부분 및 상환할증금의 현재가치 중 행사부분을 합한 금액이 된다.

상환할증금의 현재가치는 상환할증금에서 상환할증금과 관련된 미상각 신주인수권조정을 차감한 금액과 같다.10)

신주인수권 행사시점의 회계처리는 다음과 같다.

| | | | | |
|---|---|---|---|---|
| (차) 현 금 | ××× | (대) 신주인수권조정* | ××× |
| 사채상환할증금 | ××× | 자 본 금 | ××× |
| | | 주식발행초과금 | ××× |
| (차) 신주인수권대가 | ××× | (대) 주식발행초과금 | ××× |

* 상환할증금 관련 미상각잔액=사채상환할증금－사채상환할증금의 현재가치

## 5. 상환시점의 회계처리

신주인수권부사채는 신주인수권 행사여부와 관계없이 만기까지 계속 사채로서 존속하게 되므로 만기에는 항상 사채액면 전액이 상환된다. 사채 만기가 되면 신주인수권조정이 전액 상각되었으므로 신주인수권부사채의 장부금액은 액면금액에 상환할증금을 가산한 금액이 된다. 따라서 신주인수권부사채의 만기상환금액은 장부금액과 일치하므로 상환손익이 발생하지 않는다.

---

10) 이는 상환할증금에 대한 신주인수권조정의 관계를 이해하는 것이 중요하다. 신주인수권부사채 발행시 회계처리는 부채요소와 자본요소로 나누어 다음과 같이 할 수 있다.

| | | | |
|---|---|---|---|
| (차) 현 금 | ××× | (대) 신주인수권부사채 | ××× |
| 신주인수권조정 | ××× | 사채상환할증금 | ××× |
| (차) 현 금 | ××× | (대) 신주인수권대가 | ××× |

즉 신주인수권조정은 신주인수권부사채의 이자 및 액면금액과 그 현재가치의 차액에 상환할증금과 상환할증금의 현재가치의 차액을 합한 금액이다. 따라서 상환할증금에 해당하는 신주인수권조정 미상각잔액은 신주인수권 행사일에 행사부분 만큼 상환할증금과 함께 주식의 발행가액에 포함되어야 한다.

## 사례 5 신주인수권부사채

(1) 12월 말 결산법인 현성회사는 20×1년 1월 1일 다음과 같은 조건으로 신주인수권부사채를 발행하였다.

- 발행가액 : 액면 ₩10,000,000의 신주인수권부사채를 ₩10,000,000에 발행하였다.
  발행당시의 일반사채의 시장이자율은 15%이다.
- 표시이자율 : 연 7%
- 이자지급방법 : 매연도말 후급
- 신주인수권의 내용
  - 행사비율 : 사채권면액의 100%
  - 행사가액 : ₩15,000 (액면가액 : ₩5,000)
  - 행사기간 : 발행일로부터 1개월이 경과한 날부터 상환기일 30일 전까지
  - 증서의 분리여부 : 분리형
  - 상환기일(만기) : 20×3. 12. 31.
  - 원금상환방법 : 상환기일에 일시상환

(2) 20×2년 12월 31일 신주인수권부사채의 60%에 해당하는 신주인수권이 행사되었다.
(권리행사시점의 보통주의 시가는 주당 ₩10,000이다)

1. 20×1년 1월 1일부터 20×3년 12월 31일까지 관련된 회계처리를 하시오.
2. 만약 원금상환방법이 액면가액의 116.86%를 일시상환 조건이라면, 20×1년 1월 1일부터 20×3년 12월 31일까지 위의 신주인수권부사채와 관련된 회계처리를 하시오.

**핵심해설**

1. 상환할증금 지급조건이 없는 경우

<일반사채와 신주인수권대가의 계산>

① 발행가액 : ₩10,000,000

② 일반사채의 가치

| | |
|---|---|
| 표시이자 현재가치 : ₩700,000×2.2832(r=15%, n=3, 연금현가계수)= | ₩1,598,000 |
| 만기금액 현재가치 : ₩10,000,000×0.6575(r=15%, n=3, 현가계수)= | ₩6,575,000 |
| 계 | ₩8,173,000 |

③ 신주인수권의 대가 : ①－②=₩1,827,000

〈만기 상환을 가정한 신주인수권조정 상각표〉 (단위 : 천원)

| 구　　분 | | 20×1년 | 20×2년 | 20×3년 |
|---|---|---|---|---|
| 기초장부가액(A) | | ₩8,173 | ₩8,699 | ₩9,304 |
| 사채이자비용(B=A×15%) | | 1,226 | 1,305 | 1,396 |
| 표시이자(C) | | 700 | 700 | 700 |
| 신주인수권조정 | 상각액(D=B−C) | 526 | 605 | 696 |
| | 잔액(E) | 1,301 | 696 | 0 |
| 기말장부가액(A+D) | | 8,699 | 9,304 | 10,000 |

* 기초장부가액은 전년기초장부가액+전기상각액이다.

〈회계처리〉 (단위 : 천원)

20×1. 1. 1. (발행시)

| | | | | |
|---|---|---|---|---|
| (차) | 현　　　금 | 10,000 | (대) 신주인수권부사채 | 10,000 |
| | 신주인수권조정 | 1,827 | 신주인수권대가 | 1,827 |

20×1. 12. 31. (이자지급시)

| | | | | |
|---|---|---|---|---|
| (차) | 이 자 비 용 | 1,226 | (대) 현　　　금 | 700 |
| | | | 신주인수권조정 | 526 |

〈20×1. 12. 31. 재무상태표 표시〉

| | |
|---|---|
| 신주인수권부사채 | ₩10,000,000 |
| 신주인수권조정 | (1,301,000) |
| 잔　　액 | ₩8,699,000 |
| 신주인수권대가<br>(기타자본항목) | ₩1,827,000 |

20×2. 12. 31. (이자지급시)

| | | | | |
|---|---|---|---|---|
| (차) | 이 자 비 용 | 1,305 | (대) 현　　　금 | 700 |
| | | | 신주인수권조정 | 605 |

20×2. 12. 31. (신주인수권 행사로 새로운 주식 발행시)

| | | | | |
|---|---|---|---|---|
| (차) | 현　　　금 | 6,000 | (대) 자　본　금 | 2,000*1 |
| | | | 주식발행초과금 | 4,000 |
| (차) | 신주인수권대가 | 1,096 | (대) 주식발행초과금 | 1,096*2 |

*1 발행주식수 : ₩6,000,000 ÷ ₩15,000=400주
　자　본　금 : 400주×₩5,000=₩2,000,000

*2 신주인수권대가의 주식발행초과금으로의 대체 : ₩1,827,000×6,000/10,000≒₩1,096,000

〈20×2. 12. 31. 신주인수권 행사후 재무상태표 표시〉

| | |
|---|---|
| 신주인수권부사채 | ₩10,000,000 |
| 신주인수권조정 | (696,000) |
| 잔액 | ₩9,304,000 |
| 신주인수권대가 (기타자본항목) | ₩731,000 |

20×3. 12. 31. (이자지급시)

| | | | |
|---|---|---|---|
| (차) 이 자 비 용 | 1,396 | (대) 현 금 | 700 |
| | | 신주인수권조정 | 696 |

20×3. 12. 31. (만기상환시)

| | | | |
|---|---|---|---|
| (차) 신주인수권부사채 | 10,000 | (대) 현 금 | 10,000 |

**2. 만기에 액면가액의 116.86%를 일시상환 조건(상환할증금 지급조건)**

〈일반사채와 신주인수권대가의 계산〉

① 발행가액 : ₩10,000,000

② 일반사채의 가치

| | |
|---|---|
| 표시이자 현재가치 : ₩700,000×2.2832(r=15%, n=3,연금현가계수)= | ₩1,598,000 |
| 만기금액 현재가치 : ₩11,686,000×0.6575(r=15%, n=3, 현가계수)= | ₩7,684,000 |
| 계 | ₩9,282,000 |

③ 신주인수권의 대가 : ①－②=₩718,000

〈만기 상환을 가정한 신주인수권조정 상각표〉 (단위 : 천원)

| 구 분 | | 20×1년 | 20×2년 | 20×3년 |
|---|---|---|---|---|
| 기초장부가액(A) | | ₩9,282 | ₩9,974 | ₩10,770 |
| 사채이자비용(B=A×15%) | | 1,392 | 1,496 | 1,616 |
| 표시이자(C) | | 700 | 700 | 700 |
| 신주인수권조정 | 상각액(D=B－C) | 692 | 796 | 916 |
| | 잔액(E) | 1,712 | 916 | 0 |
| 기말장부가액(A+D) | | 9,974 | 10,770 | 11,686 |

〈회계처리〉 (단위 : 천원)

20×1. 1. 1. (발행시)

| | | | | |
|---|---|---|---|---|
| (차) | 현　　　금 | 10,000 | (대) 신주인수권부사채 | 10,000 |
| | 신주인수권조정 | 2,404 | 사채상환할증금 | 1,686 |
| | | | 신주인수권대가 | 718 |

20×1. 12. 31. (이자지급시)

| | | | | |
|---|---|---|---|---|
| (차) | 이 자 비 용 | 1,392 | (대) 현　　　금 | 700 |
| | | | 신주인수권조정 | 692 |

〈20×1. 12. 31. 재무상태표 표시〉

| | |
|---|---|
| 신주인수권부사채 | ₩10,000,000 |
| 사채상환할증금 | 1,686,000 |
| 신주인수권조정 | (1,712,000) |
| 잔　액 | ₩9,974,000 |
| 신주인수권대가 (기타자본항목) | ₩718,000 |

20×2. 12. 31. (이자지급)

| | | | | |
|---|---|---|---|---|
| (차) | 이 자 비 용 | 1,496 | (대) 현　　　금 | 700 |
| | | | 신주인수권조정 | 796 |

20×2. 12. 31. (신주인수권 행사로 새로운 주식 교부)

| | | | | |
|---|---|---|---|---|
| (차) | 현　　　금 | 6,000 | (대) 신주인수권조정 | 132*2 |
| | 사채상환할증금 | 1,012*1 | 자　본　금 | 2,000*3 |
| | | | 주식발행초과금 | 4,880 |
| (차) | 신주인수권대가 | 431 | (대) 주식발행초과금 | 431*4 |

*1 사채상환할증금 잔액의 60% 제거 : ₩1,686,000×60%≒₩1,012,000

*2 상환할증금 명목금액과 현재가치의 차액의 60% 제거
{₩1,686,000－₩1,686,000÷(1.15)}×60%≒₩132,000

*3 발행주식수 : ₩6,000,000÷₩15,000＝400주
자　본　금 : 400주×₩5,000＝₩2,000,000

*4 신주인수권대가의 주식발행초과금으로의 대체 : ₩718,000×60%≒₩431,000

〈20×2. 12. 31. 신주인수권 행사 후 재무상태표 표시〉

| | |
|---|---|
| 신주인수권부사채 | ₩10,000,000 |
| 사채상환할증금 | 674,000 |
| 신주인수권조정 | (784,000) |
| 잔액 | ₩9,890,000 |
| 신주인수권대가<br>(기타자본항목) | ₩287,000 |

20×3. 12. 31. (이자지급시)

| | | | |
|---|---|---|---|
| (차) 이 자 비 용 | 1,484* | (대) 현 금 | 700 |
| | | 신주인수권조정 | 784 |

* 유효이자 계산 : ₩9,890,000×15%≒₩1,484,000

20×3. 12. 31. (만기 상환시)

| | | | |
|---|---|---|---|
| (차) 신주인수권부사채 | 10,000 | (대) 현 금 | 10,674 |
| 사채상환할증금 | 674* | | |

* ₩10,000,000×40%×16.86%≒₩674,000

## 04절 전환우선주

전환우선주란 우선주와 보통주전환권의 두 가지 요소로 구성된 복합증권이다. 우선주와 보통주는 의결권행사, 이익배당 및 잔여재산분배청구권에서 차이가 있을 뿐 지분증권이라는 점에서 차이가 없다. 따라서 전환우선주는 전환사채와 같은 전환증권이지만, 부채요소가 없기 때문에 복합금융상품은 아니다.

전환우선주는 전환권의 행사여부에 관계없이 경제적 실질이 크게 달라지지 않으므로, **전환우선주의 발행시에는 전환권을 별도로 인식하지 않고 일반 우선주와 동일하게 회계처리 한다**(기업회계기준서 제9호 16).

전환우선주 전환시의 회계처리 방법에는 우선주의 장부가액을 보통주의 발행가액으로 보고 회계처리하는 방법(**장부가액법**)과 보통주의 시가를 보통주의 발행가액으로 보

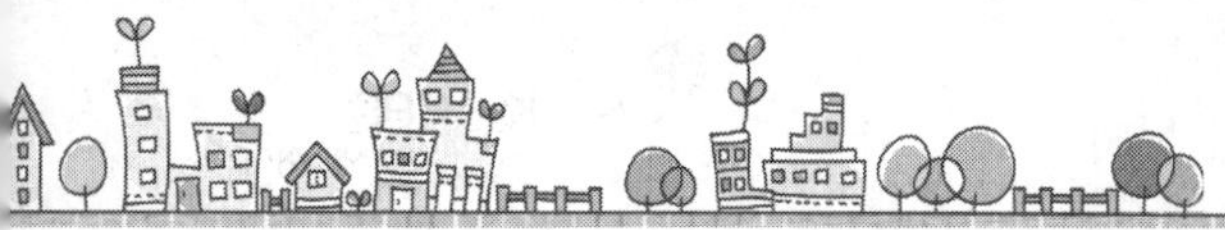

고 회계처리하는 방법(시가법)이 있다. 기업회계기준서 제9호의 17에서는 전환우선주가 보통주로 전환되는 경우에 우선주와 보통주 모두 지분증권이라는 점에서 경제적 실질이 크게 달라지지 않기 때문에 **보통주의 발행가액은 전환우선주의 장부가액으로 하도록 규정하고 있다.**

장부가액법을 적용하여 회계처리하는 경우, 우선주의 장부가액이 보통주의 액면가액보다 큰 경우에는 그 차액을 보통주 주식발행초과금으로 처리하고, 우선주의 장부가액이 보통주의 액면가액보다 작은 경우에는 이익잉여금의 처분, 즉 배당으로 처리한다.

### 사례 6 전환우선주

㈜청산리는 20×1년 초에 액면 ₩5,000인 전환우선주 100주를 주당 ₩7,000에 발행하였다. 다음 물음에 대하여 장부가액법과 시가법에 따라 각각 회계처리하시오. (단, 전환당시의 보통주 시가는 ₩6,000으로 가정한다)

1. 20×1년 7월에 이 전환우선주 60주가 액면 ₩5,000인 보통주 50주로 전환되었다.
2. 20×1년 7월에 이 전환우선주 60주가 액면 ₩5,000인 보통주 90주로 전환되었다.

**핵심해설**

1. 보통주 50주로 전환된 경우

(1) 장부가액법

| | | | | |
|---|---|---|---|---|
| (차) | 자 본 금(우선주) | 300,000 | (대) 자 본 금(보통주) | 250,000 |
| | 주식발행초과금(우선주) | 120,000* | 주식발행초과금(보통주) | 170,000 |

* ₩2,000×60주=₩120,000

(2) 시가법

| | | | | |
|---|---|---|---|---|
| (차) | 자 본 금(우선주) | 300,000 | (대) 자 본 금(보통주) | 250,000 |
| | 주식발행초과금(우선주) | 120,000 | 주식발행초과금(보통주) | 170,000 |

2. 보통주 90주로 전환된 경우

(1) 장부가액법

| | | | | |
|---|---|---|---|---|
| (차) | 자 본 금(우선주) | 300,000 | (대) 자 본 금(보통주) | 450,000 |
| | 주식발행초과금(우선주) | 120,000 | | |
| | 이 익 잉 여 금 | 30,000 | | |

(2) 시가법

| | | | | | |
|---|---|---|---|---|---|
| (차) | 자 본 금(우선주) | 300,000 | (대) | 자 본 금(보통주) | 450,000 |
| | 주식발행초과금(우선주) | 120,000 | | 주식발행초과금(보통주) | 90,000* |
| | 이 익 잉 여 금 | 120,000 | | | |

* 90주×(₩6,000－₩5,000)＝₩90,000

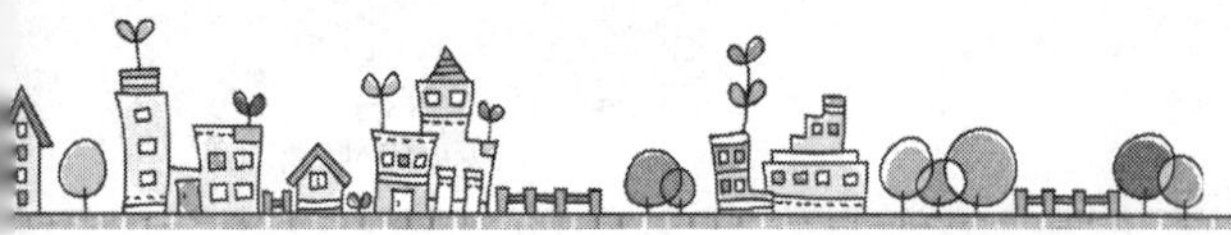

# OX 문제

1 복합금융상품은 발행시점의 부채요소와 자본요소의 상대적 공정가치에 비례하여 구분한 금액을 각각 재무상태표에 인식한다.

2 전환권의 행사가 경제적으로 유리해져 전환권을 행사할 가능성이 변동하는 경우에는 전환상품의 부채요소와 자본요소의 분류를 수정한다.

3 복합금융상품의 발행과 관련된 거래원가는 부채요소에 배분된다.

4 전환권의 가치는 전환권대가의 과목으로 하여 자본항목으로 분류한 후, 전환권이 행사되어 주식이 발행되는 시점에서 주식발행초과금으로 대체된다.

5 상환할증금 지급조건으로 전환사채가 발행되는 경우 보장수익률은 표시이자율보다 크지만 전환권이 없는 일반사채의 현행시장이자율보다는 작다.

6 전환사채의 전환으로 발행되는 주식의 발행금액은 전환권대가와 전환사채 장부금액의 합계금액의 전환비율 만큼 처리되며, 전환손익은 발생하지 않는다.

7 전환사채의 조기전환을 유도하기 위하여 조건을 변경하는 경우, 변경된 조건하에서 전환으로 인하여 보유자가 수취하게 되는 대가의 공정가치와 원래의 조건하에서 전환으로 인하여 보유자가 수취하였을 대가의 공정가치 차이는 당기손실로 처리한다.

8 분리형 신주인수권부사채가 발행되는 경우 발행금액을 신주인수권과 신주인수권이 없는 일반사채의 공정가치를 기준으로 부채요소와 자본요소로 안분한다.

9 상환할증금을 지급조건으로 발행된 신주인수권부사채의 권리가 행사되는 경우 발행되는 주식의 발행금액은 현금납입액에 권리가 행사된 비율만큼의 신주인수권대가와 상환할증금을 합한 금액으로 한다.

10 외화표시 전환사채는 원칙적으로 비화폐성 항목으로 간주하되, 전환권 행사가 이루어지지 않을 것이 거의 확실한 경우에는 화폐성 항목으로 간주한다.

# 객 관 식 문 제

**01**

㈜희망은 20×1년 1월 1일에 다음과 같은 조건의 전환사채를 발행하였다.

- 발행가액 : ₩960,000
- 액면가액 : ₩1,000,000
- 표시이자율 : 연 5%(매년 말 후급)
- 일반사채 시장수익률 : 연 12%
- 만기상환일 : 20×3년 12월 31일
- 상환할증금 : 해당 전환사채의 전환권이 만기까지 행사되지 않을 경우 만기상환일에 액면가액의 116.55%로 일시에 상환함.

㈜희망의 전환사채 발행일에 인식해야 할 전환권조정 금액은 얼마인가? 단, 법인세효과는 없는 것으로 가정한다. 또한 모든 계산금액은 소수점 첫째 자리에서 반올림하며, 이 경우 약간의 반올림 오차가 나타날 수 있다. 단일금액 ₩1의 현가계수(3년, 12%)와 정상연금 ₩1의 현가계수(3년, 12%)는 각각 0.7118과 2.4018이다. ➤ 공인회계사 수정

① ₩ 10,307 ② ₩ 29,693 ③ ₩ 50,307
④ ₩175,807 ⑤ ₩215,807

**02** 위의 <문제1>의 자료를 이용하라.

㈜희망의 전환사채가 중도에 전환되지 않은 경우 20×1년 기말에 인식하여야 할 전환권조정 상각액은 얼마인가? 단, 모든 계산금액은 소수점 첫째 자리에서 반올림하며, 이 경우 약간의 반올림 오차가 나타날 수 있다. ➤ 공인회계사 수정

① ₩ 0 ② ₩50,000 ③ ₩52,107
④ ₩58,602 ⑤ ₩63,963

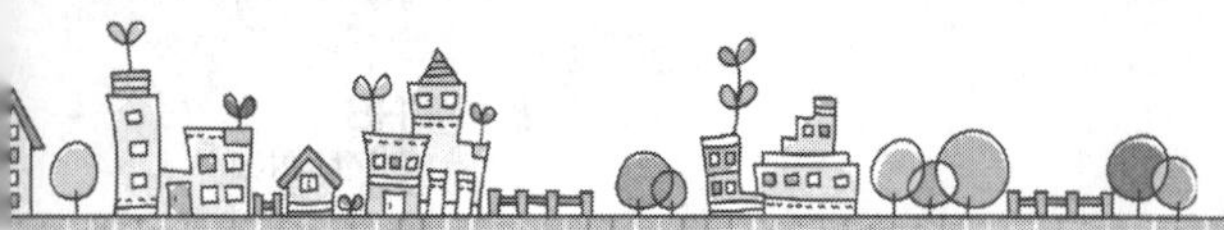

03

> (1) ㈜한라는 20×1년 1월 1일에 액면금액 ₩1,000,000, 액면이자율 8%, 만기 3년, 매년 말 이자지급 조건으로 전환사채를 액면발행 하였다.
> (2) ㈜한라는 해당 전환사채의 전환권이 만기까지 행사되지 않을 경우, ₩66,216의 상환할증금을 지급함으로써 10%의 수익률을 보장한다.

㈜한라의 일반사채에 적용되는 시장이자율이 12%라고 할 경우, 발행일 현재 ㈜한라가 발행하는 전환사채의 전환권대가는 얼마인가? 법인세효과는 없는 것으로 가정한다. 단, 아래의 현가계수를 사용하고 소수점 첫째 자리에서 반올림한다. ➤ 공인회계사 수정

| (3년 기준) | 8% | 10% | 12% |
|---|---|---|---|
| 단일금액 ₩1의 현가계수 | 0.7938 | 0.7513 | 0.7118 |
| 정상연금 ₩1의 현가계수 | 2.5771 | 2.4869 | 2.4018 |

① ₩0 ② ₩48,923 ③ ₩49,748
④ ₩95,231 ⑤ ₩96,056

04

> (1) ㈜백두는 20×1년 1월 1일에 액면금액 ₩1,000,000, 액면이자율 6%, 만기 4년, 상환할증금 ₩90,169, 매년 말 이자지급조건으로 비분리형 신주인수권부사채를 액면발행 하였다.
> (2) 발행일의 시장이자율은 10%로서 이를 적용할 경우, 발행일 현재 ㈜백두가 발행한 신주인수권부사채의 현재가치는 ₩934,779이다.
> (3) 신주인수권의 행사가격은 ₩25,000이며 행사비율은 100%로서 각 신주인수권은 액면금액이 ₩5,000인 보통주 1주를 매입할 수 있다.

동 신주인수권부사채의 25%가 20×2년 1월 1일에 행사되었다면, 행사 직후 신주인수권조정의 장부가액은 얼마인가? 단, 아래의 현가계수를 사용하고 소수점 첫째 자리에서 반올림한다. ➤ 공인회계사 수정

| (3년 기준) | 6% | 10% |
|---|---|---|
| 단일금액 ₩1의 현가계수 | 0.8396 | 0.7513 |
| 정상연금 ₩1의 현가계수 | 2.6730 | 2.4869 |

① ₩155,390 ② ₩149,721 ③ ₩121,912
④ ₩116,306 ⑤ ₩105,912

05

> ㈜제주는 20×1년 1월 1일에 다음과 같이 신주인수권부사채를 액면발행하였다.
> - 액면가액 : ₩10,000,000
> - 표시이자율 : 연 5%(매년 말 후급)
> - 일반사채 시장수익률 : 연 10%
> - 만기상환일 : 20×3년 12월 31일
> - 상환할증금 : 신주인수권을 행사하지 않을 경우 상환일에 액면가액의 110%로 일시에 상환함.

**신주인수권부사채의 액면가액 중 75%의 신주인수권이 사채 만기일 전에 행사되었다면 만기상환시 ㈜제주가 지급해야할 현금총액(이자 지급액 제외)은 얼마인가? 단일금액 ₩1의 현가계수(3년, 10%)와 정상연금 ₩1의 현가계수(3년, 10%)는 각각 0.751과 2.486이다.**

➤ 공인회계사 수정

① ₩2,750,000 ② ₩2,500,000 ③ ₩10,150,000
④ ₩10,250,000 ⑤ ₩10,800,000

06

> (1) ㈜동양은 20×1년 1월 1일 액면가액 ₩1,000,000의 전환사채(액면이자율 연 4%, 만기 3년)를 ₩950,000에 발행하였다.
> (2) 동 전환사채의 액면가액 ₩40,000당 액면 ₩5,000의 보통주 1주가 전환될 수 있으며, 전환청구는 발행일로부터 1년 경과한 후 가능하다.

**시장이자율이 연 12%이며 보장수익률이 연 8%라고 할 때 전환권대가로 가장 적절한 금액은 얼마인가? (단, 소수점 이하는 절사한다)**

➤ 공인회계사 수정

| (3년 기준) | 8% | 12% |
|---|---|---|
| 단일금액 ₩1의 현가계수 | 0.7938 | 0.7118 |
| 정상연금 ₩1의 현가계수 | 2.5771 | 2.4018 |
| 정상연금 ₩1의 미래계수 | 3.2464 | 3.3744 |

① ₩49,718 ② ₩46,054 ③ ₩49,696
④ ₩26,314 ⑤ ₩25,314

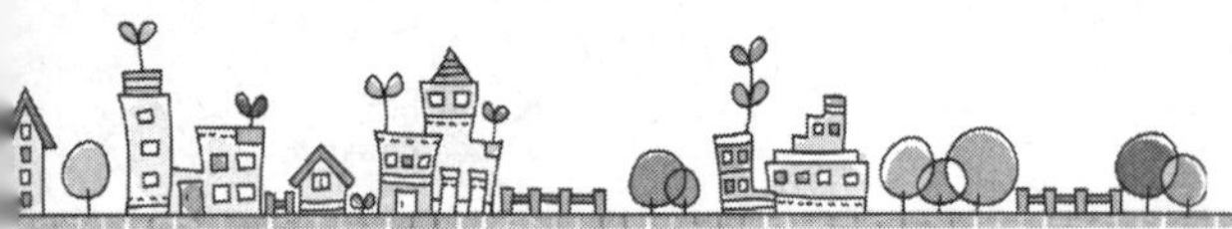

07

(1) ㈜한국은 20×1년 1월 1일에 3년 만기의 전환사채 ₩3,000,000을 액면발행하였다.
(2) 이 사채의 표시이자율은 4%이고, 이자는 매년 말 지급된다.
(3) 이 전환사채의 보장수익률은 6%이며, 발행 당시 유효이자율은 8%이다.
(4) 전환조건은 전환사채 발행가액 ₩10,000당 액면 ₩5,000짜리 보통주 1주를 교부하며, 전환기간은 발행 후 6개월 경과일로부터 만기일 3개월 전까지이다.

㈜한국의 20×1년 12월 31일 포괄손익계산서에 표시될 이자비용은 얼마인가? (현가계수는 주어진 자료를 사용하고, 계산금액은 소수점 첫째자리에서 반올림할 것)

➤ 공인회계사 수정

| 할인율 / 기간 | 현가계수(기말 지급) | | | 정상연금 현가계수 | | |
|---|---|---|---|---|---|---|
| | 4% | 6% | 8% | 4% | 6% | 8% |
| 1 | 0.96154 | 0.94340 | 0.92592 | 0.96154 | 0.94340 | 0.92592 |
| 2 | 0.92456 | 0.89000 | 0.85734 | 1.88610 | 1.83340 | 1.78326 |
| 3 | 0.88900 | 0.83962 | 0.79383 | 2.77510 | 2.67302 | 2.57710 |

① ₩170,543 ② ₩202,650 ③ ₩215,259
④ ₩227,390 ⑤ ₩235,981

08

(1) ㈜한국은 만기 3년, 액면가액 ₩200,000의 전환사채를 20×1년 1월 1일에 액면발행 하였다.
(2) 동 전환사채의 액면이자율은 연 6%이며, 이자지급일은 매년 12월 31일이다.
(3) 동 전환사채는 20×2년 1월 1일부터 주식으로 전환이 가능하며, 전환권을 행사하지 않는다면 만기에 일정금액의 상환할증금이 추가로 지급된다.
(4) 이 사채의 만기보장수익률이 연 10%이다.

상환기일에 액면가액의 몇 %를 일시상환 해야 하는가? ➤ 공인회계사 수정

① 103.24% ② 108.24% ③ 113.24%
④ 118.24% ⑤ 123.24%

# 주 관 식 문 제

## 01 전환사채 (1)

12월 31일이 결산일인 정의㈜는 20×1년 1월 1일 다음과 같은 조건으로 전환사채를 발행하였다.

- 액면가액 : ₩100,000
- 발행가액 : ₩100,000
- 표시이자율 : 연 6%
- 일반사채의 유효이자율 : 연 12%
- 이자지급방법 : 매연도말 후급
- 전환조건 : 전환사채 액면가액 ₩800당 보통주 1주(액면가액 : ₩500)
- 전환청구기간 : 20×1년 7월 1일～20×3년 11월 30일
- 상환기일 : 20×3년 12월 31일
- 상환방법 : 상환기일의 액면가액의 113.24%를 일시상환
- 20×2년 12월 31일 이자지급 후 전환사채 액면가액 ₩40,000의 전환청구가 이루어짐.

정의㈜가 행할 회계처리를 제시하고, 20×3년 12월 31일 이자지급 후 상환전의 부분재무상태표를 작성하시오.

## 02 전환사채 (2)

(1) 12월 31일이 결산일인 갑회사는 20×1년 1월 1일에 만기 3년, 표시이자율 3%, 액면 ₩1,000,000의 전환사채를 액면발행하였다.
(2) 전환가격은 ₩25,000이고, 보통주의 액면금액은 주당 ₩10,000이며, 이자는 매년말에 지급한다.
(3) 전환사채 발행시점의 일반사채 시장이자율은 6%이었다.

1. 전환사채 발행과 관련한 전환권의 공정가치를 계산하라.
2. 전환사채 발행에 따른 회계처리를 하라.
3. 만약 전환사채 발행과 관련하여 ₩50,000의 거래비용을 지불하였다면, 전환사채 발행시의 회계처리는 어떻게 되는가? (단, 물음 4번부터는 거래원가를 고려하지 않는다)

4. 만기상환을 가정한 전환권조정의 상각표를 작성하라.
5. 갑회사가 전환사채 보유자에게 5%의 수익률을 보장해 주기로 한다면, 만기 상환할증금으로 얼마를 지급해 주어야 하는가? (다른 조건은 동일하다)
6. 보장수익률이 5%라고 할 때, (물음2)와 (물음4)를 각각 답하라.
7. 20×2년 1월 1일에 액면 ₩500,000(50%)의 전환사채가 주식으로 전환되었다. 필요한 회계처리를 하라.(이하에서는 모두 보장수익률이 5%라고 가정한다)
8. 갑회사가 조기전환을 유도하기 위하여 전환가격을 ₩20,000 으로 변경하였다면, (물음7)은 어떻게 달라지는가? (단, 조건변경일 현재 갑회사의 주당 공정가치는 ₩18,000이다)
9. 갑회사는 나머지 50%의 전환사채를 만기상환하였다. 20×3년 12월 31일 이자지급과 상환시의 회계처리를 하라.
10. (물음9)와 상관없이, 갑회사는 20×2년 1월 1일에 전환권이 행사되지 않는 나머지 50%의 전환사채를 시장에서 ₩530,000에 재매입하였다. 20×2년 1월 1일 전환사채 재매입과 관련한 회계처리를 하라. 단, 재매입일 현재 2년 만기 일반사채의 시장이자율은 5%라고 가정한다.

### 03 신주인수권부사채 (1)

12월 31일이 결산일인 충북㈜는 20×1년 1월 1일 다음과 같은 조건으로 신주인수권부사채를 발행하였다.

- 액면가액 : ₩10,000 (액면발행)
- 액면이자율 : 연 9%
- 일반사채 시장수익률 : 연 13%
- 이자지급방법 : 매연도말 후급
- 신주인수권의 내용
  - 행사비율 : 사채권면액의 100%
  - 행사가액 : ₩15(액면가액 @₩5)
  - 행사기간 : 사채발행일 이후 1개월 경과일로부터 상환기일 30일 전까지
  - 증서의 분리여부 : 비분리형
- 상환기일 : 20×3년 12월 31일
- 원금상환방법 : 상환기일에 일시상환
- 20×2년 12월 31일 액면 ₩6,000의 신주인수권이 행사됨
- 20×3년 12월 31일 신주인수권부사채가 상환됨

충북㈜가 신주인수권부사채와 관련하여 행할 회계처리를 하라.

## 04 신주인수권부사채 (2)

연습문제 (03)의 신주인수권부사채가 상환할증금 지급조건이라고 가정하자. 충북㈜가 신주인수권부사채 보유자에게 11%의 수익률을 보장하였다. 다른 조건은 동일하다고 할 때, 신주인수권부사채와 관련하여 행할 회계처리를 하라.

## OX문제

01 × : 부채요소의 공정가치를 우선 결정한 후, 자본요소의 장부금액은 복합금융상품 전체의 공정가치에서 부채요소의 공정가치를 차감하여 결정한다.

02 × : 전환권을 행사할 가능성이 변동하는 경우에도 전환상품의 부채요소와 자본요소의 분류를 수정하지 않는다.

03 × : 복합금융상품의 발행과 관련된 거래원가는 부채요소와 자본요소의 발행금액에 비례하여 배분된다.

04 ○

05 ○

06 ○

07 ○

08 × : 신주인수권부사채의 발행금액에서 신주인수권이 없는 일반사채의 공정가치를 차감하여 신주인수권의 가치를 계산한다.

09 × : 상환할증금과 관련된 미상각 신주인수권조정의 금액을 차감하여야 한다.

10 × : 전환되기 전의 전환사채는 전환가능성 정도에 관계없이 외화환산 대상이다.

## 객관식문제

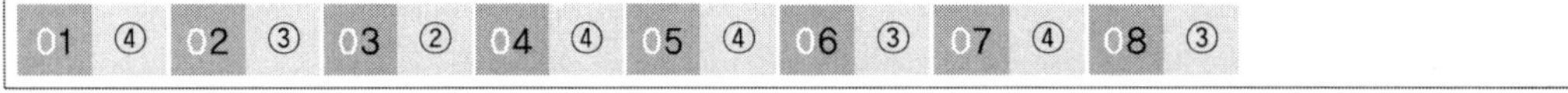

| 01 | ④ | 02 | ③ | 03 | ② | 04 | ④ | 05 | ④ | 06 | ③ | 07 | ④ | 08 | ③ |
|---|---|---|---|---|---|---|---|---|---|---|---|---|---|---|---|

## ☑ 주관식문제

01 **1. 전환권대가의 계산**

① 발행가액 : ₩100,000

② 일반사채의 가치

이자현가 : ₩6,000×2.40182(이자율 12%, 기간 3, 1원의 연금현가)= ₩14,411

원금현가 : ₩113,240×0.7118(이자율 12%, 기간 3, 1원의 현가)= ₩80,604

₩95,015

③ 전환권의 대가 : ①－②=₩4,985

**2. 만기 상환을 가정한 전환권조정 상각표**

| 구 분 | | 20×1년 | 20×2년 | 20×3년 |
|---|---|---|---|---|
| 기초장부가액(A) | | ₩95,015 | ₩100,417 | ₩106,467 |
| 사채이자비용(B=A×12%) | | 11,402 | 12,050 | 12,773* |
| 현금이자(C) | | 6,000 | 6,000 | 6,000 |
| 전환권조정 | 상각액(D=B－C) | 5,402 | 6,050 | 6,773 |
| | 잔액 | 12,823 | 6,773 | － |
| 기말장부가액 | | 100,417 | 106,467 | 113,240 |

* 끝수조정

**3. 회계처리**

20×1. 1. 1. (발행시)

| | | | |
|---|---|---|---|
| (차) 현 금 | 100,000 | (대) 전 환 사 채 | 100,000 |
| 전 환 권 조 정 | 18,225 | 사채상환할증금 | 13,240 |
| | | 전 환 권 대 가 | 4,985 |

20×1. 12. 31. (이자지급시)

| | | | |
|---|---|---|---|
| (차) 이 자 비 용 | 11,402 | (대) 현 금 | 6,000 |
| | | 전 환 권 조 정 | 5,402 |

20×2. 12. 31. (이자지급시)

| | | | |
|---|---|---|---|
| (차) 이 자 비 용 | 12,050 | (대) 현 금 | 6,000 |
| | | 전 환 권 조 정 | 6,050 |

20×2. 12. 31. (₩40,000 전환시)

| | | | |
|---|---|---|---|
| (차) 전 환 사 채 | 40,000 | (대) 전 환 권 조 정 | 2,709*1 |
| 상 환 할 증 금 | 5,296*2 | 자 본 금 | 25,000*4 |
| 전 환 권 대 가 | 1,994*3 | 주식발행초과금 | 19,581 |

*1 (₩18,225－₩5,402－₩6,050)×40%＝₩2,709
*2 ₩13,240×40%＝₩5,296
*3 ₩4,985×40%＝₩1,994
*4 (₩40,000÷₩800)×₩500＝₩25,000

20×3. 12. 31. (이자지급시)

| (차) 이 자 비 용 | 7,664 | (대) 현 금 | 3,600 |
|---|---|---|---|
| | | 전 환 권 조 정 | 4,064 |

<20×3. 12. 31. 부분 재무상태표 표시>

| | |
|---|---|
| 전환사채 | 60,000 |
| 사채상환할증금 | 7,944 *1 |
| 전환권대가(기타자본항목) | 2,991 *2 |

*1 ₩13,240－₩5,296＝₩7,944
*2 ₩4,985－₩1,994＝₩2,991

02 **1. 전환권의 공정가치(전환권대가)의 계산**

₩1,000,000－(₩1,000,000×0.8396＋₩30,000×2.6730)＝₩80,210

**2. 20×1. 1. 1. 전환사채 발행시 회계처리**

| (차) 현 금 | 1,000,000 | (대) 전 환 사 채 | 1,000,000 |
|---|---|---|---|
| 전 환 권 조 정 | 80,210 | 전 환 권 대 가 | 80,210 |

**3. 거래원가 ₩50,000이 지출된 경우 전환사채 발행시 회계처리**

전환사채 발행과 관련한 거래원가는 부채요소와 자본요소의 공정가치에 따라 배분하고, 배분금액 만큼을 관련 부채와 자본에서 차감한다.

| | 부채요소 | 자본요소 | 합 계 |
|---|---|---|---|
| 공정가치 | ₩919,790 | ₩80,210 | ₩1,000,000 |
| 거래원가 | ₩45,990 | ₩4,010 | ₩50,000 |
| (순)공정가치 | ₩873,800 | ₩76,200 | ₩950,000 |

∴ 부채요소 차감 : ₩50,000×(₩919,790/₩1,000,000)＝₩45,990
자본요소 차감 : ₩50,000－₩45,990＝₩4,010

| (차) 현 금 | 950,000 | (대) 전 환 사 채 | 1,000,000 |
|---|---|---|---|
| 전 환 권 조 정 | 126,200 | 전 환 권 대 가 | 76,200 |

* 이자비용을 인식할 때에는 발행시점의 일반사채 시장이자율 6%를 사용해서는 안된다. 이때에는 부채요소의 공정가치가 줄어들었으므로, 새로운 유효이자율을 계산하여 유효

이자율법을 적용하여야 한다. 즉, 만기금액인 ₩1,000,000과 부채요소의 순공정가치인 ₩873,800을 일치시켜주는 할인율을 계산하여 유효이자율법을 적용하여야 한다.

### 4. 만기 상환을 가정한 전환권조정 상각표(거래원가 고려하지 않음)

| 구 분 | | 20×1년 | 20×2년 | 20×3년 |
|---|---|---|---|---|
| 기초장부가액(A) | | ₩919,790 | ₩944,977 | ₩971,676 |
| 사채이자비용(B=A×6%) | | 55,187 | 56,699 | 58,324* |
| 현금이자(C) | | 30,000 | 30,000 | 30,000 |
| 전환권조정 | 상각액(D=B−C) | 25,187 | 26,699 | 28,324 |
| | 잔액 | 55,023 | 28,324 | − |
| 기말장부가액 | | 944,977 | 971,676 | 113,240 |

* 끝수조정

### 5. 보장수익률 5%를 달성하기 위한 상환할증금의 계산

상환할증금은 보장수익률과 표시이자율의 차이에 해당하는 이자를 만기일에 일시지급한 금액으로 볼 수 있다.

∴ 상환할증금={전환사채의 액면금액×(보장수익률−표시이자율)}을 보장수익률로 계산한 정상연금 미래가치

={₩1,000,000×(5%−3%)}×3.0525

=₩61,050(즉 만기에 액면가액의 106,105%로 상환)

### 6. 보장수익률 5%(상환할증금 ₩61,050)일 때 회계처리

※ 전환권의 공정가치(전환권대가)의 계산

₩1,000,000−(₩1,061,050×0.8396+₩30,000×2.6730)=₩28,952

(1) 20×1. 1. 1. 전환사채 발행시 회계처리

| (차) 현 금 | 1,000,000 | (대) 전 환 사 채 | 1,000,000 |
|---|---|---|---|
| 전 환 권 조 정 | 90,002 | 사채상환할증금 | 61,050 |
| | | 전 환 권 대 가 | 28,952 |

(2) 만기 상환을 가정한 전환권조정 상각표

| 구 분 | | 20×1년 | 20×2년 | 20×3년 |
|---|---|---|---|---|
| 기초장부가액(A) | | ₩971,048 | ₩999,311 | ₩1,029,270 |
| 사채이자비용(B=A×6%) | | 58,263 | 59,959 | 61,780* |
| 현금이자(C) | | 30,000 | 30,000 | 30,000 |
| 전환권조정 | 상각액(D=B−C) | 28,263 | 29,959 | 31,780 |
| | 잔액 | 61,739 | 31,780 | − |
| 기말장부가액(E=A+D) | | 999,311 | 1,029,270 | 1,061,050 |

* 끝수조정

7. 20×2. 1. 1. (₩500,000 전환시)

| | | | |
|---|---|---|---|
| (차) 전 환 사 채 | 500,000 | (대) 전 환 권 조 정 | 30,870*1 |
| 상 환 할 증 금 | 30,525*2 | 자 본 금 | 200,000*4 |
| 전 환 권 대 가 | 14,476*3 | 주식발행초과금 | 314,131 |

*1 ₩61,739×50%=₩30,870
*2 ₩61,050×50%=₩30,525
*3 ₩28,952×50%=₩14,476
*4 (₩500,000÷₩25,000)×₩10,000=₩200,000

8. 전환시 발행조건의 변경(전환가격을 ₩25,000에서 ₩20,000으로 변경)

(1) 조건변경으로 인한 손실

(₩500,000÷₩20,000−₩500,000÷₩25,000)×₩18,000=₩90,000

(2) 회계처리

| | | | |
|---|---|---|---|
| (차) 전 환 사 채 | 500,000 | (대) 전 환 권 조 정 | 30,870*1 |
| 상 환 할 증 금 | 30,525*2 | 자 본 금 | 250,000*4 |
| 전 환 권 대 가 | 14,476*3 | 주식발행초과금 | 354,131 |
| 전환조건변경손실(당기손실) | 90,000 | | |

*1, *2, *3은 (물음7)과 동일
*4 (₩500,000÷₩20,000)×₩10,000=₩250,000

9. 만기상환시 회계처리

(1) 20×3. 12. 31. (이자지급시 : 전환권조정 상각표의 50% 만을 이자비용과 상각액으로 인식)

| | | | |
|---|---|---|---|
| (차) 이 자 비 용 | 30,890 | (대) 현 금 | 15,000 |
| | | 전 환 권 조 정 | 15,890 |

(2) 20×3. 12. 31. (액면 ₩500,000 만기 상환시)

| | | | |
|---|---|---|---|
| (차) 전 환 사 채 | 500,000 | (대) 현 금 | 530,525 |
| 사채상환할증금 | 30,525 | | |

10. 20×2년 1월 1일에 잔여 전환사채(50%)를 재매입한 경우 회계처리

(1) 재매입일 현재 잔여 전환사채(50%)의 공정가치 구분

① 부채요소의 가치

| | |
|---|---|
| 표시이자 현재가치 : ₩15,000×1,8594(r=5%, n=2,현가계수) | = ₩ 27,891 |
| 만기금액 현재가치 : ₩530,525×0.9070(r=5%, n=2, 현가계수) | = ₩ 481,186 |
| 계 | ₩509,077 |

② 자본요소의 가치 : ₩530,000−₩509,077=₩20,923

⑵ 회계처리

① 부채요소의 재매입

| | | | |
|---|---|---|---|
| (차) 전 환 사 채 | 500,000 | (대) 현 금 | 509,077 |
| 사채상환할증금* | 30,525 | 전 환 권 조 정* | 30,870 |
| 사 채 상 환 손 실 | 9,422 | | |

② 자본요소의 재매입

| | | | |
|---|---|---|---|
| (차) 전 환 권 대 가* | 14,476 | (대) 현 금 | 20,923 |
| 전환권재매입손실 (기타자본항목) | 6,477 | | |

* (물음7)의 회계처리와 동일

03 **1. 신주인수권 대가의 계산**

① 발행가액 : ₩10,000

② 일반사채가액

원금현가 : ₩10,000×0.6931(이자율 13%, 기간 3, 1원의 현가)= ₩6,931

이자현가 : ₩10,000×9%×2.3612(이자율 13%, 기간 3, 1원의 연금현가)= ₩2,125

₩9,056

③ 신주인수권의 대가 : ①－②=₩944

**2. 만기 상환을 가정한 신주인수권조정 상각표**

| 구 분 | | 20×1년 | 20×2년 | 20×3년 |
|---|---|---|---|---|
| 기초장부가액(A) | | ₩9,056 | ₩9,333 | ₩9,646 |
| 사채이자비용(B=A×13%) | | 1,177 | 1,213 | 1,254 |
| 현금이자(C) | | 900 | 900 | 900 |
| 신주인수권조정 | 상각액(B－C) | 277 | 313 | 354 |
| | 잔액 | 667 | 354 | 0 |
| 기말장부가액 | | 9,333 | 9,646 | 10,000 |

**3. 회계처리**

20×1. 1. 1. (발행시)

| | | | |
|---|---|---|---|
| (차) 현 금 | 10,000 | (대) 신주인수권부사채 | 10,000 |
| 신주인수권조정 | 944 | 신주인수권대가 | 944 |

20×1. 12. 31. (이자지급시)

| | | | |
|---|---|---|---|
| (차) 이 자 비 용 | 1,177 | (대) 현 금 | 900 |
| | | 신주인수권조정 | 277 |

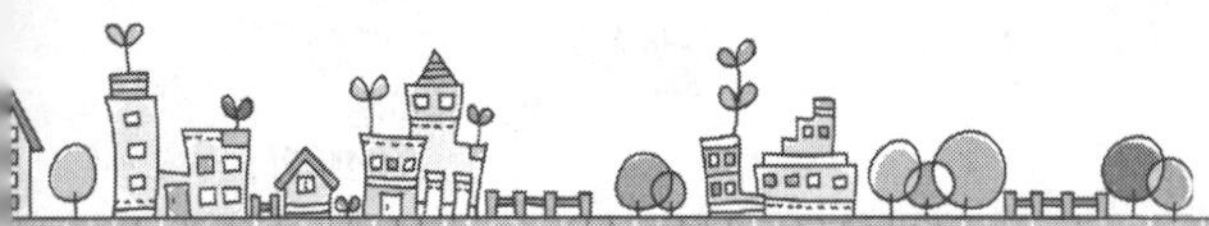

20×2. 12. 31. (이자지급시)

| (차) 이 자 비 용 | 1,213 | (대) 현 금 | 900 |
|---|---|---|---|
| | | 신주인수권조정 | 313 |

<20×2. 12. 31. 이자지급 후 신주인수권행사 전 부분 재무상태표 표시>

| | | |
|---|---|---|
| 신주인수권부사채 | 10,000 | |
| 신주인수권조정 | (354) | 9,646 |
| 신주인수권대가(기타자본항목) | | 944 |

20×2. 12. 31. (신주인수권 행사로 신 주식 발행시)

| (차) 신주인수권대가 | 566 | (대) 주식발행초과금 | 566*1 |
|---|---|---|---|
| 현 금 | 6,000 | 자 본 금 | 2,000*2 |
| | | 주식발행초과금 | 4,000 |

* 신주인수권대가의 주식발행초과금으로 대체 : ₩944×₩6,000/₩10,000=₩566
* 발행주식수 : ₩6,000÷₩15=400주
  자 본 금 : 400주×₩5=₩2,000

<20×2. 12. 31. 신주인수권 행사 후 부분 재무상태표 표시>

| | | |
|---|---|---|
| 신주인수권부사채 | 10,000 | |
| 신주인수권조정 | (354) | 9,646 |
| 신주인수권대가(기타자본항목) | | 378 |

20×3. 12. 31. (이자지급시)

| (차) 이 자 비 용 | 1,254 | (대) 현 금 | 900 |
|---|---|---|---|
| | | 신주인수권조정 | 354 |

20×3. 12. 31. (만기상환시)

| (차) 신주인수권부사채 | 10,000 | (대) 현 금 | 10,000 |
|---|---|---|---|

04 **1. 상환할증금의 계산**

∴ 상환할증금 : {₩10,000×(11%−9%)}×3.3421(r=11%, 기간 3의 미래연금계수)
=₩668

**2. 신주인수권 대가의 계산**

① 발행가액 : ₩10,000

② 일반사채가액

원금현가 : ₩10,668×0.6931(이자율 13%, 기간 3, 1원의 현가)= ₩7,394

이자현가 : ₩10,000×9%×2.3612(이자율 13%, 기간 3, 1원의 연금현가)= ₩2,125

₩9,519

③ 신주인수권의 대가 : ①-②=₩481

### 3. 만기 상환을 가정한 신주인수권조정 상각표

| 구 분 | | 20×1년 | 20×2년 | 20×3년 |
|---|---|---|---|---|
| 기초장부가액(A) | | ₩9,519 | ₩9,856 | ₩10,237 |
| 사채이자비용(B=A×13%) | | 1,237 | 1,281 | 1,331 |
| 현금이자(C) | | 900 | 900 | 900 |
| 신주인수권조정 | 상각액(B−C) | 337 | 381 | 431 |
| | 잔액 | 812 | 431 | 0 |
| 기말장부가액 | | 9,856 | 10,237 | 10,668 |

### 4. 회계처리

20×1. 1. 1. (발행시)

| | | | |
|---|---|---|---|
| (차) 현 금 | 10,000 | (대) 신주인수권부사채 | 10,000 |
| 신주인수권조정 | 1,149 | 사채상환할증금 | 668 |
| | | 신주인수권대가 | 481 |

20×1. 12. 31. (이자지급시)

| | | | |
|---|---|---|---|
| (차) 이 자 비 용 | 1,237 | (대) 현 금 | 900 |
| | | 신주인수권조정 | 337 |

20×2. 12. 31. (이자지급시)

| | | | |
|---|---|---|---|
| (차) 이 자 비 용 | 1,281 | (대) 현 금 | 900 |
| | | 신주인수권조정 | 381 |

<20×2. 12. 31. 이자지급 후 신주인수권행사 전 부분 재무상태표 표시>

| | | |
|---|---|---|
| 신주인수권부사채 | 10,000 | |
| 사채상환할증금 | 668 | |
| 신주인수권조정 | (431) | 10,237 |
| 신주인수권대가(기타자본항목) | | 481 |

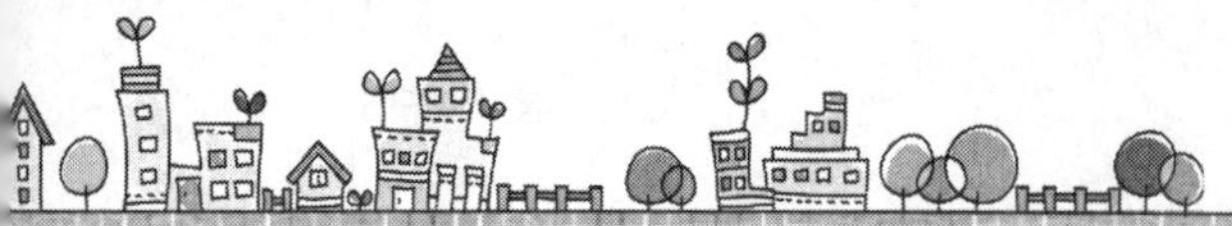

20×2. 12. 31. (신주인수권 행사로 새로운 주식 교부)

| | | | |
|---|---|---|---|
| (차) 현 금 | 6,000 | (대) 신주인수권조정 | 46*2 |
| 사채상환할증금 | 401*1 | 자 본 금 | 2,000*3 |
| | | 주식발행초과금 | 4,355 |
| (차) 신주인수권대가 | 289 | (대) 주식발행초과금 | 289*4 |

*1 사채상환할증금 잔액의 60% 제거 : ₩668×60%=₩401

*2 상환할증금 명목금액과 현재가치의 차액의 60% 제거
{₩668－₩668÷(1.13)}×60%=₩46

*3 발행주식수 : ₩6,000÷ ₩15=400주
자 본 금 : 400주×₩5=₩2,000

*4 신주인수권대가의 주식발행초과금으로의 대체 : ₩481×60%=₩289

〈20×2. 12. 31. 신주인수권 행사 후 부분 재무상태표 표시〉

| | |
|---|---|
| 신주인수권부사채 | 10,000 |
| 사채상환할증금 | 267 |
| 신주인수권조정 | (385) |
| 잔액 | 9,882 |
| 신주인수권대가<br>(기타자본항목) | 192 |

20×3. 12. 31. (이자지급시)

| | | | |
|---|---|---|---|
| (차) 이 자 비 용 | 1,285* | (대) 현 금 | 900 |
| | | 신주인수권조정 | 385 |

* 유효이자 계산 : ₩9,882×13%=₩1,285

20×3. 12. 31. (만기 상환시)

| | | | |
|---|---|---|---|
| (차) 신주인수권부사채 | 10,000 | (대) 현 금 | 10,267 |
| 사채상환할증금 | 267 | | |

Chapter 12

# 수익과 비용의 인식

**학습목표**

본 장에서는 기업가치 증대 활동에서 가장 중요한 수익과 이에 대응되는 비용의 인식에 대해 학습한다. 즉 수익의 개념 및 인식의 기초, 생산완료시점의 수익인식, 진행기준에 따른 수익인식, 판매기준에 따른 수익인식, 회수기준에 따른 수익인식, 그리고 비용의 인식 등에 대하여 학습한다.

**※ 관련 한국채택국제회계기준**

기업회계기준서 제1018호 '수익'
기업회계기준서 제1011호 '건설계약'
기업회계기준서 제1041호 '농림어업'
기업회계기준서 제1115호 '고객과의 계약에서 생기는 수익'
기업회계기준해석서 제2031호 '수익 : 광고용역의 교환거래'
기업회계기준해석서 제2113호 '고객충성제도'
기업회계기준해석서 제2115호 '부동산건설약정'

## 01절 수익의 개념 및 인식과 측정의 기초

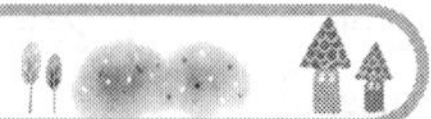

### 1. 수익의 인식

수익(revenue)은 자본 참여자의 출자관련 증가분을 제외한 자본의 증가를 수반하는 것으로서 회계기간의 정상적인 활동에서 발생하는 경제적 효익의 총유입을 말한다.

수익은 기업이 받았거나 받을 경제적 효익의 총유입만을 포함한다. 따라서 판매세, 특정재화나 용역과 관련된 세금, 부가가치세와 같이 제3자를 대신하여 받는 금액은, 기업에 유입되어 자본의 증가를 수반하는 경제적 효익이 아니므로 수익에서 제외한다. 이와 마찬가지로 대리관계에서 본인을 대신하여 대리인인 기업이 받는 금액은 경제적 효익의 총유입에 해당하지만 대리인인 기업의 자본을 증가시키지 않으므로 수익이 아니다. 이러한 경우 수수료 금액만 수익에 해당된다.

광의의 수익은 수익과 **차익(gain)**을 포괄하는 개념이다. 수익은 기업의 정상적인 활동에서 발생하는 것으로 매출액, 수수료수익, 이자수익, 배당수익, 로열티수익 등 여러 가지 종류가 있다. 차익은 기업의 정상적인 활동에서 계속적으로 발생되는 항목이 아닌 것을 지칭하는 개념으로 순액으로 표시하는 점이 좁은 의미의 수익개념과 구별된다.[1)]

수익은 경영활동의 전 과정에 걸쳐 연속적이고 점진적으로 발생하는 것이기 때문에, 명확하고 일관성 있는 인식기준이 없다면 회계처리의 객관성 및 비교가능성은 상실하게 된다.

따라서 회계정보의 신뢰성 및 비교가능성을 향상시키기 위해 수익을 언제 인식하여야 할 것인가를 결정해야 하는 중요한 문제가 발생한다.

### 2. 수익인식기준

기업의 **수익획득과정(earning process)**은 기업의 영업활동에 따라 다양하지만 일반적으로 <그림 1> 같은 과정을 거치게 된다. 이러한 **경영활동에 따라 발생하는 수익을 재무제**

---

1) 동일 또는 유사한 거래 및 회계사건에서 발생한 차익, 차손 등으로서 중요하지 않은 경우에는 서로 상계하여 표시할 수 있다. 그리고 기업회계기준서에는 별도의 규정이 없지만, 수익과 차익을 구분하여 공시하면 미래 현금흐름의 예측가능성이 증가할 것이다.

표에 보고하는 것을 수익의 인식이라 하며, 이것은 수익의 기간귀속을 결정하는 것을 의미한다.

**그림 1 수익획득과정과 수익인식기준**

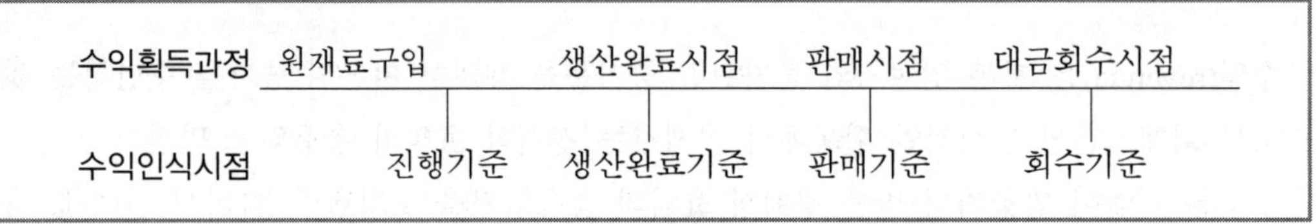


위 그림에서 볼 수 있듯이 수익은 수익가득과정 동안 점진적이고 계속적으로 창출된다. 즉, 기업이 생산하는 재화의 경제적 가치는 원재료구입, 재화의 생산과 판매, 대금회수 등 일련의 수익가득과정을 거쳐 점차적으로 증가한다. 따라서 발생기준 회계에서는 수익이 창출되는 각 단계에서 수익을 인식해야 한다. 그러나 수익을 재화나 용역 가치의 증가에 따라 순차적으로 인식할 경우에는 그 계산이 복잡해 질뿐 아니라 가치의 증가를 객관적으로 측정하기도 어렵다. 따라서 수익은 가치가 증가하였다고 단정할 수 있을 정도로 명확하고 객관적인 시점에 인식한다.

그러므로 일반적으로 수익은 다음의 두 조건이 충족되는 시점에서 인식된다.

**첫째, 수익은 실현되었거나(realized) 실현가능한(realizable)시점에서 인식한다.** 수익은 제품, 상품 또는 기타 자산이 현금 또는 현금청구권과 교환되는 시점에서 실현된다. 수익이 실현가능하다 함은 수익의 발생과정에서 수취 또는 보유한 자산이 일정액의 현금 또는 현금청구권으로 즉시 전환될 수 있음을 의미한다. 따라서 재화 · 용역이 현금 또는 현금청구권과 교환되었을 때 실현되었다고 하며, 재화나 용역이 현금이나 현금청구권으로 쉽게 전환될 수 있을 때 수익이 실현가능하다고 한다.

**둘째, 수익은 그 가득과정이 완료되어야 인식된다.** 기업의 수익에 대한 가득활동은 당해 기업이 영위하는 주요 영업활동을 구성하는 재화의 생산 또는 인도, 용역의 제공 등을 수반하며 이러한 일련의 활동에 관한 경제적 효익에 대한 권리를 주장하기에 충분한 정도의 의무를 수행하였을 때 당해 수익은 가득된 것으로 본다. 차익은 일반적으로 가득과정을 수반하지 않는 거래나 사건으로부터 발생하므로 이득을 인식함에 있어서는 가득기준은 적용되지 않을 수 있다.

수익인식조건을 가장 잘 충족시키는 시점은 일반적으로 재화나 용역의 판매시점이다. 판매시점은 판매자가 구매자로부터 수취하게 될 현금이나 현금등가액이 확정되어 수익이 실현되거나 실현가능하고, 재화나 용역이 구매자에게 인도되어 판매자가 이행해야 할 의무를 실질적으로 이행하므로 수익인식의 가득기준을 충족시키게 된다. 그러나 판매시점 이전이라도 수익인식기준이 충족되면 생산기간중이나 생산완료시점에서 수익을 인식할 수도 있으며, 판매시점에서 수익금액을 합리적으로 측정할 수 없다면 수익의 인식을 판매시점 이후에 대금회수시점에서 인식해야 하는 경우도 있다.

## 3. 수익의 측정

수익금액은 일반적으로 판매자와 구매자 또는 자산의 사용자 간의 합의에 따라 결정되며, 판매자에 의해 제공된 매매할인 및 수량리베이트를 고려하여 받았거나 받을 **대가의 공정가치로 측정**한다.

대부분의 경우 판매대가는 현금이나 현금성자산의 형태가 된다. 따라서 수익금액은 받았거나 받을 현금이나 현금성자산의 금액이 된다. 그러나 현금이나 현금성자산의 유입이 이연되는 경우, 대가의 공정가치는 받았거나 받을 현금의 명목금액보다 작을 수 있다. 예를 들면, 무이자로 신용판매하거나 표면이자율이 시장이자율보다 낮은 어음을 판매대가로 받는 경우이다. 이때 대금지불약정이 실질적으로 자금대여거래에 해당하는 경우, 그 대가의 공정가치는 미래 총수취액을 내재이자율[2]로 할인하여 결정한다. 그리고 판매대가의 공정가치와 명목금액의 차이는 대금회수기간에 걸쳐 유효이자율법을 적용하여 이자수익으로 인식한다.

한편 성격과 가치가 유사한 재화나 용역의 교환이나 스왑거래는 수익이 발생하는 거래로 보지 아니한다. 예를 들어, 원유나 우유와 같은 일반 상품의 경우, 공급기업들이 특정지역의 수요를 적시에 충족시키기 위하여 여러 지역에 있는 재고자산을 서로 교환하거나 스왑거래를 하는 경우가 있다. 그러나 성격이나 가치가 상이한 재화나 용역의 교환은 수익이 발생하는 거래로 본다. 이때 수익은 교환으로 수취한 재화나 용역의 공정

2) 이때 내재이자율은 다음 중 더 명확히 결정할 수 있는 것으로 한다.
① 신용도가 비슷한 기업이 발행한 유사 금융상품의 일반적인 이자율
② 명목금액의 현재가치를 제공하는 재화나 용역의 현금판매금액과 일치시키는 할인율

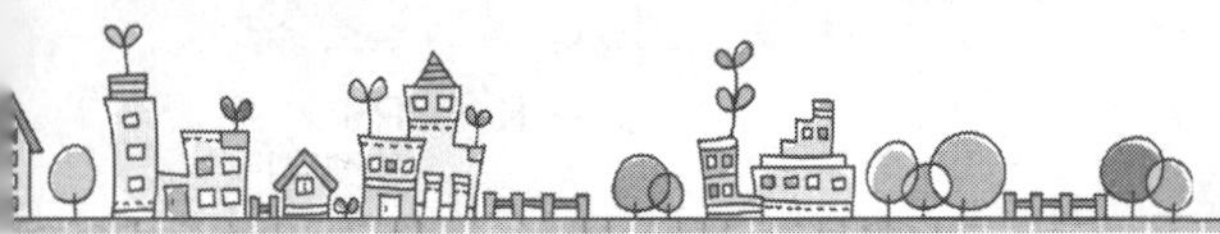

가치로 측정하되 현금이나 현금성자산이 이전되면 이를 반영하여 조정한다. 만일 수취한 재화나 용역의 공정가치를 신뢰성 있게 측정할 수 없는 경우에는, 수익은 제공한 재화나 용역의 공정가치로 측정하되 현금이나 현금성자산이 이전되면 이를 반영하여 조정한다.3)

## 02절 한국채택국제회계기준의 규정

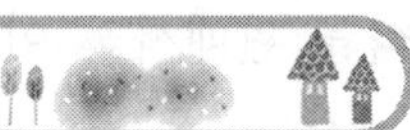

국제회계기준의 종전 수익인식기준은 복잡한 거래에 적용하기 어려운 매우 제한적인 지침만을 제공하였다. 또한 종전 수익인식기준이 미국 회계기준과 달랐고, 두 기준 모두 개선이 필요한 상황에서 IASB(국제회계기준위원회)와 미국의 FASB(재무회계기준위원회)는 수익인식 원칙을 명확하게 하기 위해 두 기준의 합치된 수익인식 기준을 제정하는 공동 프로젝트를 진행하였다.

그 결과 2014년 5월, IASB와 FASB는 각각 IFRS 15와 Accounting Standards Update 2014－09(Topic 606)의 공통 수익인식 기준을 제정하여 공표하였다. 이에 따라 한국회계기준위원회에서도 IFRS 15를 일부 개정하여, 2016월 4월 KIFRS 제1115호(고객과의 계약에서 생기는 수익)를 발표하였는데 이 기준서는 2018년 1월 1일 이후 최초로 시작되는 회계연도부터 적용하되 조기 적용할 수도 있도록 하였다.4)

이 기준서는 고객과의 모든 계약에 적용한다. 여기서 고객이란 기업의 통상적인 활동

---

3) 제5장 유형자산의 비화폐성자산의 교환에 의한 취득 회계처리 참조
기업회계기준서 제2031호(수익 : 광고용역의 교환거래)에서는 상이한 광고용역의 교환거래일 경우 제공받는 광고용역의 공정가치를 신뢰성있게 측정할 수 없는 경우가 많을 것이므로, 이 때에는 자주 발생하는 유사한 비교환거래를 참조하여 판매자는 교환거래시 본인이 제공하는 광고용역의 공정가치로 수익을 신뢰성있게 측정할 수 있다고 규정하였다.

4) 이 기준서는 다음의 기준서와 해석서를 대체한다.
① 기업회계기준서 제1011호 '건설계약'
② 기업회계기준서 제1018호 '수익'
③ 기업회계기준해석서 제2113호 '고객충성제도'
④ 기업회계기준해석서 제2115호 '부동산건설약정'
⑤ 기업회계기준해석서 제2118호 '고객으로부터의 자산 이전'
⑥ 기업회계기준해석서 제2031호 '수익 : 광고용역의 교환거래'

의 산출물인 재화나 용역을 대가와 교환하여 획득하기로 그 기업과 계약한 당사자를 말한다. 다만, 리스계약(제1017호), 보험계약(제1104호), 금융상품(제1109호), 일부 비화폐성 교환의 경우에는 이 기준을 적용하지 않고 각각 관련 기준서를 적용한다.

이 기준서에서는 고객과의 개별 계약에 대한 회계처리를 규정하고 있다. 그러나 이 기준서를 특성이 비슷한 계약들(또는 수행의무들)의 포트폴리오에 적용한 경우와 그 포트폴리오 내의 개별 계약(또는 수행의무들)에 적용한 경우에 재무제표에 미치는 영향이 중요하게 다르지는 않다고 합리적으로 예상한다면, 이러한 계약의 포트폴리오(또는 수행의무들)에 이 기준서를 적용하는 실무적 간편법을 쓸 수 있다.

## 1. 수익인식의 5단계

한국채택국제회계기준 제1115호의 핵심원칙은 기업이 고객에게 약속한 재화나 용역의 이전을 나타내도록 해당 재화나 용역의 대가로 받을 권리를 갖게 될 것으로 예상하는 대가를 반영한 금액으로 수익을 인식해야 한다는 것이다. 이에 따라 수익을 인식하기 위해서는 <그림 1>과 같은 5단계를 적용해야 한다.

그림 1 수익인식의 5단계

| 1단계 | | 2단계 | | 3단계 | | 4단계 | | 5단계 |
|---|---|---|---|---|---|---|---|---|
| 고객과의 계약 식별 | → | 수행의무 식별 | → | 거래가격 산정 | → | 거래가격 배분 | → | 수익인식 |

## 2. 고객과의 계약을 식별

계약이란 둘 이상의 당사자 사이에 법률적으로 집행 가능한 권리와 의무가 생기게 하는 합의를 의미한다. 기준서에서는 다음 기준을 모두 충족하는 때에만, KIFRS 제1115호의 적용범위에 포함되는 고객과의 계약으로 회계처리하도록 하고 있다.

① 계약 당사자들이 계약을 (서면, 구두, 또는 그 밖의 사업 관행에 따라) 승인하고 각자의 의무를 수행하기로 확약한다.

② 이전할 재화나 용역과 관련된 각 당사자의 권리를 식별할 수 있다.

③ 이전할 재화나 용역의 지급조건을 식별할 수 있다.

④ 계약에 상업적 실질이 있다(계약의 결과로 기업의 미래 현금흐름의 위험, 시기, 금액이 변동될 것으로 예상된다).

⑤ 고객에게 이전할 재화나 용역에 대하여 받을 권리를 갖게 될 대가의 회수 가능성이 높다.5)

고객과의 계약이 위의 기준은 충족하지 못하지만 고객에게서 대가를 받은 경우에는 다음 사건 중 어느 하나가 일어난 경우에 받은 대가를 수익으로 인식한다.

① 고객에게 재화나 용역을 이전해야 하는 의무가 남아있지 않고, 고객이 약속한 대가를 모두(또는 대부분) 받았으며 그 대가는 환불되지 않는다.

② 계약이 종료되었고 고객에게서 받은 대가는 환불되지 않는다.

따라서 위의 사건 중 하나가 일어나거나 고객과의 계약 기준이 나중에 충족될 때까지, 고객에게서 받은 대가는 부채로 인식한다.

그리고 다음 기준 중 하나 이상을 충족한다면, 같은 고객(또는 그 고객의 특수관계자)과 동시에 또는 가까운 시기에 체결한 둘 이상의 계약을 결합하여 단일 계약으로 회계처리한다.

① 복수의 계약을 하나의 상업적 목적으로 일괄 협상한다.

② 한 계약에서 지급하는 대가(금액)는 다른 계약의 가격이나 수행에 따라 달라진다.

③ 복수의 계약에서 약속한 재화나 용역(또는 각 계약에서 약속한 재화나 용역의 일부)은 단일 수행의무에 해당한다.

계약 당사자가 집행 가능한 권리와 의무를 새로 설정하거나 기존의 집행 가능한 권리와 의무를 변경하기로 승인할 때 계약변경이 존재한다. 이러한 계약변경은 다음 두 조건을 모두 충족하는 경우에 별도 계약으로 회계처리한다.

① 구별되는 약속한 재화나 용역이 추가되어 계약의 범위가 확장된다.

② 계약가격이 추가로 약속한 재화나 용역의 개별 판매가격에 특정 계약 상황을 반영하여 적절히 조정한 대가(금액)만큼 상승한다.

---

5) 대가의 회수 가능성이 높은지를 평가할 때에는 지급기일에 고객이 대가(금액)를 지급할 수 있는 능력과 지급할 의도만을 고려한다. 기업이 고객에게 가격할인(price concessions)을 제공할 수 있기 때문에 대가가 변동될 수 있다면, 기업이 받을 권리를 갖게 될 대가는 계약에 표시된 가격보다 적을 수 있다.

그러나 계약변경이 별도 계약으로 회계처리하는 계약변경이 아니라면, 계약변경일에 아직 이전되지 않은 약속한 재화나 용역(나머지 약속한 재화나 용역)을 다음 중 해당하는 방법으로 회계처리한다.

① 나머지 재화나 용역이 계약변경일이나 그 전에 이전한 재화나 용역과 구별된다면, 그 계약변경은 기존 계약을 종료하고 새로운 계약을 체결한 것처럼 회계처리한다.

② 나머지 재화나 용역이 구별되지 않아서 계약변경일에 부분적으로 이행된 단일 수행의무의 일부를 구성한다면, 그 계약변경은 기존 계약의 일부인 것처럼 회계처리한다. 계약변경이 거래가격과 수행의무의 진행률에 미치는 영향은 계약변경일에 수익을 조정(수익의 증액이나 감액)하여 인식한다[수익을 누적효과 일괄조정기준(cumulative catch-up basis)으로 조정한다].

계약변경에 대한 회계처리 과정을 그림으로 나타내면 다음과 같다.

**그림 2 계약변경의 회계처리**

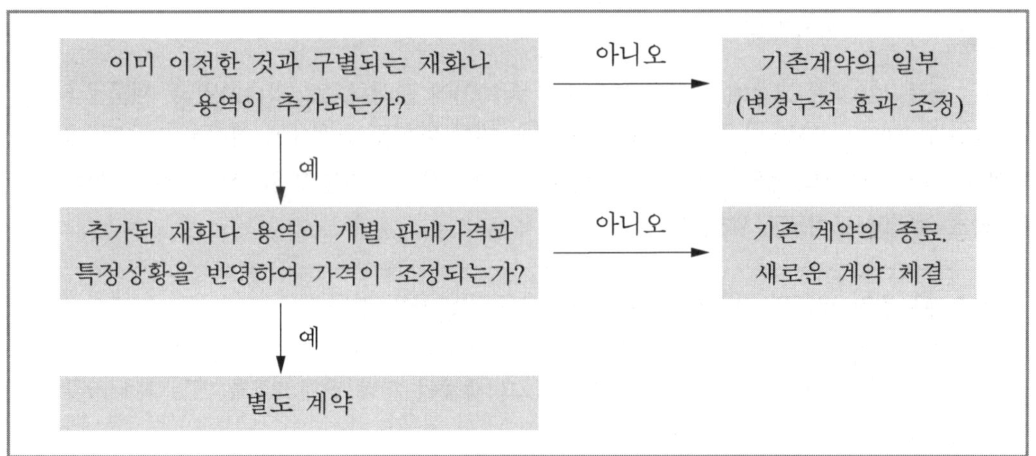

### 사례 1 계약의 식별 : 대가의 회수 가능성

기업(부동산개발업자)은 ₩1,000,000에 건물을 판매하기 위해 고객과 계약을 체결하였다. 고객은 그 건물에 레스토랑을 개업하려고 한다. 그 건물은 새로운 레스토랑을 운영하기에는 경쟁이 심한 지역에 위치하고 있으며, 고객은 레스토랑 산업에서 경험이 거의 없다. 고객은 계약 개시시점에 환불되지 않는 계약금 ₩50,000을 지급하고, 약속된 대가의 95%인 나머지 금액은 기업과

장기 금융약정을 체결하였다. 금융약정은 비소구(non-recourse)조건으로 제공되었는데, 이는 고객이 채무를 이행하지 못할 경우에 기업이 그 건물을 회수하고, 그 담보물의 가치가 받아야 할 금액보다 적더라도 고객에게 더는 보상을 요구할 수 없음을 뜻한다. 기업의 건물 원가는 ₩600,000이다. 고객은 계약 개시시점에 건물을 통제하게 된다. 고객은 차입금 상환에 사용할 수 있는 다른 수익이나 자산이 부족하여, 주로 레스토랑 사업에서 얻는 수익으로 차입금을 상환하고자 한다. 고객과의 계약으로 인해 수익을 인식할 수 있는지 설명하시오.

**핵심해설**

기업은 건물의 이전에 대하여 받을 권리가 있는 대가를 회수할 가능성이 높지 않기 때문에, 고객과의 계약기준을 충족하지 못한다. 또한 기업이 대부분의 대가를 받지도 못하였고 계약을 종료하지도 않았으므로, 기업은 환불되지 않는 ₩50,000을 보증금 채무로 회계처리한다.

### 사례 2 계약변경

기업은 제품 120개를 고객에게 ₩12,000(개당 ₩100)에 판매하기로 약속하였다. 제품은 6개월에 걸쳐 고객에게 이전된다. 기업이 제품 60개에 대한 통제를 고객에게 이전한 다음에, 추가로 제품 30개(총 150개의 동일한 제품)를 고객에게 납품하기로 계약을 변경하였다. 추가 제품 30개는 최초 계약에 포함되지 않았다.

**(상황 A)** 추가 제품의 가격이 개별 판매가격을 반영하는 경우

계약을 변경할 때, 추가 제품 30개에 대한 계약변경의 가격은 추가 금액 ₩2,850이며 개당 ₩95이다. 추가 제품은 계약변경 시점에 그 제품의 개별 판매가격을 반영하여 가격이 책정되고, 원래 제품과 구별된다.

**(상황 B)** 추가 제품의 가격이 개별 판매가격을 반영하지 않는 경우

추가 제품 30개를 구매하는 협상을 진행하면서, 양 당사자는 처음에 개당 80원에 합의하였다. 그러나 고객은 이전받은 최초 제품 60개에 그 인도된 제품 특유의 사소한 결함이 있음을 알게 된다. 기업은 그 제품의 낮은 질에 대한 보상으로 고객에게 개당 ₩15씩 일부 공제를 약속하였다. 즉, 기업과 고객은 기업이 추가 제품 30개에 부과하는 가격에서 ₩900(₩15×제품 60개)을 공제하기로 합의하였다. 따라서 계약변경에서는 추가 제품 30개의 가격을 ₩1,500, 즉 개당 ₩50으로 정하였다. 그 가격은 추가 제품 30개에 대하여 ₩2,400, 즉 개당 ₩80에서 ₩900을 공제하기로 합의한 가격으로 구성된다.

위의 각 상황별로 고객과의 계약에 의한 수익을 어떻게 인식해야 하는지 설명하시오.

(1) **상황 A** : 제품 30개를 추가하는 계약변경은 기존 계약의 회계처리에 영향을 미치지 않는, 사실상 미래 제품에 대한 별도의 새로운 계약이다. 따라서 기업은 원래 계약의 제품 120개에 대하여는 개당 ₩100씩 수익을 인식하고, 새로운 계약의 제품 30개는 개당 ₩95씩 수익을 인식한다.

(2) **상황 B** : 추가 제품 30개의 개당 ₩80의 협상가격이 추가 제품의 개별 판매가격을 반영하지 않았다고 판단되므로, 상황 B의 계약변경은 별도의 계약으로 회계처리하기 위한 기업회계기준서 제1115호의 조건을 충족하지 못한다. 또한 인도할 나머지 제품이 이미 이전한 제품과 구별되기 때문에 기업은 이러한 계약변경을 원래 계약이 종료되고 새로운 계약이 체결된 것으로 회계처리하여야 한다. 따라서 나머지 제품 90개에 대한 각각의 수익으로 인식하는 금액은 평균 ₩93.33{₩8,400[=(₩100×원래 계약에서 아직 이전하지 않은 제품 60개)+(₩80×계약변경에 따라 이전할 제품 30개)]÷나머지 제품 90개}이다. 또한 변경시점에 기업은 ₩900을 이전 거래가격에서 차감하여야 하므로, 최초에 이전한 제품 60개에 대한 수익은 ₩5,100{(₩100×원래 계약에서 이전한 제품 60개)－제품 결함에 따른 공제액 ₩900}이 된다.

## 3. 수행의무의 식별

계약 개시시점에 고객과의 계약에서 약속한 재화나 용역을 검토하여 고객에게 다음 중 어느 하나를 이전하기로 한 각 약속을 하나의 수행의무로 식별한다.

① 구별되는 재화나 용역(또는 재화나 용역의 묶음)

② 실질적으로 서로 같고 고객에게 이전하는 방식도 같은 '일련의 구별되는 재화나 용역'

고객에게 이전하기로 약속한 재화나 용역이 구별된다는 것은 다음의 두 기준이 모두 충족되는 경우이다.

① 고객이 재화나 용역 그 자체에서 효익을 얻거나 고객이 쉽게 구할 수 있는 다른 자원과 함께하여 그 재화나 용역에서 효익을 얻을 수 있다(그 재화나 용역이 구별될 수 있다).

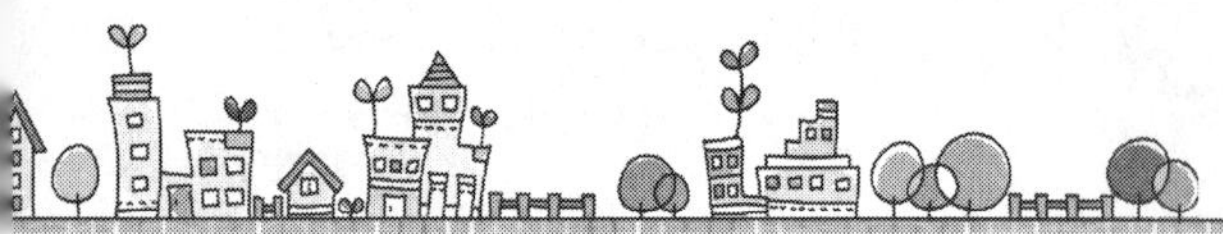

② 고객에게 재화나 용역을 이전하기로 한 약속을 계약 내의 다른 약속과 별도로 식별해 낼 수 있다(그 재화나 용역은 계약상 구별된다).6)

그러나 약속한 재화나 용역이 구별되지 않는다면, 구별되는 재화나 용역의 묶음을 식별할 수 있을 때까지 그 재화나 용역을 약속한 다른 재화나 용역과 결합한다. 경우에 따라서는 그렇게 함으로써 기업이 계약에서 약속한 재화나 용역 모두를 단일 수행의무로 회계처리하는 결과를 가져올 것이다.

한편 하나의 계약에서 너무 많은 수의 동일한 수행의무가 식별되지 않도록 하기 위하여 실질적으로 서로 같고 고객에게 이전하는 방식도 같은 일련의 구별되는 재화나 용역은 단일 수행의무로 보고 있다. 이때 일련의 구별되는 재화나 용역이 고객에게 이전하는 방식이 같다고 하는 것은 다음의 두 개 기준을 모두 충족하는 경우이다.

① 기업이 고객에게 이전하기로 약속한 일련의 구별되는 재화나 용역에서 각 구별되는 재화나 용역이 '기간에 걸쳐 이행하는 수행의무의 기준'을 충족할 것이다.

② 일련의 구별되는 재화나 용역에서 각 구별되는 재화나 용역을 '고객에게 이전하는 수행의무의 진행률을 같은 방법을 사용하여 측정'할 것이다.

### 사례 3 수행의무의 식별 Ⅰ

기업(도급업자)은 고객에게 병원을 건설해 주는 계약을 체결하였다. 기업은 그 프로젝트 전체를 책임지고 있으며, 엔지니어링, 부지 정리, 기초공사, 조달, 구조물 건설, 배관·배선, 장비 설치, 마무리 등을 포함한 여러 가지 재화와 용역을 제공한다. 기업이 고객을 위한 병원을 건설하는 계약에서 식별되는 수행의무는 무엇인지 설명하시오.

**핵심해설**

기업이나 경쟁기업이 이 재화와 용역의 상당부분을 보통 다른 고객에게 별도로 판매하며, 고객은 개별적인 재화난 용역의 사용, 소비, 판매, 보유로 경제적 효익을 창출할 수 있으므로

6) 다른 재화나 용역에서 유의적인 영향을 받아 별개의 재화나 용역으로 이전이 불가능한 경우로서, 둘 이상의 약속을 별도로 식별할 수 없는 예는 다음과 같다.
① 다른 재화, 용역과 통합하는 유의적인 용역을 제공한다(결합산출물, 투입물).
② 다른 재화, 용역을(에 의해) 유의적으로 변경하(되)거나 고객 맞춤화한다.
③ 상호의존도나 상호관련성이 매우 높다.

약속된 재화나 용역은 구별된다. 그러나 기업은 고객과 체결한 계약에 따라 재화와 용역(투입물)을 통합하여 병원(결합산출물)을 건설하는 유의적인 용역을 제공하게 되므로, 이 재화와 용역은 해당 계약의 맥락에서 구별되지 않는다. 따라서 기업은 이 계약의 모든 재화와 용역을 단일 수행의무로 회계처리한다.

### 사례 4 수행의무의 식별 Ⅱ

기업(소프트웨어 개발자)은 2년 동안 소프트웨어 라이선스를 이전하고, 설치용역을 수행하며, 특정되지 않은 소프트웨어 갱신(update)과 기술지원(온라인과 전화)을 제공하는 계약을 고객과 체결하였다. 기업은 라이선스, 설치용역, 기술지원을 별도로 판매한다. 설치용역의 일부로 고객이 사용하고 있는 다른 고객 맞춤 소프트웨어 어플리케이션에 접근할 수 있도록 소프트웨어에 유의적인 새로운 기능성을 추가하기 위해 실질적인 고객 맞춤화를 규정한다. 그 고객 맞춤화 설치용역은 다른 기업이 제공할 수도 있다. 소프트웨어는 갱신과 기술지원이 없어도 가동되는 상태이다. 기업이 소프트웨어 이전 계약으로부터 식별할 수 있는 수행의무는 무엇인지 설명하시오.

**핵심해설**

기업은 계약에서 정한 결합산출물(기능적이고 통합된 소프트웨어 시스템)을 생산하기 위하여 투입물로서 라이선스와 고객 맞춤화 설치용역을 사용하므로, 소프트웨어는 용역에 의해 유의적으로 변형되고 고객 맞춤화된다. 비록 고객 맞춤화 설치용역을 다른 기업이 제공할 수 있더라도, 계약의 맥락에서 볼 때 기업은 라이선스를 이전하기로 한 약속을 고객 맞춤화 설치용역과 별도로 식별할 수 없으므로 소프트웨어 라이선스와 고객 맞춤화 설치용역은 구별되지 않는다. 한편, 소프트웨어 갱신과 기술지원은 계약의 다른 약속과 구별된다. 이는 고객이 소프트웨어 갱신과 기술지원 그 자체에서 효익을 얻거나, 쉽게 구할 수 있는 다른 재화와 용역과 함께하여 효익을 얻을 수 있기 때문이며, 고객에게 소프트웨어 갱신과 기술지원을 이전하기로 한 약속을 그 밖의 각 약속과 별도로 식별할 수 있기 때문이다. 이러한 판단에 기초하여, 기업은 계약에서 다음의 재화나 용역에 대해 세 가지 수행의무를 식별한다. ① 고객 맞춤화 설치용역(소프트웨어 라이선스 포함), ② 소프트웨어 갱신, ③ 기술지원

사례 5 수행의무의 식별 Ⅲ

기업(제약회사)은 승인된 제약화합물에 대한 특허권을 고객에게 10년 동안 라이선스하고 해당 약을 제조하여 공급하기로 계약하였다. 이 약은 성숙기 제품이므로 기업은 약에 대한 어떠한 지원 활동도 하지 않는다. 다음의 각 상황에 대하여 식별되는 수행의무는 무엇인지 설명하시오.

**(상황 A)** 이 약의 제조과정이 매우 특수하기 때문에 이 약을 제조할 수 있는 다른 기업은 없다. 결과적으로 라이선스는 제조 용역과 별도로 구매할 수 없다.

**(상황 B)** 이 약을 생산하기 위해 사용되는 제조과정이 유일하거나 특수하지 않고 몇몇 다른 기업도 고객을 위해 약을 제조할 수 있다.

**핵심해설**

(1) 상황 A

기업은 제조 용역 없이는 고객이 라이선스에서 효익을 얻을 수 없으므로, 라이선스와 제조 용역은 구별되지 않는다. 따라서 기업은 라이선스와 제조 용역을 단일 수행의무로 회계처리한다.

(2) 상황 B

제조과정을 다른 기업이 제공할 수 있기 때문에, 기업은 고객이 라이선스 자체에서(제조 용역 없이) 효익을 얻을 수 있고 라이선스를 제조과정과 별도로 식별할 수 있다. 따라서 기업은 ① 특허권 라이선스와 ② 제조 용역 두 가지 수행의무를 식별한다.

## 4. 거래가격의 산정

거래가격은 고객에게 약속한 재화나 용역을 이전하고 그 대가로 기업이 받을 권리를 갖게 될 것으로 예상하는 금액이며, 제삼자를 대신해서 회수한 금액(예 일부 판매세)은 제외한다. 고객과의 계약에서 약속한 대가는 고정금액, 변동금액 또는 둘 다를 포함할 수 있다. 거래가격을 산정할 때에는 다음 사항이 미치는 영향을 모두 고려한다.

① 변동대가

② 변동대가 추정치의 제약

③ 계약에 있는 유의적인 금융요소

④ 비현금 대가
⑤ 고객에게 지급할 대가

대가(금액)는 할인(discount), 리베이트, 환불, 공제(credits), 가격할인(price concessions), 장려금(incentives), 성과보너스, 위약금이나 그 밖의 비슷한 항목 때문에 변동될 수 있다. 약속된 대가에 변동금액이 포함된 경우에는 ① 기댓값과 ② 가능성이 가장 높은 금액 중 기업이 받을 권리를 갖게 될 대가(금액)를 더 잘 예측할 것으로 예상하는 방법을 사용하여 추정한다. 변동대가와 관련된 불확실성이 나중에 해소될 때, 이미 인식한 누적 수익 금액 중 유의적인 부분을 되돌리지(환원하지) 않을 가능성이 매우 높은(highly probable) 정도까지만 추정된 변동대가(금액)의 일부나 전부를 거래가격에 포함한다. 각 보고기간 말의 상황과 보고기간의 상황 변동을 충실하게 표현하기 위하여 보고기간 말마다 추정 거래가격을 새로 수정한다.

거래가격을 산정할 때, 계약 당사자들 간에 (명시적으로나 암묵적으로) 합의한 지급시기 때문에 고객에게 재화나 용역을 이전하면서 유의적인 금융 효익이 고객이나 기업에 제공되는 경우에는 화폐의 시간가치가 미치는 영향을 반영하여 약속된 대가(금액)를 조정한다. 이때 금융효과(이자수익이나 이자비용)를 고객과의 계약에서 생기는 수익과 구분하여 표시한다. 그러나 계약을 개시할 때 기업이 고객에게 약속한 재화나 용역을 이전하는 시점과 고객이 그에 대한 대가를 지급하는 시점 간의 기간이 1년 이내일 것이라고 예상한다면 유의적인 금융요소의 영향을 반영하여 약속한 대가(금액)를 조정하지 않는 실무적 간편법을 쓸 수 있다.

고객이 현금 외의 형태로 대가를 약속한 계약의 경우에는 거래가격을 산정하기 위하여 비현금 대가(또는 비현금 대가의 약속)를 공정가치로 측정한다.

### 사례 6 변동대가의 추정

기업은 주문제작 자산을 건설하기로 고객과 계약을 체결하였다. 약속된 대가는 ₩2,500,000이지만, 자산의 완성 시기에 따라 증감된다. 즉, 20×7년 3월 31일까지 자산이 완성되지 않는다면, 약속된 대가는 그 다음 날부터 매일 ₩10,000씩 감소되지만, 20×7년 3월 31일 전에 자산이 완성된다면, 약속된 대가는 그 전날부터 매일 ₩10,000씩 증가한다. 또한 자산이 완성되면, 그 자산을 검사하고 계약에 규정된 척도에 기초하여 평점을 부여하며, 이때 자산이 특정 평점을 받게

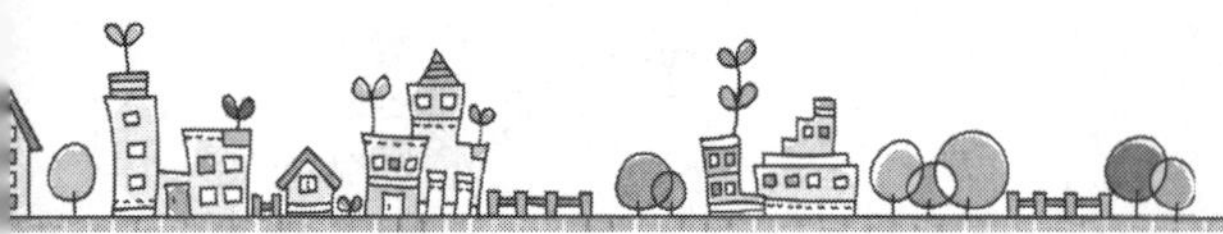

된다면 기업은 장려금 ₩150,000에 대한 권리를 갖게 된다. 변동대가 추정치를 고려하여 기업이 거래가격에 포함시킬 금액은 얼마인가? 단, 완성시점에 따른 위약금과 장려금의 변동대가는 기댓값을 이용하여 추정하며, 평점결과에 따른 장려금은 가능성이 가장 높은 금액을 사용하기로 하였다. 자산건설과 관련된 완성시점의 확률분포와 기업이 완성된 자산에 대하여 특정 평점을 받을 확률은 다음과 같다.

- 자산 건설의 예상 완성시점과 예상 확률
  20×7년 3월 25일(30%), 3월 31일(50%), 4월 2일(40%)
- 건설된 자산이 특정 평점을 받게 될 확률은 65%로 추정됨.

**핵심해설**

(1) 완성시점에 따른 변동대가 추정액(기댓값)
=₩2,500,000+{(₩10,000×6일)×30%+₩0×50%−₩10,000×2일×40%}
=₩2,510,000

(2) 특정 평점 취득에 따른 변동대가 추정액(가능성이 가장 높은 금액)
=₩150,000

(3) 거래가격에 포함될 금액=₩2,510,000+₩150,000=₩2,660,000

### 사례 7 변동대가의 추정치의 제약

기업은 5년 동안 자산운용 용역을 제공하기로 20×8년 1월 1일에 고객과 계약을 체결하였다. 기업은 각 분기 말에 운용 대상인 고객 자산에 기초하여 분기당 운용수수료 2%를 받는다. 그리고 기업은 5년의 기간에 관측 가능한 시장지수의 수익보다 펀드 수익이 초과하는 부분의 20%를 성과기준 장려수수료로 받게 된다. 따라서 계약상 운용수수료와 성과수수료 모두 변동대가이다. 기업이 계약시점과 20×8년 1분기 말에 수익으로 인식할 수 있는 금액은 얼마인가?

**핵심해설**

계약 개시시점에 약속된 대가는 기업의 영향력이 미치지 못하는 요인인 시장지수 변동에 매우 민감하다. 또한 기업은 비슷한 계약에 경험이 있을지라도 그 경험이 시장의 미래 성과를 판단하는 데 예측가치가 거의 없다고 본다. 그러므로 계약 개시시점에 운용수수료나 장려수수료의 추정치를 거래가격에 포함한다면 기업은 이미 인식한 누적 수익 금액 중 유의적인 부분을 되돌리지 않을 가능성이 매우 높다고 결론지을 수 없다.

기업은 보고일마다 거래가격 추정치를 새로 수정한다. 따라서 각 분기 말에 기업은 불확실성이 해소되기 때문에 분기별 실제 운용수수료 금액을 거래가격에 포함할 수 있다. 그러나 기업은 그 날에 장려수수료 추정치를 거래가격에 포함시킬 수 없다. 왜냐하면 이는 계약 개시시점 이후의 평가에 변화가 없기 때문이다. 즉, 시장지수에 기초한 수수료의 변동성 때문에 장려수수료를 추정하여 거래가격에 포함하면 이미 인식한 누적 수익 금액 중 유의적인 부분을 되돌리지 않을 가능성이 매우 높다고 결론지을 수 없다. 만약 20×8년 3월 31일에 운용하는 고객의 자산이 ₩100,000,000이라면, 분기의 운용수수료와 거래가격은 ₩2,000,000이 된다.

### 사례 8 고객에게 지급할 대가

기업(소비재 제조업자)은 국제적인 대형 소매체인점인 고객에게 1년 동안 재화를 판매하기로 계약을 체결하였다. 고객은 1년 동안 적어도 ₩15,000,000의 제품을 사기로 약속하였다. 계약에서는 기업이 계약 개시시점에 고객에게 환불되지 않는 ₩1,500,000을 고객에게 지급하도록 되어 있다. 이 ₩1,500,000의 지급액은 고객이 기업의 제품을 선반에 올리는 데 필요한 변경에 대해 고객에게 보상하는 것이다. 고객에게 재화를 이전하는 첫째 달에 ₩2,000,000의 재화를 판매하였다면, 첫째 달에 기업이 인식할 수익은 얼마인가?

핵심해설

기업이 고객에게 지불한 ₩1,500,000은 기업에 이전되는 재화나 용역의 대가로 지급한 것이 아니다. 왜냐하면, 기업은 고객의 선반에 대한 어떠한 권리도 통제하지 못하기 때문이다. 따라서 기업은 고객에게 재화를 이전하여 수익을 인식할 때 ₩1,500,000의 지급액을 거래가격에서 차감하여 회계처리하여야 한다. 즉, 기업이 고객에게 재화를 이전하여 수익을 인식하는 시점에, 기업은 각 제품의 거래가격을 10%(₩1,500,000÷₩15,000,000)씩 줄인다. 그러므로 고객에게 재화를 이전하는 첫째 달에 기업은 ₩1,800,000(=₩2,000,000×90%)을 수익으로 인식하여야 한다.

## 5. 거래가격의 배분

계약에 포함된 수행의무가 하나인 경우에는 거래가격의 배분문제가 발생하지 않는다. 그러나 일련의 구별되는 둘 이상의 수행의무가 계약에 포함된 경우에는 거래가격을 각 수행의무의 '상대적 개별 판매가격'에 비례하여 거래가격을 배분한다.

개별 판매가격은 기업이 고객에게 약속한 재화나 용역을 별도로 판매할 경우의 가격이다. 개별 판매가격의 최선의 증거는 기업이 비슷한 상황에서 비슷한 고객에게 별도로 재화나 용역을 판매할 때 그 재화나 용역의 관측 가능한 가격이다. 재화나 용역의 계약상 표시가격이나 정가는 그 재화나 용역의 개별 판매가격일 수 있지만, 개별 판매가격으로 간주되어서는 안 된다. 만약 개별 판매가격을 직접 관측할 수 없다면, 재화나 용역의 개별 판매가격을 적절하게 추정하여야 하는데, 다음과 같은 세 가지 방법이 사용될 수 있다.

(1) 시장평가 조정 접근법(비슷한 재화나 용역에 대한 경쟁자의 가격을 참조하고 그 가격에 기업의 원가와 이윤을 반영하기 위해 필요한 조정을 하는 방법)
(2) 예상원가 이윤 가산 접근법(수행의무를 이행하기 위한 예상원가를 예측하고 여기에 그 재화나 용역에 대한 적절한 이윤을 가산하는 방법)
(3) 잔여접근법(총 거래가격에서 계약에 포함된 그 밖의 재화나 용역의 관측 가능한 개별 판매가격의 합계를 차감하여 추정하는 방법). 그러나 잔여접근법은 다음 기준 중 어느 하나를 충족하는 경우에만, 재화나 용역의 개별 판매가격 추정에 사용할 수 있다.
   ① 같은 재화나 용역을 서로 다른 고객들에게 광범위한 금액으로 판매한다(과거 거래나 그 밖의 관측 가능한 증거로 하나의 대표적인 개별 판매가격을 분간할 수 없어 판매가격이 매우 다양하다).
   ② 재화나 용역의 가격을 아직 정하지 않았고 과거에 그 재화나 용역을 따로 판매한 적이 없다(판매가격이 불확실하다).

계약에서 약속한 재화나 용역의 개별 판매가격 합계가 계약에서 약속한 대가를 초과하면, 고객은 재화나 용역의 묶음을 구매하면서 할인을 받은 것이다. 이때, 할인액 전체가 계약상 하나 이상의 일부 수행의무에만 관련된다는 관측 가능한 증거가 있는 때[7] 외

---

7) 다음 기준을 모두 충족하면, 할인액 전체를 계약상 하나 이상이나 전부는 아닌 일부 수행의무들에만 배분한다.

에는, 할인액을 구별되는 모든 수행의무의 상대적 개별 판매가격에 기초하여 배분한다. 할인액을 계약에 포함된 하나 이상의 일부 수행의무에만 배분하는 경우에는 잔여접근법을 사용하여 재화나 용역의 개별 판매가격을 추정하기 전에 그 할인액을 배분한다.

계약에서 약속한 변동대가는 다음 기준을 모두 충족하는 경우, 하나의 수행의무에 배분하거나 단일 수행의무의 일부를 구성하는 구별되는 재화나 용역에 배분한다. 이는 상대적 개별 판매가격에 기준한 거래가격 배분원칙의 예외적인 경우이다.

① 수행의무를 이행하거나 구별되는 재화나 용역을 이전하는 기업의 노력(또는 그에 따른 특정 성과)과 변동 지급조건이 명백하게 관련되어 있다.

② 계약상 모든 수행의무와 지급조건을 고려할 때, 변동대가(금액)를 전부 그 수행의무나 구별되는 재화 또는 용역에 배분하는 것이 배분 목적에 맞는다.

계약을 개시한 이후 거래가격의 후속 변동은 계약 개시시점과 같은 기준으로 계약상 수행의무에 배분한다. 따라서 계약을 개시한 후의 개별 판매가격 변동을 반영하기 위해 거래가격을 다시 배분하지는 않는다. 이행된 수행의무에 배분되는 금액은 거래가격이 변동되는 기간에 수익으로 인식하거나 수익에서 차감한다.

### 사례 9 할인액의 배분

기업은 보통 제품 A(단위당 ₩40,000)를 개별 판매하고, 제품 B와 C는 함께 묶음 단위당 ₩60,000에 판매한다. 따라서 제품 B와 C의 개별 판매가격을 직접 관측할 수 없다. 경쟁사는 제품 B와 매우 유사한 제품을 단위당 ₩55,000에 판매하고 있으며, 제품 C는 동일/유사한 제품의 시장가격을 확인할 수 없으나, 제품 C의 생산원가에 적절한 이윤을 가산한 금액은 단위당 ₩45,000이다. 기업은 제품 A, B, C를 각각 1개씩 판매하기로 고객과 계약을 체결하였는데, 기업은 서로 다른 시점에 각 제품에 대한 수행의무를 이행할 것이다. 다음의 각 상황별로 각 제품에 대한 거래가격을 계산하시오.

---

① 기업이 계약상 각각 구별되는 재화나 용역(또는 구별되는 재화나 용역의 각 묶음)을 보통 따로 판매한다.

② 또 기업은 '①'의 재화나 용역 중 일부를 묶고 그 묶음 내의 재화나 용역의 개별 판매가격보다 할인하여 그 묶음을 보통 따로 판매한다.

③ '②'에서 기술한 재화나 용역의 각 묶음의 할인액이 계약의 할인액과 실질적으로 같고, 각 묶음의 재화나 용역을 분석하면 계약의 전체 할인액이 귀속되는 수행의무(들)에 대한 관측 가능한 증거를 제공한다.

**(상황 A)** 기업은 제품 A, B, C를 각각 1개씩 판매하기로 고객과 계약을 체결하고 ₩100,000을 받기로 하였다.

**(상황 B)** 기업은 제품 A, B, C와 함께 제품 D를 판매하기로 고객과 계약을 체결하였다. 계약의 총 대가는 ₩130,000이다. 기업은 제품 D를 넓은 범위의 금액(₩15,000~₩45,000)으로 서로 다른 고객에게 판매하기 때문에, 제품 D의 개별 판매가격의 변동성은 매우 높다. 따라서 기업은 제품 D의 개별 판매가격을 잔여접근법을 사용하여 추정하기로 결정한다.

**핵심해설**

⑴ 상황 A

계약에서는 거래 전체에 ₩40,000(=제품 A, B, C의 추정된 개별가격 합계액 ₩140,000 −전체 계약금액 ₩100,000)의 할인액을 포함하고 있고, 이는 상대적 개별 판매가격을 사용하여 거래가격에 배분할 때 세 가지 수행의무 모두에 비례적으로 배분된다. 그러나 기업이 보통 제품 B와 C를 함께 ₩60,000에, 제품 A를 ₩40,000에 판매하고 있기 때문에, 제품 B와 C를 이전하는 약속에 전체 할인액을 배분하여야 한다. 한편, 기업이 같은 시점에 제품 B와 C에 대한 통제를 함께 이전한다면 기업은 그 제품의 이전을 단일 수행의무로 회계처리할 수 있다. 즉 제품 B와 C를 고객에게 동시에 이전할 때 기업이 단일 수행의무에 거래가격 ₩60,000을 배분할 수 있고 수익으로 인식할 수 있다. 그러나 계약에 기업이 서로 다른 시점에 제품 B와 C에 대한 통제를 이전하도록 되어 있다면 배분금액 ₩60,000은 다음과 같이 제품 B(개별 추정 판매가격 ₩55,000)와 제품 C(개별 추정 판매가격 ₩45,000)를 이전하기로 한 약속에 개별적으로 배분한다.

| 제 품 | 배분된 거래가격 |
|---|---|
| 제품 A | ₩ 40,000 |
| 제품 B | 33,000 (₩60,000×₩55,000/₩100,000) |
| 제품 C | 27,000 (₩60,000×₩45,000/₩100,000) |
| 합 계 | ₩ 100,000 |

⑵ 상황 B

기업이 보통 제품 B와 C를 함께 ₩60,000에 판매하고 제품 A를 ₩40,000에 판매하기 때문에 ₩100,000을 그 세 제품에 배분해야 하고, ₩40,000의 할인액은 제품 B와 C를 이전하기로 한 약속에 배분해야 한다. 잔여접근법을 사용하여, 기업은 제품 D의 개별 판매가격이 다음과 같이 ₩30,000원이라고 추정할 수 있다.

| 제　품 | 배분된 거래가격 | 비　고 |
|---|---|---|
| 제품 A | ₩ 40,000 | 직접 관측 가능 |
| 제품 B와 C | 60,000 | 상황A와 동일하게 제품 B, C에 다시 배분 |
| 제품 D | 30,000 | 잔여 접근법(판매가격 범위 내 있음) |
| 합 계 | ₩ 130,000 | |

### 사례 10 변동대가의 배분

기업은 두 가지 지적재산 라이선스(라이선스 X와 Y)에 대해 고객과 계약을 체결하였고, 이는 한 시점에 각각 이행되는 두 가지 수행의무를 나타낸다. 라이선스 Y는 계약 개시시점에 고객에게 이전하고, 라이선스 X는 3개월 후에 이전한다. 라이선스 X와 Y의 개별 시장 판매가격은 각각 ₩800과 ₩1,000이다. 첫째 달에 고객이 라이선스 Y를 사용한 제품 판매액은 ₩2,000이라고 할 때, 다음의 각 상황별로 수익인식 시기와 수익인식 금액은 얼마인가?

**(상황 A)** 계약에 표시된 라이선스 X의 가격은 고정금액 ₩800이고, 라이선스 Y의 대가는 고객이 라이선스 Y를 사용한 제품을 미래에 판매한 금액의 3%이다. 배분 목적상, 기업은 판매기준 로열티(변동대가)의 기댓값이 ₩1,000이라고 추정하였다.

**(상황 B)** 계약에 표시된 라이선스 X의 가격은 고정금액 ₩300이고, 라이선스 Y의 대가는 고객이 라이선스 Y를 사용한 제품을 미래에 판매하는 금액의 5%이다. 배분 목적상, 기업은 판매기준 로열티(변동대가)의 기댓값이 ₩1,500이라고 추정하였다.

**핵심해설**

(1) 상황 A

기업은 다음과 같은 이유로 변동대가(판매기준 로열티) 모두를 라이선스 Y에 배분하여야 한다. ① 변동 지급액이 라이선스 Y를 이전하는 수행의무의 산출물(향후 고객이 라이선스 Y를 사용한 제품 판매)과 특정적으로 관련된다. ② 예상 로열티 금액 ₩1,000을 모두 라이선스 Y에 배분하는 것은 배분 목적에 부합한다. 이는 판매기준 로열티에 대한 기업의 추정치(₩1,000)가 라이선스 Y의 개별 판매가격에 가깝고 고정금액 ₩800은 라이선스 X의 개별 판매가격에 가깝기 때문이다.

라이선스 Y에 배분된 대가가 판매기준 로열티의 형태이기 때문에 라이선스 Y의 이전시점에 기업은 수익을 인식할 수 없으며, 첫째 달에 관련된 제품이 판매될 때 판매기준 로열티의 수익 ₩60(=₩2,000×3%)을 인식한다. 또한 기업은 라이선스 X를 이전할 때(3개

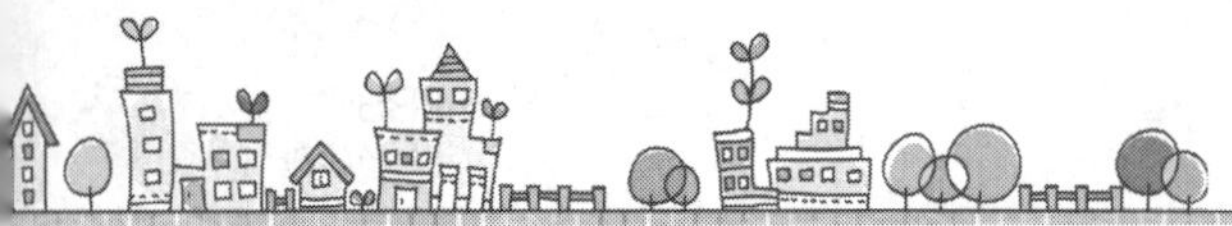

월 후에), 라이선스 X에 배분된 ₩800을 수익으로 인식한다.

(2) 상황 B

계약상 변동대가 지급이 라이선스 Y를 이전하는 수행의무의 산출물(향후 고객이 라이선스 Y를 사용한 제품을 판매)과 특별히 관련될지라도, 기업은 변동대가를 라이선스 Y에 모두 배분하면 거래가격 배분원칙에 부합하지 않는다고 할 수 있다. 왜냐하면, 라이선스 X에 ₩300, 라이선스 Y에 ₩1,500을 배분하는 것이 라이선스 X와 Y의 각 개별 판매가격 ₩800과 ₩1,000에 기초한 거래가격의 합리적 배분을 반영하지 못하기 때문이다. 따라서 기업은 상대적 개별 판매가격의 일반적인 배분 기준을 적용한다. 즉, 라이선스 X의 계약금액 ₩300과 라이선스 Y의 판매기준 로열티를 라이선스 X와 Y의 각 개별 판매가격 ₩800과 ₩1,000에 기초하여 라이선스 X와 Y에 각각 배분한다. 그러나 기업은 라이선스 X는 이전할 때 까지, 라이선스 Y는 고객이 후속 판매를 하거나 수행의무가 이행(또는 부분적으로 이행)되는 것 중 나중 사건이 일어날 때까지 수익을 인식할 수 없다.

| 라이선스 | 계약금액 | 배분기준 | 배분한 금액 | |
|---|---|---|---|---|
| | | | 라이선스 X | 라이선스 Y |
| X | 300 | 800 | 133 | 665 |
| Y | 1,500<br>(기댓값) | 1,000 | 167 | 835 |
| 합 계 | 1,800 | 1,800 | 300 | 1,500 |
| 인식시점 | – | | 3개월 후 | 관련 제품 판매시점 |

라이선스 Y는 계약 개시시점에 고객에게 이전하고 라이선스 X는 3개월 후에 이전되므로, 기업은 계약시점에 라이선스 Y에 배분된 ₩167(=₩1,000÷₩1,800×₩300)을 수익으로 인식한다. 그리고 3개월 후 라이선스 X를 이전할 때, 라이선스 X에 배분된 ₩133(=₩800÷₩1,800×₩300)을 수익으로 인식한다. 또한 고객의 첫째 달 판매로 기업이 첫째 달에 받을 로열티의 수익 ₩100(=₩2,000×5%)이다. 기업은 ₩100 중, 라이선스 Y(고객에게 이전되었고 따라서 이행한 수행의무이다)에 배분된 ₩56(=₩1000÷₩1,800×₩100)을 첫째 달에 수익으로 인식하고, 라이선스 X에 배분된 ₩44(=₩800÷₩1,800×₩100)은 계약부채로 인식한다. 이는 기업의 고객이 후속적으로 판매하더라도, 라이선스 X에 대한 수행의무가 3개월 후에야 이행되지 때문이다. 이에 관한 회계처리는 다음과 같다.

| | | | | |
|---|---|---|---|---|
| 계약시점 : (차) 매출채권 | 167 | (대) 라이선스수익 | 167 |
| 첫째 달 : (차) 매출채권 | 100 | (대) 라이선스수익 | 56 |
| | | 라이선스부채 | 44 |

## 6. 수익 인식

고객에게 약속한 재화나 용역, 즉 자산을 이전하여 수행의무를 이행할 때(또는 기간에 걸쳐 이행하는 대로) 수익을 인식한다. 자산은 고객이 그 자산을 통제할 때(또는 기간에 걸쳐 통제하게 되는 대로) 이전된다. 자산에 대한 통제란 자산을 사용하도록 지시하고 자산의 나머지 효익의 대부분을 획득할 수 있는 능력을 말한다. 통제에는 다른 기업이 자산의 사용을 지시하고 그 자산에서 효익을 획득하지 못하게 하는 능력이 포함된다. 고객이 약속된 자산을 통제하고 기업이 수행의무를 이행하는 시점을 판단하기 위해, 다음과 같은 통제 이전의 지표를 참고하여야 한다.

① 기업은 자산에 대해 현재 지급청구권이 있다.

② 고객에게 자산의 법적 소유권이 있다. 그러나 고객의 지급불이행에 대비한 안전장치로서만 기업이 법적 소유권을 보유한다면, 그러한 기업의 권리가 고객이 자산을 통제하게 되는 것을 막지는 못할 것이다.

③ 기업이 자산의 물리적 점유를 이전하였다. 그러나 물리적 점유는 자산에 대한 통제와 일치하지 않을 수 있다. (예 재매입약정, 위탁약정, 미인도청구약정)

④ 자산의 소유에 따른 유의적인 위험과 보상이 고객에게 있다.

⑤ 고객이 자산을 인수하였다.[8)]

식별한 각 수행의무를 기간에 걸쳐 이행하는지 또는 한 시점에 이행하는지를 계약 개시시점에 판단한다. 수행의무가 기간에 걸쳐 이행되지 않는다면, 그 수행의무는 한 시점에 이행되는 것이다. 다음 기준 중 어느 하나를 충족하면, 기업은 재화나 용역에 대한 통제를 기간에 걸쳐 이전하므로, 기간에 걸쳐 수행의무를 이행하는 것이고 기간에 걸쳐 수익을 인식한다.

① 고객은 기업이 수행하는 대로 기업의 수행에서 제공하는 효익을 동시에 얻고 소비

---

8) 계약에서 합의한 규격에 따라 재화나 용역에 대한 통제가 고객에게 이전되었음을 객관적으로 판단할 수 있다면, 고객의 인수는 고객이 재화나 용역을 언제 통제하게 되는지 판단하는 데에 영향을 미치지 않는 형식적인 것이다. 예를 들면 고객의 인수 조항이 특정된 크기 및 무게 특성을 맞추는지에 기초한다면, 고객의 인수를 확인받기 전에 그 기준에 부합하는지를 판단할 수 있을 것이다. 비슷한 재화나 용역의 계약에 대한 기업의 경험은 고객에게 제공한 재화나 용역이 계약에서 합의한 규격을 따른다는 증거를 제공할 수 있다. 만약 고객이 인수하기 전에 수익을 인식한다면, 아직 남아있는 수행의무(예 장비의 설치)가 있는지를 식별하고 이를 별도로 회계처리해야 하는지를 판단하여야 한다.

한다(예 청소용역, CATV 용역).

② 기업이 수행하여 만들어지거나 가치가 높아지는 대로 고객이 통제하는 자산(예 재공품)을 기업이 만들거나 그 자산 가치를 높인다(예 고객의 소유지에서 제작하는 자산).

③ 기업이 수행하여 만든 자산이 기업 자체에는 대체 용도가 없고, 지금까지 수행을 완료한 부분에 대해 집행 가능한 지급청구권이 기업에 있다(예 주문제작 자산).

기간에 걸쳐 이행하는 수행의무 각각에 대해, 그 수행의무 완료까지의 진행률(이하 '수행의무의 진행률'이라 한다)을 측정하여 기간에 걸쳐 수익을 인식한다. 진행률을 측정하는 목적은 고객에게 약속한 재화나 용역에 대한 통제를 이전(기업의 수행의무 이행)하는 과정에서 기업의 수행 정도를 나타내기 위한 것이다. 기간에 걸쳐 이행하는 각 수행의무에는 하나의 진행률 측정방법을 적용하며 비슷한 상황에서의 비슷한 수행의무에는 그 방법을 일관되게 적용한다. 기간에 걸쳐 이행하는 수행의무의 진행률은 보고기간 말마다 다시 측정한다.

적절한 진행률 측정방법에는 산출법과 투입법이 포함된다. 산출법의 단점은 진행률을 측정하는 데에 사용하는 산출물을 직접 관측하지 못할 수 있다는 점이고, 투입법의 단점은 기업의 투입물과 고객에게 재화나 용역에 대한 통제를 이전하는 것 사이에 직접적인 관계가 없을 수 있다는 것이다. 그러므로 고객에게 재화나 용역에 대한 통제를 이전하는 과정에서 기업의 수행 정도를 나타내지 못하는 투입물의 영향은 투입법에서 제외한다. 예를 들면 원가기준 투입법을 사용할 때, 다음 상황에서는 진행률 측정에 조정이 필요할 수 있다.

① 발생원가가 기업이 수행의무를 이행할 때 그 진척도에 이바지하지 않는 경우. 예를 들면 계약가격에 반영되지 않았고 기업의 수행상 유의적인 비효율 때문에 발생된 원가(예 수행의무를 이행하기 위해 들였으나 예상 밖으로 낭비된 재료원가, 노무원가, 그 밖의 자원의 원가)에 기초하여 수익을 인식하지 않는다.

② 발생원가가 기업이 수행의무를 이행할 때 그 진척도에 비례하지 않는 경우. 이 상황에서 기업의 수행 정도를 나타내는 최선의 방법은 발생원가의 범위까지만 수익을 인식하도록 투입법을 조정하는 것일 수 있다.

수행의무의 진행률을 합리적으로 측정할 수 있는 경우에만, 기간에 걸쳐 이행하는 수행의무에 대한 수익을 인식한다. 어떤 상황(예 계약 초기 단계)에서는 수행의무의 산출물을 합리적으로 측정할 수 없으나, 수행의무를 이행할 때 발생하는 원가는 회수될 것으로 예상한다. 그러한 상황에서는 수행의무의 산출물을 합리적으로 측정할 수 있을 때까지 발생원가의 범위에서만 수익을 인식한다.

### 사례 11 기간에 걸쳐 이행하는 수행의무

기업은 장비를 건설하기로 고객과 계약을 체결하였다. 고객은 계약 개시시점에 계약가격의 10%인 선급금을 지급하고, 건설기간에 정기적으로 계약가격의 50%에 해당하는 금액까지 지급하며, 건설이 완료되어 장비가 규정된 성능 시험을 통과한 후에 계약가격의 40%를 최종 지급하도록 정하였다. 기업이 약속한 대로 수행하지 못하는 경우가 아니라면 이미 지급받은 금액은 환불되지 않는다. 고객이 계약을 종료할 경우에 기업은 고객에게서 받은 기성금(progress payment)만 보유할 권리가 있으며, 추가로 고객에게서 보상받을 권리가 없다. 장비를 건설하기로 한 수행의무가 기간에 걸쳐 이행하는 수행의무인지 여부를 설명하시오.

**핵심해설**

고객의 지급액이 환불되지 않더라도, 계약의 모든 기간 내내 지급받은 누적 금액이 적어도 지금까지 수행을 완료한 부분에 대해 기업에 보상해야 할 금액에 상당한다고 예상되지 않는다. 이는 건설하는 동안 여러 차례 고객이 지급한 대가의 누적 금액이 그 시점에 부분적으로 완료된 장비의 판매가격보다 적을 것이기 때문이다. 따라서 기업은 지금까지 수행을 완료한 부분에 대해 지급청구권이 없다.

기업이 지금까지 수행을 완료한 부분에 대해 지급청구권이 없기 때문에 기업의 수행의무는 기간에 걸쳐 이행되지 않는다. 따라서 기업은 장비가 기업에 대체 용도가 있는지를 파악할 필요가 없고, 장비 건설을 한 시점에 이행하는 수행의무로 회계처리한다.

### 사례 12 수행의무의 진행률 측정

기업은 총 대가 ₩5,000,000에 3층 건물을 개조하고 새 엘리베이터를 설치하기로 20×2년 11월에 고객과 계약하였다. 엘리베이터 설치를 포함한 개조 용역은 기간에 걸쳐 이행하는 단일 수행의무이다. 총 예상원가는 엘리베이터 원가 ₩1,500,000을 포함하여 총 ₩4,000,000이다. 기업은 엘리베이터를 설계하거나 제조하는 데 관여하지 않으며, 또한 기업은 엘리베이터에 대한 통

제를 고객에게 이전하기 전에 획득하기 때문에 대리인이 아닌 본인으로서 행동한다고 판단된다. 기업은 수행의무의 진행률 측정에 발생원가에 기초한 투입법을 사용한다. 엘리베이터가 20×3년 6월까지 설치되지 않더라도, 20×2년 12월에 현장으로 인도될 때 고객은 엘리베이터를 통제한다. 기업이 20×2년 12월 말에 인식할 당기이익은 얼마인가?

엘리베이터 조달원가(₩1,500,000)는 수행의무를 완료하기 위한 총 예상원가(₩4,000,000)와 비교하면 유의적이고, 그 발생원가가 기업의 의무 수행 진척도에 비례하지 않으므로, 진행률 측정에 엘리베이터 조달원가를 포함한다면 20×2년도 기업의 의무수행 정도를 과대평가하게 된다. 따라서 기업은 엘리베이터 조달원가를 발생원가 측정치와 총 거래원가에서 제외하여 진행률을 조정한다. 이렇게 되면 기업은 엘리베이터 이전에 따른 수익을 엘리베이터 조달원가와 동일한 금액으로 인식하여 이익을 인식하지 않게 된다(이익 영(0)).

20×2년 12월 31일 현재 기업은

① 그 밖의 발생원가(엘리베이터 제외)가 ₩500,000이고

② 의무 수행 진척도는 20%(=₩500,000÷₩2,500,000) 완료되었다고 본다.

따라서 20×2년 12월 31일에, 기업은 다음과 같이 이익을 인식한다.

| | 금액 (단위 : ₩) | 계산근거 |
|---|---|---|
| 수익 | 2,200,000 | (20%×₩3,500,000*1)+₩1,500,000 |
| 매출원가 | 2,000,000 | 기타 발생원가 ₩500,000+₩1,500,000 |
| 이익 | 200,000 | |

*1 ₩3,500,000=거래가격 ₩5,000,000−엘리베이터 원가 ₩1,500,000

## 7. 그 밖의 적용지침

### (1) 계약원가의 자산화

계약체결 증분원가는 고객과 계약을 체결하기 위해 발생한 원가로서 계약을 체결하지 않았다면 발생하지 않았을 원가이다(예 판매수수료). 고객과의 계약체결 증분원가가 회수될 것으로 예상된다면 이를 자산으로 인식한다. 그러나 계약 체결 여부와 무관하게 발생하는 계약체결원가는 계약 체결 여부와 관계없이 고객에게 그 원가를 명백히 청구할 수 있는 경우가 아니라면 발생시점에 비용으로 인식한다. 계약체결 증분원가를 자산

으로 인식하더라도 상각기간이 1년 이하라면 그 계약체결 증분원가는 발생시점에 비용으로 인식하는 실무적 간편법을 쓸 수 있다.

고객과의 계약을 이행할 때 발생하는 원가가 다른 기업회계기준서(재고자산, 유형자산, 무형자산)의 적용범위에 포함되는 경우에는 해당 기준서에 따라 회계처리하고, 그 밖의 경우에는 계약이행원가가 다음 기준을 모두 충족한다면 자산으로 인식한다.

① 원가가 계약이나 구체적으로 식별할 수 있는 예상 계약에 직접 관련된다(예 기존 계약의 갱신에 따라 제공할 용역 관련 원가, 아직 승인되지 않은 특정 계약에 따라 이전할 자산의 설계원가).

② 원가가 미래의 수행의무를 이행(또는 계속 이행)할 때 사용할 기업의 자원을 창출하거나 가치를 높인다.

③ 원가는 회수될 것으로 예상된다.

자산으로 인식된 계약체결 증분원가와 계약이행원가는 그 자산과 관련된 재화나 용역을 고객에게 이전하는 방식과 일치하는 체계적 기준으로 상각한다. 그 자산과 관련된 재화나 용역을 고객에게 이전할 것으로 예상하는 시기에 유의적 변동이 있는 경우에 이를 반영하여 상각 방식을 수정한다. 이러한 변경은 회계추정의 변경으로 회계처리한다.

계약 당사자 중 어느 한 편이 계약을 수행했을 때, 기업의 수행 정도와 고객의 지급과의 관계에 따라 그 계약을 계약자산이나 계약부채로 재무상태표에 표시하며, 대가를 받을 무조건적인 권리인 수취채권과 구분하여 표시한다.

기업이 고객에게 재화나 용역을 이전하기 전에 고객이 대가를 지급하거나 기업이 대가(금액)를 받을 무조건적인 권리(수취채권)를 갖고 있는 경우에 기업은 지급받은 때나 지급받기로 한 때에(둘 중 이른 시기)에 그 계약을 계약부채로 표시한다. 한편 고객이 대가를 지급하기 전이나 지급기일 전에 기업이 고객에게 재화나 용역의 이전을 수행하는 경우에, 그 계약에 대해 수취채권으로 표시한 금액이 있다면 이를 제외하고 계약자산으로 표시한다. 계약자산은 기업이 고객에게 이전한 재화나 용역에 대해 그 대가를 받을 권리이다. 계약자산의 손상은 금융자산과 같은 기준으로 측정 · 표시 · 공시 한다. 수취채권은 기업이 대가를 받을 무조건적인 권리이다. 시간만 지나면 대가를 지급받기로 한 때가 되는 경우에 그 대가를 받을 권리는 무조건적이다. 예를 들면 기업에 현재 지급청구권이 있다면 그 금액이 미래에 환불될 수 있더라도 수취채권을 인식한다.

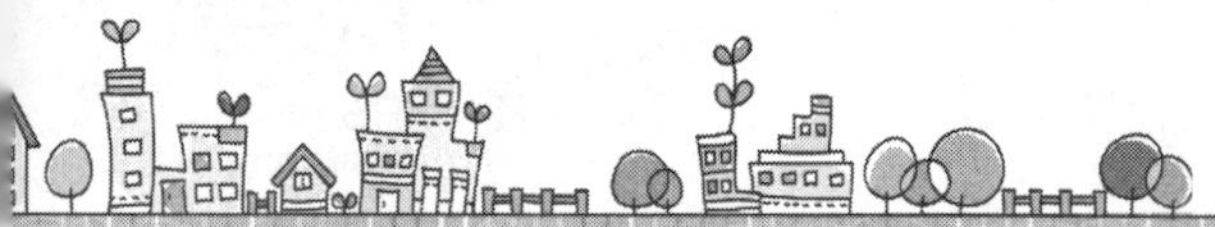

## 사례 13 계약원가 자산화

기업은 5년 동안 고객의 정보기술자료센터를 관리하는 용역계약을 체결하였다. 계약을 체결하는 과정에서 다음과 같은 원가가 발생하였다.

|  |  |
|---|---|
| 실사를 위한 외부 법률 수수료 | ₩15,000 |
| 제안서 제출을 위한 교통비 | 25,000 |
| 영업사원 수수료 | 10,000 |
| 총 발생원가 | ₩50,000 |

용역계약은 5년 이후에 1년 단위로 갱신할 수 있는데, 평균 고객기간은 7년이다. 고객이 계약에 서명할 때에 기업은 영업수수료 ₩10,000을 종업원에게 지급하며, 또 기업은 재량에 따라 연간 매출 목표, 기업 전체의 수익성, 개인별 성과평가에 기초하여 영업책임자에게 연간 상여를 지급한다. 용역을 제공하기 전에, 기업은 고객의 시스템에 접근하는 기술플랫폼을 기업 내부에서 사용하기 위해 설계하고 구축한다. 이 플랫폼은 고객에게 이전하지 않으나 고객에게 용역을 제공하기 위해 사용할 것이다. 기술플랫폼을 설치하는 과정에서 발생한 최초 원가는 다음과 같다.

|  |  |
|---|---|
| 설계용역 | ₩ 40,000 |
| 하드웨어 | 120,000 |
| 소프트웨어 | 90,000 |
| 데이터센터 이전 및 시험 | 100,000 |
| 총 발생원가 | ₩350,000 |

기술플랫폼을 설치하기 위한 최초 원가에 추가하여, 기업은 고객에게 용역을 제공하는 주된 책임이 있는 사원 2명을 배정하였다. 사원 2명에 대한 원가가 고객에게 용역을 제공하는 것의 일부로 발생한다고 하더라도, 기업은 그 원가가 자원을 창출하거나 가치를 높이지 않는다고 보고 있다. 기업이 용역제공과 관련하여 발생한 지출액 중 자산으로 인식할 수 있는 계약원가는 무엇인지 설명하시오.

### 핵심해설

기업은 영업사원 수수료에서 생긴 계약체결 증분원가 ₩10,000을 자산으로 인식한다. 이는 컨설팅 용역에 대한 미래 수수료로 그 원가를 회수할 것으로 예상하기 때문이다. 기업은 그 자산이 5년의 계약기간에 고객에게 이전하는 용역과 관련되고 5년 후 계약이 1년 단위로 두 번 갱신될 것으로 예상하기 때문에, 7년에 걸쳐 상각한다. 그러나 연간 상여금은 계약 체결에 따른 증분액이 아니기 때문에 자산으로 인식하지 않는다. 그 금액은 재량적이고 또 기업의 수익성과 개인별 성과를 포함한 다른 요소에 기초하며, 식별 가능한 계약이 그 상여의 직접 원인이 되지 않는다.

외부 법률 수수료와 교통비는 용역계약 체결 여부와 관계없이 발생하므로, 그 원가가 다른 기준서의 적용범위에 포함되고 그 기준서의 관련 요구사항을 적용하는 경우가 아니라면, 그 원가가 발생하였을 때 비용으로 인식한다.

최초 설치원가는 주로 계약을 이행하기 위한 활동과 관련되나 고객에게 재화나 용역을 이전하지 않는다. 따라서 기업은 최초 설치원가를 다음과 같이 회계처리한다.

① 하드웨어 원가 : 기업회계기준서 제1016호 '유형자산'에 따라 회계처리
② 소프트웨어 원가 : 기업회계기준서 제1038호 '무형자산'에 따라 회계처리
③ 데이터센터 설계 · 이전 · 시험 원가 : 계약이행원가를 자산으로 인식할 수 있는지를 판단하기 위하여 기업회계기준서 제1115호 문단 95에 따라 검토한다. 그 결과로 자산이 인식된다면 기업은 데이터센터에 관련된 용역을 제공할 것으로 예상하는 7년에 걸쳐 체계적 기준에 따라 상각해야 한다.

고객에게 용역을 제공하기 위해 배정된 사원 2명에 대한 원가는 그 원가가 자원을 창출하거나 가치를 높이지 않으므로 기업은 사원 2명에 대한 급여를 발생시점에 비용으로 인식한다.

### 사례 14 계약자산, 계약부채, 수취채권

아래의 각 상황에 대한 회계처리를 하시오.

**(상황 A)** 기업은 20×9년 3월 31일에 고객에게 제품을 이전하는 취소 가능 계약을 20×9년 1월 1일에 체결하였다. 계약에 따라 고객은 20×9년 1월 31일에 대가 1,000원을 미리 지급하여야 한다. 고객은 20×9년 3월 1일에 대가를 지급하며, 기업은 20×9년 3월 31일에 제품을 이전한다.

**(상황 B)** 상황 A와 동일하나, 제품을 이전하는 계약을 취소할 수 없다.

**(상황 C)** 기업은 고객에게 제품 A와 B를 이전하고 그 대가로 1,000원을 받기로 20×8년 1월 1일에 계약을 체결하였다. 계약에서는 제품 A를 먼저 인도하도록 요구하고, 제품 A의 인도 대가는 제품 B의 인도를 조건으로 한다고 기재되어 있다. 다시 말하면, 대가 1,000원은 기업이 고객에게 제품 A와 B 모두를 이전한 다음에만 받을 권리가 생긴다. 기업은 제품 A와 B를 이전하기로 한 약속을 수행의무로 식별하고, 제품의 상대적 개별

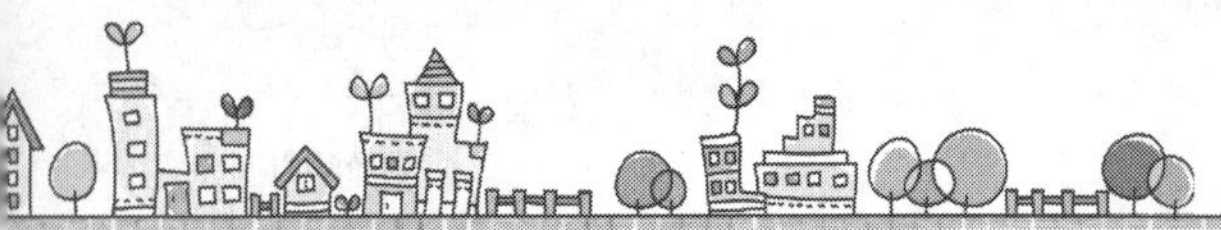

판매가격에 기초하여 제품 A에 대한 수행의무에 400원을, 제품 B에 대한 수행의무에 600원을 배분하였다. 기업은 제품에 대한 통제를 고객에게 이전할 때 각 수행의무에 대한 수익을 인식한다.

**(상황 D)** 기업은 제품을 개당 150원에 이전하기로 20×9년 1월 1일에 고객과 계약을 체결하였다. 고객이 1년 이내에 제품을 1백만 개 이상 구매할 경우에는 계약에 따라 개당 가격을 소급하여 125원으로 낮추어야 한다. 제품에 대한 통제를 고객에게 이전할 때 대가를 지급받을 권리가 생긴다. 그러므로 기업은 가격 감액을 소급 적용(제품 1백만 개를 운송한 후)하기 전까지, 개당 150원의 대가를 받을 무조건적 권리(수취채권)가 있다. 기업은 계약 개시시점에 고객이 제품 1백만 개 이상을 구매할 것이 거의 확실하고, 거래가격이 제품 개당 125원이 될 것으로 추정하였다. 기업은 제품 100개를 고객에게 이전하였다.

**핵심해설**

⑴ 상황 A

| | | | | |
|---|---|---|---|---|
| 20×9. 3. 1. | (차) 현　　금 | 1,000 | (대) 계약부채 | 1,000 |
| 3.31. | (차) 계약부채 | 1,000 | (대) 수　　익 | 1,000 |

⑵ 상황 B

| | | | | |
|---|---|---|---|---|
| 20×9. 1.31. | (차) 수취채권 | 1,000 | (대) 계약부채 | 1,000 |
| 3. 1. | (차) 현　　금 | 1,000 | (대) 수취채권 | 1,000 |
| 3.31. | (차) 계약부채 | 1,000 | (대) 수　　익 | 1,000 |

⑶ 상황 C

| | | | | |
|---|---|---|---|---|
| 제품A 이전시 : | (차) 계약자산 | 400 | (대) 수　　익 | 400 |
| 제품B 이전시 : | (차) 수취채권 | 1,000 | (대) 계약자산 | 400 |
| | | | 수　　익 | 600 |

⑷ 상황 D

| | | | |
|---|---|---|---|
| (차) 수취채권 | 15,000*1 | (대) 수　　익 | 12,500*2 |
| | | 환불부채 | 2,500 |

*1 ₩150×100개
*2 ₩125×100

### (2) 반품권이 있는 판매

반품기간에 언제라도 반품을 받기로 하는 기업의 약속은 환불할 의무에 더하여 별도의 수행의무로 회계처리 하지 않는다. 반품권이 있는 제품(과 환불 대상이 되는 제공한 일부 용역)의 이전을 회계처리하기 위하여, 다음 사항을 모두 인식한다.

① 기업이 받을 권리를 갖게 될 것으로 예상하는 대가(금액)를 이전하는 제품에 대한 수익으로 인식(반품이 예상되는 제품에 대한 수익은 인식하지 않으며, 변동대가 추정치의 제약 규정을 적용)

② 환불부채를 인식(받은 혹은 받을 금액에서 수익인식 금액을 차감하여 측정)

③ 환불부채를 결제할 때, 고객에게서 제품을 회수할 기업의 권리에 대하여 자산을 인식(제품의 이전 장부금액에서 그 제품 회수에 예상되는 원가(반품된 제품이 기업에 주는 가치의 잠재적인 감소를 포함)를 차감하여 측정)

이후 보고기간 말마다, 반품 예상량의 변동에 따른 환불부채의 측정치와 반품될 제품에 대한 측정치를 새로 수정한다. 이에 따라 생기는 환불부채 조정액은 수익에 반영하고, 회수될 자산에 대한 조정액은 비용에 반영한다.

고객이 결함이 있는 제품을 정상 제품으로 교환할 수 있는 계약은 보증에 대한 지침에 따라 평가한다.

#### 사례 15 유의적인 금융요소와 반품권이 있는 판매

아래의 각 상황에 대한 회계처리를 하시오.

**(상황 A)** 기업은 고객에게 제품을 ₩121에 판매하고, 고객은 인도 후 24개월 이내에 대금을 지급해야 한다. 고객은 계약 개시시점부터 제품을 통제하며, 90일 이내에 제품을 반품할 수 있다. 동 제품은 신제품으로 기업은 제품 반품에 대한 적절한 과거 증거나 구할 수 있는 다른 시장 증거가 없다. 제품의 현금판매가격은 ₩100(계약에 포함된 내재이자율은 10%)이고, 제품원가는 ₩80이다.

**(상황 B)** 기업은 고객들과 100건의 계약(제품 1개당 ₩100에 판매하는 계약, 제품 단위당 원가는 ₩60)을 체결하였다. 기업은 제품에 대한 통제가 이전될 때 현금을 받는다. 기업의 사업 관행은 고객이 사용하지 않은 제품을 30일 이내에 반품하면 전액 환불해 준

다. 기업은 예상되는 변동대가를 추정하기 위해 기댓값 방법을 사용하여 97개의 제품이 반환되지 않을 것으로 추정하였다. 기업은 동 제품과 고객층의 반품 추정에 상당한 경험이 있으므로, 기댓값은 발생가능성이 매우 높다(highly probable)고 판단된다. 기업은 제품의 회수원가는 중요하지 않을 것이라고 추정하고 반품된 제품은 다시 판매하여 이익을 남길 수 있다고 예상하였다. 기업의 예상과 달리 반품기한까지 제품 2개만이 반품되었다.

**핵심해설**

(1) 상황 A

기업은 제품에 대한 통제를 고객에게 이전할 때 수익을 인식하지 않는다. 왜냐하면 반품권이 있고 관련된 과거 증거가 부족하여 기업이 이미 인식한 누적 수익 금액 중 유의적인 부분을 되돌리지 않을 가능성이 매우 높다고 결론지을 수 없음을 뜻하기 때문이다. 따라서 수익은 반품권이 소멸되는 3개월 후에 인식한다. 또한 계약에는 유의적인 금융요소를 포함하고 있으므로, 금융효과를 고객과의 계약에서 생긱는 수익과 구분하여야 한다. 따라서 계약과 관련된 회계처리는 다음과 같다(자산 회수하기 위한 예상원가는 고려하지 않음).

| | | | | | |
|---|---|---|---|---|---|
| 제품 고객에게 이전시점 : | (차) 반환제품회수권 | 80 | (대) 재고자산 | 80 |
| 반품권 소멸시점(3월 후) : | (차) 매출채권 | 100 | (대) 수 익 | 100 |
| | 매출원가 | 80 | 반환제품회수권 | 80 |

반품 가능 기간인 3개월 동안에 인식한 계약자산이나 수취채권이 없기 때문에 이자수익은 인식되지 않는다. 따라서 기업은 3개월 후부터 고객에게서 현금을 받을 때까지, 기업회계기준서 제1109호(금융상품)에 따라 이자수익을 인식하는데, 이 때 남은 계약기간을 고려하여야 한다.

(2) 상황 B

기업은 100건의 계약을 포트폴리오에 적용한 경우와 그 포트폴리오 내의 개별 계약에 적용한 경우의 재무제표 영향이 중요하게 다르지 않으므로, 100건의 계약을 하나의 포트폴리오 계약으로 처리한다. 그리고 기업은 변동대가의 추정 금액 9,700원(100원×반품되지 않을 것으로 예상하는 제품 97개)이 거래가격에 포함될 수 있는지를 판단하기 위해 변동대가 추정치의 제약에 관한 기업회계기준서 제1115호 규정을 참고한다. 비록 반품은 기업의 영향력이 미치지 못하지만, 동 제품과 고객층의 반품 추정에 기업이 상당한 경험이 있고, 불확실성은 단기간(30일 반품기간)에 해소될 것이다. 따라서 기업은 불확실성이 해소될 때(반품기간이 종료될 때), 이미 인식한 누적 수익 금액(9,700원) 중 유의적인 부분을 되돌리지 않을 가능성이 매우 높다고 판단할 수 있다. 그러므로 기업은 다음과 같이 회계처리한다.

| | | | | | |
|---|---|---|---|---|---|
| 제품 고객에게 이전시점 : | (차) 매출채권 | 10,000 | (대) 수　　익 | 9,700 |
| | | | 환불부채 | 300 |
| | (차) 매출원가 | 5,820 | (대) 재고자산 | 6,000 |
| | 반환제품회수권 | 180 | | |
| 제품 반품시점 : | (차) 환불부채 | 200 | (대) 현　　금 | 200 |
| | 재고자산 | 120 | 반환제품회수권 | 120 |
| 반품권 소멸시점(3월 후) : | (차) 환불부채 | 100 | (대) 수　　익 | 100 |
| | 재고자산 | 60 | 반환제품회수권 | 60 |

### (3) 보증

기업은 제품의 판매와 관련하여 (계약, 법률, 기업의 사업 관행에 따라) 보증을 제공하는 것이 일반적이다. 만약 고객이 보증을 별도로 구매할 수 있는 선택권이 있다면(예 보증에 대하여 별도로 가격을 정하거나 협상하는 경우), 그 보증은 제품 판매와 구별되는 용역이다. 따라서 약속한 보증을 별도의 수행의무로 회계처리하고, 그 수행의무에 거래가격의 일부를 배분한다. 또한 고객이 보증을 별도로 구매할 수 있는 선택권이 없다고 하더라도, 보증이 제품이 합의된 규격에 부합한다는 확신에 더하여 고객에게 용역을 제공한다면 이 약속한 용역은 별도의 수행의무로 회계처리한다. 기업이 확신 유형의 보증과 용역 유형의 보증을 모두 약속하였으나 이를 합리적으로 구별하여 회계처리할 수 없다면, 두 가지 보증을 함께 단일 수행의무로 회계처리한다. 보증이 합의된 규격에 제품이 부합한다는 확신에 더하여 고객에게 용역을 제공하는 것인지를 평가할 때, 다음과 같은 요소를 고려한다.

① 법률에서 보증을 요구하는지－법률에 따라 기업이 보증을 제공하여야 한다면 그 법률의 존재는 약속한 보증이 수행의무가 아님을 나타낸다. 그러한 규정은 보통 결함이 있는 제품을 구매할 위험에서 고객을 보호하기 위해 존재하기 때문이다.

② 보증기간－보증기간이 길수록, 약속한 보증이 별도의 수행의무일 가능성이 높다. 제품이 합의된 규격에 부합한다는 확신에 더하여 용역을 제공할 가능성이 더 높기 때문이다.

③ 기업이 수행하기로 약속한 업무의 특성－제품이 합의된 규격에 부합한다는 확신

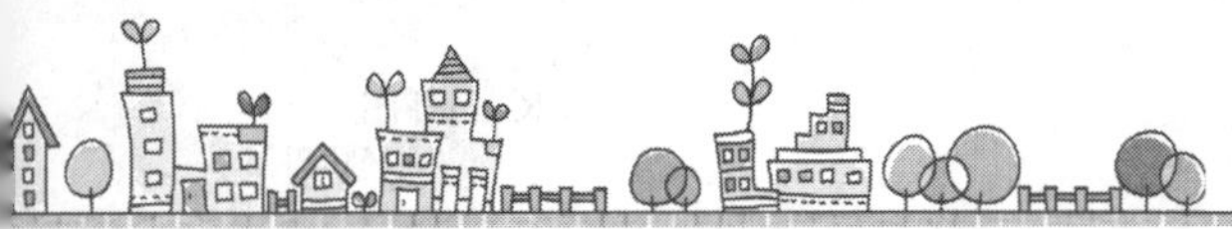

을 주기 위해 기업이 정해진 업무를 수행할 필요가 있다면(예 결함이 있는 제품의 반품 운송용역), 그 업무는 별도의 수행의무를 생기게 할 것 같지는 않다.

그러나 고객이 보증을 별도로 구매할 수 있는 선택권이 없고, 약속한 보증이 합의된 규격에 제품이 부합한다는 확신에 더하여 고객에게 용역을 제공하는 것이 아니라면, 이 보증을 기업회계기준서 제1037호 '충당부채, 우발부채, 우발자산'에 따라 회계처리 한다.

### 사례 16 보증

기업은 고객에게 기계를 판매하면서 기계 품질에 대한 보증으로 구매일로부터 3년간 비정상 작동에 대한 무상 수리를 약속하였다. 법률에 따르면 기계 구입일로부터 1년간 정상 작동할 것이라고 보장하여야 한다. 또한 기업은 고객에게 추가 원가 없이 동 기계의 작동 방법에 대한 20시간의 훈련용역을 받을 권리를 제공하기로 하였다. 기업은 보통 훈련용역 없이 별도로 기계를 판매하고 있는데, 훈련용역은 제품에 따라 유의적으로 변형되거나 고객에 따라 맞춤화되지 않으며, 기계에 대한 의존도나 상호관련성이 매우 높지는 않다고 판단된다. 기업은 동 계약을 어떻게 회계처리하여야 하는가?

**핵심해설**

기업은 계약상 재화와 용역이 구별될 수 있는지와 이에 따라 별도의 수행의무가 발생하는지를 판단하기 위해 계약에 포함된 재화와 용역을 파악한다. 기계는 훈련용역 없이도 고객이 기계에서 효익을 얻을 수 있고, 기업은 보통 훈련용역 없이 별도로 제품을 판매한다. 따라서 기계 판매와 훈련용역은 별도로 식별될 수 있기 때문에 두 가지 수행의무(기계판매와 훈련용역)에 대하여 각각 수익을 인식한다.

한편 기업은 기계품질과 관련하여 법률에서 요구하는 1년보다 긴 3년간의 무상수리 보증을 제공하기로 약속하였으므로, 제품이 합의된 규격에 부합한다는 확신에 더하여 용역을 제공하는 것으로 볼 수 있다. 따라서 3년 무상수리의 품질보증도 별도의 수행의무로 구분하여 회계처리하여야 한다.

결과적으로 기업은 3가지 수행의무(기계판매, 품질보증, 훈련용역)에 거래가격을 배분하고, 각 수행의무를 이행할 때 수익을 인식하여야 한다. 그러나 기업이 기계품질에 대한 무상수리 보증과 훈련용역 보증을 합리적으로 구별하여 회계처리할 수 없다면, 두 가지 보증을 함께 단일 수행의무로 회계처리할 수 있다.

### ⑷ 본인 대 대리인

고객에게 재화나 용역을 제공하는 데에 다른 당사자가 관여할 때, 기업은 약속의 성격이 특정 재화나 용역 자체를 제공하는 수행의무인지(기업이 본인) 또는 다른 당사자가 재화나 용역을 제공하도록 주선하는 수행의무인지(기업이 대리인)를 판단한다. 고객에게 재화나 용역을 이전하기 전에 기업이 그 약속한 재화나 용역을 통제한다면 이 기업은 본인이다. 그러나 제품의 법적 소유권이 고객에게 이전되기 전에 기업이 일시적으로만 법적 소유권을 획득한다면, 기업이 반드시 본인으로 활동하는 것은 아니다. 계약상 본인인 기업은 스스로 수행의무를 이행할 수 있고, 다른 당사자(예 하도급자)가 대신하여 수행의무의 일부나 전부를 이행하도록 고용할 수도 있다. 본인인 기업이 수행의무를 이행할 때, 기업은 그 재화나 용역을 이전하고 그 대가로 받을 권리를 갖게 될 것으로 예상하는 대가 총액을 수익으로 인식한다. 대리인인 기업이 수행의무를 이행할 때, 이 기업은 다른 당사자가 그 재화나 용역을 제공하도록 주선하고 그 대가로 받을 권리를 갖게 될 것으로 예상하는 보수나 수수료 금액을 수익으로 인식한다. 기업의 보수나 수수료는 다른 당사자가 제공한 재화나 용역과 교환하여 받은 대가 가운데 그 당사자에게 지급한 다음에 남는 순액일 수 있다.

고객에게 정해진 재화나 용역이 이전되기 전에 기업이 그 정해진 재화나 용역을 통제함을 나타내는 지표에는 다음 사항이 포함되지만 이에 한정되지는 않는다.

① 정해진 재화나 용역을 제공하기로 하는 약속을 이행할 주된 책임이 이 기업에 있다. 이는 보통 정해진 재화나 용역을 수용할 수 있게 할 책임(예 재화나 용역을 고객의 규격에 맞출 주된 책임)도 포함한다.

② 정해진 재화나 용역이 고객에게 이전되기 전이나, 고객에게 통제가 이전된 후에 재고위험이 이 기업에 있다(예 고객에게 반품권이 있는 경우).

③ 정해진 재화나 용역의 가격을 결정할 재량이 기업에 있다.

## 사례 17 본인 대 대리인 - 기업이 본인인 경우

기업은 매우 특별한 규격의 장비에 대하여 고객과 계약을 체결하였다. 기업과 고객은 그 장비의 규격을 함께 개발한 후, 기업은 그 장비를 제작하도록 계약한 공급자에게 장비 규격을 전달하고, 완성된 장비는 장비 공급자로부터 고객에게 직접 인도된다. 계약 조건에서는 고객에게 장비가 인도될 때 기업과 공급자가 합의한 장비 제작 가격을 기업이 공급자에게 지급하도록 요구한다. 기업과 고객은 판매가격을 협상하고, 기업은 30일 내에 지급하는 조건으로 합의한 가격을 고객에게 청구한다. 기업의 이익은 고객과 협상한 판매가격과 공급자가 부과한 가격의 차이에 기초한다. 기업과 고객 사이의 계약에서는 고객이 공급자의 보증에 따라 고객은 공급자에게 장비 결함의 해소를 요구하도록 되어 있고, 기업은 규격의 오류에서 생긴 장비 수정에 책임이 있다. 이와 같은 계약관계에서 기업은 본인인지 아니면 대리인인지 설명하시오.

**핵심해설**

기업의 수행의무가 정해진 재화나 용역 자체를 제공하는 것인지(기업이 본인이다) 아니면 그 재화나 용역을 다른 당사자가 제공하도록 주선하는 것인지(기업이 대리인이다)를 판단하기 위하여, 기업은 고객에게 제공될 정해진 재화나 용역을 식별하고, 그 재화나 용역이 고객에게 이전되기 전에 기업이 그 재화나 용역을 통제하는지를 파악하여야 한다.

기업은 고객에게 기업이 설계한 특수 장비를 제공하기로 하는 약속을 하였다고 볼 수 있다. 비록 기업은 공급자에게 그 장비를 제작하도록 하도급계약을 체결할지라도 장비의 설계와 제작은 별도로 식별할 수 없으므로(단일 수행의무이다) 그것들이 구별되지 않는다. 기업은 계약의 종합적인 관리에 책임이 있고(예 제작용역이 규격에 부합하도록 보장함), 그 항목들을 고객과 계약한 결합산출물(특수 장비)로 통합하는 유의적인 용역을 제공하며, 또한 그 활동들은 상호관련성이 매우 높다.

특수 장비가 고객에게 이전되기 전에 기업은 그 장비를 통제한다고 볼 수 있다. 기업은 특수 장비를 생산하는 데 필요한 유의적인 통합용역을 제공하고 있으므로, 장비가 고객에게 이전되기 전까지 기업은 그 장비를 통제하고 있다. 기업은 특수 장비라는 결합산출물을 만들 때 투입물로서 공급자의 제작용역 사용을 지시한다. 비록 공급자가 고객에게 특수 장비를 인도할지라도 공급자는 그 사용을 지시할 능력이 없으며, 기업은 고객에게서 계약 대가를 받을 권리를 갖게 됨에 따라 특수 장비에 대한 효익도 얻는다.

따라서 기업은 거래에서 본인이므로, 특수 장비의 대가로 고객에게서 받을 권리를 갖게 될 총액으로 수익을 인식한다.

### 사례 18 본인 대 대리인 - 기업이 대리인인 경우

기업은 미래에 정해진 식당에서 식사할 권리를 고객에게 주는 상품권을 판매한다. 상품권의 판매가격은 정상적인 식사 가격에 비해 고객에게 상당한 할인을 제공하는 것이다(예 고객이 어떤 식당에서 ₩200의 식사대금을 지불해야 하는 경우 ₩100의 상품권을 지급하면 된다). 기업은 상품권이 고객에게 판매되기 전에 그 상품권을 구매하지도 구매하기로 약정하지도 않는다. 기업은 웹사이트에서 상품권을 판매하고 상품권은 환불되지 않는다. 기업과 식당은 고객에게 판매할 상품권의 가격을 함께 정한다. 식당과의 계약 조건에 따르면 기업은 상품권을 판매할 때 그 상품권 가격의 30%에 대해 권리를 갖게 된다. 기업은 식사에 대한 불만을 해결하도록 고객을 돕고 고객만족 프로그램도 운영한다. 그러나 용역에 대한 불만족 해소를 포함한 상품권과 관련한 의무를 이행할 책임은 식당에 있다. 상품권 판매와 관련하여 기업은 본인인지 아니면 대리인인지 설명하시오.

**핵심해설**

기업이 본인인지 아니면 대리인인지를 판단하기 위하여, 기업은 고객에게 제공되는 정해진 재화나 용역을 식별하고, 그 정해진 재화나 용역이 고객에게 이전되기 전에 그 재화나 용역을 기업이 통제하는지를 파악한다.

본 사례에서 정해진 식당에서 식사를 할 권리(상품권의 형태)를 고객에게 제공될 정해진 재화나 용역이라고 할 수 있다. 고객은 이를 구매하여 스스로 사용하거나 다른 사람에게 이전할 수 있으므로, 기업은 (상품권 외에) 고객에게 약속한 그 밖의 재화나 용역은 없다.

기업은 다음과 같은 지표를 고려해 볼 때, 어느 시점에도 상품권(식사에 대한 권리)을 통제하지 못한다고 할 수 있다.

① 상품권은 그것이 고객에게 이전되는 때에만 나타나므로, 상품권을 이전 하기 전에는 존재하지 않는다. 따라서 기업은 상품권이 고객에게 이전되기 전 어느 시점에서도 상품권의 사용을 지시할 능력이 없고 그 상품권에서 생기는 나머지 효익의 대부분을 얻지 못한다.

② 기업은 상품권이 고객에게 판매되기 전에 그 상품권을 구매하지도 구매하기로 약정하지도 않는다. 기업은 반환되는 상품권을 인수해야 하는 책임도 없다. 그러므로 기업은 그 상품권에 대한 재고위험이 없다.

따라서 기업은 상품권과 관련하여 대리인이라고 볼 수 있으므로, 식당이 고객에게 그 식당에서 식사할 수 있는 상품권을 제공하도록 주선하는 대가로 받을 권리를 갖게 되는 순액을 수익으로 인식한다. 그 금액은 각 상품권을 판매할 때 권리를 갖게 되는 30%의 수수료이다.

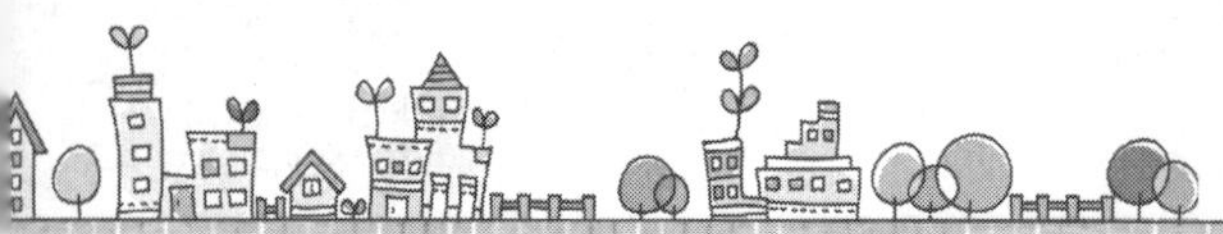

### (5) 추가 재화나 용역에 대한 고객의 선택권

무료나 할인된 가격으로 추가 재화나 용역을 취득할 수 있는 고객의 선택권은 형태(예 판매 인센티브, 고객보상점수(points), 계약갱신 선택권, 미래의 재화나 용역에 대한 그 밖의 할인)가 다양하다.

계약에서 추가 재화나 용역을 취득할 수 있는 선택권을 고객에게 부여하고 그 선택권이 그 계약을 체결하지 않으면 받을 수 없는 중요한 권리를 고객에게 제공하는 경우에만 그 선택권은 계약에서 수행의무가 생기게 한다(예 이 재화나 용역에 대해 그 지역이나 시장의 해당 고객층에게 일반적으로 제공하는 할인의 범위를 초과하는 할인). 선택권이 고객에게 중요한 권리를 제공한다면, 고객은 사실상 미래 재화나 용역의 대가를 기업에 미리 지급한 것이므로 기업은 그 미래 재화나 용역이 이전되거나 선택권이 만료될 때 수익을 인식한다.

이러한 경우에는 상대적 개별 판매가격에 기초하여 거래가격을 수행의무에 배분하여야 한다. 이 때 추가 재화나 용역을 구매할 수 있는 고객의 선택권의 개별 판매가격을 직접 관측할 수 없다면 이를 추정한다. 그 추정에는 고객이 선택권을 행사할 때 받을 할인을 반영하되, ① 고객이 선택권을 행사하지 않고도 받을 수 있는 할인액, ② 선택권이 행사될 가능성 에 대하여 조정한다. 한편, 다음 모두에 해당하는 선택권의 개별 판매가격을 추정하기 위한 실무적 대안으로 기업이 제공할 것으로 예상되는 재화나 용역과 이에 상응하는 예상 대가를 참조하여, 선택권이 있는 재화나 용역에 거래가격을 배분할 수 있다. 보통 그 유형의 선택권은 계약을 갱신하기 위한 것이다.

① 고객에게 미래 재화나 용역을 취득할 수 있는 중요한 권리가 있다.
② 이 재화나 용역은 원래 계약의 재화나 용역과 비슷하다.
③ 원래 계약 조건에 따라 제공된다.

#### 사례 19 고객의 중요한 추가선택권 - 할인권

기업은 제품 A를 ₩100에 판매하기로 계약을 체결하였다. 이 계약의 일부로 기업은 앞으로 30일 이내에 ₩100 한도의 구매에 대해 40% 할인권을 고객에게 주었다. 기업은 계절 판촉활동의 일환으로 앞으로 30일 동안 모든 판매에 10% 할인을 제공할 계획이다. 10% 할인은 40% 할인권에 추가하여 사용할 수 없다. 구매계약을 체결한 고객의 80%가 할인권을 사용하고, 추가로 평균

₩50의 제품을 구매할 것으로 추정된다면, 기업은 제품 A의 판매계약을 어떻게 회계처리하여야 하는가?

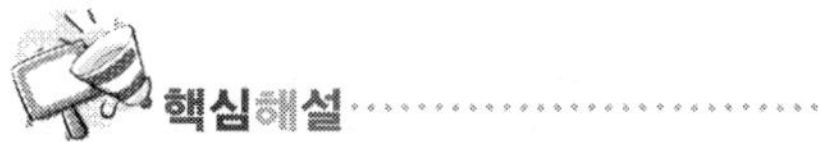


모든 고객은 앞으로 30일 동안 구매금액의 10% 할인을 받을 수 있기 때문에 고객에게 중요한 권리를 제공하는 할인은 10%에 증분되는 할인(30% 추가 할인)뿐이다. 기업은 증분할인을 제공하기로 한 약속을 제품 A 판매 계약에서 수행의무로 회계처리한다.
기업 할인권의 추정 개별 판매가격은 ₩12(추가 제품 평균 구입가격 ₩50×증분 할인율 30%×선택권 행사 가능성 80%)이다. 제품 A와 할인권의 개별 판매가격 그리고 거래가격 100원의 배분 결과는 다음과 같다.

| 수행의무 | 단위당 판매가격(₩) | 배분된 거래가격(₩) |
|---|---|---|
| 제품 A | 100 | 89＝{100×(₩100/₩112)} |
| 할인권 | 12 | 11＝{100×(₩12/₩112)} |
| | 112 | 100 |

결국, 기업은 제품 A에 ₩89을 배분하고 제품 A에 대한 통제를 이전할 때 수익을 인식한다. 그리고 할인권에 ₩11을 배분하고 고객이 재화나 용역으로 교환하거나 할인권이 소멸될 때 할인권에 대한 수익을 인식한다.

## 사례 20 고객의 중요한 추가선택권－갱신 선택권

기업은 20×1년 초에 계약당 ₩1,000에 1년 동안 유지보수용역을 제공하기로 고객들과 100건의 별도 계약을 체결하였다. 계약 조건에는 1차 연도 말에 각 고객이 ₩1,000을 추가 지급하면 2차 연도의 유지보수용역 계약을 갱신할 수 있는 선택권이 규정되어 있고, 또한 2차 연도 말에 ₩1,000을 추가 지급하면 3차 연도의 유지보수용역 계약을 갱신할 수 있는 선택권이 규정되어 있다. 기업은 처음에(제품이 새것일 때) 유지보수용역을 신청하지 않은 고객에게는 유지보수용역에 대해 유의적으로 높은 가격을 부과한다. 즉 고객이 처음에 용역을 구매하지 않거나 용역계약이 소멸되도록 한 경우에는 연간 유지보수용역에 대해 2차 연도에는 3,000원을, 3차 연도에는 5,000원을 부과한다. 기업은 1차 연도 말에 고객 90명(판매된 계약의 90%)이 갱신할 것으로 예상하고 있으며, 2차 연도 말에는 고객 81명[1차 연도 말에 갱신한 고객 90명 중 90%(판매된 계약의 81%)]이 갱신할 것으로 예상하고 있다.
기업은 유지보수계약에 대한 수익인식을 총 예상원가 대비 발생원가에 기초한 진행률에 따라 인

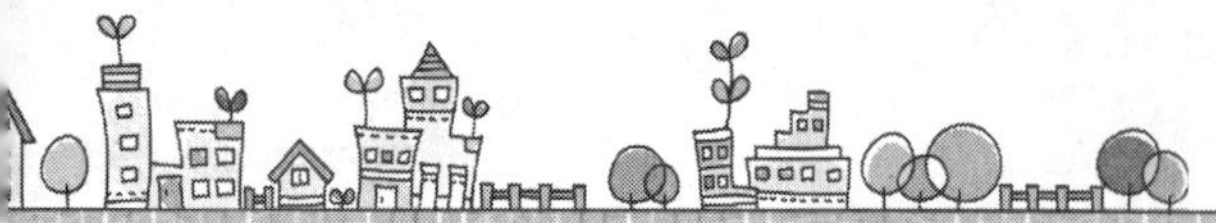

식하는 것이 타당하다고 판단하였다. 유지보수용역 계약 단위당 3개 연도 추정 원가는 다음과 같다.

| | 20×1 | 20×2 | 20×3 |
|---|---|---|---|
| 각 연도별 총 발생원가 추정액(단위 : ₩) | 600 | 750 | 1,000 |

기업은 위의 유지보수계약에 대하여 어떻게 회계처리하여야 하는가?

기업은 100건의 계약을 하나의 포트폴리오 계약으로 처리한다. 고객이 2차 연도나 3차 연도에만 용역을 구매하고자 할 경우에는 유지보수용역 가격이 유의적으로 높기 때문에, 기업은 고객에게 계약을 체결하지 않고는 받을 수 없는 중요한 권리를 갱신 선택권으로 제공한다고 할 수 있다. 따라서 각 고객이 1차 연도에 지급하는 ₩1,000 중 일부는 사실상 그 후 연도에 제공될 용역에 대한 지급액으로 환불되지 않는 선지급액으로 볼 수 있고, 선택권을 제공하는 약속은 별도의 수행의무로 인정되므로, 상대적 개별 판매가격에 기초하여 거래가격을 수행의무에 배분하여야 한다.

갱신 선택권은 개별 판매가격을 직접 산정하는 대신에, 실무적 대안으로 기업회계기준서 제1115호에 따라, 제공할 것으로 예상하는 모든 용역에 대하여 받을 것으로 예상하는 대가를 산정하여 거래가격을 배분한다. 계약 시점에 따라 인식되는 용역수익과 계약부채(갱신 선택권)의 계산과정은 다음과 같다.

⑴ 계약 단위당 계약 갱신 가능성을 조정한 예상원가와 예상대가 배분 (단위 : ₩)

| | 계약 갱신 조정한 예상원가 | | 예상 대가의 배분 | |
|---|---|---|---|---|
| 1차 연도 | 600 | ( 600×100%) | 780 | [(600÷2,085)×2,710] |
| 2차 연도 | 675 | ( 750× 90%) | 877 | [(675÷2,085)×2,710] |
| 3차 연도 | 810 | (1,000× 81%) | 1,053 | [(810÷2,085)×2,710] |
| 합계 | 2,085 | | 2,710* | |

* 계약의 예상대가(₩2,710)＝{₩1,000＋(90%×₩1,000)＋(81%×₩1,000)}

⑵ 용역수익과 계약부채(갱신 선택권)의 인식 금액 (단위 : ₩)

| | 20×1년 초 | 20×1년 말 | 20×2년 말 | 20×3년 말 | 합 계 |
|---|---|---|---|---|---|
| 현금회수 | 100,000 | 90,000 | 81,000 | – | 271,000 |
| 용역수익 | | 78,000 | 87,700 | 105,300 | 271,000 |
| 용역원가 | | 60,000 | 67,500 | 81,000 | 208,500 |
| 계약부채* | 22,000 | 2,300 | (24,300) | – | – |
| 용역수익청구 | 78,000 | 87,700 | 105,300 | – | – |

* 계약부채는 각 연도 말 갱신시점에 누적 현금회수액에서 갱신시점까지의 누적 수익액을 차감하여 계산함.

20×1년 초 계약부채＝₩100,000－₩78,000(1차연도 수익 인식액)＝₩22,000

20×1년 말 계약부채＝{₩190,000(누적 현금회수액)
－₩165,700(2차연도 까지의 누적 수익 인식액)}
－₩22,000(계약부채 잔액)
＝₩2,300

20×2년 말 계약부채＝{₩271,000(누적 현금회수액)
－₩271,000(3차연도 까지의 누적 수익 인식액)}
－₩24,300(계약부채 잔액)
＝₩(24,300)

⑶ 기업이 수행하게 될 각 시점별 회계처리는 다음과 같다.

20×1.1.1

| | | | | |
|---|---|---|---|---|
| (차) 현　　금 | 100,000 | (대) 용역청구 | 78,000 |
| | | 계약부채 | 22,000 |

20×1.12.31

| | | | |
|---|---|---|---|
| (차) 미성용역 | 60,000 | (대) 재료비 등 | 60,000 |
| (차) 용역원가 | 60,000 | (대) 용역수익 | 78,000 |
| 미성용역 | 18,000 | | |
| (차) 현　　금 | 90,000 | (대) 용역청구 | 87,700 |
| | | 계약부채 | 2,300 |

20×2.12.31

| | | | |
|---|---|---|---|
| (차) 미성용역 | 67,500 | (대) 재료비 등 | 67,500 |
| (차) 용역원가 | 67,500 | (대) 용역수익 | 87,700 |
| 미성용역 | 20,200 | | |
| (차) 현　　금 | 81,000 | (대) 용역청구 | 105,300 |
| 계약부채 | 24,300 | | |

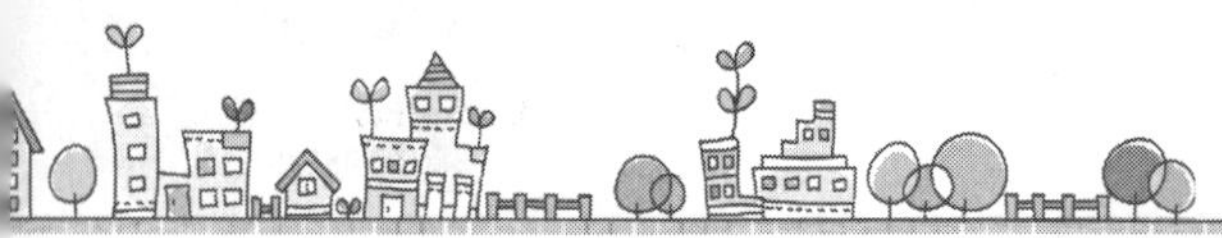

20×3.12.31

| | | | | |
|---|---|---|---|---|
| (차) 미성용역 | 81,000 | (대) 재료비 등 | 81,000 |
| (차) 용역원가 | 81,000 | (대) 용역수익 | 105,300 |
| 미성용역 | 24,300 | | |
| (차) 용역청구 | 271,000 | (대) 미성용역 | 271,000 |

## 사례 21 고객충성제도

기업은 구매 ₩10당 고객충성포인트 1점을 고객에게 보상하는 고객충성제도를 운영하고 있다. 각 포인트는 기업의 제품을 미래에 구매할 때 ₩1의 할인과 교환할 수 있다. 보고기간에 고객은 ₩100,000의 제품을 구매하고 미래 구매에 교환할 수 있는 10,000포인트를 얻었다. 대가는 고정금액으로 제품의 개별 판매가격은 ₩100,000이다. 기업은 미래에 9,500포인트가 교환될 것으로 예상하였다. 1기 보고기간 말까지 4,500포인트가 교환되었고, 기업은 전체적으로 9,500포인트(95%)가 교환될 것으로 계속 예상하였다. 2기 보고기간 말까지 8,500포인트가 누적적으로 교환되었으며, 기업은 이제 전체 교환될 포인트 추정치가 9,700포인트가 될 것으로 수정하였다. 기업은 제품판매와 관련하여 2기 보고기간 말까지 어떻게 회계처리 하여야 하는가?

**핵심해설**

포인트는 고객이 계약을 체결하지 않고는 받을 수 없는 중요한 권리를 고객에게 제공하므로, 기업은 고객에게 포인트를 제공하는 약속을 별개의 수행의무로 볼 수 있다. 따라서 기업은 상대적 개별 판매가격에 따라 거래가격을 제품과 포인트에 배분하여야 한다. 제품의 개별 판매가격은 ₩100,000이고, 포인트의 개별 판매가격은 교환될 가능성을 고려하여 ₩9,500(=₩100,000×(1/10)×95%)으로 추정된다. 거래가격 배분과 각 보고기간 별 회계처리는 다음과 같다.

⑴ 거래가격(₩100,000)의 배분

| | | |
|---|---|---|
| 제 품 | ₩ 91,324 | [₩100,000×(개별 판매가격 ₩100,000÷₩109,500)] |
| 포인트 | ₩ 8,676 | [₩100,000×(개별 판매가격 ₩9,500÷₩109,500)] |

⑵ 보고기간 별 회계처리

| | | | | |
|---|---|---|---|---|
| 제품 매출시점 | (차) 현 금 | 100,000 | (대) 제품매출 | 91,324 |
| | | | 포인트부채 | 8,676 |

| | | | | | |
|---|---|---|---|---|---|
| 1기 보고기간 | (차) 포인트부채 | 4,110 | (대) 포인트매출 | 4,110* | |

* ₩4,110＝(4,500포인트/9,500포인트)×₩8,676

| | | | | | |
|---|---|---|---|---|---|
| 2기 보고기간 | (차) 포인트부채 | 3,493 | (대) 포인트매출 | 3,493* | |

* ₩3,493＝{[(누적 상환 포인트 8,500/교환될 총 예상 포인트 9,700)×최초 배분액 ₩8,676]－1기에 인식한 포인트수익 ₩4,110}

### (6) 라이선싱

라이선스는 기업의 지적재산에 대한 고객의 권리를 정하는 것으로, 지적재산에 대한 라이선스에는 다음 사항에 대한 라이선스가 포함될 수 있으나 이에 한정되지는 않는다.

① 소프트웨어, 기술

② 영화, 음악, 그 밖의 형태의 미디어와 오락물

③ 프랜차이즈

④ 특허권, 상표권, 저작권

기업은 고객에게 라이선스(들)를 부여하는 약속에 더하여, 다른 재화나 용역을 이전하기로 약속할 수 있다. 라이선스를 부여하는 약속이 그 밖에 약속한 재화나 용역과 계약에서 구별되지 않는다면[9], 라이선스를 부여하는 약속과 그 밖에 약속한 재화나 용역을 함께 단일 수행의무로 회계처리한다. 그러나 라이선스를 부여하는 약속이 계약에서 그 밖에 약속한 재화나 용역과 구별되고, 따라서 라이선스를 부여하는 약속이 별도의 수행의무라면, 그 라이선스가 고객에게 한 시점에 이전되는지 아니면 기간에 걸쳐 이전되는지를 판단한다. 이를 판단할 때, 고객에게 라이선스를 부여하는 약속의 성격이 고객에게 다음 중 무엇을 제공하는 것인지를 고려한다.

① 라이선스 기간 전체에 걸쳐 존재하는, 기업의 지적재산에 접근할 권리

② 라이선스를 부여하는 시점에 존재하는, 기업의 지적재산을 사용할 권리

다음 기준을 모두 충족한다면, 라이선스를 부여하는 기업의 약속의 성격은 기업의 지적재산에 접근권을 제공하는 것으로 본다.

9) 계약에서 약속한 그 밖의 재화나 용역과 구별되지 않는 라이선스의 예에는 다음과 같다.
① 유형 재화의 구성요소이면서 그 재화의 기능성에 반드시 필요한 라이선스
② 관련 용역과 결합되는 경우에만 고객이 효익을 얻을 수 있는 라이선스(예 라이선스를 부여하여 고객이 콘텐츠에 접근할 수 있도록 제공하는 온라인 서비스)

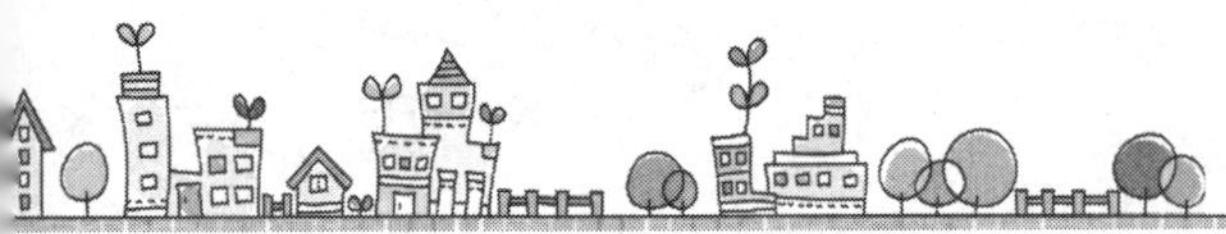

① 고객이 권리를 갖는 지적재산에 유의적으로 영향을 미치는 활동을 기업이 할 것을 계약에서 요구하거나 고객이 합리적으로 예상한다.10)

② 라이선스로 부여한 권리 때문에 고객은 ①에서 식별되는 기업 활동의 긍정적 또는 부정적 영향에 직접 노출된다.

③ 그 활동(들)이 행해짐에 따라 재화나 용역을 고객에게 이전하는 결과를 가져오지 않는다.

위의 지적재산 라이선스 접근권의 기준을 충족한다면, 기업은 라이선스를 부여하는 약속을 기간에 걸쳐 이행하는 수행의무로 회계처리한다. 기업의 지적재산에 접근을 제공하는 약속을 수행하는 대로 고객이 수행에서 생기는 효익을 동시에 얻고 소비하기 때문이다. 그러나 위의 기준을 충족하지 못한다면, 기업이 한 약속의 성격은 라이선스를 고객에게 부여하는 시점에 (형식과 기능성 면에서) 그 라이선스가 존재하는 대로, 지적재산의 사용권을 제공하는 것이다. 이는 라이선스를 이전하는 시점에 고객이 라이선스의 사용을 지시할 수 있고 라이선스에서 생기는 나머지 효익의 대부분을 획득할 수 있음을 뜻한다. 지적재산 사용권을 제공하는 약속은 한 시점에 이행하는 수행의무로 회계처리한다. 이 때, 지적재산 사용권을 제공하는 라이선스에 대한 수익은 고객이 라이선스를 사용하여 효익을 얻을 수 있는 기간이 시작되기 전에는 인식할 수 없다. 예를 들면 고객이 즉시 소프트웨어를 사용할 수 있게 하는 접속번호를 고객에게 제공하거나 다른 방법으로 사용할 수 있게 하기 전에, 소프트웨어의 라이선스 기간이 시작될 수 있다. 이 경우에 기업은 그 접속번호를 제공하거나 다른 방법으로 사용할 수 있게 하기 전에는 수익을 인식하지 않는다.

라이선스가 지적재산 접근권을 제공하는지, 지적재산 사용권을 제공하는지를 판단할 때, 다음 요소(들)는 고려하지 않는다.

① 시간 제약, 지리적 지역 제약, 사용 제약−그 제약은 수행의무가 한 시점에 이행되는지 또는 기간에 걸쳐 이행되는지를 정하기보다는 약속한 라이선스의 속성을 정

---

10) 다음 중 어느 하나에 해당하는 경우에는 기업의 활동이 고객에게 권리가 있는 지적재산에 유의적으로 영향을 미친다.

① 그 활동이 지적재산의 형식(예 디자인, 콘텐츠)이나 기능성(예 기능 또는 업무를 수행하는 능력)을 유의적으로 바꿀 것으로 예상된다.

② 지적재산에서 효익을 얻는 고객의 능력이 실질적으로 그 활동에서 생기거나 그 활동에 따라 달라진다(예 상표에서 생기는 효익).

한다.

② 기업이 지적재산에 유효한 특허권이 있고 이 특허권의 무단사용을 금지하는 보증을 제공－특허권을 보호하는 약속은 수행의무가 아니다. 특허권을 보호하는 행위는 기업의 지적재산의 가치를 보호하고, 이전된 라이선스가 계약에서 약속한 라이선스의 규격을 충족한다는 확신을 고객에게 주는 것이기 때문이다.

지적재산의 라이선스를 제공하는 대가로 약속된 판매기준 로열티나 사용기준 로열티의 수익은 다음 중 나중의 사건이 일어날 때(또는 일어나는 대로) 인식한다.

① 후속 판매나 사용
② 판매기준 또는 사용기준 로열티의 일부나 전부가 배분된 수행의무를 이행함(또는 일부 이행함)

그러나 지적재산의 라이선스에 대한 로열티가 아닌 경우에는 변동대가 측정 규정을 적용하여 수익을 인식한다.

### 사례 22 프랜차이즈 권리

기업은 고객이 10년 동안 기업의 상호를 사용하고 기업의 제품을 판매할 권리를 제공하는 프랜차이즈 라이선스 계약을 체결하였다. 제공한 프랜차이즈 라이선스 대가로 기업은 고객의 월 매출액 중 5%를 판매기준 로열티로 받기로 하였다. 또한 라이선스에 추가하여 기업은 프랜차이즈 상점을 운영하기 위해 필요한 장비를 ₩150,000에 제공하기로 약속하였다. 기업은 프랜차이즈 본사로서, 소비자의 선호 변화를 분석하고 프랜차이즈 상호를 지원하기 위해 제품 개선, 가격 전략, 마케팅 캠페인, 운영의 효율화 등의 활동을 하는 사업 관행을 지속해 왔다. 프랜차이즈 라이선스 계약과 관련하여 기업은 어떻게 회계처리하여야 하는가?

**핵심해설**

라이선스 계약에는 재화나 용역을 이전하는 두 가지 약속, 즉 라이선스를 부여하기로 하는 약속과 장비를 이전하기로 하는 약속이 포함되어 있다.

프랜차이즈 라이선스를 부여하기로 하는 약속과 장비를 이전하기로 하는 약속은 별개의 수행의무로 볼 수 있다. 왜냐하면, 기업은 라이선스와 장비를 결합 품목으로 통합하는 유의적인 용역을 제공하지 않으며(라이선스 되는 지적재산은 장비를 구성하지 않으며 그 장비를 유의적으로 변형하지 않는다), 또한 라이선스와 장비는 상호의존도나 상호관련성이 매우 높

지 않아, 기업은 각 약속(프랜차이즈 라이선스, 장비 이전)을 서로 별개로 이행할 수 있을 것이기 때문이다.

거래가격을 2가지 수행의무에 상대적 개별 판매가격에 기초하여 배분하여야 하는데, 거래가격에는 장비 이전에 따른 고정대가 ₩150,000과 변동대가(고객 매출액의 5%)가 포함된다. 그런데 변동대가(판매기준 로열티)는 프랜차이즈 라이선스를 부여하기로 하는 기업의 약속에 전부 관련되기 때문에 이를 프랜차이즈 라이선스에 전부 배분하는 것이 타당하다. 이는 고정대가 ₩150,000을 장비에 배분하고 판매기준 로열티를 프랜차이즈 라이선스에 배분하는 것이 이와 비슷한 계약에서 상대적 개별 판매가격에 기초해 배분하는 것과 일관된다고 할 수 있다.

기업은 라이선스를 부여하는 약속이 고객에게 한 시점에 이전되는지 또는 기간에 걸쳐 이전되는지를 판단하기 위하여 약속의 성격을 파악하여야 하는데, 동 계약이 기업의 지적재산에 접근할 수 있도록 한 것이라고 볼 수 있으므로 라이선스를 이전하는 약속은 기간에 걸쳐 이행되는 수행의무이다. 이는 다음과 같은 이유 때문이다.

① 기업은 고객에게 권리가 있는 지적재산에 유의적으로 영향을 미칠 수 있는 활동을 기업이 할 것이라고 고객이 합리적으로 예상할 수 있다. 이는 소비자의 선호 변화를 분석하고 제품 개선, 가격 전략, 마케팅 캠페인, 운영의 효율화 등의 활동을 하는 기업의 사업 관행에 기초한다. 그리고 기업은 대가의 일부가 프랜차이즈의 성공에 달려 있기 때문에(판매기준 로열티에서 입증되듯이), 기업은 고객과 경제적 이해를 공유하며 이에 따라 기업이 수익을 극대화하기 위해 그 활동을 할 것이라고 고객이 예상할 것이다.

② 기업은 프랜차이즈 라이선스가 그 활동의 결과에 따른 변화를 고객이 실행하도록 요구하고 따라서 고객이 그 활동의 긍정적 또는 부정적 영향에 노출된다.

③ 라이선스에서 부여하는 권리를 통해 고객이 그 활동에서 효익을 얻을 수 있을지라도, 그 활동이 행해짐에 따라 고객에게 재화나 용역을 이전하지는 않는다.

따라서, 판매기준 로열티의 형태인 변동대가가 프랜차이즈 라이선스에 분명히 관련되므로, 기업은 고객이 판매하는 시점에 수익을 인식하는 것이 합리적이다. 그리고 장비 이전에 따른 고정대가 ₩150,000은 장비 이전 시점에서 수익을 인식하여야 한다.

## (7) 재매입약정

재매입약정은 자산을 판매하고, (같은 계약이나 다른 계약에서) 그 자산을 다시 사기로 약속하거나 다시 살 수 있는 선택권을 갖는 계약이다. 재매입약정은 일반적으로 세 가지 형태로 나타난다.

① 자산을 다시 사야 하는 기업의 의무(선도)
② 자산을 다시 살 수 있는 기업의 권리(콜옵션)
③ 고객이 요청하면 자산을 다시 사야 하는 기업의 의무(풋옵션)

기업이 자산을 다시 사야 하는 의무나 다시 살 수 있는 권리(선도나 콜옵션)가 있다면, 고객은 자산을 통제하지 못한다. 고객이 자산을 물리적으로 점유할 수 있더라도, 자산의 사용을 지시하고 자산의 나머지 효익의 대부분을 획득할 수 있는 고객의 능력이 제한되기 때문이다. 따라서 그 계약을 다음 중 어느 하나로 회계처리한다.

① 기업이 자산을 원래 판매가격보다는 낮은 금액으로 다시 살 수 있거나 다시 사야 하는 경우 : 리스
② 기업이 자산을 원래 판매가격 이상의 금액으로 다시 살 수 있거나 다시 사야 하는 경우 : 금융약정(기업은 자산을 계속 인식하고 고객에게서 받은 대가는 금융부채로 인식. 고객에게서 받은 대가(금액)와 고객에게 지급해야 하는 대가(금액)의 차이를 이자로 인식하고, 해당되는 경우에는 처리원가나 보유원가(예 보험)로 인식)

고객이 요청하면 기업이 원래 판매가격보다 낮은 가격으로 자산을 다시 사야 하는 의무(풋옵션)가 있는 경우에 계약 개시시점에 고객이 그 권리를 행사할 경제적 유인이 유의적인지를 고려한다. 고객이 그 권리를 행사하면 사실상 고객이 일정 기간 특정 자산의 사용권 대가를 기업에 지급하는 결과가 된다. 그러므로 고객이 그 권리를 행사할 경제적 유인이 유의적이라면, 이 약정을 리스로 회계처리한다. 그러나 고객이 자산의 원래 판매가격보다 낮은 가격으로 권리를 행사할 경제적 유인이 유의적이지 않다면, 이 약정을 반품권이 있는 제품의 판매처럼 회계처리한다.

자산을 다시 사는 가격이 원래 판매가격 이상이고 자산의 예상 시장가치보다 높다면 그 계약은 금융약정으로 회계처리한다. 그러나 자산을 다시 사는 가격이 원래 판매가격 이상이고 자산의 예상 시장가치 이하이며, 고객이 자신의 권리를 행사할 경제적 유인이 유의적이지 않다면, 이 약정을 반품권이 있는 제품의 판매처럼 회계처리한다.

재매입 가격을 판매가격과 비교할 때 화폐의 시간가치를 고려하여야 하며, 옵션이 행사되지 않은 채 소멸된다면 부채를 제거하고 수익을 인식한다.

재매입약정에 따른 수익인식을 요약하면 다음 표와 같다.

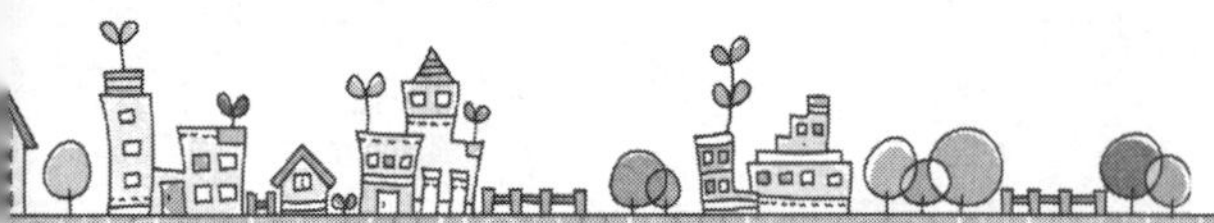

### 기업의 선도, 콜옵션

| 판매가격 vs 재매입가격 | 옵션행사의 경제적 유인 | 회계처리 |
|---|---|---|
| 판매가격>재매입가격 | – | 리스 |
| 판매가격≤재매입가격 | – | 금융약정 |

### 고객의 풋옵션

| 판매가격 vs 재매입가격 | 옵션행사의 경제적 유인 | 회계처리 |
|---|---|---|
| 판매가격>재매입가격 | 유의적임 | 리스 |
| | 유의적이지 않음 | 반품권 있는 판매 |
| 판매가격≤재매입가격 | 재매입가격>예상 시장가치 | 금융약정 |
| | 재매입가격≤예상 시장가치<br>유의적이지 않음 | 반품권 있는 판매 |

## 사례 23 재매입약정

기업은 20×7년 1월 1일에 유형자산을 ₩1,000,000에 판매하기로 고객과 계약을 체결하였다. 다음의 각 상황에 대하여 기업은 어떻게 회계처리하여야 하는가?

**(상황 A)** 계약에는 20×7년 12월 31일 이전에 그 자산을 ₩1,100,000에 다시 살 권리를 기업에 부여하는 콜옵션이 포함되어 있다.

**(상황 B)** 계약에는 고객의 요구에 따라 20×7년 12월 31일 이전에 기업이 자산을 ₩900,000에 다시 사야 하는 풋옵션이 포함된다. 20×7년 12월 31일에 시장가치는 ₩750,000이 될 것으로 예상된다.

**핵심해설**

(1) 상황 A

자산에 대한 통제는 20×7년 1월 1일에 고객에게 이전되지 않는다. 왜냐하면 기업이 자산을 다시 살 권리가 있고 따라서 고객은 그 자산의 사용을 통제하고 나머지 효익의 대부분을 얻을 수 있는 능력이 제한되기 때문이다. 또한 시장가격이 원래 판매가격보다 높기 때문에, 기업은 그 거래를 금융약정으로 회계처리한다. 따라서 기업은 자산을 제거하지 않는 대신에 받은 현금을 금융부채로 인식한다. 그리고 콜옵션 행사시 행사가격(₩1,100,000)과

받은 현금(₩1,000,000)의 차이를 이자비용으로 인식한다. 만약 20×7년 12월 31일에 옵션이 행사되지 않은 채로 소멸된다면, 기업은 부채를 제거하고 ₩1,100,000을 수익으로 인식한다.

(2) 상황 B
계약 개시시점에 기업은 그 자산의 이전에 대한 회계처리를 결정하기 위하여 고객이 풋옵션을 행사할 경제적 유인이 유의적인지를 평가한다. 기업은 재매입일의 재매입가격이 자산의 기대시장가치를 유의적으로 초과하기 때문에 고객이 풋옵션을 행사할 경제적 유인이 유의적이라고 할 수 있다. 따라서 기업은 그 거래를 리스로 회계처리한다.

## (8) 미인도청구약정

미인도청구약정은 기업이 고객에게 제품의 대가를 청구하지만 미래 한 시점에 고객에게 이전할 때까지 기업이 제품을 물리적으로 점유하는 계약이다. 예를 들면 고객이 제품을 보관할 수 있는 공간이 부족하거나 생산 일정이 지연되어 기업에 이러한 계약의 체결을 요청할 수 있다. 이러한 경우에는 비록 고객이 그 제품을 물리적으로 점유하는 권리를 행사하지 않기로 결정하였더라도, 고객은 제품의 사용을 지시하고 제품의 나머지 효익 대부분을 획득할 능력이 있다. 따라서 기업은 제품을 통제하지 않고, 대신에 고객 자산을 보관하는 별개의 용역을 고객에게 제공한다.

고객이 미인도청구약정에서 제품을 통제하기 위해서는 다음 기준을 모두 충족하여야 한다. 이는 기업이 미인도청구약정에서 수익을 인식하기 위한 기준이 된다.

① 미인도청구약정의 이유가 실질적이어야 한다(예 고객이 그 약정을 요구하였다).
② 제품은 고객의 소유물로 구분하여 식별되어야 한다.
③ 고객에게 제품을 물리적으로 이전할 준비가 현재 되어 있어야 한다.
④ 기업이 제품을 사용할 능력을 가질 수 없거나 다른 고객에게 이를 넘길 능력을 가질 수 없다.

기업은 제품의 미인도청구 판매를 수익으로 인식하는 경우, 별개의 구별되는 수행의무(예 보관 용역)가 있다면, 상대적 개별 판매가격에 기초하여 거래가격의 일부를 배분해야 하는지를 고려하여야 한다.

# 보론 | 진행기준에 따른 수익인식

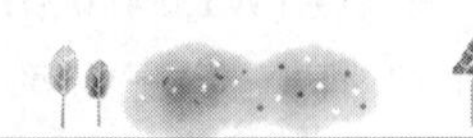

## 1. 의의 및 장단점

**진행기준(percentage of completion basis)이란 생산진행정도에 따라 수익을 생산기간별로 배분하여 생산기간 중에 인식하는 방법이다.** 진행기준은 기업회계기준서 제1018호(수익)에 따라 용역을 제공하거나, 기업회계기준서 제1011호(건설계약)의 적용범위에 속하는 **건설계약**[11])에 적용되는 수익인식기준이다.

진행기준은 공사의 진척도에 따라 수익을 인식하므로 수익비용 대응의 원칙에 따른 적시성있는 정보를 제공할 수 있다는 장점이 있지만, 공사진행율을 추정해야 하므로 많은 불확실성이 따르고 주관적인 요소가 개입되므로 신뢰성이 떨어진다는 단점이 있다.

## 2. 계약수익과 계약원가

### (1) 계약수익

계약수익은 다음 항목으로 구성된다.

① 최초에 합의한 계약금액

② 공사변경, 보상금 및 장려금에 따라 추가되는 금액으로서 다음을 모두 충족하는 것

㉠ 수익으로 귀결될 가능성이 높다.

㉡ 금액을 신뢰성 있게 측정할 수 있다.

공사변경은 계약상 수행하는 공사의 범위를 발주자의 지시에 따라 변경(예 설계변경, 계약기간 변경)하는 것을 말하며, 보상금은 공사 지체나 설계 오류 등으로 건설사업자가

---

11) 건설계약(construction contract)이라 함은 단일자산의 건설이나 설계, 기술 및 기능 또는 그 최종 목적이나 용도에 있어서 밀접하게 상호연관되거나 상호의존적인 복수 자산의 건설을 위해 구체적으로 협의된 계약을 말한다. 기업회계기준해석서 제2115호에서는 건설계약의 정의를 충족하는 경우에 기업회계기준서 제1011호를 적용하도록 하고 있다. 이때 부동산 건설계약의 정의를 충족하려면 매수자가 건설 시작 전에 부동산의 주요설계구조요소를 지정할 수 있거나 건설진행 중에 주요 구조변경을 지정할 수 있어야 한다.

계약금액에 포함되어 있지 않은 원가를 발주자나 다른 당사자에게서 보상받으려는 금액이다. 장려금은 특정 성과기준을 충족하거나 초과하는 경우(예 조기 완성) 건설사업자에게 지급되는 추가금액이다.

계약수익은 수취하였거나 수취할 대가의 공정가치로 측정한다. 이러한 계약수익의 측정은 미래사건의 결과와 관련된 다양한 불확실성에 의해 영향을 받는다. 계약수익의 추정치는 후속 사건이 발생하거나 불확실성이 해소됨에 따라 자주 수정될 필요가 있으므로 계약수익은 기간별로 증가하거나 감소할 수 있다.

### (2) 계약원가

계약원가는 다음의 항목으로 구성된다.

① 특정계약에 직접 관련된 원가
② 계약활동 전반에 귀속될 수 있는 공통원가로서 특정 계약에 배분할 수 있는 원가
③ 계약조건에 따라 발주자에게 청구할 수 있는 기타 원가

특정 공사에 관련된 공사직접원가에는 건설에 사용된 재료원가, 현장감독을 포함한 현장인력의 노무원가, 생산설비와 건설장비의 감가상각비, 운반원가, 임차원가, 공사와 직접 관련된 설계와 기술지원원가, 예상하자보수원가를 포함한 복구 및 보증공사의 추정원가, 제3자에 대한 보상금 청구 등 특정공사 진행과정에서 직접적으로 발생한 기타 비용 등이 포함된다. 이러한 원가는 계약수익에 포함되지 않은 부수적 이익만큼 차감될 수 있다. 이러한 부수적 이익의 예로 잉여자재를 판매하거나 계약종료시점에 생산설비와 건설장비를 처분하여 발생하는 이익을 들 수 있다.

특정 공사에 배분될 수 있는 공통원가에는 보험료, 특정 계약에 직접 관련되지 않은 설계와 기술지원원가, 기타 건설간접원가 등이 있다. 공통원가는 체계적이고 합리적인 방법에 따라 배분하며, 유사한 성격의 모든 원가에 일관되게 적용한다. 원가배분은 건설활동의 정상조업도 수준에 기초한다. 건설간접원가에는 건설인력의 급여지급에 대한 사무처리원가와 차입원가도 포함한다.

계약 조건에 따라 발주자에게 청구할 수 있는 기타 원가에는 계약조건에 보상받을 수 있도록 규정되어 있는 일부 일반관리원가와 개발원가를 포함할 수 있다.

계약원가는 계약체결일로부터 계약의 최종완료일까지의 기간에 당해 계약에 귀속될 수 있는 원가를 포함한다. 그러나 **계약에 직접 관련되며 계약을 체결하는 과정에서 공사**

**계약체결 전에 발생한 원가**[12]는, 개별적으로 식별이 가능하며 신뢰성 있게 측정할 수 있고 계약의 체결가능성이 높은 경우 계약원가의 일부로 포함한다. 계약을 체결하는 과정에서 발생한 원가를 발생한 기간의 비용으로 인식한 경우에는 공사계약이 후속기간에 체결되더라도 계약원가에 포함하지 않는다.

## 3. 진행기준에 따른 회계처리

### (1) 인식기준

**건설계약의 결과를 신뢰성 있게 추정할 수 있는 경우, 건설계약과 관련한 계약수익과 계약원가는 보고기간말 현재 계약활동의 진행률을 기준으로 각각 수익과 비용으로 인식한다.** 정액계약의 경우에 다음의 조건이 모두 충족된다면 건설계약의 결과를 신뢰성 있게 추정할 수 있다.

① 총계약수익을 신뢰성 있게 측정할 수 있다.

② 계약과 관련된 경제적 효익이 건설사업자에게 유입될 가능성이 높다.

③ 계약을 완료하는 데 필요한 계약원가와 보고기간말 현재의 계약진행률을 신뢰성 있게 측정할 수 있다.

④ 특정 계약에 귀속될 수 있는 계약원가를 명확히 식별할 수 있고 신뢰성 있게 측정할 수 있어 실제 발생한 계약원가를 이전 추정치와 비교할 수 있다.

### (2) 진행률의 결정

진행률은 계약의 성격에 따라 다음과 같은 다양한 방식으로 결정될 수 있는데, 건설사업자는 수행한 공사를 신뢰성 있게 측정하는 방법을 사용하여야 한다.

① 수행한 공사에 대하여 발생한 누적계약원가를 추정총계약원가로 나눈 비율

② 수행한 공사의 측량 (투입물량 기준)

③ 계약 공사의 물리적 완성비율

가장 많이 사용되는 방법은 누적발생계약원가에 기초한 방법 '①'이다. 진행률을 누적발생계약원가 기준으로 결정하는 경우에는 수행한 공사를 반영하는 계약원가만 누적발

---

12) 수주비, 모델하우스 관련 비용 등으로 이러한 공사계약 전 지출액은 경과적으로 선급공사원가로 계상하며 당해 공사를 착수한 후 공사진행률에 해당하는 금액만큼 공사원가로 대체한다.

생원가에 포함한다. 따라서 발주자에게서 수령한 기성금과 선수금은 흔히 수행한 공사의 정도를 반영하지 못하므로 진행률 계산시 고려하지 않는다. 또한 진행률 산정을 위한 누적발생원가에서 제외되는 원가의 예는 다음과 같다.

① 현장에 인도되었거나 계약상 사용을 위해 준비되었지만 아직 계약공사를 위해 설치, 사용 또는 적용이 되지 않은 재료의 원가와 같은 계약상 미래 활동과 관련된 계약원가. 단, 재료가 계약을 위해 별도로 제작된 경우는 제외한다.

② 하도급계약에 따라 수행될 공사에 대해 하도급자에게 선급한 금액[13)]

### (3) 계약수익과 계약원가의 인식

누적발생계약원가 진행률 기준에 따라 계약수익과 계약원가를 산정할 때에는 다음 표과 같이 누적진행률을 산정하여 계약수익과 계약원가를 인식한다.[14)]

당기 계약수익＝누적 발생계약수익－전기까지 인식한 누적계약수익
＝(총계약금액×누적진행률)－전기까지 인식한 누적계약수익
당기 계약원가＝누적 발생계약원가－전기까지 인식한 누적계약원가
＝(당기말 현재 추청총계약원가×누적진행률)
－전기까지 인식한 누적계약원가

$$* \text{ 누적 진행률} = \frac{\text{당기말 누적계약원가}}{\text{추정총계약원가}}$$

＊ 추정총계약원가＝당기말 현재 누적계약원가＋건설계약 완료에 소요될 추가 원가

진행기준에서는 매 회계기간마다 누적적으로 진행률을 추정하므로, 공사수익이나 공사원가에 대한 추정치 변경의 효과는 회계추정의 변경으로 회계처리한다.

---

13) 하자보수비는 건설계약을 수행하기 위하여 부담하는 계약원가의 일부이만, 수행한 공사를 반영하는 계약원가는 아니므로 진행률 산정을 위한 누적발생원가에는 포함하지 않아야 한다.

14) 기업회계기준서 제12호(건설형공사계약)에서는 계약수익만 진행률을 적용하여 인식하고 계약원가는 당기에 실제로 발생한 원가를 인식하도록 하고 있으나, 기업회계기준서 제1011호(건설계약)에서는 계약원가에 대해서도 진행률을 적용하여 인식하도록 규정하고 있다. 진행률을 산정할 때, 원가기준을 적용하면 두 기준사이에 차이가 없으나, 원가기준 이외의 다른 기준으로 진행률을 산정하는 경우에는 두 기준 사이에 인식되는 계약원가가 다를 수 있다.

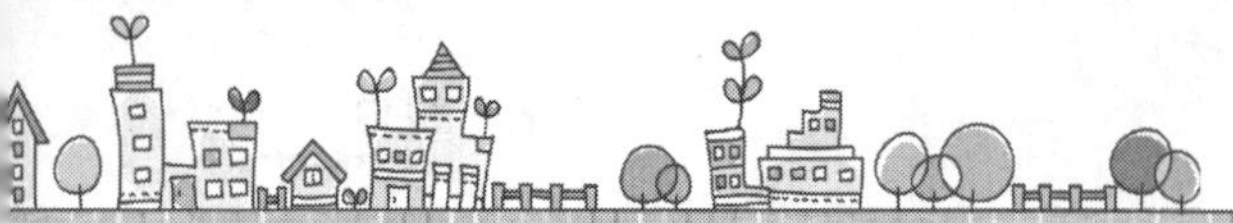

### ⑷ 회계처리

건설계약의 시점별 회계처리를 살펴보면 다음 표와 같다.

| | | | | |
|---|---|---|---|---|
| • 공사원가 발생시 : | (차) 미 성 공 사 | ××× | (대) 재료비 등 | ××× |
| • 공사대금 청구시 : | (차) 공사미수금 | ××× | (대) 진행청구액 | ××× |
| • 공사대금 회수시 : | (차) 현 금 | ××× | (대) 공사미수금 | ××× |
| • 회계기말 결산시 : | (차) 공 사 원 가 | ××× | (대) 공 사 수 익 | ××× |
| | 미 성 공 사 | ××× | | |
| • 건설공사 완공시 : | (차) 진행청구액 | ××× | (대) 미 성 공 사 | ××× |

**미성공사**는 제조기업의 재공품과 동일한 성격을 갖는 재고자산이다. **진행청구액** 계정과목은 계약상 수행한 공사에 대하여 청구한 금액으로서 임시계정의 성격을 가지므로 재무제표에 표시되지 않는다.

결산시에 공사손익 해당액을 미성공사 계정에 반영한다. 따라서 미성공사 계정은 당기에 발생한 원가뿐만 아니라 진행기준에 따라 발생한 공사손익까지 포함된다. 결국 **진행청구계정은 보고기간 말까지 실제 청구한 계약수익을 의미하며, 미성공사 계정은 보고기간 말까지 계약의 진행에 따라 청구가능한 계약수익을 의미한다**. 그리고 공사미수금은 대금을 청구했으나 아직 수령하지 못한 금액을 표시한다.

재무상태표에는 미성공사와 진행청구액이 서로 차감표시되어 순액으로 표시된다. 보고기간말 '미성공사－진행청구액'이 양(+)의 금액으로 계산되는 경우에는 청구하지 않은 계약수익이므로 재무상태표에 자산(**'미청구공사'** 계정)으로 계상한다. 그리고 보고기간말 '미성공사－진행청구액'이 음(－)의 금액으로 계산되는 경우에는 과다 청구한 계약수익이므로 재무상태표에 부채(**'초과청구공사'** 계정)으로 계상한다.

## 보론 사례 1 건설형 공사계약의 회계처리

20×1년 초 ㈜해피는 청주시와 수영장을 건설하는 계약을 맺었다. 총공사계약금은 ₩4,000,000이고 공사가 완성된 20×3년 말까지 건설과 관련된 자료는 다음과 같다.

| | 20×1 | 20×2 | 20×3 |
|---|---|---|---|
| 발생원가 누적액 | ₩ 800,000 | ₩ 1,980,000 | ₩ 3,500,000 |
| 완성시까지 추가원가의 추정액 | 2,400,000 | 1,320,000 | |
| 총계약원가의 추정액 | 3,200,000 | 3,300,000 | 3,500,000 |
| 당기공사대금 청구액 | 750,000 | 1,773,000 | 1,477,000 |
| 당기에 회수한 공사금액 | 660,000 | 1,448,000 | 1,892,000 |

1. 진행기준에 따라 매년 인식해야 할 수익, 비용, 공사이익을 계산하시오.
   (단, 진행률은 누적발생계약원가에 기초하여 산정한다)
2. 진행기준에 의한 각 연도별 회계처리를 제시하시오.
3. 재무상태표에 표시될 미청구공사와 초과청구공사 금액을 계산하시오.

**핵심해설**

1. 공사진행기준에 의한 연도별 공사이익

| | 20×1년 | 20×2년 | 20×3년 |
|---|---|---|---|
| 누적공사 진행률 | $\frac{₩800,000}{₩3,200,000}=25\%$ | $\frac{₩1,980,000}{₩3,300,000}=60\%$ | 100% |
| 공사수익 | 4,000,000×25%=1,000,000 | 4,000,000×60%−1,000,000<br>=1,400,000 | 1,600,000 |
| 공사원가 | 800,000 | 1,180,000 | 1,520,000 |
| 공사이익 | 200,000 | 220,000 | 80,000 |

2. 회계처리

| 거 래 | 과 목 | 금 액 | | |
|---|---|---|---|---|
| | | 20×1년 | 20×2년 | 20×3년 |
| 공사원가 발생시 | (차) 미성공사 | 800,000 | 1,180,000 | 1,520,000 |
| | (대) 현 금 | 800,000 | 1,180,000 | 1,520,000 |
| 공사대금 청구시 | (차) 공사미수금 | 750,000 | 1,773,000 | 1,477,000 |
| | (대) 진행청구액 | 750,000 | 1,773,000 | 1,477,000 |

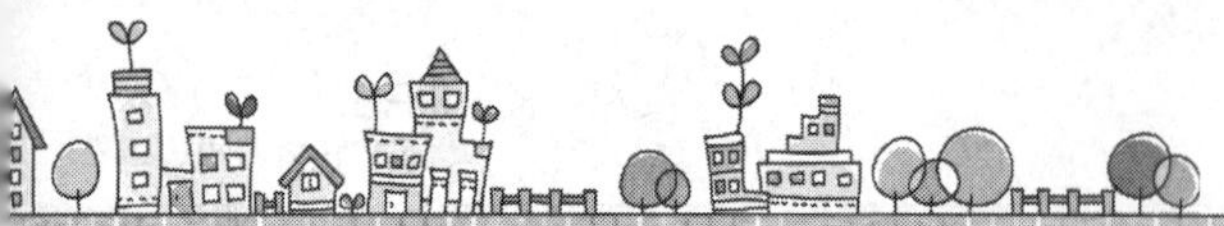

| 거 래 | 과 목 | 금 액 | | |
|---|---|---|---|---|
| | | 20×1년 | 20×2년 | 20×3년 |
| 공사대금 회수시 | (차) 현 금<br>(대) 공사미수금 | 660,000<br>660,000 | 1,448,000<br>1,448,000 | 1,892,000<br>1,892,000 |
| 결 산 시 | (차) 공사원가<br>미성공사<br>(대) 공사수익 | 800,000<br>200,000<br>1,000,000 | 1,180,000<br>220,000<br>1,400,000 | 1,520,000<br>80,000<br>1,600,000 |

3. 미청구공사와 초과청구공사 금액 계산

| | 20×1년 | 20×2년 | 20×3년 |
|---|---|---|---|
| 미성공사 잔액 | ₩1,000,000 | ₩1,000,000+₩1,400,000<br>=₩2,400,000 | ₩2,400,000+₩1,600,000<br>=₩4,000,000 |
| 진행청구액 잔액 | ₩750,000 | ₩750,000+₩1,773,000<br>=₩2,523,000 | ₩2,523,000+₩1,477,000<br>=₩4,000,000 |
| 재무상태표 표시 | 미청구공사(자산)<br>₩250,000 | 초과청구공사(부채)<br>₩123,000 | 없 음 |

### (5) 공사결과를 신뢰성 있게 추정할 수 없는 경우 손익인식

계약의 초기단계에는 계약의 결과를 신뢰성 있게 추정할 수 없어서 정상적인 진행기준을 적용할 수 없는 경우가 많다. 그럼에도 불구하고 **발생한 계약원가의 회수가능성이 높은 경우**에는 계약원가는 발생한 기간의 비용으로 인식하고, 계약수익은 회수가능할 것으로 기대되는 발생원가를 한도로 인식한다. 즉, 계약의 결과를 신뢰성 있게 추정할 수 없으므로 이익은 인식하지 않는다. 그러나 계약의 결과를 신뢰성 있게 추정할 수 없을 뿐 아니라, **회수가능성이 높지 않은 계약원가**는 즉시 비용으로 인식하고 수익은 인식하지 않는다. 이러한 상황의 예는 다음과 같다.

① 충분한 구속력이 없는 계약. 즉, 계약의 유효성이 심각하게 의심되는 경우
② 계약이행의 완료가 계류 중인 소송이나 입법의 결과에 좌우되는 계약
③ 수용되거나 몰수될 가능성이 높은 자산과 관련한 계약
④ 발주자가 그 의무를 이행할 수 없는 계약
⑤ 건설사업자가 계약이행을 완료할 수 없거나 계약상의 의무를 이행할 수 없는 계약

한편 공사초기단계와 같이 공사결과를 신뢰성 있게 추정할 수 없는 상황이 바뀌어 공사결과를 신뢰성 있게 추정할 수 있게 되고, 이에 따라서 진행기준을 적용하게 되는 경우에는 이를 회계추정의 변경으로 보아 전진적으로 회계처리한다.

### 보론 사례 2 공사결과를 신뢰성있게 추정할 수 없는 경우 손익인식

(1) 20×1년 초 ㈜물개는 대전시와 수영장을 건설하는 계약을 맺었다.
(2) 총공사계약금은 ₩5,000,000이다.
(3) 20×1년과 20×2년중에 건설 자재시장의 극심한 불안정 때문에 공사결과를 신뢰성있게 추정할 수 없게 되었다(그렇지만 전체적으로 공사이익이 예상됨).
(4) 그러나 20×3년에는 다시 건설 자재시장의 안정으로 공사결과를 신뢰성 있게 추정할 수 있게 되었다(단, 진행률은 누적발생계약원가에 기초하여 산정한다).
(5) 공사가 완성된 20×4년 말까지 건설과 관련된 자료는 다음과 같다.

| | 20×1 | 20×2 | 20×3 | 20×4 |
|---|---|---|---|---|
| 발생원가 누적액 | ₩1,000,000 | ₩2,000,000 | ₩3,600,000 | ₩4,500,000 |
| 추가로 소요될 원가의 추정액 | ? | ? | 900,000 | － |
| 총공사원가의 추정액 | ? | ? | 4,500,000 | 4,500,000 |
| 당기 공사대금 청구액 | 1,400,000 | 1,000,000 | 1,500,000 | 1,100,000 |
| 당기에 회수한 금액 | 700,000 | 1,000,000 | 1,000,000 | 2,300,000 |

1. 다음 각각의 조건에 따라 매년 인식해야 할 공사수익, 공사원가, 공사이익을 계산하시오.
   (1) 20×1년과 20×2년의 발생원가의 회수가능성이 높다고 판단한 경우
   (2) 20×1년과 20×2년의 발생원가의 회수가능성이 높지 않다고 판단한 경우
2. 위의 조건 (1)에 따라 각 연도별 회계처리를 제시하시오.

**핵심해설**

1. 공사진행기준에 의한 연도별 공사이익
   (1) 공사결과를 신뢰성있게 추정할 수 없지만, 발생원가의 회수가능성이 높다고 판단한 경우

| | 20×1*1 | 20×2*1 | 20×3*2 | 20×4 |
|---|---|---|---|---|
| 누적 공사진행률 | ? | ? | $\frac{3,600,000}{4,500,000}=80\%$ | 100% |

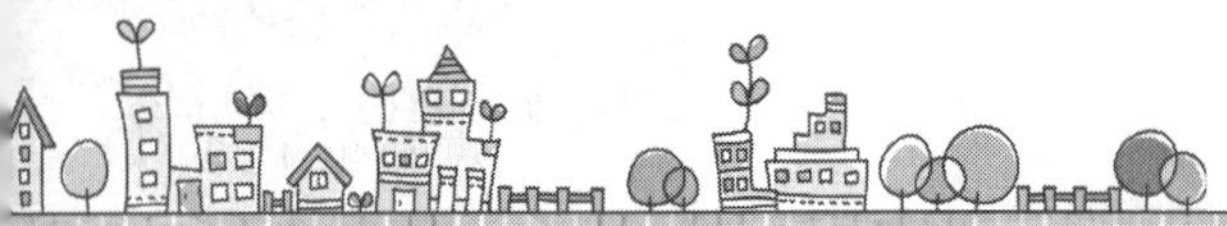

| | 20×1[*1] | 20×2[*1] | 20×3[*2] | 20×4 |
|---|---|---|---|---|
| 공사수익 | Min(1,000,000 vs 700,000)=700,000 | Min(2,000,000 vs 1,700,000)−700,000 =1,000,000 | 5,000,000×80% −1,700,000 =2,300,000 | 5,000,000 −4,000,000 =1,000,000 |
| 공사원가 | 1,000,000 | 1,000,000 | 1,600,000 | 900,000 |
| 공사이익 | (300,000) | − | 700,000 | 100,000 |

*1 공사결과를 신뢰성있게 추정할 수 없으므로 누적공사원가와 회수가능액 중에서 작은 금액을 공사수익으로 인식하고, 당기 공사원가발생액을 공사원가로 계상한다.

*2 공사손익을 다시 신뢰성 있게 추정할 수 있으므로 추정의 변경으로 진행기준을 적용한다.

(2) 발생원가의 회수가능성이 높지 않다고 판단한 경우

| | 20×1[*3] | 20×2[*3] | 20×3[*2] | 20×4 |
|---|---|---|---|---|
| 누적 공사진행률 | ? | ? | $\frac{3,600,000}{4,500,000}$=80% | 100% |
| 공사수익 | − | − | 5,000,000×80%−0 =4,000,000 | 5,000,000−4,000,000 =1,000,000 |
| 공사원가 | 1,000,000 | 1,000,000 | 1,600,000 | 900,000 |
| 공사이익 | (1,000,000) | (1,000,000) | 2,400,000 | 100,000 |

*3 공사결과를 신뢰성있게 추정할 수 없고, 발생원가의 회수가능성이 높지 않은 경우에는 수익은 인식하지 않고 발생한 계약원가만 비용으로 인식한다.

## 2. 회계처리

| 거 래 | 과 목 | 금 액 | | | |
|---|---|---|---|---|---|
| | | 20×1년 | 20×2년 | 20×3년 | 20×4년 |
| 공사원가 발생시 | (차) 미성공사<br>(대) 현 금 | 1,000,000<br>1,000,000 | 1,000,000<br>1,000,000 | 1,600,000<br>1,600,000 | 900,000<br>900,000 |
| 공사대금 청구시 | (차) 공사미수금<br>(대) 진행청구액 | 1,400,000<br>1,400,000 | 1,000,000<br>1,000,000 | 1,500,000<br>1,500,000 | 1,100,000<br>1,100,000 |
| 공사대금 회수시 | (차) 현 금<br>(대) 공사미수금 | 700,000<br>700,000 | 1,000,000<br>1,000,000 | 1,000,000<br>1,000,000 | 2,300,000<br>2,300,000 |
| 결산시 | (차) 공사원가<br>미성공사<br>(대) 공사수익<br>미성공사 | 1,000,000<br><br>700,000<br>300,000 | 1,000,000<br><br>1,000,000<br> | 1,600,000<br>700,000<br>2,300,000<br> | 900,000<br>100,000<br>1,000,000<br> |

## 4. 예상손실의 인식

총계약원가가 총계약수익을 초과할 가능성이 높은 경우, **예상되는 손실을 즉시 비용으로 인식해야 한다.**15) 이러한 예상손실은 당해 계약의 공사가 시작되었는지의 여부, 계약활동의 진행정도, 그리고 단일건설계약으로 취급되지 않은 다른 계약에서 발생할 것으로 기대되는 이익 금액에 관계없이 결정된다.

기업회계기준서 제12호(건설형공사)에서는 예상손실을 공사손실충당부채로 인식하도록 하였으나, 기업회계기준서 제1011호(건설계약)에서는 충당부채를 인식하지 않고 미성공사계정에서 직접 차감하도록 규정하고 있다. 그리고 차기 이후의 공사에서 실제로 손실이 발생한 경우에는 동 손실에 상당하는 금액을 미성공사 계정에 증가시키는 회계처리를 한다.16) 한편 궁극적으로 공사전체에서는 이익이 발생하지만 특정 회계연도에 손실이 발생한 경우에는 일반적인 진행기준에 의한 회계처리와 같은 방법으로 하면 된다.

### 보론 사례 3 예상손실의 회계처리

다음은 석두회사의 20×1년 초에 시작해서 20×3년 말에 끝나는 공사계약(총공사 계약금액 ₩4,000,000)과 관련된 자료이다(진행률은 누적발생계약원가에 기초하여 산정한다).

| | 20×1 | 20×2 | 20×3 |
|---|---|---|---|
| 발생원가 누적액 | ₩800,000 | ₩3,078,000 | ₩4,100,000 |
| 추가로 소요될 원가의 추정액 | 2,400,000 | 972,000 | － |
| 총공사원가의 추정액 | 3,200,000 | 4,050,000 | 4,100,000 |
| 당기에 청구한 공사대금액 | 1,000,000 | 2,000,000 | 1,000,000 |
| 당기에 회수한 금액 | 660,000 | 1,675,000 | 1,665,000 |

1. 진행기준에 따라 각 연도별 이익(손실)을 계산하시오.
2. 진행기준에 의한 각 연도별 회계처리와 부분 재무상태표를 작성하시오.

---

15) 공사이익이 예상되는 경우에는 진행기준을 적용하여 매 회계기간에 배분하여 인식하지만, 공사손실이 예상되는 경우에는 이를 이연하지 않고 조기에 손실을 인식하도록 함으로서 보수적인 입장에서의 회계처리라고 할 수 있다.

16) 공사손실 예상시 : (차) 공사원가 ××× (대) 미성공사 ×××
실제 공사손실 발생시 : (차) 미성공사 ××× (대) 공사원가 ×××

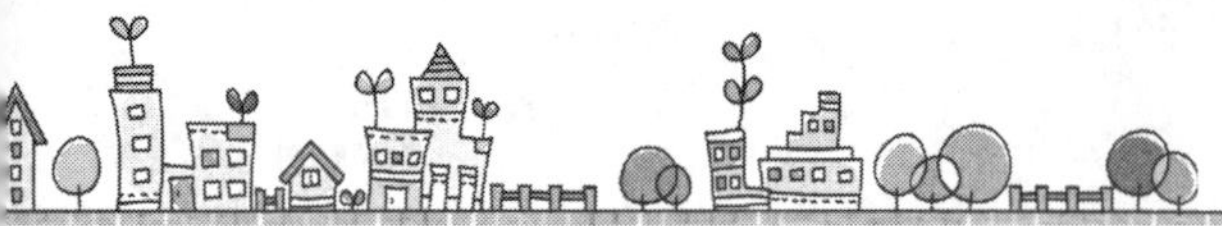

1. 공사진행기준에 의한 연도별 공사이익(손실)

| | 20×1년 | 20×2년 | 20×3년 |
|---|---|---|---|
| 누적 공사진행률 | ₩800,000 / ₩3,200,000 = 25% | ₩3,078,000 / ₩4,050,000 = 76% | 100% |
| 당기 공사수익 | 4,000,000×25% = 1,000,000 | 4,000,000×76% − 1,000,000 = 2,040,000 | ₩960,000 |
| 당기 공사원가 | 800,000 | 2,278,000 | 1,022,000 |
| 조정 전 공사손익 | 200,000 | (238,000) | (62,000) |
| 예상손실 인식조정 | − | (12,000)*1 | 12,000*2 |
| 조정 후 공사손익 | 200,000 | (250,000)*1 | (50,000)*2 |

*1 20×2년 말 예상되는 전체 공사손실액은 ₩50,000(=₩4,050,000−₩4,000,000)이다. 그러나 20×1년도에 ₩200,000의 공사이익을 인식했으므로, 20×2년도에 ₩250,000의 공사손실을 인식하여야 한다. 따라서 20×2년도에 ₩12,000의 공사손실을 추가하는 조정을 한다.

*2 20×3년 말 예상되는 전체 공사손실액은 ₩100,000(=₩4,100,000−₩4,000,000)인데, 20×2년 말까지 인식한 공사손실은 ₩50,000이므로 20×3년에는 추가로 ₩50,000의 공사손실을 인식하여야 한다. 따라서 ₩12,000의 공사손실을 차감하는 조정을 한다.

2. 회계처리 및 부분 재무상태표

| 거 래 | 과 목 | 금 액 | | |
|---|---|---|---|---|
| | | 20×1년 | 20×2년 | 20×3년 |
| 공사원가 발생시 | (차) 미성공사 | 800,000 | 2,278,000 | 1,022,000 |
| | (대) 현 금 | 800,000 | 2,278,000 | 1,022,000 |
| 공사대금 청구시 | (차) 공사미수금 | 1,000,000 | 2,000,000 | 1,000,000 |
| | (대) 진행청구액 | 1,000,000 | 2,000,000 | 1,000,000 |
| 공사대금 회수시 | (차) 현 금 | 660,000 | 1,675,000 | 1,665,000 |
| | (대) 공사미수금 | 660,000 | 1,675,000 | 1,665,000 |
| 결 산 시 (예상손실 반영) | (차)공사원가 | 800,000 | 2,290,000 | 1,010,000 |
| | 미성공사 | 200,000 | | |
| | (대) 공사수익 | 1,000,000 | 2,040,000 | 960,000 |
| | 미성공사 | | 250,000 | 50,000 |

| | 20×1년 | 20×2년 | 20×3년 |
|---|---|---|---|
| 미성공사 잔액 | ₩1,000,000 | ₩3,028,000 | ₩4,000,000 |
| 진행청구액 잔액 | ₩1,000,000 | ₩3,000,000 | ₩4,000,000 |
| 재무상태표 표시 | − | 미청구공사(자산) ₩28,000 | − |

## 5. 특수한 공사원가

건설계약과 관련하여 발생하는 특수한 공사원가들의 진행률 및 공사원가 계산시 처리되는 방법은 다음과 같다.

| 항 목 | 진행률계산시 포함 여부 | 공사원가 포함 여부 | 비 고 |
|---|---|---|---|
| 토지의 취득원가 | × | ○ | • 선급공사원가로 기록한 후 진행률에 의해 공사원가에 산입 |
| 공사계약전 지출 (수주비 등) | × | ○ | • 계약의 체결가능성이 높고, 개별적으로 식별가능하며, 신뢰성있게 측정가능한 조건을 만족하는 경우 계약원가의 일부로 포함한다.<br>• 공사계약전 지출한 금액은 선급공사원가로 계상하고 공사개시후 진행률에 따라 공사원가에 대체 |
| 자본화 대상 차입원가 | × | ○ | • 건설계약 관련 필수적 원가이므로 발생기간에 공사원가로 계상 |
| 건설장비 (유형자산) | ○ | ○ | • 특정 공사에만 사용하는 경우에는 내용연수와 공사기간 중 짧은 기간에 걸쳐 감가상각하여 공사원가에 산입 |
| 가설재 | ○ | ○ | • 내구재 : 유형자산으로 처리 후, 상각하여 공사원가 대체<br>• 기타 : 재고자산으로 계상한 후 합리적 방법으로 배분 |
| 하자보수비 | × | ○ | • 발생단계별로 추정하고 이를 포함하여 공사진행률 산정.<br>• 실무상 발생단계별로 추정이 불가능한 경우, 진행률에 따라 추정하자보수비를 각 공사단계별로 배부하고 진행률 산정시에는 제외 |

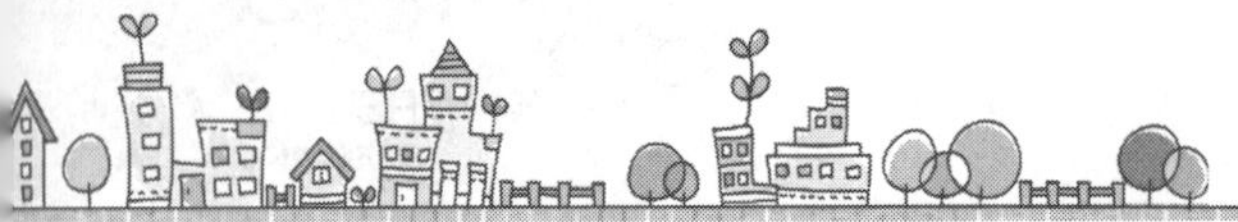

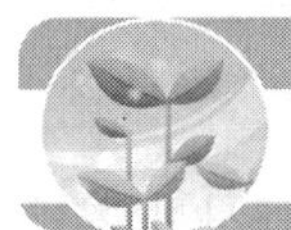

# OX 문제

1 수익은 통상적인 경영활동에서 발생하는 경제적 효익의 총유입을 말하며, 자산의 증가 또는 부채의 감소로 나타난다.

2 차익은 수익에 포함된 개념이지만, 주된 영업활동이 아닌 거래에서 발생한 것을 지칭하는 개념으로 순액으로 표시하는 점이 좁은 의미의 이익개념과 구별된다.

3 수익인식조건을 가장 잘 충족시키는 시점은 일반적으로 재화나 용역의 계약시점이다.

4 판매대가의 유입이 이연되어, 대가의 공정가치가 받았거나 받을 현금의 명목금액보다 작을 경우, 그 대가의 공정가치는 미래 총수취액을 내재이자율로 할인하여 결정한다.

5 거래이후에도 판매자가 소유에 따른 위험의 대부분을 부담하는 반품가능 판매의 경우에는, 미래의 반품금액을 신뢰성 있게 추정할 수 있다는 조건들이 모두 충족되지 않아도 수익을 인식할 수 있다.

6 용역의 제공으로 인한 수익은 용역제공거래의 성과를 신뢰성 있게 추정할 수 있을 때 진행기준에 따라 인식한다.

7 수익의 인식과 관련하여 수익을 인식하기 위하여 적용한 회계정책과 특수관계자와의 거래에서 발생한 수익금액은 주석으로 기재하여야 한다.

8 건설계약에서 계약수익은 최초 합의된 계약금액과 건설공사내용의 변경이나 보상금 또는 장려금의 지급에 따라 추가될 수익 중 수익으로 귀결될 가능성이 높고, 신뢰성 있는 측정이 가능한 금액으로 구성된다.

9 원가기준으로 진행률을 결정할 경우, 누적진행률은 추정총계약원가를 실제공사비 누적발생액으로 나눈 비율로 계산한다.

10 공사계약체결 전에 발생한 원가는 계약원가에 포함될 수 없다.

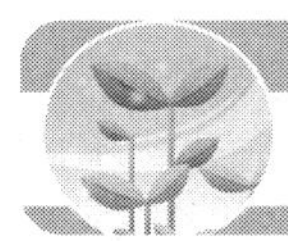

# 객 관 식 문 제

01 한국채택국제회계기준에 의할 때 당해 매출거래가 20×1년도 매출액과 20×2년도 이익에 미치는 영향은 얼마인가? 단, 법인세효과는 고려하지 않는다. 또한 모든 계산금액은 소수점 첫째 자리에서 반올림하며 이 경우 약간의 반올림 오차가 나타날 수 있다.

➤ 공인회계사 수정

주권상장법인 ㈜개벽은 20×1년 1월 1일 대금회수가 확실한 ₩3,500,000의 할부매출을 하면서 인도금으로 ₩500,000을 수령하고, 잔금 ₩3,000,000은 매년 말에 ₩1,000,000씩 3년에 걸쳐 받기로 하였다. 상기 매출거래와 관련하여 유효이자율은 10%이다.

| (이자율 10% 기준) | 1년 | 2년 | 3년 |
|---|---|---|---|
| 단일금액 ₩1의 현가계수 | 0.9091 | 0.8264 | 0.7513 |
| 정상연금 ₩1의 현가계수 | 0.9091 | 1.7355 | 2.4868 |

| | 20×1년도 매출액 | 20×2년도 이익 영향 |
|---|---|---|
| ① | ₩1,500,000 | ₩1,000,000 증가 |
| ② | ₩1,500,000 | ₩1,171,067 증가 |
| ③ | ₩2,486,800 | ₩1,173,548 증가 |
| ④ | ₩2,986,800 | ₩ 248,680 증가 |
| ⑤ | ₩2,986,800 | ₩ 173,548 증가 |

02 컨설팅업체인 ㈜대서양은 20×1년 1월 1일에 다음과 같은 용역계약을 체결하였다.

> 총수익금액은 ₩1,000,000이며 3년간에 걸쳐 용역이 진행된다. 계약 당시 예상되는 총소요원가는 ₩800,000이었으나, 20×2년 말에 향후 인건비등의 대폭적인 상승으로 용역완료시점까지 ₩260,000의 추가 소요원가가 예상된다. 한편, 다음은 20×2년까지 실제 발생한 연도별 용역원가이다.

| 연　　도 | 20×1년 | 20×2년 |
|---|---|---|
| 당기발생 용역원가 | ₩200,000 | ₩310,000 |

한국채택국제회계기준에 의해 주권상장법인인 ㈜대서양이 20×2년도에 인식해야 할 용역손실 금액은 얼마인가? 단, 당해 용역계약은 용역제공거래의 성과를 신뢰성있게 추정할 수 있으며, 추정 총소요원가 대비 발생한 누적원가의 비율로 작업진행정도를 가장 신뢰성 있게 측정할 수 있다. 또한 법인세효과는 고려하지 않는다. ➤ 공인회계사 수정

① ₩0 ② ₩50,000 ③ ₩60,000
④ ₩78,000 ⑤ ₩110,000

03 한국채택국제회계기준의 수익인식에 대한 다음의 설명 중 타당한 것은? ➤ 공인회계사 수정

① 재화의 제공여부가 용역제공에 부수적으로 수반된다는 내용이 계약상 명시되어 있는 경우 재화의 제공에 따라 총거래가격이 영향을 받아도 재화의 제공은 용역제공거래로 분류한다.
② 로열티수익은 관련된 계약의 경제적 실질을 반영하여 현금기준에 따라 인식할 수 있다.
③ 판매자가 구매자에게 판매한 재화에 대하여 소유권이 있을 때 통상적으로 행사하는 정도의 관리나 효과적인 통제를 할 수 있는 경우에도 재화의 소유에 따른 위험과 효익의 대부분이 구매자에게 이전된다면 재화의 판매로 인한 수익을 인식한다.
④ 용역제공거래에서 이미 발생한 원가와 그 거래를 완료하기 위해 추가로 발생할 것으로 추정되는 원가의 합계액이 해당 용역거래의 총수익을 초과하는 경우에는 그 초과액에서 이미 인식한 이익을 차감한 잔액을 당기손실로 인식한다.
⑤ 주문개발하는 소프트웨어의 대가로 수취하는 수수료는 진행기준에 따라 수익을 인식한다. 이 때 진행률은 소프트웨어의 개발과 소프트웨어 인도 후 제공하는 지원용역을 모두 포함하여 결정한다.

04 다음은 한국채택국제회계기준에 의한 자산의 평가와 이익의 측정에 관련된 설명이다. 타당한 것은 무엇인가? ➤ 공인회계사 수정

① 자산을 취득시에 취득원가로 기록하고 시간이 경과함에 따라서 상각한 후, 상각후 원가를 재무제표에 표시하는 이유는 자산을 현행원가에 근접하게 평가하기 위해서이다.

② 자산의 기업특유가치는 기업실체가 자산을 이용함에 따라서 당해 기업실체의 입장에서 인식되는 자산의 현재가치를 의미하며, 사용가치라고도 한다.

③ 자본유지개념에 따라서 측정하는 이익의 개념은 투자이익(return on investment)이 아닌 투자액의 회수(return of investment)에 근거한 것이다.

④ 현행유출가치로 자산을 평가하면 회계기간 동안의 구매력손익을 계산할 수 있다.

⑤ 현행원가로 자산을 평가하면 자산취득시에 보유손익을 인식하게 된다.

05 다음은 ㈜진해의 용역 관련 자료이다.

㈜진해는 소프트웨어 판매 및 서비스 공급회사이다. 이 회사는 20×1년 1월 1일 ㈜창원에 원가 ₩700,000인 ERP소프트웨어를 ₩1,000,000에 판매하고 ERP 운용과 관련된 용역을 ₩1,200,000에 2년 동안 제공하기로 약정하였다. 이 용역제공과 관련하여 예상되는 총원가는 ₩800,000이며 이 중에서 20×1년도에 실제 발생한 원가는 ₩600,000이다.

한국채택국제회계기준의 수익인식에 관한 근거할 때 20×1년의 회계처리로 타당하지 않은 것은? ➤ 공인회계사 수정

① 소프트웨어와 용역이 별개로 취급되어 그 제공이 각각 총거래가격에 영향을 미치므로 소프트웨어 매출과 용역매출은 구분하여 별도로 회계처리되어야 한다.

② ERP 소프트웨어 판매액 ₩1,000,000은 소프트웨어 인도시점인 20×1년 1월 1일 모두 수익으로 인식한다.

③ ERP 소프트웨어 원가 ₩700,000은 관련 용역이 제공되는 2년에 걸쳐 상각되어야 한다.

④ 용역제공거래는 진행기준에 의하여 수익을 인식한다. 따라서 용역제공과 관련하여 20×1년에 인식할 수익은 ₩900,000이다.

⑤ 용역제공과 관련하여 20×1년도에 실제로 발생한 원가는 결산시점에 매출원가로 대체된다.

**06** 수익의 인식과 관련한 다음 중 한국채택국제회계기준의 내용과 일치하지 않는 것은?

➤ 공인회계사 수정

① 건설형공사계약에서 발생한 수주비는 개별적으로 식별가능하고, 신뢰성있게 측정할 수 있으며, 공사계약의 체결가능성이 높다는 요건이 충족될 때 공사관련 판매비로 처리한다.

② 반품조건부 판매의 경우에 반품가능성을 예측하기 어렵다면 구매자가 공식적으로 재화의 선적을 수락한 시점이나 재화를 인도 받은 후 반품기간이 종료된 시점에 수익을 인식한다.

③ 반품조건부 판매에서 반품가능성이 불확실하여 추정이 어려운 경우에는 구매자가 재화의 인수를 공식적으로 수락한 시점 또는 재화가 인도된 후 반품가능 기간이 종료된 시점에서 수익을 인식한다.

④ 용역매출은 모두 진행기준에 따라 수익을 인식하여야 하며, 용역제공거래의 성과를 신뢰성있게 추정할 수 없는 경우에는 발생원가의 범위 내에서 회수할 수 있는 금액만 수익으로 인식한다.

⑤ 판매에 따른 수익을 인식하기 위하여 필요한 조건 중의 하나는 소유에 따른 위험과 효익이 이전되어야 한다는 것이다. 그러나 거래 성격상 거래 이후에 판매자가 관련 재화의 소유에 따른 위험의 일부를 부담하더라도 그 위험이 중요하지 않은 경우에는 수익을 인식할 수 있다.

**07** 공사손익의 계산은 아파트 공사와 상가 공사를 분할하거나 또는 병합하는 방식으로 구해질 수 있다. 각각의 경우 20×2년 공사손익은 얼마인가? (단, 한국채택국제회계기준을 적용하고 법인세효과는 고려하지 않는다)

➤ 공인회계사 수정

(1) 건설회사인 ㈜보람은 20×1년 주상복합건물의 분양계약을 체결하였다. 미분양계약은 없었다.

(2) 동 건설공사는 아파트 건설공사와 상가 건설공사로 구분되며, 공사수익의 인식은 진행기준을 사용한다. 공사진행율은 발생원가기준으로 한다.

(3) 20×2년도 말 추정 총공사예정원가 및 공사진행률 등의 자료는 다음과 같다.

| 구 분 | 아파트 | 상가 | 합 계 |
|---|---|---|---|
| 공사계약금액 | ₩5,800,000 | ₩3,200,000 | ₩9,000,000 |
| 20×1년도 공사이익 인식액 | 200,000 | 150,000 | 350,000 |
| 추정 총공사예정원가 | 6,000,000 | 2,000,000 | 8,000,000 |
| 20×2년 말까지 누적 공사진행률 | 50% | 90% | 60% |

| | 공사계약분할 | 공사계약병합 |
|---|---|---|
| ① | 공사이익 ₩400,000 | 공사이익 ₩530,000 |
| ② | 공사이익 ₩530,000 | 공사이익 ₩250,000 |
| ③ | 공사이익 ₩730,000 | 공사이익 ₩250,000 |
| ④ | 공사이익 ₩630,000 | 공사이익 ₩250,000 |
| ⑤ | 공사손실 ₩1,080,000 | 공사이익 ₩530,000 |

**08** 다음과 같을 때 계약분할로 공사진행률을 적용하면 2차년도 공사이익은 얼마인가? 단, 한국채택국제회계기준을 적용한다. ➤ 공인회계사 수정

(1) ㈜판교건설은 아파트와 상가를 건설하기로 ㈜경기와 총도급금액 ₩1,125,000에 계약을 체결하였다.
(2) ㈜판교건설은 아파트와 상가의 공사진행에 따라 공사수익을 인식하기로 하였고, 아파트의 공사이익률은 30%, 상가의 공사이익률은 20%로 예상하였다.
(3) ㈜판교건설은 공사원가를 기초로 공사진행률을 산정하며, 아파트와 상가의 공사원가 자료 및 진행률은 다음과 같다.

| 구 분 | 아파트 | 상가 | 총계 |
|---|---|---|---|
| 추정총공사원가 | ₩700,000 | ₩100,000 | ₩800,000 |
| 1차년도 실제발생원가 | ₩420,000 | ₩40,000 | ₩460,000 |
| 1차년도 진행률 | 60% | 40% | 57.50% |
| 2차년도 실제발생원가 | ₩280,000 | ₩60,000 | ₩340,000 |
| 2차년도 진행률(누적) | 100% | 100% | 100% |

① ₩135,000 ② ₩186,875 ③ ₩190,000
④ ₩306,875 ⑤ ₩646,875

09 용역의 제공으로 인한 수익은 용역제공거래의 성과를 신뢰성 있게 추정할 수 있을 때 진행기준에 따라 인식한다. 다음의 조건 중 어떠한 조건이 충족되면 용역제공거래의 성과를 신뢰성 있게 추정할 수 있는가? 단, 한국채택국제회계기준에 의한다. ➤ 공인회계사 수정

㈎ 거래 전체의 수익금액을 신뢰성 있게 측정할 수 있다.
㈏ 경제적 효익의 유입 가능성이 매우 높다.
㈐ 진행률을 신뢰성 있게 측정할 수 있다.
㈑ 이미 발생한 원가 및 거래의 완료를 위하여 투입하여야 할 원가를 신뢰성 있게 측정할 수 있다.

① ㈎, ㈏, ㈐, ㈑　② ㈎, ㈏, ㈐　③ ㈎, ㈏, ㈑
④ ㈎, ㈐, ㈑　⑤ ㈎, ㈏

10 ㈜개신은 20×1년 초에 시작해서 20×3년 말에 끝나는 공사계약(총공사계약금 ₩4,000,000)과 관련된 자료이다. K-IFRS에 의해 ㈜개신이 20×2년도에 인식해야 할 공사손익은 얼마인가? (단, 진행률은 누적발생계약원가에 기초하여 산정하며, 소수점 이하는 버린다. 예 22.555% → 22%)

| 구 분 | 20×1년 | 20×2년 | 20×3년 |
|---|---|---|---|
| 발생원가 누적액 | ₩ 800,000 | ₩3,000,000 | ₩4,200,000 |
| 추가로 소요될 원가 추정액 | 2,400,000 | 1,200,000 | – |
| 총공사원가의 추정액 | 3,200,000 | 4,200,000 | 4,200,000 |
| 당기에 청구한 공사대금액 | 1,000,000 | 2,000,000 | 1,000,000 |
| 당기에 회수한 금액 | 660,000 | 1,675,000 | 1,665,000 |

① ₩0　② ₩(20,000)　③ ₩(260,000)
④ ₩(360,000)　⑤ ₩(400,000)

11 ㈜충북은 20×1년 12월 25일 ㈜봉명에 기계장치를 판매하고 사용가능한 상태로 설치해 주기로 하였다. 설치용역을 제공하는 경우에는 ₩1,200,000을, 설치용역을 제공하지 않는 경우에는 ₩500,000을 수령하기로 하였다. 20×1년 12월 31일 현재 기계장치는 인도되었으며, 설치에 따른 진행률은 20%이다. 20×1년 12월 31일 결산일 현재 ㈜충북이 수익으로 인식할 금액은 얼마인가?

① ₩500,000 ② ₩640,000 ③ ₩710,000
④ ₩1,060,000 ⑤ ₩1,200,000

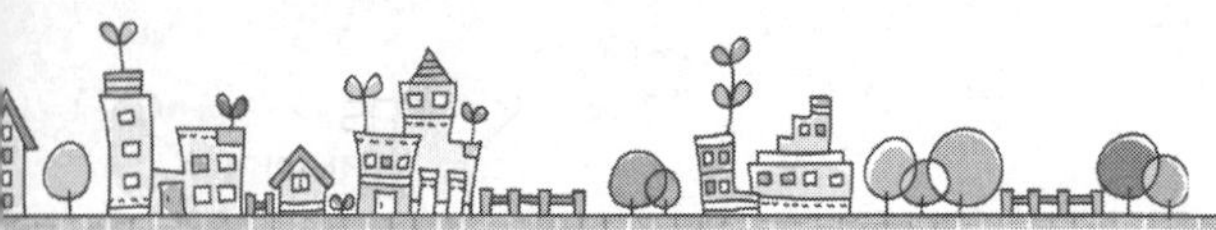

## 주관식문제

### 01 고객충성제도

㈜우리는 제품 판매시 ₩1,000 당 1포인트를 부여하는 고객충성제도를 운영하고 있다. 고객은 포인트를 사용하여 제품을 구매할 수 있으며, 포인트의 유효기한은 없다. 경영진은 포인트의 단위당 공정가치를 ₩1으로 추청하였다. 다음의 각각의 상황에 따라 회계처리하라.

(1) 20×1년중에 ₩1,000,000의 제품 판매가 이루어 졌으며, 부여한 포인트 가운데 80%가 회수될 것으로 경영진은 추정하였다.
(2) 20×1년 말 현재 회수될 것으로 기대되는 포인트의 절반인 400포인트가 회수되어 제품과 교환되었다.
(3) 20×2년중에 경영진은 포인트의 회수율이 90%가 될 것으로 추정 변경하였다. 20×1년에 제공한 포인트 가운데 추가로 410포인트가 20×2년중에 회수되어 제품과 교환되었다.
(4) 위의 사례와 다르게, 고객은 제품 구매시 ₩1,000 당 1 항공여행포인트를 제공받는다. 고객은 항공여행포인트를 사용하여 지정 항공사에서 무료 항공여행권을 받을 수 있다. ㈜우리는 지정 항공사에 각 포인트마다 ₩0.9을 지급한다. 경영진은 포인트의 단위당 공정가치를 ₩1 으로 추정하였다. 20×1년중에 ㈜우리는 총 ₩10,000,000의 제품 판매가 이루어 졌는데, 항공여행포인트에 배분된 대가를 자기의 계산으로 회수하기로 하였다. 그리고 만약 ㈜우리가 지정항공사를 대신하여 대리인으로서 대가를 회수한다고 가정한다면 회계처리는 또 어떻게 달라지는가?

## 02 반품가능판매 Ⅰ

㈜현성의 다음 자료를 이용하여 반품가능판매와 관련된 회계처리를 하시오.

(1) 회사는 2개월 내에 반품을 인정하는 조건으로 20×1년 12월 31일 ₩100,000의 제품을 매출하였다. 이 중 1%가 반품될 것으로 예상되었으며, 이때 반품관련비용 ₩50이 발생할 것으로 추정되었다. 회사의 매출원가율은 80%이다. 이에 따라 기말재무제표에 설정된 반품추정부채는 ₩250이다.
(2) 그러나 20×2년 2월중 실제 반품된 제품의 판매가격은 ₩900(반품재고자산의 공정가액은 ₩700)이고 반품관련비용은 ₩45이 발생하였다. 예상되었던 반품과 실제 반품의 차이는 중요하다고 판단하였다.
(3) 20×2년중 총 매출은 ₩600,000이고, 이 중 ₩6,200이 20×2년중 반품되었고, 반품관련비용은 ₩200이 발생하였다.
(4) 20×2년 12월 31일 반품기한이 경과하지 아니한 매출액은 ₩100,000이고 이에 대하여 반품관련 비용 ₩50이 발생할 것으로 예상하였다. 따라서 20×2년 12월 31일에 요구되는 반품추정부채 잔액은 전기와 동일한 ₩250이다.

## 03 반품가능판매 Ⅱ

㈜현성의 다음 자료를 이용하여 반품가능판매와 관련된 회계처리를 하시오.

(1) 회사는 2개월 내에 반품을 인정하는 조건으로 20×1년 12월 31일 ₩100,000의 제품을 매출하였다. 이 중 1%가 반품될 것으로 예상되었으며, 이때 반품관련비용 ₩50이 발생할 것으로 추정되었다. 회사의 매출원가율은 80%이다. 이에 따라 기말재무제표에 설정된 반품추정부채는 ₩250이다.
(2) 그러나 20×2년 2월중 실제 반품된 제품의 판매가격의 합계는 ₩1,050이고 반품관련비용은 ₩52이 발생하였다. 예상되었던 반품과 실제 반품의 차이는 중요하지 않다고 판단하였다. 그러나 실제 반품시 반품재고자산에 대하여 예상하지 못한 감액손실 금액 ₩100이 발생하였다.
(3) 20×2년중 총 매출은 ₩600,000이고, 이 중 ₩6,200이 20×2년중 반품되었고, 반품관련비용은 ₩200이 발생하였다.
(4) 20×2년 12월 31일 반품기한이 경과하지 아니한 매출액은 ₩100,000이다. 그러나 향후 운송비 등의 증가로 반품관련 비용 ₩60이 발생할 것이고 이 중 반품 1.5%가 반품될 것으로 예상되었다. 따라서 20×2년 12월 31일에 요구되는 반품추정부채의 잔액은 ₩360이다.

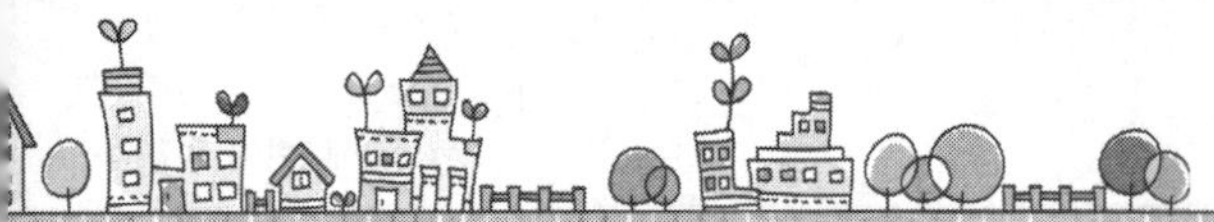

## 04 건설계약 Ⅰ

20×1년 초 ㈜한강은 공장건물을 건설하는 계약을 맺었다.
총공사계약금은 ₩4,000,000이고 공사가 완성된 20×3년 말까지 건설과 관련된 자료는 다음과 같다. 단, 진행률은 공사완성량에 따라 추정한다.

| | 20×1 | 20×2 | 20×3 |
|---|---|---|---|
| 발생원가 누적액 | ₩ 800,000 | ₩ 1,980,000 | ₩ 3,500,000 |
| 완성시까지 추가원가의 추정액 | 2,400,000 | 1,320,000 | – |
| 총계약원가의 추정액 | 3,200,000 | 3,300,000 | 3,500,000 |
| 완성량에 기초한 누적진행률 | 20% | 55% | 100% |
| 당기공사원가 청구액 | 750,000 | 1,773,000 | 1,477,000 |
| 당기에 회수한 금액 | 660,000 | 1,448,000 | 1,892,000 |

1. 진행기준에 따라 매년 인식해야 할 수익, 비용, 공사이익을 계산하시오.
2. 재무상태표에 표시될 미청구공사와 초과청구공사 금액을 계산하시오.

## 05 건설계약 Ⅱ

다음은 ㈜전진의 20×1년 초에 시작해서 20×3년 말에 끝나는 공사계약(총공사계약금액 : ₩900,000,000)과 관련된 자료이다.

| | 20×1년 | 20×2년 | 20×3년 |
|---|---|---|---|
| 누적 발생원가 | ₩400,000,000 | ₩900,000,000 | ₩1,300,000,000 |
| 완성시까지 추가소요원가 | 800,000,000 | 350,000,000 | – |
| 당기 공사대금 청구액 | 300,000,000 | 400,000,000 | 200,000,000 |
| 당기 회수한 공사금액 | 250,000,000 | 350,000,000 | 300,000,000 |

1. 공사진행기준에 따라 매년 인식해야 할 손익을 계산하라.
2. 공사진행기준에 따라 각 연도의 회계처리와 부분 재무상태표를 작성하라.

## 06 건설계약 Ⅲ

한건㈜의 사업개시연도인 20×1년중의 건설활동과 관련된 정보는 다음과 같다.

| 공사계약 | 총공사계약금액 | 누적공사원가 | 추가소요원가추정액 | 대금청구액 | 현금수취액 |
|---|---|---|---|---|---|
| A | ₩ 310,000 | ₩187,500 | ₩ 12,500 | ₩155,000 | ₩155,000 |
| B | 415,000 | 195,000 | 255,000 | 249,000 | 210,000 |
| C | 350,000 | 320,000 | – | 350,000 | 300,000 |
| D | 300,000 | 16,500 | 183,500 | 4,000 | – |
| 계 | ₩1,375,000 | ₩719,000 | ₩451,000 | ₩758,000 | ₩665,000 |

〈추가정보〉

(1) 위의 장기공사계약은 각기 다른 회사들과 이루어진 것이다.
(2) 완성되지 않은 모든 공사는 20×2년도에 완공될 것으로 예상된다.
(3) C공사는 공사계약 약정사항에 의하면 2년간 하자보수에 대한 책임이 한건㈜에 있다. 하자보수 예상비용은 ₩3,000으로 추정된다.

공사진행기준과 공사완성기준에 의하여 20×1년도 12월 31일로 종료되는 회계연도에 인식할 수익, 비용, 공사이익을 계산하라.

## 07 진행기준의 예외적용

(1) 퍼펙트건설㈜은 20×1년 초에 도급금액이 ₩50,000,000인 문화관 설립공사를 수주하였다.
(2) 계약당시 이 공사는 20×3년 말에 완공될 예정이었다. 그러나 경제상황 악화로 인해 인건비 및 건설자재 등의 가격이 불안정하여 공사가 어느 정도 소요되고 진행률이 어느 정도인지를 추정하기 불가능한 상태에 있다.
(3) 실제 공사원가의 발생 및 공사대금의 회수는 다음과 같다.

| | 20×1년 | 20×2년 | 20×3년 |
|---|---|---|---|
| 누적공사원가 | ₩10,000,000 | ₩36,000,000 | ₩47,000,000 |
| 공사대금 청구액 | 10,000,000 | 28,000,000 | 12,000,000 |
| 공사대금회수 | 7,000,000 | 25,000,000 | 18,000,000 |

각 연도별 공사손익을 계산하고 회계처리를 제시하라.

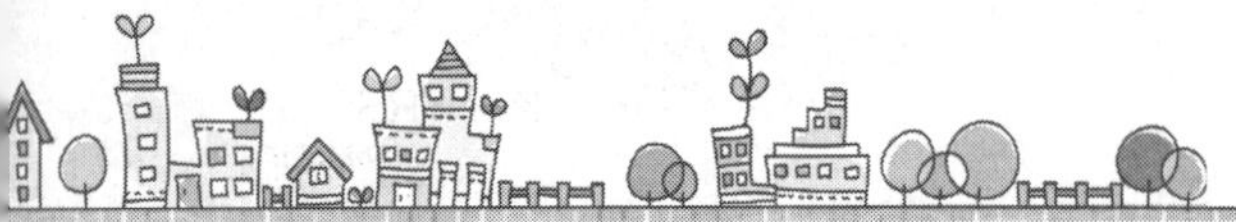

## 08 공사손실 예상

(1) ㈜유원은 20×1년 초 SKC㈜와 스포츠센터 건립에 대한 4년간 공사계약을 체결하였다.
(2) 공사 도급금액은 ₩4,000,000이며 각 연도별 발생원가와 추정원가는 다음과 같다.

| | 20×1년 | 20×2년 | 20×3년 | 20×4년 |
|---|---|---|---|---|
| 발생원가 | ₩1,064,000 | ₩ 916,000 | ₩1,608,000 | ₩1,412,000 |
| 추가 추정원가 | 2,736,000 | 2,402,000 | 1,012,000 | – |

각 연도별 공사손익을 계산하라.

## 09 분양공사

(1) ㈜청솔건설은 아파트를 건설하기로 하고 분양을 실시하였다.
(2) 총분양 예정가구수는 100가구이며 가구당 분양가액은 ₩200,000이다.
(3) 아파트 신축과 관련된 자료는 다음과 같다.
- 공사기간 : 20×1년 초부터 20×2년 말까지
- 아파트 부지 취득원가 : ₩4,000,000
- 총공사예정비(부지 취득원가 포함) : ₩14,000,000
- 20×1년 공사원가발생액(부지 취득원가 제외) : ₩6,000,000
- 20×2년 공사원가발생액(부지 취득원가 제외) : ₩5,200,000

(4) 최초에 분양된 가구수는 80가구였으며 분양신청자들로부터 다음과 같은 대금을 청구하여 수취하였다.
- 20×1년 : 청구액 (₩7,000,000) 회수액 (₩7,000,000)
- 20×2년 : 청구액 (₩9,000,000) 회수액 (₩7,000,000)

그리고 미분양아파트는 20×3년에 전부 분양되었다.
(5) ㈜청솔건설은 건설중인 아파트에 대한 통제와 소유권에 따른 중요한 위험과 보상을 매수자에게 그 상태로 이전하기로 하였으며, 분양권 전매가 가능하다.

㈜청솔건설의 공사관련 회계처리를 제시하라.

## 10 장기건설공사와 재무제표

㈜삼일건설은 20×1년 10월 15일 공사A를 수주하여 건설에 착수하였다. 20×2년 12월 31일로 종료되는 회계연도의 시산표는 다음과 같다.

잔 액 시 산 표

20×2년 12월 31일

| 차변 | 금액 | 대변 | 금액 |
|---|---|---|---|
| 현금예금 | 104,570 | 매입채무 | 78,620 |
| 미성공사 | 421,320 | 미지급비용 | 1,908 |
| 유형자산 | 183,300 | 공사선수금 | 420,000 |
| 판매비와관리비 | 20,600 | 감가상각누계액 | 8,000 |
| | | 자본금 | 200,000 |
| | | 이익잉여금 | 21,262 |
| | 729,790 | | 729,790 |

〈공사와 관련된 추가정보〉

(1) 20×2년 12월 31일 현재 3개 공사가 진행중이며, 이 공사의 계약내용은 다음과 같다.

| | 공사 A | 공사 B | 공사 C |
|---|---|---|---|
| 재료비와 노무비 | ₩169,000 | ₩34,500 | ₩265,700 |
| 공사간접비 | 30,000 | 5,500 | 48,000 |
| 총계정원가(추정) | 199,000 | 40,000 | 313,000 |
| 공사이익가산액 | 40,000 | 3,000 | 30,300 |
| 총계약금액 | 239,000 | 43,000 | 344,000 |

(2) ㈜삼일건설의 공사원가는 미성공사계정에 집합되며, 위 공사와 관련된 총원가는 합리적으로 추정되었다. 20×2년 말까지 발생한 원가는 다음과 같다.

발생원가누계

| 공사명 | 총원가추정액 | 재료비와 노무비 | 간접비 | 계 |
|---|---|---|---|---|
| A | ₩199,000 | ₩ 92,620 | ₩22,800 | ₩115,420 |
| B | 40,000 | 26,950 | 5,050 | 32,000 |
| C | 313,700 | 265,700 | 48,000 | 313,700 |
| | ₩552,700 | ₩385,270 | ₩75,850 | ₩461,120 |

(3) 20×1년 말 현재 공사A에 대한 발생원가는 ₩39,800이었으며, 공사B, C는 2007년중에 공사계약을 체결한 것이다.

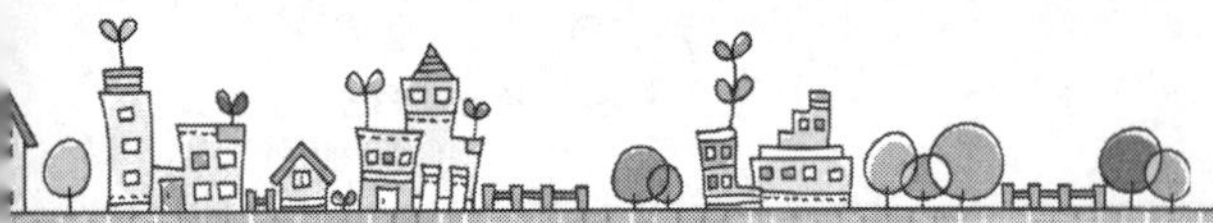

1. 20×2년 12월 3일 현재의 공사진척도를 계산하라.
2. 공사진행기준에 따라 20×2년에 인식할 공사손익을 계산하라.

## 11 할부매출

영동상사는 할부매출 및 일반매출을 병행하고 있다. 일반매출에 대하여는 인도기준에 의해 수익을 인식하지만, 할부판매에 대하여는 회수기준을 적용하여 회계기말에 당기할부판매액 중 미회수액에 대한 미실현이익을 공제하고, 전기이전의 할부매출액 중 당기회수액에 대한 실현이익을 인식하는 평가계정을 이용하고 있다.

〈관련정보〉

(1) 20×1년 12월 31일로 종료되는 회계연도말 재무상태표에는 할부외상매출금 총액이 ₩67,500,000이고, 이연할부매출이익은 ₩23,285,000이다. 이 중 20×0년도에 할부매출한 것 중 미회수된 할부외상매출금이 ₩17,000,000이고, 20×0년도의 할부매출이익률은 33%였다.

(2) 기초재고자산은 ₩8,600,000이 이월되었고, 당기중 ₩98,500,000을 매입하였다.

(3) 20×2년도중 총매출은 ₩134,000,000인데, 이 중 할부매출액이₩94,000,000이다.

(4) 할부매출은 일반매출액보다 20%를 증가시킨 가격으로 판매하고 있다. 이는 할부기간에 대한 이자 및 위험에 대한 보수로서 일반매출액보다 높은 가격으로 판매되나 이자부분은 구분처리하지 않는다.

(5) 할부외상매출금은 당기중 ₩89,000,000을 회수하였는데 20×0년에 판매된 할부외상매출금은 모두 회수되었다.

(6) 당기 할부매출채권 중 ₩58,500,000은 20×3년 및 20×4년에 회수기일이 도래하 것으로 20×2년 말 현재 회수되지 않았다.

(7) 20×2년 말의 기말재고자산은 재고실사결과 ₩9,120,000이었다.

1. 영동상사의 20×2년도에 계상할 할부매출실현이익을 계산하라.
2. 20×2년도에 계상할 할부매출미실현이익을 계산하라.
3. 20×2년도에 발생한 거래에 대한 회계처리를 제시하라.

## 12 위탁매출

㈜대장은 맹장상사와 위탁판매계약을 체결하고 있다. ㈜대장의 위탁매출과 관련된 자료는 다음과 같다.

(1) 기초상품재고액 ₩400,000(200개, @₩2,000)
(2) ㈜대장은 3월 4일에 상품 1,200개를 개당 @2,000에 현금 매입하였다.
(3) ㈜대장은 7월 10일에 맹장상사에 위탁판매하기 위하여 원가 ₩2,000,000(1,000개 @₩2,000)인 상품을 적송하고 적송운임 ₩10,000을 지급하였다.
(4) ㈜대장은 맹장상사로부터 12월 31일에 다음과 같은 매출보고서와 함께 현금을 받았다.

매 출 보 고 서

| | | |
|---|---|---|
| 판매액(800개, @₩3,000) | | ₩2,400,000 |
| 판 매 운 임 | ₩40,000 | |
| 판매수수료 | 360,000 | 400,000 |
| 송 금 액 | | ₩2,000,000 |

위탁자와 수탁자가 행할 회계처리를 제시하라.

## 13 시용매출

다음은 ㈜속리의 매출과 매입에 관한 자료이다.

(1) 기초상품재고액은 ₩5,000(1,000개 @₩5)이다.
(2) ㈜속리는 5월4일에 상품 ₩30,000,000(6,000개 @₩5)을 현금매입하였다.
(3) 10월 3일에 매가 ₩32,500(원가 ₩25,000)인 상품을 시용판매하기 위하여 고객A에게 시송하였다.
(4) 12월 28일에 ㈜속리는 고객A로부터 매가 ₩22,750에 해당하는 시송품의 매입의사통지를 받았다.
(5) ㈜속리는 12월 31일에 창고에 ₩10,000의 상품재고를 보유하고 있다.

㈜속리가 해야 할 회계처리를 일자별로 제시하라.

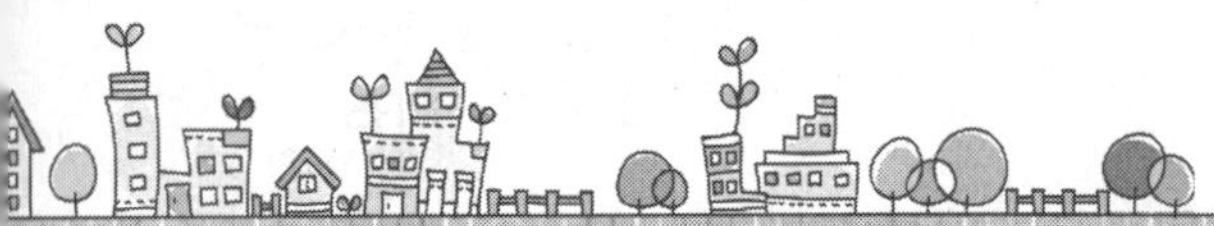

## 14 장기할부매출

동양상사는 20×1년 초에 원가 ₩3,000,000의 상품을 매각하고 계약금으로 현금 ₩1,000,000을 받고 향후 2년간 매 6개월(6월 30일과 12월 31일)마다 ₩750,000씩을 받기로 했다. 이 금액에는 연 8%의 이자가 포함된 것이며 동양상사의 결산일은 매년 12월 31일이다.

1. 동양상사의 매출총이익과 이자수익을 계산하라.
2. 기업회계기준에 의한 필요한 회계처리를 제시하라.

## 15 할부매출

㈜청구는 할부판매만을 하고 있는 회사로서 20×1년 및 20×2년의 판매 및 회수내용은 다음과 같다.

| | 20×1 | 20×2 |
|---|---|---|
| 할부매출액 | ₩60,000,000 | ₩80,000,000 |
| 매입액 | 52,000,000 | 63,000,000 |
| 기초재고액 | – | 4,000,000 |
| 기말재고액 | 4,000,000 | 7,000,000 |
| 할부매출회수액 | | |
| 20×1년 매출분 | 40,000,000 | 20,000,000 |
| 20×2년 매출분 | – | 50,000,000 |

1. 판매기준에 의해 할부매출을 인식할 경우 각 연도별 매출, 원가, 이익명세서를 작성하고 필요한 회계처리를 제시하라.
2. 회수기준에 의해 수익을 인식할 경우 (물음 1)에 답하라. (대조계정 사용)
3. 회수기준에 의해 수익을 인식할 경우 (물음 1)에 답하라. (평가계정 사용)

## 16 상품권의 회계처리

(1) 리츠제화㈜는 20×1년 초에 ₩10,000 상품권 1,000매를 1매당 ₩9,500에 발행하였다.

(2) 상품권의 만기는 발행일로부터 6개월이며 유효기간이 경과한 후에는 상품권에 명시된 액면가액의 20%만을 환급해 준다.

(3) 20×1년 6월 30일까지 회수된 상품권은 800매이며 20×1년 7월 1일에 미회수된 상품권 200매에 대하여 액면가액의 20%만큼을 공탁금으로 예치하였다.

(4) 공탁금은 상법상의 소멸시효가 완성된 시점에서 회수한다.

(5) 유효기간이 지난 상품권중 150매는 상법상 소멸 시효기간까지 회수되었으나, 나머지 50매는 회수되지 않았다.

기업회계기준에 따라 상품권과 관련하여 필요한 분개를 제시하라.

## ☑ OX문제

01 ○

02 × : 이익개념이 아니고 수익개념임.

03 × : 계약시점이 아니고 판매시점임.

04 ○

05 × : 모두 충족되어야 수익을 인식할 수 있다.

06 ○

07 ○

08 ○

09 × : 계약원가 실제 누적발생액을 추정총계약원가로 나눈 비율이다.

10 × : 계약에 직접 관련되며, 개별적으로 식별 가능하고, 신뢰성있게 측정 가능하고, 계약의 체결가능성이 높은 경우에는 계약원가에 포함한다.

## ☑ 객관식문제

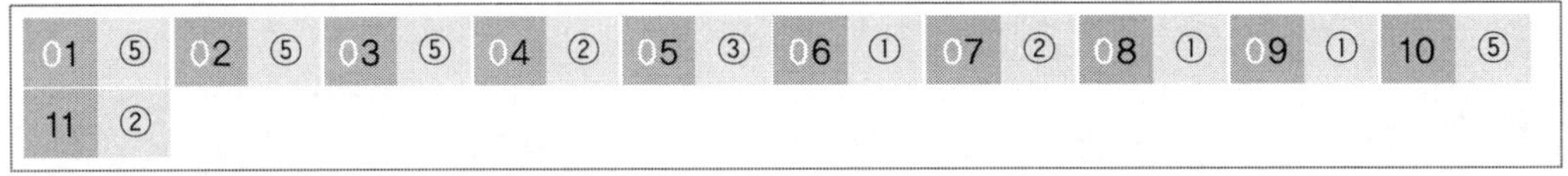

| 01 | ⑤ | 02 | ⑤ | 03 | ⑤ | 04 | ② | 05 | ③ | 06 | ① | 07 | ② | 08 | ① | 09 | ① | 10 | ⑤ |
|---|---|---|---|---|---|---|---|---|---|---|---|---|---|---|---|---|---|---|---|
| 11 | ② | | | | | | | | | | | | | | | | | | |

## ☑ 주관식문제

01 1. 회계처리

(1) 20×1년(제품 매출시)

| | | | | |
|---|---|---|---|---|
| (차) 현 금 | 1,000,000 | (대) 매 출 | 999,000 |
| | | 이 연 매 출 | 1,000*1 |

*1 이연매출의 공정가치 : ₩1,000,000÷₩1,000×₩1=₩1,000
총매출액에서 이연매출액을 제외한 금액을 매출 손익으로 인식한다.

⑵ 20×1년(포인트 제품 교환시)

| | | | | |
|---|---|---|---|---|
| (차) 이 연 매 출 | 500 | (대) 매 출 | 500[*1] |

*1 회수될 것으로 기대되는 총 포인트 : ₩1,000,000÷₩1,000×80%=800포인트
₩1,000×(400포인트/800포인트)=₩500

⑶ 20×2년(포인트 제품 교환시)

| | | | |
|---|---|---|---|
| (차) 이 연 매 출 | 400 | (대) 매 출 | 400[*1] |

*1 회수될 것으로 기대되는 총 포인트 : ₩1,000,000÷₩1,000×90%=900포인트
20×2년 말까지 누적 포인트 수익 : ₩1,000×(810포인트/900포인트)=₩900
20×2년도 인식할 포인트 수익 : ₩900−₩500=₩400

⑷ 20×1년(제3자가 보상을 제공하는 경우)

① 기업이 자기의 계산으로 보상대가를 회수하는 경우

| | | | |
|---|---|---|---|
| (차) 현 금 | 10,000,000 | (대) 매 출 | 9,990,000 |
| | | (포인트)매 출 | 10,000[*1] |
| (차) 비 용 | 9,000 | (대) 미 지 급 비 용 | 9,000[*2] |

*1 ㈜우리는 포인트를 부여함으로써 고객에 대한 의무를 이행하였고, 항공사는 보상을 제공할 의무를 지고 그에 따른 대가를 수취할 권리를 가지게 된다.
따라서 ㈜우리는 제품을 판매한 시점에서 포인트에 대한 수익을 인식한다.
항공여행포인트의 공정가치 : ₩10,000,000÷₩1,000×₩1=₩10,000

*2 ㈜우리는 지정항공사에 지급할 ₩9,000(=₩10,000×90%)을 비용으로 별도 인식한다.

② 기업이 제3자를 대신하여－대리인으로서－ 보상대가를 회수하는 경우

| | | | |
|---|---|---|---|
| (차) 현 금 | 10,000,000 | (대) 매 출 | 9,990,000 |
| | | (포인트)매 출 | 1,000[*1] |
| | | 미 지 급 비 용 | 9,000 |

*1 ㈜우리는 보상점수의 공정가치에서 항공사에 지급할 금액을 차감한 순액으로 수익을 인식한다.

02 <20×2년 반품 시>

| | | | |
|---|---|---|---|
| (차) 반품추정부채 | 250 | (대) 매 출 채 권 | 900 |
| 반품재고자산 | 720 | 현 금 | 45 |
| | | 영업외수익 | 25 |
| (차) 매 출 | 6,200 | (대) 매 출 채 권 | 6,200 |
| 반품비용(판매비와관리비) | 200 | 현 금 | 200 |

<20×2년 12월 31일 결산 시>

| | | | |
|---|---|---|---|
| (차) 매 출 원 가 | 480,000 | (대) 재 고 자 산 | 480,000 |
| 반품재고자산 | 4,960 | 매 출 원 가 | 4,960 |
| 반품비용(판매비와관리비) | 20[*] | 반품재고자산 | 20 |

* ₩720−₩700=₩20

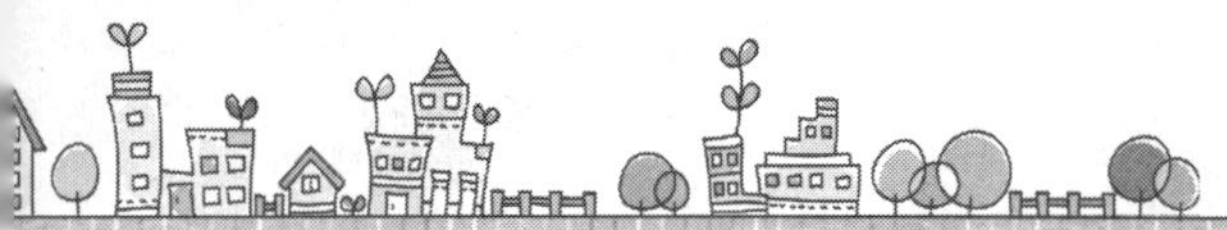

| (차) 매 출 | 1,000 | (대) 매 출 원 가 | 800 |
|---|---|---|---|
| 반품비용(판매비와관리비) | 50 | 반품추정부채* | 250 |

* 당기 반품이 발생한 시점에서 반품추정부채를 감소시켰으므로 당기말 예상되는 반품 관련비용을 추가적으로 반품추정부채로 설정한다.

03 <20×2년 12월 31일 결산 시>

| (차) 매 출 원 가 | 480,000 | (대) 재 고 자 산 | 480,000 |
|---|---|---|---|
| 반품재고자산 | 5,800 | 매 출 원 가 | 5,800 |
| 반품비용(판매비와관리비) | 100 | 반품재고자산 | 100 |
| (차) 매 출 | 500*1 | (대) 매 출 원 가 | 400*2 |
| 반 품 비 용(판매비와관리비) | 10 | 반품추정부채 | 110*3 |

*1 ₩100,000×1.5%−₩1,000=₩500
*2 ₩100,000×1.5%×80%−₩800=₩400
*3 (₩100,000×1.5%×20%+₩60)−₩250=₩110

04 <건설계약 I>

1. 공사진행기준에 의한 연도별 공사이익

| | 20×1년 | 20×2년 | 20×3년 |
|---|---|---|---|
| 누적 공사수익 | ₩4,000,000×20% =₩1,000,000 | ₩4,000,000×55% =₩2,200,000 | ₩4,000,000 |
| 과년도 공사수익 | − | ₩1,000,000 | ₩2,200,000 |
| 당기공사수익 | ₩1,000,000 | ₩1,200,000 | ₩1,800,000 |

2. 미청구공사와 초과청구공사 금액 계산

| | 20×1년 | 20×2년 | 20×3년 |
|---|---|---|---|
| 미성공사 잔액 | ₩1,000,000 | ₩1,000,000+₩1,200,000 =₩2,200,000 | ₩2,200,000+₩1,800,000 =₩4,000,000 |
| 진행청구액 잔액 | ₩750,000 | ₩750,000+₩1,773,000 =₩2,523,000 | ₩2,523,000+₩1,477,000 =₩4,000,000 |
| 재무상태표 표시 | 미청구공사(자산) ₩250,000 | 초과청구공사(부채) =₩323,000 | 없 음 |

05 1. 각 연도별 손익계산

| | 20×1년 | 20×2년 | 20×3년 |
|---|---|---|---|
| 누적 공사진행률 | $\frac{4억}{12억}$ =33.3% | $\frac{9억}{12억5천}$ =72% | 100% |
| 당기 공사수익 | 900,000,000×33.3% =300,000,000 | 900,000,000×72% − 300,000,000=348,000,000 | 252,000,000 |
| 당기 공사원가 | 400,000,000 | 500,000,000 | 400,000,000 |
| 조정 전 공사손익 | (100,000,000) | (152,000,000) | (148,000,000) |
| 예상손실 인식조정 | (200,000,000)*1 | 102,000,000*2 | 98,000,000*3 |
| 조정 후 공사손익 | (300,000,000)*1 | (50,000,000)*2 | (50,000,000)*3 |

*1 20×1년 말 예상되는 전체 공사손실액은 3억(=12억−9억)이다. 따라서 2억의 공사손실을 가산하는 조정을 한다.

*2 20×2년 말 예상되는 전체 공사손실액은 3억5천(=12억5천−9억)이다. 그러나 20×1년도에 3억의 공사손실을 인식했으므로, 20×2년도에 5천의 공사손실을 추가로 인식하여야 한다. 따라서 20×2년도에 1억2백의 공사손실을 차감하는 조정을 한다.

*3 20×3년 말 예상되는 전체 공사손실액은 4억(=13억−9억)인데, 20×2년 말까지 인식한 공사손실은 3억5천이므로 20×3년에는 추가로 5천의 공사손실을 인식하여야 한다. 따라서 9천8백의 공사손실을 차감하는 조정을 한다.

2. 회계처리 및 부분 재무상태표 (단위 : 천원)

| 거 래 | 과 목 | 금 액 | | |
|---|---|---|---|---|
| | | 20×1년 | 20×2년 | 20×3년 |
| 공사원가 발생시 | (차) 미성공사<br>(대) 현 금 | 400,000<br>400,000 | 500,000<br>500,000 | 400,000<br>400,000 |
| 공사대금 청구시 | (차) 공사미수금<br>(대) 진행청구액 | 300,000<br>300,000 | 400,000<br>400,000 | 200,000<br>200,000 |
| 공사대금 회수시 | (차) 현 금<br>(대) 공사미수금 | 250,000<br>250,000 | 350,000<br>350,000 | 300,000<br>300,000 |
| 결 산 시 (예상손실 반영) | (차) 공사원가<br>(대) 공사수익<br>미성공사 | 600,000<br>300,000<br>300,000 | 398,000<br>348,000<br>50,000 | 302,000<br>252,000<br>50,000 |

| | 20×1년 | 20×2년 | 20×3년 |
|---|---|---|---|
| 미성공사 잔액 | ₩100,000 | ₩550,000 | ₩900,000 |
| 진행청구액 잔액 | ₩300,000 | ₩700,000 | ₩900,000 |
| 재무상태표 표시 | 초과청구공사(부채)<br>₩200,000 | 초과청구공사(부채)<br>₩150,000 | – |

06 1. 공사진행기준

| | A | B | C | D |
|---|---|---|---|---|
| 공사수익 | ₩290,625 | ₩179,833 | ₩350,000 | ₩24,750 |
| 공사원가 | (187,500) | (195,000) | (323,000) | (16,500) |
| 예상손실조정 | – | (19,833) | – | – |
| 공사이익(손실) | ₩103,125 | ₩(35,000) | ₩27,000 | ₩8,250 |

* 공사수익계산

| | A | B | C | D |
|---|---|---|---|---|
| 공사진척도 | 93.75%<br>(187,500÷200,000) | 43.33%<br>(195,000÷450,000) | 100%<br>(323,000÷323,000) | 8.25%<br>(16,500÷200,000) |
| 공사계약금액 | 310,000 | 415,000 | 350,000 | 300,000 |
| | ₩290,625 | ₩179,833 | ₩350,000 | ₩24,750 |

| | | |
|---|---|---|
| * 공사 B 총예상 손실 | | ₩(35,000) |
| 조정전 공사손실 | ₩195,000－₩179,833＝ | (15,167) |
| 공사 B 공사손실 | | ₩(19,833) |

2. 공사완성기준

| | B | C |
|---|---|---|
| 공사수익 | | ₩350,000 |
| 공사원가 | | ₩(323,000) |
| 예상손실 | ₩(35,000)* | |
| 공사이익(손실) | ₩(35,000) | ₩ 27,000 |

* (₩195,000＋₩255,000)－₩425,000＝₩35,000

07 1. 공사손익계산

공사원가 또는 진행률을 합리적으로 추정할 수 없으므로 발생원가의 범위 내에서 회수가능한 금액(회수금액)을 수익으로 계상하고 발생원가는 전액 비용처리하여야 한다.

| | 20×1년 | 20×2년 | 20×3년 |
|---|---|---|---|
| 공사수익 | ₩7,000,000 | ₩25,000,000 | ₩18,000,000 |
| 공사원가 | 10,000,000 | 26,000,000 | 11,000,000 |
| 공사손익 | (3,000,000) | (1,000,000) | 7,000,000 |

2. 연도별 회계처리 (단위 : 천원)

| 거 래 | 과 목 | 금 액 | | |
|---|---|---|---|---|
| | | 20×1년 | 20×2년 | 20×3년 |
| 공사원가 발생시 | (차) 미성공사<br>(대) 현 금 | 10,000<br>10,000 | 26,000<br>26,000 | 11,000<br>11,000 |
| 공사대금 청구시 | (차) 공사미수금<br>(대) 진행청구액 | 10,000<br>10,000 | 28,000<br>28,000 | 12,000<br>12,000 |
| 공사대금 회수시 | (차) 현 금<br>(대) 공사미수금 | 7,000<br>7,000 | 25,000<br>25,000 | 18,000<br>18,000 |
| 결 산 시<br>(예상손실 반영) | (차) 공사원가<br>미성공사<br>(대) 공사수익<br>미성공사 | 10,000<br><br>7,000<br>3,000 | 26,000<br><br>25,000<br>1,000 | 11,000<br>7,000<br>18,000<br> |

08

| | 20×1 | 20×2 | 20×3 | 20×4 |
|---|---|---|---|---|
| 발생원가(A) | ₩ 1,064,000 | ₩ 916,000 | ₩ 1,608,000 | ₩ 1,412,000 |
| 누적발생원가(B) | 1,064,000 | 1,980,000 | 3,588,000 | 5,000,000 |
| 총원가추정액(C) | 3,800,000 | 4,382,000 | 4,600,000 | 5,000,000 |
| 공사진행률(B÷C) | 28% | 45% | 78% | 100% |
| 공사수익 | 4,000,000×28%<br>= 1,120,000 | 4,000,000×45%<br>−1,120,000<br>=680,000 | 4,000,000×78%<br>−1,800,000<br>=1,320,000 | 4,000,000×100%<br>−3,120,000<br>=880,000 |
| 당기 공사원가 | 1,064,000 | 916,000 | 1,608,000 | 1,412,000 |
| 조정전 공사손익 | 56,000 | (236,000) | (70,000) | (132,000) |
| 예상손실 인식조정 | − | (202,000) | (148,000) | (268,000) |
| 조정후 공사손익 | ₩56,000 | ₩(438,000) | ₩(218,000) | ₩(400,000) |

09 [연구]

기업회계기준해석서 제2115호(부동산건설약정)에 따르면 기업이 매수자에게 부동산을 인도할 계약상 의무를 이행하기 위해 건설재료와 더불어 용역을 제공해야 한다면 그 약정은 재화판매약정에 해당된다. 그러나 기업이 건설이 진행됨에 따라 그 상태의 미성공사에 대한 통제와 소유권에 따른 중요한 위험과 보상을 그 상태로 매수자에게 이전할 수 있는 경우 진행기준을 사용하여 수익을 인식한다. 따라서 분양된 부분에 대하여는 진행기준을 적용하고 건설 완공후 미분양 판매분은 판매시점에서 수익을 인식한다. 한편 공사진행기준을 적용하여 수익을 인식할 경우 당해 아파트부지로 사용될 토지의 취득원가는 토지를 제외한 총공사예정원가에 대한 공사원가 발생액의 비율에 의하여 공사원가에 산입한다.

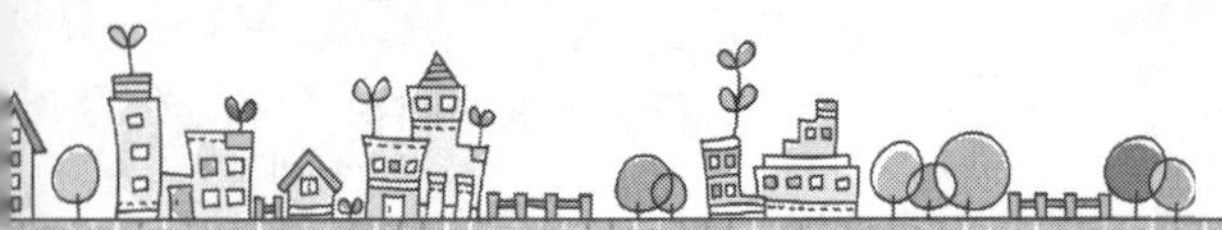

1. 분양분(80%)에 대한 진행기준 적용시 공사이익계산

| | 20×1 | 20×2 |
|---|---|---|
| 공사진척도 | 60%*1 | 100%*2 |
| 공사수익 | ₩9,600,000*3 | ₩6,400,000*4 |
| 공사원가 | | |
| 토지원가 | 2,400,000*5 | 1,600,000 |
| 기타공사원가 | 6,000,000 | 5,200,000 |
| 계 | 8,400,000 | 6,800,000 |
| 분양비율 | 80% | 80% |
| 공사원가계 | 6,720,000 | 5,440,000 |
| 공사이익 | ₩2,880,000 | ₩ 960,000 |

*1 ₩6,000,000÷₩10,000,000
*2 ₩11,200,000÷₩11,200,000
*3 ₩16,000,000×60%
*4 ₩16,000,000−₩9,600,000
*5 ₩4,000,000×60%

2. 회계처리 (단위 : 천원)

| 거 래 | 과 목 | 금 액 | | | |
|---|---|---|---|---|---|
| | | 20×1년 | | 20×2년 | |
| 토지 취득시 | (차) 토 지 | 4,000 | | | |
| | (대) 현 금 | | 4,000 | | |
| 공사원가 발생시 | (차) 미성공사 | 8,400 | | 6,800 | |
| | (대) 현 금 | | 6,000 | | 5,200 |
| | 토 지 | | 2,400 | | 1,600 |
| 공사대금 청구시 | (차) 공사미수금 | 7,000 | | 9,000 | |
| | (대) 진행청구액 | | 7,000 | | 9,000 |
| 공사대금 회수시 | (차) 현 금 | 7,000 | | 7,000 | |
| | (대) 공사미수금 | | 7,000 | | 7,000 |
| 결 산 시 | (차) 공사원가 | 6,720 | | 5,440 | |
| | 미성공사 | 2,880 | | 960 | |
| | (대) 공사수익 | | 9,600 | | 6,400 |
| | (차) 미분양아파트 | 1,680 | | 1,360 | |
| | (대) 미성공사 | | 1,680 | | 1,360 |

<20×3년 회계처리>

| | | | |
|---|---|---|---|
| (차) 현 금 | 4,000,000 | (대) 공 사 수 익 | 4,000,000 |
| (차) 공 사 원 가 | 3,040,000 | (대) 미분양아파트 | 3,040,000 |

10 1. 공사진척도 계산

| 공사명 | 총원가추정액 | 발생원가누계 | 누적진행률 |
|---|---|---|---|
| A | ₩199,000 | ₩115,420 | 58% |
| B | 40,000 | 32,000 | 80% |
| C | 313,700 | 313,700 | 100% |
| | ₩552,700 | ₩461,120 | |

2. 공사손익계산

| | A | B | C | 계 |
|---|---|---|---|---|
| 총계약금액 | ₩239,000 | ₩43,000 | ₩344,000 | ₩626,000 |
| 진척도 | 58% | 80% | 100% | |
| 공사수익누계 | 138,620 | 34,400 | 344,000 | 517,000 |
| 전기인식분 | (47,800)* | | | |
| 당기공사수익 | 90,820 | 34,400 | 344,000 | 469,220 |
| 공사원가 | 75,620** | 32,000 | 313,700 | 421,320 |
| 공사이익 | ₩15,200 | ₩2,400 | ₩30,300 | ₩47,900 |

* ₩39,800÷₩199,000＝20%  ₩239,000×20%＝₩47,800

** ₩115,420－₩39,800＝₩75,620

11 1. 할부매출실현이익 : ₩18,385,000

(1) 할부매출이익률

20×0년 할부매출이익률 : 33%

20×1년 할부매출이익률 : 35%

| | |
|---|---|
| * 이연할부매출이익(20×1년) | ₩23,285,000 |
| 20×0년도분(₩17,000,000×33%) | 5,610,000 |
| | ₩17,675,000 |

∴ ₩17,625,000÷(₩67,500,000－₩17,000,000)＝35%

(2) 당기회수액

| | |
|---|---|
| 총회수액 | ₩89,000,000 |
| 20×0년도분 | (17,000,000) |
| 20×1년도 회수액 | (35,500,000)** |
| 20×2년도분회수액 | ₩36,500,000 |

** ₩94,000,000－₩58,500,000＝₩35,500,000

(3) 할부매출실현이익

| | |
|---|---|
| 20×1년도분 : ₩17,000,000×33%＝ | ₩ 5,610,000 |
| 20×2년도분 : ₩36,500,000×35%＝ | ₩12,775,000 |
| 계 | ₩18,385,000 |

2. 할부매출미실현익 : ₩18,135,000

(1) 할부매출이익률

| | | | |
|---|---|---|---|
| 할부매출총액 | | | ₩142,000,000 |
| 할부매출액 | | 94,000,000 | |
| 일반매출환산액 {(134,000,000－94,000,000)×120%} | | 48,000,000 | |
| 매출원가 | | | 97,980,000 |
| 기초재고자산 | 8,600,000 | | |
| 당기매입액 | 98,500,000 | | |
| 계 | 107,100,000 | | |
| 기말재고자산 | 9,120,000 | | |
| 할무매출총이익 | | | ₩44,020,000 |

할부매출총이익 : 31%

∴ 당기미실현이익 : ₩58,500,000×31%＝₩18,135,000

3. 20×2년 거래분개

| | | | |
|---|---|---|---|
| (차) 상 품 | 98,500,000 | (대) 매입채무 | 98,500,000 |
| (차) 할부매출채권 | 94,000,000 | (대) 할부매출 | 94,000,000 |
| 매출채권 | 40,000,000 | 매 출 | 40,000,000 |
| 매출원가 | 97,980,000 | 상 품 | 97,980,000 |
| (차) 현 금 | 89,000,000 | (대) 할부매출채권 | 89,000,000 |
| (차) 할부매출미실현이익 | 18,135,000 | (대) 이연할부매출이익 | 18,135,000 |
| 이연할부매출이익 | 18,385,000 | 할부매출실현이익 | 18,385,000 |

12

| 적 요 | 위탁자[㈜대장] | 수탁자(맹장상사) |
|---|---|---|
| 상품매입시<br>(3월 4일) | (차) 재고자산 2,400,000<br>(대) 현 금 2,400,000 | |
| 적송시<br>(7월 10일) | (차) 적송품 2,010,000<br>(대) 재고자산 2,000,000<br>현 금 10,000 | |
| 매출시 | (차) 매출채권 2,400,000<br>매출원가 1,608,000*<br>(대) 매 출 2,400,000<br>적송품 1,608,000 | (차) 현 금 2,400,000<br>판매운임 40,000<br>(대) 수탁매출 2,400,000<br>현 금 40,000 |
| 정산시 | (차) 현 금 2,000,000<br>판매운임 40,000<br>판매수수료 360,000<br>(대) 매출채권 2,400,000 | (차) 수탁매출 2,400,000<br>(대) 현 금 2,000,000<br>판매운임 40,000<br>판매수수료 360,000 |

* (₩2,010,000÷1,000)×800＝1,608,000

13 (단위 : 천원)

| | | | | | |
|---|---|---|---|---|---|
| 5월 4일 : | (차) 매　　입 | 30,000 | (대) 현　　금 | 30,000 |
| 10월 3일 : | 비망기록 | | | |
| 12월 28일 : | (차) 매 출 채 권 | 22,750 | (대) 매　　출 | 22,750 |
| 12월 31일 : | (차) 매　　출 | 22,750 | (대) 매　　입 | 30,000 |
| | 기 말 재 고 | 17,500* | 기 초 재 고 | 5,000 |
| | | | 집 합 손 익 | 5,250 |

* ₩10,000+(₩32,500−₩22,750)×₩25,000/₩32,500=₩17,500

14 [연구] 기업회계기준에서는 할부매출을 판매시점에서 인식하도록 규정하고 있으며, 장기 할부매출의 경우에는 현재가치로 평가하고, 이자상당액은 기간의 경과에 따라 수익으로 인식하도록 규정하고 있다.

1. 매출총이익과 이자수익

(1) 할부매출채권의 현재가치

₩1,000,000+₩750,000×3.6299(4%, 4년연금현가)=₩3,722,425

(2) 매출총이익 : ₩3,722,425−₩3,000,000=₩722,425

이자수익 : ₩4,000,000−₩3,722,425=₩277,575

2. 회계처리

현재가치할인차금 상각표

| 일 자 | 할부회수금 | 이자수익(4%) | 할부매출채권회수액 | 장부가액 |
|---|---|---|---|---|
| 20×1. 1. 1. | ₩1,000,000 | − | ₩1,000,000 | ₩2,722,425 |
| 20×1. 6. 30. | 750,000 | 108,897 | 641,103 | 2,081,322 |
| 20×1. 12. 31. | 750,000 | 83,253 | 666,747 | 1,414,575 |
| 20×2. 6. 30. | 750,000 | 56,583 | 693,417 | − |
| 20×2. 12. 31. | 750,000 | 28,842 | 721,158 | |
| | ₩4,000,000 | ₩277,575 | ₩3,722,425 | |

| | | | | |
|---|---|---|---|---|
| 20×1. 1. 1. | (차) 매 출 채 권 | 4,000,000 | (대) 매　　출 | 3,722,425 |
| | | | 현재가치할인차금 | 277,575 |
| | (차) 현　　금 | 1,000,000 | (대) 매 출 채 권 | 1,000,000 |
| 20×1. 6. 30. | (차) 현　　금 | 750,000 | (대) 매 출 채 권 | 750,000 |
| | 현재가치할인차금 | 108,897 | 이 자 수 익 | 108,897 |
| 20×1. 12. 31. | (차) 현　　금 | 750,000 | (대) 매 출 채 권 | 750,000 |
| | 현금가치할인차금 | 83,253 | 이 자 수 익 | 83,253 |
| 20×2. 6. 30. | (차) 현　　금 | 750,000 | (대) 매 출 채 권 | 750,000 |
| | 현재가치할인차금 | 56,583 | 이 자 수 익 | 56,583 |

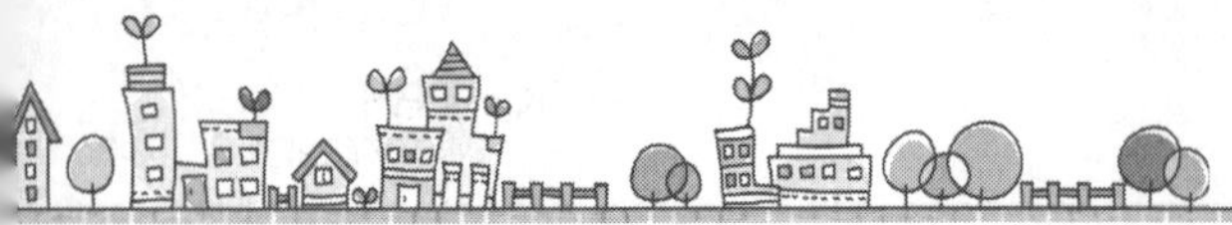

| 20×2. 12. 31. | (차) 현 금 | 750,000 | (대) 매 출 채 권 | 750,000 |
|---|---|---|---|---|
| | 현재가치할인차금 | 28,842 | 이 자 수 익 | 28,842 |

15 **[연구]** 할부매출을 회수시점에서 인식하는 방법에는 대조계정법과 평가계정법이 있는데, 이 두 방법에 의한 손익계산서상의 매출액과 매출원가는 다를지라도 매출총이익은 동일하다. 한편, 기업회계기준에서는 할부매출을 판매시점에서 인식하도록 규정하고 있다.

**1. 판매기준**

(1) 매출 · 원가 · 이익명세서

매출 · 원가 · 이익명세서

㈜청구 (단위 : 원)

| 과목 | 20×1 | | 20×2 | |
|---|---|---|---|---|
| 매 출 | | 60,000,000 | | 80,000,000 |
| 매출원가 | | 48,000,000 | | 60,000,000 |
| 기초재고 | | | 4,000,000 | |
| 매 입 | 52,000,000 | | 63,000,000 | |
| 계 | 52,000,000 | | 67,000,000 | |
| 기말재고 | 4,000,000 | | 7,000,000 | |
| 매출총이익 | | 12,000,000 | | 20,000,000 |
| 매출총이익률 | | 20% | | 25% |

(2) 회계처리

| 적요 | 20×1 | 20×2 |
|---|---|---|
| 상품매입시 | (차) 매 입 52,000,000<br>(대) 현 금 52,000,000 | (차) 매 입 63,000,000<br>(대) 현 금 63,000,000 |
| 할부매출시 | (차) 매 출 채 권 60,000,000<br>(대) 매 출 60,000,000 | (차) 매 출 채 권 80,000,000<br>(대) 매 출 80,000,000 |
| 할부외상매출금회수시 | (차) 현 금 40,000,000<br>(대) 매 출 채 권 40,000,000 | (차) 현 금 70,000,000<br>(대) 매 출 채 권 70,000,000 |
| 기말결산시 | (차) 매 출 원 가 52,000,000<br>(대) 매 입 52,000,000<br>(차) 상 품 4,000,000<br>(대) 매 출 원 가 4,000,000 | (차) 매 출 원 가 4,000,000<br>(대) 상 품 4,000,000<br>(차) 매 출 원 가 63,000,000<br>(대) 매 입 63,000,000<br>(차) 상 품 7,000,000<br>(대) 매 출 원 가 7,000,000 |

## 2. 회수기준

### (1) 대조계정

① 매출·원가·이익명세서

**매출·원가·이익명세서**

㈜청구 (단위 : 원)

| | 20×1 | | 20×2 | |
|---|---|---|---|---|
| 매 출 | | 40,000,000 | | 70,000,000 |
| 매출원가 | | 32,000,000 | | 53,500,000 |
| 기초재고 | | | 20,000,000 | |
| 매 입 | 52,000,000 | | 63,000,000 | |
| 계 | 52,000,000 | | 83,000,000 | |
| 기말재고 | 20,000,000 | | 29,500,000 | |
| 매출총이익 | | 8,000,000 | | 16,500,000 |

② 회계처리

| 적 요 | 20×1 | 20×2 |
|---|---|---|
| 상품매입시 | (차) 매 입 52,000,000<br>(대) 현 금 52,000,000 | (차) 매 입 63,000,000<br>(대) 현 금 63,000,000 |
| 할부매출시 | (차) 할부매출계약 60,000,000<br>(대) 할부가매출 60,000,000 | (차) 할부매출계약 80,000,000<br>(대) 할부가매출 80,000,000 |
| 할부외상매출금회수시 | (차) 현 금 40,000,000<br>(대) 할 부 매 출 40,000,000<br>(차) 할부가매출 40,000,000<br>(대) 할부매출계약 40,000,000 | (차) 현 금 70,000,000<br>할부가매출 70,000,000<br>(대) 할 부 매 출 70,000,000<br>할부매출계약 70,000,000 |
| 기말결산시 | (차) 매 출 원 가 52,000,000<br>(대) 매 입 52,000,000<br>(차) 상 품 20,000,000*<br>(대) 매 출 원 가 20,000,000 | (차) 매 출 원 가 20,000,000<br>(대) 상 품 20,000,000<br>(차) 상 품 29,500,000**<br>(대) 매 출 원 가 29,500,000 |

| | |
|---|---|
| * 20×1년 말 재고 | ₩4,000,000 |
| 미회수품재고(₩20,000,000×80%) | 16,000,000 |
| 할부재고 | 20,000,000 |

| | |
|---|---|
| ** 20×2년 말 재고 | ₩7,000,000 |
| 미회수품재고(₩30,000,000×75%) | 22,500,000 |
| 할부재고 | 29,500,000 |

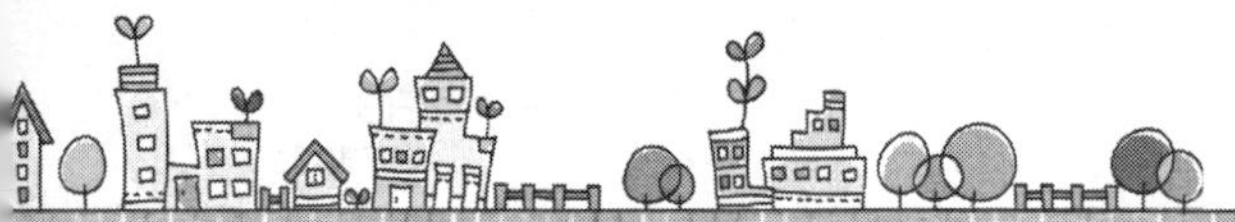

⑵ 평가계정

① 매출·원가·이익명세서

매출·원가·이익명세서

㈜ 청구 (단위 : 원)

| | 20×1 | | 20×2 | |
|---|---|---|---|---|
| 매　　출 | | 60,000,000 | | 84,000,000 |
| 매　　출 | 60,000,000 | | 80,000,000 | |
| 할부매출실현이익 | – | | 4,000,000 | |
| 매출원가 | | 52,000,000 | | 67,500,000 |
| 기초재고 | | | 4,000,000 | |
| 매　　입 | 52,000,000 | | 63,000,000 | |
| 계 | 52,000,000 | | 67,000,000 | |
| 기말재고 | 4,000,000 | | 7,000,000 | |
| 매출원가 | 48,000,000 | | 60,000,000 | |
| 할부미실현이익 | 4,000,000 | | 7,500,000 | |
| 매출총이익 | | 8,000,000 | | 16,500,000 |

② 회계처리

| 적　요 | 20×1 | 20×2 |
|---|---|---|
| 상품매입시 | (차) 매　　입 52,000,000<br>(대) 현　　금 52,000,000 | (차) 매　　입 63,000,000<br>(대) 현　　금 63,000,000 |
| 할부매출시 | (차) 할부매출채권 60,000,000<br>(대) 할 부 매 출 60,000,000 | (차) 할부매출채권 80,000,000<br>(대) 할 부 매 출 80,000,000 |
| 할부외상매출금회수시 | (차) 현　　금 40,000,000<br>(대) 할부매출채권 40,000,000 | (차) 현　　금 70,000,000<br>(대) 할부매출채권 70,000,000 |
| 기말결산시 | (차) 매 출 원 가 52,000,000<br>(대) 매　　입 52,000,000<br>(차) 상　　품 4,000,000<br>(대) 매 출 원 가 4,000,000<br>(차) 할부매출미실현이익* 4,000,000<br>(대) 이연할부매출이익 4,000,000 | (차) 매 출 원 가 4,000,000<br>(대) 상　　품 4,000,000<br>(차) 매 출 원 가 63,000,000<br>(대) 매　　입 63,000,000<br>(차) 상　　품 7,000,000<br>(대) 매 출 원 가 7,000,000<br>(차) 이연할부매출이익 4,000,000<br>할부매출미실현이익 7,500,000**<br>(대) 할부매출실현이익 4,000,000<br>이연할부매출이익 7,500,000 |

* ₩20,000,000×(1－0.8)=₩4,000,000

** ₩30,000,000×(1－0.75)=₩7,500,000

16 1. 상품권 판매시

| | | | |
|---|---|---|---|
| (차) 현 금 | 9,500,000 | (대) 선 수 금 | 10,000,000 |
| 상품권 할인액 | 500,000 | | |

2. 상품권 회수시

| | | | |
|---|---|---|---|
| (차) 선 수 금 | 8,000,000 | (대) 매 출 | 8,000,000 |
| 매 출 | 400,000 | 상품권할인액 | 400,000 |

* ₩8,000,000×5%=₩400,000

3. 공탁금 예탁시

| | | | |
|---|---|---|---|
| (차) 상품권공탁금 | 400,000 | (대) 현 금 | 400,000 |
| (차) 성 수 금 | 1,600,000*1 | (대) 상품권할인액 | 100,000*2 |
| | | 영업외수익<br>(기간경과이익) | 1,500,000 |

*1 ₩2,000,000×80%=₩1,600,000
*2 ₩2,000,000×5%=₩100,000

4. 유효기간이 지난 상품권

| | | | |
|---|---|---|---|
| (차) 선 수 금 | 300,000 | (대) 현 금 | 300,000 |

* 150매×₩10,000×20%=₩300,000

5. 상법상소멸시효완성시

| | | | |
|---|---|---|---|
| (차) 현 금 | 400,000 | (대) 상품권공탁금 | 400,000 |
| (차) 선 수 금 | 100,000 | (대) 기간경과이익 | 100,000 |
| (영업외수익) | | | |

* 50매×₩10,000×20%=₩100,000

# 메모

Chapter 13



# 주당이익

**학습목표**

본장에서 다루는 주당이익은 투자자와 매우 밀접하게 관련된 부분으로 각종 투자분석에서 매우 유용하게 사용된다. 이에 본장에서는 주당이익의 의미, 주당이익의 계산, 주당이익의 공시 등에 대해 학습한다.

**※ 관련 한국채택국제회계기준**
기업회계기준서 제1033호 '주당이익'

## 01절 주당이익의 의의

**주당이익(earning per share : EPS)이란 한 기간 동안의 보통주 1주당 이익이 얼마인가를 나타내는 수치**로서 기업의 규모와 관련시켜 그 기업의 경영성과를 총체적으로 나타내는 지표이므로 포괄손익계산서상의 당기순이익보다 더 유용한 정보라고 할 수 있다.[1)]

주당이익은 한 기간 동안의 회사의 영업활동성과를 나타내는 지표로서 투자자들이 가장 많이 이용하는 지표가 되고 있다. 이러한 주당순이익의 유용성을 살펴보면 다음과 같다.

① 특정기업의 경영성과를 기간별로 비교하는 데 유용하다. 즉, 두 회계기간의 주당순이익을 비교함으로써 두 기간의 경영성과에 대하여 의미 있는 비교를 할 수 있다. 만일 당기 중에 유상증자가 있었다면 영업규모가 달라졌기 때문에 단순한 순이익의 비교보다는 주식 1주당의 순이익을 비교하는 것이 보다 더 의미가 있을 것이다.

② 특정기업의 주당이익 중 배당으로 사외에 유출되는 부분과 사내에 유보되는 부분의 상대적 비중에 관한 정보를 용이하게 얻을 수 있다. 즉, 투자자의 입장에서는 주당이익과 배당으로 지급받을 금액을 비교함으로써 배당성향과 내부유보율을 쉽게 알 수 있다.

③ 주가를 주당이익으로 나눈 수치인 주가수익률(price－earnings ratio, PER)은 특정기업의 순이익이 증권시장에서 얼마만큼의 평가를 받고 있는지를 나타내는 지표이다. 주가수익률이 낮다는 것은 주당순이익에 비해 주식의 시가가 낮게 형성되어 있다는 것을 의미하므로 주가가 향후 상승할 가능성이 있다는 것을 예측할 수 있게 해 준다.

기업회계기준에서는 주당이익을 **기본주당이익**과 **희석주당이익**으로 구분하여 계속사업이익과 당기순이익에 대하여 각각 계산해 포괄손익계산서 본문에 표시하고, 그 산출근거를 주석으로 공시하도록 규정하고 있다. 다만 단순자본구조의 경우(희석증권이 존재하지 않는 경우)에는 희석주당이익의 공시를 생략할 수 있다.[2)]

---

1) 기업회계기준서 제1033호 '주당이익'은 주당이익의 산정방법 및 공시에 필요한 사항을 정하고 있다. 주당이익은 정보이용자가 기업의 경영성과를 기간별로 비교하고, 동일기간의 경영성과를 다른 기업과 비교하는 데 유용한 정보를 제공한다.

2) 기업회계기준서 제1027호(연결재무제표와 별도재무제표)에 따라 작성한 연결재무제표와 별도재무제표를 모두 제시하는 경우에는 연결정보에만 공시한다.

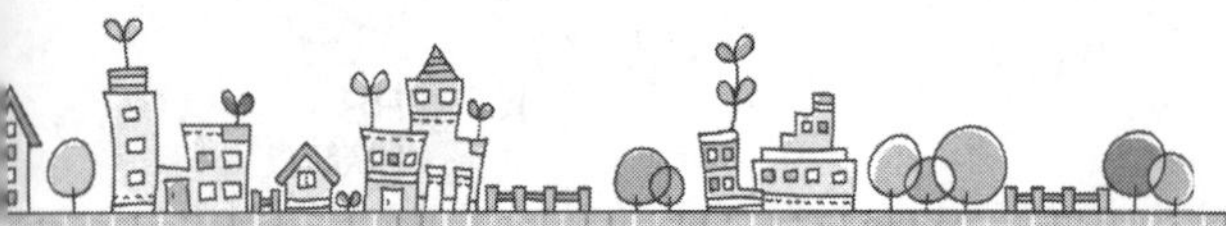

## 02절 기본주당이익의 계산

일반적으로 주당이익이라 하면 **기본주당이익**을 의미하는데, 기본주당이익은 다음과 같은 방법으로 계산한다.

$$기본주당이익 = \frac{보통주\ 귀속\ 당기순손익(계속영업손익)}{유통보통주식수}$$

### 1. 보통주 귀속 당기순손익

보통주에 귀속되는 당기순손익(계속영업손익)은 포괄손익계산서상 당기순손익에서 자본으로 분류된 우선주에 대한 배당금 등을 조정한 금액이다. 이때 우선주의 성격에 따라 당기순손익에서 차감할 우선주 배당금은 다음과 같이 계산한다.

#### 1) 비누적적 우선주

당해 회계기간과 관련하여 배당결의된 배당금만을 차감한다.

#### 2) 누적적 우선주

배당결의 여부와 관계없이 당해 회계기간과 관련한 배당금을 차감한다. 따라서 전기 이전의 기간과 관련하여 당기에 지급되거나 결의된 누적적 우선주배당금은 제외한다.

#### 3) 할증배당우선주[3)]

당초 할인(할증)발행차금은 유효이자율법을 사용하여 상각하여 이익잉여금에 가감(할인발행차금 상각액은 가산하고 할증발행차금 상각액은 차감)하고 주당이익을 계산할 때 우선주 배당금으로 처리한다.

---

3) 할증배당우선주는 우선주를 시가보다 할인 발행한 기업에 대한 보상으로 초기에 낮은 배당을 지급하는 우선주 또는 우선주를 시가보다 할증금액으로 매수한 투자자에 대한 보상으로 이후 기간에 시장보다 높은 배당을 지급하는 우선주를 말한다.

### 4) 공개매수 방식으로 우선주 재매입시

우선주 주주에게 지급한 대가의 공정가치가 우선주의 장부금액을 초과하는 부분은 이익배분으로 보아 이익잉여금에서 차감하고 보통주에 귀속되는 당기순손익을 계산할 때 차감한다. 한편 우선주 장부금액이 지급하는 대가의 공정가치를 초과하는 경우에는 그 차액을 지배기업의 보통주에 귀속되는 당기순손익을 계산할 때 가산한다.

### 5) 전환우선주의 유도 전환시

처음의 전환조건에 따라 발행될 보통주의 공정가치를 초과하여 지급하는 보통주나 그 밖의 대가의 공정가치는 전환우선주에 대한 이익배분으로 보아 기본주당이익을 계산할 때 지배기업의 보통주에 귀속되는 당기순손익에서 차감한다.

#### 사례 1 보통주 귀속 당기순이익

㈜한국은 다양한 종류의 우선주를 발행하였다. 우선주 종류별 당기 배당금 및 관련 사항은 다음과 같다. 모든 배당결의가 이루졌다고 가정하고, 20×1년도 기본주당순이익을 계산하기 위한 보통주에게 귀속되는 당기순이익을 계산하시오.

(1) 당기순이익 ₩5,000,000
(2) 당기 우선주의 배당금 및 거래 관련 사항
① 비누적적 우선주(액면가액 ₩10,000,000, 배당률 8%)
② 누적적 우선주(액면가액 ₩5,000,000, 배당률 5%) 전년도 미지급분도 당기에 지급
③ 장부금액이 ₩1,000,000인 우선주를 공개매수 방식으로 ₩900,000에 재매입
④ 20×1년 1월 1일에 액면금액 ₩1,000,000의 새로운 누적적 우선주를 발행하였다. 발행일 현재 누적적 우선주에 대한 시장배당수익률은 연 7%이며, 발행일에 주당 ₩70,000의 배당률이 유효하다면 ₩1,000,000의 발행금액을 기대할 수 있다. 그러나 배당지급기간을 고려하여 우선주는 ₩816,300에 발행되었으며, 발행금액은 3년 동안 7%로 할인한 ₩1,000,000의 현재가치로 계산될 수 있다.
⑤ 전환우선주 1,000주가 당기초에 보통주로 전환되었다. 전환우선주 발행시 전환조건은 전환우선주 1주가 보통주 1주로 전환되는 것이었으나, 전환을 유도하기 위하여 전환우선주 1주당 보통주 1.01주로 전환하였다. 전환시점의 보통주 1주의 공정가치는 ₩2,000이다.

핵심해설

1. 우선주 배당금

| | |
|---|---:|
| ① 비누적적 우선주 : ₩10,000,000×8%= | ₩ 800,000 |
| ② 누적적 우선주(당기 배당금) : ₩5,000,000×5%= | 250,000 |
| ③ 우선주 재매입 차액 : ₩1,000,000−₩900,000= | (100,000) |
| ④ 할증배당우선주 할인발행차금 상각 : ₩816,300×7%= | 57,140 |
| ⑤ 우선주 유도전환 : 1000주×(1.01주−1주)×₩2,000= | 20,000 |
| | ₩1,027,140 |

2. 보통주 귀속 당기순이익

∴ ₩5,000,000−₩1,027,140=₩3,972,860

## 2. 가중평균유통보통주식수

기본주당이익을 계산하기 위한 보통주식수는 그 기간에 유통된 보통주식수를 가중평균한 주식수(가중평균유통보통주식수)로 한다. 가중평균유통보통주식수는 기초의 유통보통주식수에 회계기간 중 취득된 자기주식수 또는 신규 발행된 보통주식수를 각각의 유통기간에 따른 가중치를 고려하여 조정한 보통주식수이다. 이 경우 유통기간에 따른 가중치는 그 회계기간의 총일수에 대한 특정 보통주의 유통일수의 비율로 산정한다.

**가중평균유통보통주식수를 산정하기 위한 보통주유통일수 계산의 기산일은 '주식발행의 대가를 받을 권리가 발생하는 시점'(일반적으로 주식발행일)**이다. 보통주유통일수를 계산하는 기산일의 예를 들면 다음과 같다.

① 현금납입의 경우 현금을 받을 권리가 발생하는 날

② 보통주나 우선주 배당금을 자발적으로 재투자하여 보통주가 발행되는 경우 배당금의 재투자일

③ 채무상품 전환으로 인하여 보통주를 발행하는 경우 최종이자발생일의 다음날

④ 그 밖의 금융상품에 대하여 이자를 지급하거나 원금을 상환하는 대신 보통주를 발행하는 경우 최종이자발생일의 다음날

⑤ 채무를 변제하기 위하여 보통주를 발행하는 경우 채무변제일

⑥ 현금 이외의 자산을 취득하기 위하여 보통주를 발행하는 경우 그 자산의 취득을

인식한 날

⑦ 용역의 대가로 보통주를 발행하는 경우 용역제공일

⑧ 사업결합 이전대가의 일부로 발행된 보통주의 경우 사업 취득일[4)]

⑨ 보통주로 반드시 전환하여야 하는 전환금융상품은 계약체결시점

### 사례 2 기본주당순이익 – 전환우선주와 전환사채 및 신주인수권의 행사고려

〈㈜영구의 관련자료〉

(1) 계속사업이익 ₩600,000,000

단, 당기 보통주로 전환된 전환사채의 이자는 ₩10,665,668이며, 포괄손익계산서상 법인세비용차감전계속사업이익에 대한 법인세비용의 비율은 40%이다.

(2) 자본금 변동사항(액면 ₩5,000)

| | 보통주자본금 | | 우선주자본금 | |
|---|---|---|---|---|
| • 기초(1. 1.) | 100,000주 | ₩500,000,000 | 20,000주 | ₩100,000,000 |
| • 기중 | | | | |
| 4. 1. 전환우선주의 전환 | 10,000 | 50,000,000 | (10,000) | (50,000,000) |
| 8. 1. 전환사채의 전환 | 5,000 | 25,000,000 | | |
| 10. 1. 신주인수권의 행사 | 7,500* | 37,500,000 | | – |
| • 기말(12. 31.) | 122,500주 | ₩612,500,000 | 10,000주 | ₩50,000,000 |

* 신주인수권부사채의 신주인수권 행사분임

(3) 우선주의 당기순이익에 대한 배당(현금배당)은 연 10%로 계획되었으며, 기말 현재 전환되지 않은 우선주에 대한 배당금만을 지급한다.

㈜영구의 다음 자료를 이용하여 기본주당계속사업이익을 계산하라

핵심해설

1. 보통주당기순이익

• 우선주배당금 : ₩50,000,000 × 10% = ₩5,000,000

∴ 보통주당기순이익 : ₩600,000,000 − ₩5,000,000 = ₩595,000,000

4) 왜냐하면 사업 취득일부터 피취득자 손익을 취득자의 포괄손익계산서에 반영하기 때문이다.

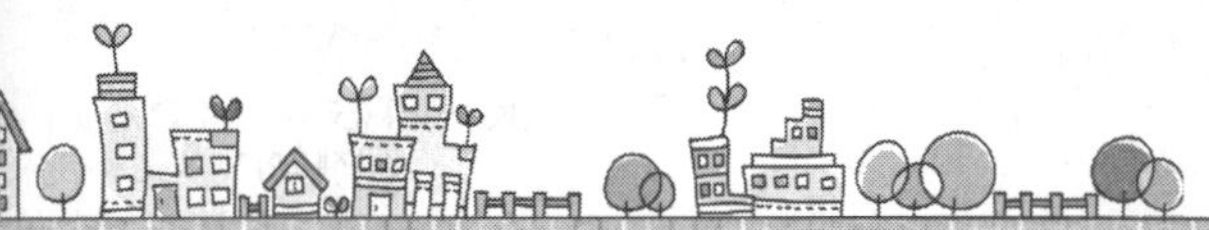

2. 가중평균유통보통주식수

| 기 간 | 발행보통주식수 | 가중치 | 적 수 | 가중평균유통보통주식수 |
|---|---|---|---|---|
| 1. 1.~ 3. 31. | 100,000주 | 90일 | 9,000,000 | $\frac{40,705,000}{365}$=111,521주 |
| 4. 1.~ 7. 31. | 110,000주 | 122일 | 13,420,000 | |
| 8. 1.~ 9. 30. | 115,000주 | 61일 | 7,015,000 | |
| 10. 1.~12. 31. | 122,500주 | 92일 | 11,270,000 | |
| 계 | | 365일 | 40,705,000 | |

3. 주당순이익 : ₩595,000,000÷111,521 ≒ ₩5,335

**조건부발행보통주**[5]는 모든 필요조건이 충족(즉, 사건의 발생)된 날에 발행된 것으로 보아 기본주당이익을 계산하기 위한 보통주식수에 포함한다. 그러나 단순히 일정기간이 경과한 후 보통주를 발행하기로 하는 계약 등의 경우 기간의 경과에는 불확실성이 없으므로 조건부발행보통주로 보지 않고, 실제 발행일부터 포함한다. 한편 조건부로 재매입할 수 있는 보통주를 발행한 경우 이에 대한 재매입가능성이 없어질 때까지는 보통주로 간주하지 아니하고, 기본주당이익을 계산하기 위한 보통주식수에 포함하지 아니한다.

**자본금전입, 무상증자, 주식배당, 주식분할 및 주식병합의 경우**에는 추가로 대가를 받지 않고 기존 주주에게 보통주를 발행하므로 자원은 증가하지 않고 유통보통주식수만 증가한다. 이 경우 **당해 사건이 있기 전의 유통보통주식수를 비교표시되는 최초기간의 개시일에 그 사건이 일어난 것처럼 비례적으로 조정한다.** 다만, 기중의 유상증자로 발행된 신주에 대한 무상증자, 주식분할 또는 주식병합은 당해 유상신주의 납입일에 실시된 것으로 간주하여 발행보통주식수를 조정하여야 한다.

### 사례 3 기본주당순이익 – 유상증자, 무상증자, 자기주식고려

㈜영구의 20×1년도 당기순이익과 자본금 변동상황은 다음과 같다. 20×1년도 이익에 대한 배당은 현금배당으로 보통주 9%, 우선주 10%이다. 유상신주의 배당기산일은 납입한 때이며, 무상신주의 배당기산일은 원래의 구주에 따른다.

5) 조건부발생보통주란 조건부주식약정(특정 조건이 충족되면 주식을 발행하기로 하는 약정)에 명시된 특정 조건이 충족된 경우에 현금 등의 대가가 없거나 거의 없이 발행되는 보통주를 말한다.

(1) 당기순이익 ₩600,000,000

(2) 자본금변동상황(액면 ₩5,000)

| | 보통주자본금 | | 우선주자본금 | |
|---|---|---|---|---|
| • 기초(1월 1일) | 100,000주 | ₩500,000,000 | 20,000주 | ₩100,000,000 |
| • 기중 | | | | |
| 7월 1일 유상증자(납입) 20% | 20,000 | 100,000,000 | 4,000 | 20,000,000 |
| 8월 15일 무상증자 10% | 12,000 | 60,000,000 | 2,400 | 12,000,000 |
| 11월 1일 자기주식구입 | (1,000) | (5,000,000) | – | – |
| • 기말(12월 31일) | 131,000주 | ₩655,000,000 | 26,400주 | ₩132,000,000 |

㈜영구의 20×1년도 주당순이익을 계산하라.

**핵심해설**

**1. 보통주당기순이익**

20×1년도 우선주배당금

| | |
|---|---|
| 구 주(무상주포함) : ₩100,000,000×(1+0.1)×10%= | ₩11,000,000 |
| 유상신주(무상주포함) : ₩20,000,000×(1+0.1)×10%×184÷365= | 1,109,041 |
| 계 | ₩12,109,041 |

∴ 보통주당기순이익 : ₩600,000,000−₩12,109,041=₩587,890,959

**2. 발행보통주식수**

| 기 간 | 발행보통주식수 | 무상증자조정 | 조정후발행보통주식수 | 가중치 | 적 수 |
|---|---|---|---|---|---|
| 1. 1.~ 6. 30. | 100,000주 | (1+0.1) | 110,000 | 181일 | 19,901,000 |
| 7. 1.~ 8. 14. | 120,000주 | (1+0.1) | 132,000 | 45일 | 5,940,000 |
| 8. 15.~10. 31. | 132,000주 | | 132,000 | 78일 | 10,296,000 |
| 11. 1.~12. 31. | 131,000주 | | 131,000 | 61일 | 7,991,000 |
| 계 | | | | 365일 | 44,137,000 |

∴ 가중평균발행보통주식수 : 44,137,000÷365=120,923주

**3. 주당순이익**

₩587,890,959÷120,923주=₩4,862

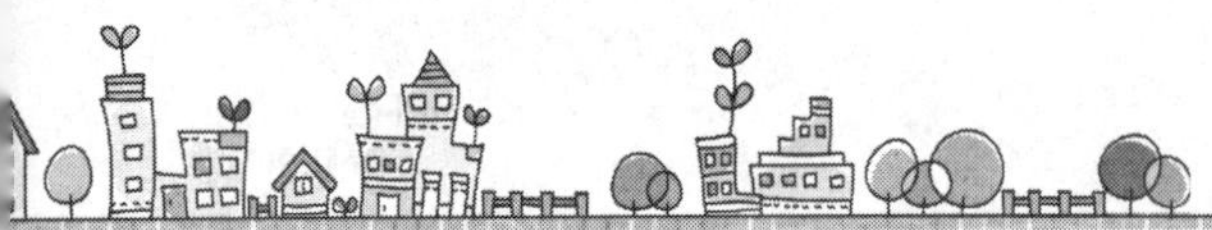

일반적으로 잠재적보통주를 행사하거나 전환할 때 발행하는 보통주는 무상증자 요소를 수반하지 아니한다. 그 이유는 잠재적보통주가 일반적으로 모든 가치를 반영한 금액으로 발행되어 기업이 이용할 수 있는 자원이 비례적으로 변동하기 때문이다. 그러나 **주주우선배정 신주발행의 경우**에는 행사가격이 주식의 공정가치보다 작은 것이 보통이다. 그러므로 이러한 주주우선배정 신주발행은 **무상증자 요소**를 수반한다. 만약 주주우선배정 신주발행이 기존의 모든 주주에게 부여된다면 주주우선배정 신주발행 전 모든 기간에 대하여 주주우선배정 신주발행 전의 유통보통주식수에 다음의 조정비율을 곱하여 무상증자 부분을 반영한다.

$$\text{조정비율} = \frac{\text{권리행사 직전의 주당공정가치}}{\text{이론적 권리락 주당공정가치}}$$

이론적 권리락 주당공정가치는 권리행사일 직전의 주식의 총 시장가치를 권리행사로 인하여 유입되는 금액에 더하고 이를 권리행사 후의 유통보통주식수로 나누어 계산한다. 그리고 그 권리 자체가 권리행사일 전에 주식과 분리되어 거래되는 경우에 이 계산에 사용되는 공정가치는 주식이 권리와 함께 거래된 마지막 날의 주식의 종가(즉, 권리부 시장가격)가 된다.

### 사례 4 기본주당순이익 – 주주우선배정 신주발행

다음은 ㈜백두의 비교 표시되는 20×1년과 20×2년도 당기순이익과 보통주식수 변동내역이다. 20×1년과 20×2년도 주당순이익을 계산하라.

(1) 당기순이익 : 20×1년(₩100,000,000)　　20×2년(₩150,000,000)

(2) 보통주식수 변동내역

① 20×1년 1월 1일 : 10,000주

② 20×2년 4월 1일 : 유상증자 2,000주(발행가액 ₩5,000)
유상증자 직전 보통주 1주당 시장가격은 ₩8,000이다.

③ 20×2년 7월 1일 : 무상증자 10%

핵심해설

1. 20×2년 공정가치 미만 유상증자의 조정비율

① 이론적 권리락 주가 : $\frac{10{,}000주 \times ₩8{,}000 + 2{,}000주 \times ₩5{,}000}{10{,}000주 + 2{,}000주} = ₩7{,}500$

② 조정비율 : $\frac{₩8{,}000}{₩7{,}500} ≒ 1.067$

③ 유상증자 중 무상증자 주식수 : 총발행주식수－(총현금유입액÷유상증자전일 종가)
＝2,000주－(2,000주×₩5,000÷₩8,000)＝750주

④ 750주의 무상증자 부분 중에서 직전 발행주식에 대한 부분은 670주(＝10,000주×0.067)이고, 20×2년 4월 1일 유상증자에 대한 무상증자 주식수는 80주(＝750주－670주)이다.

2. 20×1, 20×2년 가중평균유통보통주식수 계산

| 기 간 | 발행보통주식수 | 무상증자조정 | 조정후발행보통주식수 | 가중치 | 적 수 |
|---|---|---|---|---|---|
| 20×1년 | 10,000주 | (1＋0.067)×1.1 | 11,737* | 365일 | 4,284,005 |
| 20×2년 | | | | | |
| 1.1～ 3.31 | 10,000주 | (1＋0.067)×1.1 | 11,737 | 90일 | 1,056,330 |
| 4.1～12.31 | 11,250주 | (1＋0.067)×1.1 | 13,200 | 275일 | 3,630,000 |
| 계 | | | | 365일 | 4,686,330 |

* 20×1년 1월 1일 발행주식(10,000주)＋20×2년 4월 1일 유상증자 중 무상증자(670주)
＋20×1년 7월 1일 무상증자(1,067주＝(10,000＋670)×10%)＝11,737주

* 20×2년 가중평균발행보통주식수 : 4,686,330÷365＝12,839주

3. 주당순이익

① 20×1년도 주당순이익 : ₩100,000,000÷11,737주＝₩8,520

② 20×2년도 주당순이익 : ₩150,000,000÷12,839주＝₩11,683

한편, 주식매입선택권이나 신주인수권 행사로 보통주가 발행된 경우에는 당해 주식의 납입일을 기준으로 기간경과에 따라 가중평균유통보통주식수를 계산한다.

## 03절 희석주당이익의 계산

**희석주당이익은 희석증권이 발행되어 있는 복합자본구조에서 특정 회계기간에 유통된 모든 희석성 잠재적보통주[6]의 영향을 고려하여 산출한다.** 희석주당이익의 계산방법은 다음의 조정사항을 제외하면 기본주당이익의 계산방법과 동일하다.

① 지배기업의 보통주에 귀속되는 당기순손익에 희석성 잠재적보통주와 관련하여 그 회계기간에 인식된 배당과 이자비용에서 법인세효과를 차감한 금액을 가산하고, 그 밖의 희석성 잠재적보통주가 보통주로 전환되었다면 변동되었을 수익 또는 비용(예 당기순이익에 기초한 종업원 상여금)을 조정한다.

② 가중평균유통보통주식수에 모든 희석성 잠재적보통주가 보통주로 전환되었다고 가정할 경우 추가적으로 유통되었을 가중평균유통보통주식수를 가산한다.

### 1. 전환금융상품(전환사채, 전환우선주)

**희석성 잠재적보통주는 회계기간의 기초에 전환된 것으로 보되, 당기에 발행된 것은 그 발행일에 전환된 것으로 본다(전환가정법 적용).** 이때 희석성 잠재적보통주식수는 표시되는 각 회계기간마다 독립적으로 결정한다.

잠재적보통주는 유통기간을 가중치로 하여 가중평균하므로, 해당 기간에 효력을 잃었거나 유효기간이 지난 잠재적보통주는 해당 기간 중 유통된 기간에 대해서만 희석주당이익의 계산에 포함한다. 따라서 당기에 보통주로 전환된 잠재적보통주는 기초부터 전환일의 전일까지 희석주당이익의 계산에 포함하고, 전환으로 발행되는 보통주는 전환일부터 기본 및 희석주당이익의 계산에 포함한다.

희석성 잠재적보통주의 전환으로 발행되는 보통주식수는 잠재적보통주의 계약조건에

---

6) 잠재적보통주란 보통주를 받을 수 있는 권리가 보유자에게 부여된 금융상품이나 계약 등을 말한다. 잠재적보통주는 희석주당이익을 계산할 때 무조건 고려하는 것이 아니라, 희석효과가 있는 경우(이를 '희석성 잠재적보통주'라고 함)에만 그 영향을 고려하게 되는데 잠재적보통주의 예는 다음과 같다.
① 보통주로 전환할 수 있는 금융부채나 지분상품(전환우선주 포함)
② 옵션과 주식매입권
③ 사업인수나 자산취득과 같이 계약상 합의에 따라 조건이 충족되면 발행하는 보통주

따라 결정된다. 이때 두 가지 이상의 전환기준이 존재하는 경우에는 잠재적보통주의 보유자에게 가장 유리한 전환비율이나 행사가격을 적용하여 계산한다.

한편 종속기업, 조인트벤처, 관계기업(이하 '종속기업 등'이라 함)은 자기 기업의 보통주 또는 지배기업, 조인트벤처 참여자, 관계기업 투자자(이하 '보고기업'이라 함)의 보통주로 전환할 수 있는 잠재적보통주를 보고기업이 아닌 자에게 발행할 수 있다. 이 경우 종속기업 등이 발행한 잠재적보통주가 보고기업의 기본주당이익을 희석하는 효과가 있다면 그 잠재적보통주 역시 희석주당이익의 계산에 포함한다.

전환우선주 가운데 일부만 전환되거나 상환되면서 조기 유도전환을 위해 보통주의 공정가치를 초과하여 지급하는 경우 이러한 초과지급액은 전환되거나 상환된 전환우선주와 관련된 것으로서 나머지 유통 전환우선주가 희석효과가 있는지를 결정하는 데 영향을 주지 않아야 한다. 따라서 **전환되거나 상환된 전환우선주는 그렇지 않은 나머지 전환우선주와는 구분하여 고려하여야 한다.**

### 사례 5 전환금융상품－희석주당이익

다음은 ㈜한라의 주당이익 계산과 관련된 자료이다.

(1) 20×1년도 당기순이익 : ₩1,000,000
(2) 20×1년 초 현재 유통 보통주 : 10,000주(액면가액 ₩1,000)
(3) 20×1년 4월 1일에 발행한 전환우선주(2,000주, 액면가액 ₩1,000, 보통주와 1 : 1로 전환) 중 40%가 10월 1일에 전환 청구되어 800주의 보통주가 신주 발행되었다.
(4) 전환우선주는 회계연도말까지 미전환된 부분에 대해서 액면금액의 5%를 배당한다.

1. 20×1년도 기본주당이익과 희석주당이익을 계산하라.
2. 20×1년 10월 1일에 전환우선주 조기전환을 유도하고자 발행되는 보통주 1주당 ₩100의 현금을 지급했다고 가정하고 기본주당이익과 희석주당이익을 계산하라.

**핵심해설**

1. (1) 기본주당이익
   ① 우선주배당금 : 2,000주×₩1,000×60%×5%＝₩60,000
   ② 가중평균유통보통주식수 : 10,000주×9/12＋10,800주×3/12＝10,200주
   ③ 기본주당이익 : (₩1,000,000－₩60,000)÷10,200주≒₩92

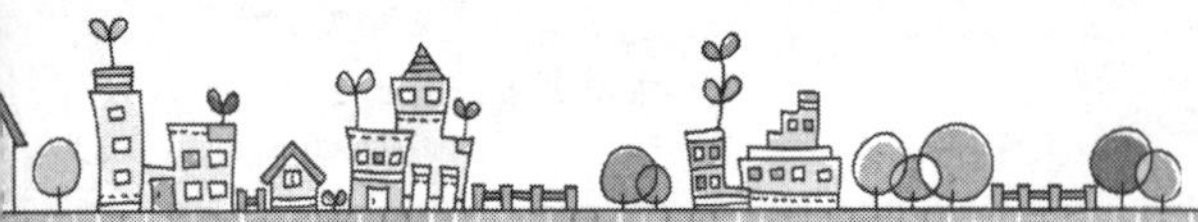

(2) 회석주당이익

① 희석성 잠재적보통주식수 : 800주×6/12(4. 1.부터 9. 30.까지)+1,200주 ×9/12(4. 1.부터 12. 31.까지)=1,300주

② 희석주당이익 : (₩1,000,000−₩60,000+₩60,000)÷(10,200주+1,300주) ≒₩87<₩92

∴ ₩87은 기본주당이익 ₩92보다 작으므로 희석효과가 있다.
따라서 희석주당이익은 ₩87이다.

2. 조기 유도전환 대가가 있을 경우

(1) 기본주당이익

① 우선주배당금 : (2,000주×₩1,000×60%×5%)+800주×₩100=₩140,000

② 가중평균유통보통주식수 : 10,000주×9/12+10,800주×3/12=10,200주

③ 기본주당이익 : (₩1,000,000−₩140,000)÷10,200주≒₩84

(2) 희석주당이익

* 유도전환 초과지급액은 전환우선주의 희석효과를 계산하는데 영향을 주지 않아야 하므로, 전환된 전환우선주와 그렇지 않은 전환우선주의 희석효과를 구분하여야 한다.

① 전환된 주식 : ₩80,000(초과지급액)÷800주×6/12=₩200>₩84 (반희석화)

② 전환되지 않은 주식 : ₩60,000÷1,200주×9/12≒₩67<₩84 (희석화)

∴ 따라서 전환되지 않은 주식만을 반영하여 희석주당이익을 계산한다.

③ 희석주당이익 : (₩1,000,000−₩140,000+₩60,000)÷(10,200주+900주)≒₩83<₩84

∴ ₩83은 기본주당이익 ₩84보다 작으므로 희석효과가 있다.
따라서 희석주당이익은 ₩83이다.

## 2. 옵션, 주식매입권 등 – 자기주식법 적용

희석주당이익을 계산할 때 희석효과가 있는 옵션이나 주식매입권은 행사된 것으로 가정한다.[7] 이 경우 권리행사에서 예상되는 현금유입액은 보통주를 회계기간의 평균시장가격으로 발행하여 유입된 것으로 가정한다. 그 결과 권리를 행사할 때 발행하여야 할 보통주식수와 회계기간의 평균시장가격으로 발행한 것으로 가정하여 환산한 보통주식수의 차이는 무상으로 발행한 것으로 본다(자기주식법 가정).

따라서 옵션이나 주식매입권 등의 잠재적 보통주식수는 다음과 같이 계산된다.

7) 옵션과 주식매입권은 그 회계기간의 보통주의 평균시장가격이 옵션과 주식매입권의 행사가격을 초과하는 경우에만 희석효과가 있다.

잠재적보통주식수＝발행가능주식수－(발행가능주식수×행사가격÷평균시장가격)

기업회계기준서 제1102호(주식기준보상)가 적용되는 주식선택권이나 그 밖의 주식기준보상약정의 경우 행사가격에는 주식선택권이나 그 밖의 주식기준보상약정에 따라 미래에 유입될 재화나 용역의 공정가치가 포함된다.8)

한편 조건은 확정되었거나 결정할 수 있지만 **아직 가득되지 않은 종업원 주식선택권**은 미래 가득여부에 대한 불확실성에도 불구하고 희석주당이익을 계산할 때 옵션으로 보며 부여일부터 유통되는 것으로 취급한다. 그러나 성과조건이 부과된 종업원 주식선택권은 시간의 경과 외에 특정 조건이 충족되는 경우에 발행되므로 조건부발행보통주로 취급한다.

### 사례 6 주식매입권, 주식선택권－잠재적보통주식수

다음은 ㈜태백의 주당이익 계산과 관련된 자료이다.

(1) 20×1년 초 현재 유통 보통주 : 10,000주
(2) 20×1년 7월 1일에 전기에 발행한 주식매입권(행사가격 주당 ₩2,000) 중 40%가 행사되어 보통주 4,000주가 발행 교부되었다.
(3) 20×1년 초에 종업원에게 1,000개의 주식선택권을 부여하였다. 부여일 현재 가득되지 못한 주식선택권 행사가격은 ₩1,000이며, 성과조건이 부여되어 있지 않으며, 잔여가득기간에 인식할 보상원가는 ₩500,000이다.
(4) 20×1년 ㈜태백의 보통주 평균시장가격은 주당 ₩2,500이다.

1. 20×1년도 기본주당이익 산정을 위한 가중평균유통보통주식수를 계산하라.
2. 20×1년도 희석주당이익 산정을 위한 잠재적보통주식수를 계산하라

8) 주식선택권이나 그 밖의 주식기준보상약정은 잔여가득기간에 제공될 용역제공 등의 가치를 고려하여 행사가격을 낮게 설정한 것이므로 용역제공에 따른 미인식 보상원가를 가산하여 행사가격을 조정한 후 자기주식법을 적용한다.

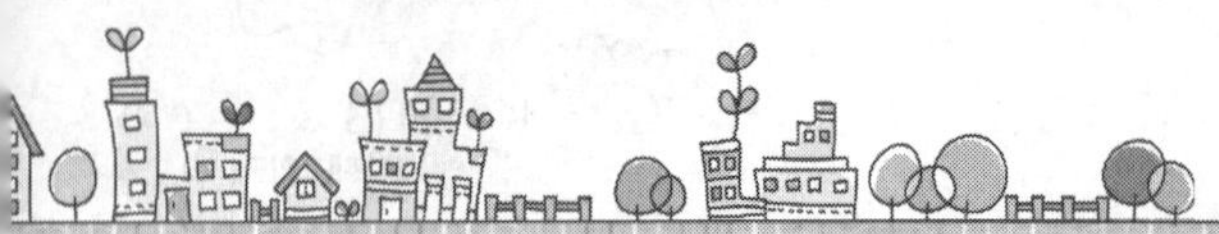

1. 기본주당이익 산정을 위한 가중평균유통보통주식수

가중평균유통보통주식수 : 10,000주×6/12+14,000주×6/12=12,000주

2. 희석주당이익 산정을 위한 잠재적보통주식수

(1) 주식매입권의 잠재적보통주식수

① 행사분(4,000주) 발행가능주식수 : 4,000주-(4,000주×₩2,000÷₩2,500)=800주

∴ 800주×6/12=400주

② 미행사분(6,000주) 발행가능주식수 : 6,000주-(6,000주×₩2,000÷₩2,500)=1,200주

∴ 1,200주×12/12=1,200주

③ 주식매입권으로 인한 잠재적보통주식수 : 400주+1,200주=1,600주

(2) 주식선택권의 잠재적보통주식수

① 행사가격 조정 : ₩1,000+(₩500,000÷1,000개)=₩1,500

② 발행가능주식수 : 1,000주-(1,000주×₩1,500÷₩2,500)=400주

③ 주식선택권으로 인한 잠재적보통주식수 : 400주×12/12=400주

## 3. 조건부발행보통주

기본주당이익을 계산할 때와 마찬가지로 희석주당이익을 계산할 때 **조건부발행보통주는 그 조건이 충족된 상태(즉, 사건의 발생)라면** 이미 발행되어 유통되고 있는 것으로 보아 희석주당이익을 계산하기 위한 보통주식수에 포함한다. 조건부발행보통주는 그 회계기간 초부터(그 회계기간에 조건부발행보통주에 대한 약정이 이루어졌다면 약정일부터) 포함한다.

**만약 조건이 충족되지 않은 상태일 경우** 조건부발행보통주는 그 회계기간 말이 조건기간의 만료일이라면 발행할 보통주식수만큼 희석주당이익을 계산하기 위한 보통주식수의 계산에 포함한다. 그러나 실제로 조건기간이 만료될 때까지 조건이 충족되지 않은 경우에도 그 계산결과를 수정하지 아니한다.

일정기간 동안 특정한 목표이익을 달성하거나 유지한다면 보통주를 발행하기로 하는 경우, 즉 보고기간말에 그 목표이익이 달성되었지만 그 보고기간말 이후의 추가적인 기간 동안 그 목표이익이 유지되어야 한다면 추가로 발행해야 하는 보통주가 희석효과를 가지고 있는 경우 희석주당이익을 계산할 때 추가로 발행해야 하는 그 보통주가 유통되고 있는 것으로 본다. 이 때 희석주당이익은 보고기간말의 이익수준이 조건기간말의 이익수준과 같다면 발행될 보통주식수에 기초하여 계산한다. 이익수준이 미래의 기간에 변동할 수 있기 때문에 모든 필요조건이 아직 충족된 것은 아니므로 이러한 조건부발행보통주를 조건기간말까지 기본주당이익의 계산에는 포함하지 아니한다.

또한 조건부발행보통주식수가 보통주의 미래 시장가격에 따라 결정되는 경우에는 보고기간말의 시장가격이 조건기간말의 시장가격과 같다면 발행될 보통주식수가 희석효과를 가진다면 희석주당이익의 계산에 반영한다. 만약 조건이 보고기간말 후의 일정 기간의 평균시장가격에 기초하고 있는 때에는 이미 경과된 기간의 평균시장가격을 사용한다. 시장가격은 미래 기간에 변동할 수 있기 때문에 모든 필요조건이 아직 충족된 것은 아니므로 이러한 조건부발행보통주를 조건기간 말까지 기본주당이익의 계산에는 포함하지 아니한다. 그리고 조건부발행보통주식수가 미래의 이익과 보통주의 미래 시장가격 모두에 의해 결정되는 경우에는 두 가지 조건(즉, 회계기간의 이익과 보고기간 말 현재의 시장가격) 모두가 충족되지 않은 경우라면, 희석주당이익의 계산에 조건부발행보통주를 포함하지 아니한다.

또한 조건부발행보통주식수는 이익이나 보통주의 시장가격 외에 다른 조건(예 특정한 수의 영업점 개설)에 따라 결정될 수도 있다. 이 경우에는 현재의 조건 상태가 조건기간이 만료할 때까지 변동하지 않을 것으로 가정하고 조건부발행보통주를 보고기간말의 상태에 기초하여 희석주당이익의 계산에 고려한다.

### 사례 7 조건부발행보통주

㈜한강의 20×1년 초 유통보통주식수는 10,000주로 최근의 사업결합과 관련하여 다음의 조건에 따라 보통주를 추가로 발행하기로 합의하였다.

(1) 20×1년에 새로 개점하는 영업점 1개당 보통주 500주 발행
(2) 20×1년과 20×2년의 당기순이익 평균이 ₩2,000,000을 초과하면 20×3년 초에 그 초과액의 ₩10,000 마다 보통주 1주를 발행
(3) ㈜한강은 5월 1일과 9월 1일에 각각 1개의 새로운 영업점을 개설하였으며, 20×1년도 당기순이익은 ₩2,900,000이다.

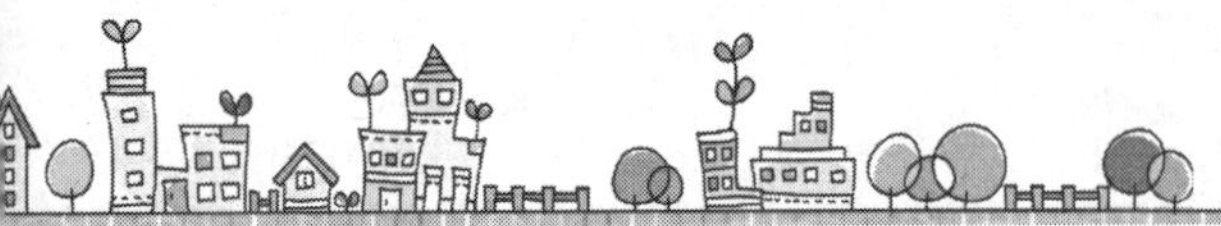

1. 20×1년도 기본주당이익을 계산하라.
2. 20×1년도 희석주당이익을 계산하라.

1. 기본주당이익

20×2년도 당기순이익이 변동될 수 있으므로 20×1년도 기본주당이익의 유통보통주식수에는 조건부발행보통주식수를 포함하지 않는다. 그러나 20×1년도 당기순이익 수준이 20×2년도에도 동일하다고 가정하고 희석주당이익 계산시에는 유통주식수에 가산한다.

① 가중평균유통보통주식수 : 10,000주×4/12+10,500주×4/12+11,000주×4/12=10,500

② 기본주당이익 : ₩2,900,000÷10,500주≒₩276

2. 희석주당이익

① 영업점 조건 : 500주×4/12(1. 1.~4. 30.)+500주×8/12(1. 1.~8. 31.)=500주

② 이익 조건 : (₩2,900,000−₩2,000,000)÷₩10,000=90주

③ 희석주당이익 : ₩2,900,000÷(10,500주+500주+90주)≒₩261

∴ ₩261은 기본주당이익 ₩276보다 작으므로 희석효과가 있다.
따라서 희석주당이익은 ₩261이다.

## 4. 기 타

### (1) 보통주나 현금으로 결제할 수 있는 계약[9)]

기업의 선택에 따라 보통주나 현금으로 결제할 수 있는 계약을 한 경우에 기업은 그 계약이 보통주로 결제될 것으로 가정하고 그로 인한 잠재적보통주가 희석효과를 가진다면 희석주당이익의 계산에 포함한다. 이때 그러한 계약이 회계목적상 자산이나 부채로 표시되거나 자본요소와 부채요소를 모두 가지는 경우에는, 그 계약 전체가 지분상품으로 분류되어 왔다면 그 기간 동안 발생하였을 손익의 변동액을 분자에 반영하여 희석주당이익을 계산한다. 한편 보유자의 선택에 따라 보통주나 현금으로 결제하게 되는 계약의 경우에는 주식결제와 현금결제 중 희석효과가 더 큰 방법으로 결제된다고 가정하여

9) 보통주나 현금으로 결제할 수 있는 계약의 예로는 만기에 원금을 현금이나 자기주식으로 결제할 수 있는 제한 없는 권리를 기업에 부여하는 채무상품이 있다. 또 다른 예로는 보통주나 현금으로 결제할 수 있는 선택권을 보유자에게 부여하는 풋옵션을 매도하는 경우가 있다.

희석주당이익을 계산한다.

## (2) 매입옵션

기업의 선택에 따라 보통주나 현금으로 결제할 수 있는 계약을 한 경우에 기업은 기업이 자신의 보통주에 기초한 옵션(풋옵션이나 콜옵션)을 매입하여 보유하는 경우에는 반희석효과가 있으므로 희석주당이익의 계산에 포함하지 아니한다. 일반적으로 풋옵션은 행사가격이 시장가격보다 높을 경우에만 행사되고, 콜옵션은 행사가격이 시장가격보다 낮을 경우에만 행사된다.[10)]

## (3) 매도풋옵션

매도풋옵션과 선도매입계약과 같이 기업이 자기주식을 매입하도록 하는 계약이 희석효과가 있다면 희석주당이익의 계산에 반영한다. 이러한 계약이 그 회계기간 동안에 '내가격'에 있다면(즉, 행사가격이나 결제가격이 그 회계기간의 평균시장가격보다 높으면), 주당이익에 대한 잠재적 희석효과는 다음과 같이 계산한다.

① 계약 이행에 필요한 자금 조달을 위해 충분한 수의 보통주를 그 회계기간의 평균시장가격으로 기초에 발행한다고 가정한다.

② 주식발행으로 유입된 현금은 그 계약을 이행하는 용도(즉, 자기주식의 매입)로 사용한다고 가정한다.

③ 증가될 보통주식수(즉, 발행할 것으로 가정하는 보통주식수와 계약을 이행할 경우 받게 되는 보통주식수의 차이)는 희석주당이익의 계산에 포함한다.

## (4) 부분납입주식

보통주가 발행되었지만 부분 납입된 경우 완전 납입된 보통주와 비교하여, 당해기간의 배당에 참가할 수 있는 정도까지는 보통주의 일부로 취급하여 기본주당이익을 계산한다.

---

10) 자기회사 주식에 기초한 콜옵션을 매입하여 이를 행사하면 유통주식수가 감소하고, 풋옵션을 매입하여 행사하면 유통주식수가 증가한다. 그러나 희석주당이익을 계산할 때 옵션행사에 대하여는 자기주식법의 가정을 적용하므로 결국 풋옵션의 경우에도 잠재적보통주식수는 감소하게 된다.

부분 납입으로 당해 기간의 배당에 참가할 자격이 없는 주식의 미납입부분은 희석주당이익의 계산에 있어서 주식매입권이나 옵션과 같이 취급한다. 미납입액은 보통주를 매입하는 데 사용한 것으로 가정한다. 희석주당이익의 계산에 포함되는 주식수는 배정된 주식수와 매입된 것으로 가정한 주식수의 차이이다.

## 5. 잠재적보통주가 여러 개인 경우 희석주당이익

여러 종류의 잠재적보통주를 발행한 경우에는 잠재적보통주가 희석효과를 가지는지 반희석효과를 가지는지에 대하여 판단할 때 여러 종류의 잠재적보통주를 모두 통합해서 고려하는 것이 아니라 개별적으로 고려한다. 이때 잠재적보통주를 고려하는 순서가 각각의 잠재적보통주가 희석효과를 가지는지 반희석효과를 가지는지에 대하여 판단하는 데 영향을 미칠 수 있다. 따라서 기본주당이익을 최대한 희석할 수 있도록 희석효과가 가장 큰 잠재적보통주부터 순차적으로 고려한다. 즉, **'증분주식 1주당 이익'**이 가장 작은 희석성 잠재적보통주를 증분주식 1주당 이익이 상대적으로 큰 희석성 잠재적보통주보다 먼저 희석주당이익의 계산에 포함시킨다. 옵션과 주식매입권은 계산식에서 분자에 영향을 미치지 않으므로 일반적으로 가장 먼저 고려될 것이다.

### 사례 8 희석성 금융상품을 포함하는 순서의 결정

㈜대한의 20×1년 초 유통보통주식수는 200,000주이고, 20×1년도 계속사업이익은 ₩1,640,000, 중단사업손실은 ₩400,000, 그리고 당기순이익은 ₩1,240,000이다. 또한 보통주 1주당 연간 평균시장가격은 ₩7,500이다. ㈜대한은 다음과 같은 잠재적 보통주가 발행되어 있으나, 당기말까지 모두 보통주로 전환되거나 행사되지 않았다. 당기 기본주당이익과 희석주당이익을 계산하라. (단, 법인세율은 30%라고 가정한다)

(1) 옵션 : 10,000개 발행(행사가격은 ₩6,000)
(2) 전환우선주 : 주당 ₩8의 비누적적 배당금을 받을 수 있는 액면가액이 ₩1,000인 주식 80,000주. 1개의 우선주당 보통주 2주로 전환가능하다.
(3) 전환사채 : 명목금액 ₩10,000,000(연이자율 8%) 각 사채 ₩1,000당 보통주 20주로 전환가능하다. 이자비용 결정에 영향을 주는 할증발행차금이나 할인발행차금의 상각은 없다.

핵심해설

1. 기본주당이익
   ① 기본계속사업이익 : {₩1,640,000－80,000주×₩8}÷200,000주＝₩5
   ② 기본중단사업손실 : ₩(400,000)÷200,000주＝₩(2)
   ③ 기본주당순이익 : ₩600,000÷200,000주＝₩3

2. 희석주당이익
   (1) 희석효과 순서

| 구 분 | 이익의 증가 | 보통주식수 증가 | EPS | 희석효과 순서 |
|---|---|---|---|---|
| 옵션 | 0 | 10,000×(₩7,500－₩6,000)<br>÷₩7,500＝2,000주 | 0 | ① |
| 전환<br>우선주 | 80,000주×₩8<br>＝ ₩640,000 | 80,000주×2＝160,000주 | 4 | ③ |
| 전환사채 | ₩10,000,000×8%<br>×(1－30%)＝₩560,000 | ₩10,000,000÷₩1,000×20주<br>＝200,000주 | 2.8 | ② |

   (2) 희석주당이익(희석화가 큰 순서대로 계산)

| 구 분 | 계속사업이익 | 보통주식수 | EPS | 희석화 여부 |
|---|---|---|---|---|
| 기본주당이익 | ₩1,000,000 | 200,000주 | ₩5 | － |
| ① 옵션 | ＋₩0＝₩1,000,000 | ＋2,000주＝202,000주 | ₩4.95 | 희석 |
| ② 전환사채 | ＋₩560,000＝₩1,560,000 | ＋200,000주＝402,000주 | ₩3.88 | 희석 |
| ③ 전환우선주 | ＋₩640,000＝₩2,200,000 | ＋160,000주＝562,000주 | ₩3.91 | 반희석 |

∴ 전환우선주를 고려할 경우 희석주당이익이 증가(반희석성)하므로 포함하지 않는다.
   ① 희석계속사업이익 : ₩1,560,000÷402,000주＝₩3.88
   ② 희석중단사업손실 : ₩(400,000)÷402,000주＝₩(0.99)
   ③ 희석주당순이익 : {₩1,560,000－₩400,000}÷402,000주＝₩2.89

## 04절 주당이익의 공시

기본주당이익과 희석주당이익을 계속사업이익과 당기순이익에 대하여 계산하고 포괄손익계산서 본문에 당기순이익 다음에 표시한다. 희석주당이익이 기본주당이익과 동일하다면 한 줄로 표시할 수 있으나, 비교 표시되는 포괄손익계산서 중 희석주당이익이 별도로 표시되는 회계기간이 포함되어 있으면 비교 표시되는 나머지 회계기간의 포괄손익계산서에도 희석주당이익을 별도로 표시한다. 기본주당이익과 희석주당이익이 부의 금액(즉, 손실)인 경우에도 이를 포괄손익계산서에 표시한다.

주당이익에 대하여 다음의 사항을 주석으로 기재한다.

① 계속사업이익과 당기순이익에 대한 조정사항 및 가중평균유통보통주식수의 계산내역을 포함한 기본주당이익 산정내용

② 계속사업이익과 당기순이익에 대한 조정사항 및 가중평균유통보통주식수의 계산내역을 포함한 희석주당이익 산정내용

③ 당기에는 반희석효과로 인하여 희석주당이익을 계산할 때 고려하지 않았지만 향후 희석효과가 발생할 가능성이 있는 잠재적보통주의 내용

주당이익은 계속사업이익과 당기순이익에 대해서는 기본적으로 포괄손익계산서에 공시하도록 하고 있지만 그 밖의 포괄손익계산서의 별도항목 또는 별도항목이 아닌 순이익의 다른 구성요소에 대한 주당금액도 경영성과의 평가에 유용한 회계정보가 될 수 있다.

따라서 중단사업에 대한 주당이익을 포괄손익계산서 본문에 표시하거나 주석으로 공시하도록 하였으며, 그 밖의 포괄손익계산서의 별도항목이 아닌 순이익의 구성요소에 대한 주당금액을 산출하여 공시할 수 있도록 하였다. 이 경우 기준서에서 정하고 있는 가중평균유통보통주식수의 계산방법을 적용한다.

유통되는 보통주식수나 잠재적보통주식수가 무상증자, 주식배당 또는 주식분할로 인하여 증가하였거나 주식병합으로 인하여 감소하였다면, 비교표시되는 포괄손익계산서에 제시된 모든 회계기간에 대한 기본주당이익과 희석주당이익의 계산을 소급하여 수정한다. 만약 이러한 사건이 보고기간종료일과 재무제표가 사실상 확정된 날 사이에 발생하였다면 당기와 그 이전 회계기간의 주당이익을 새로운 유통보통주식수에 근거하여 재계산한다.[11] 주당이익의 계산시 이와 같은 유통보통주식수의 변동을 반영하였다면 그러한

사실을 주석으로 기재한다.

또한, 기업회계기준서 제1008호 '회계정책, 회계추정의 변경 및 오류'에 따라 처리한 중대한 오류의 수정 및 회계정책의 변경의 소급적용에 따른 효과를 반영하여 비교표시되는 포괄손익계산서에 제시된 모든 회계기간에 대한 기본주당이익과 희석주당이익을 수정한다.

보고기간종료일 이후 발생하고 그러한 거래가 보고기간종료일 이전에 발생하였다면 보통주나 잠재적 보통주를 중요하게 변화시켰을 다음의 예와 같은 보통주 거래 또는 잠재적 보통주 거래(위의 무상증자 등과 관련하여 회계처리한 것을 제외한)는 주석으로 기재한다.

① 현금에 의한 유상증자
② 보고기간종료일 현재의 부채나 우선주를 상환하기 위한 주식의 발행
③ 보통주의 소각
④ 보고기간종료일 현재의 잠재적보통주의 보통주로의 전환 또는 행사
⑤ 신주인수권, 옵션, 전환사채, 전환우선주 등의 발행
⑥ 조건부발행 보통주에 대한 발행조건의 만족

11) 그러나 이러한 처리가 무상증자 등을 보고기간종료일 후 발생한 사건에 관한 기업회계기준서에 의한 '수정을 요하는 보고기간종료일 후 발생한 사건'으로 본다는 의미는 아니다.

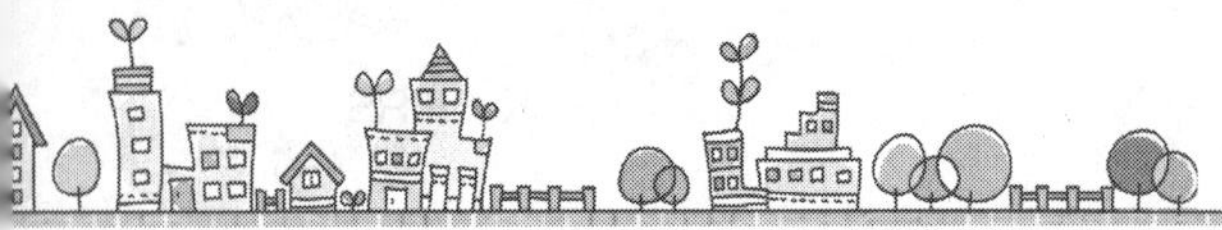

## OX문제

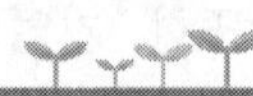

1 할증배당우선주의 당초 할인발행차금이나 할증발행차금은 유효이자율법을 사용하여 상각하여 이익잉여금에 가감하고, 주당이익을 계산할 때 우선주 배당금으로 처리한다.

2 주당이익을 주가로 나눈 수치인 주가수익률은 특정 기업의 순이익이 증권시장에서 얼마만큼의 평가를 받고 있는지를 나타내는 지표이다.

3 유통보통주식수란 기업이 발행한 보통주총수 중에서 자기주식을 차감한 것을 말한다.

4 우선주가 누적적 우선주일 경우에는 배당결의 여부에 관계없이 일정배당률을 차감하여 계산하고, 비누적적 우선주일 경우에는 전기 확정분을 차감하여 보통주당순이익을 계산한다.

5 당기 중에 무상증자, 주식배당, 주식분할 및 주식병합이 실시된 경우에는 기말에 실시된 것으로 간주하여 발행보통주식수를 증가 또는 감소시켜 주어야 한다.

6 주주들에게 시가 이하로 유상증자를 실시한 경우에는 시가유상증자와 무상증자가 혼합된 것으로 간주한다.

7 당기 중에 전환우선주 또는 전환사채가 보통주로 전환된 경우에는 발행조건상의 전환간주일에 전환된 것으로 간주한다.

8 잠재적보통주는 보통주로 전환된다고 가정할 경우 주당계속영업이익이 증가하더라도 주당순이익이 감소한다면 희석효과가 있는 것으로 판단한다.

9 희석증권인 전환증권(전환우선주, 전환사채)에 대해서는 기초(또는 기중 발행일)에 보통주로 전환된 것으로 가정(전환가정법)하여 희석증권주식수를 보통주식수에 포함시킨다.

10 무상증자나 주식분할로 유통되는 보통주식수가 증가한 경우, 비교 표시되는 전기 재무제표의 모든 기본주당이익과 희석주당이익을 소급하여 수정한다.

# 객관식문제

01 ㈜행복의 20×2년도 재무내용은 다음과 같다.

> 1월 1일 : - 유통보통주식수 1,000주(주당 액면가 ₩1,000)
> - 유통우선주식수 200주(주당 액면가 ₩1,000, 연배당율 10%, 누적적·비참가적 전환우선주, 우선주 10주당 보통주 1주의 전환조건)
>
> 계속사업이익 : ₩500,000

㈜행복은 상기 전환우선주에 대해서 20×1년도 배당금을 지급하지 않았으며, 20×2년도에 전환우선주의 전환은 없었다. 상기 자료 이외에 전환우선주 등의 자본거래는 없었다. ㈜행복의 20×2년도 계속사업이익을 기준으로 한 보통주 기본주당이익 및 희석주당이익은 얼마인가? 단, 한국채택국제회계기준을 적용하고 모든 계산금액은 소수점 첫째 자리에서 반올림하며, 이 경우 약간의 반올림 오차가 나타날 수 있다. ➤ 공인회계사 수정

| | 기본주당이익 | 희석주당이익 |
|---|---|---|
| ① | ₩465 | ₩455 |
| ② | ₩465 | ₩460 |
| ③ | ₩480 | ₩465 |
| ④ | ₩480 | ₩480 |
| ⑤ | ₩480 | ₩490 |

02

> (1) ㈜소백의 20×1년도 손익계산서상 당기순이익은 ₩126,816이고, 자본의 변동사항은 다음과 같다.
>
> | | | |
> |---|---|---|
> | 20×1년 1월 1일 | 유통보통주식수 | 2,100주 |
> | | 우선주(누적적 6%) | 400주 |
>
> (2) 20×1년 7월 1일 주당 ₩8,000에 500주를 유상증자하고 납입기일인 7월 1일까지 유상증자대금 전액을 수령하였다.
>
> (3) 당해 유상증자는 기존의 주주를 대상으로 주식의 공정가치보다 낮은 발행가액으로 실시되었으며, 권리행사일 전(권리락 전일) 주식의 공정가치는 주당 ₩10,000이었다.
>
> (4) ㈜소백의 보통주와 우선주의 액면가액은 모두 ₩500이다.

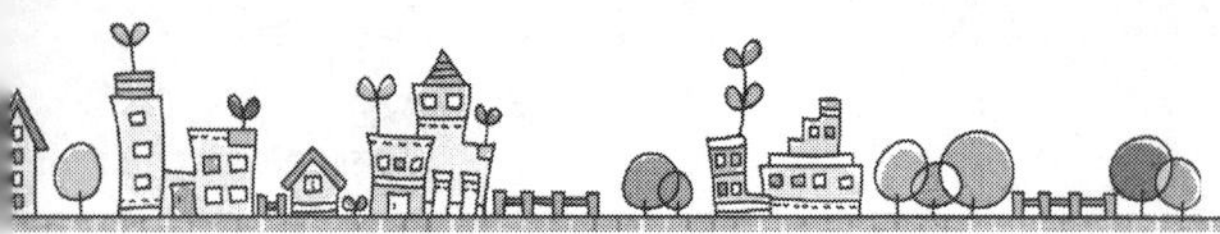

한국채택국제회계기준에 의한 ㈜소백의 20×1년도 보통주 주당순이익은 얼마인가? 단, 가중평균유통보통주식수는 월단위 기준으로 계산한다. ➤ 공인회계사 수정

① ₩48 ② ₩50 ③ ₩52
④ ₩54 ⑤ ₩56

03

(1) ㈜천안은 20×1년 1월 1일에 종업원 1,000명에게 각각 주식선택권 200개를 부여하고 3년의 용역제공조건을 부과하였다.
(2) 부여일 현재 주식선택권의 단위당 공정가치는 ₩1,500으로 추정되었다.
(3) 주식선택권 1개로는 주식 1주를 부여 받을 수 있는 권리를 행사할 수 있다.
(4) 20×1년 1월 1일 현재 ㈜천안의 종업원 중 30%가 부여일로부터 3년 이내에 퇴사하여 주식선택권을 상실할 것으로 추정하였다.
(5) 그런데 20×1년중에 100명이 퇴사하였고, 회사는 20×1년 말에 가득기간(3년) 전체에 걸쳐 퇴사할 것으로 기대되는 종업원의 추정비율을 30%(300명)에서 25% (250명)로 변경하였다.
(6) 20×2년에 실제로 50명이 퇴사하였고, 회사는 20×2년 말에 가득기간(3년) 전체에 걸쳐 퇴사할 것으로 기대되는 종업원의 추정비율을 다시 20%(200명)로 변경하였다.
(7) 20×3년에는 실제로 50명이 퇴사하였다. 이로 인하여 결국 20×1년부터 20×3년 12월 31일 현재 총 200명이 퇴사하여 주식선택권을 상실하였고 총 160,000개(800명×200개)의 주식선택권이 가득되었다.

만약 종업원이 20×4년 1월 1일에 주식선택권을 전부 행사한다면 ㈜천안의 주식발행초과금은 얼마나 증가하는가?
단, 한국채택국제회계기준을 적용하고 ㈜천안 주식의 주당 액면금액과 주식선택권의 개당 행사가격은 각각 ₩5,000과 ₩6,000이라고 가정한다. ➤ 공인회계사 수정

① ₩160,000,000 ② ₩235,000,000 ③ ₩240,000,000
④ ₩400,000,000 ⑤ ₩480,000,000

04 결산일이 12월 31일인 ㈜서울의 20×1년도 기초유통보통주식수와 기초유통우선주식수는 각각 10,000주(액면가액 @₩1,000)와 4,000주(누적적 및 비참가적 전환우선주, 액면가액 @₩500, 연배당율 8%, 우선주 2주당 보통주 1주 전환)이다. ㈜서울의 20×1년도 당기순이익이 ₩12,000,000일 때, 기본주당순이익 및 희석주당순이익은 각각 얼마인가? 단, 한국채택국제회계기준을 적용하고 우선주전환 등의 자본거래는 없으며, 소수점 이하는 반올림한다. ➤ 공인회계사 수정

| | 기본주당순이익 | 희석주당순이익 |
|---|---|---|
| ① | ₩1,184 | ₩1,000 |
| ② | ₩1,200 | ₩857 |
| ③ | ₩1,184 | ₩857 |
| ④ | ₩1,000 | ₩987 |
| ⑤ | ₩1,200 | ₩987 |

05 ㈜명성의 회계연도는 1월 1일부터 12월 31일까지이다. 20×5년 1월 1일 ㈜명성의 발행주식은 보통주 9,000주(주당 액면가액 ₩1,000)와 우선주 5,000주(배당률 10%, 비누적적, 비참가적, 주당 액면가액 ₩1,000)이다. 다음은 20×5년도중 ㈜명성의 보통주와 우선주의 변동사항이다.

| | | | 보통주 | 우선주 |
|---|---|---|---|---|
| 20×5년 1월 1일 | 유통주식수 | | 9,000주 | 5,000주 |
| 4월 1일 | 유상증자 | 20% | 1,800 | 1,000 |
| 7월 1일 | 무상증자 | 10% | 1,080 | 600 |
| 10월 1일 | 자기주식 취득 | | (2,000) | |
| | | | 9,880주 | 6,600주 |

보통주 유상신주의 주당 발행가액은 ₩1,000이며 3월 31일의 종가는 주당 ₩1,800이다. 우선주 유상신주의 주당 발행가액은 ₩1,000이며 3월 31일의 종가는 주당 ₩1,400이다. 유상신주의 배당기산일은 납입한 때이고, 무상신주는 원구주에 따른다. 20×5년도의 당기순이익이 ₩1,672,000일 때 기본주당순이익은 얼마인가? (단, 한국채택국제회계기준을 적용하고 유통보통주식수를 구하기 위한 유통기간의 가중평균은 월할계산하며, 기본주당순이익계산시 소숫점 첫째자리에서 반올림함) ➤ 공인회계사 수정

① ₩74 ② ₩76 ③ ₩87
④ ₩94 ⑤ ₩98

06 ㈜오션은 20×1년 1월 1일 주식교부형 주식매수선택권(stock option) 100개를 임직원에게 부여하였다. 관련 자료는 다음과 같다.

(1) 의무 근무기한 : 20×3년 12월 31일
(2) 권리행사 만료일 : 20×4년 12월 31일
(3) 기대권리 소멸률 : 0%
(4) 행사가격 : 20×2년 12월 31일까지 시장점유율이 15% 이상 상승하는 경우 ₩8,000, 그렇지 않은 경우 ₩10,000
(5) 주식매수선택권의 개당 공정가액 :
₩6,300(행사가격이 ₩8,000인 경우)
₩4,800(행사가격이 ₩10,000인 경우)

㈜오션은 주식매수선택권 부여시 20×2년 12월 31일 제품 시장점유율이 15% 이상 상승할 것으로 예상하였다. 20×2년도 실제 시장점유율이 12% 상승에 그쳤을 때 주식보상비용과 관련하여 20×2년도 말에 필요한 분개는? 단, 한국채택국제회계기준에 의해 회계처리한다.

➤ 공인회계사 수정

| | | | | |
|---|---|---|---|---|
| ① | (차) 주식보상비용 | ₩110,000 | (대) 자 본 조 정 | ₩110,000 |
| ② | (차) 주식보상비용 | ₩135,000 | (대) 자 본 조 정 | ₩135,000 |
| ③ | (차) 주식보상비용 | ₩110,000 | (대) 장기미지급비용 | ₩110,000 |
| ④ | (차) 주식보상비용 | ₩160,000 | (대) 장기미지급비용 | ₩110,000 |
| | | | 이익잉여금 | ₩50,000 |
| ⑤ | (차) 주식보상비용 | ₩160,000 | (대) 자 본 조 정 | ₩110,000 |
| | | | 이익잉여금 | ₩50,000 |

# 주 관 식 문 제

## 01 가중평균유통보통주식수의 계산

갑회사의 20×1년 보통주식수의 변동에 대한 자료는 다음과 같다. 갑회사의 가중평균유통보통주식수를 계산하시오. (1년을 365일로 가정한다)

| 일 자 | 변동내용 | 발행주식수 | 자기주식수 | 유통주식수 |
|---|---|---|---|---|
| 20×1. 1. 1. | 기 초 | 2,000 | 300 | 1,700 |
| 20×1. 5. 1. | 유상증자(납입기일) | 800 | | 2,500 |
| 20×1. 6. 3. | 자기주식매각 | | −100 | 2,600 |
| 20×1. 8. 4. | 유상증자(납입기일) | 300 | | 2,900 |
| 20×1. 12. 1. | 자기주식취득 | | 250 | 2,650 |
| 20×1. 12. 31. | 기 말 | 3,100 | 450 | 2,650 |

## 02 주당순이익 I

(1) 20×1년 12월 31일 현재 무악회사의 발행된 보통주는 50,000주이다.
(2) 20×2년 4월 1일에 보통주 10,000주가 추가발행되었고, 20×2년 12월 31일로 종료되는 회계연도의 당기순이익은 ₩172,500이다.
(3) 무악회사는 20×2년에 ₩100,000의 비전환 우선주 배당을 선언하고 현금으로 지급하였다.

무악회사의 20×2년도의 보통주 주당순이익을 계산하라.

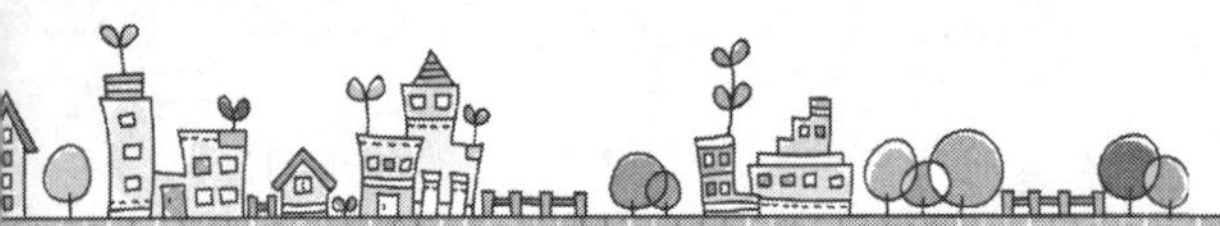

## 03 무상증자의 경우 주당순이익

다음 자료에 따라 오뚜기회사가 20×2년 10월 1일에 실시한 무상증자에 따른 20×1년과 20×2년의 주당순이익을 계산하시오.

- 20×1년 당기순이익 ₩180,000
- 20×2년 당기순이익 ₩600,000
- 20×2년 9월 30일 현재 유통보통주식수 200주
- 20×2년 10월 1일 무상증자 실시 : 20×2년 9월 30일 현재 유통보통주식 1주에 대하여 2주의 보통주를 무상으로 지급함

## 04 주당순이익 II

국제회사의 자본구조에 대한 자료는 다음과 같다.

| | 20×1년 12월 31일 | 20×2년 12월 31일 |
|---|---|---|
| 발행주식수 : | | |
| 보통주 | 90,000 | 90,000 |
| 전환우선주 | 10,000 | 10,000 |
| 9% 전환사채 | ₩1,000,000 | ₩1,000,000 |

(1) 국제회사는 20×2년도에 전환우선주에 대해 주당 ₩2.50의 배당금을 지급했다.
(2) 전환우선주는 20,000주의 보통주로 전환될 수 있다.
(3) 9%의 전환사채는 30,000주의 보통주로 전환가능하다.
(4) 20×2년도의 당기순이익은 ₩485,000이고, 법인세율은 50%이다.

1. 20×2년 12월 31일 회계연도말의 기본주당순이익을 계산하라.
2. 20×2년 12월 31일 회계연도말의 희석주당순이익을 계산하라.

## 05 희석주당이익

(1) 완산회사는 20×1년 12월 31일에 100,000주의 보통주를 발행하였고, 20×2년 7월 1일에 10%의 주식배당을 실시하였다.
(2) 20×2년 기초와 기말 현재 주당 ₩20에 보통주 20,000주를 매입할 수 있는 미행사된 주식매입권이 있다.
(3) 완산회사의 20×2년의 평균주식가격은 ₩25이고 20×2년 12월 31일 현재의 순이익은 ₩550,000이다.

완산회사의 20×2년도 보통주의 희석주당이익을 계산하시오.

## 06 주당순이익 (우선주, 주식배당)

㈜청원의 20×2년 회계연도의 당기순이익과 자본금 변동상황은 다음과 같다.

(1) 우선주는 비누적적, 비참가적이고 배당금은 보통주식의 배당보다 액면금액을 기준으로 연 1%를 더 배당한다.
(2) 20×2년 회계연도의 이익에 대한 배당은 현금배당으로 보통주 4%, 우선주 5%로 계획되어 있으며, 이에 따라 이익잉여금처분계산서가 작성되었다.
(3) 20×1년 회계년도의 이익에 대한 배당은 주식배당 5%로 2007년 3월 1일 주주총회에서 의결되었다.
(4) 주식배당으로 발행된 신주의 배당기산일은 회계연도 초이다.

- 당기순이익 : ₩600,000,000
- 자본금 변동사항(액면 ₩5,000)

| | 보통주자본금 | | 우선주자본금 | |
|---|---|---|---|---|
| 기초 | 100,000주 | ₩500,000,000 | 20,000주 | ₩100,000.000 |
| 기중(3.1 주식배당 5%) | 5,000주 | 25,000,000 | 1,000주 | 5,000,000 |
| 기말 | 105,000주 | ₩525,000,000 | 21,000주 | ₩105,000,000 |

주어진 ㈜청원의 자료를 근거로 주당순이익을 계산하시오.

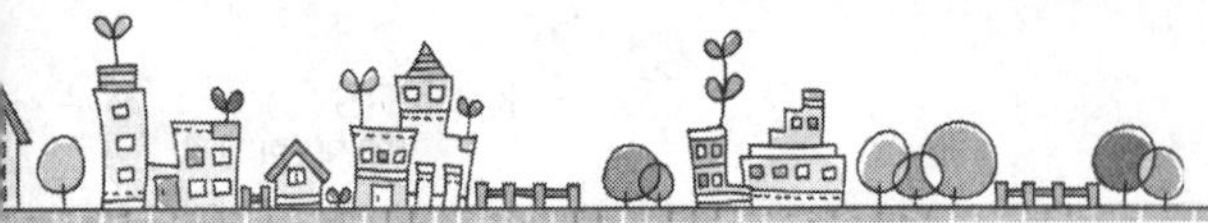

## 07 참가적 우선주

다음은 현성㈜의 손익상황 및 자본 사항에 대한 자료이다.

- 당기순이익 ₩1,000,000
- 유통보통주식수 10,000주
- 참가적우선주 6,000주
- 우선주에 대한 비누적적 연간배당금(보통주에 대한 배당전) 주당 ₩55
- 보통주에 대하여 주당 ₩21의 배당금이 지급된 후, 우선주는 보통주와 20 : 80의 비율로 추가적 배당에 참가한다. (즉, 우선주와 보통주에 대하여 각각 주당 ₩55과 ₩21의 배당금을 지급한 후, 우선주는 보통주에 대하여 추가적으로 지급되는 배당금액의 1/4 비율로 참가한다)

참가적우선주와 보통주의 기본주당순이익을 각각 계산하시오.

## 08 권리발행(right issue)의 경우 주당순이익

옥소리㈜는 20×2년 회계기간 중에 권리발행(right issue)을 수행하였다. 다음과 같은 손익상황 및 자본 변동내용을 참조하여 주당순이익을 계산하시오.

| | 20×1 | 20×2 | 20×3 |
|---|---|---|---|
| 당기순이익 | ₩110,000 | ₩150,000 | ₩180,000 |

권리발행전　유통보통주식수　500주

권 리 발 행　유통보통주식 5주당 신주 1주(신주는 총 100주)
발행금액 : ₩500
권리발행일 : 20×2년 1월 1일
권리행사 만기일 : 20×2년 3월 1일

20×2년 3월 1일 권리행사 직전 보통주의 시장가격 : ₩1,100

## 09 희석주당순이익 계산시 옵션의 영향

다음의 20×1년도 장군㈜의 손익상황 및 옵션에 관한 사항을 참조하여 희석주당순이익을 계산하시오.

| | |
|---|---|
| (1) 20×1년 당기순이익 | ₩1,200,000 |
| (2) 20×1년 가중평균유통보통주식수 | 500주 |
| (3) 20×1년 보통주 1주의 평균시장가격 | ₩20 |
| (4) 20×1년 옵션이 행사될 경우 발행될 보통주식수 | 100주 |
| (5) 20×1년 옵션의 행사가격 | ₩15 |

## 10 희석주당순이익 - 전환사채

다음의 20×1년도 멍군㈜의 손익상황 및 전환사채에 관한 사항을 참조하여 희석주당순이익을 계산하시오.

| | |
|---|---|
| (1) 당기순이익 | ₩1,004,000 |
| (2) 유통보통주식수 | 1,000주 |
| (3) 기본주당순이익 | ₩1,004 |
| (4) 전환사채 발행금액 | ₩100,000 |
| (5) 전환사채 발행금액 ₩10,000당 보통주 3주로 전환 | |
| (6) 전환사채의 부채요소에 대한 이자비용 | ₩10,000 |
| (7) 이자비용에 대한 법인세효과 | ₩4,000 |

## 11 조건부발행 보통주

(1) 20×1년에 회사의 유통보통주식수는 1,000,000주이며 유통되는 신주인수권, 주식매입선택권 또는 전환증권은 없다.(1년을 365일로 가정한다)

(2) 회사는 최근 투자자와의 합의사항에서 다음의 조건에 따른 추가적인 보통주의 발행을 명시하였다.

- 영업점 조건 : 20×1년 동안 새로 개점하는 각 영업점에 대하여 5,000주 발행
- 이익 조건 : 20×1년의 당기순이익이 ₩2,000,000을 초과하는 경우 초과하는 각 ₩1,000에 대하여 보통주 1,000주

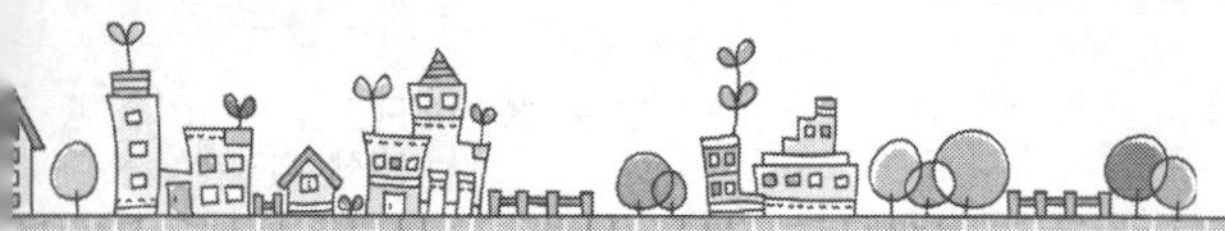

회사는 20×1년 5월 1일과 9월 1일에 각각 1개씩의 새로운 영업점을 개점하였다.
회사의 분기별 누적세후순이익은 다음과 같다.

| | |
|---|---|
| 20×1년 3월 31일 | ₩1,100,000 |
| 20×1년 6월 30일 | ₩2,300,000 |
| 20×1년 9월 30일 | ₩1,900,000 (중단사업손실 450,000원 포함) |
| 20×1년 12월 31일 | ₩2,900,000 |

분기별 그리고 연간 기본주당순이익과 희석주당순이익을 각각 계산하시오.

## 12 발행자가 보통주 또는 현금으로 결제할 수 있는 옵션이 있는 전환사채

(1) 초형㈜는 20×1년 1월 1일에 만기 3년, ₩2,000,000인 전환사채를 액면으로 발행하였다.
(2) 이자는 연 6%로 매년 12월 31일에 지급하고, 전환사채는 만기까지 어느 때나 전환사채 액면 ₩400당 보통주 1주로 전환할 수 있다.
(3) 회사에게 전환사채의 원금을 보통주 또는 현금으로 결제할 수 있는 선택권이 있다.
(4) 전환사채 발행시 전환권이 없는 유사한 사채에 대한 유효시장이자율은 9%이다. 발행일에 보통주의 시장가격은 ₩300이다. 법인세는 고려하지 않는다.

〈손익상황 및 자본금 변동사항〉

| | |
|---|---|
| 20×1년 12월 31일 당기순이익 | ₩1,000,000 |
| 유통보통주식수 | 20,000주 |
| 전환사채 | ₩2,000,000 |

〈사채발행금액의 분류〉

| | |
|---|---|
| 일반사채의 가치 | ₩1,848,122* |
| 전환권 대가 | ₩151,878 |
| 사채발행금액 | ₩2,000,000 |

* 전환사채의 부채요소 ₩1,848,122은 전환사채를 유효시장이자율 9%로 할인한 현재가치임 : 만기에 원금 ₩2,000,000 만기까지 매년 12월 31일에 이자 ₩120,000 지급

초형㈜의 20×1년의 기본주당순이익과 희석주당순이익을 계산하라.

## 13 희석효과의 판단

- 가중평균유통보통주식수 계산시 희석성 잠재적보통주에 포함시키는 순서

다음 자료에 의하여 각 손익에 대한 주당이익을 계산하라.

<손익상황 및 잠재적보통주에 관한 사항>

이 익

| | |
|---|---|
| 계속사업이익 | ₩16,400,000 |
| 우선주배당 | (6,400,000) |
| 보통주에 귀속되는 계속사업이익 | 10,000,000 |
| 중단사업손실 | (4,000,000) |
| 보통주에 귀속되는 당기순이익 | ₩6,000,000 |

| | |
|---|---|
| 유통보통주식수 | 2,000,000주 |
| 보통주의 평균시장가격 | ₩75 |
| 잠재적 보통주 | |
| 주식매수선택권 | 100,000주(행사가격 ₩60) |
| 전환우선주 | 800,000주(주당 누적적배당금 ₩8, 주당 보통주 2주로 전환 가능) |
| 5% 전환사채 | ₩100,000,000(사채 ₩50당 보통주 1주로 전환 가능. 할인율 조정사항으로 고려하는 할인액 또는 할증액은 없음) |
| 세율 | 40% |

## 14 기본주당이익과 희석주당이익의 계산(종합사례)

다음 자료는 청솔회사의 20×2년 기본주당이익과 희석주당이익의 분기 및 연간 계산에 관한 것으로 청솔회사의 자본구조는 복합자본구조이다. 희석효과의 판단은 계속사업이익을 기준으로 한다. 사례에 대한 가정은 다음과 같다.

- 보통주의 평균시장가격 : 보통주의 20×2년 평균시장가격

| | | | |
|---|---|---|---|
| 1분기 | ₩49 | 2분기 | ₩60 |
| 3분기 | ₩67 | 4분기 | ₩67 |

20×2년 7월 1일부터 9월 1일까지 보통주의 평균시장가격은 ₩65이다.

- 보통주 : 20×2년 기초의 유통보통주식수는 5,000,000주이고, 20×2년 3월 1일에 보통주 200,000주를 현금 납입으로 발행하였다.

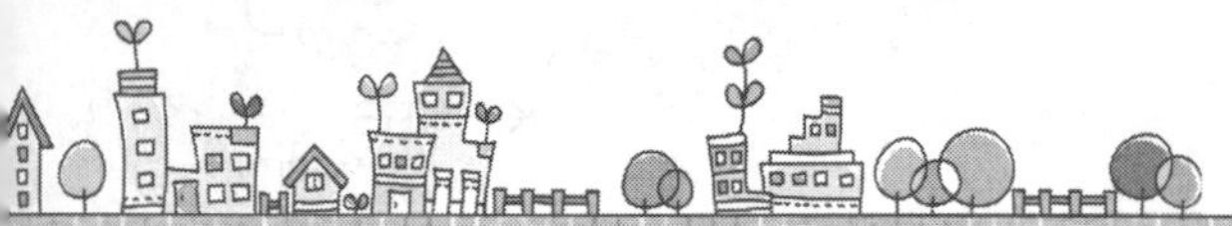

- 전환사채 : 20×1년 4분기에 전환사채(만기 20년, 원금 ₩12,000,000, 이자율 5%)를 액면 발행하였다. 이자는 11월 1일과 5월 1일에 지급하고, 전환사채 발행금액 ₩1,000당 보통주 40주를 교부하기로 하였다. 20×1년에 전환청구는 없었으며 20×2년 4월 1일에 청솔회사의 전환청구로 전액 전환되었다.
- 전환우선주 : 20×1년 2분기에 자산 매매거래시 전환우선주 800,000주를 발행하였다. 전환우선주 1주에 대한 분기배당금액은 ₩0.05으로 분기말에 그 때까지 발행된 전환우선주 주식수에 따라 지급하며, 전환우선주 1주당 보통주 1주로 전환된다. 20×2년 6월 1일에 전환우선주 600,000주의 소유자가 보통주로 전환하였다.
- 신주인수권(warrants) : 20×2년 1월 1일에 5년 동안 주당 ₩55에 보통주 600,000주를 취득할 수 있는 신주인수권을 발행하였다. 20×2년 9월 1일에 유통중인 신주인수권이 모두 행사되었다.
- 옵션 : 20×2년 7월 1일에 10년 동안 주당 ₩75에 보통주 1,500,000주를 취득할 수 있는 옵션을 발행하였다. 옵션의 행사가격이 보통주의 시장가격을 초과하였기 때문에, 20×2년에 행사된 옵션은 없다.
- 세율 : 20×2년의 세율은 40%이다.
- 이익 : A회사의 20×2년 손익상황 (단위 : 원)

| 20×1년 | 계속사업이익[(a)] | 당기순이익 |
|---|---|---|
| 1분기 | ₩5,000,000 | ₩5,000,000 |
| 2분기 | 6,500,000 | 6,500,000 |
| 3분기 | 1,000,000 | (1,000,000)[(b)] |
| 4분기 | (700,000) | (700,000) |
| 전체 | ₩11,800,000 | ₩9,800,000 |

(a) 우선주배당금을 차감하기 전의 희석효과 판단기준

(b) A회사는 3분기에 중단사업손실 ₩2,000,000(법인세효과 차감 후)이 있다.

청솔회사의 분기별/연간기본주당순이익과 희석주당순이익을 각각 계산하시오.

# 연습문제 해답 ▶ 주당이익 Chapter 13

## OX문제

01 ○

02 × : 주가를 주당이익으로 나눈 수치이다.

03 ○

04 × : 전기 확정분이 아니고 당기 확정분이다.

05 × : 기말이 아니고 기초이다.

06 ○

07 × : 최종이자 발생일 다음날, 즉 전환일에 전환된 것으로 한다.

08 × : 희석효과의 판단기준은 주당순이익이 아니고 주당계속영업이익이다.

09 ○

10 ○

## 객관식문제

| 01 | ⑤ | 02 | ① | 03 | ④ | 04 | ① | 05 | ④ | 06 | ① |
|---|---|---|---|---|---|---|---|---|---|---|---|

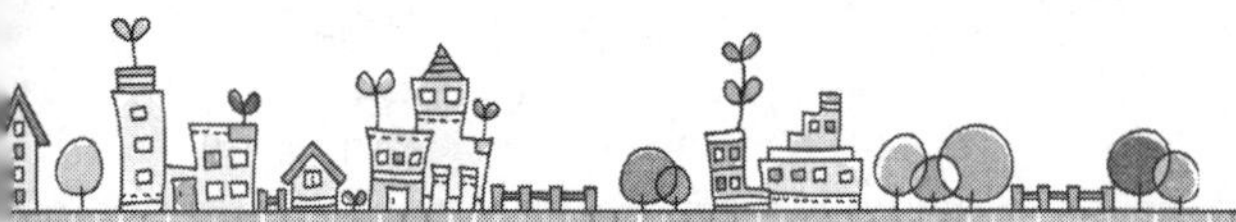

## ☑ 주관식문제

01 가중평균유통보통주식수의 계산

| 유통기간 | 항 목 | 주식수 | 누적주식수 | 가중치 | 적 수 |
|---|---|---|---|---|---|
| 1. 1.~ 4. 30. | 기초의 유통주식 | 1,700 | 1,700 | 120일 | 204,000 |
| 5. 1.~ 6. 2. | 유상증자 | 800 | 2,500 | 33일 | 82,500 |
| 6. 3.~ 8. 3. | 자기주식매각 | 100 | 2,600 | 62일 | 161,200 |
| 8. 4.~11. 30. | 유상증자 | 300 | 2,900 | 119일 | 345,100 |
| 12. 1.~12. 31. | 자기주식취득 | (250) | 2,650 | 31일 | 82,150 |
| 합 계 | | | | 365일 | 874,950 |

* 가중평균유통보통주식수 : 874,950÷365=2,397주

02 보통주에 귀속될 순이익 : ₩172,500－₩100,000=₩72,500
가중평균주식수 : 50,000주+10,000주×9월/12월=57,500주
주당순이익 : ₩72,500/57,500주=₩1.26

03 주당이익 계산
유통보통주식수 : 200+200×2=600주
20×2년 주당순이익 : ₩600,000/(200+400)=₩1,000
20×1년 조정된 주당순이익 : 180,000/(200+400)=₩300
※ 무상증자의 경우, 이를 재무제표에 보고되는 회계기간 중 처음 회계기간(20×1년)의 기초에 그러한 사건이 발생한 것으로 보아 각 회계기간의 유통보통주식수를 비례적으로 소급 조정하며 손익계산서에 해당 회계기간과 비교 표시되는 모든 회계기간에 대한 가중평균유통보통주식수도 이와 같이 조정한다.

04

| | 기본 주당순이익 | 희석 주당순이익 |
|---|---|---|
| 분자 : 순이익 | | |
| 당기순이익 | ₩485,000 | ₩485,000 |
| 우선주배당금 | (25,000) | － |
| 전환사채이자 | － | 45,000 |
| | ₩460,000 | ₩530,000 |
| 분모 : 가중평균유통주식수 | | |
| 보통주 | 90,000 | 90,000 |
| 전환우선주 | － | 20,000 |
| 전환사채 | － | 30,000 |
| | 90,000 | 140,000 |
| 주당순이익 | ₩5.11 | ₩3.79 |

05 **증분주식수의 계산**

주식매입권행사로 인한 현금유입액 : 20,000×₩20＝₩400,000

| | |
|---|---:|
| 주식매입권행사로 인한 발행주식수 | 20,000주 |
| 매입가능자기주식수 : ₩400,000/₩25 | 16,000주 |
| 증분주식수 | 4,000주 |

희석주당이익 : ₩550,000÷(100,000주×110%＋4,000주)＝₩4.82

06 주당순이익 : 보통주당기순이익÷발행보통주식수
＝(₩600,000,000－₩5,250,000*)÷105,000주
＝₩594,750,000÷105,000주
＝₩5,664

* 우선주배당금 : ₩105,000,000×5%＝₩5,250,000

07 **1. 추가배당 참가 전 1차 배당금 계산**

우선주 배당금 ₩330,000(주당 ₩55×6,000주)
보통주 배당금 ₩210,000(주당 ₩21×10,000주)

**2. 2차 추가배당금 계산**

| | | | |
|---|---|---:|---:|
| 당기순이익 | | | ₩1,000,000 |
| 배당금 지급액 차감 : | 우선주 | ₩330,000원 | |
| | 보통주 | 210,000원 | (540,000) |
| 미배당이익 | | | ₩460,000 |

<미배당이익의 배분>

보통주당 배분액＝A 우선주당 배분액＝B 이라고 가정하면

∴ (A×10,000)＋(1/4×A×6,000)＝460,000
A＝460,000/(10,000＋1,500) .......... ∴ A＝40
B＝1/4×A ......... ∴ B＝10

**3. 기본주당순이익 계산**

| | 참가적우선주 | 보통주 |
|---|---:|---:|
| 배 당 이 익 | ₩55 | ₩21 |
| 미배당이익 | 10 | 40 |
| 총계 | ₩65 | ₩61 |

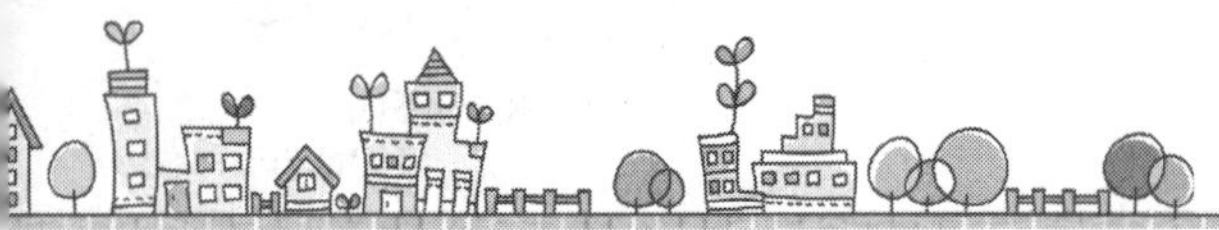

08 **1. 권리행사후의 이론적 주당공정가치 계산**

$$=\frac{\text{권리행사 직전 총유통보통주식의 공정가치}+\text{권리행사로 수취한 총금액}}{\text{권리행사 직전 유통보통주식수}+\text{권리행사시 발행된 주식수}}$$

$$=\frac{(₩1,100\text{원}\times 500\text{주})+(₩500\times 100\text{주})}{500\text{주}+100\text{주}}=₩1,000$$

**2. 조정비율의 계산(즉, 무상증자 비율 계산)**

$$=\frac{\text{권리행사 직전의 주당 공정가치}}{\text{권리행사후의 이론적 주당공정가치}}=\frac{₩1,100}{₩1,000}=1.1$$

**3. 주당순이익의 계산**

| 구 분 | 계 산 식 | 20×1 | 20×2 | 20×3 |
|---|---|---|---|---|
| 20×1년 주당순이익 | ₩110,000/500주 | 220 | | |
| 권리발행으로 재계산된 20×1년의 주당순이익 | $\frac{₩110,000}{(500\text{주}\times 1.1)}$ | 200 | | |
| 20×2년 주당순이익 | $\frac{₩150,000}{(500\text{주}\times 1.1\times 59/365)+(600\text{주}\times 306/365)}$ | | 253 | |
| 20×3년 주당순이익 | ₩180,000/600주 | | | 300 |

09

| | 이익 | 주식수 | 주당이익 |
|---|---|---|---|
| 20×1년 당기순이익 | ₩1,200,000 | | |
| 20×1년 가중평균유통보통주식수 | | ₩500 | |
| 기본주당순이익 | | | ₩2,400 |
| 옵션이 행사될 경우 발행될 보통주식수 | | 100 | |
| 평균시장가격으로 발행되었을 경우의 보통주식수 : (100×15)÷20 | | (75)* | |
| 희석주당순이익 | ₩1,200,000 | ₩525 | ₩2,286 |

* 총주식수는 25주만큼만 증가하는데 25주는 대가없이 발행된 것으로 계산하므로 이익에 영향을 미치지 않는다.

10 (1) 조정후 당기순이익 : ₩1,004,000+₩10,000−₩ 4,000=₩1,010,000

(2) 전환사채의 전환으로 인한 신주의 수 : 30주

(3) 희석주당순이익 계산에 이용될 보통주식수 : 1,000+30=1,030주

(4) 희석주당순이익 : ₩1,010,000/1,030=₩981

11 1. 기본주당순이익의 계산

| | 1분기 | 2분기 | 3분기 | 4분기 | 전체 |
|---|---|---|---|---|---|
| 분자 | ₩1,100,000 | ₩1,200,000 | ₩(400,000) | ₩1,000,000 | ₩2,900,000 |
| 분모 : | | | | | |
| 유통보통주식수 | 1,000,000주 | 1,000,000주 | 1,000,000주 | 1,000,000주 | 1,000,000주 |
| 영업점 조건 | 0 | 3,352[a] | 6,630[b] | 10,000 | 5,027[c] |
| 이익조건[d] | 0 | 0 | 0 | 0 | 0 |
| 총주식수 | 1,000,000주 | 1,003,352주 | 1,006,630주 | 1,010,000주 | 1,005,027주 |
| 기본주당순이익 | ₩1.10 | ₩1.20 | ₩(0.40) | ₩0.99 | ₩2.89 |

a. 5,000주×61/91

b. 5,000주＋(5,000주×30/92)

c. (5,000주×245/365)＋(5,000주×122/365)

d. 이익 조건의 경우 조건부기간이 끝날 때까지 모든 필요조건이 충족되었는지가 확실하지 않으므로(단순히 초과이익을 달성했다는 사실이 모든 필요조건을 충족시킨다고 보기 어려우므로) 이익조건은 기본주당순이익에 영향을 미치지 않는다.

2. 희석주당순이익의 계산

| | 1분기 | 2분기 | 3분기 | 4분기 | 전체 |
|---|---|---|---|---|---|
| 분자 | ₩1,100,000 | ₩1,200,000 | ₩(400,000) | ₩1,000,000 | ₩2,900,000 |
| 분모 : | | | | | |
| 유통보통주식수 | 1,000,000주 | 1,000,000주 | 1,000,000주 | 1,000,000주 | 1,000,000주 |
| 영업점 조건 | 0 | 5,000[e] | 10,000 | 10,000 | 10,000[f] |
| 이익조건 | 0[g] | 300,000[h] | 0[i] | 900,000[j] | 900,000[k] |
| 총주식수 | 1,000,000주 | 1,305,000주 | 1,010,000주 | 1,910,000주 | 1,910,000주 |
| 희석주당순이익 | ₩1.10 | ₩0.92 | ₩(0.40)[l] | ₩0.52 | ₩1.52 |

e. 분기에 대한 희석주당순이익을 계산할 때, 조건부발행 보통주는 분기의 기초에 전환된 것으로 간주한다.

f. 연차회계기간에 대한 희석주당순이익을 계산할 때, 조건부발행 보통주는 회계기간초에 전환된 것으로 간주

g. 회사의 20×4년 3월 31일 현재 세후순이익은 2,000,000원을 초과하지 않았다. 기준서에서는 미래 이익
수준의 예측과 관련 조건부발행 보통주의 포함을 인정하지 않는다.

h. [(₩2,300,000－₩2,000,000)÷₩1,000]×1,000주＝300,000주

i. 누적세후순이익이 ₩2,000,000 미만이다.

j. [₩(2,900,000－2,000,000)÷₩1,000]×1,000주＝900,000주

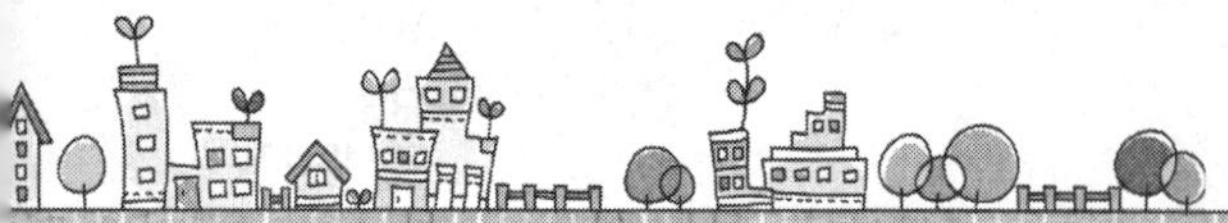

k. 연차회계기간에 대한 희석주당순이익을 계산할 때, 조건부발행 보통주는 회계기간초에 전환된 것으로 간주

l. 3분기의 손실은 중단사업손실에 의한 것(₩400,000의 손실이 중단사업손실 ₩450,000에 의한 것)이므로 희석 효과 판단의 기준인 계속사업이익은 양수이다. 따라서 희석주당순이익을 계산하는 데 잠재적 보통주로 인한 효과가 포함된다.

12 1. 20×1년의 기본주당순이익 : $\frac{₩1,000,000}{20,000}=₩50$

2. 20×1년의 희석주당순이익

회사가 보통주 또는 현금으로 청산할 수 있는 계약의 경우 보통주로 청산될 것으로 가정하며 희석효과는 다음과 같이 계산한다.

$$\frac{₩1,000,000+₩166,331^{(a)}}{20,000+5,000^{(b)}}=₩47$$

(a) 이익은 시간가치로 인하여 부채요소 ₩166,331(₩1,848,122×9%)만큼 조정한다.
(b) 5,000주=전환사채 ₩2,000,000×(1주/₩400)

13 1. 잠재적 보통주의 전환으로 인하여 보통주에 귀속되는 이익의 증분

| | 계 산 | 이익의 증분(a) | 보통주식수의 증분(b) | (a)/(b) |
|---|---|---|---|---|
| 주식매수선택권 | | | | |
| 이익의 증분 | | 0 | | |
| 대가없이 발행된 증분주식수 | 100,000×(75−60)/75 | | 20,000 | 0 |
| 전환우선주 | | | | |
| 이익의 증분 | 8×800,000 | 6,400,000 | | |
| 증분주식수 | 2×800,000 | | 1,600,000 | 4.00 |
| 5% 전환사채 | | | | |
| 이익의 증분 | 100,000,000×0.05×(1−0.40) | 3,000,000 | | |
| 증분주식수 | 100,000,000×50 | | 2,000,000 | 1.50 |

가중평균유통보통주식수 계산시 희석성 잠재적보통주에 포함시키는 순서는 각 잠재적 보통주에 대하여 이익의 증분을 보통주식수의 증분으로 나눈 비율이 작은 것부터 고려한다. 위의 경우는 주식매수선택권, 전환사채, 전환우선주의 순으로 고려한다.

2. 희석주당계속사업이익의 계산

| | 보통주 계속사업이익 | 보통주식수 | 주당이익 | |
|---|---|---|---|---|
| 장부계상액 | ₩10,000,000 | ₩2,000,000 | ₩5.00 | |
| 주식매수선택권 | － | 20,000 | | |
| | 10,000,000 | 2,020,000 | 4.95 | 희석성 |
| 5% 전환사채 | 3,000,000 | 2,000,000 | | |
| | 13,000,000 | 4,020,000 | 3.23 | 희석성 |
| 전환우선주 | 6,400,000 | 1,600,000 | | |
| | ₩19,400,000 | ₩5,620,000 | ₩3.45 | 반희석성 |

전환우선주를 고려할 경우 희석주당계속사업이익이 증가(₩3.23에서 ₩3.45)하므로 전환우선주는 반희석성이며 희석주당계속사업이익 계산에 포함시키지 않는다. 따라서 희석주당계속사업이익은 ₩3.23이다.

3. 각 손익에 대한 주당이익

| | 기본주당이익 | 희석주당이익 |
|---|---|---|
| 계속사업이익 | ₩5.00 | ₩3.23 |
| 중단사업손실 | (2.00)[(a)] | (0.99)[(b)] |
| 당기순이익 | ₩3.00[(c)] | ₩2.24[(d)] |

(a) ₩(4,000,000)/2,000,000주＝₩(2.00)　(b) ₩(4,000,000)/4,020,000주＝₩(0.99)
(c) ₩6,000,000/2,000,000주＝3.00　(d) (₩6,000,000＋3,000,000[*])/4,020,000＝2.24
＊ 전환사채까지 희석효과를 가지므로 전환사채의 전환으로 인하여 증가하는 이익

14 <기본주당이익의 계산> : 일수 계산은 월할로 계산함.

| | 1분기 | 2분기 | 3분기 | 4분기 | 전체 |
|---|---|---|---|---|---|
| 분자(단위 : 원) : | | | | | |
| 계속사업이익 | ₩5,000,000 | ₩6,500,000 | ₩1,000,000 | ₩(700,000) | ₩11,800,000 |
| (차감)전환우선주배당 | (40,000)[(c)] | (10,000)[(d)] | (10,000) | (10,000) | (70,000) |
| 계속사업이익 | 4,960,000 | 6,490,000 | 990,000 | (710,000) | 11,730,000 |
| 중단사업손실 | | | (2,000,000) | | (2,000,000) |
| 당기순이익 | | | ₩(1,010,000) | | ₩9,730,000 |
| 분모(주식수) : | | | | | |
| 유통보통주식수 | 5,000,000 | 5,200,000 | 6,280,000 | 6,880,000 | 5,000,000 |
| 보통주 발행 | 200,000×1/3 | | | | 200,000×10/12 |
| 사채 전환 | | 480,000 | | | 480,000×9/12 |
| 우선주 전환 | | 600,000×1/3 | | | 600,000×7/12 |
| 신주인수권행사 | | | 600,000×1/3 | | 600,000×4/12 |
| 보통주식수 | 5,066,666 | 5,880,000 | 6,480,000 | 6,880,000 | 6,076,667 |
| 기본주당이익 | ₩0.978 | ₩1.103 | ₩0.153[(e)] | ₩(0.103) | ₩1.930 |
| | | | (0.308)[(f)] | | (0.329) |
| | | | (0.155)[(g)] | | 1.601 |

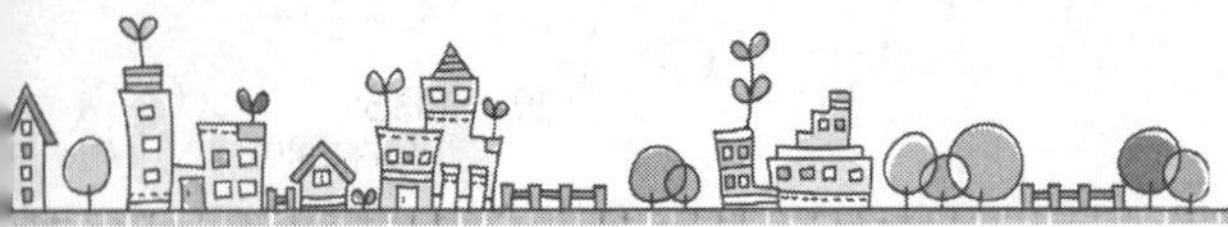

(c) 800,000주×₩0.05
(d) 200,000주(800,000주−600,000주)×₩0.05
(e) 계속사업이익에 대한 기본주당이익
(f) 중단사업손실에 대한 기본주당이익
(g) 당기순이익에 대한 기본주당이익

**<희석주당이익의 계산>**

| | 1분기 | 2분기 | 3분기[(1)] | 4분기[(2)] | 전체 |
|---|---|---|---|---|---|
| 분자(단위 : 원) : | | | | | |
| 계속사업이익 | ₩4,960,000 | ₩6,490,000 | ₩990,000 | ₩(710,000) | ₩11,730,000 |
| (가산) 전환가정 효과 | | | | | |
| 전환우선주배당금 | 40,000[(h)] | 10,000[(k)] | 10,000 | | 70,000 |
| 전환사채 이자 | 90,000[(i)] | | | | 90,000 |
| 계속사업이익 | 5,090,000 | 6,500,000 | 1,000,000 | (710,000) | 11,890,000 |
| 중단사업손실 | | | (2,000,000) | | (2,000,000) |
| 당기순이익 | | | ₩(1,000,000) | | ₩9,890,000 |
| 분모(주식수) : | | | | | |
| 기본보통주식수 | 5,066,666 | 5,880,000 | 6,480,000 | 6,880,000 | 6,076,667 |
| 신주인수권 | 0[(j)] | 50,000[(l)] | 61,538[(n)] | | 14,880[(r)] |
| 전환우선주 | 800,000 | 600,000[(m)] | 200,000 | | 450,000[(s)] |
| 전환사채 | 480,000 | | | | 120,000[(t)] |
| 보통주식수 | 6,346,666 | 6,530,000 | 6,741,538 | 6,880,000 | 6,661,547 |
| 희석주당이익 | ₩0.802 | ₩0.995 | ₩0.148[(o)] | ₩(0.103) | 1.785 |
| | | | (0.296)[(p)] | | (0.300) |
| | | | (0.148)[(q)] | | 1.485 |

(1) 3분기에서 전환가정에 따른 증분 주식수는 반희석성이라 할지라도 중단사업손실에 대한 희석주당이익, 당기순손실에 대한 희석주당이익 계산시 포함한다. 이는 희석효과의 판단기준인 계속사업이익(우선주 배당을 조정)이 양수(+)이기 때문이다.
(2) 4분기에서 전환가정에 따른 증분 주식수는 희석효과의 판단기준인 계속사업이익(우선주 배당을 조정)이 음수 (−)(즉, 이익이 아닌 손실)였기 때문에 희석주당이익 금액의 계산시 포함하지 않는다.

(h) 800,000주×₩0.05
(i) {(12,000,000원×5%)/4}×(1−0.4) ; 40% 세금 차감
(j) 신주인수권은 반희석성(₩55[행사가격]>₩49[평균가격])이므로 행사되었다고 가정하지 않는다.
(k) 200,000주×₩0.05
(l) ₩55×600,000주=₩33,000,000 ; ₩33,000,000원/₩60=550,000주
∴ 600,000주−550,000주=50,000주,
혹은 [(₩60−₩55)/₩60]×600,000주=50,000주

(m) (800,000주×2/3)+(200,000주×1/3)
(n) [(₩65－₩55)/₩65]×600,000주=92,308주 ; 92,308주×2/3=61,538주
(o) 계속사업이익에 대한 희석주당이익
(p) 중단사업손실에 대한 희석주당이익
(q) 당기순이익에 대한 희석주당이익
(r) [(57.125*－55)÷57.125]×600,000주=22,320주, 22,320×8/12=14,880주
* ₩49×3/8+₩60×3/8+₩ 65×2/8=57.125
(s) (800,000주×5/12)+(200,000주×7/12)
(t) 480,000주×3/12

다음의 표는 A회사의 분기별 주당이익과 연간 주당이익을 나타낸 것이다. 이 표의 목적은 네 분기의 주당이익의 합이 연간 주당이익과 동일할 필요가 없다는 것을 보여주기 위한 것이다.
기준서에서는 이 정보의 공시를 요구하지는 않는다.

| | 1분기 | 2분기 | 3분기 | 4분기 | 전체 |
|---|---|---|---|---|---|
| 기본주당이익 | | | | | |
| 계속사업손익 | ₩0.978 | ₩1.103 | ₩0.153 | ₩(0.103) | ₩1.930 |
| 중단사업손실 | － | － | (0.308) | － | (0.329) |
| 당기순손익 | ₩0.978 | ₩1.103 | ₩(0.155) | ₩(0.103) | ₩1.601 |
| 희석주당이익 | | | | | |
| 계속사업손익 | ₩0.802 | ₩0.995 | ₩0.148 | ₩(0.103) | ₩1.785 |
| 중단사업손실 | － | － | (0.296) | － | (0.300) |
| 당기순손익 | ₩0.802 | ₩0.995 | ₩(0.148) | ₩(0.103) | ₩1.485 |

## 보론 | 기업회계기준서 제1102호 주식기준보상

### 1. 주식기준보상의 기초

#### (1) 주식기준보상거래

기업이 종업원 혹은 거래상대방에게 재화나 용역을 제공받는 대가로 기업의 지분상품(주식 또는 주식선택권 등)을 부여하거나 회사의 주식이나 다른 지분상품의 가치에 기초한 금액만큼의 부채를 부담하는 거래를 **주식기준보상거래**라 한다.[12] 한국채택 국제회계기준서 제1102호에서 규정하고 있는 주식기준보상거래는 다음과 같은 세 가지 유형이 있다.

① 기업이 재화나 용역을 제공받는 대가로 기업의 지분상품(주식 또는 주식선택권 등)을 부여하는 **주식결제형 주식기준보상거래**

② 기업이 재화나 용역을 제공받는 대가로 기업의 주식이나 다른 지분상품의 가격(또는 가치)에 기초한 금액만큼의 부채를 부담하는 **현금결제형 주식기준보상거래**

③ 기업이 제공받는 재화나 용역에 대한 대가의 결제방식으로, 기업 또는 재화나 용역의 공급자가 약정에 따라 현금(또는 그 밖의 자산) 지급이나 지분상품발행 중 하나를 **선택할 수 있는 거래**

#### (2) 가득조건

**가득조건**이란 주식기준보상약정에 따라 거래상대방이 현금, 그 밖의 자산 또는 기업의 지분상품을 받을 자격을 획득하게 하는 용역을 기업이 제공받는지를 결정짓는 조건을 말한다. 가득조건에는 용역제공조건과 성과조건이 있다.

---

12) 종업원 등이 기업의 지분상품 보유자 자격으로 거래에 참여하는 경우(특정분류의 지분상품 보유자 모두에게 공정가치보다 낮은 가액으로 지분상품을 추가 매입할 수 있는 권리를 부여하는 경우)에는 당해 거래를 주식기준보상거래로 보지 아니한다. 그러나 기업이 재고자산, 소모품, 유 · 무형자산 및 그 밖의 비금융자산 등을 제공받는 대가로 지분상품을 부여하는 거래는 주식기준보상거래로 회계처리한다.

### 1) 용역제공조건

거래상대방이 특정기간동안 용역을 제공할 것을 요구하는 조건

### 2) 성과조건

거래상대방이 특정기간동안 용역을 제공하고, 특정 성과목표를 달성할 것을 요구하는 조건

① 시장성과조건 : 목표주가의 달성, 주식선택권의 목표내재가치 달성, 기업의 지분상품의 시장가격을 다른 기업의 지분상품 시장가격의 지수와 비교하여 지정한 목표의 달성 등 지분상품의 시장가격에 관련된 조건

② 비시장성과조건 : 목표이익, 목표판매량 등 지분상품의 시장가격과 직접 관련이 없는 성과를 달성해야 하는 조건

## 2. 주식결제형 주식기준보상

### (1) 인식과 측정

주식결제형 주식기준보상거래의 경우, 원칙적으로 재화나 용역을 제공받는 날에 재화나 용역의 공정가치로 회계처리한다. 그러나 제공받는 재화나 용역의 공정가치를 신뢰성 있게 추정할 수 없다면, 제공받는 재화나 용역과 그에 상응하는 자본의 증가는 부여한 지분상품의 공정가치에 기초하여 간접 측정한다. 이때 제공받은 재화나 용역이 자산성이 있을 경우에는 자산으로 인식하며, 자산성을 충족하지 못하였을 경우에는 비용으로 인식한다.

**종업원 및 유사용역제공자로부터 제공받는 용역**의 공정가치는 일반적을 신뢰성있게 측정할 수 없을 것이기 때문에 **부여일**[13]의 지분상품의 공정가치에 기초하여 측정한다. 지분상품의 공정가치는 추후에 공정가치가 변동하는 경우에도 추정치를 변경하지 않는다.

한편 부여일 현재, 지분상품의 공정가치를 신뢰성있게 추정할 수 없는 경우에는 거래상대방에게서 **재화나 용역을 제공받는 날**을 기준으로 지분상품을 **내재가치**[14]로 측정한

13) 기업과 거래상대방이 주식기준보상약정에 합의한 날을 말하며, 주식기준보상거래가 유효하기 위해 일정한 승인절차(예 주주총회)가 필요한 경우 부여일은 승인이 이루어진 날로 한다.

14) 거래상대방이 청약할 권리를 갖고 있거나 제공받을 권리를 갖고 있는 주식의 공정가치와 거래상대방이 당해 주식에 대해 지급해야 하는 가격의 차이. 예를 들어, 주식선택권의 행사가

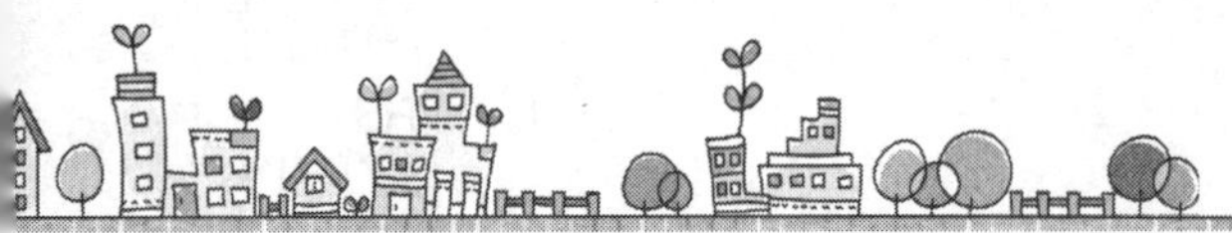

다. 이후 매 보고기간말과 최종결제일에 내재가치를 **재측정**하고 내재가치의 변동액은 당기손익으로 인식한다.

**종업원이 아닌 거래상대방과의 거래**에서는 반증이 없는 한 제공받는 재화나 용역의 공정가치는 신뢰성 있게 추정할 수 있다고 본다. 이때 공정가치는 재화나 용역을 제공받는 날을 기준으로 측정한다. 그러나 드물지만, 제공받는 재화나 용역의 공정가치를 신뢰성 있게 추정할 수 없다면, 제공받는 재화나 용역과 그에 상응하는 자본의 증가는 부여된 지분상품의 공정가치에 기초하여 간접 측정한다. 다만 이 경우에도 재화나 용역을 제공받는 날을 기준으로 측정한다.

### ⑵ 가득조건과 인식

주식결제형 주식기준보상거래의 경우, 원칙적으로 재화나 용역을 제공받고 부여한 지분상품이 즉시 가득된다면 거래상대방은 지분상품에 대한 자격을 획득하기 위해 특정기간의 용역을 제공해야 할 의무가 없다. 이 경우 반증이 없는 한, 지분상품의 대가에 해당하는 용역을 거래상대방에게서 이미 제공받은 것으로 본다. 따라서 기업은 제공받은 용역 전부를 부여일에 인식하고 그에 상응하여 자본의 증가를 인식한다.

그러나 거래상대방이 특정기간의 용역을 제공하여야 부여된 지분상품이 가득된다면, 지분상품의 대가에 해당하는 용역을 미래 가득기간에 제공받는 것으로 본다. 당해 용역은 다음의 예와 같이 **가득기간에 배분하여 인식**하며, 그에 상응하여 자본의 증가를 인식한다.

① 종업원에게 3년간 근무하는 조건으로 주식선택권을 부여하는 경우, 주식선택권의 대가에 해당하는 근무용역을 미래 3년의 가득기간에 걸쳐 제공받는 것으로 본다.

② 종업원에게 성과조건을 달성할 때까지 계속 근무하는 것을 조건으로 주식선택권을 부여한 경우에는, 기대가득기간은 부여일 현재 가장 실현가능성이 높다고 판단되는 성과조건의 결과에 기초하여 추정한다. **성과조건이 시장조건**인 경우에는 **기대가득기간**의 추정치는 부여한 주식선택권의 공정가치를 추정할 때 사용되는 가정과 일관되어야 하며 후속적으로 수정하지 아니한다. 그러나 **성과조건이 시장조건이 아닌 경우**에는 후속적인 정보에 비추어 볼 때 기대가득기간이 직전 추정치와 다르다면 기대가득기간의 추정치를 변경한다.

---

격이 15원이고 기초주식의 공정가치가 20원이라면 내재가치는 5원(20원－15원)이다.

## (3) 회계처리

### 1) 재화나 용역을 제공받은 날

제공받은 재화나 용역의 공정가치를 측정한다. 그러나 제공받은 재화나 용역의 공정가치를 신뢰성있게 측정할 수 없다면 부여한 지분상품의 공정가치에 기초하여 재화나 용역의 공정가치를 간접 측정한다. 보상원가의 매기 안분액은 주식보상비용의 과목으로 하여 그 성격에 따라 당기비용으로 회계처리한다. 다만, 재고자산, 유형자산, 무형자산 등의 취득원가에 포함되는 경우에는 관련 한국채택국제회계기준에 따라 회계처리한다.

**보상원가란 가득기간 동안에 인식할 부여한 지분상품의 공정가치 총액**을 말한다. 보상원가는 주식기준보상약정에 따라 부여한 지분상품의 단위당 공정가치에 지분상품의 수량을 곱한 금액으로 계산한다. 지분상품의 단위당 공정가치는 부여일에 측정하고 이후에 공정가치가 변동하는 경우에도 변동분을 반영하지 않는다. 그러나 **지분상품의 수량은 가득기간 종료시점에 가득될 것으로 예상되는 수량에 대한 최선의 추정치에 따르며, 가득이 예상되는 지분상품의 수량예측치가 변동하는 경우에는 이를 반영하여야 한다. 다만, 시장조건에 따라 수량이 변동되는 경우 후속적으로 추정을 변경하지 않는다.**

| (차) 주식보상비용(혹은 자산) | ××× | (대) 주식선택권(혹은 미가득주식) | ××× |
|---|---|---|---|

### 2) 보고기간 말의 보상원가

보상원가는 부여한 지분상품의 공정가치가 변동하지 않음에도 불구하고 가득될 지분상품의 수량예측치가 변동하므로 계속적으로 변동하게 된다. 각 보고기간 말의 보상원가는 용역제공조건의 경우 용역제공비율에 따라 가득기간에 걸쳐 인식된다. 따라서 가득기간 중의 각 회계연도에 인식할 주식보상비용은 당기말까지 인식할 누적보상원가에서 전기말까지 인식한 누적보상원가를 차감하여 계산한다.

주식보상비용 = 당기말 누적보상원가 인식액 − 전기말 누적보상원가 인식액
= (당기말 보상원가 × 당기말 용역제공비율*)
− (전기말 보상원가 × 전기말 용역제공비율)

* 부여일부터 당기말까지의 기간 ÷ 가득기간

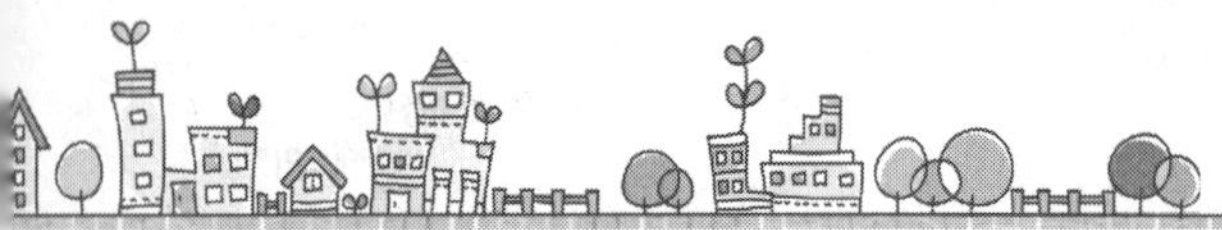

### 3) 권리 행사시

권리 행사시 신주발행의 경우에는 주식선택권[15] 등에 행사가격을 합한 금액과 신주의 액면가액의 차액을 주식발행초과금으로, 자기주식 교부의 경우는 주식선택권 등에 행사가격을 합한 금액과 자기주식의 장부금액의 차액을 자기주식처분손익으로 계상한다.

| 구분 | 차변 | 금액 | 대변 | 금액 |
|---|---|---|---|---|
| 신주 발행 | (차) 현　　　금 | ××× | (대) 자 본 금 | ××× |
| | 주식선택권 | ××× | 주식발행초과금 | ××× |
| 자기주식 교부 | (차) 현　　　금 | ××× | (대) 자기주식 | ××× |
| | 주식선택권 | ××× | 자기주식처분이익 | ××× |

### 4) 가득된 주식기준보상 권리의 소멸

행사기간 말에 주식선택권이 소멸한다고 해서 당초 거래가 일어났다는 사실, 즉 지분상품(주식선택권)을 발행하는 대가로 재화나 용역을 제공받았다는 사실에는 변함이 없다. 또 주식선택권이 만기 소멸한다고 해서 기업의 순자산에 변동이 있는 것은 아니므로 기업에 이익이 생기지는 않는다. 따라서 이미 인식한 보상원가는 환입하지 않고, 자본항목(자본조정)으로 보고된 주식선택권 등은 권리를 행사할 수 없는 것이므로 다른 적절한 자본항목(예를 들면 주식선택권소멸이익 등과 같은 자본잉여금)으로 대체하는 것이 바람직하다.

#### 보론 사례 1　주식결제형(용역제공조건)

(1) ㈜한국은 20×1년 1월 1일에 종업원 500명에게 각각 주식선택권 100개를 부여하였다.
(2) 권리부여일 주식가격 ₩500(액면가액 ₩500), 권리 행사가격 ₩600
(3) 각 주식선택권은 종업원이 앞으로 3년간 근무할 것을 조건으로 한다.
(4) 부여일 현재 주식선택권의 단위당 공정가치는 ₩15으로 추정되었다.
(5) 가중평균확률에 기초하여, ㈜한국은 종업원 중 20%가 부여일로부터 3년 이내에 퇴사하여 주식선택권을 상실할 것으로 추정하였다.

15) 주식결제형의 경우, 권리부여일 이후에 지분상품(주식선택권)의 공정가치가 변동되는 경우에도 이를 수정하지 않으므로, 가득일 시점의 지분상품의 장부금액은 권리부여일의 공정가치와 같다.

(6) 매년말 추정한 주가차액보상권의 공정가치는 다음과 같다.

| 20×1. 12. 31. | 20×2. 12. 31. | 20×3. 12. 31. | 20×4. 1. 1. |
|---|---|---|---|
| ₩15 | ₩16 | ₩18 | ₩18 |

(상황 1) 추정된 권리상실비율이 실제 결과와 일치하고, 20×4년 1월 1일에 주식선택권이 모두 행사된 경우, 20×1년 1월 1일부터 20×4년 1월 1일까지의 회계처리를 하라.

(상황 2) 1차년도중에 20명이 퇴사하였고, ㈜한국은 가득기간(3년)에 퇴사할 것으로 기대되는 종업원의 추정비율을 20%(100명)에서 15%(75명)로 수정하였다. 2차년도에 22명이 더 퇴사하였고, 기업은 가득기간(3년) 전체에 걸쳐 퇴사할 것으로 기대되는 종업원의 추정비율을 다시 15%에서 12%(60명)로 변경하였다. 3차년도에는 15명이 더 퇴사하였다. 결국 3차년도 말 현재 총 57명이 퇴사하여 주식선택권을 상실하였고 총 44,300개(443명×100개)의 주식선택권이 가득되었다. 다음 각 상황에 대해 20×1년 1월 1일부터 20×4년 1월 1일까지의 회계처리를 하라.

① 20×4년 1월 1일에 20,000개의 권리가 행사되어, ㈜한국이 장부금액 ₩10,000,000의 자기주식을 교부한 경우

② 가득기간 이후에 20,000개 주식선택권의 권리가 소멸된 경우

**핵심해설**

1. (상황 1)

(1) 보상원가 계산명세서

| 연도 | 계 산 | 당기 보상원가 | 누적 보상원가 |
|---|---|---|---|
| 20×1 | 50,000개×80%×₩15×1/3 | ₩200,000 | ₩200,000 |
| 20×2 | (50,000개×80%×₩15×2/3)－₩200,000 | 200,000 | 400,000 |
| 20×3 | (50,000개×80%×₩15×3/3)－₩400,000 | 200,000 | 600,000 |

(2) 분 개

① 20×1. 1. 1 : 분개 없음

| | | | | |
|---|---|---|---|---|
| ② 20×1. 12. 31 : | (차) 주식보상비용 | 200,000 | (대) 주식선택권 | 200,000 |
| ③ 20×2. 12. 31 : | (차) 주식보상비용 | 200,000 | (대) 주식선택권 | 200,000 |
| ④ 20×3. 12. 31 : | (차) 주식보상비용 | 200,000 | (대) 주식선택권 | 200,000 |
| ⑤ 20×4. 1. 1 : | (차) 현 금 | 24,000,000* | (대) 자본금 | 20,000,000** |
| | (차) 주식선택권 | 600,000 | (대) 주식발행초과금 | 4,600,000 |

* 50,000개×80%×₩600=24,000,000

** 50,000개×80%×₩500=20,000,000

2. (상황 2)

(1) 보상원가 계산명세서

| 연도 | 계　산 | 당기 보상비용 | 누적 보상비용 |
|---|---|---|---|
| 1 | 50,000개×85%×₩15×1/3 | ₩212,500 | ₩212,500 |
| 2 | (50,000개×88%×₩15×2/3)－₩212,500 | 227,500 | 440,000 |
| 3 | (44,300개×₩15)－₩440,000 | 224,500 | 664,500 |

(2) 회계처리

① 20×1. 1. 1 : 회계처리 없음

② 20×1. 12. 31 : (차) 주식보상비용 212,500 (대) 주식선택권 212,500

③ 20×2. 12. 31 : (차) 주식보상비용 227,500 (대) 주식선택권 227,500

④ 20×3. 12. 31 : (차) 주식보상비용 224,500 (대) 주식선택권 224,500

<자기주식 교부시>

⑤ 20×4. 1. 1 : (차) 현　　금 12,000,000* (대) 자기주식 10,000,000

(차) 주식선택권 300,000** (대) 자기주식처분이익 2,300,000

* 20,000개×₩600＝12,000,000

** 20,000개×@15＝300,000

<권리 소멸시>

⑤ 20×4. 1. 1 : (차) 주식선택권 300,000 (대) 주식선택권소멸이익 300,000*

* 20,000개×@15＝300,000

### 보론 사례 2 시장성과조건이 부여된 경우(기대가득기간 변경)

(1) ㈜한국은 20×1년 초에 고위 임원 10명에게 각각 존속기간이 10년인 주식선택권 10,000개를 부여하였다. 이 주식선택권은 당해 임원이 주가목표가 달성될 때까지 계속하여 근무한다면 기업의 주가가 ₩50에서 ₩70으로 상승할 때 가득되며 즉시 행사가능하게 될 것이다.

(2) ㈜한국은 부여한 주식선택권의 공정가치를 측정할 때 이항모형을 적용하여 측정하며, 모형내에서 주식선택권이 존속하는 10년 동안 목표주가가 달성될 가능성과 그렇지 못할 가능성을 고려한다. ㈜충북은 부여일에 주식선택권의 공정가치를 단위당 ₩25으로 추정한다. 또 옵션가격결정모형 적용결과 가능한 가득일의 분포상에서 최빈치는 5년 후로 결정되었다. 즉, 가능한 모든 결과 중에서 목표주가가 20×5 말에 달성될 가능성이 가장 높다. 따라서 ㈜한국은 기대가득기간을 5년으로 추정하였다. 또 ㈜한국은 2명의 임원이 5차년도 말까지 퇴사할 것으로 추정하고, 따라서 20×5년 말에 80,000개(10,000개×8명)의 주식선택권이 가득될 것으로 추정하였다.

(3) 20×1년부터 20×5년 말까지 총 2명이 퇴사할 것이라는 추정에는 변함이 없다. 그러나 20×3년부터 20×5년 까지 각 1명씩 총 3명이 퇴사하였다. 주가목표는 실제로 20×6년에 달성되었다. 20×6년 말에 주가목표가 달성되기 전에 1명의 임원이 추가로 퇴사하였다.

㈜한국이 가득기간에 인식할 주식보상비용을 구하라.

**핵심해설**

기업회계기준서 제1102호 문단 21에 따르면 시장성과조건이 부과된 주식선택권에 대해서는 그러한 시장조건이 달성되는지 여부와 관계없이 다른 모든 가득조건(예 용역제공조건)을 충족하면 보상원가를 인식하여야 하기 때문에 주가목표 달성여부는 중요하지 않다. 왜냐하면 주가목표가 달성되지 못할 가능성은 이미 부여일에 주식선택권의 공정가치를 추정할 때 고려되었기 때문이다.

또한 기업회계기준서 제1102호 문단 15에 따르면 ㈜한국은 부여일에 추정한 기대가득기간에 걸쳐 제공받는 근무용역을 인식하여야 하고, 이러한 추정을 수정할 수 없다.

즉, 시장성과조건의 주식기준보상의 경우에는, 부여일의 가득조건을 고려한 단위당 공정가치 측정치와 추정된 가득될 수량을 고려하여 보상원가를 계산하고 기대가득기간에 걸쳐 주식보상비용으로 인식한다. 이때 주식보상비용은 매 보고기간 말에 누적조정하지 않는다. 그러므로 ㈜한국은 20×1년부터 20×5년 까지 임원에게서 제공받는 근무용역을 인식하여야 하며, 거래금액은 궁극적으로 70,000개(10,000개×20×5년 말 현재 근무하고 있는 임원 7명)의 주식선택권에 기초하여 결정된다.

한편 20×6년에 추가로 임원 1명이 퇴사하였음에도 불구하고 이미 5년의 기대가득기간을 채웠기 때문에 어떠한 조정도 하지 않는다. ㈜한국이 20×1년부터 20×5년 까지 인식할 주식보상비용 금액은 다음과 같다.

(단위 : 원)

| 연 도 | 계 산 | 당기 보상비용 | 누적 보상비용 |
|---|---|---|---|
| 20×1 | 80,000개×₩25×1/5 | ₩400,000 | ₩400,000 |
| 20×2 | (80,000개×₩25×2/5)−₩400,000 | 400,000 | 800,000 |
| 20×3 | (80,000개×₩25×3/5)−₩800,000 | 400,000 | 1,200,000 |
| 20×4 | (80,000개×₩25×4/5)−₩1,200,000 | 400,000 | 1,600,000 |
| 20×5 | (70,000개×₩25)−₩1,600,000 | 150,000 | 1,750,000 |

## 보론 사례 3 비시장성과조건이 부여된 경우(기대가득기간 변경)

(1) ㈜한국은 20×1년 초에 종업원 500명에게 가득기간 중 계속 근무할 것을 조건으로 각각 주식 100주를 부여하였다. 부여한 주식은 ㈜한국의 이익이 18% 이상 성장하면 20×1년말에, 2년간 이익이 연평균 13% 이상 성장하면 20×2년 말에, 3년간 이익이 연평균 10% 이상 성장하면 20×3년 말에 가득된다. 20×1년 초 현재 부여한 주식의 단위당 공정가치는 30원이며 이는 부여일의 주가와 동일하다. 부여일부터 3년간은 배당금이 지급되지 않을 것으로 예상된다.

(2) 20×1년 말까지 ㈜한국의 이익은 14% 증가하였으며 30명이 퇴사하였다. ㈜한국은 20×2년에도 비슷한 비율로 이익이 성장하여 20×2년 말에 주식이 가득될 것으로 예상하였다. 또한 20×2년에 30명이 추가로 퇴사하여 20×2년 말에는 총 440명이 각각 100주를 가득할 것으로 예상하였다.

(3) 20×2년 말까지 ㈜한국의 이익은 10% 증가하는데 그쳐 20×2년 말에 주식이 가득되지 못하였으며, 20×2년에 28명이 퇴사하였다. ㈜한국은 20×3년에 25명이 추가로 퇴사할 것으로 예상하였으며, 20×3년에는 이익이 최소한 6% 이상 성장하여 연평균 10%를 달성할 것이라고 예상하였다.

(4) 20×3년 말까지 23명이 퇴사하였고 ㈜한국의 이익은 8% 증가하여 연평균 10.67% 증가하였다. 따라서 20×3년 말에 총 419명의 종업원이 각각 100주를 받았다.

㈜한국이 가득기간에 인식할 주식보상비용을 구하라.

**핵심해설**

기업회계기준서 제1102호 문단 20에 따르면 종업원에게 성과조건을 달성할 때까지 계속 근무하는 것을 조건으로 주식선택권을 부여한 경우, 기대가득기간은 부여일 현재 가장 실현가능성이 높다고 판단되는 성과조건의 결과에 기초하여 추정한다. 이때 성과조건이 시장조건이 아닌 경우에는 후속적인 정보에 비추어 볼 때 기대가득기간이 직전 추정치와 다르다면 기대가득기간의 추정치를 변경한다.

### 1. 가득여부 판단 : 용역제공조건 + 비시장성과조건

| | | 20×1말 | 20×2말 | 20×3말 |
|---|---|---|---|---|
| 가득조건(연평균성장률) | | 18% 이상 | 13% 이상 | 10% 이상 |
| 실제 | 당해년도 이익성장률(연평균) | 14% | 10% (12%) | 8% (10.67%) |
| | 당해연도 퇴직자수(누적) | 30명 | 28명(58명) | 23명(81명) |
| 실제 결과에 따른 가득여부 | | × | × | ○ |

| | | 20×1말 | 20×2말 | 20×3말 |
|---|---|---|---|---|
| 추정 | 전체 연평균 이익성장률 | 14% | 10% | |
| | 전체 퇴직자수(가득자 수) | 60명(440명) | 83명(417명) | |
| 예상되는 가득 여부 | | ○ | ○ | |

2. 가득기간에 인식할 주식보상비용 계산

(단위 : 원)

| 연도 말 | 계 산 | 당기 보상비용 | 누적 보상비용 |
|---|---|---|---|
| 20×1 | 440명×100주×₩30×1/2 | ₩660,000 | ₩660,000 |
| 20×2 | (417명×100주×₩30×2/3)－₩660,000 | 174,000 | 834,000 |
| 20×3 | (419명×100주×₩30×3/3)－₩834,000 | 423,000 | 1,257,000 |

## (4) 조건변경

기업이 지분상품을 부여한 당시의 조건을 변경하는지, 부여한 지분상품을 취소, 중도청산하는지 여부와 관계없이 제공받는 근무용역은 최소한 **지분상품의 부여일 당시의 공정가치에 따라 인식한다**. 다만, 지정된 가득조건(시장조건 제외)이 충족되지 않아 지분상품이 가득되지 못하는 경우에는 그러하지 아니하다.

주식기준보상약정의 총공정가치를 증가시키거나 종업원에게 유리하게 조건변경을 하는 경우에는 추가로 조건변경의 효과를 인식한다. 그러나 부여한 지분상품에 대한 조건변경이 주식기준보상약정의 총공정가치를 감소시키거나 종업원에게 불리하게 이루어지는 경우에는 조건변경이 없는 것으로 보고 부여한 지분상품의 대가로 제공받는 근무용역을 계속해서 인식한다. 다만, 조건변경으로 인해 부여한 지분상품의 수량이 감소하는 경우에는 부여한 지분상품의 일부가 취소된 것으로 보아 중도청산의 경우와 동일하게 회계처리한다.

### 1) 종업원에게 유리한 조건변경

종업원에게 유리한 조건변경의 유형으로는 지분상품의 공정가치 증가(예 행사가격 인하 등), 지분상품의 수량 증가, 가득조건의 변경(예 가득기간의 축소 등) 이 있다.

조건변경으로 인해 부여한 지분상품의 **공정가치가 증가**하는 경우에는 부여한 지분상품의 대가로 제공받는 근무용역에 대해 인식할 금액을 측정할 때 그 측정치에 **증분공정**

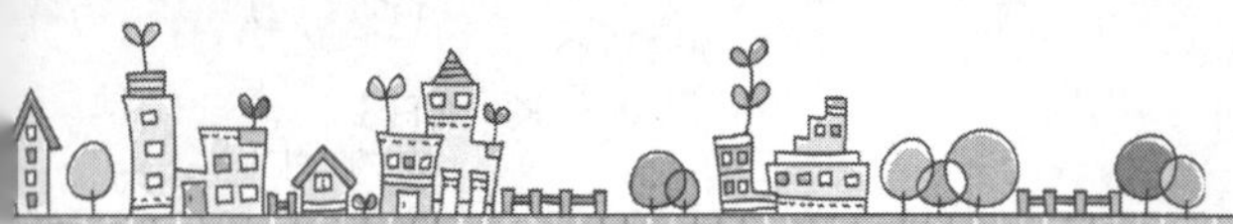

**가치**를 포함한다. 증분공정가치는 조건변경일에 추정된 변경된 지분상품의 공정가치와 당초 지분상품의 공정가치의 차이를 말한다.

**가득기간에 조건변경**이 있는 경우, 당초 지분상품에 대해 부여일에 측정한 공정가치는 **당초 가득기간의 잔여기간**에 걸쳐 인식하며, 이에 추가하여 조건변경일에 부여한 증분공정가치는 **조건변경일부터 변경된 지분상품이 가득되는 날까지** 제공받는 근무용역에 대해 인식할 금액의 측정치에 포함한다. **가득일 후에 조건변경**이 있는 경우에는 증분공정가치를 **즉시 인식**한다. 다만, 종업원이 변경된 지분상품에 대하여 무조건부로 자격을 획득하기 위해 추가적인 용역제공기간을 근무해야 한다면 증분공정가치를 추가된 가득기간에 걸쳐 인식한다.

조건변경으로 인해 부여한 **지분상품의 수량이 증가**하는 경우에도 보상원가를 인식할 때, 그 측정치에 추가로 부여한 지분상품의 조건변경일 현재 공정가치를 포함한다. 예를 들어, 가득기간에 조건변경이 있는 경우, 당초 지분상품에 대해 부여일에 측정한 공정가치는 당초 가득기간의 잔여기간에 걸쳐 인식하며, 이에 추가하여 조건변경일에 부여한 추가 지분상품의 공정가치를 조건변경일부터 추가 지분상품이 가득되는 날까지 제공받는 근무용역에 대해 인식할 금액의 측정치에 포함한다.

가득기간을 축소하거나 비시장성과조건(단, 시장조건의 변경은 위의 공정가치 증가의 경우와 동일하게 회계처리 함)을 변경 또는 제거하여 종업원에게 유리하게 가득조건을 변경하는 경우에는, 변경된 가득조건을 고려하여 보상원가를 인식한다.

### 2) 종업원에게 불리한 조건변경

조건변경이 주식기준보상약정의 총공정가치를 감소시키거나 종업원에게 불리하게 이루어지는 경우에는 조건변경이 없는 것으로 보고 부여한 지분상품의 대가로 제공받는 근무용역을 계속해서 인식한다. 조건변경으로 인해 부여한 지분상품의 수량이 감소하는 경우에는 부여한 지분상품의 일부가 취소된 것으로회계처리한다. 또한 가득기간을 늘리거나, 또는 성과조건(단, 시장조건 제외)을 변경하거나 추가하는 경우와 같이 종업원에게 불리하게 가득조건을 변경하는 경우에는 변경된 가득조건을 고려하지 아니한다.

## 보론 사례 4 종업원에게 유리한 조건변경

(1) ㈜한국은 20×1년 초에 종업원 500명에게 각각 주식선택권 100개를 부여하였다. 각 주식선택권은 종업원이 앞으로 3년간 근무할 것을 조건으로 한다. ㈜한국은 주식선택권의 단위당 공정가치를 ₩15으로 추정하였다. ㈜한국은 가중평균 확률에 기초하여 3년의 기간 동안 100명의 종업원이 퇴사하여 주식선택권에 대한 권리를 상실하게 될 것으로 추정하였다.

(2) 20×1년에 40명의 종업원이 퇴사하였다고 가정하자. 또한 20×1년 말까지 주가가 하락하여 1차년도 말에 ㈜한국이 주식선택권의 행사가격을 조정하였고 조정된 그 주식선택권이 20×3년 말에 가득된다고 가정하자. ㈜한국은 추가로 70명의 종업원이 20×2년과 20×3년에 퇴사할 것으로 추정하였고 따라서 3년의 가득기간 중 퇴사할 것으로 예상되는 종업원 수는 총 110명이다. 20×2년에 추가로 35명의 종업원이 퇴사하였으며 ㈜한국은 20×3년에 30명의 종업원이 더 퇴사하여 3년의 가득기간에 걸쳐 퇴사할 것으로 예상되는 종업원을 총 105명으로 추정하였다. 20×3년에 총 28명의 종업원이 퇴사하여 가득기간 중 총퇴사자수는 103명이 되었다. 근무를 계속한 397명의 종업원은 20×3년 말에 주식선택권을 가득하였다.

(3) 행사가격을 조정한 날에 ㈜한국은 당초 주식선택권의 공정가치(즉, 행사가격 조정을 고려하기 전의 공정가치)를 5원으로 추정하였고, 조정된 주식선택권의 공정가치를 ₩8으로 추정하였다.

㈜한국이 가득기간에 인식할 주식보상비용을 구하라.

**핵심해설**

1. 증분공정가치 계산

| | |
|---|---|
| 조건변경일에 추정한 변경된 지분상품의 공정가치 | : ₩8 |
| (−) 당초 지분상품의 공정가치 | : ₩5 |
| 증분공정가치 | : ₩3 |

2. 가득기간에 인식할 주식보상비용 계산

(1) 부여일의 공정가치 기준 보상원가 : 당초 가득기간의 잔여기간에 걸쳐 인식

| 연도 말 | 계 산 | 당기 보상비용 | 누적 보상비용 |
|---|---|---|---|
| 20×1 | (500명 − 110명)×100개×₩15×1/3 | ₩195,000 | ₩195,000 |
| 20×2 | (500명 − 105명)×100개×(₩15×2/3) − ₩195,000 | 200,000 | 395,000 |
| 20×3 | (500명 − 103명)×100개×(₩15) − ₩395,000 | 200,500 | 595,500 |

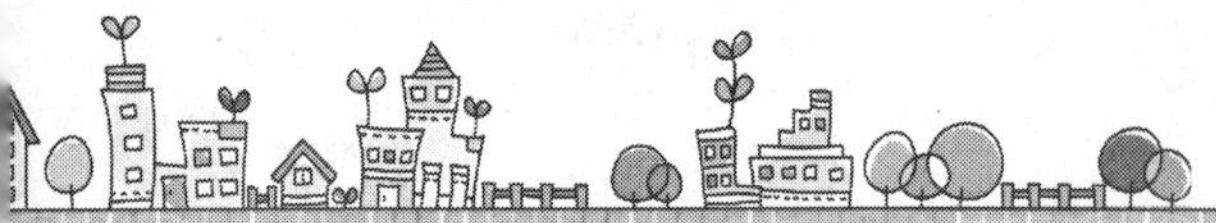

⑵ 증분공정가치 기준 보상원가 : 조건변경일부터 변경된 지분상품이 가득되는 날까지 인식

| 연도 말 | 계 산 | 당기 보상비용 | 누적 보상비용 |
|---|---|---|---|
| 20×1 | – | ₩ – | ₩ – |
| 20×2 | (500명－105명)×100개×(₩3×1/2) | 59,250 | 59,250 |
| 20×3 | (500명－103명)×100개×(₩3)－₩59,250 | 59,850 | 119,100 |

⑶ 가득기간 주식보상비용

| | 20×1 | 20×2 | 20×3 |
|---|---|---|---|
| 부여일의 공정가치 | ₩195,000 | ₩200,000 | ₩200,500 |
| 증분공정가치 | | 59,250 | 59,850 |
| 당기 총 주식보상비용 | ₩195,000 | ₩259,250 | ₩260,350 |

## ⑸ 취소 또는 중도청산

종업원에게 부여한 지분상품이 가득기간 중에 취소되거나 중도청산되는 경우에는 다음과 같이 회계처리한다. 다만, 가득조건이 충족되지 못해 부여된 지분상품이 상실로 인해 취소되는 경우는 제외한다.

① **취소나 중도청산**으로 인해 부여한 지분상품이 일찍 가득된 것으로 보아, 취소나 중도청산이 없다면 잔여가득기간에 제공받을 용역에 대해 인식될 금액을 **즉시 인식**한다.

② 취소나 중도청산 시 종업원에게 **지급하는 금액**은 자기지분상품의 재매입으로 보아 **자본에서 차감**한다. 다만 지급액이 부여한 지분상품의 재매입일 현재 **공정가치를 초과하는 경우에는 그 초과액을 비용**으로 인식한다.

③ 종업원에게 새 지분상품을 부여하고, 그 새 지분상품을 부여한 날에 새로 부여한 지분상품이 취소한 지분상품을 대체하는 것으로 기업이 식별하는 경우에는, **대체지분상품의 부여**를 원래 지분상품 부여에 대한 **조건변경**으로 보아 회계처리한다. 이 경우 부여한 증분공정가치는 대체지분상품을 부여한 날 현재 대체지분상품의 공정가치와 취소한 지분상품의 순공정가치의 차이금액으로 한다. 취소한 지분상품의 순공정가치는 취소 직전의 공정가치에서 위 '②'에 따라 자본의 감소로 회계처리하는 지급액을 차감한 금액으로 한다. 기업이 새로 부여한 지분상품을 취소한

지분상품의 대체로 식별하지 아니하는 경우에는 새로운 지분상품을 부여한 것으로 회계처리한다.

〈잔여 보상원가 즉시 인식〉

| | | | | |
|---|---|---|---|---|
| (차) 주식보상비용 | ××× | (대) 지분상품 | | ××× |

〈취소 또는 중도청산시 지급액의 중도청산일 공정가치 해당하는 금액〉

| | | | |
|---|---|---|---|
| (차) 지분상품 | ××× | (대) 현　　금 | ××× |
| 기타자본(지분상품청산손실) | ××× | 납입자본(지분상품청산이익) | ××× |

〈취소 또는 중도청산시 지급액이 중도청산일의 공정가치를 초과하는 금액〉

| | | | |
|---|---|---|---|
| (차) 주식보상비용 | ××× | (대) 현　　금 | ××× |

## 3. 현금결제형 주식기준보상거래

현금결제형 주식기준보상거래는 기업이 재화나 용역을 제공받는 대가로 기업의 주식이나 다른 지분상품의 가격(또는 가치)에 기초한 금액만큼 현금이나 그 밖의 자산을 지급해야 하는 부채를 재화나 용역의 공급자에게 부담하는 거래이다. 현금결제형 주가차액보상권과 현금결제형 가상주식으로 구분되는데, 이하에서는 현금결제형 **주가차액보상권**을 중심으로 설명한다.

### (1) 인식과 측정

현금결제형 주식기준보상거래의 보상원가는 제공받는 재화나 용역과 그 대가로 부담하는 부채를 **부채의 공정가치**로 측정한다. 또한, 부채가 결제될 때까지 **매 보고기간말과 결제일에 부채의 공정가치를 재측정**하고, 공정가치의 변동액은 **당기손익**으로 인식한다.

종업원에게서 제공받는 근무용역과 그 대가로 부담하는 부채는 근무용역을 제공받는 기간에 인식한다. 예를 들어, 부여되는 **즉시 가득**되는 주가차액보상권의 경우, 종업원이 현금에 대한 자격을 획득하기 위해 특정 용역제공기간을 근무해야 할 의무가 없으므로 반증이 없는 한 종업원에게서 이미 근무용역을 제공받은 것으로 본다. 따라서 제공받는 용역과 그 대가 지급에 관한 부채를 즉시 인식한다. 만약 종업원이 특정 용역제공기간을 근무해야만 주가차액보상권이 가득된다면, 제공받는 근무용역과 그 대가로 부담하는

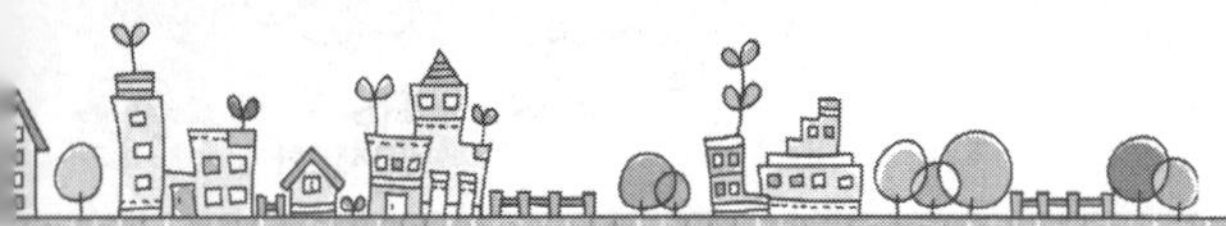

부채는 그 용역제공기간 동안 종업원이 근무용역을 제공할 때 인식한다.

## (2) 회계처리

### 1) 보고기간 말의 보상원가

주가차액보상권의 공정가치는 **보고기간 말 공정가치로 측정**하고, 수량은 가득기간 종료시점에 가득될 것으로 예상되는 수량에 대한 최선의 추정치로 측정한다.

각 보고기간 말의 보상원가는 용역제공조건의 경우 용역제공비율에 따라 가득기간에 걸쳐 인식된다. 따라서 가득기간 중의 각 회계연도에 인식할 주식보상비용은 주식결제형 주식기준보상의 경우와 동일하게 당기말까지 인식할 누적보상원가에서 전기말까지 인식한 누적보상원가를 차감하여 계산한다.

| | | | |
|---|---|---|---|
| (차) 주식보상비용(혹은 자산) | ××× | (대) 장기미지급비용 | ××× |

### 2) 가득일 이후

주식결제형 주식기준보상거래는 지분상품의 공정가치를 부여일에 측정한 후 추후에 공정가치 변동하는 경우에도 수정하지 않는다. 그러나 현금결제형 주가차액보상권은 측정기준일이 부여일이 아니므로 가득기간에 관계없이 각 보고기간 말의 **공정가치로 재측정**하고 변동분은 각각 **주식보상비용**과 **장기미지급비용**으로 인식한다.16)

### 3) 권리의 행사

현금결제형 주가차액보상권은 권리 행사시 **내재가치**에 해당하는 금액을 현금으로 결제하여야 하므로, 현금결제액과 장기미지급비용 장부금액의 차액은 행사일의 주식보상비용으로 인식한다. 이 때 권리가 소멸되지 않은 주가차액보상권에 대하여는 계속해서 공정가치로 재측정한다.

| | | | |
|---|---|---|---|
| (차) 장기미지급비용 | ××× | (대) 현 금 | ××× |
| 주식보상비용 | ××× | | |

16) 제공받은 근무용역에 대해 인식한 금액이 재무상태표에 인식한 자산(예 재고자산)의 장부금액에 포함되었다면 당해 자산의 장부금액을 부채의 재측정효과에 따라 조정하지 않는다.

### 4) 권리의 소멸

권리행사가능기간이 종료되어 가득된 부채가 추후 소멸되는 경우에는 기 인식한 보상원가를 **전액 환입**하여 당기손익으로 인식한다.

### 보론 사례 5 현금결제형 주식기준보상거래

다음 자료를 이용하여 20×1년부터 20×5년 까지 ㈜한국이 주식기준보상과 관련하여 해야할 회계처리를 하라.

(1) ㈜한국은 종업원 500명에게 앞으로 3년간 근무할 것을 조건으로 각각 현금결제형 주가차액보상권을 100개씩 부여하였다. 주가차액보상권은 행사가격 ₩500과 행사시점의 주가와의 차액을 현금으로 지급하는 계약이다.

(2) 20×1년 중에 35명이 퇴사하였으며, ㈜한국은 20×2년과 20×3년에 추가로 60명이 퇴사할 것으로 추정하였다. 20×2년에 실제로 40명이 퇴사하였고, 기업은 20×3년에 추가로 25명이 퇴사할 것으로 추정하였다. 20×3년에는 실제로 22명이 퇴사하였다. 20×3년 말에 150명이 주가차액보상권을 행사하였고, 20×4년 말에 140명이 주가차액보상권을 행사하였으며, 나머지 113명은 20×5년 말에 주가차액보상권을 행사하였다.

(3) 20×3년 말에 계속근무자는 부여받았던 주가차액보상권을 모두 가득하였다.

(4) ㈜한국이 매 회계연도 말에 추정한 주가차액보상권의 공정가치와 주가차액보상권의 내재가치(현금지급액과 일치)는 아래 표와 같다.

| 연 도 | 공정가치 | 주 가 | 내재가치 |
|---|---|---|---|
| 20×1 | ₩144 | ₩630 | ₩130 |
| 20×2 | 155 | ₩640 | 140 |
| 20×3 | 182 | ₩650 | 150 |
| 20×4 | 214 | ₩700 | 200 |
| 20×5 | 251 | ₩750 | 250 |

1. 주식보상비용 계산 명세서

(1) 퇴사자 및 권리행사자

| 연 도 | 20×1 | 20×2 | 20×3 | 20×4 | 20×5 |
|---|---|---|---|---|---|
| 실제 퇴사자 | 35명 | 40명 | 22명 | – | – |
| 가득기간 중 추정 총 퇴사자 | 95명 | 100명 | 97명(실제) | – | – |
| 권리행사자 | – | – | 150명 | 140명 | 113명 |
| 권리행사 가능자 중 잔여 수 | | | 253명 | 113명 | – |

(2) 보상원가 계산명세서

| 연도 | 계 산 | 주식보상비용 | 부채장부금액 |
|---|---|---|---|
| 20×1 | (500명－95명)×100개×₩144×1/3 | ₩1,944,000 | ₩1,944,000 |
| 20×2 | (500명－100명)×100개×₩155×2/3－₩194,400 | 2,189,333 | 4,133,333 |
| 20×3 | (500명－97명－150명)×100개×₩182<br>－₩4,133,333＋150명×100개×₩150 | 471,267<br>＋ 2,250,000<br>＝ 2,721,267 | 4,604,600 |
| 20×4 | (253명－140명)×100개×₩214－₩4,604,600<br>＋140명×100개×₩200 | (2,186,400)<br>＋ 2,800,000<br>＝ 613,600 | 2,418,200 |
| 20×5 | ₩0－₩2,418,200＋113명×100개×₩250 | (2,418,200)<br>＋ 2,825,000<br>＝ 406,800 | 0 |
| | 합 계 | ₩7,875,000 | |

2. 회계처리

| | | | | |
|---|---|---|---|---|
| ① 20×1년말 : | (차) 주식보상비용 | 1,944,000 | (대) 장기미지급비용 | 1,944,000 |
| ② 20×2년말 : | (차) 주식보상비용 | 2,189,933 | (대) 장기미지급비용 | 2,189,333 |
| ③ 20×3년말 : | (차) 주식보상비용 | 471,267 | (대) 장기미지급비용 | 471,267 |
| | (차) 주식보상비용 | 2,250,000 | (대) 현 금 | 2,250,000 |
| ④ 20×4년말 : | (차) 장기미지급비용 | 2,186,400 | (대) 주식보상비용 | 2,186,400 |
| | (차) 주식보상비용 | 2,800,000 | (대) 현 금 | 2,800,000 |
| ⑤ 20×5년말 : | (차) 장기미지급비용 | 2,418,200 | (대) 주식보상비용 | 2,418,200 |
| | (차) 주식보상비용 | 2,825,000 | (대) 현 금 | 2,825,000 |

## 4. 결제선택권이 있는 주식기준보상약정

기업이나 거래상대방이 결제방식으로 현금(또는 그 밖의 자산) 지급이나 기업의 지분상품발행을 선택할 수 있는 주식기준보상거래의 경우 해당 거래나 거래의 일부요소에 대하여, 기업이 현금이나 그 밖의 자산으로 결제해야 하는 부채를 부담하는 부분만큼만 현금결제형 주식기준보상거래로 회계처리하고, 그러한 부채를 부담하지 않는 부분은 주식결제형 주식기준보상거래로 회계처리한다. 결제방식의 선택권이 거래상대방에게 있는지 아니면 기업에 있는지에 따라 회계처리가 달라진다.

### (1) 거래상대방이 결제방식을 선택할 수 있는 주식기준보상거래

기업이 거래상대방에게 주식기준보상거래를 현금이나 지분상품발행으로 결제받을 수 있는 선택권을 부여한 경우에는, 부채요소(거래상대방의 현금결제요구권)와 자본요소(거래상대방의 지분상품결제요구권)가 포함된 **복합금융상품**을 부여한 것이다. 따라서 회계처리는 복합금융상품의 대표적인 예인 전환사채의 회계처리와 유사하다고 할 수 있다.

#### 1) 부채요소와 자본요소의 공정가치 측정

종업원이 아닌 자와의 주식기준보상거래에서 **제공받는 재화나 용역의 공정가치를 직접 측정하는 경우**, 복합금융상품 중 자본요소는 재화나 용역이 제공되는 날 현재 재화나 용역의 공정가치와 부채요소의 공정가치의 차이로 측정한다.

종업원과의 주식기준보상거래를 포함하여 **제공받는 재화나 용역의 공정가치를 직접 측정할 수 없는 거래**에서는, 측정기준일 현재 부여된 권리의 조건을 고려하여 우선 부채요소의 공정가치를 측정한 다음 자본요소의 공정가치를 측정한다. 이 경우 거래상대방이 지분상품을 받기 위해서는 현금수취권리를 포기해야 한다는 점이 반영되어야 한다.

거래상대방이 결제방식을 선택할 수 있는 주식기준보상거래는 일반적으로 각 결제방식의 공정가치가 같도록 설계된다. 예를 들어, 거래상대방이 주식기준보상거래의 결제방식으로 주식선택권이나 현금결제형 주가차액보상권을 선택할 수 있는 경우에, 자본요소의 공정가치는 영(0)이며 따라서 복합금융상품의 공정가치는 부채요소의 공정가치와 같다. 반면에 만약 각 결제방식의 공정가치가 다르다면 자본요소의 공정가치는 보통 영(0)보다 크고, 따라서 복합금융상품의 공정가치는 부채요소의 공정가치보다 크다.

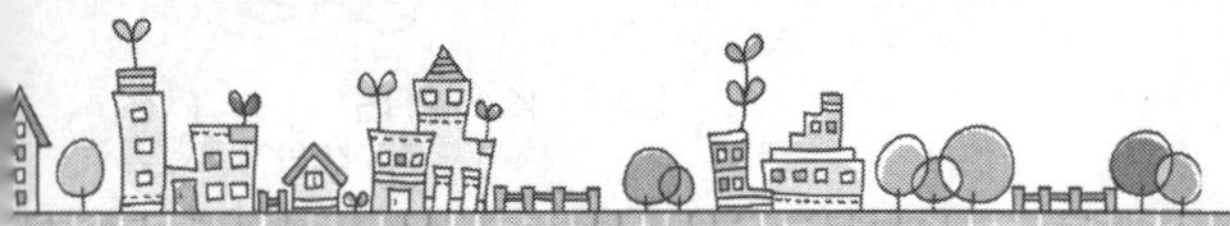

### 2) 가득기간중의 회계처리

부여한 복합금융상품의 대가로 제공받는 재화나 용역은 **각각의 구성요소별로 구분하여 회계처리**한다. 부채요소에 대하여는 현금결제형 주식기준보상거래와 같이 거래상대방에게서 재화나 용역을 제공받을 때 보상원가와 부담하는 부채를 인식한다. 이 때 부채는 매 보고기간 말과 결제일의 공정가치로 재측정한다.

자본요소가 있는 경우 자본요소에 대하여는 주식결제형 주식기준보상거래에 와 같이 거래상대방에게서 재화나 용역을 제공받을 때 보상원가와 그에 상응하는 자본의 증가를 인식한다. 이 때 지분상품은 부여일의 공정가치로 측정한다.

| | | | |
|---|---|---|---|
| (차) 주식보상비용 | ××× | (대) 장기미지급비용 | ××× |
| | | 주식선택권 | ××× |

### 3) 권리 행사시 회계처리

기업이 결제일에 현금을 지급하는 대신 **지분상품을 발행**하는 경우에는, 부채를 발행되는 지분상품의 대가로 보아 자본으로 직접 대체한다.

한편 기업이 결제 시 지분상품을 발행하는 대신 **현금을 지급**하는 경우에는 현금지급액은 모두 부채의 상환액으로 보며, 이미 인식한 자본요소는 계속 자본으로 분류한다. 거래상대방은 현금을 받기로 선택함으로써 지분상품을 받을 권리를 상실하므로 적절한 다른 자본계정(예 주식선택권소멸이익)으로 대체하는 것이 바람직하다.

〈주식결제방식을 선택한 경우〉

| | | | |
|---|---|---|---|
| (차) 현　　금 | ××× | (대) 자 본 금 | ××× |
| 장기미지급비용 | ××× | 주식발행초과금 | ××× |
| 주식선택권 | ××× | | |

〈현금결제방식을 선택한 경우〉

| | | | |
|---|---|---|---|
| (차) 장기미지급비용 | ××× | (대) 현　　금 | ××× |
| 주식선택권 | ××× | 주식선택권소멸이익 | ××× |

### 보론 사례 6 거래상대방이 결제방식을 선택할 수 있는 경우

(1) ㈜한국은 20×1년 초 종업원에게 가상주식 1,000주(주식 1,000주에 상당하는 현금지급에 대한 권리)와 주식 1,200주(주당 액면금액 ₩50)를 선택할 수 있는 권리를 부여하였다.
(2) 각 권리는 종업원이 3년간 근무할 것을 조건으로 한다. 종업원이 주식 1,200주를 제공받는 결제방식을 선택하는 경우에는 주식을 가득일 이후 3년간 보유하여야 하는 제한이 있다.
(3) 부여일에 ㈜한국의 주가는 단위당 ₩50이다. 20×1년, 20×2년, 20×3년 말의 주가는 각각 ₩52, ₩55 및 ₩60이다. ㈜한국은 부여일 이후 3년 동안 배당금을 지급할 것으로 예상하지 않는다.
(4) ㈜한국은 가득이후 양도제한의 효과를 고려할 때 주식 1,200주를 제공받는 결제방식의 부여일 공정가치가 주당 ₩48이라고 추정하였다.

종업원이 20×3년 말에 현금결제방식(상황1)과 주식결제방식(상황2)을 선택하였을 경우, 각각 20×1년부터 20×3년 까지 (주)한국이 주식기준보상과 관련하여 해야 할 회계처리를 하라.

**핵심해설**

1. 주식보상비용 계산 명세서

(1) 부채요소와 자본요소의 공정가치

① 주식결제방식의 공정가치는 ₩57,600[MAX] (=1,200주×₩48) … "복합금융상품의 공정가치"

* 복합금융상품인 선택형 주식기준보상약정의 공정가치는 현금결제요구권과 주식결제요구권 중 큰 금액이다.

② 현금결제방식의 공정가치는 ₩50,000 (=1,000주×₩50)

③ 복합금융상품 내 자본요소의 공정가치는 ₩7,600 (=₩57,600−₩50,000).

(2) 주식보상비용 계산명세서

| 연도 | 계 산 | 당기비용 | 자본(기말) | 부채(기말) |
|---|---|---|---|---|
| 20×1 | 부채요소 : (1,000×₩52×1/3) | ₩17,333 | | ₩17,333 |
| | 자본요소 : (₩7,600×1/3) | 2,533 | ₩2,533 | |
| 20×2 | 부채요소 : (1,000×₩55×2/3)−₩17,333 | 19,333 | | 36,667 |
| | 자본요소 : (₩7,600×1/3) | 2,533 | 5,066 | |
| 20×3 | 부채요소 : (1,000×₩60)−₩36,666 | 23,334 | | 60,000 |
| | 자본요소 : (₩7,600×1/3) | 2,534 | 7,600 | |

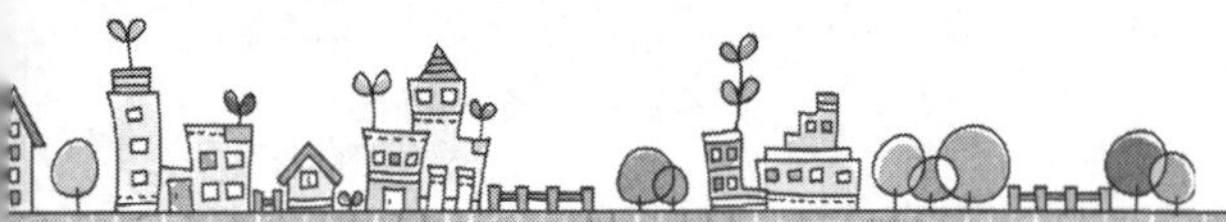

**2. 회계처리**

| | | | | | | |
|---|---|---|---|---|---|---|
| ① 20×1년말 : | (차) | 주식보상비용 | 19,866 | (대) | 장기미지급비용 | 17,333 |
| | | | | | 미가득주식(자본) | 2,533 |
| ② 20×2년말 : | (차) | 주식보상비용 | 21,867 | (대) | 장기미지급비용 | 19,334 |
| | | | | | 미가득주식(자본) | 2,533 |
| ④ 20×3년말 : | (차) | 주식보상비용 | 25,867 | (대) | 장기미지급비용 | 25,333 |
| | | | | | 미가득주식(자본) | 2,534 |
| ⑤ 권리행사시 : | | | | | | |
| <상황 1> | (차) | 장기미지급비용 | 60,000 | (대) | 현　　금 | 60,000 |
| | | 미가득주식 | 7,600 | (대) | 기타자본잉여금 | 7,600 |
| <상황 2> | (차) | 장기미지급비용 | 60,000 | (대) | 자 본 금 | 60,000 |
| | | 미가득주식 | 7,600 | (대) | 주식발행초과금 | 7,600 |

## (2) 기업이 결제방식을 선택할 수 있는 주식기준보상거래

기업이 현금이나 지분상품발행으로 결제할 수 있는 선택권을 갖는 조건이 있는 주식기준보상거래의 경우에는, **현금을 지급해야 하는 현재의무가 있는지** 여부를 결정하고 그에 따라 주식기준보상거래를 회계처리한다.

### 1) 현금 지급할 현재의무가 있는 경우

현금을 지급해야 하는 현재의무가 있는 경우에는 **현금결제형 주식기준보상거래**보아 보상원가 전액을 부채로 회계처리한다.

다음과 같은 경우에는 현금을 지급해야 하는 현재의무가 있는 것으로 본다.

① 지분상품을 발행하여 결제하는 방식에 상업적 실질이 결여된 경우
(**예** 법률에 의한 주식발행의 금지)

② 현금으로 결제한 과거의 실무관행이 있거나 현금결제정책이 명백히 규정되어 있는 경우

③ 거래상대방이 현금결제를 요구할 때마다 일반적으로 기업이 이를 수용하는 경우

### 2) 현금 지급할 현재의무가 없는 경우

현금을 지급해야 하는 현재의무가 없는 경우에는, **주식결제형 주식기준보상거래**로 보

아 보상원가를 전액 자본으로 회계처리하며, **결제시** 다음과 같이 회계처리한다.

① 기업이 **현금결제**를 선택하는 경우에는 **자기지분상품의 재매입**으로 보아 현금지급액을 자본에서 차감한다. 다만, 아래 '다)'의 경우는 추가로 회계처리가 필요하다.

② 기업이 **지분상품의 발행**으로 결제하는 것을 선택하는 경우에는 아래 '(3)'의 경우를 제외하고는 **별도의 회계처리를 하지 아니한다**. 다만 필요하다면 자본계정 간의 이체는 가능하다.

③ 기업이 **결제일에 더 높은 공정가치를 가진 결제방식을 선택**하는 경우에는 **초과결제가치를 추가 비용으로 인식**한다. 이 경우 초과결제가치는 실제로 지급한 금액이 주식결제방식을 선택할 때 발행하여야 하는 지분상품의 공정가치를 초과하는 금액 또는 실제로 발행한 지분상품의 공정가치가 현금결제방식을 선택할 때 지급하여야 하는 금액을 초과하는 금액이다.

## 보론 사례 7 기업이 결제방식을 선택할 수 있는 경우

(1) ㈜한국은 20×1년 초 종업원에게 가상주식 1,000주(주식 1,000주에 상당하는 현금지급에 대한 권리)와 주식 1,200주(주당 액면금액 ₩50)를 선택할 수 있는 권리를 부여하였다.
(2) 각 권리는 종업원이 3년간 근무할 것을 조건으로 한다. 종업원이 주식 1,200주를 제공받는 결제방식을 선택하는 경우에는 주식을 가득일 이후 3년간 보유하여야 하는 제한이 있다.
(3) 부여일에 ㈜한국의 주가는 단위당 ₩50이다. 20×1년, 20×2년, 20×3년 말의 주가는 각각 ₩52, ₩55 및 ₩60이다. ㈜한국은 부여일 이후 3년 동안 배당금을 지급할 것으로 예상하지 않는다.
(4) ㈜한국은 가득이후 양도제한의 효과를 고려할 때 주식 1,200주를 제공받는 결제방식의 부여일 공정가치가 주당 ₩48이라고 추정하였다.

1. 현금지급의 현재의무가 있다고 할 경우 ㈜한국이 20×3년 말까지의 각 회계연도에 인식할 주식보상비용을 계산하라.
2. 현금지급의 현재의무가 없다고 할 경우 ㈜한국이 20×3년 말까지의 각 회계연도에 인식할 주식보상비용을 계산하라.
3. ㈜한국의 현금지급의 현재의무는 없다고 가정한다. 20×4년 1월 1일에 종업원이 주식보상권리를 행사하였으며 행사일 현재 보통주의 주가는 주당 ₩62 이고, 주식 1,200주를 제공하

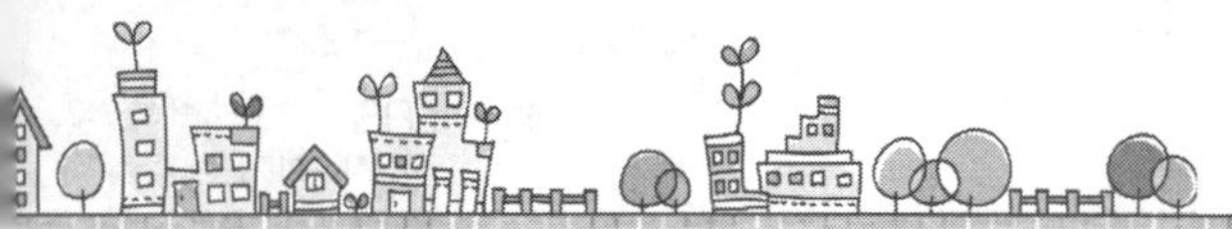

는 결제방식의 공정가치는 주당 ₩60이다. ㈜한국이 현금결제방식(상황 1)과 주식결제방식(상황 2)을 선택하였을 경우 각각 권리행사시의 회계처리를 하라.

1. 현금지급의 현재의무가 있는 경우 주식보상비용 계산 명세서 (현금결제형 취급)

| 연 도 | 계　　산 | 주식보상비용 | 부채장부금액 |
|---|---|---|---|
| 20×1 | 1,000주×₩52×1/3 | ₩17,333 | ₩17,333 |
| 20×2 | 1,000주×₩55×2/3－₩17,333 | 19,334 | 36,667 |
| 20×3 | 1,000주×₩60×2/3－₩36,667 | 36,667 | 60,000 |

2. 현금지급의 현재의무가 없는 경우 주식보상비용 계산 명세서 (주식결제형 취급)

| 연 도 | 계　　산 | 주식보상비용 | 자본장부금액 |
|---|---|---|---|
| 20×1 | 1,000주×₩48×1/3 | ₩19,200 | ₩19,200 |
| 20×2 | 1,000주×₩48×2/3－₩19,200 | 19,200 | 38,400 |
| 20×3 | 1,000주×₩48×2/3－₩38,400 | 19,200 | 57,600 |

3. 20×4년 1월 1일 회계처리

* 현금결제시의 가치 : 1,000주×₩62=₩62,000
주식결제시의 가치 : 1,200주×₩60=₩72,000
초과결제가치 : 주식결제시 ₩72,000－₩62,000＝₩10,000(주식보상비용)

⑴ 상황 1 (현금결제방식 선택의 경우)

| | | | | |
|---|---|---|---|---|
| (차) | 미가득주식 | 57,600 | (대) 현　　금 | 62,000 |
| | 미가득주식상환손실(자본) | 4,400 | | |

⑵ 상황 2 (주식결제방식 선택의 경우)

| | | | | |
|---|---|---|---|---|
| (차) | 미가득주식 | 57,600 | (대) 자 본 금 | 60,000 |
| | 주식보상비용 | 10,000 | 주식발행초과금 | 7,600 |

## 보론 사례 8 현금결제선택권이 후속적으로 추가된 경우

㈜한국은 20×1년 초에 고위임원 1명에게 3년간 근무할 것을 조건으로 공정가치가 주당 ₩33인 주식 10,000주를 부여하였다. 20×2년 말에 ㈜한국의 주가는 ₩25으로 하락하여, 동 일자로 ㈜한국은 당초에 부여한 주식에 현금결제선택권을 추가하였다. 따라서 고위임원은 가득일에 선택적으로 주식 10,000주를 수취하거나 10,000주에 상당하는 현금을 수취할 수 있게 되었다. 권리 가득일의 주가는 ₩22이다.

20×1년부터 20×3년 까지 ㈜한국이 주식기준보상과 관련하여 해야할 회계처리를 하라.

### 핵심해설

가득기간 중에 현금결제선택권이 부여되는 경우 **조건변경**으로 보고 회계처리한다. 따라서 ㈜한국은 조건변경일 현재 주식의 공정가치와 당초 특정된 근무용역을 제공받은 정도에 기초하여 조건변경일에 현금으로 결제될 부채를 인식한다. 또한 ㈜한국은 각 보고일과 결제일에 부채의 공정가치를 재측정하고 그 공정가치 변동을 그 기간의 당기손익으로 인식한다.

1. 주식보상비용 계산 명세서

| 연도 | 계 산 | 비용 | 자본 | 부채 |
|---|---|---|---|---|
| 20×1 | 10,000주×₩33×1/3 | ₩110,000 | ₩110,000 | |
| 20×2 | 보상비용 : (10,000주×₩33×2/3)−110,000원 | 110,000 | 110,000 | |
| | 자본에서 부채로 재분류* : 10,000주×₩25×2/3 | | (166,667) | ₩166,667 |
| | 기말 잔액 | | 53,333 | 166,667 |
| 20×3 | 자본요소 : ₩80,000×3/3−₩53,333 | 26,667 | 26,667 | |
| | 부채요소 : 10,000주×₩22×3/3−₩166,667 | 53,333 | | 53,333 |
| | 합 계 | ₩300,000 | ₩80,000 | ₩220,000 |

* 20×2년말 현금결제선택권의 부여는 복합금융상품의 부여로 간주됨
  − 주식결제권의 공정가치 : 10,000주×@33=₩330,000 (Max)
  − 현금결제권의 공정가치 : 10,000주×@25=₩250,000 (부채요소) ∴ 자본요소는 ₩80,000

2. 회계처리

| | | | | |
|---|---|---|---|---|
| ① 20×1년말 : | (차) 주식보상비용 | 110,000 | (대) 미가득주식(자본) | 110,000 |
| ② 20×2년말 : | (차) 주식보상비용 | 110,000 | (대) 미가득주식(자본) | 110,000 |
| | 미가득주식 | 166,667 | 장기미지급비용 | 166,667 |
| ③ 20×3년말 : | (차) 주식보상비용 | 80,000 | (대) 미가득주식(자본) | 26,667 |
| | | | 장기미지급비용 | 53,333 |

메모

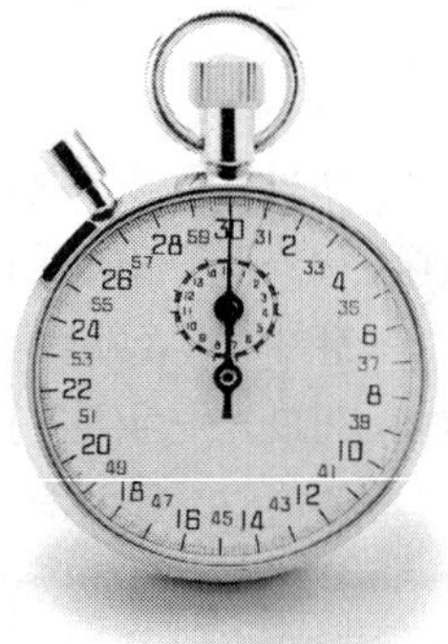

Chapter 14

# 법인세회계

**학습목표**

본장에서 다루는 법인세회계는 세법과 매우 밀접하게 관련 된 부분으로 세법의 법인세에 대한 기본적인 지식은 본장을 학습하는데 많은 도움이 된다. 본장에서는 법인세회계의 기초개념, 이연법인세회계 등에 대해 집중적으로 학습한다.

**＊ 관련 한국채택국제회계기준**
기업회계기준서 제1012호 '법인세'

# 01절 법인세회계의 기초 개념

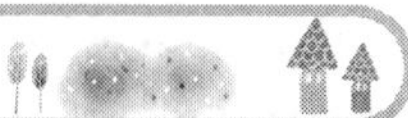

## 1. 회계이익과 과세소득

회계이익은 회계기준에 따라 인식되는 수익에서 비용을 차감하여 계산하고, 과세소득은 세법에 따라 인식한 익금에서 손금을 차감하여 계산한다. **세법상의 익금과 손금은 회계기준상의 수익과 비용과 대응되는 개념들이지만, 주로 다음과 같은 원인에 의하여 차이가 발생한다.**

① 세법상 특혜나 불이익을 부여하는 **조세정책적 목적**에 따라 차이가 발생한다. 예를 들어 중소기업 등을 육성하기 위하여 세액공제나 준비금제도 등을 두고 있으며, 과소비나 소비성 경비의 지출을 억제하기 위하여 일정한도 이상의 접대비지출을 인정하지 않는다. 또한 사회질서에 반하는 행위로 발생하는 벌금이나 과태료 등을 비용으로 인정하지 않는 불이익을 주기도 한다.

② 기업회계에서는 수익을 발생주의에 의해, 비용은 관련 수익에 대응하여 인식하나 세법에서는 **권리의무확정주의**에 따라 손익을 인식함에 따라 차이가 발생한다. 예를 들어 기업회계에서는 판매보증비를 발생기준으로 회계처리하지만, 세법에서는 현금기준으로 비용을 인식한다.

③ 특정 자산・부채의 일부 평가방법에 대하여 기업회계와 세법이 달리 규정함에 따라 발생한다. 예를 들어 유가증권을 기업회계에서는 공정가액으로 평가하는 반면, 세법에서는 **원가로 평가**하도록 하고 있다.

④ 기업회계는 손익거래에서 발생한 순자산증가만을 회계이익에 포함시키나 세무회계는 자본거래에서 발생한 자본잉여금을 포함한 **순자산증가액**을 과세소득에 포함시킴에 따라 발생한다. 예를 들어 기업회계에서는 자기주식처분손익을 자본잉여금으로 처리하지만, 세법에서는 이를 익금에 산입하여 과세소득으로 본다.

이처럼 회계이익과 과세소득의 차이를 발생시키는 항목들은 **익금산입**, **익금불산입**, **손금산입 및 손금불산입**으로 구분된다. 여기서 익금산입은 기업회계상 수익이 아니지만 법인세법상 익금으로 보는 항목을, 익금불산입은 기업회계상 수익이지만 법인세법상 익금으로 보지 않는 항목을 말한다.

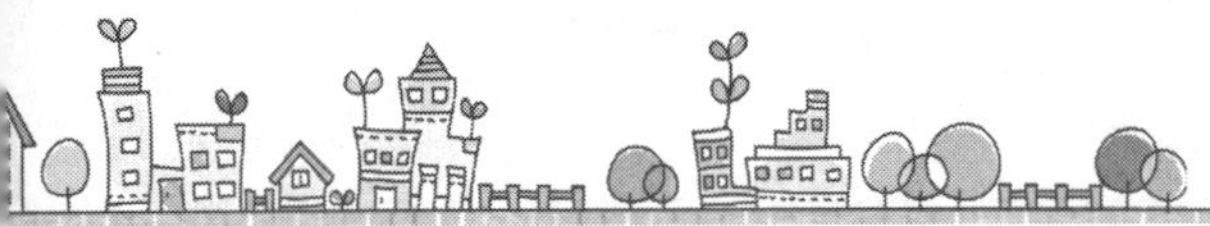

한편 손금산입은 기업회계상 비용이 아니지만 법인세법상 손금으로 보는 항목을, 손금불산입은 기업회계상 비용이지만 법인세법상 손금으로 보지 않는 항목을 말한다.

과세소득은 회계이익에서 이들 항목들을 가감한 금액으로 산출하는데 이러한 과정을 **세무조정**이라 한다.

우리나라의 법인세 산출과정을 살펴보면 다음과 같다.

|  |  |
|---|---|
| **법인세비용차감전순이익(회계이익)** | ××× |
| 가산조정 : 익금산입·손금불산입 | ××× |
| 차감조정 : 손금산입·익금불산입 | (×××) |
| **각사업년도 소득금액(과세소득)** | ××× |
| 차감 : 법인세법상 이월결손금 | (×××) |
| 비과세소득 | (×××) |
| 소득공제 | (×××) |
| **과세표준** | ××× |
| 법인세율 | % |
| **산출세액** | ××× |
| 차감 : 세액공제 | (×××) |
| 세액감면 | (×××) |
| 가산 : 가산세 | ××× |
| **결정세액(법인세부담액[1])** | ××× |

## 2. 일시적 차이와 영구적 차이

**회계이익과 과세소득의 차이는 일시적차이와 영구적차이로 구성된다.[2)]**

1) 일반적으로 법인세부담액이라고 할 때에는 이러한 결정세액에 부가되는 세액(주민세, 농어촌특별세 등)의 합계로 정의한다.

2) 기업회계기준서 제1012호(법인세)에서는 '영구적차이'라는 별도의 명칭을 사용하지 않는다. 왜냐하면 영구적차이는 회계이익과 과세소득간의 차이 중 전체 회계기간을 통산하더라도 그 차이가 소멸되지 않으므로 이연법인세 회계처리 대상이 아니기 때문이다.

### (1) 일시적차이

**일시적차이는 재무상태표상 자산 또는 부채의 장부금액과 세무기준액**[3]**의 차이로 나타난다.** 이러한 일시적 차이는 미래의 법인세부담액을 증감시키는 효과가 있으며, 어느 한 회계기간에 발생하면 반드시 장래의 회계기간에 소멸한다.

일시적차이는 미래기간의 과세소득을 증가시키는 효과를 가지는 '**가산할 일시적차이**'와 미래기간의 과세소득을 감소시키는 효과를 가지는 '**차감할 일시적차이**'로 구성된다. 당기 이전에 과세소득에서 차감 조정된 일시적차이는 미래의 과세소득에 가산 조정되는 가산할 일시적차이에 해당되고, 당기 이전에 과세소득에 가산 조정되는 일시적차이는 미래의 과세소득에서 차감 조정되는 차감할 일시적차이에 해당된다.

### (2) 영구적차이

영구적차이는 특정 회계사건이 법인세법에서는 익금 또는 손금으로 인정되지만 기업회계기준에서 수익 또는 비용으로 인정되지 않거나, 기업회계에서는 수익 또는 비용으로 인정되지만 세법에서 익금 또는 손금으로 인정되지 않는 차이를 말한다. 이러한 **영구적차이는 소멸되지 않으므로 법인세 기간배분의 대상이 되지 않는다.**

예를 들어 접대비 한도초과액은 회계이익 결정시 비용에 반영되나 과세소득 결정시 손금으로 인정되지 않고, 이후 회계기간의 과세소득 결정시 손금에 반영되지 않는 차이이므로 이는 영구적 차이에 해당된다. 그러나 예 · 적금의 기간경과에 따른 이자수익은 발생주의에 따라 회계이익에 포함되나 법인세법에서는 권리의무확정주의에 따라 이자의 지급이 확정되기 전에는 과세소득 결정시 익금에 포함되지 않고, 이후 회계기간 중 실제로 이자의 지급이 확정되는 날에 익금으로 보아 과세소득에 반영되므로 이는 일시적 차이에 해당된다.

---

3) 세무기준액이란 세무상 당해 자산 또는 부채에 귀속되는 금액을 말한다.

## 02절 이연법인세회계

이연법인세회계는 회계기준에 의해 산출된 회계이익과 법인세법에 따라 계산된 과세소득과의 차이에 따른 법인세비용과 법인세부담액의 차이를 처리하기 위한 지침을 제공한다. 즉, **이연법인세 회계처리의 목적은 기업회계의 손익인식기준과 세무회계의 과세소득 산정기준의 차이 등으로 인하여 발생하는 법인세비용과 법인세부담액의 차이를 반영함으로써 당기순이익, 자산 및 부채를 적정하게 표시하는 데 있다.**

따라서 이연법인세 회계처리는 발생주의에 의한 법인세를 비용으로 인식하여 적절한 수익비용대응에 따른 손익계산으로 경영성과를 보다 적절히 나타내 줄 뿐만아니라, 미래의 법인세 추가부담액 또는 법인세 절감액을 자산과 부채로 계상함으로써 미래의 현금흐름을 예측하는데 유용한 정보를 제공해 준다.4)

### 1. 법인세효과의 인식방법

대부분의 회계사건에 의한 결과는 그 회계사건이 재무제표에 인식되는 회계연도의 과세소득에 영향을 미쳐 세금효과가 그 해에 나타난다. 그러나 어떤 회계사건의 결과는 이연되어 미래의 과세소득에 영향을 미치게 되고 그 세금효과도 이연된다. 이러한 이연효과를 재무제표에 인식하는 방법은 이연법에 의해 인식하는 방법과 자산부채법에 의해 인식하는 방법이 있다.

#### (1) 이연법에 의해 인식하는 방법

**이연법은 포괄손익계산서에 계상되는 회계이익에 대응되는 법인세비용의 계상에 초점을 맞추는 포괄손익계산서 중심 접근방법**이다. 따라서 이연법은 이연법인세자산·부채를 미소멸원가, 즉 당기지출액 중 당기의 수익과 대응되지 않는 금액으로 간주하여, **일시적**

4) 이연법인세회계를 반대하는 입장도 있는데, 이들의 주장근거는 다음과 같다. 우선 이연법인세회계제도에 따라 계상되는 이연법인세자산과 부채가 우발항목의 성격을 지니고 있기 때문에, 자산과 부채의 정의에 합당하지 않을 수도 있다는 것이다. 그리고 법인세법에서 기업회계를 존중하는 방향으로 규정이 바뀌어 가고 있기 때문에, 일시적 차이에 대한 세금효과는 일반적으로 중요하지 않다. 따라서 이연법인세회계를 통하여 얻을 수 있는 효익이 비용보다 크지 않다는 것이다.

**차이의 세금효과를 일시적 차이가 발생한 회계연도의 법인세율을 적용하여 산정**한다. 따라서 법인세비용을 먼저 계상한 후 법인세법 규정에 따른 미지급(선급)법인세를 조정하여 이연법인세자산과 부채를 계상한다. 이로 인해 포괄손익계산서상의 법인세비용은 수익비용대응원칙에 충실한 금액이 계상된다.

### (2) 자산부채법에 의해 인식하는 방법

**자산부채법은 재무상태표에 계상되는 이연법인세자산·부채의 적정한 평가에 초점을 맞추는 재무상태표 중심 접근방법**이다. 따라서 자산부채법은 이연법인세자산·부채를 미래 경제적 효익 또는 미래 경제적 효익의 희생으로 간주하여, **일시적 차이의 세금효과를 일시적 차이가 과세소득에서 반대로 소멸되는 회계연도의 예상세율을 적용하여 계상한다.** 따라서 법인세법 규정에 따른 미지급(선급)법인세를 먼저 계상한 후, 이연법인세자산과 부채를 조정하여 법인세비용을 계상한다. 이로 인해 재무상태표에 계상되는 이연법인세자산·부채는 미래현금흐름을 적절하게 나타내주므로, 자산·부채의 평가가 올바르게 이루어진다. 법인세회계는 초기에는 회계이익이 인식되는 기간에 관련 법인세비용을 대응시키는 것을 목적으로 한 이연법에 기초하였으나, 오늘날에는 자산과 부채의 적절한 평가의 관점에서 자산부채법이 적용되고 있다.

#### 사례 1 이연법과 자산부채법에 의한 이연법인세 계산

㈜개구리는 20×1년 초에 설립되었다. 20×1년과 20×2년에 발생한 가산할 일시적차이와 소멸될 회계연도에 관한 자료는 다음과 같다.

| | 20×1년 | 20×2년 | 20×3년 | 20×4년 | 20×5년 |
|---|---|---|---|---|---|
| 20×1년분 | ₩(40,000) | ₩10,000 | ₩10,000 | ₩10,000 | ₩10,000 |
| 20×2년분 | | (90,000) | 30,000 | 30,000 | 30,000 |

한편 각 회계연도에 부담할 법인세율과 예상되는 법인세율은 다음과 같다.

| | 20×1년 | 20×2년 | 20×3년 | 20×4년 | 20×5년 |
|---|---|---|---|---|---|
| 20×1년분 | 20% | 20% | 30% | 30% | 40% |
| 20×2년분 | | 30% | 30% | 40% | 40% |

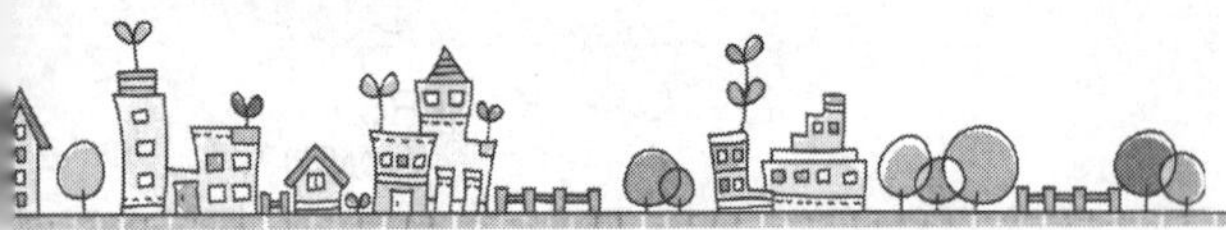

이연법과 자산부채법에 따른 20×1년과 20×2년에 재무상태표에 계상할 이연법인세부채를 계산하라.

핵심해설

1. 이연법

(1) 20×1년 말 이연법인세부채 계산

| | | |
|---|---|---|
| 일시적 차이의 누적발생액 : | ₩40,000 | |
| 차이 발생연도 법인세율 : | 20% | ₩8,000 |

(2) 20×2년 말 이연법인세부채 계산

| | 20×1년분 | 20×2년분 | 계 |
|---|---|---|---|
| 일시적 차이의 누적발생액 : | ₩30,000* | ₩90,000 | |
| 차이 발생연도 법인세율 : | 20% | 30% | |
| | ₩ 6,000 | ₩27,000 | ₩33,000 |

* 20×1년 일시적 차이 발생액 ₩40,000에서 20×2년에 가산된 일시적 차이 ₩10,000을 차감
* 이연법에서는 당해연도 말 현재의 누적 일시적차이를 차이가 발생한 회계연도별로 구분하여 동 회계연도의 법인세율을 적용하여 이연법인세를 계산하므로 과거지향적인 처리방법이라 할 수 있다.

2. 자산부채법

(1) 20×1년 말 이연법인세부채 계산

| | 20×2년 | 20×3년 | 20×4년 | 20×5년 | 계 |
|---|---|---|---|---|---|
| 회계연도별 소멸될 일시적 차이 : | ₩10,000 | ₩10,000 | ₩10,000 | ₩10,000 | |
| 소멸될 회계연도 예상법인세율 : | 20% | 30% | 30% | 40% | |
| | ₩ 2,000 | ₩ 3,000 | ₩ 3,000 | ₩ 4,000 | ₩12,000 |

(2) 20×2년 말 이연법인세부채 계산

| | 20×3년 | 20×4년 | 20×5년 | 계 |
|---|---|---|---|---|
| 회계연도별 소멸될 일시적 차이 : | | | | |
| −20×1년분 | ₩10,000 | ₩10,000 | ₩10,000 | |
| −20×2년분 | ₩30,000 | ₩30,000 | ₩30,000 | |
| − 계 | ₩40,000 | ₩40,000 | ₩40,000 | |
| 소멸될 회계연도 예상법인세율 : | 30% | 40% | 40% | |
| | ₩12,000 | ₩16,000 | ₩16,000 | ₩44,000 |

* 자산부채법에서는 당해연도말 현재의 누적 일시적차이를 차이가 소멸될 회계연도별로 구분하여 동 회계연도의 예상 법인세율을 적용하여 이연법인세를 계산하므로 미래지향적인 처리방법이라 할 수 있다.

## 2. 법인세비용의 계산과정

### (1) 당기법인세 계산

당기법인세란 현행 세법에 의하여 회사가 실제로 당기에 납부하는 법인세등을 말한다. 법인세차감전이익(회계이익)에서 세무조정을 하고, 비과세소득이나 소득공제, 이월결손금이 있는 경우에는 이를 차감한 과세소득에 대하여 현행 세율을 적용하여 계산한다.

> 당기법인세＝{회계이익±세무조정(일시적차이, 그 이외의 차이)}×당기 세율

### (2) 이연법인세 당기 변동액 계산

일시적차이와 이월공제가 가능한 결손금 및 세액공제로 인한 미래기간의 과세소득 증감으로 인한 법인세효과를 이연법인세자산 또는 이연법인세부채로 계상한다. 이때 일시적차이가 해소되는 미래 시점의 세율을 적용하여 이연법인세 기말잔액을 계산한 후, 전기이월된 이연법인세 금액을 조정하여 당기 변동액을 계산한다.

> 이연법인세자산 계상액＝차감할 일시적차이 누적액×미래세율－기초 이연법인세자산
> 이연법인세부채 계상액＝가산할 일시적차이 누적액×미래세율－기초 이연법인세부채

### (3) 법인세비용

당기법인세에 이연법인세 당기 변동액을 가감하여 법인세비용을 계산한다.

> 법인세비용＝당기법인세＋이연법인세부채 증가－이연법인세자산 증가

만약 당기법인세와 이연법인세부채의 증가액 합계액 보다 이연법인세자산 증가액이 더 큰 경우에는 음(－)의 법인세비용이 나올 수 있는데, 이를 **법인세수익**이라 한다. 법인세수익은 일반적으로 결손이 발생하는 기업에서 인식된다.

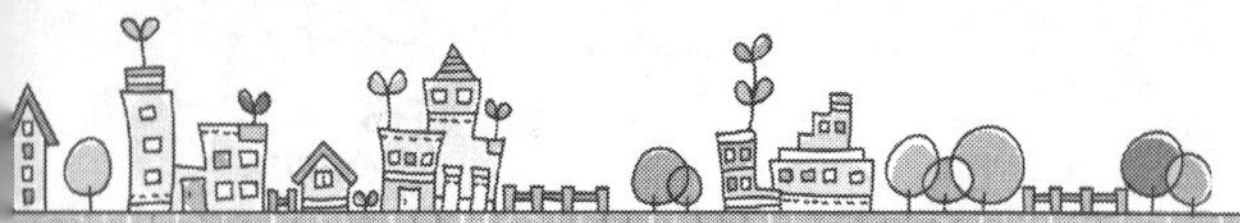

## 3. 적용할 미래 세율

이연법인세 자산과 부채는 보고기간말까지 제정되었거나 실질적으로 제정된 세율(및 세법)[5]에 근거하여 당해 자산이 실현되거나 부채가 결제될 회계기간에 적용될 것으로 기대되는 세율을 사용하여 측정한다.

그러나 과세대상수익의 수준에 따라 적용되는 세율이 다른 경우에는 일시적차이가 소멸될 것으로 예상되는 기간의 과세소득(세무상결손금)에 적용될 것으로 기대되는 평균세율을 사용하여 이연법인세 자산과 부채를 측정한다.[6]

또한 이연법인세부채와 이연법인세자산을 측정할 때에는 보고기간말에 기업이 관련 자산과 부채의 장부금액을 회수하거나 결제할 것으로 예상되는 방식에 따른 세효과를 반영하여야 한다.

예를 들어 어느 자산의 장부금액은 ₩100,000이고 세무기준액은 ₩60,000이다. 그리고 자산을 매각하면 20%, 다른 소득에 대하여는 30%의 세율이 적용된다고 가정하자. 이 경우에 기업이 당해 자산을 더 이상 사용하지 않고 매각할 계획이라면 ₩8,000(₩40,000의 20%)의 이연법인세부채를 인식하고, 당해 자산을 계속 보유하면서 사용을 통하여 당해 자산의 장부금액을 회수할 예정이라면 ₩12,000(₩40,000의 30%)을 이연법인세부채로 인식한다.

## 4. 일시적차이

일시적차이는 재무상태표상 자산·부채의 장부금액과 세무기준액이 다르기 때문에 발생한다. 따라서 특정 회계기간의 기업회계기준과 세법에서 인식하는 자산·부채의 금액이 동일하다면 일시적 차이는 발생하지 않는다. 기업회계기준서 제1012호(법인세)에서 언급하고 있는 일시적차이가 발생하는 경우를 살펴보면 다음과 같다.[7]

---

5) 실질적으로 제정된 세율이라 함은 입법이 예고된 세율(및 세법)을 말한다.

6) 이러한 세율구조를 누진세율구조라고 하는데, 우리나라 법인세법에서는 2012년 1월 1일 이후 개시하는 사업연도부터는 과세표준이 2억원 이하인 경우에는 10%, 2억원 초과기업에 대하여 20%의 법인세율을 적용할 예정이다. 한편 평균세율은 법인세비용을 회계이익으로 나눈 값으로 평균유효세율이라고도 한다.

7) '①'부터 '③'까지는 수익이나 비용이 회계이익에 포함되는 기간과 과세소득에 포함되는 기간이 다를 때 발생하는 일시적 차이로 이러한 일시적차이를 기간적차이라고 설명하기도 한다.

① 이자수익은 발생기준으로 기간경과시 회계이익에 포함하지만, 현금이 수취될 때 과세소득에 포함하는 경우[8)]

② 회계이익 결정시 사용된 감가상각금액이 과세소득 결정시 사용된 감가상각금액과 다른 경우

③ 회계이익 결정시 개발원가를 자본화하여 미래 회계기간에 걸쳐 상각하지만, 과세소득 결정시에는 해당 개발원가를 발생한 기간에 모두 공제할 경우

④ 사업결합에서 식별가능한 취득자산과 인수부채는 기업회계기준서 제1103호(사업결합)에 따라 공정가치로 인식하지만 세무상으로는 동일하게 조정되지 않는 경우

⑤ 자산은 재평가되었으나 세무상으로는 동일하게 조정되지 않는 경우

⑥ 사업결합에서 발생한 영업권의 경우

⑦ 자산 또는 부채의 최초 인식 시점에 장부금액과 세무기준액이 다른 경우

⑧ 종속기업, 지점 및 관계기업에 대한 투자자산 또는 조인트벤처 투자지분의 장부금액이 세무기준액과 다른 경우

이러한 일시적 차이는 가산할 일시적차이와 차감할 일시적차이로 구분된다.

## (1) 가산할 일시적 차이

자산이나 부채의 장부금액이 회수나 결제되는 미래 회계기간의 과세소득 결정시 가산할 금액이 되는 일시적차이를 **가산할 일시적차이**라고 한다. 즉, **자산의 장부금액이 세무기준액보다 크거나, 부채의 장부금액이 세무기준액보다 작은 경우, 세무조정시 당기에는 과세소득을 감소시키지만 미래에는 과세소득을 증가시키게 된다.**[9)] 이때의 차이가 가산할 일시적 차이이며 그로 인하여 미래에 법인세를 납부하게 될 의무가 이연법인세부채이다.

모든 가산할 일시적 차이에 대하여 이연법인세부채를 인식하여야 하지만, 다만 다음의 경우에는 이연법인세부채를 인식하지 아니한다.

① 영업권을 최초 인식하는 경우

② 자산・부채가 최초로 인식되는 거래가 ㈎사업결합거래가 아니고 ㈏거래 당시 회계

8) 재무상태표에 인식된 미수수익의 장부금액이 세무기준액으로는 영(0)이다.

9) 가산할 일시적차이는 당기에 익금불산입(－)이나 손금산입(－)으로 세무조정되고, 미래에 익금산입(＋)이나 손금불산입(＋)으로 세무조정되어 미래 과세소득을 증가시킨다.

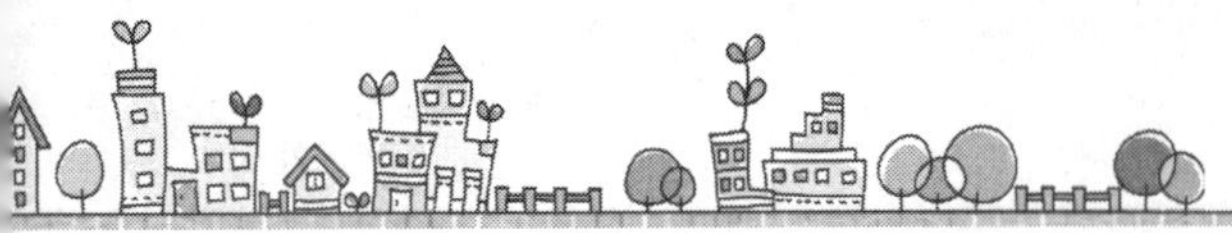

이익이나 과세소득에 영향을 미치지 아니하는 거래인 경우

영업권은 잔여가액이기 때문에, 만일 영업권과 관련하여 이연법인세부채를 인식하게 되면 이연법인세부채를 인식한 금액만큼 순자산이 감소하게 되고 이는 또 다시 영업권의 증가로 이어져 결국 이연법인세부채를 추가로 인식해야 하므로 이런 과정이 순환적으로 반복된다. 따라서 영업권과 관련된 일시적 차이에 대해서는 이연법인세부채를 인식하지 않는다. 영업권과 마찬가지로 부의영업권과 관련된 차감할 일시적 차이에 대해서도 이연법인세자산을 인식하지 않는다.

한편 어떤 자산의 취득원가의 일부 또는 전부가 세무상자산으로 인정되지 않는 경우에 일시적 차이가 발생되는데, 이와 같은 일시적 차이에 대한 이연법인세 인식여부는 자산의 최초인식을 유발한 거래의 성격에 따라 다르다.

① 그 거래가 사업결합거래인 경우 회사는 이연법인세자산이나 이연법인세부채를 인식하고 이는 영업권이나 염가매수차익 금액에 영향을 미친다.

② 그 거래가 회계이익이나 과세소득에 영향을 미치는 경우 회사는 이연법인세자산이나 이연법인세부채를 인식하고 이에 따른 이연법인세비용은 당기손익에 반영한다.

③ 그 거래가 위 '①' 또는 '②'에 해당하지 않는 경우에는, 그 자산의 최초 인식시점이나 그 이후 기간에 이연법인세자산이나 이연법인세부채를 인식하지 않는다.

예를 들어, 취득원가 ₩1,000 내용연수 5년의 잔존가치 없는 자산을 취득하였고 법인세율은 25%이라고 하자. 그런데 당해자산이 업무와 무관한 호화자산으로 인정되어 당해자산의 감가상각비가 세무상 손금 처리되지 않으며 자산의 처분시점에 발생할 이익이나 손실도 과세소득의 계산에 반영되지 않는 자산이다.[10)]

이 경우 기업은 당해자산을 사용하는 전체기간에 감가상각비 등의 비용을 손금으로 인정받지 못하므로 그에 따른 법인세 ₩250을 부담하게 된다. 그러나 이 경우에는 이연법인세부채 ₩250을 취득시점에 인식하지 아니한다. 왜냐하면 취득과 관련하여 이연법인세부채를 인식하면서 이연법인세비용을 당기의 법인세비용에 반영한다면 자산의 취득행위가 손실을 발생시키는 문제가 있으며, 자산의 취득원가에 반영한다면 자산을 과대 인식하는 결과를 가져오기 때문이다.

---

10) 이연법의 관점에서 영구적 차이가 발생하게 되는 경우이다. 이와 유사하게 벌과금 등이 발생한 경우에 종전 해석 [45-52]에서는 영구적 차이에 해당하므로 법인세효과를 인식하지 않았다. 기준서에서도 벌과금은 일시적 차이의 범위에 포함되지 않으므로 법인세효과를 인식하지 않는다.

또한 다음연도에 자산의 장부가액은 ₩800이 되며 앞으로 남은 기간에 ₩200의 법인세를 부담하게 된다. 그러나 이 경우에도 이연법인세부채 ₩200을 인식하지 않는데 그 이유는 자산의 최초인식으로부터 유래하였기 때문이다.

### ⑵ 차감할 일시적 차이

자산이나 부채의 장부금액이 회수나 결제되는 미래 회계기간의 과세소득 결정시 차감할 금액이 되는 일시적차이를 **차감할 일시적차이라고** 한다. 즉, **자산의 장부금액이 세무기준액보다 작거나, 부채의 장부금액이 세무기준액보다 큰 경우, 세무조정시 당기에는 과세소득을 증가시키지만 미래에는 과세소득을 감소시키게 된다.**[11] 이때의 차이가 차감할 일시적 차이이며 그로 인하여 미래기간에 절감될 법인세부담액과 관련하여 이연법인세자산을 인식하여야 한다.

그러나 이연법인세자산의 법인세혜택은 특정 미래기간에 충분한 과세소득이 있을 경우에만 실현될 수 있다. 즉, 차감할 일시적 차이와 세무상 결손금 등의 법인세 효과는 미래의 과세소득이 충분하여 그 혜택이 실현될 것으로 예상될 때 자산의 정의를 충족한다.[12] 따라서 **차감할 일시적차이가 사용될 수 있는 과세소득의 발생가능성이 높은 경우에만 이연법인세자산을 인식한다.**

동일 과세당국과 동일 과세대상기업에 관련하여 다음의 회계기간에 소멸이 예상되는 충분한 가산할 일시적차이가 있을 때에는, 차감할 일시적차이가 사용될 수 있는 과세소득의 발생가능성이 높으므로 차감할 일시적차이가 발생되는 회계기간에 이연법인세자산을 인식한다.

① 차감할 일시적차이의 소멸이 예상되는 기간과 동일한 회계기간
② 이연법인세자산으로 인하여 발생되는 세무상결손금이 소급공제되거나 이월공제될 수 있는 회계기간

그러나 만약 동일 과세당국과 동일 과세대상기업에 관련된 가산할 일시적차이가 충분

11) 차감할 일시적차이는 당기에 익금산입(+)이나 손금불산입(+)으로 세무조정되고, 미래에 익금불산입(−)이나 손금산입(−)으로 세무조정되어 미래 과세소득을 감소시킨다.

12) 차감할 일시적 차이와 세무상 결손금 등은 미래의 과세 소득과 법인세 부담액을 감소시킴으로써 간접적으로 미래의 현금흐름 창출이라는 효익을 가져온다. 또한 회사는 이러한 미래 효익에 대해 배타적인 권리를 가짐으로써 타인의 접근을 통제할 수 있으므로, 이연법인세자산의 자산성이 인정될 수 있다. 세무상결손금의 법인세효과는 뒤에서 추가적으로 설명됨.

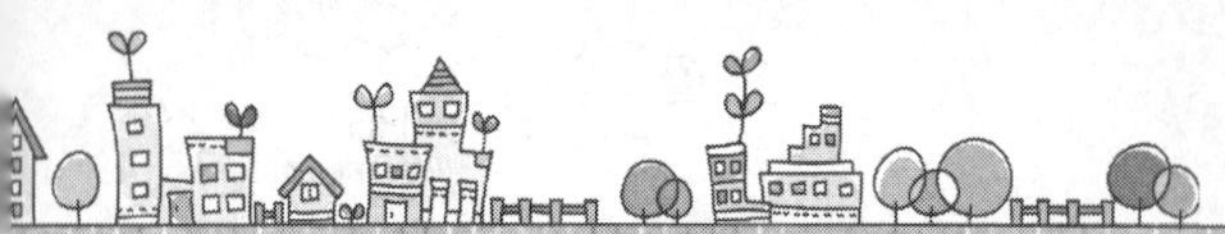

하지 않다면 이연법인세자산은 다음 중 하나에 해당하는 경우에 인식한다.

① 차감할 일시적차이가 소멸될 회계기간(또는 이연법인세자산으로 인하여 발생된 세무상결손금이 소급 공제되거나 이월 공제되는 회계기간)에 동일 과세당국과 동일 과세대상기업에 관련된 과세소득이 충분할 것으로 예상되는 경우

② 세무정책으로 적절한 기간에 과세소득을 창출할 수 있는 경우

이때 **세무정책**이란 세무상결손금이나 세액공제의 이월기간이 만료되기 전의 특정 기간에 과세대상수익을 발생시키거나 증가시키기 위하여 기업이 취할 수 있는 행위이다. 예를 들면, 가치가 증가하였으나 세무상으로는 이를 반영하여 조정하지 않은 자산을 매도(그리고 이를 재리스)하거나, 또는 국채나 공채 등 비과세소득을 발생시키는 자산을 매각하고 과세소득을 발생시키는 다른 투자자산을 취득함으로써 미래기간에 과세소득이 발생하도록 할 수 있다.

다만 자산이나 부채를 최초로 인식할 때 발생하는 거래로 ㉠ 사업결합거래가 아니고 ㉡ 거래 당시 회계이익이나 과세소득(세무상결손금)에 영향을 미치지 않는 경우에는 이연법인세자산을 인식하지 아니한다.

이연법인세자산의 장부금액은 매 보고기간말에 검토한다. 검토 결과 이연법인세자산의 일부 또는 전부에 대한 혜택이 사용되기에 충분한 과세소득이 발생할 가능성이 더 이상 높지 않다면 이연법인세자산의 장부금액을 감액시킨다. 그리고 감액된 금액은 사용되기에 충분한 과세소득이 발생할 가능성이 높아지면 그 범위 내에서 다시 환입한다.

또한 매 보고기간말에 인식되지 않은 이연법인세자산에 대하여 재검토한다. 재검토 결과 미래 과세소득에 의해 이연법인세 자산이 회수될 가능성이 높아진 범위까지 과거 인식되지 않은 이연법인세자산을 인식한다. 예를 들어 사업 환경이 개선되어 이연법인세자산의 인식기준을 충족하는 과세소득이 기대될 수도 있다. 또 다른 예로는 기업결합일 또는 그 이후에 이연법인세자산에 대한 재검토를 하는 경우이다.

## 사례 2 이연법인세자산(부채)의 인식

(1) 갑산㈜의 20×1년의 법인세비용차감전순이익은 ₩100,000이며, 당 회계연도의 법인세율은 40%이지만, 세법 변경으로 20×2년에는 35%, 20×3년부터는 30%을 적용받을 것으로 예상된다.
(2) 갑산㈜의 20×1년부터 그 이후 기간의 세무조정사항 반영 전 예상 과세소득은 연 ₩80,000이다.
(3) 20×1년의 세무조정사항은 다음과 같다.
① 취득원가 ₩600,000, 내용연수 3년, 잔존가치가 영(0)인 기계장치를 당해 사업연도 초에 취득하여 정액법으로 상각하나, 세법상으로는 연수합계법으로 상각한다.
② 20×1년도에 제품보증충당부채 ₩100,000을 설정하였는데, 세법에서는 20×2년에 인정될 것으로 예상된다.
③ 세법상 손금한도를 초과하여 지출한 기부금은 ₩50,000이다.

20×1년에 인식할 이연법인세를 계상하고 적절한 회계처리를 하라.

**핵심해설**

1. 법인세효과와 이연법인세 계산

| 계정과목 | 가산할(차감할) 일시적차이 | 일시적차이 소멸(세율) | | 이연법인세 자산(부채) |
|---|---|---|---|---|
| | | 20×2년(35%) | 20×3년(30%) | |
| 기계장치 | ₩100,000㈜ | － | ₩100,000 | ₩(30,000) |
| 제품보증충당부채 | (100,000) | ₩(100,000) | | 35,000 |

＊ 기부금한도초과액은 일시적차이를 유발하지 않는 세무조정항목 임.
㈜ 연수합계법 감가상각비 : 20×1년(₩300,000), 20×2년(₩200,000), 20×3년(₩100,000)
정액법 감가상각비 : 20×1년(₩200,000), 20×2년(₩200,000), 20×3년(₩200,000)

2. 이연법인세자산의 실현가능성 검토

| | 20×2년 | 20×3년 |
|---|---|---|
| 세무조정 반영 전 예상 과세소득 | ₩80,000 | ₩80,000 |
| 가산할 일시적차이 소멸액 소계 | － | 100,000 |
| 계 | 80,000 | 180,000 |
| 차감할 일시적차이 소멸액 소계 | (100,000) | － |

＊ 20×2년 예상 과세소득 ₩80,000이 차감할 일시적차이 ₩100,000 보다 작으므로, 예상과세소득을 초과하는 차감할 일시적차이 ₩20,000은 실현되지 않는다. 결국 20×1년의 차이조정 후 과세

소득은 (₩20,000)으로 세무상 결손금이 발생된다. 그러나 기업회계기준서 제1001호(법인세)에서는 이연법인세자산으로 인하여 발생되는 세무상 결손금이 소급공제되거나 이월공제될 수 있는 회계기간에 소멸이 예상되는 충분한 가산할 일시적차이가 있는 경우에도 이연법인세자산을 인식하도록 하고 있다. 따라서 20×1년에 인식할 수 있는 이연법인세자산 총액은 ₩34,000(=₩80,000×35%+₩20,000×30%)이다.

3. 당기법인세 계산

{법인세비용차감전순이익(₩100,000) − 감가상각비부족액(₩100,000) + 제품보증충당부채(₩100,000) + 기부금한도초과액(₩50,000)} × 40% = ₩60,000

4. 회계처리

| | | | |
|---|---|---|---|
| (차) 법인세비용 | 56,000 | (대) 미지급법인세 | 60,000 |
| 이연법인세자산 | 34,000 | 이연법인세부채 | 30,000 |

### (3) 세무상결손금과 세액공제

**법인세법상 결손금은 손금이 익금을 초과하는 경우에 발생한다.** 결손금이 발생한 경우, 전기 이전의 회계연도에 당해 기업이 이미 납부한 법인세를 환급하여 주는 **소급공제(loss carryback)**와 미래 과세소득에서 결손금 해당액을 차감하여 미래 법인세부담액을 경감해 주는 **이월공제(loss carryforward)**가 있다. 이중에서 결손금의 이월공제는 차기 이후의 법인세부담액을 감소시킨다는 점에서 차감할 일시적차이와 동일하다고 할 수 있다.

한편 법인세법과 조세특례제한법 등에서는 여러 가지 세액공제제도를 두고 있는데 최저한세의 적용으로 공제받지 못한 세액공제대상금액은 이월하여 공제받을 수 있다. 따라서 이들 금액들은 이월결손금과 같이 차감할 일시적차이와 동일한 효과를 갖고 있으므로 실현가능성이 높은 경우 이연법인세자산을 인식하여야 한다.[13)]

**세무상결손금과 세액공제에 대한 이연법인세자산의 인식기준은 차감할 일시적차이로 인한 이연법인세자산의 인식기준과 원칙적으로 동일하다.** 그러나 미사용 세무상결손금이 존재한다는 것은 미래에 과세소득이 발생하지 않을 수 있다는 강한 증거가 된다. 따라서 기업이 최근 결손금 이력이 있는 경우, 충분한 가산할 일시적차이가 있거나 미사용 세무상결손금 또는 세액공제가 사용될 수 있는 충분한 미래 과세소득이 발생할 것이라

13) 결손금의 이월공제는 과세소득에서 차감되므로 법인세효과를 계산할 때 미래 세율을 곱하여 계산되나, 이월세액공제는 산출세액에서 차감되므로 법인세효과를 계산할 때 법인세율을 곱할 필요가 없다.

는 설득력있는 기타 증거가 있는 경우에만 그 범위 안에서 미사용 세무상결손금과 세액공제로 인한 이연법인세자산을 인식한다.

미사용 세무상결손금 또는 세액공제가 사용될 수 있는 과세소득의 발생가능성을 검토할 때 다음의 판단기준을 고려한다.

① 동일 과세당국과 동일 과세대상기업에 관련된 가산할 일시적차이가 미사용 세무상결손금이나 세액공제가 만료되기 전에 충분한 과세대상금액을 발생시키는지의 여부

② 미사용 세무상결손금이나 세액공제가 만료되기 전에 과세소득이 발생할 가능성이 높은지의 여부

③ 미사용 세무상결손금이 다시 발생할 가능성이 없는 식별가능한 원인으로부터 발생하였는지의 여부

④ 미사용 세무상결손금이나 세액공제가 사용될 수 있는 기간에 과세소득을 창출할 수 있는 세무정책을 이용할 수 있는지의 여부

### 사례 3 결손금과 세액공제

(1) 현성㈜의 20×1년의 법인세비용차감전순손실은 ₩500,000, 당해 회계연도의 법인세율은 30%이며 법인세율의 변동은 없다.

(2) 20×1년 초 현재 가산할 일시적차이(기술개발준비금)는 ₩300,000이며 재무상태표에는 관련 이연법인세부채 ₩90,000이 계상되어 있고 동 누적 일시적차이는 20×3년에 전액 소멸한다.

(3) 20×1년 초 현재 세무상결손금은 없다. 현성㈜의 당기법인세부담액을 계산하기 위한 세무조정사항 및 이연법인세계산 관련 자료는 다음과 같다.

① 20×1년 세무조정사항은 다음과 같다.

㉠ 취득원가 ₩1,000,000, 내용연수 4년, 잔존가치가 영(0)인 기계장치를 당해 연도초에 취득하여 연수합계법으로 상각하나 세법상으로는 정액법으로 상각한다.

㉡ 세법상 인정되지 않는 비용인 벌과금 ₩50,000이 있다.

② 20×2년부터 20×4년까지 세무조정사항 반영 전 예상 연 과세소득은 ₩80,000이다. 그 후 기간의 예상 과세소득은 없다. 세무상 결손금은 5년간 이월공제된다.

20×1년에 인식할 이연법인세를 계상하고 적절한 회계처리를 하라.

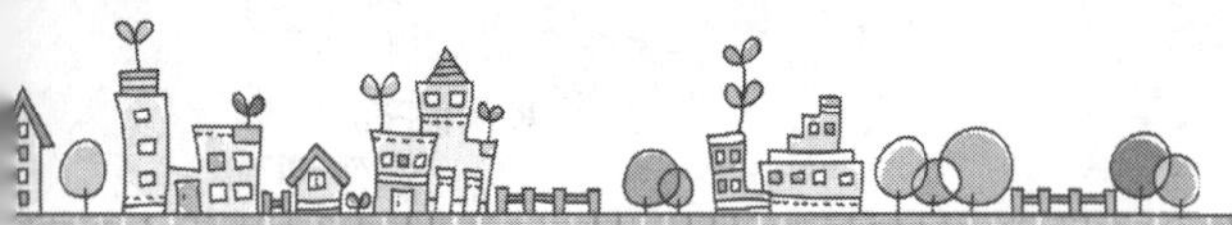

1. 20×1년 당기 법인세의 계산

| | | |
|---|---|---|
| Ⅰ. 법인세비용차감전 순이익 | | ₩(500,000) |
| Ⅱ. 차이조정 | | |
| 1. 감가상각비한도초과액 | 150,000 | |
| 2. 벌과금* | 50,000 | 200,000 |
| Ⅲ. 과세소득(법인세 과세표준) | | ₩(300,000) |
| 법인세율 | | 30% |
| Ⅳ. 법인세부담액 | | ₩0 |

* 일시적차이를 유발하지 않는 조정항목임.

2. 법인세효과와 이연법인세 계산

| 계정과목 | 가산할(차감할) 일시적차이 | 일시적차이 소멸 | | | 이연법인세 자산(부채) |
|---|---|---|---|---|---|
| | | 20×2년 | 20×3년 | 20×4년 이후 | |
| 기계장치 | ₩(150,000)(주) | – | ₩(50,000) | ₩(100,000) | ₩45,000 |
| 결손금 | (300,000) | ₩(80,000) | (220,000) | | 90,000 |
| 기술개발준비금 | 300,000 | | 300,000 | | (90,000) |

(주) 연수합계법 : ×1년(₩400,000), ×2년(₩300,000), ×3년(₩200,000), ×4년(₩100,000)
정 액 법 : ×1년(₩250,000), ×2년(₩250,000), ×3년(₩250,000), ×4년(₩250,000)

3. 이연법인세자산의 실현가능성 검토

| | 20×2년 | 20×3년 | 20×4년 이후 |
|---|---|---|---|
| 가산할 일시적차이 소멸액 소계 | – | ₩300,000 | – |
| 세무조정사항 반영 전 예상 과세소득 | ₩80,000 | 80,000 | ₩80,000 |
| 합 계 | 80,000 | 380,000 | 80,000 |
| 차감할 일시적차이 소멸액 소계 | – | ( 50,000) | (100,000) |
| 세무상결손금의 소득차감액 | (80,000) | (220,000) | – |

* 20×4년 이후의 예상 과세소득 ₩80,000이 차감할 일시적차이 ₩100,000보다 작으므로 예상 과세소득을 초과하는 차감할 일시적차이 ₩20,000에서 발생하는 법인세절감효과(₩6,000)를 이연법인세자산으로 인식할 수 없다. 따라서 20×1년에 인식할 수 있는 이연법인세자산총액은 ₩129,000(=₩135,000－₩6,000)이다.

4. 20×1 회계연도의 인식할 법인세비용의 회계처리

① 이연법인세자산과 부채의 당기변동액

– 이연법인세자산 : ₩129,000(기말)－₩0(기초)=₩129,000(증가)

– 연법인세부채 : ₩90,000(기말)－₩90,000(기초)=₩0(변동 없음)

② 법인세비용 : ₩0－₩129,000＋₩0＝₩(129,000)

－ 법인세비용은 당기법인세에서 이연법인세자산(부채)의 당기변동액을 가감하여 계산한다.

③ 회계처리

| | | | | | |
|---|---|---|---|---|---|
| (차) | 법 인 세 비 용 | 0 | (대) | 미지급법인세 | 0 |
| | 이연법인세자산 | 129,000 | | 법 인 세 수 익 | 129,000 |
| | 법 인 세 비 용 | 0 | | 이연법인세부채 | 0 |

## 5. 기타 관련 문제들

### (1) 현재가치평가의 배제

이연법인세자산과 부채를 현재가치로 할인할 것이냐 하는 문제는 개념적으로 현재가치계산이 타당한가 하는 점과 실무적으로 수행가능한가 하는 점에서 복잡하고 다양한 논란이 제기될 수 있다. 일시적차이(또는 세무상결손금 등)의 법인세효과를 현재가치로 평가하기 위해서는 미래 현금흐름에 영향을 주는 일시적차이 등의 소멸시기(미래 과세소득의 발생시기), 소멸되는 금액(과세소득 금액의 크기) 및 적정할인율을 정확히 예측하여야 한다. 그러나 대부분의 경우에 이러한 작업은 매우 복잡하거나 실무적으로 매우 어렵다. 따라서 이연법인세자산과 부채를 현재가치로 평가하도록 요구하는 것은 적절하지 않다. 또한 만일 현재가치 평가를 강제하지는 않고 허용한다면 기업간의 비교가능성을 저해하므로 **이연법인세자산과 이연법인세부채에 대한 현재가치평가는 적용하지 아니한다.**

### (2) 당기손익 이외로 인식되는 항목

**대부분의 당기법인세 및 이연법인세는 당기손익(법인세비용)으로 인식하지만, 동일 회계기간 또는 다른 회계기간에 기타포괄손익으로 인식된 항목과 관련된 금액은 기타포괄손익으로 인식하고, 자본에 직접 인식된 항목과 관련된 금액은 자본에 직접 인식한다.**

기타포괄손익으로 인식하는 항목과 관련된 경우로는 유형자산의 재평가, 해외사업장 재무제표의 환산에서 발생하는 외환차이, 매도가능금융자산평가손익 등이 있다. 한편 자본에 직접 인식된 항목과 관련된 경우로는 소급 적용되는 회계정책의 변경이나 오류의 수정으로 인한 기초이익잉여금의 조정, 복합금융상품의 자본요소에 대한 최초 인식

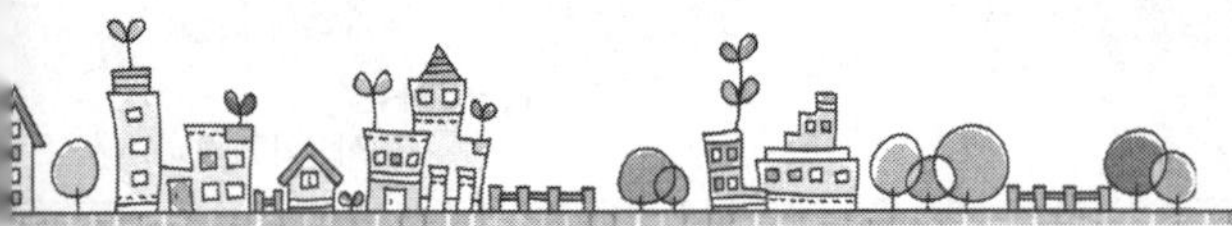

에서 발생하는 금액, 자기주식처분손익 등이 있다.

### 사례 4 당기손익 이외로 인식하는 항목 : 자기주식처분이익

(1) 청솔㈜의 20×1년의 계속사업이익(경상이익)은 ₩1,000,000이고 자기주식처분이익이 ₩500,000이며, 법인세율은 20%이다.
(2) 자기주식과 관련된 세무조정 이외의 다른 세무조정은 없고, 세무상 결손금도 없다.
(3) 당기말에 세법 개정이 이루어져 차기 부터는 15% 세율이 적용된다.

20×1년에 인식할 이연법인세를 계상하고 적절한 회계처리를 하라.

**핵심해설**

<회계처리>

| | | | |
|---|---|---|---|
| (차) 법인세비용 | 300,000 | (대) 미지급법인세 | 300,000*1 |

*1 ₩1,500,000(=₩1,000,000+₩500,000)×20%=₩300,000

| | | | |
|---|---|---|---|
| (차) 자기주식처분이익 | 100,000 | (대) 법인세비용 | 100,000*2 |

*2 자본거래에서 발생한 이익(자기주식처분이익)에 대한 법인세부담액을 법인세비용에 포함시키면 당기손익 이외의 항목에 대하여 법인세비용을 인식하는 문제점이 발생한다. 따라서 자기주식처분이익 때문에 추가된 법인세부담액 ₩100,000(=₩500,000×20%)의 법인세효과를 자기주식처분이익에 반영하고 잔액은 경상이익에 반영한다. 한편 자기주식처분이익은 일시적차이에 해당되지 않으므로 미래세율을 적용하지 않는다.

## 사례 5 당기손익 이외로 인식하는 항목 : 매도가능금융상품평가손익

(1) ㈜독수리는 20×1년 12월 초에 매도가능금융상품을 ₩1,000,000에 취득하였다.
(2) 12월 31일 회계기말의 공정가액은 ₩1,100,000이었다.
(3) 이 매도가능금융상품은 20×2년 1월 10일에 ₩1,100,000에 처분하였다.
(4) 20×1년도 세전이익은 ₩10,000,000이며, 상기 이외의 세무조정사항은 없다.
(5) 당기에 적용할 세율은 30%이며, 20×2년부터는 20%의 세율이 적용된다.

1. 20×1년의 당기법인세를 계산하라.
2. 매도금융상품과 관련한 회계처리를 하라.

**핵심해설**

1. 당기법인세 계산

{세전이익(₩10,000,000) ＋세무조정(＋₩100,000－₩100,000)}×30%＝₩3,000,000

* 매도가능금융상품평가이익은 향후 공정가치 평가시점이나 처분시점에서 소멸할 것이므로 일시적차이에 해당하나, 당기 과세소득에는 영향을 주지 않으므로 익금불산입(유보)와 익금산입(기타) 두 개의 세무조정사항이 발생하여 당기법인세를 계산할 때에는 영향을 미치지 않는다. 이는 과세소득을 계산하는 과정이 포괄손익이 아닌 세전이익에서부터 시작되기 때문이다.

2. 매도금융상품에 대한 회계처리

① 20×1년 말 평가차익 ₩100,000의 회계처리(법인세효과 ₩20,000)

| | | | | |
|---|---|---|---|---|
| (차) 매도가능금융상품 | 100,000 | (대) | 매도가능금융상품평가차익 | 100,000 |
| (차) 매도가능금융상품평가차익 | 20,000 | | 이연법인세부채 | 20,000* |

* 매도가능금융상품평가이익은 당기법인세에는 영향이 없고, 가산할 일시적차이로 인하여 이연법인세부채에만 영향을 미치므로 미래세율(20%)을 적용하여 이연법인세부채 부분을 매도가능금융상품평가이익에서 직접 차감한다.
한편 위의 분개는 다음과 같이 분개할 수도 있다.

| | | | | |
|---|---|---|---|---|
| (차) 법인세비용 | 3,020,000 | (대) | 미지급법인세 | 3,000,000 |
| | | | 이연법인세부채 | 20,000 |
| (차) 매도가능금융상품평가차익 | 20,000 | (대) | 법인세비용 | 20,000 |

② 20×2년 1월 10일 매도가능금융상품 처분시 회계처리

| | | | | |
|---|---|---|---|---|
| (차) 현 금 | 1,100,000 | (대) | 매도가능증권 | 1,100,000 |
| 매도가능금융상품평가차익 | 80,000 | | 매도가능증권처분이익 | 100,000 |
| 이연법인세부채 | 20,000 | | | |

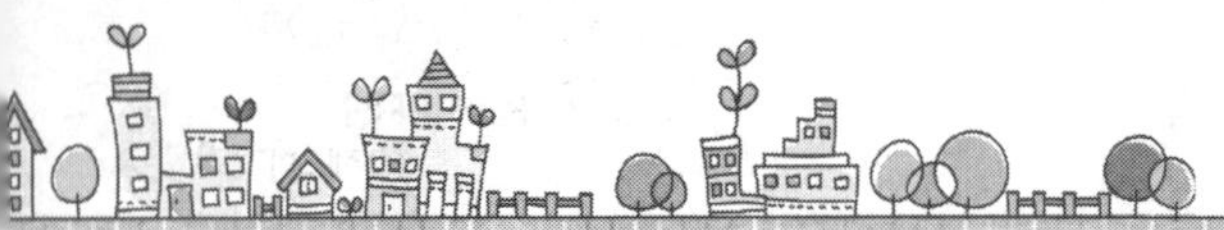

| | | | |
|---|---|---|---|
| (차) 법인세비용 | 20,000* | (대) 미지급법인세 | 20,000 |

* 매도가능증권 처분이익에 따른 법인세 납부액. 결국 매도가능증권의 처분연도에 ₩100,000의 처분이익과 ₩20,000의 법인세비용을 인식하게 됨.

### 사례 6 당기손익 이외로 인식하는 항목 : 전환권대가

(1) 우량㈜는 전환사채를 액면가액(₩1,000,000)으로 발행하였는데, 이때 전환권대가가 ₩100,000으로 계산되었다.
(2) 1차년도에 이자비용으로 현금 ₩50,000과 전환권조정 상각액 ₩20,000을 합한 ₩70,000을 인식하였다.
(3) 2차연도 초에 전환사채를 전부 주식(액면금액 ₩500,000)으로 전환하였다.
(법인세율은 30%로 변동이 없다고 가정한다)

전환사채와 관련된 적절한 회계처리를 하라.

**핵심해설**

1. 전환사채 발행일

| | | | |
|---|---|---|---|
| (차) 현금 | 1,000,000 | (대) 전환사채 | 1,000,000 |
| 전환권조정 | 100,000 | 전환권대가 | 100,000 |
| (차) 전환권대가 | 30,000 | (대) 이연법인세부채 | 30,000* |

* 여기서 기업회계상 부채(전환사채)의 장부가액은 ₩900,000이지만, 세무회계상 부채는 ₩1,000,000이다. 즉, 전환권대가의 인식으로 인해 향후 인식될 기업회계상 이자비용이 세무회계상 이자비용보다 ₩100,000만큼 많으므로 이연법인세를 인식하여야 한다. 따라서 전환권대가는 ₩100,000이 아니라, 향후 기업이 세무상 인정받지 못하는 ₩100,000의 이자비용이 가져오는 법인세부담액(₩100,000×30%=₩30,000)만큼 이연법인세부채를 인식하고 전환권 대가는 ₩70,000을 인식하여야 한다.

2. 이자지급일

| | | | |
|---|---|---|---|
| (차) 이자비용 | 70,000 | (대) 현금 | 50,000 |
| | | 전환권조정 | 20,000 |
| (차) 이연법인세부채 | 6,000 | (대) 법인세비용 | 6,000* |

* 이자지급에 따른 분개의 결과 전환사채의 장부가액은 ₩920,000이 되며, 세무가액인 ₩1,000,000과의 차이는 ₩80,000이 된다. 즉, 일시적차이가 ₩100,000에서 ₩80,000으로

₩20,000 감소하였다. 이에 따른 이연법인세부채의 감소분 ₩6,000은 법인세비용에 반영된다. 이로써 1차연도의 과세소득은 세전회계이익보다 ₩20,000만큼 많게 되어 법인세부담액이 ₩6,000이 증액되는데, 이연법인세부채의 감소분이 이를 상계함으로써 1차연도의 세전회계이익과 법인세비용이 적절하게 대응된다.

3. 전환일

| | | | | |
|---|---|---|---|---|
| (차) | 전 환 사 채 | 1,000,000 | (대) 전환권조정 | 80,000 |
| | 이연법인세부채 | 24,000 | 자 본 금 | 500,000 |
| | | | 주식발행초과금 | 444,000 |
| (차) | 전환권대가 | 70,000 | (대) 주식발행초과금 | 70,000 |

## ⑶ 재무제표의 표시와 주석공시

이연법인세자산과 이연법인세부채는 당기법인세 자산(미수법인세)과 당기법인세 부채(미지급법인세)로부터 구분되어야 한다.

**당기법인세자산과 당기법인세부채는 다음의 조건을 모두 충족하는 경우에만 상계하여 표시한다.**

① 기업이 인식된 금액에 대한 법적으로 집행 가능한 상계 권리를 가지고 있다.

② 기업이 순액으로 결제하거나, 자산을 실현하는 동시에 부채를 결제할 의도가 있다.

즉, 동일 과세당국에 의해 부과되고 과세당국이 순액으로 납부하거나 환급받도록 허용하는 경우, 기업은 일반적으로 당기법인세자산을 당기법인세부채와 상계할 법적으로 집행가능한 권리를 가지게 될 것이다. 따라서 이러한 경우에는 상계한 순액은 재무상태표에 표시한다.

또한 다음의 조건을 모두 충족하는 경우에만 이연법인세자산과 이연법인세부채를 상계하여 재무상태표에 표시한다.

① 기업이 당기법인세 자산과 당기법인세 부채를 상계할 수 있는 법적으로 집행가능한 권리를 가지고 있다.

② 이연법인세자산과 이연법인세부채가 다음의 각 경우에 동일한 과세당국에 의해서 부과되는 법인세와 관련되어 있다.

㉠ 과세대상기업이 동일한 경우

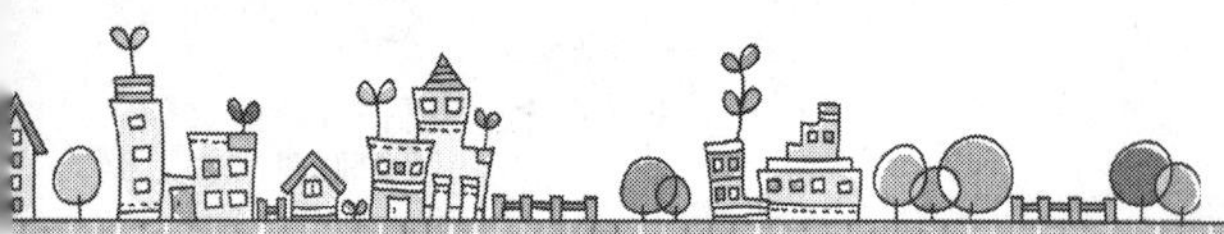

㉡ 과세대상기업은 다르지만 당기법인세 부채와 자산을 순액으로 결제할 의도가 있거나, 유의적인 금액의 이연법인세부채가 결제되거나 이연법인세자산이 회수될 미래의 각 회계기간마다 자산을 실현하는 동시에 부채를 결제할 의도가 있는 경우

즉, 기업회계기준서는 동일 과세당국이 부과하는 법인세이고 기업이 당기법인세자산과 부채를 상계할 수 있는 법적으로 집행가능한 권리를 가진 경우에만 보고기업의 이연법인세자산과 이연법인세부채를 상계하도록 규정하였는데, 이는 일시적 차이가 소멸되는 시점을 상세히 추정할 필요가 없도록 하기 위해서이다.

기업회계기준서 제16호(법인세회계)와 달리 기업회계기준서 제1012호(법인세)에서는 이연법인세자산과 이연법인세자산에 대한 유동·비유동 구분에 대하여 규정하고 있지 않다. 그러나 기업회계기준서 1001호(재무제표 표시)에서 기업이 재무상태표에 유동자산과 비유동자산 그리고 유동부채와 비유동부채로 구분하여 표시하는 경우, 이연법인세자산(부채)은 비유동자산(부채)로 분류하도록 규정하고 있다.

## OX 문제

1 회계이익은 회계기준에 따라 인식되는 수익에서 비용을 차감하여 계산하고, 과세소득은 세법에 따라 인식한 익금에서 손금을 차감하여 계산한다.

2 자산의 장부금액이 세무기준액 보다 작은 경우 두 금액의 차이에 대한 법인세효과를 이연법인세부채로 인식한다.

3 영구적 차이는 포괄손익계산서상의 수익·비용이 회계이익과 과세소득에 인식되는 시기가 상이함에 따라 발생하는 회계이익과 과세소득의 차이인 기간차이와 발생회계연도의 포괄손익계산서에 직접적인 영향 없이 자본에 가감된 후 소멸하는 회계연도의 회계이익과 과세소득에 영향을 주는 차이를 통칭한다.

4 일시적 차이는 미래의 법인세부담액을 증감시키는 효과가 있으며, 어느 한 회계기간에 발생하면 반드시 다음 어느 회계기간에 소멸한다.

5 이연법인세자산과 이연법인세부채를 인식할 때 현재가치로 할인하지 않는다.

6 이연법인세자산과 이연법인세부채는 보고기간말가지 제정되었거나 실질적으로 제정된 세율을 적용하여 측정한다.

7 자산의 세무기준액은 자산이 회수되어 과세대상 경제적 효익이 유입되는 기간에 과세소득에서 차감될 금액으로 정의할 수 있다.

8 기업회계상 자산으로 인식하는 미수수익이 현금기준으로 과세된다면 세무기준액은 영(0)이 되며, 차감할 일시적 차이가 발생하게 된다.

9 당기손익 이외로 인식되는 항목과 관련된 당기법인세와 이연법인세는 당기손익 이외의 항목으로 인식된다.

10 재무상태표에 계상되는 이연법인세자산과 이연법인세 부채는 상계해서는 안된다.

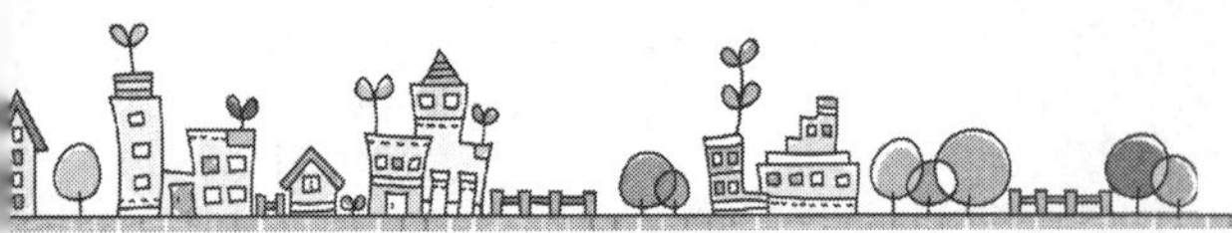

## 객관식문제

01 ㈜태양의 20×1년 법인세비용차감전순이익은 ₩200,000이고, 법인세율은 20%이다. 20×1년의 세무조정사항은 다음과 같으며, 차감할 일시적 차이의 실현가능성은 거의 확실하다고 가정한다. ➤ 공인회계사 수정

| | |
|---|---|
| 감가상각비 한도초과액 : ₩50,000 | 단기매매증권평가이익 : ₩20,000 |
| 대손충당금 한도초과액 : ₩10,000 | 조세특례제한법상 준비금 : ₩60,000 |
| 지정기부금 한도초과액 : ₩30,000 | |

위의 자료를 이용하여 20×1년 법인세부담액과 재무상태표에 계상되는 이연법인세자산(부채)을 계산하면 각각 얼마인가? 단, 20×1년 초에 이연법인세자산(부채)의 잔액은 없었으며, 이연법인세자산과 이연법인세부채는 서로 상계할 수 있는 조건을 모두 충족하여 상계 표시하기로 하였다.

① 법인세부담액 ₩42,000, 이연법인세자산 ₩4,000
② 법인세부담액 ₩42,000, 이연법인세부채 ₩4,000
③ 법인세부담액 ₩36,000, 이연법인세자산 ₩2,000
④ 법인세부담액 ₩36,000, 이연법인세부채 ₩4,000
⑤ 법인세부담액 ₩42,000, 이연법인세자산 ₩2,000

02 ㈜부산의 20×1년도 세무조정사항은 발생주의로 인식한 할부판매이익 ₩1,800,000(20×2년부터 20×4년까지 균등하게 현금회수)과 경품부채비용 ₩2,400,000(20×2년부터 20×4년까지 균등하게 현금지출)을 현금주의로 조정하는 것이다. 20×1년도 및 차기 이후의 세율이 각각 30%와 25%라고 할 때 ㈜부산이 20×1년도 재무상태표에 유동자산과 비유동자산으로 보고하는 이연법인세자산은 각각 얼마인가?
단, 한국채택국제회계기준을 적용하고 세무조정사항은 법인세법상 적절한 것으로 가정하며 전기이월 일시적차이는 없다. 또한 이법인세자산의 실현가능성은 매우 높고, 이연법인세자산과 이연법인세부채는 서로 상계할 수 있는 조건을 모두 충족하여 상계 표시하기로 하였다. ➤ 공인회계사 수정

| | 유동자산 | 비유동자산 |
|---|---|---|
| ① | ₩150,000 | ₩0 |
| ② | ₩50,000 | ₩100,000 |
| ③ | ₩0 | ₩180,000 |
| ④ | ₩60,000 | ₩120,000 |
| ⑤ | ₩0 | ₩150,000 |

03

(1) 12월 31일 결산 법인인 ㈜대성의 20×4년도 법인세 관련 세무조정사항은 다음과 같다.

- 법인세비용차감전순이익 ₩2,000,000
- 접대비한도초과액 ₩100,000
- 감가상각비 한도초과액 ₩50,000
- 단기금융상품평가이익 ₩20,000

(2) 기업회계상 감가상각비가 세법상 감가상각비한도를 초과한 ₩50,000 중 ₩30,000은 20×5년에 소멸되고, ₩20,000은 20×6년에 소멸될 것이 예상된다. 또한 단기매매증권은 20×5년중에 처분될 예정이다.

(3) ㈜대성의 연도별 과세소득에 적용될 법인세율은 20×4년 25%, 20×5년 28%이고, 20×6년도부터는 30%가 적용된다.

(4) 20×3년 12월 31일 현재 이연법인세자산(부채) 잔액은 없었다.

**20×4년도의 법인세비용과 미지급법인세로 가장 적절한 것은? (단, 한국채택국제회계기준을 적용하고 이연법인세자산의 실현가능성은 확실하다고 가정함)** ➤ 공인회계사 수정

| | 법인세비용 | 미지급법인세 |
|---|---|---|
| ① | ₩500,000 | ₩537,500 |
| ② | ₩523,100 | ₩537,500 |
| ③ | ₩523,700 | ₩532,500 |
| ④ | ₩525,000 | ₩532,500 |
| ⑤ | ₩541,300 | ₩537,500 |

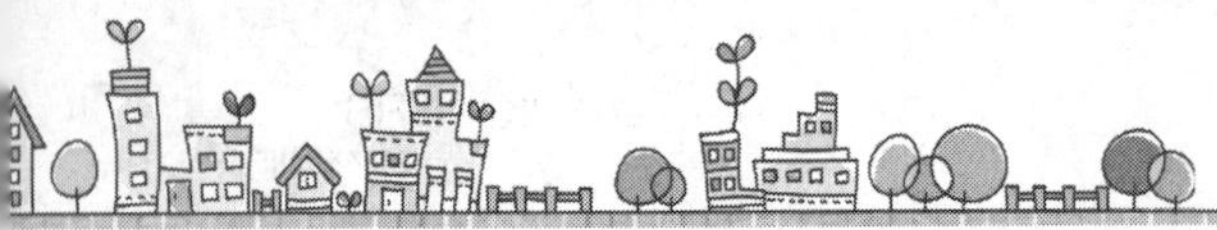

04 다음 중 이연법인세자산의 실현가능성을 판단하기 위하여 고려할 사항으로 옳지 않은 것은? 단, 한국채택국제회계기준에 의한다. ➤ 공인회계사 수정

① 미래 적절한 기간에 과세소득이 나타날 수 있는 세무정책의 가능성
② 세무상결손금 등의 이월공제가 적용되는 기간에 과세소득의 충분성
③ 차감할 일시적 차이가 소멸될 기간에 과세소득의 충분성
④ 세무상결손금 등의 이월공제가 적용되는 기간에 소멸될 것으로 예상되는 차감할 일시적 차이의 충분성
⑤ 차감할 일시적 차이가 소멸될 것으로 예상되는 기간에 소멸이 예상되는 가산할 일시적 차이의 충분성

# 주 관 식 문 제

## 01 일시적차이

㈜순간은 20×1년에 영업을 시작하였는데 당사의 20×1년 법인세 계산서식은 다음과 같다.

(1) 법인세 계산

| | | |
|---|---|---|
| 법인세 비용차감전순이익 | | ₩20,000,000 |
| 영구적차이 | | |
| 　접대비한도초과액 | ₩3,000,000 | |
| 　벌과금 | 2,000,000 | 5,000,000 |
| 일시적차이 | | |
| 　유보1 | 1,000,000 | |
| 　유보2 | 3,000,000 | |
| 　유보3 | (6,000,000) | (2,000,000) |
| 과세표준 | | 23,000,000 |
| 세　　율 | | 30% |
| 법인세납부액 | | ₩6,900,000 |

(2) 위 20×1년의 유보1은 20×2년과 20×3년에 각각 ₩500,000씩 소멸될 것으로 추정되며, 유보2는 20×2년부터 3년간 매년 ₩ 1,000,000씩 소멸될 것으로 추정된다. 그리고 유보3은 20×2년과 20×3년에 ₩2,000,000씩, 20×4년과 20×5년에 ₩1,000,000씩 소멸될 것으로 추정된다.

(3) 20×2년의 세율은 28%이며, 그 이후 세율변동은 알 수 없다.

20×1년의 법인세비용 및 이연법인세를 계산하고, 한국채택국제회계기준에 따라 회계처리를 하라. (단, 이연법인세자산은 실현가능성이 확실하다고 가정한다)

## 02 이연법인세자산 및 이연법인세부채

영구회사는 20×1년 초에 영업활동을 개시하였다. 20×1년도의 법인세 비용차감전 순이익과 사업연도소득은 다음과 같다.

| | |
|---|---:|
| 법인세비용차감전 순이익 | ₩1,560,000 |
| 충당부채(손금불산입) | 60,000 |
| 감가상각비 부족액 | (240,000) |
| | ₩1,380,000 |

충당부채는 20×3년에 실제 지출될 것으로 예상되며, 감가상각비 부족액은 20×2년부터 5년에 걸쳐 균등하게 손금불산입될 것으로 예상된다. 20×1년과 20×2년의 법인세율은 32%이고, 20×3년 이후의 법인세율은 30%가 될 것으로 예상된다. (이연법인세자산의 실현가능성은 확실하다고 가정한다)

1. 20×1년도 말에 법인세와 관련한 회계처리를 하라
2. 만일, 충당부채는 20×2년에 실제 지출될 것으로 예상되며, 감가상각비 부족액은 20×2년부터 4년에 걸쳐 균등하게 손금불산입될 것으로 예상된다고 할 때 필요한 분개를 하시오.

## 03 기간배분방법

20×1년 초에 영업을 시작한 ㈜월악은 임대업과 전자제품의 판매를 주업으로 하는 회사이다. 당사는 수리비와 임대소득의 인식기준의 차이 때문에 이연법인세 문제가 발생하고 있다. 이에 대한 자료는 다음과 같다. (단, 이연법인세자산 실현가능성은 확실하다)

(1) 과세소득

| | 20×1년 | 20×2년 | 20×3년 |
|---|---:|---:|---:|
| 익금－손금 | ₩100,000 | ₩130,000 | ₩60,000 |
| 수입임대료 | 51,000 | | |
| 보증수리비 | (8,000) | (10,000) | (12,000) |
| 과 세 소 득 | ₩143,000 | ₩120,000 | ₩48,000 |
| 세 율 | 35% | 40% | 40% |

(2) 포괄손익계산서

| | 20×1년 | 20×2년 | 20×3년 |
|---|---:|---:|---:|
| 수익－비용 | ₩100,000 | ₩130,000 | ₩60,000 |
| 수입임대료 | 17,000 | 17,000 | 17,000 |
| 판매보증추정손실 | (30,000) | | |
| 세전순이익 | 87,000 | 147,000 | 77,000 |

1. 각 연도의 미지급법인세와 이연법인세 금액을 계산하라.
2. 이연법과 자산부채법에 따라 법인세 관련 회계처리를 하라.

## 04 이연법인세부채와 재무상태표

㈜영광은 20×1년도 말 현재 여러 개의 일시적 차이를 갖고 있다. 미래 기간별 과세소득에 가산할 금액과 차감할 금액은 다음과 같다.

| | 20×2년 | 20×3년 | 20×4년 | 20×5년 |
|---|---|---|---|---|
| 미래과세소득 가산액 | ₩400,000 | ₩500,000 | ₩600,000 | ₩800,000 |
| 미래과세소득 차감액 | — | (240,000) | (180,000) | |
| 계 | ₩400,000 | ₩260,000 | ₩420,000 | ₩800,000 |
| 법인세율 | 30% | 30% | 28% | 28% |

㈜영광은 20×1년 초에 이연법인세 잔액이 없었으며, 20×1년도의 과세표준은 ₩2,000,000이고, 법인세율은 30%이다. 이연법인세자산의 실현가능성은 확실하다.

1. 20×1년도 법인세비용, 이연법인세 및 미지급법인세를 기록하는 분개를 제시하라.
2. 20×1년도 말 부분재무상태표를 작성하라.

## 05 결손금처리

㈜삼월은 20×1년 ₩2,000,000의 결손금을 보고하였으나 20×2년에는 영업실적이 호전되어 ₩1,000,000의 과세소득을 보고하였다. 20×1년에는 회계이익과 과세소득 사이에 차이가 없었다.

(1) 법인세 계산(20×2년)

| | | |
|---|---|---|
| 법인세비용차감전 순이익 | | ₩1,200,000 |
| 영구적차이 | | |
| 접대비한도초과액 | ₩800,000 | 800,000 |
| 일시적차이 | | |
| 유보1 | 1,000,000 | |
| △유보2 | (2,000,000) | (1,000,000) |

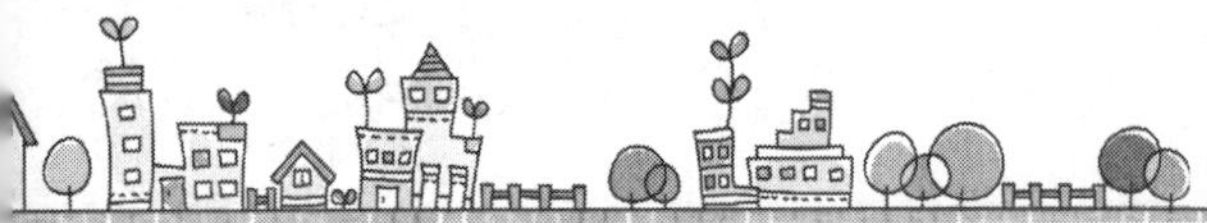

| | |
|---|---:|
| 과세소득 | 1,000,000 |
| 이월결손금공제 | (1,000,000) |
| 과세표준 | 0 |
| 세　　율 | 28% |
| 당기분 법인세 | ₩0 |

(2) 유보1은 20×3년과 20×4년에 각각 ₩ 500,000씩 소멸될 것으로 추정되며, △유보2는 20×3년과 20×4년에 각각 ₩ 600,000씩, 20×5년에는 ₩800,000이 소멸될 것으로 추정된다.

(3) ㈜삼월의 20×3년부터 그 이후 기간의 세무조정사항 반영 전 예상 과세소득은 ₩500,000이다.

(4) 현재의 법인세율은 28%이지만, 20×4년 이후 부터는 법인세율은 30%로 변경된다.

한국채택국제회계기준에 의하여 20×1년과 20×2년에 법인세와 관련하여 행할 회계처리를 하라.

## 06 종합사례

갑회사의 20×1년의 법인세비용차감전순이익은 ₩1,000,000이며 법인세율은 30%이다. 그러나 20×3년중 법인세법의 개정으로 당해 회계연도 이후 적용되는 법인세율은 26%이다. 갑회사의 당기 법인세부담액을 계산하기 위한 세무조정사항 및 이연법인세계산 관련자료는 다음과 같다.

(1) 20×1년의 세무조정사항은 다음과 같다.

① 퇴직급여충당금 한도초과액은 ₩200,000이 발생하였으며, 동 한도초과액은 20×2년 및 20×3년에 각각 ₩100,000씩 손금추인된다.

② 취득원가 ₩200,000, 내용연수 5년인 기계장치를 당해 사업연도 중에 취득하여 정액법으로 상각하나 세법상 조세특례제한법에 따라 취득연도에 추가로 취득원가의 30%에 해당하는 금액을 특별상각하였다. 동 특별상각비 ₩60,000은 20×2년부터 20×5년까지 균등하게 소멸한다.

③ 회사는 보유 재고자산중 장부가액이 ₩300,000인 상품의 순실현가능가액이 ₩200,000으로 하락하여 가치 하락분 ₩100,000을 재고자산평가손실로 계상하였다. 세법상 갑회사는 재고자산 평가방법을 원가법중 총평균법으로 신고하였으며 위의 재고자산은 파손·부패 등으로 인한 가치하락분이 아니고 시장수요 부족으로 인한 판매가격 하락으로 인하여 발생한 가치하락분이다.

④ 세법상 손금한도를 초과하여 지출한 접대비는 ₩70,000이다.

⑤ 회사는 만기일이 20×2년 6월 30일인 정기예금에 대한 미수수익 ₩80,000을 재무상태표에 계상하였다.

⑥ 회사는 다음과 같이 20×1년부터 기술개발준비금을 설정하고 환입하였다.

| 연 도 | 준비금 설정액 | 준비금 환입액 |
|---|---|---|
| 20×1년 | ₩120,000 | － |
| 20×2년 | 150,000 | － |
| 20×3년 | 90,000 | － |
| 20×4년 | 100,000 | ₩40,000 |
| 20×5년 | 100,000 | 90,000 |

20×4년의 기술개발준비금 환입액은 20×1년 설정분에 대한 환입액이며, 20×5년의 기술개발준비금 환입액은 20×1년 설정분 및 20×2년 설정분에 대한 환입액으로 구성되어 있다.

⑦ 회사는 매출채권중 거래처의 부도발생으로 인하여 대손처리한 부도어음 ₩200,000은 결산일 현재 6개월이 경과되지 않았다.

⑧ 비과세이자소득 ₩50,000을 수취하여 영업외수익에 계상하였다.

⑨ 위의 사항이외에 직전사업연도까지 누적되어 온 일시적 차이는 없다.

(2) 회사는 당기 이전 수년전부터 과세소득을 실현해오고 있으며 20×2년 이후 세무조정사항 반영전 예상 과세소득은 ₩500,000이다.

1. 20×1년도에 인식할 이연법인세를 계산하시오.
2. 20×2년도에 인식할 이연법인세를 계산하시오.

## OX문제

01 ○

02 × : 차감할 일시적차이가 발생하므로 실현가능한 경우 이연법인세자산이 인식된다.

03 × : 영구적 차이가 아니고 일시적 차이이다.

04 ○

05 ○

06 × : 당해 자산이 시현되거나 부채가 결제될 회계기간에 적용될 것으로 기대되는 세율적용

07 ○

08 × : 차감할 일시적 차이가 아니고 가산할 일시적 차이이다.

09 ○

10 × : 다음의 조건을 모두 충족하는 경우에는 이연법인세자산과 이연법인세부채를 상계하여 재무상태표에 표시한다. ① 기업이 당기법인세 자산과 당기법인세 부채를 상계할 수 있는 법적으로 집행가능한 권리를 가지고 있다. ② 이연법인세자산과 이연법인세부채가 다음의 각 경우에 동일한 과세당국에 의해서 부과되는 법인세와 관련되어 있다. ㈎과세대상기업이 동일한 경우, ㈏과세대상기업은 다르지만 당기법인세 부채와 자산을 순액으로 결제할 의도가 있거나, 유의적인 금액의 이연법인세부채가 결제되거나 이연법인세자산이 회수될 미래의 각 회계기간마다 자산을 실현하는 동시에 부채를 결제할 의도가 있는 경우

## 객관식문제

| 01 | ② | 02 | ⑤ | 03 | ③ | 04 | ④ |
|---|---|---|---|---|---|---|---|

## 주관식문제

01 1. 계산명세서

| | 당기 | 차기이후 | | | |
|---|---|---|---|---|---|
| | 2005 | 2006 | 2007 | 2008 | 2009 |
| 법인세비용차감전순이익 | ₩20,000,000 | | | | |
| 영구적차이 | 5,000,000 | | | | |
| 일시적차이 | | | | | |
| 유보1 | 1,000,000 | ₩(500,000) | ₩(500,000) | | |
| 유보2 | 3,000,000 | (1,000,000) | (1,000,000) | ₩(1,000,000) | |
| △유보3 | (6,000,000) | 2,000,000 | 2,000,000 | 1,000,000 | ₩1,000,000 |
| 과세표준 | 23,000,000 | 500,000 | 500,000 | 0 | 1,000,000 |
| 세 율 | 30% | 28% | 28% | 28% | 28% |
| 법인세납부액 | ₩6,900,000 | | | | |
| 이연법인세자산 | | (420,000) | (420,000) | 0 | 0 |
| 이연법인세부채 | | 560,000 | 560,000 | 0 | 280,000 |

2. 법인세비용의 계산

| | |
|---|---|
| 당기분 법인세납부액 | ₩6,900,000 |
| 이연법인세자산 | (840,000) |
| 이연법인세부채 | 1,400,000 |
| 총법인세비용 | ₩7,460,000 |

3. 회계처리

| | | | |
|---|---|---|---|
| (차) 법인세비용 | 7,460,000 | (대) 미지급법인세 | 6,900,000 |
| 이연법인세자산 | 840,000 | 이연법인세부채 | 1,400,000 |

02 1. 20×1년도 법인세 회계처리

| | | | |
|---|---|---|---|
| (차) 법인세 비용 | 496,560 | (대) 미지급법인세 | 441,600* |
| 이연법인세자산 | 18,000** | 이연법인세부채 | 72,960*** |

* ₩1,380,000×32%=₩441,600

** ₩60,000×30%=₩18,000

*** ₩48,000×32%+₩48,000×4×30%=₩72,960

2.

| | | | |
|---|---|---|---|
| (차) 법인세 비용 | 495,600 | (대) 미지급법인세 | 441,600 |
| 이연법인세자산 | 19,200* | 이연법인세부채 | 73,200** |

* ₩60,000×32%=₩19,200

** ₩60,000×32%+₩60,000×3×30%=₩73,200

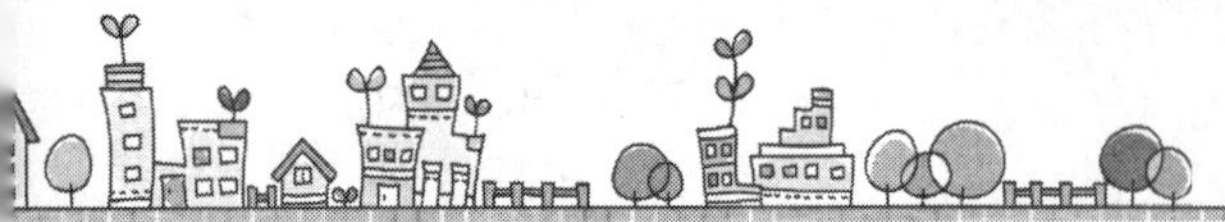

03 1. (1) 미지급법인세 계산

20×1년 : ₩143,000×35%=₩50,050

20×2년 : ₩120,000×40%=₩48,000

20×3년 : ₩48,000×40%= ₩19,200

(2) 이연법인세 금액계산

| | 20×1년 (당기) | 20×2년 | 20×3년 |
|---|---|---|---|
| 수입임대료 | ₩34,000 | ₩(17,000) | ₩(17,000) |
| 보증수리비 | 22,000 | (10,000) | (12,000) |
| 차감할 일시적차이 합계 | ₩56,000 | ₩(27,000) | ₩(29,000) |
| 법인세율 | 35% | 40% | 40% |

1) 이연법

① 20×1년 말 이연법인세자산 잔액 : ₩56,000×35%=₩19,600

② 20×2년 말 이연법인세자산 잔액 : ₩29,000×35%=₩10,150

③ 20×3년 말 이연법인세자산 잔액 : ₩0

2) 자산부채법

① 20×1년 말 이연법인세자산 잔액 : ₩27,000×40%+29,000×40%=₩22,400

② 20×2년 말 이연법인세자산 잔액 : ₩29,000×40%=₩11,600

③ 20×3년 말 이연법인세자산 잔액 : ₩0

2. 회계처리

(1) 이연법

| | | | | | |
|---|---|---|---|---|---|
| 20×1년 | (차) 법인세비용 | 30,450 | (대) 미지급법인세 | 50,050 |
| | 이연법인세자산 | 19,600 | | |
| 20×2년 | (차) 법인세비용 | 57,450 | (대) 미지급법인세 | 48,000 |
| | | | 이연법인세자산 | 9,450 |
| 20×3년 | (차) 법인세비용 | 29,350 | (대) 미지급법인세 | 19,200 |
| | | | 이연법인세자산 | 10,150 |

(2) 자산부채법

| | | | | |
|---|---|---|---|---|
| 20×1년 | (차) 법인세비용 | 27,650 | (대) 미지급법인세 | 50,050 |
| | 이연법인세자산 | 22,400 | | |
| 20×2년 | (차) 법인세비용 | 58,800 | (대) 미지급법인세 | 48,000 |
| | | | 이연법인세자산 | 10,800 |
| 20×3년 | (차) 법인세비용 | 30,800 | (대) 미지급법인세 | 19,200 |
| | | | 이연법인세자산 | 11,600 |

04 1. 회계처리

| | | | |
|---|---|---|---|
| (차) 법인세비용 | 1,139,600 | (대) 미지급법인세 | 600,000* |
| 이연법인세자산 | 122,400** | 이연법인세부채 | 662,000*** |

* ₩2,000,000×30%=₩600,000

** ₩240,000×30%+₩180,000×28%=₩122,400

*** (₩400,000+₩500,000)×30%+(₩600,000+₩800,000)×28%=₩662,000

2. 부분재무상태표의 작성

| 부분재무상태표 | |
|---|---|
| 비유동부채 | |
| 이연법인세부채 | 539,600* |

* 이연법인세자산과 부채를 상계할 수 있는 조건을 모두 충족하는 경우 상계 표시한다.

05 1. 이연법인세계산(20×2)

| | 20×2(당기) | 차기이후 20×3 | 20×4 | 20×5 |
|---|---|---|---|---|
| 법인세비용차감전순이익 | ₩1,200,000 | | | |
| 영구적차이 | 800,000 | | | |
| 일시적차이 | | | | |
| 유보1 | 1,000,000 | ₩(500,000) | ₩(500,000) | |
| △유보1 | (2,000,000) | 600,000 | 600,000 | ₩800,000 |
| 과세소득 | 1,000,000 | | | |
| 이월결손금공제 | (2,000,000) | | | |
| 과세표준 | (1,000,000) | | | |
| 세　율 | 28% | 28% | 30% | 30% |
| 당기분 법인세 | 0 | | | |
| 이연법인세자산 | | (140,000) | (140,000) | 0 |
| 이연법인세부채 | | 168,000 | 168,000 | 224,000 |

이연법인세자산 및 이월결손금의 법인세혜택 효과의 실현가능성 검토

| | 20×3년 | 20×4년 | 20×5년 |
|---|---|---|---|
| 세무조정 반영 전 예상 과세소득<br>가산할 일시적차이 소멸액 | ₩500,000<br>600,000 | ₩500,000<br>600,000 | ₩500,000<br>800,000 |
| 계 | ₩1,100,000 | ₩1,100,000 | ₩1,300,000 |
| 차감할 일시적차이 소멸액<br>이월결손금 공제가능액 | (500,000)<br>(600,000) | (500,000)<br>(400,000) | |

2. 회계처리

20×1년 : (차) 이연법인세자산 560,000* (대) 법인세수익 560,000

* ₩2,000,000×28%=₩560,000

20×2년 : (차) 법인세비용 570,000 (대) 미지급법인세 0
이연법인세자산 18,000* 이연법인세부채 588,000**

* (₩1,100,000×28%+₩900,000×30%)−₩560,000=₩18,000

** ₩600,000×28%+(₩600,000+₩800,000)×30%=₩588,000

06 **1. 20×1 회계연도에 인식할 이연법인세**

(1) 당기 법인세부담액 계산

| | | |
|---|---|---|
| Ⅰ. 법인세비용차감전 순이익 | | ₩1,000,000 |
| Ⅱ. 영구적차이 : 가산(차감)조정 | | |
| 1. 접대비한도초과액 | 70,000 | |
| 2. 비과세이자소득 | (50,000) | |
| 영구적차이 소계 | | 20,000 |
| Ⅲ. 일시적차이 | | |
| Ⅲ−1. 가산조정 | | |
| 1. 재고자산평가손실 | 100,000 | |
| 2. 대손상각비 | 200,000 | |
| 3. 퇴직급여충당금한도초과액 | 200,000 | |
| | 500,000 | |
| Ⅲ−2. 차감조정 | | |
| 1. 미수이자 | (80,000) | |
| 2. 특별감가상각비 | (60,000) | |
| 3. 기술개발준비금전입액 | (120,000) | |
| | (260,000) | |
| 일시적차이 소계 | | 240,000 |
| Ⅳ. 과세소득(법인세 과세표준) | | ₩1,260,000 |
| 법인세율 | | 30% |
| Ⅴ. 법인세부담액 | | ₩378,000 |

(2) 이연법인세의 계산

(단위 : 원)

| 일시적 차이 | 20×2 | 20×3 | 20×4 | 20×5 이후 | 합계 | 법인세효과 |
|---|---|---|---|---|---|---|
| 재고자산평가손실 | (100,000) | − | − | − | (100,000) | 30,000 |
| 대손상각비 | (200,000) | − | − | − | (200,000) | 60,000 |
| 퇴직급여충당금 | (100,000) | (100,000) | − | − | (200,000) | 56,000 |
| 미래차감할일시적차이 | (400,000) | (100,000) | | | (500,000) | 146,000 |
| 미수이자 | 80,000 | − | − | − | 80,000 | (24,000) |
| 특별상각비 | 15,000 | 15,000 | 15,000 | 15,000 | 60,000 | (16,200) |
| 기술개발준비금 | − | − | 40,000 | 80,000 | 120,000 | (31,200) |
| 미래가산할일시적차이 | 95,000 | 15,000 | 55,000 | 95,000 | 260,000 | (71,400) |

(단위 : 원)

| 일시적 차이 | 20×2 | 20×3 | 20×4 | 20×5 이후 | 합계 | 법인세효과 |
|---|---|---|---|---|---|---|
| 일시적차이 소계<br>법 인 세 율 | (305,000)<br>30% | (85,000)<br>26% | 55,000<br>26% | 95,000<br>26% | (240,000) | |
| 법 인 세 효 과 | 91,500 | 22,100 | (14,300) | (24,700) | | 74,600 |

(3) 이연법인세차의 실현가능성 검토

(단위 : 원)

| | 20×2 | 20×3 | 20×4 | 20×5 | 20×6 |
|---|---|---|---|---|---|
| 일시적차이 소계 | (305,000) | (85,000) | 55,000 | 55,000 | 40,000 |
| 예상 과세소득 | 500,000 | 500,000 | 500,000 | 500,000 | 500,000 |
| 합 계 | 195,000 | 415,000 | 555,000 | 555,000 | 540,000 |

* 예상 과세소득이 차감할 일시적차이를 초과하므로 이연법인세차를 차감하지 아니한다.

(4) 이연법인세자산(부채)의 당기변동액 계산

① 이연법인세자산(순액) : ₩74,600(기말)－0(기초)＝₩74,600

② 이연법인세자산(부채)의 재무상태표 공시는 이연법인세차 및 이연법인세대를 상계 후 순액으로 계상한다.

(5) 회계처리

| (차) 법인세비용 | 303,400 | (대) 미지급법인세 | 378,000 |
|---|---|---|---|
| 이연법인세자산 | 74,600 | | |

① 법인세비용 : ₩378,000－₩74,600＝₩303,400

② 법인세비용은 당기법인세부담액에서 이연법인세 부채(자산)의 당기 변동액을 가감하여 계산한다. 다만 일시적차이가 발생한 당해 사업연도의 과세소득에 대한 법인세율과 이후 사업연도의 법인세율이 동일하다면 법인세비용은 법인세비용차감전순이익에 영구적차이를 가감한 금액에 당해 사업연도의 법인세율을 곱하여 계산한 금액과 일치한다.

그러나 당해 사례처럼 일시적차이가 실현되는 사업연도의 법인세율이 변동하게 되면 법인세비용차감전순이익에 영구적차이를 가감한 금액에 당해 사업연도의 법인세율을 곱하여 계산한 금액[(₩1,000,000＋₩20,000)×30%＝₩306,000]과 당기법인세부담액에서 이연법인세부채(자산)의 당기변동액을 가감하여 계산한 금액[₩378,000－₩74,600＝₩303,400]이 일치하지 아니하므로 법인세비용은 당기법인세부담액에서 이연법인세부채(자산)의 당기변동액을 가감하여 계산하여야 한다.

③ 차이금액 ₩2,600(₩306,000－₩303,400＝₩2,600)은 일시적차이가 발생한 20×2년의 법인세율은 30%이나 동 일시적차이가 실현되는 20×3년 이후의 법인세율이 26%로 변동됨에 따라 동 기간에 실현되는 순 가산할 일시적차이 ₩65,000에

변동(감소)된 법인세율 4%를 곱하여(₩65,000×4%=₩2,600)계산한 금액으로, 이는 순 가산할 일시적차이의 법인세효과 ₩2,600 이 감소하고 이로 인하여 동 금액만큼 법인세비용이 감소된 것이다.

(6) 20×1 회계연도의 주석공시 예시

① 회계이익과 과세소득간의 세무조정항목별 내역 (단위 : 원)

| | 일시적차이 | 영구적차이 |
|---|---|---|
| Ⅰ. 익금산입 및 손금불산입 | | |
| 1. 퇴직급여충당금한도초과액 | ₩200,000 | |
| 2. 재고자산평가손실 | 100,000 | |
| 3. 접대비한도초과액 | | ₩70,000 |
| 4. 대손상각비 | 200,000 | |
| Ⅱ. 손금산입 및 익금불산입 | | |
| 1. 특별감가상각비 | (60,000) | |
| 2. 기술개발준비금전입액 | (120,000) | |
| 3. 미수이자 | (80,000) | |
| Ⅲ. 비과세이자소득 | | (50,000) |
| Ⅳ. 소 계 | ₩240,000 | ₩20,000 |

② 주요 누적 일시적차이의 증감내역 및 이연법인세자산(부채) (단위 : 원)

| 계정과목 | 기초잔액 | 증 가 | 감 소 | 기말잔액 | 이연법인세차(대) |
|---|---|---|---|---|---|
| 퇴직급여충당금 | – | (200,000) | – | (200,000) | 56,000 |
| 재 고 자 산 | – | (100,000) | – | (100,000) | 30,000 |
| 대 손 충 당 금 | – | (200,000) | – | (200,000) | 60,000 |
| 감가상각누계액 | – | 60,000 | – | 60,000 | (16,200) |
| 기술개발준비금 | – | 120,000 | – | 120,000 | (31,200) |
| 미 수 이 자 | – | 80,000 | – | 80,000 | (24,000) |
| 소 계 | – | (240,000) | – | (240,000) | 74,600 |

③ 법인세비용의 주요 구성내역

| | | |
|---|---|---|
| Ⅰ. 법인세비용 | | 303,400 |
| 1. 당기법인세부담액 | 378,000 | |
| 2. 일시적차이로 인한 이연법인세 변동액 | (74,600) | |

④ 유효세율의 계산

유효세율 : 법인세비용/법인세비용차감전순이익(₩303,400/₩1,000,000)=30.34%

## 2. 20×2회계연도에 인식할 이연법인세

20×2년의 법인세비용차감전순이익은 ₩1,000,000이며 20×2년의 세무조정사항은 2006년에 발생한 세무조정사항 및 신고조정으로 손금산입한 기술개발준비금 ₩150,000과 관련된 사항 이외는 없다고 가정한다.

### ⑴ 당기 법인세부담액 계산

| | | |
|---|---|---|
| Ⅰ. 법인세비용차감전 순이익 | | ₩1,000,000 |
| Ⅱ. 일시적차이 | | |
| Ⅱ－1. 가산조정 | | |
| 1. 전기미수이자 | 80,000 | |
| 2. 감가상각비한도초과액 | 15,000 | |
| | 95,000 | |
| Ⅱ－2. 차감조정 | | |
| 1. 전기재고자산평가손실 | (100,000) | |
| 2. 전기대손부인액추인 | (200,000) | |
| 3. 퇴직급여충당금한도초과액손금추인 | (100,000) | |
| 4. 기술개발준비금전입액 | (150,000) | |
| | (550,000) | |
| 일시적차이 소계 | | (455,000) |
| Ⅲ. 과세소득(법인세 과세표준) | | ₩545,000 |
| 법인세율 | | 30% |
| Ⅳ. 법인세부담액 | | ₩163,500 |

### ⑵ 이연법인세의 계산

(단위 : 원)

| 일시적차이 | 20×3 | 20×4 | 20×5 | 20×6 | 합계 | 법인세효과 |
|---|---|---|---|---|---|---|
| 퇴직급여충당금 | (100,000) | － | － | － | (100,000) | 26,000 |
| 미래차감할일시적차이 | (100,000) | － | － | － | (100,000) | 26,000 |
| 특별상각비 | 15,000 | 15,000 | 15,000 | － | 45,000 | (11,700) |
| 기술개발준비금 | － | 40,000 | 90,000 | 140,000 | 270,000 | (70,200) |
| 미래가산할일시적차이 | 15,000 | 55,000 | 105,000 | 140,000 | 315,000 | (81,900) |
| 일시적차이 소계 | (85,000) | 55,000 | 105,000 | 140,000 | (215,000) | |
| 법인세율 | 26% | 26% | 26% | 26% | | |
| 법인세효과 | 22,100 | (14,300) | (27,300) | (36,400) | | (55,900) |

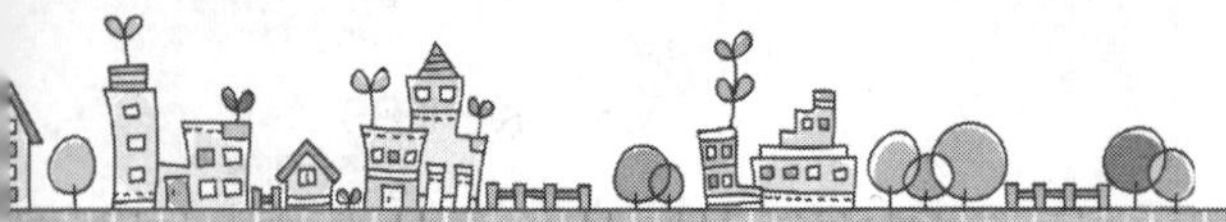

(3) 이연법인세자산의 실현가능성 검토

| | 20×3 | 20×4 | 20×5 | 20×6 |
|---|---|---|---|---|
| 일시적차이 소계 | ₩(85,000) | ₩55,000 | ₩105,000 | ₩140,000 |
| 예상 과세소득 | 500,000 | 500,000 | 500,000 | 500,000 |
| 합　　계 | ₩415,000 | ₩555,000 | ₩605,000 | ₩640,000 |

* 예상 과세소득이 차감할 일시적차이를 초과하므로 이연법인세자산를 차감하지 아니한다.

(4) 이연법인세자산(부채)의 당기 변동액 계산

이연법인세부채(순액) : ₩55,900(기말)+₩74,600(기초)=₩130,500(당기 증가분)

(5) 회계처리

| | | | |
|---|---|---|---|
| (차) 법인세비용 | 294,000 | (대) 미지급법인세 | 163,500 |
| | | 이연법인세자산 | 74,600 |
| | | 이연법인세부채 | 55,900 |

① 법인세비용 : ₩163,500+₩130,500=₩294,000

② 법인세비용은 당기법인세부담액에서 이연법인세부채(자산)의 당기변동액을 가감하여 계산

(6) 20×2회계연도의 주석공시 예시

① 회계이익과 과세소득간의 세무조정항목별 내역

| | 일시적차이 | 영구적차이 |
|---|---|---|
| Ⅰ. 익금산입 및 손금불산입 | | |
| 1. 전기미수이자 | ₩80,000 | |
| 2. 감가상각비한도초과액 | 15,000 | |
| Ⅱ. 손금산입 및 익금불산입 | | |
| 1. 퇴직급여충당금한도초과액손금추인 | (100,000) | |
| 2. 전기재고자산평가손실 | (100,000) | |
| 3. 전기대손부인액추인 | (200,000) | |
| 4. 기술개발준비금전입액 | (150,000) | |
| Ⅲ. 소 계 | ₩(455,000) | |

② 주요 누적일시적차이의 증감내역 및 이연법인세자산(부채) (단위 : 원)

| 계정과목 | 기초잔액 | 증 가 | 감 소 | 기말잔액 | 이연법인세자산(부채) |
|---|---|---|---|---|---|
| 퇴직급여충당금 | (200,000) | – | (100,000) | (100,000) | 26,000 |
| 재 고 자 산 | (100,000) | – | (100,000) | – | – |
| 대 손 충 당 금 | (200,000) | – | (200,000) | – | – |
| 감가상각누계액 | 60,000 | – | 15,000 | 45,000 | (11,700) |
| 기술개발준비금 | 120,000 | 150,000 | – | 270,000 | (70,200) |
| 미 수 이 자 | 80,000 | – | 80,000 | – | – |
| 소 계 | (240,000) | 150,000 | (305,000) | 215,000 | (55,900) |

③ 법인세비용의 주요 구성내역

| | | |
|---|---|---|
| Ⅰ. 법인세비용 | | 294,000 |
| 1. 당기법인세부담액 | 163,500 | |
| 2. 일시적차이로 인한 이연법인세 변동액 | 130,500* | |

| | |
|---|---|
| * 기말 순이연법인세부채 | ₩55,900 |
| 기초 순이연법인세자산 | (74,600) |
| 일시적 차이의 발생·소멸로 인한 이연법인세 증감액 | ₩130,500 |

④ 유효세율의 계산

유효세율 : 법인세비용/법인세비용차감전순이익(₩294,000/₩1,000,000)＝29.40%

# 메모

60
SECONDS
IS IT ENOUGH FOR YOU ?

60
MINUTES
IS IT ENOUGH FOR YOU ?

24
HOURS
IS IT ENOUGH FOR YOU

30
DAYS
IS IT ENOUGH FOR YOU ?

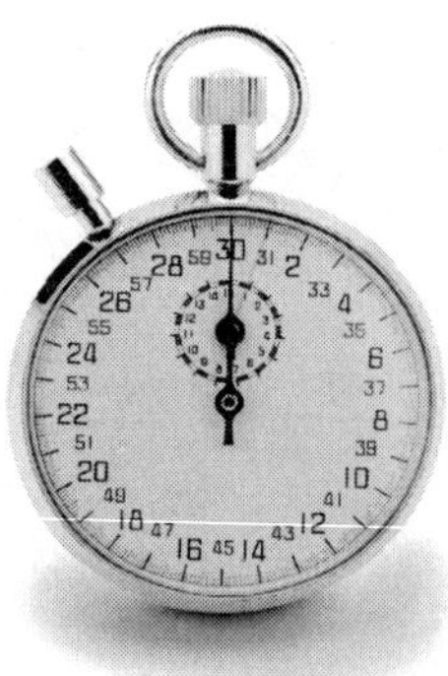

Chapter 15

# 리스회계

**학습목표**

리스는 기업이 생산과 영업을 위해 필요로 하는 자산을 구성할 때 운용할 수 있는 방법으로 본장에서는 리스의 본질, 리스의 분류, 운용리스, 금융리스, 리스와 관련된 기타사항 등에 대해 집중적으로 학습한다.

**※ 관련 한국채택국제회계기준**

기업회계기준서 제1116호 '리스'는 다음 기준서와 해석서를 대체한다.

(1) 기업회계기준서 제1017호 '리스'
(2) 기업회계기준해석서 제2104호 '약정에 리스가 포함되어 있는지의 결정'
(3) 기업회계기준해석서 제2015호 '운용리스: 인센티브'
(4) 기업회계기준해석서 제2027호 '법적 형식상의 리스를 포함하는 거래의 실질에 대한 평가'

# 01절 리스의 본질

## 1. 리스의 의의

**리스(lease)란** 계약에서 대가와 교환하여, 식별되는 자산의 사용 통제권을 일정 기간 이전하게 한다면 그 계약(K-IFRS 제1116호 문단9)으로서, 기존 리스의 인식 조건이 해당 자산에서 나오는 미래 경제적 효익을 고객이 대부분 보유하는가의 여부에서, 해당 자산을 사용하는 동안 **통제할 수 있는 실질적인 권한을 가져야**하는 것으로 개정됨으로서 수익기준(K-IFRS 제1115호) 통제에 관한 개념이 통일되었다. 즉, 리스자산(대표적으로 선박, 비행기 등)에 대한 통제 여부가 중요하게 된 것이다. 다음 순서도는 계약이 리스인지, 리스를 포함하고 있는지를 판단할 때 도움을 줄 수 있다(K-IFRS 제1116호 B31).

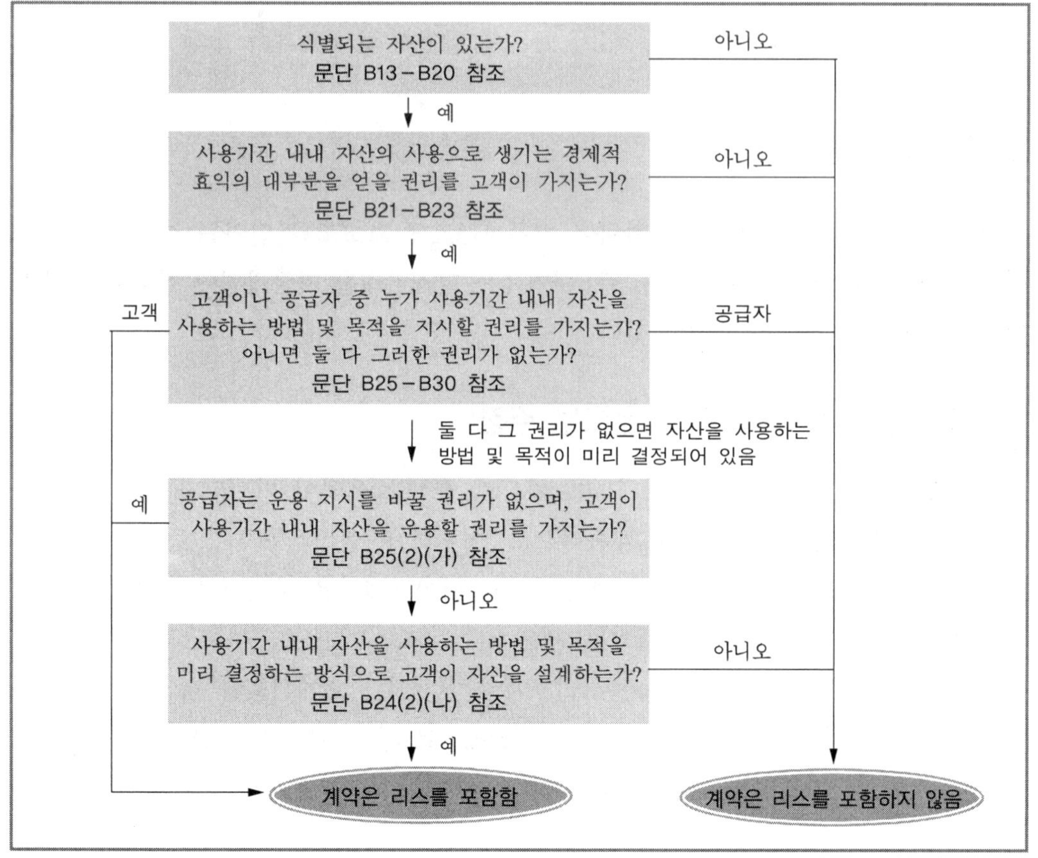

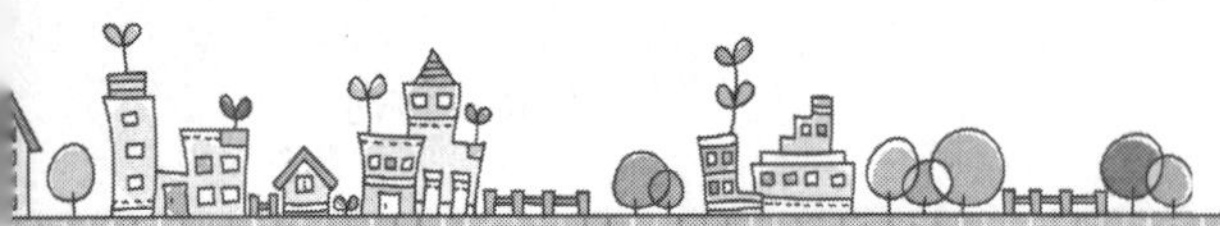

비행기, 슈퍼컴퓨터, 통신시설 등 구입가격이 매우 높고 신제품의 출현이 계속 이루어져 진부화의 위험이 큰 자산에 대하여 많이 이루어진다. 그러나 광물, 석유, 천연가스 및 유사한 비재생 천연자원의 탐사나 사용을 위한 리스나, 영화필름, 비디오 녹화물, 희곡, 원고, 특허권 및 저작권에 대한 라이선스 계약 등에는 적용되지 않는다.

즉, 리스는 법적인 소유권은 리스제공자가 보유하고 있고 경제적 사용권은 리스이용자가 얻고 있다는 점에서 직접 취득하여 사용하는 경우와 다르며, 리스이용자는 다음과 같은 혜택을 누릴 수 있으므로 리스를 이용한다.

① 자산을 구입하는 데 소요되는 자금을 조달하지 않고서도 자산을 임차하여 사용할 수 있기 때문에 자금조달 및 재무유동성을 높일 수 있다.

② 자산의 진부화로 인한 위험을 감소시킬 수 있다.

③ 운용리스의 경우에는 재무상태표에 부채를 보고하지 않으므로 부외금융(off-balance financing)이 가능하다. 따라서 기업의 자본조달 능력이 증가될 수 있다.

④ 리스자산은 감가상각이 가능하다. 또한 구입하는 경우 감가상각비보다 리스료를 더 많이 비용으로 인식할 수 있기 때문에 법인세 공제효과가 크다.

## 2. 리스의 본질

리스이용자가 리스자산을 자본화하여 재무상태표에 보고할 것인가는 리스의 본질을 어떻게 파악하는가에 따라 다르다. 즉, 여기에는 리스거래를 자본화해야 한다는 주장과 자본화할 필요가 없다는 주장이 있다.

### (1) 리스를 자본화해서는 안된다는 주장

리스계약의 경우, 리스이용자에게 리스자산의 법적 소유권이 이전되지 않으며, 또한 리스계약은 리스계약 당사자가 계속적으로 이행해야 할 의무가 있는 미이행계약(executory contracts)으로 간주되며, 일반적으로 미이행계약은 자산이나 부채로 인식되지 않으므로 리스자산을 자본화해서는 안된다.

따라서 리스이용자와 리스제공자는 리스계약 당시에는 회계처리를 하지 않고, 단지 리스료의 지급시마다 각각 지급임차료와 수입리스료 만을 기록한다. 이러한 관점에서 처리되는 리스를 **운용리스(operating lease)**라고 부른다.

### (2) 리스를 자본화해야 한다는 주장

리스이용자는 리스계약으로 인해 향후 일정기간 동안 리스자산을 이용할 수 있고 이를 합리적으로 측정할 수 있으므로 리스자산을 자산으로 계상하고 이에 따른 부채를 계상하여야 한다는 관점이다. 이러한 관점에서 처리되는 리스를 **금융리스(financing lease)**라 한다.

그러나 어떤 리스계약을 자본화시킬 것인가에 대해서는 다음과 같은 상이한 견해가 있다.[1)]

① **할부매매와 유사한 리스의 자본화** : 경제적 실질(economic substance)을 고려하여 할부매매와 유사한 리스계약을 금융리스로 인식하여 리스자산과 리스부채를 계상하여야 한다는 것이다.

② **모든 장기리스의 자본화** : 장기리스의 경우 리스이용자가 리스자산에 대한 대부분의 실질적 경제적 효익을 얻고 있으므로 자본화해야 한다는 견해이다. 장기리스는 대체로 위의 '①'의 상황을 포함한다고 할 수 있다.

③ **해지불능리스의 자본화** : 리스계약에서 권리와 의무가 확정되면 이를 모두 자산과 부채로 계상해야 한다는 주장이다. 이는 리스이용자가 상당한 위약금을 지급하지 않고서는 리스계약을 취소할 수 없는 경우를 말한다.

## 02절 리스의 분류

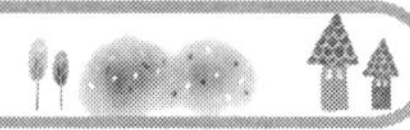

### 1. 용어의 정의

리스와 관련하여 여러 가지 새로운 용어들이 사용되는데, 기업회계기준서 제1116호(리스)에 규정된 주요 용어들을 살펴보면 다음과 같다.

---

1) 기준에서는 "금융리스"를 리스자산의 소유에 다른 대부분의 위험과 효익이 리스이용자에게 이전되는 리스라고 정의함으로써, 할부매매와 유사한 리스를 자본리스로 처리하는 입장을 취한다고 할 수 있다.

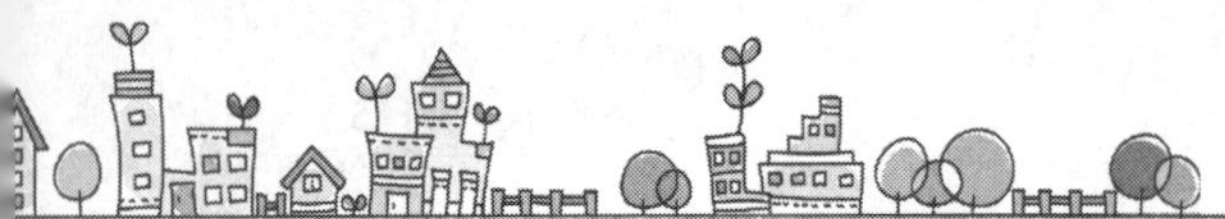

### (1) 경제적 내용연수

하나 이상의 사용자가 자산을 경제적으로 사용할 수 있을 것으로 예상하는 기간이나 자산에서 얻을 것으로 예상하는 생산량 또는 이와 비슷한 단위 수량

### (2) 고정리스료

**리스기간**의 **기초자산** 사용권에 대하여 **리스이용자**가 **리스제공자**에게 지급하는 금액에서 **변동리스료**를 뺀 금액

### (3) 공정가치

이 기준서의 **리스제공자** 회계처리 요구사항을 적용하기 위하여, 합리적인 판단력과 거래의사가 있는 독립된 당사자 사이의 거래에서 자산이 교환되거나 부채가 결제될 수 있는 금액

### (4) 금융리스

**기초자산**의 소유에 따른 위험과 보상의 대부분을 이전하는 **리스**

### (5) 기초자산

**리스제공자**가 **리스이용자**에게 자산의 사용권을 제공하는, **리스**의 대상이 되는 자산

### (6) 단기리스

**리스개시일**에, **리스기간**이 12개월 이하인 **리스**. 매수선택권이 있는 **리스**는 단기리스에 해당하지 않는다.

### (7) 무보증잔존가치

**리스제공자**가 실현할 수 있을지 확실하지 않거나 리스제공자의 특수관계자만이 보증한, **기초자산**의 잔존가치 부분

### (8) 미실현 금융수익

리스총투자와 리스순투자의 차이

### (9) 변경 유효일

두 당사자가 리스변경에 동의하는 날

### (10) 변동리스료

리스기간에 기초자산의 사용권에 대하여 리스이용자가 리스제공자에게 지급하는 리스료의 일부로서 시간의 경과가 아닌 리스개시일 후 사실이나 상황의 변화 때문에 달라지는 부분

### (11) 리스

대가와 교환하여 자산(기초자산)의 사용권을 일정 기간 이전하는 계약이나 계약의 일부

### (12) 리스개설직접원가

리스를 체결하지 않았더라면 부담하지 않았을 리스체결의 증분원가. 다만 금융리스와 관련하여 제조자 또는 판매자인 리스제공자가 부담하는 원가는 제외

### (13) 리스개시일

리스제공자가 리스이용자에게 기초자산을 사용할 수 있게 하는 날

### (14) 리스기간

리스이용자가 기초자산 사용권을 갖는 해지불능기간과 다음 기간을 포함하는 기간

① 리스이용자가 리스 연장선택권을 행사할 것이 상당히 확실한 경우에 그 선택권의 대상 기간

② 리스이용자가 리스 종료선택권을 행사하지 않을 것이 상당히 확실한 경우에 그 선택권의 대상 기간

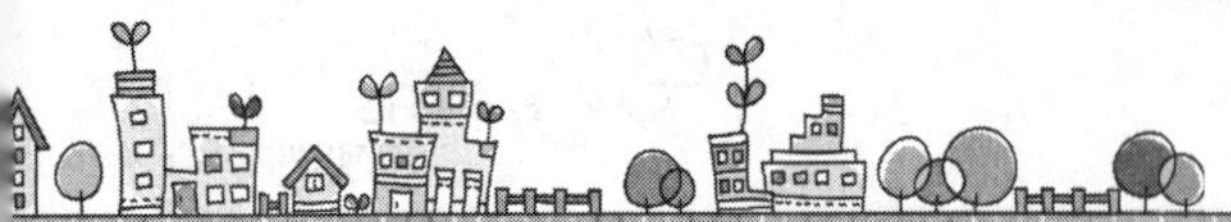

### ⒂ 리스료

**기초자산** 사용권과 관련하여 **리스기간**에 **리스이용자**가 리스제공자에게 지급하는 금액으로 다음 항목으로 구성됨

① **고정리스료**(실질적인 고정리스료를 포함하고, **리스 인센티브**는 차감)
② 지수나 요율(이율)에 따라 달라지는 **변동리스료**
③ 리스이용자가 매수선택권을 행사할 것이 상당히 확실한 경우에 그 매수선택권의 행사가격
④ 리스기간이 리스이용자의 종료선택권 행사를 반 영하는 경우에, 그 **리스**를 종료하기 위하여 부담하는 금액

리스이용자의 경우에 리스료는 **잔존가치보증**에 따라 리스이용자가 지급할 것으로 예상되는 금액도 포함한다. 리스이용자가 비리스요소와 리스요소를 통합하여 단일 리스요소로 회계처리하기로 선택하지 않는다면 리스료는 비리스요소에 배분되는 금액을 포함하지 않는다.

리스제공자의 경우에 리스료는 잔존가치보증에 따라 리스이용자, 리스이용자의 특수관계자, 리스제공자와 특수 관계에 있지 않고 보증의무를 이행할 재무적 능력이 있는 제삼자가 리스제공자에게 제공하는 잔존가치보증을 포함한다. 리스료는 비리스요소에 배분되는 금액은 포함하지 않는다.

이 기준서의 **리스제공자** 회계처리 요구사항을 적용하기 위하여, 합리적인 판단력과 거래의사가 있는 독립된 당사자 사이의 거래에서 자산이 교환되거나 부채가 결제될 수 있는 금액

### ⒃ 리스변경

변경 전 리스 조건의 일부가 아니었던 **리스**의 범위 또는 리스대가의 변경(예 하나 이상의 **기초자산** 사용권을 추가하거나 종료함, 계약상 **리스기간**을 연장하거나 단축함)

### ⒄ 리스순투자

**리스총투자**를 리스의 **내재이자율**로 할인한 금액

### ⒅ 리스약정일

리스계약일과 리스의 주요 조건에 대하여 계약당사자들이 합의한 날 중 이른 날

### ⒆ 리스의 내재이자율

**리스료** 및 **무보증잔존가치**의 현재가치 합계액을 다음 ㈎와 ㈏의 합계액과 동일하게 하는 할인율

㈎ **기초자산**의 **공정가치**

㈏ 리스제공자의 **리스개설직접원가**

### ⒇ 리스이용자

대가와 교환하여 **기초자산**의 사용권을 일정 기간 얻게 되는 기업

### ㉑ 리스이용자의 증분차입이자율

**리스이용자**가 비슷한 경제적 환경에서 비슷한 기간에 걸쳐 비슷한 담보로 **사용권자산**과 가치가 비슷한 자산 획득에 필요한 자금을 차입한다면 지급해야 하는 이자율

### ㉒ 리스 인센티브

리스와 관련하여 **리스제공자**가 **리스이용자**에게 지급하는 금액이나 리스이용자의 원가를 리스제공자가 보상하거나 부담하는 금액

### ㉓ 리스제공자

대가와 교환하여 **기초자산** 사용권을 일정 기간 제공하는 기업

### ㉔ 리스총투자

**금융리스**에서 **리스제공자**가 받게 될 리스료와 **무보증잔존가치**의 합계액

### ㉕ 사용기간

고객과의 계약을 이행하기 위하여 자산이 사용되는 총 기간(비연속적인 기간을 포함함)

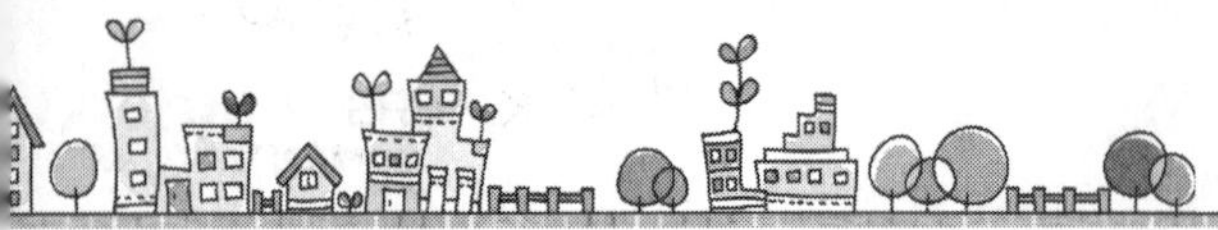

### ⒇ 사용권자산

**리스기간**에 **리스이용자**가 **기초자산**을 사용할 권리(기초자산 사용권)를 나타내는 자산

### (27) 사용권 리스료

리스를 연장하거나 종료하는 선택권의 대상 기간(**리스기간**에 포함되는 기간은 제외)에 **기초자산** 사용권에 대하여 **리스이용자**가 **리스제공자**에게 지급하는 리스료

### (28) 운용리스

**기초자산**의 소유에 따른 위험과 보상의 대부분을 이전하지 않는 **리스**

### (29) 잔존가치보증

**리스제공자**와 특수 관계에 있지 않은 당사자가 리스제공자에게 제공한, **리스종료일**의 **기초자산** 가치(또는 가치의 일부)가 적어도 특정 금액이 될 것이라는 보증

### (30) 전대리스

리스이용자(중간리스제공자)가 **기초자산**을 제삼자에게 다시 리스하는 거래. 상위리스제공자와 리스이용자 사이의 **리스**(상위리스)는 여전히 유효하다.

## 2. 리스의 분류

**리스이용자는 운용리스와 금융리스 구분 없이 리스개시일에 사용권자산과 리스부채를 인식하는 반면, 리스제공자는 각 리스를 운용리스 아니면 금융리스로 분류한다(K-IFRS 제1116호 61)**. 기초자산의 소유에 따른 위험과 보상의 대부분(substantially all)을 이전하는 리스는 금융리스로 분류한다. 기초자산의 소유에 따른 위험과 보상의 대부분을 이전하지 않는 리스는 운용리스로 분류한다(K−IFRS 제1116호 62).

리스가 금융리스인지 운용리스인지는 계약의 형식보다는 거래의 실질에 달려있다. 리스가 일반적으로 금융리스로 분류되는 상황(개별적으로나 결합되어)의 예는 다음과 같다(K−IFRS 제1116호 63).

(1) 리스기간 종료시점 이전에 기초자산의 소유권이 리스이용자에게 이전되는 리스

(2) 리스이용자가 선택권을 행사할 수 있는 날의 공정가치보다 충분히 낮을 것으로 예상되는 가격으로 기초자산을 매수할 수 있는 선택권을 가지고 있고, 그 선택권을 행사할 것이 리스약정일 현재 상당히 확실한 경우
(3) 기초자산의 소유권이 이전되지는 않더라도 리스기간이 기초자산의 경제적 내용연수의 상당 부분(major part)을 차지하는 경우
(4) 리스약정일 현재, 리스료의 현재가치가 적어도 기초자산 공정가치의 대부분에 해당하는 경우
(5) 기초자산이 특수하여 해당 리스이용자만이 주요한 변경 없이 사용할 수 있는 경우

리스가 금융리스로 분류될 수 있는 상황의 지표(개별적으로나 결합되어)는 다음과 같다(K-IFRS 제1116호 64).
(1) 리스이용자가 리스를 해지할 수 있는 경우에 리스이용자가 해지에 관련되는 리스제공자의 손실을 부담하는 경우
(2) 잔존자산의 공정가치 변동에서 생기는 손익이 리스이용자에게 귀속되는 경우 (예 리스 종료시점에 매각대가의 대부분에 해당하는 금액이 리스료 환급의 형태로 리스이용자에게 귀속되는 경우)
(3) 리스이용자가 시장리스료보다 현저하게 낮은 리스료로 다음 리스기간에 리스를 계속할 능력이 있는 경우

문단 63~64의 예시나 지표가 항상 결정적인 것은 아니다. 계약의 다른 속성들을 고려할 때 기초자산의 소유에 따른 위험과 보상의 대부분을 이전하지 않는다는 점이 분명하다면 그 리스는 운용리스로 분류한다. 예를 들면 다음과 같은 경우가 이에 해당할 수 있다(K-IFRS 제1116호 65).
(1) 리스기간 종료시점에 기초자산의 소유권을 그 시점의 공정가치에 해당하는 변동지급액으로 이전하는 경우
(2) 변동리스료가 있고 그 결과로 리스제공자가 기초자산의 소유에 따른 위험과 보상의 대부분을 이전하지 않는 경우

리스는 리스약정일에 분류하며 리스변경이 있는 경우에만 분류를 다시 판단한다. 추정의 변경(예 기초자산의 내용연수 또는 잔존가치 추정치의 변경)이나 상황의 변화(예 리스이용자의 채무불이행)는 회계 목적상 리스를 새로 분류하는 원인이 되지 않는

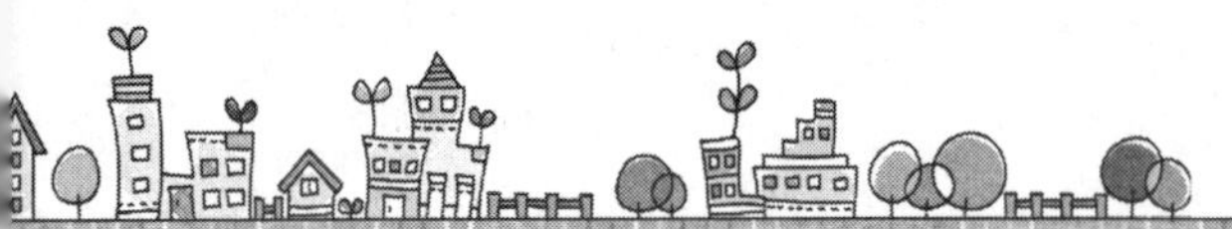

다(K-IFRS 제1116호 66).

# 03절 금융리스

금융리스는 리스자산 소유에 따른 대부분의 위험과 보상이 리스이용자에게 이전되므로 리스제공자는 리스자산을 장부에서 제거하고, 리스이용자가 리스자산을 계상하게 된다.

## 1. 리스이용자의 회계처리

### (1) 최초 측정

리스이용자는 리스개시일에 **사용권자산과 리스부채를 인식**한다(K-IFRS 제1116호 22).

| (차) 사용권자산 | ××× | (대) 리스부채 | ××× |
|---|---|---|---|

리스이용자는 리스개시일에 **사용권자산을 원가로 측정**한다(K-IFRS 제1116호 23). 사용권자산의 원가는 다음 항목으로 구성된다(K-IFRS 제1116호 23).

① 리스부채의 최초 측정금액(문단 26에서 기술함)
② 리스개시일이나 그 전에 지급한 리스료(받은 리스 인센티브는 차감)
③ 리스이용자가 부담하는 리스개설직접원가
④ 리스 조건에서 요구하는 대로 기초자산을 해체하고 제거하거나, 기초자산이 위치한 부지를 복구하거나, 기초자산 자체를 복구할 때 리스이용자가 부담하는 원가의 추정치(다만 그 원가가 재고자산을 생산하기 위해 부담하는 것이 아니어야 한다). 리스이용자는 리스개시일에 그 원가에 대한 의무를 부담하게 되거나 특정한 기간에 기초자산을 사용한 결과로 그 원가에 대한 의무를 부담한다.

리스이용자는 문단 24(4)에서 기술하는 원가에 대한 의무를 부담할 때 사용권자산 원가의 일부로 그 원가를 인식한다. 리스이용자는, 특정한 기간에 재고자산을 생산하기 위하여 사용권자산을 사용한 결과로 그 기간에 부담하는 원가에는 기업회계기준서 제1002호 '재고자산'을 적용한다. 이 기준서나 기업회계기준서 제1002호를 적용하여 회계처리하는 그러한 원가에 대한 의무는 기업회계기준서 제1037호 '충당부채, 우발부채, 우발자산'을 적용하여 인식하고 측정한다(K－IFRS 제1116호 25).

리스이용자는 리스개시일에 그날 현재 지급되지 않은 **리스료의 현재가치로 리스부채를 측정**한다. 리스의 내재이자율을 쉽게 산정할 수 있는 경우에는 그 이자율로 리스료를 할인한다. 그 이자율을 쉽게 산정할 수 없는 경우에는 리스이용자의 증분차입이자율을 사용한다(K－IFRS 제1116호 26).

리스개시일에 리스부채의 측정치에 포함되는 리스료는, 리스기간에 걸쳐 기초자산을 사용하는 권리에 대한 지급액 중 그날 현재 지급되지 않은 다음 금액으로 구성된다(K－IFRS 제1116호 27).

① 고정리스료
② 지수나 요율(이율)에 따라 달라지는 변동리스료. 처음에는 리스개시일의 지수나 요율(이율)을 사용하여 측정한다(문단 28에서 기술함).
③ 잔존가치보증에 따라 리스이용자가 지급할 것으로 예상되는 금액
④ 리스이용자가 매수선택권을 행사할 것이 상당히 확실한 경우에 그 매수선택권의 행사가격
⑤ 리스기간이 리스이용자의 종료선택권 행사를 반영하는 경우에 그 리스를 종료하기 위하여 부담하는 금액

문단 27⑵에서 기술하는 지수나 요율(이율)에 따라 달라지는 변동리스료의 예에는 소비자물가지수에 연동되는 지급액, 기준금리(예 LIBOR)에 연동되는 지급액, 시장 대여요율(market rental rates)의 변동을 반영하기 위하여 변동되는 지급액이 포함된다(K－IFRS 제1116호 28).

### ⑶ 후속 측정

| (차) 이자비용 | ××× | (대) 현 금 | ××× |
|---|---|---|---|
| 리스부채 | ××× | | |

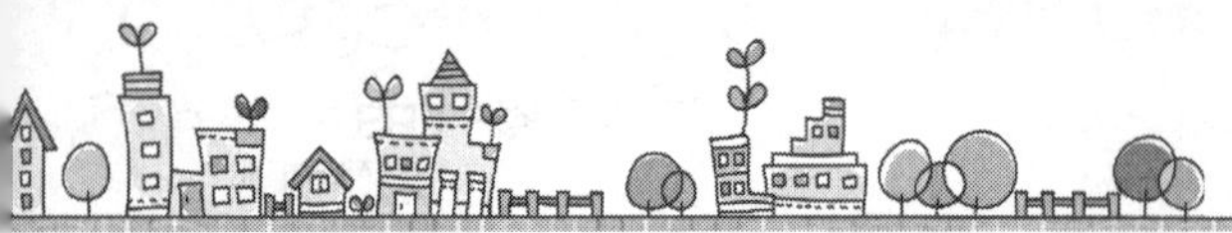

문단 34와 35에서 기술하는 측정모형 중 어느 하나를 적용하지 않는 경우에, 리스이용자는 리스개시일 후에 원가모형을 적용하여 사용권자산을 측정한다(K－IFRS 제1116호 29). 원가모형을 적용하기 위하여, 리스이용자는 원가에서 다음을 차감하고 조정하여 사용권자산을 측정한다(K－IFRS 제1116호 30).

① 감가상각누계액과 손상차손누계액을 차감

② 문단 36(3)에서 규정하는 리스부채의 재측정에 따른 조정

리스이용자는 사용권자산을 감가상각할 때 문단 32의 요구사항을 전제로 기업회계기준서 제1016호 '유형자산'의 감가상각에 대한 요구사항을 적용한다(K－IFRS 제1116호 31).

리스가 리스기간 종료시점 이전에 리스이용자에게 기초자산의 소유권을 이전하는 경우나 사용권자산의 원가에 리스이용자가 매수선택권을 행사할 것임이 반영되는 경우에, 리스이용자는 리스개시일부터 기초자산의 내용연수 종료시점까지 사용권자산을 감가상각한다. 그 밖의 경우에는 리스이용자는 리스개시일부터 사용권자산의 내용연수 종료일과 리스기간 종료일 중 이른 날까지 사용권자산을 감가상각한다(K－IFRS 제1116호 32).

리스이용자는 사용권자산이 손상되었는지를 판단하고 식별되는 손상차손을 회계처리하기 위하여 기업회계기준서 제1036호 '자산손상'을 적용한다(K－IFRS 제1116호 33).

리스이용자가 투자부동산에 기업회계기준서 제1040호 **'투자부동산'의 공정가치모형을 적용하는 경우**에는, 기업회계기준서 제1040호의 투자부동산 정의를 충족하는 사용권자산에도 **공정가치모형을 적용**한다(K－IFRS 제1116호 34).

사용권자산이 기업회계기준서 제1016호의 **재평가모형을 적용하는 유형자산의 유형에 관련되는 경우**에, 리스이용자는 그 유형자산의 유형에 관련되는 모든 사용권자산에 **재평가모형을 적용하기로 선택할 수 있다**(K－IFRS 제1116호 35).

리스이용자는 리스개시일 후에 다음을 반영하여 리스부채를 측정한다(K－IFRS 제1116호 36).

① 리스부채에 대한 이자를 반영하여 장부금액을 증액

② 지급한 리스료를 반영하여 장부금액을 감액

③ 문단 39～46에서 규정하는 재평가 또는 리스변경을 반영하거나 실질적인 고정리스료(문단 B42 참조)의 변경을 반영하여 장부금액을 다시 측정

리스기간 중 각 기간의 리스부채에 대한 이자는 리스부채 잔액에 대하여 일정한 기간

이자율이 산출되도록 하는 금액이다. 기간이자율은 문단 26에서 기술하는 할인율이거나, 해당 사항이 있다면 문단 41, 43, 45(3)에서 기술하는 수정 할인율이다(K-IFRS 제1116호 37).

리스이용자는 리스개시일 후에 다음 원가를 모두 당기손익으로 인식한다. 다만, 적용 가능한 다른 기준서를 적용하는, 다른 자산의 장부금액에 포함되는 원가인 경우는 제외한다(K-IFRS 제1116호 38).

① 리스부채에 대한 이자
② 변동리스료를 유발하는 사건 또는 조건이 생기는 기간의 리스부채 측정치에 포함되지 않는 변동리스료

리스이용자는 리스개시일 후에 리스료에 생기는 변동을 반영하기 위하여 리스부채를 다시 측정할 때 문단 40~43을 적용한다. 리스이용자는 사용권자산을 조정하여 리스부채의 재측정 금액을 인식한다. 그러나 사용권자산의 장부금액이 영(0)으로 줄어들고 리스부채 측정치가 그보다 많이 줄어드는 경우에 리스이용자는 나머지 재측정 금액을 당기손익으로 인식한다(K-IFRS 제1116호 39).

리스이용자는 다음 중 어느 하나에 해당하는 경우에 수정 할인율로 수정 리스료를 할인하여 리스부채를 다시 측정한다(K-IFRS 제1116호 40).

① 리스기간에 변경이 있는 경우. 리스이용자는 변경된 리스기간에 기초하여 수정 리스료를 산정한다.
② 매수선택권의 맥락에서 문단 20~21에서 기술하는 사건과 상황을 고려하여 평가한 결과, 기초자산을 매수하는 선택권 평가에 변동이 있는 경우. 리스이용자는 매수선택권에 따라 지급할 금액의 변동을 반영하여 수정 리스료를 산정한다.

문단 40을 적용할 때, 리스이용자는 내재이자율을 쉽게 산정할 수 있는 경우에는 남은 리스기간의 내재이자율로 수정 할인율을 산정하나, 리스의 내재이자율을 쉽게 산정할 수 없는 경우에는 재평가시점의 증분차입이자율로 수정 할인율을 산정한다(K-IFRS 제1116호 41).

리스이용자는 다음 중 어느 하나에 해당하는 경우에 수정 리스료를 할인하여 리스부채를 다시 측정한다(K-IFRS 제1116호 42).

① 잔존가치보증에 따라 지급할 것으로 예상되는 금액에 변동이 있는 경우. 리스이용자는 잔존가치보증에 따라 지급할 것으로 예상되는 금액의 변동을 반영하여 수정

리스료를 산정한다.

② 리스료를 산정할 때 사용한 지수나 요율(이율)의 변동으로 생기는 미래 리스료에 변동이 있는 경우. 예를 들면 시장 대여료를 검토한 후 시장 대여요율 변동을 반영하는 변동을 포함한다. 리스이용자는 현금흐름에 변동이 있을 경우(리스료 조정액이 유효할 때)에만 수정 리스료를 반영하여 리스부채를 다시 측정한다. 리스이용자는 변경된 계약상 지급액에 기초하여 남은 리스기간의 수정 리스료를 산정한다.

변동이자율의 변동으로 리스료에 변동이 생긴 것이 아니라면 문단 42를 적용할 때 리스이용자는 변경되지 않은 할인율을 사용한다. 리스료의 변동이 변동이자율의 변동으로 생긴 경우에 리스이용자는 그 이자율 변동을 반영하는 수정 할인율을 사용한다(K-IFRS 제1116호 43).

리스이용자는 다음 조건을 모두 충족하는 리스변경을 별도 리스로 회계처리한다(K-IFRS 제1116호 44).

① 하나 이상의 기초자산 사용권이 추가되어 리스의 범위가 넓어진다.

② 넓어진 리스 범위의 개별 가격에 상응하는 금액과 특정한 계약의 상황을 반영하여 그 개별 가격에 적절히 조정하는 금액만큼 리스대가가 증액된다.

별도 리스로 회계처리하지 않는 리스변경에 대하여 리스이용자는 리스변경 유효일에 다음과 같이 처리한다(K-IFRS 제1116호 45).

① 문단 13~16을 적용하여 변경된 계약의 대가를 배분한다.

② 문단 18~19를 적용하여 변경된 리스의 리스기간을 산정한다.

③ 수정 할인율로 수정 리스료를 할인하여 리스부채를 다시 측정한다. 내재이자율을 쉽게 산정할 수 있는 경우에는 남은 리스기간의 내재이자율로 수정 할인율을 산정하나, 리스의 내재이자율을 쉽게 산정할 수 없는 경우에는 리스변경 유효일 현재 리스이용자의 증분차입이자율로 수정 할인율을 산정한다.

별도 리스로 회계처리하지 않는 리스변경에 대하여 리스이용자는 다음과 같이 리스부채의 재측정을 회계처리한다(K-IFRS 제1116호 46).

① 리스의 범위를 좁히는 리스변경에 대하여 리스의 일부나 전부의 종료를 반영하기 위하여 사용권자산의 장부금액을 줄인다. 리스이용자는 리스의 일부나 전부의 종료에 관련되는 차손익을 당기손익으로 인식한다.

② 그 밖의 모든 리스변경에 대하여 사용권자산에 상응하는 조정을 한다.

## 2. 리스제공자의 회계처리

리스제공자는 리스개시일에 금융리스에 따라 보유하는 자산을 재무상태표에 인식하고 그 자산을 리스순투자와 동일한 금액의 수취채권으로 표시한다(K－IFRS 제1116호 67). 리스제공자는 리스순투자를 측정할 때 리스의 내재이자율을 사용한다. 전대리스(sublease)의 경우에 전대리스의 내재이자율을 쉽게 산정할 수 없다면, 중간리스제공자는 전대리스의 순투자를 측정하기 위하여 상위리스(head lease)에 사용된 할인율(전대리스에 관련되는 리스개설직접원가를 조정함)을 사용할 수 있다(K－IFRS 제1116호 68).

제조자 또는 판매자인 리스제공자가 부담하는 것이 아니라면 리스개설직접원가는 리스순투자의 최초 측정치에 포함되어 리스기간에 걸쳐 인식되는 수익 금액을 줄인다. 리스개설직접원가가 자동적으로 리스순투자에 포함되도록 리스의 내재이자율이 정의되었으므로 리스개설직접원가를 별도로 더할 필요가 없다(K－IFRS 제1116호 69).

리스개시일에 리스순투자의 측정치에 포함되는 리스료는, 리스기간에 걸쳐 기초자산을 사용하는 권리에 대한 지급액 중 리스개시일 현재 지급받지 않은 다음 금액으로 구성된다(K－IFRS 제1116호 70).

① 고정리스료

② 지수나 요율(이율)에 따라 달라지는 변동리스료. 처음에는 리스개시일의 지수나 요율(이율)을 사용하여 측정한다.

③ 잔존가치보증에 따라 리스이용자, 리스이용자의 특수관계자, 리스제공자와 특수관계에 있지 않고 보증의무를 이행할 재무적 능력이 있는 제삼자가 리스제공자에게 제공하는 잔존가치보증

④ 리스이용자가 매수선택권을 행사할 것이 상당히 확실한 경우에 그 매수선택권의 행사가격

⑤ 리스기간이 리스이용자의 종료선택권 행사를 반영하는 경우에 그 리스를 종료하기 위하여 부담하는 금액

제조자 또는 판매자인 리스제공자는 리스개시일에 각 금융리스에 대하여 다음을 인식한다(K－IFRS 제1116호 71).

① 기초자산의 공정가치와, 리스제공자에게 귀속되는 리스료를 시장이자율로 할인한 현재가치 중 적은 금액으로 수익을 인식한다.

② 기초자산의 원가(원가와 장부금액이 다를 경우에는 장부금액)에서 무보증잔존가치의 현재가치를 뺀 금액을 매출원가로 인식한다.

③ 기업회계기준서 제1115호를 적용하는 일반 판매에 대한 리스제공자의 회계정책에 따라 매출손익(수익과 매출원가의 차이)을 인식한다. 제조자 또는 판매자인 리스제공자는 기업회계기준서 제1115호에서 기술하는 바와 같이 리스제공자가 기초자산을 이전하는지에 관계없이 리스개시일에 금융리스에 대한 매출손익을 인식한다.

제조자나 판매자는 흔히 고객이 자산의 구매나 리스 중 하나를 선택할 수 있게 하기도 한다. 제조자 또는 판매자인 리스제공자가 제공하는 자산을 금융리스하는 경우에, 적용할 수 있는 수량할인 또는 거래할인을 반영한 정상 판매가격으로 기초자산을 일반 판매하여 생기는 손익과 동일한 손익이 생기게 된다(K-IFRS 제1116호 72).

제조자 또는 판매자인 리스제공자는 고객을 끌기 위하여 의도적으로 낮은 이자율을 제시하기도 한다. 이러한 낮은 이자율의 사용은 리스제공자가 거래에서 생기는 전체 이익 중 과도한 부분을 리스개시일에 인식하는 결과를 가져온다. 의도적으로 낮은 이자율을 제시하는 경우라면 제조자 또는 판매자인 리스제공자는 시장이자율을 부과하였을 경우의 금액으로 매출이익을 제한한다(K-IFRS 제1116호 73).

제조자 또는 판매자인 리스제공자는 금융리스 체결과 관련하여 부담하는 원가를 리스개시일에 비용으로 인식한다. 그 원가는 주로 제조자 또는 판매자인 리스제공자가 매출이익을 벌어들이는 일과 관련되기 때문이다. 제조자 또는 판매자인 리스제공자가 금융리스 체결과 관련하여 부담하는 원가는 리스개설직접원가의 정의에서 제외되고, 따라서 리스순투자에서도 제외된다(K-IFRS 제1116호 74).

리스제공자는 자신의 리스순투자 금액에 일정한 기간수익률을 반영하는 방식으로 리스기간에 걸쳐 금융수익을 인식한다(K-IFRS 제1116호 75).

리스제공자는 체계적이고 합리적인 기준으로 리스기간에 걸쳐 금융수익이 배분되도록 한다. 리스제공자는 해당 기간의 리스료를 리스총투자에 대응시켜 원금과 미실현 금융수익을 줄인다(K-IFRS 제1116호 76).

리스제공자는 리스순투자에 기업회계기준서 제1109호의 제거 및 손상에 대한 요구사항을 적용한다. 리스제공자는 리스총투자를 계산할 때 사용한 추정 무보증잔존가치를 정기적으로 검토한다. 추정 무보증잔존가치가 줄어든 경우에 리스제공자는 리스기간에 걸쳐 수익 배분액을 조정하고 발생된 감소액을 즉시 인식한다(K-IFRS 제1116호 77).

리스제공자는 기업회계기준서 제1105호 '매각예정비유동자산과 중단영업'에 따라 매각예정으로 분류하는(또는 매각예정으로 분류되는 처분자산집단에 포함하는), 금융리스에 따른 자산을 그 기준서에 따라 회계처리한다(K-IFRS 제1116호 78). 리스제공자는 다음 조건을 모두 충족하는 금융리스의 변경을 별도 리스로 회계처리한다(K-IFRS 제1116호 79).

① 하나 이상의 기초자산 사용권이 추가되어 리스의 범위가 넓어진다.

② 넓어진 리스 범위의 개별 가격에 상응하는 금액과 특정한 계약의 상황을 반영하여 그 개별 가격에 적절히 조정하는 금액만큼 리스대가가 증액된다.

별도 리스로 회계처리하지 않는 금융리스의 변경에 대하여 리스제공자는 다음과 같이 그 변경을 회계처리한다(K-IFRS 제1116호 80).

① 변경이 리스약정일에 유효하였다면 그 리스를 운용리스로 분류하였을 경우에, 리스제공자는 다음과 같이 처리한다.

㈎ 리스변경을 변경 유효일부터 새로운 리스로 회계처리한다.

㈏ 기초자산의 장부금액을 리스변경 유효일 직전의 리스순투자로 측정한다.

② 그 밖에는 기업회계기준서 제1109호의 요구사항을 적용한다.

### 사례 1 금융리스-소유권이 이전되는 경우

⑴ 20×1년 1월 1일 백두리스회사는 한라회사와 금융리스계약을 체결하였다.
⑵ 리스자산(기계장치)의 공정가치는 ₩500,000, 내용연수는 4년, 잔존가치는 없다.
⑶ 리스기간은 3년, 리스료는 매년 말 지급하는 조건이다.
⑷ 한라회사는 리스기간 종료시 ₩100,000을 지급하고 소유권을 이전 받는다.
⑸ 내재이자율은 10% 이다. (3기간의 10% 연금현가계수는 2.4868, 현가계수는 0.7513)

1. 리스기간 동안 매년 말 지급되는 연간 리스료를 계산하라.
2. 리스기간개시일에 백두리스회사와 한라회사가 각각 인식해야할 금융리스채권과 사용권자산, 리스부채의 금액을 계산하라.

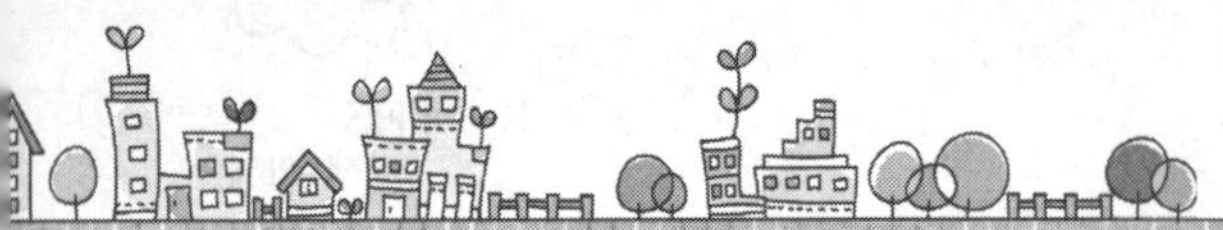

3. 리스기간 동안 금융리스채권 및 리스부채의 장부금액 조정표를 작성하라.
4. 한라회사가 20×1년도에 인식할 감가상각비를 계산하라. (단, 정액법으로 상각함)
5. 백두리스회사와 한라회사 입장에서 리스기간 동안의 회계처리를 하라.

**핵심해설**

1. 연간 리스료 계산

   리스자산의 공정가치가 최소리스료(소유권이전가액 포함)의 현재가치와 일치하도록 연간 리스료가 결정된다.

   ₩500,000＝연간리스료×2.4868＋₩100,000(소유권이전가액)×0.7513

   ∴ 연간 리스료 : ₩170,850

2. 리스기간개시일 금융리스채권, 사용권자산, 리스부채 금액계산

   (1) 금융리스채권 : 리스자산의 공정가치＋리스개설직접원가(＝0)
   ＝₩500,000

   (2) 리스부채 : Min(리스자산의 공정가치, 최소리스료 현재가치)
   ＝₩500,000

   * 최소리스료 현재가치 : ₩170,850×2.4868＋₩100,000(소유권이전가액)×0.7513
   ＝₩500,000

   (3) 사용권자산 : 리스부채＋리스이용자의 리스개설직접원가(＝0)
   ＝₩500,000

3. 금융리스채권 및 리스부채 장부금액 조정표

| 일 자 | 연간 리스료 | 이자수익(10%) | 원금 회수액 | 금융리스채권/리스부채 장부금액 |
|---|---|---|---|---|
| 20×1. 1. 1. | | | | ₩500,000 |
| 20×1. 12. 31. | ₩170,850 | ₩50,000 | ₩120,850 | ₩379,150 |
| 20×2. 12. 31. | ₩170,850 | ₩37,915 | ₩132,935 | ₩246,215 |
| 20×3. 12. 31. | ₩170,850 | ₩24,635* | ₩146,215 | ₩100,000 |
| 계 | ₩512,550 | ₩112,550 | ₩400,000 | |

* 단수조정

4. 20×1년도 한라회사의 감가상각비 계산

   감가상각비 : 리스기간개시일 사용권자산 장부금액÷내용연수
   ＝₩500,000÷4년＝₩125,000

### 5. 회계처리

| 일 자 | 백두리스회사 | 한라회사 |
|---|---|---|
| 20×1. 1. 1. | (차) 금융리스채권 500,000<br>(대) 선급리스자산 500,000 | (차) 사용권자산 500,000<br>(대) 리스부채 500,000 |
| 20×1. 12. 31. | (차)현 금 170,850<br>(대) 이자수익 50,000<br>금융리스채권 120,850 | (차) 이자비용 50,000<br>리스부채 120,850<br>(대) 현 금 170,850<br>(차) 감가상각비 125,000<br>(대) 감가상각누계액 125,000 |
| 20×2. 12. 31. | (차) 현 금 170,850<br>(대) 이 자 수 익 37,915<br>금융리스채권 132,935 | (차) 이자비용 37,915<br>리스부채 132,935<br>(대) 현 금 170,850<br>(차) 감가상각비 125,000<br>(대) 감가상각누계액 125,000 |
| 20×3. 12. 31. | (차) 현 금 170,850<br>(대) 이자수익 24,635<br>금융리스채권 146,215 | (차) 이자비용 24,635<br>리스부채 146,215<br>(대) 현 금 170,850<br>(차) 감가상각비 125,000<br>(대) 감가상각누계액 125,000 |
| 소유권 이전시 | (차) 현 금 100,000<br>(대) 금융리스채권 100,000 | (차) 리스부채 100,000<br>(대) 현 금 100,000<br>(차) 기계장치 500,000<br>(대)사용권자산 500,000 |

### 사례 2 금융리스－소유권이 이전되지 않는 경우

(1) 20×1년 1월 1일 청주리스회사는 한남회사와 금융리스계약을 체결하였다.
(2) 리스자산의 공정가치는 ₩150,000, 경제적 내용연수는 4년, 잔존가치는 없다.
(3) 리스기간은 3년, 리스료는 매년 말 지급하는 조건이다.
(4) 한남회사는 3년 후 예상되는 리스자산 잔존가액 ₩30,000 중 ₩20,000을 보증하였다.
(5) 리스개설직접원가 발생액 : 청주리스회사 ₩3,000, 한남회사 ₩5,000
(6) 내재이자율은 10% 이다. (3기간의 10% 연금현가계수는 2.4868, 현가계수는 0.7513)

1. 리스기간 동안 매년 말 지급되는 연간 리스료를 계산하라.
2. 리스기간개시일에 청주리스회사와 한남회사가 각각 인식해야할 금융리스채권과 사용권자산, 리스부채의 금액을 계산하라.
3. 리스기간 동안 금융리스채권 및 리스부채의 장부금액 조정표를 작성하라.
4. 한남회사가 20×1년도에 인식할 감가상각비를 계산하라. (단, 정액법으로 상각함)
5. 청주리스회사와 한남회사 입장에서 20×1년도 회계처리를 하라.
6. 리스종료시 실제 잔존가치가 ① ₩25,000, ② ₩15,000 일 때, 각각 리스자산 반환시 두 회사가 행할 회계처리를 행하라.

**핵심해설**

1. 연간 리스료 계산

   * 사용권자산의 공정가치와 리스제공자의 리스개설직접원가의 합계액이 최소리스료의 현재가치와 무보증잔존가치의 현재가치 합계액과 일치하도록 연간 리스료가 결정된다.

   ₩150,000＋₩3,000＝연간리스료×2.4868＋₩30,000(잔존가액)×0.7513

   ∴ 연간 리스료＝₩52,461

2. 리스기간개시일 금융리스채권, 사용권자산, 리스부채 금액계산

   (1) 금융리스채권 : 리스자산의 공정가치＋리스제공자의 리스개설직접원가
   ＝₩150,000＋₩3,000＝₩153,000

   (2) 리스부채 : Min(사용권자산의 공정가치, 최소리스료 현재가치)
   ＝Min(₩150,000, ₩145,486)＝₩145,486

   * 최소리스료 현재가치 : ₩52,461×2.4868＋₩20,000(보증잔존가액)×0.7513＝₩145,486

   (3) 사용권자산 : 리스부채＋리스이용자의 리스개설직접원가
   ＝₩145,486＋₩5,000＝₩150,486

3. 금융리스채권, 리스부채 장부금액 조정표

   (1) 금융리스채권 장부금액 조정표

| 일 자 | 연간 리스료 | 이자수익(10%) | 원금 회수액 | 금융리스채권 장부금액 |
|---|---|---|---|---|
| 20×1. 1. 1. | | | | ₩153,000 |
| 20×1. 12. 31. | ₩52,461 | ₩15,300 | ₩37,161 | ₩115,839 |
| 20×2. 12. 31. | ₩52,461 | ₩11,584 | ₩40,877 | ₩ 74,962 |
| 20×3. 12. 31. | ₩52,461 | ₩ 7,499* | ₩44,962 | ₩ 30,000 |
| 계 | ₩157,383 | ₩34,383 | ₩123,000 | |

(2) 금융리스부채 장부금액 조정표

| 일 자 | 연간 리스료 | 이자수익(10%) | 원금 회수액 | 리스부채 장부금액 |
|---|---|---|---|---|
| 20×1. 1. 1. | | | | ₩145,486 |
| 20×1. 12. 31. | ₩52,461 | ₩14,549 | ₩37,912 | ₩107,574 |
| 20×2. 12. 31. | ₩52,461 | ₩10,757 | ₩41,704 | ₩ 65,870 |
| 20×3. 12. 31. | ₩52,461 | ₩6,591* | ₩45,870 | ₩ 20,000 |
| 계 | ₩157,383 | ₩34,383 | ₩123,000 | |

* 단수조정

**4. 20×1년도 한남회사의 감가상각비 계산**

감가상각비 : (리스기간개시일 리스자산 장부금액－보증잔존가치)÷리스기간

=(₩150,486－₩20,000)÷3년=₩43,495

**5. 20×1년 회계처리**

| 일 자 | 청주리스회사 | | | 한남회사 | | |
|---|---|---|---|---|---|---|
| 20×1. 1. 1. | (차) 금융리스채권 | 153,000 | | (차) 사용권자산 | 150,486 | |
| | (대) 선급리스자산 | | 150,000 | (대) 리스부채 | | 145,486 |
| | 현 금 | | 3,000 | 현 금 | | 5,000 |
| 20×1. 12. 31. | (차) 현 금 | 52,461 | | (차) 이 자 비 용 | 14,549 | |
| | (대) 이 자 수 익 | | 15,300 | 리스부채 | 37,912 | |
| | 금융리스채권 | | 37,161 | (대) 현 금 | | 52,461 |
| | | | | (차) 감가상각비 | 43,495 | |
| | | | | (대) 감가상각누계액 | | 43,495 |

**6. 리스자산 반환시점 회계처리**

(1) 반환시점 리스자산 실제 잔존가치가 ₩25,000인 경우

| 청주리스회사 | | | 한남회사 | | |
|---|---|---|---|---|---|
| (차) 리 스 자 산 | 25,000 | | (차) 감가상각누계액 | 130,486 | |
| 리스회수손실 | 5,000 | | 리스부채 | 20,000 | |
| (대) 금융리스채권 | | 30,000 | (대) 사용권자산 | | 150,486 |

(2) 반환시점 리스자산 실제 잔존가치가 ₩15,000인 경우

| 청주리스회사 | | | 한남회사 | | |
|---|---|---|---|---|---|
| (차) 리스자산 | 15,000 | | (차) 감가상각누계액 | 130,486 | |
| 리스회수손실 | 15,000 | | 리스부채 | 20,000 | |
| (대) 금융리스채권 | | 30,000 | (대) 사용권자산 | | 150,486 |
| (차) 현 금 | 5,000 | | (차) 보증손실 | 5,000 | |
| (대) 리스보증이익 | | 5,000 | (대) 현 금 | | 5,000 |

한편 리스자산의 부대시설과 관련하여 발생한 비용과 리스기간개시일 이후 리스자산과 직접 관련된 수선비 중 자본적 지출에 해당하는 금액(리스제공자 부담분은 제외)은 이를 '**리스개량자산**' 과목으로 계상하여 리스자산과 동일한 방법으로 감가상각한다. 이 경우 리스기간종료시 또는 그 이전에 리스자산의 소유권 이전이 거의 확실하다면 리스자산의 내용연수와 리스개량자산의 내용연수 중 짧은 기간에, 그렇지 않으면 리스기간과 리스개량자산의 내용연수 중 짧은 기간에 걸쳐서 감가상각한다.

리스이용자가 리스실행일 이후 리스자산에 직접 관련된 보험료, 수선비, 세금과공과 등으로서 리스료와 별도로 지급하기로 한 금액을 **사용비용(executory costs)**라고 하는데, 리스이용자는 이를 발생연도에 비용으로 처리한다.

## 04절 운용리스

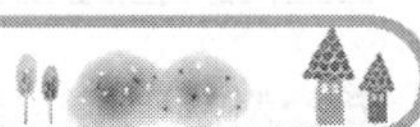

운용리스는 리스자산의 사용권은 리스이용자에게 부여되지만, 소유에 따른 대부분의 위험과 보상을 리스제공자가 가지고 있는 리스로서 임대차 거래와 유사하다.

### 1. 리스이용자의 회계처리

운용리스 이용자의 회계처리는 금융리스 이용자의 회계처리와 동일하므로, 금융리스 이용자의 회계처리를 참조하기 바란다.

## 2. 리스제공자의 회계처리

리스제공자는 정액 기준이나 다른 체계적인 기준으로 운용리스의 리스료를 수익으로 인식한다. 다른 체계적인 기준이 기초자산의 사용으로 생기는 효익이 감소되는 형태를 더 잘 나타낸다면 리스제공자는 그 기준을 적용한다(K－IFRS 제1116호 81). 리스제공자는 리스료 수익 획득 과정에서 부담하는 원가(감가상각비를 포함함)를 비용으로 인식한다(K－IFRS 제1116호 82).

리스제공자는 운용리스 체결 과정에서 부담하는 리스개설직접원가를 기초자산의 장부금액에 더하고 리스료 수익과 같은 기준으로 리스기간에 걸쳐 비용으로 인식한다(K－IFRS 제1116호 83). 운용리스에 해당하는 감가상각 대상 기초자산의 감가상각 정책은 리스제공자가 소유한 비슷한 자산의 보통 감가상각 정책과 일치해야 한다. 리스제공자는 감가상각비를 기업회계기준서 제1016호와 제1038호에 따라 계산한다(K－IFRS 제1116호 84). 리스제공자는 운용리스의 대상이 되는 기초자산이 손상되었는지를 판단하고, 식별되는 손상차손을 회계처리하기 위하여 기업회계기준서 제1036호를 적용한다(K－IFRS 제1116호 85). 제조자 또는 판매자인 리스제공자의 운용리스 체결은 판매와 동등하지 않으므로 운용리스 체결 시점에 매출이익을 인식하지 않는다(K－IFRS 제1116호 86).

리스제공자는 운용리스의 변경을 변경 유효일부터 새로운 리스로 회계처리한다. 이 경우에 변경 전 리스에 관련하여 선수하였거나 발생한(미수) 리스료를 새로운 리스의 리스료의 일부로 본다(K－IFRS 제1116호 87).

리스제공자는 기초자산의 특성에 따라 재무상태표에 운용리스 대상 기초자산을 표시한다(K－IFRS 제1116호 88).

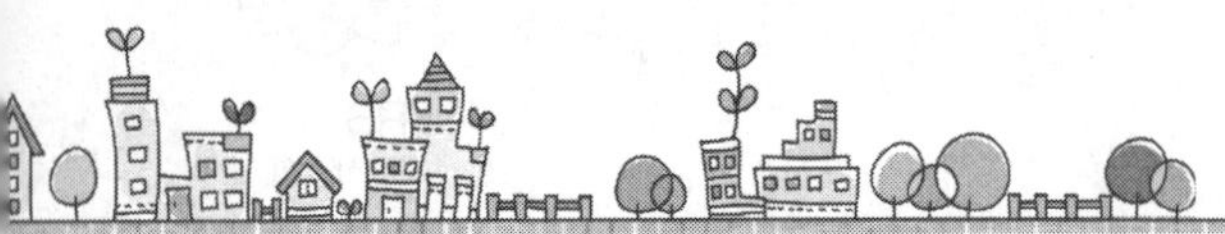

## 사례 3 리스제공자 운용리스

(1) 한국리스회사는 20×1년 말에 기계를 ₩100,000에 구입하여 20×2년 초에 문화회사와 리스계약을 체결하고 즉시 리스계약을 실행하였다. (리스기간은 5년이다)
(2) 리스개설직접원가로 한국리스회사는 ₩5,000을 지출하였다.
(3) 리스자산은 정액법으로 상각하며, 내용연수 8년, 추정 잔존가치는 ₩10,000이다.
(4) 문화회사는 매년 말에 ₩15,000의 리스료를 후급으로 지급한다.
(5) 리스기간 종료시 보증잔존가치는 ₩3,000이었으나, 리스기간 종료시 실제 잔존가치가 ₩2,000이어서 문화회사는 그 차액을 현금 지급하였다.

1. 한국리스회사(리스제공자)의 입장에서 ① 리스자산의 취득시(20×1년 말, ② 리스기간개시일(20×2년 초), ③ 20×2년 말, ④ 리스기간 종료시점(20×6년 말)에 필요한 분개를 행하라.
2. 기본자료와 다르게, 운용리스료를 최초 2년간은 ₩25,000씩, 그 후 3년간은 ₩10,000씩 받기로 계약하였으나, 20×3년 초에 두 회사는 20×3년도 리스료는 ₩8,000, 20×4년도부터는 매년 리스료를 ₩1,000 감액하기로 합의한 경우, 20×2년 말과 20×3년 말, 20×4년 말 운용리스료수익(비용) 인식과 관련하여 한국리스회사(리스제공자)의 입장에서 회계처리를 하라.
3. 만약 20×4년 초에 리스계약이 해지되어 한국리스회사는 위약금으로 ₩60,000을 수령하였다. 그리고 20×5년 7월 1일에 예술회사와 새로운 운용리스계약을 맺었다. 리스제공자의 입장에서 운용리스 해지시 분개를 제시하라. 그리고 한국회사가 리스계약 해지후 새로운 운용리스계약 체결시 분개를 제시하라.

**핵심해설**

1. 운용리스계약의 회계처리

(1) 한국리스회사(리스제공자)의 회계처리

| | | | | |
|---|---|---|---|---|
| ① 20×1년 말 : | (차) 선급리스자산 | 100,000 | (대) 현 금 | 100,000 |
| ② 20×2년 초 : | (차) 운용리스자산* | 105,000 | (대) 선급리스자산 | 100,000 |
| | | | 현 금 | 5,000 |

* 리스개설직접원가는 운용리스자산의 장부금액에 추가하고, 리스기간 동안 리스료수익에 대응하여 비용으로 인식한다. (혹은 별도의 자산계정 처리도 가능)

| | | | | |
|---|---|---|---|---|
| ③ 20×2년 말 : | (차) 현 금 | 15,000 | (대) 운용리스료수익 | 15,000 |
| | (차) 감가상각비 | 12,250* | (대) 감가상각누계액 | 12,250 |

* 리스자산의 경제적 내용연수에 걸쳐 상각한다. 또한 리스개설직접원가에 해당되는 금액은 리스기간 동안 리스료수익에 대응하여 비용으로 인식하여야 하므로 리스기간 동안 정액으로 감가상각비를 인식한다.
∴ (₩100,000－₩10,000)÷8＋₩5,000÷5＝₩12,250

④ 20×6년 말 : (차) 현　　금 15,000 (대) 운용리스료수익 15,000
(차) 감가상각비 12,250 (대) 감가상각누계액 12,250
(차) 리스자산 105,000 (대) 운용리스자산 105,000
(차) 현　　금 1,000* (대) 리스보증이익 1,000

* 반환된 리스자산의 공정가액이 보증잔존가액에 미달하여 받은 현금은 "리스보증이익"의 과목으로 당기손익에 반영한다. 이 경우 반환된 리스자산에 대하여 손상차손 인식여부를 검토하여야 한다.
∴ ₩3,000－₩2,000＝₩1,000

## 2. 리스료가 일정하지 않을 경우(조정리스료 포함)

⑴ 운용리스료수익(운용리스료비용)의 계산

① 20×2년 말 : {(₩25,000×2)＋(₩10,000×3)}÷5＝₩16,000(리스기간 동안 정액계산)
② 20×3년 말 : ₩16,000－₩8,000＝₩8,000(조정리스료는 발생기간에 수익(비용)인식)
③ 20×4년 말 : ₩16,000－₩1,000＝₩15,000(조정리스료는 발생기간에 수익(비용)인식)

⑵ 회계처리(감가상각비 계산 제외)

| 일 자 | 한국리스회사 | | | |
|---|---|---|---|---|
| 20×2년 말 | (차) 현　　금 | 25,000 | (대) 리스료수익<br>선수수익 | 16,000<br>9,000 |
| 20×3년 말 | (차) 현　　금 | 17,000 | (대) 리스료수익<br>선수수익 | 8,000<br>9,000 |
| 20×4년 말 | (차) 현　　금<br>선수수익 | 9,000<br>6,000 | (대) 리스료수익 | 15,000 |

## 3. 운용리스계약의 해지 및 새로운 운용리스계약 수립시 회계처리

⑴ 운용리스 해지시 회계처리

한국리스회사의 운용리스계약 해지시 회계처리

(차) 현　　금 60,000 (대) 리스해지이익 60,000

⑵ 운용리스계약 해지후 새로운 운용리스계약 체결시

(차) 감가상각누계액 42,875 (대) 운용리스자산 105,000
운용리스자산 62,125*

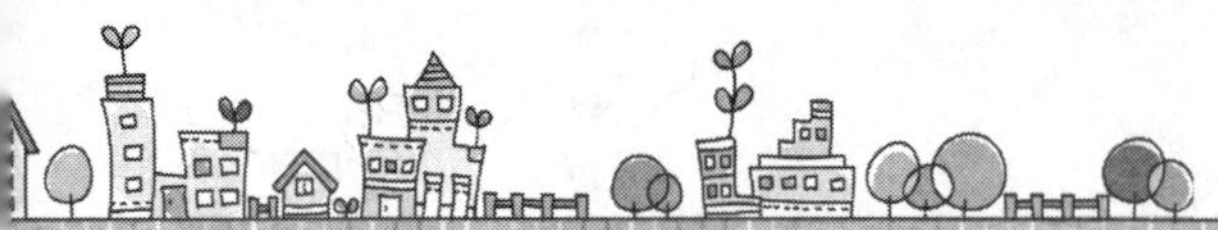

* 반환된 리스자산을 새로운 운용리스에 사용하기 전에, 반환된 리스자산에 대하여 손상차손 인식여부를 검토하여야 한다.
감가상각누계액 = ₩12,250(년감가상각비) × 3년 6개월 = ₩42,875

## 3. 제조자 또는 판매자가 리스제공자인 경우(판매형리스)

제조자나 판매자는 고객에게 자산을 구매하거나 리스할 수 있는 선택권을 제공하는 경우가 있다. 이때 **제조자나 판매자가 자신이 제조하거나 구입한 자산을 금융리스의 형태로 판매하는 것을 판매형리스(sales - type lease)**라고 한다.2) 이에 따라 제조자 또는 판매자인 리스제공자의 금융리스는 다음 두 종류의 이익을 발생시킨다.

① 적용가능한 수량할인이나 매매할인을 반영한 정상적인 판매가격으로 리스자산을 일반판매할 때 발생하는 매출손익
② 리스기간의 이자수익

제조자나 판매자인 리스제공자가 **리스기간개시일에 인식할 매출액은 자산의 공정가치와 시장이자율로 할인한 최소리스료의 현재가치 중 작은 금액이 된다. 또한 매출원가는 리스자산의 원가에서 무보증잔존가치의 현재가치를 차감한 금액이 되는데, 만약 리스자산의 원가와 리스자산의 장부금액이 다를 경우에는 리스자산의 장부금액에서 무보증잔존가치의 현재가치를 차감한 금액을 매출원가로 한다.** 이때 매출액과 매출원가의 차이는 리스제공자가 일반판매시 적용하는 회계정책에 따라 매출이익으로 인식한다.

한편 제조업자 혹은 판매업자인 리스제공자는 고객을 유치하기 위하여 인위적으로 낮은 이자율을 제시하기도 하는데 이러한 이자율의 사용으로 인하여 거래 전체가 가져올 이익의 상당부분이 판매시점에서 인식되는 불합리한 결과를 초래할 수 있다. 판매형리스에서는 재고자산의 공정가액이 먼저 결정되고 적용할 시장이자율의 증가(감소)에 따

---

2) 판매형리스는 리스제공자가 리스자산을 취득하였다가 금융리스의 형태로 리스이용자에게 판매하는 것으로 리스장부가액과 리스실행일 현재의 리스자산 공정가치가 달라지는 것이 일반적이다. 한편 일반적인 금융리스는 리스이용자의 요구에 의해 리스자산을 취득하고 당해 자산을 취득과 동시에 리스하므로 리스장부가액과 리스기간개시일 현재의 리스자산 공정가치가 같아지는 것이 일반적이다. 따라서 일반적인 리스제공자는 단순 중개업자의 역할만을 수행한다.

라 최소리스료등 미래현금흐름이 증가(감소)하는 것이 일반적이다. 따라서 리스제공자가 인위적으로 낮은 이자율을 제시함에 따라 최소리스료 등 미래현금흐름이 감소한 것은 리스제공자가 재고자산을 할인판매한 것으로 보는 것이 타당하다. 따라서 인위적으로 제시된 낮은 이자율에 따라 결정된 최소리스료 등 미래현금흐름에 대하여는 시장이자율을 적용하여 매출이익 및 금융리스이자수익을 인식하여야 한다.

그리고 제조자나 판매자인 리스제공자의 금융리스 협상 및 계약단계에서 리스와 관련하여 **발생한 원가(리스개설직접원가)는 주로 제조자나 판매자의 매출이익 획득과 관계가 있으므로 리스기간개시일에 비용(판매비)으로 인식한다.**

### 사례 4 제조자 또는 판매자인 리스제공자－판매형리스

갑돌이㈜는 기계장치를 제조하는 회사이다. 순돌이㈜는 갑돌이㈜가 만든 기계장치를 이용하여 X라는 제품을 만들어 도·소매업자에게 판매한다. 갑돌이㈜는 금융리스 형식으로 순돌이㈜에게 기계장치 1대를 판매하였다.

- 리스자산 : 기계장치 1대, 장부가액 ₩9,000,000, 공정가액 ₩10,672,610,
  내용연수 5년, 잔존가치 없음.
- 리스계약 조건 : 20×1년 1월 1일부터 4년간 매년 말 ₩3,200,000 지급
- 갑돌이㈜의 금융리스계약 체결과정에서 발생한 지출액 : ₩10,000
- 리스기간 종료시 추정 잔존가치 : ₩1,500,000(보증 잔존가치 : ₩1,000,000)
- 리스제공자의 이자율 : 당해 리스시 인위적으로 제시한 낮은 이자율 12%,
  그러나 시장이자율 16%이다.
- 현재가치계수 : n=4, r=12%일 때 연금현가계수는 3.0373, 현가계수는 0.6355
  n=4, r=16%일 때 연금현가계수는 2.7982, 현가계수는 0.5523

당해 리스와 관련하여 리스제공자가 20×1년도에 해야 할 회계처리는? (단, 리스제공자의 보고기간종료일은 매년 12월 31일이다)

**핵심해설**

1. 20×1. 1. 1. 회계처리

| | | | | |
|---|---|---|---|---|
| (차) | 금융리스채권 | 9,506,540 | (대) 매 출 | 9,506,540*1 |
| | 매 출 원 가 | 8,723,850*2 | 기 계 장 치 | 8,723,850 |
| (차) | 판 매 비 | 10,000 | (대) 현 금 | 10,000 |

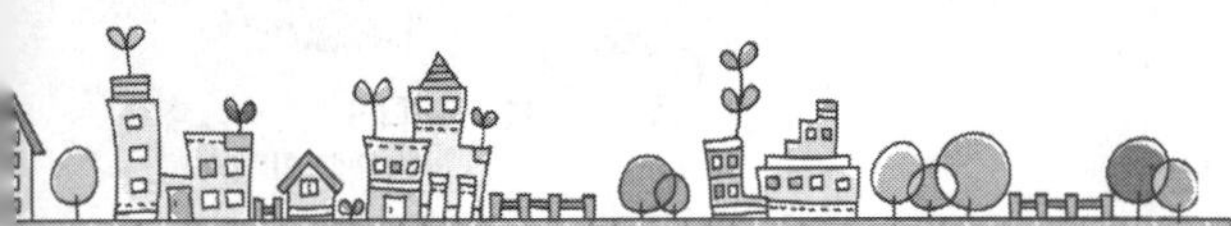

*1 매출액 : Min(공정가치, 최소리스료의 현재가치)=₩9,506,540
* 최소리스료의 현재가치 : ₩3,200,000×2.7982+₩1,000,000(보증잔존가치)×0.5523=₩9,506,540

*2 매출원가 : ₩9,000,000−₩500,000(무보증잔존가치)×0.5523=₩8,723,850

위의 회계처리는 다음과 같이 할 수도 있다.
이는 리스자산의 무보증잔존가치 부분을 기계 장치가 아닌 금융리스채권 금액으로 재무상태표에 표시하게 되는 결과가 된다.

| | | | |
|---|---|---|---|
| (차) 금융리스채권 | 9,782,690 *1 | (대) 매 출 | 9,506,540 |
| 매 출 원 가 | 8,723,850 | 기 계 장 치 | 9,000,000 *2 |

*1 최소리스료와 무보증잔존가치의 현재가치 합계=₩3,200,000×2.7982+₩1,500,000(보증+무보증잔존가치)×0.5523=₩9,782,690

*2 기계의 장부가액

2. 20×1. 12. 31. 회계처리

| | | | |
|---|---|---|---|
| (차) 현 금 | 3,200,000 | (대) 이 자 수 익 | 1,521,046 *3 |
| | | 금융리스채권 | 1,678,954 *4 |

*3 ₩9,506,540×0.16=₩1,521,046

*4 ₩3,200,000−₩1,521,046=₩1,678,954

## 05절 리스와 관련된 기타사항

### 1. 판매후 리스

**판매후리스(sales and lease back) 거래는 리스이용자가 자금사정이 어려울 때 이용하는 리스형태로 리스이용자가 리스제공자에게 판매한 후, 그 자산을 리스하여 사용하는 거래를 말한다.** 이 경우 리스료와 판매가격이 일괄적으로 협상되기 때문에 보통 리스료와 판매가격은 서로 관련이 있다.

리스제공자의 입장에서는 자신이 취득한 자산을 리스하는 것이므로 일반적인 리스와 동일하게 회계처리한다. 그러나 리스이용자 입장에서는 판매 후에 이루어지는 리스형태에 따라 회계처리가 달라진다.

## (1) 판매후 리스가 금융리스인 경우

판매후 리스가 금융리스에 해당하는 경우에는 실질적으로 리스제공자가 리스이용자에게 자산을 담보로 금융을 제공하는 것이므로, 판매에 따른 이익을 즉시 인식하는 것은 적합하지 않다. 따라서 판매후 리스거래가 금융리스에 해당하는 경우에는 **판매에 따른 이익을 리스기간개시일에 인식하지 않고 해당 리스자산의 리스기간에 이연하여 환입한다.**

또한 리스이용자가 제3자에게 매각한 자산을 리스제공자가 취득하여 이를 리스하는 경우에도 동일하게 회계처리한다.

### 사례 5 판매후 금융리스 계약

영락㈜는 20×1년 1월 1일에 장부금액 ₩9,000,000의 기계장치를 천사㈜에게 ₩10,000,000에 처분하고, 즉시 금융리스계약을 체결하였다.

- 리스자산 : 기계장치 1대, 장부가액 ₩9,000,000, 공정가액 ₩10,000,000,
  잔존 내용연수 5년, 잔존가액 없음, 감가상각방법은 정액법임.
- 리스조건 : 리스기간은 20×1년 1월 1일부터 4년간이며, 매년 말 ₩3,292,398 리스료 지급
- 리스기간 종료시 리스자산의 소유권을 무상으로 영락㈜에 이전한다.
- 리스제공자의 내재이자율 12%이다.
- 연금현가계수 : n=4, 12%인 경우 3.0373

당해 리스와 관련하여 리스이용자가 20×1년도에 해야 할 회계처리는? 단, 리스이용자의 보고기간종료일은 매년 12월 31일이다.

**핵심해설**

1. 20×1. 1. 1. 회계처리

| | | | |
|---|---|---|---|
| (차) 현　　금 | 10,000,000[*1] | (대) 기 계 장 치 | 9,000,000 |
| | | 이연처분이익 | 1,000,000 |
| (차) 사용권자산 | 10,000,000 | (대) 리 스 부 채 | 10,000,000[*1] |

*1 ₩3,292,398×3.0373(n=4, 12% 연금현가계수)=₩10,000,000

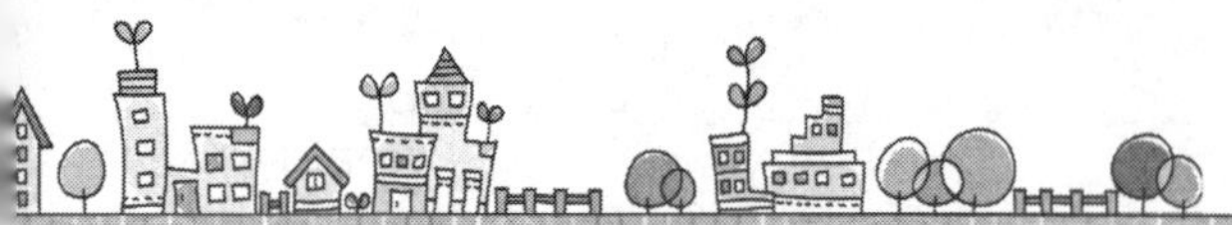

* 한국채택국제회계기준에는 이연처분이익의 공시방법에 대해 별도의 규정이 없다. 이연손익은 재무보고를 위한 개념체계에 따른 자산, 부채의 정의를 충족하지 않으므로 리스자산의 차감계정으로 처리하는 것이 타당할 것이다.

**2. 20×1. 12. 31. 회계처리**

| | | | |
|---|---|---|---|
| (차) 이 자 비 용 | 1,200,000*2 | (대) 현 금 | 3,292,398 |
| 리스부채 | 2,092,398 | | |

*2 ₩10,000,000×12%=₩1,200,000

| | | | |
|---|---|---|---|
| (차) 이연처분이익 | 250,000 | (대) 이연처분이익환입 | 250,000*3 |
| 감 가 상 각 비 | 2,000,000 | 감가상각누계액 | 2,000,000*4 |

*3 ₩1,000,000÷4년(리스기간)=₩250,000

*4 ₩10,000,000÷5년(내용연수)=₩2,000,000

### (2) 판매후 리스가 운용리스인 경우

판매한 후에 다시 운용리스를 하게 되면 판매한 자산에 대한 위험과 보상이 리스제공자(구매자)에게 실질적으로 이전된다. 따라서 판매후 리스가 운용리스에 해당하는 경우 **리스료와 판매가격이 공정가액에 따라 결정된 것이 확실하다면 실제로 정상적인 판매거래가 일어난 것이므로 판매에 따른 손익은 즉시 인식하여야 한다.**

또한 판매가격이 공정가액에 미달하는 경우에도 판매에 따른 이익이나 손실은 즉시 인식된다. 다만 판매에 따른 손실이 시장가격보다 낮은 미래의 리스료로 보상된다면 당해 손실은 이연하여 리스자산의 예상사용기간에 리스료에 비례하여 상각한다. 그러나 만일 판매가격이 공정가치를 초과한다면 판매가격의 공정가치를 초과하는 부분은 이연하여 리스자산의 예상사용기간에 환입한다.

한편 운용리스로 분류된 판매후리스거래의 발생일 현재 자산의 공정가치가 장부금액보다 낮다면 장부금액과 공정가치의 차이에 해당하는 금액을 즉시 손실로 인식하여야 한다. 이처럼 운용리스로 분류되는 판매후 리스는 리스자산의 장부가액, 공정가액과 판매가격에 따라 매매이익 또는 매매손실을 결정하고 처리하는 여러 가지 문제가 발생한다. 이러한 다양한 상황에 대한 회계처리를 요약하면 다음 표와 같다.

| 구 분 | | 장부가액 =공정가액 | 장부가액 < 공정가액 | 장부가액 > 공정가액 |
|---|---|---|---|---|
| 판매가격 =공정가액 | 매매이익 | — | ① 즉시 이익 인식 | — |
| | 매매손실 | — | — | ② 즉시 손실 인식 |
| 판매가격 < 공정가액 | 매매이익 | — | ③ 즉시 이익 인식 | *1 |
| | 매매손실이 보상되지 않음 | 즉시 손실 인식 | 즉시 손실 인식 | *1 |
| | 매매손실이 미래의 낮은 리스료로 보상됨 | ④ 손실을 이연하여 상각함 | ⑤ 손실을 이연하여 상각함 | ⑥*1 |
| 판매가격 > 공정가액 | 매매이익 | ⑦ 이익을 이연하여 환입함 | ⑧ 초과이익을 이연하여 환입함*3 | ⑨ 이익을 이연하여 환입*2 |
| | 매매손실 | — | — | *1 |

*1 자산이 판매후 리스에 해당될 때 자산의 공정가액이 장부가액보다 낮다면 그 차액을 즉시 손실로 인식하여야 한다. (손상차손의 개념)

*2 장부가액이 공정가액으로 감액되기 때문에 이익은 공정가액과 판매가격의 차이가 될 것이다.

*3 초과이익(판매가격이 공정가치를 초과하는 부분)은 이연하여 리스자산의 예상사용기간에 환입한다. 그러나 공정가치가 장부금액을 초과하는 금액은 즉시 인식한다.

위의 표 내용을 이해하기 위하여 다음과 같이 사례를 살펴보자.

| 사례유형 | 판매가격 | 공정가치 | 장부금액 | 회계처리 |
|---|---|---|---|---|
| ① | ₩110 | ₩110 | ₩100 | (차)현 금 110 (대) 유형자산 100<br>처분이익 10 |
| ② | ₩90 | ₩90 | ₩100 | (차) 현 금 90 (대) 유형자산 100<br>처분손실 10 |
| ③ | ₩105 | ₩110 | ₩100 | (차) 현 금 105 (대) 유형자산 100<br>처분이익 5 |
| ④ | ₩95 | ₩100 | ₩100 | (차) 현 금 95 (대) 유형자산 100<br>이연손실 5 |
| ⑤ | ₩95 | ₩110 | ₩100 | (차) 현 금 95 (대) 유형자산 100<br>이연손실 5 |
| ⑥ | ₩85 | ₩90 | ₩100 | (차) 현 금 85 (대) 유형자산 100<br>처분손실 10<br>이연손실 5 |
| ⑦ | ₩115 | ₩100 | ₩100 | (차) 현 금 115 (대) 유형자산 100<br>이연이익 15 |

| 사례유형 | 판매가격 | 공정가치 | 장부금액 | 회계처리 |
|---|---|---|---|---|
| ⑧ | ₩115 | ₩110 | ₩100 | (차) 현 금 115 (대) 유형자산 100<br>처분이익 10<br>이연이익 5 |
| ⑨ | ₩95 | ₩90 | ₩100 | (차) 현 금 95 (대) 유형자산 100<br>처분손실 10 이연이익 5 |

## 2. 부동산 리스

토지 또는 건물의 리스도 다른 자산의 리스와 동일한 방법으로 금융리스나 운용리스로 분류한다.

토지와 건물을 함께 리스하는 경우, 최소리스료(선지급액 포함)는 리스약정일 현재 토지와 건물에 대한 임차권의 상대적인 공정가치에 비례하여 각각에 배분한다. 만약 최소리스료가 토지와 건물에 신뢰성 있게 배분될 수 없고, 토지와 건물 모두 운용리스라는 사실이 명백하지 않다면, 토지와 건물은 하나의 금융리스로 분류한다. 그러나 토지와 건물 모두 운용리스라는 사실이 명백하다면 하나의 운용리스로 분류한다.

그리고 토지와 건물을 함께 리스하는 경우, 최초로 인식될 토지분 금액이 중요하지 않다면, 토지와 건물을 하나의 단위로 취급하여 금융리스나 운용리스로 분류할 수 있다. 이 경우 건물의 경제적내용연수를 전체 리스자산의 경제적내용연수로 본다.

리스이용자는 운용리스 부동산에 대한 권리를 기업회계기준서 제1040호(투자부동산)에 따라 투자부동산으로 분류할 수 있다. 이 경우, 해당 부동산에 대한 권리에 대하여 금융리스인 경우와 같이 회계처리하고, 인식한 자산은 공정가치로 평가한다. 한편 다음과 같이 후속적인 사건으로 해당 부동산에 대한 권리의 성격이 달라져서 더 이상 투자부동산으로 분류할 수 없더라도 리스이용자는 계속하여 금융리스로 회계처리한다.

① 리스이용자가 당해 부동산을 직접 사용하는 경우. 이 경우 리스이용자는 투자부동산을 자가사용부동산으로 변경하며, 사용목적 변경일의 공정가치를 간주원가로 인식한다.

② 리스이용자가 당해 부동산에 대한 권리에 따른 위험과 보상의 대부분을 이전하는 전대리스를 특수관계가 없는 제3자에게 제공하는 경우. 이 경우 당해 제3자가 그 전대리스를 운용리스로 회계처리하더라도 리스이용자는 금융리스로 회계처리한다.

# OX 문제

1 최소리스료란 리스기간에 리스이용자가 리스제공자에게 지급해야 하는 금액으로 정기리스료, 행사가 확실하게 예상되는 염가매수선택권 행사가격, 잔존가액, 그리고 조정리스료를 포함한다.

2 리스는 리스기간개시일을 기준으로 금융리스나 운용리스로 분류한다.

3 리스제공자와 리스이용자 사이의 거래는 리스계약을 바탕으로 이루어지므로 양자가 일관된 정의를 사용하는 것이 타당하다. 따라서 리스제공자와 리스이용자 입장에서 리스분류는 달라질 수 없다.

4 금융리스는 리스자산의 사용권은 리스이용자에게 부여되지만 소유권에 따른 대부분의 효익과 위험을 리스제공자가 가지고 있는 리스를 말한다.

5 조정리스료는 리스기간개시일 이후 예기치 못한 상황의 발생으로 인해 정기리스료가 가감되는 것으로, 이는 리스분류에 상관없이 모두 발생한 기간의 리스제공자의 수익과 리스이용자의 비용으로 인식된다.

6 제조업자 또는 판매업자가 리스거래에서 발생시킨 리스개설직접원가는 통상적인 판매비 성격으로 보아 당기비용으로 처리하여야 한다.

7 리스기간 종료시 반환된 자산의 공정가액이 보증잔존가액에 미달하여 받은 현금은 당기손익에 반영하지 아니한다.

8 판매후리스거래가 금융리스에 해당하고, 판매가격이 공정가액에 따라 결정된 것이 확실하다면 실제로 정상적인 판매거래가 일어난 것이므로 판매에 따른 손익은 즉시 인식한다.

9 토지와 건물을 함께 리스하는 경우 각각 분리하여 리스를 분류한다. 그러나 만약 토지와 건물 모두에 대한 소유권이 리스기간 종료시점까지 리스이용자에게 이전된다면 하나의 금융리스로 분류한다.

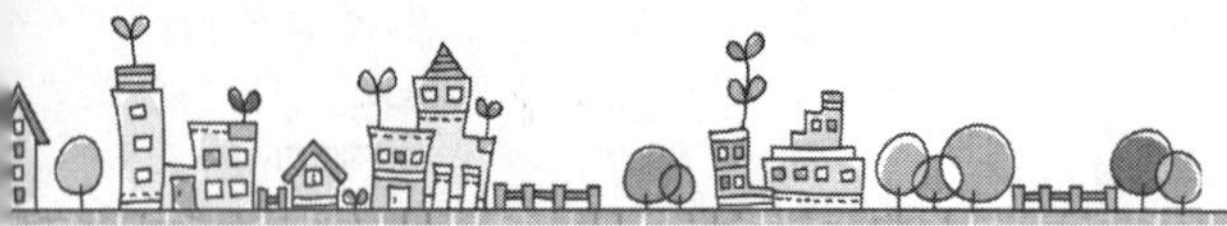

## 객관식문제

01

(1) ㈜동남은 20×1년 1월 1일(리스리간개시일) ㈜북서로부터 기계장치를 리스하여 5년 동안 사용하기로 하였다.

(2) ㈜동남은 당해 리스를 금융리스로 분류하여 리스자산으로 ₩10,000,000을 계상하고, 리스자산에 대하여 ₩4,000,000의 잔존가치를 보증하였으며, 리스기간 종료시 리스자산의 소유권 이전이 확실시 된다.

(3) 리스기간 개시일 현재 동 리스자산의 경제적 내용연수는 6년, 내용연수 종료 후 잔존가치는 ₩1,000,000으로 추정된다.

(4) ㈜동남은 20×3년 1월 1일 동 리스자산과 직접 관련되는 수선비로 ₩900,000을 지출하였는데, 이 중에서 ₩600,000은 기계장치의 생산능력증대를 위한 것으로 그 효과는 앞으로 5년이 지나면 모두 소멸될 것으로 기대된다. 나머지 ₩300,000은 기존에 마모된 부분의 보수를 위한 것이다.

한국채택국제회계기준에 의해 ㈜동남이 20×3년도에 계상해야 하는 감가상각비는 얼마인가? 단, ㈜동남은 모든 감가상각 대상 자산에 대하여 정액법을 사용한다.

➤ 공인회계사 수정

① ₩1,320,000 ② ₩1,500,000 ③ ₩1,620,000
④ ₩1,650,000 ⑤ ₩1,920,000

02 한국채택국제회계기준의 금융리스 회계처리에 대한 다음 설명 중에서 기업회계기준서의 내용에 적합한 것은? ➤ 공인회계사 수정

① 리스이용자가 리스를 해지할 때 해지로 인한 리스이용자의 손실을 리스제공자가 부담하는 경우 금융리스로 분류한다.

② 일반적으로 리스기간은 자산의 내용연수보다 짧기 때문에 리스 이용자는 자산손상(감액손실)에 관한 기업회계기준을 적용하지 않는다.

③ 리스이용자가 최소리스료의 현재가치를 계산할 때 적용할 할인율은 리스제공자의 내재이자율이며, 만약 이를 알 수 없다면 리스이용자의 증분차입이자율을 적용한다.

④ 판매후리스거래란 리스제공자가 리스이용자에게 자산을 판매하고 리스이용자가 해당 자산을 금융리스로 회계처리하는 거래이다.

⑤ 리스이용자가 인식하는 금융리스자산에는 무보증잔존가치가 포함되고 금융리스부채에는 무보증잔존가치가 포함되지 않는다.

03

(1) ㈜한국은 20×1년 1월 1일 ㈜서울리스와 다음과 같이 새로운 기계를 계약해지금지조건부로 리스하였다.
 －리스기계의 공정가치는 ₩5,000,000이며, 내용연수는 20년, 잔존가액은 없음.
 －리스기간은 20×9년 말까지 10년이며, 리스료는 매년 말 ₩700,000씩 후급임.

(2) ㈜한국의 감가상각은 정액법을 사용하고 있으며 잔존가액은 없다. 리스당시 리스회사의 내재이자율은 8%임을 알았으며, 리스기간 10년의 연금 현가계수는 6.7101이다.

이러한 리스와 관련하여 한국채택국제회계기준에 의해 20×1년에 ㈜한국이 계상할 총비용은 얼마인가? ➤ 공인회계사 수정

① ₩610,620 ② ₩630,620 ③ ₩700,000
④ ₩845,473 ⑤ ₩865,473

# 주 관 식 문 제

## 01 리스분류 - 금융리스

(1) 한남리스회사는 20×1년 12월 31일에 건설장비를 ₩100,000,000에 취득하여 20×2년 1월 2일에 충남회사와 해지불능리스계약을 체결하였다.
(2) 리스기간은 4년이고, 리스기간 종료시 리스자산의 잔존가치는 ₩20,000,000으로 추정되고 이를 충남회사가 전액 보증하기로 하였다.
(3) 연간리스료는 ₩31,790,000으로 후급조건이고, 소유권이전약정이나 염가구매선택권은 없으며, 리스제공자의 내재이자율은 16%이고, 리스이용자도 이러한 내용을 알고 있다.
(4) 동 건설장비의 내용연수는 6년, 잔존가치는 없으며, 감가상각은 정액법으로 한다.

1. 기업회계기준에 의하면 위 리스거래는 어떻게 분류되어야 하는가?
2. 리스제공자 입장에서 각 연도별 회계처리를 제시하라.
3. 리스이용자 입장에서 각 연도별 회계처리를 제시하라.

## 02 금융리스계약의 해지

(1) ㈜민주는 20×1년 초에 산악리스회사와 기계장치(내용연수 10년)에 대하여 리스기간이 8년인 금융리스계약을 체결하였다.
(2) 20×4년 초에 ㈜민주는 리스계약을 해지하고, 이와 관련하여 산악리스회사에 ₩100,000을 지급하였다.
(3) 20×4년 초에 리스계약 해지시점에서 산악리스회사의 금융리스채권의 잔액은 ₩1,000,000이었다.

1. 리스계약 해지시점에서 산악리스회사가 해야할 분개를 하시오.
2. 산악리스회사가 해지리스자산을 20×5년에 ₩850,000에 처분하였을 때 필요한 분개를 하시오.
3. 산악리스회사가 20×5년 초에 해지된 리스자산에 대하여 다음과 같은 리스계약을 체결하였다.
   - 리스기간 : 6년

- 리스료 : 매년 말 ₩200,000씩 지급
- 내재이자율 : 10%

새로운 리스계약이 금융리스와 운용리스일 때 각각의 경우에 산악리스회사가 해야할 회계처리를 하시오.

## 03 판매형 리스

(1) 수입자동차 판매회사인 성산회사는 금융리스거래 방식을 이용하여 자동차를 판매하고 있다.

(2) 제조원가 ₩6,300,000, 내용연수 6년, 잔존가치가 없는 수입자동차를 20×1년 1월 2일에 리스기간 4년, 리스기간 종료 후 잔존가치 ₩1,600,000, 리스기간 종료 후 동 잔존가액으로 소비자에게 양도하는 조건으로 소비자와 리스계약을 체결하였다.

(3) 리스계약 체결시 ₩1,500,000을 계약금으로 지급하였고, 리스료를 연간 ₩1,900,000씩 매년 말 후 지급조건으로 지급하기로 하였다.

(4) 차량의 공정가액은 ₩8,000,000이고, 리스제공자와 리스이용자의 증분차입이자율이 각각 16%, 15%라고 가정한다.

1. 리스제공자 입장에서 판매시 매출액으로 계상하여야 할 금액은 얼마인가?
2. 리스제공자 입장에서 20×1년도 회계처리를 제시하라.
3. 리스이용자 입장에서 20×1년도 회계처리를 제시하라.

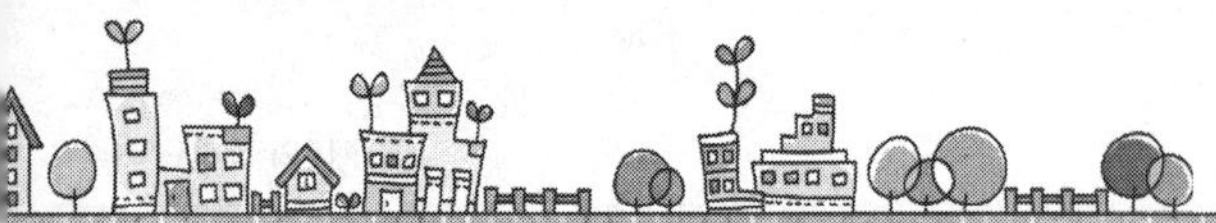

## 04 판매 후 리스

20×1년 12월 30일 ㈜에어라인은 ₩100,000,000(내용연수 12년, 잔존가액 없음)에 항공기를 취득하여 20×2년 1월 1일에 ㈜강남리스에 ₩110,000,000에 판매하였고, 동 자산을 다시 리스하였다.

〈리스계약 내용〉

- 리스기간 : 20×2. 1. 1.~ 20×9. 12. 31. (8년)
- 연간리스료 : ₩18,000,000(매년 후급조건)
- 리스기간 종료시 추정잔존가액 : ₩30,000,000
- 리스이용자의 보증잔존가액 : ₩20,000,000
- 리스자산의 공정가액 : ₩110,000,000
- 소유권 이전약정, 염가구매선택권 없음.
- 리스제공자의 내재이자율 : 10%
- 리스이용자의 결산일은 12월 31일

1. 기업회계기준에 의하면 위 리스거래는 어떻게 분류되어야 하는가?
2. 리스이용자 입장에서 20×2년도 회계처리를 제시하라.

연습문제 해답 ▶ 리스회계 Chapter 15

## ☑ OX문제

01 × : 무보증잔존가치와 조정리스료는 최소리스료에 포함되지 않는다.

02 × : 리스약정일을 기준으로 금융리스나 운용리스로 분류한다.

03 × : 리스제공자가 리스이용자와 특수관계가 없는 제3자로부터 잔존가치의 보증을 받는 경우에 보증잔존가치의 규모에 따라 리스분류가 달라질 수 있다.

04 × : 금융리스가 아니고 운용리스이다.

05 ○

06 ○

07 × : 당기손익에 반영한다.

08 × : 자산을 담보로 금융을 제공하는 내용과 실질적으로 동일하므로, 판매에 따른 이익을 리스기간개시일에 인식하지 않고, 해당 리스자산의 리스기간에 이연하여 환입한다.

09 ○

## ☑ 객관식문제

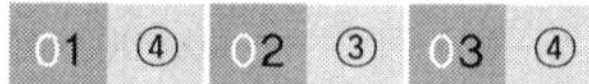

01 ④ 02 ③ 03 ④

## ☑ 주관식문제

01 1. 리스거래의 분류

* 리스기간이 리스자산의 내용연수의 75% 이상, 최소리스료의 현재가치가 리스자산 공정가치의 90%이상인 경우 금융리스로 분류한다.

① 리스기간 4년 …… 내용연수 6년의 67%
② 소유권이전 약정 or 염가구매선택 없음

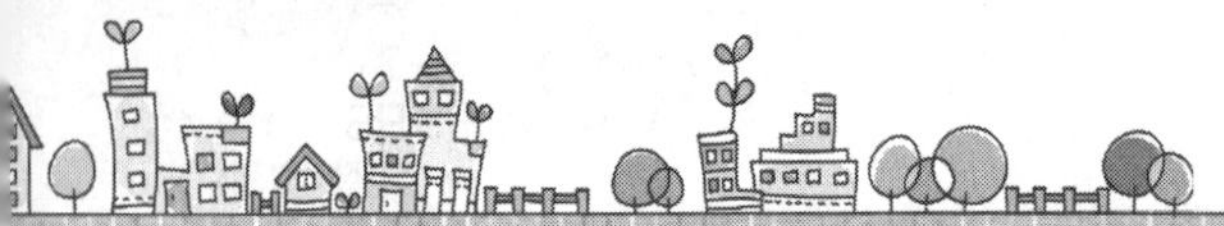

③ 최소리스료의 현재가치 : ₩31,790,000×(R=16%, 기간 4년의 연금현가계수 2.7982)
+₩20,000,000×(R=16%, 기간 4년의 현가계수 0.5523)
=₩100,000,778

⇨ 자산의 공정가액(₩100,000,000)의 90% 이상이므로 금융리스계약이라 할 수 있음.

**2. 리스제공자의 회계처리**

※ 리스상각표

| 일자 | 정기 리스료 | 실질이자 (16%) | 채권회수액 | 미회수채권 |
|---|---|---|---|---|
| 20×2. 1. 2. | | | | ₩100,000,000 |
| 20×3. 1. 2. | ₩31,790,000 | ₩16,000,000 | ₩15,790,000 | ₩ 84,210,000 |
| 20×4. 1. 2. | ₩31,790,000 | ₩13,473,600 | ₩18,316,400 | ₩ 65,893,600 |
| 20×5. 1. 2. | ₩31,790,000 | ₩10,542,976 | ₩21,247,024 | ₩ 44,646,576 |
| 20×6. 1. 2. | ₩31,790,000 | ₩ 7,143,424* | ₩24,646,576 | ₩ 20,000,000 |

* 끝수조정

| | | | | | |
|---|---|---|---|---|---|
| 20×1. 12. 31. | (차) 선급리스자사 | 100,000,000 | (대) 현 금 | 100,000,000 |
| 20×2. 1. 2. | (차) 금융리스채권 | 100,000,000 | (대) 선급리스자산 | 100,000,000 |
| 20×2. 12. 31. | (차) 미 수 이 자 | 31,790,000 | (대) 이 자 수 익 | 16,000,000 |
| | | | 리 스 채 권 | 15,790,000 |
| 20×3. 1. 1. | (차) 현 금 | 31,790,000 | (대) 미 수 이 자 | 31,790,000 |

※ 리스상각표에 따라 매년 말과 초에 금융리스채권 상각 및 이자수익 계상

**3. 리스이용자의 회계처리**

20×6. 12. 31. 분개 없음

| | | | | |
|---|---|---|---|---|
| 20×7. 1. 2. | (차) 사용권자 산 | 100,000,000 | (대) 리 스 부 채 | 100,000,000 |
| 20×7. 12. 31. | (차) 이 자 비 용 | 16,000,000 | (대) 미지급이자 | 31,790,000 |
| | 리 스 부 채 | 15,790,000 | | |
| | (차) 감가상각비 | 20,000,000 | (대) 감가상각누계액 | 20,000,000 |

* (₩100,000,000−₩20,000,000)÷4년=₩20,000,000

| | | | | |
|---|---|---|---|---|
| 20×8. 1. 1. | (차) 미지급이자 | 31,790,000 | (대) 현 금 | 31,790,000 |

※ 리스상각표에 따라 매년 말과 초에 리스부채 상각 및 이자비용의 계상

※ 감가상각비는 매년 말 ₩20,000,000씩 계상

02 **1. 리스계약 해지시**

| | | | |
|---|---|---|---|
| (차) 현 금 | 100,000 | (대) 금융리스채권 | 100,000 |

**2. 리스자산 처분시**

| | | | |
|---|---|---|---|
| (차) 현 금 | 850,000 | (대) 금융리스채권 | 900,000 |
| 리스자산처분손실 | 50,000 | | |

3. 리스자산 재리스시

(1) 금융리스

| | | | | |
|---|---|---|---|---|
| (차) 금융리스채권(신) | 871,060 | (대) 금융리스채권(구) | 900,000 |
| 해지리스자산평가손실 | 28,940 | | |

* ₩200,000×4.3553(10%, 6년)=₩871,060

(2) 운용리스

| | | | |
|---|---|---|---|
| (차) 운용리스자산 | 900,000 | (대) 금융리스채권 | 900,000 |

03 1. 매출액 계상액 = Min(리스자산의 공정가액 vs 최소리스료의 현재가치)

최소리스료의 현재가치=₩1,500,000+₩1,900,000×(r=16%, 기간 4년의 연금현가계수 2.7982)+₩1,600,000×(r=16%, 기간 4년의 현가계수 0.5523)=₩7,700,260

∴ 매출액=Min(₩8,000,000 vs ₩7,700,260)=₩7,700,260

2. 리스제공자의 회계처리

| | | | | |
|---|---|---|---|---|
| 20×1. 1. 2. | (차) 현　　금 | 1,500,000 | (대) 매　　출 | 7,700,260 |
| | 리 스 채 권 | 6,200,260 | | |
| | (차) 매 출 원 가 | 6,300,000 | (대) 재 고 자 산 | 6,300,000 |
| 20×1. 12. 31. | (차) 현　　금 | 1,900,000 | (대) 이 자 수 익 | 992,042* |
| | | | 리 스 채 권 | 907,958 |

* ₩6,200,260×16%=₩992,042

3. 리스이용자의 회계처리

※ 리스이용자는 리스제공자의 내재이자율을 적용하여 리스자산과 리스부채를 계상한다. 그러나 리스회사의 내재이자율을 알지 못하는 경우에는 리스이용자의 증분차입이자율을 적용하여야 한다.

| | | | | |
|---|---|---|---|---|
| 20×1. 1. 2. | (차) 사용권 자산 | 7,700,260 | (대) 리 스 부 채 | 6,200,260 |
| | | | 현　　금 | 1,500,000 |
| 20×1. 12. 31. | (차) 이 자 비 용 | 992,042 | (대) 현　　금 | 1,900,000 |
| | 리 스 부 채 | 907,958 | | |
| | (차) 감가상각비 | 1,283,377 | (대) 감가상각누계액 | 1,283,377* |

* (₩7,700,260－0)÷6년=₩1,283,377

04 1. 리스거래의 분류

최소리스료의 현재가치 : ₩18,000,000×(r=10%, 기간 8년의 연금현가계수 5.3349)
+₩20,000,000×(r=10%, 기간 8년의 현가계수 0.4665)
=₩105,358,200

⇨ 자산의 공정가액(₩110,000,000)의 90% 이상이므로 금융리스계약이라 할 수 있음.

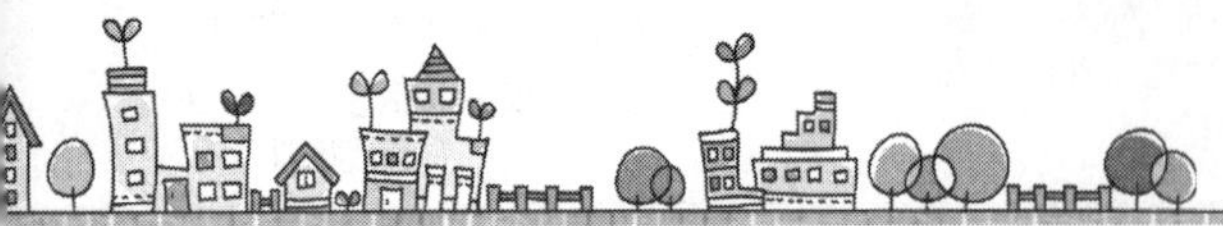

**2. 리스이용자의 회계처리**

| | | | | |
|---|---|---|---|---|
| 20×7. 1. 1. | (차) 현　　금 | 110,000,000 | (대) 항 공 기 | 100,000,000 |
| | | | 이연유형자산처분차익 | 10,000,000 |
| | (차) 사용권자산 | 105,358,200 | (대) 리스부채 | 105,358,200 |
| 20×7. 12. 31. | (차) 이연유형자산처분차익 | 1,250,000 | (대) 유형자산처분이익 | 1,250,000*1 |
| | (차) 이자비용 | 10,535,820*2 | (대) 현　　금 | 18,000,000 |
| | 리스부채 | 7,464,180 | | |
| | (차) 감가상각비 | 10,669,775 | (대) 감가상각누계액 | 10,669,775*3 |

*1 ₩10,000,000÷8년=₩1,250,000

*2 ₩105,358,200×10%=₩10,535,820

*3 (₩105,358,200−₩20,000,000)÷8년=₩10,669,775

Chapter 16

# 회계변경 및 오류수정

**학습목표**

회계변경 및 오류수정은 지금까지 학습한 모든 회계처리기준의 변경 및 수정에 대한 부분이다. 따라서 각 회계처리기준에 대하여 혼합된 형태로 문제가 출제됨에 따라 기본 원리 학습에 충실해야 한다. 이에 본 장에서는 회계변경의 회계처리방법, 오류수정 등에 대해 집중적으로 학습한다.

**＊ 관련 한국채택국제회계기준**
기업회계기준서 제1008호 '회계정책, 회계추정의 변경 및 오류'

## 01절 회계변경의 의의 및 유형

### 1. 회계변경의 의의

기업은 특정 거래, 기타 사건 또는 상황에 한국채택국제회계기준을 구체적으로 적용하여야 한다. 한국채택국제회계기준은 회계정책의 적용대상인 거래, 기타 사건 및 상황에 관한 정보가 목적적합하고 신뢰성 있게 재무제표에 반영될 수 있도록 한다. 이러한 회계정책의 적용효과가 중요하지 않은 경우에는 그 회계정책을 적용하지 않을 수 있다. 그러나 기업의 재무상태, 재무성과 또는 현금흐름을 특정한 의도대로 표시하기 위하여 한국채택국제회계기준에 위배된 회계정책을 적용하는 것은 그것이 중요하지 않더라도 적절하다고 할 수 없다.

한편 특정 거래, 기타 사건 또는 상황에 대하여 구체적으로 적용할 수 있는 한국채택국제회계기준이 없는 경우, 경영진은 판단에 따라 회계정책을 개발 및 적용하여 회계정보를 작성할 수 있으며, 이 때 회계정보는 다음과 같은 특성을 모두 보유하여야 한다.

① 이용자의 경제적 의사결정 요구에 목적적합하다.
② 신뢰할 수 있다. 신뢰할 수 있는 재무제표는 다음의 속성을 포함한다.
　㉠ 기업의 재무상태, 재무성과 및 현금흐름을 충실하게 표현한다.
　㉡ 거래, 기타 사건 및 상황의 단순한 법적 형태가 아닌 경제적 실질을 반영한다.
　㉢ 중립적이다. 즉, 편의가 없다.
　㉣ 신중하게 고려한다.
　㉤ 중요한 사항을 빠짐없이 고려한다.

이러한 회계정보의 특성을 판단하는 경우, 경영진은 다음 사항을 순차적으로 참조하여 적용가능성을 고려한다.

① 내용상 유사하고 관련되는 회계논제를 다루는 한국채택국제회계기준의 규정
② 자산, 부채, 수익, 비용에 대한 '재무보고를 위한 개념체계'의 정의, 인식기준 및 측정개념

또한 구체적으로 적용할 수 있는 한국채택국제회계기준이 없어 경영진의 판단이 요구되는 경우, 경영진은 유사한 개념체계를 사용하여 회계기준을 개발하는 국제회계기준위

원회 이외의 회계기준제정기구가 가장 최근에 발표한 회계기준, 기타의 회계문헌과 인정된 산업관행을 고려할 수 있다. 다만, 이러한 고려사항은 위에서 언급한 순차적으로 참조할 고려사항의 내용과 상충되지 않아야 한다.

한국채택국제회계기준에서 특정 범주별로 서로 다른 회계정책을 적용하도록 규정하거나 허용하는 경우를 제외하고는 유사한 거래, 기타 사건 및 상황에는 동일한 회계정책을 선택하여 일관성 있게 적용한다. 그리고 만약 한국채택국제회계기준에서 범주별로 서로 다른 회계정책을 적용하도록 규정하거나 허용하는 경우, 각 범주에 대하여 선택한 회계정책을 또한 일관성 있게 적용한다.

그러나 기업이 처한 경제적 · 제도적 환경의 변화 및 새로운 정보의 입수에 따라 채택한 회계처리방법이 기업의 재무상태나 경영성과 및 현금흐름을 적정하게 표시하지 못할 경우 과거의 회계처리방법을 새로운 회계처리방법으로 변경시키게 되는데 이를 **회계변경(accounting changes)**이라 한다.

회계변경에는 기업이 재무제표를 작성 · 표시하기 위하여 적용하는 구체적인 원칙, 근거, 관습, 규칙 및 관행 등을 변경하는 회계정책의 변경과 회계적 추정치를 변경하는 회계추정의 변경이 있다.

동일 회계기간 내에 그리고 기간 간에 동일한 회계정책 또는 회계추정을 사용하면 비교가능성이 증대되어 재무제표의 유용성이 향상된다. 따라서 재무제표를 작성할 때 일단 채택한 회계정책이나 회계추정은 유사한 종류의 사건이나 거래의 회계처리에 그대로 적용하여야 한다. 다만, 다른 회계정책이나 회계추정의 채택이 더 합리적이라고 기업이 입증할 수 있을 때에 한해서는 회계변경을 정당화할 수 있다.

## 2. 회계변경의 유형

회계변경에는 **회계정책의 변경**과 **회계추정의 변경**이 있다. 회계정책의 변경은 재무제표의 작성과 보고에 적용하던 회계정책을 다른 회계정책으로 바꾸는 것을 말한다. 회계추정의 변경은 기업환경의 변화, 새로운 정보의 획득 또는 경험의 축적에 따라 지금까지 사용해오던 회계적 추정치를 바꾸는 것을 말한다.

### (1) 회계정책의 변경

회계정책의 변경(changes in accounting policies)은 재무제표의 작성과 보고에 적용하던 회계정책을 다른 회계정책으로 바꾸는 것을 말한다.

재무제표이용자는 기업의 재무상태, 재무성과 및 현금흐름의 추이를 알기 위하여 기간별 재무제표를 비교할 수 있어야 하므로 기업은 임의로 회계정책을 변경할 수 없으며, **다음 중 하나의 경우에 회계정책을 변경할 수 있다.**

① 한국채택국제회계기준에서 회계정책의 변경을 요구하는 경우

② 회계정책의 변경을 반영한 재무제표가 거래, 기타 사건 또는 상황이 재무상태, 재무성과 또는 현금흐름에 미치는 영향에 대하여 신뢰성 있고 더 목적적합한 정보를 제공하는 경우

위에서 제시한 기준 중 어느 하나를 충족하는 경우가 아니라면, 동일 기간 내에 그리고 기간 간에 동일한 회계정책을 적용하여야 한다. 그러나 다음의 경우는 회계정책의 변경에 해당하지 아니한다.

① 과거에 발생한 거래와 실질이 다른 거래, 기타 사건 또는 상황에 대하여 다른 회계정책을 적용하는 경우1)

② 과거에 발생하지 않았거나 발생하였어도 중요하지 않았던 거래, 기타 사건 또는 상황에 대하여 새로운 회계정책을 적용하는 경우2)

회계정책의 변경은 기업이 재무보고의 목적으로 선택한 기업회계기준, 즉, **일반적으로 인정된 회계원칙(GAAP)에서 다른 일반적으로 인정된 회계원칙(GAAP)으로 변경하는 것만을 의미**하며, 일반적으로 인정되지 아니한 회계원칙에서 일반적으로 인정된 회계원칙으로 수정하는 것은 회계정책의 변경이 아니라 후술하는 오류수정에 해당된다. 회계정책 변경의 예는 다음과 같다.

① 재고자산 평가방법의 변경 : 선입선출법에서 평균법으로 변경

② 유가증권의 취득단가 산정방법의 변경 : 총평균법에서 이동평균법으로 변경

③ 유형자산・무형자산・탐사평가자산에 대한 평가방법 변경 : 원가모형에서 재평가모형으로 변경

---

1) 신규 사업의 착수나 다른 사업부문의 인수 등의 결과로 독립된 새로운 사업부문이 창설되어 기존의 회계처리방법으로는 그 사업의 특성을 반영할 수 없어 다른 방법을 사용하는 경우는 회계정책의 변경으로 보지 않는다.

2) 예를 들어, 제품보증비용을 지출연도의 비용으로 처리하다가 중요성이 증대됨에 따라 충당부채설정법을 적용하는 경우에는 회계정책의 변경으로 보지 않는다.

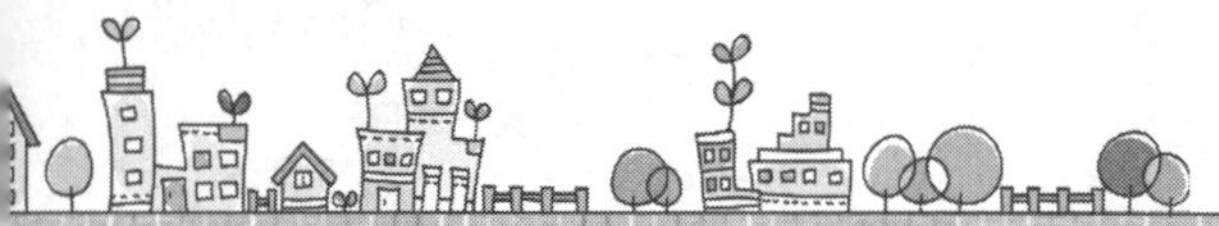

### ⑵ 회계추정의 변경

회계추정의 변경(changes in accounting estimate)이란 자산과 부채의 현재 상태를 평가하거나 자산과 부채와 관련된 예상되는 미래효익과 의무를 평가한 결과에 따라 자산이나 부채의 장부금액 또는 기간별 자산의 소비액을 조정하는 것을 말한다. 즉, 추정의 근거가 되었던 상황의 변화, 새로운 정보의 획득, 추가적인 경험의 축적에 따라 지금까지 사용해오던 회계적 추정치를 바꾸는 것이다.

성격상 회계추정의 수정은 과거기간과 연관되지 않으므로, 당초에 잘못된 정보에 근거하여 설정된 추정치를 바꾸는 오류수정과는 명확히 구분해야 한다.

**측정기준의 변경[3]은 회계추정의 변경이 아니라 회계정책의 변경에 해당한다. 회계정책의 변경과 회계추정의 변경을 구분하는 것이 어려운 경우에는 이를 회계추정의 변경으로 본다.**

회계추정의 변경에 대한 예를 들면 다음과 같다.

① 수취채권의 대손추정률의 변경
② 금융자산이나 금융부채의 공정가치 추정의 변경
③ 재고자산의 진부화 여부에 대한 추정의 변경
④ 감가상각자산의 상각방법, 내용연수 및 잔존가치 추정의 변경
⑤ 충당부채(품질보증의무) 추정의 변경
⑥ 자산의 손상차손 추정의 변경
⑦ 건설계약에 대한 계약수익과 계약원가 추정의 변경
⑧ 종업원 퇴직급여에 대한 보험수리적 가정의 변경
⑨ 리스제공자의 무보증잔존가치 추정의 변경
⑩ 이연법인세자산의 회수가능성 추정의 변경

---

3) 원가로 측정하던 거래를 공정가치로 측정기준을 변경한 경우가 이에 해당된다.

## 02절 회계변경의 회계처리방법

회계변경의 회계처리방법에는 소급법, 당기일괄처리법, 전진법이 있다.

### 1. 소급법

소급법(retrospective method)은 회계변경이 이루어진 기간의 기초시점에서 새로운 회계방법의 채택으로 인한 누적적 영향을 계산하여, 이에 해당하는 자산이나 부채 및 전기이월이익잉여금을 수정하고 전기의 재무제표를 새로운 원칙을 적용하여 재작성하는 방법이다.

여기에서 **누적효과(cumulative effect)**란 변경된 회계방법이 처음부터 적용되어 왔다고 가정할 때 회계변경연도 초에 계상되어 있어야 할 자산 및 부채의 장부가액과 변경이 이루어지기 전의 장부가액과의 차액을 말한다.

이러한 소급법을 주장하는 근거는 전기의 재무제표를 재작성하여야만 회계변경으로 인한 영향이 재무제표에 충분히 반영되어 재무제표의 비교가능성을 높일 수 있기 때문이다. 그러나 소급법은 재무제표의 신뢰성을 떨어뜨리며, 실무적으로 적용하기 어렵다는 문제점이 있다.

### 2. 당기일괄처리법

당기일괄처리법(current method)은 회계변경이 이루어진 기간의 기초시점에서 새로운 회계방법의 채택으로 인한 누적적 영향을 계산하여, 이를 포괄손익계산서에 당기손익으로 보고하며, 과거의 재무제표는 재작성하지 않는 방법이다.

이러한 당기처리방법을 주장하는 근거는 다음과 같다.

① 전기 재무제표를 재작성하지 않음으로써 재무제표의 신뢰성을 유지할 수 있다.

② 회계변경으로 인한 영향을 당기의 포괄손익계산서에 공시하게 되면 변경의 효과와 중요성에 대해 정보이용자들의 주의를 환기시킬 수 있다.

③ 전기의 재무제표를 수정하게 되면 과거연도의 재무제표에 의거해서 이루어진 계약이나 신용관계에 혼란을 야기시킬 수 있다.

④ 소급법을 적용하는 경우보다 비용과 시간을 절약할 수 있으며, 포괄주의 이익개념과도 부합된다.

그러나 당기처리방법은 다음과 같은 문제점을 지니고 있다.

① 누적적 영향의 금액이 클 경우 순이익이 변경연도에 급격히 증감변동할 수 있다.
② 계속성의 원칙에 위배되고, 비교가능성을 저해한다.
③ 과거연도 사항을 당해 연도에 수정함으로써 회계변경을 이익조작목적으로 사용할 가능성이 있다.

## 3. 전진법

전진법(prospective method)은 과거의 재무제표에 대해서는 수정하지 않고 변경된 새로운 회계처리방법을 당기와 미래기간에 반영시키는 방법이다.

이러한 전진법을 주장하는 근거는 다음과 같다.

① 일단 재무제표가 작성되어 정보이용자에게 공시되면 이것이 최종적인 것이 되기 때문에 수정되어서는 안되고 이로 인해 재무제표의 신뢰성이 유지된다.
② 회계변경으로 인하여 이익이 증가 또는 감소되는 문제점을 피할 수 있다.

반면에 재무제표의 비교가능성이 저하되고, 회계변경의 효과를 파악하기 어렵다는 단점이 있다.

### 사례 1 회계 변경의 회계처리방법

㈜개신은 20×1년 초에 내용연수 3년, 잔존가치 ₩10,000의 차량운반구를 ₩100,000에 취득하여 정액법으로 감가상각하여 오다가 20×2년부터 감가상각방법을 연수합계법으로 변경하였다.

다음 요구사항을 소급법, 당기일괄처리법, 전진법에 따라 답하시오.

1. 위 회계의 변경과 관련한 20×2년 회계처리를 제시하시오.
2. 20×2년 12월 31일 현재 차량운반구의 장부가액을 계상하시오.

핵심해설

1. 회계변경의 누적효과 계산

| | 정액법 | 연수합계법 | 차 이 |
|---|---|---|---|
| 20×1년 감가상각비 | (₩100,000－₩10,000)×1/3 ＝₩30,000 | (₩100,000－₩10,000)×3/6 ＝₩45,000 | ₩15,000 |

2. 회계처리

(1) 소급법

〈회계변경효과〉

| | | | |
|---|---|---|---|
| (차) 전기이월이익잉여금 | 15,000 | (대) 감가상각누계액 | 15,000 |

〈20×2년 감가상각비〉

| | | | |
|---|---|---|---|
| (차) 감가상각비 | 30,000 | (대) 감가상각누계액 | 30,000 |

＊ (₩100,000－₩10,000)×2/6＝30,000

(2) 당기일괄처리법

〈회계변경효과〉

| | | | |
|---|---|---|---|
| (차) 회계변경손실 (당기손익 항목) | 15,000 | (대) 감가상각누계액 | 15,000 |

〈20×2년 감가상각비〉

| | | | |
|---|---|---|---|
| (차) 감가상각비 | 30,000 | (대) 감가상각누계액 | 30,000 |

＊ (₩100,000－₩10,000)×2/6＝₩30,000

(3) 전진법

〈회계변경효과〉 전진법에서는 회계변경의 누적효과를 별도로 계산하지 않는다.

〈20×2년 감가상각비〉

| | | | |
|---|---|---|---|
| (차) 감가상각비 | 40,000 | (대) 감가상각누계액 | 40,000 |

＊ (₩100,000－₩30,000－₩10,000)×2/3＝₩40,000

3. 20×2년 말 장부가액

(1) 소급법, 당기일괄처리법

| | | |
|---|---|---|
| 기계취득원가 | ₩100,000 | |
| 감가상각누계액 | (75,000) | ₩25,000 |

(2) 전진법

| | | |
|---|---|---|
| 기계취득원가 | ₩100,000 | |
| 감가상각누계액 | (70,000) | ₩30,000 |

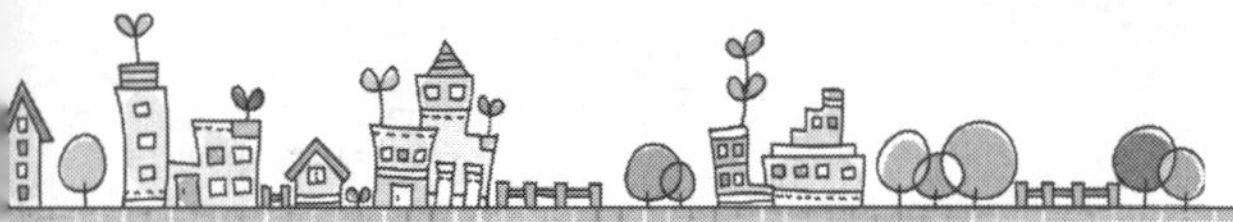

## 4. 한국채택국제회계기준

한국채택국제회계기준서 제1008호(회계정책, 회계추정의 변경 및 오류)에서는 경과규정이 있는 한국채택국제회계기준을 최초 적용하는 경우에 발생하는 회계정책의 변경은 해당 경과규정에 따라 회계처리하고, **경과규정이 없는 한국채택국제회계기준을 최초 적용하는 경우에 발생하는 회계정책의 변경이나 자발적인 회계정책의 변경은 소급법을 적용하도록 규정하고 있다.**

회계정책의 변경을 소급적용하는 경우, 비교표시되는 가장 이른 과거기간의 영향 받는 자본의 각 구성요소의 기초 금액과 비교 공시되는 각 과거기간의 기타 대응금액을 새로운 회계정책이 처음부터 적용된 것처럼 조정한다.

비교표시되는 하나 이상의 과거기간의 비교정보에 대해 특정기간에 미치는 회계정책 변경의 영향을 실무적으로 결정할 수 없는 경우,[4] 실무적으로 소급적용할 수 있는 가장 이른 회계기간의 자산 및 부채의 기초 장부금액에 새로운 회계정책을 적용하고, 그에 따라 변동하는 자본 구성요소의 기초금액을 조정한다. 실무적으로 적용할 수 있는 가장 이른 회계기간은 당기일 수도 있다. **당기 기초시점에 과거기간 전체에 대한 새로운 회계정책 적용의 누적효과를 실무적으로 결정할 수 없는 경우, 실무적으로 적용할 수 있는 가장 이른 날부터 새로운 회계정책을 전진 적용하여 비교정보를 재작성한다.**

변경된 회계정책을 과거의 회계기간부터 실무적으로 전진 적용할 수 없는 경우에도 회계정책은 변경할 수 있다.

---

4) 기업이 모든 합리적인 노력을 했어도 요구사항을 적용할 수 없는 경우에 그 요구사항은 실무적으로 적용할 수 없다. 다음의 경우는 특정 과거기간에 대하여 회계정책 변경의 소급적용이나 오류수정을 위한 소급재작성을 실무적으로 적용할 수 없다.
   ① 소급적용이나 소급재작성의 영향을 결정할 수 없는 경우
   ② 소급적용이나 소급재작성을 위하여 대상 과거기간의 경영진의 의도에 대한 가정이 필요한 경우
   ③ 소급적용이나 소급재작성을 위하여 금액의 유의적인 추정이 필요하지만, 그러한 추정에 필요한 정보를 다른 정보와 객관적으로 식별할 수 없는 경우

### 사례 2 회계정책 변경－한국채택국제회계기준 적용

㈜현성은 20×1년 초에 설립되었다. ㈜현성은 재고자산에 대하여 평균법을 적용하여 오다가 20×3년부터 선입선출법으로 변경하는 것이 보다 신뢰성있고 더 목적적합한 정보를 제공한다는 판단하에 변경하였다.
다음은 20×1년부터 20×3년까지 평균법을 적용한 비교재무제표 자료이다.

재무상태표 관련 자료

| 구 분 | 20×1년 | 20×2년 | 20×3년 |
|---|---|---|---|
| 재고자산 | ₩200,000 | ₩300,000 | ₩500,000 |
| 이익잉여금 | 50,000 | 100,000 | 150,000 |

포괄손익계산서 관련 자료

| 구 분 | 20×1년 | 20×2년 | 20×3년 |
|---|---|---|---|
| 기초재고액 | － | ₩200,000 | ₩300,000 |
| 당기매입액 | ₩1,000,000 | 1,000,000 | 1,000,000 |
| 기말재고액 | (200,000) | (300,000) | (500,000) |
| 매출원가 | ₩800,000 | ₩900,000 | ₩ 800,000 |

㈜현성이 재고자산의 원가흐름 가정으로 선입선출법을 적용한다면 매 회계기간말 재고자산금액은 다음과 같다.

| 구 분 | 20×1년 | 20×2년 | 20×3년 |
|---|---|---|---|
| 기말재고액 | ₩300,000 | ₩350,000 | ₩480,000 |

1. 20×3년 회계정책의 변경과 관련된 회계처리를 하라.
2. ㈜현성이 회계정책 변경을 반영한 후 재무제표를 공시할 때, 3개년 비교재무제표를 작성하라.
3. ㈜현성이 20×3년 초 선입선출법을 적용한 재고자산금액이 ₩350,000임을 결정할 수 있으나, 과거기간 전체에 대해 미치는 회계정책 변경의 영향을 실무적으로 결정할 수 없다고 가정하고, 회계정책 변경과 관련된 회계처리와 3개년 비교재무제표를 작성하라.

#### 핵심해설

1. 20×3년 회계정책 변경의 회계처리

| | | | |
|---|---|---|---|
| (차) 매 출 원 가 | 50,000 | (대) 미처분이익잉여금 | 50,000[*1] |
| (차) 매 출 원 가 | 20,000 | (대) 재 고 자 산 | 20,000[*2] |

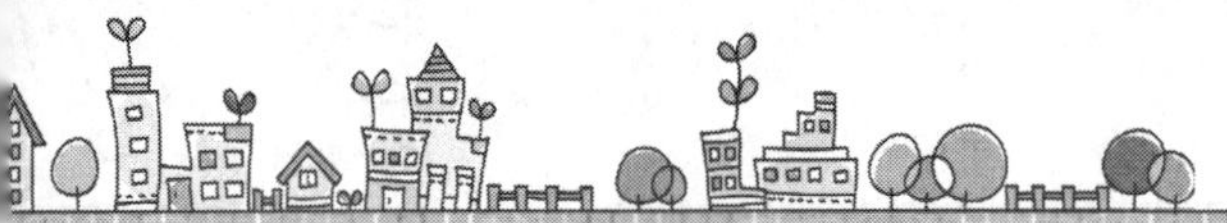

*1 재고자산의 누적 변경효과는 2회계기간이 경과하면 자동으로 조정되기 때문에 20×1년도 재고자산에 대한 조정은 필요하지 않다. 따라서 20×2년도 기말재고가 20×3년도 기초재고자산에 미치는 영향인 ₩50,000 감소 만큼 20×3년도 매출원가 증가와 전기이월 이익잉여금을 증가시킨다.

*2 당기말(20×3년) 재고자산이 ₩20,000만큼 감소되어야 하므로, 기말재고자산을 감소시키고 당기 매출원가를 동액만큼 증가시킨다.

2. 비교재무제표 작성

재무상태표 관련 자료

| 구 분 | 20×1년 | 20×2년 | 20×3년 |
|---|---|---|---|
| 재고자산 | ₩300,000 | ₩350,000 | ₩480,000 |
| 이익잉여금 | 150,000 | 150,000 | 130,000 |

포괄손익계산서 관련 자료

| 구 분 | 20×1년 | 20×2년 | 20×3년 |
|---|---|---|---|
| 기초재고액 | – | ₩300,000 | ₩350,000 |
| 당기매입액 | ₩1,000,000 | 1,000,000 | 1,000,000 |
| 기말재고액 | (300,000) | (350,000) | (480,000) |
| 매출원가 | ₩700,000 | ₩950,000 | ₩870,000 |

3. 실무적으로 소급적용에 한계가 있는 경우(20×3년부터 소급적용)

(1) 20×3년 회계정책 변경의 회계처리

| | | | |
|---|---|---|---|
| (차) 매 출 원 가 | 50,000 | (대) 미처분이익잉여금 | 50,000 |
| (차) 매 출 원 가 | 20,000 | (대) 재 고 자 산 | 20,000 |

* 20×1년과 20×2년은 재고자산에 대한 조정은 할 수 없으므로 20×3년도부터 회계정책의 변경 효과를 회계처리한다. 그러나 회계처리는 동일하게 된다.
참고적으로 만약 20×3년 초 이전의 재고자산에 대한 소급적용이 실무적으로 불가능하다면 20×3년도 기말재고자산에 대한 회계정책 변경의 회계처리만 하면 된다.

| | | | |
|---|---|---|---|
| (차) 매 출 원 가 | 20,00 | (대) 재 고 자 산 | 20,000 |

(2) 비교재무제표 작성

재무상태표 관련 자료

| 구 분 | 20×1년 | 20×2년 | 20×3년 |
|---|---|---|---|
| 재고자산 | ₩200,000 | ₩300,000 | ₩480,000 |
| 이익잉여금 | 50,000 | 100,000 | 130,000 |

포괄손익계산서 관련 자료

| 구 분 | 20×1년 | 20×2년 | 20×3년 |
|---|---|---|---|
| 기초재고액 | － | ₩200,000 | ₩350,000 |
| 당기매입액 | ₩1,000,000 | 1,000,000 | 1,000,000 |
| 기말재고액 | (200,000) | (300,000) | (480,000) |
| 매출원가 | ₩800,000 | ₩900,000 | ₩870,000 |

**기업회계기준에서는 회계추정의 변경은 전진적으로 처리하여 그 효과를 당기와 당기 이후의 기간에 반영하도록 규정하고 있다.** 회계추정의 변경효과를 전진적으로 인식하는 것은 추정의 변경을 그것이 발생한 시점 이후부터 거래, 기타 사건 및 상황에 적용하는 것을 말한다. 회계추정의 변경은 당기손익에만 영향을 미치는 경우와 당기손익과 미래기간의 손익에 모두 영향을 미치는 경우가 있다. 예를 들면, 대손에 대한 추정의 변경은 당기손익에만 영향을 미치므로 변경의 효과가 당기에 인식된다. 그러나 감가상각자산의 추정내용연수의 변경 또는 감가상각자산에 내재된 미래경제적 효익의 기대소비 형태의 변경은 당기의 감가상각비뿐만 아니라 그 자산의 잔존 내용연수동안 미래기간의 감가상각비에 영향을 미친다. 위의 두 경우 모두 당기에 미치는 변경의 효과는 당기손익으로 인식하며, 미래기간에 영향을 미치는 변경의 효과는 해당 미래기간의 손익으로 인식한다.

다만 회계추정의 변경이 자산 및 부채의 장부금액을 변경하거나 자본의 구성요소에 관련되는 경우, 회계추정을 변경한 기간에 관련 자산, 부채 또는 자본 구성요소의 장부금액을 조정하여 회계추정의 변경효과를 인식한다.

### 사례 3 회계 변경－한국채택국제회계기준 적용

㈜오뚜기는 20×1년 초에 내용연수 6년, 잔존가치 ₩10,000의 기계장치를 ₩100,000에 취득하고 정액법으로 감가상각하였다.

(1) 20×2년 초에 기계장치의 성능향상을 위하여 ₩50,000을 지출하였으며, 이로 인하여 잔여 내용연수가 3년 연장되었다고 추정되었다.

(2) 20×3년부터는 연수합계법을 적용하여 기계장치를 감가상각하기로 하였다.

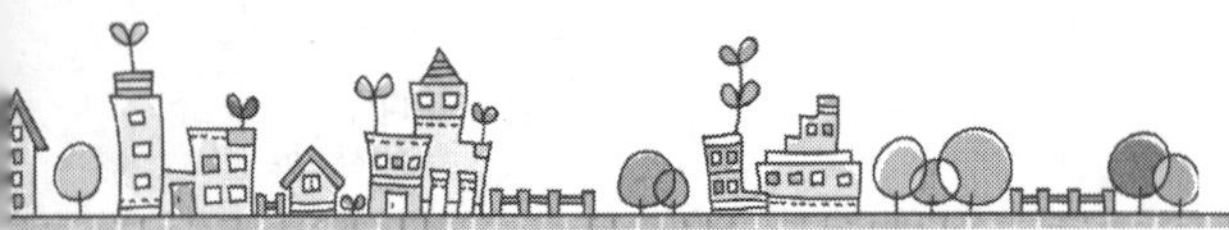

㈜오뚜기가 20×1년부터 20×3년까지 인식할 감가상각비와 관련 회계처리를 하라.

**1. 감가상각비 계산**

* 내용연수 연장과 감가상각방법의 변경은 추정의 변경이므로 전진적으로 처리한다.

(1) 20×1년 : (₩100,000－₩10,000)÷6년＝₩15,000

(2) 20×2년 : (₩100,000－₩15,000＋₩50,000－₩10,000)÷8년＝₩15,625

(3) 20×3년 : (₩100,000－₩15,000＋₩50,000 －₩15,625－₩10,000)×7/28＝₩27,344

**2. 감가상각비 관련 회계처리**

| | | | | |
|---|---|---|---|---|
| (1) 20×1년 : | (차) 감가상각비 | 15,000 | (대) 감가상각누계액 | 15,000 |
| (2) 20×2년 : | (차) 감가상각비 | 15,625 | (대) 감가상각누계액 | 15,625 |
| (3) 20×3년 : | (차) 감가상각비 | 27,344 | (대) 감가상각누계액 | 27,344 |

한국채택국제회계기준에 규정하고 있는 회계정책과 회계추정의 변경에 대한 회계처리를 요약하면 다음과 같다.

**회계변경의 회계처리**

| 종 류 | 회계정책의 변경 | 회계추정의 변경 |
|---|---|---|
| 정 의 | 적용하던 회계정책을 다른 정책으로 바꾸는 것 | 지금까지 사용해오던 회계적 추정의 근거와 방법을 바꾸는 것 |
| 회계처리 | 소급법 원칙* | 전진법 |
| 재무제표 반영 | 기초이익잉여금에 반영 | 변경 전 포괄손익계산서 항목과 동일한 항목으로 처리 |
| 비교재무제표 | 전기 또는 그 이전의 재무제표를 재작성함. (최초 회계기간의 기초이익잉여금을 수정) | 재작성하지 않음 |

* 회계정책의 변경에 따른 누적효과를 실무적으로 결정할 수 없는 경우에는 실무적으로 소급적용할 수 있는 가장 이른 날부터 새로운 회계정책을 전진적으로 적용하여 비교정보를 재작성한다.

## 03절 오류수정

### 1. 오류수정의 의의 및 회계처리

**재무제표를 작성할 때 신뢰할 만한 정보를 이용하지 못했거나 잘못 이용하여 발생한 재무제표에의 누락이나 왜곡표시를 오류(errors)라고 한다.** 이러한 오류에는 산술적 계산오류, 회계정책의 적용 오류, 사실의 간과 또는 해석의 오류 및 부정 등의 영향을 포함한다. 따라서 일반적으로 인정된 회계원칙이 아닌 회계원칙을 적용하거나 불합리한 회계추정을 사용하는 경우도 오류에 해당된다.

오류수정은 회계추정의 변경과 구별되어야 한다. 회계추정의 변경은 추가적인 정보를 입수함에 따라 기존의 추정치를 수정하는 것을 의미한다. 예를 들어 충당부채로 인식했던 금액을 새로운 정보에 따라 합리적으로 추정한 금액으로 수정하는 것은 회계추정의 변경에 해당하지만 처음부터 충당부채를 인식함에 있어 발생한 오류를 수정한다면 오류수정으로 보아야 한다.

오류는 다음과 같이 두 가지 유형으로 구분할 수 있다.

① 재무상태표 또는 포괄손익계산서에만 영향을 미치는 오류(계정분류상 오류)

② 재무상태표와 포괄손익계산서 모두에 영향을 미치는 오류(당기순손익에 영향을 미치는 오류)

당기순손익에 영향을 미치는 오류는 다시 **자동조정오류**와 **비자동조정오류**로 나뉘며 그 원인에 따라 오류수정을 하여야 한다.

기업의 재무상태, 재무성과 또는 현금흐름을 특정한 의도대로 표시하기 위하여 중요하거나 중요하지 않은 오류를 포함하여 작성된 재무제표는 한국채택국제회계기준에 따라 작성되었다고 할 수 없다. 따라서 당기 중에 발견한 당기의 잠재적 오류는 재무제표의 발행승인일 전에 수정한다. 그러나 중요한 오류를 후속기간에 발견하는 경우, 이러한 전기오류는 해당 후속기간의 재무제표에 비교표시된 재무정보를 재작성하여 수정한다. **즉, 중요한 전기오류가 발견된 이후 최초로 발행을 승인하는 재무제표에 다음의 방법으로 전기오류를 소급하여 수정한다.**

① 오류가 발생한 과거기간의 재무제표가 비교표시되는 경우에는 그 재무정보를 재작성한다.

② 오류가 비교표시되는 가장 이른 과거기간 이전에 발생한 경우에는 비교표시되는 가장 이른 과거기간의 자산, 부채 및 자본의 기초금액을 재작성한다.

**그러나 비교 표시되는 하나 이상의 과거기간의 비교정보에 대해 특정기간에 미치는 오류의 영향을 실무적으로 결정할 수 없는 경우, 회계정책의 변경시 회계처리와 동일하게 실무적으로 소급재작성할 수 있는 가장 이른 회계기간의 자산, 부채 및 자본의 기초금액을 재작성한다(실무적으로 소급재작성할 수 있는 가장 이른 회계기간은 당기일 수도 있음).** 즉, 당기 기초시점에 과거기간 전체에 대한 오류의 누적효과를 실무적으로 결정할 수 없는 경우, 실무적으로 적용할 수 있는 가장 이른 날부터 전진적으로 오류를 수정하여 비교정보를 재작성한다.

## 2. 오류수정 방법

일반적으로 오류수정하는 방법은 잘못된 회사측 회계처리를 파악한 후, 올바른 회계처리를 찾아서 두 회계처리의 차이를 조정하는 방법[5]으로 이루어 회계처리가 이루어진다. 오류수정 분개를 할 때에는 특별히 기업이 설정한 동일한 계정들을 잘 파악하여 정리할 필요가 있다. 이때 재무상태표 계정은 실질계정이므로 계정과목들 별로 서로 상계하여 순액만을 표시하면 된다. 그러나 손익계산서 계정은 장부가 마감되었는지 여부에 따라 회계처리가 달라진다. 장부가 마감된 이전 회계기간의 손익계산서 계정은 모두 상계하여 순액으로 전기이월이익잉여금 계정과목으로 처리하면 되고, 장부가 마감되지 않은 마지막 회계기간의 손익계산서 계정들은 동일 계정과목별로 상계하여 순액으로 표시한다. 회계상 오류는 당기순이익에 미치는 영향에 따라 자동조정오류와 비자동조정오류로 나뉘며 그 원인에 따라 오류수정을 하여야 한다.

### (1) 자동조정오류(counterbalancing errors)

자동조정오류는 특정한 기간에 순이익의 증가(감소)를 초래한 오류가 그 다음회계연도에 순이익의 감소(증가)를 초래하여 오류의 효과가 자동적으로 조정되는 오류를 말한

5) 잘못된 회사측 회계처리는 역분개한 후, 올바른 회계처리를 수행한다.

다. 만일 20×1년도 발생된 오류가 20×3년도에 발견되었다면 그 오류에 대해서는 수정할 필요가 없다. 자동조정오류에서 주의할 점은 장부의 마감여부이다. 장부가 마감되었다는 것은 모든 수익과 비용계정이 집합손익계정을 통해 이익잉여금계정으로 대체되었다는 것을 의미한다. t기에 발생한 자동조정오류가 t+1기에 발견된 경우를 가정해 보자. t+1기의 장부가 마감되지 않았다면 이에 대한 오류 수정분개를 하여야 하지만 장부가 마감되었다면 오류 수정분개를 할 필요가 없다.

이러한 자동조정오류에는 **재고자산의 과대 · 과소계상** 및 **미지급비용, 선급비용, 선수수익, 미수수익 등 경과계정의 과소 · 과대계상** 등이 포함된다.

### 사례 4 재고자산의 오류

㈜개신은 20×6년에 처음 회계감사를 받았는데, 재고자산에 대해 다음과 같은 오류가 발견되었다. 각 연도별로 회사가 보고한 순이익은 다음과 같다.

| 연 도 | 당기순이익 | 기말재고 |
|---|---|---|
| 20×4 | ₩85,000 | ₩ 500(과소평가) |
| 20×5 | 93,000 | 1,300(과대평가) |
| 20×6 | 98,000 | 700(과소평가) |

연도별 정확한 순이익을 계산하고 20×6년 말 오류수정 분개를 제시하라.

**핵심해설**

1. 정확한 당기순이익

| | 20×4년 | 20×5년 | 20×6년 |
|---|---|---|---|
| 수정전순이익 | ₩85,000 | ₩93,000 | ₩98,000 |
| 수정사항(재고자산) | | | |
| 20×4년 | 500 | (500) | |
| 20×5년 | | (1,300) | 1,300 |
| 20×6년 | | | 700 |
| 정확한 당기순이익 | ₩85,500 | ₩91,200 | ₩100,000 |

2. 오류수정분개

〈20×6년 장부마감 전〉

| | | | |
|---|---|---|---|
| (차) 재 고 자 산 | 700 | (대) 매 출 원 가 | 700 |
| (차) 이월이익잉여금 | 1,300 | (대) 매 출 원 가 | 1,300*1 |

*1 20×5년도 재고자산이 과대평가되어 순이익이 ₩1,300만큼 과대계상되었고, 동 재고자산이 20×6년 기초재고자산으로 계상되어 20×6년 매출원가로 대체되었기 때문이다.

〈20×6년 장부마감 후〉

| | | | |
|---|---|---|---|
| (차) 재 고 자 산 | 700 | (대) 이월이익잉여금 | 700*2 |

*2 20×6년도 장부가 마감되었다면 20×5년도 오류는 이미 자동조정되어 수정분개 할 필요가 없다. 20×6년 재고자산의 과소평가로 20×6년 순이익이 ₩700만큼 과소계상되었다.

## 사례 5 선급비용, 선수수익의 오류

㈜개신은 20×1년 설립 이래 회계감사를 한 번도 받은 적이 없다. 20×3년에 처음 회계감사시 다음과 같은 오류가 발견되었다.

(1) 선급비용(보험료)을 당기비용으로 처리한 연도별 오류 내용
- 20×1년(₩1,250), 20×2년(₩940), 20×3년(₩1,530 )

(2) 선수수익(임대료)을 당기수익으로 처리한 연도별 오류 내용
- 20×1년(₩1,870), 20×2년(₩2,300), 20×3년(₩1,400 )

(3) 각 연도별 수정전 당기순이익
- 20×1년(₩18,200), 20×2년(₩12,400), 20×3년(₩13,000)

연도별 정확한 순이익을 계산하고 20×6년 말 오류수정 분개를 제시하라.

**핵심해설**

1. 정확한 당기순이익 계산

| | 20×1년 | 20×2년 | 20×3년 |
|---|---|---|---|
| 수정전 당기순이익 | ₩18,200 | ₩12,400 | ₩13,000 |
| 선급비용 누락 | | | |
| 20×1년 | 1,250 | (1,250) | |
| 20×2년 | | 940 | (940) |
| 20×3년 | | | 1,530 |

| | 20×1년 | 20×2년 | 20×3년 |
|---|---|---|---|
| 선수수익 누락 | | | |
| 20×1년 | (1,870) | 1,870 | |
| 20×2년 | | (2,300) | 2,300 |
| 20×3년 | | | (1,400) |
| 수정액 합계 | (620) | (740) | 1,490 |
| 수정후 당기순이익 | ₩17,580 | ₩11,660 | ₩14,490 |

2. 수정분개

⑴ 장부마감 후

| | | | |
|---|---|---|---|
| (차) 선급보험료 | 1,530 | (대) 이월이익잉여금 | 1,530 |
| (차) 이월이익잉여금 | 1,400 | (대) 선수임대료 | 1,400 |

⑵ 장부마감 전

| | | | |
|---|---|---|---|
| (차) 선급보험료 | 1,530 | (대) 이월이익잉여금 | 940 |
| | | 보 험 료 | 590 |
| (차) 이월이익잉여금 | 2,300 | (대) 선수임대료 | 1,400 |
| | | 임대료수익 | 900 |

### 사례 6 미지급비용, 미수수익의 오류

㈜개신은 처음 회계감사를 받았는데 다음과 같은 오류가 발견되었으며, 각 연도별 순이익은 아래 자료와 같았다.

⑴ 각 연도별 순이익
- 20×1년(₩18,200), 20×2년(₩12,400), 20×3년(₩13,000)

⑵ 미지급비용(이자비용)의 계상누락
- 20×1년(₩2,120), 20×2년(₩1,340), 20×3년(₩980)

⑶ 미수수익(이자수익)의 계상누락
- 20×1년(₩1,600), 20×2년(₩850), 20×3년(₩1,300)

수정후 정확한 순이익을 계산하고, 장부마감전과 장부마감후의 20×3년 말 수정분개를 제시하라.

1. 수정후순이익

| | 20×1년 | 20×2년 | 20×3년 |
|---|---|---|---|
| 수정전순이익 | ₩18,200 | ₩12,400 | ₩13,000 |
| 미지급비용계상누락 | | | |
| 20×1년 | (2,120) | 2,120 | |
| 20×2년 | | (1,340) | 1,340 |
| 20×3년 | | | (980) |
| 미수수익계상누락 | | | |
| 20×1년 | 1,600 | (1,600) | |
| 20×2년 | | 850 | (850) |
| 20×3년 | | | 1,300 |
| 수정액합계 | (520) | 30 | 810 |
| 수정후순이익 | ₩17,680 | ₩12,430 | ₩13,810 |

2. 수정분개

(1) 장부마감 후

| | | | |
|---|---|---|---|
| (차) 이월이익잉여금 | 980 | (대) 미지급이자 | 980 |
| (차) 미 수 이 자 | 1,300 | (대) 이월이익잉여금 | 1,300 |

(2) 장부마감 전

| | | | |
|---|---|---|---|
| (차) 이월이익잉여금 | 1,340 | (대) 미지급이자 | 980 |
| | | 이 자 비 용 | 360 |
| (차) 미 수 이 자 | 1,300 | (대) 이월이익잉여금 | 850 |
| | | 이 자 수 익 | 450 |

### (2) 비자동조정오류(noncounterbalancing errors)

비자동조정오류는 두 회계기간에 걸쳐 오류가 자동적으로 조정되지 않는 오류로서 유형자산을 취득하고 수익적 지출로 처리한 경우나 감가상각비의 계산상의 오류 등을 들 수 있다. 예를 들어 내용연수 3년인 기계장치를 취득하고 그 취득원가를 전액 수선비계정으로 회계처리한 경우이다. 이러한 오류는 오류발생연도에 발견하면 반대분개를 하여 수정하고, 오류발생연도 이후에 오류를 발견한 경우에는 장부마감 여부에 관계없이 소급해서 수정하는 회계처리를 해야 한다.

## 사례 7 비자동조정오류

(1) ㈜개신은 20×3년 초에 기계에 대한 수선을 하고 수선비로 ₩5,000,000을 지급하였다.
(2) 동 수선내용을 검토한 결과 ₩1,000,000은 능률유지를 위한 수익적 지출에 해당하나 ₩4,000,000은 자본적 지출로 판명되었다.
(3) 그러나 회사는 ₩5,000,000전액을 수선비로 하여 비용으로 처리하였다.
(4) 동 기계는 정액법에 의해 감가상각하며 내용연수 4년, 잔존가치는 취득원가의 10%이다.

1. 위 오류를 20×3년 말에 발견하였을 경우 행할 수정분개를 제시하라.
2. 20×4년 말 결산시에 발견하였을 경우에 행할 수정분개를 제시하라.

### 핵심해설

| |  |  | |  |  |
|---|---|---|---|---|---|
| 1. (차) | 기 계 장 치 | 4,000,000 | (대) | 수 선 비 | 4,000,000 |
| | 감 가 상 각 비 | 900,000* | | 감가상각누계액 | 900,000 |

* (₩4,000,000－₩400,000)÷4년＝₩900,000

| |  |  | |  |  |
|---|---|---|---|---|---|
| 2. (차) | 기 계 장 치 | 4,000,000 | (대) | 이월이익잉여금 | 3,100,000* |
| | 감 가 상 각 비 | 900,000 | | 감가상각누계액 | 1,800,000 |

* ₩4,000,000－₩900,000＝₩3,100,000

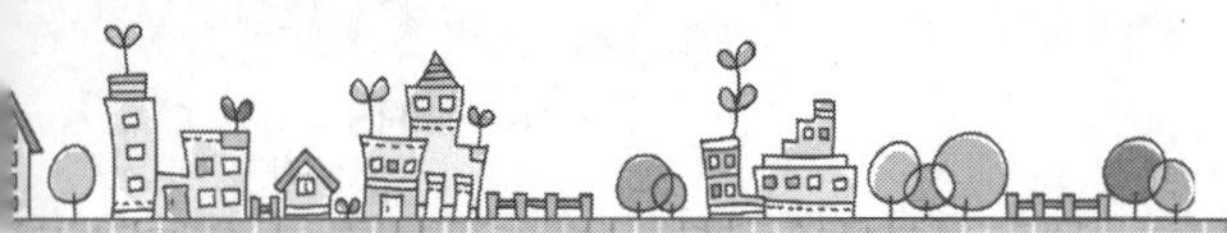

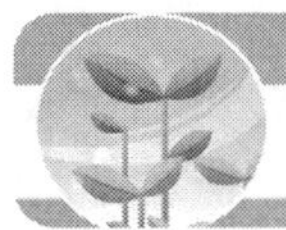

## OX문제

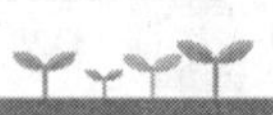

1 특정 거래, 기타사건 또는 상황에 대하여 구체적으로 적용할 수 있는 한국채택국제회계기준이 없는 경우, 경영진은 판단에 따라 회계정책을 개발 및 적용할 수 있다.

2 과거에 발생하지 않았거나 발생하였어도 중요하지 않았던 거래, 기타 사건 도는 상황에 대하여 새로운 회계정책을 적용하는 경우에는 이를 회계정책의 변경으로 본다.

3 측정기준의 변경은 회계추정의 변경이 아니라 회계정책의 변경에 해당되며, 회계정책의 변경과 회계추정의 변경을 구분하는 것이 어려운 경우에는 회계정책의 변경으로 본다.

4 감가상각방법을 정액법에서 정률법으로 변경하는 회계추정의 변경이다.

5 회계변경이 이루어진 기간의 기초시점에서 새로운 회계방법의 채택으로 인한 누적적 영향을 계산하여, 이에 해당하는 자산이나 부채 및 이익잉여금을 수정하고 전기의 재무제표를 새로운 원칙을 적용하여 수정하는 방법은 전진법이다.

6 소급법은 재무제표의 신리성을 떨어뜨리고, 실무적으로 적용하기 어렵다는 문제점이 있다.

7 기업회계기준에서는 회계추정의 변경은 전진적으로 처리하여 그 효과를 당기와 당기 이후의 기간에 반영하도록 규정하고 있다.

8 과거의 잘못된 회계처리방법을 수정하는 것도 회계변경이다.

9 재고자산의 오류는 다음 회계연도에 반대의 결과를 나타내어 오류의 효과가 두 기간을 통해 상쇄된다.

10 과거기간 전체에 대한 오류금액을 실무적으로 결정할 수 없는 경우에는 당기 이후의 기간부터 전진적으로 오류를 수정한다.

# 객 관 식 문 제

**01** ㈜동천의 20×3년도 결산과정(장부마감 전)에서 다음과 같은 사항이 발견되었다.

> (1) 20×2년의 기말재고자산은 ₩40,000만큼 과소계상되었고, 20×3년의 기말재고자산은 ₩32,000만큼 과대계상되었다.
> (2) 20×2년 1월 1일에 기계장치(취득원가 ₩1,000,000, 내용연수 5년, 잔존가치 없음, 감가상각방법은 정액법)를 취득하였으나, 취득원가 전액을 20×2년도 비용으로 처리하였다.
> (3) 20×4년 1월 5일에 물류창고에서 화재가 발생하였으며 화재손실은 ₩85,000으로 추정된다. 화재손실 중 ₩65,000은 화재보험금으로 충당될 예정이다.
> (4) 20×3년 12월 10일에 당해연도 연말상여금 지급을 결정하였고, 20×4년 1월 15일에 당해 상여금 지급금액을 ₩25,000으로 확정하였다.

위의 항목들을 재무제표에 반영할 경우, 한국채택국제회계기준을 적용할 때 20×3년 말 미처분이익잉여금에 미치는 영향은 얼마인가? 단, 법인세효과는 무시한다.

➤ 공인회계사 수정

① ₩447,000 감소 ② ₩507,000 증가 ③ ₩543,000 증가
④ ₩607,000 감소 ⑤ ₩632,000 증가

**02** ㈜서부는 20×1년 1월 1일에 집진설비를 ₩1,000,000에 취득하였다. 취득당시 집진설비의 내용연수는 5년, 잔존가치는 ₩50,000으로 추정하였으며, 감가상각방법은 연수합계법을 적용하였다. 그런데, 20×3년도 결산과정(장부마감 전)에서 내용연수를 5년에서 7년으로, 잔존가치는 ₩50,000에서 ₩0으로, 감가상각방법은 연수합계법에서 정액법으로 변경하였다. 이 경우 한국채택국제회계기준에 의해 20×3년도에 집진설비의 감가상각비로 인식해야 할 금액은 얼마인가? 단, 회계변경의 정당성은 입증되었으며, 법인세효과는 무시한다.

➤ 공인회계사 수정

① ₩570,000 ② ₩380,000 ③ ₩270,000
④ ₩124,000 ⑤ ₩86,000

03 ㈜한오리조트는 20×1년 초에 설립되었으며 골프장을 운영하고 있다. 20×2년 사업연도(1월 1일부터 12월 31일까지)의 재무제표에 대한 회계감사를 받는 과정에서 다음과 같은 회계오류가 지적되었다.

> (1) 20×1년 초에 골프장 잔디를 보호하기 위한 스프링클러를 설치하면서 설치비 ₩400,000을 비용으로 처리하였다. 20×2년 말 현재 스프링클러의 잔여내용연수는 3년, 잔존가치는 없으며, 감가상각방법은 정액법이다.
> (2) 회사는 당월 급여를 모두 차월에 지급하여 왔으며, 이를 현금주의에 의하여 회계처리하였다. 20×1년 말과 20×2년 말에 미지급한 급여는 각각 ₩2,000과 ₩2,500이었다.

상기 오류는 중대한 오류로 판단된다. 오류수정이 20×2년 재무제표에 표시되는 전기이월미처분이익잉여금(법인세효과 고려)과 법인세비용차감전순이익에 미치는 영향은 각각 얼마인가? 단, 한국채택국제회계기준을 적용하고 회사의 법인세율은 30%라고 가정한다. ➤ 공인회계사 수정

| | 전기이월미처분이익잉여금 | 법인세비용차감전순이익 |
|---|---|---|
| ① | ₩222,600 증가 | ₩80,000 감소 |
| ② | ₩222,600 증가 | ₩80,500 감소 |
| ③ | ₩202,000 증가 | ₩80,500 감소 |
| ④ | ₩318,000 감소 | ₩79,500 증가 |
| ⑤ | ₩318,000 감소 | ₩80,000 증가 |

04 12월 말 결산법인인 ㈜한라는 20×1년 7월 1일 기계장치를 ₩50,000,000에 취득하였다. 이 기계장치의 내용연수는 4년, 잔존가액은 ₩5,000,000으로 추정하였으며, 감가상각방법으로는 연수합계법을 사용하였다. 20×3년 12월 31일 결산이 완료된 후, ㈜한라는 상기 기계장치를 20×7년 12월 31일까지 사용할 수 있고, 잔존가액은 없는 것으로 다시 추정하였다. 또한 이와 동시에 감가상각방법도 정액법으로 변경하였다. 이러한 회계변경으로 인하여 ㈜한라의 20×3년의 전기이월미처분이익잉여금과 당기순이익에 미치는 영향은 각각 얼마인가? 단, 한국채택국제회계기준을 적용하고 회계변경은 정당하다고 가정하며, 법인세효과는 무시한다. ➤ 공인회계사 수정

| | 전기이월미처분이익잉여금 | 당기순이익 |
|---|---|---|
| ① | 영향 없음 | ₩12,500,000 증가 |
| ② | ₩7,875,000 증가 | ₩ 7,200,000 증가 |
| ③ | ₩7,875,000 증가 | ₩ 4,625,000 증가 |
| ④ | ₩7,875,000 감소 | ₩ 6,625,000 증가 |
| ⑤ | 영향 없음 | ₩ 6,200,000 증가 |

**05** ㈜한국은 연말 결산시에 다음과 같은 회계오류를 발견하였다. 이 중에서 회계연도말 유동자산과 자본을 모두 과대계상하게 되는 것은 무엇인가? 단, 한국채택국제회계기준을 적용한다. ➤ 공인회계사 수정

① 선급비용의 과소계상
② 미지급비용의 과소계상
③ 장기매출채권을 유동자산으로 잘못 분류함
④ 매출채권에 대한 대손충당금의 과소계상
⑤ 영업용 건물에 대한 감가상각비의 과소계상

**06** 다음 중 회계변경과 오류수정에 대한 한국채택국제회계기준의 내용으로 옳지 않은 것은? ➤ 공인회계사 수정

① 변경된 새로운 회계정책은 소급적용하여 그 누적효과를 전기이월이익잉여금에 반영한다.
② 회계변경의 속성상 그 효과를 회계정책의 변경효과와 회계추정의 변경효과로 구분하기가 불가능한 경우에는 이를 회계정책의 변경으로 본다.
③ 회계추정의 변경은 전진적으로 처리하여 그 효과를 당기와 당기이후의 기간에 반영한다.
④ 중요한 오류를 후속기간에 발견한 경우, 이러한 전기오류는 해당 후속기간의 재무제표에 비교표시된 재무정보를 재작성하여 수정한다.
⑤ 기초시점에 과거기간 전체에 대한 오류의 누적효과를 실무적으로 결정할 수 없는 경우, 실무적으로 적용할 수 있는 가장 이른 날부터 전진적으로 오류를 수정하여 비교정보를 재작성한다.

# 주 관 식 문 제

## 01 감가상각방법의 변경

(1) 20×3년 1월 1일에 ㈜운명은 설비자산의 감가상각방법을 정률법에서 정액법으로 변경하기로 결정하였다. (정률은 27% 라고 가정함)

(2) 설비자산은 20×1년 초에 ₩138,000에 구입한 것이며 내용연수는 6년, 잔존가치는 ₩3,000으로 추정되었다.

(3) ㈜운명의 법인세율은 40%이며 20×2년과 20×3년의 영업활동 관련자료는 다음과 같다.

| | 20×2년 | 20×3년 |
|---|---|---|
| 총수익 | ₩105,000 | ₩105,000 |
| 감가상각비를 제외한 총비용 | ₩18,000 | ₩18,000 |
| 사외유통주식수 | 10,000주 | 10,000주 |

(4) 20×3년 말부터 ㈜운명은 20×2년도와의 비교손익계산서를 공표하기로 하였다.

1. 당기일괄처리법의 적용
   (1) 회계 변경을 위한 분개를 하시오.
   (2) 20×3년의 감가상각비를 기록하기 위한 분개를 하시오.
   (3) 비교손익계산서를 작성하시오.
2. 기업회계기준에 따라 회계처리하는 경우, 위 물음에 답하시오.

## 02 회계정책의 변경

(1) ㈜한올은 20×1. 1. 1. 기계장치를 ₩5,000,000에 취득하였다.
(2) 기계장치의 잔존가치는 ₩500,000이며, 내용연수는 5년이다.
(3) ㈜한올은 정액법으로 감가상각을 하였으나 20×4. 1. 1.부터는 정률법(상각률 25%)으로 변경하였다. 변경의 정당성은 인정된다.

1. 소급법을 적용하는 경우 20×4. 12. 31. ㈜한올이 행할 회계처리를 하라.
2. 기업회계기준에 따라 20×4. 12. 31. ㈜한올이 행할 회계처리를 하라.

## 03 내용연수와 잔존가치의 변경

신라회사의 회계담당자는 아래의 자산에 대하여 내용연수와 잔존가치를 검토한 결과 다음과 같이 수정할 것을 건의하였고, 최고경영자는 이를 승인하였다. 이 회사는 모든 자산을 정액법으로 감가상각한다.

| | 건 물 | 기 계 | 차 량 |
|---|---|---|---|
| 취득일 | 20×1. 1. 1. | 20×4. 1. 1. | 20×5. 1. 1. |
| 취득원가 | ₩800,000 | ₩100,000 | ₩20,000 |
| 감가상각누계액(20×7.1.1) | ₩114,000 | ₩ 11,400 | ₩ 9,500 |
| 내용연수 : | | | |
| 변경전 | 40년 | 25년 | 4년 |
| 변경후 | 45년 | 20년 | 5년 |
| 잔존가치 : | | | |
| 변경전 | ₩40,000 | ₩5,000 | ₩1,000 |
| 변경후 | ₩62,000 | ₩1,000 | ₩1,500 |

20×7년도의 감가상각비를 계산하고, 이를 분개하라.

## 04 회계정책의 변경

㈜미로는 다음과 같은 회계변경을 하였다. 당사는 20×1년에 설립되어 계속 영업중이다.

1. 회사가 보고한 연도별 순이익은 다음과 같다.

| 20×1년 | 20×2년 | 20×3년 | 20×4년 |
|---|---|---|---|
| ₩200,000 | ₩205,000 | ₩211,000 | ₩300,000 |

2. 다음은 회계변경 사항을 요약한 것이다.

(1) 회사가 20×4년에 재고자산의 평가방법을 후입선출법(LIFO)에서 선입선출법(FIFO)으로 변경하였다는 사실을 발견하였다. 평가방법의 변경이 순이익에 미치는 영향은 다음과 같다.

| | 20×1년 | 20×2년 | 20×3년 | 20×4년 |
|---|---|---|---|---|
| LIFO에 의한 순이익 | ₩75,000 | ₩97,500 | ₩115,000 | ₩150,000 |
| FIFO에 의한 순이익 | 80,000 | 100,000 | 125,000 | 147,000 |
| | ₩ 5,000 | ₩ 2,500 | ₩ 12,500 | ₩ (2,500) |

(2) 회사는 20×2년 초 감가상각방법을 정률법에서 정액법으로 변경하였으며, 20×2년에는 변경된 정액법을 적용하여 감가상각비를 계상하였다. 20×1년도의 순이익에 대한 변경의 효과는 아래와 같다.

| | 20×1년 |
|---|---|
| 정률법에 의한 순이익 | ₩75,000 |
| 정액법에 의한 순이익 | 77,500 |
| | ₩ 2,500 |

(3) 20×3년 말의 재고자산이 ₩6,000 과대계상되었다.

20×1년부터 20×4년까지의 위 사항을 반영한 수정 후 비교손익계산서를 작성하라.

## 05 재고자산평가방법 및 대손추정률의 변경

(1) 한라산㈜는 20×1년 초에 설립되었다.
(2) 회사는 20×7년에 재고자산에 대한 원가흐름가정을 평균법에서 선입선출법으로 변경하는 것이 신뢰성있고 더 목적적합한 정보를 제공한다고 판단하였다.
(3) 재고자산 원가흐름가정에 따른 회계기간말 재고자산 금액은 다음과 같다.

| 회계연도 | 평균법 | 선입선출법 |
|---|---|---|
| 20×5년 및 그 이전 | (실무적으로 결정할 수 없음) | |
| 20×6년 | 200,000 | 250,000 |
| 20×7년 | 400,000 | 500,000 |

* 한라산㈜는 20×5년 이전의 기말 재고자산에 대한 선입선출법 적용 금액을 실무적으로 결정할 수 없다고 판단하였다.

(4) 한편 한라산㈜회사는 순매출액의 1%를 적용해오던 대손율을 20×7년에는 2%를 설정하는 것이 적당하다는 결론을 얻어, 대손상각률을 변경하기로 하였다. 20×7년 매출액은 ₩12,500,000이다.

20×7년도 재무제표를 작성하면서 위 회계변경을 반영하는 회계처리를 하라. (단, 한라산㈜는 20×7년 말 결산분개를 아직 수행하지 아니한 상태이다)

## 06 오류수정 후 당기순이익

㈜충북은 20×1년과 20×2년에 당기순이익을 각각 ₩50,000과 ₩100,000으로 보고하였으나, 다음과 같은 오류를 포함하고 있었다.

| | 20×1년 | 20×2년 |
|---|---|---|
| 재 고 자 산 | ₩2,500과대 | ₩500과소 |
| 감가상각비 | 750과대 | 500과소 |
| 선급보험료 | 1,000과대 | 250과대 |

㈜충북의 연도별로 정확한 당기순이익을 계산하시오.

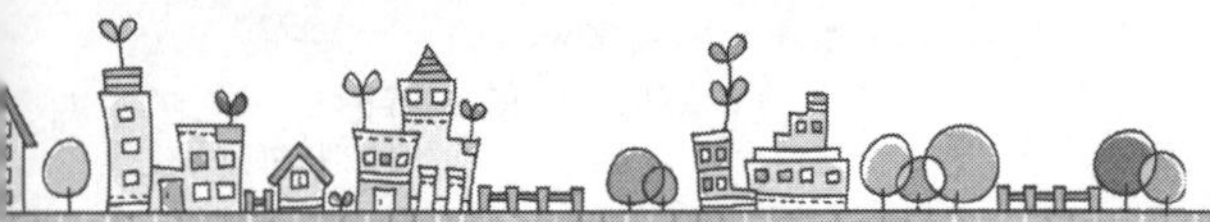

## 07 자동조정오류

한남회사는 회사설립 이래 회계감사를 한 번도 받지 않았다. 그리하여 회계감사를 회계법인에 의뢰한 바 다음과 같은 오류가 있음을 발견하였다.

〈자료1〉

**재무상태표(제3차년도)**

20×3년 12월 31일 (단위 : 천원)

| | | | |
|---|---|---|---|
| 현금과 예금 | 23,300 | 매입채무 | 29,100 |
| 매출채권(순액) | 37,000 | 미지급법인세 | 2,700 |
| 재고자산 | 35,000 | 자 본 금 | 100,000 |
| 유형자산 | 68,000 | 이익잉여금 | 31,500 |
| 합 계 | 163,000 | 합 계 | 163,000 |

〈자료2〉 연도별 순이익(세후순이익)

| 20×1년 | 20×2년 | 20×3년 |
|---|---|---|
| ₩16,000,000 | 9,200,000 | 6,300,000 |

〈자료3〉 오류발생내용

1. 재고자산의 오류
   20×1년……………………………₩9,700,000 과대계상
   20×2년……………………………₩7,500,000 과대계상
   20×3년……………………………₩5,900,000 과소계상
2. 유동자산으로 처리하여야 할 선급비용을 당기비용으로 처리
   20×1년………………………………………₩1,950,000
   20×2년………………………………………₩2,100,000
   20×3년………………………………………₩2,300,000
3. 미실현이익을 수익으로 처리
   20×1년……………………………………………없음
   20×2년………………………………………₩1,800,000
   20×3년………………………………………₩2,250,000
4. 미지급비용의 누락
   20×1년………………………………………₩2,400,000
   20×2년………………………………………₩2,200,000
   20×3년………………………………………₩1,900,000

5. 미수수익을 누락
   20×1년……………………………………………없음
   20×2년…………………………………₩1,400,000
   20×3년…………………………………₩1,700,000
6. 법인세율은 30%이며, 20×3년 법인세는 아직 납부하지 않았다.
7. 회사는 기업회계상 세전이익에 대해서 법인세를 납부하여 왔으며, 상기오류를 수정하면 법인세도 수정하여야 한다.(가산세 무시)

1. 다음 양식에 의해 각 연도별 정확한 순이익을 계산하는 명세표를 작성하시오.

수정명세서

| 수정항목 | 20×1년 | 20×2년 | 20×3년 | 이익잉여금 |
|---|---|---|---|---|
| 수정전 당기순이익 | ₩16,000 | ₩9,200 | ₩6,300 | ₩31,500 |
| : | | | | |
| 수정사항합계 | | | | |
| 수정후 당기순이익 | | | | |

2. 20×3년의 장부가 이미 마감되었다고 가정하고, 위의 오류를 수정하는 분개를 하시오.
3. 20×3년의 올바른 재무상태표를 작성하시오.

## 08 오류수정

김천재 공인회계사는 20×7년에 ㈜태백의 재무제표를 처음 감사하였는데, 지난 3년간 몇 가지 항목이 간과되거나 부정확하게 취급되었음을 발견하였다. 그 항목은 다음과 같다.

(1) 20×6년 1월 1일 취득원가 ₩300,000이고 감가상각누계액이 ₩150,000인 차량운반구를 ₩180,000에 처분하고, 차량운반구계정의 대변에 같은 금액을 기록하였다.
(2) 20×5년 1월 1일 건물을 ₩500,000에 취득하고, 동 금액을 20×5년 수선유지비로 처리하였다. 이 건물의 내용연수는 10년이고 잔존가치는 ₩50,000이며, 정액법으로 상각한다.
(3) 20×5년 1월 1일 기계장치를 ₩300,000에 취득하여 내용연수 5년, 잔존가치 ₩10,000으로 상각였다. 그러나 새로운 정보의 획득으로 20×7년 1월 1일에 잔존내용연수 5년, 잔존가치 ₩0으로 변경하여 상각하기로 하였다. 이 변경의 정당성은 인정된다.
(4) 이 회사는 20×7년 말부터 매출채권잔액에 대하여 대손충당금을 설정하기로 하였다. 회사에서는 지금까지 대손이 확정된 연도에 대손비용으로 처리하였으며,

그 내용은 다음과 같다.

| | 20×6년 | 20×7년 |
|---|---|---|
| 20×6년 판매분 | ₩2,700 | ₩5,000 |
| 20×7년 판매분 | | 3,200 |

이 회사는 20×6년과 20×7년에 대한 대손상각을 각각의 연도의 매출에 대응시키기로 하였다. 20×7년 말 현재의 매출채권에 대하여 추가적으로 발생할 대손예상액은 다음과 같다.

20×6년 판매분 ₩8,000
20×7년 판매분 10,000

(5) 20×6년에 토지에 대한 정지비 등 자본적 지출 ₩150,000을 수익적 지출로 처리하였다.

(6) 20×6년과 20×7년 말의 미지급급료 누락액은 다음과 같다.

20×6년 12월 31일 ₩2,500
20×7년 12월 31일 3,000

20×7년의 장부가 마감되지 않았다고 가정하고, 20×7년도의 수정분개를 제시하시오. (단, 20×7년도의 건물과 차량운반구에 대한 감가상각비는 계상하지 않았다)

## 09 오류의 수정

다음은 ㈜개신의 재무제표와 관련된 자료이다.

〈자료 1〉

비교재무상태표

20×3년 12월 31일 (단위 : 천원)

| | 20×2년 | 20×3년 | | 20×2년 | 20×3년 |
|---|---|---|---|---|---|
| 현금과 예금 | 30,000 | 20,000 | 매입채무 | 48,000 | 17,000 |
| 매출채권(순액) | 48,000 | 57,000 | 미지급법인세 | 25,000 | 13,000 |
| 재고자산 | 45,000 | 55,000 | 자본금 | 80,000 | 80,000 |
| 유형자산(순액) | 70,000 | 50,000 | 이익잉여금 | 40,000 | 72,000 |
| 합계 | 193,000 | 182,000 | 합계 | 193,000 | 182,000 |

〈자료 2〉 수정전 당기순이익(20×1년 기초이익잉여금 ₩12,300)

| 20×1년 | 20×2년 | 20×3년 |
|---|---|---|
| ₩16,400 | ₩11,300 | ₩32,000 |

〈자료 3〉 비교손익계산서

비교손익계산서 (20×3.1.1～12.31)

| | 20×2년 | 20×3년 |
|---|---|---|
| 매 출 액 | ₩340,000 | ₩420,000 |
| 매출원가 | 255,500 | 305,300 |
| 매출총이익 | 84,500 | 114,700 |
| 감가상각비 | 20,000 | 20,000 |
| 기타비용 | 53,200 | 62,700 |
| 당기순이익 | ₩11,300 | ₩32,000 |

〈자료 4〉 20×3년 발견된 오류

(1) 재고자산 오류

| 20×1년 | 20×2년 | 20×3년 |
|---|---|---|
| ₩6,400과대 | ₩4,800과대 | ₩2,800과소 |

(2) 선급비용을 당기비용으로 처리

| 20×1년 | 20×2년 | 20×3년 |
|---|---|---|
| ₩3,200 | ₩2,800 | ₩3,800 |

(3) 미지급비용 누락

| 20×1년 | 20×2년 | 20×3년 |
|---|---|---|
| ₩4,200 | ₩2,100 | ₩3,400 |

(4) 20×3년 초 유형자산에 대한 자본적 지출 ₩40,000이 발생하였는데 이를 모두 수선유지비로 처리하였다. 유형자산에 대한 감가상각은 20×3년 초 내용연수 10년 잔존가치는 없으며, 정액법으로 처리한다.

1. 3년간의 당기순이익을 수정하는 이익수정표를 작성하시오.
2. 20×3년 장부가 마감되지 않았다고 가정하고 필요한 수정분개를 제시하시오.
3. 비교손익계산서를 작성하시오.
4. 20×3년 회사가 당해 오류의 영향이나 누적효과를 실무적으로 결정할 수 없다고 판단할 경우 20×3년 장부가 마감되지 않았다고 가정하고 필요한 수정분개를 하시오.

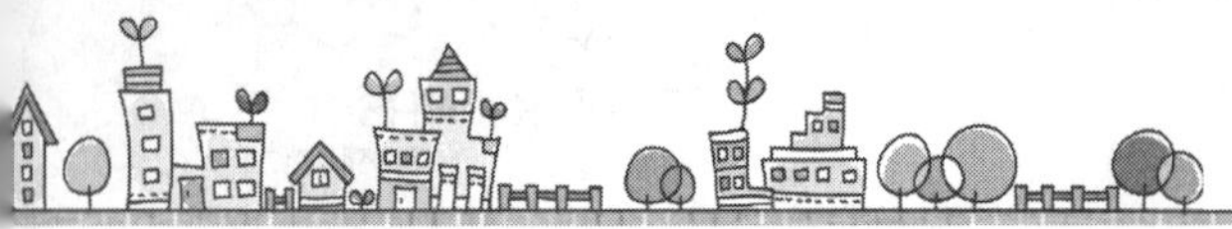

# 연습문제 해답 ▶ 회계변경 및 오류수정 Chapter 16

## ☑ OX문제

01 ○

02 × : 회계정책의 변경이 아니고, 회계정책의 최초 적용으로 본다.

03 × : 회계정책 변경과 회계추정 변경을 구분하기 어려운 경우 회계추정의 변경으로 본다.

04 ○

05 × : 전진법이 아니고 소급법이다.

06 ○

07 ○

08 × : 회계변경이 아니고 오류수정이다.

09 ○

10 × : 실무적으로 적용할 수 있는 가장 이른 날부터 전진적으로 재작성한다.

## ☑ 객관식문제

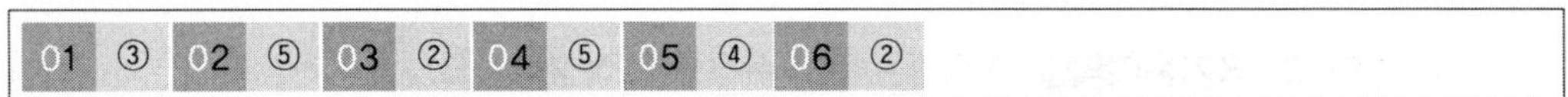

| 01 | ③ | 02 | ⑤ | 03 | ② | 04 | ⑤ | 05 | ④ | 06 | ② |
|---|---|---|---|---|---|---|---|---|---|---|---|

## ☑ 주관식문제

01 1. 당기적 일괄처리법

(1) 회계원칙변경 회계처리

| (차) 감가상각누계액 | 19,460 | (대) 회계변경이익 | 19,460 |
|---|---|---|---|

| 연 도 | 정률법 | 정액법 | 차 이 |
|---|---|---|---|
| 20×1 | ₩37,260*1 | ₩22,500 | ₩14,760 |
| 20×2 | 27,200*2 | 22,500 | 4,700 |
| | ₩64,460 | ₩45,000 | ₩19,460 |

*1 ₩138,000×0.27=₩37,260

*2 (₩138,000－₩37,260)×0.27=₩27,200

(2) 20×3년도 감가상각비

(차) 감가상각비 22,500 (대) 감가상각누계액 22,500

(3) 비교손익계산서

비교손익계산서

| 과 목 | 20×2 | 20×3 |
|---|---|---|
| 수 익 | ₩105,000 | ₩105,000 |
| 감가상각비 | (27,200) | (22,500) |
| 기타비용 | (18,000) | (18,000) |
| 회계원칙변경이익 | － | 19,460 |
| 세전순이익 | 59,800 | 83,900 |
| 법인세(40%) | (23,920) | (33,560) |
| 당기순이익 | 35,880 | 50,340 |
| 주당순이익(EPS) | ₩3.59 | ₩5.03 |

## 2. 기업회계기준

* 기업회계기준에서는 감가상각방법의 변경은 전진법을 적용하도록 규정하고 있다.

(1) 회계원칙변경에 따르는 누적효과와 관련된 회계처리는 없음.

(2) 20×3년도 감가상각비

(차) 감가상각비 17,635 (대) 감가상각누계액 17,635*

* (₩138,000－₩64,460 －₩3,000)÷4년=₩17,635

(3) 비교손익계산서

비교 손익계산서

| 과 목 | 20×2 | 20×3 |
|---|---|---|
| 수 익 | ₩105,000 | ₩105,000 |
| 감가상각비 | (27,200) | (17,635) |
| 기 타 비 용 | (18,000) | (18,000) |
| 세전순이익 | 59,800 | 69,365 |
| 법 인 세 | (23,920) | (27,746) |
| 세후순이익 | ₩35,880 | ₩41,619 |

02 **1. 소급법 적용하는 경우**

① 회계변경의 누적효과(20×1－20×3) : ₩190,625

－정액법(구) : (₩5,000,000－₩500,000)×3/5＝₩2,700,000

－정률법(신) : ₩5,000,000×25%＋(₩5,000,000－₩1,250,000)×25%
＋(₩5,000,000－₩1,250,000－₩937,500)×25%＝₩2,890,625

② 회계처리

| | | | |
|---|---|---|---|
| (차) 이익잉여금 | 190,625 | (대) 감가상각누계액 | 190,625 |
| (차) 감가상각비 | 527,344 | (대) 감가상각누계액 | 527,344* |

* (₩5,000,000－₩1,250,000－₩937,500－₩703,125)×25%＝₩527,344

**2. 기업회계기준 적용시 (전진법 적용)**

| | | | |
|---|---|---|---|
| (차) 감가상각비 | 575,000 | (대) 감가상각누계액 | 575,000* |

* (₩5,000,000－₩2,7000,000)×25%＝₩575,000

03 **1. 감가상각비의 계산 (전진법 적용)**

| | 건 물 | 기 계 | 차 량 |
|---|---|---|---|
| 취득원가 | ₩800,000 | ₩100,000 | ₩ 20,000 |
| 감가상각누계액(20×7. 1. 1.) | 114,000 | 11,400 | 9,500 |
| 미소멸원가 (20×7. 1. 1.) | 686,000 | 88,600 | 10,500 |
| 변경후 잔존가치 | 62,000 | 1,000 | 1,500 |
| 감가상각대상액 | 624,000 | 87,600 | 9,000 |
| 잔존내용연수 | 39년 | 17년 | 3년 |
| 연간감가상각비 | ₩16,000 | ₩ 5,153 | ₩ 3,000 |

**2. 분개**

| | | | |
|---|---|---|---|
| (차) 건물감가상각비 | 16,000 | (대) 건물감가상각누계액 | 16,000 |
| (차) 기계감가상각비 | 5,153 | (대) 기계감가상각누계액 | 5,153 |
| (차) 차량감가상각비 | 3,000 | (대) 차량감가상각누계액 | 3,000 |

04 <u>비교손익계산서(요약)</u>

| | 20×1 | 20×2 | 20×3 | 20×4 |
|---|---|---|---|---|
| 보고된 순이익(수정전) | ₩200,000 | ₩205,000 | ₩211,000 | ₩300,000 |
| 수정 : | | | | |
| ① LIFO→FIFO(소급적) | 5,000 | 2,500 | 12,500 | (2,500) |
| ② 정률법→정액법(전진적) | – | | – | – |
| ③ 재고자산의 과대평가 | – | – | (6,000) | 6,000 |
| 회계변경 및 오류수정후 순이익 | ₩205,000 | ₩207,500 | ₩217,500 | ₩303,500 |

05 1. 재고자산평가방법 변경(소급법)

＊ 20×5년 이전에는 회계정책변경의 영향이나 누적효과를 실무적으로 결정할 수 없으므로 20×6년 기말재고부터 전진적으로 수정한다.

① 2007년 1월 1일 누적효과 반영분개(20×6년 기말재고 수정)

| | | | |
|---|---|---|---|
| (차) (기초)재고자산 | 50,000 | (대) 이익잉여금 | 50,000 |

② 2007년도 기초 및 기말재고자산 수정분개

| | | | |
|---|---|---|---|
| (차) 매출원가 | 50,000 | (대) (기초)재고자산 | 50,000 |
| 재고자산 | 100,000 | 매출원가 | 100,000 |

2. 대손추정률의 변경(전진법)

| | | | |
|---|---|---|---|
| (차) 대손상각비 | 125,000 | (대) 대손충당금 | 125,000 |

＊ ₩12,500,000×(2%－1%)=₩125,000

06

| | 20×1 | 20×2 |
|---|---|---|
| 수정전 당기순이익 | ₩50,000 | ₩100,000 |
| 수정사항 : | | |
| 재고자산(20×1) | (2,500) | 2,500 |
| (20×2) | – | 500 |
| 감가상각비 | 750 | (500) |
| 선급보험료(20×1) | (1,000) | 1,000 |
| (20×2) | – | (250) |
| 수정후 당기순이익 | ₩47,250 | ₩103,250 |

07 1. 수정명세서 작성

수정 명세서 (단위 : 천원)

| 수정항목 | 20×1 | 20×2 | 20×3 | 이익잉여금 |
|---|---|---|---|---|
| 수정전 당기순이익 | ₩16,000 | ₩9,200 | ₩6,300 | ₩31,500 |
| 1. 재고자산 오류 | | | | |
| 20×1 | (9,700) | 9,700 | | |
| 20×2 | | (7,500) | 7,500 | |
| 20×3 | | | 5,900 | 5,900 |
| 2. 선급비용 불인식 | | | | |
| 20×1 | 1,950 | (1,950) | | |
| 20×2 | | 2,100 | (2,100) | |
| 20×3 | | | 2,300 | 2,300 |
| 3. 미실현이익계상 | | | | |
| 20×2 | | (1,800) | 1,800 | |
| 20×3 | | | (2,250) | (2,250) |

| | | | | |
|---|---|---|---|---|
| 4. 미지급비용 누락 | | | | |
| 20×1 | (2,400) | 2,400 | | |
| 20×2 | | (2,200) | 2,200 | |
| 20×3 | | | (1,900) | (1,900) |
| 5. 미수수익 누락 | | | | |
| 20×2 | | 1,400 | (1,400) | |
| 20×3 | | | 1,700 | 1,700 |
| 6. 법인세 효과 | | | | |
| 20×1 | 3,045 | (3,045) | | |
| 20×2 | | 2,400 | (2,400) | |
| 20×3 | | | (1,725) | (1,725) |
| 수정사항합계 | (7,105) | 1,505 | 9,625 | 4,025 |
| 수정후 당기순이익 | ₩8,895 | ₩10,705 | ₩15,925 | ₩35,525 |

※ 법인세 효과

20×1년 (₩1,950－₩9,700－₩2,400)×30%＝₩(3,405)

20×2년 (－₩7,500＋₩2,100－₩1,800－₩2,200＋₩1,400)×30%＝₩(2,400)

20×3년 (₩5,900＋₩2,300－₩2,250－₩1,900＋₩1,700)×30%＝₩1,725

## 2. 수정분개

| | 차변 | 금액 | 대변 | 금액 |
|---|---|---|---|---|
| (1) | (차) 재 고 자 산 | 5,900,000 | (대) 이익잉여금 | 5,900,000 |
| (2) | (차) 선 급 비 용 | 2,300,000 | (대) 이익잉여금 | 2,300,000 |
| (3) | (차) 이익잉여금 | 2,250,000 | (대) 선 수 수 익 | 2,250,000 |
| (4) | (차) 이익잉여금 | 1,900,000 | (대) 미지급비용 | 1,900,000 |
| (5) | (차) 미 수 수 익 | 1,700,000 | (대) 이익잉여금 | 1,700,000 |
| (6) | (차) 이익잉여금 | 1,725,000 | (대) 미지급법인세 | 1,725,000 |

## 3. 20×3년도 수정 재무상태표

재무상태표

㈜한남회사　　20×3. 12. 31.　　(단위 : 천원)

| | | | |
|---|---|---|---|
| 현금예금 | 23,300 | 매입채무등 | 29,100 |
| 매출채권(순) | 37,000 | 미지급법인세 | 4,425 |
| 재고자산 | 40,900 | 선수수익 | 2,250 |
| 선급비용 | 2,300 | 미지급비용 | 1,900 |
| 미수수익 | 1,700 | 자본금 | 100,000 |
| 고정자산(순) | 68,000 | 이익잉여금 | 35,525 |
| | 173,200 | | 173,200 |

08 1. ① 회사 분개

| | | | | | |
|---|---|---|---|---|---|
| (20×6년) | (차) 현　　금 | 180,000 | (대) 차량운반구 | 180,000 |

② 올바른 분개

| | | | | |
|---|---|---|---|---|
| (20×6년) | (차) 현　　금 | 180,000 | (대) 차량운반구 | 300,000 |
| | 감가상각누계액 | 150,000 | 차량처분이익 | 30,000 |

③ 오류수정 분개

| | | | | |
|---|---|---|---|---|
| | (차) 감가상각누계액 | 150,000 | (대) 차량운반구 | 120,000 |
| | | | 이익잉여금 | 30,000 |

2. ① 회사 분개

| | | | | |
|---|---|---|---|---|
| (20×5년) | (차) 수선유지비 | 500,000 | (대) 현　　금 | 500,000 |

② 올바른 분개

| | | | | |
|---|---|---|---|---|
| (20×5년) | (차) 건　　물 | 500,000 | (대) 현　　금 | 500,000 |
| | 감가상각비 | 45,000 | (대) 감가상각누계액 | 45,000 |
| (20×6년) | (차) 감가상각비 | 45,000 | (대) 감가상각누계액 | 45,000 |
| (20×7년) | (차) 감가상각비 | 45,000 | (대) 감가상각누계액 | 45,000 |

③ 오류수정 분개

| | | | | |
|---|---|---|---|---|
| | (차) 건　　물 | 500,000 | (대) 감가상각누계액 | 135,000 |
| | 감가상각비 | 45,000 | 이익잉여금 | 410,000 |

3. 전진법 적용

누적감가상각비 : (₩300,000－₩10,000)×2/5＝₩116,000

당기감가상각비 : (₩300,000－₩116,000)×1/5＝₩36,800

| | | | | |
|---|---|---|---|---|
| 수 정 분 개 : | (차) 감가상각비 | 36,800 | (대) 감가상각누계액 | 36,800 |

4. ① 회사 분개

| | | | | |
|---|---|---|---|---|
| (20×6년) | (차) 대손상각비 | 2,700 | (대) 매 출 채 권 | 2,700 |
| (20×7년) | (차) 대손상각비 | 8,200 | (대) 매 출 채 권 | 8,200 |

② 올바른 분개

| | | | | |
|---|---|---|---|---|
| (20×6년) | (차) 대손상각비 | 2,700 | (대) 매 출 채 권 | 2,700 |
| | 대손상각비 | 13,000 | 대손충당금 | 13,000 |
| (20×7년) | (차) 대손충당금 | 8,200 | (대) 매 출 채 권 | 8,200 |
| | 대손상각비 | 13,200 | 대손충당금 | 13,200 |

③ 오류수정 분개

| | | | | |
|---|---|---|---|---|
| | (차) 이익잉여금 | 13,000 | (대) 대손충당금 | 18,000 |
| | 대손상각비 | 5,000 | | |

5. (차) 토　　지 150,000 (대) 이익잉여금 150,000
6. (차) 이익잉여금 2,500 (대) 미지급급료 3,000
급　　료 500

09 1. 이익 수정표

| | 20×1년 | 20×2년 | 20×3년 | 이익잉여금 |
|---|---|---|---|---|
| 수정전 순이익 | ₩ 16,400 | ₩ 11,300 | ₩ 32,000 | ₩ 72,000 |
| ① 재고자산 오류 | | | | |
| −20×1년 과대계상 | (6,400) | 6,400 | | |
| −20×2년 과대계상 | | (4,800) | 4,800 | |
| −20×3년 과소계상 | | | 2,800 | 2,800 |
| ② 선급비용 미계상 | | | | |
| −20×1년 | 3,200 | (3,200) | | |
| −20×2년 | | 2,800 | (2,800) | |
| −20×37년 | | | 3,800 | 3,800 |
| ③ 미지급비용 누락 | | | | |
| −20×1년 | (4,200) | 4,200 | | |
| −20×2년 | | (2,100) | 2,100 | |
| −20×3년 | | | (3,400) | 3,400 |
| ④ 수선비지출 오류 | | | 40,000 | |
| 감가상각비 계상 | | | (4,000) | 36,000 |
| 수정후 순이익 | ₩ 9,000 | ₩ 14,600 | ₩ 75,300 | ₩ 118,000 |

2. 오류수정분개 <20×3년 장부마감 전>

(1) (차) 재 고 자 산 2,800 (대) 매 출 원 가 7,600
이월이익잉여금 4,800

(2) (차) 선 급 비 용 3,800 (대) 기 타 비 용 1,000
이월이익잉여금 2,800

(3) (차) 기 타 비 용 1,300 (대) 미지급비용 3,400
이월이익잉여금 2,100

(4) (차) 유형자산(순액) 36,000 (대) 기 타 비 용 40,000
감가상각비 4,000

3. 비교손익계산서

| | 20×2 | 20×3 |
|---|---|---|
| 매출액 | ₩ 340,000 | ₩ 420,000 |
| 매출원가 | (253,900) | (297,700) |
| 매출총이익 | 86,100 | 122,300 |
| 감가상각비 | (20,000) | (24,000) |
| 기타비용 | (51,500) | (23,000) |
| 당기순이익 | ₩ 14,600 | ₩ 75,300 |

4. 오류수정분개 <20×3년 오류의 영향이나 누적효과를 실무적으로 결정할 수 없는 경우>

| | | | | |
|---|---|---|---|---|
| ⑴ (차) 재 고 자 산 | 2,800 | (대) 매 출 원 가 | 2,800 |
| ⑵ (차) 선 급 비 용 | 3,800 | (대) 기 타 비 용 | 3,800 |
| ⑶ (차) 기 타 비 용 | 3,400 | (대) 미지급비용 | 3,400 |
| ⑷ (차) 유형자산(순액) | 36,000 | (대) 기 타 비 용 | 40,000 |
| 감가상각비 | 4,000 | | |

메모

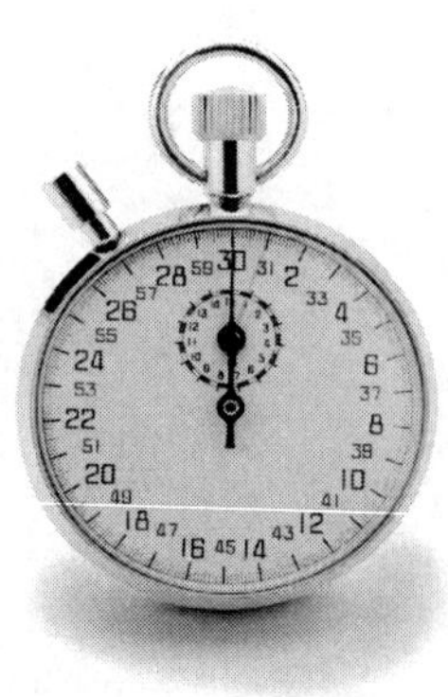

Chapter 17

# 현금흐름표

**학습목표**

본장에서는 현금흐름표의 유용성과 한계점을 알아본 후, 현금흐름표 양식과 작성방법에 대하여 살펴본다. 특별히 영업활동으로 인한 현금흐름을 직접법과 간접법으로 각각 작성해 본다. 그리고 종합적인 사례를 통하여 현금흐름표 작성하는 과정을 구체적으로 살펴본다.

**＊ 관련 한국채택국제회계기준**

기업회계기준서 제1007호 '현금흐름표'

# 01절 현금흐름표의 개념

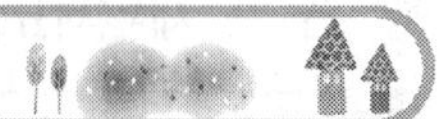

## 1. 현금흐름표의 의의

기업에 있어서 발생주의에 의하여 계산되는 손익 못지 않게 중요한 것은 현금흐름 관리라고 할 수 있다. 요즘과 같이 미래에 대한 불확실성이 높은 상황에서는 아무리 현재의 경영성과가 좋더라도 현금흐름 관리를 잘 못하면 새로운 투자기회를 상실하게 되고, 심한 경우에는 흑자도산을 초래할 수 있다.

재무제표의 목적은 정보이용자의 경제적 의사결정에 유용한 기업의 재무상태, 경영성과 및 재무상태의 변동에 관한 정보를 제공함으로써, 기업의 현금 창출능력과 그 시기 및 확실성을 평가할 수 있도록 하는 것이다. 따라서 기본 재무제표인 재무상태표, 포괄손익계산서, 자본변동표, 현금흐름표는 이러한 목적을 달성하도록 작성된다.

재무상태표는 특정시점에서의 기업의 재무상태를 나타내는 정적인 보고서이며, 포괄손익계산서는 일정기간 동안의 기업의 경영성과를 표시하는 동적인 재무제표이고, 자본변동표는 한 회계기간 동안 발생한 자본의 변동에 관한 포괄적인 정보를 제공하는 동적인 보고서이다.

그러나 이러한 재무제표들은 기업의 재무상태 변동에 관한 정보 중 현금흐름과 관련된 정보를 제공하지 못하므로, 기업의 현금의 유입과 유출에 관한 정보를 제공하기 위하여 현금흐름표를 작성한다.

이들 재무제표간의 상호관계를 살펴보면 <표 1>과 같다.

미국에서는 1960년대와 1970년대에 재무상태변동표를 작성하였고, 1987년 FASB No. 95에서 재무상태변동표 대신 현금흐름표를 작성하도록 규정하였다.

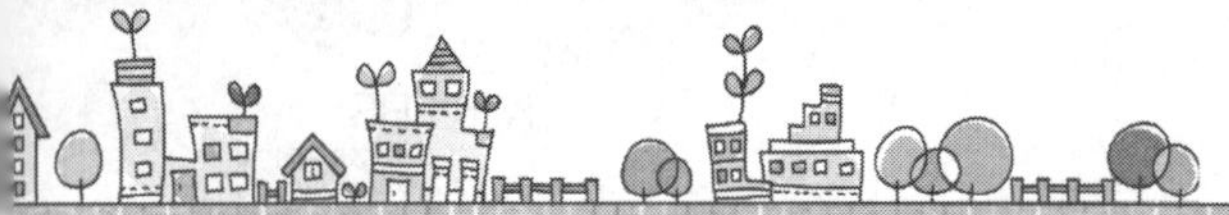

표 1 재무제표의 상호관계

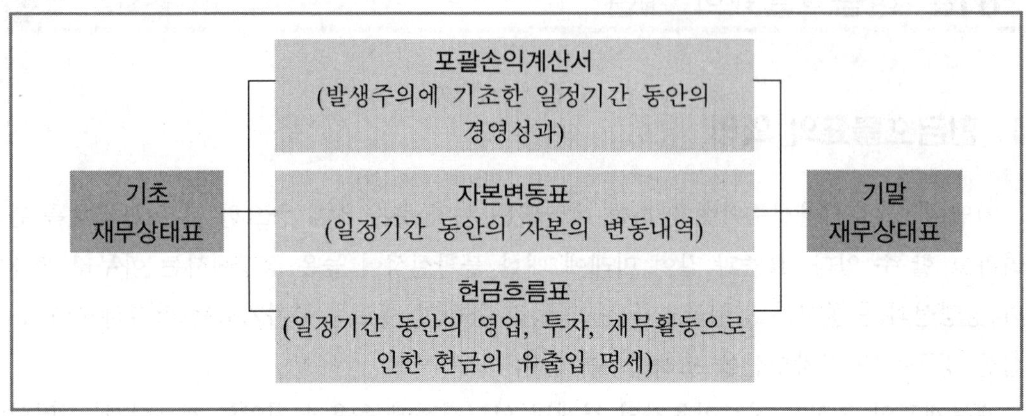


국제회계기준위원회는 1992년 국제회계기준 제7호에 의해 현금흐름표를 도입하였다.

우리나라의 경우 1974년 '상장법인에 관한 회계처리규정'에서 '자금운용표'라는 용어를 사용하면서 부속명세서로 보고할 것을 요구하다, 1981년 동 규정의 개정시'재무상태변동표'로 명칭을 바꾸고 기본재무제표로 결정되었다. 1994년 기업회계기준의 개정에서 국제적인 추세에 따라 '현금흐름표'로 대체하여 기본재무제표로 작성하도록 규정하였다.

## 2. 현금흐름표의 유용성 및 한계점

### (1) 현금흐름표의 유용성

현금의 유입과 유출에 관한 정보를 제공하는 현금흐름표의 유용성을 구체적으로 살펴보면 다음과 같다.

#### 1) 미래현금흐름의 예측 및 평가로 기업가치를 평가

현금흐름표는 기업의 미래현금흐름의 크기, 시기 및 불확실성을 예측하고 평가하는데 필요한 정보를 제공함으로써, 기업가치를 평가하는데 유용하다.

#### 2) 당기순이익과 영업활동에서 조달된 현금흐름간에 차이가 발생하는 원인평가

당기순이익은 기업의 경영성과에 대한 정보를 제공하기 때문에 매우 중요하다. 그러나 발생주의에 기초하여 당기순이익을 측정하기 위해서는 많은 가정, 추정 및 평가의 문제가 개입되기 때문에 이익에 관한 정보보다 현금흐름에 대한 정보가 더 신뢰성이 있다. 따라서 정보이용자들은 이익의 질을 평가하기 위해서 영업활동에서 조달된 현금흐름과 당기순이익간의 차이 및 원인을 알고자 한다. 즉 정보이용자들은 영업활동으로 인한 현금흐름이 기업의 순이익과 비교해서 차이가 크지 않을 때 회계이익을 보다 신뢰하게 된다.

#### 3) 기업의 유동성 및 지급능력, 재무탄력성 평가와 외부금융의 필요성

기업이 적정한 현금을 창출하지 못한다면 배당금 지급이나 부채상환 및 설비자산 등을 구입할 수 없게 된다. 이와 관련하여 현금흐름표는 기업의 유동성 및 지급능력과 재무탄력성에 대한 정보를 제공하여 외부금융의 필요성을 알려준다. 여기에서 유동성(liquidity)이란 자산이 현금으로 전환되거나 부채가 지급되기까지 소요되는 시간의 길이라 할 수 있으며, 지급능력(solvency)이란 부채의 만기일이 도래하였을 때 그 부채를 상환할 수 있는 기업의 능력을 말한다. 그리고 재무탄력성(financial flexibility)이란 예상하지 못했던 상황에 대처하거나 유리한 기회에 현금흐름의 금액과 시기를 조절할 수 있는 능력을 말한다.

#### 4) 투자 및 재무활동에 관한 정보

현금흐름표에 제시된 투자활동과 재무활동을 검토함으로써 정보이용자들은 기중에 기업의 자산이나 부채의 증감내역을 더 잘 이해할 수 있게 된다.

### ⑵ 한계점

한편 현금흐름표의 한계점을 살펴보면 다음과 같다.

① 현행 회계실무는 발생주의 회계를 원칙으로 하고 있는데, 현금흐름표는 현금주의로 작성되고 있다.

② 자금개념으로 순운전자본이나 총재무자원이 현금개념보다 더 유용할 수 있다. 현금개념은 단기적인 측면의 자금개념이지만 순운전자본이나 총재무자원은 기업활동을 전체적·장기적인 관점에서 파악하는 자금개념이므로 이들 개념에 의한 재

무제표가 의사결정에 더 유용할 수 있다.

③ 현금흐름표의 자금개념인 현금의 정의가 모호하다는 것이다. 현금의 개념을 현금및현금성자산으로 정의하고 있지만 포함되는 항목의 범위가 자의적일 수 있다.

## 3. 자금의 개념

현금흐름표는 자금의 개념을 어떻게 정의하느냐에 따라 다르게 작성된다. 현금흐름표에서는 자금의 개념을 현금및현금성자산으로 정의하고 있다.

### (1) 현금및현금성자산

현금흐름표 상의 현금은 현금및현금성자산을 의미한다. 현금은 통화와 통화대용증권 및 입출금이 자유로운 요구불예금을 포함한다. 그리고 현금성자산(cash equivalents)은 큰 비용부담 없이 현금전환이 용이하고, 이자율변동에 따른 가치변동의 위험이 중요하지 않은 조건을 충족하는 유가증권 및 단기금융상품으로서 취득당시 만기(또는 상환일)가 3개월 이내에 도래하는 것으로 한다.[1)]

현금개념은 일정 회계기간 동안에 현금의 유입, 유출을 유발시키는 거래에 초점을 둔다. 일반적으로 투자자나 채권자들은 기업의 미래현금흐름을 예측하고, 평가하여 의사결정하므로 현금개념은 재무보고의 목적에 가장 잘 부합된다고 할 수 있다.

### (2) 순운전자본

**순운전자본(net working capital)이란 유동자산에서 유동부채를 차감한 순액**을 말하며, 보통 운전자본이라 함은 유동자산만을 말한다. 이처럼 순운전자본은 일상적 영업활동을 수행하는 데 필요한 자금으로서, 단기부채를 지급하는 데 사용하는 단기자산이며 단기채권자를 보호하기 위한 자금이라 할 수 있다.

순운전자본개념은 일정 회계기간 동안 순운전자본의 변동을 유발하는 거래에 초점을

1) 은행차입은 일반적으로 재무활동으로 간주된다. 그러나 금융회사의 요구에 따라 즉시 상환하여야 하는 당좌차월은 기업의 현금관리의 일부를 구성한다. 이 때 당좌차월은 현금및현금성자산의 구성요소에 포함된다. 현금및현금성자산을 구성하는 항목 간의 이동은 영업활동, 투자활동 및 재무활동의 일부가 아닌 현금관리의 일부이므로 현금흐름에서 제외된다. 예를 들어 잉여현금을 현금성자산에 투자하는 경우가 이에 해당된다.

둔다. 유동자산과 유동부채는 기업의 영업활동으로부터 발생되는 항목이고 유동성이 높기 때문에 순운전자본은 중요한 자금개념이다.

### ⑶ 총재무자원

총재무자원(All Financial Resources)이란 화폐액으로 표시될 수 있는 기업의 모든 자원으로서 기업의 재무·투자활동에 관련되는 것이다. 주식을 발행하여 토지를 취득하거나 고정자산을 재평가한 경우 현금이나 순운전자본에는 영향을 미치지 않으나 기업의 내용을 올바르게 이해하기 위해서는 이러한 거래를 재무상태변동표에 표시하여야 한다는 것이다.

기업회계기준에서는 현금흐름표를 채택하고 있지만 "투자활동과 재무활동에 미치는 영향이 중요한 비현금거래"를 주석으로 기재하도록 하여 총재무자원이 아직도 자금개념으로서 유용한 것임을 나타내고 있다. 따라서 총재무자원기준은 현금기준이나 순운전자본기준과 보완적인 관계에 있다고 할 수 있다.

## 02절 현금흐름표의 작성

## 1. 현금흐름표의 양식

현금흐름표는 영업활동으로 인한 현금흐름, 투자활동으로 인한 현금흐름, 재무활동으로 인한 현금흐름으로 구분하여 표시하고, 이에 기초의 현금을 가산하여 기말의 현금을 산출하는 형식으로 작성한다.

기업회계기준서 제1007호(현금흐름표)에서는 구체적인 현금흐름표 양식을 예시하고 있지 않으므로, 현재 실무에서 작성되고 있는 현금흐름표 양식을 단순하게 표시하면 다음 <표 2>와 같다.[2)]

2) 현금흐름을 수반하지 않는 투자활동 및 재무활동 거래(비현금거래)와 현금및현금성자산의 구성요소, 그리고 현금흐름표상의 금액과 재무상태표에 보고된 해당 항목의 조정내용을 주석으로 공시하도록 하고 있다.

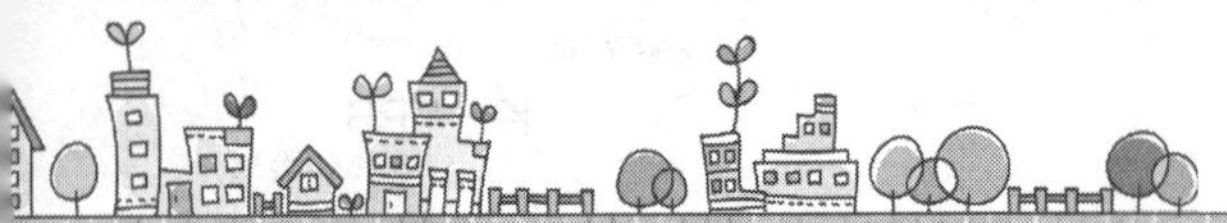

## 2. 현금흐름 유형의 구분

현금흐름표는 현금의 유입과 유출을 영업활동, 투자활동 그리고 재무활동으로 인한 현금흐름의 세 가지로 구분하고 있다. 따라서 회계기간 동안 발생한 현금거래가 어떤 유형의 활동에 속하는지 구분하는 것은 현금흐름표 작성에 필수적이다.

표 2 현금흐름표의 양식

| 현금흐름표 | | |
|---|---|---|
| ××회사 | 20×1.1.1~20×1.12.31 | (단위 : 원) |
| Ⅰ. 영업활동으로 인한 현금흐름<br>( 직접법 혹은 간접법 으로 작성 ) | ××× | |
| Ⅱ. 투자활동으로 인한 현금흐름 | ××× | |
| Ⅲ. 재무활동으로 인한 현금흐름 | ××× | |
| Ⅳ. 현금의 증가(감소) (Ⅰ+Ⅱ－Ⅲ) | ××× | |
| Ⅴ. 기초의 현금 | ××× | |
| Ⅵ. 기말의 현금 | ××× | |

### (1) 영업활동(operating activities)

영업활동은 기업의 주요 수익창출활동, 그리고 투자활동이나 재무활동이 아닌 기타의 활동을 말한다. 영업활동에서 발생하는 현금흐름의 금액은 기업이 외부의 재무자원에 의존하지 않고 영업을 통하여 차입금상환, 영업능력의 유지, 배당금 지급 및 신규투자 등에 필요한 현금흐름을 창출하는 정도에 대한 중요한 지표가 된다. 역사적 영업현금흐름의 특정 구성요소에 대한 정보를 다른 정보와 함께 사용하면, 미래 영업현금흐름을 예측하는데 유용하다.[3)]

3) 기업가치를 평가하는 경우 일반적으로 기업의 미래현금흐름을 할인하여 추정하는데, 이때 미래현금흐름은 영업활동 현금흐름에서 투자활동 현금흐름을 차감한 잉여현금흐름을 주로 사용

영업활동 현금흐름은 주로 기업의 주요 수익창출활동에서 발생하므로 일반적으로 당기손익의 결정에 영향을 미치는 거래나 그 밖의 사건의 결과로 발생한다. 영업활동 현금흐름의 예는 다음과 같다.

① 재화의 판매와 용역 제공에 따른 현금유입
② 로열티, 수수료, 중개료 및 기타수익에 따른 현금유입
③ 재화와 용역의 구입에 따른 현금유출
④ 종업원과 관련하여 직·간접으로 발생하는 현금유출
⑤ 보험회사의 경우 수입보험료, 보험금, 연금 및 기타 급부금과 관련된 현금유입과 현금유출
⑥ 법인세의 납부 또는 환급(다만, 투자활동과 재무활동에 명백히 관련되는 것은 제외)
⑦ 단기매매목적으로 보유하는 계약에서 발생하는 현금유입과 현금유출

설비 매각과 같은 일부 거래에서도 인식된 당기순손익의 결정에 포함되는 처분손익이 발생할 수 있지만 그러한 거래와 관련된 현금흐름은 투자활동 현금흐름이다.

한편, 기업은 단기매매목적으로 유가증권이나 대출채권을 보유할 수 있으며, 이때 유가증권이나 대출채권은 판매를 목적으로 취득한 재고자산과 유사하다. 따라서 **단기매매목적으로 보유하는 유가증권의 취득과 판매에 따른 현금흐름은 영업활동으로 분류**한다. 마찬가지로 금융회사의 현금 선지급이나 대출채권은 주요 수익창출활동과 관련되어 있으므로 일반적으로 영업활동으로 분류한다.

### (2) 투자활동(investing activities)

투자활동은 장기성 자산 및 현금성자산에 속하지 않는 기타 투자자산의 취득과 처분활동을 말한다. 투자활동 현금흐름은 미래수익과 미래현금흐름을 창출할 자원의 확보를 위하여 지출된 정도를 나타내기 때문에 현금흐름을 별도로 구분 공시하는 것이 중요하다. 투자활동 현금흐름의 예는 다음과 같다.

---

한다. 그런데 현금흐름표상 영업활동 현금흐름에서 투자활동 현금흐름을 차감한 금액은 잉여현금흐름과 크게 차이가 날 수 있다. 잉여현금흐름의 적정한 산출을 위해 현금흐름표상의 분류기준을 변경하여야 하는 항목이 있는데, 예를 들면, 이자비용, 이자수익, 자본화된 금융비용, 재무자산 매매가 있다. 현금흐름표에서는 이들을 영업활동 또는 투자활동 현금흐름으로 분류하지만 잉여현금흐름의 산출을 위해서는 재무활동 현금흐름으로 분류하여야 한다.

① 유형자산, 무형자산 및 기타 장기성 자산의 취득에 따른 현금유출과 처분에 따른 현금유입
② 다른 기업의 지분상품이나 채무상품 및 조인트벤처 투자지분(현금성자산으로 간주되는 상품이나 단기매매목적으로 보유하는 상품은 제외)의 취득에 따른 현금유출과 처분에 따른 현금유입
③ 제3자에 대한 선급금 및 대여금에 의한 현금유출과 회수에 따른 현금유입(금융회사의 현금 선지급과 대출채권은 제외)
④ 선물계약, 선도계약, 옵션계약 및 스왑계약에 따른 현금유출과 현금유입(단기매매목적으로 계약을 보유하거나 현금유출입이 재무활동으로 분류되는 경우는 제외)

파생상품계약에서 식별가능한 거래에 대하여 위험회피회계를 적용하는 경우, 그 계약과 관련된 현금흐름은 위험회피대상 거래의 현금흐름과 동일하게 분류한다.

### (3) 재무활동(financing activities)

재무활동은 기업의 납입자본과 차입금의 크기 및 구성내용에 변동을 가져오는 활동을 말한다. 재무활동 현금흐름은 미래현금흐름에 대한 자본 제공자의 청구권을 예측하는데 유용하기 때문에 현금흐름을 별도로 구분 공시하는 것이 중요한다. 재무활동 현금흐름의 예는 다음과 같다.4)

① 주식이나 기타 지분상품의 발행에 따른 현금유입
② 주식의 취득이나 상환에 따른 소유주에 대한 현금유출
③ 담보·무담보부사채 및 어음의 발행과 기타 장·단기차입에 따른 현금유입
④ 차입금의 상환에 따른 현금유출
⑤ 리스이용자의 금융리스부채 상환에 따른 현금유출

### (4) 활동구분에서 주의해야 할 특수항목

#### 1) 이자와 배당금

이자와 배당금의 수취 및 지급에 따른 현금흐름은 각각 별도로 공시한다. 각 현금흐름은 매 기간 일관성 있게 영업활동, 투자활동 또는 재무활동으로 분류한다.

4) 기업회계기준서 제1007호(현금흐름표)에는 예시되어 있지 않지만, 미수금의 회수는 투자활동으로 분류되고, 미지급금의 지급은 재무활동으로 분류된다.

기업회계기준서 제1023호(차입원가)에 따라 회계기간 동안 지급한 이자금액은 당기손익의 비용항목으로 인식하는지 또는 자본화하는지에 관계없이 현금흐름표에 총지급액을 공시한다.

금융회사의 경우 이자지급, 이자수입 및 배당금수입은 일반적으로 영업활동 현금흐름으로 분류한다. 그러나 다른 업종의 경우 **이자지급, 이자수입 및 배당금수입은 당기순손익의 결정에 영향을 미치므로 영업활동 현금흐름으로 분류할 수 있다. 대체적인 방법으로 이자지급, 이자수입 및 배당금수입은 재무자원을 획득하는 원가나 투자자산에 대한 수익으로 보아 각각 재무활동 현금흐름이나 투자활동 현금흐름으로 분류할 수도 있다.**

배당금의 지급은 재무자원을 획득하는 비용이므로 재무활동 현금흐름으로 분류할 수 있다. 대체적인 방법으로, 재무제표 이용자가 영업활동 현금흐름에서 배당금을 지급할 수 있는 기업의 능력을 판단하는 데 도움을 주기 위하여 영업활동 현금흐름의 구성요소로 분류할 수도 있다. 이처럼 기업회계기준서 제1007호(현금흐름표)에서는 이자와 배당금 관련 현금흐름을 기업이 선택하여 일관성있게 적용하도록 규정하고 있다. 그러나 본서에서는 설명의 편의를 위하여 일반기업회계기준과 같이 이자비용, 이자수익 및 배당금수익은 영업활동으로, 배당금지급은 재무활동으로 분류한다.

### 2) 법인세

법인세로 인한 현금흐름은 별도로 공시하며, 재무활동과 투자활동에 명백히 관련되지 않는 한 영업활동 현금흐름으로 분류한다.

법인세는 현금흐름표에서 영업활동, 투자활동, 또는 재무활동으로 분류되는 현금흐름을 유발하는 거래에서 발생한다. 법인세비용이 투자활동이나 재무활동으로 쉽게 식별가능한 경우에도 관련된 법인세 현금흐름은 실무적으로 식별할 수 없는 경우가 많으며, 당해 거래의 현금흐름과 다른 기간에 발생하기도 한다. 따라서 법인세의 지급은 일반적으로 영업활동 현금흐름으로 분류한다.

그러나 투자활동이나 재무활동으로 분류한 현금흐름을 유발하는 개별 거래와 관련된 법인세 현금흐름을 실무적으로 식별할 수 있다면 그 법인세 현금흐름은 투자활동이나 재무활동으로 적절히 분류한다.[5] 법인세 현금흐름이 둘 이상의 활동에 배분되는 경우에는 법인세의 총지급액을 공시한다.

---

5) 예를 들어, 유형자산 처분이 법인세법 상 부동산양도에 해당하여 별도의 법인세를 부담하게 된다면, 이러한 별도의 법인세는 투자활동으로 분류한다.

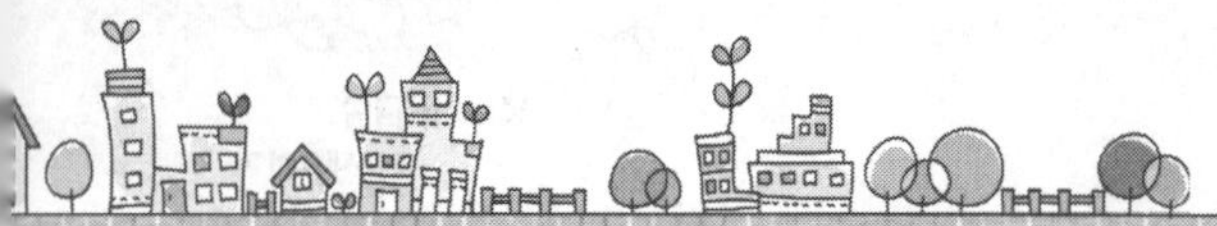

### 3) 종속기업과 기타 사업부문에 대한 소유지분의 변동

**종속기업과 기타 사업부문에 대한 지배력의 획득 또는 상실에 따른 총현금흐름은 별도로 표시하고 투자활동으로 분류한다.** 종속기업 또는 기타 사업부문에 대한 지배력 획득 또는 상실에 따른 현금흐름효과를 한 항목으로 구분표시하고 취득하거나 처분한 자산·부채 금액을 주석에 별도로 공시하면, 다른 영업활동, 투자활동 및 재무활동으로 인한 현금흐름과 쉽게 구별할 수 있다. 지배력 상실의 현금흐름효과는 지배력 획득의 현금흐름효과에서 차감하지 않는다.

종속기업 또는 기타 사업부문에 대한 지배력 획득 또는 상실의 대가로 현금을 지급하거나 수취한 경우에는 그러한 거래, 사건 또는 상황 변화의 일부로서 취득이나 처분 당시 종속기업 또는 기타 사업부문이 보유한 현금및현금성자산을 가감한 순액으로 현금흐름표에 보고한다.

**지배력을 상실하지 않는 종속기업에 대한 소유지분의 변동으로 발생한 현금흐름은 재무활동 현금흐름으로 분류한다.** 이것은 지배력을 상실하지 않는 종속기업에 대한 소유지분의 변동은 자본거래로 회계처리하기 때문이다.

### 4) 순증감액에 의한 현금흐름의 보고

다음의 영업활동, 투자활동 또는 재무활동에서 발생하는 현금흐름은 순증감액으로 보고 할 수 있다.

① 현금흐름이 기업의 활동이 아닌 고객의 활동을 반영하는 경우로써 고객을 대리함에 따라 발생하는 현금유입과 현금유출

- 은행의 요구불예금 수신 및 인출
- 투자기업이 보유하고 있는 고객예탁금
- 부동산 소유주를 대신하여 회수한 임대료와 소유주에게 지급한 임대료

② 회전율이 높고 금액이 크며 만기가 짧은 항목과 관련된 현금유입과 현금유출

- 신용카드 고객에 대한 대출과 회수
- 투자자산의 구입과 처분
- 기타 단기차입금(예 차입 당시 만기일이 3개월 이내인 경우)

### 5) 비현금거래

현금및현금성자산의 사용을 수반하지 않는 투자활동과 재무활동 거래는 현금흐름표에

서 제외한다. 이러한 비현금거래는 투자활동과 재무활동에 대하여 모든 목적적합한 정보를 제공할 수 있도록 재무제표에 주석으로 공시한다. 비현금거래의 예는 다음과 같다.

① 자산 취득시 직접 관련된 부채를 인수하거나 금융리스를 통하여 자산을 취득하는 경우

② 주식 발행을 통한 기업의 인수

③ 채무의 지분전환

## 03절 영업활동으로 인한 현금흐름

영업활동으로 인한 현금흐름은 기업의 가장 중요한 자금조달원천으로서, 현금흐름표 작성 과정 중 가장 복잡하고 핵심적인 부분이다. **영업활동으로 인한 현금흐름을 표시하는 방법은 직접법과 간접법이 있는데, 기업회계기준서 제1007호(현금흐름표)에서는 직접법을 사용할 것을 권장하고 있다.** 영업활동으로 인한 현금흐름을 직접법에 의하여 보고할 경우 간접법에 비하여 다음과 같은 장점을 지닌다.

① 실제 현금유입의 원천과 현금유출의 용도를 항목별로 구분하여 총액으로 보고하기 때문에 재무정보이용자들이 과거의 현금흐름을 이해하고 미래의 현금흐름을 예측하는데 보다 유용할 것이다.

② 직접법은 수익과 비용의 주요항목들을 나타내고, 이러한 항목이 재무제표상의 다른 항목과 어떠한 관련을 가지고 있는지를 알려줌으로써 당기순이익과 현금흐름의 관계를 보다 잘 이해할 수 있다.

한편 직접법보다 간접법을 선호하는 근거를 살펴보면 다음과 같다.

① 직접법은 단순히 현금기준이기 때문에 발생주의 당기순이익에 익숙한 재무제표이용자들에게 혼란을 야기시킬 수 있다.

② 간접법으로 계산하면 현금의 유입과 유출에 영향이 없는 항목이 당기순이익에 미치는 영향과 기업 간 회계측정상의 차이를 파악할 수 있다.

③ 기업의 재무제표가 발생주의 기준으로 작성되어 있으므로 직접법으로 작성하려면 추가적인 비용이 발생하므로 비용과 효익 관계에서 의문이 제기된다.

기업회계기준서 제1007호 부록에 제시되어 있는 사례를 바탕으로 국제회계기준에 따른 영업활동으로 인한 현금흐름의 양식을 살펴보면 다음과 같다.

**표 3 영업활동으로 인한 현금흐름의 보고 양식 비교**[6)]

| 직 접 법 | 간 접 법 |
|---|---|
| Ⅰ. 영업활동으로 인한 현금흐름<br>• 고객으로부터 유입된 현금<br>• 공급자와 종업원에 대한 현금유출<br>1. 영업으로부터 창출된 현금<br>2. 이자의 지급*<br>3. 이자의 수취*<br>4. 배당금의 수취*<br>5. 법인세의 납부<br>영업활동 순현금흐름<br>* 영업활동으로 분류된 경우 | Ⅰ. 영업활동으로 인한 현금흐름<br>• 법인세비용차감전순이익<br>• 가감조정<br>① 수익과 비용항목의 가감<br>② 영업활동으로 인한 자산·부채 변동<br>1. 영업에서 창출된 현금<br>2. 이자의 지급*<br>3. 이자의 수취*<br>4. 배당금의 수취*<br>5. 법인세의 납부<br>영업활동 순현금흐름<br>* 영업활동으로 분류된 경우 |

6) 현행 기업회계기준에 나와 있는 영업활동으로 인한 현금흐름 부분의 양식은 다음과 같다. 간접법에 의한 현금흐름표는 이자와 배당금, 그리고 법인세와 관련된 현금흐름이 영업활동에 포함되고 별도로 공시되지 않는다.

| 직 접 법 | 간 접 법 |
|---|---|
| Ⅰ. 영업활동으로 인한 현금흐름<br>1. 매출 등 수익활동으로부터의 유입액<br>2. 매입 및 종업원에 대한 유출액<br>3. 이자수익 유입액<br>4. 배당금수익 유입액<br>5. 이자비용 유출액<br>6. 법인세 등 유출액<br>7. 기타 | Ⅰ. 영업활동으로 인한 현금흐름<br>1. 당기순이익<br>2. 현금의 유출이 없는 비용 등의 가산<br>3. 현금의 유입이 없는 수익 등의 차감<br>4. 영업활동 관련 자산·부채 증감조정 |

# 1. 직접법

**직접법(direct approach)이란 영업활동 관련 총현금유입과 총현금유출을 주요 항목별로 구분하여 표시하는 방법**이다. 즉 **발생기준에 따라 계상된 손익항목을 현금기준으로 전환하여 표시하는 방법**이라 할 수 있다.

직접법을 적용하여 표시한 현금흐름은 간접법을 적용하여 표시한 현금흐름에서는 파악할 수 없는 정보를 제공하며, 미래현금흐름을 추정하는 데 보다 유용한 정보를 제공한다. 그러나 직접법에 의한 현금흐름표는 발생주의와 현금주의를 조정하는 작성과정을 공시하지 않으므로 검증가능성은 낮다고 볼 수 있다.

발생기준 손익을 현금기준 손익으로 전환하는 방법에는 T-계정법, 증감분석법 등이 있다. 어느 방법으로 접근하여도 상관없으나, 처음에는 T-계정법을 이용하는 것이 쉽고 오류발생가능성이 적다.

## (1) 고객으로부터 유입된 현금액

고객으로부터 유입된 현금액은 매출 등 수익활동으로부터의 현금유입액을 말하는 것으로, 현금기준 매출액을 계산하면 될 것이다.

현금기준과 발생기준에 따른 매출액은 다음과 같이 다르다.

> 현금주의 매출액=현금매출액+선수금 수취액+매출채권회수액
> 발생주의 매출액=현금매출액+외상매출액+선수금의 매출대체액

현금기준 매출액과 발생기준 매출액 사이의 관계를 설명하기 위해, 현금매출액은 모두 외상매출 된 후에 현금 회수하는 것과 동일하다고 가정한다. 그리고 회수불능에 따른 매출채권 제각거래도 있을 수 있으므로 대손충당금 계정도 함께 분석해야 한다.[7] 이러한 관계를 T계정으로 살펴보면 다음과 같다.

---

7) '대손충당금환입'이나 매출채권 관련 '외환차손익' 등도 발생할 수 있다.

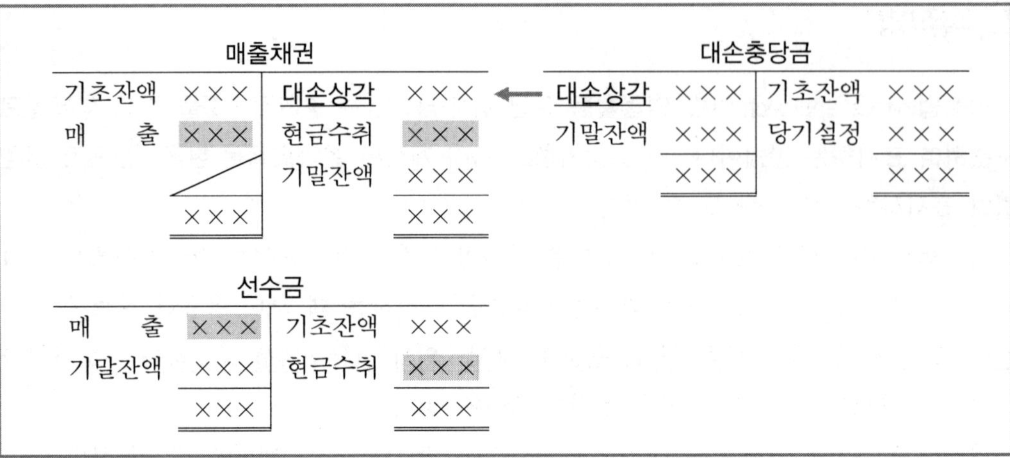

**매출채권**

| | | | |
|---|---|---|---|
| 기초잔액 | ××× | 대손상각 | ××× |
| 매　　출 | ××× | 현금수취 | ××× |
| | | 기말잔액 | ××× |
| | ××× | | ××× |

**대손충당금**

| | | | |
|---|---|---|---|
| 대손상각 | ××× | 기초잔액 | ××× |
| 기말잔액 | ××× | 당기설정 | ××× |
| | ××× | | ××× |

**선수금**

| | | | |
|---|---|---|---|
| 매　　출 | ××× | 기초잔액 | ××× |
| 기말잔액 | ××× | 현금수취 | ××× |
| | ××× | | ××× |

아래와 같이 관련 계정과목들을 하나의 계정과목으로 통합하면, 매출관련 현금유입액을 증감분석법에 따른 공식으로 유도할 수 있다.

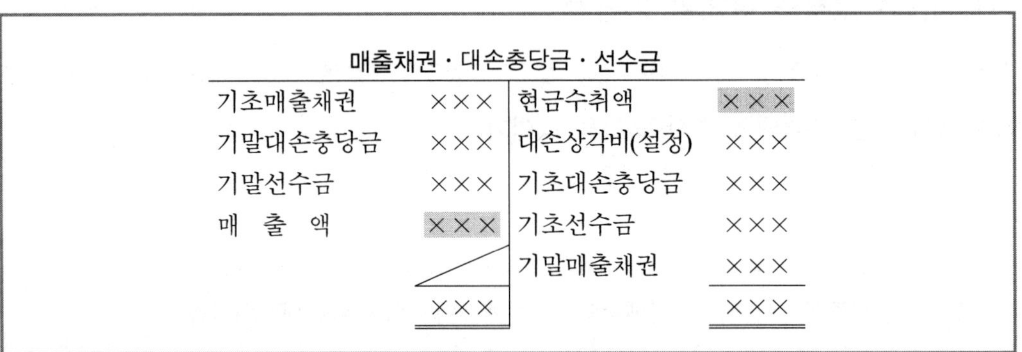

**매출채권 · 대손충당금 · 선수금**

| | | | |
|---|---|---|---|
| 기초매출채권 | ××× | 현금수취액 | ××× |
| 기말대손충당금 | ××× | 대손상각비(설정) | ××× |
| 기말선수금 | ××× | 기초대손충당금 | ××× |
| 매　출　액 | ××× | 기초선수금 | ××× |
| | | 기말매출채권 | ××× |
| | ××× | | ××× |

발생주의 매출액=현금주의 매출액+대손상각비(P/L)+(매출채권 기말잔액 −매출채권 기초잔액)+(대손충당금 기초잔액−대손충당금 기말잔액)+(선수금 기초잔액−선수금 기말잔액)

### (2) 공급자와 종업원에 대한 현금유출

공급자와 종업원에 대한 현금유출액은 포괄손익계산서상의 매출원가, 물류원가 및 관리비와 관련된 현금유출액을 말한다.

### 1) 매입으로 인한 현금유출액

현금기준 매출액을 계산하는 방법과 동일하게 유도할 수 있다. 즉, 현금매입액은 모두 외상매입 된 후에 현금지급 하는 것과 동일하다고 가정한다. 매입으로 인한 현금유출액을 계산하는 과정에 관련된 계정과목들은 재고자산, 매입채무, 선급금 계정이다.8) 이들 계정과목들의 관계를 T계정으로 살펴보면 다음과 같다.

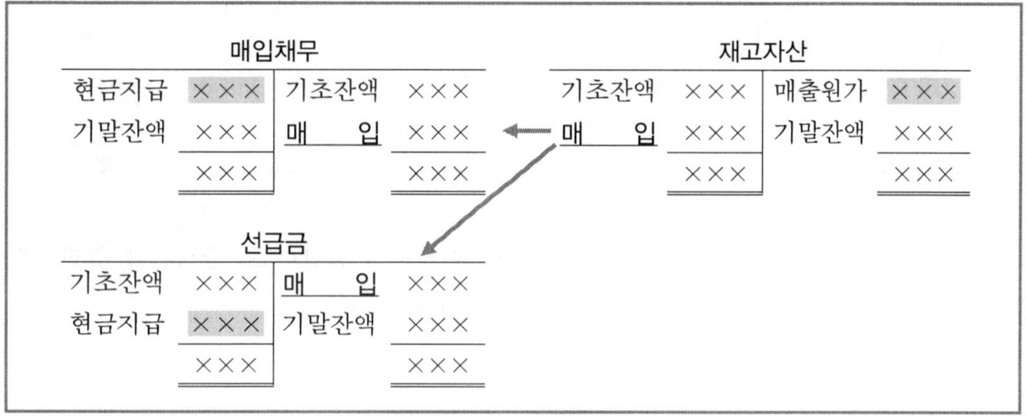

**매입채무**

| 차변 | | 대변 | |
|---|---|---|---|
| 현금지급 | ××× | 기초잔액 | ××× |
| 기말잔액 | ××× | 매　입 | ××× |
| | ××× | | ××× |

**재고자산**

| 차변 | | 대변 | |
|---|---|---|---|
| 기초잔액 | ××× | 매출원가 | ××× |
| 매　입 | ××× | 기말잔액 | ××× |
| | ××× | | ××× |

**선급금**

| 차변 | | 대변 | |
|---|---|---|---|
| 기초잔액 | ××× | 매　입 | ××× |
| 현금지급 | ××× | 기말잔액 | ××× |
| | ××× | | ××× |

아래와 같이 관련 계정과목들을 하나의 계정과목으로 통합하면, 매출관련 현금유입액을 증감분석법에 따른 공식으로 유도할 수 있다.

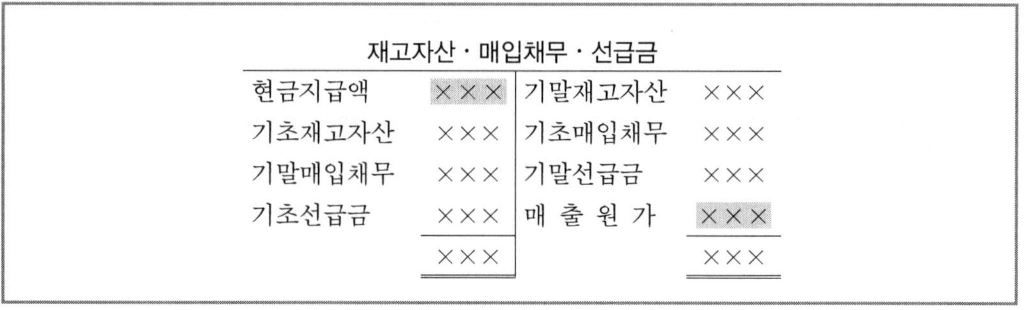

**재고자산 · 매입채무 · 선급금**

| 차변 | | 대변 | |
|---|---|---|---|
| 현금지급액 | ××× | 기말재고자산 | ××× |
| 기초재고자산 | ××× | 기초매입채무 | ××× |
| 기말매입채무 | ××× | 기말선급금 | ××× |
| 기초선급금 | ××× | 매 출 원 가 | ××× |
| | ××× | | ××× |

발생주의 매출원가＝현금주의 매입액＋(재고자산 기초잔액－재고자산 기말잔액)
＋(선급금 기초잔액－선급금 기말잔액)
＋(매입채무 기말잔액－매입채무 기초잔액)

8) 매입채무관련 외환차손익과 재고자산감모손실 및 평가손실 등도 발생할 수 있다.

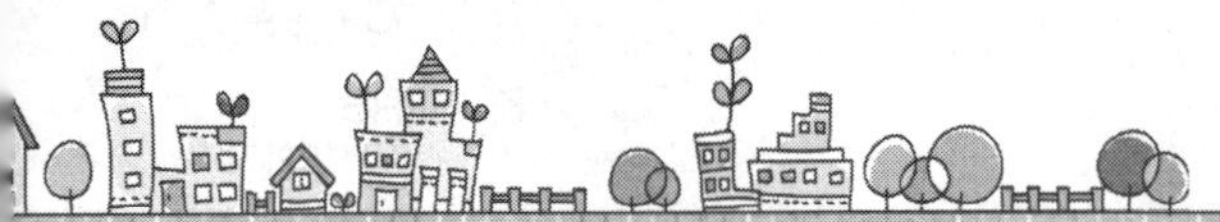

### 2) 물류원가 및 관리비로 인한 현금유출액

이는 판매비와 관리비 관련 계정과목 으로부터 유도될 수 있다. 현금기준 판매비와 관리비를 계산하는데 관련 된 계정과목은 선급판관비와 미지급판관비 계정이다. 이들 계정과목들의 관계를 T계정으로 살펴보면 다음과 같다.

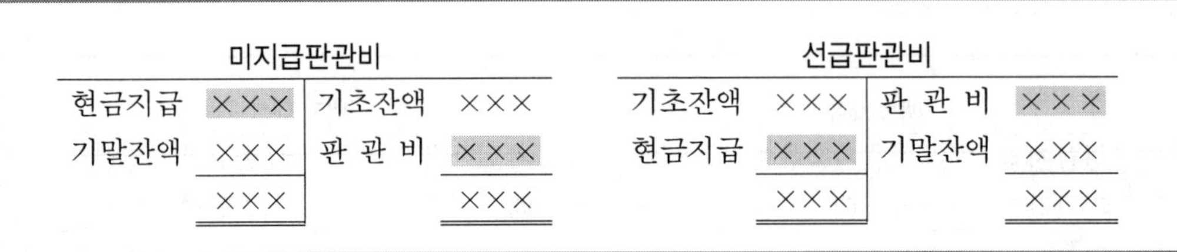

미지급판관비

| | | | |
|---|---|---|---|
| 현금지급 | ×××| 기초잔액 | ××× |
| 기말잔액 | ××× | 판 관 비 | ××× |
| | ××× | | ××× |

선급판관비

| | | | |
|---|---|---|---|
| 기초잔액 | ××× | 판 관 비 | ××× |
| 현금지급 | ××× | 기말잔액 | ××× |
| | ××× | | ××× |

아래와 같이 관련 계정과목들을 하나의 계정과목으로 통합하면, 판매비와 일반관리 현금유출액을 증감분석법에 따른 공식으로 유도할 수 있다.

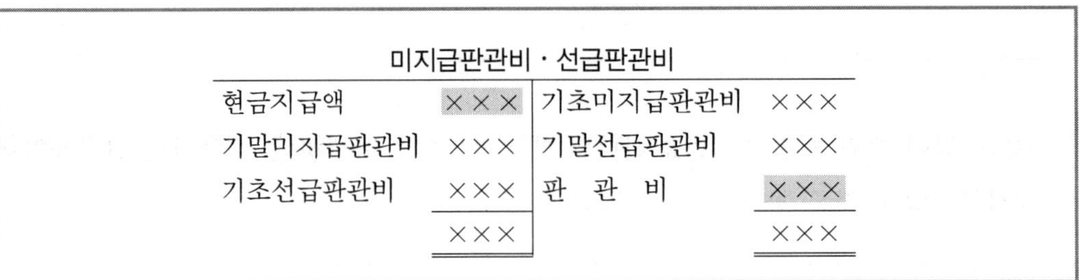

미지급판관비 · 선급판관비

| | | | |
|---|---|---|---|
| 현금지급액 | ××× | 기초미지급판관비 | ××× |
| 기말미지급판관비 | ××× | 기말선급판관비 | ××× |
| 기초선급판관비 | ××× | 판 관 비 | ××× |
| | ××× | | ××× |

발생주의 판관비* = 현금주의 판관비 + (선급판관비 기초잔액 − 선급판관비 기말잔액)
+ (미지급판관비 기말잔액 − 미지급판관비 기초잔액)

* 현금유출을 수반하지 않는 감가상각비, 대손상각비, 충당부채전입액 등은 제외한다.

## (3) 이자 지급액

이자비용과 관련한 현금유출액을 계산하는 과정도 위에서 살펴본 방법과 동일하다. 따라서 선급이자와 미지급이자 계정과목들을 통합하여 유도하면 다음과 같은 증감분석법에 따른 공식을 유도할 수 있다.

> 발생주의 이자비용*＝현금주의 이자비용＋(선급이자 기초잔액－선급이자 기말잔액)
> ＋(미지급이자 기말잔액－미지급이자 기초잔액)
>
> * 포괄손익계산서 이자비용에서 현금의 유출과 무관한 이자비용을 조정한 금액이다. 즉, 사채할인발행차금상각과 현재가치할인차금상각은 차감하고, 사채할증발행차금상각은 가산한 금액이다.

### (4) 배당금 지급액

발생주의 배당금 지급액(배당선언액)과 현금주의에 의한 지급배당금은 다음과 같이 계산된다.

> 발생주의 지급배당금(배당선언액)
> ＝현금주의 지급배당금－전기분 당기지급액＋당기분 미지급액
> ＝현금주의 지급배당금－기초 미지급배당금＋기말 미지급배당금
> 배당금 현금지급액＝발생주의 지급배당금＋기초 미지급배당금－기말 미지급배당금

### (5) 이자 수취액 및 배당금 수취액

선수이자(배당금)와 미수이자(배당금) 계정과목들을 통합하여 유도하면 다음과 같은 증감분석법에 따른 공식을 유도할 수 있다.

> 발생주의 이자수익*＝현금주의 이자수익＋(선수이자 기초잔액－선수이자 기말잔액)
> ＋(미수이자 기말잔액－미수이자 기초잔액)
>
> * 포괄손익계산서 이자수익에서 현금의 유입과 무관한 이자수익을 조정한 금액이다. 즉, 현재가치할인차금상각과 만기보유・매도가능금융자산 할인취득액상각은 차감하고, 만기보유・매도가능금융자산 할증취득액상각은 가산한 금액이다.

### (6) 법인세 지급액

법인세 지급액을 계산하는 과정도 위의 열거된 방법들과 동일하다.

> 발생주의 법인세비용*＝현금주의 법인세비용
> ＋(선급법인세 기초잔액－선급법인세 기말잔액)
> ＋(이연법인세자산 기초잔액－이연법인세자산 기말잔액)
> ＋(미지급법인세 기말잔액－미지급법인세 기초잔액)
> ＋(이연법인세부채 기말잔액－이연법인세부채 기초잔액)
>
> * 영업활동과 관련이 없는 법인세가 있는 경우(예 기업의 부동산 양도에 대해 부과하는 법인세)에는 동 금액을 법인세비용에서 제외하여야 한다.

이상에서 설명한 바와 같이 현금기준과 발생기준 사이의 관계는 재무상태표 관련 계정과목들을 통합하여 분석하면 쉽게 접근할 수 있다. 현금기준과 발생기준 사이의 전환을 위한 재무상태표 관련 계정과목들을 정리하면 다음과 같다.

| 매출 | 매출채권, 대손충당금, 선수금 |
|---|---|
| 매출원가 | 재고자산, 재고자산평가충당금, 매입채무, 선급금 |
| 판매비와 관리비 | 선급판관비, 미지급판관비 |
| 이자비용 | 선급이자, 미지급이자 |
| 이자수익 | 선수이자, 미수이자 |
| 지급배당금 | 이익잉여금, 미지급배당금 |
| 배당금수익 | 선수배당금, 미수배당금 |
| 법인세비용 | 선급법인세, 미지급법인세, 이연법인세자산·부채 |

* 손익항목을 조정할 때, 현금흐름을 수반하지 않는 손익은 제외한다.

## 2. 간접법

직접법은 영업활동을 고객으로부터 유입된 현금이나 공급자와 종업원에 대한 현금유출 등 세부적인 활동으로 구분하여 영업활동으로부터 창출된 현금흐름을 계산하나, 간접법은 영업활동을 세부적으로 구분하지 않고 전체를 하나로 묶어서 계산한다.

간접법을 적용하는 경우 영업활동 순현금흐름은 당기순손익에 다음 항목들의 영향을 조정하여 결정한다.

① 회계기간 동안 발생한 재고자산과 영업활동에 관련된 채권·채무의 변동
② 감가상각비, 충당부채, 이연법인세, 외화환산손익, 미배분 관계기업 이익 및 비지배지분과 같은 비현금항목[9)]
③ 투자활동이나 재무활동 현금흐름으로 분류되는 기타 모든 항목

기업회계기준서 제1007호(현금흐름표) 에서는, 이자와 배당금의 수취 및 지급과 법인세 지급을 각각 별도로 공시하도록 규정하고 있다. 이와 같은 간접법 양식은 현행 기업회계기준의 간접법 양식에 직접법의 장점을 더한 것이라고 할 수 있다.[10)] 즉, 영업활동으로 인한 현금흐름 내용 중, 구분 표시되는 '영업으로부터 창출된 현금'부분만 직접법과 간접법에 차이가 발생하고, 이자와 배당금의 수취 및 지급과 법인세 지급 부분은 직접법이나 간접법 모두 동일하다.

간접법으로 작성하기 위해서는 우선 영업으로부터 창출된 현금을 별도로 표시하여야 하므로, 법인세비용차감전순이익에서 이자수익, 이자비용 및 배당금수익을 가감한다. 그리고 투자활동 및 재무활동과 관련된 비용은 가산하고 관련된 수익은 차감한다. 그 다음에는 영업활동과 관련된 재무상태표 계정들의 순증감액을 계산하여 차변이 증가하는 경우에는 차감하고, 대변이 증가하는 경우에는 가산하면 영업에서 창출된 현금이 계산된다.

영업활동으로 인한 현금흐름을 간접법으로 작성할 때에는 다음과 같은 양식으로 작성하면 될 것이다.

---

9) 비현금항목에는 투자활동과 재무활동 뿐만 아니라 영업활동과 관련된 손익항목(대손상각비, 재고자산감모손실 등)도 포함된다. 그러나 이러한 영업활동 관련 비현금 손익항목들은 영업활동 관련 자산·부채 변동 조정에서 일괄적으로 조정되므로, 비현금항목으로 조정되는 손익항목 역시 투자활동 및 재무활동과 관련된 손익항목 들에만 해당된다고 할 수 있다.

10) 정보이용자에게 이자수익과 배당금수익, 이자비용과 법인세비용, 그리고 배당금지급 내용을 별도로 공시함으로써 기업의 영업활동으로 인한 현금흐름을 분석하는데 유용성을 높인 것이라고 할 수 있다.

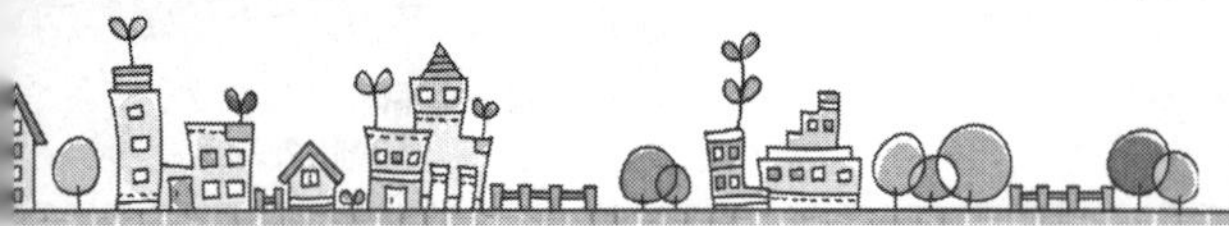

| | | | |
|---|---|---|---|
| **Ⅰ. 영업활동으로 인한 현금흐름** | | | |
| • 법인세비용차감전순이익 | | ××× | |
| • 가감조정 | | | |
| ① 이자비용 | ××× | | |
| ② 투자활동 관련 비용 | ××× | | |
| ③ 재무활동 관련 비용 | ××× | | |
| ④ 이자수익 | (×××) | | |
| ⑤ 배당금수익 | (×××) | | |
| ⑥ 투자활동 관련 수익 | (×××) | | |
| ⑦ 재무활동 관련 수익 | (×××) | ××× | |
| ⑧ 영업활동 관련 자산의 증가 | (×××) | | |
| ⑨ 영업활동 관련 자산의 감소 | ××× | | |
| ⑩ 영업활동 관련 부채의 증가 | ××× | | |
| ⑪ 영업활동 관련 부채의 감소 | (×××) | ××× | |
| 1. 영업에서 창출된 현금 | | ××× | |
| 2. 이자의 지급* | | ××× | |
| 3. 이자의 수취* | | ××× | |
| 4. 배당금의 수취* | | ××× | |
| 5. 법인세의 납부 | | ××× | |
| 영업활동 순현금흐름 | | | ××× |

* 영업활동으로 분류된 경우

### 사례 1 영업활동으로 인한 현금흐름

다음은 ㈜백두산의 비교 재무상태표의 유동자산과 유동부채 및 20×2년도 포괄손익계산서를 나타낸 것이다.

비교재무상태표

㈜백두산 (단위 : 원)

| 계정과목 | 20×2년 | 20×1년 | 증감 |
|---|---|---|---|
| 유동자산 | | | |
| 현금및현금성자산 | ₩400,000 | ₩200,000 | ₩200,000 |
| 매출채권(순액) | 500,000 | 400,000 | 100,000 |
| 선급이자 | 50,000 | 60,000 | (10,000) |
| 재고자산 | 700,000 | 500,000 | 200,000 |
| 계 | ₩1,650,000 | ₩1,160,000 | |
| 유동부채 | | | |
| 매입채무 | ₩900,000 | ₩600,000 | ₩300,000 |
| 미지급판관비 | 150,000 | 100,000 | 50,000 |
| 미지급법인세 | 20,000 | 25,000 | (5,000) |
| 이연법인세부채 | 7,000 | 4,000 | 3,000 |
| 계 | ₩1,050,000 | ₩700,000 | |

포괄손익계산서

㈜백두산 (단위 : 원)

| | | | |
|---|---|---|---|
| 매출원가 | ₩1,200,000 | 매출액 | ₩2,000,000 |
| 판관비*1 | 400,000 | 배당금수익 | 500,000 |
| 재고자산감모손실 | 10,000 | | |
| 이자비용*2 | 280,000 | | |
| 유형자산처분손실 | 160,000 | | |
| 법인세비용 | 150,000 | | |
| 당기순이익 | 300,000 | | |
| | ₩2,500,000 | | ₩2,500,000 |

*1 판관비에는 매출채권 관련 대손상각비 ₩20,000과 감가상각비 ₩100,000이 포함되어 있다.
*2 사채할인발행차금상각 ₩80,000이 포함되어 있다.

영업활동으로 인한 현금흐름을 직접법과 간접법에 의하여 작성하시오.

핵심해설

1. 직접법

직접법에 의하는 경우 유동자산과 유동부채 중에서 영업활동과 관련되는 계정을 분석하여 영업활동으로 인한 현금흐름을 계산한다. 우선 매출채권계정의 금액이 기초보다 ₩100,000만큼 증가하였으므로 현금회수액은 ₩ 1,900,000이 된다. 여기서 대손상각비는 전액 매출채권에 대한 것이므로 이를 고려하여야 한다. 공급자와 종업원에 대한 현금유출액은 매입채무와 미지급판관비 계정과목에서 구할 수 있다. 판관비와 관련된 현금유출액을 계산할 때에는, 대손상각비와 감가상각비를 제외하여야 한다. 대손상각비는 고객으로부터 유입된 현금액을 계산하는 과정에서 포함되어야 하고, 감가상각비는 현금유출을 수반하지 않는 투자활동 관련 비용이기 때문이다.

그리고 이자비용은 선급이자 계정에서, 법인세비용은 미지급법인세와 이연법인세부채 계정을 동시에 고려하여 현금유출액을 계산한다. 이때 이자 지급액을 계산할 때에는 사채할인발행차금상각액은 현금유출을 수반하지 않으므로 제외하여야 한다.

매출채권(순액)

| | | | |
|---|---|---|---|
| | | 증 가 | 100,000 |
| 매 출 액 | 2,000,000 | 회 수 액 | 1,880,000 |
| | | 대손상각비 | 20,000 |

재고자산 · 매입채무

| | | | |
|---|---|---|---|
| 매입채무증가 | 300,000 | 재고자산증가 | 200,000 |
| 지 급 액 | 1,110,000 | 매 출 원 가 | 1,200,000 |
| | | 재고자산감모손실 | 10,000 |

미지급판관비

| | | | |
|---|---|---|---|
| 증 가 | 50,000 | | |
| 지 급 액 | 230,000 | 판 관 비* | 280,000 |

* 대손상각비 ₩20,000과 감가상각비 ₩100,000 차감

선급이자

| | | | |
|---|---|---|---|
| 감 소 | 10,000 | | |
| 지 급 액 | 190,000 | 이 자 비 용* | 200,000 |

* 사채할인발행차금상각액 ₩80,000 제외

미지급법인세 · 이연법인세부채

| | | | |
|---|---|---|---|
| 이연법인세부채증가 | 3,000 | 미지급법인세감소 | 5,000 |
| 지 급 액 | 152,000 | 법인세비용 | 150,000 |

영업활동으로 인한 현금흐름(직접법)

㈜백두산　　20×2년 1월 1일~20×2년 12월 31일　　(단위 : 원)

| | |
|---|---|
| Ⅰ. 영업활동으로 인한 현금흐름 | |
| • 고객으로부터 유입된 현금 | ₩1,880,000 |
| • 공급자와 종업원에 대한 현금유출 | (1,340,000) |
| 1. 영업으로부터 창출된 현금 | 540,000 |
| 2. 이자의 지급 | (190,000) |
| 3. 배당금의 수취 | 500,000 |
| 4. 법인세의 지급 | (152,000) |
| 5. 영업활동 순현금흐름 | ₩698,000 |

### 2. 간접법

간접법에 의하여 영업활동으로 인한 현금흐름을 계산하기 위해서는 포괄손익계산서상의 법인세비용차감전순이익으로부터 투자활동과 재무활동 관련 비용을 가산하고 수익을 차감하며, 영업활동 관련 자산·부채의 증감을 조정함으로써 영업활동에서 창출된 현금을 계산한다.

영업활동으로 인한 현금흐름(간접법)

㈜백두산　　20×2년 1월 1일~20×2년 12월 31일　　(단위 : 원)

| | | |
|---|---|---|
| Ⅰ. 영업활동으로 인한 현금흐름 | | |
| • 법인세비용차감전순이익 | | 450,000 |
| • 가감조정 | | |
| ① 이자비용 | 200,000 | |
| ② 사채할인발행차금상각 | 80,000 | |
| ③ 감가상각비 | 100,000 | |
| ④ 유형자산처분손실 | 160,000 | |
| ⑤ 배당금수익 | (500,000) | 40,000 |
| ⑥ 매출채권(순액) 증가 | (100,000) | |
| ⑦ 재고자산 증가 | (200,000) | |
| ⑧ 매입채무 증가 | 300,000 | |
| ⑨ 미지급판관비 증가 | 50,000 | 50,000 |
| 1. 영업에서 창출된 현금 | | 540,000 |
| 2. 이자의 지급 | | (190,000) |
| 3. 배당금의 수취 | | 500,000 |
| 4. 법인세의 지급 | | (152,000) |
| 5. 영업활동 순현금흐름 | | ₩698,000 |

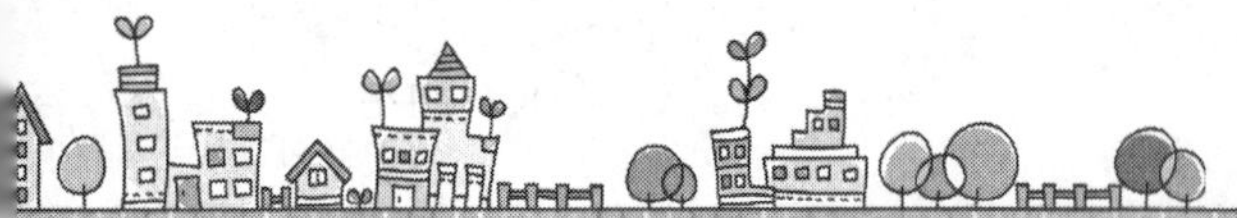

※ 참고적으로 현행 기업회계기준에 따른 간접법 양식으로 작성하면 다음과 같다.

| | | |
|---|---|---|
| Ⅰ. 영업활동으로 인한 현금흐름 | | |
| 1. 당기순이익 | | 300,000 |
| 2. 현금의 유출이 없는 비용 등의 가산 | | |
| ① 감가상각비 | 100,000 | |
| ② 사채할인발행차금상각 | 80,000 | |
| ③ 유형자산처분손실 | 160,000 | 340,000 |
| 3. 현금의 유입이 없는 수익 등의 차감 | | – |
| 4. 영업활동으로 인한 자산·부채의 변동 | | |
| ① 매출채권(순액) 증가 | (100,000) | |
| ② 선급이자 감소 | 10,000 | |
| ③ 재고자산 증가 | (200,000) | |
| ④ 매입채무 증가 | 300,000 | |
| ⑤ 미지급판관비 증가 | 50,000 | |
| ⑥ 미지급법인세 감소 | (5,000) | |
| ⑦ 이연법인세부채 증가 | 3,000 | 58,000 |
| | | ₩698,000 |

## 04절 투자 및 재무활동으로 인한 현금흐름

투자활동 및 재무활동으로 인한 현금흐름은 각각 현금유출입 거래별로 구분 표시한다. 즉 투자활동 및 재무활동과 관련되는 계정과목들의 기중 변동내용을 파악하여 현금유출입을 수반하는 거래를 각각 현금흐름표에 표시한다.

이러한 투자활동과 재무활동으로 인한 현금흐름 내용을 파악하는 과정은 앞서 설명한 직접법에 의한 방법과 동일하다고 할 수 있다. 이때 유의할 점은, 투자활동과 재무활동을 분석하는 과정에서 파악되는 손익항목들은 영업활동으로 인한 현금흐름을 구하는 과정에서 제거되어야 하므로 별도 관리할 필요가 있다. 또한 현금흐름표상에 인식되는 현금유출입액은 각 거래별로 총액으로 표시된다.

## 05절 종합사례

현금흐름표를 작성하는 과정은 다음과 같다.

① 현금및현금성자산의 기초금액과 기말금액을 확인하여 기중 현금의 증가 혹은 감소 금액을 계산한다.

② 비교 재무상태표 상에서 각 계정과목들을 영업활동과 투자활동 및 재무활동별로 각각 구분하여 증감금액을 계산한다.

③ 영업활동 관련 계정과목들은 포괄손익계산서 상의 영업활동 관련 손익항목들과 함께 고려하여 직접법 혹은 간접법에 따라 영업활동으로 인한 현금흐름을 계산한다.

④ 투자활동 및 재무활동과 관련된 계정과목들은 기중거래를 모두 추정하여 각 활동별로 구분하고 거래별 현금흐름 총액을 계산한다.

⑤ 현금흐름표 양식에 따라 위에서 파악된 내용들을 정리하여 표시한다.

### 사례 2 현금흐름표 작성 – 종합사례

㈜한알의 비교재무상태표와 포괄손익계산서 그리고 경영활동과 관련된 추가정보는 다음과 같다.

비교재무상태표

㈜한알 (단위 : 원)

| 계정과목 | 20×2 | 20×1 |
|---|---|---|
| 현금 | 65,000 | 60,000 |
| 매출채권 | 73,000 | 80,000 |
| 재고자산 | 125,000 | 110,000 |
| 토지 | 46,500 | 42,000 |
| 건물 | 210,000 | 240,000 |
| 감가상각누계액 | (70,000) | (80,000) |
| 자산합계 | 449,500 | 452,000 |
| 매입채무 | 88,000 | 75,000 |
| 미지급급료 | 6,500 | 8,000 |
| 미지급법인세 | 1,500 | 4,000 |
| 사채 | 100,000 | 100,000 |
| 사채할인발행차금 | (10,000) | (15,000) |
| 자본금 | 150,000 | 100,000 |
| 주식발행초과금 | 30,000 | 20,000 |
| 이익잉여금 | 83,500 | 160,000 |
| 부채·자본합계 | 449,500 | 452,000 |

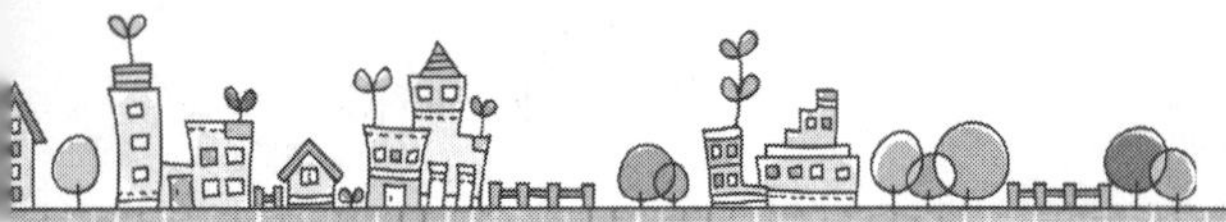

포괄손익계산서

| ㈜한알 | 20×2. 1. 1.~20×2. 12. 31. | (단위 : 원) |
|---|---|---|
| 매출 | | 267,000 |
| 매출원가 | | (130,000) |
| 감가상각비 | | ( 25,000) |
| 급료 | | ( 52,000) |
| 통신비 | | ( 5,000) |
| 사채이자 | | ( 8,000) |
| 유형자산처분이익 | | 4,500 |
| 법인세비용 | | (20,000) |
| 당기순이익 | | 31,500 |

〈추가정보〉

㈜한알의 20×2년중 거래는 다음과 같다.

① 건물을 현금 ₩27,500(취득원가 ₩58,000 감가상각누계액 ₩35,000)에 처분하다.
② 건물을 현금 ₩28,000을 지급하고 취득하다.
③ 주식 10주를 ₩60,000(주당 액면가액 ₩5,000)에 현금을 받고 발행하다.
④ 토지를 현금 ₩4,500에 취득하다.
⑤ 배당금으로 현금 ₩108,000을 지급하다.
⑥ 사채할인발행차금 상각액은 ₩5,000이다.

위 자료를 이용하여 직접법과 간접법으로 현금흐름표를 작성하라.

핵심해설

1. 영업활동으로 인한 현금흐름

(1) 직접법

① 현금의 증감내역

| | |
|---|---|
| 기말현금 | ₩65,000 |
| 기초현금 | 60,000 |
| 현금의 증가 | ₩5,000 |

② 매출활동으로부터의 현금유입액

매출채권

| 기초 | 80,000 | 현금회수액 | 274,000 |
|---|---|---|---|
| 매출액 | 267,000 | 기말 | 73,000 |
| | 347,000 | | 347,000 |

③ 매입활동으로 인한 현금유출액

매입채무

| | | | |
|---|---|---|---|
| 현금지급액 | 132,000 | 기　초 | 75,000 |
| 기　말 | 88,000 | 매　입 | 145,000 |
| | 220,000 | | 220,000 |

⬅

재고자산

| | | | |
|---|---|---|---|
| 기　초 | 110,000 | 매출원가 | 130,000 |
| 매　입 | 145,000 | 기　말 | 125,000 |
| | 255,000 | | 255,000 |

④ 기타비용으로 인한 현금유출액

a.

미지급급료

| | | | |
|---|---|---|---|
| 현금지급액 | 53,500 | 기　초 | 8,000 |
| 기　말 | 6,500 | 급　료 | 52,000 |
| | 60,000 | | 60,000 |

미지급법인세

| | | | |
|---|---|---|---|
| 현금지급액 | 22,500 | 기　초 | 4,000 |
| 기　말 | 1,500 | 법인세 | 20,000 |
| | 24,000 | | 24,000 |

b.

| 항　목 | 현금유출액 |
|---|---|
| 급　료 | 53,500 |
| 통 신 비 | 5,000 |
| 사채이자* | 3,000 |
| 법 인 세 | 22,500 |

* 사채할인발행차금상각액 ₩5,000 제외

영업활동으로 인한 현금흐름

| | |
|---|---|
| 1. 고객으로부터 유입된 현금 | 274,000 |
| 2. 공급자와 종업원에 대한 현금흐름* | (190,500) |
| 영업으로부터 창출된 현금 | 83,500 |
| 3. 이자의 지급 | (3,000) |
| 4. 법인세의 지급 | (22,500) |
| 영업활동 순현금흐름 | 58,000 |

* 현금매입액(₩132,000)＋급료지급액(₩53,500)＋통신비지급액(₩5,000)

(2) 간접법

| | | |
|---|---|---|
| 1. 법인세비용차감전순이익 | | 51,500 |
| 2. 조정항목의 가감 | | |
| ① 감가상각비 | 25,000 | |
| ② 사채이자 | 5,000 | |
| ③ 사채할인발행차금상각 | 3,000 | |
| ④ 유형자산처분이익 | (4,500) | 28,500 |
| ⑤ 매출채권의 감소 | 7,000 | |
| ⑥ 매입채무의 증가 | 13,000 | |
| ⑦ 재고자산의 증가 | (15,000) | |
| ⑧ 미지급급료의 감소 | (1,500) | 3,500 |
| 영업에서 창출된 현금 | | 83,500 |
| 3. 이자의 지급 | | (3,000) |
| 4. 법인세의 지급 | | (22,500) |
| 5. 영업활동 순현금흐름 | | 58,000 |

2. 투자활동으로 인한 현금흐름

건 물

| 차변 | 대변 |
|---|---|
| 감 소 30,000 | |
| ② 28,000 | ① 58,000 |

감가상각누계액

| 차변 | 대변 |
|---|---|
| | 감 소 10,000 |
| ① 35,000 | ③ 25,000 |

| | | | | |
|---|---|---|---|---|
| ① (차) 현 금 | 27,500 | (대) 건 물 | 58,000 |
| 감가상각누계액 | 35,000 | 유형자산처분이익 | 4,500 |
| ② (차) 건 물 | 28,000 | (대) 현 금 | 28,000 |
| ③ (차) 감가상각비 | 25,000 | (대) 감가상각누계액 | 25,000 |

토 지

| 차변 | 대변 |
|---|---|
| | 증가 4,500 |
| ④ 4,500 | |

| | | | |
|---|---|---|---|
| ④ (차) 토 지 | 4,500 | (대) 현 금 | 4,500 |

투자활동으로 인한 현금흐름

| | | |
|---|---|---|
| 1. 투자활동으로 인한 현금유입액 | | 27,500 |
| ① 건물의 처분 | 27,500 | |
| 2. 투자활동으로 인한 현금유출액 | | (32,500) |
| ① 토지의 취득 | (4,500) | |
| ② 건물의 취득 | (28,000) | |
| 투자활동으로 인한 현금흐름 | | (5,000) |

### 3. 재무활동으로 인한 현금흐름

**자 본 금**

| 증 가 50,000 | |
|---|---|
| | ⑤ 50,000 |

**주식발행초과금**

| 증 가 10,000 | |
|---|---|
| | ⑤ 10,000 |

| | | | |
|---|---|---|---|
| ⑤ (차) 현 금 | 60,000 | (대) 자 본 금 | 50,000 |
| | | 주식발행초과금 | 10,000 |

**이익잉여금**

| | |
|---|---|
| | 감 소 76,500 |
| ⑥ 배당금지급 108,000 | 당기순이익 31,500 |

| | | | |
|---|---|---|---|
| ⑥ (차) 이익잉여금(배당금) | 108,000 | (대) 현 금 | 108,000 |

**재무활동으로 인한 현금흐름**

| | | |
|---|---|---|
| 1. 재무활동으로 인한 현금유입액 | | 60,000 |
| ① 주식의 발행 | 60,000 | |
| 2. 재무활동으로 인한 현금유출액 | | (108,000) |
| ② 배당금지급 | (108,000) | |
| 재무활동으로 인한 현금흐름 | | (48,000) |

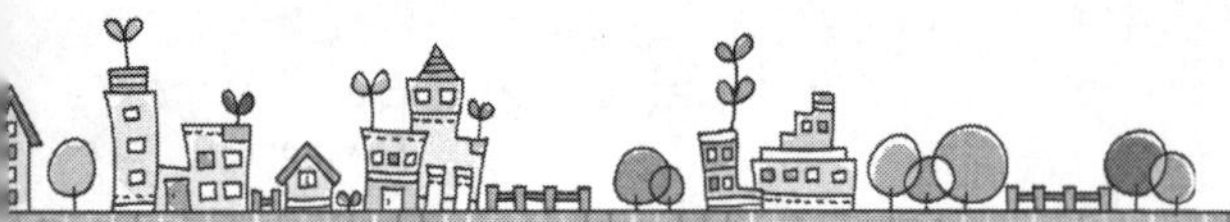

### 4. 현금흐름표의 작성

(1) 직접법

현금흐름표

| ㈜한알 | 20×2. 1. 1.~20×2. 12. 31. | | |
|---|---|---|---|
| Ⅰ. 영업활동으로 인한 현금흐름 | | | |
| 1. 고객으로부터 유입된 현금 | | 274,000 | |
| 2. 공급자와 종업원에 대한 현금흐름 | | (190,500) | |
| 영업으로부터 창출된 현금 | | 83,500 | |
| 3. 이자의 지급 | | (3,000) | |
| 4. 법인세의 지급 | | (22,500) | |
| 5. 영업활동 순현금흐름 | | | 58,000 |
| Ⅱ. 투자활동으로 인한 현금흐름 | | | (5,000) |
| 1. 투자활동으로 인한 현금유입액 | | 27,500 | |
| ① 건물의 처분 | 27,500 | | |
| 2. 투자활동으로 인한 현금유출액 | | (32,500) | |
| ① 토지의 취득 | (4,500) | | |
| ② 건물의 취득 | (28,000) | | |
| Ⅲ. 재무활동으로 인한 현금흐름 | | | (48,000) |
| 1. 재무활동으로 인한 현금유입액 | | 60,000 | |
| ① 주식의 발행 | 60,000 | | |
| 2. 재무활동으로 인한 현금유출액 | | (108,000) | |
| ① 배당금지급 | (108,000) | | |
| Ⅳ. 현금의 증가( Ⅰ + Ⅱ + Ⅲ) | | | 5,000 |
| Ⅴ. 기초의 현금 | | | 60,000 |
| Ⅵ. 기말의 현금 | | | 65,000 |

(2) 간접법

**현금흐름표**

㈜한알　　20×2. 1. 1.~20×2. 12. 31.

|  | | | |
|---|---|---|---|
| Ⅰ. 영업활동으로 인한 현금흐름 | | | |
| 1. 법인세비용차감전순이익 | | 51,500 | |
| 2. 조정항목의 가감 | | | |
| ① 감가상각비 | 25,000 | | |
| ② 사채이자 | 5,000 | | |
| ③ 사채할인발행차금상각 | 3,000 | | |
| ④ 유형자산처분이익 | (4,500) | 28,500 | |
| ⑤ 매출채권의 감소 | 7,000 | | |
| ⑥ 매입채무의 증가 | 13,000 | | |
| ⑦ 재고자산의 증가 | (15,000) | | |
| ⑧ 미지급급료의 감소 | (1,500) | 3,500 | |
| 영업에서 창출된 현금 | | 83,500 | |
| 3. 이자의 지급 | | (3,000) | |
| 4. 법인세의 지급 | | (22,500) | |
| 5. 영업활동 순현금흐름 | | | 58,000 |
| Ⅱ. 투자활동으로 인한 현금흐름 | | | (5,000) |
| 1. 투자활동으로 인한 현금유입액 | | 27,500 | |
| ① 건물의 처분 | 27,500 | | |
| 2. 투자활동으로 인한 현금유출액 | | (32,500) | |
| ① 토지의 취득 | (4,500) | | |
| ② 건물의 취득 | (28,000) | | |
| Ⅲ. 재무활동으로 인한 현금흐름 | | | (48,000) |
| 1. 재무활동으로 인한 현금유입액 | | 60,000 | |
| ① 주식의 발행 | 60,000 | | |
| 2. 재무활동으로 인한 현금유출액 | | (108,000) | |
| ① 배당금지급 | (108,000) | | |
| Ⅳ. 현금의 증가(Ⅰ+Ⅱ+Ⅲ) | | | 5,000 |
| Ⅴ. 기초의 현금 | | | 60,000 |
| Ⅵ. 기말의 현금 | | | 65,000 |

# OX 문제

1 당좌차월은 단기차입금에 해당하므로 재무활동으로 분류된다.

2 배당금의 지급은 재무활동으로 분류된다.

3 단기매매목적으로 보유하는 유가증권의 취득과 판매에 따른 현금흐름은 영업활동으로 분류한다.

4 이자지급, 이자수입 및 배당금수입은 당기순손익의 결정에 영향을 미치므로 영업활동 현금흐름으로 분류한다.

5 영업활동 현금흐름은 직접법이나 간접법으로 작성될 수 있는데, 기업회계기준서에서는 재무제표 상호간의 관련성 및 검증가능성 때문에 간접법을 사용할 것을 권장하고 있다.

6 주식을 발행하여 유형자산을 취득하는 경우, 주식의 발행은 재무활동으로 유형자산의 취득은 투자활동으로 분류하여 각각 현금흐름표에 표시한다.

7 환율변동효과로 인한 현금및현금성자산의 변동분은 영업활동, 투자활동 및 재무활동의 어느 활동으로도 분류하지 않고 현금흐름표에 별도 항목으로 표시한다.

8 법인세의 납부 또한 환급과 관련된 현금흐름은 영업활동으로 분류한다.

9 영업활동, 투자활동 또는 재무활동에서 발생하는 모든 현금흐름은 순증감액으로 보고 할 수 있다.

10 종속기업과 기타 사업부문에 대한 지배력의 획득 또는 상실에 따른 총현금흐름은 별도로 표시하고 투자활동으로 분류한다.

# 객관식문제

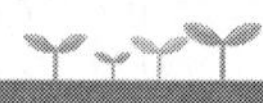

01 ㈜평화의 20×1년도 현금주의에 의한 매출원가와 판매관리비는 총 ₩7,200,000 이었으며, 발생주의 회계자료는 다음과 같았다. ➤ 공인회계사 수정

| 항 목 | 금 액 |
|---|---|
| 발생주의에 의한 매출액 | ₩8,400,000 |
| 매입채무의 증가 | 330,000 |
| 감가상각비 | 100,000 |
| 대손충당금 차감 전 매출채권의 증가 | ₩210,000 |
| 재고자산의 증가 | 72,000 |
| 매출채권에 대한 대손상각비 | 12,000 |

발생주의에 의한 20×1년도 당기순이익은 얼마인가? 단, 당기 중에 대손충당금과 상계된 매출채권은 없으며, 주어진 자료 이외의 수익·비용은 없다고 가정한다.

① ₩1,040,000 ② ₩966,800 ③ ₩962,000
④ ₩864,000 ⑤ ₩830,000

02 다음은 ㈜태화의 20×1년도 현금흐름표(간접법)를 작성하기 위해 수집한 자료이다.

(1) 재무상태표 자료

| 계정과목 | 전기말 | 당기말 | 증감액 |
|---|---|---|---|
| 유형자산 | ₩850,000 | ₩680,000 | ₩170,000 감소 |
| 감가상각누계액 | 340,000 | 408,000 | 68,000 증가 |
| 미수수익 | 62,000 | 52,000 | 10,000 감소 |
| 퇴직급여충당부채 | 170,000 | 120,000 | 50,000 감소 |

(2) 포괄손익계산서 자료

| | |
|---|---|
| 퇴직급여 | ₩15,000 |
| 유형자산처분이익 | 72,000 |
| 당기순이익 | 282,000 |

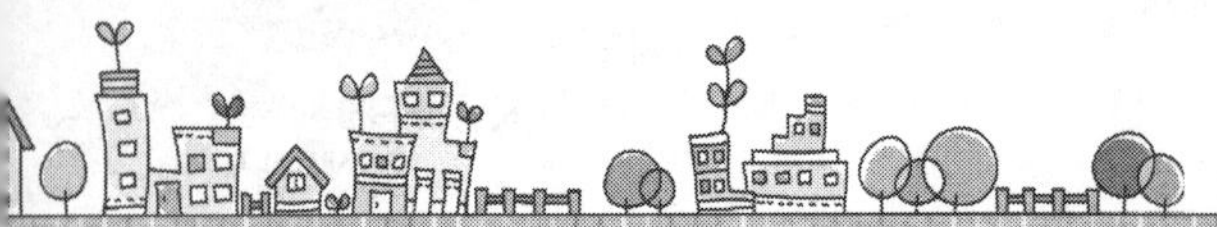

(3) 추가자료

㉠ 당기 중에 처분한 유형자산의 장부가액은 ₩102,000(취득원가 ₩170,000)이었고, 신규로 취득한 유형자산은 없었다.

㉡ 전기에 누락된 판매수수료 ₩5,000을 당기에 지출하고, 이를 중대한 회계 오류로 판단하여 이익잉여금처분계산서에 전기오류수정손실로 계상하였다.

위의 자료를 이용하여 영업활동으로 인한 현금흐름을 계산하면 얼마인가? ➤ 공인회계사

① ₩301,000　② ₩306,000　③ ₩331,000
④ ₩336,000　⑤ ₩396,000

03

(1) 다음은 ㈜한경의 20×1년도 비교 재무상태표 중 일부를 발췌한 것이다.

| 계정과목 | 전기말 | 당기말 |
|---|---|---|
| 매 출 채 권 | ₩230,000 | ₩300,000 |
| 대 손 충 당 금 | (40,000) | (52,000) |
| 선 급 비 용 | 44,000 | 34,000 |
| 재 고 자 산 | 825,000 | 625,000 |
| 설 비 자 산 | 1,000,000 | 900,000 |
| 감가상각누계액 | (250,000) | (210,000) |
| 매 입 채 무 | 57,000 | 62,000 |
| 퇴직급여충당부채 | 42,000 | 47,000 |

(2) 회사는 당기 중에 설비자산(취득원가 ₩100,000, 감가상각누계액 ₩60,000)을 ₩58,000에 처분한 바 있으며, 당기순손실은 ₩12,000이었다.

(3) 매출채권 중 외화매출채권을 회수하는 과정에서 외환차익 ₩2,000이 발생하였다.

주어진 자료에 의하여 영업활동으로 인한 현금흐름(간접법 이용)을 계산하면 얼마인가?

➤ 공인회계사 수정

① ₩152,000　② ₩147,000　③ ₩154,000
④ ₩150,000　⑤ ₩175,000

04 다음은 ㈜한서의 현금흐름표를 작성하기 위해 수집한 자료이다.

㈎ 건설중인자산 ₩78,000이 증가하였으며, 여기에는 자본화된 금융비용 ₩5,000이 포함되어 있다. 자본화된 금융비용은 모두 현금 지급한 것이다.
㈏ 중간배당 ₩34,000을 현금으로 지급하였다.
㈐ 주식보상비용 ₩20,000이 계상되어 있으며, 이는 모두 주식결제형 주식선택권과 관련된 금액이다.
㈑ 취득원가 ₩23,000의 자기주식을 ₩30,000에 처분하였다.
㈒ 설비자산의 감가상각방법을 변경하면서 발생된 법인세효과 ₩7,000을 이연법인세부채의 감소로 처리하였다.

㈎에서 ㈒의 각 거래 항목이 현금흐름표에 미치는 영향을 설명한 것으로 타당한 것은? 단, 영업활동으로 인한 현금흐름은 간접법으로 작성한다. ➤ 공인회계사 수정

① ㈎ 재무활동으로 인한 현금흐름 ₩73,000 감소
② ㈏ 영업활동으로 인한 현금흐름 ₩34,000 감소
③ ㈐ 영업활동으로 인한 현금흐름 ₩20,000 증가
④ ㈑ 재무활동으로 인한 현금흐름 ₩23,000 증가
⑤ ㈒ 재무활동으로 인한 현금흐름 ₩ 7,000 감소

05 다음은 ㈜세이의 20×1년도 재무제표의 일부 자료이다.

a. 재무상태표의 일부 자료

| | 기초 | 기말 |
|---|---|---|
| 매출채권 | ₩250,000 | ₩200,000 |
| 재고자산 | 200,000 | 100,000 |
| 매입채무 | 150,000 | 130,000 |
| 미지급급여 | 20,000 | 50,000 |
| 주식매수선택권 | 120,000 | 140,000 |

b. 포괄손익계산서의 일부 자료

| | |
|---|---|
| 매 출 액 | ₩3,000,000 |
| 매출원가 | 1,200,000 |
| 급 여 | 400,000 |
| 전기오류수정이익 | 60,000 |
| 외화환산이익 | 20,000 (매출채권에서 발생함) |
| 외화환산손실 | 10,000 (매입채무에서 발생함) |

전기오류수정이익은 전기분 매출 ₩60,000을 당기매출로 계상한 오류로 인하여 발생하였고, 당기에 부여한 주식매수선택권과 관련한 주식보상비용은 급여에 포함되어 있다. 이상의 자료에 근거할 때 매출활동관련 현금흐름, 매입활동관련 현금흐름, 종업원에 대한 현금흐름으로 옳은 것은? ➤ 공인회계사 수정

| | 매출활동관련 현금흐름 | 매입활동관련 현금흐름 | 종업원에 대한 현금흐름 |
|---|---|---|---|
| ① | ₩3,110,000 유입 | ₩1,120,000 유출 | ₩370,000 유출 |
| ② | ₩3,050,000 유입 | ₩1,300,000 유출 | ₩350,000 유출 |
| ③ | ₩3,050,000 유입 | ₩1,130,000 유출 | ₩370,000 유출 |
| ④ | ₩3,130,000 유입 | ₩1,100,000 유출 | ₩350,000 유출 |
| ⑤ | ₩3,130,000 유입 | ₩1,130,000 유출 | ₩350,000 유출 |

06 ㈜가평의 20×1년도 당기순이익은 영업활동으로 인한 현금흐름보다 적었다고 한다. 다음 중 이에 대한 원인으로 옳지 않은 것은? ➤ 공인회계사 수정

① 건물의 회수가능가액 하락분을 반영하였다.
② 지분법적용대상 피투자회사의 손실이 악화되었다.
③ 가산할 일시적 차이가 크게 증가하였다.
④ 현금매출이 크게 증가하였다.
⑤ 임직원의 고령화로 퇴직급여 계상액이 크게 증가하였다.

07 ㈜남원의 20×1년 영업활동으로 인한 현금흐름은 ₩192,000이다. 또한 ㈜남원의 20×1년 영업활동으로 인한 현금흐름에 영향을 미치는 항목이 다음과 같다고 할 때 ㈜남원의 20×1년 당기순이익은 얼마인가? ➤ 공인회계사 수정

| 항 목 | 금 액 | 항 목 | 금 액 |
|---|---|---|---|
| 감가상각비 | ₩180,000 | 재고자산의 증가 | ₩32,000 |
| 단기매매증권처분이익 | 16,000 | 단기매매증권의 증가 | 39,800 |
| 사채할인발행차금상각액 | 9,600 | 단기차입금의 상환 | 50,000 |
| 보험차익 | 18,400 | 매입채무의 증가 | 71,200 |
| 매출채권의 증가 | 92,400 | 미지급법인세의 감소 | 42,000 |
| 현금배당금의 지급 | 30,800 | 사채의 발행 | 150,000 |

① ₩7,000 ② ₩60,000 ③ ₩155,800
④ ₩221,800 ⑤ ₩252,000

08 ㈜베타의 경리과장인 김경리씨는 동 회사의 20×1년도 현금흐름표를 간접법으로 작성하고자 한다. 다음은 ㈜베타의 매출채권과 유형자산에 관한 자료이다.

(1) 20×1년도에 순매출채권(즉 매출채권－대손충당금)이 ₩8,000만큼 증가하였다. 동 년도에 인식한 대손상각비는 ₩5,000이다.
(2) 20×1년도에 순유형자산(즉 유형자산－감가상각누계액)이 ₩100,000만큼 증가하였다. 또한 동 년도에 한 유형자산을 ₩35,000에 매각하였는데 그 것의 취득원가와 매각 당시 장부가액은 각각 ₩65,000과 ₩40,000이었다. 동 년도에 인식한 감가상각비는 ₩58,000이다.

위의 자료를 이용하여 김경리씨가 영업활동으로 인한 현금흐름을 계산할 때 당기순이익에 가산 혹은 차감할 금액은? (가산할 총금액과 차감할 총금액은 서로 상계하여 순금액으로 계산한다) ➤ 공인회계사 수정

① ₩40,000 차감 ② ₩55,000 가산 ③ ₩60,000 가산
④ ₩63,000 가산 ⑤ ₩80,000 가산

09 ㈜대한은 20×3년 초 액면금액 ₩1,000,000의 사채(3년 만기, 액면이자율 8%, 매년 말 후급)를 유효이자율 10%를 적용하여 ₩49,737 할인된 ₩950,263에 발행하였다. 사채 발행 시 사채 발행자와 투자자의 현금흐름표(직접법 작성) 표시방법으로 옳은 것은?

① 사채 발행자는 ₩1,000,000 전체를 재무활동에 사채의 발행으로 표시한다.
② 사채 투자자는 ₩1,000,000 전체를 투자활동에 현금유입으로 표시한다.
③ 사채 투자자는 ₩950,263을 투자활동에 현금유출로 표시한다.
④ 사채 투자자는 ₩49,737을 이자수익으로 인한 현금유입액으로 표시하고, ₩950,263은 재무활동의 현금유입액으로 구분하여 표시한다.
⑤ 사채 발행자는 ₩49,737의 할인액은 이자의 지급에 따른 현금흐름으로 별도 표시하고, ₩950,263을 재무활동에 사채의 발행으로 표시한다.

# 주 관 식 문 제

## 01 영업활동 현금흐름

다음은 ㈜손오공의 회계연도말 계정의 잔액이다.

| | 20×1. 12. 31. | 20×2. 12. 31. |
|---|---|---|
| 매 출 채 권 | ₩1,545,000 | ₩1,875,000 |
| 재 고 자 산 | 3,840,000 | 1,800,000 |
| 매 입 채 무 | 2,400,000 | 2,835,000 |
| 미지급 비용 | 450,000 | 360,000 |

㈜손오공은 상품의 매입과 매출을 모두 외상으로 하고 있다. 20×2년도의 포괄손익계산서의 매출액은 ₩8,400,000, 매출원가 ₩5,850,000, 이자비용이 ₩630,000 계상되어 있다.

1. 상품매출로 인한 현금유입액은 얼마인가?
2. 상품매입으로 인한 현금유출액은 얼마인가?
3. 이자비용으로 인한 현금유출액은 얼마인가?

## 02 매입활동으로 인한 현금유출

다음은 ㈜철가방의 부분포괄손익계산서이다.

| | | |
|---|---|---|
| 매 출 액 | | ₩2,760,000 |
| 매출원가 | | 1,760,000 |
| 기초재고자산 | ₩ 200,000 | |
| 당기매입액 | 1,800,000 | |
| 기말재고자산 | 240,000 | |
| 매출총이익 | | 1,000,000 |
| 재고자산감모손실 | 9,000 | |
| ……… | | |

〈추가정보〉

① 당기 말 재고자산에서 ₩64,000의 재고자산감모손실(이중에서 ₩55,000은 원가성이 있음)과 ₩34,000의 재고자산평가손실이 발생하였다. ㈜철가방은 기업회계기준에 따라 재고자산감모손실을 처리하였다.

② 당기 중 매입채무는 ₩500,000 증가, 재고자산은 ₩100,000 감소하였다.

1. 결산정리전 장부상 기말재고액은 얼마인가? 또한 재무상태표에 보고해야 할 기말재고자산은 얼마인가?
2. 매입활동으로 인한 현금유출액은 얼마인가?

## 03 영업활동으로 인한 현금흐름 - 간접법

㈜개구리는 포괄손익계산서상에 당기순이익이 ₩800,000으로 보고되었다. 이 당기순손익을 계산하는 데 다음과 같은 항목이 포함되었다.

| | | | |
|---|---|---|---|
| 감가상각비 | ₩ 400,000 | 특허권상각 | ₩100,000 |
| 사채할증발행차금상각(사채이자) | 100,000 | 토지처분이익 | 400,000 |
| 재해손실(건물) | 200,000 | 매입채무감소 | 150,000 |
| 미지급비용의 증가 | 10,000 | 매출채권의 감소 | 100,000 |
| 선급비용의 감소 | 80,000 | 재고자산의 증가 | 70,000 |

간접법에 의한 영업활동으로 인한 현금흐름을 계산하시오.

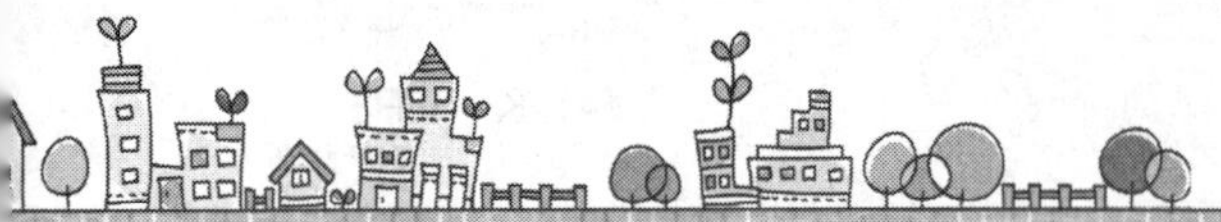

## 04 영업활동으로 인한 현금흐름

다음은 니나㈜의 20×1년도 포괄손익계산서이다.

포괄손익계산서

니나㈜ 20×1. 1. 1.~20×1. 12. 31. (단위 : 원)

| 차변 | 금액 | 대변 | 금액 |
|---|---|---|---|
| 매출원가 | 6,000 | 매출액 | 10,000 |
| 대손상각비* | 1,000 | 배당금수익 | 2,500 |
| 감가상각비 | 2,500 | 이자수익 | 1,500 |
| 물류비용 | 1,500 | | |
| 유형자산처분손실 | 500 | | |
| 법인세비용 | 1,000 | | |
| 당기순이익 | 1,500 | | |
| | ₩14,000 | | ₩14,000 |

* 대손상각비는 전액 매출채권에 대한 것이다.
* 배당금수익과 이자수익 및 법인세비용은 모두 영업활동과 관련되는 것으로 한다.

재무상태표상의 유동자산과 유동부채는 다음과 같다.

재무상태표

니나㈜ (단위 : 원)

| | 20×1년 말 | 20×0년 말 |
|---|---|---|
| 유동자산 | | |
| 현금예금 | ₩2,000 | ₩1,000 |
| 매출채권(순액) | 2,500 | 2,000 |
| 재고자산 | 3,500 | 2,500 |
| 미수이자 | 1,000 | 2,500 |
| | ₩9,000 | ₩8,000 |
| 유동부채 | | |
| 매입채무 | 4,500 | 3,000 |
| 미지급물류비용 | 750 | 500 |
| 미지급법인세 | 1,500 | 800 |
| | ₩6,750 | ₩4,300 |

1. 영업활동으로 인한 현금흐름을 직접법에 의하여 작성하라.
2. 영업활동으로 인한 현금흐름을 간접법에 의하여 작성하라.
3. 발생주의와 현금주의 포괄손익계산서를 비교표시하고 그 차이를 규명하라.

## 05 영업활동으로 인한 현금흐름

다음의 한남회사의 회계자료 중 일부이다.

비교 재무상태표

| 자 산 | 20×1. 12. 31. | 20×0. 12. 31. |
|---|---|---|
| 현금및현금성자산 | ₩42,600 | ₩7,900 |
| 상 품 | 500 | 700 |
| 매 출 채 권 | 12,800 | 17,000 |
| 대 손 충 당 금 | (3,000) | (1,500) |
| 토 지 | 130,000 | 100,000 |
| 기 계 장 치 | 296,700 | 313,000 |
| 감가상각누계액 | (30,400) | (35,600) |
| 특 허 권 | 40,000 | 50,000 |
| 합 계 | ₩489,200 | ₩451,500 |

| 부채 및 소유주지분 | 20×1. 12. 31. | 20×0. 12. 31. |
|---|---|---|
| 매 입 채 무 | ₩10,000 | ₩9,000 |
| 선 수 금 | 30,000 | 20,000 |
| 미 지 급 판 관 비 | 400 | 3,100 |
| 미 지 급 이 자 | 900 | 600 |
| 미 지 급 법 인 세 | 3,000 | 5,900 |
| 유동성장기차입금 | 4,000 | － |
| 사 채 | 50,000 | 50,000 |
| 사채할인발행차금 | (800) | (1,000) |
| 장 기 차 입 금 | 16,000 | － |
| 자 본 금 | 325,000 | 305,000 |
| 주식발행초과금 | 10,500 | 10,500 |
| 이 익 잉 여 금 | 40,200 | 48,400 |
| 합 계 | ₩489,200 | ₩451,500 |

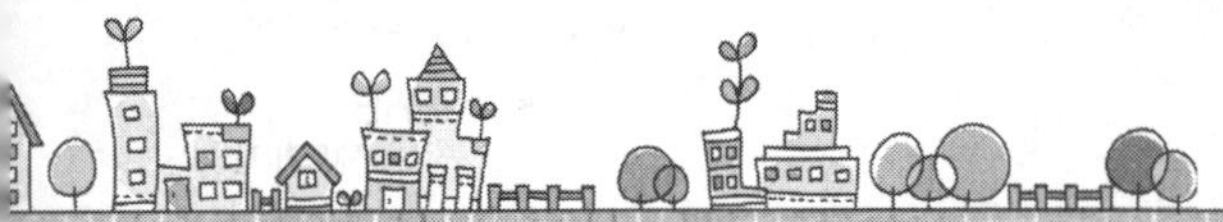

포괄손익계산서

한남㈜ 20×1. 1. 1.~20×1. 12. 31.

| | | |
|---|---|---|
| Ⅰ. 매출액 | | ₩288,100 |
| 1. 총매출액 | ₩300,100 | |
| 2. 매출환입 | (12,000) | |
| Ⅱ. 매출원가 | | (174,000) |
| Ⅲ. 매출총이익 | | 114,100 |
| Ⅳ. 판매비와 관리비(대손상각비₩3,800포함) | | (70,200) |
| Ⅴ. 영업이익 | | 43,900 |
| Ⅵ. 영업외비용 | | |
| 1. 이자비용 | 6,600 | |
| 2. 특허권상각비 | 10,000 | (16,600) |
| Ⅶ. 영업외수익 | | |
| 1. 유형자산처분이익 | | 5,700 |
| Ⅷ. 법인세비용차감전순이익 | | 33,000 |
| Ⅸ. 법인세비용 | | (13,000) |
| Ⅹ. 당기순이익 | | ₩20,000 |

〈추가자료〉

① 취득원가가 ₩80,000인 기계장치를 매각하였는데, 매각일 현재의 장부가액은 ₩59,500이다.

② 감가상각비는 판매비와 관리비에 포함되어 있다.

③ 20×1년도에 기계장치를 구입하는 과정에서 자금이 부족하여 ₩20,000을 차입하였다. 장기차입금은 5년간 균등하게 분할지급되며, 이자는 분할지급시마다 지급하기로 하였다.

④ 매출채권에 대한 대손상각 ₩2,300이 대손충당금과 상계되었다.

⑤ 당기 중 배당금지급액은 ₩28,200이다. (영업활동으로 분류하기로 한다.)

1. 20×1년도에 고객에게 상품을 판매하여 회수한 현금을 계산하라.
2. 20×1년도에 상품매입을 위하여 지급한 현금을 계산하라.
3. 20×1년도에 발생된 판매비와 관리비 중 현금으로 지급된 금액을 계산하라.
4. 영업활동으로 인한 현금을 직접법과 간접법으로 작성하라.
5. 투자활동으로 인한 현금흐름을 계산하라.
6. 재무활동으로 인한 현금흐름을 계산하라.

## 06 현금흐름표 작성

다음은 ㈜한라산의 20×1년도 약식 비교 재무상태표와 포괄손익계산서이다.

비교 재무상태표

(단위 : 원)

| 자 산 | 당기 | 전기 | 부채와 자본 | 당기 | 전기 |
|---|---|---|---|---|---|
| 현금 | 5,050 | 2,400 | 매입채무 | 5,600 | 6,600 |
| 단기매매증권 | 2,400 | 1,800 | 차입금 | 7,000 | 6,400 |
| 매출채권 | 3,640 | 3,100 | 미지급급여 | 600 | 800 |
| (대손충당금) | (340) | (300) | 미지급법인세 | 200 | – |
| 재고자산 | 4,800 | 5,800 | 장기미지급금 | 3,800 | 3,600 |
| 미수금 | 700 | – | 퇴직급여충당금 | 3,100 | 2,000 |
| 미수배당금 | – | 400 | 자본금 | 5,000 | 4,000 |
| 토지 | 2,000 | 4,000 | 이익잉여금 | 4,150 | 3,200 |
| 기계장치 | 16,800 | 14,000 | | | |
| (감가상각누계액) | (5,600) | (4,600) | | | |
| | 29,450 | 26,600 | | 29,450 | 26,600 |

포괄손익계산서

(단위 : 원)

| | | | |
|---|---|---|---|
| 매출원가 | 14,660 | 매출액 | 22,000 |
| 급여 | 1,000 | 단기매매증권평가이익 | 300 |
| 지급수수료 | 800 | 이자수익 | 140 |
| 퇴직급여 | 1,300 | 배당금수익 | 260 |
| 대손상각비 | 200 | 단기매매증권처분이익 | 100 |
| 감가상각비 | 1,000 | | |
| 이자비용 | 850 | | |
| 토지처분손실 | 900 | | |
| 법인세비용 | 540 | | |
| 당기순이익 | 1,550 | | |
| | 22,800 | | 22,800 |

〈추가정보〉

① 20×1년에 장부가액 ₩200의 단기매매증권을 ₩300에 처분하였다.
② 20×1년중 매출채권 중 ₩1,600은 대손처리로 감소되었다.
③ 취득원가 ₩2,000의 토지를 ₩1,100에 처분하였다. 대금 중 ₩400은 현금으로 잔액 ₩700은 미수금으로 하였다.
④ 20×1년에 신규로 기계장치를 ₩2,800에 취득하였다. 대금 중 ₩2,000은 현금으로 나머지는 장기미지급금으로 처리하였다.
⑤ 20×1년중에 직원이 퇴직하여 ₩200의 퇴직금을 지급하였다.
⑥ 20×1년중에 유상증자 ₩1,000을 실시하였다.
⑦ 20×1년중에 배당금 ₩600을 지급하였다.(재무활동으로 분류하기로 한다)

1. 위 자료를 이용하여 직접법과 간접법에 의한 현금흐름표를 작성하라.
2. 직접법에 의해 현금흐름표를 작성할 경우 유용성에 대하여 설명하라.

# 연습문제 해답 ▶ 현금흐름표 Chapter 17

## OX문제

01 × : 당좌차월은 기업 현금관리의 일부를 구성하므로 현금및현금성자산의 구성요소이다.

02 × : 대체적인 방법으로 재무제표 이용자가 영업활동 현금흐름에서 배당금을 지급할 수 있는 기업의 능력을 판단하는데 도움을 주기 위하여 영업활동 현금흐름의 구성요소로 분류될 수도 있다.

03 ○

04 × : 대체적인 방법으로 재무자원을 획득하는 원가나 투자자산에 대한 수익으로 보아 각각 재무활동 현금흐름이나 투자활동 현금흐름으로 분류할 수도 있다.

05 × : 직접법을 사용할 것을 권장하고 있다.

06 × : 이러한 거래는 비현금거래이므로 현금흐름표에는 표시하지 않고 주석으로 공시한다.

07 ○

08 × : 다만 투자활동 또는 재무활동과 명백히 관련된 것은 영업활동 현금흐름에서 제외된다.

09 × : 현금흐름을 순증감액으로 보고할 수 있는 경우는 다음과 같다.
① 현금흐름이 기업의 활동이 아닌 고객의 활동을 반영하는 경우로써 고객을 대리함에 따라 발생하는 현금유입 · 유출
② 회전율이 높고 금액이 크며 만기가 짧은 항목과 관련된 현금유입 · 유출

10 ○

## 객관식문제

| 01 | ⑤ | 02 | ① | 03 | ① | 04 | ③ | 05 | ⑤ | 06 | ④ | 07 | ③ | 08 | ② | 09 | ③ |
|---|---|---|---|---|---|---|---|---|---|---|---|---|---|---|---|---|---|

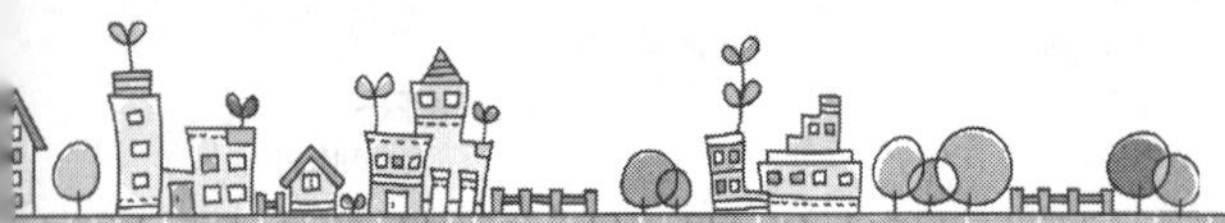

## ☑ 주관식문제

01 ① ₩1,545,000(기초매출채권)+₩8,000,000(매출)−₩1,875,000(기말매출채권)
=₩7,670,000

② ₩2,400,000(기초매입채무)+₩3,810,000(매입)−₩2,835,000(기말매입채무)
=₩3,375,000

* 당기매입액 : ₩1,800,000(기말재고자산)+₩5,850,000(매출원가)
−₩3,840,000(기초재고자산)

③ ₩450,000(기초미지급비용)+₩630,000(이자비용)−₩360,000(기말미지급비용)
=₩720,000

02 ① 결산정리전 기말재고액
₩240,000(P/L)+₩55,000(감모손실−원가성)+₩34,000(평가손실)=₩329,000

② SFP 표시 기말재고액 : ₩240,000(P/L)−₩9,000(감모손실−비원가성)=₩231,000

③ ₩1,800,000(매입)−₩500,000(기말매입채무 증가)=₩1,300,000

03 영업활동으로 인한 인한 현금의 증가 : ₩970,000

① 당기순이익 ₩800,000

② 영업활동과 관련없는 비용 등의 가산(₩700,000)
감가상각비(₩400,000), 특허권상각(₩100,000), 재해손실(₩200,000)

③ 영업활동과 관련없는 수익 등의 차감(△₩500,000)
사채할증발행차금상각(₩100,000), 토지처분이익(₩400,000)

④ 영업활동으로 인한 자산, 부채의 변동(△₩30,000)
매입채무감소(△₩150,000), 미지급비용증가(₩10,000), 매출채권감소(₩100,000), 선급비용감소(₩80,000), 재고자산증가(△₩70,000)

04 1. 직접법

영업활동으로 인한 현금흐름

| 니나㈜ | 20×1. 1. 1.~20×1. 12. 31. | (단위 : 원) |
|---|---|---|
| 1. 고객으로부터 유입된 현금 | | ₩8,500 |
| 2. 공급자와 종업원에 대한 현금흐름* | | (6,750) |
| 영업으로부터 창출된 현금 | | 1,750 |
| 3. 이자의 수취 | | 3,000 |
| 4. 배당금의 수취 | | 2,500 |
| 5. 법인세의 지급 | | (300) |
| 영업활동 순현금흐름 | | ₩6,950 |

* 현금매입액(₩5,500)+급료지급액(₩1,250)=₩6,750

(1) 고객으로부터의 현금유입

매출채권(순액)

| 차변 | | 대변 | |
|---|---|---|---|
| 기초 | 2,000 | 현금회수액 | 8,500 |
| 매출액 | 10,000 | 대손상각비 | 1,000 |
| | | 기말 | 2,500 |
| | 12,000 | | 12,000 |

(2) 매입활동으로 인한 현금유출액

매입채무

| 차변 | | 대변 | |
|---|---|---|---|
| 현금지급액 | 5,500 | 기초 | 3,000 |
| 기말 | 4,500 | 매입 | 7,000 |
| | 10,000 | | 10,000 |

⬅

재고자산

| 차변 | | 대변 | |
|---|---|---|---|
| 기초 | 2,500 | 매출원가 | 6,000 |
| 매입 | 7,000 | 기말 | 3,500 |
| | 9,500 | | 9,500 |

(3) 기타비용으로 인한 현금유출액

미지급물류비용

| 차변 | | 대변 | |
|---|---|---|---|
| 현금지급액 | 1,250 | 기초 | 500 |
| 기말 | 750 | 물류비용 | 1,500 |
| | 2,000 | | 2,000 |

(4) 이자 수취액과 법인세 지급액

미수이자

| 차변 | | 대변 | |
|---|---|---|---|
| 기초 | 2,500 | 현금회수액 | 3,000 |
| 이자수익 | 1,500 | 기말 | 1,000 |
| | 4,000 | | 4,000 |

미지급법인세

| 차변 | | 대변 | |
|---|---|---|---|
| 현금지급액 | 300 | 기초 | 800 |
| 기말 | 1,500 | 법인세비용 | 1,000 |
| | 1,800 | | 1,800 |

### 2. 간접법

영업활동으로 인한 현금흐름

| 니나㈜ | 20×1. 1. 1.~20×1. 12. 31. | (단위 : 원) |
|---|---|---|
| I. 영업활동으로 인한 현금흐름 | | |
| 1. 법인세비용차감전순이익 | 2,500 | |
| 2. 조정항목의 가감 | | |
| ① 감가상각비 | 2,500 | |
| ② 유형자산처분손실 | 500 | |
| ③ 이자수익 | (1,500) | |
| ④ 배당금수익 | (2,500) | |
| ⑤ 매출채권의 증가 | (500) | |
| ⑥ 매입채무의 증가 | 1,500 | |
| ⑦ 재고자산의 증가 | (1,000) | |
| ⑧ 미지급물류비용의 증가 | 250 | |
| 영업에서 창출된 현금 | 1,750 | |
| 3. 이자의 수취 | 3,000 | |
| 4. 배당금의 수취 | 2,500 | |
| 5. 법인세의 지급 | (300) | |
| 영업활동 순현금흐름 | 6,950 | |

### 3. 포괄손익계산서 작성

조정 포괄손익계산서

니나㈜ 20×1. 1. 1.~20×1. 12. 31. (단위 : 원)

| 항 목 | 발생주의 | 조정 | | 현금주의 |
|---|---|---|---|---|
| | 차(대) | 차변 | 대변 | 차(대) |
| 매출액 | (10,000) | | | |
| 대손상각비 | 1,000 | | 1,000 | |
| 매출채권 증가 | | 1,500 | | (8,500) |
| 배당금수익 | (2,500) | | | (2,500) |
| 이자수익 | (1,500) | | | |
| 미수이자 감소 | | | 1,500 | (3,000) |
| 매출원가 | 6,000 | | | |
| 재고자산 증가 | | 1,000 | | |
| 매입채무 증가 | | | 1,500 | 5,500 |
| 감가상각비 | 2,500 | | | |
| <비영업활동 손익> | | | 2,500 | – |
| 물류비용 | 1,500 | | | |
| 미지급물류비용 증가 | | | 250 | 1,250 |
| 유형자산처분손실 | 500 | | | |
| <비영업활동 손익> | | | 500 | – |
| 법인세비용 | 1,000 | | | |
| 미지급법인세 증가 | | | 700 | 300 |
| | (1,500) | 2,500 | 7,950 | (6,950) |

※ 영업활동에서 조달된 현금예금(현금주의 당기순이익) ₩6,950

05 1. 20×1년도에 고객에게 상품을 판매하여 회수한 현금

순매출액(P/L)－대손상각비(P/L)＋(순)매출채권감소액＋선수금증가액

＝₩288,100－₩3,800＋₩5,700＋₩10,000＝₩300,000

2. 20×1년도에 상품매입을 위하여 지급한 현금

매출원가(P/L)－매입채무증가액－상품감소액

＝₩174,000－₩1,000－₩200＝₩172,800

3. 20×1년도에 발생된 판매비와 관리비 중 현금지급액

판매비와 관리비(P/L)－비현금지출비용(＝대손상각비＋감가상각비*)＋미지급판관비감소액

＝₩70,200－(₩3,800＋₩15,300)＋₩2,700＝₩53,800

* 감가상각비 계산

기계장치

| | | | |
|---|---|---|---|
| 기 초 | 313,000 | 처 분* | 80,000 |
| 취 득 | 63,700 | 기 말 | 296,700 |
| | 376,700 | | 376,700 |

감가상각누계액

| | | | |
|---|---|---|---|
| 처 분* | 20,500 | 기 초 | 35,600 |
| 기 말 | 30,400 | 감가상각비 | 15,300 |
| | 50,900 | | 50,900 |

* 처분시 장부가액 ₩59,500 이므로, 취득원가 ₩80,000에서 장부가액 차감하여 계산

4. 영업활동으로 인한 현금

(1) 직접법

영업활동으로 인한 현금흐름

| 한남㈜ | 20×1. 1. 1.~20×1. 12. 31. | (단위 : 원) |
|---|---|---|
| 1. 고객으로부터 유입된 현금 | 300,000 | |
| 2. 공급자와 종업원에 대한 현금흐름* | (226,600) | |
| 영업으로부터 창출된 현금 | 73,400 | |
| 3. 이자의 지급 | (6,100) | |
| 4. 배당금의 지급 | (28,200) | |
| 5. 법인세의 지급 | (15,900) | |
| 영업활동 순현금흐름 | 23,200 | |

* 현금매입액(₩172,800)＋판관비지급액(₩53,800)

* 이자 및 법인세의 지급액

미지급이자

| | | | |
|---|---|---|---|
| 현금지급액 | 6,100 | 기 초 | 600 |
| 기 말 | 900 | 이자비용* | 6,400 |
| | 7,000 | | 7,000 |

미지급법인세

| | | | |
|---|---|---|---|
| 현금지급액 | 15,900 | 기 초 | 5,900 |
| 기 말 | 3,000 | 법인세비용 | 13,000 |
| | 18,900 | | 18,900 |

* 사채할인발행차금 상각액 ₩ 200 제외

(2) 간접법

영업활동으로 인한 현금흐름

| 한남㈜ 20×1. 1. 1.~20×1. 12. 31. | (단위 : 원) |
|---|---|
| Ⅰ. 영업활동으로 인한 현금흐름 | |
| 1. 법인세비용차감전순이익 | 33,000 |
| 2. 조정항목의 가감 | |
| ① 감가상각비 | 15,300 |
| ② 특허권상각비 | 10,000 |
| ③ 이자비용(사채할인발행차금상각비 제외) | 6,400 |
| ④ 사채할인발행차금상각비 | 200 |
| ⑤ 유형자산처분이익 | (5,700) |
| ⑥ (순)매출채권의 감소 | 5,700 |
| ⑦ 상품의 감소 | 200 |
| ⑧ 매입채무의 증가 | 1,000 |
| ⑨ 선수금의 증가 | 10,000 |
| ⑩ 미지급판관비의 감소 | (2,700) |
| 영업에서 창출된 현금 | 73,400 |
| 3. 이자의 지급 | (6,100) |
| 4. 배당금의 지급 | (28,200) |
| 5. 법인세의 지급 | (15,900) |
| 영업활동 순현금흐름 | 23,200 |

**5. 투자활동으로 인한 현금흐름** : ₩8,500 현금유출

(1) 기계장치 처분 : ₩65,200 (3번 풀이 참조)

(2) 기계장치 취득 : ₩(43,700) (3번 풀이 참조)

• 기계장치 처분시 회계처리

| | | | |
|---|---|---|---|
| (차) 감가상각누계액 | 20,500 | (대) 기 계 장 치 | 80,000 |
| 현 금 | 65,200 | 유형자산처분이익 | 5,700 |

• 기계장치 취득시 회계처리

| | | | |
|---|---|---|---|
| (차) 기 계 장 치 | 63,700 | (대) 장 기 차 입 금 | 20,000 |
| | | 현 금 | 43,700 |

(3) 토지 취득 : ₩130,000－₩100,000＝₩(30,000)

**6. 재무활동으로 인한 현금흐름** : ₩20,000 현금유입

주식발행(액면발행) : ₩325,000－₩305,000＝₩20,000

* 유동성장기차입금의 증가는 당기 장기차입금 증가금액 중 차기 상환예정금액(1/5)이 대체된 것임.

> ※ 영업활동 현금유입(₩23,200)－투자활동 현금유출(₩8,500)＋재무활동 현금유입(₩20,000)＝₩34,700
> 기초현금(₩7,900)＋기중 현금증가(₩34,700)＝기말현금(₩42,600)

06 <기중거래 추정 분개>

단기매매증권과 퇴직급여충당금 관련 거래는 영업활동이다.

| | 차변 | 금액 | 대변 | 금액 |
|---|---|---|---|---|
| ① | (차) 단기매매증권 | 300 | (대) 단기매매증권평가이익 | 300 |
| | (차) 현금 | 300 | (대) 단기매매증권 | 200 |
| | | | 단기매매증권처분이익 | 100 |
| | (차) 단기매매증권 | 500 | (대) 현금 | 500 |
| ② | (차) 현금 | 400 | (대) 토지 | 2,000 |
| | 미수금 | 700 | | |
| | 토지처분손실 | 900 | | |
| ③ | (차) 기계장치 | 2,800 | (대) 현금 | 2,000 |
| | | | 장기미지급금 | 800 |
| | (차) 감가상각비 | 1,000 | (대) 감가상각누계액 | 1,000 |
| | (차) 장기미지급금 | 600 | (대) 현금 | 600 |
| ④ | (차) 퇴직급여충당금 | 200 | (대) 현금 | 200 |
| | (차) 퇴직급여 | 1,300 | (대) 퇴직급여충당금 | 1,300 |
| ⑤ | (차) 현금 | 1,000 | (대) 자본금 | 1,000 |
| ⑥ | (차) 이익잉여금 | 600 | (대) 현금 | 600 |
| ⑦ | (차) 현금 | 600 | (대) 차입금 | 600 |

<영업활동으로 인한 현금흐름>

1. 고객에게 상품을 판매하여 회수한 현금
   : 매출액(P/L)－대손상각비(P/L)－(순)매출채권증가액
   ＝₩22,000－₩200－₩500＝₩21,300
2. 단기매매증권거래에 따른 현금유출액(기중거래 분개 참조)
   단기매매증권 취득지출액(₩500)－단기매매증권 처분유입액(₩300)
   ＝₩(200) ──→ 영업활동!!
3. 상품매입을 위하여 지급한 현금 : 매출원가(P/L)＋매입채무감소액－재고자산감소액
   ＝₩14,660＋₩1,000－₩1,000＝₩14,660
4. 기타 비용 중 현금지급액
   ① 급여 지급액 : 급여(P/L)＋미지급급여감소액＝₩1,000＋₩200＝₩1,200
   ② 지급수수료 지급액 : ₩800
   ③ 퇴직급여 지급액 : ₩200 (기중거래 분개 참조)

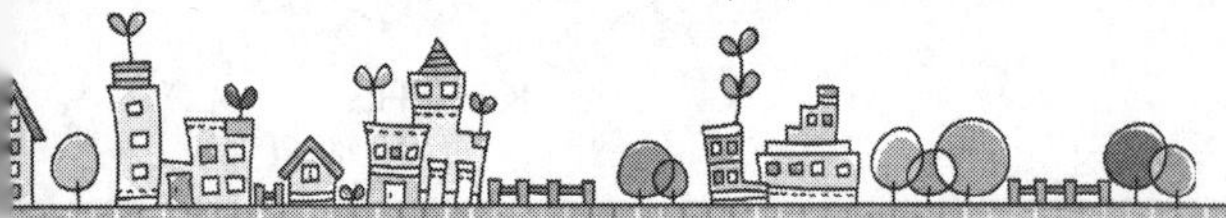

5. 배당금 수입액 및 법인세의 지급액 계산

미수배당금

| 기　초 | 400 | 현금수입액 | 660 |
|---|---|---|---|
| 배당금수익 | 260 | 기　말 | 0 |
| | 660 | | 660 |

미지급법인세

| 현금지급액 | 340 | 기　초 | 0 |
|---|---|---|---|
| 기　말 | 200 | 법인세비용 | 540 |
| | 540 | | 540 |

* 사채할인발행차금 상각액 ₩ 200 제외

| | |
|---|---|
| 1. 고객으로부터 유입된 현금*1 | ₩21,100 |
| 2. 공급자와 종업원에 대한 현금흐름*2 | (16,860) |
| 영업으로부터 창출된 현금 | 4,240 |
| 3. 이자의 지급 | (850) |
| 4. 이자의 수입액 | 140 |
| 5. 배당금 수입액 | 660 |
| 6. 법인세의 지급 | (340) |
| 영업활동 순현금흐름 | ₩3,850 |

*1 판매대금 회수액(₩21,300) − 단기매매증권 현금유출액(₩200)
*2 현금매입액(₩14,660) + 급여지급액(₩1,200) + 지급수수료지급액(₩800) + 퇴직급여지급액(₩200)

**<간접법에 의한 영업활동으로 인한 현금흐름>**

| | |
|---|---|
| Ⅰ. 영업활동으로 인한 현금흐름 | |
| 1. 법인세비용차감전순이익 | ₩2,090 |
| 2. 조정항목의 가감 | |
| ① 감가상각비 | 1,000 |
| ② 토지처분손실 | 900 |
| ③ 이자비용 | 850 |
| ④ 이자수익 | (140) |
| ⑤ 배당금수익 | (260) |
| ⑥ 단기매매증권의 증가 | (600) |
| ⑦ (순)매출채권의 증가 | (500) |
| ⑧ 재고자산의 감소 | 1,000 |
| ⑨ 매입채무의 감소 | (1,000) |
| ⑩ 미지급급여의 감소 | (200) |
| ⑪ 퇴직급여충당금의 증가 | 1,100 |
| 영업에서 창출된 현금 | 4,240 |
| 3. 이자의 지급 | (850) |
| 4. 이자의 수입액 | 140 |
| 5. 배당금 수입액 | 660 |
| 6. 법인세의 지급 | (340) |
| 영업활동 순현금흐름 | ₩3,850 |

**<투자활동으로 인한 현금흐름>** ₩1,600 현금유출(기중거래 분개 참조)

① 토지 처분 : ₩400

② 기계장치 취득 : ₩(2,000)

**<재무활동으로 인한 현금흐름>** ₩400 현금유입(기중거래 분개 참조)

① 주식발행 : ₩1,000　　② 단기차입금의 차입 : ₩600

③ 장기미지급금의 상환 : ₩(600)　　④ 배당금지급 : ₩(600)

> ※ 영업활동 현금유입(₩3,850)－투자활동 현금유출(₩1,600)＋재무활동 현금유입(₩400)
> ＝₩2,650
> 기초현금(₩2,400)＋기중 현금증가(₩2,650)＝기말현금(₩5,050)

1. 현금흐름표의 작성

(1) 직접법

**현금흐름표**

㈜한라산　　20×1. 1. 1.～20×1. 12. 31.

| | | | |
|---|---|---|---|
| Ⅰ. 영업활동으로 인한 현금흐름 | | | |
| 1. 고객으로부터 유입된 현금 | | ₩21,100 | |
| 2. 공급자와 종업원에 대한 현금흐름 | | (16,860) | |
| 영업으로부터 창출된 현금 | | 4,240 | |
| 3. 이자의 지급 | | (850) | |
| 4. 이자의 수입액 | | 140 | |
| 5. 배당금 수입액 | | 660 | |
| 6. 법인세의 지급 | | (340) | |
| 영업활동 순현금흐름 | | | ₩3,850 |
| Ⅱ. 투자활동으로 인한 현금흐름 | | | (1,600) |
| 1. 투자활동으로 인한 현금유입액 | | 400 | |
| ① 토지의 처분 | 400 | | |
| 2. 투자활동으로 인한 현금유출액 | | (2,000) | |
| ① 기계장치의 취득 | (2,500) | | |
| Ⅲ. 재무활동으로 인한 현금흐름 | | | 400 |
| 1. 재무활동으로 인한 현금유입액 | | 1,600 | |
| ① 주식의 발행 | 1,000 | | |
| ② 단기차입금의 차입 | 600 | | |
| 2. 재무활동으로 인한 현금유출액 | | (1,200) | |
| ① 장기미지급금의 상환 | (600) | | |
| ② 배당금지급 | (600) | | |
| Ⅳ. 현금의 증가(Ⅰ＋Ⅱ＋Ⅲ) | | | 2,650 |
| Ⅴ. 기초의 현금 | | | 2,400 |
| Ⅵ. 기말의 현금 | | | ₩5,050 |

(2) 간접법

**현금흐름표**

㈜한라산　　　　20×1. 1. 1.~20×1. 12. 31.

|  | | | |
|---|---|---|---|
| Ⅰ. 영업활동으로 인한 현금흐름 | | | |
| 1. 법인세비용차감전순이익 | | ₩2,090 | |
| 2. 조정항목의 가감 | | | |
| ① 감가상각비 | | 1,000 | |
| ② 토지처분손실 | | 900 | |
| ③ 이자비용 | | 850 | |
| ④ 이자수익 | | (140) | |
| ⑤ 배당금수익 | | (260) | |
| ⑥ 단기매매증권의 증가 | | (600) | |
| ⑦ (순)매출채권의 증가 | | (500) | |
| ⑧ 재고자산의 감소 | | 1,000 | |
| ⑨ 매입채무의 감소 | | (1,000) | |
| ⑩ 미지급급여의 감소 | | (200) | |
| ⑪ 퇴직급여충당금의 증가 | | 1,100 | |
| 영업에서 창출된 현금 | | 4,240 | |
| 3. 이자의 지급 | | (850) | |
| 4. 이자의 수입액 | | 140 | |
| 5. 배당금 수입액 | | 660 | |
| 6. 법인세의 지급 | | (340) | |
| 영업활동 순현금흐름 | | | ₩3,850 |
| Ⅱ. 투자활동으로 인한 현금흐름 | | | (1,600) |
| 1. 투자활동으로 인한 현금유입액 | | 400 | |
| ① 토지의 처분 | 400 | | |
| 2. 투자활동으로 인한 현금유출액 | | (2,000) | |
| ① 기계장치의 취득 | (2,500) | | |
| Ⅲ. 재무활동으로 인한 현금흐름 | | 1,600 | 400 |
| 1. 재무활동으로 인한 현금유입액 | | | |
| ① 주식의 발행 | 1,000 | | |
| ② 단기차입금의 차입 | 600 | (1,200) | |
| 2. 재무활동으로 인한 현금유출액 | | | |
| ① 장기미지급금의 상환 | (600) | | |
| ② 배당금지급 | (600) | | |
| Ⅳ. 현금의 증가(Ⅰ+Ⅱ+Ⅲ) | | | 2,650 |
| Ⅴ. 기초의 현금 | | | 2,400 |
| Ⅵ. 기말의 현금 | | | ₩5,050 |

Chapter 18

# 재무회계 기타사항

**학습목표**

본 장에서는 재무제표 작성 및 공시와 관련된 여러 가지 기타사항들을 살펴본다. 보고기간후사건에 대한 회계처리, 영업부문에 대한 공시, 특수관계자 공시, 중간재무제표에 관련된 회계처리에 관한 내용들이 본 장에서 설명된다.

**※ 관련 한국채택국제회계기준**

기업회계기준서 제1010호 '보고기간후사건'
기업회계기준서 제1108호 '영업부문'
기업회계기준서 제1024호 '특수관계자 공시'
기업회계기준서 제1034호 '중간재무보고'

# 01절 보고기간후사건

## 1. 의 의

**보고기간후사건(events after the balance sheet date)은 보고기간 말(결산일)과 재무제표 발행승인일 사이에 발생한 유리하거나 불리한 사건을 말한다.** 여기서 재무제표 발행승인일은 주주가 재무제표를 승인한 날이 아니라 재무제표를 발행한 날이다.[1) ] 즉, 정기주주총회 제출용 재무제표가 이사회에서 최종 승인된 날을 말한다. 또한 별도의 감독이사회(비집행이사로만 구성)의 승인을 얻기 위하여 재무제표를 발행하는 경우 발행승인일은 경영진이 감독이사회에 제출하기 위하여 재무제표 발행을 승인한 날이다.

보고기간후사건은 재무제표의 수정을 요하는 사건과 수정을 요하지 않는 사건으로 구분된다.

## 2. 회계처리

### (1) 수정을 요하는 보고기간후사건

수정을 요하는 보고기간후사건은 보고기간말에 존재하였던 상황에 대한 증거를 제공하는 사건으로서 재무제표상에 인식된 금액을 수정하는 사건을 말한다.

수정을 요하는 보고기간후사건이 발생하면 재무제표에 이미 인식한 금액은 수정하고, 재무제표에 인식하지 아니한 항목은 이를 새로이 인식한다.

**수정을 요하는 보고기간후사건**의 예는 다음과 같다.

① 보고기간말에 존재하였던 현재의무가 보고기간 후에 소송사건의 확정에 의해 확인되는 경우

② 보고기간말에 이미 자산손상이 발생되었음을 나타내는 정보를 보고기간 후에 입수하거나, 이미 손상차손을 인식한 자산에 대하여 손상차손금액의 수정이 필요한 정

1) 현행 기업회계기준에서는 발행승인일이 아니라 "재무제표가 사실상 확정된 날"로 하고 있다. 여기서 재무제표가 사실상 확정된 날은 주주총회 제출용 재무제표가 이사회에서 최종 승인된 날을 말하지만, 주주총회에 제출된 재무제표가 주주총회에서 수정, 승인된 경우에는 주주총회일을 말한다. 따라서 보고기간후사건의 판단기준에 시차 상의 차이가 발생할 수 있다.

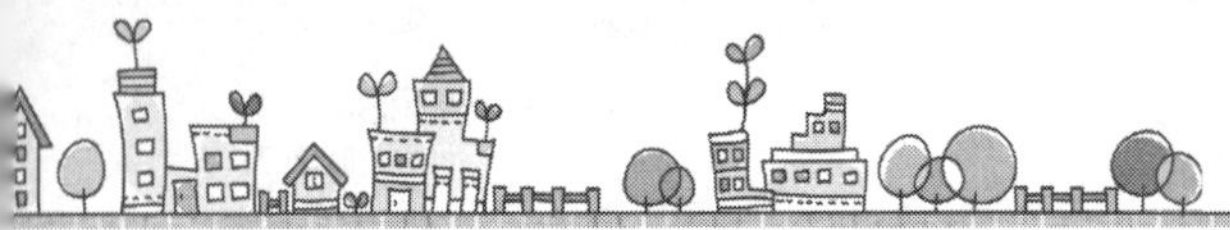

보를 보고기간 후에 입수하는 경우

㉠ 보고기간 후의 매출처 파산은 보고기간말의 매출채권에 손실이 발생하였음을 확인하는 추가적인 정보이므로 매출채권의 장부금액을 수정할 필요가 있다.

㉡ 보고기간 후의 재고자산 판매는 보고기간말의 순실현가능가치에 대한 증거를 제공할 수 있다.

③ 보고기간말 이전에 구입한 자산의 취득원가나 매각한 자산의 대가를 보고기간 후에 결정하는 경우

④ 보고기간말 이전 사건의 결과로서 보고기간말에 종업원에게 지급해야 할 법적의무나 의제의무가 있는 이익분배나 상여금지급 금액을 보고기간 후에 확정하는 경우

⑤ 재무제표가 부정확하다는 것을 보여주는 부정이나 오류를 발견한 경우

## (2) 수정을 요하지 않는 보고기간후사건

수정을 요하지 않는 보고기간후사건은 보고기간말 현재 존재하지 않았으나 보고기간 후에 발생한 상황에 대한 증거를 제공하는 사건을 말한다. 수정을 요하지 않는 보고기간후사건은 재무제표에 인식된 금액을 수정하지 않는다.

이러한 사건의 예로는 보고기간말과 재무제표 발행승인일 사이에 투자자산의 시장가치 하락을 들 수 있다. 시장가치의 하락은 일반적으로 보고기간말의 상황과 관련된 것이 아니라 보고기간 후에 발생한 상황이 반영된 것이므로 재무제표에 인식된 금액을 수정하지 않는다.

**수정을 요하지 않는 보고기간후사건으로서 재무제표 이용자의 의사결정에 중요한 영향을 미치는 사건에 대해서는 사건의 성격과 사건의 재무적 영향에 대하여 주석으로 공시한다. 이러한 사건의 예는 다음과 같다.**

① 보고기간 후에 발생한 주요 사업결합 또는 주요 종속기업의 처분

② 영업중단 계획의 발표

③ 주요 자산 구입, 기업회계기준서 제1105호(매각예정비유동자산과 중단영업)에 따라 자산을 매각예정으로 분류, 자산 매각, 정부에 의한 주요 자산의 수용

④ 보고기간 후에 발생한 화재로 인한 주요 생산 설비의 파손

⑤ 주요한 구조조정계획의 공표나 이행착수(기업회계기준서 제1037호 참조)

⑥ 보고기간 후에 발생한 주요한 보통주의 거래와 잠재적보통주 거래

⑦ 보고기간 후에 발생한 자산 가격이나 환율의 비정상적인 변동

⑧ 당기법인세 자산과 부채 및 이연법인세 자산과 부채에 중요한 영향을 미치는 세법이나 세율에 대한 보고기간 후의 변경 또는 변경 예고

⑨ 유의적인 지급보증 등에 의한 우발부채의 발생이나 유의적인 약정의 체결

⑩ 보고기간 후에 발생한 사건에만 관련되어 제기된 주요한 소송의 개시

## 3. 배당금

보고기간 후에 지분상품 보유자에 대해 배당을 선언한 경우 보고기간말 현재 어떠한 의무도 존재하지 않으므로 그 배당금을 보고기간말의 부채로 인식하지 않는다. 따라서 미지급배당금 관련 부채는 배당을 선언한 날이 속하는 회계기간에 부채로 인식된다.

## 4. 계속기업

경영진이 보고기간 후에 기업을 청산하거나 경영활동을 중단할 의도를 가지고 있거나, 청산 또는 경영활동의 중단 외에 다른 현실적 대안이 없다고 판단되는 경우에는 계속기업의 기준에 따라 작성해서는 아니 된다.

보고기간 후에 영업성과와 재무상태가 악화된다는 사실은 계속기업가정이 여전히 적절한지를 고려할 필요가 있다는 것을 나타낼 수 있다. 만약 계속기업의 가정이 더 이상 적절하지 않다면 그 효과가 광범위하게 미치므로, 단순히 원래의 회계처리방법 내에서 이미 인식한 금액을 조정하는 정도가 아니라 회계처리방법을 근본적으로 변경해야 한다.

기업회계기준서 제1001호(재무제표 표시)에서는 다음의 경우에 대한 공시 사항을 규정하고 있다.

① 재무제표가 계속기업의 기준 하에 작성되지 않은 경우

② 계속기업으로서의 존속 능력에 대해 유의적인 의문이 제기될 수 있는 사건 이나 상황과 관련된 중요한 불확실성을 경영진이 알게 된 경우(공시가 필요한 사건이나 상황은 보고기간 후에 발생하기도 한다)

# 02절 영업부문

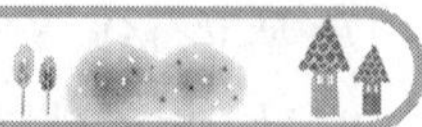

## 1. 의 의

다양한 영업부문을 가진 기업의 재무상태나 경영성과를 보다 충실하게 이해하려면, 기업의 다양한 구성단위가 경제적으로 어떻게 작용하는지 이해할 필요가 있다. 서로 다른 영업부문들은 이질적인 위험이 수반되며 특이한 가치를 가지는 유사하지 않는 현금흐름을 생성할 것이다. 따라서 다양한 영업부문별로 정보를 공시하지 않는다면, 기업 전체의 미래현금흐름의 금액, 시기 또는 위험을 정확하게 예측하기는 불가능할 것이다.

이를 위하여 기업회계기준서 제1108호(영업부문)에서는 영업부문을 파악하고 영업부문 중에서 일정한 요건을 충족하는 영업부문에 대하여 별도로 부문보고를 하도록 규정하고 있다.

## 2. 영업부문과 보고부문

영업부문은 다음 사항을 모두 충족하는 기업의 구성단위를 말한다.

① 수익을 창출하고 비용을 발행(동일 기업 내의 다른 구성단위와의 거래와 관련된 수익과 비용을 포함)시키는 사업활동을 영위한다.

② 부문에 배분될 자원에 대한 의사결정을 하고 부문의 성과를 평가하기 위하여 최고영업의사결정자가 영업성과를 정기적으로 검토한다.

③ 구분된 재무정보의 이용이 가능하다.

영업부문은 아직까지 수익을 창출하지 않는 사업활동을 영위할 수 있다. 예를 들어, 신규 영업은 수익을 창출하기 전에도 영업부문이 될 수 있다.

기업의 모든 부분이 반드시 하나의 영업부문이나 영업부문의 일부에 귀속되는 것은 아니다. 예를 들어, 수익을 창출하지 못하거나 기업 활동에 부수적인 수익을 창출하는 본사나 일부 직능부서는 영업부문이 될 수 없을 것이다 .

영업부문은 다음의 통합기준과 양적기준을 모두 충족하면 각 영업부문에 대한 정보를 별도로 보고한다.

### (1) 통합기준

경제적 특성이 유사한 영업부문들은 많은 경우에 장기적 재무성과가 유사하게 나타난다. 따라서 부문들의 경제적 특성이 유사하고 다음 사항이 부문 간에 유사한 경우에는 둘 이상의 영업부문을 하나의 영업부문으로 통합할 수 있다.

① 제품과 용역의 성격
② 생산과정의 성격
③ 제품과 용역에 대한 고객의 유형이나 계층
④ 제품을 공급하거나 용역을 제공하는 데 사용하는 방법
⑤ 해당사항이 있는 경우, 규제환경의 성격(예 은행, 보험 또는 공동설비)

### (2) 양적기준

다음의 양적기준 중 하나에 해당하는 영업부문에 대한 정보는 별도로 보고한다.

① 부문수익(외부고객에 대한 매출과 부문 간 매출이나 이전을 포함)이 모든 영업부문 수익(내부 및 외부수익) 합계액의 10% 이상인 영업부문
② 부문당기손익의 절대치가 다음 중 큰 금액의 10% 이상인 영업부문
  ㉠ 손실이 발생하지 않는 모든 영업부문의 이익 합계액의 절대치
  ㉡ 손실이 발생한 모든 영업부문의 손실 합계액의 절대치
③ 부문자산이 모든 영업부문의 자산 합계액의 10% 이상인 영업부문

경영진이 재무제표이용자에게 유용한 부문정보라고 판단한다면 양적기준을 충족하지 못하는 영업부문도 별도의 보고부문으로 공시할 수 있다.

### (3) 보고부문 결정시 추가적인 고려 상황

① 양적기준을 충족하지 못한 영업부문들에 관한 정보를 통합하여 하나의 보고부문으로 할 수 있다. 단, 영업부문들의 경제적 특성이 유사하고 통합기준 중 과반수를 충족하는 경우에만 해당한다.
② 보고되는 영업부문들의 외부수익 합계가 기업전체 수익의 75% 미만인 경우, 보고부문들의 외부수익 합계가 기업전체 수익의 최소한 75%가 되도록 양적기준을 충족하지 못하는 영업부분이라도 추가로 보고부문으로 식별한다.

③ 보고대상이 아닌 기타 사업활동과 영업부문들에 대한 정보는 통합하여 조정사항에서 '그 밖의 모든 부문'으로 분류하여 다른 조정항목과 별도로 공시한다. '그 밖의 모든 부문'의 범주에 포함된 수익의 원천은 설명되어야 한다.

④ 직전 기간에 보고부문으로 식별되었던 영업부문이 당기에 보고기준을 충족하지 않더라도, 그 부문이 계속 중요하다고 경영진이 판단하는 경우에는 그 부문에 대한 정보를 당기에도 계속하여 별도로 보고한다.

⑤ 영업부문이 양적기준에 따라 당기에 보고부문으로 새로 식별된 경우에, 비교목적으로 표시되는 전기의 부문정보는 그 부문이 전기에 보고기준을 충족하지 못하였더라도 당기의 보고부문을 반영하여 별도의 부문으로 재작성한다. 단, 필요한 정보를 이용할 수 없고 그 정보를 산출하는 비용이 과도한 경우는 예외로 한다.

⑥ 별도로 공시하는 보고부문의 개수에 대한 실무적인 한계가 있을 수 있는데, 이러한 한계를 초과하면 부문정보가 지나치게 상세해질 수 있다. 보고부문의 개수의 한계가 정확히 정해져 있지는 않으나, 보고부문의 개수가 10개를 초과하는 경우에는 실무적인 한계에 도달했는지를 판단해야 한다.

## 3. 측정과 공시

### (1) 측 정

각 부문항목 금액은 부문에 대한 자원배분의 의사결정과 보고부문의 성과평가를 위하여 최고영업의사결정자에게 보고되는 측정치이어야 한다. 기업전체 재무제표 작성을 위한 수정과 제거 그리고 수익, 비용 및 차익 또는 차손의 배분은 최고영업의사결정자가 이러한 금액을 부문당기손익 측정에 이용하는 경우에 한하여 부문당기손익에 포함한다. 이와 마찬가지로 최고영업의사결정자가 이용하는 부분의 자산과 부채 측정치에 포함되어 있는 자산과 부채만을 부문자산과 부문부채로 보고한다. 보고되는 부문당기손익, 부문자산 도는 부문부채에 배분되는 금액은 합리적 기준에 따라 배분한다.

### (2) 공 시

포괄손익계산서가 보고되는 매 회계기간에 대하여 다음 사항을 공시한다.

① 일반정보(보고부문을 식별하기 위하여 사용한 요소, 각 보고부문별 제품과 용역의

유형)

② 부문당기손익, 부문자산 및 부문부채에 관한 정보

③ 부문수익, 부문당기손익, 부문자산, 부문부채 및 기타 중요한 부문항목의 합계에서 이에 상응하는 기업 전체 금액으로의 조정사항

## (3) 기업전체 수준에서의 공시

단 하나의 보고부문을 가진 기업을 포함하여 영업부문 기준서를 적용하는 모든 기업은 기업전체 수준에서의 공시를 해야 한다. 즉 기업은 다음의 정보가 보고부문 정보의 일부로 제공되지 않는 경우에 공시하여야 한다.

### 1) 제품과 용역에 대한 정보

각각의 제품과 용역 또는 유사한 제품과 용역의 집단별로 외부고객으로부터의 수익을 보고한다. 보고되는 수익금액은 기업전체 재무제표를 작성하는데 사용하는 재무정보에 근거한 금액이어야 한다.

### 2) 지역에 대한 정보

본사 소재지 국가나 모든 외국에 대하여 외부고객으로부터의 수익이나 비유동자산(금융상품, 이연법인세자산, 퇴지급여자산, 및 보험계약에서 발생하는 권리는 제외)에 대한 정보를 보고한다. 보고하는 금액은 기업전체 재무제표를 작성하는 데 사용되는 재무정보에 근거한 금액이어야 한다.

### 3) 주요 고객에 대한 정보

주요 고객에 대한 의존도에 관한 정보를 제공한다. 단일 외부고객으로부터의 수익이 기업전체 수익의 10% 이상인 경우에는 그 사실, 해당 고객별 수익금액 및 그러한 수익금액이 보고되는 부문의 명칭을 공시한다. 그러나 주요 고객의 신원이나 그 주요 고객으로부터의 각 부문의 수익금액을 공시할 필요는 없다.

## 03절 특수관계자 공시

### 1. 의 의

기업은 영업활동의 일부를 종속기업, 조인트벤처 및 관계기업 등의 특수관계자들과 수행하기도 한다. 이 경우 기업의 지배력, 공동지배 또는 유의적인 영향력을 통하여 피투자자의 재무정책과 영업정책에 영향을 미칠 수 있다. 가령 특수관계자는 특수관계가 아니라면 이루어지지 않을 거래를 성사시킬 수도 있다. 예를 들어 기업이 지배기업에 원가로 판매하는 재화를 다른 고객에게는 동일한 조건으로 판매하지 않을 수도 있다.

특수관계자거래가 없더라도 특수관계 자체가 기업의 당기순손익과 재무상태에 영향을 줄 수 있다. 예를 들어, 지배기업이 종속기업의 거래처와 동일한 활동을 하는 기업을 인수하여 그 기업의 지배기업이 되는 경우에 종속기업은 이전 거래처와 거래를 중단할 수 있다. 또 다른 경우 기업은 특수관계자의 유의적인 영향력 때문에 활동에 제약을 받을 수 있다. 예를 들어, 지배기업은 종속기업이 연구개발 활동을 하지 않도록 지시할 수도 있다.

이와 같은 이유로 특수관계자 거래, 특수관자와의 채권·채무 잔액 및 특수관계에 대한 이해는 재무제표이용자가 기업이 직면하고 있는 위험과 기회에 대한 평가를 포함하여 기업의 영업을 평가하는데 영향을 줄 수 있다.

### 2. 특수관계자 정의

기업회계기준서 제1024호(특수관계자 공시)에서는 다음에 해당하는 당사자를 특수관계자(related party)로 규정하고 있다.

① 직접 또는 하나 이상의 중개자를 통하여 간접으로

㉠ 당해 기업을 지배하거나, 당해 기업의 지배를 받거나 또는 당해 기업과 동일지배 하에 있는 자(지배기업, 종속기업 및 동일지배 하에 있는 다른 종속기업을 포함한다)

㉡ 당해 기업에 중대한 영향력을 행사할 수 있는 지분을 소유한 자

㉢ 당해 기업을 공동지배하는 자

② 당해 기업의 관계기업
③ 당해 기업이 참여자로 있는 조인트벤처
④ 당해 기업이나 당해 기업의 지배기업의 주요 경영진의 일원
⑤ '①'이나 '④'에 해당하는 개인의 가까운 가족
⑥ '④'나 '⑤'에 해당하는 개인이 직·간접으로 지배하거나, 공동지배하거나, 중대한 영향력 또는 중대한 의결권을 행사할 수 있는 기업
⑦ 당해 기업이나 당해 기업의 특수관계자에 해당하는 기업의 종업원 급여를 위한 퇴직급여제도

특수관계 유무를 고려할 때 단지 법적 형식뿐만 아니라 실질 관계에도 주의를 기울여야 한다. 다음의 경우는 반드시 특수관계자를 의미하는 것은 아니다.

① 특수관계자의 정의 '④'와 '⑥'에 해당하지만 단순히 이사나 그 밖의 주요 경영진의 일원이 동일한 두 기업
② 하나의 조인트벤처를 단지 공동지배하는 두 참여자
③ 당해 기업과 단지 통상적인 업무 관계를 맺고 있는 자금제공자, 노동조합, 공익기업 및 정부부처와 정부기관(기업 활동의 자율성에 영향을 미치거나 기업의 의사결정과정에 참여할 수 있다 하더라도 상관없음)
④ 규모가 큰 거래를 통해 단지 경제적 의존 관계만 있는 고객, 공급자, 프랜차이저, 유통업자 또는 총대리인

## 3. 공 시

지배기업과 종속기업 사이의 관계는 거래의 유무에 관계없이 공시한다. 기업은 지배기업의 명칭을 공시한다. 다만, 최상위 지배자와 지배기업이 다른 경우에는 최상위 지배자의 명칭도 공시한다. 지배기업과 최상위 지배자가 일반이용자가 이용할 수 있는 연결재무제표를 작성하지 않는 경우에는 일반이용자가 이용할 수 있는 연결재무제표를 작성하는 가장 가까운 상위의 지배기업의 명칭도 공시한다.

또한 주요 경영진에 대한 보상의 총액과 분류별(단기종업원급여, 퇴직급여, 기타장기급여, 해고급여, 주식기준보상) 금액을 공시한다.

특수관계자거래가 있는 경우, 재무제표에 미치는 특수관계의 잠재적 영향을 파악하는

데 필요한 거래, 채권 · 채무 잔액에 대한 정보뿐만 아니라 특수관계의 성격도 주요 경영진에 대한 보상과 관련한 공시 요구사항에 추가하여 공시한다. 이러한 공시는 최소한 다음 내용을 포함한다.

① 거래 금액

② 채권 · 채무 잔액과 다음 사항

㉠ 채권 · 채무의 조건(담보 제공 여부 포함)과 결제할 때 제공될 대가의 성격

㉡ 채권 · 채무에 대하여 제공하거나 제공받은 보증의 상세 내역

③ 채권 잔액에 대하여 설정된 대손충당금

④ 특수관계 채권에 대하여 당해 기간 중 인식된 대손상각비

독립된 당사자 사이의 거래 조건에 따라 거래가 이루어졌음을 입증할 수 있는 경우에 한하여 특수관계자거래가 그러한 조건으로 이루어졌다는 사실을 공시한다.

기업의 재무제표에 미치는 특수관계자거래의 영향을 파악하기 위하여 분리하여 공시할 필요가 있는 경우를 제외하고는 성격이 유사한 항목은 통합하여 공시할 수 있다.

## 04절 중간재무보고

### 1. 의 의

중간재무보고(interim financial reporting)란 1회계기간 보다 짧은 기간을 대상으로 회계보고 하는 것으로, 중간재무보고의 보고기간(중간기간)은 6개월, 3개월 또는 매월 등으로 할 수 있다.[2] 보고기간이 짧을수록 보다 적시성 있는 회계정보를 제공할 수 있으나, 거래의 인식과 측정에 많은 추정과 배분과정이 포함되므로 회계정보의 신뢰성이 낮아질 수 있고 또한 회계정보 제공에 따른 비용도 증가하게 된다.

적시성과 재무제표 작성 비용의 관점에서 또한 이미 보고한 정보와의 중복을 방지하기 위하여 중간재무보고서에는 연차재무제표에 비하여 적은 정보를 공시할 수 있다 그

2) 우리나라에서는 거래소 상장법인 및 기타 대통령령이 정하는 법인은 반기보고서와 분기보고서를 금융감독위원회와 증권거래소 등에 제출하도록 의무화하고 있다. (증권거래법 제186조의3)

리고 중간재무보고서는 직전의 전체 연차재무제표를 갱신하는 정보를 제공하기 위하여 작성한 것으로 본다. 따라서 중간재무보고서는 새로운 활동, 사건과 환경에 중점을 두며 이미 보고된 정보를 반복하지 않는다.

## 2. 중간재무보고서의 내용

중간재무보고서는 기업회계기준서 제1001호(재무제표의 표시)에 따른 전체 재무제표로 작성하거나 기업회계기준서 제1034호(중간재무보고)에 따라 요약재무제표로 작성할 수도 있다. 중간재무보고서는 최소한 다음의 구성요소를 포함하여야 한다.

① 요약재무상태표
② 다음 중 하나로 표시되는 요약포괄손익계산서
　㉠ 단일 요약포괄손익계산서
　㉡ 별개의 요약손익계산서와 요약포괄손익계산서
③ 요약자본변동표
④ 요약현금흐름표
⑤ 선별적 주석

### (1) 형식과 내용

요약재무제표를 중간재무제표에 포함하는 경우, 이러한 재무제표는 최소한 직전 연차재무제표에 포함되었던 제목, 소계 및 선별적 주석을 포함하여야 한다.

기본주당이익과 희석주당이익은 중간기간의 당기순손익의 구성요소를 표시하는 재무제표에 표시한다. 따라서 별개의 포괄손익계산서에 당기순손익의 구성요소를 표시하는 경우에는 별개의 포괄손익계산서에 기본주당이익과 희석주당이익을 표시한다.

직전 연차재무보고서를 연결기준으로 작성하였다면 중간재무보고서도 연결기준으로 작성해야 한다. 지배기업의 별도재무제표는 직전 연차연결재무제표와 일관되거나 비교 가능한 재무제표가 아니다. 연차재무보고서에 연결재무제표 외에 추가적으로 지배기업의 별도재무제표가 포함되어 있더라도, 중간재무보고서에 지배기업의 별도재무제표를 포함하는 것을 요구하거나 금지하지 않는다.

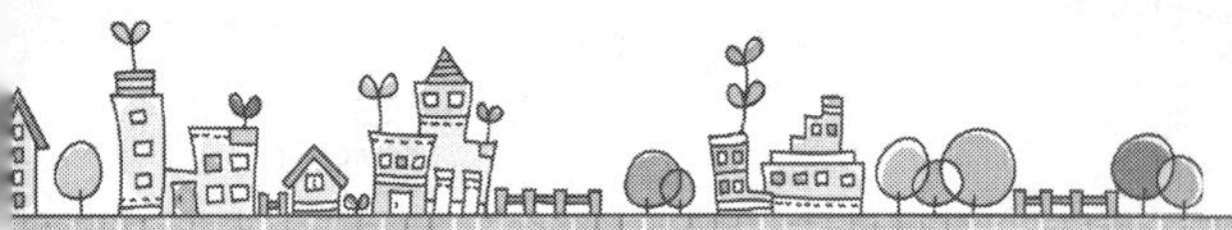

### ⑵ 선별적 주석

중간재무보고서의 이용자는 해당기업의 직전 연차재무보고서도 이용할 수 있다. 따라서 직전 연차재무보고서에 이미 보고된 정보에 대한 갱신사항이 상대적으로 경미하다면 중간 재무보고서의 주석으로 기재할 필요는 없다.

다음과 같은 정보가 중요하고 중간재무보고서의 다른 곳에 공시되지 않았다면, 최소한 이러한 정보는 중간재무제표에 대한 주석에 포함하여야 한다. 이러한 정보는 일반적으로 당해 회계연도 누적기준으로 보고한다. 그러나 당해 중간기간을 이해하는데 중요한 사건이나 거래도 공시한다.

① 직전 연차재무제표와 동일한 회계정책과 계산방법을 사용하였다는 사실 또는 회계정책이나 계산방법에 변경이 있는 경우 그 내용과 영향
② 중간기간 영업활동의 계절적 또는 주기적 특성에 대한 설명
③ 내용, 크기 또는 발생빈도 때문에 비경상적인 항목으로서 자산, 부채, 자본, 순이익, 현금흐름에 영향을 미치는 항목의 내용과 금액
④ 당해 회계연도의 이전 중간기간에 보고된 추정금액에 대한 변경 또는 과거 회계연도에 보고된 추정금액에 대한 변경으로서 그 변경이 당해 중간기간에 중요한 영향을 미치는 경우 그 내용과 금액
⑤ 채무증권과 지분증권의 발행, 재매입 및 상환
⑥ 보통주식과 기타 주식으로 구분하여 지급된 배당금(배당금 총액 또는 주당배당금)
⑦ 영업부문에 대한 정보
⑧ 중간보고기간말 후에 발생하였으나 중간재무제표에 반영되지 않은 중요한 사건
⑨ 사업결합, 종속기업 및 장기투자에 대한 지배력의 획득이나 상실, 구조조정, 중단영업 등으로 중간기간 중 기업 구성에 변화가 있는 경우 그 효과
⑩ 직전 연차보고기간말 후에 발생한 우발부채나 우발자산의 변동

### ⑶ 중간재무제표가 제시되어야 하는 기간

중간재무보고서는 다음 기간에 대한 중간재무제표(요약 또는 전체)를 포함하여야 한다.

① 당해 중간보고기간말과 직전 연차보고기간말을 비교하는 형식으로 작성한 재무상태표

② 당해 중간기간과 당해 회계연도 누적기간을 직전 회계연도의 동일기간과 비교하는 형식으로 작성한 포괄손익계산서(별개의 포괄손익계산서 작성도 가능)
③ 당해 회계연도 누적기간을 직전 회계연도의 동일기간과 비교하는 형식으로 작성한 자본변동표
④ 당해 회계연도 누적기간을 직전 회계연도의 동일기간과 비교하는 형식으로 작성한 현금흐름표

계절성이 높은 사업을 영위하는 기업의 경우, 중간보고기간말까지 12개월 기간의 재무정보와 직전 회계연도의 동일기간에 대한 비교 재무정보를 보고할 것을 권장한다.

### (4) 기 타

#### 1) 중요성

중간재무보고서를 작성할 때 인식, 측정, 분류 및 공시와 관련된 중요성의 판단은 해당 중간기간의 재무자료에 근거하여 이루어져야 한다. 중요성을 평가하는 과정에서 중간기간의 측정은 연차재무제표의 측정에 비하여 추정에 의존하는 정도가 크다는 점을 고려하여야 한다.

#### 2) 연차재무제표 공시

특정 중간기간에 보고된 추정금액이 최종 중간기간에 중요하게 변동하였지만 최종 중간기간에 대하여 별도의 재무보고를 하지 않는 경우, 추정의 변동내용과 금액을 해당 회계연도의 연차재무제표에 주석으로 공시하여야 한다.

## 3. 인식과 측정

### (1) 연차기준과 동일한 회계정책

중간재무제표는 연차재무제표에 적용하는 회계정책과 동일한 회계정책을 적용하여 작성한다. 다만, 직전 연차보고기간말 후에 회계정책을 변경하여 그 후의 연차재무제표에 반영하는 경우에는 변경된 회계정책을 적용한다. 그러나 연차재무제표의 결과는 보고빈도에 따라 달라지지 않아야 한다. 이러한 목적을 달성하기 위하여 중간재무보고를

위한 측정은 당해 회계연도 누적기간을 기준으로 하여야 한다.

중간재무제표에 대하여 연차재무제표에서와 동일한 회계정책을 적용한다는 것은 개별 중간기간을 독립적 보고기간으로 간주하여 중간기간에 대해 측정하라는 뜻으로 여겨질 수도 있다. 그러나 재무보고의 작성빈도가 연차재무제표의 결과에 영향을 미치지 않아야 한다는 점을 지적하여 중간기간은 회계연도의 부분이라는 사실을 인정하고 있다.

당해 회계연도 누적기간의 측정은 당해 회계연도의 이전 중간기간에 보고된 추정금액에 대한 변경을 수반할 수 있다. 그러나 중간기간에 자산, 부채, 수익 및 비용을 인식하는 원칙은 연차재무제표에서의 원칙과 동일하다.

예를 들면 다음과 같다.

① 중간기간에 재고자산의 감액, 구조조정 및 자산손상을 인식하고 측정하는 원칙은 연차재무제표만을 작성할 때 따르는 원칙과 동일하다. 그러나 이러한 항목들이 특정 중간기간에 인식되고 측정되었으나 그 추정치가 당해 회계연도의 후속 중간기간에 변경되는 경우에는 당해 후속 중간기간에 추가로 손실금액을 인식하거나 이전에 인식한 손실을 환입함으로써 당초 추정치가 변경된다.

② 중간보고기간말 현재 자산의 정의를 충족하지 못하는 원가는 그 후에 이러한 정의를 충족할 가능성이 있다는 이유로 또는 중간기간의 이익을 유연화하기 위하여 자산으로 계상할 수 없다.

③ 법인세비용은 각 중간기간에 전체 회계연도에 대해서 예상되는 최선의 가중평균 연간법인세율의 추정에 기초하여 인식한다. 연간법인세율에 대한 추정을 변경하는 경우에는 이미 한 중간기간에 인식한 법인세비용을 이후 중간기간에 조정하여야 할 수도 있다.

### (2) 계절적, 주기적 또는 일시적인 수익

계절적, 주기적 또는 일시적으로 발생하는 수익은 연차보고기간말에 미리 예측하여 인식하거나 이연하는 것이 적절하지 않은 경우 중간보고기간말에도 미리 예측하여 인식하거나 이연하여서는 아니된다.

배당수익, 로열티수익 및 정보보조금 등은 이러한 대표적인 예에 해당된다. 또한 소매업의 계절적 수익 등과 같이 특정 중간기간마다 다른 중간기간에 비해 지속적으로 더 많이 발생하는 수익도 있다. 이러한 수익은 발생할 때 수익으로 인식한다.

### ⑶ 연중 고르지 않게 발생하는 원가

연중 고르지 않게 발생하는 원가는 연차보고기간말에 미리 비용으로 예측하여 인식하거나 이연하는 것이 타당한 방법으로 인정되는 경우에 한하여 중간재무보고서에서도 동일하게 처리한다.

## 4. 보고된 중간기간에 대한 재작성

새로운 한국채택국제회계기준서의 경과규정에 의하지 않은 회계정책의 변경이 있는 경우 당해 회계연도의 이전 중간기간의 재무제표와 및 비교표시되는 과거 회계연도 중간기간의 재무제표를 재작성한다.

그러나 새로운 회계정책을 적용하게 되는 회계연도 개시일에, 회계변경의 누적효과를 이전의 전체 회계기간에 적용하는 것이 실무상 어려울 경우에는 실무적으로 적용할 수 있는 최초일부터 새로운 회계정책을 전진적으로 적용하여 당해 회계연도의 이전 중간기간과 비교표시되는 과거 회계연도의 중간기간에 대한 재무제표를 조정한다.

# 05절 정부회계

**정부회계는 중앙정부나 지방자치단체와 같은 정부조직의 재정활동에 대한 회계를 말한**다. 정부의 재무제표(재무보고)는 정부의 재정활동에 이해관계를 갖는 정보이용자가 정부의 재정활동 내용을 파악하고, 합리적으로 의사결정을 하는 데 유용한 정보를 제공하는 것을 목적으로 한다. 또한 정부의 재무제표(재무보고)는 정부가 공공회계책임을 적절히 이행하였는지 평가하는데 필요한 정보를 제공하여야 한다.

우리나라 정부회계기준인 '국가회계기준에 관한 규칙' 및 '지방자치단체회계기준에 관한 규칙'에서는 **정부가 공공회계책임을 적절히 이행하였는가 여부를 평가하기 위하여 다음과 같은 정보를 제공하여야 한다**고 언급하고 있다.

| 국가회계기준에 관한 규칙 제5조 | 지방자치단체회계기준에 관한 규칙 제4조 |
|---|---|
| ① 국가의 재정상태 및 그 변동과 재정운영결과에 관한 정보<br>② 국가사업의 목적을 능률적, 효과적으로 달성하였는 지에 관한 정보<br>③ 예산과 그 밖에 관련 법규의 준수에 관한 정보 | ① 재정상태, 재정운영성과, 현금흐름 및 순자산 변동에 관한 정보<br>② 당기의 수입이 당기의 서비스를 제공하기에 충분하였는지 또는 미래의 납세자가 과거에 제공된 서비스에 대한 부담을 지게 되는 지에 대한 기간 간 형평성에 관한 정보<br>③ 예산과 그 밖의 관련 법규의 준수에 관한 정보 |

**정부회계가 기업회계와 다른 근본적 이유는 정부(국가 및 지방자치단체)는 영리추구를 목적으로 하지 않으며, 정부조직 전반에 걸친 공공서비스를 수행하는 것을 목적으로 한다는 점이다.** 그리고 정부의 활동은 예산과 법령에 의해서 엄격하게 통제되기 때문에 **현금의 수입과 지출에 대한 예산결산보고가 재무보고의 중심이 된다.** 또한 정부는 민간기업과 달리 소유권개념을 적용할 수 없다. 따라서 자본 대신에 **순자산**이라는 용어를 사용하며, 순자산은 정부의 공공서비스 활동의 결과 남긴 잉여금으로서, 미래의 세대에게 돌아갈 혜택 또는 미래의 세대가 부담할 의무를 의미한다.

종래의 예산회계시스템은 현금주의회계와 단식부기체제를 유지하기 때문에 정부활동의 효율성을 측정하는 성과평가나 정부의 재정상태를 종합적으로 파악할 수 없는 문제가 제기되었다. 이에 따라 1980년대에 들어와 OECD 국가를 중심으로 미국, 영국, 호주 뉴질랜드 등이 **발생주의와 복식부기에 기초한 기업회계의 원리를 정부회계에 도입**하여 공공부문의 생산성 향상, 효율성 제고와 공공책임성 확보를 위한 토대를 마련하였다. 우리나라도 2007년에 행정자치부가 '지방자치단체회계기준에 관한 규칙'을 제정함으로써 각 지방자치단체의 재무보고서를 복식부기와 발생주의 회계로 전면 개편하였고, 2009년에는 기획재정부가 '국가회계기준에 관한 규칙'을 제정하여 국가결산보고서에 복식부기·발생주의 회계에 따른 재무제표가 함께 포함되기 시작하였다.

우리나라의 정부회계기준의 체계를 요약하면 다음과 같다.

| | 국가회계 | 지방자치단체회계 |
|---|---|---|
| 관련 법령 | 국가재정법, 국가회계법 | 지방재정법 |
| 기본회계기준 | 국가회계기준에 관한 규칙 | 지방자치단체회계기준에 관한 규칙 |
| 하부 준칙 및 지침 | – 항목별 회계처리준칙<br>(융자회계준칙, 원가계산준칙)<br>– 재무제표 계정과목별 회계처리 준칙<br>– 주요사항별 회계처리준칙 | – 지방자치단체 원가계산준칙<br>– 지방자치단체 발생주의 · 복식부기 회계처리지침 |

다음은 정부회계기준의 가장 핵심이라 할 수 있는 '국가회계기준에 관한 규칙' 내용이다.

**국가회계기준에 관한 규칙 [일부개정 2010.1.12 기획재정부령 제126호]**

## 제1장 총 칙

제1조(목적) 이 규칙은 「국가회계법」 제11조 제1항에 따라 국가의 재정활동에서 발생하는 경제적 거래 등을 발생 사실에 따라 복식부기 방식으로 회계처리하는 데에 필요한 기준을 정함을 목적으로 한다.

제2조(정의) 이 규칙에서 사용하는 용어의 뜻은 다음과 같다.

1. "국가회계실체"란 「국가재정법」 제4조에 따른 일반회계, 특별회계 및 같은 법 제5조에 따른 기금으로서 중앙관서별로 구분된 것을 말한다.
2. "재정상태표일"이란 제7조에 따른 재정상태표의 작성 기준일을 말한다.
3. "공정가액"이란 합리적인 판단력과 거래의사가 있는 독립된 당사자 간에 거래될 수 있는 교환가격을 말한다.
4. "내부거래"란 재무제표를 작성할 때 상계(相計)되어야 하는 국가회계실체 간의 거래를 말한다.
5. "회수가능가액"이란 순실현가능가치와 사용가치 중 큰 금액을 말한다.

제3조(적용범위 등) ① 이 규칙은 「국가재정법」 제4조에 따른 일반회계, 특별회계 및 같은 법 제5조에 따른 기금의 회계처리에 대하여 적용한다.

② 이 규칙의 해석과 실무회계처리에 관한 사항은 기획재정부장관이 정하는 바에 따른다.

③ 이 규칙에서 정하는 것 외의 사항에 대해서는 일반적으로 인정되는 회계원칙과 일반

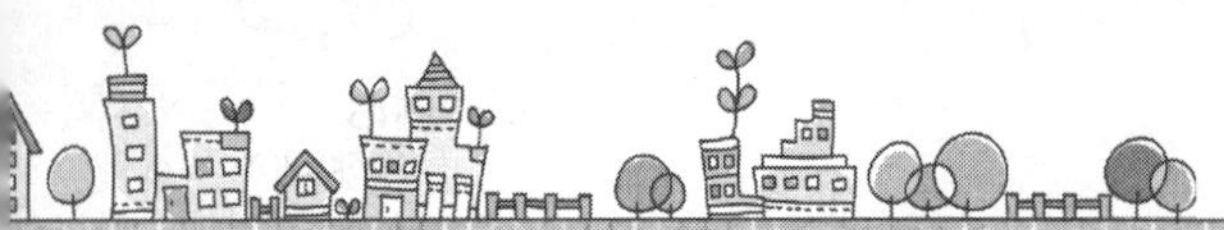

적으로 공정하고 타당하다고 인정되는 회계관습에 따른다.

제4조(일반원칙) 국가의 회계처리는 복식부기·발생주의 방식으로 하며, 다음 각 호의 원칙에 따라 이루어져야 한다.

1. 회계처리는 신뢰할 수 있도록 객관적인 자료와 증거에 따라 공정하게 이루어져야 한다.
2. 재무제표의 양식, 과목 및 회계용어는 이해하기 쉽도록 간단명료하게 표시하여야 한다.
3. 중요한 회계방침, 회계처리기준, 과목 및 금액에 관하여는 그 내용을 재무제표에 충분히 표시하여야 한다.
4. 회계처리에 관한 기준 및 추정(推定)은 기간별 비교가 가능하도록 기간마다 계속하여 적용하고 정당한 사유 없이 변경해서는 아니 된다.
5. 회계처리와 재무제표 작성을 위한 계정과목과 금액은 그 중요성에 따라 실용적인 방법으로 결정하여야 한다.
6. 회계처리는 거래 사실과 경제적 실질을 반영할 수 있어야 한다.

제5조(재무제표와 부속서류) ① 재무제표는 「국가회계법」 제14조 제3호에 따라 재정상태표, 재정운영표, 순자산변동표로 구성하되, 재무제표에 대한 주석을 포함한다.

② 재무제표의 부속서류는 필수보충정보와 부속명세서로 한다.

③ 재무제표는 국가의 재정활동에 직접적 또는 간접적으로 이해관계를 갖는 정보이용자가 국가의 재정활동 내용을 파악하고, 합리적으로 의사결정을 할 수 있도록 유용한 정보를 제공하는 것을 목적으로 한다.

④ 재무제표는 국가가 공공회계책임을 적절히 이행하였는지를 평가하는 데 필요한 다음 각 호의 정보를 제공하여야 한다.

1. 국가의 재정상태 및 그 변동과 재정운영결과에 관한 정보
2. 국가사업의 목적을 능률적, 효과적으로 달성하였는 지에 관한 정보
3. 예산과 그 밖에 관련 법규의 준수에 관한 정보

제6조(재무제표의 작성원칙) ① 재무제표는 다음 각 호의 원칙에 따라 작성한다.

1. 재무제표는 해당 회계연도분과 직전 회계연도분을 비교하는 형식으로 작성한다.
2. 제1호에 따라 비교하는 형식으로 작성되는 두 회계연도의 재무제표는 계속성의 원칙에 따라 작성하며, 「국가회계법」에 따른 적용 범위, 회계정책 또는 이 규칙 등이 변경된 경우에는 그 내용을 주석으로 공시한다.
3. 재무제표의 과목은 해당 항목의 중요성에 따라 별도의 과목으로 표시하거나 다른 과목으로 통합하여 표시할 수 있다.
4. 재무제표를 통합하여 작성할 경우 내부거래는 상계하여 작성한다.

② 「국고금관리법 시행령」 제2장에 따른 출납정리기한 중에 발생하는 거래에 대한 회계처리는 해당 회계연도에 발생한 거래로 보아 다음 각 호와 같이 처리한다.

1. 「국고금관리법 시행령」 제5조 제2항 각 호의 어느 하나에 해당하는 납입은 해당 회계연도 말일에 수입된 것으로 본다.
2. 「국고금관리법 시행령」 제6조 제1항 각 호의 어느 하나에 해당하는 지출은 해당 회계연도 말일에 지출된 것으로 본다.
3. 「국고금관리법 시행령」 제7조 단서에 따라 관서운영경비출납공무원이 교부받은 관서운영경비를 해당 회계연도 말일 후에 반납하는 경우에는 해당 회계연도 말일에 반납된 것으로 본다.

## 제 2 장 재정상태표

### 제 1 절 총 칙

제7조(재정상태표) ① 재정상태표는 재정상태표일 현재의 자산과 부채의 명세 및 상호관계 등 재정상태를 나타내는 재무제표로서 자산, 부채 및 순자산으로 구성된다.

② 재정상태표는 별지 제1호서식과 같다.

제8조(재정상태표 작성기준) ① 자산과 부채는 유동성이 높은 항목부터 배열한다. 이 경우 유동성이란 현금으로 전환되기 쉬운 정도를 말한다.

② 자산, 부채 및 순자산은 총액으로 표시한다. 이 경우 자산 항목과 부채 또는 순자산 항목을 상계함으로써 그 전부 또는 일부를 재정상태표에서 제외해서는 아니 된다.

### 제 2 절 자 산

제9조(자산의 정의와 구분) ① 자산은 과거의 거래나 사건의 결과로 현재 국가회계실체가 소유(실질적으로 소유하는 경우를 포함한다) 또는 통제하고 있는 자원으로서, 미래에 공공서비스를 제공할 수 있거나 직접 또는 간접적으로 경제적 효익을 창출하거나 창출에 기여할 것으로 기대되는 자원을 말한다.

② 자산은 유동자산, 투자자산, 일반유형자산, 사회기반시설, 무형자산 및 기타 비유동자산으로 구분하여 재정상태표에 표시한다.

제10조(자산의 인식기준) ① 자산은 공용 또는 공공용으로 사용되는 등 공공서비스를 제공할 수 있거나 직접적 또는 간접적으로 경제적 효익을 창출하거나 창출에 기여할 가능성이 매우 높고 그 가액을 신뢰성 있게 측정할 수 있을 때에 인식한다.

② 현재 세대와 미래 세대를 위하여 정부가 영구히 보존하여야 할 자산으로서 역사적, 자연적, 문화적, 교육적 및 예술적으로 중요한 가치를 갖는 자산(이하 "유산자산"이라

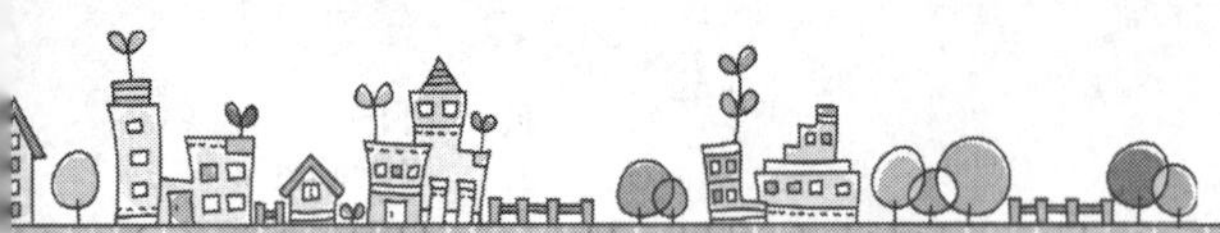

한다)은 자산으로 인식하지 아니하고 그 종류와 현황 등을 필수보충정보로 공시한다.
③ 국가안보와 관련된 자산은 기획재정부장관과 협의하여 자산으로 인식하지 아니할 수 있다. 이 경우 해당 중앙관서의 장은 해당 자산의 종류, 취득시기 및 관리현황 등을 별도의 장부에 기록하여야 한다.

제11조(유동자산) ① 유동자산은 재정상태표일부터 1년 이내에 현금화되거나 사용될 것으로 예상되는 자산으로서, 현금 및 현금성자산, 단기금융상품, 단기투자증권, 미수채권, 단기대여금 및 기타 유동자산 등을 말한다.
② 제1항의 단기투자증권은 만기가 1년 이내이거나 1년 이내에 처분 예정인 채무증권, 지분증권 및 기타 단기투자증권을 말하고, 같은 항의 기타 유동자산은 미수수익, 선급금, 선급비용 및 재고자산 등을 말한다.

제12조(투자자산) ① 투자자산은 투자 또는 권리행사 등의 목적으로 보유하고 있는 자산으로서, 장기금융상품, 장기투자증권, 장기대여금 및 기타 투자자산 등을 말한다.
② 제1항의 장기투자증권은 만기가 1년 후이거나 1년 후에 처분 예정인 채무증권, 지분증권 및 기타 장기투자증권을 말한다.

제13조(일반유형자산) ① 일반유형자산은 고유한 행정활동에 1년 이상 사용할 목적으로 취득한 자산(제14조에 따른 사회기반시설은 제외한다)으로서, 토지, 건물, 구축물, 기계장치, 집기·비품·차량운반구, 전비품, 기타 일반유형자산 및 건설 중인 일반유형자산 등을 말한다.
② 제1항의 전비품은 전쟁의 억제 또는 수행에 직접적으로 사용되는 전문적인 군사장비와 탄약 등을 말한다.

제14조(사회기반시설) 사회기반시설은 국가의 기반을 형성하기 위하여 대규모로 투자하여 건설하고 그 경제적 효과가 장기간에 걸쳐 나타나는 자산으로서, 도로, 철도, 항만, 댐, 공항, 기타 사회기반시설(상수도를 포함한다) 및 건설 중인 사회기반시설 등을 말한다.

제15조(무형자산) 무형자산은 일정 기간 독점적·배타적으로 이용할 수 있는 권리인 자산으로서, 산업재산권, 광업권, 소프트웨어, 기타 무형자산 등을 말한다.

제16조(기타 비유동자산) 기타 비유동자산은 유동자산, 투자자산, 일반유형자산, 사회기반시설 및 무형자산에 해당하지 아니하는 자산을 말한다.

## 제3절 부 채

제17조(부채의 정의와 구분) ① 부채는 과거의 거래나 사건의 결과로 국가회계실체가 부담하는 의무로서, 그 이행을 위하여 미래에 자원의 유출 또는 사용이 예상되는 현재의 의무를 말한다.

② 부채는 유동부채, 장기차입부채, 장기충당부채 및 기타 비유동부채로 구분하여 재정상태표에 표시한다.

제18조(부채의 인식기준) ① 부채는 국가회계실체가 부담하는 현재의 의무 중 향후 그 이행을 위하여 지출이 발생할 가능성이 매우 높고 그 금액을 신뢰성 있게 측정할 수 있을 때 인식한다.

② 국가안보와 관련된 부채는 기획재정부장관과 협의하여 부채로 인식하지 아니할 수 있다. 이 경우 해당 중앙관서의 장은 해당 부채의 종류, 취득시기 및 관리현황 등을 별도의 장부에 기록하여야 한다.

제19조(유동부채) ① 유동부채는 재정상태표일부터 1년 이내에 상환하여야 하는 부채로서 단기국채, 단기공채, 단기차입금, 유동성장기차입부채 및 기타 유동부채 등을 말한다.

② 제1항의 기타 유동부채는 미지급금, 미지급비용, 선수금, 선수수익 등을 말한다.

제20조(장기차입부채) 장기차입부채는 재정상태표일부터 1년 후에 만기가 되는 확정부채로서 국채, 공채, 장기차입금 및 기타 장기차입부채 등을 말한다.

제21조(장기충당부채) 장기충당부채는 지출시기 또는 지출금액이 불확실한 부채로서 퇴직급여충당부채, 연금충당부채, 보험충당부채 및 기타 장기충당부채 등을 말한다.

제22조(기타 비유동부채) 기타 비유동부채는 유동부채, 장기차입부채 및 장기충당부채에 해당하지 아니하는 부채를 말한다.

### 제 4 절 순자산

제23조(순자산의 정의와 구분) ① 순자산은 자산에서 부채를 뺀 금액을 말하며, 기본순자산, 적립금 및 잉여금, 순자산조정으로 구분한다.

② 기본순자산은 순자산에서 적립금 및 잉여금과 순자산조정을 뺀 금액으로 표시한다.

③ 적립금 및 잉여금은 임의적립금, 전기이월결손금·잉여금, 재정운영결과 등을 표시한다.

④ 순자산조정은 투자증권평가손익, 파생상품평가손익 및 기타 순자산의 증감 등을 표시한다.

## 제 3 장 재정운영표

### 제 1 절 총 칙

제24조(재정운영표) ① 재정운영표는 회계연도 동안 수행한 정책 또는 사업의 원가와 재정운영에 따른 원가의 회수명세 등을 포함한 재정운영결과를 나타내는 재무제표를 말한다.

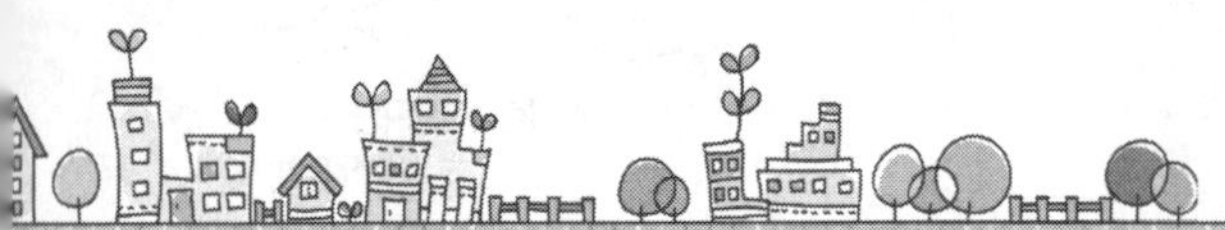

② 중앙관서 또는 기금의 재정운영표는 별지 제2호서식과 같다.

③ 국가의 재정운영표는 별지 제3호서식과 같다.

제25조(중앙관서 또는 기금의 재정운영표) ① 중앙관서 또는 기금의 재정운영표는 프로그램순원가, 재정운영순원가, 재정운영결과로 구분하여 표시한다.

② 프로그램순원가는 프로그램을 수행하기 위하여 투입한 원가 합계에서 다른 프로그램으로부터 배부받은 원가를 더하고, 다른 프로그램에 배부한 원가는 빼며, 프로그램 수행과정에서 발생한 수익 등을 빼서 표시한다.

③ 재정운영순원가는 프로그램순원가에서 제1호 및 제2호의 비용은 더하고, 제3호의 수익은 빼서 표시한다.

1. 관리운영비 : 기관운영비와 같이 기관의 여러 정책이나 사업, 활동을 지원하는 비용(「정부기업예산법」 제3조에 따른 특별회계나 기금의 경우에는 관리업무비를 말한다)
2. 비배분비용 : 투입한 비용 중 프로그램과 직접적 · 간접적인 대응관계가 없거나, 프로그램에 배분하는 것이 합리적이지 아니한 비용
3. 비배분수익 : 프로그램과 관련 없이 발생하거나 프로그램 외의 업무로부터 발생한 수익

④ 재정운영결과는 재정운영순원가에서 비교환수익(제28조 제2항 제2호의 비교환수익을 말한다. 이하 같다) 등을 빼서 표시한다. 다만, 「국고금관리법 시행령」 제50조의2에 따라 통합관리하는 일반회계 및 특별회계의 자금에서 발생하는 비교환수익 등은 순자산변동표의 재원의 조달 및 이전란에 표시한다.

제26조(국가의 재정운영표) ① 중앙관서 또는 기금의 재정운영표를 통합하여 작성하는 국가의 재정운영표는 다음 각 호와 같이 표시한다.

1. 재정운영표 : 내부거래를 제거하여 작성하되 재정운영순원가, 비교환수익 등 및 재정운영결과로 구분하여 표시
2. 재정운영순원가 : 각 중앙관서별로 구분하여 표시
3. 재정운영결과 : 재정운영순원가에서 비교환수익 등을 빼서 표시

② 제1항에서 정한 사항 외에 국가의 재정운영표 작성 방법은 중앙관서 또는 기금의 재정운영표 작성 방법을 준용한다.

제27조(재정운영표의 작성기준) 재정운영표의 모든 수익과 비용은 발생주의 원칙에 따라 거래나 사실이 발생한 기간에 표시한다.

## 제 2 절 수익과 비용

제28조(수익의 정의와 구분) ① 수익은 국가의 재정활동과 관련하여 재화 또는 용역을 제공한 대가로 발생하거나, 직접적인 반대급부 없이 법령에 따라 납부의무가 발생한 금품

의 수납 또는 자발적인 기부금 수령 등에 따라 발생하는 순자산의 증가를 말한다.
② 수익은 그 원천에 따라 다음 각 호와 같이 구분한다.
1. 교환수익 : 재화나 용역을 제공한 대가로 발생하는 수익
2. 비교환수익 : 직접적인 반대급부 없이 발생하는 국세, 부담금, 기부금, 무상이전 및 제재금 등의 수익

第29조(수익의 인식기준) ① 교환수익은 수익창출 활동이 끝나고 그 금액을 합리적으로 측정할 수 있을 때에 인식한다.
② 비교환수익은 해당 수익에 대한 청구권이 발생하고 그 금액을 합리적으로 측정할 수 있을 때에 인식하며, 수익 유형에 따른 세부 인식기준은 다음 각 호와 같다.
1. 신고·납부하는 방식의 국세 : 납세의무자가 세액을 자진신고하는 때에 수익으로 인식
2. 정부가 부과하는 방식의 국세 : 국가가 고지하는 때에 수익으로 인식
3. 원천징수하는 국세 : 원천징수의무자가 원천징수한 금액을 신고·납부하는 때에 수익으로 인식
4. 연부연납(年賦延納) 또는 분납이 가능한 국세 : 징수할 세금이 확정된 때에 그 납부할 세액 전체를 수익으로 인식
5. 부담금수익, 기부금수익, 무상이전수입 등 : 청구권이 확정된 때에 그 확정된 금액을 수익으로 인식
6. 제재금 수익 : 벌금이나 과태료 등이 납부되거나 몰수가 집행된 때에 그 확정된 금액을 수익으로 인식

第30조(비용의 정의와 인식기준) ① 비용은 국가의 재정활동과 관련하여 재화 또는 용역을 제공하여 발생하거나, 직접적인 반대급부 없이 발생하는 자원 유출이나 사용 등에 따른 순자산의 감소를 말한다.
② 비용은 다음 각 호의 기준에 따라 인식한다.
1. 재화나 용역의 제공 등 국가재정활동 수행을 위하여 자산이 감소하고 그 금액을 합리적으로 측정할 수 있을 때 또는 법령 등에 따라 지출에 대한 의무가 존재하고 그 금액을 합리적으로 측정할 수 있을 때에 비용으로 인식
2. 과거에 자산으로 인식한 자산의 미래 경제적 효익이 감소 또는 소멸하거나 자원의 지출 없이 부채가 발생 또는 증가한 것이 명백한 때에 비용으로 인식

第31조(원가계산) ① 원가는 중앙관서의 장 또는 기금관리주체가 프로그램의 목표를 달성하고 성과를 창출하기 위하여 직접적·간접적으로 투입한 경제적 자원의 가치를 말한다.
② 원가 집계 대상과 배부기준 등 원가계산에 관한 세부적인 사항은 기획재정부장관이 정하는 바에 따른다.

## 제 4 장 자산과 부채의 평가

제32조(자산의 평가기준) ① 재정상태표에 표시하는 자산의 가액은 해당 자산의 취득원가를 기초로 하여 계상(計上)한다. 다만, 무주부동산의 취득, 국가 외의 상대방과의 교환 또는 기부채납 등의 방법으로 자산을 취득한 경우에는 취득 당시의 공정가액을 취득원가로 한다.

② 국가회계실체 사이에 발생하는 관리환은 무상거래일 경우에는 자산의 장부가액을 취득원가로 하고, 유상거래일 경우에는 자산의 공정가액을 취득원가로 한다.

③ 재정상태표에 표시하는 자산은 이 규칙에서 따로 정한 경우를 제외하고는 자산의 물리적인 손상 또는 시장가치의 급격한 하락 등으로 해당 자산의 회수가능가액이 장부가액에 미달하고 그 미달액이 중요한 경우에는 장부가액에서 직접 빼서 회수가능가액으로 조정하고, 장부가액과 회수가능가액의 차액을 그 자산에 대한 감액손실의 과목으로 재정운영순원가에 반영하며 감액명세를 주석으로 표시한다. 다만, 감액한 자산의 회수가능가액이 차기 이후에 해당 자산이 감액되지 아니하였을 경우의 장부가액 이상으로 회복되는 경우에는 그 장부가액을 한도로 하여 그 자산에 대한 감액손실환입 과목으로 재정운영순원가에 반영한다.

④ 「군수품관리법」에 따라 관리되는 전비품 등의 평가기준은 국방부장관이 따로 정하는 바에 따를 수 있다.

제33조(유가증권의 평가) ① 유가증권은 매입가액에 부대비용을 더하고 종목별로 총평균법 등을 적용하여 산정한 가액을 취득원가로 한다.

② 유가증권은 자산의 분류기준에 따라 단기투자증권과 장기투자증권으로 구분한다.

③ 채무증권은 상각후취득원가로 평가하고 지분증권과 기타 장기투자증권 및 기타 단기투자증권은 취득원가로 평가한다. 다만, 투자목적의 장기투자증권 또는 단기투자증권인 경우에는 재정상태표일 현재 신뢰성 있게 공정가액을 측정할 수 있으면 그 공정가액으로 평가하며, 장부가액과 공정가액의 차이금액은 순자산변동표에 조정항목으로 표시한다.

④ 유가증권의 회수가능가액이 장부가액 미만으로 하락하고 그 하락이 장기간 계속되어 회복될 가능성이 없을 경우에는 장부가액과의 차액을 감액손실로 인식하고 재정운영순원가에 반영한다.

제34조(미수채권 등의 평가) 미수채권, 장기대여금 또는 단기대여금은 신뢰성 있고 객관적인 기준에 따라 산출한 대손추산액을 대손충당금으로 설정하여 평가한다.

제35조(재고자산의 평가) ① 재고자산은 판매 또는 용역제공을 위하여 보유하거나 생산과정에 있는 자산, 생산과정 또는 용역제공과정에 투입될 원재료나 소모품 형태로 존재하는 자산을 말한다.

② 재고자산은 제조원가 또는 매입가액에 부대비용을 더한 금액을 취득원가로 하고 품목별로 선입선출법(先入先出法)을 적용하여 평가한다. 다만, 실물흐름과 원가산정 방법 등에 비추어 다른 방법을 적용하는 것이 보다 합리적이라고 인정되는 경우에는 개별법, 이동평균법 등을 적용하고 그 내용을 주석으로 표시한다.
③ 제2항에 따라 선택된 재고자산의 평가 방법은 정당한 사유 없이 변경할 수 없으며, 평가 방법의 정당한 변경 사유가 발생한 경우에는 제51조에 따라 회계처리한다.
④ 재고자산의 시가(時價)가 취득원가보다 낮은 경우에는 시가를 재정상태표 가액으로 한다. 이 경우 원재료 외의 재고자산의 시가는 순실현가능가액을 말하며, 생산과정에 투입될 원재료의 시가는 현재 시점에서 매입하거나 재생산하는 데 드는 현행대체원가를 말한다.

제36조(압수품 및 몰수품의 평가) ① 압수품 및 몰수품은 판결이나 법령에 따라 국가에 귀속된 때에 다음 각 호와 같이 평가한다.
1. 화폐성자산 : 압류 또는 몰수 당시의 시장가격으로 평가하여 표시
2. 비화폐성자산 : 감정가액 또는 공정가액 등으로 평가하여 표시
② 압수품 및 몰수품의 명세는 주석으로 표시한다.

제37조(일반유형자산의 평가) ① 일반유형자산은 해당 자산의 건설원가 또는 매입가액에 부대비용을 더한 금액을 취득원가로 하고, 객관적이고 합리적인 방법으로 추정한 기간에 정액법(定額法) 등을 적용하여 감가상각한다.
② 일반유형자산에 대한 사용수익권은 해당 자산의 차감항목에 표시한다.

제38조(사회기반시설의 평가) ① 사회기반시설의 평가에 관하여는 제37조를 준용한다. 이 경우 감가상각은 건물, 구축물 등 세부 구성요소별로 감가상각한다.
② 제1항에도 불구하고 사회기반시설 중 관리·유지 노력에 따라 취득 당시의 용역 잠재력을 그대로 유지할 수 있는 시설에 대해서는 감가상각하지 아니하고 관리·유지에 투입되는 비용으로 감가상각비용을 대체할 수 있다. 다만, 효율적인 사회기반시설 관리시스템으로 사회기반시설의 용역 잠재력이 취득 당시와 같은 수준으로 유지된다는 것이 객관적으로 증명되는 경우로 한정한다.
③ 사회기반시설에 대한 사용수익권은 해당 자산의 차감항목에 표시한다.

제38조의2(일반유형자산 및 사회기반시설의 재평가 기준) ① 제32조에도 불구하고 일반유형자산과 사회기반시설을 취득한 후 재평가할 때에는 공정가액으로 계상하여야 한다. 다만, 해당 자산의 공정가액에 대한 합리적인 증거가 없는 경우 등에는 재평가일 기준으로 재생산 또는 재취득하는 경우에 필요한 가격에서 경과연수에 따른 감가상각누계액 및 감액손실누계액을 뺀 가액으로 재평가하여 계상할 수 있다.

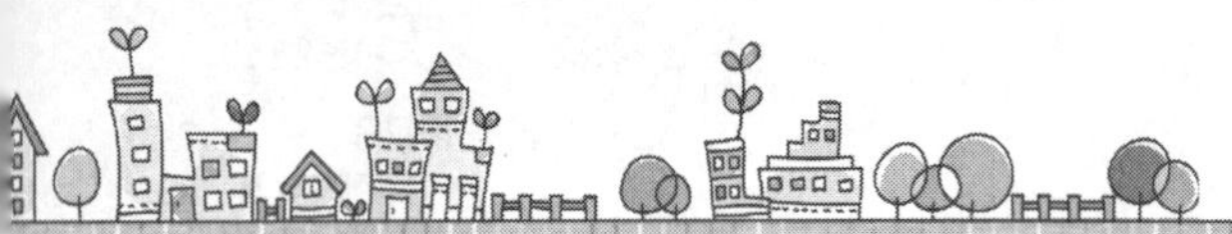

② 제1항에 따른 재평가의 최초 평가연도, 평가방법 및 요건 등 세부회계처리에 관하여는 기획재정부장관이 정한다.

제39조(무형자산의 평가) ① 무형자산은 해당 자산의 개발원가 또는 매입가액에 부대비용을 더한 금액을 취득원가로 하여 평가한다.

② 무형자산은 정액법에 따라 해당 자산을 사용할 수 있는 시점부터 합리적인 기간 동안 상각한다. 이 경우 상각기간은 독점적·배타적인 권리를 부여하고 있는 관계 법령이나 계약에서 정한 경우를 제외하고는 20년을 초과할 수 없다.

제40조(일반유형자산 및 사회기반시설의 취득 후 지출) 일반유형자산 및 사회기반시설의 내용연수를 연장시키거나 가치를 실질적으로 증가시키는 지출은 자산의 증가로 회계처리하고, 원상회복시키거나 능률유지를 위한 지출은 비용으로 회계처리한다.

제41조(부채의 평가기준) 재정상태표에 표시하는 부채의 가액은 이 규칙에서 따로 정한 경우를 제외하고는 원칙적으로 만기상환가액으로 평가한다.

제42조(국채의 평가) ① 국채는 국채발행수수료 및 발행과 관련하여 직접 발생한 비용을 뺀 발행가액으로 평가한다.

② 국채의 액면가액과 발행가액의 차이는 국채할인(할증)발행차금 과목으로 액면가액에 빼거나 더하는 형식으로 표시하며, 그 할인(할증)발행차금은 발행한 때부터 최종 상환할 때까지의 기간에 유효이자율로 상각 또는 환입하여 국채에 대한 이자비용에 더하거나 뺀다.

제43조(퇴직급여충당부채의 평가) ① 퇴직급여충당부채는 재정상태표일 현재 「공무원연금법」 및 「군인연금법」을 적용받지 아니하는 퇴직금 지급대상자가 일시에 퇴직할 경우 지급하여야 할 퇴직금으로 평가한다.

② 퇴직금산정명세, 퇴직금추계액, 회계연도 중 실제로 지급한 퇴직금 등은 주석으로 표시한다.

제44조(연금충당부채 및 보험충당부채의 평가) 연금충당부채 및 보험충당부채는 기획재정부장관이 따로 정하는 방법으로 평가한다.

제45조(융자보조원가충당금과 보증충당부채의 평가) ① 융자보조원가충당금은 융자사업에서 발생한 융자금 원금과 추정 회수가능액의 현재가치와의 차액으로 평가한다.

② 보증충당부채는 보증채무불이행에 따른 추정 순현금유출액의 현재가치로 평가한다.

③ 제1항 및 제2항에서 정한 사항 외에 융자보조원가충당금 및 보증충당부채의 회계처리에 관한 세부 사항은 기획재정부장관이 정하는 바에 따른다.

제46조(채권·채무의 현재가치에 따른 평가) ① 장기연불조건의 거래, 장기금전대차거래 또

는 이와 유사한 거래에서 발생하는 채권ㆍ채무로서 명목가액과 현재가치의 차이가 중요한 경우에는 현재가치로 평가한다.

② 제1항에 따른 현재가치 가액은 해당 채권ㆍ채무로 미래에 받거나 지급할 총금액을 해당 거래의 유효이자율(유효이자율을 확인하기 어려운 경우에는 유사한 조건의 국채 유통수익률을 말한다)로 할인한 가액으로 한다.

③ 제1항에 따라 발생하는 채권ㆍ채무의 명목가액과 현재가치 가액의 차액인 현재가치할인차금은 유효이자율로 매 회계연도에 환입하거나 상각하여 재정운영순원가에 반영한다.

제47조(외화자산 및 외화부채의 평가) ① 화폐성 외화자산과 화폐성 외화부채는 재정상태표일 현재의 적절한 환율로 평가한다.

② 비화폐성 외화자산과 비화폐성 외화부채는 해당 자산을 취득하거나 해당 부채를 부담한 당시의 적절한 환율로 평가한 가액을 재정상태표 가액으로 한다.

③ 제1항에 따라 발생하는 손익은 외화평가손실 또는 외화평가이익의 과목으로 하여 재정운영순원가에 반영하고, 중요한 외화자산과 외화부채의 내용, 평가기준 및 평가손익의 내용을 주석으로 표시한다.

④ 화폐성 외화자산과 화폐성 외화부채는 화폐가치의 변동과 상관없이 자산과 부채의 금액이 계약 등에 의하여 일정 화폐액으로 고정되어 있는 경우의 자산과 부채를 말한다. 다만, 화폐성과 비화폐성의 성질을 모두 가지고 있는 외화자산과 외화부채는 해당 자산과 부채의 보유 목적이나 성질에 따라 구분한다.

제48조(리스에 따른 자산과 부채의 평가) ① 리스는 일정 기간 설비 등 특정 자산의 사용권을 리스회사로부터 이전받고, 그 대가로 사용료를 지급하는 계약을 말하며, 다음 각 호와 같이 구분한다.

1. 금융리스 : 리스자산의 소유에 따른 위험과 효익이 실질적으로 리스이용자에게 이전되는 리스
2. 운용리스 : 제1호 외의 리스

② 금융리스는 리스료를 내재이자율로 할인한 가액과 리스자산의 공정가액 중 낮은 금액을 리스자산과 리스부채로 각각 계상하여 감가상각하고, 운용리스는 리스료를 해당 회계연도의 비용으로 회계처리한다.

제49조(파생상품의 평가) ① 파생상품은 해당 계약에 따라 발생한 권리와 의무를 각각 자산 및 부채로 계상하여야 하며, 공정가액으로 평가한 금액을 재정상태표 가액으로 한다.

② 파생상품에서 발생한 평가손익은 발생한 시점에 재정운영순원가에 반영한다. 다만, 미래예상거래의 현금흐름변동위험을 회피하는 계약에서 발생하는 평가손익은 순자산변동표의 조정항목 중 파생상품평가손익으로 표시한다.

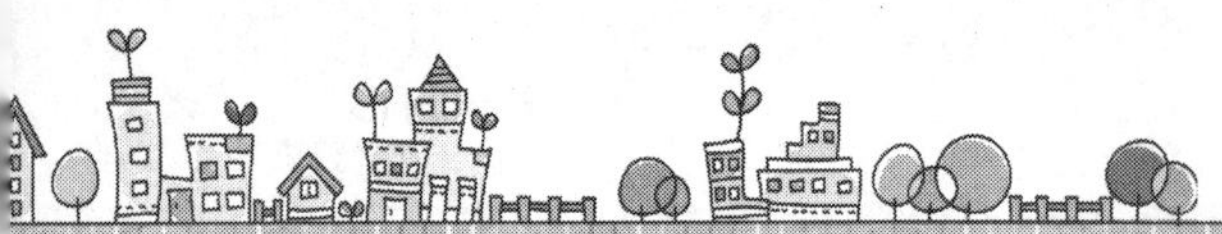

③ 파생상품 거래는 그 거래 목적 및 거래명세 등을 주석으로 표시한다. 이 경우 위험회피 목적의 파생상품 거래인 경우에는 위험회피 대상항목, 위험회피 대상범위, 위험회피 활동을 반영하기 위한 회계처리방법, 이연(移延)된 손익금액 등을 표시한다.

제50조(우발상황) ① 우발상황은 진행 중인 소송사건, 타인의 채무에 대한 지급보증 등 중앙관서의 장 또는 기금관리주체가 통제할 수 없는 불확실한 미래 사건의 발생 여부에 따라 그 의무나 권리의 존재 여부가 확인되는 것으로서 그 발생 여부가 불확실한 현재의 상태 또는 상황을 말한다.

② 우발상황은 다음 각 호와 같이 처리한다.

1. 재정상태표일 현재 우발손실의 발생이 확실하고 그 손실금액을 합리적으로 추정할 수 있는 경우 : 우발손실을 재정운영순원가에 반영하고 그 내용을 주석으로 표시
2. 재정상태표일 현재 우발손실의 발생이 확실하지 아니하거나 우발손실의 발생은 확실하지만 그 손실금액을 합리적으로 추정할 수 없는 경우 : 우발상황의 내용, 우발손실에 따른 재무적 영향을 주석으로 표시
3. 우발이익의 발생이 확실하고 그 이익금액을 합리적으로 추정할 수 있는 경우 : 우발상황의 내용을 주석으로 표시

제51조(회계 변경과 오류 수정) ① 회계정책 및 회계추정의 변경은 그 변경으로 재무제표를 보다 적절히 표시할 수 있는 경우 또는 법령 등에서 새로운 회계기준을 채택하거나 기존의 회계기준을 폐지함에 따라 변경이 불가피한 경우에 할 수 있으며, 그 유형에 따라 다음 각 호와 같이 처리한다.

1. 회계정책의 변경에 따른 영향은 해당 회계연도 재정상태표의 순자산에 반영한다. 다만, 회계정책의 변경에 따른 누적효과를 합리적으로 추정하기 어려운 경우에는 회계정책의 변경에 따른 영향을 해당 회계연도와 그 회계연도 후의 기간에 반영할 수 있다.
2. 회계추정의 변경에 따른 영향은 해당 회계연도 후의 기간에 미치는 것으로 한다.
3. 회계정책 또는 회계추정을 변경한 경우에는 그 변경내용, 변경사유 및 변경에 따라 해당 회계연도의 재무제표에 미치는 영향을 주석으로 표시한다.

② 오류수정사항이란 회계기준 또는 법령 등에서 정한 기준에 합당하지 아니한 경우로서 전 회계연도 또는 그 전 기간에 발생한 다음 각 호의 오류는 다음 각 호의 구분에 따라 처리한다.

1. 중대한 오류 : 오류가 발생한 회계연도 재정상태표의 순자산에 반영하고, 관련된 계정잔액을 수정한다. 이 경우 비교재무제표를 작성할 때에는 중대한 오류의 영향을 받는 회계기간의 재무제표 항목을 다시 작성한다.
2. 제1호 외의 오류 : 해당 회계연도의 재정운영표에 반영한다.

③ 전 회계연도 이전에 발생한 오류수정사항은 주석으로 표시하되, 제2항 제1호에 따른

중대한 오류를 수정한 경우에는 다음 각 호의 사항을 주석으로 포함한다.
1. 중대한 오류로 판단한 근거
2. 비교재무제표에 표시된 과거회계기간에 대한 수정금액
3. 비교재무제표가 다시 작성되었다는 사실

## 제 5 장 순자산변동표

第52조(순자산변동표) ① 순자산변동표는 회계연도 동안 순자산의 변동명세를 표시하는 재무제표를 말한다.
② 중앙관서 또는 기금의 순자산변동표는 기초순자산, 재정운영결과, 재원의 조달 및 이전, 조정항목, 기말순자산으로 구분하여 표시한다.
③ 중앙관서 또는 기금의 순자산변동표는 별지 제4호서식과 같다.
④ 중앙관서 또는 기금의 순자산변동표를 통합하여 작성하는 국가의 순자산변동표는 기초순자산, 재정운영결과, 조정항목, 기말순자산으로 구분하여 표시한다.
⑤ 국가의 순자산변동표는 별지 제5호서식과 같다.

第53조(조정항목) 조정항목은 납입자본의 증감, 투자증권평가손익, 파생상품평가손익 및 기타 순자산의 증감 등을 포함한다.

## 제 6 장 필수보충정보, 주석 및 부속명세서 등

第54조(필수보충정보) ① 필수보충정보는 재무제표에는 표시하지 아니하였으나, 재무제표의 내용을 보완하고 이해를 돕기 위하여 필수적으로 제공되어야 하는 정보를 말한다.
② 필수보충정보는 다음 각 호의 정보를 말한다.
1. 유산자산의 종류, 수량 및 관리상태
2. 연금보고서
3. 보험보고서
4. 사회보험보고서
5. 국세징수활동표
6. 총잉여금・재정운영결과조정표
7. 수익・비용 성질별 재정운영표
8. 그 밖에 재무제표에는 반영되지 아니하였으나 중요하다고 판단되는 정보
③ 필수보충정보의 작성기준과 서식은 기획재정부장관이 정하는 바에 따른다.

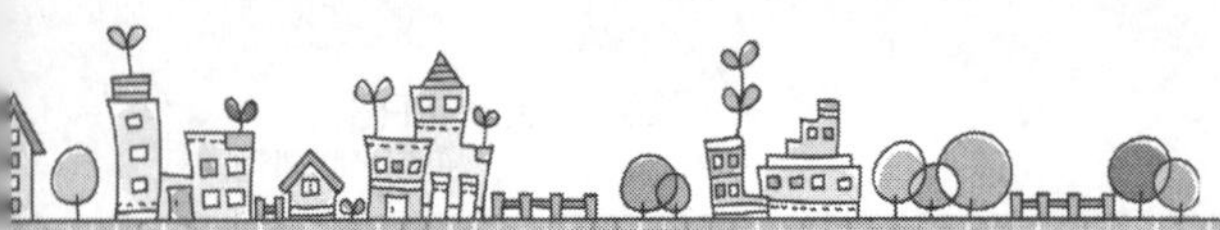

第55조(주석) ① 주석은 정보이용자에게 충분한 회계정보를 제공하기 위하여 채택한 중요한 회계정책과 재무제표에 중대한 영향을 미치는 사항을 설명한 것을 말한다.
② 이 규칙에서 규정한 주석 사항 외에 필요한 경우에는 다음 각 호의 사항을 주석으로 표시한다.
1. 중요한 회계처리방법
2. 장기차입부채 상환계획
3. 장기충당부채
4. 외화자산 및 외화부채
5. 우발사항 및 약정사항(지급보증, 파생상품, 담보제공자산 명세를 포함한다)
6. 전기오류수정 및 회계처리방법의 변경
7. 순자산조정명세
8. 제1호부터 제7호까지에서 규정한 사항 외에 재무제표에 중대한 영향을 미치는 사항과 재무제표의 이해를 위하여 필요한 사항

第56조(부속명세서) 부속명세서는 재무제표에 표시된 회계과목에 대한 세부 명세를 명시할 필요가 있을 때에 추가적인 정보를 제공하기 위한 것으로서, 부속명세서의 종류, 작성기준 및 서식은 기획재정부장관이 정하는 바에 따른다.

## 제7장 보 칙

第57조(국유재산관리운용보고서 등의 작성) 「국유재산법」 제69조에 따른 국유재산관리운용보고서, 「물품관리법」 제21조에 따른 물품관리운용보고서 및 「국가채권관리법」 제36조에 따른 채권현재액보고서 작성을 위한 세부회계처리지침은 기획재정부장관이 정한다.

第58조(세부회계처리기준) ① 중앙관서의 장과 기금관리주체는 기획재정부장관과 협의하여 이 규칙의 시행에 필요한 세부회계처리기준을 정할 수 있다. 이 경우 세부회계처리기준은 이 규칙의 범위에서 작성되어야 한다.
② 중앙관서의 장과 기금관리주체는 해당 국가회계실체의 특성 등을 고려하여 불가피하다고 인정되는 경우에는 기획재정부장관의 승인을 받아 이 규칙과 다른 내용의 세부회계처리기준을 정할 수 있다.

## OX 문제

1 보고기간후사건은 보고기간말과 재무제표 발행승인일 사이에 발생한 유리하거나 불리한 사건으로 재무제표 발행승인인은 주주가 재무제표를 승인한 날을 말한다.

2 보고기간말과 재무제표 발행승인일 사이에 투자자산의 시장가치 하락은 재무제표 수정을 요하는 보고기간후사건에 해당된다.

3 보고기간 후에 지분상품 보유자에 대해 배당을 선언한 경우 보고기간말 현재 어떠한 의무도 존재하지 않으므로 그 배당금을 보고기간말의 부채로 인식하지 않는다.

4 보고기간 후의 매출처 파산은 보고기간말의 매출채권 평가와는 독립적인 사건이므로 매출채권의 장부금액을 수정할 필요가 없다.

5 영업부문기준서(제1108호)는 공개기업과 비공개기업 모두에게 적용된다.

6 신규 영업부문은 수익을 창출하기 전에도 보고대상 영업부문이 될 수 있다.

7 영업부문에 대한 측정은 외부에 보고할 때 사용되는 측정치이어야 한다.

8 지배기업과 종속기업 사이의 관계는 상호간의 거래 유무와 관계없이 공시한다.

9 중간재무보고서는 연차재무제표와 동일하게 기업회계기준서 제1001호(재무제표의 표시)에 따른 전체 재무제표로 작성하여야 한다.

10 중간재무보고서 작성시 포괄손익계산서는 당해 중간기간과 당해 회계연도 누적기간을 직전 회계연도의 동일기간과 비교하는 형식으로 작성하지만, 자본변동표와 현금흐름표는 누적기간만을 비교하는 형식으로 작성한다.

11 연차재무제표의 결과는 보고빈도에 따라 달라지지 않아야 한다. 이러한 목적을 달성하기 위하여 중간재무보고를 위한 측정은 당해 회계연도 누적기간을 기준으로 하여야 한다.

12 계절적, 주기적 또는 일시적으로 발생하는 수익은 중간보고기간말에 미리 예측하여 인식하거나 이연한다.

13 중간재무보고서를 작성할 때 인식, 측정, 분류 및 공시와 관련된 중요성의 판단은 당해 연차보고기간의 재무자료에 근거하여 이루어져야 한다.

# 객관식문제

01 다음 중 보고기간후사건으로 재무제표의 수정을 요하지 않는 것은 어느 것인가?

➤ 공인회계사 수정

① 보고기간말 이전에 존재하였던 소송사건의 결과가 보고기간 후에 확정되어 이미 인식한 손실금액을 수정하여야 하는 경우
② 보고기간말 이전에 구입한 자산의 취득원가 또는 매각한 자산의 금액을 보고기간 후에 결정하는 경우
③ 유가증권의 시장가격이 보고기간말과 재무제표 발행승인일 사이에 하락한 경우
④ 재무제표가 부정확하다는 것을 보여주는 부정이나 오류를 발견한 경우
⑤ 이미 손상차손을 인식한 자산에 대하여 계상한 손상차손금액의 수정을 요하는 정보를 보고기간 후에 입수하는 경우

02 우리나라의 중간재무제표 작성과 관련한 다음 설명 중 적절하지 않은 것은?

① 중간재무제표는 연차재무제표에 적용하는 것과 동일한 회계정책을 적용하여 작성한다.
② 중간재무보고서를 작성할 때 인식, 측정, 분류 및 공시와 관련된 중요성의 판단은 당해 연차보고기간의 재무자료에 근거하여 이루어져야 한다.
③ 회계정책의 변경이 있었을 경우에는 당해 회계연도의 이전 중간기간 및 비교표시되는 과거 회계연도의 중간기간의 재무제표를 재작성함을 원칙으로 한다.
④ 중간재무보고를 위한 측정은 당해 회계연도 누적기간을 기준으로 하여야 한다.
⑤ 연말 상여금에 대한 실질적 의무가 있는 경우 그 금액이 신뢰성있게 측정가능하다면 연말 지급 이전의 중간기간에 해당금액을 인식할 수 있다.

03 중간재무제표에 적용되는 인식과 측정원칙에 대한 설명으로 적절하지 않은 것은?

① 급여 관련 사용자분담금이 연차기준으로 부과되는 경우에는, 대부분의 금액이 회계연도의 초기에 지급되더라도 사용자의 관련 비용은 추정평균연간유효분담률을 사용하여 중간기간에 인식한다.

② 회계연도 중 당해 중간기간 후에 무형자산 인식기준을 충족할 것으로 기대되는 경우에는 발생한 원가를 중간재무제표에 무형자산으로 인식한다.

③ 중간기간의 법인세비용은 기대총연간이익에 적용될 수 있는 법인세율을 중간기간의 세전이익에 적용하여 계산한다.

④ 자선기부금과 종업원훈련원가 등 회계연도 동안 비정기적으로 발생할 것으로 예상되는 특정원가를 중간보고기간말에 부채로 계산하지 않는다.

⑤ 충당부채는 법적의무나 의제의무를 발생시키는 사건의 결과로 경제적 효익을 이전하는 방법 외에는 다른 실질적인 대안이 없을 때 중간보고 목적으로 인식한다.

04 12월 말 결산법인인 갑회사의 20×2년 3분기(9월 30일)에 중간재무제표를 공시할 경우 포괄손익계산서와 현금흐름표의 비교 표시일자로서 적절한 것은?

| | 당 기 | 전 기 |
|---|---|---|
| ㉠ | 20×2년 1월 1일 ~ 9월 30일<br>20×2년 7월 1일 ~ 9월 30일 | 20×1년 1월 1일 ~ 12월 30일 |
| ㉡ | 20×2년 1월 1일 ~ 9월 30일 | 20×1년 1월 1일 ~ 9월 30일 |
| ㉢ | 20×2년 1월 1일 ~ 9월 30일<br>20×2년 7월 1일 ~ 9월 30일 | 20×1년 1월 1일 ~ 9월 30일<br>20×1년 7월 1일 ~ 9월 30일 |
| ㉣ | 20×2년 7월 1일 ~ 9월 30일 | 20×1년 7월 1일 ~ 9월 30일 |

| | ① | ② | ③ | ④ | ⑤ |
|---|---|---|---|---|---|
| 포괄손익계산서 | ㉠ | ㉡ | ㉢ | ㉢ | ㉢ |
| 현금흐름표 | ㉠ | ㉡ | ㉡ | ㉢ | ㉣ |

05 영업부문을 별도로 보고하는 것과 관련하여 다음 중 적절하지 않은 것은?

① 양적기준을 충족하지 못한 영업부문들에 관한 정보를 통합하여 하나의 보고부문으로 할 수 있다.

② 보고되는 영업부문들의 외부수익 합계가 기업전체 수익의 75% 미만인 경우, 보고부문들의 외부수익 합계가 기업전체 수익의 최소한 75%가 되도록 양적기준을 충족하지 못하는 영업부문이라도 추가로 보고부문으로 식별한다.

③ 영업부문이 양적기준에 따라 당기에 보고부문으로 새로 식별된 경우, 비교목적으로 표시되는 전기의 부문정보는 그 부문이 전기에 보고기준을 충족하지 못하였더라도 당기의 보고부문을 반영하여 별도의 부문으로 재작성한다.

④ 부문당기손익이 모든 영업부문의 손익합계액의 10% 이상인 영업부문은 별도로 보고한다.

⑤ 별도로 공시하는 보고부문의 개수가 10개를 초과하는 경우에는 실무적인 한계에 도달했는지를 판단해야 한다.

06 특수관계자 공시와 관련한 다음 설명 중 적절하지 않은 것은?

① 지배기업과 종속기업 사이의 관계는 거래의 유무에 관계없이 공시한다.

② 모든 경영진에 대한 보상의 총액과 분류별 금액을 공시한다.

③ 특수관계자거래가 있는 경우, 거래금액, 채권 · 채무 잔액에 대한 정보뿐만 아니라 특수관계의 성격도 공시한다 .

④ 독립된 당사자 사이의 거래 조건에 따라 거래가 이루어졌음을 입증할 수 있는 경우에 한하여 특수관계자거래가 그러한 조건으로 이루어졌다는 사실을 공시한다.

⑤ 기업의 재무제표에 미치는 특수관계자거래의 영향을 파악하기 위하여 분리하여공시할 필요가 있는 경우를 제외하고는 성격이 유사한 항목은 통합하여 공시할 수 있다.

07 정부회계와 관련된 다음 설명 중 옳지 않은 것은?

① 지방자치단체의 장이 검사위원에게 제출하는 재무보고서는 공인회계사의 감사의견을 첨부하여야 한다.

② 국회의 사무총장, 법원행정처장, 헌법재판소의 사무처장 및 중앙선거관리위원회의 사무총장은 회계연도마다 예비금사용명세서를 작성하여 다음 연도 2월 말일까지 기획재정부장관에게 제출하여야 한다.

③ 국가결산보고서는 기획재정부장관이 회계연도마다 작성하여 대통령의 승인을 받아 다음 연도 4월 10일까지 감사원에 제출하여야 한다.
④ 정부는 감사원의 감사를 거친 국가결산보고서를 다음 연도 5월 31일까지 국회에 제출하여야 한다.
⑤ 중앙관서결산보고서는 각 중앙관서의 장이 회계연도마다 작성하여 다음 연도 2월 말일까지 기획재정부장관에게 제출하여야 한다.

08 정부회계와 관련된 다음 설명 중 옳지 않은 것은?
① 기금규모가 5천억원 이상인 기금결산보고서는 회계법인의 감사보고서를 첨부해야 한다.
② "내부거래"란 재무제표를 작성할 때 상계되어야 하는 국가회계실체 간의 거래를 말한다.
③ "회수가능액"이란 순실현가능가치와 사용가치 중 작은 금액을 말한다.
④ "공정가액"이란 합리적인 판단과 거래의사가 있는 독립된 당사자 간에 거래될 수 있는 교환가격을 말한다.
⑤ "국가회계실체"란 일반회계, 특별회계 및 기금으로서 중앙관서별로 구분된 것을 말한다.

09 다음 국가회계의 일반원칙 중 옳지 않은 것은?
① 국가의 회계처리는 복식부기·발생주의 방식으로 한다.
② 회계처리는 신뢰할 수 있도록 객관적인 자료와 증거에 따라 공정하게 이루어져야 한다.
③ 재무제표의 양식, 과목 및 회계용어는 이해하지 쉽도록 간단명료하게 표시하여야 한다.
④ 중요한 회계방침, 회계처리기준, 과목 및 금액에 관하여는 그 내용을 재무제표에 충분히 표시하여야 한다.
⑤ 회계처리에 관한 기준 및 추정은 중앙관서별로 비교가 가능하도록 통일적으로 적용하며 정당한 사유 없이 변경해서는 아니 된다.

**10** 다음 국가재무제표 작성원칙에 대란 설명으로 옳지 않은 것은?

① 재무제표는 해당 회계연도분과 직전 회계연도분을 비교하는 형식으로 작성한다.
② 재무제표의 과목은 해당 항목의 중요성에 따라 별도의 과목으로 표시하거나 다른 과목으로 통합하여 표시할 수 있다.
③ 재무제표를 통합하여 작성할 경우 내부거래는 상계하여서는 아니 된다.
④ 관서운영경비출납공무원이 교부받은 관서운영경비를 해당 회계연도 말을 후에 반납하는 경우에는 해당 회계연도 말일에 반납된 것으로 본다.
⑤ 두 회계연도의 재무제표는 계속성의 원칙에 따라 작성한다.

**11** 다음 국가회계의 재무제표에 대한 설명 중 옳지 않은 것은?

① 재무상태표는 재무상태표을 현재의 자산과 부채의 명세 및 상호관계 등 재무상태를 나타내는 재무제표로서 자산, 부채 및 순자산으로 구성된다.
② 자산, 부채 및 순자산을 총액으로 표시하며, 자산항목과 부채 또는 순자산 항목을 상계함으로써 그 전부 또는 일부를 제외해서는 아니 된다.
③ 자산은 과거의 거래나 사건의 결과로 현재 국가회계실체가 소유 또는 통제하고 있는 자원으로서, 미래에 공공서비스를 제공할 수 있거나 직접 또는 간접적으로 경제적 효익을 창출하거나 창출에 기여할 것으로 기대되는 자원을 말한다.
④ 재정운용표는 회계연도 동안 수행한 정책 또는 사업의 원가와 재정운영에 따른 원가의 회수명세 등을 포함한 재정운영결과를 나타내는 재무제표이다.
⑤ 순자산변동표는 회계연도 동안 순자산의 변동명세를 표시하는 재무제표이다.

**12** 기획재정부는 20×2년 4월 1일 수수료 ₩1,000을 지불하고 단기보유목적으로 유가증권을 ₩100,000에 취득하였다. 20×2년 말 재정상태표일 동 유가증권의 공정가액은 ₩110,000이다. 이와 관련하여 개획재정부의 재정운용표에 반영되는 금액은 얼마인가?

① ₩110,000 ② ₩100,000 ③ ₩10,000
④ ₩9,000 ⑤ ₩1,000

13 국가회계와 관련된 다음 설명 중 옳지 않은 것은?

① 국가회계실체 사이에 발행하는 관리환은 무상거래일 경우에는 자산의 공정가액을 취득원가로 하고, 유상거래일 경우에는 자산의 장부가액을 취득원가로 한다.

② 무주부동산의 취득, 국가 외의 상대방과의 교환 또는 기부채납 등의 방법으로 자산을 취득한 경우에는 취득 당시의 공정가액을 취득원가로 한다.

③ 자산의 물리적인 손상 또는 시장가치를 급격한 하락 등으로 해당 자산의 회수가능액이 장부가액에 미달하고 그 미달액이 중요한 경우에는 장부가액에서 직접 빼서 회수가능가액으로 조정한다.

④ 감액한 자산의 회수가능가액이 차기 이후에 해당 자산이 감액되지 아니하였을 경우의 장부가액 이상으로 회복되는 경우에는 그 장부가액을 한도로하여 그 자산에 대한 감액손실환입 과목으로 재정운영순원가에 반영한다.

⑤ 압수품 및 몰수품은 판결이나 법령에 따라 국가에 귀속된 때에 화폐성자산은 압류 또는 몰수 당시의 시장가격으로 평가한다.

14 국가회계와 관련된 다음 설명 중 옳지 않은 것은?

① 사회기반시설 중 관리 · 유지 노력에 따라 취득 당시의 용역 잠재력을 그대로 유지할 수 있는 시설에 대해서는 감가상각하지 아니하고 관리 · 유지에 투입되는 비용으로 감가상각비용을 대체할 수 있다.

② 사회기반시설에 대한 사용수익권은 해당 자산의 가산항목으로 표시한다.

③ 일반유형자산과 사회기반시설을 취득한 후 재평가할 때에는 공정가액으로 계상하여야 한다.

④ 무형자산은 정액법에 따라 상각하며, 상각기간은 20년을 초과할 수 없다.

⑤ 내용연수를 연장시키거나 가치를 실질적으로 증가시키는 지출은 자산의 증가로 회계처리한다.

15 국가회계와 관련된 다음 설명 중 옳지 않은 것은?

① 국채는 국채발행수수료 및 발행과 관련하여 직접 발생한 비용을 뺀 발행가액으로 평가한다.

② 융자보조원가충당금은 융자사업에서 발생한 융자금 원금과 추정 회수가능액의 현재가치와의 차액으로 평가한다.

③ 장기연불조건의 거래, 장기금전대차거래 또는 이와 유사한 거래에서 발생하는 채권・채무로서 명목가액과 현재가치의 차이가 중요한 경우에는 현재가치로 평가한다.

④ 화폐성 외화자산과 화폐성 외화부채는 재정상태표일 현재의 적절한 환율로 평가한다.

⑤ 파생상품은 해당 계약에 따라 발생한 권리와 의무를 상계하여 자산 또는 부채로 계상하여야 하며, 공정가액으로 평가한 금액을 재정상태표 가액으로 한다.

**16** 국가회계와 관련된 다음 설명 중 옳지 않은 것은?

① 재고자산은 제조원가 또는 매입가액에 부대비용을 더한 금액을 취득원가로 하고 품목별로 이동평균법을 적용하여 평가한다.

② 재고자산의 시가가 취득원가보다 낮은 경우에는 시가로 평가한다.

③ 부채의 가액은 원칙적으로 만기상환가액으로 표시한다.

④ 리스자산의 소유와 위험에 따른 위험과 효익이 실질적으로 리스이용자에게 이전되는 경우에는 금융리스로 분류한다.

⑤ 금융리스는 리스료를 내재이자율로 할인한 가액과 리스자산의 공정가액 중 낮은 금액을 리스자산과 리스부채로 각각 계상하여 감가상각하고, 운용리스는 리스료를 해당 회계연도의 비용으로 회계처리한다.

연습문제 해답 ▶ 재무회계 기타사항 Chapter 18

## ☑ OX문제

01 × : 재무제표 발행승인일은 재무제표를 발행한 날이다.

02 × : 시장가치의 하락은 일반적으로 보고기간말의 상황과 관련된 것이 아니라 보고기간 후에 발생한 상황이 반영된 것이므로 재무제표에 인식된 금액을 수정하지 않는다.

03 ○

04 × : 보고기간 후의 매출처 파산은 보고기간말의 매출채권에 손실이 발생하였음을 확인하는 추가적인 정보이므로 매출채권의 장부금액을 수정할 필요가 있다.

05 × : 공개기업과 공개예정기업의 재무제표에만 적용하도록 제한하고 있다.

06 ○

07 × : 각 부문항목 금액은 부문에 대한 자원배분의 의사결정과 보고부문의 성과평가를 위하여 최고영업의사결정자에게 보고되는 측정치이어야 한다.

08 ○

09 × : 요약재무제표로 작성할 수도 있다.

10 ○

11 ○

12 × : 계절적, 주기적 또는 일시적으로 발생하는 수익은 연차보고기간말에 미리 예측하여 인식하거나 이연하는 것이 적절하지 않은 경우 중간보고기간말에도 미리 예측하여 인식하거나 이연하여서는 아니된다.

13 × : 중간재무보고서를 작성할 때 인식, 측정, 분류 및 공시와 관련된 중요성의 판단은 해당 중간기간의 재무자료에 근거하여 이루어져야 한다.

## ☑ 객관식문제

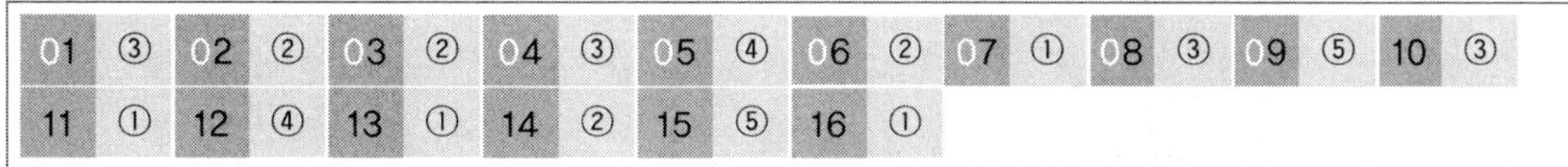

| 01 | ③ | 02 | ② | 03 | ② | 04 | ③ | 05 | ④ | 06 | ② | 07 | ① | 08 | ③ | 09 | ⑤ | 10 | ③ |
|---|---|---|---|---|---|---|---|---|---|---|---|---|---|---|---|---|---|---|---|
| 11 | ① | 12 | ④ | 13 | ① | 14 | ② | 15 | ⑤ | 16 | ① | | | | | | | | |

# 메모

60
SECONDS
IS IT ENOUGH FOR YOU ?

60
MINUTES
IS IT ENOUGH FOR YOU ?

24
HOURS
IS IT ENOUGH FOR YOU ?

30
DAYS
IS IT ENOUGH FOR YOU ?

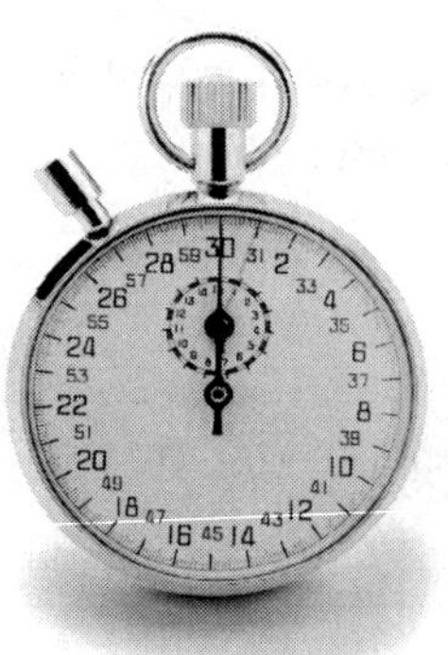

APPENDIX

# 부록

## ❖ 화폐의 시간가치표

### 미래가치요소 $(i,\ n) = (1+i)^n$

$i$=기간이자율, $n$=기간수

| 기간수 (n) | 1% | 2% | 3% | 4% | 5% | 6% | 7% | 8% | 9% | 10% |
|---|---|---|---|---|---|---|---|---|---|---|
| 1 | 1.0100 | 1.0200 | 1.0300 | 1.0400 | 1.0500 | 1.0600 | 1.0700 | 1.0800 | 1.0900 | 1.1000 |
| 2 | 1.0201 | 1.0404 | 1.0609 | 1 0816 | 1.1025 | 1.1236 | 1.1449 | 1.1554 | 1.1881 | 1.2100 |
| 3 | 1.0303 | 1.0612 | 1.0927 | 1.1249 | 1.1576 | 1.1910 | 1.2250 | 1.2597 | 1.2950 | 1.3310 |
| 4 | 1.0406 | 1.0824 | 1.1255 | 1.1699 | 1.2155 | 1.2625 | 1.3108 | 1.3605 | 1.4116 | 1.4641 |
| 5 | 1.0510 | 1.1041 | 1.1593 | 1.2167 | 1.2763 | 1.3382 | 1.4026 | 1.4693 | 1.5386 | 1.6105 |
| 6 | 1.0615 | 1.1262 | 1.1941 | 1.2653 | 1.3401 | 1.4185 | 1.5007 | 1.5869 | 1.6771 | 1.7716 |
| 7 | 1.0721 | 1.1487 | 1.2299 | 1.3159 | 1.4071 | 1.5036 | 1.6058 | 1.7138 | 1.8280 | 1.9487 |
| 8 | 1.0829 | 1.1717 | 1.2668 | 1.3686 | 1.4775 | 1.5938 | 1.7182 | 1.8509 | 1.9926 | 2.1436 |
| 9 | 1.0937 | 1.1951 | 1.3048 | 1.4233 | 1.5513 | 1.6895 | 1.8385 | 1.9990 | 2.1719 | 2.3579 |
| 10 | 1.1046 | 1.2190 | 1.3439 | 1.4802 | 1.6289 | 1.7908 | 1.9672 | 2.1589 | 2.3674 | 2.5937 |
| 11 | 1.1157 | 1.2434 | 1.3842 | 1.5395 | 1.7103 | 1.8983 | 2 1049 | 2.3316 | 2.5804 | 2.8531 |
| 12 | 1.1268 | 1.2682 | 1.4258 | 1.6010 | 1.7959 | 2.0122 | 2.2522 | 2.5182 | 2.8127 | 3.1384 |
| 13 | 1.1381 | 1.2936 | 1.4685 | 1.6651 | 1.8856 | 2.1329 | 2.4098 | 2.7196 | 3.0658 | 3.4523 |
| 14 | 1.1495 | 1.3195 | 1.5126 | 1.7317 | 1.9799 | 2.2609 | 2.5785 | 2.9372 | 3.3417 | 3.7975 |
| 15 | 1.1610 | 1.3459 | 1.5580 | 1.8009 | 2.0789 | 2.3966 | 2.7590 | 3.1722 | 3.6425 | 4.1772 |
| 16 | 1 1726 | 1.3728 | 1.6047 | 1.8730 | 2.1829 | 2.5404 | 2.9522 | 3.4259 | 3.9703 | 4.5950 |
| 17 | 1.1843 | 1.4002 | 1.6528 | 1.9479 | 2.2920 | 2.6928 | 3.1588 | 3.7000 | 4.3276 | 5.0545 |
| 18 | 1.1961 | 1.4282 | 1.7024 | 2.0258 | 2.4066 | 2.8543 | 3.3799 | 3.9960 | 4.7171 | 5.5599 |
| 19 | 1.2081 | 1.4568 | 1.7535 | 2.1068 | 2.5270 | 3.0256 | 3.6165 | 4.3157 | 5.1417 | 6.1159 |
| 20 | 1.2202 | 1.4859 | 1.8061 | 2.1911 | 2.6533 | 3.2071 | 3.8697 | 4.6610 | 5.6044 | 6.7275 |
| 21 | 1.2324 | 1.5157 | 1.8603 | 2.2788 | 2.7860 | 3.3996 | 4.1406 | 5.0338 | 6.1088 | 7.4002 |
| 22 | 1.2447 | 1.5460 | 1.9161 | 2.3699 | 2.9253 | 3.6035 | 4.4304 | 5.4365 | 6.6586 | 8.1403 |
| 23 | 1.2572 | 1.5769 | 1.9736 | 2.4647 | 3.0715 | 3.8197 | 4.7405 | 5.8715 | 7.2579 | 8.9543 |
| 24 | 1.2697 | 1.6084 | 2.0328 | 2.5633 | 3.2251 | 4.0489 | 5.0724 | 6.3412 | 7.9111 | 9.8497 |
| 25 | 1.2824 | 1.6406 | 2.0938 | 2.6658 | 3.3864 | 4.2919 | 5.4274 | 6.8485 | 8.6231 | 10.835 |
| 26 | 1.2953 | 1.6734 | 2.1566 | 2.7725 | 3.5557 | 4.5494 | 5.8074 | 7.3964 | 9.3992 | 11.918 |
| 27 | 1.3082 | 1.7069 | 2.2213 | 2.8834 | 3.7335 | 4.8223 | 6.2139 | 7.9881 | 10.245 | 13.110 |
| 28 | 1.3213 | 1.7410 | 2.2879 | 2.9987 | 3.9201 | 5.1117 | 6.6488 | 8.6271 | 11.167 | 14.421 |
| 29 | 1.3345 | 1.7758 | 2.3566 | 3.1187 | 4.1161 | 5.4183 | 7.1143 | 9.3173 | 12.172 | 15.863 |
| 30 | 1.3478 | 1.8114 | 2.4273 | 3.2434 | 4.3219 | 5.7435 | 7.6123 | 10.063 | 13.268 | 17.449 |
| 31 | 1 4166 | 1.9999 | 2.8139 | 3.9461 | 5.5160 | 7.6861 | 10.676 | 14.785 | 20.414 | 28.102 |
| 32 | 1.4889 | 2.2080 | 3.2620 | 4.8010 | 7.0400 | 10.286 | 14.974 | 21.725 | 31.409 | 45.259 |
| 33 | 1.5648 | 2.4379 | 3.7816 | 5.8412 | 8.9850 | 13.765 | 21.002 | 31.920 | 48.327 | 72.891 |
| 34 | 1.6446 | 2.6916 | 4.3839 | 7.1067 | 11.467 | 18.420 | 29.457 | 46.902 | 74.358 | 117.39 |
| 35 | 1.8167 | 3.2810 | 5.8916 | 10.520 | 18.679 | 32.988 | 57.946 | 101.26 | 176.03 | 304.48 |

| 기간수 (n) | 11% | 12% | 13% | 14% | 15% | 16% | 17% | 18% | 19% | 20% |
|---|---|---|---|---|---|---|---|---|---|---|
| 1 | 1.1100 | 1.1200 | 1.1300 | 1.1400 | 1.1500 | 1.1600 | 1 1700 | 1.1800 | 1.1900 | 1.2000 |
| 2 | 1.2321 | 1.2544 | 1.2769 | 1.2996 | 1.3225 | 1.3456 | 1,3689 | 1.3924 | 1.4161 | 1.4400 |
| 3 | 1.3676 | 1.4049 | 1.4429 | 1.4815 | 1.5209 | 1.5609 | 1.6016 | 1.6430 | 1.6852 | 1.7280 |
| 4 | 1.5180 | 1.5735 | 1.6305 | 1.6890 | 1.7490 | 1.8106 | 1.8439 | 1.9388 | 2.0053 | 2.0736 |
| 5 | 1.6851 | 1.7623 | 1.8424 | 1.9254 | 2.0114 | 2.1003 | 2.1924 | 2.2878 | 2.3864 | 2.4883 |
| 6 | 1.8704 | 1.9738 | 2.0820 | 2.1950 | 2.3131 | 2.4364 | 2.5652 | 2.6996 | 2.8398 | 2.9860 |
| 7 | 2.0762 | 2.2107 | 2.3526 | 2.5023 | 2.6600 | 2.8262 | 3.0012 | 3.1855 | 3.3793 | 3.5832 |
| 8 | 2.3045 | 2.4760 | 2.6584 | 2.8526 | 3.0590 | 3.2784 | 3.5005 | 3.7589 | 4.0214 | 4.2998 |
| 9 | 2.5580 | 2.7731 | 3.0040 | 3.2519 | 3.5179 | 3.8030 | 4.1084 | 4.4355 | 4.7854 | 5.1598 |
| 10 | 2.8394 | 3.1058 | 3.3946 | 3.7072 | 4.0456 | 4.4114 | 4.8068 | 5.2338 | 5.6947 | 6.1917 |
| 11 | 3.1518 | 3.4785 | 3.8359 | 4.2262 | 4.6524 | 5.1173 | 5.6240 | 6.1759 | 6.7767 | 7.4301 |
| 12 | 3.4985 | 3.8960 | 4.3345 | 4.8179 | 5.3503 | 5.9360 | 6.5801 | 7.2876 | 8.0642 | 8.9161 |
| 13 | 3.8833 | 4.3635 | 4.8980 | 5.4924 | 6.1528 | 6.8858 | 7.6987 | 8.5994 | 9.5964 | 10.699 |
| 14 | 4.3104 | 4.8871 | 5.5348 | 6.2613 | 7.0757 | 7.9875 | 9.0075 | 10.147 | 11.420 | 12,839 |
| 15 | 4.7846 | 5.4736 | 6.2543 | 7.1379 | 8.1371 | 9.2655 | 10.539 | 11.974 | 13.589 | 15.407 |
| 16 | 5.3109 | 6.1304 | 7.0673 | 8.1372 | 9.3576 | 10.748 | 12.330 | 14.129 | 16.172 | 18.488 |
| 17 | 5.8951 | 6.8660 | 7.9861 | 9.2765 | 10.761 | 12.468 | 14.427 | 16.672 | 19.244 | 22.186 |
| 18 | 6.5436 | 7.6900 | 9.0243 | 10.575 | 12.375 | 14.463 | 16.879 | 19.673 | 22.901 | 26.623 |
| 19 | 7,2633 | 8.6128 | 10.197 | 12.056 | 14.232 | 16.777 | 19.748 | 23.214 | 27.252 | 31.948 |
| 20 | 8.0623 | 9.6463 | 11.523 | 13.743 | 16.367 | 19.461 | 23.106 | 27.393 | 32.429 | 38.338 |
| 21 | 8.9492 | 10.804 | 13.021 | 15.668 | 18.822 | 22.574 | 27.034 | 32.324 | 38.591 | 46.005 |
| 22 | 9.9336 | 12.100 | 14.714 | 17.861 | 21.645 | 26.186 | 31.629 | 38.142 | 45.923 | 55.206 |
| 23 | 11.026 | 13.522 | 16.626 | 20.362 | 24.891 | 30.376 | 37.006 | 45.008 | 54.648 | 66.247 |
| 24 | 12.239 | 15.179 | 18.788 | 23.212 | 28.625 | 35.236 | 43.297 | 53.109 | 65.032 | 79.497 |
| 25 | 13.586 | 17.000 | 21.231 | 26.462 | 32.919 | 40.874 | 50.658 | 62.669 | 77.388 | 95.396 |
| 26 | 15.080 | 19.040 | 23.991 | 30.167 | 37.857 | 47.414 | 59.270 | 73.949 | 92.092 | 114.48 |
| 27 | 16.738 | 21.325 | 27.109 | 34.390 | 34.535 | 55.000 | 69.345 | 87.260 | 109.56 | 137.37 |
| 28 | 18.580 | 23.884 | 30.634 | 39.204 | 50.066 | 63.800 | 81.134 | 102.97 | 130.41 | 164.84 |
| 29 | 20.624 | 26.750 | 34.617 | 44.693 | 57.575 | 74.009 | 94.927 | 121.50 | 155.19 | 197.81 |
| 30 | 22.892 | 29.960 | 39.116 | 50.950 | 66.212 | 85.850 | 111.06 | 143.37 | 184.67 | 237.38 |
| 31 | 38.575 | 52.800 | 72.068 | 98.100 | 133.18 | 180.31 | 243.56 | 327.99 | 440.70 | 590.67 |
| 32 | 65.001 | 93.051 | 132.78 | 188.88 | 267.86 | 378.72 | 533.86 | 750.38 | 1051.6 | 1469.8 |
| 33 | 109.53 | 163.99 | 244.64 | 363.68 | 538.77 | 795.44 | 1170.5 | 1716.7 | 2509.6 | 3657.3 |
| 34 | 184.56 | 289.00 | 450.74 | 700.23 | 1083.7 | 1670.7 | 2566.2 | 3927.4 | 5988.9 | 9100.4 |
| 35 | 524.06 | 897.60 | 1530.1 | 2595.9 | 4384.0 | 7370.2 | 12335. | 20555. | 34105. | 56348. |

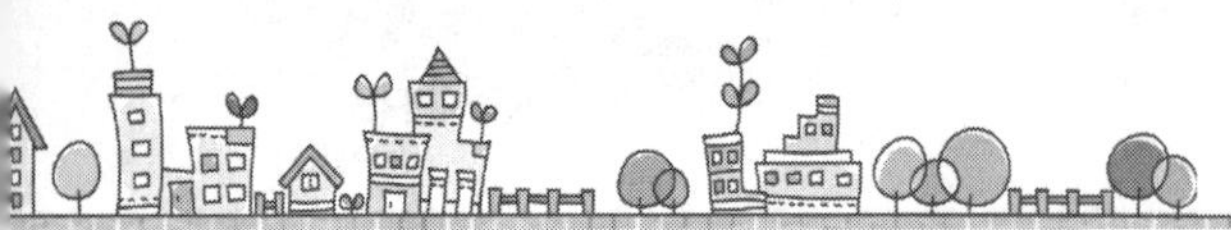

## 현재가치요소 $(i,\ n)=\frac{1}{(1+i)^n}$

$i$=기간이자율, $n$=기간수

| 기간수 (n) | 1% | 2% | 3% | 4% | 5% | 6% | 7% | 8% | 9% | 10% |
|---|---|---|---|---|---|---|---|---|---|---|
| 1 | .9901 | .9804 | .9709 | .9615 | .9524 | .9434 | .9346 | .9259 | .9174 | .9091 |
| 2 | .9803 | .9612 | .9426 | .9246 | .9070 | .8900 | .8734 | .8573 | .8417 | .8264 |
| 3 | .9706 | .9423 | .9151 | .8890 | .8638 | .8396 | .8163 | .7938 | .7722 | .7513 |
| 4 | .9610 | .9238 | .8885 | .8548 | .8227 | .7921 | .7629 | .7350 | .7084 | .6830 |
| 5 | .9515 | .9057 | .8626 | .8219 | .7835 | .7473 | .7130 | .6806 | .6499 | .6209 |
| 6 | .9420 | .8880 | .8375 | .7903 | .7462 | .7050 | .6663 | .6302 | .5963 | .5645 |
| 7 | .9327 | .8706 | .8131 | .7599 | .7107 | .6651 | .6227 | .5835 | .5470 | .5132 |
| 8 | .9235 | .8535 | .7894 | .7307 | .6768 | .6274 | .5820 | .5403 | .5019 | .4665 |
| 9 | .9143 | .8368 | .7664 | .7026 | .6446 | .5919 | .5439 | .5002 | .4604 | .4241 |
| 10 | .9053 | .8203 | .7441 | .6756 | .6139 | .5584 | .5083 | .4632 | .4224 | .3855 |
| 11 | .8963 | .8043 | .7224 | .6496 | .5847 | .5268 | .4751 | .4289 | .3875 | .3505 |
| 12 | .8874 | .7885 | .7014 | .6246 | .5568 | .4970 | .4440 | .3971 | .3555 | .3186 |
| 13 | .8787 | .7730 | .6810 | .6006 | .5303 | .4688 | .4150 | .3677 | .3262 | .2897 |
| 14 | .8700 | .7579 | .6611 | .5775 | .5051 | .4423 | .3878 | .3405 | .2992 | .2633 |
| 15 | .8613 | .7430 | .6419 | .5553 | .4810 | .4173 | .3624 | .3152 | .2745 | .2394 |
| 16 | .8528 | .7284 | .6232 | .5339 | .4581 | .3936 | .3387 | .2919 | .2519 | .2176 |
| 17 | .8444 | .7142 | .6052 | .5134 | .4363 | .3714 | .3166 | .2703 | .2311 | .1978 |
| 18 | .8360 | .7002 | .5874 | .4936 | .4155 | .3503 | .2959 | .2502 | .2120 | .1799 |
| 19 | .8277 | .6864 | .5703 | .4746 | .3957 | .3305 | .2765 | .2317 | .1945 | .1635 |
| 20 | .8195 | .6730 | .5537 | .4564 | .3769 | .3118 | .2584 | .2145 | .1784 | .1486 |
| 21 | .8114 | .6598 | .5375 | .4388 | .3589 | .2942 | .2415 | .1987 | .1637 | .1351 |
| 22 | .8034 | .6468 | .5219 | .4220 | .3418 | .2775 | .2257 | .1839 | .1502 | .1228 |
| 23 | .7954 | .6324 | .5067 | .4057 | .3256 | .2618 | .2109 | .1703 | .1378 | .1117 |
| 24 | .7876 | .6217 | .4919 | .3901 | .3101 | .2470 | .1971 | .1577 | .1264 | .1015 |
| 25 | .7798 | .6095 | .4776 | .3751 | .2953 | .2330 | .1842 | .1460 | .1160 | .0923 |
| 26 | .7720 | .5976 | .4637 | .3604 | .2812 | .2198 | .1722 | .1352 | .1064 | .0839 |
| 27 | .7644 | .5859 | .4502 | .3468 | .2678 | .2074 | .1609 | .1252 | .0976 | .0763 |
| 28 | .7568 | .5744 | .4371 | .3335 | .2551 | .1956 | .1504 | .1159 | .0895 | .0693 |
| 29 | .7493 | .5631 | .4243 | .3207 | .2429 | .1846 | .1406 | .1073 | .0822 | .0630 |
| 30 | .7419 | .5521 | .4120 | .3083 | .2314 | .1741 | .1314 | .0994 | .0754 | .0573 |
| 35 | .7059 | .5000 | .3554 | .2534 | .1813 | .1301 | .0937 | .0676 | .0490 | .0356 |
| 40 | .6717 | .4529 | .3066 | .2083 | .1420 | .0972 | .0668 | .0460 | .0318 | .0221 |
| 45 | .6391 | .4102 | .2644 | .1712 | .1113 | .0727 | .0476 | .0313 | .0207 | .0137 |
| 50 | .6080 | .3715 | .2281 | .1407 | .0872 | .0543 | .0339 | .0213 | .0134 | .0085 |
| 60 | .5504 | .3048 | .1697 | .0951 | .0535 | .0303 | .0173 | .0099 | .0057 | .0033 |

| 기간수 (n) | 11% | 12% | 13% | 14% | 15% | 16% | 17% | 18% | 19% | 20% |
|---|---|---|---|---|---|---|---|---|---|---|
| 1 | .9009 | .8929 | .8850 | .8772 | .8696 | .8621 | .8547 | .8475 | .8403 | .8333 |
| 2 | .8116 | .7972 | .7831 | .7695 | .7561 | .7432 | .7305 | .7182 | .7062 | .6944 |
| 3 | .7312 | .7118 | .6931 | .6750 | .6575 | .6407 | .6244 | .6086 | .5934 | .5787 |
| 4 | .6587 | .6355 | .6133 | .5921 | .5718 | .5523 | .5337 | .5158 | .4987 | .4823 |
| 5 | .5935 | .5674 | .5428 | .5194 | .4972 | .4761 | .4561 | .4371 | .4190 | .4019 |
| 6 | .5346 | .5066 | .4803 | .4556 | .4323 | .4104 | .3898 | .3704 | .3521 | .3349 |
| 7 | .4817 | .4523 | .4251 | .3996 | .3759 | .3538 | .3332 | .3139 | .2959 | .2791 |
| 8 | .4339 | .4039 | .3762 | .3506 | .3269 | .3050 | .2848 | .2660 | .2487 | .2326 |
| 9 | .3909 | .3606 | .3329 | .3075 | .2843 | .2630 | .2434 | .2255 | .2090 | .1938 |
| 10 | .3522 | .3220 | .2946 | .2697 | .2472 | .2267 | .2080 | .1911 | .1756 | .1615 |
| 11 | .3173 | .2875 | .2607 | .2366 | .2149 | .1954 | .1773 | .1619 | .1476 | .1346 |
| 12 | .2858 | .2567 | .2307 | .2076 | .1869 | .1685 | .1520 | .1372 | .1240 | .1122 |
| 13 | .2575 | .2292 | .2042 | .1821 | .1625 | .1452 | .1299 | .1163 | .1042 | .0935 |
| 14 | .2320 | .2046 | .1807 | .1597 | .1413 | .1252 | .1110 | .0985 | .0876 | .0779 |
| 15 | .2090 | .1827 | .1599 | .1401 | .1229 | .1079 | .0949 | .0835 | .0736 | .0649 |
| 16 | .1883 | .1631 | .1415 | .1229 | .1069 | .0930 | .0811 | .0708 | .0618 | .0541 |
| 17 | .1696 | .1456 | .1252 | .1073 | .0929 | .0802 | .0693 | .0600 | .0520 | .0451 |
| 18 | .1523 | .1300 | .1103 | .0946 | .0803 | .0691 | .0592 | .0508 | .0437 | .0376 |
| 19 | .1377 | .1161 | .0981 | .0829 | .0703 | .0596 | .0506 | .0431 | .0367 | .0313 |
| 20 | .1240 | .1037 | .0863 | .0723 | .0611 | .0514 | .0433 | .0365 | .0303 | .0261 |
| 21 | .1117 | .0926 | .0768 | .0633 | .0633 | .0443 | .0370 | .0309 | .0259 | .0217 |
| 22 | .1007 | .0326 | .0680 | .0560 | .0560 | .0382 | .0316 | .0262 | .0218 | .0181 |
| 23 | .0907 | .0738 | .0601 | .0491 | .0491 | .0329 | .0270 | .0222 | .0183 | .0151 |
| 24 | .0817 | .0659 | .0532 | .0431 | .0431 | .0284 | .0231 | .0188 | .0154 | .0126 |
| 25 | .0736 | .0588 | .0471 | .0378 | .0378 | .0245 | .0197 | .0160 | .0129 | .0105 |
| 26 | .0663 | .0525 | .0417 | .0331 | .0264 | .0211 | .0169 | .0135 | .0109 | .0087 |
| 27 | .0597 | .0469 | .0369 | .0291 | .0230 | .0182 | .0144 | .0115 | .0091 | .0073 |
| 28 | .0538 | .0419 | .0325 | .0255 | .0200 | .0157 | .0123 | .0097 | .0077 | .0061 |
| 29 | .0485 | .0374 | .0289 | .0224 | .0174 | .0135 | .0105 | .0082 | .0064 | .0051 |
| 30 | .0437 | .0334 | .0256 | .0196 | .0151 | .0116 | .0090 | .0070 | .0054 | .0042 |
| 35 | .0259 | .0189 | .0139 | .0102 | .0075 | .0055 | .0041 | .0030 | .0023 | .0017 |
| 40 | .0154 | .0187 | .0075 | .0053 | .0037 | .0026 | .0019 | .0013 | .0010 | .0007 |
| 45 | .0091 | .0061 | .0041 | .0027 | .0019 | .0013 | .0009 | .0006 | .0004 | .0003 |
| 50 | .0054 | .0035 | .0022 | .0014 | .0009 | .0006 | .0004 | .0003 | .0002 | .0001 |
| 60 | .0019 | .0011 | .0007 | .0004 | .0002 | .0001 | .00008 | .00005 | .00003 | .00002 |

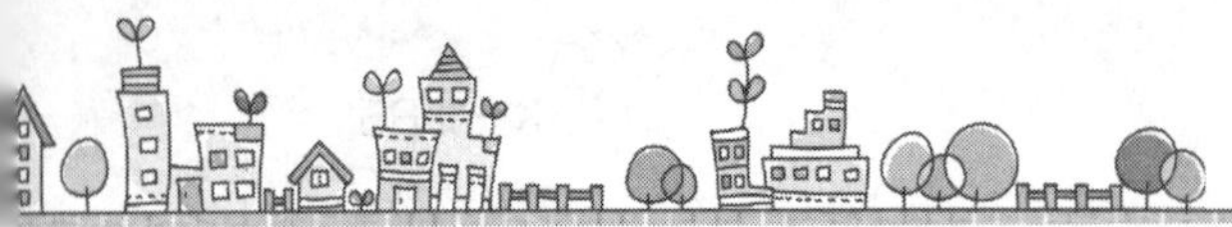

## 연금의 미래가치요소 $(i,\ n)=\frac{(1+i)^{n}-1}{i}$

$i=$ 기간이자율, $n=$ 기간수

| 기간수 (n) | 1% | 2% | 3% | 4% | 5% | 6% | 7% | 8% | 9% | 10% |
|---|---|---|---|---|---|---|---|---|---|---|
| 1 | 1.0000 | 1.0000 | 1.0000 | 1.0000 | 1.0000 | 1.0000 | 1.0000 | 1.0000 | 1.0000 | 1.0000 |
| 2 | 2.0100 | 2.0200 | 2.0300 | 2.0400 | 2.0500 | 2.0600 | 2.0700 | 2.0800 | 2.0900 | 2.1000 |
| 3 | 3.0301 | 3.0604 | 3.0909 | 3.1216 | 3.0525 | 3.1836 | 3.2149 | 3.2464 | 3.2781 | 3.3100 |
| 4 | 4.0604 | 4.1216 | 4.1836 | 4.2465 | 4.3101 | 4.3746 | 4.4399 | 4.5061 | 4.5731 | 4.6410 |
| 5 | 5.1010 | 5.2040 | 5.3091 | 5.4163 | 5.5256 | 5.6371 | 5.7507 | 5.8666 | 5.9847 | 6.1051 |
| 6 | 6.1520 | 6.3081 | 6.4684 | 6.6330 | 6.8019 | 6.9753 | 7.1533 | 7.3359 | 7.5233 | 7.7156 |
| 7 | 7.2135 | 7.4343 | 7.6625 | 7,8983 | 8.1420 | 8.3938 | 8.6540 | 8.9228 | 9.2004 | 9.4872 |
| 8 | 8.2857 | 8.5830 | 8.8932 | 9.2142 | 9.5491 | 9.8975 | 10.260 | 10.637 | 11.028 | 11.436 |
| 9 | 9.3685 | 9.7546 | 10.159 | 10.583 | 11.027 | 11.491 | 11.978 | 12.488 | 13.021 | 13.570 |
| 10 | 10.462 | 10.950 | 11.464 | 12.006 | 12.578 | 13.181 | 13.816 | 14.487 | 15.193 | 15.937 |
| 11 | 11.567 | 12.169 | 12.808 | 13.486 | 14.207 | 14.972 | 15.784 | 16.645 | 17.560 | 18.531 |
| 12 | 12.683 | 13.412 | 14.192 | 15.026 | I5.917 | 16.870 | 17.888 | 18.977 | 20.141 | 21.384 |
| 13 | 13.809 | 14.680 | 15.618 | 16.627 | 17.713 | 18.882 | 20.141 | 21.495 | 22.953 | 24.523 |
| 14 | 14.947 | 15.974 | 17.086 | 18.292 | 19.599 | 21.015 | 22.550 | 24.215 | 26.019 | 27.975 |
| 15 | 16.097 | 17.293 | 18.599 | 20.024 | 21.579 | 23.276 | 25.129 | 27.152 | 29.361 | 31.772 |
| 16 | 17.258 | 18.639 | 20.157 | 21.825 | 23.657 | 25.673 | 27.888 | 30.324 | 33.003 | 35.950 |
| 17 | 18.430 | 20.012 | 21,762 | 23.698 | 25.840 | 28.213 | 30.840 | 33.750 | 36.974 | 40.545 |
| 18 | 19.615 | 21.412 | 23.414 | 25.645 | 28.132 | 30.906 | 33.999 | 37.450 | 41.301 | 45.599 |
| 19 | 20.811 | 22.841 | 25.117 | 27.671 | 30.539 | 33.760 | 37.379 | 41.446 | 46.018 | 51.159 |
| 20 | 22.019 | 24.297 | 26.870 | 29.778 | 33.066 | 36.786 | 40.995 | 45.762 | 51.160 | 57.275 |
| 21 | 23.239 | 25.783 | 28.676 | 31.969 | 35.719 | 39.993 | 44.865 | 50.423 | 56.765 | 64.002 |
| 22 | 24.472 | 27.299 | 30.537 | 34.248 | 38.505 | 43.392 | 49.006 | 55.457 | 62.873 | 71.403 |
| 23 | 25.716 | 28.845 | 32.453 | 36.618 | 41.430 | 46.996 | 53.436 | 60.893 | 69.532 | 79.543 |
| 24 | 26.973 | 30.422 | 34.426 | 39.083 | 44.502 | 50.816 | 58.177 | 66.765 | 76.790 | 88.497 |
| 25 | 28.243 | 32.030 | 36.459 | 41.646 | 47.727 | 54.865 | 63.249 | 73.106 | 84.701 | 98.347 |
| 26 | 29.526 | 33.671 | 38.553 | 44.312 | 51.113 | 59.156 | 68.676 | 79.954 | 93.324 | 109.18 |
| 27 | 30.821 | 35.344 | 40.710 | 47.084 | 54.669 | 63.706 | 74.484 | 87.351 | 102.72 | 121.10 |
| 28 | 32.129 | 37.051 | 42.931 | 49.968 | 58.403 | 68.528 | 80.698 | 95.339 | 112.97 | 134.21 |
| 29 | 33.450 | 38.792 | 45.219 | 52.966 | 62.323 | 73.640 | 87.347 | 103.97 | 124.14 | 148.63 |
| 30 | 34.785 | 40.568 | 47.575 | 56.085 | 66.439 | 79.058 | 94.461 | 113.28 | 136.31 | 164.49 |
| 31 | 41,660 | 49.994 | 60.462 | 73.652 | 90.320 | 111.43 | 138.24 | 172.32 | 215.71 | 271.02 |
| 32 | 48.886 | 60.402 | 75.401 | 95.026 | 120.80 | 154.76 | 199.64 | 259.06 | 337.88 | 442.59 |
| 33 | 56.481 | 71.893 | 92.720 | 121.03 | 159.70 | 212.74 | 285.75 | 386.51 | 525.86 | 718.90 |
| 34 | 64.463 | 84.579 | 112.80 | 152.67 | 209.35 | 290.34 | 406.53 | 573.77 | 815.08 | 1163.9 |
| 35 | 81.670 | 114.05 | 163.05 | 237.99 | 353.58 | 533.13 | 813.52 | 1253.2 | 1944.8 | 3034.8 |

| 기간수 (n) | 11% | 12% | 13% | 14% | 15% | 16% | 17% | 18% | 19% | 20% |
|---|---|---|---|---|---|---|---|---|---|---|
| 1 | 1.0000 | 1.0000 | 1.0000 | 1.0000 | 1.0000 | 1.0000 | 1.0000 | 1.0000 | 1.0000 | 1.0000 |
| 2 | 2.1100 | 2.1200 | 2.1300 | 2.1400 | 2.1500 | 2.1600 | 2.1700 | 2.1800 | 2.1900 | 2.2000 |
| 3 | 3.3421 | 3.3744 | 3.4069 | 3.4396 | 3.4725 | 3.5056 | 3.5389 | 3.5724 | 3.6061 | 3.6400 |
| 4 | 4.7097 | 4.7793 | 4.8498 | 4.9211 | 4.9934 | 5.0665 | 5.1405 | 5.2154 | 5.2913 | 5.3580 |
| 5 | 6.2278 | 6.3528 | 6.4803 | 6.6101 | 6.7424 | 6.8771 | 7.0144 | 7.1542 | 7.2966 | 7.4416 |
| 6 | 7.9130 | 8.1152 | 8.3230 | 8.5355 | 8.7537 | 8.9775 | 9.2068 | 9.4420 | 9.6830 | 9.9299 |
| 7 | 9.7830 | 10.089 | 10.405 | 10.730 | 11.067 | 11.414 | 11.772 | 12.142 | 12.523 | 12.916 |
| 8 | 11.859 | 12.300 | 12.757 | 13.233 | 13.727 | 14.240 | 14.773 | 15.327 | 15.902 | 16.499 |
| 9 | 14.163 | 14.776 | 15.416 | 16.085 | 16.786 | 17.519 | 18.285 | 19.086 | 19.923 | 20.799 |
| 10 | 16.722 | 17.549 | 18.419 | 19.337 | 20.304 | 21.321 | 22.393 | 23.521 | 24.709 | 25.959 |
| 11 | 19.561 | 20.655 | 21.814 | 23.045 | 24.349 | 25.733 | 27.199 | 28.755 | 30.404 | 32.150 |
| 12 | 22.713 | 24.133 | 25.650 | 27.271 | 29.002 | 30.850 | 32.823 | 34.931 | 37.180 | 39.581 |
| 13 | 26.211 | 28.029 | 29.984 | 32.089 | 34.352 | 36.786 | 39.404 | 42.218 | 45.244 | 48.497 |
| 14 | 30.095 | 32.393 | 34.883 | 37.581 | 40.505 | 43.672 | 47.103 | 50.818 | 54.841 | 58.196 |
| 15 | 34.405 | 37.280 | 40.418 | 43.842 | 47.580 | 51.660 | 56.110 | 60.965 | 56.261 | 72.035 |
| 16 | 39.199 | 42.753 | 46.672 | 50.980 | 55.717 | 60.925 | 66.649 | 72.939 | 79.850 | 87.442 |
| 17 | 44.501 | 48.884 | 53.739 | 59.118 | 65.075 | 71.673 | 78.979 | 87.068 | 96.022 | 105.93 |
| 18 | 50.396 | 55.750 | 61.725 | 68.394 | 75.836 | 84.141 | 93.406 | 103.74 | 115.26 | 128.12 |
| 19 | 56.939 | 63.440 | 70.749 | 78.969 | 80.212 | 98.603 | 110.29 | 123.41 | 138.16 | 154.74 |
| 20 | 64.203 | 72.052 | 80.947 | 91.025 | 102.44 | 115.38 | 130.03 | 146.63 | 155.42 | 186.69 |
| 21 | 72.265 | 81.699 | 92.469 | 104.77 | 118.81 | 134.84 | 153.14 | 174.02 | 197.85 | 225.03 |
| 22 | 81.214 | 92.503 | 105.49 | 120.44 | 137.63 | 157.41 | 180.17 | 206.34 | 236.44 | 271.03 |
| 23 | 91.148 | 104.60 | 120.20 | 138.30 | 159.28 | 183.60 | 211.80 | 244.49 | 282.36 | 326.24 |
| 24 | 102.17 | 118.16 | 136.83 | 158.66 | 184.17 | 213.98 | 248.81 | 289.49 | 337.01 | 392.48 |
| 25 | 114.41 | 133.33 | 155.62 | 181.87 | 212.79 | 249.21 | 292.21 | 324.60 | 402.04 | 471.98 |
| 26 | 127.99 | 150.33 | 176.85 | 208.33 | 245.71 | 290.09 | 342.76 | 405.27 | 497.43 | 567.38 |
| 27 | 143.08 | 169.37 | 200.84 | 238.50 | 283.57 | 337.50 | 402.03 | 479.22 | 571.52 | 681.85 |
| 28 | 159.82 | 190.70 | 227.95 | 272.89 | 327.10 | 392.50 | 471.38 | 566.48 | 681.11 | 819.22 |
| 29 | 178.39 | 214.58 | 258.58 | 312.09 | 377.17 | 456.30 | 552.51 | 659.45 | 811.52 | 984.07 |
| 30 | 199.02 | 241.33 | 293.19 | 356.79 | 434.75 | 530.31 | 647.44 | 790.95 | 966.71 | 1181.9 |
| 31 | 341.59 | 431.66 | 546.68 | 693.57 | 881.17 | 1120.7 | 1426.4 | 1816.7 | 2314.2 | 2948.3 |
| 32 | 581.83 | 767.09 | 1013.7 | 1342.0 | 1779.1 | 2360.8 | 3134.5 | 4163.2 | 5529.8 | 7343.9 |
| 33 | 986.64 | 1358.3 | 1874.2 | 2590.6 | 3585.1 | 4965.3 | 6879.2 | 9531.6 | 13203. | 18281. |
| 34 | 1668.7 | 2400.0 | 3459.5 | 4994.5 | 7217.7 | 10436. | 15089. | 21813. | 31515. | 45497. |
| 35 | 4755.1 | 7471.6 | 11762. | 18535. | 29220. | 46057. | 72555. | 114189 | 179494 | 281737 |

## 연금의 현재가치요소 $(i,\ n)=\frac{1-\frac{1}{(1+i)^n}}{i}$

$i$= 기간이자율, $n$= 기간수

| 기간수 (n) | 1% | 2% | 3% | 4% | 5% | 6% | 7% | 8% | 9% | 10% |
|---|---|---|---|---|---|---|---|---|---|---|
| 1 | 0.9901 | 0.9804 | 0.9616 | .09615 | 0.9524 | 0.9434 | 0.9346 | 0.9259 | 0.9174 | 0.9091 |
| 2 | 1.9704 | 1.9416 | 1.9165 | 1.8861 | 1.8594 | 1.8334 | 1.8080 | 1.7833 | 1.7591 | 1.7355 |
| 3 | 2.9410 | 2.8839 | 2.8286 | 2.7751 | 2.7232 | 2.6730 | 2.6243 | 2.5771 | 2.5313 | 2.4868 |
| 4 | 3.9020 | 3.8077 | 3.7171 | 3.6299 | 3.5460 | 3.4651 | 3.3872 | 3.3121 | 3.2397 | 3.1699 |
| 5 | 4.8534 | 4.7135 | 4.5797 | 4.4518 | 4.3295 | 4.2124 | 4.1002 | 3.9927 | 3.8897 | 3.7908 |
| 6 | 5.7955 | 5.6014 | 5.4172 | 5.2421 | 5.0757 | 4.9173 | 4.7665 | 4.6229 | 4.4859 | 4.3553 |
| 7 | 6.7282 | 6.4720 | 6.2303 | 6.0021 | 5.7864 | 5.5824 | 5.3893 | 5.2064 | 5.0330 | 4.8684 |
| 8 | 7.6517 | 7.3255 | 7.0197 | 6.7327 | 6.4632 | 6.2098 | 5.9713 | 5.7466 | 5.5348 | 5.3349 |
| 9 | 8.5660 | 8.1622 | 7.7861 | 7.4353 | 7.1078 | 6.8017 | 6.5152 | 6.2469 | 5.9952 | 5.7590 |
| 10 | 9.4713 | 8.9826 | 8.5302 | 8.1109 | 7.7217 | 7.3601 | 7.0236 | 6.7101 | 6.4177 | 6.1446 |
| 11 | 10.368 | 9.7868 | 9.2526 | 8.7605 | 8.3064 | 7.8869 | 7.4987 | 7.1390 | 6.8052 | 6.4951 |
| 12 | 11.255 | 10.575 | 9.9540 | 9.3851 | 8.8633 | 8.3838 | 7.9427 | 7.5361 | 7.1607 | 6.8137 |
| 13 | 12.134 | 11.348 | 10.635 | 9.9856 | 9.3936 | 8.8527 | 8.3577 | 7.9038 | 7.4869 | 7.1034 |
| 14 | 13.004 | 12.106 | 11.296 | 10.563 | 9.8986 | 9.2950 | 8.7455 | 8.2442 | 7.7862 | 7.3667 |
| 15 | 13.865 | 12.849 | 11.938 | 11.118 | 10.380 | 9.7122 | 9.1079 | 8.5595 | 8.0607 | 7.6061 |
| 16 | 14.718 | 13.578 | 12.561 | 11.652 | 10.838 | 10.106 | 9.4466 | 8.8514 | 8.3136 | 7.8237 |
| 17 | 15.562 | 14.292 | 13.166 | 21.166 | 11.274 | 10.477 | 9.7632 | 9.1216 | 8.5436 | 8.0216 |
| 18 | 16.398 | 14.992 | 13.756 | 12.659 | 11.690 | 10.828 | 10.059 | 9.3719 | 8.7556 | 8.2014 |
| 19 | 17.226 | 15.679 | 14.324 | 13.134 | 12.085 | 11.158 | 10.336 | 9.6036 | 8.9501 | 8.3649 |
| 20 | 18.046 | 16.351 | 14.877 | 13.590 | 12.462 | 11.470 | 10.594 | 9.8181 | 9.1285 | 8.5136 |
| 21 | 18.857 | 17.011 | 15.415 | 14.029 | 12.821 | 11.764 | 10.835 | 10.017 | 9.2922 | 8.6487 |
| 22 | 19.660 | 17.658 | 15.937 | 14.451 | 13.613 | 12.042 | 11.061 | 10.201 | 9.4424 | 8.7715 |
| 23 | 20.456 | 18.292 | 16.444 | 14.857 | 13.489 | 12.303 | 11.272 | 10.371 | 9.5802 | 8.8832 |
| 24 | 21.243 | 18.914 | 16.935 | 15.247 | 13.799 | 12.550 | 11.469 | 10.529 | 9.7066 | 8.9847 |
| 25 | 22.023 | 19.524 | 17.413 | 15.622 | 14.094 | 12.783 | 11.654 | 10.675 | 9.8266 | 9.0770 |
| 26 | 22.795 | 20.121 | 17.877 | 15.983 | 14.375 | 13.003 | 11.826 | 10.810 | 9.9290 | 9.1609 |
| 27 | 23.560 | 20.707 | 18.327 | 16.330 | 14.643 | 13.210 | 11.987 | 10.935 | 10.027 | 9.2372 |
| 28 | 24.316 | 21.281 | 18.764 | 16.663 | 14.898 | 13.406 | 12.137 | 11.051 | 10.116 | 9.3066 |
| 29 | 25.066 | 21.844 | 19.188 | 16.984 | 15.141 | 13.591 | 12.278 | 11.158 | 10.198 | 9.3696 |
| 30 | 25.808 | 22.397 | 19.600 | 17.292 | 15.373 | 13.765 | 12.409 | 11.258 | 10.274 | 9.4269 |
| 35 | 29.409 | 24.999 | 21.487 | 18.665 | 16.374 | 14.498 | 12.948 | 11.655 | 10.567 | 9.6442 |
| 40 | 32.835 | 27.356 | 23.115 | 19.793 | 17.159 | 15.046 | 13.332 | 11.925 | 10.757 | 9.7791 |
| 45 | 36.095 | 29.490 | 24.519 | 20.720 | 17.774 | 15.456 | 13.605 | 12.108 | 10.881 | 9.8628 |
| 50 | 39.196 | 31.424 | 25.730 | 21.482 | 18.256 | 15.762 | 13.801 | 12.233 | 10.962 | 9.9148 |
| 60 | 44.955 | 34.761 | 27.676 | 22.623 | 18.929 | 16.161 | 14.039 | 12.376 | 11.048 | 9.9671 |

| 기간수 (n) | 11% | 12% | 13% | 14% | 15% | 16% | 17% | 18% | 19% | 20% |
|---|---|---|---|---|---|---|---|---|---|---|
| 1 | 0.9009 | 0.8929 | 0.8850 | 0.8722 | 0.8696 | 0.8621 | 0.8547 | 0.8475 | 0.8403 | 0.8333 |
| 2 | 1.7125 | 1.6901 | 1.6681 | 1.6467 | 1.6257 | 1.6052 | 1.5852 | 1.5656 | 1.5465 | 1.5278 |
| 3 | 2.4437 | 2.4018 | 2.3612 | 2.3216 | 2.2832 | 2.2459 | 2.2096 | 2.1743 | 2.1399 | 2.1065 |
| 4 | 3.1024 | 3.0373 | 2.9745 | 2.9137 | 2.8550 | 2.7982 | 2.7432 | 2.6901 | 2.6386 | 2.5887 |
| 5 | 3.6959 | 3.6048 | 3.5172 | 3.4331 | 3.3522 | 3.2743 | 3.1993 | 3.1272 | 3.0576 | 2.9906 |
| 6 | 4.2305 | 4.1114 | 3.9975 | 3.8887 | 3.7845 | 3.6847 | 3.5892 | 3.4976 | 3.4098 | 3.3255 |
| 7 | 4.7122 | 4.5638 | 4.4226 | 4.2883 | 4.1604 | 4.0386 | 3.9224 | 3.8115 | 3.7057 | 3.6046 |
| 8 | 5.1461 | 4.9676 | 4.7988 | 4.6389 | 4.4873 | 4.3436 | 4.2072 | 4.0776 | 3.9544 | 3.8372 |
| 9 | 5.5370 | 5.3282 | 5.1317 | 4.9464 | 4.7716 | 4.6065 | 4.4506 | 4.3030 | 4.1633 | 4.0310 |
| 10 | 5.8892 | 5.6502. | 5.4262 | 5.2161 | 5.0188 | 4.8332 | 4.6586 | 4.4941 | 4.3389 | 4.1925 |
| 11 | 6.2065 | 5.9377 | 5.6869 | 5.4527 | 5.2337 | 5.0286 | 4.8364 | 4.6560 | 4.4865 | 4.3271 |
| 12 | 6.4924 | 6.1944 | 5.9176 | 5.6603 | 5.4206 | 5.1971 | 4.9884 | 4.7932 | 4.6105 | 4.4392 |
| 13 | 6.7499 | 6.4235 | 6.1218 | 5.8424 | 5.5831 | 5.3423 | 5.1183 | 4.9095 | 4.7147 | 4.5327 |
| 14 | 6.9819 | 6.6282 | 6.3025 | 6.0021 | 5.7245 | 5.4675 | 5.2293 | 5.0081 | 4.8023 | 4.6106 |
| 15 | 7.1909 | 6.8109 | 6.4624 | 6.1422 | 5.8474 | 5.5755 | 5.3242 | 5.0916 | 4.8759 | 4.6755 |
| 16 | 7.3792 | 6.9740 | 6.6039 | 6.2651 | 5.9542 | 5.6685 | 5.4053 | 5.1624 | 4.9377 | 4.7296 |
| 17 | 7.5488 | 7.1196 | 6.7291 | 6.3729 | 6.0472 | 5.7487 | 5.4746 | 5.2223 | 4.9897 | 4.7746 |
| 18 | 7.7016 | 7.2497 | 6.8399 | 6.4674 | 6.1280 | 5.8718 | 5.5339 | 5.2732 | 5.0333 | 4.8122 |
| 19 | 7.8393 | 7.3658 | 6.9380 | 6.5504 | 6.1982 | 5.8775 | 5.5845 | 5.3162 | 5.0700 | 4.8435 |
| 20 | 7.9633 | 7.4694 | 7.0248 | 6.6231 | 6.2593 | 5.9288 | 5.6278 | 5.3527 | 5.1009 | 4.8696 |
| 21 | 8.0751 | 7.5620 | 7.1015 | 6.6870 | 6.3125 | 5.9731 | 5.6648 | 5.3837 | 5.1263 | 4.8913 |
| 22 | 8.1757 | 7.6446 | 7.1695 | 6.7429 | 6.3587 | 6.0113 | 5.6964 | 5.4099 | 5.1486 | 4.9094 |
| 23 | 8.2664 | 7.7184 | 7.2297 | 6.7921 | 6.3988 | 6.0442 | 5.7234 | 5.4321 | 5.1668 | 4.9245 |
| 24 | 8.3481 | 7.7843 | 7.2829 | 6.8351 | 6.4338 | 0.0726 | 6.7465 | 5.4509 | 5.1822 | 4.9371 |
| 25 | 8.4217 | 7.8431 | 7.3300 | 6.8729 | 6.4641 | 6.0971 | 5.7662 | 5.4669 | 5.1951 | 4.9476 |
| 26 | 8.4881 | 7.8957 | 7.3717 | 6.9061 | 6.4906 | 6.1182 | 5.7831 | 5.4804 | 5.2060 | 4.9563 |
| 27 | 8.5478 | 7.9426 | 7.4086 | 6.9352 | 6.5135 | 6.1364 | 5.7975 | 5.4919 | 5.2151 | 4.9636 |
| 28 | 8.6016 | 7.9844 | 7.4412 | 6.9607 | 6.5335 | 6.1520 | 5.8099 | 5.5016 | 5.2223 | 4.9697 |
| 29 | 8.6501 | 8.0218 | 7,4701 | 6.9830 | 6.5509 | 6.1656 | 5.8204 | 5.5093 | 5.2292 | 4.9747 |
| 30 | 8.6938 | 8.0522 | 7.4957 | 7.0027 | 6.5660 | 6.1772 | 5.8294 | 5.5168 | 5.2347 | 4.9789 |
| 35 | 8.8552 | 8.1755 | 7.5856 | 7.0700 | 6.6166 | 6.2153 | 5.8582 | 5.5386 | 5.2512 | 4.9915 |
| 40 | 8.9511 | 8.2433 | 7.6344 | 7.1050 | 6.6418 | 6.2335 | 5.8713 | 5.5482 | 5.2582 | 4.9966 |
| 45 | 9.0079 | 8.2825 | 7.6609 | 7.1232 | 6.6543 | 6.2421 | 5.8773 | 5.5523 | 5.2611 | 4.9986 |
| 50 | 9.0417 | 8.3045 | 7.6572 | 7.1327 | 6.6605 | 6.2463 | 5.8801 | 5.5541 | 5.2623 | 4.9995 |
| 60 | 9.0736 | 8.3240 | 7.6873 | 7.1401 | 6.6651 | 6.2491 | 5.8819 | 5.5553 | 5.2630 | 4.9999 |

## 배 기 수

**약 력**

한양대학교 대학원 회계학과 졸업(경영학박사)
(사)한국상업교육학회 회장(2022년)
기술거래사(산업통상자원부)
사회조사분석사(통계청)
공인원가분석사(한국원가관리협회)
한국전자통신연구원(ETRI) 연구원
동국대학교 상경대학 회계학과 조교수
현) 충북대학교 경영대학 경영학부 교수

**저 서**

IFRS를 적용한 최신 회계원리(세학사)
A Study on the Telecommunication Carrier Business Environment through Financial Ratio Analysis 외 다수

## 오 현 택

**약 력**

연세대학교 경영학과 졸업
경영학박사(연세대학교)
미국 버클리대학교 회계학 방문교수
(사)한국회계정책학회 회장
현) 청주대학교 회계학과 교수

**저 서**

IFRS를 적용한 최신 중급회계(세학사)
발생액 구성항목의 이익지속성 및 주가 관련성 (한국회계학회)외 다수

## 한 만 용

**약 력**

충북대학교 경영학박사(회계학)
경영지도사(재무관리)
중등교사1급상업정교사(교육부)
한국상업교육학회 이사
한국세무회계학회 부회장
한국경영컨설팅학회 상임이사
글로벌경영학회 평생회원
고용노동부 직업훈련교사
(회계 · 재무 · 경영기획 · 인사조직, 직업상담서비스)
법무부 교정위원(의정부교도소)
현) 서일대학교 세무회계학과 교수

**저 서**

K-IFRS 중급재무회계(공저), 세학사
재무회계(공저), 세학사
경영분석(공저), 세학사
원가회계실무(공저), 세학사
관리회계실무(공저), 세학사
기업경리회계실무(공저), 세학사
생활과 세무실무(공저), 탑21북스
경리회계원리와 세무비법노트, 지식만들기
정말 쉬운 세금회계(공저), 혜지원
음식점창업에서 세금까지(공저), 지식만들기
원가회계원리(공저), 지식만들기
계정과목 · 분개 회계원리(공저), 지식만들기
경영자의 이익조정과 감사품질이 조세회피에 미치는 영향 외 다수

**이 장 희**

**약 력**

성균관대학교 경영학과 졸업
경영학 박사(연세대학교)
경영대학장, 경영대학원장
미국 일리노이대학 회계학 방문교수
재정경제부 세제발전심의위원회 위원
청주경실련 집행위원장 · 정책협의회의장
경영혁신교육연구 센터장
충북지역혁신협의회 산업분과위 회장
(사)대한회계학회 회장
(사)한국정부회계학회 회장
(사)한국상업교육학회 회장
(사)퍼스트경영기술연구원 원장
한국회계학회, 한국국제회계학회 부회장
경영기술지도사
정부회계연구원장
충북대학교 경영학부 교수
국가위기관리연구소장
(사)대한회계학회 법인이사장
(사)충북경제포럼 부대표
한국연구재단 경제경영분야 chief review board
(사)이재민 사랑본부 상임대표
사회적협동조합, 협동조합친구들 이사장

**대통령 표창(2013, 국제회계발전공로)**

**저 서**

중급재무회계(법문사)
객관식 회계학(법문사)
고급회계학연습(법문사)
재무회계연습(법문사)
IFRS를 적용한 최신회계원리(세학사)
IFRS를 적용한 중급재무회계(세학사)
중급회계 Ⅰ · Ⅱ(세학사)
원가관리회계연습(법문사)
최신회계원리(한올출판사)
회계원리연습(한올출판사)
재무회계(대영사)
회계학연습(브레인코리아)
회계정보의 공시확대에 관한 연구 외 다수

# K-IFRS 중급재무회계 〈개정7판〉

**발 행 일** / 2010년 2월 20일 초 판 발행
2026년 2월 28일 개정7판 인쇄
2026년 3월 4일 개정7판 발행

저자와의 협의하에 인지생략

**저 자** / 배기수 · 오현택 · 한만용 · 이장희
**발 행 인** / 김 원 술
**발 행 처** / 세 학 사
**주 소** / 04607 서울특별시 중구 다산로15길 28 (다산동)
**전 화** / (02) 2231-4640(代)
**팩 스** / (02) 2253-2209
**등 록** / 제2-1311호
**E-mail** / book@saehaksa.co.kr
http://www.saehaksa.co.kr



정가 **47,000**원 ISBN 978-89-6622-721-1 93320